Bergen
NORVEGIA
Drammen
Moss
Karlstad
SVEZIA
Göteborg
Lindesnes
Skagerrak
Frederikshavn
Ålborg
Kattegat
Helsingborg
Mare del Nord
DANIMARCA
Herning
Århus
København
Copenaghen
Esbjerg
Kolding
Odense
Flensburg
Kiel
Lübeck
Lubecca
Rostock
Aberdeen
Newcastle upon Tyne
Middlesbrough
REGNO UNITO
Leeds
Kingston-upon-Hull
Sheffield
Nottingham
Norwich
Ipswich
London
Londra
Dover
Brighton
Bristol
Bremerhaven
Hamburg
Amburgo
Elba
Groningen
Groninga
Bremen
Brema
Hannover
PAESI BASSI
Amsterdam
Utrecht
Osnabrück
GERMANIA
's-Gravenhage
Den Haag
Rotterdam
Dortmund
Essen
Antwerpen
Anversa
Passo di Calais
Stretto di Dover
Ostende
Calais
Lille
Lilla
Brussel/
Bruxelles
BELGIO
Düsseldorf
Köln Colonia
Bonn
Liège
Liegi
Erfurt
Frankfurt
Francoforte
Wiesbaden
LUSSEMBURGO
Luxembourg
Mannheim
Würzburg
Saarbrücken
Amiens
FRANCIA
Le Havre
Rouen
Reims
Metz
Caen
Paris Parigi
Strasbourg
Strasburgo
Stuttgart
Stoccarda
Reno
Mosa

DIZIONARIO
INGLESE - ITALIANO
ITALIANO - INGLESE

a cura di
Rosa Anna Rizzo
e di
Adriana Bertoni Galassi

ISTITUTO GEOGRAFICO
DeAGOSTINI

INDICE - INDEX

Direzione: Marco Drago, Andrea Boroli
Direzione Editoriale Libri: Paolo Boroli, Vincenzo Ceppellini
Direzione delle Opere di Base: Lucio Lamarque
Coordinamento tecnico: Augusta Galbiati
Coordinamento grafico: Francesco Viano

Catalogo 10738
ISBN 88-415-1520-1

GUIDA ALLA CONSULTAZIONE DEL DIZIONARIO
EXPLANATORY CHART

abbey ['æbɪ] *n* abbazia.
entrata
entry

ability [ə'bɪlətɪ] *n* competenza.
trascrizione fonetica
phonetic transcription

abroad [ə'brɔːd] *adv* fuori, all'estero
traduzioni
translations

arise, *pt* **arose,** *pp* **arisen**
[ə'raɪz, ə'rəʊz, ə'rɪzn] *v intr* alzarsi.
segnalazione dell'irregolarità del verbo
irregular verb

child (**children**) [tʃaɪld, 'tʃɪldrən] *n* bambino(-a); figlio(-a).
segnalazione di plurale irregolare
irregular plural

face [feɪs] *v tr, intr* essere di fronte a, stare di fronte a; affrontare, far fronte a.
divide accezioni leggermente diverse
separates slightly different meanings

able ['eɪbl] *adj* capace, àbile.
definizione grammaticale
grammatical definition

addict ['ædɪkt] *n* tossicòmane *(m / f)*.
cambio di genere o di categoria grammaticale
different gender or grammatical category

bite [baɪt] *n* morso ◊ *(insect)* puntura ◊ *(mouthful)* boccone *(m)*.
divide accezioni diverse
separates different meanings

far [fɑː] *adj (comp* **farther, further;** *sup* **farthest, furthest)** lontano, distante.
comparativi e superlativi irregolari
irregular comparatives and superlatives

aboard [ə'bɔːd] *adv, prep* a bordo ◊ **to go aboard,** salire a bordo.
fraseologia
phraseology

fan [fæn] *n (fam)* ammiratore(-trice).
limiti d'uso e indicazioni di appartenenza a linguaggi specialistici
labels giving information about usage or showing specialist subject area

annual ['ænjʊəl] *adj* annuale.
annual ['ænjʊəl] *n (book)* annuario.
lemmi omografi
homographs

an [æn, ən] *art* *[see]* **a.**
rinvio ad altro lemma
cross-reference

ABBREVIAZIONI

abbr	abbreviazione	**idiom**	idiomatico
agg	aggettivo	**impers**	impersonale
avv	avverbio	**indef**	indefinito
aeron	aeronautica	**indir**	indiretto
aff	affermativo	**int**	interiezione
anat	anatomia	**interr**	interrogativo
arch	architettura	**intr**	intransitivo
art	articolo	**inv**	invariabile
astr	astronomia, astrologia	**iron**	ironico
attr	attributo	**leg**	legislazione
aut	automobilismo	**mat**	matematica
biol	biologia	**mecc**	meccanica
bot	botanica	**med**	medicina
Brit	britannico	**metall**	metallurgia
bur	burocrazia	**meteo**	meteorologia
card	cardinale	**mil**	militare
chim	chimica	**min**	mineralogia
chir	chirurgia	**mitol**	mitologia
comm	commercio	**mal**	moto a luogo
comp	comparativo	**mpl**	moto per luogo
compl	complemento	**mus**	musica
cond	condizionale	**naut**	nautica
cong	congiunzione	**neg**	negativo
det	determinativo	**num**	numerale
dif	difettivo	**ogg**	oggetto
dim	dimostrativo	**pers**	personale
dir	diritto	**pl**	plurale
dub	dubitativo	**pol**	politica
econ	economia	**pop**	popolare
edil	edilizia	**poss**	possessivo
elettr	elettricità	**pp**	participio passato
escl	esclamativo	**pres p**	participio presente
fam	familiare	**pred**	predicato
ferr	ferrovia	**pref**	prefisso
fig	figurato	**prep**	preposizione
filol	filologia	**pron**	pronome
filos	filosofia	**psic**	psicologia
fin	finanza	**qc**	qualcuno
fis	fisica	**qcs**	qualcosa
fot	fotografia	**rec**	reciproco
gen	genericamente	**rel**	relativo
geogr	geografia	**relig**	religione
geol	geologia	**rifl**	riflessivo
gramm	grammatica	**scherz**	scherzosamente

scol	scolastico	**tel**	telefono
sing	singolare	**TV**	televisione
sogg	soggetto	**temp**	temporale
sost	sostantivo	**tip**	tipografia
sf	sostantivo femminile	**tr**	transitivo
sm	sostantivo maschile	**univ**	università
spreg	spregiativo	**v**	vedi
stl	stato in luogo	**v**	verbo
suff	suffisso	**volg**	volgare
sup	superlativo	**zool**	zoologia
tecn	tecnica		

ABBREVIATIONS

abbr	abbreviation	**meteo**	meteorology
adj	adjective	**mil**	military
adv	adverb	**mus**	music
affir	affirmative	**neg**	negative
AmE	American English	**n**	noun
anat	anatomy	**os**	oneself
arch	architecture	**pers**	personal
art	article	**phot**	photography
aut	automobile	**pl**	plural
biol	biology	**poss**	possessive
BrE	British English	**pp**	past participle
col	colloquial	**pres p**	present participle
comm	commerce	**pt**	past tense
comp	comparative	**prep**	preposition
conj	conjunction	**pron**	pronoun
derog	derogatory	**rail**	rail
elec	electricity	**rel**	relative
esp	especially	**relig**	religion
excl	exclamation	**refl**	reflexive
euph	euphemistic	**sb**	somebody
fig	figurative	**sent**	sentence
geo	geography	**sing**	singular
geom	geometry	**sl**	slang
ind	indefinite	**sthg**	something
interj	interjection	**sup**	superlative
interr	interrogative	**tech**	technical
intr	intransitive	**tel**	telephone
inv	invariable	**TV**	television
math	mathematics	**tr**	transitive
mech	mechanics	**us**	usually
med	medicine	**v**	verb

LA PRONUNCIA INGLESE
ENGLISH PRONUNCIATION

La pronuncia inglese viene indicata, solo nella parte inglese, tra parentesi quadre subito dopo il lemma, prima della definizione grammaticale. Sono stati adottati i simboli della trascrizione fonetica internazionale. Viene data anche la trascrizione fonetica dei plurali irregolari e del paradigma dei verbi irregolari.

È indicato l'accento tonico sulle parole italiane sdrucciole, tronche e in genere su tutti i polisillabi non piani, tranne che nella fraseologia.

TRASCRIZIONE FONETICA
PHONETIC TRANSCRIPTION

Consonanti - Consonants

[p]	pen, happy - padre
[b]	back, rubber - bambino
[t]	tea, butter, walked, doubt - tutto
[d]	day, ladder, called, could - dado
[k]	key, cool, soccer, lock, school, cheque - cane, che
[g]	get, bigger, ghost - gola, ghiro
[tʃ]	cheer, match, nature, question, cello - pece
[dʒ]	jump, age, edge, soldier, gradual - giro
[f]	fat, coffee, cough, physics, half - afa, faro
[v]	view, of, navvy - vero, bravo
[θ]	thing
[ð]	then
[s]	soon, city, psychology, mess, scene, listen - sano
[z]	zero, was, example ([gz]) - svago, esame
[ʃ]	fishing, sure, station, tension - scena
[ʒ]	pleasure, vision, rouge
[h]	hot, whole
[m]	sum, hammer, calm, bomb - ramo
[n]	sun, funny, know, gnaw - no, fumante
[ŋ]	sung, sink
[l]	led, balloon, battle - letto
[r]	red, marry, wriggle, rhubarb - rete, arco
[j]	yet, onion, use, new, Europe - buio
[w]	wet, one, when, queen ([kw]) - uomo
[x]	loch

Vocali - Vowels

[iː]	sheep, field, team, key, scene, amoeba - vino
[ɪ]	ship, savage, guilt, system, women
[e]	bed, any, said, bread, bury, friend - stelle
[æ]	bad, plaid, laugh (*AmE*), calf (*AmE*)

[ɑ]	calm, father, heart, laugh (*BrE*), bother (*AmE*) - mamma
[ɒ]	pot, watch, cough, laurel - rosa
[ɔ:]	caught, ball, board, draw, four, floor - ponte
[ʊ]	put, wood, wolf, could - utile
[u:]	boot, move, shoe, group, flew, blue, rude
[ʌ]	cut, some, blood, does
[ɜ:]	bird, burn, fern, worm, earn, journal
[ə]	cupboard, the, colour, actor, nation, danger
[eɪ]	make, pray, prey, steak, vein, gauge
[əʊ]	note, soap, soul, grow, sew, toe
[aɪ]	bite, pie, buy, try, guide, sigh
[aʊ]	now, spout, plough
[ɔɪ]	boy, poison, lawyer
[ɪə]	here, beer, weir, appear, fierce
[eə]	there, hair, bear, bare, their, prayer
[ʊə]	poor, tour, sure
[eɪə]	player
[əʊə]	lower
[aɪə]	tire
[aʊə]	tower
[ɔɪə]	employer

NUMERALI - NUMERALS

Numeri cardinali - Cardinal numbers

1	uno	one
2	due	two
3	tre	three
4	quattro	four
5	cinque	five
6	sei	six
7	sette	seven
8	otto	eight
9	nove	nine
10	dieci	ten
11	undici	eleven
12	dodici	twelve
13	tredici	thirteen
14	quattordici	fourteen
15	quindici	fifteen
16	sedici	sixteen
17	diciassette	seventeen
18	diciotto	eighteen
19	diciannove	nineteen
20	venti	twenty
21	ventuno	twenty-one
22	ventidue	twenty-two
23	ventitré	twenty-three
24	ventiquattro	twenty-four
25	venticinque	twenty-five
26	ventisei	twenty-six
27	ventisette	twenty-seven
28	ventotto	twenty-eight
29	ventinove	twenty-nine
30	trenta	thirty
40	quaranta	forty
50	cinquanta	fifty
60	sessanta	sixty
70	settanta	seventy
80	ottanta	eighty
90	novanta	ninety
100	cento	a hundred, one hundred
101	centouno	a hundred and one
130	centotrenta	a hundred and thirty
200	duecento	two hundred
1 000	mille	a thousand, one thousand
1 202	milleduecentodue	one thousand two hundred and two

1 000 000	un milione	a million, one million
1 000 000 000	un miliardo	one thousand millions, a milliard

Numeri ordinali - Ordinal numbers

1°	primo	first
2°	secondo	second
3°	terzo	third
4°	quarto	fourth
5°	quinto	fifth
6°	sesto	sixth
7°	settimo	seventh
8°	ottavo	eighth
9°	nono	ninth
10°	decimo	tenth
11°	undicesimo	eleventh
12°	dodicesimo	twelfth
13°	tredicesimo	thirteenth
14°	quattordicesimo	fourteenth
15°	quindicesimo	fifteenth
16°	sedicesimo	sixteenth
17°	diciassettesimo	seventeenth
18°	diciottesimo	eighteenth
19°	diciannovesimo	nineteenth
20°	ventesimo	twentieth
21°	ventunesimo	twenty-first
22°	ventiduesimo	twenty-second
28°	ventottesimo	twenty-eighth
30°	trentesimo	thirtieth
100°	centesimo	one hundredth
101°	centunesimo	one hundred and first
1 000°	millesimo	one thousandth
1 000 000°	milionesimo	one milionth

PESI E MISURE - WEIGHTS AND MEASURES

Pesi - Units of weight (avoirdupoids)
1 grain (gr.) = gr 0,0648
1 dram (dr.) = gr 1,770
1 ounce (oz.) = gr 28,35
1 pound (lb.) = gr 453,6
1 stone (stn.) = kg 6,350
1 quarter (qr.) = kg 12,700
1 hundredweight (cwt.) = kg 50,803
1 ton } short ton = kg 907,2
      } long ton = kg 1 016,060

Misure di lunghezza - Units of length
1 inch (in.) (*pollice*) = 12 lines = m 0,0254
1 foot (ft.) (*piede*) = 12 inches = m 0,3048
1 yard (yd.) (*iarda*) = 3 feet = m 0,9144
1 pole, rod, perch (*pertica*) = 5 1/2 yards = m 5,0292
1 chain = 4 poles o 22 yards = m 20,1168
1 mile = m 1609,344

Misure di capacità - Units of capacity
1 gill = litri 0,1419
1 pint = 4 gills = litri 0,5679
1 quart = 2 pints = litri 1,358
1 gallon = 4 quarts = litri 4,5434

Misure di superficie - Square measures
1 square inch = mq 0,000645
1 square foot = mq 0,0929
1 square yard = mq 0,8361
1 square pole }
1 square rod   } = mq 25,2921
1 square perch }
1 square chain = mq 404,6720
1 square acre (*iugero*) = mq 4046,72
1 square mile = mq 2 589,500

N.B. Negli anni Ottanta è entrato in vigore in Gran Bretagna il sistema metrico decimale, mentre il sistema decimale monetario è stato introdotto nel 1971.

L'ORA - THE TIME

Che ora è? Che ore sono?	*What time is it? What's the*
È, sono...	*time? It is...*

mezzanotte	midnight
le dodici di sera	twelve p.m.
l'una	one o'clock
l'una e dieci	ten past one
l'una e un quarto	a quarter past one
l'una e mezzo	half past one
l'una e trenta	one thirty
l'una e quaranta	twenty to two
le due meno venti	
le due meno un quarto	a quarter to two
l'una e cinquantacinque	
le due meno cinque	five to two
le quattro (di mattina)	four a.m.
le quattro del pomeriggio	four p.m.

A che ora?	*At what time?*

a mezzanotte	at midnight
all'una	at one o'clock
alle sette	at seven (p.m. or a.m.)

VERBI AUSILIARI - AUXILIARY VERBS

to be

to have

Indicativo presente

I am
you are
he
she } is
it
we are
you are
they are

I have
you have
he
she } has
it
we have
you have
they have

Indicativo passato

I was
you were (thout wert)
he
she } was
it
we were
you were
they were

I had
you had (thou hadst)
he
she } had
it
we had
you had
they had

Indicativo passato prossimo

I have been
you have been
he
she } has been
it
we have been
you have been
they have been

I have had
you have had
he
she } has had
it
we have had
you have had
they have had

Indicativo trapassato prossimo

I had been
you had been
he
she } had been
it
we had been
you had been
they had been

I had had
you had had
he
she } had had
it
we had had
you had had
they had had

Indicativo futuro semplice

I shall be		I shall have
you will be		you will have
he		he
she } will be		she } will have
it		it
we shall be		we shall have
you will be		you will have
they will be		they will have

Indicativo futuro anteriore

I shall have been		I shall have had
you will have been		you will have had
he		he
she } will have been		she } will have had
it		it
we shall have been		we shall have had
you will have been		you will have had
they will have been		they will have had

Condizionale presente

I should be		I should have
you would be		you would have
he		he
she } would be		she } would have
it		it
we should be		we should have
you would be		you would have
they would be		they would have

Condizionale passato

I should have been		I should have had
you would have been		you would have had
he		he
she } would have been		she } would have
it		had
we should have been		
you would have been		we should have had
they would have been		you would have had
		they would have had

Imperativo

let me be	let me have
be	have
let him ⎫	let him ⎫
her ⎬ be	her ⎬ have
it ⎭	it ⎭
let us be	let us have
be	have
let them be	let them have

Congiuntivo presente

that I be	that I have
that you be	that you have
that he ⎫	that he ⎫
she ⎬ be	she ⎬ have
it ⎭	it ⎭
that we be	that we have
that you be	that you have
that they be	that they have

Congiuntivo imperfetto

if I were	if I had
if you were	if you had
if he ⎫	if he ⎫
she ⎬ were	she ⎬ had
it ⎭	it ⎭
if we were	if we had
if you were	if you had
if they were	if they had

Infinito

to be	to have

Gerundio e participio presente

being	having

Participio passato

been	had

Infinito passato

to have been	to have had

Gerundio passato

having been	having had

N.B. Il congiuntivo presente si usa solo in frasi idiomatiche.

VERBI REGOLARI - REGULAR VERBS

Coniugazione completa affermativa di un verbo regolare

to walk

Indicativo presente

I walk
you walk
he, she, it walks
we walk
you walk
they walk

Indicativo passato

I walked
you walked
he, she, it walked
we walked
you walked
they walked

Indicativo futuro

I shall walk
you will walk
he, she, it will walk
we shall walk
you will walk
they will walk

Condizionale presente

I should walk
you would walk
he, she, it would walk
we should walk
you would walk
they would walk

Congiuntivo presente

that I walk
that you walk
that he, she, it walk
that we walk
that you walk
that they walk

Congiuntivo imperfetto

if I walked
if you walked
if he, she, it walked
if we walked
if you walked
if they walked

Imperativo

let me walk
walk
let him, her, it walk
let us walk
let them walk

Infinito

to walk
Gerundio e participio pres.
walking
Participio passato
walked

Tempi composti

I have walked - *Indicativo passato prossimo*
I had walked - *Indicativo trapassato prossimo*
I shall have walked - *Indicativo futuro anteriore*
I should have walked - *Condizionale passato*
That I have walked - *Congiuntivo passato*
If I had walked - *Congiuntivo trapassato*

VERBI MODALI - MODAL VERBS

Caratteristiche grammaticali:

1. Non prendono la desinenza -s alla terza persona.

2. Sono seguiti dall'infinito di altri verbi senza *to* (eccetto *ought to*).

3. Non hanno infinito o forme in *ing*.

4. Possono essere sostituiti da altre espressioni se necessario.

Essi sono:

can, could (posso, potrei, potevo); forma sostitutiva **to be able** (essere in grado);

may, might (posso, potrei) con senso di probabilità, possibilità; forme sostitutive **to be allowed, to be permitted** (essere consentito, essere permesso);

must, shall, should (devo, dovrei); forma sostitutiva **to have to**;

will, would (vuoi, vorresti); forme sostitutive **to like, to want, to wish**;

need (occorre) può essere sia modale che regolare.

VERBI IRREGOLARI - IRREGULAR VERBS

Infinito	*Passato*	*Participio passato*
abide	abode	abided
arise	arose	arisen
awake	awoke, awakened	awoken
be	was	been
bear	bore	borne
beat	beat	beaten
become	became	become
begin	began	begun
behold	beheld	beheld
bend	bent	bent
bereave	bereft, bereaved	bereft, bereaved
bestride	bestrode	bestridden
bet	bet, betted	bet, betted
bid	bade, bid	bid, bidden
bind	bound	bound
bite	bit	bitten
bleed	bled	bled
blow	blew	blown
break	broke	broken
breed	bred	bred
bring	brought	brought
broadcast	broadcast	broadcast
build	built	built
burn	burned, burnt	burned, burnt
burst	burst	burst
buy	bought	bought
cast	cast	cast
catch	caught	caught
chide	chided, chid	chid, chidden
choose	chose	chosen
cling	clung	clung
come	came	come
cost	cost	cost
creep	crept	crept
cut	cut	cut
deal	dealt	dealt
dig	dug	dug
do	did	done
draw	drew	drawn
drink	drank	drunk
drive	drove	driven
eat	ate	eaten

fall	fell	fallen
feed	fed	fed
feel	felt	felt
fight	fought	fought
find	found	found
flee	fled	fled
fling	flung	flung
fly	flew	flown
forbear	forbore	forborne
forbid	forbade, forbad	forbidden
forecast	forecast	forecast
foresee	foresaw	foreseen
foretell	foretold	foretold
forget	forgot	forgotten
forgive	forgave	forgiven
forsake	forsook	forsaken
forswear	forswore	forsworn
freeze	froze	frozen
get	got	got (*also* gotten *AmE*)
give	gave	given
go	went	gone
grind	ground	ground
grow	grew	grown
hang	hung, hanged	hung, hanged
have	had	had
hear	heard	heard
heave	heaved, hove	heaved, hove
hide	hid	hidden, hid
hit	hit	hit
hold	held	held
hurt	hurt	hurt
keep	kept	kept
kneel	knelt	knelt
know	knew	known
lay	laid	laid
lead	led	led
leap	leapt	leapt
learn	learned, learnt	learned, learnt
leave	left	left
lend	lent	lent
let	let	let
lie	lay	lain
light	lit	lit
lose	lost	lost
make	made	made
mean	meant	meant

meet	met	met
mislay	mislaid	mislaid
mislead	misled	misled
mistake	mistook	mistaken
misunderstand	misunderstood	misunderstood
outbid	outbid	outbid
outdo	outdid	outdone
outgrow	outgrew	outgrown
outrun	outran	outrun
outshine	outshone	outshone
overbear	overbore	overborne
overcast	overcast	overcast
overcome	overcame	overcome
overdo	overdid	overdone
overhang	overhung	overhung
overrun	overran	overrun
oversee	oversaw	overseen
oversleep	overslept	overslept
overtake	overtook	overtaken
overthrow	overthrew	overthrown
partake	partook	partaken
pay	paid	paid
put	put	put
read	read	read
rebind	rebound	rebound
relay	relaid	relaid
remake	remade	remade
rend	rent	rent
repay	repaid	repaid
rerun	reran	rerun
retell	retold	retold
rewind	rewound	rewound
rewrite	rewrote	rewritten
rid	rid, ridded	rid, ridded
ride	rode	ridden
ring	rang	rung
rise	rose	risen
run	ran	run
saw	sawed	sawn
say	said	said
see	saw	seen
seek	sought	sought
sell	sold	sold
send	sent	sent
set	set	set
sew	sewed	sewn, sewed

shake	shook	shaken
shed	shed	shed
shine	shone	shone
shoe	shod	shod
shoot	shot	shot
show	showed	shown, showed
shrink	shrank, shrunk	shrunk
shut	shut	shut
sing	sang	sung
sink	sank, sunk	sunk
sit	sat	sat
slay	slew	slain
sleep	slept	slept
slide	slid	slid
sling	slung	slung
slink	slunk	slunk
slit	slit	slit
smell	smelt	smelt
smite	smote	smitten
sow	sowed	sown, sowed
speak	spoke	spoken
speed	sped	sped
spell	spelt	spelt
spend	spent	spent
spin	spun, span	spun
spit	spat	spat
split	split	split
spread	spread	spread
spring	sprang	sprung
stand	stood	stood
steal	stole	stolen
stick	stuck	stuck
sting	stung	stung
stink	stank, stunk	stunk
stride	strode	stridden
strike	struck	struck
string	strung	strung
strive	strove	striven
swear	swore	sworn
sweep	swept	swept
swim	swam	swum
swing	swung	swung
take	took	taken
teach	taught	taught
tear	tore	torn
tell	told	told

think	thought	thought
throw	threw	thrown
thrust	thrust	thrust
tread	trod	trodden, trod
unbend	unbent	unbent
unbind	unbound	unbound
undergo	underwent	undergone
understand	understood	understood
undertake	undertook	undertaken
undo	undid	undone
unwind	unwound	unwound
uphold	upheld	upheld
upset	upset	upset
wake	woke	woken
wear	wore	worn
weave	wove	woven
weep	wept	wept
win	won	won
wind	wound	wound
withdraw	withdrew	withdrawn
withhold	withheld	withheld
withstand	withstood	withstood
wring	wrung	wrung
write	wrote	written

NOMI GEOGRAFICI E ABITANTI
GEOGRAPHICAL NOUNS AND HABITANTS

A

Africa	Africa, African
Aia, L'	The Hague
Algeria	Algeria, Algerian
Alpi	Alps
America	America, American
Argentina	Argentina, Argentinian
Asia	Asia, Asian
Atene	Athens
Australia	Australia, Australian
Austria	Austria, Austrian

B

Belfast	Belfast
Belgio	Belgium, Belgian
Berlino	Berlin
Boemia	Bohemia, Bohemian
Brasile	Brazil, Brazilian
Bruxelles	Brussels
Bulgaria	Bulgaria, Bulgarian

C

Cairo	Cairo
California	California, Californian
Canada	Canada, Canadian
Caraibi, mar dei	Caribbean Sea
Cecoslovacchia	Czechoslovakia, Czechoslovak/Czech(oslovak)
Cile	Chile, Chilean
Cina	China, Chinese
Cipro	Cyprus, Cypriot
Copenhagen	Copenhagen
Cornovaglia	Cornwall
Creta	Crete
Cuba	Cuba, Cuban

D

Danimarca	Denmark, Danish/Dane
Dolomiti	Dolomites
Dublino	Dublin

E

Edimburgo	Edinburgh
Egitto	Egyptian, Egyptian
Etiopia	Ethiopia, Ethiopian
Europa	Europe, European

F

Finlandia	Finland, Finnish/Finn
Firenze	Florence, Florentine
Francia	France, French/Frenchman(-woman)

G

Galles	Wales, Welsh/Welshman(-woman)
Germania	Germany, German
Giamaica	Jamaica, Jamaican
Giappone	Japan, Japanese
Ginevra	Geneva
Giordania	Jordan, Jordanian
Gran Bretagna	Great Britain, British/Briton
Grecia	Greece, Greek
Groenlandia	Greenland

I

India	India, Indian
Inghilterra	England, English/Englishman(-woman)
Iran	Iran, Iranian
Iraq	Iraq, Iraqui
Irlanda del nord/sud	Ireland/Eire, Irish/Irishman(-woman)
Island	Iceland, Icelandic/Icelander
Israele	Israel, Israeli
Italia	Italy, Italian
Iugoslavia	Yugoslavia, Jugoslavia, Yugoslav(ian), Jugoslav

K

Kenia	Kenya, Kenyan

L

Lapponia	Lapland, Lappish/Lapp
Libano	Lebanon, Lebanese
Londra	London, London (*sttr.*)/Londoner
Lussemburgo	Luxembourg, Louxembourgian/Louxembourger

M

Malta	Malta, Maltese
Manica, canale della	Channel
Mare Adriatico	Adriatic Sea
Mare Baltico	Baltic Sea
Mare del Nord	North Sea
Mare Mediterraneo	Mediterranean Sea
Mar Nero	Black Sea
Mar Tirreno	Tyrrhenian Sea
Milano	Milan, Milanese
Marocco	Morocco, Moroccan
Monaco	Munich
Mosca	Moscow, Muscovite

N

Napoli	Naples, Neapolitan
Nigeria	Nigeria, Nigerian
Nilo	Nile
Nordamerica	Northamerica, Northamerican
Norvegia	Norway, Norwegian
Nuova Zelanda	New Zealand, New Zealander

O

Oceania	Oceania
Oceano Atlantico	Atlantic Ocean
Oceano Indiano	Indian Ocean
Oceano Pacifico	Pacific Ocean
Olanda	Holland, Dutch/Dutchman(-woman)

P

Paesi Bassi	Netherlands
Pakistan	Pakistan, Pakistani
Palestina	Palestine, Palestinian
Parigi	Paris, Parisian
Pechino	Pekin(g), Pekinese
Perù	Peru, Peruvian
Polonia	Poland, Polish/Pole
Portogallo	Portugal, Portuguese
Praga	Prague

R

Reno	Rhine
Rodano	Rhone
Roma	Rome, Roman
Romania	Romania, Rumania, Romanian, Rumenian
Russia	Russia, Russian

S

Sardegna	Sardinia, Sardinian
Scandinavia	Scandinavia, Scandinavian
Scozia	Scotland, Scottish/Scotsman(-woman)
Siberia	Siberia, Siberian
Sicilia	Sicily, Sicilian
Spagna	Spain, Spanish/Spaniard
Stati Uniti	United States, North American
Sudamerica	South America, South American
Sudafrica	South Africa, South African
Svezia	Sweden, Swedish/Swede
Svizzera	Switzerland, Swiss

T

Tailandia	Thailand, Thai
Tamigi	Thames
Toscana	Tuscany, Tuscan
Torino	Turin
Tunisia	Tunisia, Tunisian
Turchia	Turkey, Turkish/Turk

U

Ungheria	Hungary, Hungarian

V

Vaticano	Vatican
Venezia	Venice, Venetian
Venezuela	Venezuela, Venezuelan
Vienna	Vienna, Viennese

«FALSI AMICI»
«FALSE FRIENDS»

Ci sono parole inglesi che a prima vista assomigliano a parole italiane, ma che invece hanno un significato diverso. Segue un elenco delle più comuni.

abstemious:
frugale, sobrio; "astemio" si traduce *teetotaller*.

to accomodate:
alloggiare; "accomodarsi" si traduce *to come in, to sit down*.

accurate:
accurato, *ma anche* preciso, esatto.

accident:
incidente, disgrazia; "accidente" si traduce *mishap, misfortune*.

actual:
effettivo, reale; "attuale" si traduce *present*.

advise:
consigliare; "avvisare" si traduce *to inform*.

affluent:
ricco, opulento; "affluente" si traduce *influent*.

affluence:
ricchezza, opulenza; "affluenza" si traduce *flow, influx*.

affront:
offendere, oltraggiare apertamente; "affrontare" si traduce *to face*.

agenda:
ordine del giorno; "agenda" si traduce *diary*.

argue:
argomentare, discutere; "arguire" si traduce *deduce*.

argument:
argomentazione, discussione; "argomento" si traduce *subject*.

audience:
pubblico, auditorio; "udienza" si traduce *hearing*.

barracks:
caserma; "baracca" si traduce *hut, cabin*.

brave:
coraggioso; "bravo" si traduce *clever, good*.

camera:
macchina fotografica, cinepresa, telecamera; "camera" si traduce *room*.

to cancel:
cancellare, *ma anche* annullare.

cartoon:
illustrazione; "cartone" si traduce *cardboard*.

college:
istituto universitario o di studi superiori (con o senza pensionato per studenti); "collegio" si traduce *boarding-school*.

compliments:
auguri, omaggi; "complimenti" si traduce *congratulations*.

conductor:
bigliettaio, direttore d'orchestra; "conduttore" si traduce *driver*.

confidence:
fiducia; "confidenza" si traduce *familiarity*.

convenient:
comodo, adatto, opportuno; "conveniente" si traduce *cheap*.

convict:
forzato, galeotto, condannato; "convitto" si traduce *boarding-school*.

credit:
credito, *ma anche* onore.

curriculum:
corso di studi; "curriculum" si traduce *resumé*.

decent:

delusion:
illusione; "delusione" si traduce *disappointment*.

denunciation:
denuncia, delazione, *ma anche* condanna, invettiva.

deputy:
deputato, *ma anche* vice, sostituto.

disgrace:
disonore, vergogna; "disgrazia" si traduce *misfortune*.

distracted:
impazzito; "distratto" si traduce *absent-minded*.

dome:
cupola; "duomo" si traduce *cathedral*.

editor:
direttore, redattore, curatore; "editore" si traduce *publisher*.

education:
istituzione; "educazione" si traduce *good manners*.

effective:
efficace; "effettivo" si traduce *actual*.

establishment:
istituzione, classe dirigente; "stabilimento" si traduce *plant*.

evidence:
evidenza, *ma anche* testimonianza.

eventually:
alla fine, finalmente; "eventualmente" si traduce *in the long run*.

fabric:
tessuto, stoffa; "fabbrica" si traduce *factory*.

factory:
fabbrica; "fattoria" si traduce *farm*.

fastidious:
esigente, scrupoloso; "fastidioso" si traduce *tiresome, annoying*.

fatal:
mortale, funesto; "fatale" si traduce *inevitable*.

fatality:
incidente mortale; "fatalità" si traduce *misfortune*.

genial:
gioviale, vivace, socievole; "geniale" si traduce *brilliant*.

genteel:
garbato, raffinato, distinto; "gentile" si traduce *kind, polite*.

graduate:
laureato; "graduato" si traduce *non-commissioned officer*.

gregarious:
socievole, amante di compagnia; "gregario" si traduce *follower*.

gross:
grossolano, rozzo, lordo (di peso, prezzo); "grosso" si traduce *big*.

guardian:
tutore; "guardiano" si traduce *watchman, guard, keeper*.

to ignore:
non tener conto, fingere di non vedere; "ignorare" si traduce *to be ignorant of*.

inconsistent:
incoerente, incostante, incompatibile; "inconsistente" si traduce *flimsy*.

ingenuity:
ingegnosità, abilità, ingegno; "ingenuità" si traduce *ingenuosness*.

lecture:
conferenza; "lettura" si traduce *reading*.

library:
biblioteca; "libreria" si traduce *bookshop*.

mantel:
caminetto (*mantel-piece*); "mantello" si traduce *mantle*.

marble:
marmo *ma anche* biglia.

miser:
avaro; "misero" si traduce *wretched*.

miserable:
triste; "miserabile" si traduce *wretched*.

morbid:
morboso; "morbido" si traduce *soft*.

nervous:
nervoso *ma anche* ansioso.

notice:
avviso, preavviso; "notizia" si traduce *news*.

novel:
romanzo; "novella" si traduce *short story*.

nubile:
in età da marito; "nubile" si traduce *single*.

object:
oggetto, *ma anche* scopo.

official:
ufficiale, *ma anche* funzionario.

officious:
troppo zelante, invadente; "ufficioso" si traduce *unofficial*.

ostrich:
struzzo; "ostrica" si traduce *oyster*.

parents:
genitori; "parenti" si traduce *relatives*.

patent:
brevetto; "patente" si traduce *licence*.

physician:
medico; "fisico" si traduce *physicist*.

possibly:
è possibile che, forse, può darsi che; "possibilmente" si traduce *if possible*.

presently:
tra breve; "presentemente" si traduce *at present*.

public school:
scuola privata (frequentata da giovani dell'alta società); "scuola pubblica" si traduce *state school*.

to question:
domandare, interrogare, *ma anche* mettere in dubbio, sollevare obiezioni.

to realize:
rendersi conto; "realizzare" si traduce *achieve*.

recipient:
ricevente, destinatario; "recipiente" si traduce *container*.

relevant:
pertinente a, relativo a; "rilevante" si traduce *remarkable*.

romance:
storia d'amore; "romanzo" si traduce *novel*.

rumour:
voce che corre, diceria; "rumore" si traduce *noise*.

salary:
stipendio; "salario" si traduce *wages*.

scholar:
studioso, erudito; "scolaro" si traduce *schoolboy*.

sensible:
sensato, saggio; "sensibile" si traduce *sensitive*.

suggestive:
provocante; "suggestivo" si traduce *charming*.

sympathetic:
comprensivo; "simpatico" si traduce *nice, pleasant*.

test:
prova, esame, saggio; "testo" si traduce *text*.

trivial:
banale, futile, di poca importanza; "triviale" si traduce *vulgar*.

tutor:
precettore, insegnante; "tutore" si traduce *guardian*.

vacancy:
posto libero; "vacanza" si traduce *holyday*, (*AmE*) *vacation*.

valuable:
prezioso; "valutabile" si traduce *assessable*.

vegetables:
verdura, verdure; "vegetali" si traduce *plants*.

vicious:
cattivo, rabbioso, perverso; "vizioso" si traduce *depraved*.

villain:
briccone, furfante, personaggio malefico (nel teatro o nel cinema); "villano" si traduce *rough (man)*.

ESPRESSIONI FONDAMENTALI
FUNDAMENTAL EXPRESSIONS

Saluti

Buongiorno, buonasera, buonanotte

Ciao, come stai?
Arrivederci, arrivederLa
A più tardi
Le presento il Signor...
Mio marito, mia moglie
Lieto di conoscerLa
Come sta?
Come va?
Molto bene, e Lei?
Si accomodi (Entri)
Si accomodi (Si sieda)
Prego, vuol ripetere?
Scusi!
Di niente
Va bene

Greetings

Good morning, good evening, good night

Hello, how are you?
Good bye
See you later
May I introduce Mr...
This is my husband, my wife
How do you do?
How are you?
How are you doing?
Very well, and you?
Come in
Take a seat
Could you repeat, please?
I'm sorry!
Don't mention it
All right

Domande

Dov'è, dove sono?
Come?
Quando?
A che ora?
Quanto, quanti?
Che cosa?
Chi?
Perché?
Cosa significa?
Come si dice... in inglese?
Parla italiano?
Può parlare più lentamente?
Può spiegarmelo?
Può ripetere?
Può scrivermelo?
Ha capito?
Non capisco
Posso avere...?
Può farmi vedere...?
Può indicarmi...?
Ha bisogno di aiuto?

Questions

Where is it? Where are they?
How?
When?
At what time?
How much, how many?
What?
Who?
Why?
What does it mean?
What's the English for...?
Do you speak Italian?
Could you speak more slowly?
Could you explain it to me?
Could you repeat?
Could you write it for me?
Have you understood?
I don't understand
Could I have...?
Could you show me...?
Could you show me...?
Do you need help?

CONVERSAZIONI

All'aeroporto

Il passaporto, prego

Mi dispiace, non capisco quello che mi chiede

Ha qualcosa da dichiarare?

Due stecche di sigarette e una bottiglia di cognac

Ha altro bagaglio?

No, è tutto qui

Manca una valigia

Dove sono i carrelli?

Dov'è l'autobus per il terminal?

Dove sono i taxi?

C'è un ufficio di cambio?

Dove posso noleggiare una macchina?

Trasporti

Mi chiami un taxi, per favore

Quanto dista la stazione?

Mi porti in via…, piazza…

In centro, all'hotel…

Giri a destra e poi prosegua diritto

Ho molta fretta

Va bene qui, grazie

Quanto le devo?

Dov'è la fermata del metrò più vicina?

C'è un autobus che va a…?

Dove si comprano i biglietti?

Partenze. Arrivi. Ai binari

Dov'è la biglietteria?

Vorrei un biglietto di prima, di seconda per…

A che ora parte il treno e da che binario?

Quanto costa l'andata e ritorno?

Dov'è il deposito bagagli?

La toilette, per favore?

All'albergo

Buongiorno signora, la posso aiutare?

Buongiorno. Voglio una camera singola, per favore

Ha prenotato una stanza?

CONVERSATIONS

At the airport

Your passport, please

I'm sorry, I don't understand what you're asking me

Have you anything to declare?

Two cartons of cigarettes and one bottle of cognac

Do you have any other luggage?

No, it's all here

One suitcase is missing

Where are the trolleys?

Where's the shuttle to the terminal?

Where are the taxis?

Where is the office to change money?

Where can I rent a car?

Transportation

Could you call a taxi, please?

How far is the station?

Take me to… Street…, Square…

To the centre, to… Hotel

Turn righ and then go straight ahead

I'm in a hurry

Here is fine, thank you

How much do I owe you?

Where's the nearest underground stop?

Is there a bus to…?

Where can you buy tickets?

Departures. Arrivals. To the platforms

Where's the ticket office?

I would like a first, second class ticket to…

At what time does the train leave and from which platform?

How much is a return ticket?

Where's the left-luggage office?

Where's the toilet, please?

At a hotel

Good morning, madam. Can I help you?

Good morning. I want a single room, please

Have you booked a room?

No, temo di no
Quanto desidera rimanere?
Almeno una settimana, possibilmente di più
Vedrò che cosa abbiamo, signora. Al momento siamo quasi al completo. Ora, vediamo... Posso darle una camera al secondo piano col bagno
Quanto costa?
Venti sterline inclusa la prima colazione
E gli altri pasti?
Sono messi in conto a parte
Prendo quella camera, grazie
Certo, signora. Vuole per favore riempire questo modulo di registrazione, dando il suo nome e indirizzo, nazionalità e numero di passaporto?
Grazie. Oh, vorrei essere chiamata al mattino alle otto
Ecco la sua chiave, signora. Il facchino l'accompagnerà alla sua camera

No, I'm afraid not
How long do you want to stay?
At least a week – possibly longer
I'll see what we have, madam. We are very full just at present. Now, let me see... I can offer you one on the second floor with a private bathroom
How much is it?
Twenty pounds, including breakfast
How about the other meals?
They are charged separately
I'll take that room, please
Certainly, madam. Would you please fill in this registration form, giving your name and address, nationality and passport number?
Thank you. Oh, I should like to be called in the morning at eight o'clock
Here is your key, madam. The porter will show you to your room

Al ristorante

Buongiorno. Le piace questo tavolo vicino alla finestra? Ecco il menù

Grazie. Bene, che cosa mi consiglia?

L'agnello arrosto oggi è molto buono. O se preferisce il pesce, c'è la sogliola di Dover
Penso che prenderò l'agnello arrosto, grazie
Sì. Che contorno desidera? Piselli, spinaci, fagiolini...
Prenderò piselli. Sono buoni con l'agnello

Bene. E prima che cosa prende? Minestra, antipasto o pompelmo?

Prendo un pompelmo, per cominciare. E siccome ho piuttosto fretta, posso ordinare ora il dolce?
Certo. Che cosa desidera?

Gradirei zuppa inglese, grazie

At the restaurant

Good morning. Would you like this table by the window? Here's the menu, sir

Thank you. Well now, what do you recommend?

Well, the roast lamb is very good today. Or if you prefer fish, there's Dover sole
I think I'll have the roast lamb, please

Yes. What vegetables would you like? Peas, spinach, French beans...
I think I'll have peas. They're nice with lamb
Very well, sir. And what will you have first? Soup, hors d'oeuvre or grape-fruit?

I'll have grape-fruit to start with. And as I'm in rather a hurry, could I order my sweet now?
Yes, certainly, sir. What would you like?

I think I'd like the trifle, please

Molto bene. Desidera qualche cosa da
bere?
Prendo un po' di vino

*Very good, sir. Would you like some-
thing to drink?*
I'll just have some wine

Al telefono

Tom, puoi dirmi che cosa devo fare per
fare una telefonata?
Prima alza il ricevitore. Senti il segnale
acustico? È un suono continuo. Ora fai il
numero. Sai il numero di tua cugina?

Sì, abita fuori Cambridge
Prima componi il numero di codice, la
prima parte; poi componi la seconda parte. Senti suonare? Appena tua cugina ri-
sponde sentirai un suono diverso, chia-
mato "pay tone". Se il numero è occupato, sentirai un suono intermittente. Il
"pay tone" è una rapida serie di bip

Sì, sento
Ora, inserisci la moneta, spingila forte e
aspetta che entri, poi parla
Pronto... pronto... Sei tu Giovanna?
Sì... Chi parla? Maria? Oh, ciao!

Making a telephone call

*Tom, can you tell me what I have to
do to make a telephone call?*
*First lift the receiver. Can you hear
the dial tone? It's a continuous pur-
ring noise. Now dial the number. Do
you know your cousin's number?*
Yes, she lives out of Cambridge
*First dial the code number, the first
part; then dial the second part. Can
you hear the ringing tone? As soon as
your cousin answers, you'll hear a
different sound, called the pay tone.
If the number's engaged, you hear an
intermittent sound. The pay tone is a
rapid series of pips*
Oh, yes, I can hear it
*Now, put in your coin, press it hard,
and wait for it to go in, then speak*
Hello... Hello... Is that you, Joan?
*Yes... Who's that speaking? Maria?
Oh, hello!*

In negozio

Desidera?
Desidero un paio di jeans come questi in
vetrina
Sì, signora. Sa la misura?
Taglia 12
Questi hanno una bella linea, e sono ta-
glia 12

Vorrei provarli, grazie
Certo. Il camerino è la... Come va? Oh,
le stanno molto bene

Sì, mi piacciono e mi vanno bene.
Quanto costano? Ah sì, c'è sull'etichetta: sedici sterline. Li prendo

Può pagarli là alla cassa. Sono sicura che
sarà soddisfatta. Arrivederci

Arrivederci

In a shop

Can I help you?
*I want a pair of jeans, rather like the-
se in the window*
Yes, madam. Do you know your size?
Size 12
This is a nice style, and it's size 12

I'd like to try them on, please
*Certainly. The fitting room is over
here... How are you getting on? Oh,
that looks very nice on you*
*Yes, I like them, and the fit is very
good. How much is it? Oh, I see, it
says on the label, sixteen pounds. I'll
take these*
*You can pay for them there, at the
cash desk. I'm sure you'll be pleased
with them. Good-bye*
Good-bye

In banca

Buongiorno. Posso incassare questo traveller's cheque qui?

Sì, lo porta al cassiere del reparto estero, per favore?

Prego, signora; che cosa posso fare per lei?

Vorrei incassare questo traveller's cheque, per favore

Va bene. In moneta inglese, saranno circa cinquanta sterline. Vuole firmarlo qui?

Sì

E vuole firmare per favore il modulo di cambio, dando nome e indirizzo?

Sì. Potrebbe darmi cinque sterline in spiccioli, per favore?

Certo. Ecco. Due sterline sono detratte per la commissione

Mi può dire il cambio odierno?

At the bank

Good morning. Can I cash this traveller's cheque here?

Yes, would you take it to the cashier in the Foreign Department, please?

Yes, madam, what can I do for you?

I'd like to cash this traveller's cheque, please

Thank you. I see, roughly fifty pounds in english money. Would you sign it just here?

Yes

And would you kindly sign the exchange form, giving your name and address?

Yes, I will... Would you give me five pounds in change, please?

Certainly. Here you are. Two pounds are deducted as commission

Could you let me know the current rate of exchange?

All'agenzia di viaggi

Buongiorno. Vorrei visitare Stratford-on-Avon. Potete dirmi come ci si può arrivare?

Si può andare col treno o col pullman. C'è un servizio di pullman giornaliero dalla stazione Victoria. C'è una corsa al mattino alle 10,15 che arriva alle 14,25

Posso tornare nello stesso giorno?

Solo se viaggia di notte. C'è un pullman per Londra alle 2,20

Quanto costa il biglietto?

Dieci sterline e cinquanta pence andata e ritorno

Posso prenotare per una rappresentazione shakespeariana?

Sì, può prenotare per il teatro Shakespeare Memorial tramite qualsiasi agenzia teatrale

Va bene. Può darmi anche gli orari dei treni?

At the travel agency

Good morning. I want to visit Stratford-on-Avon. Can you tell me the best way to get there?

Well, you can go by train or by coach. There's a coach every day, from Victoria Coach Station. There's one at ten-fifteen in the morning, arriving at two twenty-five

Can I get back the same day?

Well, only if you travel overnight. There's a coach back to London next day at two-twenty

How much is the fare?

Ten pounds and fifty pence return

Can I book for a Shakespeare play?

Yes, you can book for the Shakespeare Memorial Theatre through any theatre agents

I see. Can you give me details of the trains?

C'è un treno ogni giorno feriale alle 8,20 di mattina che arriva alle 10,34. Deve cambiare a Leamington Spa. Ce n'è un altro alle 10,16 che arriva alle 12,36. E ce ne sono parecchi per il ritorno il pomeriggio e la sera

Quanto costa il biglietto del treno?
Quindici sterline
Ci sono delle gite giornaliere?
Sì, durante la stagione del Festival shakespeariano, da maggio a ottobre. Le gite includono un biglietto per una rappresentazione pomeridiana. Costano venticinque sterline tutto compreso

Mi sembra interessante. Molte grazie

There's a train every weekday at eight-twenty a.m., arriving at ten thirty-four. You have to change at Leamington Spa. There's another at ten sixteen, arriving at twelve thirty-six. And there are several back in the afternoon and evening

How much is the train fare?
Fifteen pounds
Are there any day trips?
Yes, during the Shakespeare Festival Season, from May to October. The trips include a ticket for a matinée performance of the play. They cost twenty-five pounds, including everything

That sounds interesting. Thank you very much

ALFABETO TELEFONICO - ENGLISH/AMERICAN ALPHABET

A	come Ancona	A	for Andrew / Abel
B	come Bologna	B	for Benjamin / Baker
C	come Como	C	for Charlie / Charlie
D	come Domodossola	D	for David / Dog
E	come Empoli	E	for Edward / Easy
F	come Firenze	F	for Frederick / Fox
G	come Genova	G	for George / George
H	come Hotel	H	for Harry / How
I	come Imola	I	for Isaac / Item
J	come Jersey, i lunga	J	for Jack / Jig
K	come Kursaal	K	for King / King
L	come Livorno	L	for Lucy / Love
M	come Milano	M	for Mary / Mike
N	come Napoli	N	for Nellie / Nan
O	come Otranto	O	for Oliver / Oboe
P	come Padova	P	for Peter / Peter
Q	come Quarto	Q	for Queenie / Queen
R	come Roma	R	for Robert / Roger
S	come Savona	S	for Sugar / Sugar
T	come Torino	T	for Tommy / Tare
U	come Udine	U	for Uncle / Uncle
V	come Venezia	V	for Victor / Victor
W	come Washington	W	for William / William
X	come Xeres, ics	X	for Xmas / X
Y	come York, yacht	Y	for Yellow / Yoke
Z	come Zara	Z	for Zebra / Zebra

ENGLISH - ITALIAN
INGLESE - ITALIANO

A

A [eɪ] *n* (*mus*) la.

a, an [eɪ, ə, æn, ən, n] *ind art* un, uno, una ◊ (*each, every, per*) ◊ **three times a week**, tre volte alla settimana; **twenty pence a packet**, venti pence al pacchetto; **a Mr. White**, un certo sig. White.

aback [ə'bæk] *adv* all'indietro ◊ (*fig*) **to be taken aback**, essere stupito.

abandon [ə'bændən*] *v tr* abbandonare, lasciare.

abandon [ə'bændən] *n* abbandono; slancio; effusione (*f*).

abandoned [ə'bændənd] *adj* abbandonato ◊ (*immoral*) depravato.

abase [ə'beɪs] *v tr* umiliare, degradare ◊ **to abase os**, umiliarsi.

abate [ə'beɪt] *v intr* calmarsi, attenuarsi ◊ **the wind abated**, il vento si calmò.

abbey ['æbɪ] *n* abbazìa.

abbreviate [ə'briːvɪeɪt] *v tr* abbreviare.

abbreviation [ə,briːvɪ'eɪʃn] *n* abbreviazione (*f*).

abdicate ['æbdɪkeɪt] *v tr* abdicare.

abdomen ['æbdəmen] *n* (*anat*) addome (*m*).

aberration [,æbə'reɪʃn] *n* sviamento, traviamento.

abet [ə'bet] *v tr* istigare, incitare ◊ (*law*) **to aid and abet sb**, essere complice di qc.

abetter [ə'betə*] *n* còmplice (*m* / *f*).

abide, *pt* **abode**, *pp* **abided** [ə'baɪd, ə'bəʊd] *v tr* sopportare ◊ (*fam*) **I can't abide him**, non lo posso soffrire.

ability [ə'bɪlətɪ] *n* abilità (*inv*), competenza.

ablaze [ə'bleɪz] *adv*, *adj* in fiamme ◊ (*fig*) **her face was ablaze with anger**, il suo volto era rosso di collera.

able ['eɪbl] *adj* capace, àbile ◊ **to be able to do sthg**, potere, sapere, essere in grado, riuscire a fare qcs.

abnormal [æb'nɔːml] *adj* anormale.

aboard [ə'bɔːd] *adv*, *prep* a bordo ◊ **to go aboard**, salire a bordo.

abolish [ə'bɒlɪʃ] *v tr* abolire.

abolition [,æbəʊ'lɪʃn] *n* abolizione (*f*).

abominable [ə'bɒmɪnəbl] *adj* abominévole ◊ **abominable snowman**, yeti.

abort [ə'bɔːt] *v tr*, *intr* abortire, fare abortire.

abortion [ə'bɔːʃn] *n* aborto ◊ **to have an abortion**, abortire.

abound [ə'baʊnd] *v intr* abbondare.

about [ə'baʊt] *prep* circa, su ◊ **a book about computers**, un libro sui calcolatori; **what about..., how about...**, che ne pensi di...; **what about it?**, e allora?

about [ə'baʊt] *adv* circa ◊ qua e là ◊ **a village about ten miles from Dublin**, un paese a circa dieci miglia da Dublino; **the children were running about**, i bambini correvano qua e là.

above [ə'bʌv] *prep*, *adv* (al di) sopra, su ◊ **please read the instructions in the paragraph above**, per favore leggere le istruzioni contenute nel paragrafo precedente; **the temperature is above zero**, la temperatura è al di sopra dello zero; **above all**, soprattutto.

abreast [ə'brest] *adv* di fianco ◊ **to march two abreast**, marciare a due a due.

abridge [ə'brɪdʒ] *v tr* accorciare, abbreviare

◊ **abridged edition**, edizione ridotta.

abroad [ə'brɔ:d] *adv* fuori, all'èstero ◊ **I often travel abroad on business**, vado spesso all'estero per affari.

abrogate ['æbrəʊˌgeɪt] *v tr* abrogare.

abrupt [ə'brʌpt] *adj* scosceso, rìpido ◊ **abrupt death**, morte improvvisa.

abruptly [ə'brʌptlɪ] *adv* ripidamente, a picco, improvvisamente.

abscess ['æbsɪs] *n* (*med*) ascesso.

absence ['æbsəns] *n* assenza ◊ **absence of mind**, distrazione.

absent ['æbsənt] *adj* assente, distratto ◊ **absent-minded**, distratto.

absolute ['æbsəlu:t] *adj* assoluto, completo, autoritario.

absolve [əb'zɒlv] *v tr* assòlvere.

absorb [əb'sɔ:b] *v tr* assorbire ◊ (*interest*) occupare, impegnare.

absorbent [əb'sɔ:bənt] *adj* assorbente.

abstain [əb'steɪn] *v intr* astenersi.

abstemious [æb'sti:mjəs] *adj* frugale, sobrio.

abstinence ['æbstɪnəns] *adj* astinenza, digiuno.

abstract ['æbstrækt] *adj* astratto.

absurd [əb'sɜ:d] *adj* assurdo.

abundance [ə'bʌndəns] *n* abbondanza.

abuse [ə'bju:s] *n* abuso, cattivo uso ◊ (*bad treatment*) maltrattamento ◊ **child abuse**, violenza sui bambini.

abuse [ə'bju:z] *v tr* abusare di ◊ (*insult*) ingiuriare.

abysmal [ə'bɪzməl] *adj* abissale.

abyss [ə'bɪs] *n* abisso.

academic [ˌækə'demɪk] *adj*, *n* accadèmico(-a), universitario(-a).

academy [ə'kædəmɪ] *n* accademia, scuola ◊ **academy of music**, conservatorio.

accelerate [ək'seləˌreɪt] *v tr* accelerare.

acceleration [əkˌselə'reɪʃn] *n* accelerazione (*f*).

accelerator [ək'seləreɪtə] *n* acceleratore (*m*).

accent ['æksənt] *n* accento.

accent [æk'sent] *v tr* accentare.

accept [ək'sept] *v tr* accettare, gradire ◊ (*comm*) **to accept a bill**, accettare una cambiale.

acceptable [ək'septəbl] *adj* accettàbile, sod-

disfacente ◊ gradévole.

access ['ækses] *n* accesso, àdito ◊ (*fit*) attacco ◊ **to have free access to**, avere l'entrata libera in; **she had a terrible access of anger**, ebbe un terribile attacco d'ira.

access ['ækses] *v intr* (*informatica*) accedere.

accessible [ək'sesəbl] *adj* accessìbile.

accessory [ək'sesərɪ] *n* accessorio.

accident ['æksɪdənt] *n* disgrazia, incidente (*m*), infortunio ◊ (*chance*) caso ◊ **by accident**, per caso.

accidental [ˌæksɪ'dentl] *adj* casuale, fortùito.

acclaim [ə'kleɪm] *v tr* acclamare.

acclimatize [ə'klaɪmətaɪz] *v tr* acclimatare.

accommodate [ə'kɒmədeɪt] *v tr* ospitare ◊ **this hotel can accommodate 500 guests**, questo albergo può ospitare 500 persone.

accommodating [ə'kɒmədeɪtɪŋ] *adj* accomodante, compiacente.

accommodation [əˌkɒmə'deɪʃn] *n* alloggio, dimora ◊ (*AmE*) vitto e alloggio.

accompany [ə'kʌmpənɪ] *v tr* accompagnare.

accomplice [ə'kʌmplɪs] *n* còmplice (*m* / *f*).

accomplish [ə'kʌmplɪʃ] *v tr* cómpiere, effettuare.

accomplished [ə'kʌmplɪʃt] *adj* compiuto, finito ◊ **an accomplished fact**, un fatto compiuto.

accord [ə'kɔ:d] *n* accordo ◊ **with one accord**, di comune accordo.

accord [ə'kɔ:d] *v tr*, *intr* accordare(-rsi).

accordance [ə'kɔ:dəns] *n* conformità.

according [ə'kɔ:dɪŋ] *prep* **according to**, secondo ◊ **according to Mary you were here**, secondo Mary tu eri qui.

accordingly [ə'kɔ:dɪŋlɪ] *adv* perciò, di conseguenza.

accordion [ə'kɔ:djən] *n* fisarmònica.

account [ə'kaʊnt] *n* resoconto, relazione (*f*) ◊ (*comm*) conto ◊ **I'm going to open a bank account**, intendo aprirmi un conto in banca; **of no account**, senza importanza; **by all accounts**, a quanto si dice; **current account**, conto corrente.

account [ə'kaʊnt] *v tr* considerare ◊ *v intr* render conto (di).

accountable [ə'kaʊntəbl] *adj* responsàbile (di).

accountant [ə'kaʊntənt] *n* ragioniere(-a), contàbile (*m / f*).

accumulate [ə'kju:mjʊleɪt] *v tr, intr* accumulare(-rsi), ammucchiare.

accumulator [ə'kju:mjʊleɪtə*] *n* accumulatore.

accuracy ['ækjʊrəsɪ] *n* esattezza, accuratezza.

accurate ['ækjʊrət] *adj* accurato, preciso.

accuse [ə'kju:z] *v tr* accusare ◊ **to accuse os**, accusarsi; **to accuse sb of sthg**, accusare qc di qcs.

accustom [ə'kʌstəm] *v tr* abituare.

accustomed [ə'kʌstəmd] *adj* abituale, abituato ◊ **to be, get accustomed to doing sthg**, essere abituato, abituarsi a fare qcs.

ace [eɪs] *n* (*cards*) asso.

ache [eɪk] *n* dolore (*m*), male (*m*).

ache [eɪk] *v intr* far male, dolere ◊ (*fam*) **to ache for**, desiderare ardentemente; **to ache all over**, avere male dappertutto.

achieve [ə'tʃi:v] *v tr* ottenere, raggiùngere.

achievement [ə'tʃi:vmənt] *n* conseguimento, raggiungimento.

acid [æsɪd] *adj* acido ◊ **acid rain**, piogge acide.

acknowledge [ək'nɒlɪdʒ] *v tr* convenire, ammèttere; riconóscere (*authority*); rispóndere (*to letter*); salutare ◊ **We acknowledge receipt of your letter**, accusiamo ricevuta della vostra lettera.

acorn ['eɪkɔ:n] *n* ghianda.

acoustic [ə'ku:stɪk] *adj* acùstico.

acoustics [ə'ku:stɪks] *n* acùstica.

acquaint [ə'kweɪnt] *v tr* informare, far sapere ◊ **to be acquainted with sb, sthg**, conoscere qc, essere al corrente di qcs.

acquaintance [ə'kweɪntəns] *n* conoscenza ◊ (*person*) conoscente (*m / f*) ◊ **friends and acquaintances**, amici e conoscenti.

acquire [ə'kwaɪə*] *v tr* acquistare, ottenere.

acquisition ['ækwɪ'zɪʃn] *n* acquisizione (*f*), acquisto ◊ **she is a valuable acquisition to the firm**, è una valida acquisizione per la ditta.

acquit [ə'kwɪt] *v tr* assòlvere ◊ **to acquit os well, ill**, cavarsela bene, male.

acquittal [ə'kwɪtl] *n* saldo (*of debt*) ◊ (*law*) assoluzione (*f*).

acre ['eɪkə*] *n* acro (= *4047 m*).

acrobat ['ækrəbæt] *n* acròbata (*m / f*).

acrobatics [ˌækrə'bætɪks] *n pl* acrobazìe.

acropolis [ə'krɒpəlɪs] *n* acròpoli (*f inv*), cittadella.

across [ə'krɒs] *prep, adv* attraverso, da un lato all'altro ◊ **across the road**, dall'altro lato della strada; **to come across**, incontrare.

act [ækt] *n* azione (*f*), atto ◊ (*law*) legge, atto ◊ (*theatre*) atto ◊ (*fam*) finzione, scena.

act [ækt] *v tr, intr* agire ◊ (*theatre*) recitare.

acting ['æktɪŋ] *adj* facente, avente funzione di.

acting ['æktɪŋ] *n* azione (*f*) ◊ (*theatre*) recitazione (*f*).

action ['ækʃn] *n* azione (*f*), atto ◊ (*law*) processo, causa ◊ **civil action**, causa civile; **criminal action**, processo penale.

active ['æktɪv] *adj* attivo.

activity [æk'tɪvətɪ] *n* attività (*inv*).

actor ['æktə*] *n* attore (*m*).

actress ['æktrɪs] *n* attrice (*f*).

actual ['æktʃʊəl] *adj* reale, vero, effettivo ◊ **actual cost**, costo effettivo.

actually ['æktʃʊəlɪ] *adv* in realtà, realmente, effettivamente.

acumen ['ækjʊmen] *n* acume (*m*) ◊ **business acumen**, acume negli affari.

acupuncture ['ækjʊˌpʌŋktʃə*] *n* agopuntura.

acute [ə'kju:t] *adj* acuto, aguzzo ◊ (*fig*) perspicace.

ad [æd] *n* (*abbr of advertisement*) pubblicità (*inv*), inserzione (*f*).

A.D. [ˌeɪ'di:] *n abbr of* **anno Domini** d.C., dopo Cristo.

adapt [ə'dæpt] *v tr, intr* adattare(-rsi).

adaptable [ə'dæptəbl] *adj* adattàbile.

adaptation [ˌædæp'teɪʃn] *n* adattamento.

add [æd] *v tr, intr* aggiùngere, aumentare ◊ **to add the interest to the capital**, aggiungere l'interesse al capitale; (*math*) **to add up**, sommare.

adder ['ædə*] *n* vipera.

addict ['ædɪkt] *n* tossicòmane (*m / f*) ◊ **a heroin addict**, un eroinomane; (*fig*) **a television addict**, un fanatico della televisione.

addiction [ə'dɪkʃn] *n* dipendenza, assuefazione (*f*) ◊ mania.

addition [ə'dɪʃn] *n* (*math*) addizione (*f*), somma, aggiunta ◊ **in addition to sthg**, in più, oltre a.

address [ə'dres] *n* indirizzo, recàpito ◊ (*speech*) discorso ◊ **of no fixed address**, senza fissa dimora.

address [ə'dres] *v tr* indirizzare.

adenoids ['ædɪnɔɪdz] *n pl* adenòidi.

adequate ['ædɪkwət] *adj* adeguato, sufficiente.

adhere [əd'hɪə] *v intr* aderire, attaccarsi ◊ **to adhere to a party**, aderire a un partito.

adhesion [əd'hi:ʒn] *n* adesione (*f*).

adhesive [əd'hi:siv] *adj* adesivo.

adjacent [ə'dʒeɪsənt] *adj* adiacente.

adjective ['ædʒektɪv] *n* aggettivo.

adjoin [ə'dʒɔɪn] *v tr* aggiungere, unire.

adjoining [ə'dʒɔɪnɪŋ] *adj* contiguo, adiacente.

adjourn [ə'dʒɜ:n] *v tr, intr* aggiornare(-rsi) ◊ (*fam*) spostarsi.

adjunct ['ædʒʌŋkt] *n* (*grammar*) attributo.

adjust [ə'dʒʌst] *v tr* adattare, regolare ◊ (*comm*) **to adjust accounts**, pareggiare i conti ◊ *v intr* adattarsi, abituarsi (a).

ad-lib [æd'lɪb] *v tr, intr* (*fam*) improvvisare.

adman ['ædmæn] *n* (*fam*) pubblicitario.

administer [əd'mɪnɪstə] *v tr, intr* amministrare, governare.

administration [əd,mɪnɪ'streɪʃn] *n* amministrazione (*f*).

administrative [əd'mɪnɪstrətiv] *adj* amministrativo.

administrator [əd'mɪnɪstreɪtə] *n* amministratore(-trice).

admirable ['ædmərəbl] *adj* ammiràbile.

admiral ['ædmərəl] *n* ammiraglio.

admiration [,ædmə'reɪʃn] *n* ammirazione (*f*).

admire [əd'maɪə*] *v tr* ammirare.

admirer [əd'maɪərə*] *n* ammiratore(-trice).

admission [əd'mɪʃn] *n* ammissione (*f*), accesso; confessione (*f*) ◊ **free admission**, entrata libera; **by his own admission**, per sua propria ammissione.

admit [əd'mit] *v tr* amméttere, far entrare ◊ amméttere, riconóscere ◊ contenere ◊ **he admitted his responsibility**, riconobbe la sua responsabilità.

admonish [əd'mɒnɪʃ] *v tr* ammonire.

adolescence [,ædəʊ'lesns] *n* adolescenza.

adolescent [,ædəʊ'lesnt] *adj* adolescente.

adopt [ə'dɒpt] *v tr* adottare.

adoption [ə'dɒpʃn] *n* adozione (*f*)

adoptive [ə'dɒptɪv] *adj* adottivo.

adore [ə'dɔ:*] *v tr* adorare, venerare.

adorn [ə'dɔ:n] *v tr* adornare.

adrenalin [ə'drenəlɪn] *n* adrenalina.

adrift [ə'drɪft] *adv* alla deriva.

adroit [ə'drɔɪt] *adj* àbile.

adulation [,ædjʊ'leɪʃn] *n* adulazione (*f*).

adult ['ædʌlt] *n* adulto ◊ **this film is for adults only**, questo film è solo per adulti.

adulterate [ə'dʌltəreɪt] *v tr* adulterare.

adultery [ə'dʌltərɪ] *n* adulterio ◊ **to commit adultery**, commettere adulterio.

advance [əd'vɑ:ns] *n* avanzamento, avanzata ◊ (*fig*) progresso ◊ (*comm*) antìcipo ◊ **advance against merchandise**, anticipo sulla merce; **in advance**, in anticipo.

advance [əd'vɑ:ns] *v tr, intr* avanzare ◊ (*lend*) anticipare (denaro).

advanced [əd'vɑ:nst] *adj* avanzato ◊ **advanced studies**, studi avanzati, superiori.

advantage [əd'vɑ:ntɪdʒ] *n* vantaggio, profitto ◊ **to take advantage of sb**, abusare della bontà di qc.

advantageous [,ædvən'teidʒəs] *adj* vantaggioso.

advent ['ædvənt] *n* avvento ◊ (*relig*) **the Advent**, l'Avvento.

adventure [əd'ventʃə*] *n* avventura ◊ **love of adventure**, amore per l'avventura.

adventurous [əd'ventʃərəs] *adj* avventuroso.

adverb ['ædvɜ:b] *n* avverbio.

adversary ['ædvəsərɪ] *n* avversario.

adverse ['ædvɜ:s] *adj* avverso ◊ **adverse fortune**, fortuna avversa.

adversity [əd'vɜ:sətɪ] *n* avversità (*inv*).

advertise ['ædvətaɪz] *v tr* annunziare, fare della pubblicità ◊ **to advertise for an employment**, mettere un'inserzione per trovare un impiego.

advertisement [əd'vɜ:tɪsmənt] *n* annunzio, inserzione (*f*), réclame (*f inv*).

advertising ['ædvətaɪzɪŋ] *n* pubblicità (*inv*).

advice [əd'vaɪs] *n* consigli ◊ **piece of advice**, consiglio.

advisable [əd'vaɪzəbl] *adj* consigliàbile.

advise [əd'vaɪz] *v tr* consigliare ◊ **ill advised, well advised**, mal consigliato, ben consigliato.

adviser [əd'vəɪzə*] *n* consulente (*m*), consigliere (*m*).

advocate ['ædvəkət] *n* difensore (*m*) ◊ (*lawyer*) avvocato.

aerial ['eərɪəl] *n* antenna.

aerial ['eərɪəl] *adj* aereo.

aerobics [ɛə'rɔbɪks] *n* aerobica.

aerodrome ['eərədrəʊm] *n* aeròdromo.

aerodynamic [ˌeərəʊdaɪ'næmɪk] *adj* aerodinamico.

aeronautics [ˌeərə,nɔ:tɪks] *n* aeronàutica.

aeroplane ['eərəpleɪn] *n* aeroplano.

aesthetic [i:s'θetɪk] *adj* estètico.

affair [ə'feə*] *n* affare (*m*) ◊ **pubblic affairs**, affari pubblici; **love affair**, relazione amorosa.

affect [ə'fekt] *v tr* affettare, ostentare, fingere ◊ (*influence*) influire (su) ◊ (*med*) colpire.

affectation [ˌæfek'teɪʃn] *n* affettazione (*f*).

affection [ə'fekʃn] *n* affetto, affezione (*f*).

affectionate [ə'fekʃanat] *adj* affettuoso.

affinity [ə'fɪnətɪ] *n* affinità (*inv*).

affirm [ə'fɜ:m] *v tr, intr* affermare, dichiarare.

affirmation [ˌæfə'meɪʃn] *n* affermazione (*f*).

affix [ə'fɪks] *v tr* apporre.

afflict [ə'flɪkt] *v tr* affliggere.

affluence ['æfluəns] *n* abbondanza, opulenza, ricchezza.

affluent ['æfluənt] *adj* ricco ◊ **affluent society**, società ad alto tenore di vita.

afford [ə'fɔ:d] *v tr* offrire, fornire ◊ (*usually with can, could*) permettersi ◊ **thanks to the success of the business we can afford a new car**, grazie al successo degli affari ci possiamo permettere una macchina nuova.

affront [ə'frʌnt] *n* affronto, insulto.

afloat [ə'fləʊt] *adv* a galla.

afraid [ə'freɪd] *adj* timoroso, impaurito ◊ **to be afraid of sthg**, avere paura di qcs.

afresh [ə'freʃ] *adv* di nuovo.

after ['ɑ:ftə*] *prep* dopo, dietro, in seguito ◊ **after all**, dopo tutto; (*AmE*) **it's twenty after seven**, sono le sette e venti.

after ['ɑ:ftə*] *adv* dopo, poi ◊ **the day after**, il giorno dopo; **ever after**, da allora in poi.

aftereffect ['ɑ:ftəɪ,fekt] *n* (*often pl*) conseguenze (*f pl*).

afterlife ['ɑ:ftə,laɪf] *n* vita nell'aldilà.

afternoon [ˌɑ:ftə'nu:n] *n* pomeriggio.

aftershave ['ɑ:ftəʃeɪv] *n* dopobarba (*m inv*).

afterthought ['ɑ:ftəθɔ:t] *n* riflessione (*f*), ripensamento.

afterwards ['ɑ:ftəwədz] *adv* dopo.

again [ə'gen] *adv* di nuovo, ancora ◊ **never do that again**, non farlo più; **again and again**, ripetutamente; **now and again**, ogni tanto; **once again**, ancora una volta.

against [ə'genst] *prep* contro.

age [eɪdʒ] *n* età (*inv*) ◊ **full age**, maggiore età; **middle age**, mezza età; **to be of age**, essere maggiorenne; **to be under age**, essere minorenne; **ages**, lungo periodo.

agency ['eɪdʒənsɪ] *n* agenzìa.

agenda(-das) [ə'dʒendə, dəz] *n* ordine (*m*) del giorno.

agent ['eɪdʒənt] *n* agente (*m*), rappresentante (*m*).

aggravate ['ægrəveɪt] *v tr* aggravare ◊ (*fam*) esasperare.

aggression [ə'greʃn] *n* aggressione (*f*).

aggressive [ə'gresɪv] *adj* aggressivo.

aghast [ə'gɑ:st] *adj* spaventato.

agile ['ædʒaɪl] *adj* àgile.

agitate ['ædʒɪteɪt] *v tr, intr* turbare, agitare(-rsi).

ago [ə'gəʊ] *adv* fa, or sono, addietro ◊ **two years ago**, due anni fa; **how long ago?**, quanto tempo fa?

agonizing ['ægənaɪzɪŋ] *adj* straziante, penoso.

agony ['ægənɪ] *n* agonìa ◊ (*BrE, fam*) **agony column**, lettere di lettori su problemi personali.

agree [ə'gri:] *v tr, intr* acconsentire, accettare, accordarsi, approvare ◊ **to agree to a proposal**, acconsentire a una proposta; **he agreed**, disse di sì.

agreeable [ə'grɪəbl] *adj* gradévole.

agreement [ə'gri:mənt] *n* accordo, intesa ◊

(*law*) contratto ◊ **to reach an agreement**, giungere a un accordo; **as per agreement**, come convenuto.
agricultural [ˌægrɪ'kʌltʃərəl] *adj* agrìcolo.
agriculture ['ægrɪkʌltʃə*] *n* agricoltura.
ahead [ə'hed] *adv* avanti, in avanti ◊ **to go ahead**, andare avanti; **straight ahead**, sempre diritto.
aid [eɪd] *n* aiuto, soccorso ◊ **aids** (*pl*), sussidi, assistenza ◊ **first aid**, pronto soccorso.
AIDS [eɪdz] *n abbr of* **Acquired Immune Deficiency Syndrome** AIDS.
ailment ['eɪlmənt] *n* indisposizione (*f*).
aim [eɪm] *v tr, intr* mirare, prèndere la mira ◊ (*fig*) aspirare ◊ **what are you aiming at?**, qual è il tuo scopo?
aim [eɪm] *n* mira, scopo ◊ **to miss one's aim**, mancare il bersaglio.
aimless ['əɪmlɪs] *adj* senza scopo.
air [eə*] *n* aria ◊ **air-conditioner**, condizionatore (d'aria); climatizzatore; **air-crash**, incidente aereo; **air-mail**, posta aerea; **air-pipe**, ventilatore; **air-sickness**, mal d'aria; **Air Force**, aviazione militare; **air-strip**, pista d'atterraggio.
air [eə*] *v tr* aerare, ventilare ◊ (*grievances, ideas*) esprìmere pubblicamente ◊ (*AmE*) trasméttere per radio o televisione.
aircraft ['eəkrɑ:ft] *n* aèreo, aèrei.
aisle [aɪl] *n* navata ◊ (*theatre, supermarket, plane*) corridoio.
ajar [ə'dʒɑ:*] *adj, adv* socchiuso.
akin [ə'kɪn] *adj* affine.
alabaster ['æləbɑ:stə*] *n* alabastro.
alarm [ə'lɑ:m] *n* allarme (*m*) ◊ **alarm-clock**, sveglia.
alarm [ə'lɑ:m] *v tr* allarmare.
album ['ælbəm] *n* album (*m inv*); (*mus*) LP, 33 giri.
alcohol ['ælkəhɒl] *n* alcol (*m inv*).
alcoholic [ælkə'hɔlɪk] *adj* alcolico ◊ (*person*) alcolizzato ◊ *sm* alcolizzato.
alcoholism ['ælkəhɔlɪzəm] *n* alcolismo.
ale [eɪl] *n* (tipo di) birra.
alert [ə'lɜ:t] *adj* vigilante.
alert [ə'lɜ:t] *n* segnale (*m*) d'allarme ◊ **on the alert**, all'erta.
alibi ['ælɪbaɪ] *n* àlibi (*m inv*).
alien ['eɪljən] *n adj* straniero(-a) ◊ (*science fiction*) alieno.
alight [ə'laɪt] *adj* acceso.
alight [ə'laɪt] *v intr* scéndere.
align [ə'laɪn] *v tr* allineare.
alike [ə'laɪk] *adj, adv* (in modo) sìmile.
alimony ['ælɪmənɪ] *n* (*payment*) alimenti (*pl*).
alive [ə'laɪv] *adj* vivo ◊ **alive to**, conscio di.
all [ɔ:l] *adv, adj, pron* tutto ◊ **all alone**, tutto solo; **all the time**, tutto il tempo; **all of them went**, sono andati tutti; **all in all**, tutto sommato; **not at all**, affatto; **all over**, dappertutto; **all over again**, da capo; **all right**, va bene; **all the better**, tanto meglio.
allergic [ə'lə:dʒɪk] *adj* allergico(-a).
allergy [ˌælədʒi] *n* allergìa.
alleviate [ə'li:vɪeɪt] *v tr* sollevare.
alley ['ælɪ] *n* vìcolo.
alliance [ə'laɪəns] *n* alleanza.
all-in [ˌɔ:l'ɪn] *adj* tutto compreso.
all-night [ˌɔ:l'naɪt] *adj* aperto tutta la notte.
allot [ə'lɒt] *v tr* (*share out*) spartire.
allow [ə'laʊ] *v tr* (*practice, behaviour*) perméttere ◊ (*sum to spend*) accordare ◊ (*time estimated*) dare ◊ **to allow sb to do sthg**, permettere a qc di fare qcs.
allowance [ə'laʊəns] *n* (*money received*) assegno, indennità (*inv*).
alloy ['ælɔɪ] *n* (*metals*) lega.
all right, alright [ˌɔ:l'raɪt] *adv* bene ◊ (*answer*) va bene ◊ **"sorry I'm late", "that's all right"**, "mi dispiace di essere in ritardo", "non importa".
allude [ə'lu:d] *v tr* allùdere.
alluring [ə'ljʊərɪŋ] *adj* seducente.
allusion [ə'lu:ʒn] *n* allusione (*f*).
ally [ə'laɪ] *n* alleato(-a).
almighty [ɔ:l'maɪtɪ] *adj* onnipotente.
almond ['ɑ:mənd] *n* màndorla.
almost ['ɔ:lməʊst] *adv* quasi.
alms [ɑ:mz] *n* elemòsina.
alone [ə'ləʊn] *adj* solo ◊ *adv* da solo.
along [ə'lɒŋ] *prep* lungo ◊ **we walked along the road**, camminammo lungo la strada.
along [ə'lɒŋ] *adv* ◊ **along with**, insieme con.
aloof [ə'lu:f] *adj, adv* distaccato, a distanza, in disparte.

aloud [ə'laʊd] *adv* ad alta voce.
alphabet ['ælfəbɪt] *n* alfabeto.
alphabetical [ˌælfə'betɪkl] *adj* alfabetico.
already [ɔ:l'redɪ] *adv* già.
also ['ɔ:lsəʊ] *adv* anche.
altar ['ɔ:ltə*] *n* altare (*m*).
alter ['ɔ:ltə*] *v tr, intr* alterare(-rsi).
alternate ['ɔ:ltəneɪt] *adj* alterno ◊ **on alternate days**, ogni due giorni.
alternative [ɔ:l'tɜ:nətɪv] *adj* alternativo.
alternative [ɔ:l'tɜ:nətɪv] *n* alternativa.
although [ɔ:l'ðəʊ] *conj* benché, sebbene.
altitude ['æltɪtju:d] *n* altitùdine (*f*) altezza, quota.
altogether [ˌɔ:ltə'geðə*] *adv* completamente, del tutto ◊ (*all in all*) tutto sommato.
altruistic [ˌæltrʊ'ɪstɪk] *adj* altruìstico.
aluminium [ˌæliʊmɪnjəm], **aluminum** (*AmE*) [ə'lu:mɪnəm] *n* alluminio.
always ['ɔ:lweɪz] *adv* sempre.
a.m. [ˌeɪ'em] *adv abbr of* **ante meridiem**, della mattina ◊ **at 9.30 a.m.**, alle 9,30 del mattino.
amass [ə'mæs] *v tr* ammassare.
amateur ['æmətə:*] *n* dilettante (*m* / *f*).
amaze [ə'meɪz] *v tr* stupire.
ambassador [æm'bæsədə*] *n* ambasciatore (-trice).
amber ['æmbə*] *n* ambra ◊ **the lights switch from red to amber**, il semaforo passa dal rosso al giallo.
ambiguity [ˌæmbɪ'gju:ɪtɪ] *n* ambiguità (*inv*).
ambiguous [æm'bɪgjuəs] *adj* ambiguo.
ambition [æm'bɪʃn] *n* ambizione (*f*).
amble ['æmbl] *v intr* camminare tranquillamente.
ambulance ['æmbjʊləns] *n* ambulanza.
ambush ['æmbʊʃ] *n* imboscata.
amend [ə'mend] *v tr, intr* (*law*) emendare(-rsi).
amiable ['eɪmjəbl] *adj* gentile.
amicable ['æmɪkəbl] *adj* amichévole.
amid(st) [ə'mɪd(st)] *prep* fra, tra, in mezzo a.
amiss [ə'mɪs] *adj* sbagliato.
amiss [ə'mɪs] *adv* fuori luogo, a sproposito.
ammunition [ˌæmjʊ'nɪʃn] *n* munizioni (*f pl*).
amnesty ['æmnɪstɪ] *n* amnistìa.

among(st) [ə'mʌŋ(st)] *prep* fra, tra, in mezzo a.
amorous [ˌæmərəs] *adj* amoroso.
amount [ə'maʊnt] *n* somma, ammontare (*m*), quantità (*inv*).
amount [ə'maʊnt] *v intr* ammontare, corrispóndere a.
amphitheatre ['æmfɪˌθɪətə*] *n* anfiteatro.
ample ['æmpl] *adj* ampio, spazioso ◊ (*enough*) abbondante.
amplifier ['æmplɪfaɪə*] *n* amplificatore (*m*).
amplify ['æmplɪfaɪ] *v tr* amplificare.
amputate ['æmpjʊteɪt] *v tr* amputare.
amuse [ə'mju:z] *v tr* divertire ◊ *v rifl* **to amuse os**, divertirsi.
amusement [ə'mju:zmənt] *n* divertimento.
an [æn, ən, n] *ind art, see* **a**.
anaemia [ə'ni:mjə] *n* anemìa.
anaemic [ə'ni:mɪk] *adj* anemico.
anaesthesia [ˌænɪs'θi:zjə] *n* anestesia.
anaesthetize [æ'ni:sθətaɪz] *v tr* anestetizzare.
analgesic [ˌænæl'dʒi:zik] *adj, n* analgesico.
analogy [ə'nælədʒɪ] *n* analogìa.
analyse ['ænəlaɪz] *v tr* analizzare.
analysis (analyses) [ə'næləsɪs, ə'næləsi:z] *n* anàlisi (*f inv*).
analyst ['ænəlɪst] *n* analista (*m* / *f*).
anarchy ['ænəkɪ] *n* anarchìa.
anatomy [ə'nætəmɪ] *n* anatomìa.
ancestor ['ænsestə*] *n* antenato(-a).
anchor ['æŋkə*] *n* àncora.
anchorman(-woman) ['æŋkəmən] *n* annunciatore(-trice) della radio, televisione.
anchovy ['ænt'ʃəvɪ] *n* acciuga.
ancient ['eɪnʃənt] *adj* antico.
and [ænd, ənd, an] *conj* e ◊ (*between two verbs*) a, di ◊ (*between two comp*) sempre più ◊ **come and see**, vieni a vedere; **try and help me**, cerca di aiutarmi; **warmer and warmer**, sempre più caldo.
anecdote ['ænɪkdəʊt] *n* anèddoto.
anesthesia [ˌænɪs'θi:zjə] *n* (*AmE*) anaesthesia.
anew [ə'nju:] *adv* di nuovo.
angel ['eɪndʒəl] *n* àngelo.
anger ['æŋgə*] *n* rabbia, ira.
anger ['æŋgə*] *v tr* adirare, mandare in còllera.

angle ['æŋgl] *n* àngolo ◊ (*fam*) punto di vista ◊ **from their angle**, dal loro punto di vista.

angle ['æŋgl] *v intr* pescare con l'amo.

Anglican ['æŋglɪkən] *adj, n* anglicano(-a).

angry ['æŋgrɪ] *adj* arrabbiato.

anguish ['æŋgwɪʃ] *n* angoscia.

animal ['ænɪml] *adj, n* animale (*m*).

animosity [,ænɪ'mɒsətɪ] *n* animosità (*inv*).

ankle ['æŋkl] *n* caviglia.

annexe ['æneks] *v tr* annettere.

annihilate [ə'naɪəleɪt] *v tr* annientare.

anniversary [,ænɪ'vɜːsərɪ] *n* anniversario.

announce [ə'naʊns] *v tr* annunciare.

announcement [ə'naʊnsmənt] *n* annuncio ◊ (*letter, card*) partecipazione (*f*).

annoy [ə'nɔɪ] *v tr, intr* infastidire.

annoyance [ə'nɔɪəns] *n* seccatura.

annual ['ænjʊəl] *adj* annuale.

annual ['ænjʊəl] *n* (*book*) annuario.

annuity [ə'njuːɪtɪ] *n* annualità (*inv*) ◊ **life annuity**, vitalizio.

anomaly [ə'nɒməlɪ] *n* anomalìa.

anonymous [ə'nɒnɪməs] *adj* anònimo.

anorak ['ænəræk] *n* giacca a vento.

another [ə'nʌðə*] *adj, pron* un altro ◊ **one another**, l'un l'altro, a vicenda; **one after another**, uno dopo l'altro.

answer ['ɑːnsə*] *n* risposta.

answer ['ɑːnsə*] *v intr, tr* rispóndere ◊ **to answer the phone**, rispondere al telefono; **to answer the door**, aprire la porta; **to answer back**, ribattere.

answering machine ['ɑːnsərɪŋmə'ʃiːn] *n* segreteria telefonica.

ant [ænt] *n* formìca.

antagonize [æn'tægənaɪz] *v tr* opporsi, resìstere.

antelope ['æntɪləʊp] *n* antìlope (*f*).

anthem ['ænθəm] *n* inno.

anthology [æn'θɒlədʒɪ] *n* antologìa.

antibiotic [,æntɪbaɪ'ɒtɪk] *adj, n* antibiòtico.

anticipate [æn'tɪsɪpeɪt] *v tr* anticipare, prevenire ◊ (*expect*) prevedere.

anticipation [æn,tisi'peɪʃən] *n* anticipazione, previsione ◊ (*expectation*) aspettativa, attesa.

anti-clockwise [,æntɪklɒkwaɪz] *adj* in senso antiorario.

anti-cyclone [,æntɪ'saɪkləʊn] *n* anticiclone (*m*).

antidote ['æntɪdəʊt] *n* antidoto.

antifreeze ['æntɪfriːz] *n* anticongelante (*m*), antigelo.

antihistamine [,ænti,histə'miːn] *n* antistaminico.

antipathy [æn'tɪpəθɪ] *n* antipatìa, avversione (*f*).

antipodes [æn'tɪpədiːz] *n pl* antipodi.

antipyretic [,æntipai'retik] *adj, n* antipiretico.

antiquarian [,æntɪ'kweərɪən] *adj, n* antiquario(-a).

antique [æn'tiːk] *n* antichità (*inv*) ◊ **antique shop**, negozio d'antichità.

antiseptic [,æntɪ'septɪk] *adj* antisèttico.

antisocial [,æntɪ'səʊʃl] *adj* antisociale.

antithesis (antitheses) [æn'tɪθɪsɪs, æn'tɪθɪsiːz] *n* antìtesi (*f inv*).

anus ['eɪnəs] *n* ano.

anvil ['ænvɪl] *n* incùdine (*f*).

anxiety [æŋ'zaɪətɪ] *n* ansia.

anxious ['æŋkʃəs] *adj* ansioso, in ansia.

any ['enɪ] *adj* (*neg, interr sent*) nessuno, alcuno, alcuni, qualche; un po' di ◊ (*affir sent*) qualunque ◊ **at any rate**, ad ogni modo; **in any case**, in ogni caso; **have you any milk?**, hai del latte?

any ['enɪ] (*pron interr sent*) qualcuno, alcuno, nessuno, ne ◊ (*affir sent*) qualunque ◊ **I haven't any**, non ne ho; **have you got any?**, ne hai?

any ['enɪ] *adv* (*neg sent*) per niente ◊ (*interr, cond sent*) un po' ◊ **are you feeling any better?**, ti senti un po' meglio?

anybody, anyone ['enɪ,bɒdɪ, 'enɪwʌn] *pron* (*neg, interr sent*) qualcuno, alcuno, nessuno ◊ (*affir sent*) chiunque.

anyhow ['enɪhaʊ] *adv* in qualunque modo, alla meglio.

anyhow ['enɪhaʊ] *conj* comunque.

anything ['enɪθɪŋ] *pron* (*neg, interr sent*) qualcosa, alcuna cosa, niente ◊ (*affir sent*) qualunque cosa, tutto.

anyway ['enɪwei] *adv* comunque, ad ogni modo.

anywhere ['enɪweə*] *adv* (*neg, interr sent*) in alcun luogo ◊ (*affir sent*) in qualsiasi luogo, dovunque ◊ **I can't find him anywhere**, non lo trovo da nessuna parte.

apart [ə'pɑːt] *adv* a parte, in disparte, separatamente ◊ **apart from**, eccetto, a parte.

apartment [ə'pɑːtmənt] *n* (*AmE*) appartamento.

apathy ['æpəθɪ] *n* apatìa.

ape [eɪp] *n* scimmia.

apex ['eɪpeks] *n* àpice (*m*).

apologize [ə'pɒlədʒaɪz] *v intr* scusarsi ◊ **to apologize to sb for sthg**, scusarsi con qc di qcs.

apology [ə'pɒlədʒɪ] *n* scuse (*f pl*).

apoplectic [ˌæpə'plektɪk] *adj* apoplettico.

apoplexy ['æpəupleksɪ] *n* apoplessìa.

apostle [ə'pɒsl] *n* apòstolo.

apostrophe [ə'pɒstrəfɪ] *n* apòstrofo.

appal (*BrE*), **appall** (*AmE*) [ə'pɔːl] *v tr* atterrire, spaventare.

appalling [ə'pɔːlɪŋ] *adj* spaventoso ◊ (*fam*) molto cattivo.

apparent [ə'pærənt] *adj* evidente, manifesto.

apparently [ə'pærəntlɪ] *adv* a quanto pare.

appeal [ə'piːl] *v intr* destare interesse (*law*) appellarsi alla legge; piacere ◊ **does the idea of working abroad appeal (to you)?**, vi va l'idea di lavorare all'estero?

appear [ə'pɪə*] *v intr* apparire ◊ (*law*) comparire ◊ (*publication*) essere pubblicato ◊ **to appear on television**, presentarsi in televisione.

appearance [ə'pɪərəns] *n* apparizione (*f*), apparenza ◊ (*look*) aspetto ◊ **to keep up appearances**, salvare le apparenze.

appease [ə'piːz] *v tr* calmare, pacificare.

appendicitis [əˌpendɪ'saɪtɪs] *n* appendicite (*f*).

appendix (appendices) [ə'pendɪks] *n* appendice (*f*).

appetite ['æpɪtaɪt] *n* appetito.

appetizer ['æpɪtaɪzə*] *n* aperitivo, stuzzichino.

appetizing ['æpɪtaɪzɪŋ] *adj* appetitoso ◊ (*fig*) allettante.

applaud [ə'plɔːd] *v tr, intr* applaudire.

applause [ə'plɔːz] *n* applauso.

apple ['æpl] *n* mela ◊ (*fam, fig*) **the apple of one's eye**, la pupilla dei propri occhi.

applejack [ˌæpl'dʒæk] *n* (*AmE*) acquavite di mele.

applepie [ˌæpl'paɪ] *n* torta di mele ◊ (*fam*) **in applepie order**, in perfetto ordine.

appliance [ə'plaɪəns] *n* apparecchio, strumento.

applicable ['æplɪkəbl] *adj* applicàbile.

applicant ['æplɪkənt] *n* candidato(-a), richiedente.

application [ˌæplɪ'keɪʃn] *n* applicazione (*f*) ◊ (*for a job, a grant, etc*) domanda.

apply [ə'plaɪ] *v tr, intr* applicare(-rsi), rivolgersi, fare domanda ◊ **I'll apply for a job today**, oggi farò domanda per un impiego.

appoint [ə'pɔɪnt] *v tr* nominare.

appointment [ə'pɔɪntmənt] *n* nòmina ◊ (*arrangement to meet*) appuntamento ◊ **to make an appointment**, prendere un appuntamento.

appraisal [ə'preɪzl] *n* stima, valutazione (*f*).

appreciate [ə'priːʃɪeɪt] *v tr* (*like*) apprezzare ◊ (*be grateful for*) èssere riconoscente per ◊ (*be aware of*) rèndersi conto di ◊ (*comm*) aumentare di valore.

appreciation [əˌpriːʃɪ'eɪʃən] *n* apprezzamento, riconoscimento.

apprehension [ˌæprɪ'henʃn] *n* inquietùdine (*f*).

apprehensive [ˌæprɪ'hensɪv] *adj* apprensivo.

apprentice [ə'prentɪs] *n* apprendista (*m / f*).

approach [ə'prəutʃ] *v tr, intr* avvicinare(-rsi), raggiùngere.

appropriate [ə'prəuprɪət] *adj* adatto.

appropriate [ə'prəuprɪeɪt] *v tr* (*take*) appropriarsi di.

approval [ə'pruːvl] *n* approvazione (*f*).

approve [ə'pruːv] *v tr, intr* approvare.

approximate [ə'prɒksɪmət] *adj* approssimato.

apricot ['eɪprɪkɒt] *n* albicocca.

April ['eɪprɪl] *n* aprile (*m inv*) ◊ **April fool**, pesce d'aprile.

apron ['eɪprən] *n* grembiule (*m*).

apt [æpt] *adj* adatto, capace.

aptitude ['æptɪtjuːd] *n* abilità (*inv*).

aqualung ['ækwəlʌŋ] *n* autorespiratore (*m*).

aquarium [ə'kweərɪəm] *n* acquario.

Aquarius [ə'kweərɪəs] *n* Acquario.

aquatic [ə'kwætɪk] *adj* acquàtico.

aqueduct ['ækwɪdʌkt] *n* acquedotto.

arbitrary ['ɑːbɪtrərɪ] *adj* arbitrario.

arcade [ɑːˈkeɪd] *n* pòrtico ◊ (*passage with shops*) gallerìa.

arch [ɑːtʃ] *n* arco.

archaeologist [ˌɑːkɪˈɔlədʒɪst] *n* archeologo(-a).

archaeology [ˌɑːkɪˈɔlədʒɪ] *n* archeologia.

archbishop [ˌɑːtʃˈbɪʃəp] *n* arcivéscovo.

architect [ˌɑːkɪtekt] *n* architetto.

architecture [ˌɑːkɪtektʃə*] *n* architettura.

ardent ['ɑːdənt] *adj* ardente.

arduous ['ɑːdjʊəs] *adj* àrduo.

area ['eərɪə] *n* (*geom*) àrea ◊ (*zone*) zona ◊ (*fig*) settore, campo.

argue ['ɑːgju] *v tr* (*quarrel*) litigare ◊ (*reason*) ragionare.

argument ['ɑːgjʊmənt] *n* (*reasons*) argomento ◊ (*quarrel*) lite (*f*) ◊ (*debate*) discussione (*f*).

arid ['ærɪd] *adj* àrido.

Aries ['eəriːz] *n* Ariete (*m*).

arise, *pt* **arose**, *pp* **arisen** [əˈraɪz, əˈrəʊz, əˈrɪzn] *v intr* alzarsi ◊ (*appear*) sorgere, presentarsi.

aristocracy [ˌærɪˈstɒkrəsɪ] *n* aristocrazia.

aristocratic [ˌærɪstəˈkrætɪk] *adj* aristocratico.

arithmetic [ˌærɪθˈmetɪk] *n* aritmètica.

ark [ɑːk] *n* arca.

arm [ɑːm] *n* braccio ◊ (*mil branch*) arma ◊ **arms**, armi ◊ **arm in arm**, a braccetto.

armchair ['ɑːmtʃɛə*] *n* poltrona.

armistice ['ɑːmɪstɪs] *n* armistizio.

armour ['ɑːmə*] *n* armatura ◊ (*mil, tanks*) mezzi (*pl*) blindati.

armpit ['ɑːmpɪt] *n* ascella.

army ['ɑːmɪ] *n* esèrcito.

arose [əˈrəʊz] *pt of* **arise**.

around [əˈraʊnd] *adv, prep* all'intorno, intorno a.

arouse [əˈraʊz] *v tr* (*sleeper*) svegliare ◊ (*curiosity*) suscitare.

arrange [əˈreɪndʒ] *v tr* sistemare ◊ (*plan*) organizzare.

arrangement [əˈreɪndʒmənt] *n* sistemazione (*f*) ◊ (*plans*) progetti (*pl*), piani (*pl*).

arrears [əˈrɪəz] *n pl* arretrati.

arrest [əˈrest] *v tr* arrestare.

arrival [əˈraɪvl] *n* arrivo ◊ (*person*) arrivato (-a).

arrive [əˈraɪv] *v intr* arrivare ◊ **to arrive at**, arrivare a, raggiungere.

arrogance ['ærəgəns] *n* arroganza.

arrow ['ærəʊ] *n* freccia.

arsenal ['ɑːsənl] *n* arsenale (*m*).

arsenic ['ɑːsnɪk] *n* arsènico.

arson ['ɑːsn] *n* incendio doloso.

art [ɑːt] *n* arte (*f*) ◊ **work of art**, opera d'arte.

artery ['ɑːtərɪ] *n* arteria.

artichoke ['ɑːtɪtʃəʊk] *n* carciofo.

article ['ɑːtɪkl] *n* artìcolo.

artificial [ˌɑːtɪˈfɪʃl] *adj* artificiale.

artist ['ɑːtɪst] *n* artista (*m / f*).

artless ['ɑːtlɪs] *adj* sémplice.

as [æz,əz] *adv* come, così; quanto ◊ **as old as**, (tanto) vecchio come; **as soon as possible**, il più presto possibile; **as far as**, per quanto riguarda; **as a rule**, di solito; **such as**, come, per esempio; **as well**, anche, pure.

as [æz] *conj* come, allo stesso modo di; conforme a ◊ **as usual**, come al solito; **as she said**, come lei ha detto; **as I was saying**, come dicevo; (*while, when*) **he saw her as he was at the window**, la vide mentre era alla finestra; (*because*) **as I was ill, I stayed in bed**, poiché ero ammalato, restai a letto; (*as though*) **poor as he is, he is happy**, sebbene sia povero, è felice; **as soon as**, appena; **as well as**, come pure.

ash [æʃ] *n* (*dust*) cénere (*f*) ◊ **ashtree**, fràssino.

ashamed [əˈʃeɪmd] *adj* vergognoso ◊ **to be ashamed**, aver vergogna.

ashore [əˈʃɔː*] *adv* a terra, a riva.

ashtray ['æʃtreɪ] *n* portacénere (*m*).

aside [əˈsaɪd] *adv* a parte.

ask [ɑːsk] *v tr* domandare, chièdere ◊ (*invite*) invitare ◊ **to ask a question**, fare una domanda; **to ask for sthg**, chiedere qcs.

askew [əˈskjuː] *adv* di traverso.

asleep [əˈsliːp] *adj* addormentato ◊ **to be asleep**, dormire; **to fall asleep**, addormentarsi.

asparagus [əˈspærəgəs] *n* aspàrago.

aspect ['æspekt] *n* aspetto.

asphalt ['æsfælt] *n* asfalto.

asphyxiate [əs'fɪksɪeɪt] *v tr* asfissiare.
aspiration [,æspə'reɪʃn] *n* aspirazione (*f*).
aspirin ['æspɪrɪn] *n* aspirina.
ass [ɑ:s] *n* àsino ◊ (*volg*) culo.
assail [ə'seɪl] *v tr* assalire.
assassinate [ə'sæsɪneɪt] *v tr* assassinare.
assault [ə'sɔ:lt] *n* assalto.
assemble [ə'sembl] *v tr, intr* riunire(-rsi) ◊ (*tech*) montare.
assembly [ə'semblɪ] *n* assemblea, riunione (*f*) ◊ (*construction*) montaggio ◊ **assembly line**, catena di montaggio.
assent [ə'sent] *n* assenso.
assertion [ə'sɜ:ʃn] *n* asserzione (*f*).
assess [ə'ses] *v tr* valutare.
asset ['æset] *n* vantaggio ◊ (*quality*) pregio.
assign [ə'saɪn] *v tr* assegnare.
assignment [ə'saɪnmənt] *n* cómpito.
assimilate [ə'sɪmɪleɪt] *v tr* assimilare.
assist [ə'sɪst] *v tr* assìstere, aiutare.
assistant [ə'sɪstənt] *n* assistente (*m* / *f*) ◊ **shop assistant**, commesso.
associate [ə'səʊʃɪeɪt] *v tr, intr* associare(-rsi).
associate [ə'səʊʃɪət] *n* socio(-a).
association [ə,səʊsɪ'eɪʃən] *n* associazione.
assume [ə'sju:m] *v tr* supporre ◊ (*responsibilities*) assùmere.
assumption [ə'sʌmpʃn] *n* supposizione (*f*), ipòtesi (*f inv*).
assurance [ə'ʃʊərəns] *n* assicurazione (*f*) ◊ (*self-confidence*) fiducia in se stesso.
assure [ə'ʃʊə*] *v tr* assicurare.
asthma ['æsmə] *n* asma.
astonish [ə'stɒnɪʃ] *v tr* stupire.
astound [ə'staʊnd] *v tr* sbalordire.
astray [ə'streɪ] *adv* sviato ◊ **to go astray**, smarrirsi.
astride [ə'straɪd] *adv, prep* a cavalcioni.
astrologer [ə'strɒlədʒə*] *n* astrologo.
astrology [ə'stɒlədʒɪ] *n* astrologìa.
astronaut ['æstrɪnɔ:t] *n* astronauta (*m* / *f*).
astronomy [ə'stɒnəmɪ] *n* astronomìa.
asylum [ə'saɪləm] *n* asilo.
at [æt,ət] *prep* a, in ◊ **at home**, a casa; **at first**, da principio; **at five o'clock**, alle cinque; **at last**, infine; **at once**, subito; **at least**, almeno.
ate [et] *pt of* **eat**.

atheism ['eɪθɪɪzəm] *n* ateismo.
atheist ['eɪθɪɪst] *n* ateo(-a).
athlete ['æθli:t] *n* atleta (*m* / *f*).
atlas ['ætləs] *n* atlante (*m*).
atmosphere ['ætmə,sfɪə*] *n* atmosfera.
atom ['ætəm] *n* àtomo.
atrocity [ə'trɒsətɪ] *n* atrocità (*inv*).
attach [ə'tætʃ] *v tr* attaccare ◊ (*letters, documents*) allegare.
attack [ə'tæk] *v tr* attaccare.
attack [ə'tæk] *n* attacco.
attain [ə'teɪn] *v tr* arrivare a, raggiùngere.
attempt [ə'tempt] *n* tentativo, prova ◊ (*on sb's life*) attentato.
attempt [ə'tempt] *v tr* tentare ◊ (*law*) **attempted murder**, tentato omicidio.
attend [ə'tend] *v intr, tr* partecipare ◊ (*take care*) assìstere, curare; occuparsi (di); frequentare ◊ **to attend school**, frequentare la scuola.
attendant [ə'tendənt] *n* custode (*m* / *f*), persona di servizio.
attention [ə'tenʃn] *n* attenzione (*f*) ◊ (*pl*) cortesie ◊ **to pay attention**, stare attento.
attic ['ætɪk] *n* soffitta.
attitude ['ætɪtju:d] *n* atteggiamento.
attorney [ə'tɜ:nɪ] *n* procuratore (*m*) ◊ (*AmE*) avvocato ◊ **Attorney General** (*AmE*) Ministro della Giustizia.
attract [ə'trækt] *v tr* attrarre.
attractive [ə'træktiv] *adj* attraente.
attribute [ə'trɪbju:t] *v tr* attribuire.
aubergine ['əʊbəʒi:n] *n* melanzana.
auction ['ɔ:kʃn] *n* incanto, asta.
audacity [ɔ:'dæsətɪ] *n* audacia.
audibile ['ɔ:dəbl] *adj* udibile.
audience ['ɔ:djəns] *n* (*people*) pùbblico, spettatori, ascoltatori ◊ (*interview*) udienza.
audio-visual [,ɔ:dɪəʊ'vɪzjʊəl] *adj* audiovisivo.
audit ['ɔ:dɪt] *n* (*accounts*) revisione (*f*), verifica.
auditorium [,ɔ:dɪ'tɔ:rɪəm] *n* auditorium.
August ['ɔ:gəst] *n* agosto (*inv*).
aunt [ɑ:nt] (*fam*) **auntie, aunty** [ɑ:ntɪ] *n* zia.
auscultation [,ɔ:skəl'teɪʃn] *n* auscultazione (*f*).
Aussie ['ɒzɪ] *n* (*sl*) Australiano(-a).

austerity [ɒ'sterətɪ] *n* austerità (*inv*).
authentic [ɔ:'θentɪk] *adj* autèntico.
author ['ɔ:θə*], **authoress** (*f*) ['ɔ:θəres] *n* autore(-trice).
authoritarian [ɔ:ˌθɒrɪ'teərɪən] *adj* autoritario.
authoritative [ɔ:'θɒrɪtətɪv] *adj* autorévole.
authority [ɔ:'θɒrətɪ] *n* autorità (*inv*).
authorization [ˌɔ:θəraɪ'zeɪʃn] *n* autorizzazione (*f*).
auto ['ɔ:təʊ] *n* (*fam*) auto (*f inv*).
autobiography [ˌɔ:təʊbaɪ'ɒgrəfɪ] *n* autobiografia.
autograph ['ɔ:təgra:f] *n* autògrafo.
automatic [ˌɔ:tə'mætɪk] *adj* automàtico.
automation [ˌɔ:tə'meɪʃn] *n* automazione (*f*).
automobile ['ɔ:təməʊbi:l] *n* (*AmE*) automòbile (*f*).
autonomous [ɔ:tɒnəməs] *adj* autònomo.
autonomy [ɔ:'tɒnəmɪ] *n* autonomia.
autopsy ['ɔ:təpsɪ] *n* autopsìa.
autumn ['ɔ:təm] *n* autunno (*inv*).
auxiliary [ɔ:g'zɪljərɪ] *n, adj* ausiliare (*m / f*).
av. [æv] *abbr of* **average** *n* media.
available [ə'veɪləbl] *adj* disponìbile.
avalanche ['ævəlɑːnʃ] *n* valanga.
avarice ['ævərɪs] *n* avarizia.
Ave ['ævə] *abbr of* **avenue** *n* viale (*m*).
avenge [ə'vendʒ] *v tr* vendicare.
avenue ['ævənjuː] *n* viale (*m*).
average ['ævərɪdʒ] *n* media ◊ **above, below average**, sopra, sotto la media ◊ **on average**, in media.
aversion [ə'vɜːʃn] *n* avversione (*f*).
avert [ə'vɜːt] *v tr* distògliere, evitare.
aviation [ˌeɪvɪ'eɪʃn] *n* aviazione (*f*).
avid ['ævɪd] *adj* insaziabile.
avoid [ə'vɔɪd] *v tr* evitare.
await [ə'weɪt] *v tr* aspettare.
awake [ə'weɪk] *adj* sveglio.
awake, *pt* **awoke**, *pp* **awoken** [ə'weɪk, ə'wəʊk, ə'wəʊkən] *also* **awaked** [ə'weɪkt] *v tr, intr* svegliare(-rsi).
award [ə'wɔːd] *n* premio.
aware [ə'weə*] *adj* consapévole, conscio ◊ **to be aware of sthg**, essere consapevole di qcs.
away [ə'weɪ] *adv* via, lontano ◊ **go away**, vai via ◊ **he lives two miles away**, abita a due

miglia di distanza ◊ **far away**, molto lontano.
awe [ɔ:] *n* timore (*m*).
awful ['ɔ:fʊl] *adj* terrìbile ◊ (*fam*) **an awful lot of money**, un sacco di soldi.
awkward ['ɔ:kwəd] *adj* goffo.
awning ['ɔ:nɪŋ] *n* tenda di riparo.
awoke, awoken [ə'wəʊk, ə'wəʊkən] *pt, pp of* **awake**.
awry [ə'eaɪ] *adj, adv* storto, bieco; di traverso ◊ **to go awry**, andare a monte.
axe [æks] *n* ascia.
axis, axes ['æksɪs, 'æksiːz] *n* asse (*m*).
azure ['æʒə*] *adj, n* azzurro.

B

baby ['beɪbɪ] *n* neonato(-a) ◊ **baby carriage** (*AmE*), carrozzina.
babyhood ['beɪbɪhʊd] *n* prima infanzia.
babysit, *pt, pp* **babysat** ['beɪbɪsɪtˌ, 'beɪbɪˌsæt] *v intr* fare il (la) babysitter.
baccy ['bækɪ] *n* (*sl*) tabacco.
bachelor ['bætʃələ*] *n* cèlibe (*m*) ◊ **Bachelor of Arts/Science** (*abbr* **B.A./B.S.**) laureato in lettere/in scienze.
bachelorhood ['bætʃələhʊd] *n* celibato.
back [bæk] *n* (*person, horse*) schiena, dorso ◊ (*house, car, aircraft*) retro ◊ (*chair*) schienale (*m*) ◊ **behind sb's back**, all'insaputa di qc; **back to front**, alla rovescia.
back [bæk] *adv* indietro ◊ **stand back!**, stai indietro!; (*returned*) **come back home!**, ritorna a casa!; (*again*) **phone me back**, ritelefonami.
back [bæk] *v tr, intr* assìstere ◊ **to back (up)**, indietreggiare, tornare indietro ◊ **to back down**, fare marcia indietro.
backache ['bækeɪk] *n* mal (*m*) di schiena.
backbiting ['bækbaɪtɪŋ] *n* maldicenza.
backbone ['bækbəʊn] *n* spina dorsale.
backdoor ['bækdɔ:*] *agg* clandestino.
backer ['bækə*] *n* sostenitore(-trice).
background ['bækgraʊnd] *n* sfondo ◊ (*experience*) esperienza, bagaglio culturale ◊ (*events*) **background information**, informazioni di fondo.

backhand (stroke) ['bækhænd] *n* (*tennis*) rovescio.

backlog ['bæklɒg] *n* (*us sing*) lavoro arretrato.

backnumber [ˌbæk'nʌmbə*] *n* (*newspaper, magazine*) nùmero arretrato.

backpack ['bækpæk] *n* zaino.

backpedal [ˌbæk'pedl] *v intr* (*AmE*) pedalare all'indietro ◊ (*fam*) cambiare parere.

backside [ˌbæk'saɪd] *n* (*fam*) sedere (*m*).

backstreet [ˌbæk'stri:t] *n* (*us pl*) strada laterale.

backstroke ['bæk'strəʊk] *n* nuoto sul dorso.

backtalk [ˌbæk'tɔ:k] *n* (*AmE*) rimbecco.

back-up ['bækʌp] *n* riserva, supporto ◊ *adj* di riserva, di supporto.

backward(s) ['bækwəd-z] *adv* indietro.

backwater ['bæk,wɔ:tə*] *n* ristagno, acqua stagnante.

backyard [ˌbæk'jɑ:d] *n* cortile (*m*).

bacon ['beɪkən] *n* pancetta (affumicata).

bacteria [bæk'tɪərɪə] *n pl* batteri (*pl*).

bad (*comp* **worse**, *sup* **worst**) [bæd, wɜ:s, wɜ:st] *adj* cattivo; malato ◊ dannoso, grave ◊ (*meat, food*) andato a male ◊ **a bad cold**, un brutto raffreddore; **not (too) bad**, non male.

bade [bæd] *pt of* **bid**.

badge [bædʒ] *n* distintivo.

badger ['bædʒə*] *n* (*zool*) tasso.

badly (*comp* **worse**, *sup* **worst**) ['bædlɪ, wɜ:s, wɜ:st] *adv* male, malamente ◊ (*very much*) moltissimo.

badly-off [ˌbædlɪ'ɒf] *adj* pòvero.

badmouth [bæd'maʊθ] *v intr* (*sl, AmE*) sparlare.

bad-tempered ['bæd'tempəd] *adj* irritàbile, di cattivo umore.

baffle ['bæfl] *v tr* confóndere, rèndere perplesso.

bag [bæg] *n* sacco, borsa.

baggage ['bægɪdʒ] *n* (*AmE*) bagagli (*pl*).

baggy ['bægɪ] *adj* (*fam*) largo.

bagpipes ['bægpaɪps] *n pl* cornamusa (*sing*).

bail [beɪl] *n* cauzione (*f*) ◊ **on bail**, dietro cauzione.

bait [beɪt] *n* esca.

bake [beɪk] *v tr* cuòcere al forno.

baker ['beɪkə] *n* fornaio(-a).

balaclava [ˌbælə'klɑ:və] *n* passamontagna (*m inv*).

balance ['bæləns] *n* bilancia; equilibrio ◊ (*comm*) saldo ◊ **balance-sheet**, bilancio.

balance ['bæləns] *v tr* bilanciare ◊ (*fig*) controbilanciare ◊ *v intr* bilanciarsi, stare in equilibrio.

balanced diet ['bælənst 'daɪət] *n* dieta bilanciata.

balcony ['bælkənɪ] *n* balcone (*m*).

bald [bɔ:ld] *adj* calvo.

bale [beɪl] *v tr* imballare.

ball [bɔ:l] *n* palla ◊ (*dance*) ballo ◊ **to keep the ball rolling**, andare avanti.

ballad ['bæləd] *n* ballata.

ballast ['bæləst] *n* zavorra.

ballet ['bæleɪ] *n* balletto.

balloon [bə'lu:n] *n* aeròstato ◊ (*comics*) fumetto.

ballot ['bælət] *n* votazione segreta, scrutinio ◊ **ballot-box**, urna per le schede; **ballot-paper**, scheda.

ballpoint pen ['bɔ:lpɔɪnt pen] *n* penna a sfera.

ballroom ['bɔ:lrʊm] *n* sala da ballo.

ballyhoo [ˌbælɪ'hu:] *v tr* (*fam, AmE*) fare pubblicità in modo sensazionale.

ban [bæn] *v tr* proibire.

banana [bə'nɑ:nə] *n* banana.

band [bænd] *n* legame (*m*); benda; banda, comitiva ◊ (*mus*) orchestra.

bandage ['bændɪdʒ] *n* benda.

bandit ['bændɪt] *n* bandito.

bandwagon ['bænd,wægən] *n* (*AmE*) carro della banda musicale ◊ **to jump, climb on the bandwagon**, essere un opportunista.

bandy ['bændɪ] *adj* (*legs*) curvo, storto.

bang [bæŋ] *n* colpo, botta ◊ (*AmE*) **to go over with a bang**, avere molto successo.

bang [bæŋ] *v tr* sbàttere con fracasso ◊ *v intr* scoppiare.

bangle ['bæŋgl] *n* braccialetto.

banish ['bænɪʃ] *v tr* bandire.

banister ['bænɪstə*] *n* ringhiera.

bank [bæŋk] *n* (*for money*) banca, banco ◊ (*lake, river*) sponda, riva ◊ **bank account**, conto bancario; **Bank holiday**, giorno di festa; **banking hours**, orario di banca; **banknote**, banconota; **bank bill**, tratta

bancaria; **bank book**, libretto di deposito.
bankrate ['bæŋkreɪt] *n* tasso bancario.
bankrupt ['bæŋkrəpt] *adj, n* fallito.
bankruptcy ['bæŋkrəptsɪ] *n* fallimento.
banner ['bænə*] *n* bandiera.
banns [bænz] *n pl* pubblicazioni (*f pl*) di matrimonio.
banquet ['bæŋkwɪt] *n* banchetto.
baptism ['bæptɪzəm] *n* battésimo.
baptize [bæp'taɪz] *v tr* battezzare.
bar [bɑː*] *n* sbarra, lìmite (*m*), ostàcolo; striscia, riga ◊ (*chocolate*) tavoletta ◊ (*gold*) lingotto ◊ (*pub*) bar (*m inv*) ◊ **bar of soap**, saponetta; **the Bar**, l'Ordine degli avvocati; **bar code**, codice a barre.
bar [bɑː*] *v tr* sbarrare; rigare; esclùdere; proibire ◊ **to bar sb in/out**, chiudere dentro/fuori qc.
barbecue ['bɑːbɪkjuː] *n* barbecue (*m inv*), graticola.
barber ['bɑːbə*] *n* barbiere (*m*).
barbiturate [bɑː'bɪtjʊrət] *n* barbitùrico.
bare [beə*] *adj* nudo, spoglio.
barefaced ['beəfeɪst] *adj* a viso scoperto ◊ (*fig*) sfacciato.
barefoot ['beəfʊt] *adj, adv* a piedi nudi, scalzo.
bareheaded [ˌbeə'hedɪd] *adj, adv* a capo scoperto.
bargain ['bɑːgɪn] *n* affare (*m*) ◊ **a bargain price**, un prezzo d'occasione.
bargain ['bɑːgɪn] *v intr* mercanteggiare, contrattare.
barge [bɑːdʒ] *n* chiatta.
bark [bɑːk] *n* corteccia.
bark [bɑːk] *v intr* abbaiare.
barkeeper ['bɑːkiːpə*] *n* proprietario di bar.
barley ['bɑːlɪ] *n* orzo.
barmaid ['bɑːmeɪd] *n* cameriera (di bar); barista (*f*).
barn [bɑːn] *n* granaio.
barometer [bə'rɒmɪtə*] *n* baròmetro.
barracks ['bærəks] *n pl* caserma.
barrel ['bærəl] *n* barile (*m*) ◊ (*gun*) canna.
barren ['bærən] *adj* stèrile.
barricade [ˌbærɪ'keɪd] *n* barricata.
barrier ['bærɪə*] *n* barriera.
barrister ['bærɪstə*] *n* avvocato.
barrow ['bærəʊ] *n* carriola.

bartender ['bɑːˌtendə*] *n* (*AmE*) barista (*m*).
barter ['bɑːtə*] *n* baratto.
base [beɪs] *n* base (*f*).
base [beɪs] *v tr* basare.
base [beɪs] *adj* vile.
basement ['beɪsmənt] *n* seminterrato.
bashful ['bæʃfʊl] *adj* tìmido.
basic ['beɪsɪk] *adj* essenziale, fondamentale.
basil ['bæzl] *n* basìlico.
basin ['beɪsn] *n* bacinella, catino.
basis, bases ['beɪsɪz, 'beɪsiːz] *n* base (*f*).
bask [bɑːsk] *v intr* crogiolarsi.
basket ['bɑːskɪt] *n* cestino, cesta.
basketball ['bɑːskɪtbɔːl] *n* pallacanestro (*f inv*).
bass [beɪs] *adj, n* (*mus*) basso.
bastard ['bɑːstəd] *n, adj* bastardo(-a).
bat [bæt] *n* pipistrello ◊ (*table tennis*) racchetta.
batch [bætʃ] *n* infornata ◊ gruppo di persone, cose.
bath [bɑːθ] *n* bagno ◊ **to have, to take a bath**, fare il bagno; **bathtub**, vasca da bagno.
bathe [beɪð] *v intr* (*BrE*) fare il bagno in mare.
bathing cap ['beɪðɪŋ kæp] *n* cuffia da bagno.
bathing costume ['beɪðɪŋ 'kɒstjuːm], **bathing suit** [suːt] *n* costume (*m*) da bagno.
bathrobe ['bɑːθrəʊb] *n* accappatoio; (*AmE*) vestaglia.
bathroom ['bɑːθrʊm] *n* bagno.
battalion [bə'tæljən] *n* battaglione (*m*).
battery ['bætərɪ] *n* batterìa.
battle ['bætl] *n* battaglia, lotta.
battle ['bætl] *v intr* combattere.
battlefield ['bætlfiːld] *n* campo di battaglia.
battlements ['bætlmənts] *n pl* merli (*pl*), bastioni (*pl*).
battleship ['bætlʃɪp] *n* nave (*f*) da guerra.
batty ['bætɪ] *adj* (*fam*) pazzerello, eccèntrico.
bawdy ['bɔːdɪ] *adj* osceno.
bawl [bɔːl] *v intr* urlare.
bay [beɪ] *n* (*sea*) baia ◊ (*tree*) alloro, lauro.
B.B.C. [ˌbiːbiː'siː] *n abbr of* **British Broadcasting Corporation**, Ente Radiofònico Britànnico.

B.C. [ˌbiːˈsiː] *n abbr of* **before Christ**, a.C., avanti Cristo.

be, *pt* **was**, *pp* **been** [biː, wɒz, biːn] *v intr* èssere, esìstere ◊ (+ *ing form*) stare ◊ (*cost*) costare; ◊ **I am reading**, sto leggendo; **how much is it?**, quanto costa?; **he is 10 (years old)**, ha dieci anni; **how are you?**, come sta?; **to be well, ill**, stare bene, male; **he is from Spain**, viene dalla Spagna; **I have been to London**, sono stato a Londra.

beach [biːtʃ] *n* spiaggia.

beach-chair [ˈbiːtʃtʃeə*] *n* (*AmE*) sedia a sdraio.

bead [biːd] *n* perlina.

beak [biːk] *n* becco.

beaker [ˈbiːkə*] *n* coppa.

beam [biːm] *n* trave (*f*) ◊ (*light*) raggio.

beaming [ˈbiːmɪŋ] *adj* raggiante.

bean [biːn] *n* fagiolo ◊ (*coffee*) chicco.

bear [beə*] *n* orso.

bear, *pt* **bore**, *pp* **born(e)** [beə*, bɔː*, bɔːn] *v tr, intr* (*carry*) portare ◊ (*endure*) sopportare ◊ (*produce*) produrre, generare ◊ règgere ◊ **to bear a hand**, portare aiuto; **to bear a grudge**, serbare rancore; **to bear sthg in mind**, tenere presente qcs; **to be born**, nascere.

bearable [ˈbeərəbl] *adj* sopportàbile, tollerabile.

beard [bɪəd] *n* barba.

bearer [ˈbeərə*] *n* portatore(-trice).

bearing [ˈbeərɪŋ] *n* portamento; condotta ◊ (*relevance*) attinenza.

beast [biːst] *n* bestia ◊ (*person*) bruto.

beat [biːt] *n* colpo; pàlpito; bàttito ◊ (*policeman*) giro (d'ispezione).

beat, *pt* **beat**, *pp* **beaten** [biːt, biːt, ˈbiːtn] *v tr, intr* bàttere ◊ **to beat around the bush**, menare il can per l'aia.

beater [ˈbiːtə*] *n* frullino.

beautician [bjuːˈtɪʃn] *n* estetista (*m* / *f*).

beautiful [ˈbjuːtəfʊl] *adj* bello, magnìfico.

beauty [ˈbjuːtɪ] *n* bellezza.

beauty parlour [ˈbjuːtɪ pɑːlə*] *n* istituto di bellezza.

beauty queen [ˈbjuːtɪ kwiːn] *n* reginetta di bellezza, miss.

beauty spot [ˈbjuːtɪ spɒt] *n* neo ◊ (*place*) luogo pittoresco.

beaver [ˈbiːvə*] *n* castoro.

became [bɪˈkeɪm] *pt of* **become**.

because [bɪˈkɒz] *conj* perché ◊ **because of**, a causa di.

beckon [ˈbekən] *v tr* chiamare con un cenno.

become, *pt* **became**, *pp* **become** [bɪˈkʌm, bɪˈkeɪm, bɪˈkʌm] *v intr* diventare ◊ (*suit*) stare bene, essere adatto ◊ **what has become of him?**, che gli è successo?; **that dress becomes you**, quel vestito ti sta bene.

becoming [bɪˈkʌmɪŋ] *adj* (*behaviour*) appropriato; che s'addice ◊ (*clothes*) che dona, che sta bene.

bed [bed] *n* letto ◊ **single, double bed**, letto singolo, matrimoniale; **to get into (out of) bed**, entrare nel (uscire dal) letto; **to make the bed**, rifare il letto; **to take to bed**, ammalarsi; **bed and breakfast**, camera con colazione; **bed and board**, pensione completa.

bed-clothes [ˈbedkləʊðz] *n pl* biancherìa e coperte (*f pl*).

bedlam [ˈbedləm] *n* (*fam, fig*) manicomio.

bedlinen [ˈbed ˌlɪnɪn] *n* lenzuola (*f pl*) e fèdere (*f pl*).

bedridden [ˈbed ˌrɪdn] *adj* costretto a letto.

bedroom [ˈbedrʊm] *n* càmera da letto.

bedside [ˈbedsaɪd] *n* capezzale (*m*).

bedsitter [bedˈsɪtə*] *n* monolocale (*m*).

bee [biː] *n* ape (*f*).

beech [biːtʃ] *n* faggio.

beef [biːf] *n* carne (*f*) (di manzo).

beefeater [ˈbiːf ˌiːtə*] *n* guardia della Torre di Londra.

beehive [ˈbiːhaɪv] *n* alveare (*m*).

been [biːn] *pp of* **be**.

beep [biːp] *n* segnale acustico, bip.

beeper [biːpə*] *n* cicalino.

beer [bɪə*] *n* birra.

beetle [ˈbiːtl] *n* scarabeo.

beetroot [ˈbiːtruːt] *n* barbabiètola.

befall, *pt* **befell**, *pp* **befallen** [bɪˈfɔːl, bɪˈfel, bɪˈfɔːlən] *v intr* accadere, succèdere.

before [bɪˈfɔː*] *prep* (*time*) prima di ◊ **the day before yesterday**, l'altro ieri ◊ (*space*) davanti a.

before [bɪˈfɔː*] *adv* prima.

before [bɪˈfɔː*] *conj* prima che, prima di ◊

say goodbye before you go, saluta prima di andare.

beforehand [bɪ'fɔːhænd] *adv* in antìcipo.

befriend [bɪ'frend] *v tr* (*fam*) mostrarsi amico con, assìstere.

beg [beg] *v tr, intr* chièdere l'elemòsina ◊ (*ask*) chièdere, pregare ◊ **I beg your pardon**, chiedo scusa; (*please, repeat*) scusi, come ha detto?

began [bɪ'gæn] *pt of* **begin**.

beggar ['begə*] *n* mendicante (*m / f*).

begin, *pt* **began**, *pp* **begun** [bɪ'gɪn, bɪ'gæn, bə'gʌn] *v tr, intr* cominciare, iniziare ◊ **to begin with**, innanzitutto.

beginner [bɪ'gɪnə*] *n* principiante (*m / f*).

beginning [bɪ'gɪnɪŋ] *n* inizio, principio.

begun [bɪ'gʌn] *pp of* **begin**.

behalf [bɪ'hɑːf] *n* favore (*m*), beneficio ◊ **on behalf of**, per conto di.

behave [bɪ'heɪʌ] *v intr* comportarsi ◊ **to behave os**, comportarsi bene.

behaviour [bɪ'heɪvjə*] *n* comportamento, condotta.

beheld [bɪ'held] *pt, pp of* **behold**.

behind [bɪ'haɪnd] *prep* dietro a, più indietro.

behind [bɪ'haɪnd] *adv* dietro ◊ (*late*) in ritardo.

behold, *pt, pp* **beheld** [bɪ'həʊld, bɪ'held] *v tr* scòrgere.

being ['biːɪŋ] *n* èssere (*m*).

belated [bɪ'leɪtɪd] *adj* tardivo, in ritardo.

belch [beltʃ] *n* rutto.

belfry ['belfrɪ] *n* campanile (*m*).

belie [bɪ'laɪ] *v tr* smentire.

belief [bɪ'liːf] *n* opinione (*f*) ◊ (*faith*) fede (*f*).

believe [bɪ'liːv] *v tr, intr* crédere ◊ **to make believe**, fingere.

believer [bɪ'liːvə*] *n* credente (*m / f*).

belittle [bɪ'lɪtl] *v tr* sminuire.

bell [bel] *n* campana ◊ **this name rings a bell**, questo nome non mi è nuovo.

belly ['belɪ] *n* pancia.

belong [bɪ'lɒŋ] *v intr* appartenere (a), far parte (di).

belongings [bɪ'lɒŋɪŋz] *n pl* cose proprie; roba propria.

beloved [bɪ'lʌvd] *adj* amato.

below [bɪ'ləʊ] *prep* sotto, sotto a, al di sotto.

below [bɪ'ləʊ] *adv* sotto, al di sotto.

belt [belt] *n* cintura; zona.

bench [bentʃ] *n* panca, panchina ◊ (*working table*) banco ◊ (*law*) **the Bench**, la Corte.

bend, *pt, pp* **bent** [bend, bent] *v tr, intr* curvare(-rsi), piegare(-rsi).

bend [bend] *n* (*road*) curva.

beneath [bɪ'niːθ] *adv, prep* sotto, al di sotto di; in basso.

benefactor ['benɪfæktə*] *n* benefattore (*m*).

beneficial [ˌbenɪ'fɪʃl] *adj* ùtile; vantaggioso.

benefit ['benɪfɪt] *n* beneficio ◊ (*allowance of money*) indennità (*inv*) ◊ **for the benefit of sb**, a vantaggio di qc.

benefit ['benɪfɪt] *v tr, intr* giovare; beneficiare.

bent [bent] *pt, pp of* **bend**.

bent [bent] *n* inclinazione (*f*).

bequeath [bɪ'kwiːð] *v tr* lasciare in eredità.

bequest [bɪ'kwest] *n* làscito.

bereavement [bɪ'riːvmənt] *n* lutto.

berry ['berɪ] *n* bacca.

berth [bɜːθ] *n* cuccetta.

beseech, *pt, pp* **besought** [bɪ'siːtʃ, bɪ'sɔːt] *v tr* implorare.

beside [bɪ'saɪd] *prep* vicino a, accanto a.

besides [bɪ'saɪdz] *adv* inoltre, per di più; anche.

besides [bɪ'saɪdz] *prep* oltre a; a parte.

besought [bɪ'sɔːt] *pt, pp of* **beseech**.

best [best] *adj* il migliore; eccellente.

best [best] *adv* nel miglior modo; più; nel più alto grado ◊ **at best**, nella migliore delle ipotesi.

best [best] *n* il meglio ◊ **to do one's best**, fare del proprio meglio; **all the best**, tanti auguri.

bestman [bestmæn] *n* testimone (*m*) dello sposo.

bet [bet] *n* scommessa.

bet, *pt, pp* **bet** [bet] *v tr, intr* scomméttere ◊ **you bet!**, certo!

betray [bɪ'treɪ] *v tr* tradire.

betrayal [bɪ'treɪəl] *n* tradimento.

better ['betə*] *adj* migliore.

better ['betə*] *adv* meglio ◊ **you had better do it**, sarebbe meglio che tu lo facessi; **to get better**, migliorare; **better still**, ancora meglio.

better ['betə*] *v tr* migliorare.
between [bɪ'twi:n] *prep* fra, tra.
between [bɪ'twi:n] *adv* in mezzo, nel mezzo ◊ **in between**, nel mezzo.
beverage ['bevərɪdʒ] *n* bevanda.
beware [bɪ'weə*] *v tr, intr* stare attento ◊ **beware of the dog**, attenti al cane.
bewildered [bɪ'wɪldəd] *adj* sconcertato, confuso.
beyond [bɪ'jɒnd] *adv* più in là, oltre.
beyond [bɪ'jɒnd] *prep* oltre a, al di là ◊ (*later than*) **beyond midday**, oltre mezzogiorno ◊ (*more than*) **inflation has gone beyond 5%**, l'inflazione è andata oltre il 5%; **beyond belief**, incredibile; **beyond doubt**, senza dubbio.
bias ['baɪəs] *n* pregiudizio.
biased ['baɪəst] *agg* prevenuto, parziale.
bib [bɪb] *n* bavaglino.
Bible ['baɪbl] *n* Bibbia.
bibliography [ˌbɪbli'ɒgrəfi] *n* bibliografia.
bicarbonate [baɪ'kɑːbənɪt] *n* bicarbonato.
bicentenary [ˌbaɪsen'ti:nərɪ] *n* bicentenario.
bicycle ['baɪsɪkl] *n* bicicletta.
bid [bɪd] *n* (*auction*) offerta.
bid, *pt* **bade** *or* **bid**, *pp* **bidden** *or* **bid** [bɪd, bæd, 'bɪdn] *v tr, intr* (*auction*) fare un'offerta ◊ **to bid the banns**, fare le pubblicazioni matrimoniali.
bidder ['bɪdə*] *n* (*auction*) offerente (*m*) ◊ **the highest bidder**, il miglior offerente.
big [bɪg] *adj* grande, grosso.
bigamy ['bɪgəmɪ] *n* bigamìa.
bighead ['bɪghed] *n* presuntuoso(-a).
bigot ['bɪgət] *n* bigotto(-a).
big shot ['bɪg ʃɒt] *n* pezzo grosso, persona influente.
bigwig ['bɪgwɪg] *n* (*sl*) pezzo grosso.
bike [baɪk] *n* bici (*f inv*).
bike [baɪk] *v intr* andare in bicicletta.
bikini [bɪkɪnɪ] *n* bikini.
bile [baɪl] *n* bile (*f*).
bilingual [baɪ'lɪŋgwəl] *adj, n* bilingue.
bill [bɪl] *n* fattura, conto; bolletta ◊ (*poster*) cartellone, manifesto ◊ (*law*) atto, legge (*f*) ◊ (*comm*) effetto, cambiale (*f*) ◊ (*AmE*) banconota ◊ (*of health*) certificato ◊ **bill of exchange**, cambiale.

bill and coo ['bɪl ən ku:] *v intr* (*lovers*) tubare.
billfold ['bɪlfəʊld] *n* (*AmE*) portafoglio.
billiards ['bɪljədz] *n* biliardo.
billion ['bɪljən] *n* bilione (*m*) ◊ (*AmE*) miliardo.
bill of fare [ˌbɪləv'feə*] *n* menù (*m inv*).
bin [bɪn] *n* bidone.
binary ['baɪnərɪ] *adj* binario ◊ (*computer*) **binary system**, sistema binario.
bind, *pt, pp* **bound** [baɪnd, baʊnd] *v tr* legare, attaccare, fasciare, rilegare ◊ (*oblige*) obbligare ◊ **to be bound to do sthg**, dovere per forza fare qcs.
binding ['baɪndɪŋ] *n* (*book*) rilegatura.
binoculars [bɪ'nɒkjʊləz*] *n pl* cannocchiale (*m*).
biodegradable [ˌbaɪə(u)di'greɪdə'bl] *adj* biodegradabile.
bioethics [ˌbaɪə(u)'eθɪks] *n* bioetica.
biography [baɪ'ɒgrəfɪ] *n* biografia.
biological [ˌbaɪə'lɒdʒɪkl] *adj* biologico.
biology [baɪ'ɒlədʒɪ] *n* biologìa.
biopsy ['baɪɒpsɪ] *n* biopsìa.
birch [bɜːtʃ] *n* betulla.
bird [bɜːd] *n* uccello ◊ **to be an early bird**, alzarsi presto.
birth [bɜːθ] *n* nàscita ◊ (*fig*) origine (*f*) ◊ **birth certificate**, certificato di nascita; **birth-control**, contraccezione.
birthday ['bɜːθdeɪ] *n* compleanno.
birthplace ['bɜːθpleɪs] *n* luogo di nàscita.
birthrate ['bɜːθreɪt] *n* indice (*m*) di natalità.
biscuit ['bɪskɪt] *n* biscotto.
bishop ['bɪʃəp] *n* vèscovo.
bit [bɪt] *pt of* **bite**.
bit [bɪt] *n* pezzetto ◊ (*food*) boccone (*m*) ◊ **a bit**, un poco ◊ (*computer*) bit ◊ **not a bit**, per niente.
bitch [bɪtʃ] *n* cagna.
bite, *pt, pp* **bitten** [baɪt, bɪt, 'bɪtn] *v tr, intr* mòrdere.
bite [baɪt] *n* morso ◊ (*insect*) puntura ◊ (*mouthful*) boccone (*m*).
bitten ['bɪtn] *pp of* **bite**.
bitter ['bɪtə*] *adj* amaro ◊ (*cold, wind*) pungente ◊ (*pain*) amaro, penoso.
bitter ['bɪtə*] *n* (*BrE*) birra amara.
bitterness ['bɪtənɪs] *n* amarezza.

bittersweet ['bɪtəswi:t] *adj* agrodolce.
black [blæk] *adj* nero ◊ (*dark*) scuro.
black [blæk] *n* colore nero, lutto ◊ (*person*) negro ◊ **to be in the black**, avere il conto in banca coperto; **black-out**, oscuramento.
black [blæk] *v tr* annerire.
blackberry ['blækbərɪ] *n* mora.
blackbird ['blækbɜ:d] *n* merlo.
blackboard ['blækbɔ:d] *n* lavagna.
blacken ['blækən] *v tr, intr* annerire ◊ (*fig*) diffamare.
blacking ['blækɪŋ] *n* lùcido per le scarpe.
blackleg ['blækleg] *n* crumiro(-a).
blackmail ['blækmeɪl] *v tr* ricattare.
blacksmith ['blæksmɪθ] *n* fabbro.
bladder ['blædə*] *n* vescica.
blade [bleɪd] *n* lama.
blame [bleɪm] *v tr* biasimare.
blame [bleɪm] *n* colpa, responsabilità.
bland [blænd] *agg* blando, leggero.
blank [blæŋk] *adj* in bianco ◊ (*look*) inespressivo ◊ **blank cheque**, assegno in bianco.
blank [blæŋk] *n* spazio vuoto ◊ (*fig*) vuoto; lacuna.
blanket ['blæŋkɪt] *n* coperta.
blare [bleə*] *v intr* strombettare.
blasphemy ['blæsfəmɪ] *n* bestemmia.
blast [blɑːst] *n* ràffica di vento; esplosione ◊ **at full blast**, a pieno ritmo, a tutta velocità.
blatant ['bleɪtənt] *adj* clamoroso.
blaze [bleɪz] *n* fiammata.
blaze [bleɪz] *v intr* àrdere, fiammeggiare.
blazer ['bleɪzə*] *n* giacca (sportiva).
bleach [bli:tʃ] *n* candeggina.
bleach [bli:tʃ] *v tr* sbiancare.
bleached [bli:tʃt] *adj* (*hair*) decolorato.
bleak [bli:k] *adj* incolore, squàllido, desolato.
bleed, *pt, pp* **bled** [bli:d, bled] *v tr, intr* sanguinare, dissanguare.
blemish ['blemɪʃ] *n* macchia.
blend [blend] *n* miscuglio.
bless [bles] *v tr* benedire ◊ **bless you!**, salute!
blew [blu:] *pt of* **blow**.
blind [blaɪnd] *adj* cieco ◊ **blind alley**, vicolo cieco; **blind date**, appuntamento con una

persona che non si conosce.
blind [blaɪnd] *v tr* accecare.
blind [blaɪnd] *n* tendina ◊ (*fig*) pretesto.
blindfold ['blaɪndfəʊld] *n* benda.
blink [blɪŋk] *v intr* ammiccare, bàttere le pàlpebre.
blinker ['blɪŋkə*] *n* (*aut*) lampeggiatore.
bliss [blɪs] *n* felicità suprema, beatitudine (*f*).
blister ['blɪstə*] *n* vescica ◊ **blister pack**, blister.
blizzard ['blɪzəd] *n* bufera di neve.
block [blɒk] *n* blocco, pezzo; ostàcolo ◊ **a block of flats**, un gruppo di case, un caseggiato.
block [blɒk] *v tr* bloccare, ostacolare.
blockade [blɒ'keɪd] *n* blocco.
blockhead ['blɒkhed] *n* stùpido(-a).
blockletters [,blɒk'letəz] *also* **block capitals** [,blɒk 'kæpɪtls] *n pl* lèttere in stampatello.
blond [blɒnd] *adj, n* biondo.
blonde [blɒnd] *adj, n* bionda.
blood [blʌd] *n* sangue (*m*), discendenza, parentela.
bloodbath ['blʌdbɑ:θ] *n* massacro.
blood-donor ['blʌd,dəʊnə*] *n* donatore(-trice) di sangue.
blood-group ['blʌdgru:p] *n* gruppo sanguigno.
blood-poisoning ['blʌd,pɔɪznɪŋ] *n* setticemìa.
blood pressure ['blʌd,preʃə*] *n* pressione sanguigna.
bloodshed ['blʌdʃed] *n* strage (*f*), spargimento di sangue.
bloodstain ['blʌdsteɪn] *n* macchia di sangue.
blood transfusion ['blʌd træns'fju:ʒn] *n* trasfusione (*f*) di sangue.
bloody ['blʌdɪ] *adj* sanguinoso ◊ (*sl, not polite, used for giving force to an expression*) maledetto.
bloom [blu:m] *n* fiore (*m*), fioritura.
blooming ['blu:mɪŋ] *agg* in fiore.
blossom ['blɒsəm] *n* (*fruit tree*) fiore (*m*).
blot [blɒt] *n* macchia.
blot [blɒt] *v tr, intr,* macchiare(-rsi) ◊ asciugare.
blotched [blɒtʃt] *adj* pieno di macchie ◊ (*skin*) pieno di pùstole.

blotting paper ['blɒtɪŋ,peɪpə*] *n* carta assorbente.

blouse [blaʊz] *n* blusa.

blow, *pt* **blew**, *pp* **blown** [bləʊ, blu:, bləʊn] *v tr, intr* soffiare ◊ (*tyre*) gonfiare ◊ **to blow one's nose**, soffiarsi il naso; **to blow out**, spegnere; **to blow up**, gonfiare; (*burst*) saltare in aria.

blow [bləʊ] *n* colpo ◊ (*fig*) disgrazia.

blowout ['bləʊaʊt] *n* (*tyre*) scoppio.

blowup ['bləʊʌp] *n* (*phot*) ingrandimento.

blue [blu:] *adj, n* blu, azzurro ◊ (*fam*) depresso ◊ **blue film**, film pornografico; **black and blue**, pieno di lividi; **out of the blue**, improvvisamente.

bluebell ['blu:bel] *n* giacinto.

blueberry ['blu:,beri] *n* mirtillo.

bluebottle ['blu:,bɒtl] *n* moscone (*m*).

blue collar workers [,blu: 'kɒlə* 'wɜ:kərz] *n pl* operai che svolgono lavori manuali.

bluestocking ['blu:,stɒkɪŋ] *n* donna intellettuale.

bluff [blʌf] *v intr* bluffare, ingannare.

blunder ['blʌndə*] *n* svista.

blunt [blʌnt] *adj* spuntato ◊ (*fig*) brusco.

blur [blɜ:*] *v tr, intr* macchiare; offuscare; far confusione.

blush [blʌʃ] *v intr* arrossire.

boar [bɔ:*] *n* cinghiale (*m*).

board [bɔ:d] *n* tàvola, asse (*f*) ◊ (*pl*) palcoscènico ◊ (*paper*) cartone ◊ (*committee*) comitato, consiglio ◊ (*ship*) bordo ◊ **board and lodging**, vitto e alloggio; **full board**, pensione completa; **notice board**, bacheca.

boarding card ['bɔ:dɪŋ kɑ:d] *n* carta di imbarco.

boarding house ['bɔ:dɪŋ haʊs] *n* pensione (*f*).

boarding school ['bɔ:dɪŋ sku:l] *n* collegio.

boast [bəʊst] *v tr, intr* vantare(-rsi).

boat [bəʊt] *n* nave (*f*) ◊ (*small*) barca.

boating ['bəʊtɪŋ] *n* canottaggio.

bobby ['bɒbɪ] *n* (*fam*) poliziotto.

bob-sleigh ['bɒbslei] *n* bob.

bodice ['bɒdɪs] *n* corsetto, bustino.

bodily ['bɒdɪlɪ] *adj* fisico.

body ['bɒdɪ] *n* corpo ◊ **body-building**, culturismo.

bodyguard ['bɒdɪgɑ:d] *n* guardia del corpo.

bodywork ['bɒdiwɜ:k] *n* carrozzeria.

bog [bɒg] *n* palude (*f*) ◊ (*volg*) cesso.

bogus ['bəʊgəs] *adj* falso.

boil [bɔɪl] *v tr, intr* bollire.

boiler ['bɔɪlə*] *n* caldaia.

boiling ['bɔɪlɪŋ] *adj* bollente.

boisterous ['bɔɪstərəs] *adj* chiassoso.

bold [bəʊld] *adj* audace, coraggioso.

bollard ['bɒləd] *n* (*aut*) colonnina luminosa.

bolster ['bəʊlstə*] *n* capezzale (*m*).

bolt [bəʊlt] *v tr* serrare ◊ (*food*) inghiottire in fretta.

bomb [bɒm] *n* bomba.

bombastic [bɒm'bæstɪk] *adj* ampolloso.

bond [bɒnd] *n* legame (*m*) ◊ (*finance*) obbligazione (*f*).

bone [bəʊn] *n* osso ◊ **to make no bones**, non farsi scrupoli.

bonfire ['bɒn,faɪə*] *n* falò (*m inv*).

bonnet ['bɒnɪt] *n* cuffia ◊ (*car*) còfano.

bonus ['bəʊnəs] *n* premio.

booby ['bu:bɪ] *n* (*fam*, *AmE*) persona sciocca.

book [bʊk] *n* libro.

book [bʊk] *v tr* (*ticket*) prenotare ◊ (*football*) ammonire ◊ **booked up**, tutto esaurito, al completo.

bookable ['bʊkəbl] *adj* prenotàbile.

bookcase ['bʊkkeɪs] *n* scaffale (*m*).

booking office ['bʊkɪŋ,ɒfɪs] *n* biglietteria.

book keeping ['bʊk,ki:pɪŋ] *n* contabilità (*inv*).

booklet ['bʊklɪt] *n* libretto.

bookmaker ['bʊk,meʊkə*] *n* allibratore (*m*).

bookmark ['bʊkmɑ:k] *n* segnalibro.

bookseller ['bʊk,selə*] *n* libraio.

bookshop ['bʊkʃɒp] *n* libreria.

bookstall ['bʊkstɔ:l] *n* bancarella di libri.

bookstore ['bʊkstɔ:*] *n* libreria.

bookworm ['bʊkwɜ:m] *n* topo di biblioteca.

boom [bu:m] *v tr, intr* assùmere un ràpido sviluppo.

boost [bu:st] *v tr* (*fam*) spìngere ◊ (*AmE*) lanciare, reclamizzare.

boot [bu:t] *n* stivale (*m*) ◊ (*football*) scarpa ◊ (*car*) portabagagli (*m inv*).

booth [bu:ð] *n* (*cinema*, *telephone*) cabina.

bootleg ['bu:t,leg] *v intr* (*fam*) contrabbandare bevande alcoliche.

booty ['bu:tɪ] *n* bottino.

booze [bu:z] *v intr* trincare, bere molto alcol.

border ['bɔ:də*] *n* orlo; (*land*) frontiera.

borderline ['bɔ:dəlaɪn] *n* linea di demarcazione.

bore [bɔ:*] *pt of* bear.

bore [bɔ:*] *n* seccatore(-trice); noia, seccatura.

bored [bɔ:d] *adj* annoiato ◊ **to get bored**, annoiarsi.

boredom ['bɔ:dəm] *n* noia.

boring ['bɔ:rɪŋ] *adj* noioso.

born [bɔ:n] *adj* nato ◊ **to be born**, nascere; **low-born**, di umili natali.

borne [bɔ:n] *pp of* bear.

borough ['bʌrə] *n* borgo; cittadina, municipio.

borrow ['bɒrəʊ] *v tr* prèndere a prèstito.

bosom ['buzəm] *n* seno ◊ **bosom friend**, amico intimo.

boss [bɒs] *n* capo.

bossy ['bɒsɪ] *adj* prepotente.

botany ['bɒtənɪ] *n* botànica.

botch [bɒtʃ] *v tr* fare un pasticcio.

both [bəʊθ] *adj, pron* ambedue, l'uno e l'altro ◊ **both of them are, they both are**, entrambi sono.

both [bəʊθ] *adv* ◊ **both... and**, sia... sia.

bother ['bɒðə*] *v tr* seccare, dare noia a.

bottle ['bɒtl] *n* bottiglia ◊ (*baby's*) biberon (*m inv*).

bottleneck ['bɒtlnek] *n* strettoia.

bottle-opener ['bɒtləʊpənə*] *n* apribottiglie (*m inv*).

bottom ['bɒtəm] *n* fondo ◊ **from top to bottom**, da cima a fondo; **from the bottom of my heart**, dal profondo del cuore ◊ (*buttocks*) sedere (*m*).

bottom ['bɒtəm] *adj* ùltimo, il più basso.

bough [baʊ] *n* ramo.

bought [bɔ:t] *pt, pp of* buy.

boulder ['bəʊldə*] *n* masso.

boulevard ['bu:lvɑ:*] *n* (*AmE*) viale, corso.

bounce [baʊns] *v tr, intr* rimbalzare.

bouncer ['baʊnsə*] *n* (*AmE, theatre*) buttafuori (*m inv*).

bound [baʊnd] *pt, pp of* bind.

bound [baʊnd] *n pl* confine (*m*), lìmite (*m*) ◊ (*leap*) salto.

bound [baʊnd] *v tr* confinare, delimitare.

bound [baʊnd] *adj* costretto, obbligato, destinato.

boundary ['baʊndərɪ] *n* confine (*m*).

boundless ['baʊndlɪs] *adj* illimitato.

bow [baʊ] *v tr, intr* piegare, inchinarsi, chinare il capo.

bow [baʊ] *n* arco.

bow [baʊ] *n* inchino.

bow [baʊ] *n* prora, prua.

bowels ['baʊəlz] *n pl* intestini.

bowl [bəʊl] *n* scodella.

bowls [bəʊlz] *n* gioco delle bocce.

bow tie [,bəʊ'taɪ] *n* cravatta a farfalla, papillon.

box [bɒks] *n* scàtola, cassa ◊ (*hut*) cabina ◊ (*theatre*) palco.

box [bɒks] *v intr* fare del pugilato.

boxer ['bɒksə*] *n* pugile ◊ (*dog*) boxer ◊ **boxer shorts**, boxer (indumento).

boxing ['bɒksɪŋ] *n* pugilato.

boxing-day ['bɒksɪŋdeɪ] *n* 26 dicembre, giorno delle strenne.

box-office ['bɒks,ɒfɪs] *n* biglietteria.

box-room ['bɒksrʊm] *n* ripostiglio.

boy [bɔɪ] *n* ragazzo, giovinetto ◊ (*servant*) garzone, fattorino.

boycott ['bɔɪkɒt] *v tr* boicottare.

B.R. ['bi:'ɑ:] *abbr of* **British Rail** *n* Ferrovie Britanniche.

bra [brɑ:] *n* reggiseno.

brace [breɪs] *n* sostegno ◊ (*teeth*) apparecchio ◊ (*pl*) bretelle (*f pl*).

bracelet ['breɪslɪt] *n* braccialetto.

bracken ['brækən] *n* felce (*f*).

bracket ['brækɪt] *n* parèntesi (*f inv*).

brag [bræg] *v intr* vantarsi.

braid [breɪd] *n* (*hair*) treccia.

brain [breɪn] *n* cervello ◊ (*fig*) intelligenza.

brainwash ['breɪnwɒ] *v tr* fare il lavaggio del cervello.

brake [breɪk] *n* (*vehicle*) freno.

brake [breɪk] *v tr, intr* frenare.

bramble ['bræmbl] *n* rovo.

bran [bræn] *n* crusca.

branch [brɑ:ntʃ] *n* ramo ◊ (*comm*) succursale (*f*), filiale (*f*).

brand [brænd] *n* marca.
brand-new [ˌbrænd'nju:] *adj* nuovo di zecca.
brash [bræʃ] *adj* sfacciato.
brass [brɑ:s] *n* ottone (*m*).
brassband [ˌbrɑ:s'bænd] *n* fanfara.
brave [breɪv] *adj* coraggioso.
bravery ['breɪvərɪ] *n* coraggio.
brawl [brɔ:l] *n* rissa, zuffa.
brazen ['breɪzn] *adj* (*fig*) sfacciato, svergognato.
brazier ['breɪzjə*] *n* braciere (*m*).
breach [bri:tʃ] *n* breccia, varco ◊ **breach of contract**, rottura di contratto.
bread [bred] *n* pane (*m*) ◊ **to earn one's bread**, guadagnarsi da vivere.
breadth [bredθ] *n* larghezza.
break, *pt* broke, *pp* broken [breɪk, brəʊk, 'brəʊkən] *v tr, intr* rómpere, spezzare ◊ (*law*) violare ◊ **to break down**, distruggere; (*fig*) analizzare; **to break out**, scoppiare; **to break up**, finire, concludere.
break [breɪk] *n* rottura ◊ (*pause*) interruzione (*f*), pausa.
breakable ['breɪkəbl] *adj* fràgile.
breakdown ['breɪkdaʊn] *n* guasto ◊ (*med*) collasso ◊ (*disaster*) sfacelo.
breakfast ['brekfəst] *n* prima colazione.
breast [brest] *n* seno.
breaststroke ['breststrəʊk] *n* nuoto a rana.
breath [breθ] *n* fiato; soffio.
breathalyser ['breθəlaɪzə*] *n* alcoltest (*m inv*).
breathe [bri:ð] *v tr, intr* respirare, soffiare ◊ **breathe in, out**, inspirare, espirare.
breathless ['breθlɪs] *adj* senza fiato.
breed, *pt, pp* bred [bri:d, bred] *v tr* generare, allevare.
breeze [bri:z] *n* brezza.
brevity ['brevətɪ] *n* brevità (*inv*).
brew [bru:] *v tr* fare la birra, preparare un infuso.
bribe [braɪb] *n* bustarella.
bribe [braɪb] *v tr* corrompere.
brick [brɪk] *n* mattone (*m*).
bricklayer ['brɪkˌleɪə*] *n* muratore (*m*).
bride [braɪd] *n* sposa.
bridegroom ['braɪdgrʊm] *n* sposo.
bridge [brɪdʒ] *n* ponte (*m*), passerella ◊

(*cards*) bridge (*m inv*).
bridle ['braɪdl] *n* briglia.
brief [bri:f] *adj* breve.
briefcase ['bri:fkeɪs] *n* borsa da avvocato.
brigade [brɪ'geɪd] *n* (*mil*) brigata.
bright [braɪt] *adj* luminoso, brillante, vivace.
brighten ['braɪtn] *v intr* illuminarsi, schiarirsi.
brilliance ['brɪljəns] *n* splendore (*m*).
brilliant ['brɪljənt] *adj* brillante, splendente ◊ (*fig*) di talento.
brim [brɪm] *n* orlo.
brimful ['brɪmfʊl] *adj* pieno fino all'orlo.
bring, *pt, pp* brought [brɪŋ, brɔ:t] *v tr* portare ◊ **to bring back**, riportare; **to bring down**, abbattere; **to bring forth**, dare alla luce; **to bring up**, allevare.
brink [brɪŋk] *n* orlo.
brisk [brɪsk] *adj* attivo.
british ['brɪtɪʃ] *adj* britànnico ◊ **the British**, i Britannici.
broad [brɔ:d] *adj* largo, ampio ◊ (*fig*) aperto, tollerante; generale.
broadcast, *pt, pp* broadcast ['brɔ:dkɑ:st] *v tr, intr* trasméttere per radio (televisione).
broaden ['brɔ:dn] *v tr* allargare.
broad-minded [ˌbrɔ:d'maɪndɪd] *adj* di mente aperta.
broil [brɔɪl] *v tr* cuòcere sulla graticola.
broke [brəʊk] *pt of* **break**.
broke [brəʊk] *adj* (*fam*) squattrinato, al verde.
broken ['brəʊkən] *pp of* **break** ◊ *adj* rotto; incompleto, frammentario ◊ **in broken English**, in un inglese stentato; **broken marriage**, matrimonio fallito.
broker ['brəʊkə*] *n* agente (*m*).
bronchitis [brɒŋ'kaɪtɪs] *n* bronchite (*f*).
bronze [brɒnz] *n* bronzo.
brooch [brəʊtʃ] *n* spilla.
brood [bru:d] *v intr* covare ◊ (*fig*) rimuginare.
brook [brʊk] *n* ruscello.
broom [bru:m] *n* scopa.
broth [brɒθ] *n* brodo.
brother ['brʌðə*] *n* fratello.
brother-in-law ['brʌðəɪnlɔ:] *n* cognato.
brought [brɔ:t] *pt, pp of* **bring**.

brow [braʊ] *n* fronte (*f*) ◊ (*pl*) sopracciglia (*f pl*) ◊ **to knit one's brows**, aggrottare la fronte.

browbeat ['braʊbiːt] *v tr* minacciare, spaventare.

brown [braʊn] *adj*, *n* bruno.

browse [braʊz] *v intr* curiosare tra i libri.

bruise [bruːz] *n* ammaccatura, contusione (*f*).

bruise [bruːz] *v tr*, *intr* ammaccare(-rsi), produrre contusioni.

brunch [brʌntʃ] *n* (*fam*) brunch (pasto che combina colazione e pranzo).

brush [brʌʃ] *n* spàzzola; pennello ◊ **brush up**, spazzolata.

brush [brʌʃ] *v tr* spazzolare ◊ **to brush up**, rinfrescare la memoria.

brusque [bruːsk] *adj* rude.

brussels sprout [‚brʌsəlz'spraʊt] *n* cavolino di Bruxelles.

brutal ['bruːtl] *adj* brutale.

brute [bruːt] *n* bruto.

bubble ['bʌbl] *n* bolla, bollicina ◊ **bubble bath**, bagnoschiuma.

buck [bʌk] *n* (*AmE, fam*) dòllaro.

bucket ['bʌkit] *n* secchio.

buckle ['bʌkl] *n* fibbia.

bud [bʌd] *n* gemma.

Buddhism ['bʊdɪzəm] *n* buddismo.

buddy ['bʌdɪ] *n* (*AmE, fam*) compagno.

budge [bʌdʒ] *v tr*, *intr* scostare(-rsi).

budgerigar ['bʌdʒərɪgɑː*] *n* pappagallino.

budget ['bʌdʒɪt] *n* budget, bilancio preventivo.

buffalo ['bʌfələʊ] *n* bùfalo.

bug [bʌg] *n* cìmice (*f*), insetto ◊ (*fam*) virus, malattia.

bugaboo ['bʌgəbuː] *n* (*AmE, fam*), **bugbear** ['bʌgbeə*] *n* spauracchio.

buggy ['bʌgɪ] *n* (*AmE*) carrozzella (per neonato).

bugle ['bjuːgl] *n* trombetta.

build [bɪld] *n* corporatura.

build, *pt*, *pp* **built** [bɪld, bɪlt] *v tr* costruire ◊ **to build up**, rafforzare.

builder ['bɪldə*] *n* costruttore (*m*).

building ['bɪldɪŋ] *n* costruzione (*f*), edificio.

built [bɪlt] *pt*, *pp of* **build**.

built-in [‚bɪl't in] *adj* incorporato.

built-up ['bɪltʌp] *adj* edificato.

bulb [bʌlb] *n* lampadina.

bulge [bʌldʒ] *n* gonfiore (*m*).

bulk [bʌlk] *n* càrico, volume (*m*), massa ◊ **in bulk**, all'ingrosso.

bull [bʊl] *n* toro.

bulldog ['bʊldɒg] *n* bulldog.

bullet ['bʊlɪt] *n* pallòttola.

bulletin ['bʊlɪtɪn] *n* bollettino.

bullet-proof ['bʊlɪtpruːf] *adj* antiproiettile.

bullfight ['bʊlfaɪt] *n* corrida.

bullfighter ['bʊlfaɪtə*] *n* torero.

bullhorn ['bʊlhɔːn] *n* (*AmE*) megàfono.

bullshit ['bʊlʃɪt] *n*, *interj* (*sl*) sciocchezze (*f pl*), idiozie (*f pl*).

bully ['bʊlɪ] *n* bullo.

bum [bʌm] *n* (*sl*) sedere ◊ (*tramp*) vagabondo.

bumble-bee ['bʌmblbiː] *n* calabrone (*m*).

bump [bʌmp] *n* colpo, urto.

bump [bʌmp] *v tr* bàttere ◊ **to bump into**, incontrare.

bumper ['bʌmpə*] *n* paraùrti (*m inv*).

bumpy ['bʌmpɪ] *adj* dissestato.

bun [bʌn] *n* focaccina ◊ (*hair*) chignon.

bunch [bʌntʃ] *n* fascio, mazzo; gràppolo; mucchio ◊ **a bunch of keys**, un mazzo di chiavi.

bundle ['bʌndl] *v tr*, *intr* affastellare, legare in fasci.

bunk [bʌŋk] *n* cuccetta ◊ **bunk beds**, letti a castello.

bunny ['bʌnɪ] *n* coniglietto.

buoy [bɔɪ] *n* boa, gavitello ◊ **lifebuoy**, salvagente.

burden ['bɜːdn] *n* càrico, peso.

burdensome ['bɜːdnsəm] *adj* opprimente.

bureau (bureaux) ['bjʊərəʊ, 'bjʊərəʊz] *n* scrittoio.

bureaucracy [bjʊə'rɒkrəsɪ] *n* burocrazìa.

burglar ['bɜːglə*] *n* ladro, scassinatore (*m*).

burglar-alarm ['bɜːglə*,ə'lɑːm] *n* antifurto.

burglary ['bɜːglərɪ] *n* furto con scasso.

burgle ['bɜːgl] *v tr* svaligiare.

burial ['berɪəl] *n* sepoltura.

burly ['bɜːlɪ] *adj* corpulento.

burn, *pt*, *pp* **burned** *or* **burnt** [bɜːn, bɜːnd, bɜːnt] *v tr*, *intr* bruciare, àrdere.

burn [bɜːn] *n* bruciatura, scottatura.

burning ['bɜ:nɪŋ] *adj* bruciante, ardente.

burnt [bɜ:nt] *pt, pp of* **burn**.

burst, *pt, pp* **burst** [bɜ:st] *v tr, intr* far scoppiare, esplòdere ◊ **to burst out**, scoppiare.

burst [bɜ:st] *n* scoppio.

bury ['berɪ] *v tr* seppellire.

bus [bʌs] *n* àutobus (*m inv*).

bush [buʃ] *n* cespuglio ◊ **to beat about the bush**, menare il can per l'aia.

business ['bɪznɪs] *n sing* affare (*m*), affari ◊ (*trade*) commercio ◊ (*work*) còmpito, occupazione (*f*) ◊ (*firm*) azienda commerciale ◊ **business is business**, gli affari sono affari; **mind your own business**, badate ai fatti vostri; **to be away on business**, essere via per affari; **business English**, inglese commerciale.

business-like ['bɪznɪslaɪk] *adj* serio, efficiente.

businessman (-men) ['bɪznɪsmæn, mən] *n* uomo d'affari.

bus-stop ['bʌsstɒp] *n* fermata dell'àutobus.

bustle ['bʌsl] *v tr, intr* sollecitare, affaccendarsi.

busy ['bɪzɪ] *adj* occupato, impegnato, indaffarato ◊ **a busy road**, una strada trafficata.

busybody ['bɪzɪˌbɒdɪ] *n* ficcanaso.

but [bʌt] *conj, prep, adv* ma; soltanto ◊ (*except for*) eccetto, eccetto che, altro che, se non fosse che, se non ◊ **nothing but**, null'altro che; **but then**, d'altronde.

butcher ['butʃə*] *n* macellaio.

butt [bʌt] *n* (*cigarette*) mozzicone (*m*), estremità (*inv*).

butter ['bʌtə*] *n* burro.

butter ['bʌtə*] *v tr* imburrare.

butterfly ['bʌtəflaɪ] *n* farfalla.

buttock(s) ['bʌtək(s)] *n* nàtica.

button ['bʌtn] *n* bottone (*m*).

buttonhole ['bʌtnhəʊl] *n* àsola, occhiello.

buttonhole ['bʌtnhəʊl] *n* attaccare bottone con.

buxom ['bʌksəm] *adj* formosa.

buy, *pt, pp* **bought** [baɪ, bɔ:t] *v tr* comprare, acquistare.

buzz [bʌz] *n* ronzìo.

buzzer ['bʌzə*] *n* cicalino.

by [baɪ] da, per, con, accanto a, presso, entro ◊ **by 6 o'clock**, per le sei; **by the way**, tra parentesi; **by day**, di giorno; **by oneself**, da solo.

by [baɪ] *adv* vicino, in disparte ◊ **to stand by**, star vicino.

bye(-bye) [ˌbaɪˈbaɪ] *excl* ciao! arrivederci!

by-pass ['baɪpɑ:s] *n* circonvallazione (*f*).

by-product ['baɪprɒdʌkt] *n* sottoprodotto.

bystander ['baɪstændə*] *n* spettatore(-trice), astante (*m / f*).

by-word ['baɪwɜ:d] *n* simbolo ◊ (*saying*) detto.

C

C [si:] *abbr of* **centigrade**.

cab [kæb] *n* taxi (*m inv*).

cabbage ['kæbɪdʒ] *n* càvolo.

cabin ['kæbɪn] *n* capanna ◊ (*ship, aircraft*) cabina ◊ **cabin class**, seconda classe (nella nave).

cabinet ['kæbɪnɪt] *n* armadietto, mobiletto ◊ (*pol*) Gabinetto.

cable ['keɪbl] *n* cavo (*m*) ◊ **cable railway**, funicolare; **cable television**, televisione via cavo.

cable ['keɪbl] *v tr* trasméttere (un messaggio).

cablegram ['keɪblgræm] *n* cablogramma (*m*).

cache [kæʃ] *n* nascondiglio.

cackle ['kækl] *v intr* schiamazzare ◊ **cut the cackle!**, arrivate al punto!

cadge [kædʒ] *v tr* scroccare ◊ **to cadge a meal**, scroccare un pasto.

Caesarean [ˌsi:zəˈrɪən] *adj* cesàreo ◊ **Caesarean section**, taglio cesareo.

cafeteria [ˌkæfiˈtɪərɪə] *n* (ristorante) self-service.

cage [keɪdʒ] *n* gabbia.

cajole [kəˈdʒəʊl] *v tr* adulare.

cake [keɪk] *n* torta, dolce (*m*) ◊ **to sell like hot cakes**, andare a ruba.

calamity [kəˈlæmətɪ] *n* calamità (*inv*).

calculate ['kælkjʊleɪt] *v tr* calcolare.

calendar ['kælɪndə*] *n* calendario ◊ **calendar year**, anno civile.

calf (calves) [kɑːf, kɑːv] *n* vitello ◊ (*anat*) polpaccio.

calf skin ['kɑːf skɪn] *n* pelle (*f*) di vitello.

calibre ['kælɪbə*] *n* càlibro.

call [kɔːl] *n* chiamata, telefonata ◊ (*shout*) grido, urlo ◊ **to be on call**, essere disponibili.

call [kɔːl] *v tr, intr* telefonare, chiamare ◊ (*visit*) andare a trovare ◊ **to call sb names**, insultare qc; **to call at**, fare una breve visita; **to call for**, richiedere, passare a prendere; **to call off**, far smettere, disdire; **to call on**, chiedere di fare; **to call up**, telefonare, richiamare alle armi.

call box ['kɔːl bɒks] *n* cabina telefònica.

call girl ['kɔːl gɜːl] *n* ragazza squillo.

calling ['kɔːlɪŋ] *n* vocazione (*f*).

callous ['kæləs] *adj* duro, insensìbile.

calm [kɑːm] *n* calma.

calm [kɑːm] *v tr, intr* calmare(-rsi).

calm [kɑːm] *adj* calmo.

calorie ['kælərɪ] *n* calorìa.

camcorder ['kæmkɔːdə*] *n* videocamera.

came [keɪm] *pt of* **come**.

camel ['kæml] *n* cammello.

cameo ['kæmɪəʊ] *n* cammeo.

camera ['kæmərə] *n* màcchina fotogràfica; telecàmera.

camouflage ['kæmʊflɑːʒ] *v tr* camuffare, mimetizzare.

camp [kæmp] *v intr* accamparsi, fare campeggio.

camp [kæmp] *n* campo, campeggio.

campaign [kæm'peɪn] *n* (*pol, mil*) campagna.

campbed [ˌkæmp'bed] *n* brandina.

camper ['kæmpə*] *n* campeggiatore(-trice) ◊ (*caravan*) camper.

camping ['kæmpɪŋ] *n* campeggio ◊ **to go camping**, andare in campeggio.

campsite ['kæmpsaɪt] *n* (luogo per il) campeggio.

can, *pt* **could** [kæn, kʊd] *v modal* potere; sapere ◊ **can you swim?**, sai nuotare?

can [kæn] *n* lattina; tànica ◊ (*AmE*) bidone ◊ **can bank**, raccoglitore per lattine.

can [kæn] *v tr* méttere in scàtola.

canal [kə'næl] *n* canale (*m*).

canary [kə'neərɪ] *n* canarino.

cancel ['kænsl] *v tr* annullare.

cancellation [ˌkænsə'leɪʃn] *n* prenotazione annullata.

cancer ['kænsə*] *n* cancro; (*sign*) Cancro.

candid ['kændɪd] *adj* onesto.

candidate ['kændɪdət] *n* candidato(-a).

candle ['kændl] *n* candela.

candlestick ['kændlstɪk] *n* candeliere (*m*).

candour ['kændə*] *n* sincerità (*inv*).

candy ['kændɪ] *n* zùcchero candito ◊ (*AmE*) caramella.

candy-floss ['kændɪflɒs] *n* zùcchero filato.

cane [keɪn] *n* canna; verga ◊ **cane-sugar**, zucchero di canna.

canister ['kænɪstə*] *n* scàtola metàllica.

cannabis ['kænəbɪs] *n* hashish (*m inv*).

cannibal ['kænɪbl] *n* cannìbale (*m / f*).

canny ['kænɪ] *adj* guardingo.

canoe [kə'nuː] *n* canoa.

canoing [kə'nuːɪŋ] *n* canottaggio.

canon ['kænən] *n* cànone (*m*).

can opener ['kæn əʊpənə*] *n* apriscàtole (*m inv*).

cantaloupe ['kæntəluːp] *n* melone (*m*).

canteen [kæn'tiːn] *n* mensa.

canvas ['kænvəs] *n* tela grossa.

canvass ['kænvəs] *v tr* sollecitare.

cap [kæp] *n* berretto ◊ (*bottle*) tappo ◊ (*mountain*) cima ◊ **cap in hand**, umilmente.

cap [kæp] *v tr* tappare, coprire ◊ **capped with**, ricoperto di.

capability [ˌkeɪpə'bɪlətɪ] *n* capacità (*inv*), abilità (*inv*).

capable ['keɪpəbl] *adj* capace.

capacity [kə'pæsətɪ] *n* capacità (*inv*); capienza ◊ **in his capacity as**, in qualità di.

cape [keɪp] *n* cappa ◊ (*geo*) capo.

capital ['kæpɪtl] *n* (*city or town*) capitale (*f*) ◊ (*money*) capitale (*m*) ◊ *adj* maiuscolo ◊ (*fig*) capitale.

capitalism ['kæpɪtəlɪzəm] *n* capitalismo.

capitalist ['kæpɪtəlɪst] *n* capitalista (*m / f*).

capitulate [kə'pɪtjʊleɪt] *v intr* capitolare.

capricious [kə'prɪʃəs] *adj* capriccioso, incostante.

Capricorn ['kæprɪkɔːn] *n* (*sign*) Capricorno.

capsize [kæp'saɪz] *v tr, intr* capòvolgere (-rsi).

capsule ['kæpsju:l] *n* càpsula.

captain ['kæptɪn] *n* capitano.

caption ['kæpʃn] *n* didascalìa, legenda.

captive ['kæptɪv] *adj*, *n* prigioniero(-a).

captivity ['kæp'tɪvətɪ] *n* prigionia.

capture [kæptʃə*] *v tr* catturare ◊ (*attention*) conquistare, catturare.

car [kɑ:*] *n* màcchina, auto (*f*) ◊ **car-wash**, lavaggio auto.

carafe [kə'ræf] *n* caraffa.

carat ['kærət] *n* carato.

caravan ['kærəvæn] *n* caravan (*m*), roulotte (*f*).

carbohydrates [ˌkɒbəʊ'haɪdreɪts] *n pl* carboidrati.

carbon copy ['kɑ:bən ˌkɒpɪ] *n* copia (con carta carbone).

carbon paper ['kɑ:bən ˌpeɪpə*] *n* carta carbone.

carburettor [ˌkɑ:bjʊ'retə*] *n* carburatore (*m*).

carcass ['kɑ:kəs] *n* schèletro, carcassa.

card [kɑ:d] *n* cartoncino, biglietto ◊ (*postcard*) cartolina ◊ (*game*) carta da gioco ◊ (*telephone, file*) scheda ◊ **visiting-card**, biglietto da visita.

cardboard ['kɑ:bɔ:d] *n* cartone (*m*).

cardiac ['kɑ:dɪæk] *adj* cardìaco.

care [keə*] *n* cura, attenzione (*f*); preoccupazione (*f*) ◊ **in sb's care**, sotto la cura di; **to take care of**, prendersi cura di; **handle with care**, maneggiare con cura.

care [keə*] *v tr*, *intr* curarsi, interessarsi, preoccuparsi, piacere ◊ **to care for/about**, aver cura di, voler bene a; **I don't care**, non me ne importa niente; **who cares?**, chi se ne importa?; **for all I care**, per quel che me ne importa; **would you care to go to the cinema?**, ti piacerebbe andare al cinema?

career [kə'rɪə*] *n* carriera.

carefree ['keəfri:] *adj* spensierato, senza preoccupazioni.

careful ['keəfʊl] *adj* attento, càuto ◊ **be careful!**, stai attento!

careless ['keəlɪs] *adj* negligente; disattento; spensierato.

carelessness ['keəlɪsnɪs] *n* trascuratezza, negligenza.

caress [kə'res] *v tr* accarezzare.

caretaker ['keəˌteɪkə*] *n* custode (*m / f*) ◊ **school caretaker**, bidello.

car-ferry ['kɑ:ˌferɪ] *n* traghetto.

cargo ['kɑ:gəʊ] *n* (*ship*) càrico.

caricature ['kærɪkəˌtjʊə*] *n* caricatura.

caries ['kɛərii:z] *n* (*med*) carie.

carnal ['kɑ:nl] *adj* carnale.

carnation [kɑ:'neɪʃn] *n* garòfano.

carnival ['kɑ:nɪvl] *n* carnevale (*m*).

carol ['kærəl] *n* ◊ **Christmas carol**, canto natalizio.

car-park ['kɑ:pɑ:k] *n* parcheggio.

carpenter ['kɑ:pəntə*] *n* falegname (*m*).

carpet ['kɑ:pɪt] *n* tappeto.

carriage ['kærɪdʒ] *n* vettura; carrello ◊ **carriage entrance**, passo carraio.

carriage way ['kærɪdʒ weɪ] *n* carreggiata.

carrier ['kærɪə*] *n* corriere (*m*) ◊ (*comm*) impresa di trasporti ◊ (*bicycle*) portapacchi (*m inv*) ◊ (*disease*) portatore(-trice).

carrier bag ['kærɪə bæg] *n* sacchetto.

carrot ['kærət] *n* carota.

carry ['kærɪ] *v tr*, *intr* portare, trasportare ◊ **to be carried away**, lasciarsi trasportare; **to carry on**, continuare, dirigere, gestire (un'azienda); **to carry out**, eseguire.

cart [kɑ:t] *n* carro.

cartoon [kɑ:'tu:n] *n* vignetta, fumetto.

cartoonist [kɑ:'tu:nɪst] *n* caricaturista (*m / f*); vignettista (*m / f*).

cartridge ['kɑ:trɪdʒ] *n* cartuccia, caricatore (*m*); rullino fotogràfico ◊ (*record player*) testina.

carve [kɑ:v] *v tr* intagliare.

carving ['kɑ:vɪŋ] *n* scultura, intaglio.

carving knife ['kɑ:vɪŋ naɪf] *n* coltello trinciante.

case [keɪs] *n* caso ◊ (*box*) scàtola ◊ (*suitcase*) valigia ◊ (*law*) càusa, processo ◊ **in case of**, nel caso di; **in case**, casomai; **in any case**, in qualunque caso.

cash [kæʃ] *n* cassa; contante (*m*) ◊ (*payment*) pagamento in contanti ◊ **cash on delivery**, pagamento alla consegna; **to pay in cash**, pagare in contanti.

cash [kæʃ] *v tr* incassare.

cash book ['kæʃ bʊk] *n* libro cassa.

cash desk ['kæʃ desk] *n* cassa.

cashier [kæˈʃɪə*] *n* cassiere(-a).

cashpoint [ˈkæʃpɔɪnt] *n* bancomat ◊ **cashpoint card**, (tessera del) bancomat.

cash register [ˈkæʃ ˌredʒɪstə*] *n* registratore (*m*) di cassa.

casing [ˈkeɪsɪŋ] *n* rivestimento.

cask [kɑːsk] *n* botte (*f*).

casket [ˈkɑːskɪt] *n* cofanetto ◊ (*AmE*) bara.

cast, *pt, pp* **cast** [kɑːst] *v tr, intr* gettare, lanciare ◊ (*shed*) pèrdere ◊ (*metals*) fóndere ◊ **to cast lots**, tirare a sorte; **to cast a vote**, dare un voto; **to be cast down**, essere depresso.

cast [kɑːst] *n* lancio; (*actors*) cast.

castanets [ˌkæstəˈnet] *n pl* nàcchere (*f pl*).

castaway [ˈkɑːstəweɪ] *n* nàufrago(-a).

caste [kɑːst] *n* casta.

casting vote [ˌkɑːstɪŋ ˈvəʊt] *n* voto decisivo.

cast iron [ˌkɑːst ˈaɪən] *n* ferro battuto.

castle [ˈkɑːsl] *n* castello; rocca ◊ (*chess*) torre (*f*).

casual [ˈkæʒjʊəl] *adj* accidentale, casuale, fortuito ◊ superficiale ◊ spontaneo ◊ indifferente ◊ **casual clothes**, vestiti sportivi; **casual labourer**, lavoratore avventizio.

casually [ˈkæʒjʊəli] *adv* in modo casuale ◊ con spontaneità.

casualty [ˈkæʒjʊəltɪ] *n* ferito(-a) ◊ (*mil*) morto(-a), vìttima ◊ (*accident*) infortunio, incidente (*m*) ◊ **casualty ward**, pronto soccorso.

cat [kæt] *n* gatto.

catalogue [ˈkætəlɒg] *n* catàlogo.

catalytic [kəˌtæˈlɪtɪk] *adj* catalico ◊ **catalytic converter**, marmitta catalitica.

cataract [ˈkætərækt] *n* cataratta.

catch, *pt, pp* **caught** [kætʃ, kɔːt] *v tr, intr* cògliere, afferrare ◊ (*arrest*) catturare ◊ (*habit, disease*) prèndere, buscarsi ◊ (*fig*) capire, cògliere ◊ (*train*) prèndere ◊ **to catch redhanded**, cogliere sul fatto; **to catch a cold**, buscarsi un raffreddore; **to catch sb's attention**, attirare l'attenzione di qc; **to catch fire**, prendere fuoco; **to catch at**, aggrapparsi; **to catch up with**, mettersi alla pari con.

catch phrase [ˈkætʃ ˌfreɪz], **catchword** [ˈkætʃwəːd] *n* slogan (*m inv*).

catchy [ˈkætʃɪ] *adj* orecchiàbile.

category [ˈkætɪgərɪ] *n* categorìa.

cater [ˈkeɪtə*] *v intr* provvedere cibo.

caterer [ˈkeɪtərə*] *n* fornitore(-trice).

catering [ˈkeɪtərɪŋ] *n* approvvigionamento; fornitura di cibi a domicilio.

caterpillar [ˈkætəpɪlə*] *n* bruco.

cathedral [kəˈθiːdrəl] *n* cattedrale (*f*), duomo.

Catholic [ˈkæθəlɪk] *adj, n* cattòlico(-a).

cattle [ˈkætl] *n pl* bestiame (*m*).

cat walk [ˈkæt wɔːk] *n* passerella.

caught [kɔːt] *pt, pp of* **catch**.

cauliflower [ˈkɒlɪˌflaʊə*] *n* cavolfiore (*m*).

cause [kɔːz] *n* causa, motivo ◊ (*law*) causa ◊ **without good cause**, senza motivo; **to have good cause for**, avere buoni motivi per.

cause [kɔːz] *v tr* causare, provocare ◊ **to cause sb to do sthg**, indurre qc a fare qcs.

causeway [ˈkɔːzweɪ] *n* strada rialzata.

caution [ˈkɔːʃn] *n* prudenza, attenzione (*f*) ◊ (*warning*) avvertimento.

caution [ˈkɔːʃn] *v tr* avvertire, ammonire.

cautious [ˈkɔːʃəs] *adj* càuto.

cavalry [ˈkævlrɪ] *n* cavallerìa.

cave [keɪv] *n* grotta, caverna.

caveman [ˈkeɪvmæn] *n* uomo delle caverne.

cavern [ˈkævən] *n* caverna.

caviare [ˈkævɪɑː*] *n* caviale (*m*).

cavity [ˈkævətɪ] *n* cavità (*inv*).

C.B.I. [ˌsiːbiːˈaɪ] *n abbr of* **Confederation of British Industries**, Confindustria.

cc [ˈsiːsiː] *abbr of* **cubic centimetres; carbon copy**.

cease [siːs] *v tr, intr* cessare.

ceaseless [ˈsiːslɪs] *adj* incessante, contìnuo.

cedar [ˈsiːdə*] *n* cedro.

ceiling [ˈsiːlɪŋ] *n* soffitto.

celebrate [ˈselɪbreɪt] *v tr, intr* celebrare, festeggiare.

celebrity [sɪˈlebrətɪ] *n* celebrità (*inv*).

celery [ˈselərɪ] *n* sèdano.

celibacy [ˈselɪbəsɪ] *n* celibato.

cell [sel] *n* cella ◊ (*elec*) elemento di batterìa ◊ (*biol*) cèllula.

cellar [ˈselə*] *n* cantina.

cellophane [ˈseləfeɪn] *n* cellofan.

cellular [ˈseljʊlə*] *adj* cellulare ◊ **cellular phone**, telefono cellulare.

cellulose [ˈseljʊləʊs] *n* cellulosa.

cement [sı'ment] *v tr* cementare ◊ (*fig*) unire, consolidare.

cemetery ['semıtrı] *n* cimitero.

censor ['sensə*] *n* censore (*m*).

censorship ['sensəʃıp] *n* censura.

censure ['senʃə*] *v tr* rimproverare.

census ['sensəs] *n* censimento.

cent [sent] *n* (*AmE*) centèsimo ◊ **per cent**, per cento.

centenary [sen'ti:nərı] *n* centenario.

center ['sentə*] *n* (*AmE*) centro.

centi- ['sentı-] - (*prefix*) centi- ◊ **centilitre**, centilitro; **centimetre**, centimetro.

central ['sentrəl] *adj* centrale.

central heating [,sentrəl 'hi:tıŋ] *n* riscaldamento centrale.

centralize ['sentrəlaız] *v tr* accentrare, concentrare.

centre ['sentə*] *n* centro.

centre-forward [,sentə'fɔ:wəd] *n* (*sport*) centravanti (*m inv*).

centre-half ['sentəhɑ:f] *n* (*sport*) centromediano.

century ['sentʃʊrı] *n* sècolo.

cereal ['sıərıəl] *n* cereale (*m*).

ceremony ['serımənı] *n* cerimonia ◊ (*pl*) convenévoli (*m pl*) ◊ **don't stand on ceremonies**, non fare complimenti.

certain ['sɜ:tn] *adj* certo ◊ **to make certain of**, assicurarsi di; **for certain**, sicuramente.

certainly ['sɜ:tnlı] *adv* certamente.

certainty ['sɜ:tntı] *n* certezza.

certificate ['sə'tıfıkət] *n* certificato ◊ (*school*) diploma (*m*).

certify ['sɜ:tıfaı] *v tr, intr* certificare, attestare ◊ (*law*) autenticare.

cf [,si:'ef] (*from Latin "confer" = compare*) cfr, confronta.

chafe [tʃeıf] *v tr, intr* sfregare; irritare(-rsi).

chain [tʃeın] *n* catena ◊ (*fig*) serie.

chain [tʃeın] *v tr* incatenare ◊ **to chain smoke**, fumare una sigaretta dopo l'altra.

chain store ['tʃeın stɔ:] *n* supermercato che fa parte di una catena.

chair [tʃeə*] *n* sedia; (*fig*) càrica; càttedra ◊ **to take a chair**, sedersi; **to take the chair**, assumere la presidenza.

chair [tʃeə*] *v tr* (*meeting*) presièdere.

chair-lift ['tʃeəlıft] *n* seggiovia.

chairman ['ʃeəmən] *n* (*committee, company etc*) presidente (*m*).

chalk [tʃɔ:k] *n* gesso.

challenge ['tʃælındʒ] *n* sfida.

challenge ['tʃælındʒ] *v tr* sfidare ◊ **to challenge sb to a game**, sfidare qc a una partita; **to challenge a statement**, mettere in dubbio un'affermazione.

challenger ['tʃælındʒə*] *n* sfidante (*m / f*).

challenging ['tʃælındʒıŋ] *adj* che pròvoca, stimolante.

chamber ['tʃeımbə*] *n* aula, sala; (*pl*) ufficio, studio; càmera legislativa ◊ **Chamber of Commerce**, Camera di Commercio.

chamber music ['tʃeımbə ,mju:zık] *n* mùsica da càmera.

chamois ['ʃæmwɑ] *n* camoscio ◊ **chamois leather**, pelle di camoscio.

champion ['tʃæmpjən] *n* campione(-essa).

championship ['tʃæmpjənʃıp] *n* campionato.

chance [tʃɑ:ns] *n* caso, sorte (*f*); probabilità (*inv*) ◊ (*opportunity*) occasione ◊ **by chance**, per caso; **take a chance**, corri il rischio.

chance [tʃɒ:ns] *v tr, intr* rischiare; accadere.

chancellor ['tʃɑ:nselə*] *n* cancelliere (*m*) ◊ **Lord Chancellor**, Presidente della Camera dei Lord; **Chancellor of the Exchequer**, Cancelliere dello Scacchiere.

chandelier [,ʃændə'lıə*] *n* lampadario.

change [tʃeındʒ] *n* cambiamento; resto ◊ **just for a change**, tanto per cambiare; **small change**, spiccioli.

change [tʃeındʒ] *v tr, intr* cambiare(-rsi), trasformare(-rsi).

changeable ['tʃeındʒəbl] *adj* (*weather*) variàbile.

changing ['tʃeındʒıŋ] *adj* che cambia; (*colour*) cangiante.

channel ['tʃænl] *n* canale (*m*), stretto ◊ (*tv*) canale ◊ **the Channel**, la Manica.

chaos ['keıɒs] *n* caos (*m inv*).

chaotic [keı'ɒtık] *adj* caòtico.

chap [tʃæp] *n* (*fam*) tipo.

chap [tʃæp] *v tr, intr* screpolare(-rsi).

chapel ['tʃæpl] *n* cappella.

chapter ['tʃæptə*] *n* capìtolo.

character ['kærəktə*] *n* caràttere (*m*) ◊

(*person*) personaggio.

characteristic [ˌkærəktə'rɪstɪk] *adj* caratterìstico.

characteristic [ˌkærəktə'rɪstɪk] *n* caratterìstica.

characterize ['kærəktəraɪz] *v tr* caratterizzare; descrìvere.

charade [ʃə'rɑːd] *n* sciarada.

charcoal ['tʃɑːkəʊl] *n* carbone (*m*), carbonella ◊ (disegno a) carboncino.

charge [tʃɑːdʒ] *n* spesa, costo ◊ (*task*) compito, responsabilità (*inv*) ◊ (*law*) accusa, imputazione (*f*) ◊ **to take charge of**, incaricarsi di; **to be in charge of**, essere responsabile di; **to have charge of sb**, avere cura di qc; **he was arrested on a charge of**, fu arrestato per; **extra charge**, supplemento; **charge free**, gratis.

charge [tʃɑːdʒ] *v tr, intr* far pagare ◊ (*give responsibility*) incaricare; affidare ◊ (*accuse*) accusare ◊ (*gun, battery*) caricare ◊ **he was charged with murder**, fu accusato di omicidio; **to charge an expense to an account**, addebitare una spesa a un conto; **to charge in, out**, precipitarsi dentro, fuori.

charismatic [kari'zmætɪk] *adj* carismatico.

charitable ['tʃærətəbl] *adj* caritatévole.

charity ['tʃærətɪ] *n* carità (*inv*); òpera pìa.

charm [tʃɑːm] *n* fàscino ◊ (*amulet*) talismano.

charm [tʃɑːm] *v tr* affascinare, incantare.

charming ['tʃɑːmɪŋ] *adj* affascinante.

chart [tʃɑːt] *n* carta nàutica; carta idrogràfica ◊ (*graph*) tabella; gràfico.

charter ['tʃɑːtə*] *n* carta (costituzionale).

charter flight ['tʃɑːtə ˌflaɪt] *n* volo charter.

chase [tʃeɪs] *n* caccia.

chase [tʃeɪs] *v tr* cacciare; inseguire.

chasm ['kæzəm] *n* abisso.

chassis ['ʃæsɪ] *n* telaio.

chastity ['tʃæstətɪ] *n* castità (*inv*).

chat [tʃæt] *n* chiacchierata ◊ **to have a chat**, fare una chiacchierata.

chat [tʃæt] *v intr* conversare, chiacchierare ◊ **to chat sb up**, fare il filo a qc.

chatter ['tʃætə*] *n* ciarle (*f pl*), chiàcchiere (*f pl*).

chatter box ['tʃætə bɒks] *n* chiacchierone (-a).

chatty ['tʃætɪ] *adj* loquace, ciarliero.

cheap [tʃiːp] *adj* a buon mercato ◊ (*fig*) superficiale; scadente.

cheapen ['tʃiːpən] *v tr* ribassare ◊ (*fig*) sottovalutare.

cheat [tʃiːt] *n* imbroglio, truffa ◊ (*person*) imbroglione(-a).

cheat [tʃiːt] *v tr, intr* ingannare, barare.

check [tʃek] *n* controllo, verìfica ◊ (*method*) norma, criterio ◊ (*stopping*) fermata ◊ (*slowing down*) freno ◊ (*AmE*) scontrino ◊ (*AmE*) (*restaurant*) conto ◊ (*AmE*) (*comm*) assegno bancario ◊ **without check**, senza limite; **to carry out a check**, fare un controllo; **luggage-check**, scontrino per il bagaglio; **pass-out check**, contromarca.

check [tʃek] *v tr, intr* controllare, verificare ◊ (*stop*) frenare, bloccare ◊ (*chess*) dare scacco al re ◊ (*luggage*) depositare ◊ **to check a bill**, verificare un conto; **the figures won't check**, i conti non tornano; **to check off**, segnare; **to check out**, saldare il conto; controllare qcs; **to check up**, esaminare.

check in [tʃek ɪn] *n* (*hotel*) registrazione (*f*) ◊ (*airport*) check in, accettazione.

check up ['tʃek ʌp] *n* controllo mèdico completo.

cheek [tʃiːk] *n* guancia ◊ (*fig*) sfacciatàggine (*f*).

cheek-bone ['tʃiːkbəʊn] *n* zìgomo.

cheeky ['tʃiːkɪ] *adj* sfacciato.

cheer [tʃɪə*] *n* evviva (*m inv*), applàuso; (*pl*) cin-cin.

cheer [tʃɪə*] *v tr, intr* rallegrare(-rsi), confortare ◊ (*encourage*) incitare, applaudire ◊ **to cheer up**, rallegrarsi, farsi animo.

cheerful ['tʃɪəfʊl] *adj* allegro.

cheerio [ˌtʃɪərɪ'əʊ] (*excl*) ciao.

cheese [tʃiːz] *n* formaggio ◊ **a big cheese**, un pezzo grosso.

chemical ['kemɪkl] *adj* chìmico.

chemist ['kemɪst] *n* farmacista (*m / f*); chìmico(-a).

chemistry ['keməstrɪ] *n* chìmica.

chemist's (shop) ['kemɪsts] *n* farmacìa.

cheque [tʃek] *n* assegno (bancario) ◊ **cheque to bearer**, assegno al portatore; **crossed**

cheque, assegno sbarrato; **to cash a cheque**, cambiare un assegno; **to endorse a cheque**, girare un assegno.

cheque-book ['tʃekbʊk] *n* libretto degli assegni.

chequered ['tʃekəd] *adj* a quadri.

cherry ['tʃerɪ] *n* ciliegia.

chess [tʃes] *n* scacchi (*m pl*).

chess-board ['tʃes bɔ:d] *n* scacchiera.

chest [tʃest] *n* torace (*m*) ◊ (*box*) cassa ◊ **chest of drawers**, cassettone, comò.

chestnut ['tʃesnʌt] *n* castagna ◊ (*tree*) castagno.

chew [tʃu:] *v tr, intr* masticare ◊ (*fig*) rimuginare ◊ **to chew over sthg**, riflettere su qcs.

chic [ʃi:k] *adj* chic, alla moda.

chick [tʃɪk] *n* pulcino.

chicken ['tʃɪkɪn] *n* pollo.

chicken-feed ['tʃɪkɪnfi:d] *n* (*fig*) piccolìssima somma di denaro.

chicken-pox ['tʃɪkɪnpɒks] *n* varicella.

chicory ['tʃɪkərɪ] *n* cicoria.

chief [tʃi:f] *n* capo.

chief [tʃi:f] *adj* principale.

chiefly ['tʃi:flɪ] *adv* soprattutto.

child (children) [tʃaɪld, 'tʃɪldrən] *n* bambino (-a); figlio(-a).

child birth ['tʃaɪld bɜ:θ] *n* parto.

childhood ['tʃaɪldhʊd] *n* infanzia.

childish ['tʃaɪldɪʃ] *adj* puerile, infantile.

childlike ['tʃaɪldlaɪk] *adj* ingenuo, innocente.

child-minder ['tʃaɪldmaɪndə*] *n* bambinaia.

chill [tʃɪl] *adj, n* freddo.

chill [tʃɪl] *v tr, intr* raffreddare(-rsi) ◊ (*fig*) deprìmere(-rsi).

chime [tʃaɪm] *v tr, intr* suonare, scampanare; bàttere le ore.

chimney ['tʃɪmnɪ] *n* camino.

chimpanzee [,tʃɪmpən'zi:] *n* scimpanzé (*m inv*).

chin [tʃɪn] *n* mento.

china ['tʃaɪnə] *n* porcellana.

chink [tʃɪŋk] *n* fessura; tintinnìo.

chip [tʃɪp] *n* scheggia; frammento ◊ **chips**, patatine.

chip [tʃɪp] *v tr, intr* scheggiare(-rsi).

chippings ['tʃɪpɪŋs] *n pl* schegge (*f pl*); trùcioli (*m pl*).

chiropodist [kɪ'rɒpədɪst] *n* pedicure (*m / f inv*).

chirp [tʃɜ:p] *v intr* cinguettare.

chivalry ['ʃɪvlrɪ] *n* cavallerìa.

chlorine ['klɔ:ri:n] *n* cloro.

chock-a-block, chock-full [,tʃɒkə'blɒk, tʃɒk'fʊl] *adj* pieno zeppo.

chocolate ['tʃɒkələt] *n* cioccolato ◊ (*drink*) cioccolata ◊ (*sweet*) cioccolatino.

choice [tʃɔɪs] *n* scelta ◊ **out of (from) choice**, di propria scelta; **to make a choice**, fare una scelta.

choice [tʃɔɪs] *adj* scelto, selezionato.

choir ['kwaɪə*] *n* coro.

choke [tʃəʊk] *v tr, intr* soffocare(-rsi).

choke [tʃəʊk] *n* (*car*) vàlvola dell'aria.

choose, *pt* **chose**, *pp* **chosen** [tʃu:z, tʃəʊz, 'tʃəʊzn] *v tr, intr* scégliere; decìdere, preferire ◊ **do just as you choose**, fai come credi ◊ **to pick and choose**, fare il difficile.

chop [tʃɒp] *v tr* (*wood*) spaccare ◊ (*meat*) tritare ◊ **to chop up meat**, tritare la carne.

chop [tʃɒp] *n* fendente (*m*), colpo ◊ (*meat*) braciola.

chop-house ['tʃɒphaʊs] *n* trattorìa.

choppy ['tʃɒpɪ] *adj* (*sea*) mosso, increspato.

chopsticks ['tʃɒpstɪks] *n pl* bastoncini cinesi.

chore [tʃɔ:*] *n* lavoro noioso, routine (*f*) ◊ **household chores**, faccende domestiche.

choreographer [,kɒrɪ'ɒgrəfə*] *n* coreògrafo (-a).

chorister ['kɒrɪstə*] *n* corista (*m / f*).

chorus ['kɔ:rəs] *n* coro; ritornello.

chose [tʃəʊz] *pt of* **choose**.

chosen [tʃəʊzn] *pp of* **choose**.

Christ [kraɪst] *n* Cristo.

christen ['krɪsn] *v tr* battezzare.

christening ['krɪsnɪŋ] *n* battésimo.

Christian ['krɪstjən] *adj, n* cristiano(-a).

Christianity [,krɪstɪ'ænətɪ] *n* cristianésimo.

christian name ['krɪstjən neɪm] *n* nome (*m*) di battésimo.

Christmas ['krɪsməs] *n* Natale (*m*).

Christmas Eve ['krɪsməs i:v] *n* vigilia di Natale.

Christmas tree ['krɪsməs tri:] *n* àlbero di Natale.

chronic ['krɒnɪk] *adj* crònico ◊ **chronic illness**, malattia cronica.

chronological [ˌkrɒnə'lɒdʒɪkl] *adj* cronològico.

chubby ['tʃʌbɪ] *adj* paffuto, grassottello.

chuck [tʃʌk] *v tr* buttare via, gettare ◊ **to chuck out**, buttare fuori; **to chuck up**, lasciare, abbandonare; **chuck it!**, piàntala!

chuckle ['tʃʌkl] *v intr* ridacchiare.

chum [tʃʌm] *n* compagno(-a).

chunk [tʃʌŋk] *n* (*wood, bread*) pezzo.

Chunnel ['tʃʌnl] *n* tunnel sotto la Manica.

church [tʃɜ:tʃ] *n* chiesa ◊ **Church of England**, Chiesa Anglicana.

churchyard ['tʃɜ:tʃ'jɑ:d] *n* cimitero.

C.I.D., *abbr of* **Criminal Investigation Department**, *n* polizìa giudiziaria.

cider ['saɪdə*] *n* sidro.

cigar [sɪ'gɑ:*] *n* sìgaro.

cigarette ['sɪgə'ret] *n* sigaretta ◊ **cigarette-case**, portasigarette; **cigarette-lighter**, accendino.

cinders ['sɪndərz] *n* cénere (*f*).

cine-camera ['sɪnɪˌkæmərə] *n* cinepresa.

cinema ['sɪnəmə] *n* cìnema (*m inv*).

cine-projector ['sɪnɪprəˌdʒektə*] *n* proiettore cinematogràfico.

cipher ['saɪfə*] *n* cifra ◊ (*fig*) nullità (*inv*).

circle ['sɜ:kl] *n* cerchio; cìrcolo ◊ (*cinema*) gallerìa ◊ **to come full circle** (*fig*), tornare al punto di partenza.

circle ['sɜ:kl] *v tr, intr* circondare, girare in cerchio, diffóndere(-rsi).

circuit ['sɜ:kɪt] *n* circùito.

circular ['sɜ:kjʊlə*] *adj, n* circolare (*f*).

circulate ['sɜ:kjʊleɪt] *v tr, intr* circolare; diffóndere(-rsi).

circulation [ˌsɜ:kjʊ'leɪʃn] *n* diffusione (*f*), circolazione (*f*) ◊ (*newspaper*) tiratura.

circumference [sə'kʌmfərəns] *n* circonferenza.

circumstances ['sɜ:kəmstənsɪz] *n pl* circostanze (*f pl*) ◊ (*comm*) condizioni finanziarie.

circus ['sɜ:kəs] *n* circo.

cite [saɪt] *v tr* citare.

citizen ['sɪtɪzn] *n* cittadino(-a), abitante (*m / f*).

citizenship ['sɪtɪznʃɪp] *n* cittadinanza.

city ['sɪtɪ] *n* città (*inv*) ◊ **The City**, il centro finanziario di Londra.

civic ['sɪvɪk] *adj* cìvico.

civil ['sɪvl] *adj* civile; cortese ◊ **Civil Service**, amministrazione statale; **civil marriage**, matrimonio civile; **civil servant**, impiegato statale.

civilian [sɪ'vɪljən] *adj, n* borghese (*m / f*).

civilization ['sɪvɪlaɪ'zeɪʃn] *n* civiltà (*inv*).

civilized ['sɪvɪlaɪzd] *adj* civilizzato; (*fig*) gentile.

claim [kleɪm] *n* rivendicazione (*f*); diritto; reclamo.

claim [kleɪm] *v tr* rivendicare, reclamare ◊ (*state*) sostenere ◊ (*demand*) pretèndere ◊ **to claim damages**, reclamare i danni.

clam [klæm] *n* vóngola.

clamber ['klæmbə*] *v intr* arrampicarsi.

clammy ['klæmɪ] *adj* (*weather*) afoso, caldo ◊ (*hand*) vìscido ◊ **a clammy hand**, una mano appiccicaticcia.

clang [klæŋ] *n* suono metàllico.

clap [klæp] *v tr, intr* applaudire ◊ (*throw*) gettare.

clap [klæp] *n* applàuso.

clarification [ˌklærɪfɪ'keɪʃn] *n* chiarificazione (*f*), chiarimento.

clarify ['klærɪfaɪ] *v tr* chiarificare, chiarire.

clarinet [ˌklærɪ'net] *n* clarinetto.

clash [klæʃ] *n* frastuono ◊ (*crash*) scontro, collisione (*f*).

clash [klæʃ] *v intr* scontrarsi; risuonare.

clasp [klɑ:sp] *n* fermaglio, fibbia; stretta (di mano).

clasp [klɑ:sp] *v tr* afferrare, strìngere.

class [klɑ:s] *n* classe (*f*) ◊ **to travel first class**, viaggiare in prima classe; **the middle class**, la borghesia.

class [klɑ:s] *v tr* classificare.

classic ['klæsɪk] *adj, n* clàssico.

classification [ˌklæsɪfɪ'keɪʃn] *n* classificazione (*f*).

classify ['klæsɪfaɪ] *v tr* classificare.

classmate ['klɑ:smeɪt] *n* compagno(-a) di classe.

classroom ['klɑ:srʊm] *n* àula.

clatter ['klætə*] *v tr, intr* tintinnare.

clause [klɔ:z] *n* clàusola ◊ (*grammar*) proposizione (*f*).

claw [klɔ:] *n* artiglio ◊ (*lobster*) chela ◊ (*fig*) grinfia, mano.

claw [klɔ:] *v tr* afferrare.

clay [kleɪ] *n* argilla.

clean [kli:n] *adj* pulito.

clean [kli:n] *v tr, intr* pulire(-rsi).

clean-cut ['kli:nkʌt] *adj* marcato, netto.

cleaner ['kli:nə*] *n* chi pulisce; smacchiatore (*m*) ◊ **the cleaner's**, lavanderia; **vacuum-cleaner**, aspirapolvere.

cleanse [klenz] *v tr* pulire; purificare.

clean-shaven ['kli:n ʃeɪvn] *adj* sbarbato.

clear [klɪə*] *adj* chiaro ◊ (*fig*) puro ◊ (*sure*) certo, sicuro ◊ (*road*) libero ◊ **to make oneself clear**, farsi capire.

clear [klɪə*] *v tr, intr* chiarire ◊ (*remove*) liberare ◊ (*clean*) pulire ◊ (*comm*) liquidare ◊ (*law*) discolpare ◊ (*obstacle*) superare ◊ (*weather*) rasserenarsi, schiarirsi ◊ **to clear the table**, sparecchiare; **to clear off**, liberarsi di; **to clear out**, ripulire.

clear [klɪə*] *adv* chiaramente; completamente ◊ **clear of**, distante da.

clearance ['klɪərəns] *n* sgòmbero, liberazione (*f*) ◊ (*space*) spazio ◊ (*permission*) autorizzazione (*f*) ◊ **clearance sale**, svendita.

clear-cut [,klɪə'kʌt] *adj* ben definito, distinto.

clearway ['klɪəweɪ] *n* strada urbana con divieto di sosta.

clench [klentʃ] *v tr* stringere.

clergy ['klɜ:dʒɪ] *n* clero.

clerical ['klerɪkl] *adj* ecclesiàstico ◊ (*office*) impiegatizio, d'ufficio.

clerk [kla:k] *n* commesso(-a), impiegato(-a) ◊ (*AmE*) inserviente (*m / f*).

clever ['klevə*] *adj* intelligente; àbile; furbo.

client ['klaɪənt] *n* cliente (*m / f*).

cliff [klɪf] *n* scogliera; rupe (*f*).

climate ['klaɪmɪt] *n* clima (*m*).

climb [klaɪm] *v tr, intr* scalare, salire, arrampicarsi ◊ (*fig*) salire (al potere) ◊ **to climb over a wall**, scavalcare un muro.

climb [klaɪm] *n* salita.

climber ['klaɪmə*] *n* scalatore(-trice) ◊ (*fig, derog*) **social climber**, arrivista (*m / f*).

cling, *pt, pp* **clung** [klɪŋ, klʌŋ] *v intr* stringersi, attaccarsi ◊ (*clothes*) aderire.

clinic ['klɪnɪk] *n* clìnica.

clink [klɪŋk] *v intr* tintinnare.

clip [klɪp] *n* clip (*f inv*), graffetta ◊ (*hair*) fermaglio.

clip [klɪp] *v tr* attaccare, unire ◊ (*cut*) tagliare ◊ (*wool*) tosare.

clippers ['klɪpə*z] *n pl* tosatore (*m*) ◊ **nailclippers**, forbici per tagliare le unghie.

cloak [kləʊk] *n* mantello; cappa.

cloakroom ['kləʊkrʊm] *n* guardaroba (*m inv*) ◊ (*euph*) gabinetto.

clock [klɒk] *n* orologio ◊ **to work round the clock**, lavorare 24 ore su 24.

clockwise ['klɒkwaɪz] *adv* in senso orario.

clog [klɒg] *n* zòccolo.

clog [klɒg] *v tr* intasare.

close [kləʊz] *adj, adv* vicino ◊ (*thick*) fitto ◊ (*strict*) severo; accurato ◊ (*weather*) afoso ◊ **a close friend**, un amico intimo; **in close proximity**, nelle immediate vicinanze.

close [kləʊz] *v tr, intr* chiùdere(-rsi); finire; avvicinarsi; terminare ◊ **to close down**, chiudere definitivamente.

closely ['kləʊslɪ] *adv* attentamente; da vicino.

closet ['klɒzɪt] *n* ripostiglio; stanza privata.

close-up ['kləʊsʌp] *n* (*tv, phot*) primo piano.

clot [klɒt] *n* grumo; coàgulo ◊ (*col*) scemo(-a), idiota (*m / f*).

clot [klɒt] *v tr, intr* coagulare(-rsi) ◊ **clotted cream**, panna rappresa.

cloth [klɒθ] *n* stoffa, tessuto ◊ **dish-cloth**, strofinaccio per i piatti.

clothe [kləʊð] *v tr* vestire.

clothes [kləʊðz] *n pl* vestiti (*m pl*), àbiti (*m pl*).

clothing ['kləʊðɪŋ] *n* abbigliamento, vestiario.

cloud [klaʊd] *n* nùvola.

cloud-burst ['klaʊdbɜ:st] *n* nubifragio, acquazzone (*m*).

cloudy ['klaʊdɪ] *adj* nuvoloso ◊ (*water*) tòrbido.

clout [klaʊt] *v tr* colpire, picchiare; rammendare.

clove [kləʊv] *n* chiodo di garòfano ◊ **clove of garlic**, spicchio d'aglio.

clover ['kləʊvə*] *n* trifoglio.

clown [klaʊn] *n* pagliaccio.

club [klʌb] *n* clava ◊ (*golf*) mazza da golf ◊ (*circle*) cìrcolo.

club [klʌb] *v tr, intr* colpire ◊ **to club together**, associarsi.

clubs [klʌbz] *n pl* (*cards*) fiori (*m pl*) ◊ **ace of clubs**, asso di fiori.

clue [klu:] *n* indizio ◊ **I haven't got a clue**, non ne ho la più pallida idea.

clumsy ['klʌmzɪ] *adj* maldestro, goffo; senza tatto.

clung [klʌŋ] *pt, pp of* **cling**.

cluster ['klʌstə*] *n* gruppo; mazzo.

cluster ['klʌstə*] *v tr, intr* raggruppare(-rsi).

clutch [klʌtʃ] *n* presa; stretta ◊ *pl* grinfie (*f pl*), artigli (*m pl*) ◊ (*car*) frizione (*f*).

clutch [klʌtʃ] *v tr* afferrare, stringere ◊ **to clutch at**, aggrapparsi a.

clutter ['klʌtə*] *v intr* ingombrare.

Co. [kəʊ] *abbr of* **county, company**, *n* contea, compagnia.

c/o *abbr of* **care of**, *adv* presso (*address*).

coach [kəʊtʃ] *n* pullman (*m inv*) ◊ (*carriage*) carrozza ◊ (*sport*) allenatore(-trice).

coach [kəʊtʃ] *v tr* allenare.

coagulate [kəʊ'ægjʊleɪt] *v tr, intr* coagulare (-rsi).

coal [kəʊl] *n* carbone (*m*).

coalmine ['kəʊlmaɪn] *n* miniera di carbone.

coarse [kɔ:s] *adj* grezzo, rùvido ◊ (*fig*) volgare; rude ◊ **coarse sugar**, zucchero grezzo; **coarse manners**, modo di fare rude.

coast [kəʊst] *n* costa.

coast [kəʊst] *v tr, intr* costeggiare.

coastal ['kəʊstl] *adj* costiero.

coastguard ['kəʊstgɑ:d] *n* guardacoste (*m inv*).

coastline ['kəʊstlaɪn] *n* linea costiera, litorale (*m*).

coat [kəʊt] *n* giacca, cappotto, sopràbito ◊ (*animal*) pelame (*m*), pelliccia ◊ (*paint*) strato ◊ **raincoat**, impermeabile; **overcoat**, soprabito; **coat of arms**, stemma.

coat [kəʊt] *v tr* coprire, rivestire ◊ **to coat with paint**, verniciare.

coat-hanger ['kəʊt,hæŋə*] *n* attaccapanni (*m inv*).

coating ['kəʊtɪŋ] *n* rivestimento.

coax [kəʊks] *v tr, intr* persuadere con le moìne.

cobbles ['kɒblz] *n pl* ciòttoli (*m pl*).

cobweb ['kɒbweb] *n* ragnatela.

cocaine [kəʊ'keɪn] *n* cocaìna.

cock [kɒk] *n* gallo ◊ (*vulg*) cazzo.

cock [kɒk] *v tr* alzare, drizzare.

cock-and-bull story [,kɒkən'bul ,stɔ:rɪ] *n* (*fam*) fandonia, panzana.

cockerel ['kɒkərəl] *n* galletto.

cock-eyed ['kɒkaɪd] *adj* stràbico ◊ (*crooked*) storto ◊ (*fig, sl*) assurdo.

cockney ['kɒknɪ] *n* cockney (*inv*), londinese (*m / f*); dialetto londinese.

cockpit ['kɒkpɪt] *n* (*aircraft*) abitàcolo.

cockroach ['kɒkrəʊtʃ] *n* scarafaggio.

cocky ['kɔkɪ] *adj* sfacciato, presuntuoso.

cocoa ['kəʊkəʊ] *n* cacao ◊ (*drink*) cioccolata.

coconut ['kəʊkənʌt] *n* noce (*f*) di cocco.

cocoon [kə'ku:n] *n* bòzzolo.

cod [kɒd] *n* merluzzo.

code [kəʊd] *n* còdice (*m*) ◊ **postal code** (*AmE* **zip code**), codice di avviamento postale.

codify ['kəʊdɪfaɪ] *v tr* codificare.

coffee ['kɒfɪ] *n* caffè (*m inv*) ◊ **black coffee**, caffè nero; **a cup of coffee**, un caffè; **white coffee**, caffè con latte; **coffee laced with spirits**, caffè corretto.

coffee-pot ['kɒfɪpɒt] *n* caffettiera.

coffer ['kɔfə*] *n* cassa, forziere.

coffin ['kɒfɪn] *n* bara.

cohabit [kəʊ'hæbɪt] *v intr* convivere.

cohabitation [kəʊ,hæbɪ'teɪʃən] *n* convivenza.

coherent [kəʊ'hɪərənt] *adj* coerente.

coil [kɔɪl] *n* gomitolo; ròtolo ◊ (*contraceptive*) spirale (*f*) ◊ **a coil of rope**, un rotolo di corda ◊ **coil ignition**, spinterogeno.

coil [kɔɪl] *v tr, intr* avvòlgere(-rsi).

coin [kɔɪn] *n* moneta; denaro ◊ **small coin**, moneta spicciola.

coin [kɔɪn] *v tr* coniare.

coinage ['kɔɪnɪdʒ] *n* conio.

coincide [,kəʊɪn'saɪd] *v intr* coincìdere.

coincidence [kəʊ'ɪnsɪdəns] *n* combinazione (*f*).

coke [kəʊk] *n* (*col*) coca-cola.

cold [kəʊld] *adj* freddo ◊ (*fig*) indifferente ◊ **in cold blood**, a sangue freddo; **to be cold**, avere freddo.

cold [kəʊld] *n* freddo ◊ (*med*) raffreddore

(m) ◊ **to catch a cold**, prendere un raffreddore.

coldly ['kəuldlı] *adv* *(fig)* freddamente.

collaborate [kə'læbəreɪt] *v intr* collaborare.

collaboration [kəˌlæbə'reɪʃn] *n* collaborazione *(f)*.

collaborator [kə'læbə'reɪtə*] *n* collaboratore(-trice).

collapse [kə'læps] *n* crollo ◊ *(med)* collasso.

collapse [kə'læps] *v intr* crollare, cadere.

collapsible [kə'læpsəbl] *adj* pieghévole; smontàbile ◊ **collapsible hood**, tetto apribile (dell'automobile).

collar ['kɒlə*] *n* colletto.

collar-bone ['kɒləbəun] *n* clavìcola.

colleague ['kɒli:g] *n* collega *(m / f)*.

collect ['kə'lekt] *v tr, intr* radunare(-rsi), raccògliere ◊ *(hobby)* collezionare ◊ *(fetch)* andare a prèndere ◊ *(money)* riscuòtere ◊ **to collect taxes**, riscuotere le tasse; **to collect the children from school**, andare a prendere i bambini a scuola; **to collect stamps**, collezionare francobolli; **to collect one's thoughts**, concentrarsi.

collect [kə'lekt] *adj, adv (AmE)* a carico del destinatario.

collection [kə'lekʃn] *n* collezione *(f)*, raccolta ◊ *(money)* colletta.

collector [kə'lektə*] *n* collezionista *(m / f)*; *(taxes)* esattore *(m)*.

college ['kɒlɪdʒ] *n* scuola secondaria (privata), liceo; collegio universitario; facoltà *(inv)* ◊ *(AmE)* università *(inv)* che concede solo la laurea di primo grado.

collide [kə'laɪd] *v intr* scontrarsi.

colliery ['kɒljerı] *n* miniera di carbone.

collision [kə'lɪʒn] *n* scontro, collisione *(f)*.

colloquial [kə'ləukwıəl] *adj* colloquiale.

colon ['kəulən] *n* due punti.

colonel ['kɜ:nl] *n* colonnello.

colonial [kə'ləunjəl] *adj, n* coloniale *(m / f)*.

colonize ['kɒlənaɪz] *v tr* colonizzare.

colony ['kɒlənı] *n* colonia.

colossal [kə'lɒsl] *adj* enorme, colossale.

colour, *(AmE)* **color** ['kʌlə*] *n* colore *(m)*, tinta; *pl* bandiera, emblemi *(m pl)* ◊ **fast colour**, colore indelebile; **to lose colour**, impallidire; **to give colour to**, confermare; **with flying colours**, con grande successo.

colour ['kʌlə*] *v tr, intr* colorare ◊ *(get coloured)* colorirsi ◊ *(blush)* arrossire ◊ *(news)* esagerare, travisare.

colour bar ['kʌləbɑ:*] *n* discriminazione *(f)* razziale.

colour-blind ['kʌləblaɪnd] *adj* daltònico.

coloured ['kʌlə*d] *adj* colorato; a colori ◊ *(black)* di colore.

coloured ['kʌlə*d] *n* persona di colore.

colourful ['kʌləful] *adj* colorato; pittoresco.

colt [kəult] *n* puledro.

column ['kɒləm] *n* colonna ◊ *(press)* rubrica.

columnist ['kɒləmnıst] *n* cronista *(m / f)*; articolista *(m / f)*.

comb [kəum] *n* pèttine *(m)*.

comb [kəum] *v tr, intr* pettinare; rastrellare, perlustrare ◊ **to comb one's hair**, pettinarsi.

combat ['kɒmbæt] *v tr, intr* combàttere, lottare.

combination [ˌkɒmbı'neɪʃn] *n* combinazione *(f)*.

combine [kɒm'baɪn] *v tr, intr* combinare (-rsi), unire(-rsi).

combustibile [kəm'bʌstəbl] *n* combustìbile *(m)*.

combustion [kəm'bʌstʃən] *n* combustione *(f)*.

come, *pt* **came**, *pp* **come** [kʌm, keım, kʌm] *v intr* venire, arrivare ◊ *(true)* avverarsi ◊ **come here!**, vieni qui!; **where do you come from?**, da dove vieni?; **come what may**, qualunque cosa accada; **to come to a decision**, arrivare ad una decisione; **come to that**, in quel caso; **to come clean**, confessarsi; **to come about**, accadere; **to come across**, incontrare per caso; **to come along**, andare (bene); **to come apart**, staccarsi; **to come at**, raggiungere, attaccare; **to come away**, venire via, staccarsi; **to come back**, ritornare; **to come by**, ottenere; **to come down**, calare *(prices)*, abbassare, scendere; **to come forward**, presentarsi, essere disponibile; **to come in**, entrare; **to come in for**, ricevere; **to come into**, entrare in, ereditare; **to come on**, seguire, progredire; **come on!**, avanti!, andiamo!; **to come to**, rinvenire; **to come up**, salire, sorgere; **to**

come up with, trovare, presentare (*idea*); **to come upon**, colpire, imbattersi.

comedian [kə'miːdjən] *n* còmico(-a).

comedown ['kɒmdaʊn] *n* (*fam*) disastro, rovina.

comedy ['kɒmɪdɪ] *n* commedia.

comet ['kʌmɪt] *n* cometa.

comfort ['kʌmfət] *n* comodità (*inv*), benèssere (*m*) ◊ (*relief*) consolazione (*f*) ◊ **to live in comfort**, vivere nell'agiatezza.

comfort ['kʌmfət] *v tr* confortare, consolare.

comfortable ['kʌmfətəbl] *adj* còmodo ◊ **make yourself comfortable**, mettiti a tuo agio.

comic ['kɒmɪk] *adj* còmico.

comic ['kɒmɪk] *n* attore(-trice), còmico(-a).

comics ['kɒmɪks] *n* fumetti.

coming ['kʌmɪŋ] *n* arrivo.

command [kə'mɑːnd] *n* comando, órdine (*m*); (*mil*) comando, autorità (*inv*).

command [kə'mɑːnd] *v tr, intr* comandare, disporre, controllare ◊ **to command sb to do sthg**, ordinare a qc di fare qcs; **to command one's temper**, controllarsi.

commander [kə'mɑːndə*] *n* comandante (*m*), capo.

commemorate [kə'meməreɪt] *v tr* commemorare.

commend [kə'mend] *v tr* lodare; affidare, consegnare.

commendation ['kɒmen'deɪʃn] *n* elogio, lode (*f*).

commensurate [kə'menʃərət] *adj* proporzionato, adeguato.

comment ['kɒment] *n* commento, osservazione (*f*) ◊ **no comment**, niente da dire.

comment ['kɒment] *v intr* fare osservazioni o commenti.

commentary ['kɒməntərɪ] *n* commento ◊ (*radio, tv, etc*) crònaca.

commentator ['kɒmenteɪtə*] *n* commentatore(-trice); telecronista (*m / f*).

commerce ['kɒmɜːs] *n* commercio ◊ **Chamber of Commerce**, Camera di Commercio.

commercial [kə'mɜːʃl] *adj* commerciale.

commercial [kə'mɜːʃl] *n* annuncio, inserto pubblicitario.

commercialize [kə'mɜːʃəlaɪz] *v tr* commercializzare.

commission [kə'mɪʃn] *n* commissione (*f*), delegazione (*f*) ◊ (*comm*) provvigione (*f*) ◊ **commission business**, affari a provvigione; **to sell on commission**, vendere su commissione.

commission [kə'mɪʃn] *v tr* commissionare.

commissioner [kə'mɪʃnə*] *n* commissario ◊ **commissioner of police**, questore.

commit [kə'mɪt] *v tr* commèttere; affidare ◊ **to commit a crime**, commettere un crimine.

commitment [kə'mɪtmənt] *n* impegno.

committee [kə'mɪtɪ] *n* comitato, commissione (*f*) ◊ **budget committee**, commissione per il bilancio.

commodity [kə'mɒdɪtɪ] *n* merce (*f*); prodotto, artìcolo ◊ **commodities**, beni di consumo.

common ['kɒmən] *adj* comune, usuale, solito ◊ **it is common knowledge**, è cosa di dominio pubblico; **common sense**, buon senso.

common ['kɒmən] *n* terreno comune ◊ **in common**, in comune; **out of common**, fuori del comune; **the Commons**, la Camera dei Comuni.

commonly ['kɒmənlɪ] *adv* comunemente, solitamente.

Common Market ['kɒmən ˌmɑːkɪt] *n* Mercato Comune.

commonplace ['kɒmənpleɪs] *adj* banale, ordinario.

commonplace ['kɒmənpleɪs] *n* banalità (*inv*), frase fatta.

Commonwealth ['kɒmənwelθ] *n* il Commonwealth britannico.

commotion [kə'məʊʃn] *n* confusione (*f*); tumulto.

communal ['kɒmjʊnl] *adj* comunale, municipale; pùbblico.

communicate [kə'mjuːnɪkeɪt] *v tr, intr* (*message*) comunicare, trasméttere, diffóndere ◊ (*room*) èssere in comunicazione.

communication [kəˌmjuːnɪˌkeɪʃn] *n* comunicazione (*f*) ◊ (*news, disease*) diffusione.

communion [kə'mjuːnjən] *n* (*relig*) comunione (*f*).

communism ['kɒmjʊnɪzəm] *n* comunismo.

communist ['kɒmjʊnɪst] *adj, n* comunista

(*m / f*) ◊ **communist party**, partito comunista.

community [kə'mju:nɪtɪ] *n* comunità (*inv*) ◊ **community centre**, centro sociale, ricreativo; (*AmE*) **community chest**, fondo di beneficenza.

commutation ticket [ˌkɒmju:'teɪʃn ˌtɪkɪt] *n* (*AmE*) abbonamento.

commute [kə'mju:t] *v tr, intr* (*fam*) fare il pendolare ◊ (*law*) commutare.

commuter [kə'mju:tə*] *n* (*fam*) pendolare (*m / f*).

compact [kəm'pækt] *adj* compatto; (*fig*) conciso ◊ **compact car**, utilitaria ◊ **compact disc**, compact disc.

compact [kəm'pækt] *n* patto.

companion [kəm'pænjən] *n* compagno(-a) ◊ (*book*) manuale.

companionship [kəm'pænjənʃɪp] *n* cameratismo, amicizia.

company ['kʌmpənɪ] *n* compagnìa; comitiva, gruppo ◊ (*comm*) ditta, società (*inv*) ◊ (*theatre*) compagnia ◊ **joint-stock company**, società per azioni; **steamship company**, compagnia di navigazione; **company doctor**, consulente aziendale; **in good, bad company**, in buona, cattiva compagnia; **present company excepted**, esclusi i presenti.

comparable ['kɒmpərəbl] *adj* comparàbile, paragonàbile.

comparative [kəm'pærətɪv] *adj* comparativo; relativo.

compare [kəm'peə*] *v tr, intr* confrontare, paragonare(-rsi) ◊ **to compare notes**, scambiarsi idee, punti di vista.

comparison [kəm'pærɪsn] *n* confronto ◊ **in comparison with**, in confronto a; **beyond comparison**, senza paragoni.

compartment [kəm'pɑ:tmənt] *n* (*train*) scompartimento.

compass ['kʌmpəs] *n* bùssola ◊ (*pl*) compasso ◊ (*fig*) àmbito.

compassion [kəm'pæʃn] *n* compassione (*f*).

compassionate [kəm'pæʃənət] *adj* compassionévole.

compatible [kəm'pætəbl] *adj* compatìbile.

compel [kəm'pel] *v tr* obbligare, costrìngere.

compelling [kəm'pelɪŋ] *adj* irresistìbile, avvincente, impellente.

compensate ['kɒmpenseɪt] *v tr, intr* ricompensare; risarcire; indennizzare.

compensation [ˌkɒmpen'seɪʃn] *n* compensazione (*f*); risarcimento ◊ **compensation for damage**, risarcimento danni.

compere ['kɒmpeə*] *n* presentatore(-trice).

compete [kəm'pi:t] *v intr* compètere.

competence ['kɒmpɪtəns] *n* competenza.

competent ['kɒmpɪtənt] *adj* competente.

competition [ˌkɒmpɪ'tɪʃn] *n* competizione (*f*), gara; concorrenza ◊ **to go in for a competition**, concorrere; (*comm*) **to face competition**, far fronte alla concorrenza.

competitive [kəm'petɪtɪv] *adj* competitivo, concorrenziale.

competitor [kəm'petɪtə*] *n* competitore (-trice), concorrente (*m / f*).

compile [kəm'paɪl] *v tr* compilare ◊ **to compile data**, raccogliere dati.

complacent [kəm'pleɪsnt] *adj* compiaciuto di sé.

complain [kəm'pleɪn] *v intr* lamentarsi, dolersi; reclamare (per) ◊ (*med*) lamentare, accusare ◊ **we have nothing to complain of (about)**, non abbiamo niente di cui lamentarci.

complaint [kəm'pleɪnt] *n* lamento, reclamo ◊ (*med*) disturbo ◊ (*law*) denuncia.

complement ['kɒmplɪmənt] *n* complemento ◊ (*ship*) effettivo.

complementary ['kɒmplɪ'mentərɪ] *adj* complementare.

complete [kəm'pli:t] *adj* completo; assoluto.

complete [kəm'pli:t] *v tr* completare.

complex ['kɒmpleks] *adj* complesso, complicato.

complex ['kɒmpleks] *n* complesso, insieme ◊ (*med*) **inferiority complex**, complesso di inferiorità.

complexion [kəm'plekʃn] *n* carnagione (*f*) ◊ (*matter*) aspetto.

complexity [kəm'pleksɪtɪ] *n* complessità (*inv*).

compliance [kəm'plaɪəns] *n* adeguamento, conformità (*inv*).

compliant [kəm'plaɪənt] *adj* compiacente, arrendévole.

complicate ['kɒmplɪkeɪt] *v tr* complicare.

complicated ['kɒmplɪkeɪtɪd] *adj* complicato, complesso.

compliment ['kɒmplɪmənt] *n* complimento ◊ *pl* omaggi (*m pl*), ossequi (*m pl*) ◊ **to pay sb a compliment**, fare un complimento a qc.

complimentary ['kɒmplɪ'mentərɪ] *adj* in omaggio ◊ **complimentary ticket**, biglietto omaggio.

comply [kəm'plaɪ] *v intr* assentire; soddisfare; conformarsi.

component [kəm'pəʊnənt] *n* componente (*m*).

compose [kəm'pəʊz] *v tr, intr* comporre; creare; calmare(-rsi) ◊ **compose yourself!**, calmati!

composer [kəm'pəʊzə*] *n* (*mus*) compositore(-trice).

composition [ˌkɒmpə'zɪʃn] *n* composizione (*f*), composto, miscela ◊ (*school*) (breve) tema.

composure [kəm'pəʊʒə*] *n* calma.

compound ['kɒmpaʊnd] *adj* composto ◊ (*med*) **compound fracture**, frattura composta; (*comm*) **compound interest**, interesse composto.

comprehend [ˌkɒmprɪ'hend] *v tr* comprèndere; inclùdere.

comprehension [ˌkɒmprɪ'henʃn] *n* comprensione (*f*) ◊ **listening comprehension**, esercizio di comprensione (orale); **reading comprehension**, esercizio di comprensione scritta.

comprehensive [ˌkɒmprɪ'hensɪv] *adj* comprensivo, esauriente, completo ◊ **comprehensive mind**, mente aperta; **comprehensive policy**, polizza globale; **comprehensive school**, scuola secondaria.

compress [kəm'pres] *v tr* comprìmere, condensare.

comprise [kəm'praɪz] *v tr* comprèndere, inclùdere.

compromise ['kɒmprəmaɪz] *n* compromesso; (*law*) transazione (*f*).

compromise ['kɒmprəmaɪz] *v tr, intr* giùngere a un compromesso, venire a patti.

compulsion [kəm'pʌlʃn] *n* costrizione (*f*), òbbligo.

compulsory [kəm'pʌlsərɪ] *adj* obbligatorio.

compute [kəm'pju:t] *v tr* calcolare.

computer [kəm'pju:tə*] *n* computer, calcolatore ◊ **computer science**, informatica; **computer graphics**, computer-grafica.

computerize [kəm'pju:təraɪz] *v tr* computerizzare.

comrade ['kɒmreɪd] *n* amico(-a), compagno (-a), camerata (*m*).

comradeship ['kɒmreɪdʃɪp] *n* cameratismo, amicizia.

con [kɒn] *v tr* studiare attentamente ◊ (*fam*) ingannare, truffare.

con [kɒn] *abbr of* **contra** argomento contrario ◊ **the pros and cons**, i pro e i contro.

concave [ˌkɒn'keɪv] *adj* còncavo.

conceal [kən'si:l] *v tr* nascóndere; dissimulare.

concede [kən'si:d] *v tr, intr* amméttere, concèdere.

conceit [kən'si:t] *n* presunzione (*f*), vanità (*inv*).

conceited [kən'si:tɪd] *adj* presuntuoso, vanitoso.

conceivable [kən'si:vəbl] *adj* concepìbile.

conceive [kən'si:v] *v tr, intr* concepire; escogitare.

concentrate ['kɒnsəntreɪt] *v tr, intr* concentrare(-rsi).

concentration ['kɒnsən'treɪʃn] *n* concentrazione (*f*); concentramento.

concept ['kɒnsept] *n* concetto, idea.

conception [kən'sepʃn] *n* concezione (*f*); concepimento.

concern [kən'sɜ:n] *n* ansietà (*inv*), preoccupazione (*f*), interesse (*m*) ◊ (*comm*) ditta, azienda, società (*inv*) ◊ **a banking concern**, una società bancaria.

concern [kən'sɜ:n] *v tr* riguardare, interessare ◊ **to concern os with**, occuparsi di; **as far as I am concerned**, per quel che mi riguarda.

concerning [kən'sɜ:nɪŋ] *prep* riguardo a, circa.

concert ['kɒnsət] *n* concerto ◊ **in concert**, di concerto; **concert-hall**, sala da concerto; **concert performer**, concertista.

concession [kən'seʃn] *n* concessione (*f*).

conciliation [kənˌsɪlɪ'eɪʃn] *n* conciliazione (*f*).

conciliatory [kən'sɪlɪətərɪ] *adj* conciliante.

concise [kən'saɪs] *adj* conciso, sintetico.

conclude [kənklu:d] *v tr, intr* conclùdere, finire, arrivare alla conclusione ◊ **to conclude**, per finire; **to conclude a bargain**, concludere un affare.

conclusion [kən'klu:ʒn] *n* conclusione *(f)*.

conclusive [kən'klu:sɪv] *adj* conclusivo.

concoct [kən'kɒkt] *v tr* ideare; architettare ◊ **to concoct an excuse**, inventare una scusa.

concourse ['kɒŋkɔ:s] *n* concorso, folla; sala ◊ **shopping concourse**, grande centro di vendita.

concrete ['kɒnkri:t] *n* cemento.

concrete ['kɒnkri:t] *adj*, concreto, reale.

concur [kən'kɜ:*] *v intr* concordare; coincìdere.

concussion [kən'kʌʃn] *n* tràuma *(m)*; commozione *(f)* cerebrale.

condemn [kən'dem] *v tr* condannare.

condemnation [ˌkɒndem'neɪʃn] *n* condanna; biàsimo.

condensation [ˌkɒnden'seɪʃn] *n* condensazione *(f)*; riassunto.

condense [kən'dens] *v tr, intr* condensare (-rsi) ◊ **condensed milk**, latte condensato.

condescend [ˌkɒndɪ'send] *v intr* accondiscéndere; cèdere.

condition [kən'dɪʃn] *n* condizione *(f)*; stato, natura; condizione sociale ◊ **on condition that**, a condizione che; **on no condition**, in nessun caso; *(comm)* **terms and conditions**, modalità.

condition [kən'dɪʃn] *v tr* regolare, condizionare.

condolences [kən'dəʊlənsɪz] *n pl* condoglianze *(f pl)*.

condom ['kɒndəm] *n* preservativo, profilattico.

condone [kən'dəʊn] *v tr* condonare, perdonare.

conduct ['kɒndʌkt] *n* comportamento; conduzione *(f)* ◊ **to lay down a line of conduct**, tracciare una linea di condotta.

conduct [kən'dʌkt] *v tr* condurre, guidare; dirìgere, amministrare ◊ **to conduct os**, comportarsi.

conducted tour [kən'dʌktɪd tʊə*] *n* giro turìstico guidato.

conductor [kən'dʌktə*] *n* guida *(f)*, accompagnatore(-trice); bigliettaio; direttore *(m)* d'orchestra ◊ *(elec)* conduttore *(m)*.

conductress [kən'dʌktrɪs] *n* bigliettaia.

conduit ['kɒndɪt] *n* condotto, conduttura.

confabulate [kən'fæbjʊleɪt] *v intr* discórrere, chiacchierare.

confectionery [kən'fekʃnərɪ] *n* dolciumi *(m pl)*.

confederation [kənˌfedə'reɪʃn] *n* confederazione *(f)*, lega.

confer [kən'fɜ:*] *v tr, intr* attribuire; consultare(-rsi).

conference ['kɒnfərəns] *n* conferenza, congresso; consulto ◊ **press conference**, conferenza stampa.

confess [kən'fes] *v tr, intr* confessare(-rsi), amméttere.

confession [kən'feʃn] *n* confessione *(f)*.

confetti [kən'fetɪ] *n pl* coriandoli.

confide [kən'faɪd] *v tr, intr* confidare(-rsi).

confidence ['kɒnfɪdəns] *n* confidenza; fiducia ◊ **self-confidence**, fiducia in sé.

confident ['kɒnfɪdənt] *adj* fiducioso; sicuro di sé.

confidential [ˌkɒnfɪ'denʃl] *adj* riservato; confidenziale.

confine [kən'faɪn] *v tr* limitare; rinchiùdere; costrìngere.

confined [kən'faɪnd] *adj* limitato, ristretto ◊ *(woman)* in puerperio.

confinement [kən'faɪnmənt] *n* prigionìa; reclusione *(f)* ◊ *(med)* parto.

confirm [kən'fɜ:m] *v tr* confermare ◊ *(relig)* cresimare.

confirmation [ˌkɒnfə'meɪʃn] *n* conferma; *(relig)* crèsima.

confirmed [kən'fɜ:md] *adj* crònico, inveterato ◊ **a confirmed drinker**, un bevitore incallito.

confiscate ['kɒnfɪskeɪt] *v tr* confiscare.

conflict ['kɒnflɪkt] *n* conflitto.

conflict [kən'flɪkt] *v intr* essere in conflitto, scontrarsi.

conflicting [kən'flɪktɪŋ] *adj* contrastante.

conform [kən'fɔ:m] *v tr, intr* conformare (-rsi); adattare(-rsi).

conformist [kən'fɔ:mɪst] *n* conformista *(m / f)*.

confound [kən'faʊnd] *v tr* confóndere; sconfiggere.

confront [kən'frʌnt] *v tr* méttere a confronto; affrontare.

confrontation [ˌkɒnfrʌn'teɪʃn] *n* confronto.

confrontive [kən'frʌntɪv] *adj* polemico.

confuse [kən'fju:z] *v tr* confóndere; sconcertare, turbare.

confusion [kən'fju:ʒn] *n* confusione (*f*), turbamento.

congeal [kən'dʒi:l] *v tr, intr* congelare; coagulare.

congenial [kən'dʒi:njəl] *adj* congeniale; simpàtico.

congenital [kən'dʒenɪtl] *adj* congènito.

congested [kən'dʒestɪd] *adj* affollatìssimo.

congestion [kən'dʒestʃən] *n* congestione (*f*), ingorgo ◊ **traffic congestion**, ingorgo del traffico.

congratulate [kən'grætjʊleɪt] *v tr* congratularsi con; felicitarsi con ◊ **to congratulate sb on sthg**, congratularsi con qc per qcs; **to congratulate os**, rallegrarsi.

congratulations [kənˌgrætjʊ'leɪʃnz] *n pl* auguri (*m pl*), congratulazioni (*f pl*).

congregation [ˌkɒŋgrɪ'geɪʃn] *n* congregazione (*f*), riunione (*f*).

congress ['kɒŋgres] *n* congresso, riunione (*f*) ◊ (*AmE*) **the Congress**, il Parlamento.

congressman ['kɒŋgresmən] *n* (*AmE*) membro del Congresso.

conjecture [kən'dʒektʃə*] *n* congettura.

conjecture [kən'dʒektʃə*] *v tr, intr* congetturare, fare congetture.

conjugal ['kɒndʒʊgl] *adj* coniugale.

conjunction [kən'dʒʌŋkʃn] *n* congiunzione (*f*); unione (*f*).

conjure [kən'dʒʊə*] *v tr, intr* evocare, fare incantésimi.

conjurer ['kʌndʒərə*] *n* prestigiatore(-trice); evocatore(-trice).

conk [kɒŋk] *v intr* (*fam*) incepparsi ◊ **to conk out**, incepparsi; battere in testa (*motor*).

con-man ['kɒnmən] *n* truffatore (*m*).

connect [kə'nekt] *v tr, intr* connèttere(-rsi), collegare(-rsi); èssere in rapporti (di affari); èssere imparentato ◊ (*fig*) associare ◊ (*train*) avere la coincidenza ◊ **to be well connected**, conoscere persone influenti.

connection, connexion [kə'nekʃn] *n* relazione (*f*), rapporto ◊ (*elec*) connessione (*f*), collegamento ◊ (*train*) coincidenza ◊ *pl* amici (*m pl*); parenti (*m pl*) ◊ **in connection with**, in relazione a.

connive [kə'naɪv] *v intr* essere connivente ◊ **to connive at**, tollerare.

connotation [ˌkɒnəʊ'teɪʃn] *n* connotazione (*f*).

conquer ['kɒŋkə*] *v tr* conquistare; sconfiggere ◊ (*fig*) superare.

conqueror ['kɒŋkərə*] *n* conquistatore (*m*).

conquest ['kɒŋkwest] *n* conquista.

conscience ['kɒnʃəns] *n* coscienza ◊ **in all conscience**, in tutta coscienza; **to have a clear conscience**, avere la coscienza pulita.

conscientious [ˌkɒnʃɪ'enʃəs] *adj* coscienzioso ◊ **conscientious objector**, obiettore di coscienza.

conscious ['kɒnʃəs] *adj* consapevole ◊ (*med*) conscio ◊ (*act*) intenzionale ◊ **self-conscious**, imbarazzato, timido.

consciousness ['kɒnʃəsnɪs] *n* consapevolezza; coscienza ◊ **to lose, regain consciousness**, perdere, riprendere conoscenza.

conscription [kən'skrɪpʃn] *n* coscrizione (*f*), leva.

consecutive [kən'sekjʊtɪv] *adj* consecutivo ◊ **three days consecutive**, tre giorni di seguito.

consent [kən'sent] *n* consenso, benestare (*m*) ◊ **by common consent**, per unanime consenso; **with one consent**, all'unanimità.

consent [kən'sent] *v intr* acconsentire, accondiscéndere.

consequence ['kɒnsɪkwəns] *n* conseguenza ◊ **in consequence of**, in conseguenza di; **of no consequence**, di nessuna importanza.

consequently ['kɒnsɪkwəntlɪ] *adv* di conseguenza.

conservation [ˌkɒnsə'veɪʃn] *n* conservazione (*f*).

conservationist [ˌkɒnsə'veɪʃənɪst] *n* ecologista.

conservative [kən'sɜ:vətɪv] *adj* conservatore; càuto ◊ **Conservative Party**, Partito Conservatore.

Conservative [kən'sɜ:vətɪv] *n* (*pol*) conservatore(-trice).

conservatory [kən'sɜːvətrɪ] *n* serra ◊ (*mus*) conservatorio.

consider [kən'sɪdə*] *v tr, intr* considerare; riflèttere su, pensare, stimare ◊ **all considered**, tutto considerato.

considerable [kən'sɪdərəbl] *adj* considerévole, notévole.

considerate [kən'sɪdərət] *adj* rispettoso, premuroso.

consideration [kən,sɪdə'reɪʃn] *n* considerazione (*f*), rispetto; riflessione (*f*); rimunerazione (*f*) ◊ (*law*) provvigione (*f*) ◊ **to take in consideration**, prendere in considerazione; (*comm*) **consideration for sale**, premio di vendita.

considering [kən'sɪdərɪŋ] *prep* tenendo conto di.

consign [kən'saɪn] *v tr* consegnare; inviare.

consignment [kən'saɪnmənt] *n* consegna.

consist [kən'sɪst] *v intr* (*of*) constare di; (*in*) consìstere in.

consistent [kən'sɪstənt] *adj* coerente.

consolation ['kɒnsə'leɪʃn] *n* consolazione (*f*), conforto.

console [kən'səul] *v tr* consolare.

console [,kɒnsəul] *n* mènsola; quadro di comando.

consolidate [kən'sɒlɪdeɪt] *v tr* consolidare.

conspicuous [kən'spɪkjuəs] *adj* cospìcuo; evidente ◊ **to make os conspicuous**, farsi notare.

conspiracy [kən'spɪrəsɪ] *n* congiura, cospirazione (*f*).

conspire [kən'spaɪə*] *v intr* cospirare, tramare.

constable ['kʌnstəbl] *n* poliziotto, agente (*m*) ◊ **Chief Constable**, capo della polizia.

constant ['kɒnstənt] *adj* costante.

constellation [,kɒnstə'leɪʃn] *n* costellazione (*f*).

consternation [,kɒnstə'neɪʃn] *n* costernazione (*f*), sgomento.

constipation [,kɒnstɪ'peɪʃn] *n* stitichezza.

constituency [kən'stɪtjuənsɪ] *n* collegio elettorale.

constitute ['kɒnstɪtjuːt] *v tr* costituire; elèggere.

constitution [,kɒnstɪ'tjuːʃn] *n* costituzione (*f*) ◊ (*body*) fisico.

constitutional [,kɒnstɪ'tjuːʃənl] *adj* costituzionale.

constrain [kən'streɪn] *v tr* costrìngere, forzare.

constraint [kən'streɪnt] *n* costrizione (*f*), coercizione (*f*).

constrict [kən'strɪkt] *v tr* comprìmere, restrìngere ◊ (*fig*) reprìmere.

construct [kən'strʌkt] *v tr* costruire.

construction [kən'strʌkʃn] *n* costruzione (*f*); significato, spiegazione (*f*) ◊ (*building*) **construction under public contract**, costruzione in appalto.

constructive [kən'strʌktɪv] *adj* costruttivo; implìcito.

consult [kən'sʌlt] *v tr, intr* consultare(-rsi); prèndere in considerazione ◊ **to consult a doctor**, consultare un medico.

consultant [kən'sʌltənt] *n* consulente (*m / f*); consulente mèdico.

consultation [,kɒnsəl'teɪʃn] *n* consultazione (*f*) ◊ (*med, law*) consulto.

consulting room [kən'sʌltɪŋ ruːm] *n* ambulatorio.

consume [kən'sjuːm] *v tr, intr* consumare (-rsi) ◊ (*food*) sprecare ◊ **to be consumed with curiosity**, struggersi dalla curiosità.

consumer [kən'sjuːmə*] *n* consumatore(-trice) ◊ **consumer goods**, generi di consumo; **consumer society**, società dei consumi.

consumerism [kən'sjuːmərɪzm] *n* consumismo.

consumeristic [kən'sjuːmərɪstɪk] *adj* consumistico.

consummate ['kɒnsəmeɪt] *v tr* consumare.

consumption [kən'sʌmpʃn] *n* consumo, uso ◊ (*med*) consunzione (*f*) ◊ **consumption goods**, beni di consumo.

contact ['kɒntækt] *n* contatto ◊ **to keep in contact with**, mantenersi in contatto con.

contact ['kɒntækt] *v tr* contattare, méttersi in contatto con.

contact lens ['kɒntækt lenz] *n* lente (*f*) a contatto.

contacts ['kɒntækts] *n pl* (*col*) lenti a contatto.

contagious [kən'teɪdʒəs] *adj* contagioso.

contain [kən'teɪn] *v tr* contenere; reprìmere ◊ **to contain os**, trattenersi.

container [kən'teɪnə*] *n* recipiente (*m*); container (*m*).

contaminate [kən'tæmɪneɪt] *v tr* contaminare.

contamination [kən,tæmɪ'neɪʃn] *n* contaminazione (*f*).

contemplate ['kɒntempleɪt] *v tr, intr* contemplare; progettare di, proporsi di.

contemporary [kən'tempərərɪ] *adj* contemporàneo, moderno.

contemporary [kən'tempərərɪ] *n* coetàneo (-a).

contempt [kən'tempt] *n* disprezzo; oltraggio.

contemptible [kən'temptəbl] *adj* spregévole.

contemptuous [kən'temptjʊəs] *adj* sprezzante, insolente.

contend [kəntend] *v tr, intr* contèndere.

contender [kən'tendə*] *n* contendente (*m / f*); concorrente (*m / f*).

content [kən'tent] *adj* contento.

content [kən'tent] *v tr* accontentare, soddisfare.

content ['kɒntənt] *n* contenuto; concetto; quantità (*inv*) ◊ (*comm*) importo ◊ (*pl*) contenuto, indice (*m*) ◊ **the contents of this bottle**, il contenuto di questa bottiglia; **the table of contents**, indice delle materie; **the content of a bill of exchange**, l'importo di una cambiale.

contention [kən'tenʃn] *n* contesa; opinione (*f*).

contentious [kən'tenʃəs] *adj* dibattuto ◊ polemico.

contentment [kən'tentmənt] *n* contentezza.

contest ['kɒntest] *n* dibàttito, controversia, lotta ◊ **beauty contest**, concorso di bellezza.

contest [kən'test] *v tr* contestare; gareggiare con; contendere.

contestant [kən'testənt] *n* competitore(-trice); concorrente (*m / f*); contestatore(-trice).

context ['kɒntekst] *n* contesto.

continent ['kɒntɪnənt] *n* continente (*m*) ◊ **the Continent**, l'Europa continentale.

continental [,kɒntɪ'nentl] *adj* continentale.

contingency [kən'tɪndʒənsɪ] *n* contingenza,

eventualità (*inv*) ◊ **contingency plan**, piano di emergenza; **contingencies**, spese impreviste.

contingent [kən'tɪndʒənt] *adj* accidentale.

contingent [kən'tɪndʒənt] *n* (*mil*) contingente (*m*); parte (*f*), quota.

continual [kən'tɪnjʊəl] *adj* contìnuo, incessante.

continue [kən'tɪnju:] *v tr, intr* continuare, riprèndere; mantenere (una carica), protrarre, durare.

continuity [,kɒntɪ'nju:ətɪ] *n* continuità (*inv*).

continuous [kən'tɪnjʊəs] *adj* contìnuo; ininterrotto.

contort [kən'tɔ:t] *v tr* contòrcere; distòrcere.

contortion [kən'tɔ:ʃn] *n* contorsione (*f*).

contortionist [kən'tɔ:ʃnɪst] *n* contorsionista (*m / f*).

contraception [,kɒntrə'sepʃn] *n* contraccezione (*f*).

contraceptive [,kɒntrə'septɪv] *adj, n* contraccettivo.

contract [,kɒntrækt] *n* contratto, accordo; appalto ◊ **to bind os by contract**, impegnarsi per contratto; **contract of location**, contratto d'affitto.

contract [kən'trækt] *v tr, intr* stipulare un contratto, impegnarsi; contrarsi; restrìngere ◊ (*illness*) contrarre ◊ **to contract a marriage**, sposarsi.

contraction [kən'trækʃn] *n* contrazione (*f*).

contradict [,kɒntrə'dɪkt] *v tr* contraddire.

contradiction [,kɒntrə'dɪkʃn] *n* contraddizione (*f*).

contrary ['kɒntrərɪ] *adj* contrario; ostinato.

contrary ['kɒntrərɪ] *n* contrario; opposto ◊ **on the contrary**, al contrario.

contrast ['kɒntrɑ:st] *n* contrasto ◊ **in contrast with**, in antitesi con.

contrast [kən'trɑ:st] *v tr, intr* paragonare, méttere in contrasto, contrastare, èssere in contrasto con.

contribute [kən'trɪbju:t] *v tr, intr* contribuìre a; fornire; contribuìre, collaborare ◊ **to contribute food**, dare cibo; **to contribute to**, contribuire a, scrivere per (un giornale).

contribution [,kɒntrɪ'bju:ʃn] *n* contributo,

collaborazione (*f*) (a un giornale).

contributor [kən'trɪbjʊtə*] *n* contribuente (*m / f*); collaboratore(-trice).

contrivance [kən'traɪvns] *n* invenzione (*f*).

contrive [kən'traɪv] *v tr* escogitare, inventare; riuscire a.

control [kən'trəʊl] *n* controllo; autorità (*inv*) ◊ (*pl*) comandi ◊ **to be out of control**, non rispondere più ai comandi; **to be in control**, avere la situazione sotto controllo; **to lose control**, perdere il controllo; **to get sthg under control**, avere qcs sotto controllo; **self-control**, autocontrollo.

control [kən'trəʊl] *v tr* controllare; dominare; regolare ◊ **to control os**, controllarsi.

control tower [kən'trəʊl ˌtaʊə*] *n* torre (*f*) di controllo.

controversial [ˌkɒntrə'vɜ:ʃl] *adj* polèmico; controverso.

controversy ['kɒntrəvɜ:sɪ] *n* polèmica, controversia ◊ **beyond controversy**, fuori discussione.

convalescence [ˌkɒnvə'lesns] *n* convalescenza.

convalescent [ˌkɒnvə'lesnt] *adj, n* convalescente (*m / f*).

convene [kən'vi:n] *v tr, intr* convenire, riunire(-rsi).

convenience [kən'vi:njəns] *n* vantaggio, comodità (*inv*); convenienza ◊ **to make a convenience of sb**, approfittare di qc; **all modern conveniences**, tutte le comodità moderne; (*comm*) **at your earliest convenience**, al più presto; (*AmE*) **convenience store**, piccolo supermercato (sempre aperto).

convenient [kən'vi:njənt] *adj* conveniente, còmodo.

convent ['kɒnvənt] *n* convento.

convention [kən'venʃn] *n* convenzione (*f*); convegno.

conventional [kən'venʃənl] *adj* convenzionale.

conversant [kən'vɜ:sənt] *adj* (*with*) pràtico, al corrente di.

conversation [ˌkɒnvə'seɪʃn] *n* conversazione (*f*).

conversational [ˌkɒnvə'seɪʃənl] *adj* colloquiale ◊ (*person*) loquace.

converse ['kɒnvɜ:s] *v intr* conversare, chiacchierare.

converse ['kɒnvɜ:s] *adj* opposto.

conversely ['kɒnvɜ:slɪ] *adv* al contrario; viceversa.

conversion [kən'vɜ:ʃn] *n* conversione (*f*); trasformazione (*f*) ◊ (*comm*) **conversion into cash**, realizzo.

convert [kən'vɜ:t] *v tr, intr* convertire(-rsi); trasformare.

convert ['kɒnvɜ:t] *n* convertito(-a).

convertible [kən'vɜ:təbl] *adj* convertìbile ◊ (*car*) decapottàbile.

convey [kən'veɪ] *v tr, intr* portare; comunicare.

convict ['kɒnvɪkt] *n* condannato(-a).

conviction [kən'vɪkʃn] *n* condanna; convinzione (*f*), persuasione (*f*) ◊ **in the full conviction that**, con la piena convinzione che; **to act from conviction**, agire per convinzione.

convince [kən'vɪns] *v tr* convincere, persuadere.

convivial [kən'vɪvɪəl] *adj* gaio, allegro.

convulse [kən'vʌls] *v tr* sconvòlgere.

convulsion [kən'vʌlʃn] *n* convulsione (*f*).

cook [kʊk] *n* cuoco(-a).

cook [kʊk] *v tr, intr* cucinare; cuòcere(-rsi).

cookbook ['kʊkbʊk] *n* ricettario.

cooker ['kʊkə*] *n* cucina; fornello ◊ **pressure cooker**, pentola a pressione.

cookery ['kʊkərɪ] *n* arte culinaria.

cookie ['kʊkɪ] *n* (*AmE*) biscotto.

cooking ['kʊkɪŋ] *n* arte culinaria, cucina; cottura ◊ **to do the cooking**, stare ai fornelli.

cool [ku:l] *adj* fresco; raffreddato ◊ (*dress*) leggero ◊ (*fig*) calmo; indifferente; sfacciato; (*col*) fantastico, forte ◊ **keep cool**, stai calmo.

cool [ku:l] *n* frescura; calma.

cool [ku:l] *v tr, intr* rinfrescare, raffreddare (-rsi); calmare(-rsi).

coolness ['ku:lnɪs] *n* frescura ◊ (*fig*) calma; indifferenza.

cooperate [kəʊ'ɒpəreɪt] *v intr* cooperare, contribuire.

cooperation [kəʊˌɒpə'reɪʃn] *n* collaborazione (*f*); cooperazione (*f*).

cooperative [kəʊ'ɒpərətɪv] *adj* cooperativo; che collabora.

coordinate [kəʊ'ɔːdɪneɪt] *v tr* coordinare.

coordination [kəʊ,ɔːdɪ'neɪʃn] *n* coordinazione *(f)*.

cop [kɒp] *n (sl)* sbirro.

cop [kɒp] *v tr (col)* acchiappare.

cope [kəʊp] *v intr* affrontare; tenere testa ◊ **to cope with a difficulty**, far fronte a una difficoltà.

copious ['kəʊpjəs] *adj* abbondante, copioso.

copper ['kɒpə*] *n* rame *(m)*, color rame ◊ *(fam)* poliziotto ◊ *(pl)* spiccioli.

copulate ['kɒpjʊleɪt] *v intr* accoppiarsi.

copy ['kɒpɪ] *n* copia; imitazione *(f)*; esemplare *(m)* ◊ **rough, fair copy**, brutta, bella copia.

copy ['kɒpɪ] *v tr* copiare, trascrivere.

copy-book ['kɒpɪbʊk] *n* quaderno.

copyright ['kɒpɪraɪt] *n* diritti di autore.

copywriter ['kɒpɪraɪtə*] *n* redattore(-trice); pubblicitario(-a).

coral ['kɒrəl] *n* corallo.

cord [kɔːd] *n* corda; velluto a coste ◊ **spinal cord**, midollo spinale.

cordial ['kɔːdjəl] *adj* amichévole, caloroso.

cordon ['kɔːdn] *v tr* isolare ◊ **to cordon off**, tenere a distanza con un cordone.

cords [kɔːdz] *n pl* pantaloni di velluto (a coste).

corduroy ['kɔːdərɔɪ] *n* fustagno ◊ *(pl)* pantaloni di velluto a coste.

core [kɔː*] *n* tórsolo; parte *(f)* centrale, núcleo, nòcciolo.

cork [kɔːk] *n* sùghero; tappo ◊ **to pull out the cork**, stappare una bottiglia.

corkscrew ['kɔːkskruː] *n* cavatappi *(m inv)*.

corn [kɔːn] *n* grano, frumento, cereali *(m pl)*; callo ◊ **corn on the cob**, pannocchia di granoturco (bollita o arrostita); **ear of corn**, spiga di grano.

cornea ['kɔːnɪə] *sf (anat)* cornea.

corner ['kɔːnə*] *n* àngolo, curva; posto segreto ◊ **just round the corner**, dietro l'angolo ◊ **to cut corners**, prendere una (la) scorciatoia.

corner ['kɔːnə*] *v tr, intr* méttere all'àngolo ◊ *(fig)* méttere in imbarazzo.

corner stone ['kɔːnə stəʊn] *n* pietra angola-

re ◊ *(fig)* punto d'appoggio fondamentale.

cornet ['kɔːnɪt] *n* cornetta ◊ *(icecream)* cono.

cornflour ['kɔːnflaʊə*] *n* farina di granoturco.

corny ['kɔːnɪ] *adj (col)* risaputo, banale.

coronary ['kɒrənərɪ] *adj* coronàrico.

coronation [,kɒrə'neɪʃn] *n* incoronazione *(f)*.

corporation [,kɔːpə'reɪʃn] *n* consiglio comunale; ente pùbblico.

corpse [kɔːps] *n* cadàvere *(m)*.

corpuscle ['kɔːpʌsl] *n* corpùscolo.

correct [kə'rekt] *adj* corretto, esatto; preciso.

correct [kə'rekt] *v tr* corrèggere ◊ *(person)* rimproverare.

correlate ['kɒrəleɪt] *v tr* méttere in correlazione.

correspond [,kɒrɪ'spɒnd] *v intr* corrispóndere.

correspondence [,kɒrɪ'spɒndəns] *n* corrispondenza, accordo.

correspondent [,kɒrɪ'spɒndənt] *n* corrispondente *(m / f)*.

corridor ['kɒrɪdɔː*] *n* corridoio.

corroborate [kə'rɒbəreɪt] *v tr* corroborare, rafforzare.

corrode [kə'rəʊd] *v tr, intr* corródere(-rsi).

corrosion [kə'rəʊʒn] *n* corrosione *(f)*.

corrugated ['kɒrʊgeɪtɪd] *adj* increspato; ondulato.

corrupt [kə'rʌpt] *v tr* corrómpere.

corset ['kɔːsɪt] *n* busto.

cortisone ['kɔːtɪzəʊn] *n* cortisone *(m)*.

cosmetic [kɒz'metɪk] *adj, n* cosmètico ◊ **cosmetic surgery**, chirurgia plastica.

cosmonaut ['kɒzmənɔːt] *n* cosmonàuta *(m / f)*.

cosmopolitan [,kɒzmə'pɒlɪtən] *adj, n* cosmopolita *(m / f)*.

cosset ['kɒsɪt] *v tr* viziare, vezzeggiare.

cost [kɒst] *n* costo; prezzo; spesa ◊ **cost price**, prezzo all'ingrosso; **cost of living**, costo della vita.

cost, *pt, pp* **cost** [kɒst] *v tr, intr* costare, stabilire il prezzo di ◊ **it costs too much**, costa troppo; **how much does it cost?**, quanto costa?

costly ['kɒstlɪ] *adj* costoso, caro.

costume ['kɒstju:m] *n* costume (*m*); tailleur (*m inv*) ◊ **swimming costume**, costume da bagno; **costume jewellery**, bigiotteria.

cosy ['kəuzɪ] *adj* ìntimo; confortévole ◊ (*fam*) **to make os cosy**, mettersi a proprio agio.

cot [kɒt] *n* culla; lettino.

cottage ['kɔtɪdʒ] *n* casetta.

cotton ['kɒtn] *n* cotone (*m*).

cottonwool [,kɒtn'wʊl] *n* cotone idròfilo.

couch [kautʃ] *n* divano ◊ **couch potato**, pantofolaio.

couch [kautʃ] *v tr, intr* esprìmere ◊ (*person*) chinarsi, abbassarsi.

cough [kɒf] *n* tosse (*f*).

cough [kɒf] *v intr* tossire.

could [kʊd] *pt of* **can**.

council ['kaunsl] *n* consiglio, adunanza di persone ◊ **city council**, consiglio comunale.

counsel ['kaunsl] *n* consultazione (*f*), opinione (*f*); avvocato ◊ **to take counsel with**, consultarsi con; **counsel for defence**, avvocato difensore; **counsel for prosecution**, pubblico ministero.

counsellor ['kaunslə*] *n* consigliere(-a); (*AmE*) avvocato.

count [kaut] *n* conto, càlcolo; conte (*m*).

count [kaunt] *v tr* contare, calcolare; inclùdere, considerare ◊ **to count on sthg, sb**, contare su qcs, qc; **to count down**, contare alla rovescia.

countenance ['kauntənəns] *n* viso, aspetto, aria; contegno ◊ (*fig*) incoraggiamento, favore (*m*), aiuto.

counter ['kauntə*] *n* bancone (*m*), banco, cassa ◊ **under the counter**, sotto banco; **payable at the counter**, pagabile alla cassa; **sold over the counter**, venduto al dettaglio.

counter ['kauntə*] *v tr, intr* opporsi a; respìngere; contrattaccare.

counteract [,kauntə'rækt] *v tr* contrapporre, agire contro.

counterattack ['kauntərə,tæk] *v tr* contrattaccare, controbàttere.

counterbalance [,kauntə'bæləns] *v tr* controbilanciare.

counterfeit ['kauntəfɪt] *adj* falso, falsificato.

counterfeit ['kauntəfɪt] *v tr* falsificare; imitare.

counterfoil ['kauntəfɔil] *n* matrice (*f*).

counterpart ['kauntəpa:t] *n* controparte (*f*) ◊ (*document*) copia, duplicato.

countess ['kauntɪs] *n* contessa.

countless ['kauntlɪs] *adj* innumerévole.

country ['kʌntrɪ] *n* paese (*m*); nazione (*f*); patria; campagna; territorio, terreno, regione (*f*) ◊ **from all over the country**, da ogni parte del paese; **in the country**, in campagna.

country house [,kʌntrɪ'haus] *n* casa di campagna.

countryside ['kʌntrɪsaid] *n* campagna, zona di campagna.

county ['kauntɪ] *n* contea.

coup [ku:] *n* colpo audace.

couple ['kʌpl] *n* coppia.

couple ['kʌpl] *v tr, intr* accoppiare(-rsi); sposare; collegare.

courage ['kʌrɪdʒ] *n* coraggio ◊ **to pluck up courage**, farsi coraggio.

courageous [kə'reidʒəs] *adj* coraggioso.

courier ['kurɪə*] *n* corriere (*m*); accompagnatore(-trice) turìstico(-a).

course [kɔ:s] *n* (*time, water*) corso ◊ (*med*) decorso ◊ (*ship*) rotta ◊ (*food*) portata, piatto ◊ **in the course of**, nel corso di; **in due course**, a tempo debito; **of course**, certamente; **golf course**, campo di golf; **the main course**, il piatto principale.

court [kɔ:t] *n* corte (*f*), tribunale (*m*) ◊ (*tennis*) campo ◊ (*law*) **out of court**, in via amichevole.

court [kɔ:t] *v tr* corteggiare.

courtesy ['kɜ:tɪsɪ] *n* cortesìa.

court-house ['kɔ:thaus] *n* palazzo di giustizia.

courtroom ['kɔ:tru:m] *n* àula giudiziaria.

courtyard ['kɔ:tja:d] *n* cortile (*m*).

cousin ['kʌzn] *n* cugino(-a).

cove [kəuv] *n* baia.

covenant ['kʌvənənt] *n* accordo ◊ (*law*) clàusola.

cover ['kʌvə*] *n* copertura, riparo ◊ (*book*) copertina ◊ (*pan*) coperchio ◊ (*mail*) busta, plico ◊ (*fig*) apparenza, copertura ◊

(*restaurant*) **cover charge**, prezzo del coperto ◊ **cover girl**, ragazza da copertina.

cover ['kʌvə*] *v tr, intr* coprire.

coverage ['kʌvərɪdʒ] *n* (*comm*) copertura ◊ (*radio, tv*) fascia d'ascolto.

covering ['kʌvərɪŋ] *n* copertura, rivestimento.

covet ['kʌvɪt] *v tr, intr* bramare.

cow [kaʊ] *n* mucca, vacca.

coward ['kaʊəd] *n* vigliacco(-a).

cowardly ['kaʊədlɪ] *adj* vigliacco, vile.

cower ['kaʊə*] *v intr* accucciarsi.

cowshed ['kaʊʃed] *n* stalla.

coy [kɔɪ] *adj* tìmido.

crab [kræb] *n* granchio.

crack [kræk] *n* crepa, fessura; colpo secco, schiocco ◊ (*drug*) crack.

crack [kræk] *v tr, intr* spaccare(-rsi), incrinare(-rsi); schioccare ◊ **to crack up**, indebolirsi, crollare; (*fam*) **to crack a joke**, raccontare una barzelletta.

cracker ['krækə*] *n* petardo ◊ (*food*) pìccola galletta ◊ **nutcrackers**, schiaccianoci; (*sl*) **cracker of cribs**, scassinatore.

crackle ['kræk] *v intr* crepitare, scoppiettare.

cradle ['kreɪdl] *n* culla.

craft [krɑːft] *n* arte (*f*), mestiere (*m*); astuzia, furberìa ◊ (*pl inv*) navi ◊ (*plane*) aereo ◊ **fishing craft**, pescherecci.

craftsman ['krɑːftsmən] *n* artigiano.

craftsmanship ['krɑːftsmənʃɪp] *n* bravura, abilità (*inv*).

crafty ['krɑːftɪ] *adj* àbile, astuto.

crag [kræg] *n* roccia.

cram [kræm] *v tr, intr* riempire(-rsi), stipare (-rsi); imbottire(-rsi); prepararsi in fretta per un esame.

cramp [fræmp] *n* crampo.

cramped [kræmpt] *adj* (*space*) ristretto, limitato ◊ (*handwriting*) illeggìbile.

crane [kreɪn] *n* gru (*f inv*).

cranium (crania) ['kreɪnjəm, 'kreɪnjə] *n* cranio.

cranny ['krænɪ] *n* fessura.

crash [kræʃ] *n* fragore (*m*); fracasso, schianto ◊ (*car*) incidente (*m*) ◊ (*plane*) caduta ◊ **stock-market crash**, crollo della borsa dei titoli.

crash [kræʃ] *v tr, intr* fracassare(-rsi), schiantarsi; precipitare; crollare; scontrarsi; andare in rovina ◊ **the car crashed into a window**, l'auto si è schiantata contro una vetrina.

crash helmet ['kræʃ ˌhelmɪt] *n* casco di protezione.

crate [kreɪt] *n* cassa.

crater ['kreɪtə*] *n* cratere (*m*).

crave [kreɪv] *v tr, intr* desiderare ardentemente ◊ **to crave for a drink**, morire dalla voglia di bere.

crawl [krɔːl] *v intr* strisciare, andare a carponi.

craze [kreɪz] *n* manìa, moda, voga ◊ **to be the craze**, essere in voga.

crazy ['kreɪzɪ] *adj* matto ◊ **it was crazy of you**, sei stato pazzo; **to go crazy**, impazzire; **you drive me crazy**, mi fai impazzire.

creak [kriːk] *v intr* strìdere, cigolare.

cream [kriːm] *n* crema; panna ◊ (*cosmetics*) crema ◊ (*fig*) il fior (*m*) fiore ◊ **cream cake**, torta di crema; **cream-cheese**, mascarpone; **cream-puff**, bigné.

crease [kriːs] *n* piega.

crease [kriːs] *v tr* sgualcire.

create [kriː'eɪt] *v tr* creare; causare.

creation [kriː'eɪʃn] *n* creazione (*f*).

creative [kriː'eɪtɪv] *adj* creativo.

creativity [krɪə'tɪvɪtɪ] *n* creatività.

creator [kriː'eɪtə*] *n* creatore.

creature ['kriːtʃə*] *n* creatura, èssere (*m*) vivente.

credence ['kriːdəns] *n* fede (*f*), credenza, fiducia ◊ **letter of credence**, lettera di presentazione.

credentials [krɪ'denʃlz] *n pl* credenziali (*f pl*).

credibility [ˌkredɪ'bɪlətɪ] *n* credibilità (*inv*).

credible ['kredəbl] *adj* credìbile, attendìbile.

credit ['kredɪt] *n* crédito; fiducia; reputazione (*f*), stima; onore (*m*) ◊ (*comm*) crédito ◊ **credits**, titoli di testa, ringraziamenti; **no credit**, non si fa credito; **to give credit to**, dare credito a; **credit card**, carta di credito.

credit ['kredɪt] *v tr* (*comm*) accreditare; prestare fede a.

creditable ['kredɪtəbl] *adj* che fa onore; stimàbile.

creditor ['kredɪtə*] *n* creditore(-trice).

creed [kri:d] *n* credo.

creek [kri:k] *n* insenatura ◊ (*AmE*) pìccolo fiume ◊ (*fig*) **up the creek**, nei guai.

creep, *pt, pp* **crept** [kri:p, krept] *v intr* strisciare; insinuarsi.

creeper ['kri:pə*] *n* pianta rampicante ◊ (*fig*) individuo servile.

creepy ['kri:pɪ] *adj* che dà i brìvidi.

cremate [krɪ'meɪt] *v tr* cremare, incenerire.

cremation [krɪ'meɪʃn] *n* cremazione (*f*).

crêpe [kreɪp] *n* crespo ◊ **crêpe bandage**, fascia elastica.

crept [krept] *pt, pp of* **creep**.

crescent ['kresnt] *n* mezzaluna.

crest [krest] *n* (*cock*) cresta ◊ (*horse*) criniera ◊ (*fig*) cima, sommità (*inv*) ◊ (*arms*) cimiero ◊ (*mountain*) cima.

crestfallen ['krest‚fɔ:lən] *adj* mortificato, depresso.

crevasse [krɪ'væs] *n* crepaccio.

crevice ['krevɪs] *n* crepa.

crew [kru:] *n* equipaggio.

crib [krɪb] *n* presepio ◊ (*school*) bigino.

crick [krɪk] *n* crampo.

cricket ['krɪkɪt] *n* grillo.

crime [kraɪm] *n* delitto, crìmine (*m*); infrazione (*f*).

criminal ['krɪmɪnl] *adj, n* criminale (*m* / *f*).

cringe [krɪndʒ] *v intr* accucciarsi, rannicchiarsi ◊ (*fig*) umiliarsi.

crinkle ['krɪŋkl] *v tr, intr* arricciare(-rsi), increspare; sgualcire.

cripple ['krɪpl] *n* zoppo(-a).

cripple ['krɪpl] *v tr* azzoppare ◊ (*fig*) rovinare.

crisis (crises) ['kraɪsɪs, -i:z] *n* crisi (*f inv*).

crisp [krɪsp] *adj* croccante; frizzante, tonificante ◊ (*hair*) ricciuto ◊ (*fig*) vivace; deciso.

crisps [krɪsps] *n pl* patatine fritte.

criss-cross ['krɪskrɒs] *adj* incrociato.

criterion (criteria) [kraɪ'tɪərɪən, -'tɪərɪə] *n* criterio, norma.

critic ['krɪtɪk] *n* crìtico(-a).

critical ['krɪtɪkl] *adj* crìtico, esigente; difficile.

criticism ['krɪtɪsɪzəm] *n* crìtica.

criticize ['krɪtɪsaɪz] *v tr* criticare.

croak [krəʊk] *v intr* gracchiare ◊ (*person*) parlare con voce ràuca.

crockery ['krɒkərɪ] *n* terrecotte (*f pl*), vasellame (*m*).

crocodile ['krɒkədaɪl] *n* coccodrillo.

croft [krɒft] *n* campicello.

crook [krʊk] *n* uncino, gancio; curvatura ◊ (*sl*) truffatore(-trice) ◊ **by hook or by crook**, a tutti i costi.

crooked [krʊkt] *adj* curvo, storto ◊ (*fig*) disonesto.

crop [krɒp] *n* raccolto.

crop [krɒp] *v tr, intr* seminare; produrre, dare un raccolto; crèscere.

cross [krɒs] *n* croce (*f*) ◊ (*biol*) incrocio ◊ (*fig*) tormento ◊ **double cross**, doppio gioco; **on the cross**, diagonalmente; (*fig*) disonestamente.

cross [krɒs] *v tr, intr* attraversare; sbarrare; cancellare; incrociare(-rsi); ostacolare ◊ **to cross one's mind**, venire in mente; **to cross a cheque**, sbarrare un assegno; **to cross out**, cancellare.

cross [krɒs] *adj* obliquo ◊ (*wind*) contrario ◊ (*person*) irritato, di cattivo umore.

cross-examination ['krɒsɪg‚zæmɪ'neɪʃn] *n* (*law*) controinterrogatorio.

cross-eyed ['krɒsaɪd] *adj* stràbico.

crossing ['krɒsɪŋ] *n* incrocio stradale; strisce (*f pl*) pedonali; traversata ◊ **Channel crossing**, traversata della Manica.

cross-roads ['krɒsrəʊdz] *n pl* incrocio ◊ (*fig*) svolta determinante.

crossways ['krɒsweɪz] *adv* di traverso.

crossword ['krɒswɜ:d] *n* cruciverba (*m inv*).

crouch [krautʃ] *v intr* rannicchiarsi, accovacciarsi.

crow [krəʊ] *n* corvo, cornacchia.

crow [krəʊ] *v intr* esultare di gioia, vantarsi ◊ (*child*) strillare di gioia ◊ (*cock*) cantare.

crowd [kraud] *n* folla.

crowd [kraud] *v tr, intr* affollare(-rsi); stipare(-rsi).

crowded ['kraudid] *adj* affollato ◊ **crowded with**, stipato di.

crown [kraun] *n* corona; ghirlanda ◊ (*hill*)

cima ◊ (*fig*) coronamento.

crown [kraʊn] *v tr* incoronare; coronare.

crown jewels [ˌkraʊnˈdʒuːəlz] *n pl* gioielli della Corona.

crucial [ˈkruːʃl] *adj* cruciale; decisivo.

crucifix [ˈkruːsɪfɪks] *n* crocifisso.

crucifixion [ˌkruːsɪˈfɪkʃn] *n* crocifissione (*f*).

crucify [ˈkruːsɪfaɪ] *v tr* crocifiggere, méttere in croce.

crude [kruːd] *adj* crudo; grezzo; rozzo, grossolano.

cruel [krʊəl] *adj* crudele.

cruelty [ˈkrʊəltɪ] *n* crudeltà (*inv*) ◊ **cruelty-free**, non sperimentato sugli animali.

cruise [kruːz] *n* crociera.

cruise [kruːz] *v intr* fare una crociera; andare a velocità di crociera.

cruiser [ˈkruːzə*] *n* incrociatore (*m*).

crumb [krʌm] *n* bríciola ◊ **crumbs!**, caspita!

crumble [ˈkrʌmbl] *v tr, intr* sbriciolare(-rsi), frantumare, sgretolarsi; franare; andare in rovina.

crumbly [ˈkrʌmblɪ] *adj* friàbile.

crumpet [ˈkrʌmpɪt] *n* pasticcino da tè.

crumple [ˈkrʌmpl] *v tr, intr* spiegazzare (-rsi), raggrinzirsi; crollare.

crunch [krʌntʃ] *v tr* sgranocchiare; far scricchiolare.

crunch [krʌntʃ] *n* scricchiolìo ◊ (*fam*) momento determinante.

crunchy [ˈkrʌntʃɪ] *adj* croccante.

crush [krʌʃ] *n* ressa ◊ infatuazione (*f*), cotta.

crush [krʌʃ] *v tr* schiacciare; sgualcire; sottométtere; annientare.

crushing [ˈkrʌʃɪŋ] *adj* schiacciante, decisivo.

crust [krʌst] *n* crosta.

crutch [krʌtʃ] *n* gruccia.

crux [krʌks] *n* nodo.

cry [kraɪ] *n* grido; strillo; pianto, lamento.

cry [kraɪ] *v intr* gridare; piàngere ◊ **to cry off**, tirarsi indietro; **to cry out for**, richiedere, chiamare; **to cry for joy**, piangere di gioia.

crying [ˈkraɪɪŋ] *adj* (*fig*) palese; urgente.

cryptic [ˈkrɪptɪk] *adj* misterioso, enigmàtico.

crystal [ˈkrɪstl] *n* cristallo; cristallerìa.

crystal-clear [ˈkrɪstlklɪə*] *adj* cristallino.

crystallize [ˈkrɪstəlaɪz] *v intr* cristallizzarsi ◊ (*idea*) concretizzarsi.

cub [kʌb] *n* cùcciolo.

cubbyhole [ˈkʌbɪhəʊl] *n* angolino; cantuccio.

cube [kjuːb] *n* cubo; dado ◊ **a cube of ice**, un cubetto di ghiaccio.

cubic [ˈkjuːbɪk] *adj* cùbico.

cuckoo [ˈkʊkuː] *n* cùculo.

cuckoo clock [ˈkʊkuːklɒk] *n* orologio a cucù.

cucumber [ˈkjuːkʌmbə*] *n* cetriolo.

cuddle [ˈkʌdl] *v tr, intr* abbracciare; coccolare; rannicchiarsi.

cudgel [ˈkʌdʒəl] *n* randello.

cue [kjuː] *n* stecca (da biliardo) ◊ (*theatre*) battuta d'entrata ◊ (*fig*) suggerimento.

cuff [kʌf] *n* polsino (di camicia) ◊ (*AmE*) risvolto (dei pantaloni) ◊ **on the cuff**, a credito; **to speak off the cuff**, improvvisare.

cuff-link [ˈkʌfˌlɪŋk] *n* gemello (di camicia).

cuisine [kwiˈziːn] *n* cucina, modo di cucinare.

culinary [ˈkʌlɪnərɪ] *adj* culinario.

culminate [ˈkʌlmɪneɪt] *v tr, intr* culminare ◊ (*fig*) conclùdere.

culpable [ˈkʌlpəbl] *adj* colpévole ◊ (*law*) colposo.

culprit [ˈkʌlprɪt] *n* colpévole (*m / f*), reo(-a).

cult [kʌlt] *n* culto ◊ sètta.

cultivate [ˈkʌltɪveɪt] *v tr* coltivare; curare.

cultivation [ˌkʌltɪˈveɪʃn] *n* coltivazione (*f*).

cultural [ˈkʌltʃərəl] *adj* culturale.

culture [ˈkʌltʃə*] *n* cultura; coltura, coltivazione (*f*).

cultured [ˈkʌltʃə*d] *adj* colto; raffinato.

cumbersome [ˈkʌmbəsəm] *adj* ingombrante; goffo.

cumulative [ˈkjuːmjʊlətɪv] *adj* cumulativo.

cunning [ˈkʌnɪŋ] *n* astuzia.

cunning [ˈkʌnɪŋ] *adj* astuto, furbo ◊ (*AmE, fam*) carino, attraente.

cup [kʌp] *n* tazza; coppa, premio ◊ (*fig*) **it is not my cup of tea**, non fa per me.

cupboard [ˈkʌbəd] *n* credenza, armadio ◊ (*fig*) **skeleton in the cupboard**, scheletro nell'armadio.

cup-tie [ˈkʌptaɪ] *n* (*sport*) partita di campionato, spareggio.

curable ['kjʊərəbl] *adj* curàbile.

curate ['kjʊərət] *n* curato, cappellano.

curb [kɜ:b] *v tr* tenere a freno, dominare.

curb [kɜ:b] *n* freno, controllo ◊ (*pavement*) bordo ◊ **a curb on prices**, un controllo sui prezzi.

curdle ['kɜ:dl] *v intr* cagliare, coagulare.

cure [kjʊə*] *v tr, intr* guarire ◊ (*fig*) rimediare a ◊ (*meat, fish*) affumicare; salare.

cure [kjʊə*] *n* cura, rimedio.

curiosity ['jʊərɪ'ɒsətɪ] *n* curiosità (*inv*).

curious ['kjʊərɪəs] *adj* curioso.

curl [kɜ:l] *n* riccio, rìcciolo ◊ (*smoke*) voluta, spirale (*f*).

curl [kɜ:l] *v tr, intr* arricciare(-rsi); tòrcere (-rsi); sollevarsi in spire ◊ **to curl up**, rannicchiarsi.

curler ['kɜlə*] *n* bigodino.

curly ['kɜ:lɪ] *adj* riccio.

currant ['kʌrənt] *n* uva passa.

currency ['kʌrənsɪ] *n* diffusione (*f*) ◊ (*comm*) moneta corrente; valuta ◊ **foreign currency**, valuta (divisa) estera; **to gain currency** (*ideas, rumor*), avere credito, larga diffusione; **in local currency**, in valuta locale.

current ['kʌrənt] *adj* corrente ◊ (*comm*) **current account**, conto corrente.

current ['kʌrənt] *n* corrente (*f*); corso ◊ **against the current**, controcorrente.

currently ['kʌrəntlɪ] *adv* attualmente; comunemente.

curse [kɜ:s] *v intr* maledire; imprecare.

curse [kɜ:s] *n* maledizione (*f*); imprecazione (*f*); calamità (*inv*), sventura.

cursor ['kə:sə*] *n* cursore.

cursory ['kɜ:sərɪ] *adj* superficiale, frettoloso.

curt [kɜ:t] *adj* secco, brusco ◊ **a curt answer**, una risposta secca.

curtail [kɜ:'teɪl] *v tr* ridurre, limitare ◊ **to curtail expenses**, ridurre le spese.

curtain ['kɜ:tn] *n* tenda; sipario ◊ (*fig*) barriera.

curve [kɜ:v] *n* curva.

curve [kɜ:v] *v tr, intr* curvare(-rsi), svoltare.

cushion ['kʊʃn] *n* cuscino; imbottitura.

custard ['kʌstəd] *n* crema pasticciera.

custodian [kʌ'stəʊdjən] *n* custode (*m / f*),

guardiano(-a) ◊ (*fig*) depositario.

custody ['kʌstədɪ] *n* tutela, cura; arresto, detenzione (*f*).

custom ['kʌstəm] *n* consuetùdine (*f*), usanza ◊ (*comm*) clientela ◊ **customs**, dogana; **customs officer**, doganiere; **customs duty**, dazio doganale.

customary ['kʌstəmərɪ] *adj* abituale, consuetudinario.

customer ['kʌstəmə*] *n* cliente (*m / f*).

customized ['kʌstəmaɪzd] *adj* personalizzato.

cut [kʌt] *n* taglio; colpo preciso; osservazione (*f*) ◊ (*prices*) riduzione (*f*).

cut, *pt, pp* **cut** [kʌt] *v tr, intr* tagliare(-rsi); scavare; incidere; ridurre; diminuire ◊ **to cut sthg in half**, tagliare qcs in due; **to cut to pieces**, fare a pezzi; **to have one's hair cut**, farsi tagliare i capelli; **to cut school**, marinare la scuola; **to cut and run**, darsela a gambe; **to cut it fine**, farcela; **cut and dried**, definitivo; **to cut a tooth**, mettere un dente; **to cut away**, svignarsela; **to cut down**, ridurre, troncare; **to cut in**, interrompere.

cutback ['kʌtbæk] *n* riduzione (*f*).

cute [kju:t] *adj* acuto; arguto ◊ (*AmE*) grazioso.

cut glass ['kʌt glɑ:s] *n* cristallo.

cutlery ['kʌtlərɪ] *n* posate (*f pl*).

cutlet ['kʌtlɪt] *n* cotoletta.

cutout ['kʌtaʊt] *n* interruttore (*m*); ritaglio.

cut-price ['kʌt‚praɪs] *n* (*comm*) prezzo ridotto.

cut-rate ['kʌt‚reɪt] *adj* (*comm*) a tariffa ridotta.

cutthroat ['kʌtθrəʊt] *n* assassino; criminale (*m / f*).

cutting ['kʌtɪŋ] *adj* tagliente ◊ (*fig*) pungente ◊ **to be on the cutting edge**, essere all'ultima moda.

cutting ['kʌtɪŋ] *n* taglio, pezzo tagliato.

cuttlefish ['kʌtlfɪʃ] *n* seppia.

cut-up ['kʌtʌp] *adj* stravolto.

cyclamen ['sɪkləmən] *n* ciclamino.

cycle ['saɪkl] *n* ciclo, successione (*f*) ◊ (*fig*) perìodo ◊ (*fam*) bicicletta.

cycle ['saɪkl] *v intr* andare in bicicletta.

cycling ['saɪklɪŋ] *n* ciclismo.

cyclist ['saɪklɪst] *n* ciclista (*m* / *f*).

cyclone ['saɪkləʊn] *n* ciclone (*m*).

cylinder ['sɪlɪndə*] *n* cilindro; bómbola (di gas).

cynic ['sɪnɪk] *n* cìnico.

cynical ['sɪnɪkl] *adj* cìnico, sprezzante.

cypress ['saɪprəs] *n* cipresso.

cyst [sɪst] *n* cisti (*f inv*).

D

daisy ['deɪzɪ] *n* margherita.

dally ['dælɪ] *v intr* pèrder tempo.

dam [dæm] *n* diga.

damage ['dæmɪdʒ] *n* danno.

damp [dæmp] *adj* ùmido.

dampness ['dæmpnɪs] *n* umidità (*inv*) ùmido.

dance [dɑːns] *v intr* ballare.

dancing ['dɑːnsɪŋ] *n* ballo.

dandruff ['dændrʌf] *n* fòrfora.

danger ['deɪndʒə*] *n* perìcolo, rischio ◊ **out of danger**, fuori pericolo.

dangerous ['deɪndʒərəs] *adj* pericoloso.

dangle ['dæŋgl] *v tr, intr* dondolare.

dare [deə*] *v tr, intr* osare.

dark [dɑːk] *adj* buio, oscuro.

dark [dɑːk] *n* oscurità (*inv*), buio.

darken [dɑːkən] *v tr* oscurare(-rsi), rendere incomprensìbile.

darling ['dɑːlɪŋ] *adj* caro.

darling ['dɑːlɪŋ] *n* (*person*) tesoro, persona prediletta.

darn [dɑːn] *v tr* rammendare.

dart [dɑːt] *n* dardo.

dart [dɑːt] *v intr* balzare, slanciarsi avanti rapidamente.

dart-board ['dɑːtbɔːd] *n* bersaglio (per dardi).

darts [dɑːts] *n* tiro al bersaglio con dardi.

dash [dæʃ] *v tr, intr* sbàttere violentemente, infràngere(-rsi); distrùggere, rèndere vano.

dash-board ['dæʃbɔːd] *n* (*car*) cruscotto.

data ['deɪtə, 'dɑːtə] *n pl* dati (*m pl*).

data processing [,dɑːtə'prəʊsesɪŋ] *n* elabo-

razione elettrònica dei dati.

date [deɪt] *n* data ◊ appuntamento ◊ persona con cui si ha un appuntamento ◊ (*fruit*) dàttero ◊ **due date**, data di scadenza; **to be up to date**, essere aggiornato.

dateline ['deɪtlaɪn] *n* linea del cambiamento di data.

daughter ['dɔːtə*] *n* figlia.

daughter-in-law [ɪdɔːtərɪnlɔː] *n* nuora.

dawdle ['dɔːdl] *v intr* bighellonare.

dawn [dɔːn] *n* alba.

dawn [dɔːn] *v intr* albeggiare, spuntare ◊ (*fig*) venire alla mente.

day [deɪ] *n* giorno ◊ **by day**, di giorno; **day after day**, giorno dopo giorno; **day off**, giorno libero.

daybreak ['deɪbreɪk] *n* alba.

daydream ['deɪdriːm] *n* sogno ad occhi aperti.

daylight saving time ['deɪlaɪt seɪvɪŋ taɪm] *n* (*AmE*) ora legale.

daytime ['deɪtaɪm] *n* giorno.

daze [deɪz] *v tr* stupire.

dazzle ['dæzl] *v tr* abbagliare, confòndere, sorprèndere.

dead [ded] *adj* morto.

dead [ded] *adv* completamente, perfettamente ◊ **dead on time**, in perfetto orario; **dead tired**, stanco morto; **dead broke**, senza un soldo, al verde.

deaden ['dedn] *v tr* far morire, indebolire.

dead end [,ded'end] *n* vìcolo cieco.

dead heat [,ded'hiːt] *n* (*sport*) risultato pari.

deadline ['dedlaɪn] *n* scadenza ◊ **to meet one's deadline**, finire in tempo (un lavoro).

deadlock [dedlɑk] *n* punto morto, situazione (*f*) senza via d'uscita.

deadly ['dedlɪ] *adj* mortale, micidiale.

deaf [def] *adj* sordo.

deaf-aid ['defeɪd] *n* (*fam*) apparecchio acustico.

deafen ['defn] *v tr* assordare, stordire.

deaf-mute [,def'mjuːt] *n* sordomuto(-a).

deal, *pt pp* **dealt** [diːl, delt] *v tr* (*cards*) distribuire ◊ (*comm*) trattare, occuparsi di.

deal [diːl] *n* affare (*m*), accordo ◊ **a great deal of**, una quantità di.

dealer [diːlə*] *n* commerciante (*m* / *f*) ◊ **a retail dealer**, un negoziante al minuto.

dealings ['di:lɪŋz] *n pl* (*persons, business*) trattative (*f pl*), relazioni (*f pl*).

dean [di:n] *n* decano.

dear [dɪə*] *adj* caro.

dearth [dɜ:θ] *n* scarsità (*inv*), povertà (*inv*).

death [deθ] *n* morte (*f*).

death-penalty ['deθpenltɪ] *n* pena di morte.

death-rate ['deθreɪt] *n* ìndice (*m*) di mortalità.

debacle [deɪ'bɑ:kl] *n* crollo improvviso, sconfitta completa.

debase [dɪ'beɪs] *v tr* degradare ◊ (*currency*) falsificare.

debatable [dɪ'beɪtəbl] *adj* discutìbile, dibattuto.

debate [dɪ'beɪt] *v tr, intr* dibàttere, discùtere.

debauchery [dɪ'bɔ:tʃərɪ] *n* dissolutezza.

debit ['debɪt] *v tr* addebitare.

debris ['deɪbri:] *n* detriti (*m pl*).

debt [det] *n* dèbito.

debtor ['detə*] *n* debitore(-trice).

decade ['dekeɪd] *n* dècade (*f*).

decadence ['dekədəns] *n* decadenza.

decanter [dɪ'kæntə*] *n* caraffa.

decay [dɪ'keɪ] *n* rovina.

decease [dɪ'si:s] *n* (*law*) decesso.

deceit [dɪ'si:t] *n* frode (*f*), inganno.

deceitful [dɪ'si:tful] *adj* falso.

deceive [dɪ'si:v] *v tr* ingannare.

December [dɪ'sembə*] *n* dicembre (*m*).

decent ['di:snt] *adj* decente.

decentralize [,di:sentrəlaɪz] *v tr* decentrare.

deception [dɪ'sepʃn] *n* inganno, insidia.

deceptive [dɪ'septɪv] *adj* ingannévole.

decide [dɪ'saɪd] *v tr, intr* decìdere(-rsi).

decimate ['desɪmeɪt] *v tr* decimare, distrùggere.

decipher [dɪ'saɪfə*] *v tr* decifrare.

decoder [di:'kəudə*] *n* decodificatore.

decision [dɪ'sɪʒn] *n* decisione (*f*).

decisive [dɪ'saɪsɪv] *adj* decisivo.

deck [dek] *n* (*ship*) ponte (*m*) ◊ (*bus*) imperiale (*m*) ◊ (*AmE*) mazzo di carte.

deck-chair ['dektʃeə*] *n* sedia a sdraio.

declaration [,deklə'reɪʃn] *n* dichiarazione (*f*).

decline [dɪ'klaɪn] *n* declino.

decode [,di:'kəud] *v tr* decodificare, decifrare.

decoder [di:'kəudə*] *n* decodificatore.

decompose [,di:kəm'pəuz] *v tr, intr* decomporre(-rsi).

decorate ['dekəreɪt] *v tr* decorare ◊ (*paper*) tappezzare.

decrease [di:'kri:s] *v tr, intr* diminuire.

decree [dɪ'kri:] *n* decreto.

dedicate ['dedɪkeɪt] *v tr* dedicare.

deduce [dɪ'dju:s] *v tr* dedurre.

deduction [dɪ'dʌkʃn] *n* deduzione (*f*).

deep [di:p] *adj* profondo ◊ (*fam*) **in deep water**, in un guaio serio.

deepen ['di:pən] *v tr, intr* approfondire (-rsi).

deep-freeze [,di:p'fri:z] *n* congelatore (*m*), surgelatore.

deep-rooted [,di:p'ru:tɪd] *adj* radicato.

deer [dɪə*] *n* (*inv*) cervo(-a); daino.

deer-skin ['dɪəskɪn] *n* pelle (*f*) di daino.

deface [dɪ'feɪs] *v tr* imbrattare.

defamatory [dɪ'fæmətərɪ] *adj* diffamatorio.

defeat [dɪ'fi:t] *n* sconfitta.

defeat [dɪ'fi:t] *v tr* sconfiggere.

defect ['di:fekt] *n* difetto.

defection [dɪ'fekʃn] *n* defezione (*f*), abbandono.

defective [dɪ'fektɪv] *adj* difettoso, imperfetto.

defence [dɪ'fens] *n* difesa ◊ **self-defence**, autodifesa.

defend [dɪ'fend] *v tr* difèndere.

defendant [dɪ'fendənt] *n* imputato(-a).

defer [dɪ'fɜ:*] *v tr* differire.

deference ['defərəns] *n* riguardo.

defiance [dɪ'faɪəns] *n* sfida.

defiant [dɪ'faɪənt] *adj* provocante, insolente.

deficiency [dɪ'fɪʃnsɪ] *n* deficienza, carenza.

deficient [dɪ'fɪʃnt] *adj* inadeguato, insufficiente.

deficit ['defɪsɪt] *n* disavanzo, deficit.

defile [dɪ'faɪl] *v intr* sfilare, marciare ◊ *v tr* contaminare, profanare.

define [dɪ'faɪn] *v tr* definire.

definite ['defɪnɪt] *adj* definito, preciso.

definition [,defɪ'nɪʃən] *n* definizione (*f*).

definitive [dɪ'fɪnɪtɪv] *adj* definitivo.

deflate [dɪ'fleɪt] *v tr* sgonfiare.

deflation [dɪ'fleɪʃn] *n* deflazione (*f*).

deflect [dɪ'flekt] *v tr, intr* deviare, far deviare, sviare.

deform [dɪ'fɔ:m] *v tr* deformare.

deformity [dɪ'fɔ:mətɪ] *n* deformità (*inv*).

defraud [dɪ'frɔ:d] *v tr* defraudare.

defrost [ˌdi:'frɒst] *v tr* disgelare.

deft [deft] *adj* àbile.

defy [dɪ'faɪ] *v tr* sfidare.

degenerate [dɪ'dʒenəreɪt] *v intr* degenerare.

degrade [dɪ'greɪd] *v tr* degradare, umiliare.

degree [dɪ'gri:] *n* grado; diploma (*m*), làurea.

dehydrate [ˌdi:'haɪdreɪt] *v tr, intr* disidratare(-rsi) ◊ **dehydrated eggs, milk**, uova, latte in povere.

dejecte [dɪ'dʒektɪd] *adj* depresso.

delay [dɪ'leɪ] *v tr* ritardare, rinviare, differire ◊ **our plane was delayed by fog**, il nostro aereo fu ritardato dalla nebbia.

delay [dɪ'leɪ] *n* indugio, ritardo, rinvio ◊ **without delay**, senza indugio.

delegate ['delɪgət] *n* delegato(-a), incaricato (-a).

delete [dɪ'li:t] *v tr* cancellare.

deliberate [dɪ'lɪbərət] *adj* intenzionale.

delicacy ['delɪkəsɪ] *n* delicatezza, squisitezza ◊ leccornia.

delicatessen [ˌdelɪkə'tesn] *n* specialità gastronomiche.

delicious [dɪ'lɪʃəs] *adj* delizioso, squisito.

delight [dɪ'laɪt] *n* gioia.

delight [dɪ'laɪt] *v tr, intr* dilettare(-rsi), allietare, divertirsi.

delightful [dɪ'laɪtfʊl] *adj* piacèvole, simpàtico.

delimit [di:'lɪmɪt] *v tr* delimitare.

delinquency [dɪ'lɪŋkwənsɪ] *n* delinquenza.

delinquent [dɪ'lɪŋkwənt] *adj, n* delinquente (*m / f*).

deliver [dɪ'lɪvə*] *v tr* consegnare, distribuire ◊ (*speech, lecture*) pronunciare ◊ (*med*) sgravare ◊ (*rescue*) liberare.

delivery [dɪ'lɪvərɪ] *n* consegna, distribuzione (*f*) ◊ (*med*) parto.

delude [dɪ'lu:d] *v tr* delùdere.

deluge ['delju:dʒ] *n* diluvio.

delusion [dɪ'lu:ʒn] *n* illusione (*f*).

demand [dɪ'mɑ:nd] *n* domanda.

demand [dɪ'mɑ:nd] *v tr* richièdere, esìgere.

demanding [dɪ'mɑːndɪŋ] *adj* esigente, impegnativo.

demarcation [ˌdi:mɑ:'keɪʃn] *n* demarcazione (*f*).

demerit [ˌdi:'merɪt] *n* demèrito.

demijohn ['demɪdʒən] *n* damigiana.

demo ['deməʊ] *n* campione di prova, demo.

democracy [dɪ'mɒkrəsɪ] *n* democrazìa.

democrat ['deməkræt] *n* democràtico(-a).

democratic [ˌdemə'krætɪk] *adj* democràtico.

demolish [dɪ'mɒlɪʃ] *v tr* abbàttere, demolire.

demonstrate ['demənstreɪt] *v tr* dimostrare, provare.

demonstration [ˌdemən'streɪʃn] *n* dimostrazione (*f*) ◊ (*pol*) manifestazione (*f*).

demonstrative [dɪ'mɒnstrətɪv] *adj* dimostrativo; espansivo.

demonstrator ['demənstreɪtə*] *n* (*pol*) dimostrante (*m / f*).

demoralize [dɪ'mɒrəlaɪz] *v tr* demoralizzare.

demotivate [di:'məʊtəveɪt] *v tr* demotivare.

demystify [ˌdi:'mɪstəfaɪ] *v tr* demistificare, chiarire.

den [den] *n* tana, covo.

denial [dɪ'naɪəl] *n* rifiuto.

denigrate ['denɪgreɪt] *v tr* denigrare.

denims ['denɪmz] *n* blue jeans (*m pl*).

denote [dɪ'nəʊt] *v tr* denotare.

denounce [dɪ'naʊns] *v tr* denunciare.

density ['densətɪ] *n* densità (*inv*).

dent [dent] *v tr* ammaccare.

dental ['dentl] *adj* dentale ◊ **dental surgeon**, dentista.

dentist ['dentɪst] *n* dentista (*m / f*).

dentures ['dentʃəz*] *n* dentiera.

deny [dɪ'naɪ] *v tr* negare.

deodorant [di:'əʊdərənt] *n* deodorante (*m*).

depart [dɪ'pɑ:t] *v intr* partire.

department [dɪ'pɑ:tmənt] *n* dipartimento.

department store [dɪ'pɑ:tməntstɔ:*] *n* grande magazzino.

departure [dɪ'pɑ:tʃə*] *n* partenza.

depend [dɪ'pend] *v intr* dipèndere, contare su ◊ **this country depends on its tourist trade**, la nazione fa assegnamento sul suo turismo.

dependence [dɪ'pendəns] *n* dipendenza.

dependent [dɪ'pendənt] *adj, n* persona a càrico, dipendente (*m* / *f*).

depict [dɪ'pɪkt] *v tr* dipìngere, descrìvere.

depilatory [dɪ'pɪlətərɪ] *adj, n* depilatorio.

deplorable [dɪ'plɔ:rəbl] *adj* deploràbile.

depopulate [ˌdi:'pɒpjuleɪt] *v tr* spopolare.

deposit [dɪ'pɒzɪt] *n* depòsito.

deposit account [dɪ'pɒzɪt əˌkaʊnt] *n* conto vincolato.

deposition [ˌdepə'zɪʃən] *n* deposizione.

depositor [dɪ'pɒzɪtər] *n* depositante (*m* / *f*).

depravation [ˌdeprə'veɪʃn] *n* depravazione (*f*).

depreciate [dɪ'pri:ʃɪeɪt] *v tr, intr* svalutare (-rsi).

depress [dɪ'pres] *v tr* deprìmere, scoraggiare.

depressing [dɪ'presɪŋ] *adj* deprimente.

depression [dɪ'preʃn] *n* depressione (*f*), crisi (*f inv*).

deprive [dɪ'praɪv] *v tr* privare.

dept [dept] *abbr of* **department**.

depth [depθ] *n* profondità (*inv*).

deputation [ˌdepjʊ'teɪʃn] *n* deputazione (*f*), delegazione (*f*).

deputize ['depjʊtaɪz] *v intr* delegare.

deputy ['depjʊtɪ] *n* deputato(-a), delegato (-a), incaricato(-a), vice (*m* / *f*).

derailment [dɪ'reɪlmənt] *n* deragliamento.

deranged [dɪ'reɪndʒd] *adj* pazzo.

derelict ['derɪlɪkt] *n* derelitto, vagabondo.

derision [dɪ'rɪʒn] *n* derisione (*f*).

derive [dɪ'raɪv] *v tr, intr* derivare.

derogatory [dɪ'rɒgətərɪ] *adj* denigratorio.

descend [dɪ'send] *v tr, intr* discéndere, abbassarsi, derivare.

descendant [dɪ'sendənt] *n* discendente (*m* / *f*).

descent [dɪ'sent] *n* discesa.

describe [dɪ'skraɪb] *v tr* descrìvere.

description [dɪ'skrɪpʃn] *n* descrizione (*f*).

descriptive [dɪ'nkrɪptɪv] *adj* descrittivo.

desecrate ['desɪkreɪt] *v tr* profanare.

desert ['dezət] *n* deserto.

desert [dɪ'zɜ:t] *v tr* abbandonare, lasciare.

deserve [dɪ'zɜ:v] *v tr* meritare.

deserving [dɪ'zɜ:vɪŋ] *adj* meritévole.

design [dɪ'zaɪn] *n* progetto, intenzione (*f*); grafica.

design [dɪ'zaɪn] *v tr* disegnare, progettare.

designation [ˌdezɪg'neɪʃn] *n* designazione (*f*).

designer [dɪ'zaɪnə*] *n* disegnatore(-trice); grafico; modellista (*m* / *f*).

desirable [dɪ'zaɪərəbl] *adj* desideràbile.

desire [dɪ'zaɪə*] *v tr* desiderare fortemente.

desire [dɪ'zaɪə*] *n* desiderio, voglia.

desk [desk] *n* scrivanìa, cassa ◊ **information desk**, ufficio informazioni.

desktop ['desk,tɒp] *n* (*computer*) personal computer.

desolate ['desəleɪt] *adj* desolato.

desolation [ˌdesə'leɪʃn] *n* desolazione (*f*).

despair [dɪ'speə*] *n* disperazione (*f*) ◊ **in despair**, disperato.

despatch [dɪ'spætʃ] *v tr* spedire, inviare (lettere, inviti).

desperate ['despərət] *adj* disperato, senza speranza; estremo.

despicable ['despɪkəbl] *adj* spregévole.

despise [dɪ'spaɪz] *v tr* disprezzare.

despite [dɪ'spaɪt] *prep* nonostante ◊ **despite of**, a dispetto di.

dessert [dɪ'zə:t] *n* dessert, dolce.

destination [ˌdestɪ'neɪʃn] *n* destinazione (*f*).

destiny ['destɪnɪ] *n* fato, destino.

destitute ['destɪtju:t] *adj* bisognoso, indigente.

destroy [dɪ'strɔɪ] *v tr* distrùggere.

destruction [dɪ'strʌkʃn] *n* distruzione (*f*).

destructive [dɪ'strʌktɪv] *adj* distruttivo.

detach [dɪ'tætʃ] *v tr* staccare, distaccare.

detachable [dɪ'tætʃəbl] *adj* staccàbile.

detached [dɪ'tætʃt] *adj* (*feelings*) staccato, distante ◊ (*house*) separata (da altri edifici).

detail ['di:teɪl] *n* particolare (*m*), dettaglio.

detect [dɪ'tekt] *v tr* scoprire, individuare.

detection [dɪ'tekʃn] *n* scoperta, individuazione (*f*).

detector [dɪ'tektə*] *n* rivelatore (*m*).

deter [dɪ'tɜ:*] *v tr* distògliere, trattenere.

detergent [dɪ'tɜ:dʒənt] *n* detersivo, detergente (*m*).

deteriorate [dɪ'tɪərɪəreɪt] *v intr* deteriorarsi.

determined [dɪ,tɜ:mɪnd] *adj* risoluto, deciso.

detest [dɪ'test] *v tr* detestare.

detestable [dɪ'testəbl] *adj* detestàbile.

detonation [ˌdetə'neɪʃn] *n* deflagrazione (*f*), denotazione (*f*).

detour ['diːtʊə*] *n* deviazione (*f*), via tortuosa.

detraction [dɪ'trækʃn] *n* detrazione (*f*), diffamazione (*f*).

detriment ['detrɪmənt] *n* danno.

devaluation [ˌdiːvæljʊ'eɪʃn] *n* svalutazione (*f*).

devalue [ˌdiː'væljuː] *v tr* svalutare.

devastate ['devəsteɪt] *v tr* devastare.

devastating ['devəsteɪtɪŋ] *adj* devastante ◊ (*fam*) attraente.

develop [dɪ'veləp] *v tr, intr* sviluppare(-rsi).

developing country [dɪ'veləpɪŋ'kʌntrɪ] *n* paese (*m*) in via di sviluppo.

development [dɪ'veləpmənt] *n* sviluppo.

deviate ['diːvɪeɪt] *v tr, intr* deviare.

deviation [ˌdiːvɪ'eʃn] *n* deviazione (*f*).

device [dɪ'vaɪs] *n* congegno.

devil ['devl] *n* diàvolo ◊ **go to the devil!**, va' al diavolo!

devise [dɪ'vaɪz] *v tr* concepire, escogitare.

devoid [dɪ'vɔɪd] *adj* privo, vuoto.

devolution [ˌdiːvə'luːʃən] *n* decentramento (amministrativo).

devote [dɪ'vəʊt] *v tr* dedicare.

devotee ['devəʊ'tiː] *n* appassionato(-a) ◊ **a devotee of Mozart**, un appassionato di Mozart.

devotion [dɪ'vəʊʃn] *n* (*relig*) devozione (*f*), dedizione (*f*).

devour [dɪ'vaʊə *] *v tr* divorare.

dew [djuː] *n* rugiada.

diabetes [ˌdaɪə'biːtɪz] *n* diabete.

diabetic [ˌdaɪə'betɪk] *adj, n* diabètico(-a).

diagnosis -(ses) [ˌdaɪəg'nəʊsɪs,siːz] *n* diàgnosi (*f inv*).

dial ['daɪəl] *n* (*clock*) quadrante (*m*) ◊ (*tel*) disco combinatore.

dial ['daɪəl] *v tr* comporre (un nùmero al telèfono).

dialect ['daɪəlekt] *n* dialetto.

dialogue ['daɪəlɒg] *n* diàlogo.

diamond ['daɪəmənd] *n* diamante (*m*).

diamonds ['daɪəməndz] *n pl* carte (*f pl*) di quadri.

diaper ['daɪəpə*] *n* (*AmE*) pannolino per bambini.

diaphragm ['daɪəfræm] *n* diaframma (*m*).

diary ['daɪərɪ] *n* diario.

dice [daɪs] *n pl inv* dadi (per giocare).

dictate [dɪk'teɪt] *v tr* dettare.

dictator [dɪk'teɪtə*] *n* dittatore(-trice).

dictatorship [dɪk'teɪtəʃɪp] *n* dittatura.

dictionary ['dɪkʃənrɪ] *n* dizionario.

did [dɪd] *pt of* do.

die [daɪ] *pres p* **dying** [daɪŋ] *v intr* morire ◊ **to die out**, estinguersi.

diet ['daɪət] *n* dieta.

differ ['dɪfə*] *v intr* differire.

difference ['dɪfrəns] *n* differenza.

different ['dɪfrənt] *adj* diverso, differente.

differentiate [ˌdɪfə'renʃɪeɪt] *v intr* differenziarsi.

difficult ['dɪfɪkəlt] *adj* difficile.

difficulty ['dɪfɪkəltɪ] *n* difficoltà (*inv*).

diffident ['dɪfɪdənt] *adj* che non ha fiducia in sé, insicuro.

diffuse [dɪ'fjuːs] *v tr* diffòndere, emanare.

dig, *pt, pp* **dug** [dɪg, dʌg] *v tr* scavare, vangare.

digest [dɪ'dʒest] *v tr* digerire.

digest ['daɪdʒest] *n* sommario.

digestible [dɪ'dʒestəbl] *adj* digerìbile.

digital ['dɪdʒɪtl] *adj* digitale.

dignified ['dɪgnɪfaɪd] *adj* dignitoso.

dignity ['dɪgnətɪ] *n* dignità (*inv*).

digress [daɪ'gres] *v intr* divagare.

digs [dɪgz] *n* (*BrE, fam*) càmera ammobiliata.

dike [daɪk] *n* diga.

dilapidated [dɪ'læpɪdeɪtɪd] *adj* (*things*) cadente.

dilate [daɪ'leɪt] *v tr, intr* dilatare(-rsi), dilungarsi.

diligent ['dɪlɪdʒənt] *adj* diligente.

dilly-dally ['dɪlɪdælɪ] *v intr* pèrdere tempo.

dilute [dɪ'ljuːt] *v tr* diluire.

dim [dɪm] *adj* oscuro ◊ (*eyesight*) dèbole.

dim [dɪm] *v tr, intr* oscurare(-rsi); offuscare (-rsi).

dime [daɪm] *n* moneta americana da 10 cents.

dimension [dɪ'menʃn] *n* dimensione (*f*).

diminish [dɪ'mɪnɪʃ] *v tr, intr* diminuire.

dimness ['dɪmnɪs] *n* oscurità (*inv*), offuscamento.

din [dɪn] *n* rumore (*m*) assordante, baccano, chiasso.

dine [daɪn] *v intr* pranzare.

dinghy ['dɪŋgɪ] *n* pìccolo battello ◊ **rubber dinghy**, gommone, battello pneumatico.

dingy ['dɪndʒɪ] *adj* sporco.

dining car ['daɪnɪŋ kɑ:] *n* vagone (*m*) ristorante.

dining-room ['daɪnɪŋ rʊm] *n* sala da pranzo.

dinner ['dɪnə*] *n* pranzo.

dinner jacket ['dɪnə ,dʒækɪt] *n* giacca da sera, smoking (*m*).

dip [dɪp] *v tr* immèrgere, intìngere.

dip [dɪp] *n* (*fam*) immersione (*f*), tuffo, bagno di mare.

diplomacy [dɪ'pləʊməsɪ] *n* diplomazìa.

diplomat ['dɪpləmæt] *n* diplomàtico.

diplomatic [,dɪplə' mætɪk] *adj* diplomàtico.

direct [dɪ'rekt] *v tr, intr* dirìgere(-rsi).

direct [dɪ'rekt] *adj* diritto, sincero, schietto.

direction [dɪ'rekʃn] *n* direzione (*f*) ◊ **sense of direction**, senso dell'orientamento.

directions [dɪ'rekʃnz] *n pl* istruzioni (*f pl*); **to ask for directions**, chiedere indicazioni (stradali).

director [dɪ'rektə*] *n* direttore(-trice) ◊ (*theatre*) regista (*m / f*) ◊ (*music*) direttore d'orchestra.

directory [daɪ'rektərɪ] *n* guida, elenco ◊ **telephone directory**, guida telefonica.

dirt [dɜ:t] *n* sudiciume (*m*).

dirt-cheap [,dɜ:t'tʃi:p] *adj, adv* (*fam*) estremamente a buon mercato.

dirty ['dɜ:tɪ] *adj* sporco.

disability [,dɪsə'bɪlətɪ] *n* invalidità (*inv*) ◊ **disability pension**, pensione d'invalidità.

disabled [dɪs'eɪbld] *adj* invàlido ◊ **the disabled**, gli invalidi.

disadvantage [,dɪsəd'vɑ:ntɪdʒ] *n* svantaggio.

disadvantageous [,dɪsədvɑ:n'teɪdʒəs] *adj* svantaggioso.

disagree [,dɪsə'gvi:] *v intr* discordare, dissentire ◊ **to disagree with sb**, dissentire da qc.

disagreeable [,dɪsə'grɪəbl] *adj* sgradévole, antipàtico.

disagreement [,dɪsə'grɪmənt] *n* disaccordo, dissenso.

disappear [,dɪsə'pɪə*] *v intr* scomparire.

disappearance [,dɪsə'pɪərəns] *n* scomparsa.

disappoint [,dɪsə'p ɔɪnt] *v tr* delùdere, scontentare.

disappointment [,dɪsə'pɔɪntmənt] *n* delusione (*f*).

disapproval [,dɪsə'pru:vl] *n* disapprovazione (*f*).

disaster [dɪ'zɑ:stə*] *n* disastro.

disbelief [,dɪsbɪ'li:f] *n* incredulità (*inv*).

disc [dɪsk] *n* disco.

discern [dɪ'sɜ:n] *v tr* discèrnere, distìnguere.

discharge [dɪs'tʃɑ:dʒ] *v tr* scaricare; congedare, licenziare.

discharge [dɪs'tʃɑ:dʒ] *n* licenziamento, congedo.

discipline ['dɪsɪplɪn] *n* disciplina.

disclose [dɪs'kləʊz] *v tr* rivelare, svelare.

disclosure [dɪs'kləʊə*] *n* rivelazione (*f*), divulgazione (*f*).

disco ['dɪskəʊ], **discothèque** ['dɪskətek] *n* discoteca.

discomfort [dɪs'kʌmfət] *n* disagio, scomodità (*inv*).

disconcert [,dɪskən'sɜ:t] *v tr* sconcertare.

disconnect [,dɪskə'nekt] *v tr* sconnèttere, separare.

discontented [,dɪskən'tentɪd] *adj* scontento.

discontinue [,dɪskən'tɪnju:] *v tr* interròmpere.

discord ['dɪskɔ:d] *n* disaccordo.

discount ['dɪskaʊnt] *n* sconto ◊ (*AmE*) **discount store**, magazzino all'ingrosso.

discourage [dɪ'skʌrɪdʒ] *v tr* scoraggiare.

discover [dɪ'skʌvə*] *v tr* scoprire.

discovery [dɪ'skʌvərɪ] *n* scoperta, invenzione (*f*).

discredit [dɪs'kredɪt] *v tr* mèttere in dubbio, screditare.

discreet [dɪ'skri:t] *adj* discreto.

discrepancy [dɪ'skrepənsɪ] *n* discrepanza, disaccordo.

discretion [dɪ'skreʃn] *n* discrezione (*f*).

discriminate [dɪ'skrɪmɪneɪt] *v intr* discriminare.

discrimination [dɪ,skrɪmɪ'neɪʃn] *n* discriminazione (*f*).

discuss [dɪ'skʌs] *v tr* discùtere, dibàttere.

discussion [dɪ'skʌʃn] *n* discussione (*f*) ◊ **beyond discussion**, fuori discussione.

disdain [dis'dein] *n* sdegno.

disease [di'zi:z] *n* malattìa.

disembark [ˌdisim'bɑ:k] *v tr, intr* sbarcare.

disenchanted [ˌdisin'tʃɑ:ntid] *adj* disincantato.

disentangle [ˌdisin'tæŋgl] *v tr* districare, sbrogliare.

disfigure [dis'figə*] *v tr* deformare, sfigurare.

disgrace [dis'greis] *n* disgrazia, vergogna.

disgrace [dis'greis] *v tr* disonorare, far cadere in disgrazia.

disgraceful [dis'greisfʊl] *adj* vergognoso, scandaloso.

disgruntled [dis'grʌntld] *adj* scontento.

disguise [dis'gaiz] *v tr* travestire; fìngere.

disgust [dis'gʌst] *v tr* disgustare.

disgusting [dis'gʌstiŋ] *adj* disgustoso, ripugnante.

dish [diʃ] *n* piatto (di portata), pietanza ◊ **to do the dishes**, rigovernare i piatti; **dish antenna**, antenna parabolica.

dish [diʃ] *v tr, intr* servire ◊ **to dish out**, fare le porzioni.

dishearten [dis'hɑ:tn] *v tr* scoraggiare.

dishevelled [di'ʃevld] *adj* (*hair*) arruffato, scapigliato.

dishonest [dis'ɒnist] *adj* disonesto.

dishonour [dis'ɒnə*] *n* disonore (*m*).

dishwasher ['diʃˌwɒʃə*] *n* lavastoviglie (*m* / *f inv*); (*person*) sguàttero(-a).

disillusion [ˌdisi'lu:ʒn] *n* disillusione (*f*), disinganno.

disinfectant [ˌdisin'fektənt] *n* disinfettante (*m*).

disintegrate [dis'intigreit] *v tr* disintegrare.

disinterested [dis'intrəstid] *adj* disinteressato.

disjointed [dis'dʒɔintid] *adj* incoerente, sconnesso.

dislike [dis'laik] *v tr* nutrire avversione (*f*), antipatìa.

dislike [dis'laik] *n* antipatìa, avversione (*f*).

dislocate ['disləukeit] *v tr* slogare.

dislocation [ˌdisləu'keiʃn] *n* slogatura.

dislodge [dis'lɒdʒ] *v tr, intr* rimuòvere, sloggiare.

disloyal [dis'lɔiəl] *adj* sleale.

dismal ['dismal] *adj* triste, cupo.

dismantle [dis'mæntl] *v tr* smontare, smantellare.

dismay [dis'mei] *v tr* atterrire, sgomentare.

dismay [dis'mei] *n* terrore (*m*).

dismiss [dis'mis] *v tr* congedare, bandire ◊ (*fam*) licenziare.

dismissal [dis'misl] *n* congedo, licenziamento.

dismount [ˌdis'maunt] *v tr, intr* scéndere, smontare ◊ (*horse*) disarcionare.

disobedience [ˌdisə'bi:djəns] *n* disubbidienza.

disobedient [ˌdisə'bi:djənt] *adj* disubbidiente.

disobey [ˌdisə'bei] *v tr* disubbidire.

disorder [dis'ɔːdə*] *n* confusione (*f*), disòrdine (*m*) ◊ (*med*) disturbo.

disorganize [dis'ɔːgənaiz] *v tr* disorganizzare.

disorientate [dis'ɔːrienteit] *v tr* disorientare.

disparage [di'spæridʒ] *v tr* denigrare, deprezzare.

disparity [di'spæriti] *n* disparità (*inv*), disuguaglianza.

dispatch [di'spætʃ] *v tr* spedire, inviare (lettere, inviti).

dispensary [di'spensəri] *n* farmacìa, dispensario.

dispense [di'spens] *v tr* distribuire; amministrare.

dispenser [di'spensə*] *n* màcchina distributrice ◊ **drinks dispenser**, distributore automatico di bibite.

disperse [di'spɜ:s] *v tr, intr* dispèrdere(-rsi).

displace [dis'pleis] *v tr* spostare; sostituire.

display [di'splei] *n* mostra.

display [di'splei] *v tr* esporre, ostentare.

displease [dis'pli:z] *v tr* scontentare, dispiacere a.

displeasure [dis'pleʒə*] *n* dispiacere (*m*), malcontento.

disposable [di'spauzabl] *adj* disponìbile; usa e getta.

disposal [di'spauzl] *n* disposizione (*f*); eliminazione (*f*).

dispose [di'spauz] *v tr* disporre.

disposed [dɪ'spəʊzd] *adj* incline, disposto.

disposition [ˌdɪspə'zɪʃn] *n* inclinazione (*f*), temperamento.

disproportionate [ˌdɪsprə'pɔ:ʃnət] *adj* sproporzionato.

disputable [dɪ'spju:təbl] *adj* discutìbile, contestàbile.

dispute [dɪ'spju:t] *v tr* discùtere, contestare.

dispute [dɪ'spju:t] *n* dìsputa ◊ **beyond dispute**, incontestabilmente.

disqualify [dɪ'skwɒlɪfaɪ] *v tr* (*sport*) esclùdere, squalificare.

disquiet [dɪs'kwaɪət] *n* ansietà (*inv*), insoddisfazione (*f*).

disgregard [ˌdɪsrɪ'gɑ:d] *v tr* non badare a, trascurare.

disreputable [dɪs'repjʊtəbl] *adj* (*person*) screditato, di cattiva fama.

disrespect [ˌdɪsrɪ'spekt] *n* mancanza di rispetto, sgarbo.

disrupt [dɪs'rʌpt] *v tr* mèttere in disòrdine; spezzare.

disruption [dɪs'rʌpʃn] *n* disòrdine (*m*), interruzione (*f*).

dissatisfaction ['dɪsˌsætɪs'fækʃn] *n* scontentezza, insoddisfazione (*f*), malumore (*m*).

dissatisfied [ˌdɪs'sætɪsfaɪd] *adj* insoddisfatto, scontento.

dissection [dɪ'sekʃn] *n* dissezione (*f*) ◊ (*fig*) anàlisi (*f inv*).

dissent [dɪ'sent] *n* dissenso.

dissimilar [ˌdɪ'sɪmɪlə*] *adj* dissìmile ◊ **dissimilar to**, diverso da.

dissimulate [dɪ'sɪmjʊleɪt] *v tr, intr* dissimulare, fingere.

dissipated ['dɪsɪpeɪtɪd] *adj* (*person*) dissoluto.

dissociate [dɪ'səʊʃɪeɪt] *v tr, intr* dissociare (-rsi).

dissolve [dɪ'zɒlv] *v tr, intr* sciògliere, dissòlvere(-rsi).

dissuade [dɪ'sweɪd] *v tr* dissuadere, sconsigliare.

distance ['dɪstəns] *n* distanza.

distant ['dɪstənt] *adj* distante, remoto ◊ (*fig*) riservato.

distasteful [dɪs'teɪstfʊl] *adj* ripugnante, sgradèvole.

distinct [dɪ'stɪŋkt] *adj* chiaro, netto, definito.

distinction [dɪs'tɪŋkʃən] *n* distinzione.

distinguish [dɪ'stɪŋgwɪʃ] *v tr* discèrnere, distìnguere.

distort [dɪ'stɔ:t] *v tr* distòrcere, deformare.

distract [dɪ'strækt] *v tr* distrarre.

distress [dɪ'stres] *n* pena, miseria.

distribuite [dɪ'strɪbju:t] *v tr* distribuìre.

distributor [dɪ'strɪbjʊtə*] *n* distributore (-trice).

district ['dɪstrɪkt] *n* distretto, circoscrizione (*f*).

distrust [dɪs'trʌst] *n* sfiducia.

distrust [dɪs'trʌst] *v tr* non fidarsi di.

disturb [dɪ'stɜ:b] *v tr* disturbare.

disturbance [dɪ'stɜ:bəns] *n* disòrdine (*m*), agitazione (*f*).

ditch [dɪtʃ] *n* fossa, fossato.

ditch [dɪtʃ] *v tr* (*fam*) piantare in asso.

divan [dɪ'væn] *n* divano.

dive [daɪv] *v intr* tuffarsi.

dive [daɪv] *n* tuffo, immersione (*f*); picchiata.

diverge [daɪ'vɜ:dʒ] *v intr* divèrgere.

diversify [daɪ'vɜ:sɪfaɪ] *v tr* diversificare.

diversion [daɪ'vɜ:ʃn] *n* (*traffic*) deviazione (*f*) ◊ (*distraction*) divertimento.

divert [daɪ'vɜ:t] *v tr* distògliere, deviare ◊ (*fig*) divertire.

divide [dɪ'vaɪd] *v tr, intr* divìdere(-rsi), distribuire.

divine [dɪ'vaɪn] *adj* divino.

diving ['daɪvɪŋ] *n* tuffo.

division [dɪ'vɪʒn] *n* divisione (*f*), separazione (*f*).

divorce [dɪ'vɔ:s] *n* divorzio.

divorce [dɪ'vɔ:s] *v tr* divorziare.

divorcée [dɪˌvɔ:'si:] *n* divorziato(-a).

DIY [ˌdi:aɪ'waɪ] *n abbr of* **do-it-yourself**, fai da te.

dizzines ['dɪzɪnɪs] *n* vertigini (*f pl*), capogiro.

dizzy ['dɪzɪ] *adj* stordito, confuso; vertiginoso.

do, *pt* **did**, *pp* **done** [du:, dɪd, dʌn] *v tr, intr* (*auxiliary verb*) ◊ **do you like my new car?**, ti piace la mia auto nuova?; ◊ fare, còmpiere, agire ◊ **to do a favour**, fare un favore; **to do one's best**, fare del proprio

meglio; **how do you do!**, piacere!; **to do
away with**, abolire; **to do up**, abbottonare;
avvolgere.

docile ['dəusaɪl] *adj* dòcile.

dock [dɒk] *n* bacino (per navi).

dockyard ['dɒkjɑːd] *n* cantiere (*m*) navale.

doctor ['dɒktə*] *n* mèdico.

doctrine ['dɒktrɪn] *n* dottrina.

document ['dɒkjʊmənt] *n* documento.

documentary [ˌdɒkjʊ'mentərɪ] *n* (*film*, *tv*)
documentario.

documentation [ˌdɒkjʊmen'teɪʃn] *n* docu-
mentazione (*f*).

doddering ['dɒdərɪŋ] *also* **doddery** ['dɒdərɪ]
adj (*fam*) tremante, vacillante, traballante.

dodge [dɒdʒ] *v tr* ingannare.

dog [dɒg] *n* cane (*m*) ◊ **dog's life**, vita da cani.

dog-eared ['dɒg,ɪed] *adj* (*papers*, *books*) con
gli àngoli delle pàgine piegati, con le orecchie.

dogged ['dʌgɪd] *adj* tenace.

doings ['duːɪŋz] *n pl* attività (*inv*), fatti (*m
pl*) ◊ **great doings**, avvenimenti importan-
ti.

do-it-yourself [ˌduːɪtjɔː'self] il fai da te.

dole [dəul] *n* (*BrE*) sussidio di disoccupazione ◊ **to be on the dole**, vivere del sussidio.

doleful ['dəulful] *adj* doloroso.

doll [dɒl] *n* bàmbola.

dollar ['dɒlə*] *n* dòllaro.

dolphin ['dɒlfɪn] *n* delfino.

dome [dəum] *n* cùpola.

domestic [dəu'mestɪk] *adj* domèstico.

domesticate [dəu'mestɪkeɪt] *v tr* addomesticare.

dominate ['dɒmɪneɪt] *v tr, intr* dominare.

domineering [ˌdɒmɪ'nɪərɪŋ] *adj* dispòtico,
autoritario.

done [dʌn] *pp of* **do**.

donkey ['dʌŋkɪ] *n* àsino.

donor ['dəunə*] *n* donatore(-trice).

don't [dəunt] *short for* **do not.**

doom [duːm] *n* destino, fato.

doom [duːm] *v tr* condannare.

door [dɔː*] *n* porta.

door-bell ['dɔːbel] *n* campanello.

door-keeper ['dɔːˌkiːpə*] *n* portinaio(-a).

door-knocker ['dɔːˌnɒkə*] *n* battente (*m*).

door-way ['dɔːweɪ] *n* vano della porta.

dope [dəup] *n* (*fam*) droga.

dork [dɔːk] *n* (*AmE*, *sl*) cretino, scemo.

dormant ['dɔːmənt] *adj* inattivo ◊ (*fig*) latente.

dormitory ['dɔːmɪtrɪ] *n* dormitorio.

dosage ['dəusɪdʒ] *n* dose (*f*)

dot [dɒt] *n* punto, macchiolina ◊ (*fam*) **on
the dot**, in punto.

double ['dʌbl] *adj* doppio ◊ **double chin**,
doppio mento.

double ['dʌbl] *adv* in due, doppio ◊ (*twice*)
to cost double, costare il doppio.

double ['dʌbl] *n* sosia (*m inv*) ◊ (*cinema*)
controfigura.

double ['dʌbl] *v tr, intr* piegare in due, rad-
doppiare(-rsi).

double-bed [ˌdʌbl'bed] *n* letto matrimoniale.

double-breasted ['dʌbl'brestɪd] *adj* a doppio
petto.

double decker [ˌdʌbl dekə*] *n* autobus (*m*) a
due piani.

double parking [ˌdʌbl pɑːkɪŋ] *n* parcheggio
in doppia fila.

double room [ˌdʌbl 'ruːm] *n* càmera per
due.

double-talk [ˌdʌbl'tɔːk] *n* linguaggio ambiguo.

doubt [daut] *v tr, intr* dubitare.

doubt [daut] *n* dubbio.

doubtful ['dautful] *adj* dubbioso, incerto.

doubtless [ˌdautlɪs] *adv* indubbiamente.

dough-nut ['dəunʌt] *n* krapfen (*m*), ciam-
bella.

dove [dʌv] *n* colombo(-a).

down [daun] *adv* giù, di sotto, in basso ◊
down there, laggiù; **down with…!**, abbasso…!; **upside down**, alla rovescia, sottosopra.

down [daun] *prep* giù per, verso (il basso) ◊
(*AmE*) **downtown**, in centro.

down [daun] *adj* triste.

down [daun] *n* landa; piumino, peluria; rovescio di fortuna ◊ **the ups and downs**, gli
alti e i bassi.

downcast ['daunkɑːst] *adj* triste.

downfall ['daunfɔːl] *n* caduta.

downhearted [ˌdaʊnˈhɑːtɪd] *adj* triste, depresso.

downhill [ˌdaʊnˈhɪl] *adj, adv* in discesa.

downpour [ˈdaʊnpɔː*] *n* rovescio di pioggia.

downsizing [ˌdaʊnˈsaɪzɪŋ] *n* riduzione del personale.

downstair(s) [ˌdaʊnˈsteəz] *adv* di sotto, al piano inferiore.

down-to-earth [ˌdaʊn tə ˈɜːθ] *adj* pràtico, realìstico.

downward(s) [ˈdaʊnwəd,-z] *adj, adv* inclinato, in discesa.

doze [dəʊz] *v intr* appisolarsi, sonnecchiare.

dozen [ˈdʌzn] *n* dozzina.

drab [dræb] *adj* monòtono, grigio.

draft [drɑːft] *n* abbozzo (di documento), brutta copia ◊ (*comm*) tratta.

draft [drɑːft] *v tr* redìgere.

drag [dræg] *v tr, intr* trascinare(-rsi), muòversi lentamente.

drag [dræg] *n* (*sl*) noia, fatica.

dragon [ˈdrægən] *n* dragone (*m*).

dragonfly [ˈdrægənflaɪ] *n* libèllula.

drain [dreɪn] *v tr, intr* drenare.

drain [dreɪn] *n* canale (*m*), fogna.

drainage [ˈdreɪnɪdʒ] *n* prosciugamento, fognatura.

draining board [ˈdreɪnɪŋbɔːd] *n* asciugapiatti (*m inv*).

dramatist [ˈdræmətɪst] *n* drammaturgo.

drank [dræŋk] *pt of* **drink**.

drapery [ˈdreɪpərɪ] *n* tessuti (*m pl*), tendaggi (*m pl*); commercio di tessuti.

drapes [dreɪps] *n pl* (*AmE*) tende (*f pl*).

drastic [ˈdræstɪk] *adj* dràstico.

draught [drɑːft] *n* trazione (*f*); abbozzo; corrente (*f*) d'aria.

draughtsman [ˈdrɑːftsmæn] *n* disegnatore (*m*).

draw, *pt* **drew**, *pp* **drawn** [drɔː, druː, drɔːn] *v tr, intr* disegnare; attirare, tirare(-rsi); muòversi, avvicinarsi ◊ **to draw the attention**, attirare l'attenzione.

drawback [ˈdrɔːbæk] *n* svantaggio, inconveniente (*m*).

drawer [ˈdrɔːə*] *n* cassetto.

drawing [ˈdrɔːɪŋ] *n* disegno.

drawing room [ˈdrɔːɪŋrʊm] *n* salotto.

drawn [drɔːn] *pp of* **draw**.

dread [dred] *n* paura, terrore (*m*), angoscia.

dread [dred] *v tr* temere, paventare.

dreadful [ˈdredfʊl] *adj* terrìbile.

dream [driːm] *n* sogno.

dream *pt pp* **dreamt** *or* **dreamed** [driːm, dret, driːmd] *v tr, intr* sognare.

dreary [ˈdrɪərɪ] *adj* tetro.

dredge [dredʒ] *v tr* dragare.

drench [drentʃ] *v tr* inzuppare.

dress [dres] *n* àbito (da donna).

dress [dres] *v tr, intr* vestire(-rsi), adornare ◊ (*wound*) medicare ◊ (*hair*) acconciare ◊ (*food*) condire.

dress circle [ˌdresˈsɜːkl] *n* prima gallerìa.

dressing gown [ˈdresɪŋ gaʊn] *n* vestaglia.

dressmaker [ˈdresˌmeɪkə*] *n* sarta (da donna).

dress rehearsal [ˈdres rɪˈhɜːsl] *n* prova generale.

drew [druː] *pt of* **draw**.

dribble [ˈdrɪbl] *v tr, intr* gocciolare, sbavare ◊ (*ball games*) palleggiare.

drier, dryer [ˈdraɪə*] *n* essiccatore(-trice) ◊ **hairdrier**, asciugacapelli (*m inv*).

drift [drɪft] *v intr* andare alla deriva ◊ (*snow, sand*) ammucchiarsi.

drift [drɪft] *n* direzione (*f*), corrente (*f*) ◊ (*snow, leaves, etc*) cùmulo ◊ (*gist*) senso.

drill [drɪl] *v tr, intr* trapanare, fare perforazioni.

drill [drɪl] *n* tràpano.

drink, *pt* **drank**, *pp* **drunk** [drɪŋk, dræŋk, drʌŋk] *v tr, intr* bere.

drink [drɪŋk] *n* bevanda.

drinkable [ˈdrɪŋkəbl] *adj* bevìbile, potàbile.

drinker [ˈdrɪŋkə*] *n* bevitore(-trice) ◊ **a hard drinker**, un forte bevitore.

drinking water [ˈdrɪŋkɪŋ wɔːtə*] *n* acqua potàbile.

drip [drɪp] *v tr, intr* gocciolare, stillare.

drip [drɪp] *n* goccia.

drip-dry [ˈdrɪpˈdraɪ] *adj* (*clothing*) che non si stira.

drive, *pt* **drove**, *pp* **driven** [draɪv, drəʊv, drɪvn] *v tr, intr* condurre, guidare, trasportare, trascinare, spìngere ◊ **to drive mad**, fare impazzire.

drive [draɪv] *n* passeggiata, giro in màcchina.

driver [draɪvə*] *n* conducente (*m / f*), guidatore(-trice).

driving ['draɪvɪŋ] *adj* sferzante.

driving ['draɪvɪŋ] *n* guida ◊ **driving instructor**, istruttore(-trice); **driving licence**, patente di guida; **driving test**, esame di guida.

drizzle ['drɪzl] *v intr* piovigginare.

drone [drəʊn] *v intr* ronzare.

droop [dru:p] *v intr* abbassarsi, languire.

drop [drɒp] *v tr, intr* cadere (a gocce), lasciare(-rsi) cadere; diminuire (di prezzi) ◊ **to drop asleep**, addormentarsi; **to drop a line**, mandare due righe; **to drop out**, ritirarsi; **to drop dead**, morire sul colpo.

drop [drɒp] *n* goccia, caduta; sorso; diminuzione (*f*), abbassamento.

drop-out [drɒpaʊt] *n* emarginato(-a), sbandato(-a).

dross [drɒs] *n* scarto, scoria.

drought [draʊt] *n* siccità (*inv*).

drove [drəʊv] *pt of* **drive**.

drove [drəʊv] *n* moltitùdine (*f*).

drown [draʊn] *v tr, intr* affogare(-rsi).

drowsy ['draʊzɪ] *adj* assonnato, sonnolento.

drudgery ['drʌdʒərɪ] *n* lavoro faticoso.

drug [drʌg] *n* medicinale (*m*), droga ◊ **drug addict**, drogato.

drug [drʌg] *v tr* drogare.

drugstore ['drʌgstɔ:*] drugstore, emporio.

drum [drʌm] *n* tamburo ◊ (*for petrol*) bidone (*m*).

drummer [drʌmə*] *n* batterista (*m / f*); tamburo.

drunk [drʌŋk] *pp of* **drink**.

drunk [drʌŋk] *adj* ubriaco ◊ **to get drunk**, ubriacarsi.

drunkenness ['drʌŋkənnɪs] *n* ubriachezza.

dry [draɪ] *adj* secco, asciutto.

dry [draɪ] *v tr, intr* seccare(-rsi), asciugare; esaurire, inaridire(-rsi).

dry cleaner's [ˌdraɪ'kli:nə*z] *n* lavanderìa a secco.

dual carriageway [ˌdju:əl'kærɪdʒweɪ] *n* strada a doppia carreggiata.

dub [dʌb] *v tr* (*esp newspaper*) soprannominare ◊ (*cinema*) doppiare.

dubious ['dju:bjəs] *adj* incerto, esitante, dubbio.

duck [dʌk] *n* ànatra ◊ tuffo.

duckling [dʌklɪŋ] *n* anatròccolo.

duct [dʌkt] *n* condotto, canale (*m*), tubo.

dud [dʌd] *n* (*sl*) persona incapace, nullità (*inv*).

dud [dʌd] *adj* inùtile, falso ◊ **a dud cheque**, un assegno a vuoto.

due [dju:] *adj* dèbito, giusto; pagàbile ◊ **in due course**, a suo tempo, regolarmente; **to fall due**, scadere; **to be due**, dover arrivare (treno, nave).

due [dju:] *adv* esattamente.

due [dju:] *n* dovuto.

duffel coat ['dʌflkəʊt] *n* montgomery (*m*), giaccone (*m*) di lana.

dug [dʌg] *pp of* **dig**.

dull [dʌl] *adj* noioso; poco intelligente ◊ (*sound, pain*) sordo ◊ (*blade*) smussato.

dull [dʌl] *v tr, intr* intorpidire (-rsi), attutire (-rsi).

duly ['dju:lɪ] *adv* a tempo dèbito.

dumb [dʌm] *adj* muto.

dumbell ['dʌmbel] *n* (*sl, AmE*) persona stùpida.

dumbfounded [dʌm'faʊndɪd] *adj* stordito, stupito.

dumb show ['dʌm ʃəʊ] *n* pantomima.

dumb-waiter [ˌdʌm'weɪtə*] *n* montavivande.

dummy ['dʌmɪ] *n* manichino; prestanome (*m / f*).

dummy [dʌmɪ] *adj* falso, finto.

dump [dʌmp] *n* colpo sordo; mucchio di rifiuti, discàrica.

dump [dʌmp] *v tr* scaricare, buttar via.

dumping ['dʌmpɪŋ] *n* scaricare rifiuti ◊ **no dumping**, vietato lo scarico.

dunce [dʌns] *n* somaro.

dune [dju:n] *n* duna.

dung [dʌŋ] *n* concime (*m*).

dungarees [ˌdʌŋgə'ri:z] *n pl* tuta (da operaio).

dupe [dju:p] *v tr* gabbare.

duplicate ['dju:plɪkət] *v tr* raddoppiare; ciclostilare ◊ **in duplicate**, in duplice copia.

duplicator ['dju:plɪkətə*] *n* duplicatore (*m*), ciclostile (*m*).

durable ['djʊərəbl] *adj* durévole, resistente.

duration [djʊə'reɪʃn] *n* durata.

during ['djʊərɪŋ] *prep* durante, nel corso di.

dusk [dʌsk] *n* crespùscolo.

dust [dʌst] *n* pòlvere (*f*).

dust [dʌst] *v tr* spolverare; impolverare.

dustbin ['dʌstbɪn] *n* pattumiera.

duster [dʌstə*] *n* strofinaccio.

dustman(-men) ['dʌstmən,-mən] *n* netturbino.

dusty ['dʌstɪ] *adj* polveroso.

Dutch [dʌtʃ] *adj* olandese ◊ **to go Dutch**, pagare alla romana.

Dutch courage [,dʌtʃ 'kʌrɪdʒ] *n* (*fam*) coraggio dovuto al bere.

dutiable ['dɪu:tjəbl] *adj* tassàbile, soggetto a dogana.

duty ['dju:tɪ] *n* dovere (*m*), obbedienza; imposta ◊ **on duty**, di servizio; **off duty**, fuori servizio; **duty-free**, esente da tasse; **duty-free shop**, negozio esente da tasse, duty-free.

dwarf(-rves) [dwɔ:f, dwɔ:vz] *n* nano(-a).

dweller [dwelə*] *n* abitante (*m / f*).

dwindle ['dwɪndl] *v intr* diminuire, ridursi.

dye [daɪ] *v tr* tìngere.

dyer ['daɪə*] *n* tintore(-a) ◊ **dyers and cleaners**, tintoria e lavanderia.

dye-works ['daɪwɜ:ks] *n pl* tintorìa.

dying ['daɪɪŋ] *adj* morente.

dyke [daɪk] *n* diga.

dynamic [daɪn'æmɪk] *adj* dinàmico.

dynamite ['daɪnəmaɪt] *n* dinamite (*f*).

dynasty ['dɪnəstɪ] *n* dinastìa.

E

each [i:tʃ] *adj, pron* ognuno, ciascuno.

each [i:tʃ] *adv* l'uno, ciascuno, a testa ◊ **they cost a pound each**, costano una sterlina l'uno.

each other [,i:tʃ'ʌðə*] *pron* si, l'un l'altro, a vicenda.

eager ['i:gə*] *adj* desideroso; impaziente.

eagle ['i:gl] *n* àquila.

ear [ɪə*] *n* orecchio ◊ **to play by ear**, suonare ad orecchio.

ear [ɪə*] *n* spiga, pannocchia.

ear-ache ['ɪəreik] *n* mal (*m*) d'orecchi.

early ['ɜ:lɪ] *adj* mattiniero; primo, iniziale ◊ **in the early morning**, di buon'ora.

early ['ɜ:lɪ] *adv* presto, per tempo ◊ **as early as possible**, il più presto possibile.

earn [ɜ:n] *v tr* guadagnare, acquistare ◊ **to earn one's living**, guadagnarsi da vivere; **to earn fame**, acquistare fama.

earnest ['ɜ:nist] *n* serietà (*inv*) ◊ **to be in earnest**, fare sul serio.

earnings ['ɜ:nɪŋz] *n pl* guadagni (*m pl*); risparmi (*m pl*); salario.

earphones ['ɪəfəʊnz] *n pl* (*radio*) cuffia.

ear-ring ['ɪərɪŋ] *n* orecchino.

earth [ɜ:θ] *n* terra ◊ **nothing on earth**, niente al mondo; **how on earth?**, come mai?

earthenware ['ɜ:θnweə*] *n* terracotta, vasellame (*m*) di terracotta.

earthly ['ɜ:θli] *adj* terreno, terrestre.

earthquake ['ɜ:θkweik] *n* terremoto.

earth-shaking ['ɜ:θʃeikiŋ] *adj* sconvolgente.

earthworm ['ɜ:θwɜ:m] *n* lombrico.

ease [i:z] *n* agio; disinvoltura ◊ **to be at ease**, trovarsi a proprio agio.

easel [i:zl] *n* cavalletto.

east [i:st] *n* est, oriente (*m*).

east [i:st] *adj* orientale.

east [i:st] *adv* a est.

Easter ['i:stə*] *n* Pasqua.

eastern ['i:stən] *adj* orientale, dell'est, di levante.

eastward(s) ['i:stwəd-z] *adv* verso oriente, verso est.

easy ['i:zi] *adj* fàcile, còmodo; disinvolto ◊ **take it easy!**, non prendertela!

easy-chair [,i:zi 'tʃeə*] *n* poltrona.

easy-going ['i:zi,gəʊəŋ] *adj* compiacente, accomodante.

eat, *pt* **ate**, *pp* **eaten** [i:t, et, i:tn] *v tr* mangiare.

eatable ['i:təbl] *adj* commestibile.

eaten ['i:tn] *pp* of **eat**.

eaves [i:vz] *n pl* gronda.

eavesdrop ['i:vzdrɒp] *v intr* origliare.

ebb [eb] *n* riflusso.

ebb [eb] *v intr* rifluire ◊ (*fig*) declinare.

ebony ['ebəni] *n, adj* èbano ◊ (*colour*) nero, scuro.

eccentric [ik'sentrik] *adj*, *n* stravagante (*m*), eccèntrico(-a).

eccentricity [ˌeksen'trisətɪ] *n* bizzarrìa, originalità (*inv*).

echo [ˌekəʊ] *n* eco (*f*).

eclipse [ɪ'klɪps] *v tr* eclissare.

ecological [ˌekə'lɒdʒɪkəl] *adj* ecologico.

ecologist [i'kɒlədʒist] *n* ecologo, ecologista.

ecology [i:'kɒlədʒɪ] *n* ecologìa.

economic [ˌi:kə'nɒmɪk] *adj* econòmico.

economical [ˌi:kə'nɒmɪkl] *adj* econòmico, a buon mercato.

economics [ˌi:kə'nɒmɪks] *n pl* economìa.

economist [ɪ'kɒnəmɪst] *n* economista (*m* / *f*).

economize [ɪ'kɒnəmaɪz] *v intr* fare economìa, risparmiare.

economy [ɪ'kɒnəmɪ] *n* economìa, risparmio ◊ **economy class**, classe turistica (su aerei).

ecosystem ['i:kəʊˌsɪstəm] *n* ecosistema.

ecstasy ['ekstəsɪ] *n* èstasi (*f inv*).

ecstatic [ik'stætɪk] *adj* estàtico, affascinato.

eddy ['edɪ] *n* vòrtice (*m*), risucchio, mulinello ◊ **wind eddy**, mulinello di vento.

edge [edʒ] *n* orlo, màrgine (*m*), sponda ◊ (*knife, etc*) taglio, affilatura ◊ **to be on edge**, essere nervoso.

edge [edʒ] *v tr, intr* (*blades*) affilare, arrotare; fiancheggiare; muòvere ◊ **to edge in**, insinuarsi; **to edge out**, avere la meglio su.

edgeways ['edʒweɪz] *adv* di sbieco, lateralmente ◊ **not to be able to get a word in edgeways**, non riuscire a intromettersi in un discorso.

edgy ['edʒɪ] *adj* nervoso.

edible ['edɪbl] *adj* commestìbile, mangereccio.

edit ['edɪt] *v tr* curare, commentare.

edition [ɪ'dɪʃn] *n* edizione (*f*).

editor ['edɪtə*] *n* (*newspaper*) redattore(-trice) ◊ (*of sb's work*) curatore(-trice).

editorial [ˌedɪ'tɔ:rɪəl] *n* artìcolo di fondo, editoriale (*m*).

editorial [ˌedɪ'tɔ:rɪəl] *adj* editoriale, redazionale.

educate ['edju:keɪt] *v tr* educare, istruire.

education [ˌedju:'keɪʃn] *n* cultura; istruzione (*f*), insegnamento.

educational [ˌedju:keɪʃənl] *adj* educativo,

istruttivo ◊ scolastico, didattico.

eel [i:l] *n* anguilla.

eerie ['ɪərɪ] *adj* misterioso, fantàstico; terrificante.

efface [ɪ'feɪs] *v tr* cancellare, obliterare.

effect [ɪ'fek] *n* effetto.

effect [ɪ'fekt] *v tr* effettuare, eseguire, fare ◊ **to effect a payment**, effettuare un pagamento.

effective [ɪ'fektɪv] *adj* efficace.

effectiveness [ɪ'fektɪvnɪs] *n* efficacia.

effects [ɪ'fekts] *n pl* beni (*m pl*).

effeminate [ɪ'femɪnət] *adj* effeminato.

effervescent [ˌefə'vesənt] *adj* effervescente; vivace.

efficacy ['efɪkəsɪ] *n* efficacia.

efficiency [ɪ'fɪʃənsɪ] *n* efficienza.

efficient [ɪ'fɪʃənt] *adj* efficiente, àbile, capace.

effort ['efət] *n* sforzo, fatica ◊ **to make an effort**, sforzarsi.

effortless ['efətlɪs] *adj* fàcile, senza sforzo.

effrontery [ɪ'frʌntərɪ] *n* sfacciatàggine (*f*).

effusive [ɪ'fju:sɪv] *adj* esuberante, espansivo.

egg [eg] *n* uovo ◊ **new-laid egg**, uovo fresco di giornata; **poached egg**, uovo in camicia; **scrambled eggs**, uova strapazzate; (*fam*) **a good egg**, un buon diavolo.

egg [eg] *v tr* incitare.

egg-beater ['egbi:tə*] *n* frullino.

egg-plant ['egplɑ:nt] *n* melanzana.

egocentric [ˌi:gəʊ'sentrɪk] *adj* (*derog*) egocèntrico.

egoism ['i:gəʊɪzəm] *n* egoismo, presunzione (*f*).

egoist ['i:gəʊɪst] *adj* egoista (*m* / *f*).

eiderdown ['aɪdədaʊn] *n* piumino, trapunta.

eight [eɪt] *adj*, *n* otto (*inv*).

eighteen [ˌeɪ'ti:n] *adj*, *n* diciotto (*inv*).

eighth [eɪtθ] *adj*, *n* ottavo.

eightieth ['eɪtɪɪθ] *adj*, *n* ottantèsimo.

eighty ['eɪtɪ] *adj*, *n* ottanta (*m inv*) ◊ **the eighties**, gli anni ottanta.

either ['aɪðə*] *adj*, *pron* l'uno o l'altro, uno dei due, ciascuno dei due, entrambi ◊ **either of them will come**, o l'uno o l'altro verrà.

either ['aɪðə*] *adv* (*neg sentences*) neanche,

neppure, nemmeno ◊ **she didn't go either**, neppure lei ci è andata.

either ['aɪðə*] *conj* o, oppure, sia... sia, o... o.

eject [ɪ'dʒekt] *v tr* espèllere, eméttere.

eke [i:k] *v tr* integrare ◊ **to eke out a living**, sbarcare il lunario.

elaborate [ɪ'læbərət] *adj* elaborato, dettagliato.

elastic [ɪ'læstɪk] *n, adj* elàstico.

elate [ɪ'leɪt] *v tr* esaltare, entusiasmare.

elation [ɪ'leɪʃn] *n* gioia.

elbow ['elbeʊ] *n* gòmito.

elbow ['elbeʊ] *v tr* spìngere, scostare a gomitate.

elder ['eldə*] *adj* (*of a person in a family*) maggiore, più vecchio ◊ **he is two years my elder**, è due anni più vecchio di me.

elderly ['eldəlɪ] *adj* anziano.

eldest ['eldɪst] *n, adj* (*of a person in a family*) il (la) maggiore, il (la) primogenito(-a), il (la) più vecchio(-a).

elect [ɪ'lekt] *v tr* elèggere, nominare; decìdere, scégliere.

elect [ɪ'lekt] *adj* (*after n*) eletto, designato ◊ **the President elect**, il presidente designato.

election [ɪ'lekʃn] *n* scelta ◊ (*pol*) elezione ◊ **to stand for election**, presentarsi come candidato.

elector [ɪ'lektə*] *n* elettore(-trice).

electorate [ɪ'lektərət] *n* elettorato.

electric [ɪ'lektrɪk] *adj* elèttrico.

electric blanket [ɪ,lektrɪk'blæŋkɪt] *n* termocoperta.

electric chair [ɪ,lektrɪk'tʃeə*] *n* sedia elèttrica.

electric cooker [ɪ,lektrɪk'kʊkə*] *n* cucina elèttrica.

electric current [ɪ,lektrɪk'kʌrənt] *n* corrente elèttrica.

electrician [,ɪlek'trɪʃn] *n* elettricista (*m*).

electricity [,ɪlek'trɪsətɪ] *n* elettricità (*inv*).

electrocardiogram [ɪ,lektrəʊ'kɑːdɪəʊgræm] *n* elettrocardiogramma (*m*).

electrocute [ɪ'lektrəkju:t] *v tr* fulminare (con corrente elèttrica).

electronic [,ɪlek'trɒnɪk] *adj* elettrònico ◊ **electronic mail**, posta elettronica.

electronics [,ɪlek'trɒnɪks] *n* elettronica.

elegant ['elɪgənt] *adj* elegante, raffinato.

element ['elɪmənt] *n* elemento.

elementary [,elɪ'mentərɪ] *adj* elementare, rudimentale.

elements ['elɪmənts] *n pl* elementi atmosfèrici.

elephant ['elɪfənt] *n* elefante(-essa) ◊ **white elephant**, cosa inutile.

elevate ['elɪveɪt] *v tr* elevare.

elevator ['elɪveɪtə*] *n* (*AmE*) ascensore (*m*).

eleven [ɪ'levn] *adj, n* ùndici (*m inv*).

elevenses [ɪ'levənzəz] *n pl* caffè (*m inv*) a metà mattina.

eleventh [ɪ'levnθ] *adj, n* undicèsimo.

elicit [ɪ'lɪsɪt] *v tr* trarre fuori, dedurre.

eligible ['elɪdʒəbl] *adj* eleggìbile, idòneo.

eliminate [ɪ'lɪmɪneɪt] *v tr* eliminare.

elm [elm] *n* olmo.

elocution [,elə'kju:ʃn] *n* elocuzione (*f*), dizione (*f*).

elopement [ɪ'ləʊpmənt] *n* fuga romàntica.

eloquence ['eləkwəns] *n* eloquenza.

else [els] *adv* (*after question words and some pronouns*) altro ◊ **who else was there?**, chi altro c'era?, **I would not tell anyone else**, non lo direi a nessun altro.

elsewhere [,els'weə*] *adv* altrove.

elucidate [ɪ'lu:sɪdeɪt] *v tr* chiarire, spiegare.

elude [ɪ'lu:d] *v tr* elùdere.

elusive [ɪ'lu:sɪv] *adj* elusivo, evasivo.

E-mail ['i:,meɪl] *n* posta elettronica.

emanate ['eməneɪt] *v tr, intr* provenire, emanare.

emancipate [ɪ'mænsɪpeɪt] *v tr* emancipare.

embankment [ɪm'bæŋkmənt] *n* àrgine (*m*), alzaia.

embark [ɪm'bɑːk] *v tr, intr* imbarcare(-rsi).

embarrass [ɪm'bærəs] *v tr* imbarazzare, sconcertare.

embarrassing [ɪm'bærəsɪŋ] *adj* imbarazzante, sconcertante

embarrassment [ɪm'bærəsmənt] *n* imbarazzo, disagio.

embassy ['mbəsɪ] *n* ambasciata.

embellish [ɪm'belɪʃ] *v tr* abbellire, adornare.

embers ['embə*z] *n pl* cénere (*f*).

embitter [ɪm'bɪtə*] *v tr* amareggiare, inasprire, esacerbare.

emblem ['embləm] *n* emblema (*m*), sìmbolo.

embody [ɪm'bɒdɪ] *v tr* personificare, esprìmere.

embrace [ɪm'breɪs] *v tr* abbracciare, strìngere al petto ◊ (*fig*) **he embraced my offer**, accettò la mia offerta.

embroidery [ɪm'brɔɪdərɪ] *n* ricamo.

embryo ['embrɪəʊ] *n* embrione (*m*).

emerald ['emərəld] *n* smeraldo.

emerge [ɪ'mɜːdʒ] *v intr* emèrgere, affiorare.

emergency [ɪ'mɜːdʒənsɪ] *n* emergenza ◊ **in case of emergency**, in caso d'emergenza; **to meet an emergency**, far fronte a una situazione critica; **to rise to the emergency**, mostrarsi all'altezza della situazione.

emergent [ɪ'mɜːdʒənt] *adj* emergente, in via di sviluppo.

emigrant ['emɪgrənt] *n* emigrante (*m / f*).

emigrate ['emɪgreɪt] *v intr* emigrare.

emigration [,emɪ'greɪʃn] *n* emigrazione (*f*).

eminent ['emɪnənt] *adj* eminente, illustre.

emission [ɪ'mɪʃn] *n* emissione (*f*).

emit [ɪ'mɪt] *v tr* emèttere.

emotion [ɪ'məʊʃn] *n* emozione (*f*), commozione (*f*).

emotional [ɪ'məʊʃənl] *adj* (*person*) impressionàbile, emotivo ◊ (*scene*) commovente.

emotive [ɪ'məʊtɪv] *adj* emotivo.

emperor ['empərə*] *n* imperatore (*m*).

'empire ['empaɪə*] *n* impero.

employ [ɪm'plɔɪ] *v tr* impiegare; assùmere.

employee [,emplɔɪ'iː] *n* impiegato(-a).

employer [ɪm'plɔɪə*] *n* principale (*m / f*), datore(-trice) di lavoro.

employment [ɪm'plɔɪmənt] *n* impiego ◊ **employment agency**, agenzia di collocamento.

emptiness ['emptɪnɪs] *n* vuoto.

empty ['emptɪ] *adj* vuoto, disabitato ◊ **empty-headed**, senza cervello.

empty ['emptɪ] *v tr, intr* vuotare, svuotare (-rsi); ◊ (*room*) sgombrare.

empty-handed [,emptɪ'hændɪd] *adj* a mani vuote.

emulate ['emjʊleɪt] *v tr* emulare.

enable [ɪ'neɪbl] *v tr* perméttere, méttere in grado.

enamel [ɪ'næml] *n* smalto.

encapsulate [ɪn'kæpsjʊleɪt] *v tr, intr* incapsulare(-rsi).

enchant [ɪn'tʃɑːnt] *v tr* incantare, ammaliàre.

enchanting [ɪn'tʃɑːntɪŋ] *adj* incantévole, affascinante.

encircle [ɪn'sɜːkl] *v tr* accerchiare.

enclose [ɪn'kləʊz] *v tr* circondare, recìngere ◊ (*letter*) allegare ◊ **letter enclosed**, lettera allegata.

encounter [ɪn'kaʊntə*] *n* incontro inaspettato.

encounter [ɪn'kaʊntə*] *v tr* incontrare ◊ **to encounter dangers**, affrontare pericoli.

encourage [ɪn'kʌrɪdʒ] *v tr* incoraggiare.

encouraging [ɪn'kʌrɪdʒɪŋ] *adj* incoraggiante.

encroachment [ɪn'krəʊtʃment] *n* intromissione (*f*); usurpazione (*f*).

encyclopedia [en,saɪkləʊ'piːdjə] *n* enciclopedìa.

end [end] *n* fine (*f*), estremità (*inv*), parte (*f*) terminale, lìmite (*m*), tèrmine (*m*) ◊ **for hours on end**, per ore ed ore; **odds and ends**, cianfrusàglie; **to come to an end**, concludersi.

end [end] *v tr, intr* finire, terminare, conclùdere(-rsi); morire.

end-all ['end,ɔːl] *n* fine supremo.

endanger [ɪn'deɪndʒə*] *v tr* rischiare, méttere in perìcolo.

endearing [ɪn'dɪərɪŋ] *adj* simpàtico, amàbile, seducente.

endearment [ɪn'dɪəmənt] *n* tenerezza, affettuosità (*inv*).

endeavour [ɪn'devə*] *v intr* sforzarsi di, tentare di, adoperarsi per.

ending ['endɪŋ] *n* fine (*f*).

endless ['endlɪs] *adj* senza fine, interminàbile, infinito.

endorse [ɪn'dɔːs] *v tr* vistare, firmare (un documento) ◊ (*comm*) girare (un assegno, etc) ◊ **to endorse a bill**, girare una cambiale; (*fig*) **he endorsed my decision**, approvò la mia decisione.

endorsee [,endɔː'siː] *n* (*comm*) giratario.

endorsement [ɪn'dɔːsmənt] *n* firma, visto; approvazione (*f*).

endorser [ɪn'dɔːsə*] *n* (*comm*) girante.

endow [ɪn'daʊ] *v tr* dotare, fornire ◊ **endowed with**, dotato di.

endowment [ɪn'daʊmənt] *n* dotazione (*f*); dote (*f*).

end-product ['end‚prɒdʌkt] *n* prodotto finito ◊ (*fig*) risultato definitivo.

endurable [ɪn'djʊərəbl] *adj* tolleràbile, sopportàbile.

endurance [ɪn'djʊərəns] *n* tolleranza, pazienza, resistenza.

endure [ɪn'djʊə*] *v tr, intr* sopportare, resìstere.

enemy ['enəmɪ] *adj, n* nemico(-a), avversario(-a).

energetic [‚enə'dʒetɪk] *adj* enèrgico, attivo.

energy ['enədʒɪ] *n* energìa.

enervating ['enɜ:veɪtɪŋ] *adj* debilitante.

enforce [in'fɔːs] *v tr* far rispettare, fare osservare.

engage [ɪn'geɪdʒ] *v tr, intr* assùmere, impegnare, prenotare, prèndere parte a ◊ **to engage a hotel room**, prenotare una camera (d'albergo); **to engage in business**, mettersi in affari.

engaged [ɪn'geɪdʒd] *adj* impegnato; fidanzato ◊ **to get engaged**, fidanzarsi; (*tel*) **the line is engaged**, la linea è occupata.

engagement [ɪn'geɪdʒmənt] *n* impegno, òbbligo; fidanzamento.

engaging [ɪn'geɪdʒɪŋ] *adj* attraente, affascinante.

engender [ɪn'dʒendə*] *v tr* produrre, causare.

engìne ['endʒɪn] *n* màcchina, motore (*m*) ◊ (*rail*) locomotiva ◊ **engine-trouble**, guasto al motore; **fire-engine**, macchina dei pompieri.

engineer [‚endʒɪ'nɪə*] *n* ingegnere (*m* / *f*) ◊ (*AmE*) macchinista (*m*).

engineering [‚endʒɪ'nɪərɪŋ] *n* ingegnerìa ◊ **genetic engineering**, ingegneria genetica.

engrave [ɪn'greɪv] *v tr* incìdere.

engrossed [ɪn'grəʊst] *adj* assorto, immerso

engrossing [ɪn'grəʊsɪŋ] *adj* avvincente, affascinante.

engulf [ɪn'gʌlf] *v tr* inghiottire, ingoiare.

enhance [ɪn'hɑːns] *v tr* accrèscere, aumentare.

enigmatic(al) [‚enɪg'mætɪk(l)] *adj* enigmàtico.

enjoy [ɪn'dʒɔɪ] *v tr* godere, gustare ◊ (*refl*) **to enjoy os**, godersela.

enjoyable [ɪn'dʒɔɪəbl] *adj* piacévole, divertente.

enjoyment [ɪn'dʒɔɪmənt] *n* piacere (*m*), godimento.

enlarge [ɪn'lɑːdʒ] *v tr* ingrandire, ampliare.

enlist [ɪn'lɪst] *v tr, intr* arruolare(-rsi); procurare(-rsi).

enmity ['enmətɪ] *n* inimicizia.

enormity [ɪ'nɔːmətɪ] *n* enormità (*inv*); mal vagità.

enormous [ɪ'nɔːməs] *adj* enorme.

enough [ɪ'nʌf] *adj, n* abbastanza, sufficiente; sufficienza, il necessario ◊ **have you had enough wine?**, hai avuto abbastanza vino?; **that's enough!**, basta così!; **I have had enough**, ne ho avuto abbastanza.

enough [ɪ'nʌf] *adv* abbastanza.

enrich [ɪn'rɪtʃ] *v tr* arricchire.

enrol [ɪn'rəʊl] *v tr, intr* iscrìvere(-rsi).

enrolement [ɪn'rəʊlmənt] *n* iscrizione (*f*).

ensign ['ensaɪn] *n* insegna.

enslave [ɪn'sleɪv] *v tr* assoggettare, rèndere schiavo.

enslavement [ɪn'sleɪvmənt] *n* schiavitù (*f inv*), asservimento.

ensnare [ɪn'sneə*] *v tr* intrappolare, irretire.

ensure [ɪn'ʃʊə*] *v tr* assicurare, garantire.

entangle [ɪn'tæŋgl] *v tr* imbrogliare, aggrovigliare.

enter ['entə*] *v tr, intr* entrare, penetrare; iscrìvere(-rsi); registrare, annotare ◊ **to enter (for) a competition**, iscriversi ad una gara; **to enter into an agreement**, concludere un accordo.

enterprise ['entəpraɪz] *n* impresa; iniziativa.

enterprising ['entəpraɪzɪŋ] *adj* intraprendente.

entertain [‚entə'teɪn] *v tr* divertire, intrattenere.

entertainer [‚entə'teɪnə*] *n* còmico(-a), artista (*m* / *f*) di cabaret.

entertaining [‚entə'teɪnɪŋ] *adj* divertente.

entertainment [‚entə'teɪnmənt] *n* divertimento; festa, spettàcolo.

enthralling [ɪn'θrɔːlɪŋ] *adj* incantévole, avvincente, affascinante.

enthusiasm [ɪn'θju:zɪæzəm] *n* entusiasmo.

enthusiast [in'θju:ziæst] *n* entusiasta (*m* / *f*).

enthusiastic [ɪn,θju:zɪ'æstɪk] *adj* entusiasta, entusiàstico.

entice [ɪn'taɪs] *v tr* allettare, sedurre; istigare.

entire [ɪn'taɪə*] *adj* intero.

entirely [ɪn'taɪəlɪ] *adv* interamente.

entitle [ɪn'taɪtl] *v tr* (*book*) intitolare; dare diritto a.

entrance ['entrəns] *n* entrata, accesso; atto dell'entrare ◊ **free entrance**, ingresso libero; **no entrance**, vietato l'ingresso.

entrance [ɪn'trɑ:ns] *v tr* estasiare, incantare.

entrancement [ɪn'trɑ:nsmənt] *n* èstasi (*f inv*), rapimento; ipnosi (*f inv*).

entrancing [ɪn'trɑ:nsɪŋ] *adj* incantévole.

entrant ['entrənt] *n* partecipante (*m* / *f*); concorrente (*m* / *f*).

entrap [ɪn'træp] *v tr* prèndere in tràppola ◊ (*fig*) raggirare, irretire.

entrée ['ɑ:ntreɪ] *n* entrata, esordio, debutto ◊ (*AmE, meal*) piatto principale.

entrust [ɪn'trʌst] *v tr* affidare, consegnare.

entry ['entrɪ] *n* entrata, ingresso, accesso ◊ (*building*) entrata, vestìbolo, atrio ◊ (*sport*) iscrizione ◊ **a large entry**, un gran numero di concorrenti; **no entry**, senso unico; **entry visa**, visto d'ingresso.

entwine [ɪn'twaɪn] *v tr* intrecciare.

enunciate [ɪ'nʌnsɪeɪt] *v tr* enunciare, pronunciare.

envelop [ɪn'veləp] *v tr* avvòlgere, avviluppare.

envelope ['envələup] *n* busta.

envious ['envɪəs] *adj* invidioso.

environment [ɪn'vaɪərənmənt] *n* ambiente (*m*).

environmental [in,vəɪərən'mentəl] *adj* ambientale.

environmentalist [ɪn,vaɪərən'mentələst] *n* ecòlogo(-a), ambientalista (*m* / *f*).

envisage [ɪn'vɪzɪdʒ] *v tr* immaginare, prevedere.

envoy ['envɔɪ] *n* inviato(-a), delegato(-a).

envy ['envɪ] *n* invidia, gelosìa.

envy ['envɪ] *v tr* invidiare.

ephemeral [ɪ'femərəl] *adj* effimero, passeggero.

epidemic [,epɪ'demɪk] *n* epidemìa.

epilogue ['epɪlɒg] *n* epìlogo, conclusione (*f*).

episode [epɪsəud] *n* episodio, vicenda.

episodic(al) [,epɪ'sɒdɪk(l)] *adj* episòdico.

epitomize [ɪ'pɪtəmaɪz] *v tr* riassùmere, compendiare.

epoch [i:pɒk] *n* época.

equable ['ekwəbl] *adj* costante, uniforme.

equal ['i:kwəl] *adj* uguale, pari, medésimo ◊ **on equal terms**, su un piano di parità.

equal ['i:kwəl] *n* pari (*m* / *f inv*), uguale (*m* / *f*) ◊ **to treat as an equal**, trattare da pari a pari.

equal ['i:kwəl] *v tr* uguagliare, èssere pari a ◊ **not to be equalled**, senza pari.

equality [i:'kwɒlətɪ] *n* parità (*inv*), uguaglianza.

equalize ['i:kwəlaɪz] *v tr, intr* equiparare, livellare.

equanimity [,ekwə'nɪmətɪ] *n* calma, serenità (*inv*).

equation [ɪ'kweɪʒn] *n* equazione (*f*), uguaglianza.

equator [ɪ'kweɪtə*] *n* equatore (*m*).

equilibrium [,i:kwɪ'lɪbrɪəm] *n* equilibrio ◊ (*fig*) serenità (*inv*).

equipment [ɪ'kwɪpmənt] *n* equipaggiamento, attrezzatura.

equitable ['ekwɪtəbl] *adj* equo.

equity ['ekwətɪ] *n* equità (*inv*), giustizia.

equivalent [ɪ'kwɪvələnt] *adj* equivalente.

equivocal [ɪ'kwɪvəkl] *adj* equìvoco, ambìguo.

erase [ɪ'reɪz] *v tr* cancellare.

eraser [ɪ'reɪzə*] *n* gomma (per cancellare).

erect [ɪ'rekt] *adj* diritto, eretto.

erect [ɪ'rekt] *v tr* costruire, erìgere.

erode [ɪ'rəud] *v tr* erodere.

erosion [ɪ'rəuʒn] *n* erosione (*f*).

erotic [ɪ'rɒtɪk] *adj* eròtico.

eroticism [ɪ'rɒtɪsɪzəm] *n* erotismo.

err [ɜ:*] *v intr* sbagliare, errare.

errand ['erənd] *n* commissione (*f*), ambasciata, messaggio ◊ **to run an errand**, fare una commissione.

erratic [ɪ'rætɪk] *adj* eccèntrico, stravagante.

error ['erə*] *n* errore (*m*), sbaglio ◊ **errors and omissions excepted**, salvo errori ed omissioni.

erupt [ɪ'rʌpt] *v intr* eròmpere, esplòdere ◊ (*volcano*) eruttare.

eruption [ɪ'rʌpʃn] *n* eruzione (*f*).

escalation [ˌeskə'leɪʃn] *n* intensificazione (*f*), aumento ràpido.

escalator ['eskəleɪtə*] *n* scala mòbile.

escape [ɪ'skeɪp] *v tr, intr* evàdere, scappare; sottrarsi a ◊ **to escape notice**, passare inosservato.

escape [ɪ'skeɪp] *n* fuga, evasione (*f*) ◊ (*water, gas*) **escape of gas**, fuga di gas; **fire-escape**, scala di sicurezza; **to have a narrow escape**, scamparla per un pelo.

escapee [ˌeskeɪ'piː] *n* evaso.

eschew [ɪs'tʃuː] *v tr* (*fam*) evitare, rifuggire da.

escort ['eskɔːt] *n* scorta.

escort [ɪ'skɔːt] *v tr* accompagnare, scortare.

espionage [ˌespɪə'nɑːʒ] *n* spionaggio.

essay ['eseɪ] *n* composizione (*f*), saggio.

essay ['eseɪ] *v tr* tentare, cercare, provare.

essence ['esns] *n* essenza.

essential [ɪ'senʃl] *adj* essenziale, sostanziale.

essentials [ɪ'senʃlz] *n pl* elemento essenziale ◊ **to concentrate on essentials**, concentrare l'attenzione sui punti essenziali.

establish [ɪ'stæblɪʃ] *v tr* fondare, creare, stabilire ◊ (*comm*) **to establish a price**, fissare un prezzo.

establishment [ɪ'stæblɪʃmənt] *n* istituzione (*f*), fondazione (*f*), stabilimento ◊ **branch establishment**, succursale; **the Establishment**, la classe dominante.

estate [ɪ'steɪt] *n* stato, condizione (*f*); grado; ceto; proprietà (*inv*) ◊ **housing estate**, zona residenziale.

estate agent [ɪ'steɪt ˌeɪdʒənt] *n* agente (*m*) immobiliare.

estate car [ɪ'steɪt kɑːr] *n* giardinetta.

esteem [ɪ'stiːm] *n* stima.

estimate ['estɪmeɪt] *v tr* stimare, valutare.

estimate ['estɪmət] *n* stima; preventivo.

estimation [ˌestɪ'meɪʃn] *n* opinione (*f*), punto di vista; valutazione (*f*).

estuary ['etjʊərɪ] *n* estuario.

eternal [iː'tɜːnl] *adj* eterno.

eternity [iː'tɜːnətɪ] *n* eternità (*inv*).

ethereal [iː'θɪərɪəl] *adj* etèreo, spirituale, impalpàbile.

ethnic(al) ['eθnɪk(l)] *adj* ètnico.

Eucharist ['juːkərɪst] *n* Eucarestìa.

eulogy ['juːlədʒɪ] *n* elogio.

euphoria [juː'fɔːrɪə] *n* euforìa, vivacità (*inv*).

European Economic Community [jʊərəˌpiːən ˌiːkə'nɒmɪk, kə'mjuːnətɪ] Comunità (*inv*) Economica Europea (EEC).

euthanasia [ˌjuːθə'neɪzjə] *n* eutanasìa.

evacuate [ɪ'vækjʊeɪt] *v tr* evacuare, sfollare.

evacuation [ɪˌvækjʊ'eɪʃn] *n* evacuazione (*f*), sgòmbero.

evade [ɪ'veɪd] *v tr* evitare, schivare.

evaluate [ɪ'væljʊeɪt] *v tr* valutare.

evaporate [ɪ'væpəreɪt] *v tr, intr* evaporare, far evaporare.

evasion [ɪ'veɪʒn] *n* evasione (*f*) ◊ **tax evasion**, evasione fiscale.

evasive [ɪ'veɪsɪv] *adj* evasivo, ambìguo.

eve [iːv] *n* vigilia ◊ **New Year's Eve**, l'ùltimo dell'anno.

even ['iːvn] *adj* piano, piatto, liscio; calmo ◊ (*number*) pari (*inv*) ◊ **even-handed**, imparziale.

even ['iːvn] *adv* anche, perfino ◊ **not even**, neanche; **even so!**, proprio così!; **even as**, proprio mentre.

even ['iːvn] *v tr, intr* livellare.

evening ['iːvnɪŋ] *n* sera, serata.

event [ɪ'vent] *n* caso, eventualità (*inv*), avvenimento ◊ (*sport*) gara ◊ **in the event of**, nel caso di; **at all events**, in ogni caso; **current events**, attualità.

eventful [ɪ'ventfʊl] *adj* denso di eventi.

eventual [ɪ'ventʃʊəl] *adj* finale, conclusivo, decisivo.

eventuality [ɪˌventʃʊ'ælətɪ] *n* possibilità (*inv*), evenienza.

eventually [ɪ'ventʃʊəlɪ] *adv* finalmente, alla fine.

ever ['evə*] *adv* sempre, per sempre, mai? ◊ **ever since**, da allora; **he is ever so nice!**, è tanto gentile!

evergreen ['evəgriːn] *n* sempre-verde (*m*).

everlasting [ˌevə'lɑːstɪŋ] *adj* eterno, perpètuo, perenne.

every ['evrɪ] *adj* ogni, ciascuno, tutti ◊ **every day**, ogni giorno, tutti i giorni; **every other day**, ogni due giorni; **every other line**, una riga sì e una no; **every now and then**, di quando in quando.

everybody ['evrɪ,bɒdɪ] *pron* ognuno, ciascuno ◊ **everybody's doing it**, tutti lo fanno; **everybody else**, tutti gli altri.

everyday ['evrɪdeɪ] *adj* quotidiano, abituale.

everyone ['evrɪwʌn] *pron see* **everybody**.

everything ['evrɪθɪŋ] *pron* tutto, ogni cosa ◊ **everything else**, ogni altra cosa; **everything but**, tutto tranne.

everywhere ['evrɪweə*] *adv* dappertutto.

evict [ɪ'vɪct] *v tr* sfrattare.

eviction [ɪ'vɪkʃn] *n* sfratto.

evidence ['evɪdəns] *n* evidenza, prova; testimonianza.

evident ['evɪdənt] *adj* ovvio.

evil ['iːvl] *adj* cattivo, malvagio ◊ dannoso.

evil ['iːvl] *n* male (*m*) ◊ **to speak evil of sb**, parlare male di qc.

evince [ɪ'vɪns] *v tr* manifestare, dimostrare.

evitable ['evɪtəbl] *adj* evitàbile.

evocative [ɪ'vɒkətɪv] *adj* evocativo.

evoke [ɪ'vəʊk] *v tr* evocare, rievocare.

evolution [,iː,və'luːʃn] *n* evoluzione (*f*), sviluppo.

evolve [ɪ'vɒlv] *v tr, intr* elaborare, sviluppare(-rsi), svòlgere.

exacerbate [ek'sæsəbeɪt] *v tr* esacerbare, inasprire.

exact [ɪg'zækt] *adj* esatto, preciso.

exact [ɪg'zækt] *v tr* esìgere, chièdere.

exacting [ɪg'zæktɪŋ] *adj* esigente; impegnativo, difficile ◊ **an exacting father**, un padre esigente.

exactness [ɪg'zæktnɪs] *n* precisione (*f*).

exaggerate [ɪg'zædʒəreɪt] *v tr, intr* esagerare, ingigantire.

exaggeration [ɪg,zædʒə'reɪʃn] *n* esagerazione (*f*).

exalt [ɪg'zɔːlt] *v tr* esaltare; vantare, lodare.

exam [ɪg,zaem], **examination** [ɪg,zəmɪ'neɪʃn] *n* esame (*m*), verìfica ◊ **to take an exam(ination)**, fare un esame.

examine [ɪg'zæmɪn] *v tr* esaminare; interrogare ◊ (*med*) visitare.

examinee [ɪg,zæmɪ'niː] *n* candidato(-a).

examiner [ɪg,zæmɪnə*] *n* esaminatore(-trice).

example [ɪg,zɑː:mpl] *n* esempio, modello ◊ **to set an example to sb**, dare l'esempio a qc; **for example**, per esempio.

exasperate [ɪg'zæspəreɪt] *v tr* esasperare, inasprire.

excavation [,ekskə'veɪʃn] *n* scavo.

exceed [ɪk'siːd] *v tr* eccèdere, superare, oltrepassare ◊ **to exceed the speed limit**, superare il limite di velocità.

excel [ɪk'sel] *v tr, intr* eccèllere, primeggiare; superare, sorpassare.

excellence ['eksələns] *n* superiorità (*inv*), eccellenza.

excellent ['eksələnt] *adj* eccellente, òttimo.

except [ɪk'sept] *prep* eccetto, salvo, all'infuori di ◊ **everyday except Saturday**, tutti i giorni tranne il sabato.

except [ɪk'sept] *conj* salvo che ◊ **except when**, tranne se, quando; **except for**, ad eccezione di.

exception [ɪk'sepʃn] *n* eccezione (*f*), obiezione (*f*) ◊ **to make exceptions**, fare eccezione; **the exception proves the rule**, l'eccezione conferma la regola; **to take exception to sthg**, offendersi per qcs.

exceptional [ɪk'sepʃənl] *adj* eccezionale, insòlito.

excerpt ['eksɜːpt] *n* estratto, brano scelto, stralcio.

excess [ɪk'ses] *n* eccesso, eccedenza, soprappiù ◊ **excess fare**, supplemento sul prezzo del biglietto; **excess luggage**, eccedenza di bagaglio; **excess postage**, soprattassa postale.

excessive [ɪk'sesɪv] *adj* eccessivo, esagerato.

exchange [ɪks't∫eɪndʒ] *n* cambio, scambio (*comm*) ◊ **exchange office**, ufficio (di) cambio; **bill of exchange**, cambiale: **foreign exchange**, cambi esteri; **the Stock Exchange**, la Borsa Valori; **telephone exchange**, centralino.

exchange [ɪks't∫eɪndʒ] *v tr, intr* cambiare (-rsi), barattare ◊ **to exchange francs for lire**, cambiare franchi in lire.

exchangeable [ɪks't∫eɪndʒəbl] *adj* cambiàbile, scambiàbile.

excise [ek'saɪz] *v tr* tassare.

excite [ɪk'saɪt] *v tr* eccitare, stimolare, entusiasmare.

excitement [ɪk'saɪtmənt] *n* eccitazione (f), agitazione (f).

exciting [ɪk'saɪtɪŋ] *adj* emozionante, eccitante, entusiasmante.

exclaim [ɪk'skleɪm] *v intr* esclamare.

exclamation [ˌeksklə'meɪʃn] *n* esclamazione (f), grido.

exclude [ɪk'sklu:d] *v tr* esclùdere.

exclusive [ɪk'sklu:sɪv] *adj* esclusivo, selettivo, ùnico ◊ **exclusive of VAT**, IVA esclusa.

excrement ['ekskrɪmənt] *n* sterco.

excursion [ɪk'skɜ:ʃn] *n* gita, escursione (f).

excursionist [ɪk'skɜ:ʃnɪst] *n* escursionista (m / f).

excusable [ɪk'skju:zəbl] *adj* scusàbile, giustificàbile.

excuse [ɪk'skju:z] *v tr* scusare, perdonare ◊ **excuse me!**, scusi, permesso!; **excuse me, but I must leave**, scusate, ma devo andarmene.

execute ['eksɪkju:t] *v tr* effettuare, eseguire; giustiziare.

execution [ˌeksɪ'kju:ʃn] *n* esecuzione (f), adempimento; esecuzione capitale.

executive [eg'zekjʊtɪv] *adj* esecutivo, direttivo.

executive [eg'zekjʊtɪv] *n* dirigente (m / f).

exemplary [ɪg'zemplərɪ] *adj* esemplare.

exemplify [ɪg'zemplɪfaɪ] *v tr* esemplificare.

exempt [ɪg'zempt] *adj* esente, esonerato.

exempt [ɪg'zempt] *v tr* esentare.

exercise ['eksəsaɪz] *n* esercizio, uso, pràtica ◊ **exercise book**, quaderno.

exercise ['eksəsaɪz] *v tr, intr* esercitare, usare, praticare.

exercise-book ['eksəsaɪz,bʊk] *n* quaderno.

exert [ɪg'zɜ:t] *v tr* esercitare ◊ (*refl*) **to exert os**, sforzarsi.

exhale [eks'heɪl] *v tr, intr* esalare, emanare, espirare.

exhaust [ɪg'zɔ:st] *n* scappamento, scàrico ◊ **exhaust pipe**, tubo di scappamento.

exhaust [ɪg'zɔ:st] *v tr* esaurire, spossare, affaticare.

exhausted [ɪg'zɔ:stɪd] *adj* esàusto, sfinito ◊ **I feel quite exhausted**, sono stanco morto.

exhaustive [ɪg'zɔ:stɪv] *adj* esauriente.

exhibit [ɪg'zɪbɪt] *v tr* esibire, esporre; rivelare.

exhibition [ˌeksɪ'bɪʃn] *n* mostra, esposizione (f).

exhibitor [ɪg'zɪbɪtə*] *n* espositore(-trice).

exhilarating [ɪg'zɪləreɪtɪŋ] *adj* stimolante, esilarante.

exhort [ɪg'zɔ:t] *v tr* ammonire, esortare.

exigence ['eksɪdʒəns] *n* esigenza, necessità (inv), bisogno.

exile ['eksaɪl] *n* esilio; èsule (m / f).

exile ['eksaɪl] *v tr* esiliare.

exist [ɪg'zɪst] *v intr* esìstere.

existence [ɪg'zɪstens] *n* esistenza.

exit ['eksɪt] *n* uscita ◊ **exit visa**, visto di uscita.

exonerate [ɪg'zɒnəreɪt] *v tr* esonerare, dispensare.

exotic [ɪg'zɒtɪk] *adj* esòtico.

expand [ɪk'spænd] *v tr, intr* espàndere(-rsi), estèndere(-rsi), allargare(-rsi), dilatare (-rsi).

expansion [ɪk'spənʃn] *n* espansione (f), dilatazione (f).

expansive [ɪk'spænsɪv] *adj* espansivo, cordiale.

expatriate [eks'pætrɪət] *v tr, intr* espatriare.

expect [ɪk'spekt] *v tr, intr* aspettare(-rsi), attèndere(-rsi), pensare, supporre ◊ **to be expecting a baby**, aspettare un bambino; **to expect the worst**, aspettarsi il peggio; **it was to be expected**, era da prevedere; **I expected so**, credo di sì.

expectancy [ɪk'spektənsɪ] *n* aspettativa, attesa.

expectant [ɪk'spektənt] *adj* in attesa ◊ **an expectant mother**, una donna incinta.

expectation [ˌekspek'teɪʃn] *n* speranza, aspettativa.

expedient [ɪk'spi:djənt] *adj* conveniente, opportuno, vantaggioso.

expedient [ɪk'spi:djənt] *n* espediente (m).

expedition [ˌekspɪ'dɪʃn] *n* spedizione (f).

expel [ɪk'spel] *v tr* espèllere.

expend [ɪk'spend] *v tr* spèndere, consumare, esaurire.

expendable [ɪk'spendəbl] *adj* consumàbile, spendìbile.

expenditure [ɪk'spendɪtʃə*] *n* spesa, spese

(*f pl*) ◊ consumo, dispendio.

expense [ık'spens] *n* spesa, costo, spese (*f pl*).

expense account [ık'spens ə͵kaʊnt] *n* conto spese.

expensive [ık'spensıv] *adj* caro, costoso.

experience [ık'spıərıəns] *v tr* provare, fare l'esperienza di, sperimentare; subire.

experienced [ık'spıərıənst] *adj* esperto, pràtico.

experiment [ık'sperıment] *n* esperimento, prova.

experiment [ık'sperıment] *v intr* sperimentare, fare esperimenti.

experimental [ek͵sperı'mentl] *adj* sperimentale.

expert ['eksp3:t] *adj, n* esperto(-a), competente (*m / f*).

expertise [͵eksp3:'ti:z] *n* perizia, competenza.

expire [ık'spaıə*] *v tr, intr* (*period of time*) scadere.

expiry [ık'spaıərı] *n* scadenza, tèrmine (*m*).

explain [ık'spleın] *v tr* spiegare.

explanation [͵eksplə'neıʃn] *n* spiegazione (*f*).

explanatory [ık'splænətərı] *adj* esplicativo.

explicit [ık'splısıt] *adj* esplìcito, chiaro.

explode [ık'spləʊd] *v intr* esplòdere.

exploit ['eksplɔıt] *n* impresa.

exploit [ık'splɔıt] *v tr* utilizzare, sfruttare.

exploitation [͵eksplɔı'teıʃn] *n* utilizzazione (*f*), sfruttamento.

exploratory [ek'splɒrətərı] *adj* esplorativo.

explore [ık'splɔ:*] *v tr* esplorare, esaminare.

explosion [ık'spləʊʒn] *n* esplosione (*f*).

explosive [ık'spləʊsıv] *adj, n* esplosivo.

exponent [ek'spəʊnənt] *n* esponente (*m / f*).

export [ek'spɔ:t] *n* esportazione (*f*) ◊ articolo di esportazione.

export [ek'spɔ:t] *v tr* esportare.

exporter [ek'spɔ:tə*] *n* esportatore(-trice).

expose [ık'spəʊz] *v tr* esporre, mostrare; svelare.

exposure [ık'spəʊʒə*] *n* esposizione (*f*) ◊ (*phot*) posa.

expound [ık'spaʊnd] *v tr* esporre, spiegare.

express [ık'spres] *adj* preciso, chiaro ◊ (*letter*) **express letter**, lettera espresso.

express [ık'spres] *n* treno espresso.

expression [ık'spreʃn] *n* espressione (*f*).

expressive [ık'spresıv] *adj* espressivo.

expulsion [ık'spʌlʃn] *n* espulsione (*f*).

exquisite ['ekskwızıt] *adj* squisito, raffinato.

extant [ek'stænt] *adj* ancora esistente.

extend [ık'stend] *v tr, intr* estèndere(-rsi), prolungare(-rsi), ampliare, ingrandire.

extension [ık'stenʃn] *n* estensione (*f*), prolungamento ◊ (*tel*) telèfono interno.

extensive [ık'stensıv] *adj* esteso, ampio, vasto.

extent [ık'stent] *n* estensione (*f*), distesa, ampiezza; grado, punto ◊ **to a great extent**, in larga misura.

exterior [ek'stıərıə*] *adj* esteriore, esterno.

exterior [ek'stıərıə*] *n* esterno, parte esterna ◊ (*person*) aspetto (esteriore).

exteriority [ek͵strıərı'ɒrətı] *n* esteriorità (*inv*).

exterminate [ık'st3:mıneıt] *v tr* sterminare, annientare.

external [ek'st3:nl] *adj* esterno.

extinct [ık'stıŋkt] *adj* estinto, morto.

extinction [ık'stıŋkʃn] *n* estinzione (*f*).

extinguish [ık'stıŋgwıʃ] *v tr* estìnguere, spègnere.

extinguisher [ık'stıŋgwıʃə*] *n* estintore (*m*).

extort [ık'stɔ:t] *v tr* estòrcere.

extortion [ık'stɔ:ʃn] *n* estorsione (*f*); denaro estorto.

extra ['ekstrə] *adv* di più, in più; straordinariamente ◊ **extra-fine quality**, qualità extra fine.

extra ['ekstrə] *n* aggiunta, supplemento.

extract [ık'strækt] *v tr* estrarre, tògliere, cavare.

extract ['ekstrækt] *n* estratto, essenza ◊ (*passage*) brano.

extraction [ık͵strækʃn] *n* estrazione (*f*); discendenza.

extradition [͵ekstrə'dıʃn] *n* estradizione (*f*).

extraneous [ek'streınjəs] *adj* estràneo; fuori luogo.

extraordinary [ık'strɔ:dnrı] *adj* straordinario.

extrasensory [͵ekstrə'sensərı] *adj* extrasensoriale.

extra-terrestrial [ˌekstrətə'restrɪəl] *adj* extraterrestre.

extravagant [ɪk'strævəgənt] *adj* stravagante; pròdigo.

extreme [ɪk'striːm] *adj* estremo, ultimo.

extreme [ɪk'striːm] *n* estremità (*inv*).

extremist [ɪk'striːmɪst] *adj, n* estremista (*m / f*).

extremity [ɪk'stremətɪ] *n* estremità (*inv*); situazione critica.

extricate ['ekstrɪkeɪt] *v tr* districare, sbrogliare.

extrovert ['ekstrəʊvɜːt] *adj, n* estroverso (-a).

exuberance [ɪg'zjuːbərəns] *n* esuberanza, vivacità (*inv*) ◊ (*tree*) rigoglio.

exuberant [ɪg'zjuːbərənt] *adj* esuberante, vivace; lussureggiante.

exult [ɪg'zʌlt] *v intr* esultare, gioire.

eye [aɪ] *n* occhio, sguardo ◊ (*needle*) cruna ◊ **to have an eye to sthg**, mirare a qcs, stare attento a qcs; **to see eye to eye with**, andare d'accordo con.

eye [aɪ] *v tr* guardare, osservare.

eyebrow [aəɪbraʊ] *n* sopracciglio.

eye-doctor ['aɪˌdɒktə*] *n* (*fam*) oculista (*m / f*).

eye-drops ['aɪˌdrɒps] *n pl* collirio.

eyelash ['aɪlæʃ] *n* ciglio.

eyelid ['aɪlɪd] *n* pàlpebra.

eye-opener ['aɪˌəʊpnə*] *n* rivelazione (*f*).

eye-shadow ['aɪ ʃædəʊ] *n* ombretto.

eyesight ['aɪsaɪt] *n* vista.

eyestrain ['aɪstreɪn] *n* stanchezza degli occhi.

eye-witness [ˌaɪ'wɪtnɪs] *n* testimone (*m / f*) oculare.

F

F. *abbr of* **Fahrenheit**.

fable ['feɪbl] *n* fàvola.

fabric ['fæbrɪk] *n* stoffa.

fabricate ['fæbrɪkeɪt] *v tr* inventare, falsare.

fabulous ['fæbjʊləs] *adj* (*fam*) favoloso, stupendo.

façade [fə'sɑːd] *n* facciata.

face [feɪs] *n* faccia, viso; fisionomìa, apparenza ◊ (*clock*) quadrante (*m*) ◊ (*building*) facciata ◊ (*mountain*) parete (*f*) ◊ **face to face**, a quattr'occhi; **to lose face**, perdere la faccia; **face down**, a faccia in giù.

face [feɪs] *v tr, intr* èssere di fronte a; affrontare, far fronte a ◊ **the problem that faces us**, il problema che ci sta di fronte; (*fam*) **let's face it**, guardiamo in faccia la realtà ◊ **to face away**, guardare dall'altra parte.

face-cloth ['feɪsklɒθ] *n* guanto di spugna.

face-cream ['feɪskriːm] *n* crema per il viso.

faceless ['feɪsləs] *adj* (*derog*) anonimo, non identificàbile.

face-lift ['feɪsˌlɪft] *n* chirurgìa estètica del viso ◊ (*building*) restàuro.

face value [ˌfeɪs'væljuː] *n* valore (*m*) nominale.

facial ['feɪʃl] *adj* facciale.

facile ['fæsaɪl] *adj* fàcile.

facilitate [fə'sɪlɪteɪt] *v tr* favorire, agevolare, facilitare.

facility [fə'sɪlətɪ] *n* facilità (*inv*) ◊ **facilities** (*n pl*), agevolazioni (*f pl*), attrezzature (*f pl*), mezzi (*m pl*).

fact [fækt] *n* fatto, dato ◊ **in fact**, infatti, di fatto; **in realtà**; **as a matter of fact**, a dire il vero, infatti.

fact-finding ['fækt,faɪndɪŋ] *adj* di inchiesta, inquirente ◊ **fact-finding committee**, commissione di inchiesta.

faction ['fækʃn] *n* fazione (*f*); discordia.

factor ['fæktə*] *n* fattore (*m*), elemento.

factory ['fæktərɪ] *n* fàbbrica, officina, stabilimento.

factual ['fæktʃʊəl] *adj* effettivo, reale, che si attiene ai fatti.

faculty ['fækltɪ] *n* facoltà (*inv*).

fad [fæd] *n* capriccio, fìsima.

fade [feɪd] *v tr, intr* sbiadire(-rsi), affievolire (-rsi), svanire; far scolorire.

fag [fæg] *n* (*sl*) sigaretta, cicca.

fag [fæg] *n* (*AmE, derog*) omosessuale (*m*).

fag [fæg] *n* (*BrE, fam*) lavoro pesante, sfacchinata.

fag-end [ˌfæg'end] *n* (*sl*) mozzicone (*m*), cicca.

fagged [fægd] *adj* (*sl*) stanco ◊ **fagged out**, stanco morto.

faggot ['fægət] *n* (*BrE*, *derog*) finocchio, gay.

fail [feɪl] *v tr, intr* fallire, non riuscire, mancare; abbandonare; èssere respinto, bocciare ◊ **the bank has failed**, la banca è fallita; **words fail me**, mi mancano le parole.

failing ['feɪlɪŋ] *n* insuccesso; difetto, punto débole.

failing ['Feɪlɪŋ] *prep* salvo.

failure ['feɪljə*] *n* fallimento ◊ (*mech*) guasto ◊ (*med*) collasso ◊ **engine failure**, guasto al motore.

faint [feɪnt] *adj* (*person*) débole, fiacco ◊ (*sensation*) fiévole, vago.

faint [feɪnt] *v intr* svenire.

faint-hearted [,feɪnt'hɑːtɪd] *adj* tìmido.

faintness ['feɪntnɪs] *n* debolezza, languore (*m*).

fair [feə*] *adj* onesto, leale, imparziale ◊ (*hair*) biondo ◊ (*complexion*) chiaro ◊ (*weather*) bello, sereno ◊ **fair play**, comportamento leale; **a fair reputation**, una buona reputazione; **it's not fair!**, non è giusto!

fair [feə*] *adv* lealmente.

fair [feə*] *n* fiera.

fair copy [,feə*'kɒpɪ] *n* bella copia.

fairly ['feəlɪ] *adv* discretamente, abbastanza.

fair sex [,fə*'seks] *n* gentil sesso.

fairy ['feərɪ] *n* fata ◊ (*sl*) omosessuale (*m*).

faith [feɪθ] *n* fede (*f*); fiducia; promessa ◊ **to keep faith**, mantenere la parola data; **in good faith**, in buona fede.

faithful ['feɪθfʊl] *adj* fedele, leale.

faithfully ['feɪθfʊlɪ] *adv* fedelmente, lealmente ◊ (*comm, letter*) **yours faithfully**, distinti saluti.

fake [feɪk] *v tr* falsificare.

fake [feɪk] *n* falso, contraffazione (*f*) ◊ (*person*) impostore (*m*).

fake [feɪk] *adj* falso.

falcon ['fɔːlkən] *n* falco.

fall [fɔːl] *n* caduta, precipitazione atmosfèrica; decadenza; ribasso ◊ (*AmE*) autunno.

fall, *pt* **fell**, *pp* **fallen** [fɔːl, fel, 'fɔːlən] *v intr* cadere, abbassarsi, diminuire; divenire;

accadere ◊ **to fall to pieces**, cadere a pezzi; **to fall asleep**, addormentarsi; **to fall in love** (*with*), innamorarsi; **to fall through**, fallire.

fallen ['fɔːlən] *pp of* **fall.**

fallible ['fæləbl] *adj* fallìbile.

falling ['fɔːlɪŋ] *adj* cadente.

fallout ['fɔːlaʊt] *n* pólvere radioattiva, fallout (*m*).

falls [fɔːlz] *n pl* (*used in names*) cascate (*f pl*) ◊ **Niagara Falls**, cascate del Niagara.

false [fɔːls] *adj* falso.

falsehood ['fɔːlshʊd] *n* menzogna.

false teeth [,fɔːls 'tiːθ] *n pl* denti finti, dentiera.

falter ['fɔːltə*] *v intr* esitare, vacillare.

fame [feɪm] *n* gloria, fama.

familiar [fə'mɪljə*] *adj* familiare, ben noto; ìntimo, confidenziale ◊ **I am not familiar with the French language**, non ho dimestichezza col francese; **to be on familiar terms with sb**, essere in confidenza con qc.

familiarity [fə,mɪlɪ'ærətɪ] *n* familiarità (*inv*), dimestichezza ◊ **familiarities** (*derog*), sfacciataggine.

familiarize [fə'mɪljəraɪz] *v tr* rènder noto, familiarizzare.

family ['fæmɪlɪ] *n* famiglia ◊ **family allowances**, assegni familiari; **family life**, vita familiare; **a family likeness**, un'aria di famiglia; **family name**, cognome; (*fam*) **she is in the family way**, è incinta.

famine ['fæmɪn] *n* carestìa.

famished ['fæmɪʃt] *adj* (*fam*) affamato.

famous ['feɪməs] *adj* famoso.

fan [fæn] *n* ventaglio; ventilatore (*m*).

fan [fæn] *n* (*fam*) tifoso(-a).

fan [fæn] *v tr, intr* sventolare, far vento.

fanatic [fə'nætɪk] *adj*, *n* fanàtico(-a).

fancied ['fænsɪd] *adj* fantàstico, immaginario.

fanciful ['fænsɪfʊl] *adj* fantasioso, immaginario.

fancy ['fænsɪ] *adj* estroso.

fancy ['fænsɪ] *n* fantasia; capriccio.

fancy ['fænsɪ] *v tr* immaginare, pensare, desiderare ◊ **just fancy**, figurati!; **fancy meeting you**, che combinazione incontrarti!;

what do you fancy for dinner?, che cosa ti piacerebbe per cena?

fang [fæŋ] *n* zanna.

fantastic [fæn'tæstɪk] *adj* fantàstico, stravagante.

fantasy ['fæntəsɪ] *n* fantasìa.

far [fɑ:*] *adj* (*comp* **farther, further**; *sup* **farthest, furthest**) lontano, distante.

far [fɑ:*] *adv* distante; molto, di gran lunga ◊ **far away**, lontano; **far from it!**, al contrario!; **as far as the station**, fino alla stazione; **as far as I know**, per quanto mi risulta; **so far**, finora; **so far so good**, fin qui va bene; **by far**, di gran lunga.

farce [fɑ:s] *n* farsa.

farcical ['fɑ:sɪkl] *adj* farsesco.

fare [feə*] *n* tariffa, prezzo della corsa ◊ **return fare**, prezzo del biglietto di andata e ritorno; **bill of fare**, lista delle vivande, menù.

Far East [,fɑ:* 'i:st] *n* Estremo Oriente.

farewell [,feə'wel] *n* addìo.

far-fetched ['fɑ:'fetʃt] *adj* improbabile.

farm [fɑ:m] *n* fattoria, podere (*m*), azienda agricola.

farm [fɑ:m] *v tr, intr* coltivare.

farmer ['fɑ:mə*] *n* coltivatore(-trice), agricoltore (*m*).

farming ['fɑ:mɪŋ] *n* agricoltura.

farmyard ['fɑ:mjɑ:d] *n* aia.

far-reaching [,fɑ:'ri:tʃɪŋ] *adj* ampio.

far-sighted [,fɑ:'saɪtɪd] *adj* prèsbite ◊ (*fig*) lungimirante.

farther ['fɑ:ðə*] *adv* (*comp of* **far**) più lontano, oltre.

farthest ['fɑ:ðɪst] *adj, adv* (*sup of* **far**) il più lontano; al màssimo.

fascinate ['fæsɪneɪt] *v tr* affascinare.

fascism ['fæʃɪzəm] *n* fascismo.

fascist ['fæʃɪst] *n* fascista (*m / f*).

fashion ['fæʃn] *n* moda, stile (*m*); modo, maniera ◊ **in fashion**, alla moda; **out of fashion**, fuori moda; **the latest fashion**, l'ultima moda; **to set a fashion**, lanciare una moda.

fashionable ['fæʃnəbl] *adj* elegante, alla moda.

fashion-show ['fæʃnʃəʊ] *n* sfilata di moda.

fast [fɑ:st] *adj* saldo; ràpido, veloce ◊ **my** **watch is fast**, il mio orologio va avanti.

fast [fɑ:st] *adv* saldamente; rapidamente.

fast [fɑ:st] *v intr* digiunare.

fasten ['fɑ:sn] *v tr, intr* attaccare(-rsi); fissare(-rsi), legare, fermare, allacciare(-rsi).

fastener ['fɑ:snə*] *n* chiusura ◊ **zip fastener**, chiusura lampo.

fastidious [fə'stɪdɪəs] *adj* esigente, schizzinoso.

fat [fæt] *adj* grasso, adiposo ◊ **fat-free**, senza grassi.

fat [fæt] *v tr, intr* ingrassare.

fatal ['feɪtl] *adj* fatale, mortale.

fatality [fə'tælətɪ] *n* destino, fatalità (*inv*), vìttima ◊ **there were many fatalities**, ci furono molte vittime.

fate [feɪt] *n* fato, sorte (*f*).

fateful ['feɪtfʊl] *adj* fatìdico, decisivo.

father ['fɑ:ðə*] *n* padre (*m*).

father-in-law ['fɑ:ðərɪnlɔ:] *n* suòcero.

fatherland ['fɑ:ðəlænd] *n* patria.

fatherly ['fɑ:ðəlɪ] *adj* paterno, benèvolo.

fathom ['fæðəm] *n* braccio (misura di profondità).

fathom ['fæðəm] *v tr* scandagliare ◊ (*fig*) indagare, penetrare.

fatigue [fə'ti:g] *n* esaurimento, stanchezza.

fatless ['fætlɪs] *adj* (*food*) magro, senza grasso.

fatness ['fætnɪs] *n* grassezza.

fat-reducing ['fæt rɪ'dju:sɪŋ] *adj* dimagrante.

fatten ['fætn] *v tr, intr* ingrassare(-rsi).

fatty ['fætɪ] *adj* grasso, oleoso.

faucet ['fɔ:sɪt] *n* (*AmE*) rubinetto.

fault [fɔ:lt] *n* difetto.

fault-finder ['fɔ:lt,faɪndə*] *n* pignolo(-a).

faultless ['fɔ:tlɪs] *adj* impeccàbile, senza difetto.

faulty ['fɔ:ltɪ] *adj* difettoso.

favour ['feɪvə*] *n* favore (*m*), piacere (*m*) ◊ **to ask a favour of sb**, domandare un favore a qc; **to do sb a favour**, fare un piacere a qc; **in favour of**, a favore di.

favour ['feɪvə*] *v tr* favorire, aiutare, agevolare.

favourable ['feɪvərəbl] *adj* favorèvole, vantaggioso.

favourably ['feɪvərəblɪ] *adv* favorevolmente.

favourite ['feɪvərɪt] *adj*, *n* favorito(-a), preferito(-a).

fawn [fɔ:n] *adj* fulvo.

fawn [fɔ:n] *v intr* adulare con servilismo.

fax [fæks] *n* (tele)fax.

fax [fæks] *v tr* faxare, mandare via fax.

fear [fɪə*] *n* paùra, timore (*m*).

fear [fɪə*] *v tr*, *intr* temere ◊ **I fear it is so**, temo di sì; **I fear not**, temo di no.

fearful ['fɪəfʊl] *adj* spaventoso; timoroso, pauroso.

fearless ['fɪəlɪs] *adj* intrèpido, senza paura.

feasibility [,fi:zə'bɪlətɪ] *n* attuabilità (*inv*).

feasible ['fi:zəbl] *adj* realizzàbile, possìbile.

feast [fi:st] *n* convito, banchetto ◊ (*relig*) solennità (*inv*), festa.

feat ['fi:t] *n* fatto.

feather ['feðə*] *n* penna.

feather-brain ['feðəbreɪn] *n* sciocco(-a), stùpido(-a).

feather-weight ['feðəweɪt] *n* (*sport*) peso piuma.

feature ['fi:tʃə*] *n* caratterìstica, aspetto; lineamento, fisionomìa ◊ (*newspaper*) servizio speciale.

feature ['fi:tʃə*] *v tr* caratterizzare, dare risalto ◊ **featuring Robert Redford**, con Robert Redford (come) protagonista.

feature film [fi:tʃə*, film] *n* film (*n inv*) principale.

February ['februərɪ] *n* febbraio.

fed [fed] *pt*, *pp of* **feed**.

federation [,fedə'reɪʃn] *n* confederazione (*f*), lega.

fed up [,fed 'ʌp] *adj* (*fam*) stufo.

fee [fi:] *n* onorario, parcella ◊ (*school*) tassa ◊ **tuition fees**, tasse scolastiche; **school fees**, retta; **entrance fee**, tassa d'iscrizione.

feeble ['fi:bl] *adj* débole.

feed [fi:d] *n* (*animal, baby*) pasto, pappa.

feed, *pt*, *pp* **fed** [fi:d, fed] *v tr*, *intr* nutrire ◊ **to feed a baby**, allattare un bambino; **to feed up**, superalimentare, ingrassare.

feedback ['fi:dbæk] *n* feedback, retroazione.

feeding-bottle ['fi:dɪŋ,bɒtl] *n* poppatoio.

feel [fi:l] *n* tatto, sensazione (*f*).

feel, *pt*, *pp* **felt** [fi:l, felt] *v tr*, *intr* tastare, toccare, sentire; accòrgersi, pensare ◊ **to feel pain**, avvertire un dolore, **to feel a dislike for**, provare antipatìa per; **I feel that I am right**, penso di avere ragione; **to feel ill, well**, sentirsi male, bene; **to feel at ease**, trovarsi a proprio agio; **to feel hungry, cold**, aver fame, freddo; **to feel like (doing sthg)**, avere voglia (di fare qcs).

feeling ['fi:lɪŋ] *n* sensazione (*f*), sentimento.

feet [fi:t] *n pl of* **foot**.

feign [feɪn] *v tr* fingere.

fell [fel] *pt of* **fall**.

fellow ['feləʊ] *n* (*fam*) tipo, compagno; socio.

fellow-being ['feləʊ,bi:ɪŋ] *n* sìmile (*m* / *f*).

fellow-countryman ['feləʊ,kʌntrɪmən] *n* compatriota (*m* / *f*).

fellow-helper ['feləʊ,helpə*] *n* collaboratore (-trice).

fellowship ['feləʊʃɪp] *n* amicizia; associazione (*f*) ◊ (*university*) borsa di studio.

felt [felt] *pt*, *pp of* **feel**.

felt [felt] *n* feltro.

felt-tip pen [,feltɪp 'pen] *n* pennarello.

female ['fi:meɪl] *n* fémmina.

female ['fi:meɪl] *adj* femminile.

feminist ['femɪnɪst] *n* femminista (*m* / *f*).

fence [fens] *n* recinto.

fence [fens] *v tr* recìngere, cintare; elùdere, evitare.

fencing ['fensɪŋ] *n* scherma.

fender ['fendə*] *n* (*AmE*) parafango, paraurti (*m inv*).

ferment ['fɜ:ment] *n* agitazione (*f*), eccitazione (*f*).

fern [fɜ:n] *n* felce (*f*).

ferocious [fə'rəʊʃəs] *adj* feroce.

ferocity [fə'rɒsətɪ] *n* ferocia, crudeltà (*inv*).

ferry ['ferɪ] *n* traghetto ◊ **ferryboat**, nave (*f*) traghetto.

ferry ['ferɪ] *v tr*, *intr* traghettare.

fertile ['fɜ:taɪl] *adj* fèrtile, fecondo.

fertility [fə'tɪlətɪ] *n* fertilità (*inv*), fecondità (*inv*).

fertilize ['fɜ:tɪlaɪz] *v tr* fertilizzare, concimare.

fertilizer ['fə:tɪlaɪzə*] *n* fertilizzante, concime.

fervent ['fɜ:vənt] *adj* fervente, ardente.

festival ['festəvl] *n* festa.

festivity [fe'stɪvətɪ] *n* festa.

fetch [fetʃ] *v tr, intr* andare a prèndere, andare a cercare ◊ **to fetch the doctor**, far venire il medico.

fetching ['fetʃɪŋ] *adj* attraente, seducente.

fetters ['fetə*z] *n pl* catene (*f pl*), manette (*f pl*).

fever ['fiːvə*] *n* febbre (*f*).

feverish ['fiːvərɪʃ] *adj* febbricitante ◊ (*fig*) febbrile, frenètico.

few [fjuː] *adj, pron* pochi, qualche (*inv*) ◊ **a few**, alcuni; **very few**, pochissimi; **in a few days**, fra qualche giorno.

fewer ['fjuːə*] *adj, pron* meno ◊ **the fewer the better**, meno siamo meglio è.

fewest ['fjuːɪst] *adj* il minor nùmero di.

fiancé [fɪ'ɑːnseɪ] *n* fidanzato.

fiancée [fɪ'ɑːnseɪ] *n* fidanzata.

fib [fɪb] *n* fròttola.

fibreglass ['faɪbəglɑːs] *n* fibra di vetro.

fickle ['fɪkl] *adj* volùbile.

fiction ['fɪkʃən] *n* narrativa, romanzo.

fictitious ['fɪk'tɪʃəs] *adj* fittizio, falso.

fiddle ['fɪdl] *n* violino; (*fam*) imbroglio ◊ **as fit as a fiddle**, sano come un pesce.

fiddle ['fɪdl] *v tr, intr* suonare il violino; giocherellare.

fidelity [fɪ'delətɪ] *n* fedeltà (*inv*); precisione (*f*).

fidget ['fɪdʒɪt] *v tr, intr* dimenarsi, agitarsi.

fidgety ['fɪdʒɪtɪ] *adj* irrequieto, agitato.

field [fiːld] *n* prato, terreno; settore (*m*).

field-ice ['fiːldaɪs] *n* banchisa.

fiend [fiːnd] *n* demonio.

fiendish ['fiːndɪʃ] *adj* demonìaco.

fierce [fɪəs] *adj* feroce, crudele.

fiery ['faɪərɪ] *adj* infuocato, ardente.

fifteen [,fɪf'tiːn] *adj* quìndici (*inv*).

fifteenth [,fɪf'tiːnθ] *adj* quindicèsimo.

fifth [fɪfθ] *adj* quinto.

fiftieth ['fɪftɪɪθ] *adj* cinquantèsimo.

fifty ['fɪftɪ] *adj, n* cinquanta (*m inv*) ◊ **fifty-fifty**, a metà; **the fifties**, gli anni cinquanta.

fig [fɪg] *n* fico.

fight [faɪt] *n* combattimento, lotta; scontro, lite (*f*) ◊ **hand-to-hand fight**, lotta corpo a corpo.

fight, *pt, pp* **fought** [faɪt, fɔːt] *v tr, intr* com-

bàttere, bàttersi, lottare.

fighter ['faɪtə*] *n* lottatore(-trice), combattente (*m*).

fighting ['faɪtɪŋ] *n* lotta ◊ *adj* combattivo.

figure ['fɪgə*] *n* figura, forma; cifra; personalità (*inv*) ◊ **to cut a poor figure**, fare una brutta figura.

figure ['fɪgə*] *v tr, intr* raffigurare, immaginare ◊ (*AmE*) decìdere, spiegarsi ◊ **it figures**, è logico; **I can't figure it out**, non riesco a capirlo.

filament ['fɪləmənt] *n* filamento.

filch [fɪltʃ] *v tr* rubacchiare.

file [faɪl] *n* lima ◊ (*dossier*) incartamento, schedario ◊ (*row*) fila, coda ◊ (*computer*) file.

file [faɪl] *v tr, intr* limare ◊ (*papers*) schedare, archiviare ◊ (*person*) sfilare.

filing ['faɪlɪŋ] *n* archiviazione (*f*).

fill [fɪl] *n* sazietà (*inv*), abbondanza.

fill [fɪl] *v tr, intr* riempire(-rsi), affollare (-rsi); ◊ (*tooth*) otturare(-rsi) ◊ (*job*) occupare ◊ (*food*) farcire ◊ **to fill a vacancy**, occupare un posto libero; **to fill in a form**, completare un modulo; **to fill up**, fare il pieno (di benzina).

fillet ['fɪlɪt] *n* filetto.

filling ['fɪlɪŋ] *n* otturazione (*f*) ◊ (*food*) ripieno.

filling station ['fɪlɪŋ ,steɪʃn] *n* stazione (*f*) di servizio, di rifornimento.

fillip ['fɪlɪp] *n* stìmolo.

film [fɪlm] *n* film ◊ strato sottile, pellìcola.

film [fɪlm] *v tr, intr* filmare.

filmy ['fɪlmɪ] *adj* trasparente, velato.

filter ['fɪltə*] *n* filtro.

filter ['fɪltə*] *v tr* filtrare.

filth [fɪlθ] *n* sporcizia ◊ (*fig*) oscenità (*inv*).

filthy ['fɪlθɪ] *adj* sporco.

fin [fɪn] *n* pinna.

final [faɪnl] *adj* finale.

final [faɪnl] *n* (*sport*) finale (*m / f*) ◊ **finals**, esami finali.

finalist ['faɪnəlɪst] *n* finalista (*m / f*).

finalize ['faɪnəlaɪz] *v tr* ultimare, portare a tèrmine.

finally ['faɪnəlɪ] *adv* finalmente, definitivamente.

finance [faɪ'næns] *n* finanza; finanziamento

◊ **finances**, possibilità economiche.
finance [faɪˈnæns] v tr finanziare.
financial [faɪˈnænʃl] adj finanziario.
financier [faɪˈnænsɪə*] n finanziere.
finch [fɪntʃ] n fringuello.
find [faɪnd] n scoperta.
find, pt, pp **found** [faɪnd, faʊnd] v tr trovare, scoprire, rèndersi conto; stimare ◊ **to find difficulty**, trovare difficoltà; **to find fault with**, criticare; **to find guilty**, dichiarare colpevole.
findings [ˈfaɪndɪŋz] n pl risultati (m pl), conclusioni (f pl).
fine [faɪn] n multa.
fine [faɪn] adj bello, piacévole ◊ **fine**.
fine [faɪn] adv bene, molto bene ◊ **how are you? fine**, come stai? molto bene.
fine [faɪn] v tr multare.
finery [ˈfaɪnərɪ] n àbiti (m pl) eleganti.
finger [ˈfɪŋgə*] n dito.
finger [ˈfɪŋgə*] v tr toccare, additare.
fingernail [ˈfɪŋgəneɪl] n unghia.
fingerprint [ˈfɪŋgəprɪnt] n impronta digitale.
fingertip [ˈfɪŋgətɪp] n punta del dito.
finicky [ˈfɪnɪkɪ] adj (fam) esigente, pignolo.
finish [ˈfɪnɪʃ] n fine (f).
finish [ˈfɪnɪʃ] v tr, intr finire, terminare, esaurire ◊ **to finish up a meal**, mangiare tutto; **to be finished**, aver finito.
finite [ˈfaɪnaɪt] adj limitato.
fiord [fjɔːd] n fiordo.
fir [fɜː*] n abete (m).
fire [ˈfaɪə*] n fuoco, incendio; stufa ◊ (fig) ardore (m), entusiasmo.
fire [ˈfaɪə*] v tr, intr incendiare, sparare ◊ (fig) infiammare ◊ (fam) licenziare ◊ (fam) **to fire a question**, fare una domanda a bruciapelo.
fire-alarm [ˈfaɪərəˌlɑːm] n allarme (m) antincendio.
fire-arm [ˈfaɪərɑːm] n arma da fuoco.
fire-brigade [ˈfaɪəbrɪˌgeɪd] n corpo dei pompieri.
fire-escape [ˈfaɪərɪˌskeɪp] n uscita di sicurezza.
fire-extinguisher [ˈfaɪərɪkˌstɪŋgwɪʃə*] n estintore (m).
fireman [ˈfaɪəmən] n pompiere (m).

fireplace [ˈfaɪəpleɪs] n caminetto, focolare (m).
fire-proof [ˈfaɪəpruːf] adj resistente al fuoco.
fire-station [ˈfaɪəˌsteɪʃn] n caserma dei pompieri.
firewood [ˈfaɪəwʊd] n legna da àrdere.
fireworks [ˈfaɪəwɜːks] n fuoco d'artificio.
firm [fɜːm] adj fermo, saldo.
firm [fɜːm] n ditta, azienda.
first [fɜːst] adj primo.
first [fɜːst] adv prima; in antìcipo ◊ **first of all**, prima di tutto.
first [fɜːst] n primo ◊ **first thing**, per prima cosa.
first-aid [ˌfɜːstˈeɪd] n pronto soccorso ◊ **first-aid kit**, cassetta del pronto soccorso.
firstborn [ˈfɜːstbɔːn] adj, n primogènito(-a).
first-class [ˌfɜːstˈklɑːs] adj di prima classe, eccellente.
first-floor [ˌfɜːstˈflɔː*] adj al primo piano.
firstly [ˈfɜːstlɪ] adj in primo luogo.
first-night [ˌfɜːstˈnaɪt] n prima (teatrale).
first-rate [ˌfɜːstˈreɪt] adj di prim'órdine (m); di prima qualità (inv).
firth [fɜːθ] n estuario.
fiscal [ˈfɪskl] adj fiscale.
fish [fɪʃ] n pl inv pesce (m).
fish [fɪʃ] v tr, intr pescare.
fisherman [ˈfɪʃəmən] n pescatore (m).
fishing [ˈfɪʃɪŋ] n pesca ◊ **to go fishing**, andare a pesca.
fishing-line [ˈfɪʃɪŋˌlaɪn] n lenza.
fishing-net [ˈfɪʃɪŋˌnet] n rete (f) da pesca.
fishmonger [ˈfɪʃmʌŋgə*] n pescivéndolo(-a).
fishy [ˈfɪʃɪ] adj (fig, fam) equìvoco, losco.
fissure [ˈfɪʃə*] n fessura, crepa.
fist [fɪst] n pugno.
fit [fɪt] adj capace, appropriato, conveniente, in forma ◊ **to keep fit**, mantenersi in forma.
fit [fɪt] v tr, intr adattare(-rsi), aggiustare; concordare; calzare ◊ **the dress fits you very well**, l'abito ti sta benissimo; **to fit on a tyre**, montare una gomma.
fit [fɪt] n (clothes) misura ◊ (med) attacco.
fitful [ˈfɪtfʊl] adj saltuario.
fitment [ˈfɪtmənt] n componìbile (m).
fitness [ˈfɪtnɪs] n buona salute, forma.
fitted carpet [ˌfɪtɪd ˈkɑːpɪt] n moquette.

fitting ['fɪtɪŋ] *adj* conveniente, idòneo, adatto.

fitting ['fɪtɪŋ] *n* (*clothes*) prova ◊ **fittings**, impianti (*m pl*), attrezzature (*f pl*).

five [faɪv] *adj* cinque (*inv*).

fiver ['faɪvə*] *n* (*fam*) biglietto da cinque sterline.

fix [fɪks] *n* (*fam*) difficoltà (*inv*), pasticcio ◊ **to be in fix**, essere nei guai.

fix [fɪks] *v tr, intr* fissare, stabilire ◊ (*fam*) riparare ◊ (*AmE, fam*) preparare.

fixed [fɪkst] *adj* fisso, sistemato ◊ **it's all fixed up**, è tutto sistemato.

fixture ['fɪkstʃə*] *n* attrezzatura completa ◊ (*sport*) incontro sportivo.

fizz [fɪz] *n* effervescenza.

fizzle ['fɪzl] *v intr* frizzare ◊ (*fam*) **to fizzle out**, far fiasco.

fizzy ['fɪzɪ] *adj* frizzante, gassato.

flabbergasted ['flæbəgɑːstɪd] *adj* sbalordito.

flabby ['flæbɪ] *adj* floscio, flàccido.

flag [flæg] *n* bandiera, insegna.

flag [flæg] *v tr, intr* imbandierare; languire, scemare ◊ **to flag sb down**, far cenno a qc di fermarsi.

flagon ['flægən] *n* boccale (*m*).

flagstone ['flægstəʊn] *n* lastra di pietra, làstrico.

flair [fleə*] *n* intùito, predisposizione (*f*) ◊ **to have a flair for sthg**, avere predisposizione per qcs.

flake [fleɪk] *n* fiocco ◊ (*col*) persona inaffidabile.

flake [fleɪk] *v intr* sfaldarsi, squamarsi.

flamboyant [flæm'bɔɪənt] *adj* vistoso, sgargiante.

flame [fleɪm] *n* fiamma, vampa.

flammable ['flæməbəl] *adj* infiammàbile.

flank [flæŋk] *n* fianco.

flannel ['flænl] *n* flanella.

flap [flæp] *n* lembo, falda ◊ (*pocket*) risvolto ◊ (*hat*) tesa ◊ (*wing*) bàttito, colpo ◊ (*fam*) agitazione (*f*), eccitazione (*f*).

flap [flæp] *v tr, intr* bàttere, sbàttere.

flare [fleə*] *n* fiammata, vampa, bagliore (*m*) ◊ (*skirt*) svasatura ◊ (*plane*) pista di atterraggio illuminata.

flare [fleə*] *v tr, intr* fiammeggiare, scintillare.

flaring ['fleərɪŋ] *adj* fiammeggiante.

flash [flæʃ] *n* lampo, sprazzo ◊ (*fig*) breve momento, istante (*m*) ◊ (*newspaper*) notizia lampo ◊ **in a flash**, in un lampo; **flash bulb**, lampadina lampo.

flash [flæʃ] *v tr, intr* lampeggiare, abbagliare ◊ (*eyes*) scintillare ◊ (*idea*) balenare ◊ (*glance*) lanciare.

flasher ['flæʃə*] *n* lampeggiatore (*m*).

flashy ['flæʃɪ] *adj* vistoso, sgargiante.

flask [flɑːsk] *n* fiasco.

flat [flæt] *adj* piatto, liscio, uniforme; abbattuto, inattivo ◊ (*tyre*) sgonfio ◊ (*sl*) **flatfoot**, poliziotto, piedipiatti.

flat [flæt] *n* pianura; appartamento; pneumàtico sgonfio.

flatly ['flætlɪ] *adv* categoricamente.

flatten ['flætn] *v tr, intr* appiattire(-rsi).

flatter ['flætə*] *v tr* adulare, lusingare.

flattery ['flætərɪ] *n* lusinga, adulazione (*f*).

flavour ['fleɪvə*] *n* fragranza, aroma (*m*).

flavour ['fleɪvə*] *v tr* aromatizzare, dar fragranza a.

flaw [flɔː] *n* difetto.

flawless ['flɔːlɪs] *adj* senza difetti.

flax [flæks] *n* lino.

flaxen ['flæksən] *adj* di lino ◊ (*hair*) biondo chiaro.

flea [fliː] *n* pulce (*f*).

fleck [flek] *n* granello, macchia; efèlide (*f*).

flee, *pt, pp* **fled** [fliː, fled] *v tr, intr* fuggire, svanire, evitare.

fleet [fliːt] *n* flotta.

fleeting ['fliːtɪŋ] *adj* fuggèvole, ràpido, effimero.

Flemish ['flemɪʃ] *n* (*language*) fiammingo.

Flemish ['flemɪʃ] *adj, n* fiammingo(-a).

flesh [fleʃ] *n* carne (*f*).

flew [fluː] *pt of* **fly**.

flex [fleks] *v tr* piegare, flèttere.

flexibility [ˌfleksə'bɪlətɪ] *n* flessibilità (*inv*).

flexible ['fleksəbl] *adj* flessìbile.

flexitime ['fleksɪˌtaɪm] *n* orario di lavoro flessibile.

flick [flɪk] *n* colpetto, scarto ◊ (*sl*) **flicks** (*n pl*) cinema ◊ **to go to the flicks**, andare al cinema.

flicker ['flɪkə*] *v tr, intr* tremolare.

flier ['flaɪə*] *n* (*AmE*) volantino.

flight [flaɪt] *n* fuga ◊ rampa (di scale).

flight [flaɪt] *n* volo, viaggio in aèreo; stormo; rampa ◊ **non-stop flight**, volo senza scalo; **flight recorder**, scatola nera.

flighty ['flaɪtɪ] *adj* frìvolo.

flimsy ['flɪmzɪ] *adj* inconsistente, poco convincente.

flimsy ['flɪmzɪ] *n* carta velina.

flinch [flɪntʃ] *v intr* indietreggiare.

fling, *pt, pp* **flung** [flɪŋ, flʌŋ] *v tr, intr* gettare, scaraventare; sbalzare di sella.

flint [flɪnt] *n* selce (*f*) ◊ (*lighter*) pietrina.

flip [flɪp] *n* colpetto.

flippant ['flɪpənt] *adj* leggero, frìvolo, irriverente.

flipper ['flɪpə*] *n* pinna (indossata per nuotare).

flirt [flɜːt] *v tr, intr* amoreggiare.

flit [flɪt] *v intr* svolazzare, volteggiare.

float [fləʊt] *n* galleggiante (*m*), sùghero; carro da corteo.

float [fləʊt] *v tr, intr* galleggiare, tenersi a galla ◊ (*in the air*) fluttuare ◊ (*news*) diffòndersi.

floating ['fləʊtɪŋ] *adj* galleggiante.

flock [flɒk] *n* gregge (*m*); folla.

flog [flɒg] *v tr* frustare.

flood [flʌd] *n* inondazione (*f*), allagamento ◊ (*words*, *tears*) fiume (*m*) ◊ **flood-tide**, flusso della marea.

flood [flʌd] *v tr, intr* allagare(-rsi), straripare.

flooding ['flʌdɪŋ] *n* inondazione (*f*); allagamento.

floodlight ['flʌdlaɪt] *n* luce (*f*) da proiettore.

floor [flɔː*] *n* pavimento; piano (di edificio) ◊ **on the ground floor**, a pianterreno; **first floor**, primo piano, (*AmE*) pianterreno; **second floor**, secondo piano, (*AmE*) primo piano.

floor [flɔː*] *v tr* pavimentare; atterrare, abbàttere.

floor-show ['flɔːʃəʊ] *n* spettàcolo di varietà.

flop [flɒp] *n* tonfo ◊ (*fam*) fiasco.

flop [flɒp] *v tr, intr* lasciarsi cadere ◊ (*sl*) far fiasco ◊ (*sl, AmE*) dormire.

floppy ['flɒpɪ] *adj* floscio.

floral ['flɔːrəl] *adj* floreale.

florid ['flɒrɪd] *adj* flòrido.

florist ['flɒrɪst] *n* fioraio(-a).

floss [flɒs] *n* **dental floss**, filo interdentale.

flounce [flaʊns] *n* scatto.

flounce [flaʊns] *v intr* dimenarsi, balzare, scattare.

flounder ['flaʊndə*] *v intr* dibàttersi, dimenarsi ◊ (*fig*) confòndersi.

flour ['flaʊə*] *n* farina.

flourish ['flʌrɪʃ] *v tr, intr* fiorire, prosperare.

flout [flaʊt] *v tr, intr* schernire, disprezzare.

flow [fləʊ] *n* flusso, corso d'acqua; circolazione (*f*).

flow [fləʊ] *v intr* fluire, scòrrere, sgorgare.

flower ['flaʊə*] *n* fiore (*m*).

flower-bed ['flaʊəbed] *n* aiuola.

flower-pot ['flaʊəpɒt] *n* vaso da fiori.

flowery ['flaʊərɪ] *adj* fiorito, in fiore.

flown [fləʊn] *pp of* **fly.**

flu [fluː] *n* influenza.

fluctuate ['flʌktjʊeɪt] *v tr, intr* fluttuare, oscillare.

fluency ['fluːənsɪ] *n* facilità (*inv*) verbale, scioltezza.

fluent ['fluːənt] *adj* fluente, scorrévole ◊ **to speak fluent English**, parlare inglese correntemente.

fluently ['fluːəntlɪ] *adv* correntemente.

fluff [flʌf] *n* lanùgine (*f*) ◊ (*theatre*) pàpera.

fluffy ['flʌfɪ] *adj* lanuginoso, sòffice.

fluid ['fluːɪd] *adj, n* fluido.

flung [flʌŋ] *pt, pp of* **fling.**

flunk [flʌŋk] *v tr, intr* (*fam, AmE*) èssere bocciato.

fluorescent [ˌflʊə'resnt] *adj* fluorescente.

flurry ['flʌrɪ] *n* folata, tùrbine (*m*) ◊ (*fig*) trambusto.

flush [flʌʃ] *n* rossore (*m*).

flush [flʌʃ] *v tr, intr* arrossire, far arrossire; salire, crèscere rapidamente; sciacquare, irrigare ◊ **to flush the toilet**, tirare lo sciacquone (del water).

flustered ['flʌstərəd] *adj* agitato, sconvolto ◊ **to get flustered**, agitarsi.

flute [fluːt] *n* flàuto.

flutter ['flʌtə*] *v tr, intr* bàttere le ali, svolazzare ◊ (*fig*) agitarsi.

fluvial ['fluːvjəl] *adj* fluviale.

flux [flʌks] *n* flusso.

fly [flaɪ] *n* mosca.

fly, *pt* **flew**, *pp* **flown** [flaɪ, fluː:, fləʊn] *v tr*, *intr* volare, viaggiare, andare in aèreo; pilotare, trasportare in volo; fuggire; sventolare ◊ (*fig*) **to fly high**, mirare in alto; **to fly into a passion**, infuriarsi; **to fly open**, spalancarsi; **I flew out of New York at 10**, sono partito da New York alle 10.

flying [ˈflaɪɪŋ] *n* volo.

flying [ˈflaɪɪŋ] *adj* volante ◊ **flying saucer**, disco volante.

fly-over [ˈflaɪ ˌəʊvə*] *n* (*BrE*) cavalcavìa (*m inv*).

fly-sheet [ˈflaɪʃiːt] *n* volantino.

foam [fəʊm] *n* schiuma ◊ **foam rubber**, gommapiuma.

foam [fəʊm] *v intr* spumeggiare, schiumare.

focal [ˈfəʊkl] *adj* focale.

focus [ˈfəʊkəs] *n* centro, punto focale ◊ **in focus**, a fuoco; **out of focus**, sfocato.

focus [ˈfəʊkəs] *v tr*, *intr* mèttere a fuoco, concentrare.

fog [fɒg] *n* nebbia.

foggy [ˈfʌgɪ] *adj* nebbioso.

foible [ˈfɔɪbl] *n* lato débole ◊ fissazione, mania.

foil [fɔɪl] *n* làmina.

foil [fɔɪl] *v tr* rivestire con làmina.

fold [fəʊld] *v tr*, *intr* piegare(-rsi), avvòlgere, congiùngere, intrecciare ◊ **to fold one's arms**, incrociare le braccia.

folder [ˈfəʊldə*] *n* piegatore(-trice), cartella (per carta), dépliant (*m inv*).

folding [ˈfəʊldɪŋ] *adj* pieghévole, ripiegàbile.

folding-bed [ˈfəʊldɪŋbed] *n* letto pieghévole.

foliage [ˈfəʊlɪɪdʒ] *n* fogliame (*m*).

folk [fəʊk] *n pl* gente (*f*).

folks [fəʊks] *n pl* (*fam*) parenti (*m pl*), famigliari (*m pl*).

follow [ˈfɒləʊ] *v tr*, *intr* seguire, venire dopo, inseguire, derivare; comprèndere; esercitare ◊ **they follow the same profession**, esercitano la stessa professione; **to follow sb about**, seguire qc dappertutto.

follower [ˈfɒləʊə*] *n* seguace (*m / f*).

following [ˈfɒləʊɪŋ] *adj* successivo, seguente.

follow-up [ˈfɒləʊʌp] *n* azione (*f*) supplementare, séguito ◊ (*med*) visita di controllo.

folly [ˈfɒlɪ] *n* pazzìa, follìa.

fond [fɒnd] *adj* affettuoso; appassionato ◊ **he is very fond of music**, ama molto la musica.

fondle [ˈfɒndl] *v tr* accarezzare.

fondness [ˈfɒndnɪs] *n* affettuosità (*inv*).

food [fuːd] *n* cibo.

foodstuffs [ˈfuːdstʌfs] *n pl* gèneri (*m pl*) alimentari.

fool [fuːl] *n* sciocco(-a) ◊ **All Fool's Day**, il primo d'aprile.

fool [fuːl] *v tr*, *intr* scherzare, fare lo sciocco; imbrogliare ◊ **stop fooling!**, non fare lo stupido!

foolery [ˈfuːlərɪ] *n* sciocchezza ◊ **a piece of April foolery**, un pesce d'aprile.

foolish [ˈfuːlɪʃ] *adj* sciocco, stolto.

foolproof [ˈfuːlpruːf] *adj* sicuro, infallìbile.

foot (**feet**) [fʊt, fiːt] *n* piede (*m*), passo, impronta ◊ (*measure*) piede (=30,48 cm) ◊ **on foot**, a piedi.

football [ˈfʊtbɔːl] *n* pallone (*m*); gioco del calcio.

footballer [ˈfʊtbɔːlə*] *n* calciatore(-trice).

foot-brake [ˈfʊtbreɪk] *n* freno a pedale.

foot-bridge [ˈfʊtbrɪdʒ] *n* passerella.

footing [ˈfʊtɪŋ] *n* posizione (*f*) ◊ **equal footing**, alla pari.

footlights [ˈfʊtlaɪts] *n pl* luci (*f pl*) della ribalta.

foot-mark [ˈfʊtmɑːk] *n* orma.

footnote [ˈfʊtnəʊt] *n* nota a piè di pagina.

foot-path [ˈfʊtpɑːθ] *n* sentiero ◊ (*street*) marciapiede (*m*).

foot-print [ˈfʊtprɪnt] *n* impronta del piede.

footstep [ˈfʊtstep] *n* passo, rumore (*m*) di passi.

footwear [ˈfʊtweə*] *n* calzatura.

for [fɔ:*] *prep* per, in direzione di, verso ◊ **for sale**, in vendita; **for lack of**, per mancanza di; **but for you help**, se non fosse stato per il tuo aiuto; **I have been here for three months**, sono qui da tre mesi; **what's this for?**, a che cosa serve?

for [fɔ:*] *conj* dato che, visto che, perché.

forbade [fəˈbæd] *pt of* **forbid**.

forbearing [fɔːˈbeərɪŋ] *adj* paziente, tollerante.

forbid, *pt* **forbade**, *pp* **forbidden** [fə'bɪd, fə'bæd, fə'bɪdn] *v tr* proibire, vietare.

forbidden [fə'bɪdn] *adj* proibito.

forbidding [fə'bɪdɪŋ] *adj* severo, ostile.

force [fɔ:s] *n* forza.

force [fɔ:s] *v tr* forzare, costrìngere, obbligare.

forcible ['fɔ:səbl] *adj* enèrgico, efficace.

fore [fɔ:*] *adv* a prua ◊ **fore and aft**, da prua a poppa.

forearm ['fɔ:rɑ:m] *n* avambraccio.

forecast ['fɔ:kɑ:st] *n* previsione (*f*), pronòstico ◊ **weather forecast**, previsioni meteorologiche.

forecast, *pt*, *pp* **forecast** ['fɔ:kɑ:st, fɔ:kɑ:st] *v tr*, *intr* prevedere, predire.

foredoom [fɔ:'du:m] *v tr* predestinare.

forefather ['fɔ:,fɑ:ðə*] *n* antenato, avo.

forefinger ['fɔ:,fɪŋgə*] *n* ìndice (*m*) (dito).

foregone [fɔ:'gɒn] *adj* precedente, previsto.

foreground ['fɔ:graʊnd] *n* primo piano.

forehead ['fɔ:hɪd] *n* fronte (*f*).

foreign ['fɒrən] *adj* straniero, forestiero; estràneo ◊ **foreign currency**, valuta estera; **foreign exchange**, cambio sull'estero.

foreigner ['fɒrənə*] *n* straniero(-a).

foreknow, *pt* **foreknew**, *pp* **foreknown** [fɔ:'nəʊ, fɔ:'nju:, fɔ:'nəʊn] *v tr* prevedere.

foreman ['fɔ:mən] *n* caporeparto.

foremost ['fɔ:məʊst] *adj* primo, più ragguardévole.

foremost ['fɔ:məʊst] *adv* in primo luogo ◊ **first and foremost**, innanzitutto.

forerunner ['fɔ:,rʌnə*] *n* precursore(-corritrice).

foresee, *pt* **foresaw**, *pp* **foreseen** [fɔ:'si:, fɔ:'sɔ:, fɔ:'si:n] *v tr* prevedere, presentire.

foreseeable [fɔ:'si:əbl] *adj* prevedìbile.

foreshadow [fɔ:'ʃædəʊ] *v tr* presagire.

foresight ['fɔ:saɪt] *n* previdenza.

forest ['fɒrɪst] *n* foresta.

foretaste ['fɔ:teɪst] *n* pregustazione (*f*).

foretell, *pt*, *pp* **foretold** [fɔ:'tel, fɔ:'təʊld] *v tr*, *intr* predire.

forever [fə'revə*] *adv* per sempre.

forfeit ['fɔ:fɪt] *n* pena, pegno.

forfeit ['fɔ:fɪt] *v tr* pèrdere, èssere privato di.

forgather [fɔ:'gæðə*] *v intr* (*fam*) adunarsi, riunirsi, ritrovarsi.

forgave [fə'geɪv] *pt of* **forgive**.

forge [fɔ:dʒ] *v tr* contraffare, falsificare.

forger [fɔ:dʒə*] *n* falsario(-a).

forgery ['fɔ:dʒərɪ] *n* contraffazione (*f*).

forget, *pt* **forgot**, *pp* **forgotten** [fə'get, fə'gɒt, fə'gɒtn] *v tr*, *intr* dimenticare(-rsi), tralasciare.

forgetful [fə'getful] *adj* smemorato, di corta memoria.

forget-me-not [fə'getmɪnɒt] *n* miosòtide (*m*), non ti scordar di me.

forgivable [fə'gɪvəbl] *adj* perdonàbile.

forgive, *pt* **forgave**, *pp* **forgiven** [fə'gɪv, fə'geɪv, fə'gɪvn] *v tr*, *intr* perdonare.

forgiveness [fə'gɪvnɪs] *n* perdono.

forgo, *pt* **forwent**, *pp* **forgone** [fɔ:'gəʊ, fɔ:'went, fɔ:'gɒn] *v tr* rinunciare a, fare a meno di.

forgot [fə'gɒt] *pt of* **forget**.

forgotten [fə'gɒtn] *pp of* **forget**.

fork [fɔ:k] *n* forchetta ◊ (*road*) biforcazione.

fork [fɔ:k] *v intr* inforcare ◊ (*road*) biforcarsi.

form [fɔ:m] *n* forma, scheda, mòdulo; banco, classe (*f*).

form [fɔ:m] *adj* formale.

formal ['fɔ:ml] *adj* formale.

formality [fɔ:'mælɪtɪ] *n* formalità.

format ['fɔ:mæt] *n* formato.

format ['fɔ:mæt] *v tr* (*computer*) formattare.

formation [fɔ:'meɪʃn] *n* formazione (*f*).

formative ['fɔ:mətɪv] *adj* formativo ◊ **a formative course**, un corso formativo.

former ['fɔ:mə*] *adj* precedente, passato ◊ (*before n*) ex (*inv*).

former ['fɔ:mə*] *pron* (*of two people, things*) il primo, la prima ◊ **the former... the latter**, il primo... il secondo.

formerly ['fɔ:məlɪ] *adv* precedentemente, in passato.

formidable ['fɔ:mɪdəbl] *adj* formidàbile, straordinario.

formula ['fɔ:mjʊlə] *n* formula.

formulate ['fɔ:mjʊleɪt] *v tr* formulare, ideare.

forsake, *pt* **forsook**, *pp* **forsaken** [fə'seɪk, fə'sʊk, fə'seɪkən] *v tr* abbandonare, rinunciare.

fort [fɔːt] *n* forte (*m*).

forth [fɔːθ] *adv* avanti ◊ **and so forth**, e così via.

forthcoming [ˌfɔːθˈkʌmɪŋ] *adj* imminente, pròssimo.

fortieth [ˈfɔːtɪɪθ] *adj*, *n* quarantèsimo.

fortify [ˈfɔːtɪfaɪ] *v tr* fortificare.

fortitude [ˈfɔːtɪtjuːd] *n* fermezza, forza d'ànimo.

fortnight [ˈfɔːtnaɪt] *n* quìndici giorni (*m pl*); due settimane.

fortnightly [ˈfɔːtˌnaɪtlɪ] *adj*, *adv* quindicinale, ogni due settimane.

fortress [ˈfɔːtrɪs] *n* fortezza, rocca.

fortunate [ˈfɔːtʃnət] *adj* fortunato.

fortune [ˈfɔːtʃuːn] *n* fortuna.

fortune-teller [ˈfɔːtʃənˌtelə*] *n* indovino (-a).

forty [ˈfɔːtɪ] *adj*, *n* quaranta (*m inv*).

forward [ˈfɔːwəd] *adj* anteriore; pronto; premuroso; insolente.

forward [ˈfɔːwəd] *adv* avanti.

forward [ˈfɔːwəd] *n* (*sport*) attaccante (*m / f*) ◊ **centre-forward**, centravanti (*m inv*).

forward [ˈfɔːwəd] *v tr* agevolare ◊ (*letter*) inoltrare.

forwent [fɔːˈwent] *pt of* **forgo.**

foster-brother [ˈfɒstəbrʌðə*] *n* fratello adottivo.

foster-child [ˈfɒstətʃaɪld] *n* bambino(-a) adottato(-a).

foster-mother [ˈfɒstəmʌðə*] *n* madre adottiva.

fought [fɔːt] *pt, pp of* **fight.**

foul [faʊl] *adj* disgustoso, sconcio; sleale ◊ *n* (*football*) fallo.

foul [faʊl] *v tr* sporcare ◊ (*football player*) commettere fallo su.

found [faʊnd] *pt pp of* **find.**

found [faʊnd] *v tr* fondare.

foundation [faʊnˈdeɪʃn] *n* fondazione (*f*) ◊ **foundations**, fondamenta (*f pl*); **foundation cream**, fondotinta.

fountain [ˈfaʊntɪn] *n* fontana; fonte (*f*), orìgine (*f*).

fountain-pen [ˈfaʊntɪnpen] *n* penna stilogràfica.

four [fɔː*] *adj*, *n* quattro (*inv*) ◊ **to go on all fours**, camminare a carponi.

fourteen [ˌfɔːˈtiːn] *adj*, *n* quattòrdici (*m inv*).

fourth [fɔːθ] *adj*, *n* quarto.

fowl [faʊl] *n* pollame (*m*), volàtile (*m*).

fox [fɒks] *n* volpe (*f*).

foxhunt [ˈfɒkshʌnt] *n* caccia alla volpe.

foxy [ˈfɒksɪ] *adj* (*AmE, sl*) sessualmente attraente.

fraction [ˈfrækʃn] *n* frazione (*f*), frammento.

fracture [ˈfræktʃə*] *n* frattura, rottura, spacco.

fragile [ˈfrædʒaɪl] *adj* fràgile.

fragment [ˈfrægmənt] *n* frammento, pezzetto, scheggia.

fragmentary [ˈfrægməntərɪ] *adj* frammentario.

fragrance [ˈfreɪgrəns] *n* fragranza, profumo.

fragrant [ˈfreɪgrənt] *adj* fragrante, profumato.

frail [freɪl] *adj*, débole, fràgile.

frailty [ˈfreɪltɪ] *n* debolezza.

frame [freɪm] *n* struttura, ossatura, composizione (*f*); cornice (*f*) ◊ (*glasses*) montatura ◊ **frame of mind**, stato d'animo.

frame [freɪm] *v tr*, *intr* formare, incorniciare; inventare.

framework [ˈfreɪmwɜːk] *n* struttura, intelaiatura.

franchise [ˈfræntʃaɪz] *n* diritto di voto ◊ (*comm*) esclusiva.

frank [fræŋk] *adj* franco, leale.

frantic [ˈfræntɪk] *adj* frenètico, convulso.

fraternal [frəˈtɜːnl] *adj* fraterno, affettuoso.

fraternity [frəˈtɜːnətɪ] *n* fratellanza; confratèrnita ◊ (*AmE*) club di studenti (maschi).

fraud [frɔːd] *n* frode (*f*).

fraught [frɔːt] *adj* càrico, pieno.

fray [freɪ] *n* rissa.

freak [friːk] *n* fenòmeno, mostro; stramberìa, capriccio.

freckle [frekl] *n* lentiggine (*f*).

free [friː] *adj* lìbero; gratuito, gratis.

free [friː] *v tr* liberare.

freedom [ˈfriːdəm] *n* libertà (*inv*).

freelance [ˈfriːlɑːns] *n* collaboratore(-trice) esterno(-a); libero(-a) professionista.

freely [ˈfriːlɪ] *adv* liberamente; gratuitamente, gratis.

freepass [ˌfriːˈpɑːs] *n* lasciapassare (*m inv*).

free-trade [ˌfriːˈtreɪd] *n* libero scambio.

freeway [ˈfriːweɪ] *n* (*AmE*) autostrada senza pedaggio.

freeze, *pt* **froze**, *pp* **frozen** [friːz, frəʊz, ˈfrəʊzn] *v tr*, *intr* gelare(-rsi), congelare(-rsi) ◊ (*prices*) bloccare.

freeze [friːz] *n* gelo.

freezer [ˈfriːzə*] *n* congelatore (*m*).

freezing [ˈfriːzɪŋ] *adj* gèlido.

freezing [ˈfriːzɪŋ] *n* congelamento.

freight [freɪt] *n* trasporto merce, nolo, càrico.

freight [freɪt] *v tr* caricare, spedire, noleggiare.

freighter [ˈfreɪtə*] *n* spedizioniere (*m*) ◊ nave (*f*) da càrico.

freight train [ˈfreɪt ˌtreɪn] *n* (*AmE*) treno merci.

French [frentʃ] *adj*, *n* francese (*m* / *f*) ◊ (*language*) francese (*m*) ◊ **the French**, i francesi; **to take French leave**, accomiatarsi senza avvertire.

frenzy [ˈfrenzɪ] *n* frenesia.

frequency [ˈfriːkwənsɪ] *n* frequenza.

frequent [ˈfriːkwənt] *adj* frequente.

frequent [ˈfriːkwənt] *v tr* frequentare.

fresh [freʃ] *adj* fresco, giòvane, nuovo ◊ (*AmE*) impertinente ◊ **to make a fresh start**, ricominciare da capo.

freshen [ˈfreʃn] *v tr*, *intr* rinfrescare(-rsi), ravvivare.

freshly [ˈfreʃlɪ] *adv* di recente.

freshwater [ˈfreʃwɔːtə*] *adj* d'acqua dolce.

fret [fret] *v intr* agitare(-rsi), preoccuparsi.

friar [ˈfraɪə*] *n* frate (*m*).

friction [ˈfrɪkʃn] *n* frizione (*f*), attrito.

Friday [ˈfraɪdɪ] *n* venerdì (*m inv*).

fridge [frɪdʒ] *n* frigorìfero.

fried [fraɪd] *adj* fritto.

friend [frend] *n* amico(-a).

friendly [ˈfrendlɪ] *adj* affabile, amichévole, benèvolo, cordiale.

friendship [ˈfrendʃɪp] *n* amicizia.

fright [fraɪt] *n* paùra, spavento.

frighten [ˈfraɪtn] *v tr* spaventare, far paura a.

frightening [ˈfraɪtnɪŋ] *adj* spaventoso.

frightful [ˈfraɪtfʊl] *adj* orrìbile, orrendo, spaventoso, terribile.

frigid [ˈfrɪdʒɪd] *adj* glaciale.

frill [frɪl] *n* frangia.

fringe [frɪndʒ] *n* frangia, màrgine (*m*) ◊ (*hair*) frangetta.

frisk [frɪsk] *n* salto, sgambetto ◊ (*sl*) perquisizione (*f*).

frisky [ˈfrɪskɪ] *adj* vispo.

fritter [ˈfrɪtə*] *n* frittella.

frivolity [frɪˈvɒlətɪ] *n* frivolezza.

frivolous [ˈfrɪvələs] *adj* frivolo.

frizzy [ˈfrɪzɪ] *adj* crespo.

frock [frɒk] *n* àbito.

frog [frɒg] *n* rana.

frogman [ˈfrɒgmən] *n* sommozzatore (*m*).

frolic [ˈfrɒlɪk] *v intr* saltellare, sgambettare.

from [frɒm] *prep* da, fin da, per, a motivo di ◊ **from abroad**, dall'estero; **from bad to worse**, di male in peggio; **where are you from?**, di dove sei?

front [frʌnt] *n* facciata, davanti (*m inv*); lungomare (*m*) ◊ (*fig*) audacia.

front [frʌnt] *adj* anteriore, frontale.

front [frʌnt] *v tr* fronteggiare, essere esposto (a), guardare su.

front-door [ˈfrʌntdɔː*] *n* ingresso principale.

frontier [ˈfrʌnˌtɪə*] *n* confine (*m*), frontiera.

front-page [ˈfrʌntpeɪdʒ] *adj* prima pàgina (di giornale).

frost [frɒst] *n* gelo.

frosted [ˈfrɒstɪd] *adj* brinato, ghiacciato ◊ (*food*) glassato ◊ (*glass*) smerigliato.

frosty [ˈfrɒstɪ] *adj* gelato, brinato.

froth [frɒθ] *n* schiuma.

frown [fraʊn] *v intr* accigliarsi.

froze [frəʊz] *pt of* **freeze**.

frozen [ˈfrəʊzn] *pp of* **freeze**.

frozen [ˈfrəʊzn] *adj* (*food*) congelato, surgelato ◊ (*comm*) bloccato.

frugal [ˈfruːgl] *adj* sobrio.

fruit [fruːt] *n pl inv*, frutto, frutta.

fruitful [ˈfruːtfʊl] *adj* fèrtile, fecondo.

fruit-salad [ˌfruːtˈsæləd] *n* macedonia di frutta.

frustrate [frʌˈstreɪt] *v tr* frustrare, delùdere.

frustration [frʌˈstreɪʃn] *n* frustrazione (*f*).

fry [fraɪ] *v tr*, *intr* frìggere, far frìggere.

frying-pan [ˈfraɪɪŋˌpæn] *n* padella.

fuck *v tr*, *intr* (*vulg*) avere rapporti sessuali, scopare.

fucking ['fʌkɪŋ] *adj* (*sl*) dannato.

fuddy-duddy ['fʌdɪ'dʌdɪ] *n* (*fam*) matusa.

fuel [fjʊəl] *n* combustìbile (*m*), carburante (*m*), benzina ◊ **fuel-oil**, nafta; **fuel-tank**, serbatoio del carburante.

fug [fʌg] *n* (*fam*) aria viziata.

fugitive ['fjuːdʒɪtɪv] *n* fuggiasco(-a).

fulfil [fʊl'fɪl] *v tr* adémpiere, còmpiere, eseguire; appagare, esaudire ◊ **to fulfil the conditions**, rispettare le condizioni.

fulfilment [fʊl'fɪlmənt] *n* appagamento, adempimento; realizzazione.

full [fʊl] *adj* pieno, completo, càrico, abbondante, perfetto, intero ◊ **the bus is full up**, l'autobus è pieno; **full fare**, tariffa intera; **full immersion**, immersione totale.

full [fʊl] *adv* in pieno, direttamente; molto.

full board [ˌfʊl'bɔːd] *n* pensione completa.

full-time ['fʊl'taɪm] *adj* a tempo pieno.

fully ['fʊlɪ] *adv* completamente.

fumble ['fʌmbl] *v intr* annaspare, andare a tentoni.

fume [fjuːm] *v intr* arrabbiarsi, irritarsi.

fun [fʌn] *n* divertimento, spasso ◊ **to have fun**, divertirsi; **for fun**, per scherzo; **to make fun of**, prendersi gioco di.

function ['fʌŋkʃn] *n* funzione (*f*), scopo; cerimonia.

function ['fʌŋkʃn] *v intr* funzionare.

functional ['fʌŋkʃənəl] *adj* funzionale.

functioning ['fʌŋkʃənɪŋ] *n* funzionamento.

fund [fʌnd] *n* fondo, somma di denaro ◊ **funds**, fondi (*m pl*).

fundamental [ˌfʌndə'mentl] *adj* fondamentale.

funeral ['fjuːnərəl] *n* funerale (*m*).

fun fair ['fʌn feə*] *n* luna park (*m inv*).

funnel ['fʌnl] *n* imbuto.

funny ['fʌnɪ] *adj* buffo; strano, bizzarro ◊ (*sl*) **to feel funny**, non sentirsi bene.

fur [fɜː*] *n* pelo, pelliccia ◊ **furcoat**, pelliccia: **to line with fur**, foderare di pelliccia.

furious ['fjʊərɪəs] *adj* furioso.

furlough ['fɜːləʊ] *n* (*AmE*) congedo, permesso.

furnace ['fɜːnɪs] *n* fornace (*f*), forno, caldaia.

furnish ['fɜːnɪʃ] *v tr* arredare, ammobiliare ◊ (*supply*) rifornire.

furnishings [fɜːnɪʃɪŋz] *n pl* artìcoli (*m pl*) di arredamento.

furniture ['fɜːnɪtʃə*] *n* mòbili (*m pl*) ◊ **a piece of furniture**, un mobile.

furrow ['fʌrəʊ] *n* solco; ruga.

furry ['fɜːrɪ] *adj* peloso.

further ['fɜːðə*] *adj* (*comp of* **far**) più lontano; ulteriore, nuovo, successivo, supplementare ◊ **until further orders**, fino a nuovo ordine.

further ['fɜːðə*] *adv* (*comp of* **far**) oltre, più avanti, inoltre ◊ **it's a little further**, è un po' più in là.

further ['fɜːðə*] *v tr* favorire, promuòvere, secondare.

furthermore [ˌfɜːðə'mɔː*] *adv* inoltre.

furthest ['fɜːðɪst] *adv*, *adj* (*sup of* **far**) il più lontano.

furtive ['fɜːtɪv] *adj* furtivo.

fury ['fjʊərɪ] *n* furia, furore (*m*).

fuse [fjuːz] *n* fusìbile (*m*).

fuse [fjuːz] *v tr*, *intr* fòndere(-rsi) ◊ (*fig*) amalgamare.

fusion ['fjuːʒn] *n* fusione (*f*).

fuss [fʌs] *n* trambusto ◊ **to make a fuss**, fare chiasso.

fussy ['fʌsɪ] *adj* confusionario; meticoloso.

futile ['fjuːtaɪl] *adj* fùtile.

futility [fjuː'tɪlətɪ] *n* futilità (*inv*), frivolezza.

future ['fjuːtʃə*] *adj* futuro, venturo.

future ['fjuːtʃə*] *n* futuro.

fuzzy ['fʌɪ] *adj* (*hair*) crespo ◊ (*fig*) indistinto, confuso.

G

gab [gæb] *n* (*fam*) chiàcchiera, parlantina.

gabble ['gæbl] *v tr*, *intr* borbottare, farfugliare.

gadget ['gædʒɪt] *n* arnese (*m*), aggeggio.

gag [gæg] *n* bavaglio ◊ (*theatre*) battuta improvvisata, motto scherzoso.

gag [gæg] *v intr* improvvisare battute ◊ (*fig*) ridurre al silenzio.

gaiety ['geɪətɪ] *n* gaiezza, allegrìa.

gain [geɪn] *n* guadagno.

gain [geɪn] *v tr, intr* guadagnare(-rsi); progredire ◊ (*watch*) andare avanti ◊ **to gain friends**, farsi degli amici; **to gain weight**, aumentare di peso.

gainful ['geɪnful] *adj* lucroso, vantaggioso.

gainsay, *pt pp* **gainsaid** [ˌgeɪn'seɪ, geɪn'seɪd] *v tr* negare ◊ **there's no gainsaying that**, ciò non si può negare.

gait [geɪt] *n* andatura, passo.

galaxy ['gæləksɪ] *n* galassia.

gale [geɪl] *n* burrasca, vento forte.

gall [gɔːl] *n* bile (*f*) ◊ **gall-bladder**, cistifellea; **gall stones**, calcoli alla cistifellea.

gallant ['gælənt] *adj* galante, cortese.

gallery ['gælərɪ] *n* gallerìa, tribuna ◊ (*theatre*) loggione (*m*) ◊ (*works of art*) pinacoteca.

gallon ['gælən] *n* gallone (*m*) (= litri 4,546).

gallop ['gæləp] *v tr, intr* galoppare ◊ (*fig*) affrettarsi.

galosh [gə'lɒʃ] *n* caloscia.

gamble ['gæmbl] *v tr, intr* giocare d'azzardo, speculare ◊ **to gamble away**, perdere al gioco.

gambling ['gæmblɪŋ] *n* gioco d'azzardo.

gambol ['gæmbl] *v intr* saltellare, fare capriole.

game [geɪm] *n* gioco ◊ (*sport*) partita ◊ (*fig*) scherzo, trucco ◊ cacciagione, selvaggina ◊ **the Olympic Games**, i Giochi Olimpici; **the game is up**, lo scherzo è finito; **none of your little games**, niente scherzi; **to make game of sb**, farsi beffe di qc; **to be on the game**, fare la vita.

game [geɪm] *adj* coraggioso.

gamekeeper ['geɪmˌkiːpə*] *n* guardacaccia (*m inv*).

game-licence ['geɪmˌlaɪsns] *n* licenza di caccia.

gammon ['gæmən] *n* prosciutto affumicato ◊ (*sl*) **to give gammon**, fare il palo.

gang [gæŋ] *n* squadra, gruppo ◊ (*fam, derog*) banda, masnada.

gang [gæŋ] *v intr* (*fam*) allearsi, coalizzarsi.

gangrene ['gæŋgriːn] *n* cancrena.

gangway ['gæŋweɪ] *n* passaggio, corsìa, passerella.

gaol [dʒeɪl] *n* prigione (*f*).

gap [gæp] *n* breccia, apertura, buco ◊ (*fig*) divergenza, divario ◊ **generation gap**, gap generazionale.

gape [geɪp] *n* sbadiglio, sguardo stupito a bocca aperta *qc*.

gape [geɪp] *v intr* restare a bocca aperta ◊ **to gape at someone**, guardare a bocca aperta qc.

gap-toothed ['gæp,tuːθt] *adj* dai denti radi.

garage ['gærɑːdʒ] *n* garage; autofficina ◊ **garage sale**, vendita di oggetti e vecchi mobili.

garbage ['gɑːbɪdʒ] *n* (*AmE*) immondizie (*f pl*), rifiuti (*m pl*) ◊ (*fig*) ciarpame (*m*) ◊ **garbage-can**, bidone della spazzatura.

garble ['gɑːbl] *n* alterare.

garden ['gɑːdn] *n* giardino.

garden ['gɑːdn] *v intr* fare del giardinaggio.

gardener ['gɑːdnə*] *n* giardiniere(-a).

gardening ['gɑːdnɪŋ] *n* giardinaggio.

gargle ['gɑːgl] *v tr, intr* fare gargarismi.

garish ['geərɪʃ] *adj* sgargiante, vistoso.

garland ['gɑːlənd] *n* ghirlanda, corona.

garlic ['gɑːlɪk] *n* aglio.

garment ['gɑːmənt] *n* indumento, capo.

garnish ['gɑːnɪʃ] *v tr* guarnire, ornare.

garret ['gærət] *n* soffitta, solaio, abbaìno.

garrulous ['gærələs] *adj* loquace, ciarliero.

garter ['gɑːtə*] *n* giarrettiera.

garter-belt ['gɑːtə*,belt] *n* reggicalze.

gas [gæs] *n* gas (*m inv*) ◊ (*AmE*) benzina.

gas [gæs] *v tr, intr* asfissiare col gas ◊ (*fam*) dire sciocchezze.

gas-bill ['gæs,bɪl] *n* bolletta del gas.

gas-bottle ['gæs,bɒtl] *n* bòmbola del gas.

gas-cooker ['gæs,kʊkə*] *n* fornello a gas.

gas-fire ['gæs,faɪə*] *n* stufa a gas.

gas-meter ['gæs,miːtə*] *n* contatore (*m*) del gas.

gas-oil ['gæs,ɔɪl] *n* nafta.

gasoline ['gæsəʊliːn] *n* (*AmE*) benzina, gasolio.

gasp [gɑːsp] *v tr, intr* ansare, ansimare, boccheggiare.

gas-pipe ['gæspaɪp] *n* conduttura del gas.

gas-stove ['gæsstəʊv] *n* cucina a gas.

gassy ['gæsɪ] *adj* effervescente.

gastritis [gæs'traɪtɪs] *n* gastrite.

gastronomy [gæ'strɒnəmɪ] *n* gastronomìa.

gate [geɪt] *n* cancello.

gateway ['geɪtweɪ] *n* portone (*m*), ingresso.

gather ['gæðə*] *v tr, intr* raccògliere(-rsi), raggruppare(-rsi) ◊ (*fig*) capire ◊ **to gather speed**, acquistare velocità; **to gather strength**, ristabilirsi.

gathering ['gæðərɪŋ] *n* adunanza, raduno.

gauche [gəʊʃ] *adj* goffo.

gaudy ['gɔːdɪ] *adj* vistoso.

gauge [geɪdʒ] *n* apparecchio misuratore ◊ (*fig*) portata, calibro.

gauge [geɪdʒ] *v tr* misurare con esattezza.

gaunt [gɔːnt] *adj* scarno.

gauze [gɔːz] *n* garza.

gave [geiv] *pt of* **give**.

gay [geɪ] *adj* omosessuale (*m*), gay.

gaze [geɪz] *n* sguardo fisso.

gaze [geɪz] *v intr* guardare insistentemente, fissare.

gazette [gə'zet] *n* gazzetta ufficiale, bollettino.

G.B. ['dʒiː 'biː] *abbr of* **Great Britain**, Gran Bretagna.

G.C.E. ['dʒiː siː 'iː] *n abbr of* **General Certificate of Education**, maturità (*inv*).

gear [gɪə*] *n* ingranaggio, dispositivo ◊ (*engine*) cambio, marcia ◊ arnesi, attrezzi, equipaggiamento ◊ **bottom gear**, prima marcia; **top gear**, quinta marcia; **to be out of gear**, essere in folle.

gear-lever ['gɪə*,liːvə*] *n* leva del cambio.

geese [giːs] *n pl of* **goose**.

gelid ['dʒelɪd] *adj* gèlido.

gem [dʒem] *n* gemma.

Gemini ['dʒemɪnaɪ] *n* Gemelli (*m pl*).

gender ['dʒendə*] *n* gènere (*m*).

gene [dʒiːn] *n* gene (*m*).

general ['dʒenərəl] *n* generale (*m*).

general ['dʒenərəl] *adj* generale, comune, universale ◊ **general practitioner**, medico generico.

generalize ['dʒenərəlaɪz] *v tr, intr* generalizzare, diffóndere.

generally ['dʒenərəlɪ] *adv* generalmente ◊ **generally speaking**, genericamente parlando.

generate ['dʒenəreɪt] *v tr* generare, procreare.

generation [,dʒenə'reɪʃn] *n* generazione (*f*).

generosity [,dʒenə'rɒsətɪ] *n* generosità (*inv*).

generous ['dʒenərəs] *adj* generoso; abbondante.

genetic [dʒɪ'netɪk] *agg* genetico.

genetics [dʒɪ'netɪks] *n pl* genètica.

genial ['dʒiːnjəl] *adj* mite, benèvolo ◊ (*person*) cordiale, sociévole.

geniality [,dʒiːnɪ'ælətɪ] *n* (*person*) amabilità (*inv*) ◊ (*weather*) mitezza.

genitals ['dʒenɪtlz] *n pl* genitali (*m pl*).

genius ['dʒiːnjəs] *n* genio.

genre ['ʒɑːnrə] *n* gènere (*m*).

gentle ['dʒentl] *adj* dolce, mite; cortese; delicato, leggero.

gentleman ['dʒentlmən] *n* uomo, signore (*m*); gentiluomo.

gentry ['dʒentrɪ] *n* pìccola nobiltà (*inv*).

gents [dʒents] *n* gabinetto pùbblico (per signori).

genuine ['dʒenjʊɪn] *adj* vero; schietto, sincero.

geography [dʒɪ'ɒgrəfɪ] *n* geografìa.

geological [,dʒɪəʊ'lɒdʒɪkl] *adj* geològico.

geology [dʒɪ'ɒlədʒɪ] *n* geologìa.

geranium [dʒɪ'reɪnjəm] *n* geranio.

geriatric [,dʒerɪ'ætrɪk] *adj* geriàtrico.

germ [dʒɜːm] *n* germe (*m*) ◊ **germ warfare**, guerra batteriologica.

German ['dʒɜːmən] *adj* tedesco ◊ **German measles**, rosolìa.

germicidal ['dʒɜːmɪsaɪdl] *adj* sterilizzante.

germicide ['dʒɜːmɪsaɪd] *n* germicida (*m*).

gerontology [,dʒerɒn'tɒlədʒɪ] *n* gerontologìa.

gestation [dʒe'steɪʃn] *n* gestazione (*f*) ◊ (*fig*) preparazione (*f*).

gesticulate [dʒe'stɪkjʊleɪt] *v tr, intr* gesticolare.

gesture ['dʒestʃə*] *n* gesto.

get, *pt, pp* **got**, (*AmE*) *pp* **gotten** [get, gɒt, 'gɒtn] *v tr, intr* diventare, cominciare a essere; ottenere, acquistare, avere, ricévere, pigliare, beccarsi; riuscire, far arrivare, andare, arrivare; generare, preparare ◊ **to get the worst of it**, avere la peggio; **to get one's living**, guadagnarsi da vivere; **to get a cold**, buscarsi un raffreddore; **to get sthg done**, far fare qcs; (*news*) **to get**

abroad, diffondersi; **to get at**, raggiungere, (*fam*) insinuare; **to get away with**, riuscire a farla franca; **to get back**, ritornare; **to get by**, arrangiarsi; **to get off**, scendere; **to get on with**, continuare; **to get over**, superare, riaversi da; (*tel*) **to get through**, avere la linea; **to get together**, riunirsi, incontrarsi; **to get up**, alzarsi; **to get away**, sfuggire.

get-at-able [get'ætəbl] *adj* accessìbile.

getaway ['getəweɪ] *n* fuga.

get-off ['getɒf] *n* (*sl*) decollo.

geyser ['gaɪzə*] *n* sorgente calda; scaldabagno.

ghastly ['gɑ:stlɪ] *adj* orrendo, spaventoso.

ghetto ['getəʊ] *n* ghetto ◊ **ghetto blaster**, (*AmE*) stereo portatile.

ghost [gəʊst] *n* fantasma (*m*).

ghostly ['gəʊstlɪ] *adj* spettrale.

giant ['dʒaɪənt] *n* gigante (*m*).

giant ['dʒaɪənt] *adj* enorme.

gibber ['dʒɪbə*] *v intr* borbottare, farfugliare.

gibberish ['dʒɪbərɪʃ] *n* borbottìo, parlare confuso.

gibe [dʒaɪb] *n* beffa, scherno.

giddiness ['gɪdɪnɪs] *n* vertìgine (*f*), capogiro.

giddy ['gɪdɪ] *adj* vertiginoso; stordito.

gift [gɪft] *n* regalo, dono.

gifted ['gɪftɪd] *adj* dotato.

gigantic [dʒaɪ'gæntɪk] *adj* gigantesco, enorme.

giggle ['gɪgl] *v intr* rìdere scioccamente, ridacchiare.

gild [gɪld] *v tr* dorare.

gill [gɪl] *n* branchia.

gilt [gɪlt] *n* doratura.

gimmick ['gɪmɪk] *n* (*fam*) espediente (*m*), trovata ingegnosa.

ginger ['dʒɪndʒə*] *n* zénzero ◊ **ginger-ale**, bibita allo zenzero; **ginger-hair**, capelli rossicci.

gingerly ['dʒɪndʒəlɪ] *adv* cautamente.

gingivitis [,dʒɪndʒɪ'vaɪtɪs] *n* gengivite (*f*).

gipsy ['dʒɪpsɪ] *n* zìngaro(-a).

giraffe [dʒɪ'rɑ:f] *n* giraffa.

girdle ['gɜ:dl] *n* cintura.

girl [gɜ:l] *n* ragazza, signorina.

girlfriend ['gɜ:l,frend] *n* ragazza, fidanzata.

gist [dʒɪst] *n* quintessenza, succo.

give, *pt* **gave**, *pp* **given** [gɪv, geɪv, 'gɪvn] *v tr*, *intr* dare, donare; inflìggere (una condanna); concèdere, fornire, procurare ◊ **give a toast**, proporre un brindisi; **to give birth**, dare alla luce; **to give alms**, fare l'elemosina; **to give back**, restituire; **to give forth**, pubblicare; **to give in**, cedere; **to give out**, annunciare, venir meno; **to give over**, abbandonare, consegnare; **to give up**, rinunciare a; **to give os up**, arrendersi.

give-away ['gɪvəweɪ] *n* (*fam*) tradimento.

given ['gɪvn] *pp of* **give**.

glacial ['gleɪsjəl] *adj* gèlido, glaciale.

glacier ['glæsjə*] *n* ghiacciaio.

glad [glæd] *adj* lieto, felice.

gladden ['glædn] *v tr* rallegrare.

gladness ['glædnɪs] *n* contentezza, gioia, allegrezza.

glamorous ['glæmərəs] *adj* attraente, seducente.

glamour ['glæmə*] *n* attrattiva, fascino, richiamo.

glance [glɑ:ns] *n* sguardo.

glance [glɑ:ns] *v tr*, *intr* lanciare un'occhiata ◊ **to glance over a letter**, dare un'occhiata a una lettera.

glancing ['glɑ:nsɪŋ] *adj* fugace, ràpido.

gland [glænd] *n* ghiàndola.

glare [gleə*] *n* bagliore (*m*), riverbero ◊ (*look*) sguardo minaccioso.

glare [gleə*] *v tr*, *intr* rifùlgere, abbagliare ◊ **to glare at**, guardar male.

glaring ['gleərɪŋ] *adj* abbagliante; palese, madornale.

glass [glɑ:s] *n* vetro, cristallo; bicchiere (*m*) ◊ **glasses**, occhiali.

glasshouse ['glɑ:shaʊs] *n* serra.

glass-maker ['glɑ:s,meɪkə*] *n* vetraio.

glass-paper ['glɑ:s,peɪpə*] *n* carta vetrata.

glassware ['glɑ:sweə*] *n* cristallerìa.

glassy ['glɑ:sɪ] *adj* trasparente, lìmpido ◊ (*eyes*) vìtreo.

glaze [gleɪz] *n* smalto.

glaze [gleɪz] *v tr*, *intr* fornire di vetri; smaltare.

glazier ['gleɪzjə*] *n* vetraio.

glazy ['gleɪzɪ] *adj* vìtreo.

gleam [gli:m] *n* raggio.

gleam [gli:m] *v intr* risplèndere, luccicare.

glee [gli:] *n* allegrìa, gioia.

gleeful ['gli:ful] *adj* allegro.

glib [glɪb] *adj* loquace.

glide [glaɪd] *n* scivolata.

glide [glaɪd] *v intr* scivolare, planare.

glider [glaɪdə*] *n* aliante (*m*).

gliding [glaɪdɪŋ] *n* volo a vela.

glimmer ['glɪmə*] *v intr* luccicare; albeggiare.

glimmer ['glɪmə*] *n* barlume (*m*), luce (*f*) fioca.

glimpse [glɪmps] *n* ràpido sguardo, occhiata ◊ (*fig*) pàllida idea.

glimpse [glɪmps] *v tr, intr* intravvedere, vedere di sfuggita.

glint [glɪnt] *n* scintillìo, bagliore (*m*), riflesso.

glisten ['glɪsn] *v intr* luccicare, scintillare.

glitter ['glɪtə*] *v intr* luccicare, scintillare.

global ['gləʊbl] *adj* globale, totale ◊ **global village**, villaggio globale.

globe [gləʊb] *n* globo, sfera.

globe-trotter ['gləʊb,trɒtə*] *n* giramondo.

gloom [glu:m] *n* oscurità (*inv*) ◊ (*fig*) tristezza.

gloomy ['glu:mɪ] *adj* oscuro.

glorify ['glɔ:rɪfaɪ] *v tr* glorificare, esaltare.

glorious ['glɔ:rɪəs] *adj* glorioso, magnìfico.

glory ['glɔ:rɪ] *n* gloria, fama.

glory ['glɔ:rɪ] *v intr* gloriarsi, vantarsi.

gloss [glɒs] *n* lucentezza.

gloss [glɒs] *v tr* lucidare; mascherare.

glossary ['glɒsərɪ] *n* glossario.

glossy ['glɒsɪ] *adj* lùcido, lucente ◊ **glossy paper**, carta patinata; **glossy magazines**, riviste di lusso.

glove [glʌv] *n* guanto.

glow [gləʊ] *n* bagliore (*m*), chiarore (*m*) ◊ (*face*) rossore (*m*) ◊ (*fig*) ardore (*m*), entusiasmo.

glow [gləʊ] *v intr* àrdere.

glowing ['gləʊɪŋ] *adj* incandescente, acceso.

glow-worm ['gləʊwɜ:m] *n* lùcciola.

glucose ['glu:kəʊs] *n* glucosio.

glue [glu:] *n* colla.

glue [glu:] *v tr* incollare.

glum [glʌm] *adj* triste.

glut [glʌt] *n* eccesso, scorpacciata.

gluttony ['glʌtnɪ] *n* ghiottonerìa, golosità (*inv*).

G-man ['dʒi:mæn] *n* (*sl, AmE*) agente del F.B.I. (Federal Bureau of Investigation).

gm, gms *abbr of* **gram(s)**.

GMT [,dʒi: em 'ti:] *abbr of* **Greenwich Mean Time**, ora di Greenwich.

gnarled [nɑ:ld] *adj* nodoso ◊ (*fig*) aspro, bisbètico.

gnash [næʃ] *v tr, intr* digrignare.

gnat [næt] *n* moscerino.

gnaw [nɔ:] *v tr, intr* ròdere, rosicchiare.

gnu [nu:] *n* gnu (*m inv*).

go [gəʊ] *n* (*fam*) energìa, attività (*inv*); tentativo, situazione (*f*), moda ◊ **full of go**, dinamico; **to have a go**, fare un tentativo; **it's all the go**, è di gran moda; **no go!**, nulla da fare!

go, *pt* **went**, *pp* **gone** [gəʊ, went, gɒn] *v tr, intr* andare, recarsi, andàrsene, èssere contenuto in, entrare; funzionare, procèdere; èssere venduto, servire, contribuire; cèdere; èssere deciso ◊ **to go home**, andare a casa; **to go for a walk**, fare una passeggiata; **to go on a journey**, andare in viaggio; **to go on foot**, andare a piedi; **to go shopping**, andare a far compere; **it goes without saying**, si capisce; **to go Dutch**, pagare alla romana; **to go about**, diffondersi; **to go ahead**, andare avanti; **to go away**, partire; **to go back**, ritornare; **to go back on (promise)**, non mantenere (promesse); **to go by**, scorrere (di tempo); **to go in**, entrare; **to go in for**, iscriversi; **to go into**, indagare; **to go off**, partire, esplodere; **to go on**, continuare; **to go out**, uscire, (*fire, light*) spegnersi; **to go through**, attraversare, subire.

goad [gəʊd] *n* pùngolo, stìmolo.

go-ahead ['gəʊəhed] *adj* intraprendente.

go-ahead ['gəʊəhed] *n* benestare, permesso di procédere, vìa.

goal [gəʊl] *n* (*sport*) rete (*f*), porta, gol (*m inv*) ◊ (*fig*) meta, fine (*m*) ◊ **to score a goal**, segnare il gol.

goalkeeper ['gəʊl,ki:pə*] *n* portiere (*m*).

goat [gəʊt] *n* capra.

gobble ['gɒbl] *v tr* inghiottire, trangugiare.

go-between ['gəʊbɪ,twi:n] *n* mediatore(-trice).

goblet ['gɒblɪt] *n* coppa.

goblin ['gɒblɪn] *n* folletto.

God [gɒd] *n* Dio.

godchild ['gɒdtʃaɪld] *n* figlioccio(-a).

goddaughter ['gɒd,dɔ:tə*] *n* figlioccia.

goddess ['gɒdɪs] *n* dea.

godfather ['gɒd,fɑ:ðə*] *n* padrino.

god-fearing ['gɒd,fɪərɪŋ] *adj* devoto.

godlike ['gɒdlaɪk] *adj* divino.

godmother ['gɒd,mʌðə*] *n* madrina.

godson ['gɒdsʌn] *n* figlioccio.

goggles ['gɒglz] *n pl* occhialoni (*m pl*); occhiali (*m pl*) a visiera.

going ['gəʊɪŋ] *n* l'andare, partenza; condizione (*f*) del terreno; andatura ◊ **comings and goings**, andirivieni.

going ['gəʊɪŋ] *adj* efficiente ◊ **a going concern**, un'azienda avviata.

gold [gəʊld] *n* oro.

gold [gəʊld] *adj* d'oro.

golden ['gəʊldən] *adj* dorato ◊ **golden handshake**, buonuscita (per incoraggiare il prepensionamento).

goldfinch ['gəʊldfɪntʃ] *n* cardellino.

goldfish ['gəʊldfɪʃ] *n* pesce rosso.

goldmine ['gəʊldmaɪn] *n* miniera d'oro.

gold-plated [,gəʊld'pleɪtɪd] *adj* placcato in oro.

goldsmith ['gəʊldsmɪθ] *n* oréfice (*m*).

golf-club ['gɒlfklʌb] *n* cìrcolo del golf; mazza da golf.

golf-course ['gɒlfkɔ:s] *n* campo da golf.

gone [gɒn] *pp of* **go**.

good [gʊd] *adj* (*comp* **better**, *sup* **best**) buono, gentile, bravo ◊ **Good Friday**, Venerdì Santo; **good to eat**, buono da mangiare; **to be good at French**, essere bravo in francese; **it's too good to be true**, è troppo bello per essere vero; **good morning**, buon giorno; **good bye**, arrivederci; **a good deal (of)**, molto; **a good many**, molti.

good [gʊd] *adv* bene ◊ **to feel good**, sentirsi bene; **very good**, molto bene.

good [gʊd] *n* bene (*m*) ◊ **good and evil**, il bene e il male.

good-hearted [,gʊd'hɑ:tɪd] *adj* di buon cuore, buono.

good-looking [,gʊd'lʊkɪŋ] *adj* di bell'aspetto.

goodness ['gʊdnɪs] *n* bontà (*inv*), benevolenza.

goods [gʊdz] *n pl* beni (*m pl*).

good-tempered [,gʊd'tempəd] *adj* di buon caràttere.

goodwill [,gʊd'wɪl] *n* benevolenza, simpatìa.

goose (geese) [gu:s, gi:s] *n* oca.

gooseberry ['gʊzbərɪ] *n* uva spina ◊ **to play gooseberry**, reggere il moccolo.

gorge [gɔ:dʒ] *n* burrone (*m*).

gorgeous ['gɔ:dʒəs] *adj* splendido, magnifico.

go-slow [,gəʊ'sləʊ] *n* sciòpero bianco.

gospel ['gɒspl] *n* vangelo.

gossamer ['gɒsəmə*] *n* filo di ragnatela.

gossip ['gɒsɪp] *n* chiàcchiere (*f pl*), pettegolezzo.

got [gɒt] *pt, pp of* **get**.

gotten ['gɒtn] (*AmE*) *pp of* **get**.

gourmand ['gʊəmənd] *n* ghiottone(-a).

gourmet ['gʊəmeɪ] *n* buongustaio.

govern ['gʌvn] *v tr* governare, amministrare.

governess ['gʌvnɪs] *n* istitutrice (*f*), governante (*f*).

governing ['gʌvnɪŋ] *adj* direttivo, dominante ◊ **the governing class**, i dirigenti.

government ['gʌvnmənt] *n* governo, ministero.

governor [,gʌvənə*] *n* governatore(-trice) ◊ (*school, hospital*) amministratore(-trice).

gown [gaʊn] *n* veste (*f*), àbito, tùnica ◊ (*judge*) toga.

G.P. [,dʒi:'pi:] *n abbr of* **General Practitioner**, mèdico genèrico, medico di base.

grab [græb] *v tr, intr* afferrare, agguantare.

grabber ['græbə*] *n* persona àvida.

grabble ['græbl] *v intr* cercare a tastoni.

grace [greɪs] *n* grazia, favore (*m*) ◊ **two days' grace**, dilazione di due giorni.

grace [greɪs] *v tr* abbellire, onorare.

graceful ['greɪsfʊl] *adj* grazioso, leggiadro.

gracious ['greɪʃəs] *adj* benèvolo, indulgente.

gradation [grə'deɪʃn] *n* gradazione (*f*), sfumatura.

grade [greɪd] *n* grado, livello, rango; (*food*)

qualità (*inv*), categorìa ◊ (*AmE*) (*school*)
classe (*f*), voto.

grade [greɪd] *v tr* classificare, ordinare, graduare.

grade-crossing ['greɪd,krɒsɪŋ] *n* (*AmE*) passaggio a livello.

gradient ['greɪdjənt] *n* pendenza.

gradual ['grædʒʊəl] *adj* graduale, progressivo.

graduate ['grædjʊeɪt] *n* laureato ◊ **graduate school**, corso universitario di specializzazione.

graduate ['grædjʊeɪt] *v intr* laurearsi, diplomarsi.

graduation [ˌgrædjʊ'eɪʃn] *n* cerimonia di làurea.

graft [grɑːft] *n* innesto ◊ (*fam*) appropriazione illécita.

grain [greɪn] *n* grano.

gram [græm] *n* grammo.

grammar ['græmə*] *n* grammàtica.

gramme [græm] *n* = **gram**.

granary ['grænərɪ] *n* granaio.

grand [grænd] *adj* grande.

grandchild ['græntʃaɪld] *n* nipote (*m / f*) (di nonni).

grand-dad ['grændæd] *n* (*fam*) nonno.

granddaughter ['grænd,ɔ:tə*] *n* nipote (*f*).

grandfather ['grænd,fɑ:ðə*] *n* nonno.

grandma ['grænmɑː] *n* (*fam*) nonna.

grandmother ['græn,mʌðə*] *n* nonna.

grandparent ['græn,peərənt] *n* nonno(-a).

grandson ['grænsʌn] *n* nipote (*m*).

granite ['grænɪt] *n* granito.

granny ['grænɪ] *n* (*fam*) nonna.

grant [grɑ:nt] *n* concessione (*f*), dono; sovvenzione, assegnazione (*f*) ◊ (*school*) borsa di studio.

grant [grɑ:nt] *v tr* accordare, accògliere, concèdere ◊ **to grant a pension**, assegnare una pensione; **to take sthg for granted**, dare qcs per scontato.

grape [greɪp] *n* àcino ◊ **grapes**, uva.

grapefruit ['greɪpfru:t] *n* pompelmo.

grapevine ['greɪpvaɪn] *n* vite ◊ (*fam*) voci di corridoio.

graph [græf] *n* gràfico, diagramma (*m*).

graphic ['græfɪk] *adj* gràfico, vìvido.

grapple ['græpl] *n* presa.

grapple ['græpl] *v tr, intr* aggrappare(-rsi).

grasp [grɑ:sp] *n* presa, stretta ◊ (*fig*) padronanza.

grasp [grɑ:sp] *v tr, intr* afferrare, aggrapparsi, stringere.

grasping [grɑ:spɪŋ] *adj* tenace; àvido.

grass [grɑ:s] *n* erba.

grasshopper ['grɑ:s,hɒpə*] *n* cavalletta.

grassy ['grɒ:sɪ] *adj* erboso.

grate [greɪt] *n* griglia.

grate [greɪt] *v tr, intr* cigolare, strìdere; grattugiare.

grateful ['greɪtfʊl] *adj* grato, riconoscente.

grater [greɪtə*] *n* grattugia.

gratify ['grætɪfaɪ] *v tr* appagare, soddisfare.

gratitude ['grætɪtju:d] *n* gratitùdine (*f*).

gratuity [grə'tju:ətɪ] *n* mancia, gratìfica.

grave [greɪv] *n* tomba.

grave [greɪv] *adj* grave, serio.

gravel ['grævl] *n* ghiaia.

graveyard ['greɪvja:d] *n* cimitero.

gravity ['grævətɪ] *n* gravità (*inv*), pesantezza ◊ (*fig*) serietà (*inv*).

gravy ['greɪvɪ] *n* salsa.

graze [greɪz] *v tr, intr* sfiorare, rasentare; pascolare.

graze [greɪz] *n* escoriazione (*f*).

grease [gri:s] *n* grasso (animale); unto; lubrificante (*m*).

grease [gri:s] *v tr* ingrassare, lubrificare.

greasy ['gri:sɪ] *adj* grasso.

great [greɪt] *adj* grande.

great-grandfather [ˌgreɪt-'grænd,fɑ:ðə*] *n* bisnonno.

great-grandmother [ˌgreɪt-'græn,mʌðə*] *n* bisnonna.

greatly ['greɪtlɪ] *adv* molto, grandemente.

greatness ['greɪtnɪs] *n* grandezza.

greed [gri:d] *n* cupidigia, avidità (*inv*), golosità (*inv*).

greedy ['gri:dɪ] *adj* àvido, goloso, ingordo.

green [gri:n] *adj* verde.

green [gri:n] *n* (*colour*) verde (*m*) ◊ (*politics*) Verde ◊ **green card**, (*AmE*) attestato di residenza permanente negli USA.

greengrocer ['gri:n,grəʊsə*] *n* fruttivendolo.

greenhouse ['gri:nhaʊs] *n* serra ◊ **greenhouse effect**, effetto serra.

greet [gri:t] *v tr* salutare.

greeting ['gri:tɪŋ] *n* saluto, cenno di saluto; augurio ◊ **New Year greetings**, auguri di capodanno.

grew [gru:] *pt of* **grow**.

grey [greɪ] *adj* grigio.

grid [grɪd] *n* grata.

grief [gri:f] *n* dolore (*m*).

grievance ['gri:vns] *n* torto, ingiustizia; lagnanza.

grieve [gri:v] *v tr, intr* affliggere(-rsi), addolorare(-rsi).

grill [grɪl] *v tr* cuòcere ai ferri.

grill-room ['grɪlrʊm] *n* rosticcerìa.

grim [grɪm] *adj* arcigno.

grimace [grɪ'meɪs] *n* smorfia.

grimace [grɪ'meɪs] *v intr* fare smorfie.

grimy ['graɪmɪ] *adj* sporco.

grin [grɪn] *n* ghigno.

grin [grɪn] *v tr, intr* sorrìdere; ghignare.

grind, *pt, pp* **ground** [graɪnd, graʊnd] *v tr, intr* macinare, arrotare ◊ (*fam*) lavorare sodo ◊ **to grind for an exam**, sgobbare per un esame.

grip [grɪp] *n* presa, padronanza ◊ (*AmE*) borsa da viaggio.

grip [grɪp] *v tr, intr* afferrare, strìngere, impugnare.

gripes [graɪps] *n pl* crampi (*m pl*) allo stòmaco.

gripping [grɪpɪŋ] *adj* avvincente.

gripsack ['grɪpsæk] *n* (*AmE*) borsa da viaggio.

grisly ['grɪzlɪ] *adj* orrìbile, spaventoso.

grit [grɪt] *n* ghiaia.

groan [grəʊn] *n* gèmito, lamento.

groan [grəʊn] *v tr, intr* gèmere, lamentarsi.

grocer ['grəʊsə*] *n* droghiere (*m*).

grocery ['grəʊsərɪ] *n* (*AmE*) drogheria ◊ (*pl*) spese (dal droghiere).

groggy ['grɒgɪ] *adj* vacillante, rintronato, intontito.

groin [grɔɪn] *n* ìnguine (*m*).

groom [gru:m] *n* sposo.

groovy ['gru:vɪ] *adj* scanalato, incavato.

grope [grəʊp] *v tr, intr* brancolare, andare a tentoni.

groping ['grəʊpɪŋ] *adj* esitante, incerto.

gross [grəʊs] *adj* volgare, rozzo; grossolano ◊ (*weight*) lordo.

grotesque [grəʊ'tesk] *adj* grottesco.

grotto ['grɒtəʊ] *n* grotta.

ground [graʊnd] *pt, pp of* **grind**.

ground [graʊnd] *n* terra, suolo, terreno ◊ (*fig*) ragione (*f*).

groundfloor [,graʊnd'flɔ:] *n* pianterreno.

groundless ['graʊndlɪs] *adj* infondato.

group [gru:p] *n* gruppo.

group [gru:p] *v tr, intr* raggruppare(-rsi).

grouse [graʊs] *v intr* brontolare, lamentarsi.

grovel ['grɒvl] *v intr* prosternarsi ◊ (*fig*) umiliarsi.

groveller ['grɒvlə*] *n* leccapiedi (*m / f inv*), adulatore(-trice).

grow, *pt* **grew,** *pp* **grown** [grəʊ, gru:, grəʊn] *v tr, intr* fare(-rsi), créscere, coltivare, produrre; diventare, divenire ◊ **it's growing smaller**, sta diventando più piccolo; **to grow a beard**, farsi crescere la barba; **to grow accustomed**, abituarsi; **to grow up**, crescere, diventare adulto.

grower ['grəʊə*] *n* coltivatore(-trice).

growing ['grəʊɪŋ] *n* coltivazione (*f*), coltura.

growl [graʊl] *n* ringhio.

grown [grəʊn] *pp of* **grow**.

grown [grəʊn] *adj* adulto.

grown-up [,grəʊn'ʌp] *n* adulto(-a).

growth [grəʊθ] *n* créscita, sviluppo, espansione (*f*), aumento.

grub [grʌb] *n* bruco, verme (*m*).

grubby ['grʌbɪ] *adj* sporco.

grudge [grʌdʒ] *n* rancore (*m*), astio ◊ **to bear a grudge against sb**, nutrire rancore nei confronti di qc.

grudge [grʌdʒ] *v tr* dare di malavoglia; invidiare.

gruel [grʊəl] *n* zuppa d'avena.

gruelling ['grʊəlɪŋ] *adj* duro, faticoso, estenuante.

gruesome ['gru:səm] *adj* raccapricciante, spaventoso.

gruff [grʌf] *adj* bùrbero ◊ (*voice*) ràuco.

grumble ['grʌmbl] *n* brontolìo, borbottìo, lagnanza.

grumble ['grʌmbl] *v tr, intr* brontolare.

grumpy ['grʌmpɪ] *adj* irritàbile, scontroso.

grunt [grʌnt] *n* grugnito.

grunt [grʌnt] *v tr, intr* grugnire ◊ (*person*) brontolare.

guarantee [ˌgærən'tiː] *n* garanzìa ◊ **price guarantee**, garanzia di prezzo.

guarantee ['gærən'tiː] *v tr* garantire ◊ **to guarantee against theft**, assicurare contro il furto.

guarantor [ˌgærən'tɔː*] *n* garante (*m / f*).

guard [gɑːd] *n* vigilanza, guardia, custodia ◊ (*person*), guardiano, custode (*m*) ◊ (*prison*) secondino ◊ (*train*) capotreno ◊ **the changing of the guard**, il cambio della guardia; **rearguard**, retroguardia.

guard [gɑːd] *v tr, intr* fare la guardia a, custodire, sorvegliare.

guardian ['gɑːdjən] *n* guardiano, custode (*m*) ◊ (*of minor*) tutore(-trice) ◊ **guardian angel**, angelo custode.

guard-rail ['gɑːdreɪl] *n* ringhiera di protezione.

guess [ges] *n* congettura, supposizione (*f*) ◊ **at a (rough) guess**, a occhio e croce; **by guess**, per ipotesi.

guess [ges] *v tr, intr* indovinare, supporre ◊ (*AmE*) credere, pensare ◊ **I guess so**, credo di sì.

guest [gest] *n* òspite (*m / f*), invitato ◊ (*hotel*) cliente (*m / f*).

guesthouse ['gesthaʊs] *n* pensione (*f*).

guest-room ['gestrʊm] *n* càmera degli òspiti.

guffaw [gʌ'fɔː] *v intr* parlare con una risata sonora.

guidance ['gaɪdəns] *n* guida.

guide [gaɪd] *n* guida, cicerone (*m*), scorta ◊ (*guide-book*) manuale (*m*), guida.

guide [gaɪd] *v tr* guidare, condurre.

guide-line ['gaɪdlaɪn] *n* fune (*f*) di sicurezza ◊ (*fig*) linea di condotta, direttiva (di massima).

guide-post ['gaɪdpəʊst] *n* indicatore (*m*) stradale.

guild [gɪld] *n* consorzio.

guildhall [ˌgɪld'hɔːl] *n* municipio.

guile [gaɪl] *n* astuzia.

guilt [gɪlt] *n* colpa ◊ **feelings of guilt**, senso di colpa.

guilty ['gɪltɪ] *adj* colpévole.

guinea pig ['gɪnɪ pɪg] *n* cavia.

guitar [gɪ'tɑː*] *n* chitarra.

guitarist [gɪ'tɑːrɪst] *n* chitarrista (*m / f*).

gulf [gʌlf] *n* golfo; precipizio.

gull [gʌl] *n* gabbiano.

gullet ['gʌlɪt] *n* gola, esofago.

gullibility [ˌgʌlə'bɪlətɪ] *n* credulità (*inv*), ingenuità (*inv*).

gullible ['gʌləbl] *adj* ingènuo.

gully ['gʌlɪ] *n* burrone (*m*).

gulp [gʌlp] *n* boccone (*m*).

gulp [gʌlp] *v tr, intr* ingoiare, tracannare, deglutire.

gum [gʌm] *n* gomma; gelatina; gengiva.

gum [gʌm] *v tr, intr* incollare, appiccicare.

gum-boot ['gʌmbuːt] *n* stivale (*m*) di gomma.

gummy ['gʌmɪ] *adj* gommoso.

gumption ['gʌmpʃn] *n* (*fam*) buon senso.

gum-shoe ['gʌmʃuː] *v intr* (*sl*) camminare con passi felpati.

gun [gʌn] *n* fucile (*m*); pistola, rivoltella, carabina, fucile (*m*) da caccia; cannone (*m*).

gun [gʌn] *v tr, intr* sparare a.

gunfire ['gʌnˌfaɪə*] *n* spari (*m pl*), colpi di cannone.

gunmaker ['gʌnˌmeɪkə*] *n* armaiolo.

gunpoint ['gʌnˌpɔɪnt] *n* mira.

gunpowder ['gʌnˌpaʊdə*] *n* pòlvere (*f*) da sparo.

gunshot ['gʌnʃɒt] *n* colpo di arma da fuoco.

gunsmith ['gʌnsmɪθ] *n* armaiolo.

gurgle ['gɜːgl] *v tr, intr* gorgogliare, farfugliare.

gush [gʌʃ] *n* fiotto, getto.

gush [gʌʃ] *v intr* zampillare ◊ (*fig*) entusiasmarsi.

gust [gʌst] *n* ràffica (di vento, pioggia, gràndine) ◊ (*fig*) scoppio, impeto ◊ **a gust of laughter**, uno scoppio di risa.

gut [gʌt] *n* intestino ◊ **guts**, fégato, coraggio; **gut reaction**, reazione istintiva.

gutter ['gʌtə*] *n* grondaia ◊ (*street*) rigàgnolo, fossetto di scolo.

guttle [gʌtl] *v tr, intr* trangugiare, ingozzarsi.

guttural ['gʌtərəl] *adj* gutturale.

guy [gaɪ] *n* cavo, tirante (*m*) ◊ (*AmE*) indivìduo, tipo; ragazzo ◊ (*AmE*) **you guys**, voi.

guzzle ['gʌzl] *v tr, intr* gozzovigliare.

gym [dʒɪm] *n abbr of* **gymnasium**, palestra ◊ *abbr of* **gymnastics**, ginnàstica.

gymnast ['dʒɪmnæst] *n* ginnasta (*m / f*).

gymnastics [dʒɪm'næstɪks] *n* ginnastica.
gym-shoes ['dʒɪmʃuːz] *n pl* scarpe (*f pl*) da ginnàstica.
gynaecology [gaɪnə'kɔlədʒɪ] *n* ginecologìa.
gypsy ['dʒɪpsɪ] *n* zìngaro(-a).
gyves [dʒaɪvz] *n pl* catene (*f pl*), ceppi (*m pl*), ferro (*m pl*).

H

haberdashery ['hæbədæʃərɪ] *n* mercerìa.
habit ['hæbɪt] *n* abitùdine (*f*), usanza ◊ (*clothes*) tònaca ◊ **out of habit**, per abitudine.
habitable ['hæbɪtəbl] *adj* abitàbile.
habitation [ˌhæbɪ'teɪʃn] *n* abitazione (*f*).
habitual [hə'bɪtjʊəl] *adj* abituale, consueto, inveterato.
hack [hæk] *v tr*, *intr* tagliare, fare a pezzi.
hack [hæk] *n* taglio ◊ (*derog, person*) scrittore scadente ◊ (*AmE, fam*) taxi.
hackneyed ['hæknɪd] *adj* trito, molto usato, comune.
had [hæd] *pt, pp of* **have**.
haemorrhage ['hemərɪdʒ] *n* emorragìa.
haemorrhoids ['hemərɔɪdz] *n pl* emorroidi (*f pl*).
hag [hæg] *n* (*derog*) vecchiaccia, megera.
haggard ['hægəd] *adj* smunto.
haggle ['hægl] *v intr* mercanteggiare.
hail [heɪl] *n* gràndine (*f*) ◊ (*fig*) gragnola, grandinata.
hail [heɪl] *v tr*, *intr* grandinare; salutare, chiamare a gran voce ◊ **to hail a cab**, chiamare un tassì (che passa).
hailstone ['heɪlstəʊn] *n* chicco di gràndine.
hailstorm ['heɪlstɔːm] *n* grandinata.
hair [heə*] *n* capello ◊ (*only sing*) capelli (*m pl*), capigliatura ◊ **to do one's hair**, pettinarsi.
hairbreadth ['heəbredθ] *n* **by a hairbreadth**, per un pelo.
hairbrush ['heəbrʌʃ] *n* spàzzola per capelli.
haircut ['heəkʌt] *n* taglio di capelli ◊ **to have a haircut**, farsi tagliare i capelli.
hair-do ['heədu:] *n* (*fam*) acconciatura.

hairdresser ['heəˌdresə*] *n* parrucchiere(-a).
hair-drier ['heədraɪə*] *n* asciugacapelli (*m inv*), phon.
hairpiece ['heəpi:s] *n* parrucchino.
hair-style ['heəstaɪl] *n* acconciatura, pettinatura.
hairy ['heərɪ] *adj* peloso.
hake [heɪk] *n* nasello.
hale [heɪl] *adj* sano.
half (halves) [hɑːf, hɑːvz] *n* metà (*inv*), mezzo ◊ **to do things by halves**, fare le cose a metà; **to cut sthg in half**, tagliare qcs a metà; **two and a half**, due e mezzo; **by half**, di gran lunga; **my better half**, la mia dolce metà.
half [hɑːf] *adj* mezzo, semi- ◊ **half an hour**, una mezz'ora; **two and a half hours**, due ore e mezzo; **on half pay**, a mezza paga.
half [hɑːf] *adv* mezzo, a mezzo.
half-back [ˌhɑːf'bæk] *n* (*sport*) mediano.
half-breed ['hɑːfbriːd] *n* meticcio(-a).
half-brother ['hɑːfˌbrʌðə*] *n* fratellastro.
half-hearted [ˌhɑːf'hɑːtɪd] *adj* esitante, incerto.
half-hour [ˌhɑːf'aʊə*] *n* mezz'ora.
half-monthly [ˌhɑːf'mʌnθlɪ] *adj* quindicinale, bimensile.
half-penny ['heɪpnɪ] *n* mezzo penny (*m inv*).
half-price [ˌhɑːf'praɪs] *adj* a metà prezzo.
half-sister ['hɑːfˌsɪstə*] *n* sorellastra.
half-time [ˌhɑːf'taɪm] *n* mezza giornata, orario ridotto.
half-way [ˌhɑːf'weɪ] *adv* a metà strada.
hall [hɔːl] *n* sala, atrio; palazzo ◊ **town-hall**, municipio.
hallmark ['hɔːlmɑːk] *n* marchio di garanzia; (*fig*) caratteristica, segno distintivo.
hallo [hə'ləʊ] *interj* ciao, salve.
Halloween [ˌhæləʊr'iːn] *n* vigilia di Ognissanti.
hallstand ['hɔːlstænd] *n* attaccapanni (*m inv*).
hallucination [həˌluːsɪ'neɪʃn] *n* allucinazione (*f*).
halo ['heɪləʊ] *n* aurèola.
halt [hɔːlt] *v tr*, *intr* fermare(-rsi).
ham [hæm] *n* prosciutto ◊ *pl* natiche.
hamburger ['hæmbəːgə*] *n* hamburger.
hamlet ['hæmlɪt] *n* piccolo villaggio, frazio-

ne (*f*), paesino.
hammer ['hæmə*] *n* martello.
hammer ['hæmə*] *v tr, intr* martellare ◊ (*fig*) sconfiggere duramente.
hammock ['hæmək] *n* amaca.
hamper ['hæmpə*] *n* cesto.
hamper ['hæmpə*] *v tr* intralciare, ostacolare.
hand [hænd] *n* mano (*f*) ◊ (*clock*) lancetta ◊ (*handwriting*) scrittura ◊ (*worker*) operaio(-a) ◊ (*only sing*) abilità (*inv*) ◊ **at hand**, a portata di mano; **to shake hands**, stringersi la mano; **at first hand**, di prima mano; **on the one hand...**, **on the other hand...**, da un lato..., d'altro lato...; **on the left hand**, a sinistra; **on the right hand**, a destra; **to give sb a hand**, dare una mano a qc.
hand [hænd] *v tr* dare, consegnare ◊ **to hand out**, distribuire.
handbag ['hændbæg] *n* borsetta.
handbill ['hændbɪl] *n* volantino, avviso.
handbasin ['hænd,beɪsn] *n* lavandino.
handbook ['hændbʊk] *n* guida, manuale (*m*).
handclasp ['hænd,klɑːsp] *n* stretta di mano.
handcuffs ['hænd,kʌfs] *n pl* manette (*f pl*).
handful ['hændfʊl] *n* manata, manciata; manìpolo.
handicap ['hændɪkæp] *v tr* intralciare, ostacolare.
handicapped ['hændɪkæpt] *adj* handicappato.
handicraft ['hændɪkrɑːft] *n* arte (*f*), mestiere (*m*), lavoro manuale.
handkerchief ['hæŋkətʃɪf] *n* fazzoletto.
handle ['hændl] *n* mànico ◊ (*door*) maniglia ◊ (*fig*) pretesto.
handle ['hændl] *v tr, intr* maneggiare, manipolare ◊ (*person*) trattare, comportarsi ◊ (*comm*) trattare, commerciare ◊ **easy to handle**, facile da maneggiare; **handle with care**, fragile; maneggiare con cura.
hand-made [,hænd'meɪd] *adj* fatto a mano.
hand-out ['hændaʊt] *n* comunicato, ciclostilato, fotocopia.
handshake ['hændʃeɪk] *n* stretta di mano.
handsome ['hænsəm] *adj* bello, ben fatto, attraente.

handwork ['hændwɜːk] *n* lavoro fatto a mano.
handwriting ['hænd,raɪtɪŋ] *n* scrittura, calligrafia.
handy ['hændɪ] *adj* (*person*) àbile, capace ◊ (*thing*) ùtile, còmodo ◊ **to come in handy**, tornare utile.
handyman ['hændɪmæn] *n* tuttofare (*m inv*).
hang, *pt, pp* **hung** [hæŋ, hʌŋ] *v tr, intr* appèndere, sospèndere ◊ (*hair*) scendere ◊ **to hang about**, bighellonare; **to hang on**, tenere duro; aspettare; **to hang up**, mettere giù (il telefono).
hang, *pt, pp* **hanged** [hæŋ, hæŋd] *v tr, intr* impiccare, èssere impiccato.
hang-dog ['hændɒg] *adj* abbattuto, avvilito.
hanger ['hæŋə*] *n* gancio.
hanger-on [,hæŋər'ɒn] *n* parassita (*m*), scroccone(-a).
hang-glider ['hæŋ,glaɪdə*] *n* deltaplano.
hangover ['hæŋ,əʊvə*] *n* (*fam*) malèssere (*m*) dopo una sbornia.
hang-up ['hæŋʌp] *n* complesso (psicològico), inibizione.
hank [hæŋk] *n* matassa.
hanker ['hæŋkə*] *v intr* ambire, desiderare.
hankering ['hæŋkərɪŋ] *n* brama, forte desiderio.
hankie, hanky ['hæŋkɪ] *n abbr of* **handkerchief**.
haphazard [,hæp'hæzəd] *adj* accidentale, casuale.
hapless ['hæplɪs] *adj* sfortunato, infelice.
happen ['hæpən] *v intr* accadere, succèdere ◊ **as it happens**, per caso; **do you happen to have a pen?**, hai per caso una penna?; **to happen upon**, trovare per caso.
happening ['hæpənɪŋ] *n* avvenimento, fatto, vicenda ◊ (*theatre*) improvvisazione (*f*) di gruppo.
happiness ['hæpɪnɪs] *n* felicità (*inv*), contentezza.
happy ['hæpɪ] *adj* felice.
happy-go-lucky [,hæpɪgəʊ'lʌkɪ] *adj* spensierato.
harass ['hærəs] *v tr* molestare.
harassing ['hærəsɪŋ] *adj* fastidioso, molesto.

harbour ['hɑ:bə*] *n* porto ◊ (*fig*) asilo, ricòvero.

harbour ['hɑ:bə*] *v tr* ospitare, alloggiare ◊ (*fig*) nutrire, covare.

hard [hɑ:d] *adj* duro, rìgido; difficile; fermo, severo ◊ **hard money**, moneta sonante; **to be hard on sb**, essere severo con qc; **to have a hard time**, passarsela male; **hard words**, parole dure; **no hard feelings**, senza rancore; **hard drugs**, droghe pesanti.

hard [hɑ:d] *adv* forte, energicamente, da vicino ◊ **to work hard**, lavorare sodo; **to think hard**, riflettere profondamente; **it is raining hard**, piove a dirotto; **hard by**, vicinissimo; **to be hard up**, essere al verde.

hard-back ['hɑ:dbæk] *n* libro rilegato.

hard-boiled [,hɑ:d'bɔɪld] *adj* (*egg*) (uovo) sodo.

harden ['hɑ:dn] *v tr, intr* indurire(-rsi).

hardly ['hɑ:dlɪ] *adv* appena, a stento ◊ **hardly visible**, appena visibile; **hardly ever**, quasi mai.

hardness [hɑ:dnɪs] *n* durezza.

hardship ['hɑ:dʃɪp] *n* avversità (*inv*), difficoltà (*inv*).

hard-up [,hɑ:d'ʌp] *adj* (*fam*) al verde.

hardware ['hɑ:dweə*] *n* ferramenta (*f pl*) ◊ (*computer*) hardware (*m inv*).

hard-working ['hɑ:d,wɜ:kɪŋ] *adj* laborioso, diligente.

hardy ['hɑ:dɪ] *adj* coraggioso, ardito; robusto.

hare [heə*] *n* lepre (*f*).

harm [hɑ:m] *n* male (*m*), danno, offesa.

harm [hɑ:m] *v tr, intr* nuòcere, far male.

harmful ['hɑ:mfʊl] *adj* dannoso, nocivo.

harmless ['hɑ:mlɪs] *adj* inoffensivo, innòcuo.

harmonics [hɑ:'mɒnɪkz] *n pl* armonìa.

harmonious [hɑ:'məʊnjəs] *adj* armonioso.

harmonize ['hɑ:mənaɪz] *v tr, intr* armonizzare.

harmony ['hɑ:menɪ] *n* armonìa, accordo.

harp [hɑ:p] *n* arpa.

harpist ['hɑ:pɪst] *n* arpista (*m / f*).

harpoon [hɑ:'pu:n] *n* arpione (*m*).

harsh [hɑ:ʃ] *adj* aspro, duro ◊ (*taste*) pungente ◊ (*sound*) strìdulo.

harshly [hɑ:ʃlɪ] *adv* duramente, severamente.

harshness [hɑ:ʃnɪs] *n* durezza, severità (*inv*).

harvest ['hɑ:vɪst] *n* raccolto ◊ (*grapes*) vendemmia.

has [hæz] *see* **have**.

haste [heɪst] *n* fretta.

hasten ['heɪsn] *v tr, intr* affrettare(-rsi).

hastily ['heɪstɪlɪ] *adv* in fretta, precipitosamente.

hasty ['heɪstɪ] *adj* affrettato, precipitoso, irritàbile.

hat [hæt] *n* cappello.

hatchet ['hætʃɪt] *n* accetta.

hate [heɪt] *n* odio.

hate [heɪt] *v tr* odiare, detestare ◊ **to hate doing sthg**, fare qcs malvolentieri.

hateful ['heɪtfʊl] *adj* odioso, detestàbile.

hatred ['heɪtrɪd] *n* odio.

haughty ['hɔ:tɪ] *adj* altero, arrogante.

haul [hɔ:l] *n* trazione (*f*), tiro ◊ (*fish*) retata ◊ (*fig*) guadagno, bottino.

haul [hɔ:l] *v tr, intr* tirare, trainare, rimorchiare.

haulage [hɔ:lɪdʒ] *n* trasporto.

haunch [hɔ:ntʃ] *n* anca.

haunt [hɔ:nt] *v tr* frequentare, praticare ◊ (*ghost*) infestare.

haunt [hɔ:nt] *n* covo, tana.

have, *pt, pp* **had** [hæv, hæd] *v tr* avere, possedere, ricévere, dovere ◊ (*meals*) consumare ◊ **to have sthg repaired**, far riparare qcs; **I have to go**, devo andare; **I had better leave**, è meglio che io vada; **to have a good time**, spassarsela; (*sl*) **he's been had**, l'hanno fregato.

haven ['heɪvn] *n* porto.

havoc ['hævək] *n* distruzione (*f*), rovina.

hawk [hɔ:k] *n* falco.

hay [heɪ] *n* fieno.

hay-fever ['heɪ,fi:və*] *n* febbre (*f*) da fieno.

haywire ['heɪwaɪə*] *adj* (*AmE*) aggrovigliato, confuso.

hazard ['hæzəd] *n* perìcolo, rischio.

hazardous ['hæzədəs] *adj* pericoloso, rischioso.

haze [heɪz] *n* foschìa ◊ (*fig*) confusione mentale.

hazelnut ['heɪzlnʌt] *n* nocciola.

hazy ['heɪzɪ] *adj* fosco, nebbioso ◊ (*fig*) vago, confuso.

he [hi:] *pron* egli, lui ◊ **it is he who**, è lui che; **here he is**, eccolo.

head [hed] *n* testa, capo.

head [hed] *v tr, intr* dirìgere(-rsi); capeggiare, guidare ◊ (*letter, article*) intestare, intitolare ◊ **to head for**, dirigersi; **to head off**, bloccare.

headache ['hedeɪk] *n* mal (*m*) di capo, mal di testa.

headband ['hedbænd] *n* cerchietto.

heading ['hedɪŋ] *n* tìtolo.

headland ['hedlənd] *n* promontorio.

headlight ['hedlaɪt] *n* (*car*) faro anteriore ◊ **to dip the headlights**, abbassare i fari.

headline ['hedlaɪn] *n* tìtolo, intestazione (*f*), testata.

headlong ['hedlɒŋ] *adj, adv* precipitoso, avventato; precipitosamente.

headmaster [ˌhed'mɑːstə*] *n* prèside (*m*).

head-on [ˌhed'ɒn] *adj* (*of collision*) frontale.

headphones ['hedfəʊnz] *n pl* cuffia; auricolare.

headquarters [ˌhed'kwɔːtəz] *n pl* sede (*f*), direzione (*f*).

headscarf ['hedˌskɑːf] *n* foulard (*m inv*), fazzoletto da testa.

headstrong ['hedstrɒŋ] *adj* testardo, ostinato.

headway ['hedweɪ] *n* progresso, cammino, marcia avanti.

heady ['hedɪ] *adj* inebriante, che dà alla testa.

heal [hi:l] *v tr, intr* guarire, cicatrizzare(-rsi).

health [helθ] *n* salute (*f*) ◊ **the National Health Service**, Servizio Sanitario Nazionale; **health certificate**, certificato medico; **health insurance**, assicurazione contro le malattie.

healthy ['helθɪ] *adj* sano, robusto; salubre, salutare.

heap [hi:p] *n* mucchio, cùmulo, catasta ◊ (*fam*) gran nùmero, un mucchio ◊ **heaps of times**, molte volte, un sacco di volte.

heap [hi:p] *v tr* ammucchiare, accumulare ◊ (*fig*) colmare qc di ◊ **to heap praises on sb**, colmare qc di lodi.

hear, *pt, pp* **heard** [hɪə*, hɜ:d] *v tr, intr* sentire, venire a sapere, èssere informato, ascoltare ◊ **to hear about**, avere notizie; **to hear from sb**, ricevere notizie di qc; **hear a speech**, ascoltare un discorso; **hear me out!**, ascoltatemi fino alla fine!

hearing ['hɪərɪŋ] *n* udito ◊ (*law*) udienza ◊ (*mus*) audizione (*f*) ◊ **hard of hearing**, duro d'orecchi.

hearing aid ['hɪərɪŋ eɪd] *n* apparecchio acùstico.

hearsay ['hɪəseɪ] *n* dicerìa, voce (*f*), sentito dire.

hearse [hɜ:s] *n* carro fùnebre.

heart [hɑ:t] *n* cuore (*m*) ◊ (*fig*) ànima, ànimo ◊ (*card*) hearts (*n pl*) (seme) cuori ◊ **a heart attack**, un attacco cardiaco; **at heart**, nel proprio cuore; **to have a big heart**, essere generoso; **to take heart**, farsi animo; **to lose heart**, perdersi d'animo; **by heart**, a memoria; **to take sthg to heart**, prendersi a cuore qcs.

heartache ['hɑːteɪk] *n* angoscia, crepacuore (*m*).

heartbroken ['hɑːtˌbrəʊkən] *adj* addolorato, accorato, straziato.

heartburn ['hɑːtbɜːn] *n* bruciore (*m*) di stòmaco.

hearth [hɑːθ] *n* focolare (*m*), camino.

heartily ['hɑːtɪlɪ] *adv* cordialmente.

heartless ['hɑːtlɪs] *adj* senza cuore, insensìbile.

heart-rending ['hɑːtˌrendɪŋ] *adj* straziante, che strappa il cuore.

heartsickness ['hɑːtsɪknɪs] *n* scoraggiamento.

heart-strings ['hɑːtstrɪŋz] *n pl* affetti (*m pl*) molto profondi.

heart-to-heart ['hɑːttə'hɑːt] *adj* sincero, a cuore aperto.

hearty ['hɑːtɪ] *adj* cordiale, sincero; forte, sano.

heat [hi:t] *n* calore (*m*) ◊ (*fig*) ardore (*m*), animosità (*inv*) ◊ (*sport*) **qualifying heat**, prova eliminatoria.

heat [hi:t] *v tr, intr* riscaldare(-rsi) ◊ (*fig*) infiammare(-rsi).

heater [hi:tə*] *n* calorìfero, stufa.

heath [hi:θ] *n* landa.

heather ['heðə*] *n* èrica.

heating [hi:tɪŋ] *n* riscaldamento.

heat-proof ['hi:t,pru:f] *adj* resistente al calore.

heat-stroke ['hi:tstrəuk] *n* colpo di calore.

heatwave ['hi:tweɪv] *n* ondata di caldo.

heave [hi:v] *n* sollevamento, lancio.

heave [hi:v] *v tr, intr* sollevare(-rsi), issare, alzare (con sforzo).

heaven ['hevn] *n* cielo, paradiso ◊ **good heavens!**, santo cielo!

heavenly ['hevnlɪ] *adj* celeste, celestiale, divino.

heavily ['hevɪlɪ] *adv* pesantemente, faticosamente.

heavy ['hevɪ] *adj* pesante, gravoso; grosso, intenso ◊ **heavy weather**, cattivo tempo; **heavy traffic**, traffico intenso.

heavy-hearted [,hevɪ'hɑːtɪd] *adj* malincònico, triste.

heavyweight ['hevɪweɪt] *n* (*sport*) peso màssimo.

Hebrew ['hi:bru:] *adj, n* ebraico, ebreo(-a).

heckle ['hekl] *v tr* sottoporre a domande imbarazzanti, interròmpere continuamente (un oratore).

heckler ['heklə*] *n* interlocutore(-trice) importuno(-a).

hectic ['hektɪk] *adj* (*fam*) frenètico, febbrile.

hedge [hedʒ] *n* siepe (*f*).

hedge [hedʒ] *v tr, intr* circondare, cintare con siepi.

hedgehog ['hedʒhɒg] *n* riccio.

heed [hi:d] *n* cura.

heed [hi:d] *v tr* fare attenzione a.

heedful ['hi:dfʊl] *adj* attento.

heedless ['hi:dlɪs] *adj* sbadato.

heel [hi:l] *n* tallone (*m*), calcagno ◊ (*shoe*) tacco ◊ **head over heels**, sottosopra; **head over heels in love**, innamorato cotto.

heel [hi:l] *v tr, intr* méttere, fare i tacchi ◊ (*AmE, sl*) rifornire di (denaro, armi).

hefty ['heftɪ] *adj* (*fam*) gagliardo, robusto; pesante.

height [haɪt] *n* altezza, altitùdine (*f*); altura, collina ◊ (*fig*) àpice (*m*), cùlmine (*m*), apogeo.

heighten [haɪtn] *v tr, intr* innalzare, elevare, accréscere, intensificare(-rsi).

heir [eə*] *n* erede (*m*).

heiress ['eərɪs] *n* erede (*f*).

held [held] *pt, pp of* **hold**.

helicopter ['helɪkɒptə*] *n* elicòttero.

hell [hel] *n* inferno.

hello [hə'ləu] *interj excl* salve, buon giorno, ciao.

helm [helm] *n* timone (*m*).

helmet ['helmɪt] *n* casco.

helmsman ['elmzmən] *n* timoniere (*m*).

help [help] *n* aiuto, soccorso; rimedio; persona di servizio ◊ **daily help**, donna a ore.

help [help] *v tr, intr* aiutare, soccòrrere; alleviare ◊ (*only with can, can't, couldn't*) fare a meno, evitare ◊ **can I help you?**, posso aiutarla?; **to help os to sthg**, servirsi di qcs; **I can't help laughing**, non posso fare a meno di ridere; **it can't be helped**, non c'è rimedio.

helpful ['helpful] *adj* ùtile, di grande aiuto.

helping ['helpɪŋ] *n* aiuto, assistenza ◊ (*food*) porzione (*f*).

helpless ['helplɪs] *adj* débole, impotente.

hem [hem] *n* orlo.

hem [hem] *v tr* orlare.

hemisphere ['hemɪ,sfɪə*] *n* emisfero.

hemp [hemp] *n* cànapa.

hen [hen] *n* gallina.

henpecked ['henpekt] *adj* (*fam*) dominato dalla moglie.

her [hɜ:*] *pron* la, lei ◊ (*indirect object*) le, a lei ◊ **it's her**, è lei; **I gave her a book**, le diedi un libro; **to think of**, pensare a.

her [hɜ:*] *poss adj* suo, sua, suòi, sue; di lei.

herb [hɜ:b] *n* erba ◊ **herbs**, erbe aromatiche (per cucinare).

herbalist ['hɜ:bəlɪst] *n* erborista ◊ **herbalist's shop**, erboristeria.

herd [hɜ:d] *n* mandria.

here [hɪə*] *adv* qui, qua; ecco ◊ **here and there**, qua e là; **up here**, quassù; **here I am**, eccomi qua; **here it is**, eccolo.

hereabouts ['hɪərə,bauts] *adv* qui vicino, nei dintorni.

hereafter [,hɪər'ɑ:ftə*] *adv* in futuro, in séguito.

hereafter [,hɪər'ɑ:ftə*] *n* aldilà (*m sing*).

hereby [,hɪə'baɪ] *adv* (*letter*) con la presente, con ciò.

hereditary [hɪ'redɪtərɪ] *adj* ereditario.

heredity [hɪ'redətɪ] *n* eredità (*inv*).
heresy ['herəsɪ] *n* eresìa.
herewith [ˌhɪə'wɪð] *adv* (*comm*) qui accluso.
heritage ['herɪtɪdʒ] *adj* patrimonio, eredità (*inv*).
hernia ['hɜːnjə] *n* ernia.
hero ['hɪərəʊ] *n* eroe ◊ (*theatre*) personaggio principale.
heroic [hɪ'rəʊɪk] *adj* eroico.
heroin ['herəʊɪn] *n* (*chemics*) eroìna.
heroine ['herəʊɪn] *n* eroìna, protagonista.
heroism ['herəʊɪzəm] *n* eroìsmo.
herpes ['hɜːpiːz] *n* herpes (*m*).
herring ['herɪŋ] *n* aringa.
hers [hɜːz] *poss pron* il suo, la sua, i suòi, le sue ◊ **a friend of hers**, un suo amico; **this book is hers**, questo libro è il suo.
herself [hɜː'self] *refl pron* sé, se stessa, ella stessa, si ◊ **she amuses herself**, si diverte; **by herself**, da sola, da sé; **all by herself**, tutto da sola.
hesitant ['hezɪtənt] *adj* esitante, indeciso.
hesitate ['hezɪteɪt] *v intr* esitare, titubare.
heterosexual [ˌhetərə'sekʃuəl] *adj* eterosessuale.
heyday ['heɪdeɪ] *n* apogeo.
hi [haɪ] *escl* ciao.
hibernate ['haɪbəneɪt] *v intr* svernare.
hiccough, hiccup ['hɪkʌp] *n* singhiozzo.
hiccough ['hɪkʌp] *v intr* avere il singhiozzo.
hid [hɪd] *pt of* hide.
hidden ['hɪdn] *pp of* hide.
hide [haɪd] *n* (*animal*) pelle (*f*).
hide, *pt* hid, *pp* hidden [haɪd, hɪd, 'hɪdn] *v tr, intr* nascòndere(-rsi), celare.
hide-and-seek [ˌhaɪənd'siːk] *n* rimpiattino.
hideaway ['haɪdəweɪ] *n* nascondiglio.
hideous ['hɪdɪəs] *adj* orrendo.
hiding ['haɪdɪŋ] *n* (*fam*) bastonatura ◊ (*sport*) sconfitta.
hiding ['haɪdɪŋ] *n* nascondiglio.
hierarchy ['haɪərɑːkɪ] *n* gerarchìa.
high [haɪ] *adj* alto, elevato; grande, intenso, forte ◊ (*fig*) alto, elevato, grande, nòbile, altezzoso, prepotente ◊ (*fam*) allegro, su di giri ◊ **high prices**, prezzi alti; **high society**, gran mondo; **very high aims**, aspirazioni molto elevate; **high spirits**, euforìa, buonumore; **high tech**, tecnologia avanzata.

high [haɪ] *adv* in alto.
high [haɪ] *n* cielo ◊ (*meteo*) anticiclone (*m*).
highbrow ['haɪbraʊ] *adj, n* intellettuale (*m / f*).
high-chair [ˌhaɪtʃeə*] *n* seggiolone (*m*).
high-class [ˌhaɪ'klɑːs] *adj* di prim'ordine.
high-definition ['haɪˌdefɪ'nɪʃən] *adj* ad alta definizione.
high-flying [ˌhaɪ'flaɪɪŋ] *adj* (*fig*) ambizioso.
high-handed [ˌhaɪ'hændɪd] *adj* prepotente.
highlight ['haɪlaɪt] *n* (*fig*) punto culminante; parte migliore.
highlight ['haɪlaɪt] *v tr* (*fig*) méttere in rilievo.
highly ['haɪlɪ] *adv* molto, assai ◊ **highly-gifted**, molto dotato; **highly-paid**, ben pagato; **highly-strung**, eccitabile.
high-pitched [ˌhaɪ'pɪtʃt] *adj* acuto.
high road ['haɪ rəʊd] *n* strada maestra.
high school ['haɪ skuːl] *n* (*AmE*) scuola secondaria.
high street ['haɪ striːt] *n* strada principale.
highway ['haɪweɪ] *n* strada maestra ◊ (*AmE*) autostrada ◊ **highway code**, codice della strada.
hijack ['haɪdʒæk] *v tr* dirottare (aèrei).
hijacker ['haɪdʒækə*] *n* dirottatore(-trice).
hijacking ['haɪdʒækɪŋ] *n* dirottamento.
hike [haɪk] *v intr* fare un'escursione a piedi.
hiker ['haɪkə*] *n* escursionista (*m / f*).
hilarious [hɪ'leərɪəs] *adj* (molto) divertente, allegro.
hilarity [hɪ'lærətɪ] *n* ilarità (*inv*), allegrìa.
hill [hɪl] *n* collina, colle (*m*).
hillside [ˌhɪl'saɪd] *n* pendìo di collina.
hilly ['hɪlɪ] *adj* collinoso, montuoso.
him [hɪm] *pron* lo, lui; gli, a lui ◊ **call him**, chiamatelo; **I'll give a book to him, I'll give him a book**, gli darò un libro; **I'm thinking of him**, sto pensando a lui.
himself [hɪm'self] *refl pron* sé, se stesso, egli stesso, si ◊ **he amuses himself**, si diverte; **all by himself**, tutto (da) solo.
hind [haɪnd] *adj* posteriore, di dietro.
hinder ['haɪndə*] *v tr* impedire, ostacolare.
hindrance ['hɪndrəns] *n* impedimento, ostàcolo.
hinge [hɪndʒ] *n* càrdine (*m*).

hint [hint] *n* accenno, allusione (*f*), consiglio.

hint [hint] *v tr, intr* accennare, lasciare intèndere.

hip [hip] *n* anca, fianco.

hippopotamus [,hipə'pɒtəməs] *n* ippopòtamo.

hire ['haiə*] *n* nolo ◊ **taxi for hire**, tassì libero.

hire ['haiə*] *v tr* noleggiare, prèndere a nolo ◊ (*worker*) assùmere.

hire-purchase [,haiə'pɜ:tʃəs] *n* acquisto; véndita a rate.

his [hɜz] *poss adj, pron* suo, sua, suòi, sue.

hiss [his] *n* fischio, sìbilo.

hiss [his] *v intr* fischiare, sibilare.

historian [hi'stɔ:riən] *n* stòrico(-a).

historical [hi'stɒrikl] *adj* stòrico.

history ['histəri] *n* storia.

hit, *pt, pp* **hit** [hit] *v tr, intr* colpire, picchiare, percuòtere; ferire ◊ **you've hit it**, hai azzeccato; **to hit off**, andare d'accordo, trovarsi bene (con); **to hit on it**, imbattersi; **hit-and-run driver**, pirata della strada.

hitch [hitʃ] *v tr* tirare, sobbalzare; attaccare, legare ◊ (*sl*) **to be hitched up**, essere sposati ◊ (*fam*) **to hitch a lift**, fare l'autostop.

hitch [hitʃ] *n* strattone (*m*), sobbalzo; impedimento, ostàcolo.

hitch-hike ['hitʃhaik] *v intr* fare l'autostop.

hitch-hiking ['hitʃhaikiŋ] *n* autostop (*m inv*).

hive [haiv] *n* alveare (*m*).

HIV-positive ['eitʃ,ai'vi: 'pɒzitiv] *adj* sieropositivo (al virus HIV).

hoard [hɔ:d] *n* grùzzolo, tesoro ◊ (*fig*) scorta, mucchio.

hoard [hɔ:d] *v tr, intr* ammassare, accumulare.

hoarding ['hɔ:diŋ] *n* tabellone (*m*) per affissioni.

hoarse [hɔ:s] *adj* ràuco.

hoary ['hɔ:ri] *adj* canuto.

hoax [həuks] *n* beffa, burla.

hobble ['hɒbl] *v intr* zoppicare.

hobgoblin ['hɒbgɒblim] *n* folletto; spauracchio, babau (*m inv*).

hobo ['həubəu] *n* (*AmE*) barbone.

hoe [həu] *n* zappa.

hog [hɒg] *n* maiale (*m*).

hoist [hɔist] *n* paranco.

hoist [hɔist] *v tr* alzare, issare ◊ **to hoist the flag**, issare la bandiera.

hold [həuld] *n* presa ◊ (*fig*) ascendente (*m*), influenza, autorità (*inv*).

hold, *pt, pp* **held** [həuld, held] *v tr, intr* tenere(-rsi), mantenere(-rsi); contenere; trattenere, resìstere; occupare, esercitare; avere, possedere ◊ (*tel*) **to hold the line**, mantenere la linea; **to hold a meeting**, tenere una seduta; **hold on!**, aspetta un momento; **to hold up**, alzare; ritardare; **to hold with**, approvare.

holdall ['həuldɔ:l] *n* borsa, sacca.

holder ['həuldə*] *n* proprietario(-a); incaricato(-a); contenitore (*m*), astuccio.

holding ['həuldiŋ] *n* tenuta, podere (*m*) ◊ (*comm*) beni (*m pl*), pacchetto azionario ◊ **holding company**, società finanziaria.

hold-up ['həuldʌp] *n* (*fam, traffic*) ingorgo, ritardo; rapina a mano armata.

hole [həul] *n* buco, foro.

hole [həul] *v tr, intr* bucare, forare, perforare.

holiday ['hɒlidi] *n* vacanza.

holidaymaker ['hɒlidi,meikə*] *n* villeggiante (*m / f*).

holiday-resort ['hɒlidiri:,sɔ:t] *n* luogo di villeggiatura.

holiness ['həulinis] *n* santità (*inv*) ◊ **His Holiness**, il Santo Padre.

hollow ['hɒləu] *adj* cavo, vuoto ◊ (*sound*) cupo, sordo ◊ (*fig*) vano, vuoto, senza valore.

hollow ['hɒləu] *n* cavità (*inv*) ◊ (*land*) avvallamento.

hollow ['hɒləu] *v tr, intr* scavare, incavarsi.

holly ['hɒli] *n* agrifoglio.

holy ['həuli] *adj* santo, sacro.

homage ['hɒmidʒ] *n* omaggio.

home [həum] *n* casa, abitazione (*f*); residenza, paese (*m*); ricòvero, rifugio ◊ **at home**, a casa; **to go home**, andare a casa; **to make os at home**, fare come a casa propria; **at home and abroad**, in patria e all'estero; **home of rest**, casa di riposo; **dogs home**, pensione per cani.

home [həum] *adj* domèstico, nazionale, interno.

home [həum] *adv* a casa, in patria; al punto giusto, a fondo ◊ **on the way home**, tornando a casa; **to come, to go home**, tornare a casa.

homecoming ['həum,kʌmɪŋ] *n* ritorno a casa, ritorno in patria.

homeland ['həumlænd] *n* patria.

homeless ['həumlɪs] *adj* senzatetto.

homely ['həumlɪ] *adj* domèstico, familiare.

home-made [,həum'meɪd] *adj* casalingo, fatto in casa.

homesick ['həumsɪk] *adj* nostàlgico del proprio paese.

homesickness ['həumsɪknɪs] *n* nostalgìa della casa, della patria.

homeward ['həumwəd] *adj* di ritorno.

homewards ['həumwədz] *adv* verso casa.

homework ['həumwɜːk] *n* còmpiti (*m pl*) per casa ◊ **a piece of homework**, un compito per casa.

homicide ['hɒmɪsaɪd] *n* omicidio.

homoeopathic [,həumɪə'pæθɪk] *adj* omeopatico.

homoeopathy [,həumɪ'ɒpəθɪ] *n* omeopatìa.

homogeneous [,hɒməu'dʒiːnjəs] *adj* omogèneo.

homosexual [,hɒməu'seksjuəl] *adj, n* omosessuale (*m / f*).

honest ['ɒnɪst] *adj* onesto, sincero ◊ (*interj*) sul serio!, davvero!

honesty ['ɒnɪstɪ] *n* onestà (*inv*).

honey ['hʌnɪ] *n* miele (*m*).

honeymoon ['hʌnɪmuːn] *n* luna di miele, viaggio di nozze.

honorary ['ɒnərərɪ] *adj* onorario, non retribuìto.

honour ['ɒnə*] *n* onore (*m*), stima, considerazione (*f*).

honour ['ɒnə*] *v tr* onorare.

honourable ['ɒnərəbl] *adj* onorévole, stimato.

hood [hud] *n* cappuccio ◊ (*car*) capote (*f inv*) ◊ (*AmE*) còfano.

hoof (hooves) [huːf, huːvz] *n* zòccolo.

hook [huk] *n* gancio; amo.

hook [huk] *v tr* uncinare ◊ (*dress*) agganciare.

hooligan ['huːlɪgən] *n* teppista (*m / f*), giovinastro.

hoop [huːp] *n* cerchio; cerchione.

hoot [huːt] *n* suono di clacson, sirena, sìbilo di locomotiva.

hoot [huːt] *v intr* suonare il clacson.

hooter ['huːtə*] *n* clacson (*m inv*) ◊ (*factory*) sirena.

hooves [huːvz] *n pl of* **hoof**.

hop [hɒp] *n* salto.

hop [hɒp] *v intr* saltare.

hope ['həup] *n* speranza, fiducia.

hope ['həup] *v tr, intr* sperare, confinare ◊ **to hope on**, continuare a sperare; **I hope so/ not**, spero di sì/no; (*letters*) **hoping to hear from you**, nell'attesa di avere vostre notizie.

hopeful ['həupful] *adj* (*person*) speranzoso, fiducioso ◊ (*situation*) promettente.

hopefully ['həupfulɪ] *adv* si spera, sperando bene.

hopeless ['həuplɪs] *adj* senza speranza, disperato.

hops [hɒps] *n pl* lùppolo.

horizon [hə'raɪzn] *n* orizzonte (*m*).

horizontal [hɒrɪ'zɒntl] *adj* orizzontale.

horn [hɔːn] *n* corno ◊ (*car*) clacson (*m inv*).

horned ['hɔːnɪd] *adj* (*animal*) fornito di corna, cornuto.

hornet ['hɔːnɪt] *n* calabrone (*m*).

horny ['hɔːnɪ] *adj* còrneo.

horoscope ['hɒrəskəup] *n* oròscopo.

horrible ['hɒrəbl] *adj* orrendo ◊ (*fam*) spiacévole.

horrid ['hɒrɪd] *adj* spaventoso ◊ (*fam*) antipàtico, cattivo.

horrify ['hɒrɪfaɪ] *v tr* spaventare, destare orrore.

horror ['hɒrə*] *n* orrore (*m*), spavento.

horror-stricken ['hɒrəstrɪkən] *adj* atterrito.

horse [hɔːs] *n* cavallo ◊ **to work like a horse**, lavorare come un pazzo; **on horseback**, a cavallo; **straight from the horse's mouth**, da fonte sicura.

horse-fly ['hɔːsflaɪ] *n* tafano.

horsehair ['hɔːsheə*] *n* crine (*m*) di cavallo.

horseman ['hɔːsmən] *n* cavallerizzo.

horse-power ['hɔːspauə*] *n* cavallo vapore.

horse-race ['hɔːsreɪs] *n* corsa di cavalli.

horse-racing ['hɔːsreɪsɪŋ] *n* ìppica.

horse-woman ['hɔːswumən] *n* cavallerizza.

horticulture ['hɔːtɪkʌltʃə*] *n* orticoltura.

hose [həuz] *n* calzini (*m pl*) ◊ (*pipe*) tubo flessìbile, manichetta (per innaffiare).

hosiery ['həuzɪərɪ] *n* (*shop*) reparto di calze (*f pl*), calzini (*m pl*).

hospitable ['hɒspɪtəbl] *adj* ospitale.

hospital ['hɒspɪtl] *n* ospedale (*m*).

hospitality [ˌhɒspɪ'tælətɪ] *n* ospitalità (*inv*).

host [həust] *n* òspite (*m*), padrone (*m*) di casa; moltitùdine (*f*), folla ◊ (*relig*) ostia consacrata.

hostage ['hɒstɪdʒ] *n* ostaggio.

hostel ['hɒstl] *n* ostello.

hostess ['həustɪs] *n* òspite (*f*) ◊ **air-hostess**, assistente (*f*) di volo, hostess.

hostility [hɒ'stɪlətɪ] *n* ostilità (*inv*).

hot [hɒt] *adj* caldo, rovente ◊ (*taste*) piccante ◊ (*fig*) ardente, focoso, violento ◊ (*tel*) **hot line**, linea diretta; **hot news**, notizie recentìssime; **hot water bottle**, boule per l'acqua calda.

hot [hɒt] *adv* a caldo ◊ **hot tub**, idromassaggio.

hot-dog [ˌhɒt'dɒg] *n* panino imbottito con salsiccia e sènape.

hotel [həu'tel] *n* hotel, albergo.

hotellier [həu'telɪə*] *n* albergatore(-trice).

hotfoot ['hɒtˌfut] *adv* in fretta.

hot-headed [ˌhɒt'hedɪd] *adj* impetuoso, impulsivo.

hot-house ['hɒthaus] *n* serra.

hot-plate ['hɒtˌpleɪt] *n* fornello, scaldavivande (*m inv*).

hot-pot ['hɒtpɒt] *n* stufato.

hot-tempered ['hɒtˌtempəd] *adj* irascìbile, collèrico.

hound [haund] *n* cane (*m*) da caccia.

hour ['auə*] *n* ora ◊ **office hours**, orario d'ufficio; **on the hour**, ogni ora.

hourly ['auəlɪ] *adj* orario, ad ogni ora.

house [haus] *n* casa, abitazione (*f*); casato, dinastìa; ditta, azienda ◊ (*pol*) Càmera ◊ (*theatre*) sala; pùbblico ◊ **to move house**, traslocare; **boarding-house**, pensione; **eating-house**, trattoria; **the House of Commons**, Camera dei Comuni; **full house**, tutto esaurito.

house [hauz] *v tr* (*person*) alloggiare, albergare ◊ (*thing*) riporre.

house-agent ['hausˌeɪdʒənt] *n* agente (*m*) immobiliare.

houseboat ['hausˌbəut] *n* casa galleggiante.

housebreaking [ˌhausˌbreɪkɪŋ] *n* furto con scasso; demolizione (*f*) di vecchie case.

household ['haushəuld] *adj* domèstico ◊ **household chores**, lavori domestici.

housekeeper ['hausˌkɪpə*] *n* governante (*f*), massaia.

housewife ['hauswaif] *n* casalinga, massaia.

housework ['hauswɜːk] *n* faccende (*f pl*) domèstiche.

housing ['hauzɪŋ] *n* alloggio, sistemazione (*f*) ◊ **housing estate**, quartiere residenziale.

hovel ['hɒvl] *n* tugurio, casùpola.

hover ['hɒvə*] *v intr* librarsi a volo.

how [hau] *adv* come, in che modo ◊ **how are you?**, come stai?; **how's business?**, come vanno gli affari?; **how come?**, come mai?; **how do you do**, piacere; **how much?**, quanto? **how many?**, quanti?; **how old are you?**, quanti anni hai?; **how long does it take?**, quanto tempo ci vuole?; **how long have you been here?**, da quanto tempo siete qui?

howl [haul] *v intr* ululare.

H.P. ['eɪtʃpiː] *abbr of* **horsepower**, cavallo vapore.

hub [hʌb] *n* fulcro.

hubbub ['hʌbʌb] *n* chiasso.

huddle ['hʌdl] *n* folla, calca.

huddle ['hʌdl] *v tr, intr* accalcarsi, assieparsi.

hue [hjuː] *n* tinta, colore (*m*).

huff [hʌf] *n* stizza.

hug [hʌg] *v tr* abbracciare(-rsi), stringere ◊ **to hug os**, congratularsi con se stesso.

huge [hjuːdʒ] *adj* enorme.

hulking ['hʌlkɪŋ] *adj* (*person*) grande e goffo.

hullabaloo [ˌhʌləbə'luː] *n* baccano.

hullo [hə'ləu] *interj* ciao, salve.

hum [hʌm] *n* ronzìo, brusìo.

hum [hʌm] *v tr, intr* ronzare, mormorare, canticchiare a bocca chiusa.

human ['hjuːmən] *adj* umano ◊ **a human being**, un essere umano.

humane [hjuː'meɪn] *adj* umano, umanitario, comprensivo.

humanity [hju:'mænətɪ] *n* umanità (*inv*); bontà (*inv*), clemenza.

humble ['hʌmbl] *adj* ùmile.

humble ['hʌmbl] *v tr* umiliare.

humbug ['hʌmbʌg] *n* inganno, truffa; fròttole (*f pl*), sciocchezze (*f pl*).

humdrum ['hʌmdrʌm] *adj* monòtono, tedioso.

humid ['hju:mɪd] *adj* ùmido.

humidity [hju:mɪdɪtɪ] *n* umidità (*inv*).

humiliate [hju:'mɪlɪeɪt] *v tr* umiliare.

humility [hju:'mɪlətɪ] *n* umiltà (*inv*), sottomissione (*f*).

humorist ['hju:mərɪst] *n* umorista (*m / f*).

humorous ['hju:mərəs] *adj* umorìstico, spiritoso, divertente.

humour ['hju:mə*] *n* umore (*m*), disposizione (*f*); umorismo, comicità (*inv*) ◊ **to be in good (bad) humour**, essere di buon (cattivo) umore; **sense of humour**, senso dell'umorismo.

humour ['hju:mə*] *v tr* compiacere, accontentare, soddisfare.

hump [hʌmp] *n* gobba.

hunch [hʌntʃ] *n* gobba.

hunchback ['hʌntʃbæk] *n* (*person*) gobbo (-a).

hunchbacked ['hʌntʃbækt] *adj* incurvato.

hundred ['hʌndrəd] *adj, n* cento (*inv*), centinaio.

hundredth ['hʌndrədθ] *adj* centèsimo.

hundredweight ['hʌndrədweɪt] *n* mezzo quintale.

hung [hʌŋ] *pt, pp of* **hang**.

hunger ['hʌŋgə*] *n* fame (*f*).

hunger ['hʌŋgə*] *v tr, intr* affamare ◊ (*fig*) bramare, agognare ◊ **to suffer from hunger**, patire la fame; **hunger strike**, sciopero della fame; **to hunger for**, desiderare ardentemente.

hungry ['hʌŋgrɪ] *adj* affamato ◊ **to be hungry**, aver fame.

hunt [hʌnt] *n* caccia.

hunt [hʌnt] *v tr, intr*, cacciare, scacciare ◊ **to hunt for**, cercare.

hunting ['hʌntɪŋ] *n* caccia.

hurdle ['hɜ:dl] *n* (*sport*) ostàcolo.

hurl [hɜ:l] *v tr* lanciare con violenza.

hurricane ['hʌrɪkən] *n* uragano.

hurried ['hʌrɪd] *adj* frettoloso, affrettato, precipitoso.

hurry ['hʌrɪ] *n* fretta ◊ **to be in a hurry**, aver fretta.

hurry ['hʌrɪ] *v tr, intr* affrettare(-rsi) ◊ **to hurry in/out**, entrare, uscire in fretta; **hurry up!**, sbrigati!

hurt [hɜt] *n* lesione(*f*), ferita; (*fig*) danno, male (*m*).

hurt [hɜ:t] *v tr, intr* fare male; ferire ◊ **to hurt os**, farsi male.

hurtful ['hɜ:tfʊl] *adj* nocivo, che fa male; offensivo.

hurtle ['hɜ:tl] *v tr, intr* scagliare(-rsi), lanciare.

husband ['hʌzbənd] *n* marito.

hush [hʌʃ] *n* silenzio, calma.

hush [hʌʃ] *v tr* zittire.

husky ['hʌskɪ] *adj* secco, grinzoso ◊ (*voice*) ràuco ◊ (*AmE*) forte.

hustle ['hʌsl] *n* spinta; fretta ◊ **hustle and bustle**, andirivieni.

hustle ['hʌsl] *v tr, intr* spìngere, urtare, incalzare.

hut [hʌt] *n* capanna, rifugio alpino, baracca militare.

hutch [hʌtʃ] *n* gabbia.

hyacinth ['haɪəsɪnθ] *n* giacinto.

hydraulic [haɪ'drɔ:lɪk] *adj* idràulico.

hydrofoil ['haɪdrəvfɔɪl] *n* aliscafo.

hyena [haɪ'i:nə] *n* iena.

hygiene ['haɪdʒi:n] *n* igiene (*f*), pulizia.

hygienic [haɪ'dʒi:nɪk] *adj* igiènico.

hymn [hɪm] *n* inno.

hypermarket ['haɪpəmɑ:kɪt] *n* ipermercato.

hypertext ['haɪpə,tekst] *n* ipertesto.

hypnosis [hɪp'nəʊsɪs] *n* ipnosi (*f inv*).

hypnotism ['hɪpnətɪzəm] *n* ipnotismo.

hypnotist ['hɪpnətɪst] *n* ipnotizzatore(-trice).

hypnotize ['hɪpnətaɪz] *v tr* ipnotizzare.

hypocrisy [hɪ'pɒkrəsɪ] *n* ipocrisìa.

hypocrite ['hɪpəkrɪt] *n* ipòcrita (*m / f*).

hypocritical [,hɪpəʊ'krɪtɪkl] *adj* ipòcrita, falso.

hypothetical [,haɪpəʊ'θetɪkl] *adj* ipotètico.

hysteria [hɪ'stɪərɪə] *n* isterìa.

hysterical [hɪ'sterɪkl] *adj* istèrico.

hysterics [hɪ'sterɪks] *n pl* attacco istèrico ◊ (*fig*) **to go into hysterics**, avere un attacco isterico.

I

I [aɪ] *pron* io ◊ **here I am**, èccomi.

ice [aɪs] *n* ghiaccio, gelato ◊ (*fig*) **to break the ice**, rompere il ghiaccio ◊ **ice-tea**, tè freddo.

ice [aɪs] *v tr, intr* ghiacciare(-rsi), congelare (-rsi).

ice-box ['aɪsbɒks] *n* (*AmE*) frigorìfero ◊ (*BrE*) frigo portàtile.

ice-cream [,aɪs'kri:m] *n* gelato.

ice-lolly ['aɪs,lɒlɪ] *n* ghiacciolo (da mangiare).

ice-rink ['aɪsrɪŋk] *n* pista di pattinaggio.

ice-skate ['aɪsskeɪt] *v intr* pattinare sul ghiaccio.

icicle ['aɪsɪkl] *n* ghiacciolo.

icon ['aɪkɒn] *n* icona.

icy ['aɪsɪ] *adj* gelato, ghiacciato ◊ (*fig*) glaciale ◊ **icy welcome**, accoglienza glaciale.

I'd [aɪd] *short for* **I had, I would**.

idea [aɪ'dɪə] *n* idea, trovata ◊ **I have no idea**, non saprei.

ideal [aɪ'dɪəl] *adj, n* ideale (*m*).

idealist [aɪ'dɪəlɪst] *n* idealista (*m / f*).

identical [aɪ'dentɪkl] *adj* idèntico.

identification [aɪ,dentɪfɪ'keɪʃn] *n* identificazione (*f*).

identify [aɪ'dentɪfaɪ] *v tr* identificare, riconòscere.

identity [aɪ'dentətɪ] *n* identità (*inv*) ◊ **identity card**, carta d'identità.

ideology [,aɪdɪ'ɒlədʒɪ] *n* ideologìa.

idiom ['ɪdɪəm] *n* idioma (*m*) ◊ frase idiomatica.

idiot ['ɪdɪət] *n* idiota (*m / f*).

idle ['aɪdl] *adj* ozioso, pigro.

idle ['aɪdl] *v tr, intr* oziare, bighellonare.

idleness ['aɪdlnɪs] *n* ozio.

idler [aɪdlə*] *n* ozioso(-a); fannullone(-a).

idol ['aɪdl] *n* ìdolo.

idolize ['aɪdəlaɪz] *v tr* idoleggiare ◊ (*fig*) idolatrare.

idyllic [aɪ'dɪlɪk] *adj* idìllico.

i.e. [,aɪ 'iː] *adv, abbr of* **id est**, cioè.

if [ɪf] *conj* se ◊ **if I were you**, se fossi in te; **if**

you only knew, se sapeste; **if only you were here**, se solo (tu) fossi qui.

ignite [ɪg'naɪt] *v tr, intr* accèndere(-rsi), bruciare ◊ (*fig*) eccitare.

ignition [ɪg'nɪʃn] *n* accensione (*f*) ◊ **to switch on/off the ignition**, accendere, spegnere il motore; **ignition key**, chiavetta dell'accensione.

ignorance ['ɪgnərəns] *n* ignoranza.

ignorant ['ɪgnərənt] *adj* ignorante.

ignore [ɪg'nɔ:*] *v tr* ignorare, trascurare.

I'll [aɪl] *short for* **I will, I shall**.

ill [ɪl] *adj* (*comp* **worse**, *sup* **worst**) ammalato; cattivo; scadente, sfavorévole ◊ **to feel ill**, sentirsi male; **to fall ill**, ammalarsi; **ill fortune**, cattiva sorte.

ill [ɪl] *adv* male, malamente, sfavorevolmente ◊ **to behave ill**, comportarsi male; **ill at ease**, a disagio.

ill [ɪl] *n* male (*m*); avversità (*inv*); malattìa ◊ **social ills**, i mali della società.

illegal [ɪ'li:gl] *adj* illegale.

illegible [ɪ'ledʒəbl] *adj* illeggìbile.

illegitimate [,ɪlɪ'dʒɪtɪmət] *adj* illegìttimo, illegale.

ill-famed [,ɪl'feɪmd] *adj* malfamato.

ill-fitted [,ɪl'fɪtɪd] *adj* inadatto.

illicit [ɪ'lɪsɪt] *adj* illècito.

illiterate [ɪ'lɪtərət] *adj, n* analfabeta (*m / f*), illetterato(-a).

ill-mannered [,ɪl'mænəd] *adj* maleducato, sgarbato.

illness ['ɪlnɪs] *n* malattìa.

illogical [ɪ'lɒdʒɪkl] *adj* illogico, assurdo.

ill-starred [,ɪl'sta:d] *adj* sfortunato.

ill-tempered [,ɪl'tempəd] *adj* bisbètico; irritàbile.

ill-timed [,ɪl'taɪmd] *adj* inopportuno.

ill-treat [,ɪl'tri:t] *v tr* maltrattare.

illuminate [ɪ'lju:mɪneɪt] *v tr* illuminare, rischiarare.

illusion [ɪ'lu:ʒn] *n* illusione (*f*), inganno.

illusory [ɪ'lu:sərɪ] *adj* illusorio, ingannèvole.

illustrate ['ɪləstreɪt] *v tr* illustrare, spiegare, chiarire.

ill-will [,ɪl'wɪl] *n* malevolenza, rancore (*m*).

I'm [aɪm] *short for* **I am**.

image ['ɪmɪdʒ] *n* immàgine (*f*).

imaginary [ɪ'mædʒɪnərɪ] *adj* immaginario.

imagination [ɪˌmædʒɪ'neɪʃn] *n* immaginazione (*f*), fantasìa.

imagine [ɪ'mædʒɪn] *v tr, intr* immaginare (-rsi); figurarsi; fantasticare ◊ *just imagine*, immagina un po'; *I imagine so*, direi di sì.

imbecile ['ɪmbɪsiːl] *n* imbecille (*m* / *f*).

imbibe [ɪm'baɪb], **imbue** [im'bjuː] *v tr, intr* assorbire, imbévere(-rsi).

imitate ['ɪmɪteɪt] *v tr* imitare, seguire.

imitation [ˌɪmɪ'teɪʃn] *n* imitazione (*f*).

immaculate [ɪ'mækjʊlət] *adj* immacolato, puro.

immaterial [ˌɪmə'tɪərɪəl] *adj* immateriale; irrilevante.

immature [ˌɪmə'tjʊə*] *adj* immaturo.

immediate [ɪ'miːdjət] *adj* immediato, istantàneo ◊ *for immediate delivery*, da consegnare urgentemente.

immediately [ɪ'miːdjətlɪ] *adv* sùbito, immediatamente.

immense [ɪ'mens] *adj* immenso, enorme.

immerse [ɪ'mɜːs] *v tr* immèrgere, tuffare.

immersion [ɪ'mɜːʃn] *n* immersione (*f*).

immigrant ['ɪmɪgrənt] *n* immigrante (*m* / *f*).

immigration [ˌɪmɪ'greɪʃn] *n* immigrazione (*f*).

imminent ['ɪmɪnənt] *adj* imminente.

immoral [ɪ'mɒrəl] *adj* immorale, dissoluto.

immorality [ˌɪmə'rælətɪ] *n* immoralità (*inv*).

immortality [ˌɪmɔː'tælətɪ] *n* immortalità (*inv*), eternità (*inv*).

immortalize [ɪ'mɔːtəlaɪz] *v tr* immortalare, rèndere immortale.

immune [ɪ'mjuːn] *adj* immune, esente.

immunize ['ɪmjuːnaɪz] *v tr* immunizzare, neutralizzare.

impact [ɪm'pækt] *n* impatto.

impair [ɪm'peə*] *v tr* rovinare, danneggiare; indebolire.

impartial [ɪm'pɑːʃl] *adj* imparziale.

impartiality ['ɪmˌpɑːʃɪ'ælətɪ] *n* imparzialità (*inv*).

impassable [ɪm'pɑːsəbl] *adj* (*road*) intransitàbile ◊ (*river*) non guadàbile ◊ (*fig*) insormontàbile.

impassioned [ɪm'pæʃnd] *adj* appassionato.

impassive [ɪm'pæsɪv] *adj* impassìbile.

impatience [ɪm'peɪʃns] *n* impazienza.

impatient [ɪm'peɪʃnt] *adj* impaziente ◊ **to get impatient**, perdere la pazienza; **to be impatient of**, non poter sopportare.

impeach [ɪm'piːtʃ] *v tr* incriminare.

impeachment [ɪm'piːtʃmənt] *n* incriminazione (*f*), denunzia.

impede [ɪm'piːd] *v tr* impedire, intralciare.

impediment [ɪm'pedɪmənt] *n* intoppo, impedimento.

impel [ɪm'pel] *v tr* costrìngere; incitare.

impend [ɪm'pend] *v intr* incòmbere.

impenetrable [ɪm'penɪtrəbl] *adj* impenetràbile.

impenitent [ɪm'penitənt] *adj* incorreggìbile.

imperceptible [ˌɪmpə'septəbl] *adj* impercettìbile.

imperfect [ɪm'pɜːfɪkt] *adj* imperfetto; difettoso.

imperfection [ˌɪmpə'fekʃn] *n* imperfezione (*f*), difetto.

imperial [ɪm'pɪərɪəl] *adj* imperiale.

impersonal [ɪm'pɜːsnl] *adj* impersonale, distaccato.

impersonate [ɪm'pɜːsəneɪt] *v tr* impersonare, spacciarsi per.

impertinent [ɪm'pɜːtɪnənt] *adj* insolente.

imperturbable [ˌɪmpə'tɜːbəbl] *adj* imperturbàbile.

impervious [ɪm'pɜːvjəs] *adj* impenetràbile ◊ **impervious to criticism**, indifferente alle critiche.

impetuous [ɪm'petjʊəs] *adj* impetuoso, irruente.

impetus ['ɪmpɪtəs] *n* ìmpeto.

implement ['ɪmplɪmənt] *n* attrezzo, utensile (*m*).

implement ['ɪmplɪmənt] *v tr* attuare.

implicate ['ɪmplɪkeɪt] *v tr* implicare, coinvòlgere.

implicit [ɪm'plɪsɪt] *adj* implìcito.

implied [ɪm'plaɪd] *adj* implìcito, tàcito ◊ **implied meaning**, sottinteso.

implore [ɪm'plɔː*] *v tr, intr* implorare, supplicare.

imply [ɪm'plaɪ] *v tr* implicare, suggerire, insinuare.

impolite [ˌɪmpə'laɪt] *adj* scortese, sgarbato.

import ['ɪmpɔːt] *n* importazione (*f*) ◊ (*meaning*) significato, senso.

import [ɪm'pɔːt] *v tr, intr* importare; significare; implicare ◊ **imported goods**, articoli d'importazione; **imported from England**, di provenienza inglese.

importance [ɪm'pɔ:tns] *n* importanza.

important [ɪm'pɔ:tənt] *adj* importante, rilevante, significativo.

importation [ˌɪmpɔ:'teiʃn] *n* importazione, merce d'importazione.

importer [ɪm'pɔ:tə*] *n* importatore(-trice).

impose [ɪm'pəʊz] *v tr, intr* imporre ◊ **to impose on sb**, approfittare di qc.

imposing [ɪm'pəʊzɪŋ] *adj* imponente, solenne.

impossibility [ɪm,pɒsə'bɪlətɪ] *n* impossibilità (*inv*).

impossible [ɪm'pɒsəbl] *adj* impossìbile, inattuàbile.

impotence ['ɪmpətəns] *n* impotenza.

impracticable [ɪm'præktɪkəbl] *adj* impraticàbile.

impractical [ɪm'præktɪkəl] *adj* poco pràtico.

imprecision [ˌɪmprɪ'sɪʒən] *n* imprecisione (*f*), inesattezza.

impregnable [ɪm'pregnəbl] *adj* inespugnabile ◊ (*fig*) inoppugnàbile.

impress ['ɪmpres] *n* impronta; sigillo.

impress [ɪm'pres] *v tr, intr* impressionare; imprìmere ◊ **to be impressed**, essere (favorevolmente) stupito.

impression [ɪm'preʃn] *n* impressione (*f*), marchio ◊ **to be under the impression that**, avere l'impressione che.

impressionable [ɪm'preʃnəbl] *adj* impressionàbile.

impressive [ɪm'presɪv] *adj* impressionante; toccante; imponente, solenne.

imprison [ɪm'prɪzn] *v tr* imprigionare.

imprisonment [ɪm'prɪznmənt] *n* imprigionamento.

improbable [ɪm'prɒbəbl] *adj* inverosìmile, improbàbile.

impromptu [ɪm'prɒmptju:] *adv* improvvisando ◊ **to speak impromptu**, parlare a braccio.

improper [ɪm'prɒpə*] *adj* inadatto, scorretto.

impropriety [ˌɪmprə'praɪətɪ] *n* improprietà (*inv*), scorrettezza.

improve [ɪm'pru:v] *v tr, intr* migliorare, perfezionare; avvantaggiarsi; ampliare ◊ **to improve with use**, migliorare con l'uso.

improvement [ɪm'pru:vmənt] *n* miglioramento, progresso.

improvident [ɪm'prɒvɪdənt] *adj* imprevidente, avventato; pròdigo.

improving [ɪm'pru:vɪŋ] *adj* che rende migliore, che perfeziona.

improvisation [ˌɪmprəvaɪ'zeɪʃn] *n* improvvisazione (*f*).

improvise ['ɪmprəvaɪz] *v tr, intr* improvvisare.

imprudence [ɪm'pru:dəns] *n* imprudenza, avventatezza.

imprudent [ɪm'pru:dənt] *adj* imprudente, incàuto ◊ **how imprudent of you**, che imprudenza.

impudent ['ɪmpjʊdənt] *adj* sfacciato.

impulse ['ɪmpʌls] *n* impulso; ìmpeto; stìmolo ◊ **to act on impulse**, agire d'impulso; **sexual impulse**, stimolo sessuale.

impulsive [ɪm'pʌlsɪv] *adj* impulsivo.

impunity [ɪm'pju:nətɪ] *n* impunità (*inv*).

impure [ɪm'pjʊə*] *adj* impuro, contaminato.

impurity [ɪm'pjʊərətɪ] *n* impurità (*inv*), impudicizia.

impute [ɪm'pju:t] *v tr* imputare, attribuire, addebitare.

in [ɪn] *prep* in, a, su; entro, dentro; durante, fra, tra ◊ **in bed**, a letto; **to go out in the rain**, uscire sotto la pioggia; **in the newspaper**, sul giornale; **to be in business**, essere in affari; **to be in trouble**, essere nei guai; **in my opinion**, secondo me; **in winter**, d'inverno; **in the night**, durante la notte.

in [ɪn] *adv* entro, dentro; alla moda ◊ **is anyone in?**, c'è qualcuno in casa?; **come in!**, avanti!; **to let sb in**, far entrare qc; **day in day out**, giorno dopo giorno; **all in**, tutto compreso; **to be in for sthg**, doversi aspettare qcs; **a man in 10**, un uomo su 10; **in saying this**, nel dire questo.

in [ɪn] *n* **the ins and outs**, particolari, dettagli.

inability [ˌɪnə'bɪlətɪ] *n* inabilità (*inv*), incapacità (*inv*).

inaccessible [ˌɪnæk'sesəbl] *adj* inaccessìbile, irraggiungibile.

inaccuracy [ɪn'ækjʊrəsɪ] *n* inesattezza, imprecisione (*f*).

inaccurate [ɪn'ækjʊrət] *adj* inesatto, impreciso.

inactivity [,ɪnæk'tɪvətɪ] *n* inattività (*inv*).

inadequacy [ɪn'ædɪkwəsɪ] *n* insufficienza.

inadequate [ɪn'ædɪkwət] *adj* insufficiente, inadeguato.

inadvisable [,ɪnəd'vaɪzəbl] *adj* sconsigliàbile.

inalterable [ɪn'ɔːltərəbl] *adj* inalteràbile, immutàbile.

inanimate [ɪn'ænɪmət] *adj* inanimato, privo di vita.

inappropriate [,ɪnə'prəʊprɪət] *adj* improprio.

inapt [ɪn'æpt] *adj* disadatto, incapace.

inasmuch as ['ɪnəz'mʌtʃ əz] *adv* in quanto che.

inattentive [,ɪnə'tentɪv] *adj* disattento, distratto.

inaudible [ɪn'ɔːdəbl] *adj* impercettibile.

inaugurate [ɪ'nɔːgjʊreɪt] *v tr* inaugurare, aprire al pùbblico; insediare.

inauguration [ɪ,nɔːgjʊ'reɪʃn] *n* inaugurazione (*f*).

in-between [,ɪnbɪ'twiːn] *adj* intermedio.

inborn [,ɪn'bɔːn] *adj* innato, congènito.

incapability [ɪn,keɪpə'bɪlətɪ] *n* incapacità (*inv*).

incapable [ɪn'keɪpəbl] *adj* incapace.

incapacity [,ɪnkə'pæsətɪ] *n* incapacità (*inv*), inabilità (*inv*).

incarnation [,ɪnkɑː'neɪʃn] *n* incarnazione (*f*), personificazione (*f*).

incense ['ɪnsens] *n* incenso.

incense [ɪn'sens] *v tr* irritare, infiammare d'ira.

incentive [ɪn'sentɪv] *n* stìmolo.

incessant [ɪn'sesnt] *adj* incessante.

incest ['ɪnsest] *n* incesto.

inch [ɪntʃ] *n* pòllice (*m*) (*measure = 25 mm*) ◊ (*fig*) pìccola quantità (*inv*); pelo, soffio ◊ **inch by inch**, poco alla volta; **every inch a lady**, una vera signora; **within an inch of**, a un pelo da.

inch [ɪntʃ] *v tr, intr* muòversi lentamente; spostare gradualmente.

incidence ['ɪnsɪdəns] *n* incidenza, frequenza.

incident ['ɪnsɪdənt] *n* incidente (*m*), avvenimento.

incidental [,ɪnsɪ'dentl] *adj* casuale, fortùito ◊ **incidental expenses**, spese varie.

incidentally [,ɪnsɪ'dentlɪ] *adv* a propòsito, per inciso.

incinerate [ɪn'sɪnəreɪt] *v tr, intr* incenerire (-rsi) ◊ (*AmE*) cremare.

incision [ɪn'sɪʒn] *n* incisione (*f*), taglio ◊ (*fig*) incisività (*inv*).

incisive [ɪn'saɪsɪv] *adj* incisivo, tagliente, acuto.

incite [ɪn'saɪt] *v tr* incitare, spìngere.

inclination [,ɪnklɪ'neɪʃn] *n* inclinazione (*f*) ◊ (*fig*) tendenza.

incline [ɪn'klaɪn] *n* pendìo.

inclined [ɪn'klaɪnd] *adj* inclinato; disposto ◊ **to be inclined to do**, essere propenso a fare.

include [ɪn'kluːd] *v tr* inclùdere ◊ **service included**, servizio compreso.

inclusion [ɪn'kluːʒn] *n* inclusione (*f*).

inclusive [ɪn'kluːsɪv] *adj* incluso, compreso ◊ **inclusive of**, comprensivo di.

incoherent [,ɪnkəʊ'hɪərənt] *adj* incoerente.

income ['ɪŋkʌm] *n* rèddito, entrata ◊ **income from shares**, redditi azionari; **income tax**, imposta sul reddito; **income tax return**, denuncia dei redditi.

incommunicable [,ɪnkə'mjuːnɪkəbl] *adj* inesprimìbile, indicìbile.

incomparable [ɪn'kɒmpərəbl] *adj* impareggiàbile.

incompatible [,ɪnkəm'pætəbl] *adj* incompatìbile.

incompetence [ɪn'kɒmpɪtəns] *n* incapacità (*inv*).

incompetent [ɪn'kɒmpɪtənt] *adj* incapace.

incomplete [,ɪnkəm'pliːt] *adj* incompleto.

incomprehensible [ɪn,kɒmprɪ'hensəbl] *adj* incomprensìbile.

inconclusive [,ɪnkən'kluːsɪv] *adj* inconcludente, inùtile.

incongruous [ɪn'kɒŋgruəs] *adj* incongruente, improprio.

inconsiderate [,ɪnkən'sɪdərət] *adj* sconsiderato, avventato.

inconsistent [,ɪnkən'sɪstənt] *adj* incoerente, contraddittorio.

inconstant [ɪn'kɒnstənt] *adj* incostante, instàbile.

incontestable [ˌɪnkən'testəbl] *adj* incontestàbile, irrefutàbile.

incontrollable [ˌɪnkən'trəʊləbl] *adj* incontrollàbile.

inconvenience [ˌɪnkən'viːnjəns] *n* incòmodo, disturbo ◊ **without the slightest inconvenience**, senza il minimo disturbo.

inconvenient [ˌɪnkən'viːnjənt] *adj* incòmodo, fastidioso.

incorporate [ɪn'kɔːpərət] *v tr, intr* incorporare, inclùdere.

incorporated [ɪn'kɔːpəreɪtɪd] *adj* annesso ◊ **incorporated company**, società anonima.

incorrect [ˌɪnkə'rekt] *adj* scorretto, impreciso.

incorruptible [ˌɪnkə'rʌptəbl] *adj* incorruttìbile.

increase ['ɪnkriːs] *n* aumento, créscita ◊ **increase in prices**, rialzo dei prezzi; **without any increase**, senza maggiorazione.

increase [ɪn'kriːs] *v tr, intr* aumentare, accréscere.

increasingly [ɪn'kriːsɪŋlɪ] *adv* sempre più.

incredible [ɪn'kredəbl] *adj* incredìbile.

incredulous [ɪn'kredjʊləs] *adj* incrèdulo.

increment ['ɪnkrɪmənt] *n* aumento.

incriminate [ɪn'krɪmɪneɪt] *v tr* incriminare.

incubator ['nkjʊbeɪtə*] *n* incubatrice (*f*).

incur [ɪn'kɜ:*] *v tr* incòrrere in, andare incontro a, esporsi ◊ **to incur debts**, contrarre debiti.

incurable [ɪn'kjʊərəbl] *adj* incuràbile.

incursion [ɪn'kɜ:ʃn] *n* incursione (*f*), irruzione (*f*).

indebted [ɪn'detɪd] *adj* indebitato ◊ (*fig*) obbligato.

indecent [ɪn'diːsnt] *adj* indecente, sconcio.

indecision [ˌɪndɪ'sɪʒn] *n* indecisione (*f*), esitazione (*f*).

indeed [ɪn'diːd] *adv* veramente, davvero ◊ **thank you very much indeed**, grazie mille.

indefinable [ˌɪndɪ'faɪnəbl] *adj* indefinìbile.

indefinite [ɪn'defɪnət] *adj* vago, impreciso.

indelible [ɪn'deləbl] *adj* indelèbile, incancellàbile.

indelicate [ɪn'delɪkət] *adj* indelicato, volgare.

indemnify [ɪn'demnɪfaɪ] *v tr* indennizzare.

indemnity [ɪn'demnətɪ] *n* assicurazione (*f*).

indent [ɪn'dent] *v tr, intr* dentellare, frastagliare ◊ rientrare una riga (scrivendo).

independence [ˌɪndɪ'pendəns] *n* indipendenza.

independent [ˌɪndɪ'pendənt] *adj* indipendente.

indescribable [ˌɪndɪ'skraɪbəbl] *adj* indescrivìbile.

index (indices) ['ɪndeks, 'ɪndɪsiːz] *n* ìndice (*m*), catàlogo ◊ **index card**, scheda; **index finger**, (dito) ìndice.

index ['ɪndeks] *v tr* rubricare.

Indian ink [ˌɪndjən 'ɪŋk] *n* inchiostro di china.

indicate ['ɪndɪkeɪt] *v tr* indicare, segnalare.

indicator ['ɪndɪkeɪtə*] *n* indicatore (*m*).

indict [ɪn'daɪt] *v tr* accusare, incolpare.

indictment [ɪn'daɪtmənt] *n* accusa, stato d'accusa.

indifference [ɪn'dɪfrəns] *n* indifferenza.

indifferent [ɪn'dɪfrənt] *adj* indifferente, irrilevante.

indigenous [ɪn'dɪdʒɪnəs] *adj* indìgeno, nativo.

indigestion [ˌɪndɪ'dʒestʃən] *n* indigestione (*f*).

indignant [ɪn'dɪgnənt] *adj* indignato, sdegnato.

indignation [ˌɪndɪg'neɪʃn] *n* indignazione (*f*).

indignity [ɪn'dɪgnətɪ] *n* offesa, affronto.

indirect [ˌɪndɪ'rekt] *adj* indiretto.

indiscreet [ˌɪndɪ'skriːt] *adj* indiscreto, inopportuno; imprudente.

indiscretion [ˌɪndɪ'skreʃn] *n* indiscrezione (*f*), imprudenza.

indispensable [ˌɪndɪ'spensəbl] *adj* indispensàbile.

indisposed [ˌɪndɪ'spəʊzd] *adj* indisposto; avverso ◊ **to feel indisposed**, sentirsi poco bene.

indisputable [ˌɪndɪ'spjuːtəbl] *adj* incontestàbile, indiscutìbile.

indistinct [ˌɪndɪ'stɪŋkt] *adj* indistinto, vago.

individual [ˌɪndɪ'vɪdjʊəl] *n* indivìduo, tipo.

individual [ˌɪndɪ'vɪdjʊəl] *adj* individuale, sìngolo; personale, originale.

individualist [ˌɪndɪˈvɪdjʊəlɪst] *n* individualista (*m* / *f*).

individuality [ˌɪndɪˈvɪdjʊˈælətɪ] *n* individualità (*inv*).

indoctrinate [ɪnˈdɒktrɪneɪt] *v tr* indottrinare.

indolent [ˈɪndələnt] *adj* indolente.

indoor [ˈɪndɔ:*] *adj* al chiuso ◊ **indoor games**, giochi al coperto.

indoors [ˈɪnˈdɔ:z] *adv* in casa ◊ **indoors and out**, dentro e fuori.

induce [ɪnˈdju:s] *v tr* indurre, persuadere, provocare.

inducement [ɪnˈdju:smənt] *n* stìmolo.

inductive [ɪnˈdʌktɪv] *adj* induttivo.

indulge [ɪnˈdʌldʒ] *v tr, intr* soddisfare, concedersi ◊ **to indulge a whim**, soddisfare un capriccio.

indulgence [ɪnˈdʌldʒəns] *n* soddisfacimento ◊ **self-indulgence**, il trattarsi bene.

indulgent [ɪnˈdʌldʒənt] *adj* condiscendente, indulgente.

industrial [ɪnˈdʌstrɪəl] *adj* industriale, industrializzato.

industrialist [ɪnˈdʌstrɪəlɪst] *n* industriale (*m*).

industrialize [ɪnˈdʌstrɪəlaɪz] *v tr, intr* industrializzare(-rsi).

industrious [ɪnˈdʌstrɪəs] *adj* laborioso, attivo.

industry [ˈɪndəstrɪ] *n* industria; operosità (*inv*).

inedible [ɪnˈedɪbl] *adj* non commestìbile, immangiàbile.

inefficiency [ˌɪnɪˈfɪʃnsɪ] *n* inefficienza.

inefficient [ˌɪnɪˈfɪʃnt] *adj* inefficiente.

inept [ɪˈnept] *adj* inetto.

inequality [ˌɪnɪkwɒlətɪ] *n* ineguaglianza.

inert [ɪˈnɜ:t] *adj* inerte.

inescapable [ˌɪnɪˈskeɪpəbl] *adj* inevitàbile.

inestimable [ɪnˈestɪməbl] *adj* inestimàbile, incalcolàbile.

inevitable [ɪnˈevɪtəbl] *adj* inevitàbile.

inexhaustible [ˌɪnɪgˈzɔ:stəbl] *adj* inesaurìbile, instancàbile.

inexorable [ɪnˈeksərəbl] *adj* inesoràbile.

inexpensive [ˌɪnɪkˈspensɪv] *adj* poco costoso.

inexperience [ˌɪnɪkˈspɪərɪəns] *n* inesperienza.

inexperienced [ˌɪnɪkˈspɪərɪənst] *adj* inesperto.

inexplicable [ˌɪnɪkˈsplɪkəpl] *adj* inesplicàbile.

infallible [ɪnˈfæləbl] *adj* infallìbile.

infamy [ˈɪnfəmɪ] *n* infamia.

infancy [ˈɪnfənsɪ] *n* infanzia.

infant [ˈɪnfənt] *adj* infantile, dell'infanzia ◊ (*fig*) nuovo, nascente.

infant [ˈɪnfənt] *n* bambino(-a) ◊ **infant school**, asilo infantile.

infantry [ˈɪnfəntrɪ] *n* fanterìa.

infatuate [ɪnˈfætjʊeɪt] *v tr* invaghire.

infatuation [ɪnˌfætjʊˈeɪʃn] *n* infatuazione (*f*).

infeasible [ɪnˈfi:zəbl] *adj* irrealizzàbile.

infect [ɪnˈfekt] *v tr* infettare, contagiare ◊ (*fig*) trasméttere.

infection [ɪnˈfekʃn] *n* infezione (*f*), contagio.

infer [ɪnˈfɜ:*] *v tr* dedurre, arguìre.

inference [ˈɪnfərəns] *n* deduzione (*f*), illazione (*f*).

inferior [ɪnˈfɪərɪə*] *adj* inferiore.

inferior [ɪnˈfɪərɪə*] *n* inferiore (*m* / *f*), subordinato(-a), dipendente (*m* / *f*).

inferiority [ɪnˌfɪərɪˈɒrətɪ] *n* inferiorità (*inv*) ◊ **inferiority complex**, complesso d'inferiorità.

infernal [ɪnˈfɜ:nl] *adj* infernale.

infertility [ɪnˈfɜ:tɪlɪtɪ] *n* sterilità (*inv*), improduttività.

infest [ɪnˈfest] *v tr* infestare.

infidelity [ˌɪnfɪˈdelətɪ] *n* infedeltà (*inv*), tradimento.

infiltrate [ˈɪnfɪltreɪt] *v tr, intr* infiltrarsi, insinuarsi.

infinite [ˈɪnfɪnət] *adj* infinito, illimitato; enorme.

infinity [ɪnˈfɪnətɪ] *n* infinità (*inv*), gran nùmero.

infirmary [ɪnˈfɜ:mərɪ] *n* ospedale (*m*), ambulatorio, pronto soccorso.

infirmity [ɪnˈfɜ:mətɪ] *n* infermità (*inv*), debolezza, acciacco.

inflammable [ɪnˈflæməbl] *adj* infiammàbile ◊ (*fig*) irascìbile.

inflatable [ɪnˈfleɪtəbl] *adj* gonfiàbile.

inflate [ɪnˈfleɪt] *v tr, intr* gonfiare(-rsi) ◊ (*fig*) insuperbirsi, esaltare.

inflation [ɪnˈfleɪʃn] *n* (*econ*) inflazione (*f*).

inflexible [ɪnˈfleksəbl] *adj* rìgido, inflessìbile.

inflict [ɪnˈflɪkt] *v tr* infliggere.

infliction [ɪnˈflɪkʃn] *n* punizione (*f*), castigo.

influence [ˈɪnfluəns] *n* influenza, ascendente (*m*), influsso ◊ **to be under the influence of**, essere sotto l'influenza di; **to have influence over sb**, avere influenza su qc; **man of influence**, uomo influente.

influence [ˈɪnfluəns] *v tr* influenzare.

influential [ˌɪnfluˈənʃl] *adj* influente, autorévole.

influenza [ˌɪnfluˈenzə] *n* influenza.

influx [ˈɪnflʌks] *n* affluenza.

inform [ɪnˈfɔːm] *v tr, intr* informare, ragguagliare ◊ (*refl*) **to inform os about sthg**, informarsi su qcs.

informal [ɪnˈfɔːml] *adj* informale, non ufficiale, alla buona.

information [ˌɪnfəˈmeɪʃn] *n* informazioni (*f pl*); notizie (*f pl*), ragguagli (*m pl*) ◊ **a piece of information**, una notizia; **to ask for information**, informarsi; **the latest information**, le ultime notizie; (*comm*) **copy for information**, copia per conoscenza.

informative [ɪnˈfɔːmətɪv] *adj* informativo, istruttivo.

informer [ɪnˈfɔːmə*] *n* informatore(-trice).

infrequent [ɪnˈfriːkwənt] *adj* raro, sporàdico, non frequente.

infringe [ɪnˈfrɪndʒ] *v tr, intr* trasgredire.

infringement [ɪnˈfrɪndʒmənt] *n* violazione (*f*), trasgressione (*f*).

infuriated [ɪnˈfjuərɪeɪtɪd] *adj* infuriato.

ingenious [ɪnˈdʒiːnjəs] *adj* ingegnoso.

ingenuity [ˌɪndʒɪˈnjuːətɪ] *adj* ingegnosità (*inv*).

ingenuous [ɪnˈdʒenjuəs] *adj* ingènuo, sémplice.

ingot [ˈɪŋɡət] *n* lingotto.

ingratitude [ɪnˈɡrætɪtjuːd] *n* ingratitùdine (*f*).

ingredient [ɪnˈɡriːdjənt] *n* ingrediente (*m*).

ingurgitate [ɪnˈɡɜːdʒɪˌteɪt] *v tr, intr* ingurgitare.

inhabit [ɪnˈhæbɪt] *v tr* abitare.

inhabitant [ɪnˈhæbɪtənt] *n* abitante (*m / f*).

inhale [ɪnˈheɪl] *v tr, intr* inspirare, aspirare.

inherent [ɪnˈhɪərənt] *adj* inerente, implìcito.

inherit [ɪnˈherɪt] *v tr* ereditare.

inheritance [ɪnˈherɪtəns] *n* eredità (*inv*).

inhibit [ɪnˈhɪbɪt] *v tr* inibire, ostacolare.

inhibition [ˌɪnhɪˈbɪʃn] *n* inibizione (*f*).

inhospitable [ɪnˈhɒspɪtəbl] *adj* inospitale.

inhuman [ɪnˈhjuːmən] *adj* inumano.

inimitable [ɪˈnɪmɪtəbl] *adj* inimitàbile, impareggiàbile.

initial [ɪˈnɪʃl] *adj* iniziale, primo.

initially [ɪˈnɪʃlɪ] *adv* inizialmente.

initiate [ɪˈnɪʃɪeɪt] *v tr* avviare, iniziare.

initiative [ɪˈnɪʃɪətɪv] *n* iniziativa ◊ **to lack initiative**, mancare d'iniziativa.

inject [ɪnˈdʒekt] *v tr* iniettare ◊ (*fig*) introdurre.

injection [ɪnˈdʒekʃn] *n* puntura.

injure [ˈɪndʒə*] *v tr* ferire, nuòcere ◊ **to injure one's hand**, farsi male alla mano.

injury [ˈɪndʒərɪ] *n* ferita; danno, torto.

injustice [ɪnˈdʒʌstɪs] *n* ingiustizia.

ink [ɪŋk] *n* inchiostro.

ink-fish [ˈɪŋkfɪʃ] *n* seppia.

inkling [ˈɪŋklɪŋ] *n* sospetto.

inland [ɪnˈlænd] *adj* interno ◊ **the Inland revenue**, il fisco.

inland [ɪnˈlænd] *adv* all'interno ◊ **to live inland**, abitare nell'entroterra.

in-laws [ˈɪnˌlɔːz] *n pl* parenti acquisiti.

inlet [ˈɪnlet] *n* baia.

inmate [ˈɪnmeɪt] *n* ricoverato(-a), paziente (*m / f*) ◊ (*prison*) recluso(-a).

inmost [ˈɪnməust] *adj* il più interno, (il più) ìntimo.

inn [ɪn] *n* locanda.

innate [ˌɪˈneɪt] *adj* innato.

inner [ˈɪnə*] *adj* interno, interiore ◊ **inner city**, centro storico; **inner tube**, camera d'aria; **inner meaning**, significato recondito.

innkeeper [ˈɪnˌkiːpə*] *n* locandiere(-a), albergatore(-trice).

innocence [ˈɪnəsəns] *n* innocenza.

innocent [ˈɪnəsnt] *adj* innocente.

innocuous [ɪˈnɒkjuəs] *adj* innòcuo, inoffensivo.

innovation [ˌɪnəuˈveɪʃn] *n* innovazione (*f*).

innuendo [ˌɪnjuːˈendəu] *n* insinuazione (*f*).

innumerable [ɪ'nju:mərəbl] *adj* innumerèvole.

input ['ɪnpʊt] *n* introduzione; input.

input ['ɪnpʊt] *v tr* introdurre, inserire.

inquest ['ɪnkwest] *n* inchiesta, investigazione (*f*).

inquire [ɪn'kwaɪə*] *v tr, intr* chièdere, informarsi ◊ **to inquire into**, indagare.

inquiring [ɪn'kwaɪərɪŋ] *adj* curioso, indagatore.

inquiry [ɪn'kwaɪərɪ] *n* domanda, indàgine (*f*) ◊ **inquiry office**, ufficio informazioni; **on inquiry**, su richiesta.

inquisitive [ɪn'kwɪzətɪv] *adj* indiscreto.

insane [ɪn'seɪn] *adj* pazzo.

insanitary [ɪn'sænɪtərɪ] *adj* antigiènico, malsano.

insanity [ɪn'sænətɪ] *n* pazzìa.

insatiable [ɪn'seɪʃjəbl] *adj* insaziàbile.

inscription [ɪn'skrɪpʃn] *n* iscrizione (*f*), dèdica.

insect ['ɪnsekt] *n* insetto.

insecticide [ɪn'sektɪsaɪd] *n* insetticida (*m*).

insecure [,ɪnsɪ'kjʊə*] *adj* pericoloso ◊ (*thing*) instàbile ◊ (*person*) insicuro, incerto.

insecurity [,ɪnsɪ'kjʊərətɪ] *n* incertezza, insicurezza; perìcolo, rischio.

insensible [ɪn'sensəbl] *adj* insensìbile, indifferente.

insensitive [ɪn'sensətɪv] *adj* insensìbile.

inseparable [ɪn'sepərəbl] *adj* inseparàbile.

insert [ɪn'sɜ:t] *v tr* inserire; aggiùngere; far pubblicare ◊ **to insert an advertisement in a newspaper**, fare un'inserzione su un giornale.

insertion [ɪn'sɜ:ʃn] *n* inserimento, inserzione (*f*), avviso pubblicitario.

inshore [,ɪn'ʃɔ:*] *adj* costiero.

inside [,ɪn'saɪd] *n* interno, parte interna ◊ **inside out**, a rovescio; **to put one's socks on inside out**, mettersi i calzini a rovescio; **insides** (*n pl*) ventre (*m*).

inside [,ɪn'saɪd] *adj* interno.

inside [,ɪn'saɪd] *adv* dentro, all'interno.

inside [,ɪn'saɪd] *prep* dentro.

inside broker ['ɪn,saɪd brəʊkə*] *n* agente (*m*) di cambio.

insider [,ɪn'saɪdə*] *n* iniziato, membro.

insidious [ɪn'sɪdɪəs] *adj* insidioso.

insight ['ɪnsaɪt] *n* intùito, discernimento.

insignificant [,ɪnsɪg'nɪfɪkənt] *adj* insignificante.

insincere [,ɪnsɪn'sɪə*] *adj* falso.

insinuate [ɪn'sɪnjʊeɪt] *v tr, intr* insinuare (-rsi), far crédere.

insipid [ɪn'sɪpɪd] *adj* insìpido, insulso.

insist [ɪn'sɪst] *v tr, intr* insìstere ◊ **to insist on sthg**, insistere su qcs.

insistence [ɪn'sɪstəns] *n* insistenza.

insistent [ɪn'sɪstənt] *adj* insistente, ostinato.

insolent ['ɪnsələnt] *adj* insolente.

insolvent [ɪs'sɒlvənt] *adj* insolvente; fallito.

inspect [ɪn'spekt] *v tr* esaminare.

inspection [ɪn'spektʃn] *n* ispezione (*f*), controllo ◊ **inspection of luggage**, controllo dei bagagli.

inspector [ɪn'spektə*] *n* ispettore (*m*), controllore (*m*).

inspectress [ɪn'spektrɪs] *n* ispettrice (*f*).

inspiration [,ɪnspəreɪʃn] *n* ispirazione (*f*).

inspire [ɪn'spaɪə*] *v tr* ispirare, suscitare, infòndere.

instability [,ɪnstə'bɪlətɪ] *n* instabilità (*inv*).

install [ɪn'stɔ:l] *v tr* collocare, insediare.

installation [,ɪnstə'leɪʃn] *n* installazione (*f*).

instalment [ɪn'stɔ:lmənt] *n* rata, antìcipo ◊ (*TV serial*) puntata ◊ **payment by instalments**, pagamento rateale; **instalment selling**, vendita rateale.

instance ['ɪnstəns] *n* esempio ◊ **for instance**, per esempio.

instant ['ɪnstənt] *n* àttimo, momento.

instant ['ɪnstənt] *adj* istantàneo ◊ **instant coffee**, caffè solubile.

instead [ɪn'sted] *adv* invece ◊ **instead of**, invece di.

instigation [,ɪnstɪ'geɪʃn] *n* incitamento.

instil [ɪn'stɪl] *v tr* infòndere.

instinct ['ɪnstɪŋkt] *n* istinto ◊ **business instinct**, senso degli affari.

instinctive [ɪn'stɪŋktɪv] *adj* istintivo.

institute ['ɪnstɪtju:t] *n* ente (*m*).

institute ['ɪnstɪtju:t] *v tr* istituire, avviare.

institution [,ɪnstɪ'tju:ʃn] *n* ente (*m*), istituto; norma ◊ **charitable institution**, istituto di beneficenza.

instruct [ɪn'strʌkt] *v tr* istruire, informare ◊

to instruct sb in history, insegnare a qc la storia.

instruction [ɪn'strʌkʃn] *n* insegnamento, cultura ◊ **instructions** (*n pl*) istruzioni (*f pl*), norme (*f pl*) ◊ (*comm*) **as per your instructions**, secondo le vostre istruzioni.

instructive [ɪn'strʌktɪv] *adj* educativo.

instructor [ɪn'strʌktə*] *n* istruttore (*m*), allenatore (*m*) ◊ (*AmE*) assistente universitario.

instructress [ɪn'strʌktrɪs] *n* istitutrice (*f*), insegnante (*f*).

instrument ['ɪnstrʊmənt] *n* arnese (*m*).

insubordinate [ˌɪnsə'bɔːdənət] *adj, n* ribelle (*m / f*).

insufferable [ɪn'sʌfərəbl] *adj* insopportàbile.

insufficient [ˌɪnsə'fɪʃnt] *adj* scarso, insufficiente.

insular ['ɪnsjʊlə*] *adj* insulare ◊ (*person*) meschino ◊ **insular mind**, mentalità ristretta.

insulate ['ɪnsjʊleɪt] *v tr* isolare ◊ **insulating tape**, nastro isolante.

insulin ['ɪnsjʊlɪn] *n* insulina.

insult ['ɪnsʌlt] *n* insulto.

insulting [ɪn'sʌltɪŋ] *adj* insolente, offensivo.

insuperable [ɪn'sjuːpərəbl] *adj* insuperàbile.

insurance [ɪn'ʃʊərəns] *n* assicurazione (*f*), ◊ **accident insurance**, assicurazione contro gli infortuni; **life insurance**, assicurazione sulla vita; **to take out insurance**, assicurarsi; **insurance policy**, polizza d'assicurazione.

insurant [ɪn'ʃʊərənt] *n* assicurato(-a).

insure [ɪn'ʃʊə*] *v tr* assicurare.

insurrection [ˌɪnsə'rekʃn] *n* insurrezione (*f*).

intact [ɪn'tækt] *adj* intatto, intero.

intake ['ɪnteɪk] *n* aspirazione (*f*), immissione (*f*).

integral ['ɪntɪgrəl] *adj* integrante, integrale.

integrate ['ɪntɪgreɪt] *v tr, intr* integrare(-rsi), incorporare.

integrity [ɪn'tegrətɪ] *n* integrità (*inv*), onestà (*m*).

intellect ['ɪntəlekt] *n* intelletto, mente (*f*).

intellectual [ˌɪntə'lektjʊəl] *adj, n* intellettuale (*m / f*).

intelligence [ɪn'telɪdʒəns] *n* intelligenza ◊

intelligence quotient, quoziente d'intelligenza; **Intelligence Service**, servizi segreti.

intelligent [ɪn'telɪdʒənt] *adj* intelligente.

intelligible [ɪn'telɪdʒəbl] *adj* comprensibile.

intemperate [ɪn'tempərət] *adj* sfrenato, violento.

intend [ɪn'tend] *v tr, intr* intèndere, destinare.

intense [ɪn'tens] *adj* intenso, forte; profondo.

intensely [ɪn'tenslɪ] *adv* profondamente.

intensify [ɪn'tensɪfaɪ] *v tr, intr* intensificare (-rsi), rafforzare.

intensity [ɪn'tensətɪ] *n* intensità (*inv*), veemenza.

intensive [ɪn'tensɪv] *adj* intenso, intensivo.

intent [ɪn'tent] *n* intenzione (*f*), scopo ◊ **to all intents and purposes**, a tutti gli effetti.

intent [ɪn'tent] *adj* intento, assorto ◊ **to be intent on sthg**, essere assorto in qcs.

intention [ɪn'tenʃn] *n* intenzione (*f*), scopo, obiettivo.

intentional [ɪn'tenʃənl] *adj* deliberato.

intently [ɪn'tentlɪ] *adv* attentamente.

inter [ɪn'tɜː*] *v tr* sotterrare.

interact ['ɪntərækt] *v intr* agire reciprocamente.

interactive ['ɪntəræktɪv] *adj* interattivo.

intercede [ˌɪntə'siːd] *v intr* intercèdere.

intercept [ˌɪntə'sept] *v tr* intercettare.

interchange [ˌɪntə'tʃeɪndʒ] *n* scambio; incrocio stradale.

interchange [ˌɪntə'tʃeɪndʒ] *v tr, intr* scambiare(-rsi).

interchangeable [ˌɪntə'tʃeɪndʒəbl] *adj* interscambiàbile.

intercom ['ɪntəkɒm] *n* citòfono.

interconnect [ˌɪntəkə'nekt] *v intr* collegare ◊ (*room*) essere in comunicazione.

intercourse ['ɪntəkɔːs] *n* rapporto, relazione (*f*), rapporti (*m pl*) ◊ **business intercourse**, rapporti commerciali.

interdict [ˌɪntə'dɪkt] *v tr* proibire, vietare.

interest ['ɪntrəst] *n* interesse (*m*), premura; importanza ◊ **interests** (*n pl*), interessi (*m pl*), vantaggi (*m pl*) ◊ **interest paid**, interesse passivo; **interest received**, interesse attivo; **rate of interest**, tasso di interesse.

interest ['ɪntrəst] *v tr* interessare.

interested ['ɪntrəstɪd] *adj* interessato ◊ **to be interested in**, interessarsi di.

interesting ['ɪntrəstɪŋ] *adj* interessante, affascinante.

interfere [,ɪntə'fɪə*] *v intr* interferire, introméttersi ◊ **to interfere in sb's affairs**, immischiarsi negli affari di qc.

interference [,ɪntə'fɪərəns] *n* interferenza.

interfering [,ɪntə'fɪərɪŋ] *adj* che interferisce ◊ **an interfering busybody**, un ficcanaso.

interim ['ɪntərɪm] *n* interim (*m*), intervallo ◊ **in the interim**, nel frattempo.

interior [ɪn'tɪərɪə*] *adj* interno, nazionale.

interior [ɪn'tɪərɪə*] *n* interno; entroterra (*m inv*).

interject [,ɪntə'dʒekt] *v tr* interloquire, interròmpere.

interjection [,ɪntə'dʒekʃən] *n* interiezione.

interlock [,ɪntə'lɒk] *v tr, intr* collegare, congiungere(-rsi).

interlude ['ɪntəluːd] *n* intervallo, paréntesi (*f inv*) ◊ (*mus*) interludio.

intermeddle [,ɪntə'medl] *v intr* intromettersi.

intermediary [,ɪntə'miːdjərɪ] *n* intermediario(-a).

intermediate [,ɪntə'miːdjət] *adj* intermedio.

intermission [,ɪntə'mɪʃn] *n* interruzione (*f*), pàusa ◊ (*theatre*) intervallo.

intermittent [,ɪntə'mɪtənt] *adj* intermittente.

intern [ɪn'tɜːn] *v tr* internare.

internal [ɪn'tɜːnl] *adj* interno ◊ **internal revenue**, gettito fiscale.

international [,ɪntə'næʃənl] *adj* internazionale.

internationalize [,ɪntə'næʃənəlaɪz] *v tr* internazionalizzare.

interpersonal [,ɪntə'pɜːsnl] *adj* interpersonale.

interplanetary [,ɪntə'plænɪtərɪ] *adj* interplanetario.

interplay [,ɪntə'pleɪ] *n* azione recìproca.

interpret [ɪn'tɜːprɪt] *v tr, intr* interpretare, chiarire.

interpretation [ɪn'tɜːprɪ'teɪʃn] *n* interpretazione (*f*).

intepreter [ɪn'tɜːprɪtə*] *n* intèrprete (*m / f*)

◊ **to act as interpreter to sb**, fare da interprete a qc.

interrelated [,ɪntərɪ'leɪtəd] *adj* correlato, connesso.

interrogation [ɪn'terəʊ'geɪʃn] *n* interrogazione (*f*).

interrogator [,ɪn'tɒrɒgətər] *n* interrogante (*m / f*).

interrupt [,ɪntə'rʌpt] *v tr, intr* interròmpere.

intersect [,ɪntə'sekt] *v tr, intr* intersecare (-rsi).

intersection [,ɪntə'sekʃn] *n* intersezione (*f*) ◊ (*road*) incrocio.

intertwine [,ɪntə'twaɪn[*v tr, intr* intrecciare (-rsi).

interval ['ɪntəvl] *n* intervallo, pàusa ◊ **at intervals**, a intervalli; (*meteo*) **bright intervals**, schiarite.

intervene [,ɪntə'viːn] *v intr* intervenire; introméttersi; accadere.

intervention [,ɪntə'venʃn] *n* intervento.

interview ['ɪntəvjuː] *n* colloquio, intervista.

interview ['ɪntəvjuː] *v tr* intervistare.

interviewee [,ɪntəvjuː'iː] *n* persona intervistata.

interviewer ['ɪntəvjuːə*] *n* intervistatore (-trice).

intestine [ɪn'testɪn] *n* intestino.

intimacy ['ɪntɪməsɪ] *n* intimità (*inv*), familiarità (*inv*).

intimate ['ɪntɪmət] *adj* ìntimo, familiare; profondo ◊ **he is one of my intimate friends**, è un mio amico intimo.

intimate ['ɪntɪmeɪt] *v tr* dichiarare, annunciare; sottintèndere.

intimately ['ɪntɪmətlɪ] *adv* intimamente, a fondo.

intimation [,ɪntɪ'meɪʃn] *n* annuncio.

into ['ɪntʊ] *prep* in, dentro; contro, fino a ◊ **to go into a house**, entrare in una casa; **to get into trouble**, mettersi nei guai; **to convert water into ice**, trasformare l'acqua in ghiaccio; **to translate into Italian**, tradurre in italiano.

intolerable [ɪn'tɒlərəbl] *adj* intolleràbile.

intolerance [ɪn'tɒlərəns] *n* intolleranza.

intolerant [ɪn'tɒlərənt] *adj* intollerante.

intonation [,ɪntəʊ'neɪʃn] *n* intonazione (*f*).

intoxicate [ɪn'tɒksɪkeɪt] *v tr* (*med*) intossicare ◊ inebriare, ubriacare ◊ (*fig*) esaltare.

intoxication [ɪn,tɒksɪ'keɪʃn] *n* ubriacatura, ebbrezza, esaltazione (*f*), eccitazione (*f*).

intractable [ɪn'træktəbl] *adj* intrattàbile.

intransigence [ɪn'trænsɪdʒəns] *n* intransigenza.

intravenous [,ɪntrə'viːnəs] *adj* endovenoso.

intrepid [ɪn'trepɪd] *adj* impàvido.

intricate ['ɪntrɪkət] *adj* intricato.

intrigue [ɪn'triːg] *v tr, intr* complottare, affascinare.

intriguing [ɪn'triːgɪŋ] *adj* affascinante, interessante, intrigante.

introduce [,ɪntrə'djuːs] *v tr* introdurre, imméttere; presentare; avviare ◊ **to introduce a new idea**, diffondere una nuova idea; **to introduce one person to another**, presentare una persona a un'altra; **to introduce os**, presentarsi.

introduction [,ɪntrə'dʌkʃn] *n* introduzione (*f*), presentazione (*f*) ◊ (*book*) prefazione (*f*).

introductory [,ɪntrə'dʌktərɪ] *adj* introduttivo, preliminare.

introspective ['ɪntrəʊ'spektɪv] *adj* introspettivo.

intrude [ɪn'truːd] *v tr, intr* intromettersi; imporre, disturbare ◊ **to intrude on sb's privacy**, violare l'intimità di qc; **I hope I'm not intruding**, spero di non disturbare.

intruder [ɪn'truːdə*] *n* intruso(-a), seccatore (-trice).

intrusion [ɪn'truːʒn] *n* intrusione (*f*), ingerenza.

intuition [,ɪntju:'ɪʃn] *n* intuizione (*f*), perspicacia.

intuitive [ɪn'tjuːɪtɪv] *adj* intuitivo, acuto, pronto.

inundate ['ɪnʌndeɪt] *v tr* inondare, sommèrgere.

inutility ['ɪnju:'tɪlətɪ] *n* inutilità (*inv*).

invade [ɪn'veɪd] *v tr* invàdere; calpestare ◊ **to invade sb's rights**, calpestare i diritti di qc.

invader [ɪn'veɪdə*] *n* invasore (*m*).

invalid [ɪn'vælɪd] *adj* non vàlido, nullo.

invalid ['ɪnvəlɪd] *n, adj* invàlido(-a), malato (-a) ◊ **invalid chair**, sedia per malati.

invalidate [ɪn'vælɪdeɪt] *v tr* invalidare.

invaluable [ɪn'væljʊəbl] *adj* inestimàbile.

invariable [ɪn'veərɪəbl] *adj* invariàbile, costante.

invasion [ɪn'veɪʒn] *n* invasione (*f*), incursione (*f*).

invective [ɪn'vektɪv] *n* invettiva, ingiuria.

invent [ɪn'vent] *v tr* inventare, scoprire, trovare.

invention [ɪn'venʃn] *n* invenzione (*f*).

inventor [ɪn'ventə*] *n* inventore (*m*), scopritore (*m*).

inventory ['ɪnvəntrɪ] *n* inventario.

invert [ɪn'vɜːt] *v tr* invertire.

invest [ɪn'vest] *v tr, intr* investire, comprare.

investigate [ɪn'vestɪgeɪt] *v tr* investigare.

investigation [ɪn,vestɪ'geɪʃn] *n* inchiesta, indàgine (*f*).

investigator [ɪn'vestɪgeɪtə*] *n* investigatore (-trice).

inveterate [ɪn'vetərət] *adj* inveterato, accanito, impenitente.

invincible [ɪn'vɪnsəbl] *adj* invincìbile.

inviolate [ɪn'vaɪələt] *adj* intatto, ìntegro.

invisible [ɪn'vɪzəbl] *adj* invisìbile.

invitation [,ɪnvɪ'teɪʃn] *n* invito.

invite [ɪn'vaɪt] *v tr* invitare ◊ (*fig*) incoraggiare ◊ **to invite in**, invitare a entrare.

inviting [ɪn'vaɪtɪŋ] *adj* invitante, allettante.

invoice ['ɪnvɔɪs] *n* fattura.

invoice ['ɪnvɔɪs] *v tr* fatturare.

invoke [ɪn'vəʊk] *v tr* invocare.

involuntary [ɪn'vɒləntərɪ] *adj* involontario.

involve [ɪn'vɒlv] *v tr* immischiare, coinvòlgere, implicare.

involved [ɪn'vɒlvd] *adj* (*person*) coinvolto ◊ (*style*) complesso, contorto ◊ **to get involved**, immischiarsi.

involvement [ɪn'vɒlvmənt] *n* implicazione (*f*), coinvolgimento.

invulnerable [ɪn'vʌlnərəbl] *adj* invulneràbile.

inwardly ['nwədlɪ] *adv* internamente, fra sé.

I.O.U. [,aɪ əʊ 'juː] *n abbr of* **I owe you**, pagherò (*m inv*).

I.Q. [,aɪ 'kjuː] *n abbr of* **intelligence quotient**, quoziente (*m*) d'intelligenza.

irascible [ɪ'ræsəbl] *adj* irascìbile.

irate [aɪ'reɪt] *adj* irato.

irk [ɜːk] *v tr* annoiare.

irksome ['ɜːksəm] *adj* fastidioso.

iron ['aɪən] *n* ferro; ferro da stiro ◊ **man of iron**, uomo di ferro; **iron and steel industry**, industria siderurgica.

iron ['aɪən] *adj* fèrreo ◊ **the Iron Curtain**, la cortina di ferro.

iron ['aɪən] *v tr, intr* stirare.

ironic(al) [aɪ'rɒnɪk(l)] *adj* irònico.

ironing ['aɪənɪŋ] *n* stiratura ◊ **ironing board**, cavalletto da stiro.

ironmonger ['aɪən,mʌŋgə*] *n* commerciante (*m*) in ferramenta.

ironsmith ['aɪənsmɪθ] *n* fabbro ferraio.

ironworker ['aɪənwɜːkə*] *n* operaio siderùrgico.

irony ['aɪərənɪ] *n* ironìa.

irrational [ɪ'ræʃənl] *adj* irrazionale.

irrationality [ɪ,ræʃə'nælətɪ] *n* irrazionalità (*inv*).

irredeemable [,ɪrɪ'diːməbl] *adj* incorreggìbile ◊ (*comm*) non convertìbile.

irregular [ɪ'regjʊlə*] *adj* illécito, saltuario.

irregularity [ɪ,regjʊ'lærətɪ] *n* irregolarità (*inv*).

irrelevant [ɪ'reləvənt] *adj* non pertinente; insignificante.

irreparable [ɪ'repərəbl] *adj* irreparàbile.

irrepressible [,ɪrɪ'presəbl] *adj* irrefrenàbile.

irresistible [,ɪrɪ'zɪstəbl] *adj* irresistìbile.

irresolute [ɪ'rezəluːt] *adj* indeciso.

irrespective [,ɪrɪ'spektɪv] *adj* noncurante di, senza riguardo a.

irresponsible [,ɪrɪ'spɒnsəbl] *adj* irresponsàbile.

irreverent [ɪ'revərənt] *adj* insolente.

irrevocable [ɪ'revəkəbl] *adj* irrevocàbile.

irritable ['ɪrɪtəbl] *adj* irritàbile.

irritate ['ɪrɪteɪt] *v tr* irritare, innervosire.

is ['ɪz] *3rd pers sing present tense of* be.

Islam ['ɪzlɑːm] *n* Islam (*m*).

island ['aɪlənd] *n* ìsola ◊ **traffic island**, salvagente stradale.

islander ['aɪləndə*] *n* isolano(-a).

isle [aɪl] *n* ìsola ◊ **the Isle of Wight**, l'isola di Wight.

isn't ['ɪznt] *short for* is not.

isolate ['aɪsəleɪt] *v tr* isolare, segregare.

isolation [,aɪsə'leɪʃn] *n* isolamento, segregazione (*f*).

issue ['ɪʃuː] *n* emissione (*f*); problema (*m*); pubblicazione (*f*); èsito ◊ **at issue**, in questione; **to join issue**, attaccar briga.

issue ['ɪʃuː] *v tr, intr* uscire; eméttere, pubblicare, èssere pubblicato; conclùdersi.

issuing ['ɪʃuːɪŋ] *n* emissione (*f*), pubblicazione (*f*).

isthmus ['ɪsməs] *n* istmo.

it [ɪt] *pron* esso, essa, ciò ◊ (*direct object*) lo, la ◊ (*indirect object*) gli, le ◊ **it is said**, si dice; **it's raining**, sta piovendo; **who is it?**, chi è?; **that's it**, ci siamo.

italics [ɪ'tælɪks] *n pl* caràtteri (*m pl*) corsivi.

itch [ɪtʃ] *n* prurito.

itch [ɪtʃ] *v intr* prùdere ◊ (*fig*) desiderare intensamente.

itchy [ɪtʃɪ] *adj* che prude ◊ (*fig*) desideroso.

it'd ['ɪtd] *short for* it would, it had.

item ['aɪtəm] *n* artìcolo, informazione (*f*) ◊ (*AmE*) pezzo sensazionale ◊ **items of news**, fatti del giorno.

itemize ['aɪtəmaɪz] *v tr* elencare, dettagliare.

itinerant [ɪ'tɪnərənt] *adj* itinerante.

itinerary [aɪ'tɪnərərɪ] *n* itinerario.

it'll ['ɪtl] *short for* it will, it shall.

its [ɪts] *poss adj* suo, sua, suoi, sue, ne.

it's [ɪts] *short for* it is, it has.

itself [ɪt'self] *refl pron* sé, se stesso, si ◊ (*emphatic*) esso stesso, essa stessa ◊ **at last the house itself fell down**, alla fine la casa stessa crollò; **in itself**, di per sé.

I've [aɪv] *short for* I have.

ivory ['aɪvərɪ] *n* avorio.

ivy ['aɪvɪ] *n* édera ◊ **Ivy League**, lega delle otto università più famose degli USA.

J

jab ['dʒæb] *n* (*col*) iniezione.

jabber ['dʒæbə*] *v intr* borbottare.

jack [dʒæk] *n* (*car*) cricco ◊ (*card*) fante (*m*).

jack [dʒæk] *v tr* sollevare con un cricco ◊ (*fam*) aumentare.

jackal ['dʒækɔːl] *n* sciacallo.

jacket ['dʒækit] *n* giacca ◊ (*book*) sopraccoperta ◊ **jacket potatoes**, patate lessate con la buccia; **life jacket**, giubbotto salvagente.

jack-knife ['dʒæknaɪf] *n* coltello a serramànico.

jack-of-all-trades [ˌdʒækəv'ɔ:ltreidz] *n* tuttofare.

jack-pot ['dʒækpɒt] *n* (*fam*) grossa vincita ◊ **to hit the jackpot**, far fortuna.

jackstraw ['dʒk,strɔ:] *n* spaventapàsseri (*m inv*).

Jacuzzi [dʒə'ku:zɪ] *n* idromassaggio.

jade [dʒeɪd] *n* giada.

jaded ['dʒeɪdɪd] *adj* spossato, sfinito.

jagged ['dʒægd] *adj* frastagliato, dentellato.

jaguar ['dʒægjuə*] *n* giaguaro.

jail [dʒeɪl] *n* càrcere (*m*), prigione (*f*) ◊ (*fam*) **jail-bird**, galeotto; **jail-break**, evasione.

jail [dʒeɪl] *v tr* carcerare.

jalopy [dʒə'lɒpi] *n* (*AmE, fam*) macinino, vecchia carcassa.

jam [dʒæm] *n* marmellata; ingorgo, intralcio ◊ **traffic jam**, ingorgo stradale, (*fam*) pasticcio, guaio.

jam [dʒæm] *v tr, intr* pigiare, bloccare(-rsi); disturbare la ricezione con interferenze ◊ **to jam the brakes on**, bloccare i freni; **to jam the streets**, bloccare le strade.

jam-pack ['dʒæm,pæk] *v tr* stipare.

jangle ['dʒæŋgl] *v intr* risuonare, tintinnare.

janitor ['dʒænɪtə*] *n* portinaio, custode (*m*) ◊ (*AmE*) bidello.

janitress ['dʒænɪtrɪs] *n* portinaia, custode (*f*) ◊ (*AmE*) bidella.

January ['dʒænjuərɪ] *n* gennaio (*inv*).

jar [dʒɑ:*] *n* baràttolo.

jar [dʒɑ:*] *v tr, intr* stonare; colpire ◊ **colours that jar**, colori che stonano.

jargon ['dʒɑ:gən] *n* gergo.

jasmine ['dʒæsmɪn] *n* gelsomino.

jaundice ['dʒɔ:ndɪs] *n* itterizia.

jaundiced ['dʒɔ:ndɪst] *adj* invidioso, geloso.

jaunt [dʒɔ:nt] *n* gita.

jaunty ['dʒɔ:ntɪ] *adj* gaio.

javelin ['dʒævlɪn] *n* giavellotto.

jaw [dʒɔ:] *n* mascella.

jazz [dʒæz] *n* jazz ◊ **jazz player**, jazzista.

jealous ['dʒeləs] *adj* geloso.

jealousy ['dʒeləsɪ] *n* gelosìa.

jeer [dʒɪə*] *v tr, intr* derìdere ◊ **to jeer at sb**, deridere, canzonare qc.

jelly ['dʒelɪ] *n* gelatina.

jellyfish ['dʒelɪfɪʃ] *n* medusa.

jeopardize ['dʒepədaɪz] *v tr* mettere in pericolo.

jeopardy ['dʒepədɪ] *n* rischio, pericolo.

jerk [dʒɜ:k] *n* scossa, strappo ◊ (*AmE, fam*) cretino; (*AmE*) **soda jerk**, barista.

jerk [dʒɜ:k] *v tr, intr* procèdere a balzi ◊ (*vehicles*) sobbalzare ◊ **to jerk to a stop**, fermarsi sobbalzando.

jersey ['dʒɜ:zɪ] *n* maglietta di lana.

jest [dʒest] *n* burla ◊ **to say sthg in jest**, dire qcs per scherzo; **to take a jest**, stare allo scherzo.

jest [dʒest] *v intr* scherzare, burlarsi ◊ **to jest at sb**, prendere in giro qc.

jester ['dʒestə*] *n* burlone(-a).

Jesuit ['dʒezjʊɪt] *n* gesuita (*m*).

Jesus ['dʒɪ:zəs] *n* Gesù (*inv*).

jet [dʒet] *n* zampillo; becco (del gas); aèreo a reazione.

jet [dʒet], *adj* a reazione (*f*), a getto ◊ **jet-propulsion engine**, motore a reazione; **jet fighter**, caccia a reazione; **jet-lag**, sindrome da fuso orario, jet-lag.

jet [dʒet] *v tr, intr* zampillare; viaggiare in aèreo.

jet-black [ˌdʒet'blæk] *adj* corvino.

jetsam ['dʒetsəm] *n* relitti (*m pl*) del mare ◊ (*fig*) **flotsam and jetsam**, relitti umani.

jetty ['dʒetɪ] *n* molo, pontile (*m*).

Jew [dʒu:] *n* ebreo.

jewel ['dʒu:el] *n* gioiello.

jeweller's ['dʒu:ələ*] *n* gioielliere(-a) ◊ **jeweller's (shop)**, oreficeria.

jewellery ['dʒu:əlrɪ] *n* gioielli (*m pl*), gioie (*f pl*).

Jewess ['dʒu:ɪs] *n* ebrea.

Jewish ['dʒu:ɪʃ] *adj* giudeo, giudaico.

jibe [dʒaɪb] *n* beffa.

jiffy ['dʒɪfɪ] *n* (*fam*) momento ◊ **wait a jiffy**, aspetta un momento.

jiggery-pokery [ˌdʒɪgərɪ'pəʊkərɪ] *n* (*fam*) inganni (*m pl*).

jiggle ['dʒɪgl] *v tr* dondolare.

jilt [dʒɪlt] *v tr* piantare in asso.

jingle ['dʒɪŋgl] *n* tintinnìo ◊ motivo musicale, canzoncina (pubblicitaria).

jingle ['dʒɪŋgl] *v tr, intr* tintinnare, scampanellare.

jinx [dʒɪŋks] *n (fam)* iettatore(-trice).

jitters ['dʒɪtəz] *n pl* nervosismo, paura ◊ **to get the jitters,** aver fifa.

job [dʒɒb] *n* lavoro, impiego ◊ *(fam)* faccenda ◊ **odd-jobs,** lavori saltuari; **to apply for a job,** fare domanda di assunzione; **to be out of a job,** essere senza lavoro.

jobless ['dʒɒbləs] *adj* disoccupato.

jockey ['dʒɒkɪ] *n* fantino.

jockey ['dʒɒkɪ] *v tr, intr* manovrare, guidare ◊ *(fig)* imbrogliare.

jocular ['dʒɒkjʊlə*] *adj* faceto.

jog [dʒɒg] *n* colpetto, spinta ◊ *(fam)* **to give sb's memory a jog,** rinfrescare la memoria a qc.

jog [dʒɒg] *v tr, intr* procèdere a scosse, trotterellare; fare footing ◊ **to be jogged about,** essere sballottato; *(fig)* **to jog along nicely,** campare modestamente.

jogger ['dʒɒgə*] *n (fam)* chi pràtica la corsa, il footing.

john [dʒɒn] *n (AmE, fam)* gabinetto.

John Bull [,dʒɒn'bʊl] *n* l'inglese tìpico.

John Doe [,dʒɒn'dəʊ] *n* l'americano tìpico.

join [dʒɔɪn] *v tr, intr* unire(-rsi), incontrarsi, raggiùngere; iscrìversi a ◊ *(rivers, roads)* confluire ◊ **would you like to join us for lunch?**, vuoi venire a pranzo con noi?; **to join a club,** iscriversi a un club; **to join the army,** arruolarsi.

joiner ['dʒɔɪnə*] *n* falegname *(m)*.

joinery ['dʒɔɪnərɪ] *n* falegnamerìa.

joint [dʒɔɪnt] *adj* unito.

joint [dʒɔɪnt] *n* giuntura ◊ *(body)* articolazione *(f)* ◊ *(food)* arrosto ◊ *(AmE)* bèttola, bisca ◊ *(sl)* spinello.

jointly ['dʒɔɪntlɪ] *adv* unitamente, in comune.

joke [dʒəʊk] *n* scherzo, barzelletta ◊ **to crack jokes,** lanciare battute.

joke [dʒəʊk] *v intr* scherzare ◊ **you must be joking!**, stai scherzando!

joker ['dʒəʊkə*] *n* burlone(-a) ◊ *(cards)* matta, jolly.

jolly ['dʒɒlɪ] *adj* allegro.

jolly ['dʒɒlɪ] *adv* moltìssimo, molto ◊ **a jolly good fellow**, un'ottima persona; **jolly good,** molto bene.

jolt [dʒəʊlt] *n* scossa, sobbalzo ◊ *(fig)* shock, colpo.

jolt [dʒəʊlt] *v tr, intr* far sobbalzare, sobbalzare.

jostle ['dʒɒsl] *n* spinta.

jostle ['dʒɒsl] *v tr, intr* spìngere, dare gomitate.

jot [dʒɒt] *n (fig)* acca, brìciolo ◊ **I don't care a jot,** me ne infischio.

jot [dʒɒt] *v tr* prèndere nota, annotare ◊ **he jotted down a few sentences**, annotò alcune frasi.

journal ['dʒɜː:nl] *n* giornale *(m)*, rivista, diario ◊ *(comm)* registro.

journalism ['dʒɜː:nəlɪzəm] *n* giornalismo.

journalist ['dʒɜː:nəlɪst] *n* giornalista *(m / f)*.

journey ['dʒɜː:nɪ] *n* viaggio, tragitto ◊ **have a pleasant journey!**, buon viaggio!; **the journey there and back,** il viaggio di andata e ritorno; **to go on a journey,** fare un viaggio.

journey ['dʒɜː:nɪ] *v intr* viaggiare, fare un viaggio.

jowl ['dʒaʊl] *n* guancia.

joy [dʒɔɪ] *n* gioia.

joy-bells ['dʒɔɪ,belz] *n pl* campane *(f pl)* a festa.

joyful ['dʒɔɪfʊl] *adj* gioioso, allegro.

joyous ['dʒɔɪəs] *adj* gioioso, allegro.

J.P. [,dʒeɪ'piː:] *n abbr of* **Justice of the Peace**, giùdice *(m)* di pace.

Jr, Jun, Junr *abbr of* **junior**, junior.

jubilation [,dʒuː:bɪ'leɪʃn] *n* giùbilo, esultanza ◊ *(fam)* allegrìa.

jubilee ['dʒuː:bɪliː:] *n* giubileo.

judge [dʒʌdʒ] *n* giùdice *(m / f)*.

judge [dʒʌdʒ] *v tr, intr* giudicare, esaminare.

judgement ['dʒʌdʒmənt] *n* giudizio, sentenza; buon senso ◊ **in my judgement,** a mio giudizio; **she has sound judgement,** ha molto senno.

judicial [dʒuː:'dɪʃl] *adj* giudiziale.

judicious [dʒuː:'dɪʃəs] *adj* assennato.

judo ['dʒuː:dəʊ] *n* judo.

jug [dʒʌg] *n* brocca.

juggernaut ['dʒʌgənɔː:t] *n (fam)* grosso autotreno ◊ oggetto gigantesco.

juggle ['dʒʌgl] *v tr, intr* fare giochi di destrezza ◊ (*fig*) ingannare ◊ **to juggle with words**, equivocare.

juggler ['dʒʌglə*] *n* prestigiatore (*m*) ◊ giocoliere.

juice [dʒu:s] *n* succo, sugo.

juicy ['dʒu:sɪ] *adj* succoso.

July [dʒu:ˌlaɪ] *n* luglio (*inv*).

jumble ['dʒʌmbl] *n* miscuglio ◊ **jumble sale**, vendita di roba usata per beneficenza.

jumble ['dʒʌmbl] *v tr, intr* mescolare, mischiare.

jumbo ['dʒʌmbəʊ] *n* (*fam*) elefante (*m*) ◊ (*fig*) mastodonte (*m*).

jump [dʒʌmp] *n* salto, balzo ◊ (*sport*) **high jump**, salto in alto; **long jump**, salto in lungo.

jump [dʒʌmp] *v tr, intr* saltare, sobbalzare; rincarare ◊ **to jump out of one's skin**, trasalire; **to jump the queue**, non aspettare il proprio turno, saltare la coda.

jumper ['dʒʌmpə*] *n* saltatore(-trice) ◊ (*BrE*) maglione (*m*) ◊ (*AmE*) scamiciato.

jumpy ['dʒʌmpɪ] *adj* nervoso.

junction ['dʒʌŋkʃn] *n* giunzione (*f*), incrocio ◊ (*rails*) nodo ferroviario.

juncture ['dʒʌŋtʃə*] *n* congiuntura (*f*) ◊ (*fig*) frangente (*m*).

June [dʒu:n] *n* giugno (*inv*).

jungle ['dʒʌŋgl] *n* giungla.

junior ['dʒu:njə*] *adj* più giovane, minore, cadetto; per ragazzi ◊ **my brother is my junior by three years**, mio fratello è minore di me di tre anni; **junior school**, scuola elementare; (*AmE*) **junior high school**, scuola media.

junk [dʒʌŋk] *n* cianfrusaglie (*f pl*) ◊ **junk food**, cibo confezionato, cibo stuzzicante ma poco sano; **junk-mail**, posta da cestinare (pubblicità etc).

junkie ['dʒʌŋkɪ] *n* (*sl*) drogato(-a).

junk-shop ['dʒʌŋkˌʃɒp] *n* negozio di cianfrusaglie.

jurisdiction [ˌdʒʊərɪs'dɪkʃn] *n* giurisdizione (*f*).

jurisprudence [ˌdʒʊərɪs'pru: dəns] *n* giurisprudenza.

jury ['dʒʊərɪ*] *n* giuria; giurati (*m pl*) ◊

(*fig*) giudizio ◊ **members of the jury!**, Signori della giuria!

just [dʒʌst] *adj* giusto, onesto; esatto ◊ **a just man**, un uomo giusto; **just remark**, osservazione legittima.

just [dʒʌst] *adv* esattamente, proprio, appunto; adesso; per un pelo; solo, soltanto ◊ **just in time**, proprio al momento buono; **just now**, proprio ora; **it is just six o'clock**, sono le sei precise; **it's just the same**, è esattamente lo stesso; **he has just gone out**, è appena uscito; **just fancy**, ma figurati; **just a little**, solo un pochino; **just for a change**, tanto per cambiare.

justice ['dʒʌstɪs] *n* giustizia ◊ **Justice of the Peace**, giùdice di pace.

justification [ˌdʒʌstɪfɪ'keɪʃn] *n* giustificazione (*f*), scusa.

justify ['dʒʌstɪfaɪ] *v tr* giustificare, difèndere ◊ **to justify os**, scusarsi, giustificarsi.

justness ['dʒʌstnɪs] *n* esattezza, precisione (*f*).

jut [dʒʌt] *v intr* spòrgere.

juvenile ['dʒu:vənaɪl] *adj* giovanile, giòvane, per giòvani ◊ **juvenile còurt**, tribunale dei minorenni; **juvenile books**, libri per ragazzi; **juvenile delinquent**, delinquente minorenne.

juvenile ['dʒu:vənaɪl] *n* giòvane (*m / f*), minorenne (*m / f*).

juxtapose [ˌdʒʌkstə'pəʊz] *v tr* giustapporre, affiancare.

juxtaposition [ˌdʒʌkstəpə'zɪʃn] *n* accostamento, giustapposizione (*f*).

K

kangaroo ['kæŋgə'ru:] *n* canguro.

keel [ki:l] *n* chiglia.

keen [ki:n] *adj* acuminato ◊ (*fig*) pungente, mordace; entusiasta ◊ **keen wind**, vento pungente; **keen interest**, vivo interesse; **a keen sportsman**, uno sportivo appassionato; **to be keen on doing sthg**, avere voglia di fare qcs; **to be keen on a girl**, aver preso una cotta per una ragazza.

keenness ['ki:nis] *n* acutezza, finezza; entusiasmo.

keep [ki:p] *n* sostentamento.

keep, *pt, pp* **kept** [ki:p,kept] *v tr, intr* mantenere(-rsi), custodire, gestire ◊ **to keep one's temper**, mantenersi calmo; **to keep in touch**, mantenersi in contatto; **keep quiet!**, sta' zitto!; **to keep sb waiting**, far aspettare qc; **to keep a shop**, gestire un negozio; **to keep late hours**, andare a letto tardi; **he kept on interrupting**, non faceva che interrompere; **keep out**, vietato l'accesso; **to keep up with the Joneses**, non sfigurare di fronte ai vicini.

keeper ['ki:pə*] *n* custode (*m / f*), guardiano(-a).

keeping ['ki:piŋ] *n* custodia, sorveglianza ◊ **in keeping with his conscience**, in armonìa con la sua coscienza.

keg [keg] *n* barilotto.

kennel ['kenl] *n* canile (*m*).

kept [kept] *pt, pp of* **keep.**

kerb [kɜ:*] *n* orlo del marciapiede.

kernel ['kɜ:nl] *n* nòcciolo ◊ (*fig*) nùcleo.

kerosene ['kerəsi:n] *n* cherosene (*m*).

kettle ['ketl] *n* bollitore (*m*).

key [ki:] *n* chiave (*f*) ◊ (*fig*) punto chiave ◊ (*mus*) chiave, tono ◊ (*piano, typewriter*) tasto ◊ **a bunch of keys**, un mazzo di chiavi; **the key to a puzzle**, la soluzione di un enigma; **row of keys**, tastiera.

key [ki:] *v tr* chiùdere a chiave ◊ (*fig*) intonare, accordare.

keyboard ['ki:bɔ:d] *n* tastiera.

keyhole ['ki:həʊl] *n* buco della serratura.

key-note ['ki:nəʊt] *n* (*mus*) nota di chiave ◊ (*fig*) concetto fondamentale.

kick [kɪk] *n* calcio; contraccolpo ◊ (*fam*) piacere (*m*), emozione (*f*), forza ◊ **penalty kick**, calcio di rigore; **with a kick in it**, stimolante.

kick [kɪk] *n tr, intr* tirare calci ◊ (*fig*) reagire ◊ **to kick in**, sfondare.

kickback [,kɪk'bæk] *n* tangente, mazzetta.

kick-off [,kɪk'ɒf] *n* calcio d'inizio ◊ lancio di nuovo prodotto.

kid [kɪd] *n* capretto ◊ (*fam*) ragazzino(-a).

kid [kɪd] *v tr* ingannare ◊ (*fam*) prèndere in giro ◊ **are you kidding?**, vuoi prendermi in giro?; **you've got to be kidding!**, stai scherzando!

kidnap ['kɪdnæp] *v tr* rapire, sequestrare.

kidnapper ['kɪdnæpə*] *n* rapitore(-trice), sequestratore.

kidnapping ['kɪdnæpiŋ] *n* rapimento, sequestro di persona.

kidney ['kɪdni] *n* rene (*m*) ◊ (*food*) rognone (*m*).

kill [kɪl] *v tr, intr* uccìdere ◊ (*fig*) distrùggere.

killer ['kɪlə*] *n* assassino(-a) ◊ **lady-killer**, rubacuori.

killing ['kɪliŋ] *n* assassinio.

killing ['kɪliŋ] *adj* mortale; estenuante ◊ (*fam*) affascinante ◊ **how killing**, che buffo.

kilogram(me) ['kɪləʊgræm] *n* chilogrammo.

kilometre ['kɪləʊ'mi:tə*] *n* chilòmetro.

kilt [kɪlt] *n* gonnellino scozzese.

kin [kɪn] *adj* imparentato, affine.

kin [kɪn] *n* parenti (*m pl*).

kind [kaɪnd] *adj* gentile, cortese ◊ **that's very kind of you**, sei molto gentile; **kind regards**, cordiali saluti.

kind [kaɪnd] *n* gènere (*m*), specie (*f*), tipo ◊ **of all kinds**, di tutti i generi.

kind-hearted [,kaɪnd'hɑ:tɪd] *adj* di buon cuore.

kindle ['kɪndl] *v tr, intr* accèndere(-rsi), incendiare(-rsi), prèndere fuoco ◊ **to kindle the fire**, accendere il fuoco.

kindly ['kaɪndlɪ] *adj* gentile, amàbile.

kindly ['kaɪndlɪ] *adv* gentilmente ◊ **kindly reply by return of post**, favorite rispondere a giro di posta; **he didn't take it kindly**, se l'è presa a male.

kindness ['kaɪndnɪs] *n* gentilezza.

kindred ['kɪndrɪd] *n* parenti (*m pl*), congiunti (*m pl*).

kindred ['kɪndrɪd] *adj* consanguìneo ◊ (*fig*) sìmile.

king [kɪŋ] *n* re (*m inv*).

kingdom ['kɪŋdəm] *n* regno.

kingpin ['kɪŋpɪn] *n* (*fig*) uomo chiave, fulcro.

king-size ['kɪŋsaɪz] *adj* formato gigante.

kinky ['kɪŋkɪ] *adj* attorcigliato ◊ (*hair*) ricciuto ◊ (*fam*) bizzarro, eccèntrico.

kiosk ['kɪːɒsk] *n* chiosco, edìcola, cabina telefònica.

kipper ['kɪpə*] *n* aringa affumicata.

kiss [kɪs] *n* bacio.

kiss [kɪs] *v tr, intr* baciare(-rsi) ◊ **to kiss sb goodnight**, dare il bacio della buona notte a qc.

kit [kɪt] *n* equipaggiamento ◊ **first-aid kit**, dotazione di primo soccorso.

kitbag ['kɪtbæg] *n* zaino.

kitchen ['kɪtʃɪn] *n* cucina.

kitchenette [ˌkɪtʃɪ'net] *n* cucinino, cucinotto.

kite [kaɪt] *n* (*toy*) aquilone (*m*).

kith [kɪθ] *n* **kith and kin**, amici e parenti.

kitten ['kɪtn] *n* gattino(-a).

kiwi ['kiːwɪ] *n* kiwi ◊ (*col*) neozelandese.

kleptomaniac [ˌkleptəʊ'meɪnɪæk] *n* cleptòmane (*m / f*).

knack [næk] *n* destrezza ◊ **to have the knack for sthg**, essere tagliato per qcs.

knapsack ['næpsæk] *n* zàino.

knave [neɪv] *n* briccone(-a) ◊ (*card*) fante (*m*).

knead [niːd] *v tr* impastare, lavorare.

knee [niː] *n* ginocchio.

knee-cap ['niːkæp] *n* ròtula.

kneel, *pt, pp* **knelt** [niːl, nelt] *v intr* inginocchiarsi.

knell [nel] *n* rintocco fùnebre.

knelt [nelt] *pt, pp of* **kneel**.

knew [njuː] *pt of* **know**.

knickers ['nɪkəz] *n pl* mutande (*f pl*) da donna.

knick-knack ['nɪknæk] *n* nìnnolo, gingillo.

knife (**knives**) [naɪf, naɪvz] *n* coltello ◊ **knife, fork and spoon**, posate.

knight [naɪt] *n* cavaliere (*m*).

knit [nɪt] *v tr, intr* lavorare a maglia; saldare (-rsi), aggrottare ◊ **to knit socks**, fare la calza; **to knit one's brows**, aggrottare le sopracciglia.

knitting ['nɪtɪŋ] *n* lavoro a maglia.

knitwear ['nɪtweə*] *n* maglierìa.

knives [naɪvz] *n pl of* **knife**.

knob [nɒb] *n* pomello, manòpola ◊ (*sugar*) zolletta ◊ (*butter*) noce (*f*).

knock [nɒk] *n* colpo, botta ◊ (*fig*) batosta ◊ **to get a nasty knock**, subire un duro colpo.

knock [nɒk] *v tr, intr* colpire, bàttere, bussare ◊ (*sl*) stupire; criticare ◊ **to knock at the door**, bussare alla porta; **to knock down an old building**, demolire un vecchio edificio; **he was knocked down by a car**, fu investito da una macchina; **to knock out**, mettere K.O.

knocker ['nɒkə*] *n* battiporta (*m inv*), battente (*m*).

knot [nɒt] *n* nodo.

knot [nɒt] *v tr, intr* annodare(-rsi), legare, aggrovigliarsi.

knotty ['nɒtɪ] *adj* nodoso ◊ (*fig*) complesso, spinoso.

know, *pt* **knew**, *pp* **known** [nəʊ, njuː, nəʊn] *v tr, intr* sapere, conóscere; riconóscere; èssere al corrente ◊ **you know best**, tu te ne intendi (più di me); **you never know**, non si sa mai; **to let sb know**, far sapere a qc; **there is no knowing**, è impossibile sapere; **to know how to do sthg**, essere capace di fare qcs.

know-all ['nəʊɔːl] *n* sapientone(-a).

know-how ['nəʊhaʊ] *n* abilità (*inv*) tècnica.

knowing ['nəʊɪŋ] *adj* àbile.

knowledge ['nɒlɪdʒ] *n* consapevolezza, coscienza; conoscenza.

knowledgeable ['nɒlɪdʒəbəl] *adj* bene informato.

known [nəʊn] *pp of* **know**.

knuckle ['nʌkl] *n* nocca.

K.O. [ker'əʊ] *n abbr of* **knock out**, mèttere K.O.

Koran [kɒ'rɑːn] *n* Corano.

L

l *abbr of* **litre**, litro.

lab [læb] *abbr of* **laboratory**, laboratorio ◊ **language lab**, laboratorio linguistico.

Lab [læb] *abbr of* **Labour Party**, partito laburista.

label ['leɪbl] *n* etichetta.

label ['leɪbl] *v tr* contrassegnare, classificare.

laboratory [lə'lɒrətərɪ] *n* laboratorio.

laborious [lə'bɔːrɪəs] *adj* faticoso.

labour, (*AmE*) **labor** ['leɪbə*] *n* lavoro, manodòpera ◊ (*pol*) classe operaia ◊ **shortage of labour**, mancanza di manodòpera; **Labour Party**, partito laburista.

labour, (*AmE*) **labor** ['leɪbə*] *v intr* lavorare, faticare.

labourer ['leɪbərə*] *n* lavoratore (*m*), uomo di fatica.

labyrinth ['læbərɪnθ] *n* labirinto.

lace [leɪs] *n* merletto, passamanerìa ◊ (*shoe*) stringa.

lace [leɪs] *v tr, intr* allacciare(-rsi); ornare di pizzi ◊ (*drinks*) corrèggere ◊ **to lace one's coffee with rum**, correggere il caffè con rum.

lack [læk] *n* mancanza.

lack [læk] *v tr, intr* mancare di, difettare ◊ **to lack for**, avere bisogno di.

lackadaisical [,lækə'deɪzɪkl] *adj* apàtico, indolente.

lacking ['lækɪŋ] *adj* mancante ◊ **to be lacking**, mancare.

laconic [lə'kɒnɪk] *adj* lacònico, conciso.

lacquer ['lækə*] *n* lacca.

lad [læd] *n* giovinetto.

ladder ['lædə*] *n* scala ◊ (*tights*) smagliatura.

ladder ['lædə*] *v tr, intr* fornire di scala, scalare ◊ (*tights*) smagliare(-rsi).

laden [leɪdn] *adj* càrico ◊ (*fig*) **heavy laden**, oppresso.

ladle ['leɪdl] *n* mèstolo.

lady ['leɪdɪ] *n* signora, dama ◊ **young lady**, signorina; **lady of the house**, padrona di casa; (*relig*) **Our Lady**, Madonna; **the ladies'** (*toilets*), gabinetti per signore.

ladybird ['leɪdɪbɜ:d] *n* coccinella.

lady-killer ['leɪdɪ,kɪlə*] *n* (*fam*) rubacuori (*m inv*).

ladylike ['leɪdɪlaɪk] *adj* distinto, signorile.

lag [læg] *n* ritardo.

lag [læg] *v intr* ritardare, èssere in ritardo.

lager ['lɑ:gə*] *n* birra chiara (di tipo tedesco).

laggard ['lægəd] *adj* lento.

laggard ['lægəd] *n* ritardatario(-a).

lagoon [lə'gu:n] *n* laguna.

laid [leɪd] *pt, pp of* **lay.**

lain [leɪn] *pp of* **lie.**

lair [leə*] *n* tana, covo.

lake [leɪk] *n* lago.

lamb [læm] *n* agnello ◊ **lamb's wool**, lana d'agnello; **lamb chop**, cotoletta d'agnello.

lame [leɪm] *adj* zoppo ◊ (*fig*) **a lame excuse**, una debole scusa.

lament [lə'ment] *n* lamento.

lament [lə'ment] *v tr, intr* lamentare, dolersi.

laminated ['læmɪneɪtɪd] *adj* laminato.

lamp [læmp] *n* làmpada, lume (*m*).

lampoon [læm'pu:n] *n* libello.

lamp-post ['læmppəʊst] *n* lampione (*m*).

lampshade ['læmpʃeɪd] *n* paralume (*m*), abat-jour.

lance [lɑ:ns] *n* lancia.

lancet ['lɑ:nsɪt] *n* bìsturi (*m inv*).

land [lænd] *n* terra; patria; suolo; proprietà (*inv*) ◊ **dry land**, terraferma; **to travel over land and sea**, viaggiare per mare e per terra.

land [lænd] *v tr, intr* approdare, atterrare; cacciarsi, cadere ◊ **to land safely**, sbarcare sano e salvo; **to land os in a mess**, cacciarsi nei guai.

landing ['lændɪŋ] *n* approdo, sbarco, atterraggio ◊ (*staircase*) pianerottolo ◊ **landing stage**, pontile; **landing field**, pista di atterraggio.

landlady ['læn,leɪdɪ] *n* padrona di casa, albergatrice (*f*).

landlord ['lænlɔ:d] *n* padrone (*m*) di casa, albergatore (*m*), locandiere (*m*), oste (*m*).

landmark ['lændmɑ:k] *n* punto di riferimento.

landowner ['lænd,əʊnə*] *n* proprietario fondiario.

landscape ['lændskeɪp] *n* paesaggio.

landslide ['lændslaɪd] *n* frana, slavina ◊ (*fig*) vittoria polìtica schiacciante.

lane [leɪn] *n* sentiero ◊ (*town*) vìcolo ◊ (*road, race*) corsìa ◊ **fast lane**, corsia a scorrimento veloce.

language ['læŋgwɪdʒ] *n* linguaggio.

languid ['læŋgwɪd] *adj* fiacco.

languish ['læŋgwɪʃ] *v intr* languire, indebolirsi.

lank [læŋk] *adj* (*hair*) liscio.

lanky [ˈlæŋkɪ] *adj* allampanato.

lantern [ˈlæntən] *n* lanterna.

lap [læp] *n* grembo ◊ (*sport*) giro di pista ◊ (*clothing*) risvolto.

lap [læp] *v tr, intr* avvòlgere, ricoprire, piegare(-rsi) ◊ (*sport*) superare ◊ (*water*) lambire.

lapel [ləˈpel] *n* risvolto (di giacca).

lapse [læps] *n* errore (*m*), sbaglio, svista ◊ (*time*) intervallo, lasso ◊ **a short lapse of time**, un breve periodo di tempo.

lapse [læps] *v intr* cadere, scivolare; decadere, scadere; passare, trascórrere ◊ **to lapse into bad habits**, lasciarsi andare a cattive abitudini.

laptop [ˈlæptɒp] *n* (*computer*) computer portatile.

larceny [ˈlɑːsənɪ] *n* (*law*) furto.

lard [lɑːd] *n* lardo.

larder [ˈlɑːdə*] *n* dispensa.

large [lɑːdʒ] *adj* grande, ampio ◊ (*person*) generoso ◊ **on a large scale**, su vasta scala; **to grow large**, ingrandirsi; **large views**, larghe vedute, **at large**, in libertà, nell'insieme; **by and large**, in senso lato.

largely [ˈlɑːdʒlɪ] *adv* in gran parte.

lark [lɑːk] *n* allòdola.

lascivious [ləˈsɪvɪəs] *adj* lascivo.

laser [ˈleɪzə*] *n* laser ◊ **laser beam**, raggio laser; **laser printer**, stampante laser.

lash [læʃ] *n* frustata; ciglio.

lash [læʃ] *v tr, intr* frustare, incitare ◊ (*fig*) criticare aspramente ◊ **to lash os into a fury**, andare su tutte le furie.

lass [læs] *n* ragazza.

last [lɑːst] *adj* ùltimo; scorso, passato ◊ **last but one**, penultimo; **last month**, il mese scorso.

last [lɑːst] *n* ùltimo; fine (*f*), conclusione (*f*).

last [lɑːst] *adv* in ùltimo, l'ultima volta, per ùltimo ◊ **he spoke last**, parlò per ultimo; **at last**, finalmente.

last [lɑːst] *v tr, intr* durare, resìstere.

lasting [ˈlɑːstɪŋ] *adj* durévole.

lastly [ˈlɑːstlɪ] *adv* infine.

latch [lætʃ] *n* chiavistello.

late [leɪt] *adj* (*comp* **later, latter**; *sup* **latest, last**) in ritardo; recente; tardivo; defunto, precedente ◊ (*fig*) **to keep late hours**, fare le ore piccole; **the late years**, in questi ultimi anni; **his late wife**, la defunta moglie.

late [leɪt] *adv* (*comp* **later**; *sup* **latest**) tardi, in ritardo; recentemente ◊ **better late than never**, meglio tardi che mai; **of late**, di recente.

late-comer [ˈleɪtˌkʌmə*] *n* ritardatario(-a).

lately [ˈleɪtlɪ] *adv* recentemente.

lateness [ˈleɪtnɪs] *n* ritardo, indugio.

latent [ˈleɪtənt] *adj* latente.

later [ˈleɪtə*] *adj* (*comp of* **late**) più recente, posteriore, successivo ◊ **later events**, avvenimenti successivi.

later [ˈleɪtə*] *adv* (*comp of* **late**) più tardi, in séguito, poi ◊ **sooner or later**, prima o poi; **a few hours later**, qualche ora dopo; **later on**, dopo, più tardi; (*fam*) **see you later**, a più tardi.

lateral [ˈlætərəl] *adj* laterale.

latest [ˈleɪtɪst] *adj* (*sup of* **late**) ùltimo, il più recente ◊ **the latest news**, le ultime notizie.

latest [ˈleɪtɪst] *adv* (*sup of* **late**) ùltimo, più tardi ◊ **at the latest**, al più tardi; (*fam*) **have you heard the latest?**, la sai l'ultima?

lathe [leɪð] *n* tornio.

lather [ˈlɑːðə*] *v tr, intr* insaponare.

Latin [ˈlætɪn] *adj, n* latino.

Latin-American [ˈlætɪnəˈmerɪkən] *adj, n* latino-americano(-a).

latitude [ˈlætɪtjuːd] *n* latitùdine (*f*).

latter [ˈlætə*] *adj* posteriore, più recente.

latter [ˈlætə*] *pron* (*of two people, things*) secondo, ùltimo ◊ **of milk and drinking chocolate I prefer the latter**, fra il latte e la cioccolata preferisco quest'ultima.

latterly [ˈlætəlɪ] *adv* recentemente.

lattice [ˈlætɪs] *n* grata.

laudatory [ˈlɔːdətərɪ] *adj* elogiativo.

laugh [lɑːf] *n* riso, risata.

laugh [lɑːf] *v intr, tr* rìdere ◊ **to laugh at**, ridere di; **to laugh off**, buttarla sul ridere; **to burst out laughing**, scoppiare a ridere; (*fig*) **to laugh up one's sleeve**, ridere sotto i baffi; **to laugh sb out**, ridicolizzare qc.

laughing [ˈlɑːfɪŋ] *adj* ridente, allegro.

laughing-stock [ˈlɑːfɪŋstɒk] *n* zimbello ◊ **to make a laughing stock of os**, rendersi ridicolo.

laughter ['lɔ:ftə*] *n* risata ◊ **to burst into laughter**, scoppiare a ridere; **to die with laughter**, ridere a crepapelle, morire dal ridere.

launch [lɔ:ntʃ] *n* (*boat*) lancia, scialuppa ◊ (*rocket*) lancio ◊ (*ship*) varo ◊ **launch pad**, rampa di lancio.

launch [lɔ:ntʃ] *v tr, intr* lanciare(-rsi), scagliare ◊ (*ship, plan*) varare.

launching ['lɔ:ntʃɪn] *n* lancio, varo ◊ (*fig*) avvìo.

launder ['lɔ:ndə*] *v tr, intr* lavare(-rsi), lavare e stirare ◊ (*money*) riciclare ◊ **freshly laundered**, fresco di bucato.

launderette [ˌlɔ:ndə'ret] *n* lavanderìa automàtica.

laundry ['lɔ:ndrɪ] *n* lavanderìa; bucato ◊ **to do the laundry**, fare il bucato.

laurel ['lɒrəl] *n* làuro.

lavatory ['lævətərɪ] *n* gabinetto.

lavender ['lævəndə*] *n* lavanda.

lavish ['lævɪʃ] *adj* pròdigo, generoso ◊ **lavish hospitality**, ospitalità generosa.

lavish ['lævɪʃ] *v tr* prodigare.

law [lɔ:] *n* legge (*f*) ◊ **law and order**, legge e ordine; **according to the law**, a norma di legge; **to go to law**, ricorrere a vie legali; **Court of law**, tribunale; **to practise law**, fare l'avvocato; (*AmE*) **attorney at law**, avvocato.

law court ['lɔ: 'kɔ:t] *n* tribunale (*m*).

lawful ['lɔ:fʊl] *adj* legale.

lawless ['lɔ:lɪs] *adj* illegale.

lawn [lɔ:n] *n* prato rasato all'inglese.

lawn mower ['lɔ:n, məʊə*] *n* falciatrice (*f*).

lawn tennis [ˌlɔ:n 'tenɪs] *n* tennis (*m*) su prato.

lawsuit ['lɔ:su:t] *n* càusa, processo.

lawyer ['lɔ:je*] *n* avvocato(-essa), legale (*m / f*); giurista (*m / f*) ◊ **to consult a lawyer**, rivolgersi a un avvocato.

lax [læks] *adj* fiacco.

laxative ['læksətɪv] *n* lassativo.

laxity ['læksətɪ] *n* rilassatezza ◊ (*fig*) trascùratezza.

lay [leɪ] *pt of* **lie.**

lay, *pt, pp* **laid** [leɪ, leɪd] *v tr, intr* posare, méttere; applicare; foderare, ricoprire; apparecchiare; deporre (uova); calmare; imporre, dare; scomméttere ◊ **to lay aside**, mettere da parte; **to lay stress on sthg**, dare evidenza a qcs; **to lay a wall with paper**, rivestire una parete di carta da parati; **to lay the table**, apparecchiare la tavola; **to lay eggs**, deporre le uova; **to lay a bet**, fare una scommessa; **to lay aside**, mettere da parte; **to lay off** (*workers*), licenziare; **to be laid up**, essere costretto a letto.

layabout ['leɪəˌbaʊt] *n* (*fam*) fannullone(-a).

lay-by ['leɪbaɪ] *n* spiazzo di sosta.

layer ['leɪə*] *n* strato.

laying ['leɪɪŋ] *n* installazione (*f*); deposizione (*f*) delle uova.

lay-off ['leɪˌɒf] *n* sospensione (*f*) del lavoro.

lay-out ['leɪaʊt] *n* tracciato, progetto; disposizione (*f*); impaginazione (*f*), menabò (*m inv*).

laze [leɪz] *v intr, tr* (*fam*) oziare.

lazy ['leɪzɪ] *adj* pigro.

lazybones ['leɪzɪˌbəʊnz] *n* (*fam*) pigrone(-a).

lb *abbr of* **pound** (*weight*) libbra.

lead [led] *n* piombo.

lead [li:d] *n* comando, direzione (*f*), guida; guinzaglio ◊ (*sport*) prima posizione ◊ (*theatre*) parte (*f*) principale ◊ **to give sb a lead**, dare l'esempio a qc; (*sport*) **to take the lead**, andare in vantaggio.

lead, *pt, pp* **led** [li:d, led] *v tr, intr* guidare, condurre ◊ (*fig*) indurre, persuadere ◊ (*sport*) èssere in testa ◊ **to lead sb astray**, portare qc sulla cattiva strada; (*sport*) **to lead by three to nil**, condurre per tre a zero; **to lead a busy life**, condurre una vita attiva.

lead-article ['li:dˌɑ:tɪkl] *n* artìcolo di fondo.

leaden ['ledn] *adj* di piombo.

leader ['li:də*] *n* capo, guida, dirigente (*m / f*); capopartito ◊ (*newspaper*) artìcolo di fondo.

leadership ['li:dəʃɪp] *n* direzione (*f*), comando, guida.

leaf (leaves) [li:f, li:vz] *n* foglia, fogliame (*m*) ◊ (*book*) pàgina ◊ (*table*) asse (*f*), ribalta.

leaflet ['li:flɪt] *n* manifestino, dépliant (*m*).

league [li:g] *n* lega, associazione (*f*), unione (*f*), società (*inv*) ◊ **to be in league with sb**, essere alleato di qc; (*sport*) **league football matches**, partite del campionato di calcio.

leak [li:k] *n* fessura, crepa; pèrdita ◊ **to stop a leak**, stagnare una falla; **a gas leak**, una fuga di gas.

leak [li:k] *v intr, tr* pèrdere, calare, lasciar uscire ◊ (*fig*) trapelare.

leaky ['li:kɪ] *adj* che perde.

lean [li:n] *adj* magro, scarno.

lean, *pt, pp* **leant**, *also* **leaned** [li:n, lent, li:nd] *v tr, intr* pèndere, piegarsi; appoggiare(-rsi); spòrgersi; tèndere ◊ **to lean forward**, piegarsi in avanti; **to lean against a wall**, appoggiarsi al muro; **to lean out of a window**, sporgersi da una finestra.

leaning [li:nɪŋ] *n* inclinazione (*f*).

leaning [li:nɪŋ] *adj* inclinato, pendente.

leant [lent] *pt, pp of* **lean.**

leap [li:p] *n* salto, balzo.

leap, *pt, pp* **leapt**, *also* **leaped** [li:p, lept, li:pt] *v intr, tr* saltare ◊ **to leap for joy**, saltare dalla gioia.

leap-day ['li:p,deɪ] *n* giorno intercalare (29 febbraio).

leap-year ['li:pjɜ:*] *n* anno bisestile.

learn, *pt, pp* **learnt**, *also* **learned** [lɜ:n, lɜ:nt] *v tr, intr* apprèndere ◊ **to learn to read**, imparare a leggere; **to learn by heart**, imparare a memoria.

learned ['lɜ:nɪd] *adj* colto, dotto.

learner ['lɜ:nə*] *n* allievo(-a), principiante (*m / f*).

learning ['lɜ:nɪŋ] *n* erudizione (*f*), cultura.

learnt [lɜ:nt] *pt, pp of* **learn.**

lease [li:s] *n* affitto.

leash [li:ʃ] *n* guinzaglio ◊ **on a leash**, al guinzaglio.

least [li:st] *adj* il più pìccolo, mìnimo ◊ **last but not least**, ultimo ma non meno importante.

least [li:st] *n* il più pìccolo, il mìnimo.

least [li:st] *adv* minimamente, meno di ◊ **she works least of all**, lavora meno di tutti; **at least**, al minimo, almeno; **not in the least**, affatto, per nulla.

leather ['leðə*] *n* cuoio, pelle (*f*).

leave [li:v] *n* permesso, congedo, autorizzazione (*f*) ◊ **by your leave**, col vostro permesso; **to take one's leave**, prendere con-

gedo; **on leave**, in congedo.

leave, *pt, pp* **left** [li:v, left] *v tr, intr* partire, uscire; lasciare; affidare; dimenticare ◊ **to leave behind**, dimenticare; **to leave home**, uscire di casa; **to leave the table**, alzarsi da tavola; **to be left broke**, rimanere al verde; **to leave out**, omettere, tralasciare.

leaves [li:vz] *n pl of* **leaf.**

leave-taking [li:v,teɪkɪŋ] *n* commiato, congedo.

leavings ['li:vɪŋz] *n pl* avanzi (*m pl*), resti (*m pl*).

lechery ['letʃərɪ] *n* lascivia, lussuria.

lecture ['lektʃə*] *n* conferenza, lezione (*f*).

lecture ['lektʃə*] *v tr, intr* ammonire; fare una conferenza.

lecturer ['lektʃərə*] *n* conferenziere(-a) ◊ (*university*) docente (*m / f*).

led [led] *pt, pp of* **lead.**

ledge [ledʒ] *n* sporgenza.

ledger ['ledʒə*] *n* registro.

lee [li:] *n* riparo, rifugio.

leek [li:k] *n* porro.

leer [lɪə*] *v intr* sbirciare.

leeway ['li:weɪ] *n* deriva ◊ (*fig*) pèrdita di tempo, màrgine (*m*), spazio di manovra.

left [left] *adj* sinistro ◊ **on my left**, alla mia sinistra; **no left turn**, divieto di svolta a sinistra.

left [left] *adv* a sinistra.

left [left] *n* sinistra ◊ **to drive on the left**, tenere la sinistra; (*pol*) the Left, la Sinistra.

left [left] *pt, pp of* **leave.**

left-hand ['lefthænd] *adj* di sinistra ◊ **on the left-hand side**, a sinistra.

left-handed [,left'hændɪd] *adj* mancino.

left-hander [,left'hændə*] *n* mancino(-a).

left-luggage office [,left'lʌɡɪdʒ, ɒfɪs] *n* depòsito bagagli.

leftovers ['left,əʊvəz] *n pl* avanzi (*m pl*), resti (*m pl*).

left-winger [,left'wɪŋə*] *n* (*pol*) simpatizzante (*m / f*) di sinistra ◊ (*sport*) ala sinistra.

leg [leg] *n* gamba ◊ (*animal*) zampa ◊ (*furniture*) piede (*m*) ◊ (*journey*) tappa ◊ **to pull sb's leg**, prendere in giro qc.

legacy ['legəsɪ] *n* eredità (*inv*).

legal ['li:gl] *adj* legale.

legalize ['li:gəlaɪz] v tr legalizzare.
legend ['ledʒənd] n leggenda.
legendary ['ledʒəndərɪ] adj leggendario.
leggings [legɪnz] n pl fuseaux.
legible ['ledʒəbl] adj leggìbile.
legion ['li:dʒən] n legione (f) ◊ (fig) molti-tùdine (f).
legionary ['li:dʒənərɪ] n legionario.
legislation [,ledʒɪs'leɪʃn] n legislazione (f).
legislative ['ledʒɪslətɪv] adj legislativo.
legislator ['ledʒɪsleɪtə*] n legislatore(-trice).
legitimacy [lɪ'dʒɪtɪməsɪ] n legittimità (inv).
legitimate [lɪ'dʒɪtɪmeɪt] adj legìttimo, lega-le ◊ a legitimate son, un figlio legittimo.
leisure ['leʒə*] n tempo lìbero, svago, ripo-so ◊ at leisure, a proprio agio; at your lei-sure, con comodo.
leisurely ['leʒəlɪ] adv fatto con còmodo, tranquillo.
lemon ['lemən] n limone (m).
lemonade [,lemə'neɪd] n limonata.
lend, pt, pp lent [lend, lent] v tr prestare, far dei prèstiti.
lending ['lendɪŋ] n prèstito ◊ short, long term lending, prestiti a breve, lungo ter-mine.
lending-library ['lendɪŋ,laɪbrərɪ] n bibliote-ca circolante.
length [leŋθ] n lunghezza; perìodo, durata; lunghezza di stoffa ◊ at length, alla fine.
lengthen ['leŋθən] v tr, intr allungare(-rsi).
lengthy ['leŋθɪ] adj lungo.
leniency ['li:njənsɪ] n indulgenza.
lenient ['li:njənt] adj indulgente, mite.
lens [lenz] n lente (f) ◊ (camera) obiettivo.
lent [lent] pt, pp of lend.
Lent [lent] n Quarésima.
Leo ['li:əʊ] n Leone (m).
leopard ['lepəd] n leopardo.
leopardess ['lepədɪs] n fémmina del leopar-do.
leotard ['li:əʊta:d] n calzamaglia.
lesbian ['lezbɪən] adj, n lèsbica.
less [les] adj minore, meno; più pìccolo.
less [les] adv meno, in misura minore ◊ less and less, sempre (di) meno; more or less, più o meno; the less you study, the less you learn, meno studi, meno impari.
less [les] n meno, quantità (inv) minore ◊ in

less than no time, in men che non si dica.
less [les] prep eccetto.
lessen ['lesn] v tr, intr diminuire, abbassare (-rsi), ridurre.
lesson ['lesn] n lezione (f).
lest [lest] conj per tema di.
let, pt, pp **let** [let] v tr, intr lasciare, permét-tere; dare in affitto ◊ to let sb have sthg, far avere qcs a qc; to let bygones be bygo-nes, dimenticare il passato; to let sthg go, mollare qcs; let me see, fammi pensare; let us go, andiamo; let alone, per non dire...; "to let", affittasi; to let sb, sthg in, far en-trare, lasciare entrare; to let off, far parti-re, sparare (fuochi d'artificio).
let-down ['letdaʊn] n (fam) delusione (f).
lethal ['li:θl] adj letale.
lethargy ['leθədʒɪ] n letargìa (f).
letter ['letə*] n lèttera (dell'alfabeto, missi-va).
letter-box ['letəbɒks] n buca delle lèttere.
letter-paper ['letə,peɪpə*] n carta da lèttere.
letting ['letɪŋ] n affitto.
lettuce ['letɪs] n lattuga.
let-up ['let,ʌp] n (fam) interruzione (f).
level ['levl] n livello, superficie (f) ◊ (fig) grado, importanza ◊ above sea level, so-pra il livello del mare; to be on the same le-vel as, essere sullo stesso piano di; 'A' le-vels (n pl), esami (m pl) di maturità; 'O' levels (n pl) esami svolti all'età di 16 anni; (fig) on the level, onesto.
level ['levl] v tr, intr livellare, pareggiare ◊ (fig) spianare ◊ to level up prices, aggiu-stare i prezzi.
level-crossing [,levl'krɒsɪŋ] n passaggio a li-vello.
level-headed [,levl'hedɪd] adj equilibrato.
lever ['li:və*] n leva.
lever ['li:və*] v tr sollevare con una leva.
leverage ['li:vərɪdʒ] n (fig) influenza, ascen-dente (m).
levity ['levɪtɪ] n frivolezza, leggerezza.
levy ['levɪ] n imposta, tributo.
levy ['levɪ] v tr, intr riscuòtere; arruolare.
lewd [lju:d] adj osceno.
lexical ['leksɪkəl] adj lessicale.
lexicon ['leksɪkən] n dizionario.
liability [,laɪə'bɪlətɪ] n tendenza, propensio-

ne (f), responsabilità (inv) ◊ (comm) **assets and liabilities**, attivo e passivo.

liable ['laɪəbl] adj soggetto a ◊ **liable for damages**, responsabile dei danni.

liar ['laɪə*] n bugiardo(-a).

libel ['laɪbl] n libello, diffamazione (f).

libel ['laɪbl] v tr diffamare, calunniare.

liberal ['lɪbərəl] adj generoso, pròdigo.

liberalize ['lɪbərəlaɪz] v tr liberalizzare.

liberation [,lɪbə'reɪʃn] n liberazione (f).

liberty ['lɪbətɪ] n libertà (inv).

Libra ['laɪbrə] n Bilancia.

librarian [laɪ'breərɪən] n bibliotecario(-a).

library ['laɪbrərɪ] n biblioteca.

lice [laɪs] n pl of **louse**.

licence ['laɪsəns] n permesso, patente (f); cànone (m) ◊ **car licence**, bollo di circolazione; **driving licence**, patente di guida; **licence plate**, targa.

license ['laɪsəns] v tr autorizzare.

licentious [laɪ'senʃəs] adj dissoluto, licenzioso.

lick [lɪk] n leccata; strato sottile ◊ **a lick of paint**, una passata di vernice.

lick [lɪk] v tr, intr leccare(-rsi) ◊ (flames, water) lambire, sfiorare.

lid [lɪd] n coperchio.

lie [laɪ] n bugìa, menzogna ◊ **to tell lies**, dire bugie.

lie [laɪ] v intr mentire.

lie, pt **lay**, pp **lain** [laɪ, leɪ, leɪn] v intr giacere; èssere situato ◊ **to lie in bed**, rimanere a letto; **the village lies between the mountains and the sea**, il paese è situato tra le montagne e il mare.

lie-detector ['laɪdɪ,tektə*] n màcchina della verità.

lie-in ['laɪɪn] n il poltrire a letto fino a tardi.

lieutenant [lef'tenənt] n tenente (m).

life (**lives**) [laɪf, laɪvz] n vita; esistenza ◊ **way of life**, modo di vivere; **the high life**, la bella vita; **the ups and downs of life**, gli alti e bassi della vita; **to lead a dog's life**, fare una vita da cani.

life-belt ['laɪfbelt] n salvagente (m inv).

lifeboat ['laɪfbəʊt] n scialuppa di salvataggio.

life-guard ['laɪfgɑːd] n bagnino; guardia del corpo.

life-jacket ['laɪf,dʒækɪt] n giubbotto di salvataggio.

lifeless ['laɪflɪs] adj esànime, senza vita.

lifelike ['laɪflaɪk] adj somigliante, naturale, verosìmile.

life-preserver ['laɪfprɪ,zɜːvə*] n (AmE) salvagente (m inv) ◊ (BrE) sfollagente (m inv).

life-raft ['laɪfrɑːft] n zàttera di salvataggio.

life-size(d) [,laɪf'saɪz] adj a grandezza naturale.

life-span ['laɪfspæn] n durata della vita.

lift [lɪft] n sollevamento ◊ (BrE) ascensore (m) ◊ (fam) passaggio (in màcchina) ◊ **to give sb a lift**, dare un passaggio a qc; **to thumb a lift**, fare l'autostop.

lift [lɪft] v tr, intr levare, alzare(-rsi) ◊ (sl) plagiare, copiare.

lifter ['lɪftə*] n (fam) ladro ◊ **shop-lifter**, taccheggiatore.

lift-off ['lɪftɒf] n decollo.

light [laɪt] adj chiaro ◊ leggero.

light [laɪt] n luce (f), alba, giorno; làmpada; fuoco ◊ (fig) intelligenza ◊ **parking-lights**, luci di posizione; **to strike a light**, accendere un fiammifero; **can you give me a light?**, mi fa accendere?; **traffic-lights**, semaforo.

light, pt, pp **lit** also **lighted** [laɪt, lɪt, 'laɪtɪd] v intr, tr accèndere, illuminarsi ◊ **to light the fire**, accendere il fuoco; **to light a cigarette**, accendere una sigaretta; (fam) **to be lit up**, essere brillo.

light, pt, pp **lighted**, also **lit** [laɪt, laɪtɪd, lɪt] v intr scéndere, posarsi su ◊ (fig) imbàttersi in.

light-bulb ['laɪtbʌlb] n lampadina.

lighten ['laɪtn] v tr, intr illuminare(-rsi), rischiarare(-rsi); alleggerire ◊ (fig) rallegrarsi.

lighter ['laɪtə*] n accendino; chiatta.

light-hearted [,laɪt'hɑːtɪd] adj gaio, allegro.

lighthouse ['laɪthaʊs] n faro.

lighting ['laɪtɪŋ] n illuminazione (f), accensione (f).

lightly ['laɪtlɪ] adv leggermente ◊ (fam) **to get off lightly**, cavarsela a buon mercato.

lightness ['laɪtnɪs] n chiarezza; leggerezza.

lightning ['laɪtnɪŋ] n fùlmine (m), lampo.

lightning-conductor ['laɪtnɪŋkən,dʌktə*] *n* parafùlmine (*m*).

light-weight ['laɪtweɪt] *n* (*sport*) peso leggero.

light-weight ['laɪtweɪt] *adj* leggero ◊ (*fig*) insignificante.

like [laɪk] *adj* sìmile, anàlogo; uguale ◊ **to be as like as two peas**, rassomigliarsi come due gocce d'acqua; **a like sum**, una somma uguale.

like [laɪk] *prep* come, nello stesso modo di ◊ **I think like you**, la penso come te; **they treated me like a stranger**, mi trattarono come un estraneo.

like [laɪk] *conj* come, nello stesso modo in cui ◊ (*AmE*) come se.

like [laɪk] *n* sìmile, uguale, la stessa cosa ◊ **you and the likes of you**, tu ed i tuoi pari; **his likes and dislikes**, i suoi gusti.

like [laɪk] *v tr, intr* piacere, preferire, trovare attraente ◊ (*cond sent*) **I would like some sugar**, gradirei dello zucchero; **I should like them to know**, vorrei che sapessero; **whether you like it or not**, volente o nolente.

likeable ['laɪkəbl] *adj* simpàtico, amàbile.

likelihood ['laɪklɪnhʊd] *n* probabilità (*inv*).

likely ['laɪklɪ] *adj* probàbile, possìbile; verosìmile ◊ **as likely as not**, con molte probabilità; **it is likely to rain**, è probabile che piova; **she is a likely singer**, è una cantante promettente.

likely ['laɪklɪ] *adv* probabilmente ◊ **not likely**, neanche per sogno.

liken ['laɪkən] *v tr* paragonare.

likeness ['laɪknɪs] *n* somiglianza; aspetto.

likewise ['laɪkwaɪz] *adv* similmente, nello stesso modo.

liking ['laɪkɪŋ] *n* gusto, preferenza.

lilac ['laɪlek] *n* lillà (*m inv*).

lilt [lɪlt] *n* ritmo, cadenza.

lily ['lɪlɪ] *n* giglio.

lily-of-the-valley ['lɪlɪəvðə'vælɪ] *n* mughetto.

limb [lɪm] *n* arto.

limber ['lɪmbə*] *v tr, intr* rèndere àgile ◊ **to limber up**, scaldare i muscoli.

lime [laɪm] *n* calce (*f*) ◊ (*tree*) tiglio.

limelight ['laɪmlaɪt] *n* luci (*f pl*) della ribalta.

limit ['lɪmɪt] *n* lìmite (*m*), tèrmine (*m*), àmbito; confine (*m*) ◊ **to exceed the speed limit**, superare il limite di velocità; **off limits**, vietato l'accesso.

limit ['lɪmɪt] *v tr* limitare, contenere.

limited ['lɪmɪtɪd] *adj* limitato, ristretto ◊ (*comm*) **limited liability company**, società a responsabilità limitata.

limp [lɪmp] *adj* molle, floscio.

limp [lɪmp] *v intr* zoppicare.

limpid ['lɪmpɪd] *adj* chiaro.

line [laɪn] *n* lìnea, tratto ◊ (*handwriting*) riga ◊ (*rope*) corda ◊ **to drop sb a line**, scrivere due righe a qc; **to be in line with**, essere conforme con; **dead-line**, termine ultimo; **to stand in a line**, fare la fila; (*telephone*) **please hold the line**, per favore rimanga in linea.

line [laɪn] *v tr* rigare, segnare, fiancheggiare ◊ (*clothes*) foderare ◊ **a street lined with trees**, una strada fiancheggiata da alberi; **to line up**, allinearsi; **lined with fur**, foderato di pelliccia.

linear ['lɪnɪə*] *adj* lineare.

linen ['lɪnɪn] *n* biancherìa; tela di lino.

linesman ['laɪnzmən] *n* guardalìnee (*m inv*).

line-up ['laɪn,ʌp] *n* allineamento, schieramento ◊ (*sport*) formazione (*f*) di gioco.

linger ['lɪŋgə*] *v intr* indugiare, attardarsi.

lingerie ['læenʒəri:] *n* biancherìa ìntima (da donna).

linguistics [lɪŋ'gwɪstɪks] *n pl* glottologìa, linguistica.

lining ['laɪnɪŋ] *n* fòdera.

link [lɪŋk] *n* anello, maglia di catena ◊ (*fig*) vìncolo ◊ (*radio*) collegamento.

link [lɪŋk] *v tr, intr* collegare, congiùngere, associarsi.

link-up ['lɪŋk,ʌp] *n* collegamento.

lint [lɪnt] *n* garza.

lion ['laɪən] *n* leone (*m*) ◊ **the lion's share**, la parte del leone.

lioness ['laɪənɪs] *n* leonessa.

lip [lɪp] *n* labbro; màrgine (*m*) ◊ (*fam*) impertinenza ◊ **to pay lipservice**, rendere un omaggio poco sincero.

lipstick ['lɪpstɪk] *n* rossetto.

liqueur [lɪ'kjʊə*] *n* liquore (*m*).

liquid ['lıkwıd] *adj* liquido ◊ fluido.
liquid ['lıkwıd] *n* liquido.
liquidate ['lıkwıdeıt] *v tr* liquidare ◊ (*comm*) saldare.
liquidation [,lıkwı'deıʃn] *n* (*comm*) liquidazione (*f*).
liquidator ['lıkwıdeıtə*] *n* liquidatore(-trice).
liquor ['lıkə*] *n* liquore (*m*).
liquorice ['lıkərıs] *n* liquerizia.
lisp [lısp] *n* pronuncia blesa.
list [lıst] *n* lista, elenco ◊ (*comm*) catàlogo ◊ indirizzario ◊ **short-list**, rosa dei candidati.
list [lıst] *v tr, intr* elencare, catalogare.
listen ['lısn] *v tr, intr* ascoltare ◊ **listen to me**, da' retta a me.
listener [l'ısnə*] *n* ascoltatore(-trice).
listening ['lısnıŋ] *n* ascolto.
listless ['lıstlıs] *adj* svogliato, indifferente.
lit [lıt] *pt, pp* of **light**.
litany ['lıtənı] *n* litanìa.
lite [laıt] *adj* (*AmE*) leggero.
literal ['lıtərəl] *adj* testuale; prosaico.
literally ['lıtərəlı] *avv* letteralmente.
literary ['lıtərərı] *adj* letterario.
literate ['lıtərət] *n* persona colta.
literature ['lıtərətʃə*] *n* letteratura.
lithe [laıð] *adj* àgile, snello.
litre ['li:tə*] *n* litro.
litter ['lıtə*] *n* rifiuti (*m pl*), cartacce (*f pl*) ◊ (*animals*) figliata.
litter ['lıtə*] *v tr, intr* sparpagliare, lasciare rifiuti in.
litter-bin ['lıtə,bın] *n* cestino per rifiuti.
little ['lıtl] *adj* pìccolo, poco, un po'; di scarsa importanza, meschino ◊ **we have a little milk left**, ci rimane un po' di latte; **just a little**, solo un po'; **she will be back in a little while**, sarà di ritorno tra un momento.
little ['lıtl] *adv* dvo, un po'; per nulla, affatto ◊ **little by little**, a poco a poco.
little ['lıtl] *n* poco, poca cosa ◊ **a little is better than none**, meglio poco che niente.
live [laıv] *adj* vivo, vivente, dal vivo ◊ **live broadcast**, trasmissione in diretta; (*fig*) **a live wire**, una persona dinamica.
live [lıv] *v intr, tr* vìvere, campare; dimorare ◊ (*fig*) permanere, èssere vivo ◊ **you live and learn**, non si finisce mai di imparare; (*fam*) **to live it up**, vivere alla grande; **to live in**, essere interno (ospedale, collegio); **to live through an awful experience**, sopravvivere a una bruttissima esperienza; **to live off**, vivere di.
livelihood ['laıvlıhʊd] *n* mezzi (*m pl*) di sostentamento.
liveliness ['laıvlınıs] *n* vivacità (*inv*), brìo.
lively ['laıvlı] *adj* vivace.
liven ['laıvn] *v tr, intr* ravvivare(-rsi).
liver ['lıvə*] *n* fégato.
lives [laıvz] *n pl* of **life**.
livestock ['laıvstɒk] *n* bestiame (*m*).
livid ['lıvıd] *adj* lìvido, bluastro.
living ['lıvıŋ] *adj* vivo.
living ['lıvıŋ] *n* il vìvere, vita ◊ **standard of living**, livello di vita; **to earn one's living**, guadagnarsi da vivere.
living-room ['lıvıŋrʊm] *n* soggiorno.
lizard ['lızəd] *n* lucèrtola.
'll *short for* **will**, **shall**.
load [ləʊd] *n* càrico, peso.
load [ləʊd] *v tr, intr* caricare(-rsi), fare il càrico di ◊ (*fig*) opprìmere ◊ **his life has been loaded with sorrows**, la sua vita è stata oppressa da disgrazie.
loaded ['ləʊdıd] *adj* càrico ◊ (*question*) capzioso.
loaf (loaves) [ləʊf, ləʊvz] *n* pane (*m*), pagnotta ◊ (*sl*) cervello ◊ **use your loaf**, usa il cervello.
loaf [ləʊf] *v intr, tr* (*fam*) oziare, bighellonare.
loan [ləʊn] *n* prèstito.
loan [ləʊn] *v tr* prestare.
loathe [ləʊð] *v tr* detestare ◊ (*fam*) non poter soffrire.
loathing ['ləʊðıŋ] *n* disgusto, ripugnanza.
loaves [ləʊvz] *n pl* of **loaf**.
lobby ['lɒbı] *n* anticàmera, vestìbolo ◊ (*theatre*) ridotto ◊ lobby, gruppo di pressione.
lobby ['lɒbı] *v tr, intr* esercitare pressioni polìtiche.
lobe [ləʊb] *n* lobo.
lobster ['lɒbstə*] *n* aragosta.
local ['ləʊkl] *adj* locale; rionale ◊ **local train**, accelerato; **local call**, telefonata urbana.

local ['ləʊkl] *n* persona del luogo; bar (*m inv*), locale (*m*) rionale ◊ **the locals** (*n pl*) la gente della zona.

localize ['ləʊkəlaɪz] *v tr* localizzare ◊ (*film, novel*) ambientare.

locate [ləʊ'keɪt] *v tr* localizzare, individuare.

location [ləʊ'keɪʃn] *n* sito, luogo.

lock [lɒk] *n* serratura ◊ (*canal*) chiusa ◊ (*hair*) ciocca, ricciolo.

lock [lɒk] *v tr, intr* chiudere, serrare; bloccare, incepparsi ◊ (*fig*) stringere fortemente.

locker ['lɒkə*] *n* armadietto (con lucchetto).

locket ['lɒkɪt] *n* medaglione

lockjaw ['lɒkdʒɔ:] *n* (*fam*) tetano.

locksmith ['lɒksmɪθ] *n* fabbro.

locomotive ['ləʊkə,məʊtɪv] *n* locomotiva.

locum ['ləʊkəm] *n* sostituto.

locust ['ləʊkəst] *n* locusta.

lodestar ['ləʊdstɑ:*] *n* stella polare ◊ (*fam*) buona stella.

lodge [lɒdʒ] *n* casetta; portineria; loggia.

lodge [lɒdʒ] *v tr, intr* alloggiare, essere alloggiato; dare ospitalità ◊ (*things*) conficcarsi ◊ (*law*) presentare, sporgere ◊ **to lodge a complaint**, sporgere querela.

lodger ['lɒdʒə*] *n* pensionante (*m / f*), affittuario(-a) ◊ **to take lodgers**, fare l'affittacamere.

lodgings ['lɒdʒɪŋz] *n pl* camera d'affitto ammobiliata.

loft [lɒft] *n* solaio.

lofty ['lɒftɪ] *adj* alto, elevato ◊ (*fig*) nobile.

log [lɒg] *n* ceppo, tronco.

logbook ['lɒgbʊk] *n* diario di bordo; registro ◊ (*car*) libretto di circolazione.

loggerhead ['lɒgəhed] *n* (*fam*) testa di legno ◊ **to be at loggerheads with sb**, essere ai ferri corti con qc.

logic ['lɒdʒɪk] *n* logica.

logically ['lɒdʒɪkəlɪ] *adv* logicamente.

loin [lɔɪn] *n* (*meat*) lonza ◊ **loins** (*n pl*), reni (*f pl*).

loiter ['lɔɪtə*] *v intr* indugiare; andare a zonzo.

lollipop ['lɒlɪpɒp] *n* lecca-lecca (*m inv*) ◊ **lollipop man/lady**, impiegato(-a) che aiuta gli scolari ad attraversare le strade presso le scuole.

lolly ['lɒlɪ] *n* (*fam*) lecca-lecca (*m inv*) ◊ (*sl*) denaro.

lone [ləʊn] *adj* solitario.

loneliness ['ləʊlɪnɪs] *n* solitudine (*f*), isolamento.

lonely ['ləʊnlɪ] *adj* solitario, solo ◊ **to feel lonely**, sentirsi solo.

loner ['ləʊnə*] *n* solitario(-a).

lonesome ['ləʊnsəm] *adj* (*AmE*) solitario, malinconico, triste.

long [lɒŋ] *adj* lungo, esteso ◊ **to be nine feet long**, essere lungo nove piedi; (*sport*) **long jump**, salto in lungo; **to pull a long face**, fare il muso; **it's a long time since I last saw him**, è molto che non lo vedo; **a long time ago**, molto tempo fa; **in the long term**, a lungo termine.

long [lɒŋ] *adv* lungamente ◊ **how long?**, quanto tempo?, da quanto tempo?; **at the longest**, al massimo; **so long**, ciao.

long [lɒŋ] *n* molto tempo ◊ **it won't take long**, non ci vorrà molto tempo.

long [lɒŋ] *v intr* desiderare, non vedere l'ora di ◊ **to long for home**, desiderare di tornare a casa.

long-distance [,lɒŋ'dɪstəns] *adj* a lunga distanza ◊ **long-distance call**, telefonata interurbana.

long-drawn-out [,lɒŋdrɔ:n'aʊt] *adj* prolungato.

longevity [lɒŋ'dʒevətɪ] *n* longevità (*inv*).

longing ['lɒŋɪŋ] *n* brama, desiderio.

longing ['lɒŋɪŋ] *adj* desideroso.

longitude ['lɒndʒɪtju:d] *n* longitudine (*f*).

long-lived [,lɒŋ'lɪvd] *adj* longevo ◊ (*fig*) (*things*) duraturo.

long-playing ['lɒŋpleɪɪŋ] *adj* a trentatré giri.

long-range [,lɒŋ'reɪndʒ] *adj* a lunga portata.

long-sighted [,lɒŋ'saɪtɪd] *adj* presbite ◊ (*fig*) lungimirante.

long-standing [,lɒŋ'stændɪŋ] *adj* di vecchia data.

long-term [,lɒŋ'tɜ:m] *adj* a lungo termine; a lunga scadenza.

long-wave [,lɒŋ'weɪv] *adj* (*radio*) a onde lunghe.

longways ['lɒŋweɪz] *adv* per il lungo.

long-winded [,lɒŋ'wɪndɪd] *adj* prolisso, barboso.

loo [lu:] *n* (*fam*) gabinetto.

look [lʊk] *n* sguardo, occhiata; aspetto, espressione (*f*) ◊ **looks** (*n pl*), apparenza, aspetto ◊ (*people*) bella presenza ◊ (*fashion*) stile (*m*).

look [lʊk] *v tr, intr* guardare, vòlgere lo sguardo; sembrare, avere l'aspetto; badare, fare attenzione ◊ **he looks ill**, ha l'aria del malato; **she looks well in green**, il verde le dona; **to look one's best**, apparire in piena forma; **to look like**, assomigliare; **to look after**, badare a, aver cura di; **to look at**, guardare; **to look down on**, disprezzare; **to look for**, cercare; **to look forward to**, non vedere l'ora di; **to look into**, esaminare con attenzione; **to look on**, assistere a; **look out! there's a hole here**, attento, qui c'è una buca; (*fam*) **to look up**, migliorare, andare meglio; **to look up sthg in a dictionary**, cercare qcs in un dizionario; **to look sb up**, fare visita a qc; (*fig*) **to look up to**, rispettare.

look-in ['lʊkɪn] *n* (*fam*) breve vìsita.

look-out ['lʊkaʊt] *n* guardia ◊ **to be on the look-out for sthg**, stare in guardia per qcs.

loom [lu:m] *n* telaio.

loom [lu:m] *v intr* apparire in lontananza ◊ (*fig*) incómbere.

loop [lu:p] *n* cappio.

loophole ['lu:phəʊl] *n* (*fig*) scappatoia, via d'uscita.

loose [lu:s] *adj* sciolto, lìbero ◊ (*clothes*) ampio ◊ (*fig*) vago ◊ (*life*) dissoluto ◊ **to be at a loose end**, non avere nulla da fare.

loose [lu:s] *v tr, intr* slegare.

loosen ['lu:sn] *v tr, intr* sciògliere, slegare.

loot [lu:t] *v tr, intr* saccheggiare.

lop-sided [,lɒp'saɪdɪd] *adj* sbilenco.

lord [lɔ:d] *n* signore (*m*); pari (*m inv*) ◊ (*fam*) **as drunk as a lord**, ubriaco fradicio; **Our Lord**, nostro Signore; **the House of Lords**, la Càmera dei Lords; **Lord Mayor**, sindaco.

lordly ['lɔ:dlɪ] *adj* altero, superbo.

lorry ['lɒrɪ] *n* autocarro, camioncino ◊ **lorry-driver**, camionista.

lose, *pt, pp* **lost** [lu:z, lɒst] *v tr, intr* pèrdere (-rsi), smarrire(-rsi); sprecare; èssere sconfitto ◊ **to lose one's way**, perdersi; **to**

lose weight, perdere peso; **to lose one's temper**, arrabbiarsi.

loser ['lu:zə*] *n* perdente (*m* / *f*).

loss [lɒs] *n* pèrdita ◊ **to be at a loss**, essere perplesso.

lost [lɒst] *pt, pp of* **lose**.

lost [lɒst] *adj* perduto ◊ **lost property**, oggetti smarriti.

lot [lɒt] *n* sorte (*f*), destino; lotto (di terreno) ◊ **to cast lots**, tirare la sorte; **a lot**, grande quantità; **a whole lot of people**, un sacco di gente; **he's a bad lot**, è un cattivo soggetto.

lotion ['ləʊʃn] *n* lozione (*f*).

lottery ['lɒtərɪ] *n* lotterìa.

loud [laʊd] *adj* (*sound*) alto, fragoroso ◊ (*person*) rumoroso ◊ (*clothes*) sgargiante.

loud [laʊd] *adv* forte, a voce alta.

loud-hailer ['laʊd'heɪlə*] *n* (*BrE*) megàfono.

loudly ['laʊdlɪ] *adv* fortemente, ad alta voce.

loudmouth ['laʊdmaʊθ] *n* linguaccia.

loudspeaker [,laʊd'spi:kə*] *n* altoparlante (*m*).

lounge [laʊndʒ] *n* salotto.

lounge [laʊndʒ] *v intr, tr* oziare, bighellonare.

louse (lice) [laʊz, laɪs] *n* pidocchio.

lousy [laʊzɪ] *adj* (*sl*) schifoso, pèssimo.

lout [laʊt] *n* zoticone (*m*).

lovable ['lʌvəbl] *adj* amàbile, simpàtico.

love [lʌv] *n* amore (*m*), affetto, innamoramento; persona amata ◊ (*letter*) **with love from**, con affetto da; **love at first sight**, amore a prima vista; **to fall in love with**, innamorarsi di; (*tennis*) **love all**, zero pari; **fifteen love**, quìndici a zero; **love game**, sconfitta; **to be in love with**, essere innamorato di; **to make love**, fare l'amore.

love [lʌv] *v tr* amare ◊ **I love reading**, mi piace leggere.

love-affair ['lʌvə,feə*] *n* relazione amorosa.

love-knot ['lʌvnɒt] *n* nodo d'amore.

lovely ['lʌvlɪ] *adj* bello, incantévole.

lover [lʌvə*] *n* innamorato(-a), amante (*m* / *f*).

love-token ['lʌv,təʊkən] *n* pegno d'amore.

loving ['lʌvɪŋ] *adj* amorévole.

low [ləʊ] *adj* basso ◊ **low pressure**, bassa

pressione; **low prices**, prezzi bassi; (*fam*) **low-down**, meschino; **to be in low spirits**, essere depresso.

low [ləʊ] *adv* in basso ◊ **to run low**, esaurirsi.

low [ləʊ] *n* livello minimo ◊ (*meteo*) zona di bassa pressione.

low [ləʊ] *v intr* muggire.

low-born [ˌləʊˈbɔːn] *adj* di ùmili orìgini.

low-brow [ˈləʊbraʊ] *adj* poco colto.

low-down [ˈləʊdaʊ] *adj* sleale.

low-down [ˈləʊdaʊ] *n* (*AmE, sl*) verità (*inv*).

lower [ˈləʊə*] *v tr, intr* abbassare, calare, diminuire; avvilirsi.

lowly [ˈləʊlɪ] *adj* ùmile, modesto.

low-lying [ˌləʊˈlaɪɪŋ] *adj* basso.

loyal [ˈlɔɪəl] *adj* fedele, leale.

loyalty [ˈlɔɪəltɪ] *n* fedeltà (*inv*).

lozenge [ˈlɒzɪndʒ] *n* pastiglia.

L-plate [ˈel pleɪt] *n* (*car*) cartello per neopatentato.

lubricate [ˈluːbrɪkeɪt] *v tr* lubrificare.

lucid [ˈluːsɪd] *adj* lùcido.

lucidity [luːˈsɪdətɪ] *n* lucidità (*inv*).

luck [lʌk] *n* fortuna, azzardo ◊ **a stroke of luck**, un colpo di fortuna; **to have bad luck** (**hard luck**), essere sfortunato; **what rotten luck!**, che scalogna!

lucky [ˈlʌkɪ] *adj* fortunato.

lucrative [ˈluːkrətɪv] *adj* proficuo.

ludicrous [ˈluːdɪkrəs] *adj* ridìcolo; assurdo.

lug [lʌg] *v tr* tirare, trascinare.

luggage [ˈlʌgɪdʒ] *n* bagagli (*m pl*) ◊ **a piece of luggage**, un bagaglio; **left luggage office**, deposito bagagli; **luggage reclaim**, ritiro dei bagagli.

luggage-rack [ˈlʌgɪdʒræk] *n* reticella portabagagli.

lukewarm [ˈluːkwɔːm] *adj* tièpido.

lull [lʌl] *n* pàusa.

lull [lʌl] *v tr, intr* cullare; calmare.

lullaby [ˈlʌləbaɪ] *n* ninnananna.

lumber [ˈlʌmbə*] *n* legname tagliato ◊ (*BrE*) cianfrusaglie (*f pl*) ◊ **lumber-room**, ripostiglio.

lumber [ˈlʌmbə*] *v tr, intr* ingombrare uno spazio con cianfrusaglie.

lumber-jack [ˈlʌmbədʒæk] *n* boscaiolo.

luminous [ˈluːmɪnəs] *adj* luminoso.

lump [lʌmp] *n* pezzo, blocco; grumo ◊ **a**

lump of sugar, una zolletta di zucchero; (*comm*) **in the lump**, all'ingrosso.

lump [lʌmp] *v tr, intr* ammassare.

lumpy [ˈlʌmpɪ] *adj* grumoso.

lunacy [ˈluːnəsɪ] *n* follìa.

lunatic [ˈluːnətɪk] *adj, n* pazzo(-a), alienato (-a) ◊ **lunatic asylum**, manicomio.

lunch [lʌntʃ] *n* pranzo ◊ **business lunch**, colazione di lavoro.

lung [lʌŋ] *n* polmone (*m*).

lurch [lɜːtʃ] *n* barcollamento; agguato.

lurch [lɜːtʃ] *v intr* barcollare, vacillare.

lure [ljʊə*] *n* (*fig*) fàscino.

lure [ljʊə*] *v tr* adescare.

lurid [ˈljʊərɪd] *adj* spettrale ◊ (*fig*) sinistro.

lurk [lɜːk] *v intr* stare in agguato.

luscious [ˈlʌʃəs] *adj* succulento, delizioso; (*fam*) sensuale.

lush [lʌʃ] *adj* lussureggiante.

lust [lʌst] *n* lussuria, cupidigia.

lustful [ˈlʌstfʊl] *adj* lascivo.

lustre [ˈlʌstə*] *n* lustro.

lusty [ˈlʌstɪ] *adj* gagliardo, vigoroso.

luxuriant [lʌgˈzjʊərɪənt] *adj* lussureggiante, rigoglioso.

luxurious [lʌgˈzjʊərɪəs] *adj* lussuoso, fastoso.

luxury [ˈlʌkʃərɪ] *n* lusso.

lynch [lɪntʃ] *v tr* linciare.

lynx [lɪŋks] *n* lince (*m*).

lyric [ˈlɪrɪk] *adj* lìrico.

lyrics [ˈlɪrɪks] *n pl* parole (di canzone).

lyrical [ˈlɪrɪkl] *adj* lìrico.

M

M *abbr of* **motorway**, autostrada.

ma [mɑː] *n* (*AmE, fam*) mamma.

mac [mæk] *n* (*fam*) impermeàbile (*m*).

macabre [məˈkɑːbrə] *adj* màcabro.

machine [məˈʃiːn] *n* màcchina ◊ **slot-machine**, macchina a gettoni.

machine-gun [məˈʃiːngʌn] *n* mitragliatrice (*f*).

machinery [məˈʃiːnərɪ] *n* congegno, macchinario ◊ (*fig*) organizzazione (*f*).

machinist [məˈʃiːnɪst] *n* macchinista (*m*).

macho ['mætʃəʊ] *adj* virile.

mackerel ['mækrəl] *n inv* sgombro ◊ (*fig*) **mackerel sky**, cielo a pecorelle.

mackintosh ['mækɪntɒʃ] *n* impermeàbile (*m*).

macrobiotics [ˌmækrəʊbaɪ'ɔtɪks] *n* macrobiotica.

mad [mæd] *adj* folle, pazzo ◊ (*fam*) fanàtico ◊ (*AmE*) furente.

madam ['mædəm] *n* signora.

madden ['mædn] *v tr* fare infuriare.

made [meɪd] *pt, pp of* **make**.

made [meɪd] *adj* fatto, confezionato ◊ **made-to-measure**, fatto su misura.

madhouse ['mædhaʊs] *n* manicomio.

madman ['mædmən] *n* pazzo, folle (*m*).

madness ['mædnɪs] *n* pazzìa, demenza.

magazine [ˌmægə'ziːn] *n* rivista, periòdico ◊ (*gun*) caricatore (*m*) ◊ (*store*) depòsito.

maggot ['mægət] *n* verme (*m*).

maggoty ['mægətɪ] *adj* bacato

magic ['mædʒɪk] *adj* màgico.

magic ['mædʒɪk] *n* magìa.

magician [mə'dʒɪʃn] *n* mago(-a).

magistrate ['mædʒɪstreɪt] *n* magistrato, giùdice (*m / f*).

magnet ['mægnɪt] *n* calamita.

magnetism ['mægnɪtɪzəm] *n* magnetismo.

magnification [ˌmægnɪfɪ'keɪʃn] *n* ingrandimento.

magnificence [mæg'nɪfɪsns] *n* lusso, sfarzo.

magnificent [mæg'nɪfɪsənt] *adj* splèndido, magnìfico.

magnify [ˌmægnɪfaɪ] *v tr* ingrandire.

magnifying-glass ['mægnɪfaɪɪŋ glɑːs] *n* lente (*f*) di ingrandimento.

magnitude ['mægnɪtjuːd] *n* grandezza; importanza.

magnum ['mægnəm] *n* bottiglione (*m*).

magpie ['mægpaɪ] *n* gazza.

mahogany [mə'hɒgənɪ] *n* mògano.

maid [meɪd] *n* cameriera, domèstica.

maiden ['meɪdn] *adj* nùbile ◊ (*fig*) inaugurale.

mail [meɪl] *n* posta, servizio postale ◊ **air mail**, posta aerea; **by return mail**, a giro di posta; (*AmE*) **mailman**, postino.

mail [meɪl] *v tr* (*AmE*) spedire ◊ **mailing list**, elenco degli indirizzi.

mail-box ['meɪlbɒks] *n* (*AmE*) buca delle lèttere.

mailing *n* (*pubblicità*) mailing.

maim [meɪm] *v tr* mutilare.

main [meɪn] *adj* principale, essenziale ◊ **main street**, via principale.

main [meɪn] *n* conduttura, tubatura ◊ **in the main**, in genere.

mainland ['meɪnlənd] *n* continente (*m*), terraferma.

mainly ['meɪnlɪ] *adv* principalmente.

maintain [meɪn'teɪn] *v tr* mantenere; sostentare; asserire.

maintenance ['meɪntənəns] *n* mantenimento, manutenzione (*f*) ◊ (*alimony*) alimenti (*m pl*).

maize [meɪz] *n* mais (*m*).

majestic(al) [mə'dʒestɪk(l)] *adj* maestoso.

majesty ['mædʒəstɪ] *n* maestà (*inv*).

major ['meɪdʒə*] *adj* maggiore, principale.

majority [mə'dʒɒrətɪ] *n* maggioranza.

make [meɪk] *n* marca.

make, *pt, pp* **made** [meɪk, meɪd] *v tr, intr* fare, fabbricare, produrre; rèndere, fare (in modo che); costrìngere; dirìgersi ◊ **two and two make four**, due più due fa quattro; **to make sb happy**, rendere qc felice; **to make sb do sthg**, costringere qc a fare qcs; **to make sure**, assicurarsi; **to make for**, dirigersi verso; **to make off**, svignarsela; **to make out**, compilare; **to make up**, supplire, completare, compensare; **to make up one's mind**, decidersi.

make-believe ['meɪkbɪˌliːv] *n* finzione (*f*).

maker ['meɪkə*] *n* creatore(-trice), costruttore(-trice).

makeshift ['meɪkʃɪft] *n* espediente (*m*), ripiego.

make-up ['meɪkʌp] *n* trucco.

making ['meɪkɪŋ] *n* fattura, produzione (*f*) ◊ **in the making**, in formazione.

maladjusted [ˌmælə'dʒʌstɪd] *adj* disadattato.

malaise [mæ'leɪz] *n* malèssere (*m*).

Malaysia [mə'leɪzɪə] *n* Malaysia.

male [meɪl] *adj* maschio ◊ **male sex**, sesso maschile; **male chauvinism**, maschilismo.

malevolence [mə'levələns] *n* malevolenza, malànimo.

malfunction [,mæl'fʌŋkʃn] *n* cattivo funzionamento.

malice ['mælɪs] *n* astio, rancore (*m*).

malicious [mə'lɪʃəs] *adj* malèvolo ◊ (*law*) doloso.

malign [mə'laɪn] *v tr* malignare, diffamare.

malinger [mə'lɪŋgə*] *v intr* fingersi malato.

mall [mɔ:l] *n* viale (*m*).

malleable ['mælɪəbl] *adj* malleàbile.

malnutrition [,mælnju:'trɪʃn] *n* denutrizione (*f*).

malpractice [,mæl'præktɪs] *n* negligenza colposa.

malt [mɔ:lt] *n* malto.

maltreat [,mæl'tri:t] *v tr* maltrattare.

man (men) [mæn, men] *n* uomo; gènere umano ◊ **the man in the street**, l'uomo della strada; **man is mortal**, l'uomo è mortale; **the odd man out**, il terzo incomodo.

man [mæn] *v tr* equipaggiare; èssere di servizio a.

manage ['mænɪdʒ] *v tr, intr* manovrare; amministrare; cavàrsela.

manageable ['mænɪdʒəbl] *adj* (*people*) dòcile ◊ (*things*) maneggévole.

management ['mænɪdʒmənt] *n* amministrazione (*f*), direzione (*f*), gestione (*f*).

manager ['mænɪdʒə*] *n* dirigente (*m*), gerente (*m*), gestore.

manageress [,mænɪdʒə'res] *n* direttrice, amministratrice.

managing ['mænɪdʒɪŋ] *adj* dirigente ◊ **managing director**, amministratore delegato.

mandarin ['mændərɪn] *n* mandarino.

mandatory ['mændətərɪ] *adj* obbligatorio, mandatario.

mane [meɪn] *n* criniera.

manful ['mænfʊl] *adj* coraggioso, valoroso.

mangle ['mæŋgl] *v tr* straziare, mutilare.

manhandle ['mæn,hændl] *v tr* manovrare ◊ (*fig*) maltrattare.

manhood ['mænhʊd] *n* età (*inv*) virile, virilità (*inv*).

maniac ['meɪnɪæk] *n* manìaco(-a).

manifest ['mænɪfest] *adj* ovvio, evidente.

manifest ['mænɪfest] *v tr* rivelare, manifestare.

manifestation [,mænɪfe'steɪʃn] *n* manifestazione (*f*), rivelazione (*f*).

manifold ['mænɪfəʊld] *adj* moltéplice, multiforme.

manipulate [mə'nɪpjʊleɪt] *v tr* azionare, manovrare ◊ (*fig*) abbindolare.

mankind [mæn'kaɪnd] *n* umanità (*inv*), gènere (*m*) umano.

manly ['mænlɪ] *adj* virile.

man-made ['mæn,meɪd] *adj* sintètico, artificiale.

manner ['mænə*] *n* maniera, modo ◊ **manners**, maniera, modi; **good manners**, buona educazione.

manoeuvre [mə'nu:və*] *n* manovra, esercitazione (*f*) militare ◊ (*fig*) stratagemma (*m*), raggiro.

man-of-war [,mænəv'wɔ:*] *n* nave (*f*) da guerra.

manor ['mænə*] *n* maniero.

manpower ['mæn,paʊə*] *n* manodòpera.

mansion ['mænʃn] *n* palazzo, casa signorile ◊ **Mansion House**, residenza del sindaco di Londra.

manslaughter ['mæn,slɔ:tə*] *n* omicidio preterintenzionale.

mantelpiece ['mæntlpi:s] *n* mènsola del caminetto.

mantelshelf ['mæntlʃelf] *n* mènsola del caminetto.

mantle ['mæntl] *n* mantello.

manual ['mænjʊəl] *adj* manuale.

manual ['mænjʊəl] *n* manuale (*m*), libretto d'istruzioni.

manufacture [,mænjʊ'fæktʃə*] *n* fabbricazione (*f*).

manufacture [,mænjʊ'fʊktʃə*] *v tr* fabbricare, produrre.

manure [mə'njʊə*] *n* concime (*m*).

manuscript ['mænjʊskrɪpt] *n, adj* manoscritto.

many ['menɪ] *adj, pron* (*comp* **more**, *sup* **most**) molti, parecchi; un gran nùmero ◊ **a great many**, moltissimi; **many a time**, molte volte; **there are a good many**, ce ne sono molti.

map [mæp] *n* carta geogràfica.

mar [mɑ:*] *v tr* guastare, sciupare.

marathon ['mærəθn] *n* maratona.

marauder [mə'rɔ:də*] *n* predone (*m*), saccheggiatore(-trice).

marble ['mɑːbl] *n* marmo ◊ (*toy*) biglia ◊ (*AmE, sl*) **to lose one's marbles**, uscire di senno.

March [mɑːtʃ] *n* marzo.

march [mɑːtʃ] *n* marcia, passo di marcia; dimostrazione (*f*); (*mus*) marcia ◊ **wedding march**, marcia nuziale.

march [mɑːtʃ] *v intr, tr* marciare, sfilare.

mare [meə*] *n* giumenta.

margarine [ˌmɑːdʒəˈriːn] *n* margarina.

marge [mɑːdʒ] *n* (*fam*) *abbr of* **margarine**.

margin ['mɑːdʒɪn] *n* màrgine (*m*), bordo ◊ (*fig*) **by a narrow margin**, per un pelo.

marina [məˈriːnə] *n* porticciolo.

marine [məˈriːn] *adj* marino, marìttimo.

marital ['mærɪtl] *adj* coniugale ◊ **marital therapy**, terapia di coppia.

maritime ['mærɪtaɪm] *adj* marìttimo, marino.

marjoram ['mɑːdʒərəm] *n* maggiorana.

mark [mɑːk] *n* segno; etichetta; bersaglio ◊ (*school*) voto ◊ (*currency*) marco ◊ (*stain*) macchia ◊ **trade mark**, marchio di fabbrica; **to hit the mark**, fare centro.

mark [mɑːk] *v tr* segnare, marcare ◊ (*school*) dare un voto, corrèggere ◊ (*fig*) **to mark time**, segnare il passo; **to mark out**, delineare.

marker ['mɑːkə*] *n* segnalibro ◊ evidenziatore ◊ (*AmE*) indicatore (*m*) stradale.

market ['mɑːkɪt] *n* mercato ◊ **to go to market**, andare al mercato; **market-day**, giorno di mercato; **market-place**, piazza del mercato; (*comm*) **market-price**, prezzo di mercato.

market [mɑːkɪt] *v intr* (*AmE*) fare la spesa.

marketing ['mɑːkɪtɪŋ] *n* marketing, distribuzione.

marmalade ['mɑːməleɪd] *n* marmellata (di agrumi).

maroon [məˈruːn] *v tr* abbandonare in un luogo deserto (isola).

maroon [məˈruːn] *adj* color marrone rossiccio.

marquee [mɑːˈkiː] *n* tendone (*m*), padiglione (*m*).

marriage ['mærɪdʒ] *n* matrimonio ◊ **marriage service**, cerimonia nuziale; **civil marriage**, nozze civili.

married ['mærɪd] *adj* sposato ◊ **to get married**, sposarsi; **married life**, vita coniugale.

marrow ['mærəʊ] *n* midollo ◊ (*vegetable*) zucca.

marry ['mærɪ] *v tr, intr* sposare(-rsi); maritare.

Mars [mɑːz] *n* Marte (*m*).

marsh [mɑːʃ] *n* palude (*f*).

marshal ['mɑːʃl] *n* maresciallo; ufficiale giudiziario; (*AmE*) capo della polizia.

marshal ['mɑːʃl] *v tr* ordinare, méttere in òrdine ◊ **to marshal one's ideas**, ordinare le idee.

marshy ['mɑːʃɪ] *adj* paludoso.

martial ['mɑːʃl] *adj* marziale marziali ◊ (*law*) **martial law**, legge marziale.

Martian ['mɑːʃjen] *adj, n* marziano(-a).

martyr ['mɑːtə*] *v tr* martirizzare, tormentare.

marvel ['mɑːvl] *v intr* meravigliarsi ◊ **to marvel at sthg**, stupirsi di qcs.

marvellous ['mɑːvələs] *adj* stupendo.

mascara [mæˈskɑːrə] *n* mascara.

masculine ['mæskjʊlɪn] *adj* virile, maschio.

mash [mæʃ] *v tr* schiacciare, ridurre in polpa.

mashed [mæʃt] *adj* schiacciato ◊ **mashed potatoes**, purè di patate.

mask [mɑːsk] *n* màschera.

mask [mɑːsk] *v tr* mascherare ◊ (*fig*) dissimulare.

masochist ['mæsəʊkɪst] *n* masochista (*m / f*).

mason ['meɪsn] *n* muratore (*m*); massone (*m*).

masonry ['meɪsnrɪ] *n* muratura.

masquerade [ˌmæskəˈreɪd] *n* ballo in màschera ◊ (*fig*) montatura, messa in scena.

mass [mæs] *n* massa, moltitùdine (*f*) ◊ (*relig*) messa ◊ **the masses**, le masse.

mass [mæs] *v tr, intr* ammassare(-rsi).

massacre ['mæsəkə*] *n* massacro.

massage ['mæsɑːʒ] *n* massaggio, frizione (*f*).

massive ['mæsɪv] *adj* enorme.

mass-media [ˌmæsˈmɪːdɪə] *n* mass-media, mezzi di comunicazione di massa.

mass produce ['mæs prəˌdjuːs] *v tr* produrre in serie.

master ['mɑːstə*] *n* padrone (*m*), capo;

maestro, insegnante (*m*) (non universitario) ◊ **Master of Arts**, laureato in lettere; **master-stroke**, colpo maestro.

master ['mɑːstə*] *v tr* dominare, impadronirsi; sconfiggere; conòscere alla perfezione.

master-key ['mɑːstəki:] *n* passepartout (*m inv*).

masterly ['mɑːstəlɪ] *adj* magistrale.

mastermind ['mɑːstəmaɪnd] *n* genio, mente (*f*) superiore.

masterpiece ['mɑːstəpi:s] *n* capolavoro.

mat [mæt] *n* stuoia, zerbino.

match [mætʃ] *n* sìmile (*m / f*); combinazione (*f*); coppia; matrimonio; fiammìfero; miccia ◊ (*sport*) partita, gara ◊ **love-match**, matrimono d'amore; **to strike a match**, accendere un fiammifero; **match-box**, scatola di fiammiferi.

match [mætʃ], *v tr, intr* eguagliare, confrontare; intonarsi; accoppiare ◊ **to be a well-matched pair**, essere ben accoppiati.

matchless ['mætʃlɪs] *adj* impareggiàbile.

mate [meɪt] *n* compagno(-a) di lavoro ◊ (*fam*) amico(-a).

mate [meɪt] *v tr, intr* accoppiare(-rsi).

material [mə'tɪərɪəl] *adj* materiale, essenziale.

material [mə'tɪərɪəl] *n* materia, sostanza ◊ **materials**, attrezzatura.

materialize [mə'tɪərɪəlaɪz] *v tr, intr* realizzare(-rsi).

maternity [mə'tɜːnətɪ] *n* maternità (*inv*) ◊ **maternity hospital**, clinica ostetrica.

mathematics [ˌmæθə'mætɪks] *n pl* matemàtica.

maths [mæθs] *n* (*fam*) *abbr of* **mathematics**.

matriculation [məˌtrɪkjʊ'leɪʃn] *n* immatricolazione (*f*).

matron ['meɪtrən] *n* (*hospital*) infermiera capo ◊ (*school*) governante (*f*) ◊ (*AmE*) (*prison*) direttrice (*f*).

matt [mæt] *adj* opaco.

matter ['mætə*] *n* sostanza; questione (*f*), faccenda; contenuto, argomento; difficoltà (*inv*), fastidio; pus (*m inv*), materia ◊ **as a matter of fact**, in realtà; **as a matter of course**, naturalmente; **what's the matter?**, che cos'è che non va?; **as a matter of cour-**

se, come era prevedibile; **no matter where**, non importa dove; **it's a matter of...**, è (una) questione di...

matter ['mætə*] *v intr* importare, avere importanza ◊ **it doesn't matter**, non importa.

matter-of-fact [ˌmætərəv'fækt] *adj* pràtico, realìstico.

matting [ˌmætɪŋ] *n* stuoia.

mattress ['mætrɪs] *n* materasso.

mature [mə'tjʊə*] *adj* maturo ◊ (*fig*) ponderato ◊ (*cheese*) stagionato ◊ (*wine*) invecchiato ◊ (*comm*) scaduto.

mature [mə'tjʊə*] *v intr* maturare(-rsi); scadere; stagionare.

maturity [mə'tjʊərətɪ] *n* maturità (*inv*) ◊ (*comm*) scadenza.

maudlin ['mɔːdlɪn] *adj* piagnucoloso.

maul [mɔːl] *v tr* maltrattare, ridurre in cattivo stato.

maverick ['mævərɪk] *n* dissidente.

maxim ['mæksɪm] *n* màssima, sentenza.

maximize ['mæksəmaɪz] *v tr* portare al màssimo.

maximum   (maxima)   ['mæksɪməm, 'mæksɪmə] *n* màssimo ◊ **at the maximum**, al massimo.

May [meɪ] *n* maggio.

may, *cond* **might** [meɪ, maɪt] *auxiliary verb* potere, avere il permesso di; èssere possìbile, probàbile ◊ **may I smoke?**, posso fumare?; **it may rain**, può darsi che piova; **may you be happy**, che tu possa essere felice; **you might like to try**, forse le piacerebbe provare.

maybe ['meɪbi:] *adv* forse.

mayhem ['meɪhem] *n* caos (*m inv*), cagnara.

may lily ['meɪ ˌlɪlɪ] *n* mughetto.

mayor [meə*] *n* sìndaco.

maze [meɪz] *n* labirinto ◊ (*fig*) confusione (*f*).

me [mi:] *pers pron* me, mi ◊ (*fam*) **it's me**, sono io; **between you and me**, fra me e te.

meadow ['medəʊ] *n* prato.

meagre ['mi:gə*] *adj* scarno.

meal [mi:l] *n* pasto ◊ **to skip a meal**, saltare un pasto; **meal-on-wheels-service**, servizio di pasti assistenziali a domicilio.

meal [mi:l] *n* farina ◊ **whole meal**, farina integrale; **wheat meal**, farina di grano.

meal-time ['miːltaɪm] *n* ora del pasto.

mean [miːn] *adj* meschino; mediocre; avaro ◊ (*AmE, fam*) indisposto; **she feels mean**, non si sente bene.

mean [miːn] *adj* medio, intermedio ◊ **Greenwich mean time**, tempo medio di Greenwich.

mean [miːn] *n* media, punto intermedio ◊ **means** (*n pl*) mezzo, mezzi ◊ **ways and means**, modalità; **by means of**, per mezzo di; **by all means**, a tutti i costi; **by no means**, per niente, assolutamente no.

mean, *pt, pp* **meant** [miːn, ment] *v tr* significare, voler dire ◊ **what do you mean?**, che cosa intendi?; **what do you mean to do?**, che intenzione hai?; **I mean it**, dico sul serio.

meander [mɪ'ændə*] *v intr* serpeggiare; vagabondare.

meaning ['miːnɪŋ] *n* senso ◊ **what's the meaning of…?**, che cosa significa…?

meaningful ['miːnɪŋfʊl] *adj* significativo.

meaningless ['miːnɪŋlɪs] *adj* senza senso.

meant [ment] *pt, pp of* **mean.**

meantime [‚miːn'taɪm], **meanwhile** ['miːn'waɪl] *adv* frattanto ◊ **in the meantime**, nel frattempo.

measles ['miːzlz] *n* morbillo ◊ **German measles**, rosolìa.

measure ['meʒə*] *n* misura; dimensione (*f*); provvedimento ◊ **to take measures**, prendere provvedimenti; **fiscal measures**, misure fiscali; **a tape measure**, un metro a nastro.

measure ['meʒə*] *v tr, intr* misurare, prèndere la misura.

measurement ['meʒə*mənt] *n* misura, misurazione (*f*).

meat [miːt] *n* carne (*f*).

meat-ball ['miːt,bɔːl] *n* polpettina.

meat grinder ['miːt ‚graɪndə*] *n* tritacarne (*m inv*).

meat-skewer ['miːt,skjʊə*] *n* spiedo.

meaty ['miːtɪ] *adj* polposo.

mechanic [mɪ'kænɪk] *n* meccànico ◊ **dental mechanic**, odontotecnico.

mechanics [mɪ'kænɪks] *n pl* meccànica, meccanismo.

mechanism ['mekənɪzəm] *n* congegno.

medal ['medl] *n* medaglia.

medallion [mɪ'dæljən] *n* medaglione (*m*).

meddle ['medl] *v intr* introméttersi.

media ['miːdjə] *n pl* mezzi (*m pl*) di comunicazione di massa.

mediate ['miːdɪeɪt] *v intr, tr* interporsi, fare da mediatore(-trice).

mediator ['miːdɪeɪtə*] *n* mediatore(-trice).

medical ['medɪkl] *adj* mèdico.

medicinal [me'dɪsɪnl] *adj* medicinale, medicamentoso.

medicine ['medsɪn] *n* medicina.

mediocrity [‚miːdɪ'ɒkrətɪ] *n* mediocrità (*inv*).

meditate ['medɪteɪt] *v tr, intr* meditare.

meditation [‚medɪ'teɪʃn] *n* meditazione (*f*).

Mediterranean [‚medɪtə'reɪnjən] *adj* mediterràneo.

medium ['miːdjəm] *adj* medio.

medium (media) ['miːdjəm, miːdjə] *n* mezzo, strumento ◊ **to stick to a happy medium**, attenersi a una giusta misura.

medley ['medlɪ] *n* miscuglio, accozzaglia ◊ (*mus*) selezione (*f*).

meek [miːk] *adj* mite, dolce.

meet, *pt, pp* **met** [miːt, met] *v tr, intr* incontrare(-rsi); conòscere; accontentare; affrontare ◊ **I'll meet you at the pub**, ci troveremo al pub; **pleased to meet you**, lieto di conoscerla; **to meet sb off a train**, andare a prendere qc alla stazione; (*fig*) **to make both ends meet**, sbarcare il lunario.

meeting ['miːtɪŋ] *n* incontro; convegno.

melancholy ['melənkəlɪ] *adj* triste, malincònico ◊ *n* malinconìa.

mellifluent [me'lɪflʊənt] *adj* mellìfluo, melato.

mellow ['meləʊ] *adj* (*person*) dolce, mite ◊ (*fam*) sociévole ◊ (*fruit*) maturo ◊ (*wine*) pastoso, amàbile ◊ (*colour*) caldo, mòrbido.

mellow ['meləʊ] *v tr, intr* diventare maturo ◊ (*fig*) addolcire(-rsi), ingentilire(-rsi).

melody ['melədɪ] *n* melodìa, aria.

melon ['melən] *n* melone (*m*).

melt [melt] *v tr, intr* fóndere(-rsi) ◊ (*fig*) intenerire(-rsi) ◊ **to melt away**, disperdersi.

melting-pot ['meltɪŋ,pɒt] *n* crogiolo.

member ['membə] *n* socio ◊ **member of Par-**

liament, deputato(-a).
membership ['membəʃıp] *n* socio di un'associazione.
memo ['meməʊ] *n* appunto.
memorable ['memərəbl] *adj* indimenticàbile.
memorandum (memoranda) [,memə'rændəm, memə'rændə] *n* appunto, nota.
memorial [mı'mɔ:rıəl] *n* monumento commemorativo ◊ **war memorial**, monumento ai caduti.
memorize ['meməraız] *v tr* imparare a memoria.
memory ['memərı] *n* memoria, ricordo; fama ◊ **to live on one's memories**, vivere di ricordi.
men [men] *n pl of* **man**.
menace ['menas] *v tr* minacciare.
menace ['menas] *n* scocciatura, scocciatore.
menage [me'nɑ:ʒ] *n* andamento familiare.
menagerie [mı'nædʒərı] *n* serraglio.
mend [mend] *n* rammendo.
mend [mend] *v tr, intr* riparare, accomodare; rammendare.
menopause ['menəʊpɔ:z] *n* menopàusa.
mentality [men'tælətı] *n* mentalità (*inv*), intelligenza.
mention ['menʃn] *v tr* accennare, menzionare, citare ◊ **don't mention it**, prego, si figuri.
menu ['menju:] *n* lista, menù (*m inv*).
mercantile ['mɜ:kəntaıl] *adj* mercantile, commerciale.
mercenary ['mɜ:sınərı] *adj* venale.
merchandise ['mɜ:tʃəndaız] *n* merce (*f*), mercanzìa.
merchant ['mɜ:tʃənt] *n* mercante (*m*), commerciante (*m*).
merciful ['mɜ:sıfʊl] *adj* clemente.
merciless ['mɜ:sılıs] *adj* crudele.
mercury ['mɜ:kjʊrı] *n* mercurio.
mercy ['mɜ:sı] *n* pietà (*inv*).
mere [mıə*] *adj* sèmplice ◊ **by mere chance**, per puro caso.
merely [mıəlı] *adv* soltanto, puramente.
merge [mɜ:dʒə] *v tr, intr* fóndere(-rsi), unire(-rsi).
merger ['mɜ:dʒə*] *n* (*comm*) fusione (*f*), incorporazione (*f*).

meridian [mə'rıdıən] *n* meridiano ◊ (*fig*) apogeo, cùlmine (*m*).
merit ['merıt] *n* valore (*m*).
merit ['merıt] *v tr* meritare.
mermaid ['mɜ:meıd] *n* sirena.
merriment ['merımənt] *n* allegrìa, gaiezza.
merry ['merı] *adj* allegro, gaio ◊ (*fam*) brillo.
merry-go-round ['merıgəʊraʊnd] *n* carosello, giostra.
mesh [meʃ] *n* maglia ◊ (*fig*) tràppola, rete (*f*).
mesh [meʃ] *v tr, intr* (*fig*) intrappolare ◊ (*gears*) ingranare(-rsi).
mesmerize ['mezməraız] *v tr* ipnotizzare; incantare.
mess [mes] *n* sudiciume (*m*); confusione (*f*) ◊ (*fig*) pasticcio, imbroglio ◊ **what a mess!**, che confusione!; **to be in a mess**, essere nei guai.
mess [mes] *v tr, intr* méttere in disòrdine ◊ **to mess things up**, fare pasticci.
message ['mesıdʒ] *n* messaggio ◊ **to leave a message**, lasciar detto; **message unit**, scatto telefonico.
messy ['mesı] *adj* confuso.
met [met] *pt, pp of* **meet**.
metabolism [me'tæbəlızəm] *n* metabolismo.
metal ['metl] *n* metallo.
metallurgy [me'tælədʒı] *n* metallurgìa.
meteor ['mi:tjə*] *n* metèora.
meteorology [,mi:tjə'rɒlədʒı] *n* meteorologìa.
meter ['mi:tə*] *n* contatore (*m*), misuratore (*m*) ◊ **current meter**, contatore elettrico.
method ['meθəd] *n* mètodo, sistema (*m*).
methodical [mı'θɒdıkl] *adj* metòdico, sistemàtico.
methodology [,meθə'dɒlədʒı] *n* metodologìa.
methylated spirits ['meθıleıtıd 'spırəts] *n* alcol (*m inv*) denaturato.
meticulous [mı'tıkjʊləs] *adj* meticoloso, pignolo.
metre ['mi:tə*] *n* metro.
metric ['metrık] *adj* mètrico ◊ **metric system**, sistema metrico decimale.
metropolitan [,metrə'pɒlıtən] *adj* metropolitano.

mettle [metl] *n* coraggio.

mew [mju:] *v intr* miagolare.

mice [maɪs] *n pl of* **mouse.**

microbe [‚maɪkrəʊb] *n* mìcrobo.

microphone ['maɪkrəfəʊn] *n* micròfono.

microscope ['maɪkrəskəʊp] *n* microscopio.

microscopic [‚maɪkrə'skɒpɪk] *adj* minùscolo, microscòpico.

microwave [‚maɪkrəweɪv] *n* microonda ◊ **microwave oven**, forno a microonde.

microwave [‚maɪkrəweɪv] *v tr* cuocere nel forno a microonde.

mid [mɪd] *adj* medio; in mezzo; a metà ◊ **in mid June**, a metà giugno; **in mid air**, a mezz'aria.

midday ['mɪddeɪ] *n* mezzogiorno.

middle ['mɪdl] *n* mezzo, centro, parte (*f*) centrale.

middle [mɪdl] *adj* medio, intermedio ◊ **the middle classes**, il ceto medio; **the middle course**, la via di mezzo.

middle-aged [‚mɪdl'eɪdʒd] *adj* di mezza età.

middle-class [‚mɪdl'klɑ:s] *adj* borghese, della borghesìa.

middleman ['mɪdlmæn] *n* (*comm*) mediatore (*m*).

midge [mɪdʒ] *n* moscerino.

midget ['mɪdʒɪt] *n* nano(-a), persona molto pìccola.

midnight ['mɪdnaɪt] *n* mezzanotte (*f*).

midsummer ['mɪd‚sʌmə*] *n* mezza estate ◊ **midsummer day**, il giorno di S. Giovanni.

midway ['mɪdweɪ] *adj, adv* a mezza strada (fra).

midwife (midwives) ['mɪdwaɪf, 'mɪdwaɪvz] *n* ostètrica.

midwinter [‚mɪd'wɪntə*] *n* il cuore dell'inverno.

might [maɪt] *n* forza, potenza ◊ (*fig*) potere (*m*).

might [maɪt] *cond of* **may.**

mighty ['maɪtɪ] *adj* potente, forte.

migraine ['mi:greɪn] *n* emicrania.

migrant ['maɪgrənt] *n* (*animal*) migratore (*m*) ◊ (*person*) emigrante (*m / f*).

migrate [maɪ'greɪt] *v intr* emigrare, migrare.

mike [maɪk] *n abbr of* **microphone**, micròfono.

mild [maɪld] *adj* mite.

mild [maɪld] *n* (*fam*) birra leggera.

mildew ['mɪldju:] *n* muffa.

mile [maɪl] *n* miglio.

mileometer [maɪ'lɒmɪtə*] *n* contachilòmetri (*m inv*).

milestone ['maɪlstəʊn] *n* pietra miliare.

milieu ['mi:ljɜ:] *n* ambiente (*m*).

militant ['mɪlɪtənt] *adj, n* militante (*m / f*).

military ['mɪlɪtərɪ] *adj* militare ◊ **military service**, servizio militare; **of military age**, di leva.

militate ['mɪlɪteɪt] *v intr* militare.

milk [mɪlk] *n* latte (*m*) ◊ **condensed milk**, latte condensato; **skimmed milk**, latte scremato; **whole milk**, latte intero; **milk-chocolate**, cioccolato al latte; **it's no use crying over spilt milk**, è inutile piangere sul latte versato.

milk [mɪlk] *v tr, intr* mùngere ◊ (*fig*) sfruttare.

milk-float ['mɪlk‚fləʊt] *n* furgone (*m*) del latte.

milkman ['mɪlkmən] *n* lattaio.

milkshake ['mɪlkʃeɪk] *n* frappé (*m inv*).

milky ['mɪlkɪ] *adj* làtteo.

mill [mɪl] *n* mulino ◊ (*factory*) stabilimento.

mill [mɪl] *v tr, intr* macinare, tritare.

miller ['mɪlə*] *n* mugnaio.

milligramme ['mɪlɪgræm] *n* milligrammo.

millilitre ['mɪlɪ‚li:tə*] *n* millilitro.

millimetre ['mɪlɪ‚mi:tə*] *n* millìmetro.

million ['mɪljən] *n* milione (*m*).

millionaire [‚mɪljə'neə*] *n* milionario.

millstone ['mɪlstəʊn] *n* màcina.

mime [maɪm] *n* mimo.

mime [maɪm] *v tr, intr* mimare, imitare.

mimic ['mɪmɪk] *adj* imitativo, simulato.

mimic ['mɪmɪk] *n* imitatore.

minatory ['mɪnətərɪ] *adj* minatorio.

mince [mɪns] *n* carne tritata.

mince [mɪns] *v tr, intr* tritare, macinare.

mincemeat ['mɪnsmi:t] *n* ripieno di frutta secca, spezie per crostate.

mince-pie [‚mɪns'paɪ] *n* crostata farcita di frutta secca.

mincer ['mɪnsə*] *n* tritacarne (*m inv*).

mind [maɪnd] *n* mente (*f*), memoria ◊ **to bear in mind**, ricordare; **to my mind**, secondo me; **to be out of one's mind**, essere fuori di sé; **to be in two minds**, essere indeciso; **to make up one's mind**, decidersi; **absence of mind**, distrazione; **to speak one's mind**, dire quello che si pensa.

mind [maɪnd] *v tr, intr* badare; occuparsi Ji; avere qcs in contrario ◊ **mind the step**, attenzione al gradino; **never mind**, non importa; **mind your own business**, bada ai fatti tuoi; **do you mind giving me a hand?**, vuoi darmi una mano?; **do you mind if?**, le dispiace se?; **never mind**, non importa.

mindful ['maɪndfʊl] *adj* sollécito; mèmore.

mindless ['maɪndlɪs] *adj* noncurante, disattento.

mine [maɪn] *n* maniera.

mine [maɪn] *poss pron* il mìo, la mìa, i mièi, le mìe ◊ **a friend of mine**, un mio amico; **it is no business of mine**, non è affar mio.

mine [maɪn] *v tr, intr* scavare, minare.

miner [maɪnə*] *n* minatore (*m*).

mineral ['mɪnərəɪl] *adj, n* minerale (*m*) ◊ **mineral water**, acqua minerale.

mineralogy [ˌmɪnə'rælədʒɪ] *n* mineralogìa.

mingle ['mɪŋgl] *v tr, intr* mescolare(-rsi).

mingy ['mɪndʒɪ] *adj (fam)*, spilorcio, meschino.

minimize ['mɪnɪmaɪz] *v tr* minimizzare.

minimum (minima) ['mɪnɪməm, 'mɪnɪmə] *n* mìnimo.

minimum ['mɪnɪməm] *adj* mìnimo ◊ **minimum price**, prezzo mìnimo.

mining ['maɪnɪŋ] *adj* minerario ◊ **the mining industry**, l'industria mineraria.

miniskirt ['mɪnɪskɜːt] *n* minigonna.

minister ['mɪnɪstə*] *n* ministro ◊ (*relig*) sacerdote (*m*).

minister ['mɪnɪstə*] *v intr* assìstere, provvedere ◊ (*relig*) officiare.

ministerial [ˌmɪnɪ'stɪərɪəl] *adj* ministeriale ◊ (*rel*) sacerdotale.

ministry ['mɪnɪstrɪ] *n* ministero.

mink [mɪŋk] *n* visone (*m*).

minor ['maɪnə*] *adj* di secondaria importanza.

minor ['maɪnə*] *n* minorenne (*m* / *f*).

minority [maɪ'nɒrətɪ] *n* minoranza.

mint [mɪnt] *n* menta ◊ (*coins*) zecca ◊ **fresh from the mint**, appena coniato; **in mint condition**, nuovo di zecca.

mint [mɪnt] *v tr* coniare.

minus ['maɪnəs] *prep* meno.

minute [maɪ'njuːt] *adj* minùscolo; meticoloso.

minute ['mɪnɪt] *n* minuto, momento; resoconto, minuta ◊ **just a minute**, un attimo; **to the minute**, esattamente; **I won't be a minute**, vado e torno; **to enter in the minutes**, mettere agli atti.

minute ['mɪnɪt] *v tr* prèndere nota di, verbalizzare.

miracle ['mɪrəkl] *n* miràcolo ◊ **to work a miracle**, fare un miracolo; **by a miracle**, per miracolo.

miraculous [mɪ'rækjʊləs] *adj* miracoloso, prodigioso.

mirage ['mɪrɑːʒ] *n* miraggio.

mire ['maɪə*] *n* fango.

mirror ['mɪrə*] *n* specchio.

mirror ['mɪrə*] *v tr* specchiare, riflèttere.

mirth [mɜːθ] *n* gaiezza.

misadventure [ˌmɪsəd'ventʃə*] *n* disgrazia, disavventura ◊ **by misadventure**, per disgrazia.

misapplication ['mɪsˌæplɪ'keɪʃn] *n* uso erròneo.

misappropriation ['mɪsəˌprəʊprɪ'eɪʃn] *n* appropriazione indébita, appropriazione disonesta.

misbehaviour [ˌmɪsbɪ'heɪvjə*] *n* comportamento scorretto.

misbelief [ˌmɪsbɪ'liːf] *n* falsa credenza.

miscalculate [ˌmɪs'kælkjʊleɪt] *v tr, intr* calcolare male.

miscalculation ['mɪsˌkælkjʊ'leɪʃn] *n* errore (*m*) di càlcolo.

miscarriage [ˌmɪs'kærɪdʒ] *n* aborto spontàneo.

miscarry [ˌmɪs'kærɪ] *v intr* abortire spontaneamente.

miscellany [mɪ'selənɪ] *n* raccolta.

mischief ['mɪstʃɪf] *n* danno, cattiveria.

mischievous ['mɪstʃɪvəs] *adj* malizioso, dannoso.

misconception [ˌmɪskən'sepʃn] *n* malinteso.

misconduct [ˌmɪskɒndʌkt] *n* cattiva condotta; adulterio.

miscount [ˌmɪs'kaʊnt] *n* conteggio sbagliato.

misdemeanour [ˌmɪsdɪ'miːnə*] *n* cattiva condotta ◊ (*law*) reato.

miser [maɪzə*] *n* avaro(-a).

miserable ['mɪzərəbl] *adj* infelice ◊ **to feel miserable**, sentirsi depresso.

misery ['mɪzərɪ] *n* miseria ◊ (*fig*) infelicità (*inv*).

misfit ['mɪsfɪt] *n* (*person*) spostato(-a).

misfortune [mɪs'fɔːtʃuːn] *n* sfortuna.

misgiving(s) [mɪs'gɪvɪŋ(z)] *n* (*pl*) sospetti (*m pl*), dubbi (*m pl*).

mishandle [ˌmɪs'hændl] *v tr* maltrattare.

mishap ['mɪshæp] *n* disgrazia, contrattempo, disavventura.

mish-mash ['mɪʃmæʃ] *n* (*fam*) confusione (*f*).

misinterpret [ˌmɪsɪn'tɜːprɪt] *v tr* fraintèndere.

misjudge [ˌmɪs'dʒʌdʒ] *v tr, intr* giudicare male.

mislid [ˌmɪs'leɪd] *pt, pp of* mislay.

mislay, *pt, pp* **mislaid** [ˌmɪs'leɪ, ˌmɪs'leɪd] *v tr* smarrire.

mislead, *pt, pp* **misled** [ˌmɪs 'liːd, ˌmɪs'led] *v tr* fuorviare.

misleading [ˌmɪs'liːdɪŋ] *adj* ingannévole, fallace.

misled [ˌmɪs'led] *pt, pp of* mislead.

mismanage [ˌmɪs'mænɪdʒ] *v tr* gestire male.

mismatch [ˌmɪs'mætʃ] *v tr* assortire male.

misplace [ˌmɪs'pleɪs] *v tr* collocare male.

misprint ['mɪsprɪnt] *n* refuso, errore di stampa.

misread, *pt, pp* **misread** [ˌmɪs'riːd, ˌmɪs'red] *v tr* fraintèndere.

misreport [ˌmɪsrɪ'pɔːt] *v tr* riferire inesattamente.

misrepresent ['mɪsˌreprɪ'zent] *v tr* travisare.

misrule [ˌmɪs'ruːl] *n* malgoverno.

miss [mɪs] *n* signorina.

miss [mɪs] *n* colpo mancato ◊ (*fam*) insuccesso ◊ **that was a near miss**, c'è mancato poco.

miss [mɪs] *v tr, intr* mancare (il colpo), fallire; ométtere; pèrdere; rimpiàngere ◊ **I shall miss you**, mi mancherai; **to miss the bus**, perdere l'autobus; **to miss out on sthg**, lasciarsi sfuggire qcs.

misshapen [ˌmɪs'ʃeɪpən] *adj* deforme.

missile ['mɪsaɪl] *n* mìssile (*m*); proièttile (*m*).

missing ['mɪsɪŋ] *adj* smarrito, perso ◊ **missing person**, disperso.

mission ['mɪʃn] *n* missione (*f*).

missionary ['mɪʃnərɪ] *adj, n* missionario(-a).

misspend, *pt, pp* **misspent** [ˌmɪs'spend, ˌmɪs'spent] *v tr* sciupare ◊ **a misspent youth**, una gioventù sciupata.

misspent [ˌmɪs'spent] *pt, pp of* misspend.

mist [mɪst] *n* foschìa.

mist [mɪst] *v tr, intr* appannare(-rsi).

mistake [mɪ'steɪk] *n* errore (*m*), sbaglio ◊ **by mistake**, per errore; **to make a mistake**, commettere un errore.

mistake, *pt* **mistook**, *pp* **mistaken** [mɪ'steɪk, mɪ'stʊk, mɪ'steɪkən] *v tr, intr* sbagliare (-rsi), scambiare; non capire.

mistaken [mɪ'steɪkən] *adj* sbagliato, errato ◊ **if I am not mistaken**, se non erro; **to be mistaken about sthg**, sbagliarsi su qcs.

mistletoe ['mɪsltəʊ] *n* vischio.

mistook [mɪ'stʊk] *pt of* mistake.

mistress ['mɪstrɪs] *n* signora, padrona (di casa), amante (*f*) ◊ (*school*) maestra ◊ **Mrs. Green**, la Sig.ra Green.

mistrust [ˌmɪs'trʌst] *v tr* diffidare di, sospettare di.

misty ['mɪstɪ] *adj* nebbioso ◊ (*fig*) vago.

misunderstand, *pt, pp* **misunderstood** [ˌmɪsʌndə'stænd, mɪsʌndə'stʊd] *v tr* fraintèndere, capire male.

misunderstanding [ˌmɪsʌndə'stændɪŋ] *n* malinteso, equìvoco.

misuse [ˌmɪs'juːz] *v tr* fare cattivo uso di, abusare di.

mitigate ['mɪtɪgeɪt] *v tr, intr* mitigare(-rsi); lenire.

mix [mɪks] *n* miscuglio.

mix [mɪks] *v tr, intr* mischiare(-rsi); unire ◊ **to mix names up**, confondere i nomi.

mixed ['mɪkst] *adj* misto, mischiato ◊ (*fam*) **a mixed-up kid**, un adolescente complessato.

mixer ['mɪksə*] *n* frullatore (*m*) ◊ (*radio*) mixer ◊ (*person*) **to be a good mixer**, essere socievole.

mixture ['mɪkstʃə*] *n* miscuglio.

mix-up ['mɪksʌp] *n* (*fam*) confusione (*f*).

mo [məʊ] *abbr of* **moment**, momento; **just a mo**, un momento.

moan [məʊn] *n* gèmito.

moan [məʊn] *v tr, intr* gèmere, lamentarsi ◊ (*wind*) ululare.

moat [məʊt] *n* fosso.

mob [mɒb] *n* folla, ressa.

mobile ['məʊbaɪl] *adj* mòbile, spostàbile ◊ **mobile home**, grande roulotte.

mobility [məʊ'bɪlətɪ] *n* mobilità (*inv*).

mobster ['mɒbstə*] *n* (*sl*) bandito, gangster (*m*).

mocassin ['mɒkəsɪn] *n* mocassino.

mock [mɒk] *adj* finto, falso.

mock [mɒk] *v tr, intr* derìdere, beffare.

mockery ['mɒkerɪ] *n* scherno.

mod con [ˌmɒd ˌkɒn] *n* (*pl*) (*fam*) comodità (*inv*) moderne.

mode [məʊd] *n* modo, maniera.

model ['mɒdl] *n* modello; indossatore(-trice) ◊ (*fig*) esempio.

model ['mɒdl] *v tr, intr* modellare, plasmare; fare l'indossatore(-trice).

modem ['məʊdem] *n* modem.

moderate ['mɒdərət] *adj* moderato, modesto; assennato.

moderator ['mɒdəreɪtə*] *n* moderatore(-trice).

modern ['mɒdən] *adj* moderno.

modernize ['mɒdənaɪz] *v tr* modernizzare.

modest ['mɒdɪst] *adj* ùmile.

modesty ['mɒdɪstɪ] *n* modestia.

modify ['mɒdɪfaɪ] *v tr* modificare.

modish ['məʊdɪʃ] *adj* di moda.

module ['mɒdjuːl] *n* mòdulo.

moist [mɔɪst] *adj* ùmido.

moisten ['mɔɪsn] *v tr, intr* inumidire(-rsi).

moisture ['mɔɪstʃə*] *n* umidità (*inv*).

moisturize ['mɔɪstʃəraɪz] *v tr* umidificare.

molar ['məʊlə*] *adj, n* molare (*m*).

mole [məʊl] *n* talpa ◊ (*spot*) neo.

molest [məʊ'lest] *v tr* molestare.

mollify ['mɒlɪfaɪ] *v tr* ammorbidire; placare.

molly-coddle ['mɒlɪˌkɒdl] *v tr* (*fam*) coccolare, viziare.

molten ['məʊltən] *adj* fuso.

mom ['mɒm] *n* (*AmE, fam*) mamma.

moment ['məʊmənt] *n* momento; importanza ◊ **any moment**, da un momento all'al-

tro; **at the moment** (**for the moment**), al momento, per ora.

momentary ['məʊməntərɪ] *adj* passeggero, momentaneo.

momentous [məʊ'mentəs] *adj* importante.

momentum [məʊ'mentəm] *n* velocità (*inv*) acquisita ◊ (*fig*) ìmpeto ◊ **to gather momentum**, aumentare di velocità.

monarch ['mɒnək] *n* re (*m inv*).

monarchy ['mɒnəkɪ] *n* monarchìa.

monastery ['mɒnəsterɪ] *n* monastero.

Monday ['mʌndɪ] *n* lunedì (*m inv*).

monetary ['mʌnɪtərɪ] *adj* monetario.

money ['mʌnɪ] *n* denaro ◊ **to be short of money**, essere a corto di denaro; **time is money**, il tempo è denaro.

money-lender ['mʌnɪˌlendə*] *n* prestatore (*m*) di denaro.

money-order ['mʌnɪˌɔːdə*] *n* vaglia (*m inv*) postale.

mongrel ['mʌŋgrel] *n* cane bastardo.

monitor ['mɒnɪtə*] *n* (*school*) capoclasse (*m / f*) ◊ (*radio, television*) monitor.

monitor ['mɒnɪtə*] *v tr* controllore.

monk [mʌŋk] *n* mònaco.

monkey ['mʌŋkɪ] *n* scimmia.

monopolize [mə'nɒpəlaɪz] *v tr* monopolizzare.

monopoly [mə'nɒpəlɪ] *n* monopolio.

monotone ['mɒnətəʊn] *n* tono uniforme ◊ **to speak in a monotone**, parlare con voce monotona.

monotonous [mə'nɒtnəs] *adj* monòtono, uniforme.

monotony [mə'nɒtnɪ] *n* monotonìa.

monsoon [mɒn'suːn] *n* monsone (*m*).

monster ['mɒnstə*] *n* mostro.

monstrous ['mɒnstrəs*] *adj* mostruoso, atroce.

month [mʌnθ] *n* mese (*m*) ◊ **a month of Sundays**, un'eternità.

monthly [mʌnθlɪ] *adj* mensile.

monthly [mʌnθlɪ] *adv* mensilmente.

monthly [mʌnθlɪ] *n* pubblicazione (*f*) mensile.

monument ['mɒnjʊmənt] *n* monumento.

moo [muː] *v intr* muggire.

mood [muːd] *n* umore (*m*), stato d'ànimo ◊ **in a good mood**, di buon umore; **to be in a**

joking mood, essere in vena di scherzare.

moody ['mu:dɪ] *adj* malincònico ◊ **to be moody**, avere la luna.

moon [mu:n] *n* luna ◊ **by the light of the moon**, al chiaro di luna; **once in a blue moon**, a ogni morte di papa; **to be over the moon**, essere felicissimo.

moonbeam ['mu:nbɪ:m] *n* raggio di luna.

moonlight ['mu:nlaɪt] *n* chiaro di luna.

moonshine ['mu:nʃaɪn] *n* (*fam*) stupidàggini (*f pl*), fandonie (*f pl*).

moor [muə*] *n* brughiera, landa.

moor [muə*] *v tr, intr* ormeggiare(-rsi).

moorings ['muərɪŋz] *n pl* ormeggi (*m pl*).

Moorish ['muərɪʃ] *adj* moro, moresco.

moot [mu:t] *adj* discutìbile ◊ **a moot point**, punto discutibile.

moot [mu:t] *v tr* méttere in discussione.

mop [mɒp] *n* strofinaccio ◊ (*hair*) zàzzera.

mop [mɒp] *v tr* pulire con uno strofinaccio.

mope [məup] *v tr, intr* imbronciarsi, avvilire (-rsi).

moped ['məuped] *n* ciclomotore (*m*).

moral ['mɒrəl] *adj* morale.

moral ['mɒrəl] *n* morale (*f*), lezione (*f*) ◊ **morals** (*n pl*), moralità (*inv*).

morality [mə'rælətɪ] *n* moralità (*inv*).

morass [mə'ræs] *n* palude (*f*).

morbid ['mɔ:bɪd] *adj* morboso, malsano.

more [mɔ:*] *adj, pron* (*comp of* **much, many**) più, di più, un maggior nùmero ◊ **I need more money**, ho bisogno di più denaro; **I want more**, ne voglio di più; **the more I give you, the more you want**, più ti do, più vuoi.

more [mɔ:*] *adv* (*comp of* **much**), più, di più, in maggior quantità ◊ **more and more**, sempre più; **never more**, mai più; **once more**, ancora una volta; **more or less**, più o meno; **that's more than enough**, è più che sufficiente; **more beautiful than**, più bello di (che).

moreover [mɔ:'rəuvə*] *adv* inoltre, per giunta.

morgue [mɔ:g] *n* obitorio.

morning ['mɔ:nɪŋ] *n* mattina, mattino ◊ **in the morning**, di mattina; **to have the morning off**, avere la mattinata libera; **morning-after pill**, pillola del giorno dopo.

moron ['mɔ:rɒn] *n* idiota (*m / f*).

morose [mə'rəus] *adj* scontroso.

morphia ['mɔ:fjə], **morphine** ['mɔ:fi:n] *n* morfina.

morsel ['mɔ:sl] *n* boccone (*m*).

mortal ['mɔ:tl] *adj, n* mortale (*m / f*).

mortality [mɔ:'tælətɪ] *n* mortalità (*inv*).

mortar ['mɔ:tə*] *n* mortaio; malta.

mortgage ['mɔ:gɪdʒ] *v tr* ipotecare ◊ (*fig*) impegnare.

mortify ['mɔ:tɪfaɪ] *v tr, intr* mortificare, umiliare.

mortuary ['mɔ:tjuərɪ] *n* obitorio.

mosaic [meu'zeɪɪk] *n* mosaico.

Moslem ['mɒzlem] *adj, n* maomettano(-a), islàmico(-a).

mosque [mɒsk] *n* moschea.

mosquito [mə'ski:təu] *n* zanzara.

mosquito-bite [mə'ski:təubaɪt] *n* puntura di zanzara.

moss [mɒs] *n* muschio.

mossy ['mɒsɪ] *adj* muscoso.

most [məust] *adj, pron, n* (*sup of* **much, many**) il più, il maggiore, il màssimo ◊ **most people**, la maggior parte della gente; **most of us**, la maggior parte di noi; **for the most part**, per lo più.

most [məust] *adv* il più, più, di più; molto, estremamente ◊ **the most difficult**, il più difficile; **most of all**, soprattutto; **at (the) most**, al massimo; **it is most kind of you**, è molto gentile da parte tua; **to make the most of**, trarre il massimo vantaggio da.

mostly ['məustlɪ] *adv* prevalentemente.

motel [məu'tel] *n* motel.

moth [mɒθ] *n* falena, tarma.

mothball ['mɒθbɔ:l] *n* pallina di cànfora.

mother ['mʌðə*] *n* madre (*f*), mamma ◊ **mother country**, paese nativo; **mother tongue**, madrelingua; **mother-to-be**, futura mamma.

motherhood ['mʌðəhud] *n* maternità (*inv*).

mother-in-law ['mʌðərɪnlɔ:] *n* suòcera.

motherly ['mʌðəlɪ] *adj* materno.

mother-of-pearl [ˌmʌðərəv'pɜ:l] *n* madreperla.

mothproof ['mɒθpru:f] *adj* antitàrmico.

motif [məu'ti:f] *n* motivo.

motion ['məuʃn] *n* moto; proposta ◊ **to set in**

motion, mettere in moto; **the motion is rejected**, la mozione è respinta.

motion ['məʊʃn] *v tr, intr* far cenno.

motionless ['məʊʃnlɪs] *adj* immòbile.

motion-picture ['məʊʃn'pɪ ktʃə*] *n* pellìcola cinematogràfica.

motivate ['məʊtɪveɪt] *v tr* motivare; stimolare.

motivation [ˌməʊtɪ'veɪʃn] *n* motivazione (*f*).

motive ['məʊtɪv] *n* motivo, càusa.

motley ['mɒtlɪ] *n* variopinto; misto.

motor ['məʊtə*] *adj* motorio.

motor ['məʊtə*] *n* motore (*m*).

motor-bike ['məʊtəbaɪk] *n* moto (*f inv*), motocicletta.

motorboat ['məʊtəbəʊt] *n* motoscafo.

motor-car ['məʊtəkaː*] *n* automòbile (*f*).

motor-coach ['məʊtəˌkəʊtʃ] *n* torpedone (*m*).

motor-cycle ['məʊtəˌsaɪkl] *n* motocicletta.

motoring ['məʊtərɪŋ] *n* automobilismo.

motorist ['məʊtərɪst] *n* automobilista (*m / f*).

motor-racing ['məʊtəˌreɪsɪŋ] *n* corse (*f pl*) automobilìstiche.

motorway ['məʊtəweɪ] *n* autostrada.

mottle ['mɒtl] *v tr* chiazzare.

mould [məʊld] *n* stampo.

mould [məʊld] *v tr, intr* modellare, plasmare; ammuffire.

mouldy ['məʊldɪ] *adj* ammuffito.

mound [maʊnd] *n* cùmulo; rialzo.

mount [maʊnt] *v tr, intr* salire, montare ◊ **to mount up**, aumentare.

mountain ['maʊntɪn] *n* montagna.

mountaineer [ˌmaʊntɪ'nɪə*] *n* alpinista (*m / f*).

mountaineering [ˌmaʊntɪ 'nɪərɪŋ] *n* alpinismo.

mountainous ['maʊntɪnəs] *adj* montagnoso.

mountebank ['maʊntɪbæŋk] *n* saltimbanco ◊ (*fig*) ciarlatano.

mourn [mɔːn] *v tr, intr* piàngere, addolorarsi; portare il lutto.

mourner [mɔː'nə*] *n* parente (*m / f*), amico (-a) del defunto.

mournful ['mɔːnfʊl] *adj* lùgubre.

mourning ['mɔːnɪŋ] *n* lutto.

mouse (mice) [maʊs, maɪs] *n* topo, topolino ◊ (*computer*) mouse.

mousetrap ['maʊstræp] *n* tràppola per topi ◊ (*fig*) trabocchetto.

moustache [mə'staːʃ] *n* baffi (*m pl*).

mouth [maʊθ] *n* bocca ◊ (*river*) foce (*f*) ◊ (*opening*) orifizio.

mouthful ['maʊθfʊl] *n* boccone (*m*), boccata.

mouth-organ ['maʊθˌɔːgən] *n* armònica a bocca.

mouthpiece ['maʊθpiːs] *n* (*pipe*) bocchino ◊ (*telephone*) micròfono ◊ (*fig*) portavoce (*m / f*).

mouthwash ['maʊθwɒʃ] *n* collutorio.

movable ['muːvəbl] *adj* mòbile.

move [muːv] *n* movimento, manovra ◊ (*chess*) mossa ◊ **a bad move**, un passo falso; (*fam*) **get a move on!**, sbrigati!

move [muːv] *v tr, intr* muòvere(-rsi), traslocare; commuòvere; fare progressi; agire ◊ **he has moved to Milan**, si è trasferito a Milano; **to move to tears**, commuovere fino alle lacrime; **to move back**, indietreggiare, ritornare; **to move out**, traslocare.

movement ['muːvmənt] *n* movimento, gesto.

movie ['muːvɪ] *n* (*AmE*) film (*m inv*) ◊ **the movies** (*n pl*), il cinema; **to go to the movies**, andare al cinema.

moving ['muːvɪŋ] *adj* in moto; commovente.

mow, *pt*, *pp* **mown** *or* **mowed** [məʊ, məʊn, məʊd] *v tr* falciare, mìetere.

M.P. [ˌem'piː] *n abbr of* **Member of Parliament**, membro del Parlamento, deputato.

m.p.h. [em'piː:eɪtʃ] *n abbr of* **miles per hour**, miglia all'ora.

Mr. ['mɪstə*] *n abbr of* **Mister**, signore.

Mrs. ['mɪsɪz] *n abbr of* **Mistress**, signora.

Ms [mɪz] *n* signora.

much [mʌtʃ] *adj* (*comp* **more**, *sup* **most**) molto, moltìssimo ◊ **how much bread do you want?**, quanto pane vuoi?

much [mʌtʃ] *adv, n, pron* molto ◊ **so much the worse**, tanto peggio; **how much is it?**, quanto costa?; **to make much of sthg**, esagerare l'importanza di qcs.

muck [mʌk] *n* fango.

muck [mʌk] *v tr, intr* concimare, sporcare.

mucky ['mʌkɪ] *adj* sporco, sùdicio.

mud [mʌd] *n* fango, melma.

muddle ['mʌdl] *n* confusione (*f*), disòrdine (*m*) ◊ **to get into a muddle**, confondersi.

muddle ['mʌdl] *v tr, intr* confòndere, méttere confusione ◊ **to muddle through**, cavarsela alla meno peggio.

muddy ['mʌdɪ] *adj* fangoso.

mudguard ['mʌdgɑːd] *n* parafango.

muffle ['mʌfl] *v tr* imbaccuccare, avvòlgere ◊ (*sound*) smorzare.

muffler ['mʌflə*] *n* sciarpa pesante ◊ (*car*) marmitta.

mufti ['mʌftɪ] *n* àbito borghese ◊ **in mufti**, in borghese.

mug [mʌg] *n* tazza, boccale (*m*) ◊ (*sl*) ceffo; babbeo(-a).

mug [mʌg] *v tr, intr* assalire ◊ **to mug up**, studiare molto, sgobbare.

mugging ['mʌgɪŋ] *n* assalto.

muggy ['mʌgɪ] *adj* afoso.

mulberry ['mʌlbərɪ] *n* mora.

mule [mjuːl] *n* mulo.

mull [mʌl] *v tr* (*wine*) scaldare e condire con spezie.

multicoloured [ˌmʌltɪ'kʌləd] *adj* variopinto.

multimedia [ˌmʌltɪ'miːdɪə] *adj* multimediale.

multiple ['mʌltɪpl] *adj* vario.

multiply ['mʌltɪplaɪ] *v tr, intr* moltiplicare (-rsi).

multistorey [ˌmʌltɪ'stɔːrɪ] *adj* a più piani ◊ **multistorey car park**, silo (per auto).

multitude ['mʌltɪtjuːd] *n* moltitùdine (*f*).

mum [mʌm] *n* (*fam*) mamma.

mum [mʌm] *adj* (*fam*) zitto, muto ◊ **to keep mum**, stare zitto; **mum's the word**, acqua in bocca.

mumble ['mʌmbl] *n* borbottìo, mormorìo.

mumble ['mʌmbl] *v tr, intr* borbottare, mormorare.

mummy ['mʌmɪ] *n* mummia ◊ (*fam*) mamma.

mumps [mʌmps] *n* parotite (*f*).

munch [mʌntʃ] *v tr, intr* sgranocchiare.

municipal [mjuː'nɪsɪpl] *adj* municipale, comunale.

munificent [mjuː'nɪfɪsnt] *adj* munìfico, generoso.

murder ['mɜːdə*] *n* omicidio.

murder ['mɜːdə*] *v tr* assassinare, uccìdere.

murderer ['mɜːdərə*] *n* omicida (*m*), assassino.

murderess ['mɜːdərɪs] *n* omicida (*f*), assassina.

murderous ['mɜːdərəs] *adj* micidiale; feroce, sanguinario.

murk [mɜːk] *n* oscurità (*inv*), buio.

murky ['mɜːkɪ] *adj* buio, fosco.

murmur ['mɜːmə*] *n* sussurro.

murmur ['mɜːmə*] *v tr, intr* mormorare.

muscle ['mʌsl] *n* mùscolo.

muscular ['mʌskjʊlə*] *adj* muscolare ◊ (*person*) muscoloso.

muse [mjuːz] *n* meditazione (*f*) ◊ **to be in a muse**, essere assorto.

muse [mjuːz] *v intr* meditare.

museum [mjuː'zɪəm] *n* museo.

mushroom ['mʌʃrʊm] *n* fungo.

mushy ['mʌʃɪ] *adj* molle ◊ (*fam*) sdolcinato ◊ **the spaghetti was mushy**, gli spaghetti erano scotti.

music ['mjuːzɪk] *n* mùsica ◊ **academy of music**, conservatorio.

musician [mjuː'zɪʃn] *n* musicista (*m / f*).

musk [mʌsk] *n* muschio.

musket ['mʌskɪt] *n* moschetto.

Muslim ['mʊslɪm] *adj, n see* **Moslem.**

muslin ['mʌzlɪn] *n* mussolina.

mussel ['mʌsl] *n* mìtilo, cozza.

must [mʌst] *n* mosto; muffa ◊ (*fam*) cosa eccezionale (da farsi) ◊ **this concert is a must**, questo concerto è assolutamente da non perdere.

must [mʌst] *auxiliary verb* dovere, bisogna che, è necessario che ◊ **I must do it**, devo farlo; **I must be going**, devo andare; (*probability*) **It must be so**, deve essere così; **I must have made a mistake**, devo aver fatto un errore.

mustard ['mʌstəd] *n* sènape (*f*).

mustn't ['mʌsnt] *short for* **must not.**

musty ['mʌstɪ] *adj* stantìo.

mute [mjuːt] *adj, n* muto(-a) ◊ **deaf mute**, sordomuto.

mutilate ['mjuːtɪleɪt] *v tr* mutilare.

mutter ['mʌtə*] *v tr, intr* mormorare, borbottare.

mutton ['mʌtn] *n* carne (*f*) di montone.

mutton-chop ['mʌtn'tʃɒp] *n* costoletta di montone.

mutual ['mju:tʃʊəl] *adj* mùtuo.

muzzle ['mʌzl] *n* museruola ◊ (*animals*) muso ◊ (*gun*) imboccatura.

muzzle ['mʌzl] *v tr* méttere la museruola a.

my [maɪ] *poss adj* mìo, mìa, mièi, mìe ◊ **it's my turn**, tocca a me; **my own**, proprio mio; **one of my friends**, un mio amico.

myself [maɪ'self] *refl pron* io stesso, me stesso, mi, me ◊ **I enjoyed myself**, mi sono divertito; **as for myself**, quanto a me; **all by myself**, tutto da solo; **I myself**, io stesso.

mysterious [mɪ'stɪərɪəs] *adj* misterioso.

mystery ['mɪstərɪ] *n* mistero.

mystic ['mɪstɪk] *n* mìstico(-a).

mysticism ['mɪstɪsɪzəm] *n* misticismo.

mystify ['mɪstɪfaɪ] *v tr* mistificare, ingannare.

mystique [mɪ'sti:k] *n* fàscino.

myth [mɪθ] *n* mito.

N

nab [næb] *v tr* (*fam*) acciuffare, agguantare.

nacre ['neɪkə*] *n* madreperla.

nag [næg] *n* brontolìo, crìtica.

nag [næg] *v tr, intr* brontolare.

nagging ['nægɪŋ] *adj* brontolone ◊ **a nagging wife**, una moglie bisbetica.

nail [neɪl] *n* unghia, artiglio; chiodo, punta ◊ **to pay on the nail**, pagare in contanti; **to hit on the nail**, colpire nel segno.

nail [neɪl] *v tr* inchiodare ◊ **to nail sb down**, mettere qc con le spalle al muro.

nail-brush ['neɪlbrʌʃ] *n* spazzolino per le unghie.

nail-file ['neɪlfaɪl] *n* limetta per unghie.

nail-polish ['neɪl,pɒlɪʃ] *n* smalto per unghie.

nail-scissors ['neɪl,sɪzəz] *n pl* forbicina per unghie.

nail-varnish ['neɪl,vɑːnɪʃ] *n* smalto per unghie.

naïve [nɑː'iːv] *adj* ingènuo, càndido.

naked ['neɪkɪd] *adj* nudo ◊ **to the naked eye**, a occhio nudo.

name [neɪm] *n* nome (*m*); reputazione (*f*) ◊ **to call by name**, chiamare per nome; **to call sb names**, insultare qc.

name [neɪm] *v tr* chiamare; nominare, denominare; fissare ◊ **to name a price**, fissare un prezzo.

nameless ['neɪmlɪs] *adj* senza nome.

namely ['neɪmlɪ] *adv* cioè.

namesake ['neɪmseɪk] *n* omònimo.

nanny ['nænɪ] *n* bambinaia, tata.

nap [næp] *n* sonnellino ◊ (*cloth*) peluria ◊ **to take a nap**, fare un sonnellino.

nape [neɪp] *n* nuca.

napkin ['næpkɪn] *n* tovagliolo ◊ (*baby*) pannolino.

nappy ['næpɪ] *n* (*BrE*) pannolino.

narcotic [nɑː'kɒtɪk] *n* narcòtico.

narcotize ['nɑːkətaɪz] *v tr* narcotizzare.

nark [nɑːk] *v tr* (*fam*) scocciare, seccare.

narky ['nɑːkɪ] *adj* (*fam*) irritàbile, irascìbile.

narrate [nə'reɪt] *v tr* raccontare, narrare.

narrator [nə'reɪtə*] *n* narratore(-trice).

narrow ['nærəʊ] *adj* stretto ◊ (*fig*) gretto ◊ **a narrow mind**, una mente ristretta.

narrow ['nærəʊ] *v tr, intr* restrìngere(-rsi), limitare.

narrowly ['nærəʊlɪ] *adv* a stento, strettamente, per poco.

narrow-minded [,nærəʊ'maɪndɪd] *adj* gretto, meschino.

narrows ['nærəʊz] *n pl* (*river*) strettoia ◊ (*sea*) stretto ◊ **the Narrows**, lo stretto dei Dardanelli.

nasal ['neɪzl] *adj* nasale.

nasturtium [nə'stɜːʃəm] *n* nasturzio.

nasty ['nɑːstɪ] *adj* sgradévole, schifoso; cattivo; pericoloso.

natal ['neɪtl] *adj* natale.

nation ['neɪʃn] *n* nazione (*f*).

national ['næʃənl] *adj* nazionale.

national ['næʃənl] *n* cittadino(-a) ◊ **one's own nationals**, connazionali.

nationalism ['næʃnəlɪzəm] *n* nazionalismo, patriottismo.

nationalist ['næʃnəlɪst] *adj, n* nazionalista (*m / f*).

nationality [,næʃənælətɪ] *n* nazionalità (*inv*).

nationalize ['næʃnəlaɪz] *v tr* nazionalizzare.

nation-wide [,næʃən'waɪd] *adj* nazionale, su scala nazionale.

native ['neɪtɪv] *adj* nativo, natìo; originario; innato ◊ **native land**, terra natia.

native ['neɪtɪv] *n* nativo(-a).

natter ['nætə*] *v intr* (*fam*) chiacchierare.

natural ['nætʃrəl] *adj* naturale; genuino; innato, istintivo; illegìttimo.

naturalist ['nætʃrəlɪst] *n* naturalista (*m / f*).

naturalize ['nætʃrəlaɪz] *v tr, intr* naturalizzare(-rsi).

nature ['neɪtʃə*] *n* natura ◊ (*person*) caràttere (*m*).

naughty ['nɔːtɪ] *adj* (*child*) birichino ◊ (*story*) piccante.

nautical ['nɔːtɪkl] *adj* nàutico.

naval ['neɪvl] *adj* navale, marìttimo ◊ **naval officer**, ufficiale di marina.

navel ['neɪvl] *n* ombelico.

navigable ['nævɪgəbl] *adj* navigàbile.

navigate ['nævɪgeɪt] *v tr, intr* navigare, percòrrere navigando.

navigator ['nævɪgeɪtə*] *n* navigatore (*m*), ufficiale (*m*) di rotta.

navvy ['nævɪ] *n* manovale (*m*).

navy ['neɪvɪ] *n* marina militare.

navy-blue [,neɪvɪ'bluː] *adj* blu marino (*colore*).

nazi ['neɪzɪ] *n* nazista.

near [nɪə*] *adj* vicino ◊ (*relation*) stretto, ìntimo ◊ **the Near East**, il Vicino Oriente; **a near miss**, un colpo mancato per un pelo.

near [nɪə*] *adv* vicino, accanto ◊ **near at hand**, a portata di mano; **to come near**, avvicinarsi; **near on**, quasi.

near [nɪə*] *prep* vicino a.

nearby ['nɪəbaɪ] *adj* vicino.

nearly ['nɪəlɪ] *adv* quasi.

nearness ['nɪənɪs] *n* vicinanza.

near-sighted [,nɪə'saɪtɪd] *adj* mìope.

neat [niːt] *adj* lindo; preciso; nìtido; piacévole.

nebulous ['nebjʊləs] *adj* nuvoloso ◊ (*fig*) vago.

necessary ['nesəsərɪ] *adj* necessario, indispensàbile.

necessitate [nɪ'sesɪteɪt] *v tr* rèndere necessa-

rio, necessitare, richièdere.

necessity [nɪ'sesətɪ] *n* necessità (*inv*), bisogno.

neck [nek] *n* collo ◊ (*clothes*) colletto, scollatura ◊ **to break one's neck**, rompersi l'osso del collo; **neck or nothing**, o la va o la spacca; **neck and crop**, a capofitto.

necklace ['neklɪs] *n* collana.

neckline ['neklaɪn] *n* scollatura.

necktie ['nektaɪ] *n* (*AmE*) cravatta.

née [neɪ] *adj* nata ◊ **Mrs. Scott, née Benson**, la sig.ra Scott, nata Benson.

need [niːd] *n* bisogno.

need [niːd] *v tr* aver bisogno di, necessitare, richièdere.

needle ['niːdl] *n* ago.

needle ['niːdl] *v tr* (*fam*) irritare, punzecchiare.

needlework ['niːdlwɜːk] *n* cucito.

needy ['niːdɪ] *adj* bisognoso.

negation [nɪ'geɪʃn] *n* negazione (*f*).

negative ['negətɪv] *adj* negativo.

neglect [nɪ'glekt] *n* negligenza; incuria.

neglect [nɪ'glekt] *v tr* trascurare.

negligence ['neglɪdʒəns] *n* negligenza.

negligent ['neglɪdʒənt] *adj* trascurato.

negligible ['neglɪdʒəbl] *adj* irrilevante.

negotiable [nɪ'gəʊʃjəbl] *adj* trattàbile ◊ (*comm*) trasferìbile ◊ **a negotiable cheque**, un assegno trasferibile.

negotiate [nɪ'gəʊʃɪeɪt] *v tr, intr* negoziare.

negotiation [nɪ,gəʊʃɪ'eɪʃn] *n* trattativa.

negress ['niːgrɪs] *n* (*derog*) negra.

negro ['niːgrəʊ] *n* (*derog*) negro.

neigh [neɪ] *v intr* nitrire.

neighbour ['neɪbə*] *n* vicino(-a), pròssimo ◊ **next-door neighbours**, vicini di casa.

neighbourhood ['neɪbəhʊd] *n* vicinato, quartiere (*m*).

neighbouring ['neɪbərɪŋ] *adj* confinante, adiacente.

neighbourly ['neɪbəlɪ] *adj* sociévole, cordiale.

neither ['naɪðə*] *adj, pron* né l'uno né l'altro; nessuno dei due ◊ **neither of them knows**, né l'uno né l'altro lo sa.

neither ['naɪðə*] *conj* neanche, neppure; né... né ◊ **neither fish nor flesh**, né carne né pesce.

nephew ['nevju:] *n* nipote (*m*).

nerd [nɜ:d] *n* imbranato, cretino.

nerve [nɜ:v] *n* nervo ◊ (*fig*) coraggio, faccia tosta ◊ **a fit of nerves**, una crisi di nervi.

nerve-racking ['nɜ:v,rækɪŋ] *adj* esasperante, sfibrante.

nervous ['nɜ:vəs] *adj* apprensivo, agitato ◊ **nervous breakdown**, esaurimento nervoso.

nest [nest] *n* nido.

nestle ['nesl] *v intr* accoccolarsi, rannicchiarsi.

net [net] *adj* netto ◊ (*fig*) finale.

net [net] *n* rete (*f*).

nettle ['netl] *n* ortica.

network ['netwɜ:k] *n* network, rete (*f*), sistema (*m*) ◊ **railway network**, rete ferroviaria.

neuralgia [,njʊə'rældʒə] *n* nevralgìa.

neurotic [,njʊə'rɒtɪk] *adj, n* nevròtico(-a).

neuter ['nju:tə*] *v tr* castrare.

neutral ['nju:trəl] *adj* neutrale ◊ **in neutral**, in folle (di cambio).

never ['nevə*] *adv* (*in affir sent*) mai, non... mai ◊ **never more**, mai più; **you never know**, non si sa mai; **never again**, mai più; **never mind**, non importa.

never-ending ['nevər,endɪŋ] *adj* interminàbile, infinito.

nevertheless [,nevəðə'les] *adv* ciò nonostante, tuttavia.

new [nju:] *adj* nuovo ◊ **brand new**, nuovo di zecca.

newborn ['nju:bɔ:n] *adj* neonato.

newcomer ['nju:,kʌmə*] *n* nuovo venuto, nuovo arrivato.

newly ['nju:lɪ] *adv* di recente, appena.

news [nju:z] *n sing* notizie (*f pl*), informazioni (*f pl*) ◊ (*radio*) giornale (*m*) radio ◊ (*tv*) telegiornale (*m*) ◊ **a piece of news**, una notizia; **in the news**, sul giornale; **what's the news?**, cosa c'è di nuovo?

news-agency ['nju:z,eɪdʒənsɪ] *n* agenzìa di stampa.

newsagent ['nju:z,eɪdʒənt] *n* giornalaio.

newsletter ['nju:z,letə*] *n* bollettino di informazione, newsletter.

newsmagazine ['nju:z'mægə,zi:n] *n* settimanale di attualità.

newspaper ['nju:s,peɪpə*] *n* giornale.

New Year [,nju:'jɜ:*] *n* anno nuovo ◊ **New Year's Eve**, vigilia di Capodanno.

next [nekst] *adj* (*sup of* **near**) vicino, più vicino, pròssimo, successivo ◊ **next week**, la prossima settimana.

next [nekst] *n* pròssimo(-a), primo(-a) ◊ **who's next?**, a chi tocca adesso?

next [nekst] *adv* dopo, poi.

next [nekst] *prep* dopo ◊ **next to nothing**, quasi niente.

next-of-kin [,nekstəv'kɪn] *n* parente (*m* / *f*) pròssimo.

nib [nɪb] *n* pennino.

nibble ['nɪbl] *v tr, intr* rosicchiare, sgranocchiare.

nice [naɪs] *adj* buono, simpatico, attraente, carino, delicato.

nicely [naɪslɪ] *adv* bene.

nicety ['naɪsətɪ] *n* precisione (*f*), esattezza ◊ **niceties**, sfumature, finezze.

nick [nɪk] *n* incisione (*f*) ◊ **in the nick of time**, al momento giusto.

nickel ['nɪkl] *n* nichel (*m inv*) ◊ (*AmE*) moneta da cinque centèsimi.

nickname ['nɪkneɪm] *n* soprannome (*m*), nomìgnolo.

nicotine ['nɪkəti:n] *n* nicotina.

niece [ni:s] *n* nipote (*f*).

niggling ['nɪglɪŋ] *adj* pignolo, meticoloso.

night [naɪt] *n* notte (*f*), sera ◊ **by night**, durante la notte.

nightdress ['naɪtdres] *n* camicia da notte.

nightfall ['naɪtfɔ:l] *n* crepùscolo.

nightingale ['naɪtɪŋgeɪl] *n* usignolo.

nightlife ['naɪtlaɪf] *n* vita notturna.

nightly ['naɪtlɪ] *adj* notturno.

nightly ['naɪtlɪ] *adv* di ogni notte, ogni sera.

nightmare ['naɪtmeə*] *n* ìncubo.

night-watchman [,naɪt'wɒtʃmən] *n* guardiano notturno.

nil [nɪl] *n* niente (*m*), nulla (*ɪn*) ◊ (*sport*) zero.

nimble ['nɪmbl] *adj* àgile, svelto.

nine [naɪn] *adj, n* nove (*m inv*).

nineteen [,naɪn'ti:n] *adj, n* diciannove (*m inv*).

nineteenth [,naɪn'ti:nθ] *adj, n* diciannovèsimo(-a).

ninetieth [ˈnaɪntɪɪθ] *adj, n* novantèsimo(-a).

ninety [ˈnaɪntɪ] *adj, n* novanta (*m inv*).

ninth [naɪnθ] *adj, n* nono(-a).

nip [nɪp] *n* pizzicotto, morso; gelo ◊ (*fig*) crìtica pungente ◊ (*liqueur*) sorso.

nipple [ˈnɪpl] *n* capézzolo.

nippy [ˈnɪpɪ] (*adj, fam*) svelto ◊ (*weather*) gèlido ◊ **to be nippy**, sbrigarsi.

nitpicking [ˈnɪtpɪkɪŋ] *adj* pignolo.

nix [nɪks] *adv* (*AmE, fam*) no.

no [nəʊ] *adj* nessuno, non... alcuno; non ◊ **no one could do it**, nessuno potrebbe farlo; **he made no reply**, non rispose niente; **I have no books**, non ho libri; **no entry**, divieto d'accesso; **no parking**, divieto di sosta.

no [nəʊ] *adv* no, non ◊ **no later than**, non più tardi di.

nobility [nəʊˈbɪlətɪ] *n* nobiltà (*inv*).

noble [ˈnəʊbl] *adj* nòbile.

noble [ˈnəʊbl] *n* nòbile (*m / f*).

nobody [ˈnəʊbədɪ] *pron* nessuno(-a).

nod [nɒd] *v intr, tr* accennare col capo, annuìre ◊ **to nod off**, addormentarsi; **to have a nodding acquaintance with sb**, conoscere qc di vista.

noise [nɔɪz] *n* rumore (*m*).

noisy [ˈnɔɪzɪ] *adj* rumoroso, chiassoso, turbolento.

nominal [ˈnɒmɪnl] *adj* nominale.

nominate [ˈnɒmɪneɪt] *v tr* nominare, designare.

nomination [ˌnɒmɪneɪʃn] *n* nòmina, candidatura.

nominee [ˌnɒmɪˈniː] *n* persona designata, candidato(-a).

non-aligned [ˌnɒnəˈlaɪnd] *adj* non allineato.

non-committal [ˌnɒnkəˈmɪtl] *adj* evasivo, indefinito.

nonconformist [ˌnɒnkənˈfɔːmɪst] *adj, n* anticonformista (*m / f*).

nondescript [ˈnɒndɪskrɪpt] *adj* indeterminato, difficilmente classificàbile.

none [nʌn] *pron* (*person*) nessuno(-a), nemmeno uno(-a) ◊ (*thing*) niente, nulla ◊ **I have none**, non ne ho; **none of us**, nessuno di noi; **it's none of your business**, non sono affari tuoi.

non-effective [ˌnɒnɪˈfektɪv] *adj* inefficace.

non-flammable [ˌnɒnˈflæməbəl] *adj* non infiammàbile.

non-iron [ˌnɒnˈaɪən] *adj* (*clothes*) che non deve èssere stirato.

nonplus [ˌnɒnˈplʌs] *n* imbarazzo, perplessità (*inv*).

nonsense [ˈnɒnsəns] *n* assurdità (*inv*), sciocchezze (*f pl*).

non-smoker [ˌnɒnˈsməʊkə*] *n* non fumatore (-trice).

nonstick [ˌnɒnˈstɪk] *adj* antiaderente.

non-stop [ˌnɒnˈstɒp] *adv* ininterrottamente, senza soste.

noodles [ˈnuːdlz] *n pl* tagliatelle (*f pl*).

nook [nʊk] *n* àngolo, cantuccio.

noon [nuːn] *n* mezzogiorno.

noose [nuːs] *n* laccio, cappio ◊ (*fig*) tràppola.

nor [nɔː*] *conj* né, neppure, nemmeno ◊ **neither... nor**, né... né; **you can't do it, nor can I**, non potete farlo, e nemmeno io.

norm [nɔːm] *n* norma, modello.

normal [ˈnɔːml] *adj* normale.

normality [nɔːˈmælɪtɪ] *n* normalità.

north [nɔːθ] *n* nord (*m inv*).

north [nɔːθ] *adj* del nord.

north [nɔːθ] *adv* a nord.

north-east [ˌnɔːθˈiːst] *adj* nordorientale.

northern [ˈnɔːðən] *adj* del nord, settentrionale ◊ **Northern Ireland**, Irlanda del Nord.

northward(s) [ˈnɔːθwəd(z)] *adv* in direzione (*f*) nord.

northwest [ˌnɔːθˈwest] *n* nord-ovest (*m inv*).

nose [nəʊz] *n* naso ◊ (*animal*) muso ◊ **to pay through the nose**, pagare un occhio della testa.

nosey [ˈnəʊzɪ] *adj* curioso ◊ (*fam, derog*) **nosey parker**, ficcanaso.

nostalgic [nɒˈstældʒɪk] *adj* nostàlgico.

nostril [ˈnɒstrəl] *n* narice (*f*).

not [nɒt] *adv* non ◊ **not to say**, per non dire; **not even**, neanche; **not at all**, niente affatto.

notable [ˈnəʊtəbl] *adj* notévole, considerévole.

note [nəʊt] *n* annotazione (*f*), biglietto, postilla ◊ **to take notes**, prendere appunti;

note-paper, carta da lettere.

note [nəʊt] *v tr* osservare, prèndere nota di.

notebook ['nəʊtbʊk] *n* taccuìno.

noted ['nəʊtɪd] *adj* cèlebre.

noteworthy ['nəʊt,wɜ:ðɪ] *adj* considerévole.

nothing ['nʌθɪŋ] *n* nulla (*m*), niente (*m*) ◊ **nothing good**, niente di buono.

notice ['nəʊtɪs] *n* avviso, annuncio ◊ **until further notice**, fino a nuovo avviso; **notices of births, deaths**, annunci di nascita, di morte (sui giornali); **at short notice**, a breve scadenza; **to take notice of**, prestare attenzione a.

notice ['nəʊtɪs] *v tr, intr* notare, accòrgersi di.

noticeboard ['nəʊtɪsbɔ:d] *n* bacheca.

notify ['nəʊtɪfaɪ] *v tr* notificare, informare.

notion ['nəʊʃn] *n* nozione (*f*), idea, concetto.

notorious [nəʊ'tɔ:rɪəs] *adj* notorio, famigerato.

notwithstanding [,nɒtwɪθ'stændɪŋ] *adv* tuttavia, nondimeno.

nougat ['nu:gɑ:] *n* torrone (*m*).

nought [nɔ:t] *n* nulla (*m*) ◊ (*math*) zero.

nourish ['nʌrɪʃ] *v tr* nutrire, alimentare.

nourishment ['nʌrɪʃmənt] *n* nutrimento, alimento.

novel ['nɒvl] *n* romanzo.

novelist ['nɒvəlɪst] *n* romanziere(-a).

novelty ['nɒvltɪ] *n* novità (*inv*).

November [nəʊ'vembə*] *n* novembre (*m*).

novice ['nɒvɪs] *n* principiante (*m / f*) ◊ (*relig*) novizio(-a).

now [naʊ] *adv* ora, adesso.

nowadays ['naʊədeɪz] *adv* oggigiorno.

nowhere ['nəʊweə*] *adv* in nessun luogo, da nessuna parte.

nuance [nju:ɑ:ns] *n* sfumatura.

nuclear ['nju:klɪə*] *adj* nucleare.

nude [nju:d] *adj* nudo, spoglio.

nudge [nʌdʒ] *v tr, intr* dare un colpetto di gòmito.

nudist ['nju:dɪst] *n* nudista (*m / f*).

nudity ['nju:dətɪ] *n* nudità (*inv*).

nuisance ['nju:sns] *n* (*thing*) seccatura ◊ (*person*) seccatore(-trice) ◊ **what a nuisance!**, che seccatura!

null [nʌl] *adj* nullo, non vàlido.

nullify ['nʌlɪfaɪ] *v tr* annullare, invalidare.

numb [nʌm] *adj* intorpidito, intirizzito ◊ (*fig*) intontito.

number ['nʌmbə*] *n* nùmero, cifra.

number ['nʌmbə*] *v tr* numerare, elencare, contare.

number-plate ['nʌmbəpleɪt] *n* targa.

numeral ['nju:mərəl] *adj, n* numerale (*m*).

numerous ['nju:mərəs] *adj* numeroso, moltéplice.

numismatics [,nju:mɪz'mætɪks] *n pl* numismàtica.

nun [nʌn] *n* suora, mònaca.

nurse [nɜ:s] *n* infermiera.

nurse [nɜ:s] *v tr, intr* allattare, coccolare; curare(-rsi), assìstere ◊ (*fig*) covare, nutrire.

nursery ['nɜ:sərɪ] *n* càmera dei bambini; asilo ◊ (*plant*) vivaio ◊ **nursery-rhyme**, filastrocca.

nursing ['nɜ:sɪŋ] *n* il curare, l'assìstere (*m*); professione (*f*) di infermiera.

nursing ['nɜ:sɪŋ] *adj* che allatta ◊ **nursing bottle**, biberon (*m inv*); **nursing staff**, personale infermieristico.

nursing-home ['nɜ:sɪŋhəʊm] *n* casa di cura.

nut [nʌt] *n* (*fruit*) noce (*f*) ◊ (*metal*) dado ◊ (*sl*) testa, zucca.

nutcrackers ['nʌt,krækəz] *n pl* schiacciananoce (*m inv*).

nuthose ['nʌthaʊs] *n* (*sl*) manicomio.

nutmeg ['nʌtmeg] *n* noce moscata.

nutrition [nju:'trɪʃn] *n* nutrizione (*f*).

nutritious [nju:'trɪʃəs] *adj* nutriente.

nuts [nʌts] *adj* (*fam*) pazzo, matto.

nutshell ['nʌtʃəl] *n* guscio di noce ◊ **in a nutshell**, in poche parole.

nymphomania [,nɪmfəʊ'meɪnɪə] *n* ninfomanìa.

O

oak [əʊk] *n* quercia.

oar [ɔ:*] *n* remo.

oasis (oases) [əʊ'eɪsɪs, əʊ'eɪsi:z] *n* òasi (*f inv*).

oat [əʊt] *n* avena.

oath [əʊθ] *n* giuramento; imprecazione (*f*).

oatmeal ['əʊtmi:l] *n* farina d'avena ◊ **oatmeal porridge**, farinata d'avena.

obedient [ə'bi:djənt] *adj* ubbidiente, dòcile.

obelisk ['ɒbəlɪsk] *n* obelisco.

obesity [əʊ'bi:səti] *n* obesità (*inv*).

obey [ə'beɪ] *v tr, intr* ubbidire.

obituary [ə'bɪtjʊərɪ] *adj* necrològico.

object ['ɒbʒɪkt] *n* oggetto, cosa; scopo, fine (*m*).

object [əb'dʒekt] *v intr* obiettare, opporsi ◊ **to object to a proposal**, opporsi a una proposta.

objection [əb'dʒekʃn] *n* obiezione (*f*).

objective [əb'dʒektɪv] *n* obiettivo, scopo, propòsito.

objectivity [ˌɒbdʒek'tɪvəti] *n* obiettività (*inv*).

objector [əb'dʒektə*] *n* obiettore(-trice) ◊ **conscientious objector**, obiettore di coscienza.

obligation [ˌɒblɪ'geɪʃn] *n* òbbligo, dovere (*m*), impegno.

oblige [ə'blaɪdʒ] *v tr* obbligare; èssere grato, fare un favore ◊ **to be obliged to sb**, essere grato a qc.

obliging [ə'blaɪdʒɪŋ] *adj* compiacente, gentile, serviziévole.

obliterate [ə'blɪtəreɪt] *v tr* cancellare.

oblivion [ə'blɪvɪən] *n* oblìo.

obnoxious [əb'nɒkʃəs] *adj*, odioso, sgradévole.

obscene [əb'si:n] *adj* osceno.

obscenity [əb'senəti] *n* oscenità (*inv*).

obscure [əb'skjʊə*] *adj* oscuro; vago, indistinto.

obscure [əb'skjʊə*] *v tr* oscurare.

obscurity [əb'skjʊərəti] *n* oscurità (*inv*).

observance [əb'zɜ:vns] *n* osservanza.

observant [əb'zɜ:vnt] *adj* attento, vigile.

observation [ˌɒbzə'veɪʃn] *n* osservazione (*f*) ◊ **to be under observation**, essere sorvegliato.

observatory [əb'zɜ:vətrɪ] *n* osservatorio.

observe [əb'zɜ:v] *v tr, intr* osservare, notare; rilevare.

obsess [əb'ses] *v tr* ossessionare.

obsessive [əb'sesɪv] *adj* ossessivo.

obsolete ['ɒbsəli:t] *adj* desueto; antiquato.

obstacle ['ɒbstəkl] *n* ostàcolo, impedimento ◊ (*sport*) **obstacle race**, corsa ad ostacoli.

obstinacy ['ɒbstɪnəsɪ] *n* caparbietà (*inv*), ostinazione (*f*).

obstinate ['ɒbstənət] *adj* ostinato, testardo.

obstruct [əb'strʌkt] *v tr, intr* ostruire, bloccare; ostacolare ◊ **to obstruct the traffic**, bloccare il traffico.

obtain [əb'teɪn] *v tr, intr* ottenere, procurare (-rsi).

obtainable [əb'teɪnəbl] *adj* conseguìbile.

obtrusive [əb'tru:sɪv] *adj* importuno, invadente.

obvious ['ɒbvɪəs] *adj* ovvio.

occasion [ə'keɪʒn] *n* occasione (*f*).

occasional [ə'keɪʒənl] *adj* occasionale, incidentale.

occasionally [ə'keɪʒənəlɪ] *adv* ogni tanto.

Occident ['ɒksɪdənt] *n* Occidente (*m*).

occult [ɒ'kʌlt] *adj* occulto, arcano, segreto.

occupation ['ɒkjʊ'peɪʃ] *n* occupazione (*f*).

occupational [ˌɒkju:'peɪʃənl] *adj* professionale ◊ **occupational training**, formazione professionale.

occupier ['ɒkjʊpaɪə*] *n* occupante (*m / f*).

occupy ['ɒkjʊpaɪ] *v tr* occupare.

occur [ə'kɜ:*] *v intr* accadere, succèdere; venire in mente.

occurrence [ə'kʌrəns] *n* avvenimento.

ocean ['əʊʃn] *n* ocèano.

o'clock [ə'klɒk] *adv* (*hours*) **it is two o'clock**, sono le due.

October [ɒk'təʊbə*] *n* ottobre (*m*).

octopus ['ɒktəpəs] *n* pòlipo, piovra.

odd [ɒd] *adj* strano, bizzarro; occasionale; spaiato ◊ (*number*) dìspari ◊ **odd and even**, pari e dispari; **the odd money**, il resto; **odd-job man**, tuttofare; **odd jobs**, lavori saltuari.

oddity ['ɒdɪtɪ] *n* singolarità (*inv*), stranezza.

oddments ['ɒdmənts] *n pl*, avanzi (*m pl*), rimasugli (*m pl*).

odds [ɒdz] *n pl* probabilità (*inv*), circostanza; disparità (*inv*) ◊ (*bet*) quota.

ode [əʊd] *n* ode (*f*).

odious ['əʊdjəs] *adj* odioso.

odour ['əʊdə*] *n* odore (*m*).

of [ɒv] *prep* di, da ◊ **it was kind of you**, è stato gentile da parte vostra; **a friend of mine**, un mio amico; **a girl of fifteen**, una ragazza di quindici anni; **of course**, naturalmente.

off [ɒf] *adj* esterno.

off [ɒf] *adv* lontano, distante; via; annullato; chiuso, esaurito; libero da impegni di lavoro; stantìo ◊ **how far off is it?**, quanto dista?; **I must be off**, devo andare via; **the gas is off**, manca il gas; **day off**, giorno di riposo, giornata libera; **off stage**, dietro le quinte; **right off**, subito; **well off**, agiato, benestante.

off [ɒf] *prep* giù da, lontano da, via da, fuori da ◊ **off course**, fuori rotta; **to take sthg off the price**, fare uno sconto; **off duty**, fuori servizio; **to be off colour**, essere giù di forma; **hands off**, giù le mani.

offal ['ɒfl] *n* frattaglie (*f pl*).

off-beat [,ɒf'bi:t] *adj* eccèntrico.

offence [ə'fens] *n* offesa, infrazione (*f*) ◊ **to take offence at sthg**, offendersi per qcs.

offend [ə'fend] *v tr, intr* offèndere; trasgredire ◊ **to offend against the law**, trasgredire la legge.

offender [ə'fendə*] *n* delinquente (*m / f*), trasgressore(-greditrice).

offensive [ə'fensɪv] *adj* offensivo.

offer ['ɒfə*] *v tr, intr* offrire(-rsi), pòrgere.

offer ['ɒə*], **offering** ['ɒfərɪŋ] *n* offerta ◊ **special offer**, offerta speciale.

offhand [,ɒf'hænd] *adj* casuale, improvviso ◊ (*person*) disinvolto.

offhand [,ɒf'hænd] *adv* senza preparazione, sui due piedi.

office ['ɒfɪs] *n* incàrico, càrica; ufficio, studio ◊ **branch office**, agenzia; **Foreign Office**, Ministero degli Affari Esteri.

officer ['ɒfɪsə*] *n* ufficiale (*m*); funzionario ◊ **police officer**, ufficiale di polizia.

official [ə'fɪʃl] *adj* ufficiale.

official [ə'fɪʃl] *n* funzionario(-a), impiegato(-a) statale.

officious [ə'fɪʃəs] *adj* invadente.

off-licence ['ɒf,laɪsns] *n* licenza per vèndita di bevande alcòliche.

off-line [,ɒf'laɪn] *adj* (*computer*) fuori rete.

off-load [,ɒf'ləʊd] *v tr* scaricare.

off-season [,ɒf'si:zn] *adj, adv* fuori stagione.

offset, *pt, pp* **offset** ['ɒfset] *v tr, intr* compensare, controbilanciare.

offshore [,ɒf'ʃɔ:*] *adj* di terra; in mare aperto, al largo.

offside [,ɒf'saɪd] *n* fuori gioco ◊ (*car*) lato più vicino al centro della strada.

offspring ['ɒfsprɪŋ] *n* prole (*f*).

often ['ɒfn] *adv* spesso.

ogle ['əʊgl] *v tr, intr* adocchiare, occhieggiare.

oil [ɔɪl] *n* olio, petrolio ◊ **crude oil**, petrolio grezzo; **fuel oil**, nafta.

oil [ɔɪl] *v tr, intr* lubrificare ◊ (*fig*) corròmpere.

oilfield ['ɔɪlfi:ld] *n* giacimento petrolìfero.

oil-painting [,ɔɪl'peɪntɪŋ] *n* pittura a olio.

oilskin ['ɔɪlskɪn] *n* tela cerata ◊ indumento di tela cerata.

oil-tanker [,ɔɪl'tænkə*] *n* petroliera.

oil-well ['ɔɪlwel] *n* pozzo petrolìfero.

oily ['ɔɪlɪ] *adj* oleoso, unto.

ointment ['ɔɪntmənt] *n* unguento.

okay, O.K. [,əʊ'keɪ] *adv, adj, n* (*fam*) bene, giusto, esatto.

old [əʊld] *adj* vecchio, anziano; antico, di vecchia data ◊ **old age**, vecchiaia; **how old is he?**, quanti anni ha?; **he is twenty years old**, ha vent'anni; **elder brother**, fratello maggiore.

old fashioned [,əʊld'fæʃnd] *adj* antiquato.

olive ['ɒlɪv] *n* olivo, oliva.

Olympic [əʊ'lɪmpɪk] *adj* olìmpico ◊ **the Olimpic Games**, i giochi olimpici.

omen ['əʊmən] *n* presagio.

ominous ['ɒmɪnəs] *adj* sinistro, infàusto, minaccioso.

omission [ə'mɪʃn] *n* omissione (*f*), dimenticanza.

omit [ə'mɪt] *v tr* omèttere.

omnipotent [ɒm'nɪpətənt] *adj* onnipotente.

on [ən] *adv* avanti; su; in funzione, acceso ◊ **and so on**, e così via; **move on!**, avanti!; **later on**, più tardi; **on and on**, senza sosta; **to turn on the tap**, aprire il rubinetto; **what's on at the cinema?**, che cosa danno al cinema?

on [ɒn] *prep* su, sopra; a; in; verso; circa, riguardo a ◊ **on the right**, a destra; **on the left**, a sinistra; **on the first floor**, al primo piano; **on time**, puntualmente; **he writes on economics**, scrive d'economia; **on the sly**, di nascosto; **to be on strike**, essere in sciopero; **on sale**, in vendita; **on business**, per affari; **on foot**, a piedi; **on the other hand**, d'altra parte.

once [wʌns] *adv* una volta; un tempo ◊ **once more**, un'altra volta; **once in a while**, ogni tanto; **once for all**, una volta per tutte; **once upon a time**, c'era una volta; **at once**, subito; **all at once**, tutto d'un tratto.

oncoming ['ɒn,kʌmɪŋ] *adj* imminente.

one [wʌn] *adj*, *n* uno(-a) ◊ **one half**, una metà; **one hundred**, cento; **one by one**, a uno a uno.

one [wʌn] *pron* uno(-a); quello(-a) ◊ **the little ones**, i piccini; **he is one of us**, è uno dei nostri; **one never knows**, non si sa mai; **one another**, l'un l'altro.

oneself [wʌn'self] *refl pron* se stesso(-a); sé; si.

one-way [,wʌn'weɪ] *adj* a senso ùnico.

onion ['ʌnjən] *n* cipolla.

on-line [ɒn'laɪn] *adj* (*computer*) in rete.

onlooker ['ɒn,lukə*] *n* spettatore(-trice).

only ['əʊnlɪ] *adj* solo, ùnico.

only ['əʊnlɪ] *adv* soltanto.

onset ['ɒnset] *n* inizio, attacco ◊ (*medicine*) sìntomi (*m pl*) iniziali.

oneshore ['ɒn,ʃɔə*] *adj*, *adv* (che va) verso riva.

onslaught ['ɒnslɔ:t] *n* attacco.

onto ['ɒntʊ] *prep* su, sopra.

onward(s) ['ɒnwəd(z)] *adv* avanti, in avanti ◊ **from now onwards**, d'ora in poi.

onyx ['ɒnɪks] *n* ònice (*f*).

ooze [u:z] *n* melma.

ooze [u:z] *v intr*, *tr* fluìre, sgorgare, trasudare.

opal ['əʊpl] *n* opale (*m*).

opalescent [,əʊpə'lesnt] *adj* opalescente.

opaque [əʊ'peɪk] *adj* opaco.

open ['əʊpen] *adj* aperto, libero, pùbblico; franco, disponìbile ◊ **in the open air**, all'aria aperta; (*comm*) **open cheque**, assegno non sbarrato; **keep your eyes open**, tieni gli occhi aperti.

open ['əʊpen] *v tr*, *intr* aprire(-rsi); allargare (-rsi); inaugurare, iniziare ◊ (*fig*) **to open**

one's mind to sb, rivelare i propri sentimenti a qc.

open-air [,əʊpen'eə*] *adj* all'aperto.

opening ['əʊpənɪŋ] *n* apertura; inizio; lo sbocciare; occasione (*f*); posto libero; sbocco, prospettiva.

opening ['əʊpənɪŋ] *adj* iniziale, inaugurale.

openly ['əʊpənlɪ] *adv* francamente.

open-minded [,əʊpn'maɪndɪd] *adj* spregiudicato, di larghe vedute.

opera glasses ['ɒpərə ,glɑ:sɪz] *n pl* binòcolo da teatro.

opera-house ['ɒpərə,haʊs] *n* teatro dell'òpera.

operate ['ɒpəreɪt] *v tr*, *intr* funzionare; operare; agire; amministrare ◊ **to operate on sb (for)**, operare qc di.

operating ['ɒpəreɪtɪŋ] *adj* attivo, operante ◊ **operating table**, tavolo operatorio; **operating theatre**, sala operatoria; (*computer*) **operating system**, sistema operativo.

operation [,ɒpə'reɪʃn] *n* operazione (*f*), azione (*f*), funzionamento ◊ **to come into operation**, entrare in vigore; (*macchine*) **to be in operation**, essere in funzionamento.

operational [,ɒpə'reɪʃənl] *adj* operativo ◊ (*comm*) di gestione.

operative ['ɒpərətɪv] *adj* operativo, operante, attivo.

operator ['ɒpəreɪtə*] *n* operatore(-trice) ◊ (*tel*) centralinista (*m / f*) ◊ (*comm*) speculatore(-trice).

opinion [ə'pɪnjən] *n* opinione (*f*), parere (*m*) ◊ **in my opinion**, a mio avviso; **public opinion**, opinione pubblica.

opium ['əʊpjəm] *n* oppio.

opponent [ə'pəʊnənt] *n* avversario(-a).

opportune ['ɒpətju:n] *adj* opportuno.

opportunist ['ɒpə'tju:nɪst] *n* opportunista (*m / f*).

opportunity [,ɒpə'tju:nɪtɪ] *n* occasione (*f*), possibilità (*inv*).

oppose [ə'pəʊz] *v tr*, *intr* opporsi a, contrastare.

opposed [ə'pəʊzd] *adj* ostile.

opposite ['ɒpəzɪt] *n*, *adj* opposto.

opposite ['ɒpəzɪt] *adv* di fronte, dirimpetto.

opposition [,ɒpə'zɪʃn] *n* opposizione (*f*).

oppress [ə'pres] *v tr* opprìmere.

oppression [ə'preʃn] *n* oppressione (*f*).

oppressive [ə'presɪv] *adj* oppressivo, tiràn-nico.

opt [ɒpt] *v intr* scégliere, optare (per) ◊ **to opt out of**, dissociarsi da.

optic ['ɒptɪk] *adj* òttico.

optical ['ɒptɪkl] *adj* ottico ◊ **optical fibers**, fibre ottiche.

optician [ɒp'tɪʃn] *n* òttico.

optimism ['ɒptɪmɪzəm] *n* ottimismo.

optimist ['ɒptɪmɪst] *n* ottimista (*m* / *f*).

option ['ɒpʃn] *n* alternativa, scelta ◊ (*comm*) opzione (*f*).

optional ['ɒpʃənl] *adj* facoltativo, opzionale.

opulence ['ɒpjʊləns] *n* opulenza, ricchezza.

or [ɔ:*] *conj* o, oppure.

oral ['ɔ:rəl] *adj* orale.

orange ['ɒrɪndʒ] *n* arancia ◊ (*tree*) arancio ◊ (*colour*) arancione (*m*).

orangeade [ˌɒrɪndʒ'eɪd] *n* aranciata gassata.

orator ['ɒrətə*] *n* oratore(-trice).

orbit ['ɔ:bɪt] *n* òrbita.

orchard ['ɔ:tʃəd] *n* orto.

orchid ['ɔ:kɪd] *n* orchidea.

ordeal [ɔ:'di:l] *n* dura prova, cimento.

order ['ɔ:də*] *n* òrdine (*m*), successione (*f*); quiete (*f*) pùbblica; procedura; comando, disposizione (*f*) ◊ (*comm*) ordinazione (*f*) ◊ **out of order**, guasto; **to call to order**, richiamare all'ordine; **order of the day**, ordine del giorno; **postal order**, vaglia postale.

order ['ɔ:də*] *v tr* ordinare, comandare.

orderly ['ɔ:dəlɪ] *adj* ordinato, regolato ◊ (*room*) in òrdine.

orderly ['ɔ:dəlɪ] *n* attendente (*m*); inserviente (*m*).

ordinary ['ɔ:dnrɪ] *adj* ordinario, consueto.

ordinary ['ɔ:dnrɪ] *n* consuetudine (*f*), normalità ◊ **out of the ordinary**, eccezionale.

ore [ɔ:*] *n* minerale (*m*).

organ ['ɔ:gən] *n* òrgano.

organism ['ɔ:gənɪzəm] *n* organismo.

organist ['ɔ:gənɪst] *n* organista (*m* / *f*).

organization [ˌɔ:gənaɪ'zeɪʃn] *n* organizzazione (*f*).

organize ['ɔ:gənaɪz] *v tr, intr* organizzare (-rsi).

orgy ['ɔ:dʒɪ] *n* orgia.

Orient ['ɔ:rɪənt] *n* Oriente (*m*).

oriental [ˌɔ:rɪ'entl] *adj, n* orientale (*m* / *f*).

orientate ['ɔ:rɪenteɪt] *v tr* orientare.

orifice ['ɒrɪfɪs] *n* orifizio, apertura.

origin ['ɒrɪdʒɪn] *n* orìgine (*f*).

original [ə'rɪdʒənl] *adj* originale, originario; iniziale.

originality [əˌrɪdʒə'nælətɪ] *n* originalità (*inv*).

originate [ə'rɪdʒəneɪt] *v intr, tr* avere orìgine, provenire; creare.

ornament ['ɔ:nəment] *n* ornamento, addobbo.

orphan ['ɔ:fn] *n* òrfano(-a).

orphanage ['ɔ:fənɪdʒ] *n* orfanotrofio.

orthodox ['ɔ:θədɒks] *adj* ortodosso.

orthopaedics [ˌɔ:θəʊ'pi:dɪks] *n* ortopedìa.

oscillate ['ɒsɪleɪt] *v intr* oscillare.

ostentation [ˌɒsten'teɪʃn] *n* ostentazione (*f*).

ostrich ['ɒstrɪtʃ] *n* struzzo.

other ['ʌðə*] *adj* altro, diverso ◊ **on the other hand**, peraltro; **for other reasons**, per altre ragioni.

other ['ʌðə*] *adv* altrimenti.

other ['ʌðə*] *pron* altro(-a); **every other day**, un giorno sì e un giorno no; **among other things**, tra l'altro, tra le altre cose.

otherwise ['ʌðəwaɪz] *adv, conj* altrimenti.

otter ['ɒtə*] *n* lontra.

ought [ɔ:t] *auxiliary verb* dovrei, dovrebbe, dovremmo, dovreste, dovrèbbero ◊ **I ought to go**, dovrei andare; **I ought to have told you**, avrei dovuto dirti.

oughtn't [ɔ:tnt] *short for* **ought not**.

ounce [aʊns] *n* oncia (= 28,35 g).

our ['aʊə*] *poss adj* nostro, nostra, nostri, nostre.

ours ['aʊəz] *poss pron* (il) nostro, (la) nostra, (i) nostri, (le) nostre ◊ **a friend of ours**, un nostro amico.

ourselves [ˌaʊə'selvz] *refl pron* ci, noi; noi stessi ◊ **we did it all by ourselves**, l'abbiamo fatto da soli.

oust [aʊst] *v tr* cacciare via.

out [aʊt] *adv* fuori, via; scaduto; sbagliato ◊ (*book*) pubblicato ◊ (*light*) spento ◊ **the fire is out**, il fuoco è spento ◊ **out of petrol**, senza benzina; **out of order**, guasto.

outboard motor ['aʊtbɔːd 'məʊtə*] n fuori-bordo (*inv*).

outbreak ['aʊtbreɪk] n scoppio; epidemìa.

outbuilding ['aʊt,bɪldɪŋ] n dipendenza.

outburst ['aʊtbɜːst] n scoppio.

outcast ['aʊtkɑːst] n èsule (*m* / *f*), proscritto (-a); paria (*m inv*).

outcome ['aʊtkʌm] n èsito.

outcry ['aʊtkraɪ] n clamore (*m*), scalpore (*m*).

outdated [,aʊt'deɪtəd] adj superato.

outdid [,aʊt'dɪd] pt of outdo.

outdo, pt **outdid**, pp **outdone** [,aʊt'duː, aʊt'dɪd, aʊt'dʌn] v tr superare, sorpassare.

outdone [,aʊt'dʌn] pp of outdo.

outdoors [,aʊt'dɔːz] adv all'aperto.

outer ['aʊtə*] adj esterno.

outfit ['aʊtfɪt] n equipaggiamento, corredo ◊ **first-aid outfit**, cassetta del pronto soccorso.

outflow ['aʊtfləʊ] n efflusso, uscita.

outgoings ['aʊt,gəʊɪŋz] n pl spese (*f pl*), uscite (*f pl*)

outgrew [,aʊt'gruː] pt of outgrow.

outgrow, pt **outgrew**, pp **outgrown** [,aʊt'grəʊ, aʊt'gruː, ,aʊt'grəʊn] n tr superare in créscita.

outgrown [,aʊt'grəʊn] pp of outgrow.

outing ['aʊtɪŋ] n gita.

outlandish [aʊt'lændɪʃ] adj esòtico, straniero; strano.

outlaw ['aʊtlɔː] n fuorilegge (*m* / *f*).

outlay [aʊt'leɪ] n spese (*f pl*).

outlet [aʊtlet] n sbocco.

outline ['aʊtlaɪn] n contorno, profilo ◊ (*fig*) abbozzo, schema (*m*).

outline ['aʊtlaɪn] v tr tracciare i contorni di, schizzare.

outlive [,aʊt'lɪv] v tr sopravvìvere a.

outlook ['aʊtlʊk] n vista, veduta ◊ (*fig*) prospettiva.

outlying ['aʊt,laɪɪŋ] adj lontano, isolato.

out-of-work ['aʊtəv,wɜːk] adj disoccupato.

output ['aʊtpʊt] n produzione (*f*) ◊ (*computer*) uscita, output.

outrage ['aʊtreɪdʒ] n oltraggio; risentimento.

outrage ['aʊtreɪdʒ] v tr oltraggiare.

outrageous [aʊt'reɪdʒəs] adj oltraggioso.

outright ['aʊtraɪt] adj autèntico; franco.

outright ['aʊtraɪt] adv schiettamente; in contanti; immediatamente ◊ **to buy a car outright**, comprare un'auto in contanti.

outset ['aʊtset] n inizio.

outside [,aʊt'saɪd] adj esterno.

outside [,aʊt'saɪd] adv, prep fuori, all'esterno.

outsider [,aʊt'saɪdə*] n estràneo(-a) ◊ (*pol*) candidato(-a) con poche possibilità di vittoria ◊ (*sport*) outsider (*m inv*).

outsize ['aʊtsaɪz] n taglia grande.

outskirts ['aʊtskɜːts] n pl dintorni (*m pl*), sobborghi (*m pl*) perifèrici.

outspoken [,aʊt'spəʊkən] adj franco, chiaro.

outstanding [,aʊt'stændɪŋ] adj eccezionale, di rilievo; in sospeso.

outstay [,aʊt'steɪ] v tr trattenersi più a lungo di.

outstretched [,aʊt'stretʃt] adj disteso ◊ **with outstretched arms**, a braccia aperte.

outstrip [,aʊt'strɪp] v tr còrrere più forte di, superare.

outward ['aʊtwəd] adj esterno, esteriore ◊ **to outward seeming**, all'apparenza; **the outward voyage**, il viaggio di andata.

outwardly ['aʊtwədlɪ] adv esteriormente.

outwear, pt **outwore**, pp **outworn** [,aʊt'weə*, ,aʊt'wɔː*, ,aʊt'wɔːn] v tr consumare, sciupare; durare più a lungo.

outweigh [,aʊt'weɪ] v tr avere maggior peso.

outworn ['aʊtwɔːn] adj lògoro, sciupato, fuori moda.

oval ['əʊvl] adj, n ovale (*m*).

ovary ['əʊərɪ] n ovaia.

oven ['ʌvn] n forno.

ovenready [,ʌvən'redɪ] adj pronto per il forno.

ovenware ['ʌvnweə*] n vasellame (*m*) resistente al calore.

over ['əʊvə*] adv sopra, al di sopra, dall'altra parte, attraverso; da cima a fondo, completamente; di nuovo; d'avanzo, rimasto; in più; finito, passato ◊ **over here**, da questa parte; **over there**, laggiù; **all over again**, di nuovo; **over and over again**, ripetutamente; **the war is over**, la guerra è finita; **it's all over**, è tutto finito.

over ['əuvə*] *prep* su, sopra, al di sopra di; in tutto; dall'altra parte; al di là, oltre; durante, di, per, intorno ◊ **head over heels**, sottosopra; **all over England**, dappertutto in Inghilterra; **all over the world**, in tutto il mondo.

overactive [,əuvə'æctɪv] *adj* superattivo.

overall ['əuvərɔ:l] *adj* complessivo, totale.

overall ['əuvərɔ:l] *n* càmice (*m*), grembiulone (*m*) ◊ **overalls** (*n pl*), tuta.

overawe [,əuvər'ɔ:] *v tr* intimidire, impaurire.

overbalance [,əuvə'bæləns] *n* eccesso di peso.

overbearing [,əuvə'beərɪŋ] *adj* prepotente, arrogante.

overboard ['əuvəbɔ:d] *adv* fuori bordo, in mare.

overcame [,əuvə'keɪm] *pt of* **overcome.**

overcast ['əuvəkɑ:st] *adj* (*sky*) coperto, nuvoloso ◊ (*fig*) cupo, triste.

overcharge [,əuvə'tʃɑ:dʒ] *n* sovrapprezzo.

overcoat ['əuvəkəut] *n* sopràbito, cappotto.

overcome, *pt* **overcame**, *pp* **overcome** [,əuvə'kʌm, ,əuvə'keɪm, əuvə'kʌm] *v tr* superare, vìncere.

overconfident [,əuvə'konfɪdənt] *adj* troppo sicuro di sé, presuntuoso.

overcrowded [,əuvə'kraudɪd] *adj* sovraffollato, stipato.

overdid [,əuvə'dɪd] *pt of* **overdo.**

overdo, *pt* **overdid**, *pp* **overdone** [,əuvə'du:, əuvə'dɪd, ,əuvə'dʌn] *v tr, intr* esagerare ◊ (*food*) cuòcere troppo.

overdone [,əuvə'dʌn] *pp of* **overdo.**

overdose ['əuvə,dəuz] *n* overdose, dose eccessiva.

overdraft ['əuvədrɑ:ft] *n* (*comm*) scoperto (di conto).

overdraw, *pt* **overdrew**, *pp* **owedrawn** [,əuvə'drɔ:, ,əuvə'dru:, ,əuvə'drɔ:n] *v tr, intr* (*comm*) eméttere assegni parzialmente scoperti ◊ **to be overdrawn at the bank**, essere scoperto in banca.

overdrawn [,əuvə'drɔ:n] *pp of* **overdraw.**

overdrew [,əuvə'dru:] *pt of* **overdraw.**

overdue [,əuvə'dju:] *adj* in ritardo ◊ (*comm*) scaduto ◊ **train ten minutes overdue**, treno in ritardo di dieci minuti.

overestimate [,əuvər'estɪmeɪt] *v tr* sopravvalutare.

overflow ['əuvəfləu] *n* inondazione (*f*).

overflow [,əuvə'fləu] *v tr, intr* inondare.

overhaul [,əuvə'hɔ:l] *v tr* esaminare, revisionare.

overhead ['əuvəhed] *adj* aèreo, alto ◊ **overhead projector**, lavagna luminosa.

overhead ['əuvəhed] *adv* in su, di sopra.

overheads ['əuvəhedz] *n pl* spese (*f pl*) generali.

overhear, *pt, pp* **overheard** [,əuvə'hɪə*, ,əuvə'hɜ:d] *v tr* udire per caso.

overjoyed [,əuvə'dʒɔɪd] *adj* pazzo di gioia, felicìssimo.

overkill ['əuvəkɪl] *n* esagerazione.

overland ['əuvəlænd] *adj, adv* via terra.

overlap [,əuvə'læp] *v tr, intr* sovrapporre (-rsi).

overleaf [,əuvə'li:f] *adv* a tergo.

overload ['əuvələud] *v tr* sovraccaricare.

overlook [,əuvə'luk] *v tr* dare su, dominare; trascurare; perdonare.

overnight [,əuvə'naɪt] *adv* durante la notte.

overnight [,əuvə'naɪt] *adj* di notte ◊ **overnight bag**, borsa da viaggio.

overpass [,əvə'pɑ:s] *n* cavalcavìa (*m inv*).

overpower [,əuvə'pauə*] *v tr* sopraffare, soggiogare.

overpowering [,əuvə'pauərɪŋ] *adj* opprimente, schiacciante.

overrate [,əuvə'reɪt] *v tr* sopravvalutare, stimare troppo.

over-reaction [,əuvəri:'ækʃən] *n* reazione (*f*) eccessiva.

override, *pt* **overrode**, *pp* **overridden** [,əuvə'raɪd, ,əuvə'rəud, ,əuvə'rɪdn] *v tr, intr* ignorare, passare sopra.

overriding [,əuvə'raɪdɪŋ] *adj* principale, dominante, prepotente.

overrule [,əuvə'ru:l] *v tr* annullare; prevalere su, respìngere.

overseas [,əuvə'si:z] *adj, adv* oltremare.

overseer [,əuvə'sɪə*] *n* sorvegliante (*m*), caposquadra (*m*).

oversensitive [,əuvə'sensɪtɪv] *adj* ipersensìbile.

overshoe ['əuvəʃu:] *n* soprascarpa.

overshoot, *pt, pp* **overshot** [,əuvə'ʃu:t,

‚əʊvə'ʃɒt] *v tr, intr* tirare troppo alto ◊ (*fig*) oltrepassare.

overshot [‚əʊvə'ʃɒt] *pt, pp of* **overshoot**.

oversight ['əʊvəsaɪt] *n* svista, sbaglio.

oversize ['əʊvəsaɪz] *adj* fuori misura.

oversleep, *pt, pp* **overslept** [‚əʊvə'sli:p, ‚əʊvə'slept] *v intr, tr* dormire troppo.

overslept [‚əʊvə'slept] *pt, pp of* **oversleep**.

overspill [‚əʊvə,spɪl] *n* sovrappiù (*m inv*), eccedenza.

overspread, *pt, pp* **overspread** [‚əʊvə'spred] *v tr, intr* cospàrgere; diffòndersi.

overstatement [‚əʊvə'steɪtmənt] *n* affermazione (*f*) esagerata.

overstrung [‚əʊvə'strʌŋ] *adj* teso, sovreccitato.

overt ['əʊvɜ:t] *adj* chiaro.

overtake, *pt* **overtook**, *pp* **overtaken**, [‚əʊvə'teɪk, ‚əʊvə'tʊk, ‚əʊvə'teɪkən] *v tr* raggiùngere ◊ (*car*) sorpassare.

overtaking [‚əʊvə'teɪkɪŋ] *n* sorpasso ◊ **no overtaking**, divieto di sorpasso; **overtaking lane**, corsìa di sorpasso.

overthrow ['əʊvəθrəʊ] *n* sconfitta.

overtime ['əʊvətaɪm] *n* (lavoro) straordinario ◊ **to work overtime**, fare lo straordinario.

overturn ['əʊvə'tɜ:n] *v tr, intr* capovòlgere (-rsi).

overview ['əʊvəvju:] *n* visione globale.

overweight ['əʊvəweɪt] *n* sovrappeso.

overwhelm [‚əʊvə'welm] *v tr* sommèrgere, sopraffare, schiacciare.

overwhelming [‚əʊvə'welmɪŋ] *adj* schiacciante, travolgente, opprimente.

overwork [‚əʊvə'wɜ:k] *n* lavoro eccessivo.

overwrought [‚əʊvə'rɔ:t] *adj* affaticato; teso, nervoso.

owe [əʊ] *v tr, intr* dovere, èssere debitore di ◊ **how much do I owe you?**, quanto ti devo?; **she owes him much**, gli deve molto.

owing to ['əʊɪŋ tu:] *prep* a causa di.

owl [aʊl] *n* gufo.

own [əʊn] *adj* proprio ◊ **an idea of my own**, un'idea mia personale; **on his own initiative**, di sua iniziativa; **I am on my own**, sono da solo.

own [əʊn] *v tr, intr* possedere; amméttere, riconòscere.

owner ['əʊnə*] *n* proprietario(-a).

ownership ['əʊnəʃɪp] *n* possesso.

ox (oxen) [ɒks, 'ɒksn] *n* bue (*m*).

oxygen ['ɒksɪdʒən] *n* ossìgeno ◊ **oxygen tent**, tenda ad ossigeno.

oyster ['ɔɪstə*] *n* òstrica.

oyster-shell ['ɔɪstəʃel] *n* conchiglia d'òstrica.

oz *abbr of* **ounce (ounces)**, oncia.

ozone ['əʊzəʊn] *n* ozono ◊ **ozone hole**, buco dell'ozono; **ozone layer**, strato d'ozono.

P

p *abbr of* **penny, pence**.

pace [peɪs] *n* andatura, velocità (*inv*) ◊ **to keep pace with the times**, tenersi al passo con i tempi; **at a great pace**, di buon passo.

pace [peɪs] *v intr, tr* camminare con passi lenti e regolari ◊ **to pace up and down**, camminare su e giù.

pacemaker ['peɪs,meɪkə*] *n* stimolatore (*m*) cardìaco, pacemaker.

pacific [pə'sɪfɪk] *adj* pacìfico, tranquillo.

pacifier ['pæsɪfaɪə*] *n* (*AmE*) succhiotto.

pacifist ['pæsɪfɪst] *n* pacifista (*m / f*).

pacify ['pæsɪfaɪ] *v tr* calmare, placare.

pack [pæk] *n* pacco, involto ◊ **a pack of thieves**, una banda di ladri; **a pack of lies**, un mucchio di bugie; **a pack of cards**, un mazzo di carte.

pack [pæk] *v tr, intr* imballare, impacchettare, pigiare ◊ **the train was packed**, il treno era zeppo; **to pack up**, fare le valigie.

package ['pækɪdʒ] *n* pacco, involto ◊ **package tour**, viaggio organizzato; **software package**, pacchetto di software.

packet ['pækɪt] *n* pacchetto.

packing ['pækɪŋ] *n* imballaggio ◊ **to do one's packing**, fare i bagagli.

pact [pækt] *n* patto, accordo.

pad [pæd] *n* blocco di carta ◊ (*sl*) appartamento.

padded ['pædɪd] *adj* imbottito.

padding ['pædɪŋ] *n* imbottitura ◊ (*fig*) riempitivo.

paddle ['pædl] *n* pagaia.
paddle ['pædl] *v intr* camminare nell'acqua.
padlock ['pædlɒk] *n* lucchetto, catenaccio.
paediatrics [ˌpiːdɪ'ætrɪks] *n* pediatrìa.
pagan ['peɪgən] *adj* pagano.
page [peɪdʒ] *n* pàgina ◊ **page-boy**, fattorino; **on page six**, a pagina sei.
page [peɪdʒ] *v tr* chiamare per mezzo di altoparlante.
pageantry ['pædʒəntrɪ] *n* spettàcolo sfarzoso; sfarzo.
paid [peɪd] *pt, pp of* **pay.**
paid [peɪd] *adj* pagato.
pail [peɪl] *n* secchio.
pain [peɪn] *n* dolore (*m*), male (*m*) ◊ (*fam*) **a pain in the neck**, un rompiscatole; **to have a pain in**, aver male.
painful ['peɪnfʊl] *adj* doloroso, penoso.
pain-killer ['peɪnˌkɪlə*] *n* antidolorìfico.
painless ['peɪnlɪs] *adj* indolore.
painstaking ['peɪnzˌteɪkɪŋ] *adj* diligente, coscienzioso.
paint [peɪnt] *n* colore (*m*), vernice (*f*) ◊ **a coat of paint**, una mano di vernice; **wet paint**, vernice fresca.
paint [peɪnt] *v tr, intr* dipìngere, verniciare ◊ (*fig*) descrìvere.
paint-brush ['peɪntbrʌʃ] *n* pennello.
painter ['peɪntə*] *n* pittore (*m*); imbianchino.
painting ['peɪntɪŋ] *n* pittura, verniciatura; quadro, dipinto.
paintress ['peɪntrɪs] *n* pittrice (*f*).
pair [peə*] *n* paio, coppia ◊ **a pair of scissors**, un paio di forbici.
pajamas [pə'dʒɑːməz] *n pl* (*AmE*) pigiama (*m*).
pal [pæl] *n* (*fam*) amico(-a) ◊ **pen-pal**, amico (-a) di penna.
palace ['pælɪs] *n* palazzo.
palatable ['pælətəbl] *adj* gustoso.
palate ['pælət] *n* palato.
pale [peɪl] *adj* pàllido ◊ **pale ale**, birra chiara.
pale [peɪl] *n* palo; lìmite (*m*).
palette ['pælət] *n* tavolozza.
paling ['peɪlɪŋ] *n* palizzata.
pall [pɔːl] *n* drappo fùnebre ◊ (*fig*) coltre (*f*), manto.

palliative ['pælɪətɪv] *adj, n* palliativo.
pallid ['pælɪd] *adj* smunto.
pally ['pælɪ] *adj* (*fam*) ìntimo.
palm [pɑːm] *n* palmo ◊ (*tree*) palma; **Palm Sunday**, Domenica delle Palme.
palmist ['pɑːmɪst] *n* chiromante (*m / f*).
palpable ['pælpəbl] *adj* palpàbile.
palpitation [ˌpælpɪ'teɪʃn] *n* palpitazione (*f*).
palsy ['pɔːlzɪ] *n* paràlisi (*f inv*).
paltry ['pɔːltrɪ] *adj* meschino.
pamper ['pæmpə*] *v tr* viziare.
pan [pæn] *n* tegame (*m*), teglia ◊ **frying-pan**, padella; **pots and pans**, batteria da cucina.
pancake ['pænkeɪk] *n* frittella.
pander ['pændə*] *v intr* lusingare.
pane [peɪn] *n* vetro.
panel ['pænl] *n* (*door*) pannello, riquadro ◊ (*celing*) cassettone (*m*) ◊ (*radio, tv*) giurìa; gruppo di esperti.
pang [pæŋ] *n* spàsimo.
panic ['pænɪk] *n* pànico.
panic ['pænɪk] *v intr, tr* lasciarsi prèndere dal panico.
panic-stricken ['pænɪkˌstrɪkən] *adj* spaventato.
pansy ['pænzɪ] *n* viola del pensiero ◊ (*fam*) uomo effeminato.
pant [pænt] *v intr* ansare, ansimare.
panther ['pænθə*] *n* pantera.
panties ['pæntɪz] *n pl* (*fam*) mutandine (*f pl*).
pantomime ['pæntəmaɪm] *n* pantomima.
pantry ['pæntrɪ] *n* dispensa.
pants [pænts] *n pl* mutande (*f pl*) ◊ (*AmE*) pantaloni (*m pl*).
pantyhose ['pæntɪhəʊz] *n* (*AmE*) calzamaglia, collant (*m inv*).
paper ['peɪpə*] *n* carta; giornale (*m*) ◊ (*school*) prova scritta ◊ **papers**, documenti, carteggio ◊ **a sheet of paper**, un foglio di carta; **wall-paper**, tappezzeria; **paper-bag**, sacchetto di carta; **voting paper**, scheda elettorale.
paper-back ['peɪpəbæk] *n* libro in edizione econòmica.
paper-clip ['peɪpəklɪp] *n* fermaglio, graffetta.
par [pɑː*] *n* parità (*inv*), pari (*m / f*) ◊ **on a**

par with, alla pari di.

parabolic [ˌpærəˈbɒlɪk] *adj* parabolico.

parachute [ˈpærəʃuːt] *n* paracadute (*m inv*).

parachutist [ˈpærəʃuːtɪst] *n* paracadutista (*m / f*).

paradise [ˈpærədaɪs] *n* paradiso.

paradoxical [ˌpærəˈdɒksɪkl] *adj* paradossale.

paragraph [ˈpærəgrɑːf] *n* paràgrafo.

parallel [ˈpærəlel] *adj* parallelo ◊ (*fig*) sìmile.

parallel [ˈpærəlel] *n* (*geo*) parallelo ◊ (*fig*) confronto.

paralysis [pəˈrælɪsɪs] *n* paràlisi (*f inv*).

parameter [pəˈræmɪtə*] *n* paràmetro.

paramount [ˈpærəmaʊnt] *adj* supremo, sommo.

paraphernalia [ˌpærəfəˈneɪljə] *n pl* accessori (*m pl*), arnesi (*m pl*).

paraplegic [ˌpærəˈpliːdʒɪk] *n* paraplègico.

parapsychology [ˌpærəsaɪˈkɒlədʒɪ] *n* parapsicologìa.

parasite [ˈpærəsaɪt] *n* parassita (*m*).

paratrooper [ˈpærətruːpə*] *n* paracadutista (*m*).

parcel [ˈpɒːsl] *n* pacco, pacchetto.

parcel [ˈpɑːsl] *v tr* spartire, divìdere ◊ **to parcel up**, impacchettare.

parch [pɑːtʃ] *v tr, intr* essiccare, inaridire.

parched [pɑːtʃt] *adj* inaridito.

pardon [ˈpɑːdn] *n* perdono ◊ **to beg sb's pardon**, chiedere scusa a qc; **I beg your pardon**, mi scusi.

parent [ˈpeərənt] *n* genitore(-trice).

parish [ˈpærɪʃ] *n* parrocchia ◊ (*civil*) municipio.

parity [ˈpærətɪ] *n* parità (*inv*).

park [pɑːk] *n* parco, giardini (*m pl*) pùbblici ◊ (*AmE*) **ball-park**, campo giochi; **carpark**, parcheggio.

park [pɑːk] *v tr, intr* posteggiare, parcheggiare.

parking [ˈpɑːkɪŋ] *n* parcheggio ◊ **parking-meter**, parchimetro; **no parking**, divieto di sosta; **parking light**, luce di posizione; **parking-place**, posteggio.

parley [ˈpɑːlɪ] *n* colloquio, discussione (*f*).

parliament [ˈpɑːləmənt] *n* parlamento ◊ **Member of Parliament**, parlamentare.

parliamentary [ˌpɑːləˈmentərɪ] *adj* parlamentare.

parlour [ˈpɑːlə*] *n* salotto ◊ (*AmE*) salone (*m*); **beauty parlour**, istituto di bellezza; **parlour game**, gioco di società.

parody [ˈpærədɪ] *n* parodìa.

parrot [ˈpærət] *n* pappagallo.

parry [ˈpærɪ] *v tr* schivare, parare.

parsimonious [ˌpɑːsɪˈməʊnjəs] *adj* parsimonioso.

parsley [ˈpɑːslɪ] *n* prezzémolo.

parson [ˈpɑːsn] *n* pàrroco; pastore anglicano.

part [pɑːt] *n* parte (*f*), porzione (*f*) ◊ (*theatre*) ruolo ◊ (*music*) parte (*f*), voce (*f*) ◊ (*fig*) punto di vista ◊ **on the part of**, da parte di.

part [pɑːt] *v tr, intr* separare(-rsi), lasciare ◊ **to part with**, rinunciare a, separarsi da.

partake, *pt* **part**ook, *pp* **partaken** [pɑːˈteɪk, pɑːˈtʊk, pɑːˈteɪkən] *v intr* partecipare.

partaken [pɑːˈteɪkən] *pp of* **partake**.

parterre [pɑːˈteə*] *n* giardinetto con aiuole ◊ (*theatre*) platea.

partial [ˈpɑːʃl] *adj* parziale.

participant [pɑːˈtɪsɪpənt] *n* partecipante.

participate [pɑːˈtɪsɪpeɪt] *v intr* partecipare.

particle [ˈpɑːtɪkl] *n* particella, frammento.

particular [pəˈtɪkjʊlə*] *adj* particolare; meticoloso.

particulars [pəˈtɪkjʊləz] *n pl* particolari (*m pl*), dettagli (*m*) ◊ **to go into particulars**, entrare nei dettagli.

parting [ˈpɑːtɪŋ] *n* separazione (*f*), distacco ◊ (*hair*) scriminatura, riga ◊ **parting of the ways**, bivio.

partisan [ˌpɑːtɪˈzæn] *adj* di parte, partigiano.

partition [pɑːˈtɪʃn] *n* divisione (*f*), partizione (*f*) ◊ (*wall*) parete divisoria.

partly [ˈpɑːtlɪ] *adv* in parte, parzialmente.

partner [ˈpɑːtnə*] *n* (*comm*) socio(-a) ◊ (*dance*) cavaliere (*m*), dama ◊ (*marriage*) marito, moglie (*f*), compagno(-a).

partnership [ˈpɑːtnəʃɪp] *n* associazione (*f*), società (*inv*).

partook [pɑːˈtʊk] *pt of* **partake**.

part-time [ˈpɑːˌtaɪm] *adj* a orario ridotto ◊ **part-time job**, lavoro part-time.

party ['pɑ:tɪ] *n* partito; comitiva; riunione (*f*), festa ◊ (*law*) parte (*f*) ◊ **injured party**, parte lesa; **a party of tourists**, una comitiva di turisti.

pass [pɑ:s] *n* passaggio, vàlico, varco ◊ (*school*) promozione (*f*); permesso ◊ **free pass**, tessera di libero ingresso; **to get a pass**, prendere la sufficienza.

pass [pɑ:s] *v intr, tr* passare, superare ◊ (*time*) trascòrrere ◊ (*exam*) superare ◊ **to pass a test**, superare una prova.

passable ['pɑ:səbl] *adj* (*road*) transitàbile ◊ (*work*) passàbile.

passage ['pæsɪdʒ] *n* passaggio ◊ (*by ship*) traversata ◊ (*book*) brano.

pass-book ['pɑ:sbʊk] *n* libretto di risparmio.

pass-check ['pɑ:s,tʃek] *n* contromarca.

passenger ['pæsɪndʒə*] *n* passeggero(-a).

passer-by [,pɑ:sə'baɪ] *n* passante (*m* / *f*).

passion ['pæʃn] *n* amore (*m*).

passionate ['pæʃənət] *adj* collèrico; ardente, appassionato.

passive ['pæsɪv] *adj* passivo, inerte.

pass-key ['pɑ:ski:] *n* chiave (*f*) universale.

passport ['pɑ:spɔ:t] *n* passaporto.

password ['pɔ:swɜ:d] *n* parola d'òrdine ◊ (*computer*) password.

past [pɑ:st] *adj* passato, ex, già ◊ **past chairman**, ex presidente.

past [pɑ:st] *adv* oltre.

past [pɑ:st] *n* passato ◊ **in the past**, nel passato.

past [pɑ:st] *prep* oltre, dopo ◊ **half past two**, le due e mezzo.

paste [peɪst] *n* colla.

pasteboard ['peɪstbɔ:d] *n* cartone (*m*) ◊ (*slang*) biglietto da visita.

pastille ['pæsti:l] *n* pastiglia.

pastime ['pɑ:staɪm] *n* passatempo.

pastry ['peɪstrɪ] *n* pasta per dolci; pasticcino.

pasture ['pɑ:stʃə*] *n* pàscolo.

pasty ['pæstɪ] *n* pasticcio di carne.

pasty ['peɪstɪ] *adj* pàllido.

pat [pæt] *adj, adv* opportuno, pronto; opportunamente, a propòsito.

pat [pæt] *n* colpetto, buffetto; panetto ◊ **a pat of butter**, un panetto di burro.

pat [pæt] *v tr, intr* accarezzare, dare un colpetto.

patch [pætʃ] *n* pezza, toppa; macchia; appezzamento.

patch [pætʃ] *v tr* rattoppare.

patchy ['pætʃɪ] *adj* rappezzato; chiazzato.

patent ['peɪtənt] *adj* ovvio, chiaro ◊ **patent leather**, pelle verniciata.

patent ['peɪtənt] *n* patente (*f*).

patent ['peɪtənt] *v tr* brevettare.

paternity [pə'tɜ:nətɪ] *n* paternità (*inv*).

path [pɑ:θ] *n* sentiero.

pathetic [pə'θetɪk] *adj* patètico, commovente; pietoso.

pathology [pə'θɒlədʒɪ] *n* patologìa.

pathway ['pɑ:θweɪ] *n* sentiero; marciapiede (*m*).

patience ['peɪʃns] *n* pazienza ◊ (*cards*) solitario.

patient ['peɪʃnt] *adj* paziente, tollerante.

patient ['peɪʃnt] *n* paziente (*m* / *f*); malato (-a).

patriotic [,pætrɪ'ɒtɪk] *adj* patriòttico.

patrol [pə'trəʊl] *n* pattuglia, ronda ◊ **patrol-car**, autoradio (*f inv*) della polizia; (*AmE*) **patrol man**, poliziotto.

patrol [pə'trəʊl] *v tr, intr* pattugliare.

patron ['peɪtrən] *n* protettore(-trice) ◊ (*shop*) cliente (*m* / *f*) abituale ◊ **patron saint**, santo patrono.

patronize ['pætrənaɪz] *v tr* protèggere, favorire; trattare con sussiego; essere cliente di.

patter ['pætə*] *v intr* picchiettare.

pattern ['pætən] *n* modello, tipo, campione (*m*) ◊ (*design*) disegno.

pattern-book ['pætən,bʊk] *n* campionario.

pause [pɔ:z] *n* pàusa, intervallo.

pause [pɔ:z] *v intr* arrestarsi.

pave [peɪv] *v tr* pavimentare.

pavement ['peɪvmənt] *n* (*BrE*) marciapiede (*m*).

pavilion [pə'vɪljən] *n* padiglione (*m*), grande tenda.

paving [peɪvɪŋ] *n* pavimentazione (*f*) ◊ **paving-stone**, lastra di pietra.

paw [pɔ:] *n* zampa.

paw [pɔ:] *v tr* dare zampate.

pay [peɪ] *n* paga, salario ◊ **pay-television**, **pay-TV**, televisione a pagamento.

pay, *pt, pp* **paid** [peɪ, peɪd] *v tr, intr* pagare, fruttare, pòrgere ◊ **to pay cash down**, pagare in contanti; **to pay by instalments**, pagare a rate, **to pay attention to**, fare attenzione a; **to pay a visit to**, fare una visita a; **to pay back**, rimborsare; **to pay up**, saldare.

payable ['peɪəbl] *adj* pagàbile ◊ **payable to bearer**, pagabile al portatore.

payee [peɪ'i:] *n* (*comm*) beneficiario(-a).

payment ['peɪmənt] *n* pagamento, versamento ◊ **payment in full**, saldo.

pay-packet ['peɪˌpækɪt] *n* busta paga.

pay phone ['peɪfəʊn] *n* telefono pubblico.

pea [pi:] *n* pisello.

peace [pi:s] *n* pace (*f*) ◊ **at peace**, in pace.

peaceable ['pi:səbl] *adj* pacìfico.

peaceful ['pi:sfʊl] *adj* pacìfico, quieto.

peacekeeping ['pi:sˌki:pɪŋ] *n* tutela della pace.

peach [pi:tʃ] *n* pesca.

peacock ['pi:kɒk] *n* pavone (*m*).

peak [pi:k] *n* cima, vetta.

peaked [pi:kt] *adj* appuntito ◊ (*hat*) con visiera.

peal [pi:l] *n* scampanìo, scroscio ◊ **peals of laughter**, scoppi di risa.

peanut ['pi:nʌt] *n* aràchide (*f*), nocciolina.

pear [peə*] *n* pera.

pearl [pɜ:l] *n* perla.

peasant ['peznt] *n* contadino(-a).

pebble ['pebl] *n* ciòttolo.

peck [pek] *v tr, intr* beccare ◊ (*fam*) dare un bacetto.

peculiar [pɪ'kju:ljə*] *adj* particolare, caratterìstico, singolare, bizzarro.

peculiarity [pɪˌkju:lɪ'ærətɪ] *n* particolarità (*inv*), stranezza.

pedal ['pedl] *n* pedale.

pedal ['pedl] *v tr, intr* pedalare.

pedantic [pɪ'dæntɪk] *adj* (*person*) pedante ◊ (*thing*) pedantesco.

peddle ['pedl] *v intr, tr* fare il venditore ambulante.

pedestal ['pedɪstl] *n* piedistallo.

pedestrian [pɪ'destrɪən] *n* pedone (*m / f*), passante (*m / f*).

pedestrian [pɪ'destrɪən] *adj* pedonale ◊ (*fig*) comune, ordinario ◊ **pedestrian crossing**,

passaggio pedonale.

pedlar ['pedlə*] *n* venditore (*m*) ambulante.

peek [pi:k] *v intr* sbirciare.

peel [pi:l] *n* buccia, scorza.

peel [pi:l] *v tr, intr* sbucciare(-rsi), spellare (-rsi).

peep [pi:p] *n* sbirciata.

Peeping Tom [ˌpi:pɪŋ'tɒm] *n* (*BrE, fam*) guardone (*m*).

peer [pɪə*] *n* uguale (*m / f*), persona della stessa condizione sociale ◊ **the Peers of the Realm**, i Pari del Regno Unito.

peer [pɪə*] *v intr* scrutare, sbirciare; spuntare.

peeve [pi:v] *v tr* (*fam*) irritare, stizzire.

peevish ['pi:vɪʃ] *adj* stizzoso.

peg [peg] *n* piolo, attaccapanni (*m inv*); molletta da bucato ◊ (*fig*) pretesto, scusa ◊ **off the peg**, confezionato.

Pekinese [ˌpi:kɪ'ni:z] *adj, n* pechinese (*m / f*); (cane) pechinese.

pelican ['pelɪkən] *n* pellicano.

pellet ['pelɪt] *n* pallòttola, pallina.

pelt [pelt] *v tr, intr* lanciare, scagliare ◊ (*rain*) bàttere, scrosciare.

pen [pen] *n* penna ◊ (*animal*) recinto ◊ **sheep-pen**, ovile; **fountainpen**, penna stilografica; **ball-point pen**, penna a sfera.

penal ['pi:nl] *adj* penale ◊ **penal code**, codice penale.

penalize ['pi:nəlaɪz] *v tr* penalizzare.

penalty ['penltɪ] *n* punizione (*f*), pena; multa ◊ **death penalty**, pena di morte; (*sport*) **penalty-kick**, calcio di rigore.

pence [pens] *n pl of* **penny.**

pencil ['pensl] *n* matita ◊ **in pencil**, a matita.

pendant ['pendənt] *n* ciòndolo ◊ ear-pendant, orecchino pendente.

pending ['pendɪŋ] *prep* fino a.

penetrate ['penɪtreɪt] *v tr, intr* penetrare, addentrarsi.

pen-friend ['penfrend] *n* amico(-a) di penna.

penguin ['peŋgwɪn] *n* pinguino.

penicillin [ˌpenɪ'sɪlɪn] *n* penicillina.

penis ['pi:nɪs] *n* pene (*m*).

penitence ['penɪtəns] *n* penitenza.

penitentiary [ˌpenɪ'tenʃərɪ] *n* (*AmE*) penitenziario.

penknife (penknives) ['pennaɪf, 'pennaɪvz] *n* temperino.

pen-name ['pen neɪm] *n* pseudònimo.

pen-nib ['pen nɪb] *n* pennino.

penniless ['penɪlɪs] *adj* squattrinato.

penny (pennies *or* **pence)** ['penɪ, 'penɪz, pens] *n* penny (*m*) ◊ (*fig*) soldo ◊ **to spend a penny**, andare al gabinetto.

pen-pal ['penpæl] *n* amico(-a) di penna.

pension ['penʃn] *n* pensione (*f*) ◊ **to retire on a pension**, andare in pensione.

pensioner ['penʃənə*] *n* pensionato(-a).

pentagon ['pentəgən] *n* pentàgono ◊ (*AmE*) **the Pentagon**, il Pentagono (Ministero della Difesa).

pent-up [,pent'ʌp] *adj* (*feeling*) represso, compresso.

penultimate [pe'nʌltɪmət] *adj* penùltimo.

people ['pi:pl] *n pl* gente (*f*), persone (*f pl*); pòpolo, razza ◊ **many people**, molta gente.

people ['pi:pl] *v tr* popolare, abitare.

pep [pep] *n* (*fam*) vigore (*m*), forza ◊ **full of pep**, pieno di energia; **pep talk**, discorso d'incoraggiamento.

pepper ['pepə*] *n* pepe (*m*).

pepper ['pepə*] *v tr* pepare.

pepper-mint ['pepəmɪnt] *n* (*plant*) menta peperita; caramella di menta.

per [pɜ:*] *prep a*; per ◊ **per hour**, all'ora; **per head**, a testa.

perceive [pə'si:v] *v tr* percepire, scòrgere.

percentage [pə'sentɪdʒ] *n* percentuale (*f*).

perceptible [pə'septəbl] *adj* percettìbile.

perception [pə'sepʃn] *n* percezione (*f*), intuizione (*f*).

perceptive [pə'septɪv] *adj* percettivo, perspicace.

perch [pɜ:tʃ] *v intr* appollaiarsi.

percolator ['pɜ:kəleɪtə*] *n* caffettiera.

percussion [pə'kʌʃn] *n* percussione (*f*).

perfect ['pɜ:fɪkt] *adj* perfetto.

perfect ['pɜ:fekt] *v tr* perfezionare.

perfection [pə'fekʃn] *n* perfezione (*f*).

perfectionist [pə'fekʃnɪst] *n* perfezionista (*m / f*).

perforate ['pɜ:fərɪt] *v tr* perforare, traforare.

perform [pə'fɔ:m] *v tr, intr* còmpiere, realiz-

zare ◊ (*music*) suonare ◊ (*theatre*) interpretare ◊ **performing arts**, arti dello spettacolo.

performance [pə'fɔ:məns] *n* esecuzione (*f*), realizzazione (*f*), spettacolo.

performer [pə'fɔ:mə*] *n* artista (*m / f*), esecutore(-trice).

perfume ['pɜ:fju:m] *n* profumo.

perfunctory [pə'fʌŋktərɪ] *adj* superficiale.

perhaps [pə'hæps] *adv* forse.

period ['pɪərɪəd] *n* perìodo; età, època ◊ (*school*) ora di lezione ◊ **periods**, mestruazioni.

periodical [,pɪərɪ'ɒdɪkl] *adj, n* periòdico, rivista periòdica.

periphery [pə'rɪfərɪ] *n* periferìa, perìmetro, circonferenza.

perish ['perɪʃ] *v intr, tr* perire.

perishable ['perɪʃəbl] *adj* deperìbile.

perk [pɜ:k] *v intr, tr* rianimarsi, rasserenarsi.

perk [pɜ:k] *n* vantaggio.

perky ['pɜ:kɪ] *adj* vivace, vispo.

perm [pɜ:m] *n* (*hair*) permanente (*f*).

permanent ['pɜ:mənənt] *adj* stàbile, permanente, fisso.

permeate ['pɜ:mɪeɪt] *v tr, intr* penetrare, diffòndere(-rsi).

permissible [pə'mɪsəbl] *adj* ammissìbile.

permission [pə'mɪʃn] *n* permesso.

permissive [pə'mɪsɪv] *adj* permissivo, lécito.

permit ['pɜ:mɪt] *n* permesso, autorizzazione (*f*); lasciapassare (*m inv*).

permutation [,pɜ:mju:'teɪʃn] *n* cambio, pèrmuta.

perpetual [pə'petʃuəl] *adj* perpètuo.

perplex [pə'pleks] *v tr* sconcertare, complicare.

persecute ['pɜ:sɪkju:t] *v tr* perseguitare.

persecution [,pɜ:sɪ'kju:ʃn] *n* persecuzione (*f*).

perseverance [,pɜ:sɪ'vɪərəns] *n* perseveranza.

Persian ['pɜ:ʃən] *adj, n* persiano(-a) ◊ (*language*) persiano ◊ **the Persian Gulf**, il Golfo Persico.

persist [pə'sɪst] *v intr* persìstere.

persistence [pə'sɪstəns] *n* ostinazione (*f*).

persistent [pə'sɪstənt] *adj* ostinato.

person ['pɜ:sn] *n* persona.

personal ['pɜːsnl] *adj* personale ◊ **personal computer**, personal, PC.

personality [,pɜːsə'nælətɪ] *n* personalità (*inv*).

personnel [,pɜːsə'nel] *n* personale (*m*) ◊ **personnel manager**, capo del personale.

perspective [pə'spektɪv] *n* prospettiva.

perspicacity [,pɜːspɪ'kæsətɪ] *n* perspicacia.

persuade [pə'sweɪd] *v tr* persuadere.

persuasion [pə'sweɪʒn] *n* persuasione (*f*).

persuasive [pə'sweɪsɪv] *adj* convincente, persuasivo.

pert [pɜːt] *adj* sfacciato.

pertinent ['pɜːtɪnənt] *adj* pertinente.

perturbation [,pɜːtə'beɪʃn] *n* turbamento, agitazione (*f*) ◊ (*weather*) perturbazione (*f*).

peruse [pə'ruːz] *v tr* lèggere attentamente.

pervade [pə'veɪd] *v tr* pervàdere.

perverse [pə'vɜːs] *adj* perverso.

perversion [pə'vɜːʃn] *n* perversione (*f*).

perversity [pə'vɜːsətɪ] *n* perversità (*inv*), ostinazione (*f*).

pervert [pɜː'vɜːt] *v tr* corròmpere, pervertire.

pessimism ['pesɪmɪzəm] *n* pessimismo.

pessimistic [,pesɪ'mɪstɪk] *adj* pessimìstico.

pest [pest] *n* insetto.

pester ['pestə*] *v tr* molestare, tormentare.

pestilence ['pestɪləns] *n* peste (*f*).

pet [pet] *n* animale domèstico; prediletto (-a), cocco(-a); **pet name**, vezzeggiativo.

pet [pet] *v tr, intr* accarezzare, coccolare ◊ (*fam*) sbaciucchiarsi.

petal ['petl] *n* pètalo.

petition [pɪ'tɪʃn] *n* petizione (*f*).

petrified ['petrɪfaɪd] *adj* pietrificato.

petrol ['petrəl] *n* (*BrE*) benzina ◊ **petrol-station**, benzinaio; **petrolpump**, distributore di benzina; **petrol-tank**, serbatoio della benzina.

petroleum [pɪ'trəʊljəm] *n* petrolio grezzo.

petticoat ['petɪkəʊt] *n* sottoveste (*f*), sottogonna.

petty ['petɪ] *adj* insignificante ◊ (*comm*) **petty cash**, piccole entrate.

petulant ['petjʊlənt] *adj* irascìbile.

phantom ['fæntəm] *n* fantasma (*m*).

Pharaoh ['feərəʊ] *n* faraone (*m*).

pharmacist ['fɑːməsɪst] *n* farmacista (*m* / *f*).

pharmacy ['fɑːməsɪ] *n* farmacìa.

phase [feɪz] *n* fase (*f*), stadio.

pheasant ['feznt] *n* fagiano.

phenomenon (**phenomena**) [fə'nɒmɪnən, fə'nɒmɪnə] *n* fenòmeno.

phial ['faɪəl] *n* fiala.

philately [fɪ'lætəlɪ] *n* filatelìa.

philosopher [fɪ'lɒsəfə*] *n* filòsofo(-a).

philosophy [fɪ'lɒsəfɪ] *n* filosofìa.

phlegmatic [fleg'mætɪk] *adj* flemmàtico.

phobia ['fəʊbjə] *n* fobìa.

phone [fəʊn] *n* (*fam*) telèfono ◊ **to be on the phone**, essere al telefono.

phone [fəʊn] *v tr, intr* telefonare.

phonecard ['fəʊnkɑːd] *n* scheda telefonica.

phoney ['fəʊnɪ] *adj* (*fam*) fasullo.

photocopier ['fəʊtəʊ,kɒpɪə*] *n* fotocopiatrice (*f*).

photocopy ['fəʊtəʊ,kɒpɪ] *n* fotocopia.

photogenic [,fəʊtəʊ'dʒenɪk] *adj* fotogènico.

photograph ['fəʊtəgrɑːf] *n* fotografìa.

photographer [fə'tɒgrəfə*] *n* fotògrafo(-a).

photography [fə'tɒgrəfɪ] *n* arte fotogràfica.

phrase [freɪz] *n* espressione (*f*), modo di dire ◊ **phrase-book**, libro di fraseologìa.

physical ['fɪzɪkl] *adj* fisico.

phyisician [fɪ'zɪʃn] *n* mèdico.

physicist ['fɪzɪsɪst] *n* fisico.

physics ['fɪzɪks] *n* fisica.

physiology [,fɪzɪ'ɒlədʒɪ] *n* fisiologìa.

physiotherapist [,fɪzɪəʊ'θerəpɪst] *n* fisioterapista (*m* / *f*).

physiotherapy [,fɪzɪəʊ'θerəpɪ] *n* fisioterapìa.

physique [fɪ'ziːk] *n* fisico, corporatura.

pianist ['pɪənɪst] *n* pianista (*m* / *f*).

pick [pɪk] *n* piccone (*m*); scelta ◊ **the pick of the bunch**, la parte migliore.

pick [pɪk] *v tr, intr* raccògliere, scégliere; rompere (con piccone) ◊ **to pick one's teeth**, stuzzicarsi i denti; **to pick pockets**, borseggiare; **to pick a quarrel**, attaccar briga; **to pick up**, raccogliere; imparare; rimettersi.

picket ['pɪkɪt] *n* palo ◊ (*striker*) picchetto ◊ **to be on picket duty**, essere di picchetto.

pickle ['pɪkl] *n* salamoia ◊ **pickles**, sottaceti.

pickpocket ['pɪk,pɒkɪt] *n* borsaiolo(-a).

pick-up ['pɪkʌp] *n* furgoncino ◊ (*fam*) conoscenza fortùita.

pictorial [pɪk'tɔ:rɪəl] *adj* illustrato.

picture ['pɪktʃə*] *n* dipinto ◊ (*book*) illustrazione (*f*) ◊ (*fig*) descrizione (*f*) ◊ **pictures**, cinema; **to be out of the picture**, non entrarci, non riguardare.

picture ['pɪktʃə*] *v tr* dipìngere, raffigurare; immaginare ◊ **to picture to os**, immaginarsi.

picturesque [ˌpɪktʃə'resk] *adj* pittoresco.

pie [paɪ] *n* torta.

piece [pi:s] *n* pezzo, frammento, parte (*f*) ◊ **a piece of furniture**, un mobile; **a piece of news**, una notizia; **in pieces**, a pezzi.

piece [pi:s] *v tr* rappezzare ◊ **to piece together**, mettere insieme.

piecemeal ['pi:smi:l] *adj* frammentario.

pier [pɪə*] *n* molo.

pierce [pɪəs] *v tr, intr* forare, trafiggere ◊ (*fig*) straziare.

piercing [pɪəsɪŋ] *adj* (*sound*) acuto, lacerante.

piety ['paɪətɪ] *n* devozione (*f*).

pig [pɪg] *n* maiale (*m*).

pigeon ['pɪdʒɪn] *n* piccione (*m*).

pigeon-hole ['pɪdʒɪnhəʊl] *n* (*fig*) casellario.

pigeon-hole ['pɪdʒɪnhəʊl] *v tr* classificare.

piggy ['pɪgɪ] *n* (*fam*) porcellino ◊ **piggy-bank**, salvadanaio.

pig-headed [ˌpɪg'hedɪd] *adj* testardo, cocciuto.

pilchard ['pɪltʃəd] *n* sardina.

pile [paɪl] *n* mucchio; rogo ◊ (*fam*) mucchio di denaro ◊ **a pile up**, un tamponamento a catena.

pile [paɪl] *v tr, intr* ammucchiare(-rsi).

piles [paɪlz] *n pl* emorroidi (*f pl*).

pilfer ['pɪlfə*] *v tr, intr* rubacchiare.

pilgrimage ['pɪlgrɪmɪdʒ] *n* pellegrinaggio.

pill [pɪl] *n* pìllola.

pillage ['pɪlɪdʒ] *n* saccheggio.

pillar ['pɪlə*] *n* colonna.

pillar-box ['pɪləbɒks] *n* (*BrE*) cassetta postale.

pillow ['pɪləʊ] *n* guanciale (*m*), cuscino.

pillow-case ['pɪləʊkeɪs] *n* fèdera.

pilot ['paɪlət] *n* pilota (*m / f*), timoniere (*m*).

pilot ['paɪlət] *v tr* pilotare.

pilot-boat ['paɪlətbəʊt] *n* barca pilota.

pimp [pɪmp] *n* ruffiano.

pimple ['pɪmpl] *n* forùncolo.

pin [pɪn] *n* spillo, ago, puntina; perno ◊ **pin-head**, capocchia di spillo; **safety-pin**, spilla da balia; **hair-pin**, forcina; **I don't care a pin**, me ne infischio; **pins and needles**, formicolìo.

pinafore ['pɪnəfɔ:*] *n* grembiulino.

pin-ball ['pɪnbɔ:l] *n* gioco del biliardino.

pincers ['pɪnsəz] *n pl* pinzette (*f pl*).

pinch [pɪntʃ] *n* pizzicotto; pìzzico ◊ (*fig*) angustia ◊ **a pinch of salt**, un pizzico di sale; **at a pinch**, in caso di bisogno.

pinch [pɪntʃ] *v tr, intr* pizzicare; strìngere ◊ (*fam*) rubare.

pine [paɪn] *n* pino.

pineapple ['paɪnˌæpl] *n* ànanas (*m inv*).

ping [pɪŋ] *n* colpo secco; sìbilo.

pink [pɪŋk] *adj, n* (colore) rosa (*m inv*).

pinkie ['pɪŋkɪ] *n* (*AmE*) mìgnolo.

pinnacle ['pɪnəkl] *n* pinnàcolo.

pinpoint ['pɪnpɔɪnt] *v tr* localizzare con precisione, individuare.

pint [paɪnt] *n* pinta (= 0,56 l).

pin-table ['pɪnˌteɪbəl] *n* biliardino elèttrico, flipper.

pioneer [ˌpaɪə'nɪə*] *n* pioniere(-a).

pious ['paɪəs] *adj* pio, devoto.

pip [pɪp] *n* seme (*m*) di frutto ◊ (*radio*) suono breve, segnale (*m*) orario.

pipe [paɪp] *n* tubo; pipa ◊ (*mus*) pìffero ◊ **pipes**, cornamusa.

pipe [paɪp] *v tr, intr* fornire di tubazioni; suonare uno strumento a fiato ◊ (*sl*) **pipe down!**, sta' zitto!

pipe-dream ['paɪpdri:m] *n* fantasticherìa.

pipe-line ['paɪplaɪn] *n* tubatura, conduttura.

pique [pi:k] *n* ripicca.

piracy ['paɪərəsɪ] *n* piraterìa ◊ (*fig*) plagio.

pirate ['paɪərət] *n* pirata (*m*).

Pisces ['pɪsì:z] *n* Pesci (*m pl*).

piss [pɪs] *v intr* (*vulg*) pisciare.

pissed off ['pɪstˌɒf] *adj* (*vulg*) incazzato.

pistol ['pɪstl] *n* pistola.

pit [pɪt] *n* fossa; miniera ◊ **orchestra-pit**, buca dell'orchestra; **pits**, box (*m*).

pit [pɪt] *v tr* interrare ◊ (*fig*) opporre.

pitch [pɪtʃ] *n* pece (*f*); posto fisso di lavoro ◊

(*sport*) campo; tiro ◊ (*mus*) tono ◊ (*fig*) grado ◊ **to the highest pitch**, al massimo grado.

pitch [pɪtʃ] *v tr, intr* piantare, innalzare ◊ **to pitch a tent**, piantare una tenda.

pitcher ['pɪtʃə*] *n* brocca.

pitfall ['pɪtfɔ:l] *n* tràppola.

pithy ['pɪθɪ] *adj* (*fig*) conciso, succinto.

pitiable ['pɪtɪəbl] *adj* pietoso.

pitiful ['pɪtɪfʊl] *adj* pietoso.

pitiless ['pɪtɪlɪs] *adj* spietato.

pity ['pɪtɪ] *n* pietà (*inv*), compassione (*f*) ◊ **it's a pity**, è un peccato; **what a pity!**, che peccato!

pitying ['pɪtɪɪŋ] *adj* pietoso.

pivot ['pɪvət] *n* perno.

placard ['plækɑ:d] *n* cartellone (*m*).

placate [plə'keɪt] *v tr* calmare, pacificare.

place [pleɪs] *n* posto; grado, posizione (*f*) sociale; impiego ◊ (*fam*) casa ◊ **at my place**, a casa mia; **in the first place**, innanzi tutto; **out of place**, inopportuno; **take your places**, accomodatevi; **to lose one's place**, perdere l'impiego.

place [pleɪs] *v tr* porre ◊ (*comm*) investire ◊ (*sport*) classificare ◊ (*identify*) riconòscere.

placement ['pleɪsmənt] *n* (periodo di) tirocinio, stage.

placid ['plæsɪd] *adj* plàcido.

plague [pleɪg] *n* piaga; peste (*f*).

plain [pleɪn] *adj* chiaro; comune; sincero ◊ **in plain clothes**, in borghese.

plain [pleɪn] *n* pianura.

plainly ['pleɪnlɪ] *adv* chiaramente.

plain-spoken [,pleɪn'spəʊkən] *adj* schietto.

plaintiff ['pleɪntɪf] *n* (*law*) querelante (*m / f*).

plait [plæt] *n* piega ◊ (*hair*) treccia.

plan [plæn] *n* progetto.

plan [plæn] *v tr* progettare, programmare.

plane [pleɪn] *n* superficie (*f*); pialla ◊ (*tree*) plàtano ◊ *abbr of* **aeroplane**.

plane [pleɪn] *adj* piano.

planet ['plænɪt] *n* pianeta (*m*).

plank [plæŋk] *n* asse (*f*).

planner ['plænə*] *n* progettista (*m / f*).

plant [plɑ:nt] *n* pianta; impianto; fàbbrica.

plant [plɑ:nt] *v tr* piantare.

plantation [plæn'teɪʃn] *n* piantagione (*f*).

plaque [plɑ:k] *n* targa.

plaster ['plɑ:stə*] *n* intònaco, gesso; cerotto ◊ **in plaster**, ingessato.

plaster ['plɑ:stə*] *v tr* intonacare; ingessare.

plasterer ['plɑ:stərə*] *n* stuccatore (*m*), intonacatore (*m*).

plastic ['plæstɪk] *adj* di, in plàstica ◊ (*fig*) plasmàbile ◊ **plastic surgery**, chirurgia plastica.

plate [pleɪt] *n* piatto, fondina; piastra; lamiera; incisione (*f*), targa; vasellame (*m*) ◊ **number-plate**, targa d'automobile; **dental plate**, dentiera; **silver plate**, argenteria.

plateau (plateaux) ['plætəʊ, 'plætəʊz] *n* altopiano.

plated ['pleɪtɪd] *adj* placcato ◊ **gold-plated**, ricoperto d'oro.

platform ['plætfɔ:m] *n* piattaforma, terrazza; tribuna ◊ (*railway*) marciapiede (*m*), banchina, binario ◊ (*fig*) programma (*m*) ◊ **platform-ticket**, biglietto d'ingresso ai binari.

platinum ['plætɪnəm] *n* plàtino.

platitude ['plætɪtju:d] *n* banalità (*inv*), luogo comune.

platoon [plə'tu:n] *n* plotone (*m*) ◊ (*fig*) gruppo.

plausible ['plɔ:zəbl] *adj* plausìbile.

play [pleɪ] *n* gioco, divertimento ◊ (*sport*) gioco, partita ◊ (*theatre*) dramma (*m*), commedia, spettàcolo teatrale ◊ **in play**, per scherzo; **fair play**, gioco leale; **foul play**, gioco scorretto.

play [pleɪ] *v tr, intr* giocare (a), divertirsi; rappresentare; danzare; suonare ◊ **to play jokes**, fare scherzi; **to play the fool**, fare il buffone; **to play truant**, marinare la scuola; **to play down**, minimizzare; **to play on**, approfittare di.

player ['pleɪə*] *n* giocatore(-trice) ◊ (*theatre*) attore(-trice) ◊ (*mus*) musicista (*m / f*).

playful ['pleɪfʊl] *adj* scherzoso, allegro.

playground ['pleɪgraʊnd] *n* campo giochi.

playmate ['pleɪmeɪt] *n* compagno(-a) di giochi.

play-off ['pleɪɒf] *n* partita supplementare di spareggio.

play-pen ['pleɪpen] *n* recinto per bambini.
plaything ['pleɪθɪŋ] *n* balocco, giocàttolo.
playwright ['pleɪraɪt] *n* commediògrafo(-a).
plea [pli:] *n* (*law*) scusa.
plead [pli:d] *v intr, tr* perorare, patrocinare ◊ **to plead guilty**, dichiararsi colpevole; **to plead for mercy**, far domanda di grazia.
pleasant ['pleznt] *adj* gradévole, simpatico, affabile.
please [pli:z] *v intr, tr* piacere (a), soddisfare, accontentare ◊ **as you please**, come ti piace; **please go**, andate pure; **tickets please**, favorire i biglietti, prego.
pleased [pli:zd] *adj* lieto.
pleasing [pli:zɪŋ] *adj* gradévole.
pleasure ['pleʒə*] *n* piacere (*m*), spasso ◊ **with pleasure**, ben volentieri.
pleat [pli:t] *n* piega.
pledge [pledʒ] *n* pegno.
pledge [pledʒ] *v tr* impegnare, prométtere.
plentiful ['plentɪfʊl] *adj* abbondante; fèrtile.
plenty ['plentɪ] *n* abbondanza ◊ **plenty of**, moltissimo, tanto; **there is plenty of time**, c'è un sacco di tempo.
pliable ['plaɪəbl] *adj* flessibile ◊ (*fig*) arrendévole.
pliers ['plaɪəz] *n pl* pinze (*f pl*).
plight [plaɪt] *n* stato, condizione (*f*), situazione (*f*).
plimsolls ['plɪmsəl] *n pl* scarpe (*f pl*) da tennis.
plod [plɒd] *v tr, intr* camminare faticosamente ◊ (*fam*) sgobbare.
plodder [plɒdə*] *n* sgobbone (*m*).
plonk [plɒŋk] *n* vino da poco.
plot [plɒt] *n* pezzo di terreno, lotto; complotto ◊ (*story, play*) intreccio ◊ (*AmE*) gràfico.
plot [plɒt] *v tr, intr* complottare; ideare la trama.
plotter ['plɒtə*] *n* cospiratore(-trice) ◊ (*computer*) plotter, tracciatore.
plough, (*AmE*) **plow** [plaʊ] *v tr, intr* arare, solcare ◊ (*school*) bocciare ◊ **to get ploughed**, essere bocciato.
ploy ['plɔɪ] *n* tàttica.
pluck [plʌk] *v tr, intr* spennare, depilare; tirare, afferrare ◊ **to pluck up courage**, farsi animo.

plucky ['plʌkɪ] *adj* coraggioso.
plug [plʌg] *n* tappo, turàcciolo; spina; candela (di auto); pulsante (*m*) di scàrico dell'acqua ◊ **to pull the plug**, tirare la corda; **to put the plug in the socket**, inserire la spina nella presa di corrente.
plug [plʌg] *v tr, intr* tappare ◊ (*fam*) reclamizzare.
plum [plʌm] *n* prugna.
plumb [plʌm] *adj* verticale.
plumb [plʌm] *adv* a piombo.
plumber [plʌmə*] *n* idràulico.
plume [plu:m] *n* penna, piuma.
plummet ['plʌmɪt] *v intr* cadere a piombo.
plump [plʌmp] *adj* grassoccio; schietto, brusco ◊ **a plump refusal**, un netto rifiuto.
plum-pudding [ˌplʌm'pʊdɪŋ] *n* budino natalizio.
plunder ['plʌndə*] *n* bottino.
plunge [plʌndʒ] *n* tuffo.
plunge [plʌndʒ] *v tr, intr* tuffare(-rsi); precipitare(-rsi).
plus [plʌs] *prep* più ◊ **two plus three makes five**, due più tre fa cinque.
plush [plʌʃ] *adj* (*fam*) sontuoso.
ply [plaɪ] *n* piega.
ply [plaɪ] *v tr, intr* adoperare, maneggiare ◊ (*ship*) fare la spola ◊ (*taxi*) stazionare ◊ **to ply a trade**, esercitare un mestiere.
plywood ['plaɪwud] *n* (legno) compensato.
p.m. [ˌpi: 'em] *abbr of* **post meridiem**, dopo mezzogiorno.
P.M. ['pi: 'em] *abbr of* **Prime Minister**, primo ministro.
pneumatic [njuːˈmætɪk] *adj* pneumàtico.
pneumonia [njuːˈməʊjə] *n* polmonite (*f*).
P.O. [ˌpi: 'əʊ] *abbr of* **post office**, ufficio postale ◊ **P.O. Box**, casella postale.
poach [pəʊtʃ] *v tr* (*eggs*) cuòcere in camicia ◊ **poached eggs**, uova in camicia.
poaching ['pəʊtʃɪŋ] *n* caccia, pesca di frodo.
pocket ['pɒkɪt] *n* tasca ◊ **pocket-knife**, temperino; **pocket-money**, denaro per le piccole spese.
pocket ['pɒkɪt] *v tr* intascare ◊ (*fig*) appropriarsi.
pocket-book ['pɒkɪtbuk] *n* portafoglio; agenda.
pod [pɒd] *n* baccello, guscio.

pod [pɒd] *v tr* sgranare.

poem ['pəʊɪm] *n* poesìa.

poet ['pəʊɪt] *n* poeta(-essa).

poetry ['pəʊɪtrɪ] *n* poesìa, arte poètica ◊ **a piece of poetry**, una poesìa.

poignancy ['pɔɪnənsɪ] *n* acutezza, causticità (*inv*); intensità (*inv*).

point [pɔɪnt] *n* punta; punto, puntino; grado, livello; punto essenziale, particolare; voto ◊ **six point five**, sei vìrgola cinque; **point of view**, punto di vista; **a turning point**, una svolta; **to score a point**, segnare un punto; **to come to the point**, venire al dunque; **to keep to the point**, non divagare; **to miss the point**, non cogliere l'essenziale; **what's the point of saying it?**, che senso ha dirlo?; **to see the point**, cogliere l'essenziale.

point [pɔɪnt] *v tr, intr* indicare; puntare; dare rilievo ◊ **to point the way**, indicare la strada; **to point out**, fare notare; **to point to**, dimostrare.

point-blank [ˌpɔɪnt'blæŋk] *adv* a bruciapelo ◊ (*fig*) chiaro e tondo.

pointed ['pɔɪntɪd] *adj* appuntito ◊ (*fig*) mordace, esplìcito.

pointedly ['pɔɪntɪdlɪ] *adv* chiaramente.

pointer ['pɔɪntə*] *n* bacchetta; ìndice (*m*), lancetta.

pointless ['pɔɪntlɪs] *adj* spuntato ◊ (*fig*) inùtile.

poise [pɔɪz] *n* equilìbrio.

poise [pɔɪz] *v tr, intr* bilanciare(-rsi); equilibrare ◊ (*fig*) ponderare.

poison ['pɔɪzn] *n* veleno ◊ **poison pen**, chi scrive lettere anònime calunniose, corvo.

poison ['pɔɪzn] *v tr* avvelenare.

poisonous ['pɔɪznəs] *adj* velenoso.

poke [pəʊk] *v tr, intr* spìngere, urtare, colpìre con un pugno ◊ **to poke about**, frugare.

poker ['pəʊkə*] *n* attizzatoio.

poky ['pəʊkɪ] *adj* angusto.

polar ['pəʊlə*] *adj* polare ◊ **polar bear**, orso polare.

polarize ['pəʊləraɪz] *v tr* polarizzare.

pole [pəʊl] *n* palo, asta; polo ◊ **North Pole**, polo nord; **Pole Star**, stella polare.

polemic [pəʊˌlemɪk] *n* polèmica.

pole-vault ['pəʊlvɔːlt] *n* salto con l'asta.

police [pə'liːs] *n* polizìa ◊ **police car**, macchina della polizìa; **police constable**, agente di polizìa; **police station**, questura.

policeman [pə'liːsmən] *n* poliziotto, vìgile (*m*), guardia.

policewoman [pə'liːsˌwʊmən] *n* donna poliziotto.

policy ['pɒləsɪ] *n* polìtica, tàttica; pòlizza ◊ **insurance policy**, polizza (d'assicurazione); **to take out a policy**, assicurarsi.

polish ['pɒlɪʃ] *n* brillantezza; vernice (*f*), lùcido; smalto.

polish ['pɒlɪʃ] *v tr, intr* lucidare, brillare ◊ (*fig*) raffinare, ingentilire.

polished ['pɒlɪʃt] *adj* lùcido, lucente ◊ (*fig*) raffinato.

polite [pə'laɪt] *adj* cortese.

politeness [pə'laɪtnɪs] *n* cortesìa, garbo, gentilezza.

politic ['pɒlɪtɪk] *adj* (*person*) prudente, accorto ◊ (*action*) ùtile.

political [pə'lɪtɪkl] *adj* polìtico.

politician [ˌpɒlɪ'tɪʃn] *n* uomo polìtico, polìtico.

politics ['pɒlɪtɪks] *n pl* polìtica ◊ **to dabble in politics**, fare della polìtica.

polka-dot ['pɒlkədɒt] *n* pois (*m inv*).

poll [pəʊl] *n* votazione (*f*), scrutinio, nùmero dei votanti; sondaggio, inchiesta ◊ **to go to the poll**, andare alle urne; **opinion poll survey**, indagine democòpica.

polling ['pəʊlɪŋ] *n* votazione (*f*) ◊ **polling-booth**, cabina elettorale; **polling day**, giorno delle elezioni; **polling station**, sezione elettorale.

pollutant [pə'luːtənt] *n* sostanza inquinante.

pollute [pə'luːt] *v tr* inquinare, contaminare ◊ (*fig*) corròmpere.

polluting [pə'luːtɪŋ] *adj* inquinante.

pollution [pə'luːʃn] *n* inquinamento ◊ **noise pollution**, inquinamento acustico; **air pollution**, inquinamento atmosfèrico.

polo ['pəʊləʊ] *n* polo.

polygamy [pə'lɪɡəmɪ] *n* poligamìa.

polystyrene [ˌpɒlɪ'staɪriːn] *n* polistirolo.

pommel ['pɒml] *n* pomello.

pomp [pɒmp] *n* pompa, fasto.

pompous ['pɒmpəs] *adj* pomposo.

ponce [pɒns] *n* (*sl*) ruffiano.

pond [pɒnd] *n* pozza, stagno.

ponder ['pɒndə*] *v tr, intr* meditare, ponderare.

ponderous ['pɒndərəs] *adj* ponderoso, pesante.

pontoon [pɒn'tu:n] *n* chiatta, pontone (*m*).

poodle ['pu:dl] *n* barbone (*m*).

pool [pu:l] *n* laghetto, stagno ◊ squadra, équipe ◊ **swimming-pool**, piscina; (*BrE*) **football pools**, totocalcio; (*comm*) **transport pool**, servizio di trasporto comune.

pool [pu:l] *v tr, intr* riunire.

poor [puə*] *adj* bisognoso; scarso; scadente ◊ **poor thing**, poverino; **to cut a poor figure**, fare brutta figura; **the poor**, i poveri.

poorly ['puəlı] *adj* indisposto ◊ **to feel poorly**, sentirsi poco bene.

pop [pɒp] *n* (*noise*) schiocco ◊ (*AmE*) papà (*m*), babbo.

pop [pɒp] *adj* (*fam*) *abbr of* **popular**, popolare ◊ **pop music**, musica pop.

pop [pɒp] *v tr, intr* schioccare, scoppiare, méttere (in fretta) ◊ (*sl*) impegnare ◊ (*pill*) ingoiare ◊ **to pop in**, fare una visita; **to pop off**, scappare, (*sl*) morire.

pope [pəup] *n* papa (*m*).

poplar ['pɒplə*] *n* pioppo.

poplin ['pɒplın] *n* popeline (*m inv*).

poppy ['pɒpı] *n* papàvero.

popular ['pɒpjulə*] *adj* popolare, in voga.

popularity [,pɒpju'lærətı] *n* popolarità (*inv*).

popularize ['pɒpjuləraız] *v tr* divulgare.

population [,pɒpjuleıʃn] *n* popolazione (*f*).

populous ['pɒpjuləs] *adj* affollato, popoloso.

porcelain ['pɔ:səlın] *n* porcellana.

porch [pɔ:tʃ] *n* veranda.

pore [pɔ:*] *n* poro.

pore [pɔ:*] *v intr* studiare, esaminare, riflèttere su.

pork [pɔ:k] *n* carne (*f*) di maiale.

pornography [pɔ:'nɒgrəfı] *n* pornografia.

porous ['pɔ:rəs] *adj* poroso.

porridge ['pɒrıdʒ] *n* pappa d'avena.

port [pɔ:t] *n* porto, città (*inv*) portuale ◊ (*fig*) porto, rifugio ◊ (*wine*) porto ◊ (*ship*) babordo, portello.

portable ['pɔ:təbl] *adj* portàtile.

portal ['pɔ:tl] *n* portale (*m*).

portent ['pɔ:tent] *n* presagio.

porter ['pɔ:tə*] *n* portinaio, custode (*m*); portabagagli (*m inv*).

portfolio [,pɔ:t'fəuljəu] *n* borsa, cartella per documenti.

porthole ['pɔ:thəul] *n* oblò (*m inv*).

portion ['pɔ:ʃn] *n* porzione (*f*).

portrait ['pɔ:trıt] *n* ritratto.

portray [pɔ:'treı] *v tr* ritrarre ◊ (*fig*) descrìvere.

portrayal [pɔ:'treıəl] *n* ritratto ◊ (*fig*) rappresentazione (*f*).

pose [pəuz] *v tr, intr* posare, atteggiarsi.

posh [pɒʃ] *adj* (*fam*) elegante.

position [pə'zıʃn] *n* posto.

position [pə'zıʃn] *v tr* collocare, sistemare, piazzare.

positive ['pɒzətıv] *adj* esplìcito, chiaro, preciso ◊ (*person*) certo, sicuro ◊ (*fam*) vero e proprio.

posse ['pɒsı] *n* squadra di uomini armati.

possess [pə'zes] *v tr* possedere, avere; dominare.

possession [pə'zeʃn] *n* possesso; proprietà (*inv*).

possessive [pə'zesıv] *adj* possessivo.

possibility [,pɒsə'bılətı] *n* possibilità (*inv*).

possible ['pɒsəbl] *adj* possìbile, eventuale ◊ **as early as possible**, il più presto possibile.

possibly ['pɒsəblı] *adv* può darsi, forse.

post [pəust] *n* palo, pilastro, sostegno; posta, ufficio postale; posto, impiego.

post [pəust] *v tr, intr* affìggere; impostare, imbucare; appostare, nominare ◊ **to post a letter**, impostare una lettera.

postage ['pəustıdʒ] *n* affrancatura.

postal ['pəustəl] *adj* postale ◊ **postal order**, vaglia postale; **postal code**, codice (di avviamento) postale.

post-box ['pəustbɒks] *n* buca delle lèttere.

postcard ['pəustka:d] *n* cartolina.

postdate [,pəust'deıt] *v tr* postdatare.

poster ['pəustə*] *n* affisso, manifesto pubblicitario.

poste restante [,pəust'resta:nt] *n* fermo posta (*m*).

posterity [pɒ'sterətı] *n* posterità (*inv*).

post-graduate [,pəust'grædjuət] *n* laureato che continua gli studi.

postman ['pəustmən] *n* postino.

postmark ['pəustma:k] *n* timbro postale.

post-mortem [,pəust'mɔ:təm] *n* autopsia.

post-office ['pəust,ɒfɪs] *n* posta, ufficio postale ◊ **post-office box**, casella postale.

postpone [,pəust'pəun] *v tr, intr* posporre, rinviare.

postponement [,pəust'pəunmənt] *n* rinvio, differimento.

posture ['pɒstʃə*] *n* posizione (*f*), posa, atteggiamento.

posy ['pəuzɪ] *n* mazzetto di fiori.

pot [pɒt] *n* vaso, brocca, péntola ◊ (*fam*) mucchio di soldi ◊ (*sl*) marijuana ◊ **pots and pans**, batteria da cucina; **to go to pot**, andare in malora; **a big pot**, una persona importante.

potable ['pəutəbl] *adj* bevìbile.

potassium [pə'tæsjəm] *n* potassio.

potato [pə'teɪtəu] *n* patata ◊ **chip, fried potatoes**, patate fritte; **mashed potatoes**, purè di patate.

potency ['pəutənsɪ] *n* potenza.

potent ['pəutənt] *adj* forte.

potential [pəu'tənʃl] *adj, n* potenziale (*m*).

potentiality [pəu,tenʃɪ'ælətɪ] *n* potenzialità (*inv*).

pot-hole ['pɒthəul] *n* buca (di strada).

pot-holer ['pɒthəulə*] *n* speleòlogo(-a)

potion ['pəuʃn] *n* pozione (*f*).

potluck [,pɒt'lʌk] *n* piatto alla buona ◊ **to take potluck**, tentare la sorte.

potted [pɒtɪd] *adj* conservato (in vaso, scatola).

potter ['pɒtə*] *n* vasaio.

potter ['pɒtə*] *v intr, tr* gingillarsi; lavorare in modo irregolare.

pottery ['pɒtərɪ] *n* ceràmiche (*f pl*), terraglie (*f pl*), stoviglie (*f pl*).

potty ['pɒtɪ] *adj* (*fam*) insignificante; matto ◊ **to be potty on a girl**, essere innamorato pazzo di una ragazza.

pouch [pautʃ] *n* borsa ◊ marsupio.

poultry ['pəultrɪ] *n* pollame (*m*).

pounce [pauns] *v intr, tr* piombare su, balzare addosso a ◊ (*fig*) **to pounce on a mistake**, cogliere al volo un errore.

pound [paund] *n* libbra; sterlina; canile (*m*) municipale; tonfo, botto forte.

pound [paund] *v tr, intr* pestare, bàttere, martellare ◊ **pounded sugar**, zucchero in polvere.

pour [pɔ:*] *v tr, intr* versare, méscere, riversare(-rsi) ◊ (*rain*) piòvere a dirotto.

pouring [pɔ:rɪŋ] *adj* (*rain*) torrenziale.

pout [paut] *n* broncio, muso.

poverty ['pɒvətɪ] *n* povertà (*inv*).

powder ['paudə*] *n* pòlvere (*f*) ◊ cipria ◊ **powder-room**, toilette per signore.

powder ['paudə*] *v tr, intr* polverizzare(-rsi); incipriare(-rsi).

powdery ['paudərɪ] *adj* polveroso.

power ['pauə*] *n* potere (*m*), potenza, autorità (*inv*) ◊ **mental powers**, capacità mentali; **powercut**, mancanza di corrente; **power-point**, presa di corrente; **power-station**, centrale elettrica.

power ['pauə*] *v tr* fornire di energia elèttrica.

powered ['pauəd] *adj* a motore, motorizzato.

powerful ['pauəful] *adj* possente, forte, vigoroso.

powerless ['pauəlɪs] *adj* impotente, débole, inefficace.

practicable ['præktɪkəbl] *adj* praticàbile, fattìbile ◊ (*road*) transitàbile.

practical ['præktɪkl] *adj* pràtico, concreto ◊ **far all practical purposes**, a tutti gli effetti; **practical joke**, brutto scherzo.

practice ['præktɪs] *n* pràtica, esercizio ◊ (*football*) allenamento ◊ (*business*) clientela ◊ **out of practice**, fuori esercizio.

practise, (*AmE*) **practice** ['præktɪs] *v tr, intr* esercitarsi in; allenarsi; esercitare (una professione); praticare ◊ **to practise medicine**, esercitare la professione di medico.

practitioner [præk'tɪʃnə*] *n* professionista (*m / f*) ◊ **general practitioner**, medico generico.

prairie ['preərɪ] *n* prateria.

praise [preɪz] *n* lode (*f*), encomio.

praise [preɪz] *v tr* lodare.

praiseworthy ['preɪz,wɜ:ðɪ] *adj* lodévole, encomiàbile.

pram [præm] *n* (*fam*) carrozzina per bambini.

prance [pra:ns] *v intr* (*child*) saltellare ◊

(*adult*) camminare pavoneggiàndosi ◊ (*horse*) impennarsi.

prank [præŋk] *n* burla.

prattle ['prætl] *n* il ciarlare, il cianciare ◊ (*child*) balbettìo, cinguettìo.

prawn [prɔ:n] *n* gàmbero.

pray [preɪ] *v tr, intr* pregare.

prayer ['preɪə*] *n* preghiera.

preach [pri:tʃ] *v tr, intr* predicare.

preacher ['pri:tʃə*] *n* predicatore(-trice), pastore (*m*).

precarious [prɪ'keərɪəs] *adj* precario, incerto.

precaution [prɪ'kɔ:ʃn] *n* precauzione (*f*), cautela.

precautionary [prɪ'kɔ:ʃnərɪ] *adj* cautelativo ◊ **precautionary measures**, misure precauzionali.

precede [,pri:'si:d] *v tr, intr* precèdere, accadere prima di.

precedence [,pri:'si:dəns] *n* precedenza.

precedent [prɪ'si:dənt] *n* precedente (*m / f*).

preceding [,pri:'si:dɪŋ] *adj* precedente.

precept ['pri:sept] *n* màssima.

precinct ['pri:sɪŋkt] *n* recinto ◊ (*church*) sagrato ◊ (*AmE*) collegio elettorale ◊ **precincts**, confini (*m pl*); **pedestrian precinct**, isola pedonale.

precious ['preʃəs] *adj* prezioso.

precipice ['presɪpɪs] *n* precipizio.

precipitate [prɪ'sɪpɪtət] *adj* affrettato, precipitoso.

precipitous [prɪ'sɪpɪtəs] *adj* frettoloso; rìpido, scosceso.

precise [prɪ'saɪs] *adj* preciso, esatto ◊ (*person*) meticoloso.

precision [prɪ'sɪʒn] *n* precisione (*f*).

preclude [prɪ'klu:d] *v tr* preclùdere a, vietare a.

precocious [prɪ'kəʊʃəs] *adj* precoce.

preconceive [,pri:kən'si:v] *v tr* farsi un'opinione in antìcipo ◊ **preconceived idea**, preconcetto.

precursor [,pri:'kɜ:sə*] *n* predecessore (*m*).

predate [pri:'deɪt] *v tr* predatare.

predator ['predətə*] *n* predatore(-trice); predone (*m*).

predecessor ['pri:dɪsesə*] *n* predecessore (*m*).

predestinate [,pri:'destɪneɪt] *v tr* predestinare.

predicament [prɪ'dɪkəmənt] *n* situazione (*f*) difficile.

predict [prɪ'dɪkt] *v tr* predire.

prediction [prɪ'dɪkʃn] *n* predizione (*f*), profezìa.

predominate [prɪ'dɒmɪneɪt] *v intr* predominare, prevalere.

prefabricated [,pri:'fæbrɪkeɪtɪd] *adj* prefabbricato.

preface ['prefɪs] *n* prefazione (*f*).

prefect ['pri:fekt] *n* prefetto ◊ (*school*) capoclasse (*m*).

prefer [prɪ'fɜ:*] *v tr* preferire.

preferable ['prefərəbl] *adj* preferìbile.

preference ['prefərəns] *n* preferenza.

preferential [,prefə'renʃl] *adj* preferenziale.

pregnancy ['pregnənsɪ] *n* gravidanza.

pregnant ['pregnənt] *adj* (*woman*) gràvida, incinta ◊ (*fig*) pregnante.

prejudice ['predʒudɪs] *n* pregiudizio, preconcetto ◊ (*law*) danno.

prejudice ['predʒudɪs] *v tr* pregiudicare, comprométtere, nuòcere.

prelate ['prelɪt] *n* prelato.

preliminaries [prɪ'lɪmɪnərɪz] *n pl* premessa, preliminari (*m pl*).

preliminary [prɪ'lɪmɪnərɪ] *adj* preliminare, introduttivo.

prelude ['prelju:d] *n* preludio, introduzione (*f*).

premature [,premə'tjʊə*] *adj* prematuro, anticipato.

premeditation [pri:,medɪ'teɪʃn] *n* premeditazione (*f*).

premier ['premjə*] *n* primo ministro, premier.

premise ['premɪs] *n* premessa ◊ **premises**, locali (*m pl*) ◊ **off the premises**, fuori dallo stabile; **on the premises**, sul posto.

premium ['pri:mjəm] *n* premio.

premonition [,pri:mə'nɪʃn] *n* premonizione (*f*).

preoccupation [pri:,ɒkjʊ'peɪʃn] *n* preoccupazione (*f*).

preoccupied [,pri:'ɒkjʊpaɪd] *adj* preoccupato, assorto.

preparation [,prepə'reɪʃn] *n* preparazione

(*f*) ◊ **preparations**, preparativi (*m pl*).

prepare [prɪ'peə*] *v tr, intr* preparare(-rsi), allestire, disporre.

preponderance [prɪ'pɒndərəns] *n* preponderanza, prevalenza.

preposterous [prɪ'pɒstərəs] *adj* assurdo, ridicolo.

prerogative [prɪ'rɒgətɪv] *n* prerogativa.

presage ['presɪdʒ] *n* presagio.

prescription [prɪ'skrɪpʃn] *n* prescrizione (*f*), norma, ricetta (mèdica).

presence ['prezns] *n* presenza ◊ **presence of mind**, presenza di spirito.

present ['preznt] *adj* presente, attuale, corrente ◊ **the present year**, l'anno corrente; **at the present time**, oggigiorno.

present ['preznt] *n* dono.

present [prɪ'zent] *v tr* regalare, donare; presentare.

presentable [prɪ'zentəbl] *adj* presentàbile.

presentation [,prezən'teɪʃn] *n* presentazione (*f*), atto del presentare; dono ◊ **presentation copy**, copia omaggio.

presently ['prezntlɪ] *adv* presto, a momenti ◊ (*AmE*) attualmente.

preservation [,prezə'veɪʃn] *n* conservazione (*f*); salvezza, scampo.

preservative [prɪ'zɜ:vətɪv] *n* conservante (*m*) (di cibo).

preserve [prɪ'zɜ:v] *v tr* preservare, protèggere ◊ (*food*) méttere in conserva.

preserved [prɪ'zɜ:vd] *adj* (*food*) conservato ◊ **preserved meat**, carne in scatola; **preserved fruit**, frutta in conserva.

preside [prɪ'zaɪd] *v intr* presièdere.

presidency ['prezɪdənsɪ] *n* presidenza.

president ['prezɪdənt] *n* presidente (*m / f*).

presidential ['prezɪ'denʃl] *adj* presidenziale.

press [pres] *n* pressione (*f*), stretta; stiratura ◊ (*crowd*) folla ◊ (*wine*) torchio ◊ (*newspaper*) tipografia; la stampa, i giornali ◊ **in press**, in corso di stampa; **to send to the press**, dare alla stampa; **freedom of the press**, libertà di stampa; **press conference**, conferenza stampa; **stop press**, ultimissima; **press agency**, agenzìa stampa; **press agent**, agente pubblicitario; **press-cutting**, ritaglio di giornale; **press-stud**, bottone automatico.

press [pres] *v tr, intr* prèmere, strìngere, spìngere; pressare; sollecitare ◊ **to be hard pressed**, essere in difficoltà; **to press the point**, insistere sul punto; **to be pressed for time**, avere poco tempo; **to press in**, spingere per entrare.

pressing ['presɪŋ] *n* pressione (*f*), insistenza ◊ (*clothes*) stiratura.

pressing ['presɪŋ] *adj* urgente.

pressure ['preʃə*] *n* pressione (*f*) ◊ (*fig*) insistenza, urgenza ◊ **blood pressure**, pressione sanguigna.

pressure-cooker ['preʃə,kʊkə*] *n* péntola a pressione.

pressure-group ['preʃəgru:p] *n* gruppo di pressione.

pressurize ['preʃəraɪz] *v tr* pressurizzare.

prestige [pre'sti:ʒ] *n* prestigio; ascendente (*m*).

prestigious [pre'stɪdʒəs] *adj* prestigioso.

presumably [prɪ'zju:məblɪ] *adv* presumibilmente.

presume [prɪ'zju:m] *v tr, intr* presùmere, supporre; permétersi di, osare.

presumption [prɪ'zʌmpʃn] *n* supposizione (*f*), presunzione (*f*).

presuppose [,pri:sə'pəuz] *v tr* presupporre.

pretence [prɪ'tens] *n* pretesa; parvenza, finzione (*f*).

pretend [prɪ'tend] *v tr, intr* pretèndere di; aspirare a; fingere ◊ **to pretend to do sthg**, fingere di fare qcs.

pretense [prɪ'tens] *n* pretesa; parvenza, finzione.

pretext ['pri:tekst] *n* scusa.

pretty ['prɪtɪ] *adj* grazioso, carino.

pretty ['prɪtɪ] *adv* abbastanza, piuttosto.

prevail [prɪ'veɪl] *v intr* prevalere, vìncere; convìncere.

prevailing [prɪ'veɪlɪŋ] *adj* prevalente, dominante, corrente.

prevalent ['prevələnt] *adj* prevalente; comune, corrente.

prevaricate [prɪ'værɪkeɪt] *v intr* parlare evasivamente, tergiversare.

prevent [prɪ'vent] *v tr* impedire, evitare; prevenire ◊ **to prevent sb from doing sthg**, impedire a qc di fare qcs.

prevention [prɪ'venʃn] *n* prevenzione (*f*).

preventive [prɪ'ventɪv] *adj, n* preventivo.

preview ['pri:vju:] *n* anteprima.

previous ['pri:vjəs] *adj* precedente, anteriore.

prevision [ˌpri:'vɪʒn] *n* previsione (*f*), pronòstico.

prey [preɪ] *n* preda.

prey [preɪ] *v intr* far preda di; tormentare, ròdere.

price [praɪs] *n* prezzo, valore (*m*) ◊ **fixed prices**, prezzi fissi; **sale price**, prezzo di liquidazione; **to rise in price**, rincarare; **price-list**, listino prezzi; **price-tag**, cartellino dei prezzi.

price [praɪs] *v tr* fare, fissare, segnare il prezzo.

priceless ['praɪslɪs] *adj* inestimàbile, senza prezzo ◊ divertentissimo.

prick [prɪk] *n* puntura ◊ (*fig*) dolore (*m*) ◊ (*fam*) cazzo.

prick [prɪk] *v tr, intr* pùngere(-rsi); forare, bucare ◊ (*fig*) rimòrdere.

prickle ['prɪkl] *n* acùleo, spina.

prickling ['prɪklɪŋ] *n* formicolìo.

pride [praɪd] *n* orgoglio.

pride [praɪd] *v refl* gloriarsi di, vantarsi di.

priest [pri:st] *n* prete (*m*).

priestess ['pri:stɪs] *n* sacerdotessa.

priesthood ['pri:sthʊd] *n* sacerdozio.

prig [prɪg] *n* saccente (*m* / *f*).

prim [prɪm] *adj* affettato.

primarily ['praɪmərɪlɪ] *adv* in primo luogo, principalmente.

primary ['praɪmərɪ] *adj* primo, primario ◊ **primary school**, scuola elementare.

prime [praɪm] *adj* primario, di prima qualità ◊ **Prime Minister**, Primo Ministro; (*tv*) **prime time**, prima serata.

prime [praɪm] *n* principio, parte (*f*) migliore ◊ **in the prime of life**, nel fiore della vita.

prime [praɪm] *v tr* caricare, innescare ◊ (*fig*) imbeccare.

primer ['praɪmə*] *n* sillabario.

primeval [praɪ'mi:vl] *adj* primordiale.

primitive ['prɪmɪtɪv] *adj* primitivo, rozzo, sémplice.

primrose ['prɪmrəʊz] *n* prìmula.

prince [prɪns] *n* prìncipe (*m*).

princess [prɪn'ses] *n* principessa.

principal ['prɪnsəpl] *adj* principale, fondamentale.

principal ['prɪnsəpl] *n* (*school*) direttore (-trice), prèside (*m* / *f*).

principality [ˌprɪnsɪ'pælɪtɪ] *n* principato.

principle ['prɪnsəpl] *n* principio.

print [prɪnt] *n* stampa, caràttere tipogràfico; impronta; stampato (tessuto); riproduzione (*f*) ◊ **in print**, stampato; **out of print**, esaurito.

print [prɪnt] *v tr, intr* stampare, riprodurre; scrìvere in stampatello.

printer ['prɪntə*] *n* stampatore (*m*), tipògrafo ◊ stampante.

printing ['prɪntɪŋ] *n* stampa, tipografia.

priority [praɪ'ɒrɪtɪ] *n* precedenza.

priory ['praɪərɪ] *n* convento.

prison ['prɪzn] *n* prigione (*f*); galera, càrcere (*m*) ◊ **prison for life**, ergastolo.

prison-breaking ['prɪznˌbreɪkɪŋ] *n* evasione (*f*).

prisoner ['prɪznə*] *n* prigioniero(-a), carcerato(-a).

privacy ['praɪvəsɪ] *n* riserbo.

private ['praɪvɪt] *adj* privato, personale ◊ **in private**, in privato; **to keep private**, tenere segreto.

private eye ['praɪvɪt aɪ] *n* investigatore privato.

privatization [ˌpraɪvətaɪ'zeɪʃn] *n* privatizzazione.

privatize ['praɪvətaɪz] *v tr* privatizzare.

privilege ['prɪvɪlɪdʒ] *n* privilegio.

privy ['prɪvɪ] *adj* privato.

prize [praɪz] *n* premio.

prize [praɪz] *v tr* apprezzare.

prize-giving ['praɪzˌgɪvɪŋ] *n* premiazione (*f*).

prize-winner ['praɪzˌwɪnə*] *n* vincitore(-trice).

pro [prəʊ] *prep* pro, per, in favore di.

pro [prəʊ] *n* pro (*inv*) ◊ **to weigh the pros and cons**, soppesare i pro e i contro.

probability [ˌprɒbə'bɪlɪtɪ] *n* probabilità (*inv*) ◊ **in all probability**, con ogni probabilità.

probable ['prɒbəbl] *adj* probàbile, possibile.

probation [prə'beɪʃn] *n* prova, perìodo di

prova ◊ **on probation**, in prova; (*law*) libertà condizionata.

probe [prəʊb] *v tr, intr* sondare, indagare, esplorare.

probity ['prəʊbetɪ] *n* probità (*inv*).

problem ['prɒbləm] *n* problema (*m*).

problematic(al) [ˌprɒbləˈmætɪk(l)] *adj* problemàtico.

procedure [prəˈsiːdʒə*] *n* procedimento.

proceed [prəˈsiːd] *v intr* procèdere, avanzare; agire, comportarsi; derivare.

proceeding [prəˈsiːdɪŋ] *n* azione (*f*), modo di procèdere ◊ **proceedings**, azione legale, causa; atti (di convegno).

proceeds [prəˈsiːdz] *n pl* ricavo, incasso, profitto.

process ['prəʊses] *n* processo; mètodo; sistema (*m*).

process [prəˈses] *v tr* trattare, trasformare ◊ (*data*) elaborare.

processing ['prəʊsesɪŋ] *n* lavorazione; elaborazione ◊ **data processing**, elaborazione dei dati.

procession [prəˈseʃn] *n* processione (*f*), sfilata.

pro-choice ['prəʊˈtʃɔɪs] *adj* favorevole all'aborto.

proclaim [prəˈkleɪm] *v tr* proclamare.

procreate ['prəʊkrɪeɪt] *v tr* generare.

procure [prəˈkjʊə*] *v tr* procurare(-rsi).

prodigal ['prɒdɪɡl] *adj* pròdigo.

prodigious [prəˈdɪdʒəs] *adj* prodigioso, portentoso.

prodigy ['prɒdɪdʒɪ] *n* prodigio.

produce ['prɒdjuːs] *n* prodotto, gènere (*m*); frutto, risultato.

produce [prəˈdjuːs] *v tr* produrre, esibire; fabbricare; provocare; méttere in scena ◊ **produced by**, regìa di.

producer [prəˈdjuːsə*] *n* produttore(-trice), fabbricante (*m*).

product ['prɒdʌkt] *n* prodotto, risultato.

production [prəˈdʌkʃn] *n* produzione (*f*); presentazione (*f*); allestimento (scenico); regìa.

productive [prəˈdʌktɪv] *adj* fèrtile, creativo.

productivity [ˌprɒdʌkˈtɪvətɪ] *n* rendimento, produttività (*inv*).

profess [prəˈfes] *v tr, intr* professare(-rsi); dichiarare(-rsi), fare una dichiarazione.

profession [prəˈfeʃn] *n* professione (*f*).

professional [prəˈfeʃənl] *adj* professionale.

professional [prəˈfeʃənl] *n* professionista (*m* / *f*), esperto(-a).

professor [prəˈfesə*] *n* professore(-essa) (titolare di una cattedra), docente (*m* / *f*) universitario.

proffer ['prɒfə*] *v tr* offrire.

proficiency [prəˈfɪʃnsɪ] *n* competenza, abilità (*inv*).

proficient [prəˈfɪʃnt] *adj* competente, àbile.

profile ['prəʊfaɪl] *n* profilo, sàgoma, contorno.

profit ['prɒfɪt] *n* profitto, beneficio, vantaggio.

profit ['prɒfɪt] *v tr, intr* guadagnare.

profitable ['prɒfɪtəbl] *adj* vantaggioso, ùtile, rimunerativo.

profiteer [ˌprɒfɪˈtɪə*] *v intr* speculare.

profound [prəˈfaʊnd] *adj* profondo; totale.

profuse [prəˈfjuːs] *adj* copioso.

profusion [prəˈfjuːʒn] *n* profusione (*f*), abbondanza.

progeny ['prɒdʒənɪ] *n* progenie (*f*), discendenza.

prognosticate [prɒɡˈnɒstɪkeɪt] *v tr* pronosticare, predire.

programme ['prəʊɡræm] *v tr* progettare, programmare.

programmer ['prəʊɡræmə*] *n* programmatore.

programming ['prəʊɡræmɪŋ] *n* programmazione (*f*).

progress ['prəʊɡres] *n* progresso, sviluppo, miglioramento.

progress [prəʊˈɡres] *v intr* progredire, avanzare, migliorare.

progression [prəʊˈɡreʃn] *n* avanzamento, progresso.

progressive [prəʊˈɡresɪv] *adj* progressivo, progressista.

progressive [prəʊˈɡresɪv] *n* progressista (*m* / *f*).

prohibit [prəˈhɪbɪt] *v tr* proibire, impedire.

prohibition [ˌprəʊɪˈbɪʃn] *n* proibizione (*f*), divieto ◊ (*AmE*) proibizionismo.

prohibitive [prəˈhɪbɪtɪv] *adj* proibitivo.

project ['prɒdʒekt] *n* piano.

project [prə'dʒekt] *v tr, intr* progettare; proiettare.

projectile [prəʊ'dʒektaıl] *n* proièttile (*m*), mìssile (*m*).

projection [prə'dʒekʃn] *n* proiezione (*f*).

projector [prə'dʒektə*] *n* proiettore (*m*) ◊ **overhead projector**, lavagna luminosa.

pro-life ['prəʊ'laıf] *adj* contro l'aborto.

proliferation [prəʊ,lıfə'reıʃn] *n* proliferazione (*f*).

prolific [prəʊ'lıfık] *adj* prolìfico, fecondo, fèrtile.

prolix ['prəʊlıks] *adj* prolisso.

prologue ['prəʊlɒg] *n* pròlogo.

prolong [prəʊ'lɒŋ] *v tr* prolungare, protrarre.

promenade [,prɒmə'nɑ:d] *n* passeggiata, lungomare (*m*).

prominence ['prɒmınəns] *n* prominenza, sporgenza; rilievo, importanza.

prominent ['prɒmınənt] *adj* prominente; cospìcuo, notévole; eminente.

promiscuity [,prɒmı'skju:ətı] *n* promiscuità (*inv*).

promise ['prɒmıs] *n* promessa.

promise ['prɒmıs] *v tr, intr* prométtere, assicurare.

promissory ['prɒmısərı] *adj* promettente ◊ (*comm*) **promissory note**, pagherò cambiario.

promontory ['prɒməntrı] *n* promontorio.

promote [prə'məʊt] *v tr* promuòvere, incoraggiare, organizzare.

promotion [prə'məʊʃn] *n* promozione (*f*), avanzamento; lancio.

promotional [prə'məʊʃənl] *adj* promozionale ◊ (*comm*) **promotional sale**, vendita promozionale.

prompt [prɒmpt] *adj* pronto, svelto, àlacre, puntuale.

prompt [prɒmpt] *n* suggerimento.

prompt [prɒmpt] *v tr* incitare, istigare ◊ (*theatre*) suggerire.

prompter ['prɒmptə*] *n* (*theatre*) suggeritore(-trice).

promptly ['prɒmptlı] *adv* puntualmente, prontamente.

promptness ['prɒmptnıs] *n* prontezza, alacrità (*inv*), sveltezza.

promulgate ['prɒmlgeıt] *v tr* propagare, diffòndere.

pronounce [prə'naʊns] *v tr, intr* esprìmere, pronunciare(-rsi).

pronouncement [prə'naʊnsmənt] *n* dichiarazione (*f*), asserzione (*f*), affermazione (*f*).

proof [pru:f] *adj* resistente, inattaccàbile.

proof [pru:f] *n* prova, dimostrazione (*f*) testimonianza; esame (*m*), collàudo ◊ (*book*) bozza di stampa ◊ (*photo*) provino.

prop [prɒp] *n* sostegno.

prop [prɒp] *v tr, intr* puntellare, rinforzare.

propagandize [,prɒpə'gændaız] *v tr, intr* fare propaganda.

propagation [,prɒpə'geıʃn] *n* propagazione (*f*), diffusione (*f*).

propel [prə'pel] *v tr* spìngere (avanti), azionare ◊ **jet-propelled plane**, aviogetto.

propelling [prə'pelıŋ] *adj* propulsivo ◊ **propelling force**, forza motrice.

propensity [prə'pensətı] *n* propensione (*f*), inclinazione (*f*).

proper ['prɒpə*] *adj* appropriato, adatto, opportuno, proprio, decoroso.

properly ['prɒpəlı] *adv* correttamente, opportunamente ◊ **to behave properly**, comportarsi correttamente.

property ['prɒpətı] *n* proprietà (*inv*), beni (*m pl*) ◊ **real property**, beni immobili.

property-owner [,prɒpətı' əʊnə*] *n* proprietario(-a).

prophecy ['prɒfısı] *n* profezìa.

prophet ['prɒfıt] *n* profeta (*m*).

prophetic [prə'fetık] *adj* profètico.

propitious [prə'pıʃəs] *adj* propizio.

proportion [prə'pɔ:ʃn] *n* rapporto, proporzione (*f*), parte (*f*) ◊ **out of proportion**, smisurato.

proportional [prə'pɔ:ʃənl] *adj* proporzionato, adeguato.

proposal [prə'pəʊzl] *n* proposta, offerta; proposta di matrimonio.

propose [prə'pəʊz] *v tr, intr* proporre(-rsi); presentare; fare una proposta di matrimonio.

proposition ['prɒpə'zıʃn] *n* affermazione (*f*), asserzione (*f*); proposta.

propound [prə'paʊnd] *v tr* proporre.

propriety [prə'praɪətɪ] *n* convenienza, decenza ◊ **the proprieties**, le buone maniere.

props [prɒps] *n pl* (*theatre*) *abbr of* **properties**, materiale (*m*) di scena.

propulsion [prə'pʌlʃn] *n* propulsione (*f*).

prorogue [prə'rəʊg] *v tr* prorogare.

prosaic [prəʊ'zeɪɪk] *adj* prosaico.

prosecution [ˌprɒsɪ'kju:ʃn] *n* continuazione (*f*) ◊ (*law*) causa ◊ **to start a prosecution against**, citare in giudizio; **witness for the prosecution**, testimone d'accusa.

prosecutor ['prɒsɪkju:tə*] *n* (*law*) accusatore(-trice) ◊ **public prosecutor**, pubblico accusatore.

prospect ['prɒspekt] *n* prospettiva, vista ◊ (*fig*) eventualità (*inv*) ◊ **prospects**, aspettative.

prospective [prə'spektɪv] *adj* probàbile.

prosperity [prɒ'sperətɪ] *n* prosperità (*inv*).

prosperous ['prɒspərəs] *adj* pròspero.

prostitute ['prɒstɪtju:t] *n* prostituta.

prostration [prɒ'streɪʃn] *n* prostrazione (*f*) ◊ (*fig*) abbattimento.

protagonist [prəʊ'tægənɪst] *n* protagonista (*m* / *f*).

protect [prə'tekt] *v tr* protèggere.

protection [prə'tekʃn] *n* protezione (*f*).

protective [prə'tektɪv] *adj* protettivo, difensivo.

protein ['prəʊti:n] *n* proteina.

protest ['prəʊtest] *n* protesta ◊ (*law*) reclamo ◊ **under protest**, con riserva.

protest [prə'test] *v tr, intr* protestare.

Protestant ['prɒtɪstənt] *adj, n* protestante (*m* / *f*).

protocol ['prəʊtəkɒl] *n* protocollo.

protract [prə'trækt] *v tr* protrarre.

protrude [prə'tru:d] *v tr, intr* spòrgere.

proud [praʊd] *adj* fiero; superbo.

provable ['pru:vəbl] *adj* dimostrabile.

prove [pru:v] *v tr, intr* provare, dimostrare; collaudare; rivelarsi, dimostrarsi.

proverb ['prɒvɜ:b] *n* proverbio.

provide [prə'vaɪd] *v intr, tr* provvedere; premunirsi; stabilire ◊ **to provide an excuse**, fornire una scusa.

provided [prə'vaɪdɪd] *conj* **provided that**, purché, a condizione che.

provident ['prɒvɪdənt] *adj* prudente.

providing [prə'vaɪdɪŋ] *conj see* **provided**.

province ['prɒvɪns] *n* regione (*f*), distretto, provincia.

provincial [prə'vɪnʃl] *adj* provinciale.

provision [prə'vɪʒn] *n* provvedimento, preparazione (*f*); rifornimento ◊ **provisions**, provviste, viveri.

provisional [prə'vɪʒənl] *adj* temporàneo, provvisorio.

provocative [prə'vɒkətɪv] *adj* provocatorio, provocante.

provoke [prə'vəʊk] *v tr* provocare, stimolare; irritare.

prow [praʊ] *n* prora, prua.

prowess ['praʊɪs] *n* prodezza.

prowler ['praʊlə*] *n* predone (*m*).

proximate ['prɒksɪmət] *adj* pròssimo, vicino; approssimativo.

proximity [prɒk'sɪmətɪ] *n* vicinanza.

proxy ['prɒksɪ] *n* procura.

prudence ['pru:dns] *n* prudenza.

prudent ['pru:dnt] *adj* prudente.

prudery ['pru:dərɪ] *n* puritanismo.

prune [pru:n] *v tr* potare.

pry [praɪ] *n* ficcanaso.

psalm [sɑ:m] *n* salmo.

pseudo ['psju:dəʊ] *adj* (*fam*) falso, finto.

pseudonym ['psju:dənɪm] *n* pseudònimo.

psychiatrist [saɪkaɪətrɪst] *n* psichiatra (*m* / *f*).

psychiatry [saɪ'kaɪətrɪ] *n* psichiatrìa.

psychic ['saɪkɪk] *n* (*fam*) medium (*m* / *f inv*).

psychoanalyse [ˌsaɪkəʊ'ænəlaɪz] *v tr* psicanalizzare.

psychoanalysis [ˌsaɪkəʊə'næləsɪs] *n* psicanàlisi (*f inv*).

psychoanalyst [ˌsaɪkəʊ'ænəlɪst] *n* psicanalista (*m* / *f*).

psychologist [saɪ'kɒlədʒɪst] *n* psicòlogo.

psychology [saɪ'kɒlədʒɪ] *n* psicologìa.

p.t.o. [ˌpi: ti: 'əʊ] *abbr of* **please turn over**, per favore voltare la pagina.

pub [pʌb] *n abbr of* **pubblic house**, locale pùbblico, pub (*m inv*).

puberty ['pju:betɪ] *n* pubertà (*inv*).

public ['pʌblɪk] *adj* pùbblico ◊ **public holiday**, festa nazionale; **public relations**, pubbliche relazioni.

public ['pʌblɪk] *n* pùbblico, gente (*f*) ◊ **the general public**, il grande pubblico.

publican ['pʌblɪkən] *n* oste (*m*).

public-assistance [ˌpʌblɪkə'sɪstəns] *n* assistenza sociale.

publication [ˌpʌblɪ'keɪʃn] *n* pubblicazione (*f*).

publicity [pʌb'lɪsətɪ] *n* pubblicità (*inv*).

public-school [ˌpʌblɪk'skuːl] *n* (*BrE*) scuola privata; (*AmE*) scuola pubblica.

publish ['pʌblɪʃ] *v tr* pubblicare.

publisher ['pʌblɪʃə*] *n* editore (*m*), casa editrice.

pucker ['pʌkə*] *v tr, intr* raggrinzare(-rsi), corrugare(-rsi).

pudding ['pʊdɪŋ] *n* budino.

puddle ['pʌdl] *n* pozzànghera.

puff [pʌf] *n* sbuffo, soffio; piumino (da cipria).

puff [pʌf] *v tr, intr* sbuffare, soffiare, ansimare ◊ **to be puffed** (*out of breath*), ansimare; **to puff out smoke**, mandare fuori sbuffi di fumo; (*fam*) **to puff up**, esaltare.

pukka ['pʌkə] *adj* (*sl*) autèntico, genuino.

pull [pʊl] *n* tiro, strappo ◊ (*cigarette*) boccata ◊ (*fig*) attrattiva ◊ (*fam*) ascendente (*m*) ◊ **to take a pull at**, bere una sorsata di.

pull [pʊl] *v tr, intr* tirare; trainare; strappare ◊ **to pull a long face**, fare il muso lungo; **to pull sb's leg**, prendere in giro qc; **to pull down**, demolire; **to pull off**, portare a compimento; **to pull out**, partire; **to pull through**, guarire; **to pull up**, fermarsi.

Pullman ['pʊlmən] *n* vagone (*m*) di lusso; vagone letto.

pulp [pʌlp] *n* polpa ◊ (*paper*) pasta per carta ◊ **pulp magazines**, riviste popolari.

pulpit ['pʊlpɪt] *n* pùlpito.

pulsate [pʌl'seɪt] *v intr, tr* pulsare, bàttere.

pulse [pʌls] *n* polso.

pulverize ['pʌlvəraɪz] *v tr, intr* polverizzare (-rsi).

pumice ['pʌmɪs] *n* pietra pòmice.

pummel ['pʌml] *v tr* picchiare.

pump [pʌmp] *n* pompa ◊ **petrol pump**, dfistributore di benzina.

pump [pʌmp] *v tr, intr* pompare ◊ **to pump up a tyre**, gonfiare un pneumatico.

pumpernickel ['pʊmpənɪkl] *n* pane (*m*) di ségale.

pumpkin ['pʌmpkɪn] *n* zucca.

pun [pʌn] *n* gioco di parole.

punch [pʌntʃ] *n* punzone (*m*) ◊ (*blow*) pugno ◊ (*fig*) forza ◊ (*drink*) ponce (*m inv*).

punch [pʌntʃ] *v tr* picchiare.

Punch [pʌntʃ] *n* Pulcinella ◊ **Punch and Judy show**, spettacolo di burattini; (*fig*) **as pleased as Punch**, contento come una pasqua.

punch-up ['pʌntʃʌp] *n* rissa.

punctilious [pʌŋk'tɪlɪəs] *adj* scrupoloso.

punctual ['pʌŋktjʊəl] *adj* puntuale.

punctuality [ˌpʌŋktjʊ'ælətɪ] *n* puntualità (*inv*).

punctuate ['pʌŋktjʊeɪt] *v tr* punteggiare ◊ (*fig*) dare ènfasi.

punctuation [ˌpʌŋktu'eɪʃən] *n* punteggiatura.

puncture ['pʌŋktʃə*] *n* puntura ◊ (*tyre*) foratura ◊ **to have a puncture**, avere una gomma a terra.

puncture ['pʌŋktʃə*] *v tr* pùngere, forare.

pungent ['pʌndʒənt] *adj* pungente, piccante ◊ (*fig*) mordace.

punish ['pʌnɪʃ] *v tr* punire ◊ (*law*) **to punish with a fine**, infliggere una multa.

punishable ['pʌnɪʃəbl] *adj* punìbile.

punishment ['pʌnɪʃmənt] *n* punizione (*f*), castigo ◊ **capital punishment**, pena capitale.

punk [pʌŋk] *n* (*AmE*) legno marcio ◊ (*fam*) robaccia ◊ punk (*m* / *f*).

punt [pʌnt] *n* barchino ◊ (*sport*) tiro al volo ◊ **punt pole**, pertica.

puny ['pjuːnɪ] *adj* sparuto, gràcile.

pup [pʌp] *n* cùcciolo.

pupil ['pjuːpl] *n* allievo(-a), discépolo(-a).

puppet ['pʌpɪt] *n* burattino.

puppeteer [ˌpʌpə'tɪə*] *n* burattinaio.

puppy ['pʌpɪ] *n* cùcciolo ◊ (*fig*) **puppy love**, primo amore; cotta.

purchase ['pɜːtʃəs] *n* còmpera, acquisto ◊ **hire-purchase**, acquisto rateale.

purchase ['pɜːtʃəs] *v tr* acquistare.

purchaser ['pɜːtʃəsə*] *n* acquirente (*m* / *f*).

pure [pjʊə*] *adj* puro, schietto.

purgatory ['pɜːgətərɪ] *n* purgatorio.

purge [pɜdʒ] *n* purga, purgante.

purify ['pjʋərɪfaɪ] *v tr* purificare.

puritan ['pjʋərɪtən] *n* puritano(-a).

purity ['pjʋərətɪ] *n* purezza.

purple ['pɜ:pl] *n* pòrpora ◊ (*fig*) dignità (*inv*) regale.

purpose ['pɜ:pəs] *n* intenzione (*f*), scopo ◊ **on purpose**, apposta; **to be at cross purposes**, fraintendersi; **to no purpose**, invano; **for all purposes**, a tutti gli effetti; **far what purpose?**, a che fine?

purposeful ['pɜ:pəsfʋl] *adj* deciso, determinato.

purposeless ['pɜ:pəslɪs] *adj* indeciso; inùtile.

purr [pɜ:*] *n* fusa (*f pl*).

purse [pɜ:s] *n* borsellino ◊ (*fig*) denaro ◊ (*AmE*) borsetta.

purse [pɜ:s] *v tr* aggrottare.

purser ['pɜ:sə*] *n* commissario di bordo.

pursue [pə'sju:] *v tr* inseguire ◊ (*fig*) perseguitare ◊ **to pursue an aim**, perseguire un fine.

pursuit [pə'sju:t] *n* inseguimento, ricerca.

push [pʋʃ] *n* spinta, urto ◊ (*fig*) stìmolo ◊ (*fam*) energia, risolutezza ◊ **cost-push**, spinta dei prezzi; **at a push**, al bisogno.

push [pʋʃ] *v tr, intr* spìngere(-rsi), urtare, prèmere, schiacciare ◊ (*fig*) stimolare, appoggiare (qc) ◊ (*sl*) spacciare ◊ (*comm*) propogandare ◊ **to push sb about**, fare il prepotente con qc; **to push forward**, spingersi avanti; (*fam*) **push off!**, vattene!

push-chair ['pʋʃtʃeə*] *n* passeggino.

pushed ['pʋʃt] *adj* (*fam*) occupato, indaffarato; in difficoltà; **to be pushed for time**, avere pochissimo tempo.

pusher ['pʋʃə*] *n* (*fam*) arrivista (*m / f*) ◊ (*sl*) spacciatore(-trice) di droga.

pushing ['pʋʃɪŋ] *adj* insistente.

push-over ['pʋʃ‚əʋvə*] *n* (*sl*) cosa fàcile.

pussy, *also* **pussycat** ['pʋsɪ, 'pʋsɪkæt] *n* micio(-a), gattino(-a).

put, *pt*, *pp* **put** [pʋt] *v tr, intr* méttere(-rsi), porre(-rsi), collocare; proporre, presentare; esporre; imporre; vòlgere; stabilire ◊ **to put the light on**, accendere la luce; **to put asunder**, separare; **to put a question**, porre un quesito; **to put off**, rinviare; **to put on one's ovecoat**, indossare il soprabi-

to; **to put on the brakes**, frenare; **to put on weight**, ingrassare; **to put on airs**, darsi delle arie; **to put the clock on**, mettere avanti l'orologio; **to put the light out**, spegnere la luce; **to put a call through (to)**, chiamare al telefono; **to put up the price**, aumentare il prezzo; **to put up a tent**, montare una tenda; **they put me up for two nights**, mi hanno ospitato per due notti; **to put up with sb**, sopportare qc.

put-off ['pʋtɒf] *n* (*AmE*) rinvìo; pretesto.

putrefy ['pju:trɪfaɪ] *v tr, intr* putrefare(-rsi).

putty ['pʌtɪ] *n* stucco.

puzzle ['pʌzl] *n* problema (*m*), enigma (*m*), indovinello ◊ **crossword puzzle**, parole incrociate; **jigsaw puzzle**, puzzle; **to be in a puzzle**, essere perplesso.

puzzle ['pʌzl] *v tr, intr* sconcertare, imbarazzare; scervellarsi.

pygmy ['pɪgmɪ] *n* pigmeo(-a).

pyjamas [pə'dʒɑ:mə] *n pl* pigiama (*m*).

pyramid ['pɪrəmɪd] *n* piràmide (*f*).

python ['paɪθn] *n* pitone (*m*).

Q

quack [kwæk] *n* ciarlatano(-a).

quadruped ['kwɒdrʋped] *n* quadrùpede (*m*).

quadruple ['kwɒdrʋpl] *v tr, intr* quadruplicare(-rsi).

quagmire ['kwægmaɪə*] *n* pantano, palude (*f*).

quail [kweɪl] *n* quaglia.

quaint [kweɪnt] *adj* bizzarro, curioso, pittoresco.

quake [kweɪk] *n* trèmito.

quake [kweɪk] *v intr* tremare, oscillare; rabbrividire.

Quaker ['kweɪkə*] *n* Quàcchero(-a).

qualification [‚kwɒlɪfɪ'keɪʃn] *n* requisito, tìtolo; precisazione (*f*), riserva ◊ **without qualifications**, incondizionatamente.

qualified ['kwɒlɪfaɪd] *adj* competente; limitato, con riserva.

qualify ['kwɒlɪfaɪ] *v tr, intr* qualificare(-rsi);

limitare; definire ◊ **to qualify for the vote**, possedere i requisiti necessari per votare.

qualitative ['kwɒlɪtətɪv] *adj* qualitativo.

quality ['kwɒlətɪ] *n* qualità (*inv*), pregio, dote (*f*) ◊ **poor quality**, qualità scadente.

qualm [kwɑːm] *n* (*often pl*) scrùpolo, dubbio.

quandary ['kwɒndərɪ] *n* imbarazzo, situazione (*f*) difficile.

quantify ['kwɒntɪfaɪ] *v tr* misurare, quantificare.

quantity ['kwɒntətɪ] *n* quantità (*inv*), quantitativo.

quantity surveyor ['kwɒntətɪ sə'veɪə*] *n* misuratore (*m*) edile, geòmetra (*m*).

quarrel ['kwɒrəl] *n* lite (*f*).

quarrel ['kwɒrəl] *v intr* litigare, discùtere.

quarrelsome ['kwɒrəlsəm] *adj* rissoso, litigioso.

quarry ['kwɒrɪ] *n* cava, pietraia ◊ (*animal*) preda.

quarry ['kwɒrɪ] *v tr, intr* scavare, estrarre.

quart [kwɔːt] *n* quarto di gallone.

quarter ['kwɔːtə*] *n* quarto, quarta parte; trimestre (*m*); direzione (*f*); quartiere (*m*) ◊ **quarters**, alloggio; **a quarter past six**, le sei e un quarto; **residential quarter**, quartiere residenziale.

quarter ['kwɔːtə*] *v tr, intr* divìdere in quattro; alloggiare.

quarterly ['kwɔːtəlɪ] *adj* trimestrale.

quartet [kwɔː'tet] *n* quartetto.

quartz [kwɔːts] *n* quarzo.

quash [kwɒʃ] *v tr* sottométtere, schiacciare.

quaver ['kweɪvə*] *v intr, tr* tremare, vibrare.

quay [kiː] *n* banchina, molo.

queasy ['kwiːzɪ] *adj* nauseante ◊ (*person*) schizzinoso.

queen [kwiːn] *n* regina ◊ (*cards*) regina, donna ◊ **beauty queen**, reginetta di bellezza; **queen mother**, regina madre.

queer [kwɪə*] *adj* strambo, débole ◊ (*sl*) omosessuale; **to feel queer**, sentirsi male.

quell [kwel] *v tr* reprìmere.

quench [kwentʃ] *v tr* estìnguere, spègnere.

query ['kwɪərɪ] *n* domanda.

query ['kwɪərɪ] *v tr* indagare, méttere in dubbio.

question ['kwestʃən] *n* domanda, quesito;

dubbio, problema (*m*) ◊ **let's stick to the question**, atteniamoci all'argomento; **it's out of the question**, non se ne parla neanche; **beyond all question**, senza dubbio alcuno; **without question**, senza discussione.

question ['kwestʃən] *v tr* (*person*) interrogare ◊ (*project, idea*) méttere in dubbio.

questionable ['kwestʃənəbl] *adj* incerto, discutìbile.

questioning ['kwestʃənɪŋ] *n* interrogatorio.

queue [kjuː] *n* coda, fila ◊ **to jump the queue**, passare davanti a chi sta facendo la coda; **to stand in a queue**, fare la fila.

quick [kwɪk] *adj* ràpido, veloce; sbrigativo ◊ **be quick!**, spicciati!

quick [kwɪk] *adv* presto.

quicken ['kwɪkən] *v tr, intr* affrettare(-rsi); animare, stimolare.

quickly ['kwɪklɪ] *adv* velocemente, presto.

quicksand ['kwɪksænd] *n* sabbie (*f pl*) mòbili.

quickset ['kwɪkset] *adj* (*tree*) sempreverde.

quid [kwɪd] *n* (*BrE*) (*sl*) sterlina.

quiet ['kwaɪət] *adj* calmo, tranquillo ◊ (*noise*) sommesso ◊ (*ceremony*) sémplice ◊ (*person*) riservato ◊ **keep quiet!**, sta' zitto!; **to grow quiet**, calmarsi; **please be quiet**, per favore silenzio.

quiet ['kwaɪət] *n* silenzio, quiete (*f*), pace (*f*), tranquillità.

quieten ['kwaɪətn] *v tr, intr* calmare(-rsi).

quietness ['kwaɪətnɪs] *n* calma.

quilt [kwɪlt] *n* trapunta.

quilted ['kwɪltɪd] *adj* imbottito.

quince [kwɪns] *n* cotogna.

quintessence [kwɪn'tesns] *n* quintessenza.

quip [kwɪp] *n* arguzia, battuta.

quirk [kwɜːk] *n* arguzia; ghirigoro; ticchio.

quit, *pt, pp* **quit** *or* **quitted** [kwɪt, kwɪtɪd] *v tr* abbandonare ◊ (*AmE*) sméttere ◊ **to quit office**, dimettersi; **notice to quit**, disdetta.

quite [kwaɪt] *adv* perfettamente, completamente; abbastanza; veramente; almeno ◊ **quite right**, perfetto; **she was quite annoyed**, era piuttosto irritata; **are you quite sure?**, sei veramente sicuro?

quits [kwɪts] *adj* pari ◊ **now we are quites**, ora siamo pari.

quittance ['kwɪtəns] *n* (*law*) ricevuta, quietanza.

quiver ['kwɪvə*] *v intr*, *tr* tremare, far tremare, frèmere, rabbrividire.

quiz [kwɪz] *n* indovinello, quiz.

quiz [kwɪz] *v tr* interrogare, porre quesiti.

quizmaster ['kwɪz,mɑ:stə*] *n* (*radio*, *television*) presentatore (*m*) di quiz.

quizzical ['kwɪzɪkl] *adj* beffardo, strambo, originale.

quota ['kwəʊtə] *n* quota.

quotation [kwəʊ'teɪʃn] *n* citazione (*f*), brano ◊ (*comm*) quotazione (*f*), preventivo.

quotation-marks [kwəʊ'teɪʃn mɑ:ks] *n pl* virgolette (*f pl*).

quote [kwəʊt] *v tr* citare, riportare; addurre come prova ◊ (*comm*) quotare ◊ **to quote a price**, fare un prezzo.

quotient ['kwəʊʃnt] *n* quoziente (*m*) ◊ **intelligence quotient**, quoziente d'intelligenza.

R

rabbit ['ræbɪt] *n* coniglio.

rabble ['ræbl] *n* calca, folla.

rabid ['ræbɪd] *adj* (*dog*) idròfobo.

race [reɪs] *n* (*sport*) corsa ◊ **the race for power**, la corsa al potere; **race-horse**, cavallo da corsa.

race [reɪs] *n* razza, stirpe (*f*) ◊ **the human race**, la razza umana; **race against time**, lotta contro il tempo.

race [reɪs] *v tr*, *intr* gareggiare ◊ (*engine*) imballarsi.

racecourse ['reɪskɔ:s] *n* ippòdromo.

racial ['reɪʃl] *adj* razziale.

racialism ['reɪʃəlɪzəm] *n* razzismo.

racing ['reɪsɪŋ] *n* corsa ◊ **racing-car**, auto da corsa; **motor-racing**, corse automobilìstiche; **racing driver**, corridore automobilista.

racism ['reɪsɪzəm] *n* razzismo.

rack [ræk] *n* rastrelliera, rete (*f*) ◊ (*car*) portabagagli (*m inv*) ◊ **plate-rack**, scolapiatti; **luggage-rack**, rete per le valigie.

rack [ræk] *v tr* torturare.

racket ['rækɪt] *n* chiasso ◊ (*fam*) truffa ◊ (*sport*) racchetta.

racquet ['rækɪt] *n see* **racket**.

racy ['reɪsɪ] *adj* brioso.

radiance ['reɪdjəns] *n* radiosità (*inv*), fulgore (*m*).

radiant ['reɪdjənt] *adj* raggiante.

radiate ['reɪdɪeɪt] *v tr*, *intr* irradiare(-rsi); diffòndere.

radiation [,reɪdɪ'eɪʃn] *n* irradiamento; radiazione (*f*).

radiator ['reɪdɪeɪtə*] *n* radiatore (*m*), calorìfero.

radical ['rædɪkl] *adj* radicale.

radio ['reɪdɪəʊ] *n* radio (*f*) ◊ **radio set**, apparecchio radio.

radioactive [,reɪdɪəʊ'æktɪv] *adj* radioattivo.

radioactivity [,reɪdɪəʊæk'tɪvətɪ] *n* radioattività (*inv*).

radiography [,reɪdɪ'ɒgrəfɪ] *n* radiografìa.

radiology [,reɪdɪ'ɒlədʒɪ] *n* radiologìa.

radio-telephony [,reɪdɪəʊ'telɪfəʊnɪ] *n* radiotelefonìa.

radiotherapy [,reɪdɪəʊ'θerəpɪ] *n* radioterapìa.

R.A.F. [,ɑ:r eɪ 'ef] *n abbr of* **Royal Air Force**, aeronàutica militare inglese.

raffish ['ræfɪʃ] *adj* dissoluto.

raffle ['ræfl] *n* lotterìa.

raft [rɑ:ft] *n* zàttera, chiatta.

rafter ['rɑ:ftə*] *n* trave (*f*).

rag [ræg] *n* straccio; (*derog*) giornalaccio ◊ **rags**, cenci ◊ **worn to rags**, ridotto a brandelli.

rag [ræg] *v tr*, *intr* burlare.

rage [reɪdʒ] *n* rabbia, furia; manìa ◊ **in a fit of rage**, in uno scatto d'ira.

rage [reɪdʒ] *v intr* infuriarsi ◊ (*storm*) imperversare.

rag-fair ['ræg feə*] *n* mercato degli àbiti usati.

ragged ['rægɪd] *adj* làcero.

raid [reɪd] *n* incursione (*f*).

rail [reɪl] *n* sbarra; cancello, ringhiera ◊ (*train*) rotaia, binario ◊ **guard-rail**, parapetto di protezione; **by rail**, per ferrovia.

railings ['reɪlɪŋz] *n pl* cancellate (*f pl*), inferriate (*f pl*).

railway ['reɪlweɪ], (*AmE*) **railroad**

['reɪlrəʊd] *n* ferrovìa.

rain [reɪn] *n* pioggia ◊ **pelting rain**, pioggia scrosciante; **shower of rain**, acquazzone; **in the rain**, sotto la pioggia; **it looks like rain**, sembra voglia piovere.

rain [reɪn] *v tr, intr* piòvere.

rainbow ['reɪnbəʊ] *n* arcobaleno.

raincoat ['reɪnkəʊt] *n* (*clothes*) impermeàbile (*m*).

raindrop ['reɪndrɒp] *n* goccia di pioggia.

rainfall ['reɪnfɔ:l] *n* pioggia.

rainproof ['reɪnpru:f] *adj* impermeàbile.

rainy ['reɪnɪ] *adj* piovoso.

raise [reɪz] *v tr* alzare, rialzare; allevare; procurare, raccògliere ◊ **to raise one's voice**, alzare la voce; **to raise prices**, aumentare i prezzi; **to raise a family**, allevare una famiglia; **to raise an objection**, sollevare un'obiezione; **to raise a loan**, ottenere un prestito.

raisin ['reɪzn] *n* uva secca.

rake [reɪk] *n* rastrello.

rake-off ['reɪkɒf] *n* (*fam*) percentuale (*f*) ◊ (*sl*) tangente (*f*).

rally ['rælɪ] *n* riunione (*f*), raduno ◊ (*tennis*) scambio ◊ (*car*) rally (*m inv*).

rally ['rælɪ] *v tr, intr* radunare(-rsi); riprèndere(-rsi).

ram [ræm] *n* montone (*m*).

ram [ræm] *v tr* ficcare; urtare; speronare.

RAM [ræm] *abbr of* **Random Access Memory** (*computer*), RAM, memoria di accesso casuale.

ramble ['ræmbl] *v* girovagare ◊ (*fig*) divagare ◊ (*plant*) créscere disordinatamente.

rambling ['ræmblɪŋ] *adj* errante, vagabondo ◊ (*speech*) sconnesso ◊ (*plant*) rampicante ◊ (*building*) costruito in modo irregolare.

ramify ['ræmɪfaɪ] *v tr, intr* ramificare(-rsi); diramarsi.

ramp [ræmp] *n* salita, rampa.

rampage [ræm'peɪdʒ] *n* furia.

rampage [ræm'peɪdʒ] *v intr* infuriarsi.

rampant ['ræmpənt] *adj* (*fig*) violento, sfrenato; esteso, dilagante ◊ (*plant*) lussureggiante ◊ **to be rampant**, dilagare.

rampart ['ræmpɑ:t] *n* bastione (*m*) ◊ (*fig*) baluardo, difesa.

ramshackle ['ræm,ʃækl] *adj* sgangherato, in

rovina, cadente, vacillante.

ran [ræn] *pt of* **run**.

rancid ['rænsɪd] *adj* ràncido.

rancour ['ræŋkə*] *n* rancore (*m*), risentimento.

random ['rændəm] *adj* a caso, casuale ◊ **at random**, a caso.

rang [ræŋ] *pt of* **ring**.

range [reɪndʒ] *n* fila, serie (*f*) ◊ (*mountain*) catena ◊ (*comm*) gamma ◊ (*fig*) àmbito ◊ (*weapon*) tiro ◊ **firing range**, distanza di tiro.

range [reɪndʒ] *v tr, intr* ordinare, classificare, estèndersi ◊ (*price*) variare ◊ inclùdere.

ranger ['reɪndʒə*] *n* guardia forestale.

rank [ræŋk] *n* fila; grado, rango ◊ **taxi-rank** posteggio di taxi.

rank [ræŋk] *v tr, intr* schierare(-rsi), classificare ◊ **I rank fourth in the list**, sono quarto nell'elenco; **to rank with**, essere alla pari di.

rank [ræŋk] *adj* (*plant*) rigoglioso ◊ (*smell, taste*) puzzolente ◊ (*fam derog*) vero e proprio ◊ **rank subversion**, sovversione totale.

rankle ['ræŋkl] *v intr, tr* (*wound*) infiammare(-rsi); bruciare.

ransack ['rænsæk] *v tr* rovistare, frugare; saccheggiare.

ransom ['rænsəm] *n* riscatto.

rap [ræp] *n* colpo (leggero e secco) ◊ (*fam*) biàsimo ◊ **to beat the rap**, farla franca; **it isn't worth a rap**, non vale un soldo; **rap** (*music*), musica rap.

rapacious [rə'peɪʃəs] *adj* rapace.

rape [reɪp] *n* stupro.

rape [reɪp] *v tr* violentare.

rapid ['ræpɪd] *adj* ràpido ◊ (*pulse*) frequente ◊ **rapids**, rapida (di un fiume).

rapport [ræ'pɔ:*] *n* rapporto, relazione (*f*).

rapture ['ræptʃə*] *n* èstasi (*f inv*).

rapturous ['ræptʃərəs] *adj* estàtico, estasiato.

rare [reə*] *adj* insòlito ◊ (*fam*) eccezionale ◊ (*steak*) al sangue ◊ (*air*) rarefatto.

rarefy ['reərɪfaɪ] *v tr, intr* rarefare(-rsi) ◊ (*fig*) raffinare(-rsi).

rarely ['reəlɪ] *adv* raramente.

rarity ['reərətı] *n* rarità (*inv*).

rascal ['rɑ:skəl] *n* furfante (*m*).

rash [ræʃ] *adj* imprudente.

rash [ræʃ] *n* eruzione cutànea.

rashness ['ræʃnıs] *n* imprudenza.

rasp [rɑ:sp] *n* lima.

raspberry ['rɑ:bərı] *n* lampone (*m*) ◊ (*derog*) pernacchia.

rasping ['rɑ:spıŋ] *adj* stridente, aspro.

rat [ræt] *n* ratto, topo.

rate [reıt] *n* prezzo ◊ (*comm*) tasso ◊ (*speed*) velocità (*inv*), ìndice (*m*) ◊ **at this rate**, di questo passo; **rates**, imposta comunale; **rate of exchange**, corso di cambio; **birth-rate**, indice di natalità; **at any rate**, comunque; **first-rate**, di prim'ordine; **rate-payer**, contribuente.

rate [reıt] *v tr, intr* valutare ◊ (*BrE*) tassare.

rateable ['reıtəbl] *adj* valutàbile ◊ **rateable value**, valore imponibile.

rather ['rɑ:ðə*] *adv* piuttosto; un po'; quasi ◊ **it's rather hot**, è piuttosto caldo; **I would rather**, preferirei.

ratify ['rætıfaı] *v tr* ratificare.

rating ['reıtıŋ] *n* valutazione (*f*); imponìbile (*m*); categorìa ◊ (*sailor*) marinaio sémplice.

ratio ['reıʃıəʊ] *n* rapporto.

ration ['ræʃn] *n* razione (*f*) ◊ **rations**, viveri.

rational ['ræʃənl] *adj* razionale, lògico.

rationalize ['ræʃnəlaız] *v tr* razionalizzare.

rattle ['rætl] *n* tintinnìo, picchiettìo ◊ (*death*) ràntolo ◊ (*engine*) bàttito strano del motore.

rattle ['rætl] *v tr, intr* risuonare, tintinnare; sferragliare.

ravage ['rævıdʒ] *n* devastazione (*f*), rovina ◊ **ravages**, danni.

rave [reıv] *v intr* vaneggiare ◊ (*sea, wind*) infuriarsi.

ravel ['rævl] *n* groviglio.

raven ['reıvn] *n* corvo.

ravenous ['rævənəs] *adj* vorace.

ravine [rə'vi:n] *n* abisso.

raving ['reıvıŋ] *adj* frenètico.

ravishing ['rævıʃıŋ] *adj* incantévole.

raw [rɔ:] *adj* grezzo; crudo; inesperto ◊ (*wound, sore*) infiammato ◊ **raw mate-** rials, materie prime; **raw meat**, carne cruda.

ray [reı] *n* raggio ◊ **X-rays**, raggi X.

rayon ['reıɒn] *n* raion.

raze [reız] *v tr* ràdere al suolo.

razor ['reızə*] *n* rasoio ◊ **razorblade**, lametta da barba.

razzle ['ræzəl] *n* (*sl*) confusione (*f*), baldoria.

Rd. *abbr of* **road**, strada.

reach [ri:tʃ] *n* portata di mano, accesso ◊ (*river*) tratto ◊ **within reach**, a portata di mano.

reach [ri:tʃ] *v tr, intr* arrivare a; estèndersi, spingersi ◊ **to reach an agreement**, giungere a un accordo.

reach-me-down ['ri:tʃ mi: ˌdaʊn] *adj* confezionato, già fatto.

react [rı'ækt] *v intr* reagire (a).

re-act [rı'ækt] *v tr* replicare.

reaction [rı'ækʃn] *n* reazione (*f*).

reactionary [rı'ækʃnərı] *adj, n* reazionario (-a).

reactor [rı'æktə*] *n* reattore (*m*) nucleare.

read, *pt, pp* **read** [ri:d, red] *v tr, intr* lèggere, interpretare, decifrare; (*university*) studiare ◊ **to read through**, leggere da cima a fondo.

reader ['ri:də*] *n* lettore(-trice) ◊ (*school*) libro di lettura ◊ (*university*) professore (-oressa).

readily ['redılı] *adv* volentieri.

readiness ['redınıs] *n* prontezza.

reading-lamp ['ri:dıŋlæmp] *n* làmpada da studio.

reading-room ['ri:dıŋrʊm] *n* sala di lettura.

readjust [ˌri:ə'dʒʌst] *v tr* riordinare.

ready ['redı] *adj* pronto, sollécito; disponibile, a portata di mano ◊ **ready-cash**, denaro in contanti; **to make sth ready**, preparare qcs.

ready-made [ˌredı'meıd] *or* **ready to wear** [ˌredı tə 'weə*] *adj* già pronto, confezionato.

real [rıəl] *adj* reale, autèntico ◊ **real wages**, salario effettivo; **real estate**, beni immobili; **in real terms**, in realtà; **in real time**, in tempo reale.

realism ['rıəlızəm] *n* realismo.

realistic [ˌrıə'lıstık] *adj* realìstico.

reality [rɪ'ælətɪ] *n* realtà (*inv*) ◊ **in reality**, in realtà.

realize ['rɪəlaɪz] *v tr* realizzare; capire, rèndersi conto di.

really ['rɪəlɪ] *adv* davvero.

reap [ri:p] *v tr* mirete.

reappear [ˌri:ə'pɪə*] *v intr* riapparire, ricomparire.

reappearance [ˌri:ə'pɪərəns] *n* ricomparsa.

rear [rɪə*] *n* retro.

rear [rɪə*] *adj* posteriore ◊ **rear view mirror**, specchietto retrovisore.

rear [rɪə*] *v tr, intr* alzare(-rsi); educare ◊ (*horse*) impennarsi.

rearrange [ˌri:ə'reɪndʒ] *v tr* riordinare.

reason ['ri:zn] *n* ragione (*f*), càusa; buon senso; intelletto ◊ **for no reason**, per nessuna ragione; **for one reason or another**, per un motivo o per l'altro.

reason ['ri:zn] *v tr, intr* discùtere; affermare; convìncere.

reasonable ['ri:znəbl] *adj* ragionévole; giusto, conveniente.

reasoned ['ri:znd] *adj* ponderato.

reasoning ['ri:znɪŋ] *n* ragionamento.

reassure [ˌri:ə'ʃʊə*] *v tr* rassicurare, tranquillizzare ◊ (*comm*) riassicurare.

reassuring [ˌri:ə'ʃʊərɪŋ] *adj* rassicurante.

rebate ['ri:beɪt] *n* (*comm*) ribasso, sconto; rimborso.

rebel ['rebl] *n* ribelle (*m / f*).

rebel [rɪ'bel] *v intr* ribellarsi ◊ **to rebel against sb**, ribellarsi a qc.

rebellion [rɪ'beljən] *n* ribellione (*f*), rivolta, insurrezione (*f*).

rebellious [rɪ'beljəs] *adj* ribelle.

rebind, *pt, pp* **rebound** [ˌri:'baɪnd, ri-:'baʊnd] *v tr* rilegare.

rebound [ri:'baʊnd] *v intr* rimbalzare.

rebound [ri:'baʊnd] *pt, pp of* **rebind.**

rebuff [rɪ'bʌf] *n* rifiuto.

rebuke [rɪ'bju:k] *n* biàsimo.

rebuttal [rɪ'bʌtl] *n* rifiuto.

recall [rɪ'kɔ:l] *n* richiamo; rèvoca ◊ **past recall**, irrevocabile.

recall [rɪ'kɔ:l] *v tr* richiamare, rievocare.

recap ['ri:kæp] *v tr* ricapitolare, riassùmere.

recapture [ˌri:'kæptʃə*] *v tr* riprèndere ◊ (*fig*) ricreare.

recede [rɪ'si:d] *v intr* ritirarsi, allontanarsi; affievolirsi.

receding [rɪ'si:dɪŋ] *adj* che si ritira ◊ (*forehead, chin*) sfuggente ◊ (*prices*) calante.

receipt [rɪ'si:t] *n* ricevimento (di documento); ricevuta, quietanza; scontrino ◊ (*medicine*) ricetta ◊ (*comm*) **receipts**, incassi.

receive [rɪ'si:v] *v tr, intr* ricévere, accògliere.

receiver [rɪ'si:və*] *n* ricevente (*m / f*), destinatario(-a) ◊ (*law*) ricettatore(-trice) ◊ (*tel*) ricevitore (*m*) ◊ **to lift the receiver**, staccare il ricevitore.

recent ['ri:snt] *adj* recente.

recently ['ri:sntlɪ] *adv* recentemente, poco tempo fa.

reception [rɪ'sepʃn] *n* ricevimento, accoglienza; accettazione ◊ (*radio, tv*) ricezione (*f*) ◊ **reception-desk**, banco d'albergo; (*AmE*) **reception-clerk**, portiere d'albergo.

receptive [rɪ'septɪv] *adj* ricettivo.

recess [rɪ'ses] *n* alcova, cavità (*inv*), recesso; vacanza (parlamentare).

recharge [ˌri:'tʃɑ:dʒ] *v tr* ricaricare.

recipe ['resɪpɪ] *n* ricetta.

recipient [rɪ'sɪpɪənt] *n* ricevente (*m / f*), beneficiario(-a).

reciprocal [rɪ'sɪprəkl] *adj* recìproco.

reciprocate [rɪ'sɪprəkeɪt] *v tr, intr* ricambiare.

recite [rɪ'saɪt] *v tr* recitare, declamare; esporre.

reckless ['reklɪs] *adj* imprudente, spericolato.

reckon ['rekən] *v tr, intr* contare; stimare ◊ (*fam*) pensare ◊ **I reckon that**, penso che.

reclaim [rɪ'kleɪm] *v tr* bonificare; riabilitare; chièdere la restituzione.

reclamation [ˌreklə'meɪʃn] *n* bonìfica ◊ (*right*) rivendicazione (*f*).

recline [rɪ'klaɪn] *v tr, intr* appoggiare(-rsi), stèndere(-rsi), giacere.

recognition [ˌrekəg'nɪʃn] *n* riconoscimento.

recognizable ['rekəgnaɪzəbl] *adj* riconoscibile.

recognize ['rekəgnaɪz] *v tr* riconòscere, accorgersi di ◊ **to recognize (sb) by**, riconoscere (qc) da.

recollect [ˌrekə'lekt] *v tr, intr* ricordare(-rsi).

recommend [,rekə'mend] *v tr* raccomandare, proporre, consigliare.

recommendation [,rekəmen'deɪʃn] *n* raccomandazione (*f*), consiglio.

recompense ['rekəmpens] *n* ricompensa.

reconcile ['rekənsaɪl] *v tr* (*person*) conciliare ◊ (*things*) accordare ◊ **to be reconciled to sthg**, rassegnarsi a qcs.

reconciliation [,rekənsɪlɪ'eɪʃn] *n* riconciliazione (*f*), accordo.

reconsider [,ri:kən'sɪdə*] *v tr, intr* riesaminare.

reconstruction [,ri:kən'strʌkʃn] *n* ricostruzione (*f*).

record ['rekɔ:d] *n* registro, registrazione (*f*), testimonianza ◊ (*law*) verbale (*m*) ◊ (*mus*) disco ◊ (*sport*) primato ◊ **to keep a record of**, prendere nota di; **to be on record**, essere noto; **police record**, fedina penale; **long-playing record**, disco a 33 giri; **to break a record**, battere un primato; **in record time**, a tempo di record.

record [rɪ'kɔ:d] *v tr* registrare, prèndere nota di, raccontare ◊ (*mus*) incìdere.

record-holder ['rekɔ:d,həʊldə*] *n* (*sport*) primatista (*m* / *f*).

recording [rɪ'kɔ:dɪŋ] *n* registrazione (*f*).

recount [rɪ'kaʊnt] *v tr* narrare.

recoup [rɪ'ku:p] *v tr* ricuperare, risarcire.

recourse [rɪ'kɔ:s] *n* ricorso.

recover [rɪ'kʌvə*] *v tr, intr* ricuperare; riprèndersi, guarire.

recovery [rɪ'kʌvərɪ] *n* ricùpero; guarigione (*f*).

recreate ['rekrɪeɪt] *v tr* ricreare.

recreation [,rekrɪ'eɪʃn] *n* ricreazione (*f*), svago, passatempo.

recruit [rɪ'kru:t] *n* rècluta (*m*).

rectangle ['rek,tæŋgl] *n* rettàngolo.

rectify ['rektɪfaɪ] *v tr* rettificare, corrèggere.

rector ['rektə*] *n* (*church*) pàrroco ◊ (*university*) rettore (*m*).

recur [rɪ'kɜ:*] *v intr* ricòrrere, ripètersi.

recurrence [rɪ'kʌrəns] *n* ricorrenza, riapparizione (*f*); ricaduta.

recurrent [rɪ'kʌrənt] *adj* periòdico, ricorrente.

recycle [,rɪ:'saɪkl] *v tr* riciclare.

recycling [,rɪ:'saɪklɪŋ] *n* riciclaggio.

red [red] *n* (*colour*) rosso ◊ (*comm*) **to be in the red**, essere in rosso.

red [red] *adj* rosso ◊ (*person*) **to go red**, arrossire; **Red Cross**, Croce Rossa; **red-currant**, ribes; **red-light district**, quartiere a luci rosse.

redden ['redn] *v tr, intr* arrossire.

redeem [rɪ'di:m] *v tr* redìmere, riscattare; mantenere; **to redeem a mistake**, riparare un errore.

red-handed [,red'hændɪd] *adj* con le mani insaguinate ◊ (*fig*) **to be caught red-handed**, essere preso in flagrante.

red-hot [,red'hɒt] *adj* rovente ◊ (*fam, news*) ultimìssima.

rediscovery [,rɪ:dɪ'skʌvərɪ] *n* riscoperta.

redistribute [,rɪ:dɪ'strɪbju:t] *v tr* ridistribuìre.

red-letter day [,red'letə* deɪ] *n* giorno festivo ◊ (*fig*) giorno memoràbile.

redness ['rednɪs] *n* rossore (*m*).

redress [rɪ'dres] *v tr* risarcire ◊ **to redress a damage**, risarcire un danno.

red-tape [,red'teɪp] *n* burocrazia.

reduce [rɪ'dju:s] *v tr, intr* ridurre ◊ **to reduce one's weight**, dimagrire.

reduction [rɪ'dʌkʃn] *n* riduzione (*f*) ◊ (*tax*) sgravio ◊ (*price*) sconto.

redundant [rɪ'dʌndənt] *adj* sovrabbondante; eccedente.

reed [ri:d] *n* canna palustre.

reef [ri:f] *n* scogliera.

reefer ['ri:fə*] *n* (*sl*) sigaretta alla marijuana.

reek [ri:k] *n* puzzo, fetore (*m*).

reel [ri:l] *n* bobina, rocchetto ◊ (*fam*) **off the reel**, tutto d'un fiato.

reel [ri:l] *v tr* annaspare; avvòlgere.

re-elect [,ri:ɪ'lekt] *v tr* rielèggere.

ref *abbr of* **reference**, riferimento.

refer [rɪ'fɜ:*] *v tr, intr* (*thing*) riméttere, deferire ◊ (*person*) rinviare ◊ (*comm*) riferirsi.

referee [,refə'ri:] *n* àrbitro, giùdice (*m*) di gara ◊ (*comm*) avallante (*m*).

referee [,refə'ri:] *v tr, intr* arbitrare.

reference ['refrəns] *n* riferimento, allusione (*f*), citazione (*f*); raccomandazione (*f*); consultazione (*f*) ◊ **with reference to**, in merito a; **trade references**, referenze commerciali.

refill [,ri:'fɪl] *v tr, intr* riempire(-rsi), ricaricare.

refine [rɪ'faɪn] *v tr, intr* (*oil, sugar*), raffinare (-rsi), purificare(-rsi).

refined [rɪ'faɪnd] *adj* (*person*) distinto ◊ (*thing*) raffinato, ricercato.

refinery [rɪ'faɪnərɪ] *n* raffinerìa.

reflect [rɪ'flekt] *v tr, intr* riflèttere(-rsi), manifestare, esprìmere.

reflection [rɪ'flekʃn] *n* riflessione (*f*); meditazione (*f*); considerazione (*f*) ◊ **on reflection**, pensandoci sopra.

reflector [rɪ'fləktə*] *n* riflettore (*m*) ◊ (*car*) catarifrangente (*m*).

reflex ['ri:fleks] *adj* riflesso, indiretto.

reflux ['ri:flʌks] *n* riflusso.

reform [rɪ'fɔ:m] *n* riforma.

reform [rɪ'fɔ:m] *v tr, intr* corrèggere(-rsi), emendare(-rsi).

reformer [rɪ'fɔ:mə*] *n* riformatore(-trice).

refrain [rɪ'freɪn] *v intr* astenersi da, fare a meno di.

refresh [rɪ'freʃ] *v tr, intr* rinfrescare, ristorare(-rsi) ◊ **to refresh one's memory**, rinfrescare la memoria.

refreshment [rɪ'freʃmənt] *n* ristoro; *n pl* rinfresco.

refrigerate [rɪ'frɪdʒəreɪt] *v tr* refrigerare.

refrigerator [rɪ'frɪdʒəreɪtə*] *n* frigorìfero.

refuge ['refju:dʒ] *n* riparo.

refugee [,refjʊ'dʒi:] *n* pròfugo(-a), èsule (*m / f*).

refund [ri:'fʌnd] *v tr* rimborsare.

refusal [rɪ'fju:zl] *n* rifiuto ◊ **flat refusal**, rifiuto netto.

refuse ['refju:s] *n* rifiuti (*m pl*) ◊ **refuse-bin**, portarifiuti.

refuse [rɪ'fju:z] *v tr, intr* rifiutare(-rsi).

regain [rɪ'geɪn] *v tr* guadagnare, riacquistare.

regal ['ri:gl] *adj* regale, reale.

regard [rɪ'gɑ:d] *n* riguardo, stima ◊ **with regard to**, in relazione a; **out of regard for sb**, per riguardo a qc; **with best regards**, con i migliori saluti; **to give one's regards to**, porgere i saluti a.

regard [rɪgɑ:d] *v tr* considerare ◊ **as regards**,

per quanto concerne (*o* riguarda).

regardless [rɪ'gɑ:dlɪs] *adj* indifferente, senza badare a ◊ **regardless of expense**, senza badare a spese.

regatta [rɪ'gætə] *n* (*sport*) regata.

regency ['ri:dʒənsɪ] *n* reggenza.

region ['ri:dʒən] *n* regione (*f*), zona.

register ['redʒɪstə*] *n* registro, elenco ◊ **register of voters**, lista elettorale; **cash register**, registratore di cassa.

register ['redʒɪstə*] *v tr, intr* iscrivere(-rsi) ◊ (*car*) immatricolare ◊ (*hotel*) firmare un registro ◊ (*letter*) raccomandare ◊ (*luggage*) assicurare.

registered ['redʒɪstəd] *adj* registrato, immatricolato ◊ (*letter*) raccomandato; ◊ **registered letter**, lettera raccomandata; **registered luggage**, bagaglio assicurato.

registration [,redʒɪ'streɪʃn] *n* registrazione (*f*), iscrizione (*f*), immatricolazione (*f*) ◊ (*car*) **registration number**, numero di targa.

registry ['redʒɪstrɪ] *n* archivio; ufficio anagràfico ◊ **registry office**, ufficio di stato civile.

regression [rɪ'greʃn] *n* regresso.

regret [rɪ'gret] *n* rammàrico ◊ **with many regrets**, con molte scuse.

regret [rɪ'gret] *v tr* rimpiàngere ◊ **I regret**, mi rincresce.

regretful [rɪ'gretfʊl] *adj* spiacente, pieno di rincrescimento.

regrettable [rɪgretəbl] *adj* spiacévole, deplorévole.

regroup [,ri:'gru:p] *v tr, intr* raggruppare (-rsi).

regular ['regjʊlə*] *adj* regolare, abituale ◊ (*AmE*) onesto.

regular ['regjʊlə*] *n* (*fam*) cliente (*m / f*) abituale ◊ (*sport*) titolare (*m / f*).

regularity [,regjʊ'lærətɪ] *n* regolarità (*inv*).

regulate ['regjʊleɪt] *v tr* regolare, disciplinare.

rehabilitate [,ri:ə'bɪlɪteɪt] *v tr* riabilitare.

rehearsal [rɪ'hɜ:sl] *n* (*theatre, cinema*) prova ◊ **dress rehearsal**, prova generale.

rehearse [rɪ'hɜ:s] *v tr, intr* (*theatre, cinema*) fare le prove.

reign [reɪn] *v intr* regnare ◊ (*fig*) predominare.

reimburse [ˌriːɪmˈbɜːs] *v tr* rimborsare.

rein [reɪn] redine, briglia ◊ *pl* (*fig*) redini, comando.

reindeer [ˈreɪnˌdɪə*] *n* (*pl inv*) renna.

reinforce [ˌriːɪnˈfɔːs] *v tr* rinforzare ◊ **reinforced concrete**, cemento armato.

reinvestment [ˌriːɪnˈvestmənt] *n* (*comm*) reinvestimento.

reiterate [riːˈɪtəreɪt] *v tr* ripètere.

reject [ˈriːdʒekt] *n* rifiuto, scarto.

reject [riˈdʒekt] *v tr* rifiutare, respìngere ◊ (*mil*) riformare.

rejection [rɪˈdʒekʃn] *n* rifiuto.

rejoice [rɪˈdʒɔɪs] *v tr, intr* rallegrare.

rejoin [ˌriːˈdʒɔɪn] *v tr, intr* riunire(-rsi).

rejoin [rɪˈdʒɔɪn] *v intr* rispòndere, replicare.

rekindle [ˌriːˈkɪndl] *v tr, intr* riaccèndere (-rsi).

relaid [ˌriːˈleɪd] *pt, pp of* **relay**.

relapse [rɪˈlæps] *n* ricaduta (di malattìa).

relate [rɪˈleɪt] *v tr, intr* raccontare; méttere in rapporto; riguardare ◊ **strange to relate**, strano a dirsi.

related [rɪˈleɪtɪd] *adj* connesso.

relation [rɪˈleɪʃn] *n* narrazione (*f*), esposizione (*f*), relazione (*f*) ◊ (*person*) parente (*m / f*) ◊ **relations**, relazioni; **with relation to**, per quanto riguarda; **business relations**, rapporti d'affari; **strained relations**, rapporti tesi; **near relations**, parenti stretti.

relationship [rɪˈleɪʃnʃɪp] *n* relazione (*f*); parentela.

relative [ˈrelətɪv] *n* parente (*m / f*), congiunto.

relative [ˈrelətɪv] *adj* relativo.

relax [rɪˈlæks] *v tr, intr* rilassare(-rsi).

relaxing [rɪˈlæksɪŋ] *adj* distensivo, rilassante, riposante.

relay [ˈriːleɪ] *n* (*worker*) squadra di turno ◊ (*sport*) staffetta.

relay, *pt, pp* **relaid** [ˌriːˈleɪ, ˌriːˈleɪd] *v tr* ricollocare.

relay [riːˈleɪ] *v tr* (*radio*) ritrasméttere.

release [rɪˈliːs] *n* liberazione (*f*), scarcerazione (*f*), esònero ◊ (*law*) cessione (*f*) ◊ (*film*) distribuzione (*f*) ◊ (*photo*) scatto.

release [rɪˈliːs] *v tr* rilasciare, liberare, esonerare ◊ (*law*) rinunciare (a diritti) ◊

(*film*) méttere in circolazione ◊ (*press*) diffòndere.

relegate [ˈrelɪgeɪt] *v tr* relegare ◊ (*sport*) retrocèdere.

relent [rɪˈlent] *v intr* placarsi, addolcirsi.

relentless [rɪˈlentlɪs] *adj* inflessìbile, spietato.

relevance [ˈreləvəns] *n* attinenza, pertinenza.

relevant [ˈreləvənt] *adj* attinente, pertinente.

reliability [rɪˌlaɪəˈbɪlətɪ] *n* affidabilità (*inv*), credibilità (*inv*).

reliable [rɪˈlaɪəbl] *adj* degno di fiducia, credìbile, fidato ◊ (*thing*) resistente ◊ (*comm*) solvìbile.

reliably [rɪˈlaɪəblɪ] *adv* attendibilmente.

reliance [rɪˈlaɪəns] *n* affidamento.

relic [ˈrelɪk] *n* reliquia, cimelio.

relief [rɪˈliːf] *n* sollievo, conforto, aiuto, assistenza ◊ (*money*) sovvenzione (*f*) ◊ (*law*) condono, esenzione (*f*) ◊ (*art*) rilievo ◊ (*fig*) rilievo, spicco ◊ **to bring into relief**, dare risalto a.

relieve [rɪˈliːv] *v tr* alleviare; dispensare; sostituìre; soccòrrere ◊ **to relieve pain**, alleviare il dolore.

religion [rɪˈlɪdʒən] *n* religione (*f*).

religious [rɪˈlɪdʒəs] *adj* religioso.

relish [ˈrelɪʃ] *n* condimento; attrattiva, propensione (*f*).

relish [ˈrelɪʃ] *v tr* gustare, gradire.

reload [ˌriːˈləʊd] *v tr* ricaricare.

reluctant [rɪˈlʌktənt] *adj* riluttante, restìo.

rely [rɪˈlaɪ] *v intr* contare su, fidarsi di ◊ **we rely on you**, contiamo su di te.

remain [rɪˈmeɪn] *v intr* rimanere.

remainder [rɪˈmeɪndə*] *n* resto, avanzo ◊ (*comm*) rimanenza.

remains [rɪˈmeɪnz] *n pl* avanzi (*m pl*), resti (*m pl*).

remark [rɪˈmɑːk] *n* osservazione (*f*), commento; nota, attenzione (*f*).

remark [rɪˈmɑːk] *v tr* osservare; dire; commentare.

remarkable [rɪˈmɑːkəbl] *adj* notévole, eccezionale.

remedial [rɪˈmiːdjəl] *adj* curativo.

remedy [ˈremɪdɪ] *n* rimedio.

remember [rɪ'məmbə*] *v tr, intr* ricordare (-rsi) di.

remembrance [rɪ'membrəns] *n* ricordo, memoria.

remind [rɪ'maɪnd] *v tr* rammentare, ricordare ◊ **to remind sb of sthg**, ricordare qcs a qc; **that reminds me**, a proposito; **passengers are reminded**, ricordiamo ai viaggiatori; **to remind sb to do sthg**, rammentare a qc di fare qcs.

reminder [rɪ'maɪndə*] *n* ricordo, promemoria (*m inv*).

reminescence [ˌremɪ'nɪsn] *n* ricordo, rimembranza.

reminiscent [ˌremɪ'nɪsnt] *adj* che ricorda, mèmore ◊ **to become reminiscent**, abbandonarsi all'onda dei ricordi.

remiss [rɪ'mɪs] *adj* negligente, trascurato.

remission [rɪ'mɪʃn] *n* remissione (*f*), perdono ◊ (*law*) condono.

remissive [rɪ'mɪsɪv] *adj* remissivo.

remit [rɪ'mɪt] *v tr, intr* riméttere, perdonare ◊ (*money*) inviare (per posta), spedire.

remittance [rɪ'mɪtəns] *n* (*money*) rimessa, invìo.

remnant ['remnənt] *n* avanzo, resto ◊ (*comm*) **remnants**, scampoli.

remorse [rɪ'mɔ:s] *n* rimorso.

remorseful [rɪ'mɔ:sful] *adj* contrito.

remorseless [rɪ'mɔ:slɪs] *adj* spietato.

remote [rɪ'məut] *adj* remoto, appartato ◊ (*person*) riservato ◊ **remote-control**, telecomando.

removable [rɪ'muLvəbl] *adj* rimovìbile, asportàbile.

removal [rɪ'mu:vl] *n* rimozione (*f*), destituzione (*f*) ◊ (*house*) trasloco ◊ **removal-agency**, agenzia di traslochi.

remove [rɪ'mu:v] *v tr, intr* rimuòvere, muòvere ◊ (*employee*) destituìre ◊ (*stain*) far sparire ◊ (*abuse*) sopprìmere.

remunerate [rɪ'mju:nəreɪt] *v tr* ricompensare.

rend, *pt, pp* **rent** [rend, rent] *v tr* stracciare, lacerare.

render ['rendə*] *v tr* rèndere, prestare, fornire ◊ (*food*) fòndere, squagliare.

rendering ['rendərɪŋ] *n* esecuzione (*f*), interpretazione (*f*).

renegade ['renɪgeɪd] *n* rinnegato(-a), disertore (*m*).

renew [rɪ'nju:] *v tr, intr* rinnovare(-rsi) ◊ (*comm*) **to renew a bill**, rinnovare una cambiale; **to renew a tyre**, sostituire un pneumatico.

renewal [rɪ'nju:əl] *n* rinnovamento, rinnovo.

renounce [rɪ'naʊns] *v tr* rinunziare a.

renovate ['renəʊveɪt] *v tr* rinnovare ◊ (*building*) restaurare.

renown [rɪ'naʊn] *n* fama.

rent [rent] *pt, pp of* **rend**.

rent [rent] *n* squarcio, strappo ◊ (*house*) affitto, pigione (*f*) ◊ (*AmE*) **for rent**, affittasi.

rent [rent] *v tr, intr* prèndere in affitto, affittare, dare in affitto.

rent-a-tape [ˌrentə'teɪp] *n* noleggio di videocassette.

renunciation [rɪ,nʌnsɪ'eɪʃn] *n* rinuncia, sacrificio.

reorder [ˌri:'ɔ:də*] *v tr* (*comm*) riorganizzare.

reorganize [ˌri:'ɔ:gənaɪz] *v tr, intr* riorganizzare(-rsi).

rep [rep] *n* (*fam*) *abbr of* **representative**, rappresentante (*m / f*).

repair [rɪ'peə*] *n* riparazione (*f*); stato, condizione (*f*) ◊ **beyond repair**, irreparabile; **repair-shop**, officina di riparazioni.

reparation [ˌrepə'reɪʃn] *n* riparazione (*f*) ◊ **reparations**, risarcimenti (*m pl*).

repartee [ˌrepɑ:ti:] *n* risposta arguta.

repay, *pt, pp* **repaid** [ri:'peɪ, ri:'peɪd] *v tr, intr* (*money*) rimborsare, restituìre, rèndere ◊ **to repay a visit**, restituire una visita.

repayment [ri:'peɪmənt] *n* rimborso, ricompensa.

repeal [rɪ'pi:l] *n* (*law*) abrogazione (*f*) ◊ (*sentence*) annullamento.

repeat [rɪ'pi:t] *v tr, intr* ripètere, riprodurre, rinnovare.

repeat [rɪ'pi:t] *n* (*radio, tv*) rèplica.

repel [rɪ'pel] *v tr* respìngere.

repellent [rɪ'pelənt] *adj* repellente.

repent [rɪ'pent] *v tr, intr* pentirsi, rammaricarsi.

repentance [rɪ'pentəns] *n* pentimento.

repentant [rɪ'pentənt] *adj* pentito.

repercussion [ˌriːpə'kʌʃn] *n* ripercussione (*f*); risonanza.

repertory ['repətərɪ] *n* repertorio, raccolta.

repetition [ˌrepɪ'tɪʃn] *n* ripetizione (*f*), rèplica.

repetitive [rɪ'petətɪv] *adj* ripetitivo.

replace [rɪ'pleɪs] *v tr* ricollocare, riméttere a posto.

replacement [rɪ'pleɪsmənt] *n* sostituzione (*f*); pezzo di ricambio; sostituto.

replay [ˌriː'pleɪ] *v tr* (*sport*) giocare di nuovo, ripètere (una partita) ◊ ritrasmettere.

replenish [rɪ'plenɪʃ] *v tr* riempire, rifornire.

replete [rɪ'pliːt] *adj* sazio.

reply [rɪ'plaɪ] *n* risposta.

reply [rɪ'plaɪ] *v intr, tr* rispòndere, replicare.

repopulate [ˌriː'pɒpjʊleɪt] *v tr* ripopolare.

report [rɪ'pɔːt] *n* relazione (*f*), rapporto, verbale (*m*); voce (*f*), dicerìa ◊ **weather report**, bollettino meteorologico.

report [rɪ'pɔːt] *v tr, intr* raccontare, riferire, fare la crònaca ◊ (*person*) denunciare, accusare; **to report the proceedings**, verbalizzare gli atti; **it is reported that**, si dice che.

reportage [ˌrepɔː'tɑːʒ] *n* servizio giornalistico.

repository [rɪ'pɒzɪtərɪ] *n* depòsito ◊ (*fig*) miniera.

reprehend [ˌreprɪ'hend] *v tr* riprèndere, biasimare.

reprehensible [ˌreprɪ'hensəbl] *adj* biasimévole.

represent [ˌreprɪ'zent] *v tr* rappresentare.

re-present [ˌriːprɪ'zent] *v tr* ripresentare.

representation [ˌreprɪzen'teɪʃn] *n* rappresentazione (*f*) ◊ **representations**, protesta, rimostranza.

representative [ˌreprɪ'zentətɪv] *adj* rappresentativo, tìpico.

representative [ˌreprɪ'zentətɪv] *n* (*pol*) rappresentante (*m / f*) deputato(-a), delegato (-a) ◊ (*comm*) rappresentante, propagandista (*m / f*); (*AmE*) **House of Representatives**, Camera dei Deputati.

repress [rɪ'pres] *v tr* reprìmere.

repression [rɪ'preʃn] *n* repressione (*f*).

repressive [rɪ'presɪv] *adj* repressivo.

reprimand ['reprɪmɑːnd] *n* rimpròvero, sgridata.

reprisal [rɪ'praɪzl] *n* rappresaglia.

reproach [rɪ'prəʊtʃ] *n* rimpròvero.

reproach [rɪ'prəʊtʃ] *v tr* rimproverare, biasimare.

reproachful [rɪ'prəʊtʃfʊl] *adj* di rimpròvero.

reproduce [ˌriːprə'djuːs] *v tr, intr* riprodurre, copiare; riprodursi.

reproduction [ˌriːprə'dʌkʃn] *n* riproduzione (*f*).

reproductive [ˌriːprə'dʌktɪv] *adj* riproduttivo.

reproof [ˌriː'pruːf] *n* biàsimo.

reprove [rɪ'pruːv] *v tr* rimproverare, biasimare.

reprovingly [rɪ'pruːvɪŋlɪ] *adv* con aria di rimprovero.

reptile ['reptaɪl] *n* rèttile (*m*).

republic [rɪ'pʌblɪk] *n* repùbblica.

republican [rɪ'pʌblɪkən] *adj, n* repubblicano (-a).

repudiate [rɪ'pjuːdɪeɪt] *v tr* ripudiare, disconòscere.

repugnant [rɪ'pʌgnənt] *adj* ripugnante.

repulse [rɪ'pʌls] *n* rifiuto, diniego, ripulsa.

repulse [rɪ'pʌls] *v tr* respìngere, ricacciare.

repulsion [rɪ'pʌlʃn] *n* ripugnanza, avversione (*f*).

repulsive [rɪ'pʌlsɪv] *adj* ripugnante.

reputable ['repjʊtəbl] *adj* rispettàbile, stimàbile.

reputation [ˌrepjʊ'teɪʃn] *n* reputazione (*f*).

repute [rɪ'pjuːt] *n* fama.

reputed [rɪ'pjuːtɪd] *adj* stimato, onorato.

request [rɪ'kwest] *n* richiesta, domanda ◊ **on request**, su richiesta; **by general request**, a richiesta generale; **request-stop**, fermata facoltativa; **to be in request**, essere in voga.

request [rɪ'kwest] *v tr* richièdere.

require [rɪ'kwaɪə*] *v tr* richièdere, aver bisogno di ◊ (*law*) prescrìvere ◊ (*often in the passive*) chièdere, esìgere ◊ **to require an answer**, esigere una risposta.

required [rɪ'kwaɪəd] *adj* richiesto, necessario.

requirement [rɪ'kwaɪəmənt] *n* requisito, esigenza, bisogno.

requisite ['rekwɪzɪt] *n* requisito, occorrente (*m*).

requisite ['rekwɪzɪt] *adj* necessario, indispensàbile.

requisition [ˌrekwɪ'zɪʃn] *n* domanda, richiesta.

requital [rɪ'kwaɪtl] *n* ricambio; ricompensa.

rescue ['reskju:] *n* salvataggio, scampo, soccorso.

rescue ['reskju:] *v tr* salvare, soccòrrere.

research [rɪ'sɜ:tʃ] *n* ricerca, indàgine (*f*).

research [rɪ'sɜ:tʃ] *v tr, intr* indagare.

researcher [rɪ'sɜ:tʃə*] *n* ricercatore(-trice).

resemblance [rɪ'zembləns] *n* rassomiglianza.

resemble [rɪ'zembl] *v tr* assomigliare a.

resent [rɪ'zent] *v tr* risentirsi di, offèndersi per.

resentful [rɪ'zentfʊl] *adj* risentito, permaloso.

resentment [rɪ'zentmənt] *n* risentimento, sdegno, rancore (*m*).

reservation [ˌrezə'veɪʃn] *n* riserva, eccezione (*f*) ◊ (*hotel*) prenotazione (*f*) ◊ **to make a reservation** (*hotel, plane, restaurant*), fare una prenotazione, prenotare.

reserve [rɪ'zɜ:v] *n* riserbo; riserva.

reserve [rɪ'zɜ:v] *v tr*, riservare, conservare ◊ (*hotel*) prenotare.

reserved [rɪ'zɜ:vd] *adj* riservato ◊ (*seat*) prenotato.

reservoir ['rezəvwɑ:*] *n* serbatoio.

reshuffle [ˌri:'ʃʌfl] *v tr* rimescolare.

reside [rɪ'saɪd] *v intr* risièdere.

residence ['rezɪdəns] *n* residenza ◊ **residence permit**, permesso di soggiorno; **board and residence**, vitto e alloggio.

resident ['rezɪdənt] *adj* residente, locale ◊ (*doctor*) interno.

resident ['rezɪdənt] *n* residente (*m / f*), abitante (*m / f*).

residential [ˌrezɪ'denʃl] *adj* residenziale, elegante.

residue ['rezɪdju:] *n* resto.

resign [rɪ'zaɪn] *v tr, intr* abbandonare, diméttersi (da).

resigned [rɪ'zaɪnd] *adj* rassegnato.

resin ['rezɪn] *n* rèsina.

resist [rɪ'zɪst] *v tr, intr* resìstere a, opporsi a

◊ **to resist temptation**, resistere alla tentazione.

resistance [rɪ'zɪstəns] *n* resistenza.

resistant [rɪ'zɪstənt] *adj* resistènte.

resit, *pt, pp* **resat** [ˌri:'sɪt, ˌri:'sæt] *v tr* (*BrE*) (*university*) ripètere un esame.

resolute ['rezəlu:t] *adj* risoluto, deciso.

resolution [ˌrezə'lu:ʃn] *n* risoluzione (*f*).

resolve [rɪ'zɒlv] *n* risoluzione (*f*), decisione (*f*).

resolve [rɪ'zɒlv] *v tr, intr* decìdere, stabilire ◊ (*problem*) chiarire, risòlvere.

resolved [rɪ'zɒlvd] *adj* risoluto.

resonance ['rezənəns] *n* risonanza, sonorità (*inv*).

resort [rɪ'vɔ:t] *n* ricorso; risorsa ◊ (*town*) località (*inv*) di soggiorno ◊ **seaside resort**, stazione balneare.

resort [rɪ'zɔ:t] *v intr* ricòrrere.

resound [rɪ'zaʊnd] *v intr, tr* risonare; celebrare.

resounding [rɪ'zaʊndɪŋ] *adj* risonante, sonoro ◊ (*fig*) altisonante.

resource [rɪ'sɔ:s] *n* risorsa, espediente (*m*).

resourceful [rɪ'sɔ:sfʊl] *adj* pieno di risorse, intraprendente; ingegnoso.

respect [rɪ'spekt] *n* rapporto, riferimento; dettaglio, punto; rispetto, stima ◊ **with respect to**, riguardo a; **in many (all) respects**, sotto molti (tutti gli) aspetti.

respect [rɪ'spekt] *v tr* rispettare, stimare.

respectability [rɪ,spektə'bɪlətɪ] *n* rispettabilità (*inv*).

respectable [rɪ'spektəbl] *adj* (*person*) rispettàbile ◊ (*clothes, habit*) dignitoso.

respectful [rɪ'spektfʊl] *adj* rispettoso.

respective [rɪ'spektɪv] *adj* rispettivo, relativo.

respiration [ˌrespə'reɪʃn] *n* respirazione (*f*).

respite ['respaɪt] *n* respiro, pàusa, ◊ (*law*) dilazione (*f*), pròroga.

respond [rɪ'spɒnd] *v intr* rispòndere; èssere sensìbile a.

response [rɪ'spɒns] *n* risposta ◊ **in response to**, in risposta a.

responsibility [rɪ,spɒnsə'bɪlətɪ] *n* responsabilità (*inv*).

responsible [rɪ'spɒnsəbl] *adj* responsàbile; fidato ◊ (*job*) impegnativo.

responsibly [rɪ'spɒnsəblɪ] *adv* responsabilmente.

responsive [rɪ'spɒnsɪv] *adj* sensìbile.

rest [rest] *n* riposo, sosta, pace (*f*), appoggio ◊ **to come to rest**, arrestarsi; **back-rest**, appoggio per la schiena; **arm-rest**, bracciolo; (*AmE*) **rest stop**, area di ristoro.

rest [rest] *v tr, intr* riposare(-rsi); appoggiare (-rsi); basare(-rsi).

rest [rest] *n* resto, rimanente (*m*).

restart [ˌriː'stɑːt] *v tr, intr* ricominciare ◊ (*engine*) riméttere in marcia.

restatement [ˌriː'steɪtmənt] *n* riaffermazione (*f*).

rest-cure ['rest,kjʊə*] *n* cura del sonno.

restful ['restfʊl] *adj* quieto ◊ riposante.

rest-home ['resthəʊm] *n* casa di riposo.

restitution [ˌrestɪ'tjuːʃn] *n* resa; indennizzo.

restless ['restlɪs] *adj* irrequieto, agitato ◊ (*thing*) incessante.

restock [ˌriː'stɒk] *v tr, intr* rifornire(-rsi).

restoration [ˌrestə'reɪʃn] *n* (*building*) restàuro ◊ (*health*) guarigione (*f*) ◊ (*right*) reintegrazione (*f*).

restore [rɪ'stɔː*] *v tr* (*building*) restaurare ◊ (*right*) reintegrare ◊ (*health*) risanare, ristorare.

restrain [rɪ'streɪn] *v tr* trattenere, frenare, reprìmere.

restraint [rɪ'streɪnt] *n* limitazione (*f*); riserbo; imprigionamento ◊ **without restraint**, senza freno.

restrict [rɪ'strɪkt] *v tr* limitare.

restriction [rɪ'strɪkʃn] *n* restrizione (*f*).

restrictive [rɪ'strɪktɪv] *adj* restrittivo, limitativo.

rest-room ['restruːm] *n* (*AmE*) toeletta, bagno.

restructure [ˌriː'strʌktʃə*] *v tr* ristrutturare.

result [rɪ'zʌlt] *n* risultato.

result [rɪ'zʌlt] *v intr*, risòlversi; risultare, derivare.

resume [rɪ'zjuːm] *v tr, intr* riprèndere, riassùmere.

resumé ['rezjuːmeɪ] *n* curriculum vitae.

resurgence [rɪ'sɜːdʒəns] *n* rinàscita.

resurrection [ˌrezə'rekʃn] *n* resurrezione (*f*).

resuscitate [rɪ'sʌsɪteɪt] *v tr, intr* risuscitare,

rianimare(-rsi) ◊ (*fig*) far rifiorire.

resuscitation [rɪ,sʌsɪ'teɪʃn] *n* rianimazione (*f*).

retail ['riːteɪl] *n* (*comm*) minuto, dettaglio, véndita al minuto.

retail ['riːteɪl] *adv* al minuto.

retail [riː'teɪl] *v tr, intr* véndere al minuto.

retailer ['riːteɪlə*] *n* commerciante (*m / f*) al minuto, dettagliante; rivenditore.

retain [rɪ'teɪn] *v tr* mantenere, conservare.

retaliation [rɪ,tælɪ'eɪʃn] *n* rappresaglia, ritorsione (*f*).

retard [rɪ'tɑːd] *v tr, intr* ritardare, èssere in ritardo.

reticence ['retɪsəns] *n* reticenza.

retire [rɪ'taɪə*] *v tr, intr* ritirarsi, andàrsene; andare a letto; andare in pensione.

retired [rɪ'taɪəd] *adj* ritirato, a riposo; pensionato ◊ **retired civil servant**, pensionato statale; **retired pay**, pensione.

retirement [rɪ'taɪəmənt] *n* ritiro, isolamento; collocamento a riposo.

retiring [rɪ'taɪərɪŋ] *adj* riservato, tìmido ◊ **retiring age**, età della pensione.

retort [rɪ'tɔːt] *n* règlica.

retort [rɪ'tɔːt] *v tr, intr* ritòrcere, ribàttere, rimbeccare.

retrace [rɪ'treɪs] *v tr* ripercòrrere, riandare col pensiero.

retract [rɪ'trækt] *v tr, intr* ritrattare, ritirare (-rsi).

retractable [rɪ'træktəbl] *adj* revocàbile, ritrattàbile; retràttile.

retreat [rɪ'triːt] *n* (*mil*) ritirata; rifugio.

retreat [rɪ'triːt] *v tr, intr* ritirarsi.

retrench [rɪ'trentʃ] *v tr, intr* ridurre, diminuire, fare economìa.

retrieval [rɪ'triːvl] *n* ricùpero, riacquisto; riparazione (*f*).

retrieve [rɪ'triːv] *v tr, intr* ricuperare; richiamare alla mente.

retroactive [ˌretrəʊ'æktɪv] *adj* retroattivo.

retrocede [ˌretrəʊ'siːd] *v intr* retrocèdere.

retrospect ['retrəʊspekt] *n* sguardo retrospettivo.

return [rɪ'tɜːn] *n* ritorno; restituzione (*f*), resa ◊ (*comm*) profitto, guadagno ◊ (*law*) relazione (*f*), rapporto ◊ (*comm*) **by return (of post)**, a giro di posta; **many happy**

returns, cento di questi giorni; **return ticket**, biglietto di andata e ritorno; (*sport*) **return match**, rivincita.

return [rɪ'tɜ:n] *v tr, intr*, tornare, rientrare; restituìre ◊ (*comm*) fruttare ◊ (*tennis*) ribàttere ◊ (*law*) **to return a verdict of guilty**, emettere un verdetto di colpevolezza.

reunion [ˌri:'ju:njən] *n* riunione (*f*), adunanza.

reunite [ˌri:ju'naɪt] *v tr, intr* riunire(-rsi).

rev [rev] *n* (*fam*) *abbr of* **revolution**, giro (di motore).

rev [rev] *v tr, intr* (*fam, engine*) mandare su di giri; imballare(-rsi).

revalue [ri:'vælju:] *v tr* rivalutare.

reveal [rɪ'vi:l] *v tr* rivelare, svelare; scoprire.

revel ['revl] *v intr* divertirsi, fare baldoria.

revelation [ˌrevə'leɪʃn] *n* rivelazione (*f*).

revelry ['revlrɪ] *n* baldoria.

revenge [rɪ'vendʒ] *n* vendetta; (*game, sport*) rivìncita.

revenge [rɪ'vendʒ] *v tr* vendicare.

revenue ['revənju:] *n* rèddito, rèndita.

reverent ['revərənt] *adj* rispettoso.

reverie ['revərɪ] *n* fantasticherìa.

reversal [rɪ'vɜ:sl] *n* capovolgimento.

reverse [rɪ'vɜ:s] *adj* rovescio, opposto; **reverse charge**, a carico del destinatario.

reverse [rɪ'vɜ:s] *n* contrario, opposto; rovescio di fortuna ◊ **quite the reverse**, tutto l'opposto; **in reverse**, in retromarcia.

reverse [rɪ'vɜ:s] *v tr, intr* rovesciare, invertire ◊ (*car*) fare marcia indietro ◊ (*law*) revocare ◊ **to reverse the charge**, fare addebitare una telefonata al ricevente.

reversible [rɪ'vɜ:səbl] *adj* reversìbile, rivoltàbile.

revert [rɪ'vɜ:t] *v intr* ritornare.

review [rɪ'vju:] *n* rivista, periòdico; recensione (*f*); anàlisi (*f inv*), resoconto.

review [rɪ'vju:] *v tr, intr* rivedere, riesaminare.

reviewer [rɪ'vju:ə*] *n* recensore (*m*), crìtico.

revise [rɪ'vaɪz] *v tr* corrèggere, riesaminare, ripassare.

revision [rɪ'vɪʒn] *n* revisione (*f*), ripasso.

revitalize [ˌri:'vaɪtəlaɪz] *v tr* ravvivare.

revival [rɪ'vaɪvl] *n* risveglio, rinàscita.

revive [rɪ'vaɪv] *v tr, intr* rianimare(-rsi), far vìvere; tornare in uso.

revoke [rɪ'vəuk] *v tr* revocare; venir meno a.

revolt [rɪ'vəult] *n* rivolta.

revolt [rɪ'vəult] *v intr, tr* rivoltarsi, ribellarsi.

revolting [rɪ'vəultɪŋ] *adj* disgustoso.

revolution [ˌrevə'lu:ʃn] *n* rivoluzione (*f*) ◊ (*car*) **revolution indicator**, contagiri.

revolutionary [ˌrevə'lu:ʃnərɪ] *adj, n* rivoluzionario(-a).

revolutionize [ˌrevə'lu:ʃnaɪz] *v tr* sconvòlgere.

revolve [rɪ'vɒlv] *v tr, intr* girare.

revolving [rɪ'vɒlvɪŋ] *adj* girévole, rotante.

revue [rɪ'vju:] *n* (*theatre*) spettàcolo di varietà.

reward [rɪ'wɔ:d] *n* premio.

reward [rɪ'wɔ:d] *v tr* ricompensare.

rewind, *pt, pp* **rewound** [ri:'waɪnd, ri-:'waund] *v tr* riavvòlgere ◊ (*wool*) riaggomitolare ◊ (*clock*) ricaricare.

rheumatic [ru:'mætɪk] *adj* reumàtico.

rheumatism ['ru:mətɪzəm] *n* reumatismo ◊ **rheumatism in the joints**, reumatismo articolare.

rhinoceros [raɪ'nɒsərəs] *n* rinoceronte (*m*).

rhinoplasty ['raɪnəu,plæstɪ] *n* rinoplàstica.

rhododendron [ˌrəudə'dendrən] *n* rododendro.

rhubarb ['ru:bɑ:b] *n* rabàrbaro.

rhythm ['rɪðəm] *n* ritmo.

rib [rɪb] *n* còstola ◊ (*umbrella*) stecca.

ribbon ['rɪbən] *n* nastro, fettuccia.

rice [raɪs] *n* riso.

rich [rɪtʃ] *adj* ricco ◊ (*cloths*) sontuoso ◊ (*food*) nutriente ◊ (*colour, sound*) brillante ◊ **the rich**, i ricchi.

richness ['rɪtʃnɪs] *n* ricchezza, opulenza.

rick [rɪk] *n* storta, distorsione (*f*).

rickets ['rɪkɪts] *n* rachitismo.

rickety ['rɪkətɪ] *adj* malfermo.

ricochet ['rɪkəʃeɪ] *v intr, tr* rimbalzare, colpire di rimbalzo.

rid, *pt, pp* **rid** [rɪd] *v tr* liberare, sbarazzare ◊ **to get rid of sb**, sbarazzarsi di qc.

ridden ['rɪdn] *pp of* **ride**.

riddle ['rɪdl] *n* indovinello.

ride [raɪd] *n* cavalcata, passeggiata (*means of transport*) tragitto, corsa ◊ **car-ride**, passeggiata in macchina.

ride, *pt* **rode**, *pp* **ridden** [raɪd, rəʊd, 'rɪdn] *v intr*, *tr* cavalcare, andare in bicicletta, montare.

rider ['raɪdə*] *n* cavallerizzo(-a); fantino (-a); ciclista (*m* / *f*).

ridge [rɪdʒ] *n* catena di montagne, cresta ◊ (*roof*) comìgnolo.

ridicule ['rɪdɪkjuːl] *n* scherno, canzonatura.

ridiculous [rɪ'dɪkjʊləs] *adj* ridìcolo ◊ assurdo ◊ **to make os ridiculous**, rendersi ridìcolo.

riding ['raɪdɪŋ] *n* equitazione (*f*).

riding-track ['raɪdɪŋtræk] *n* galoppatoio, pista per cavalli.

rife [raɪf] *adj* diffuso, comune.

rifle ['raɪfl] *v tr* saccheggiare; frugare.

rifle ['raɪfl] *n* fucile (*m*).

rift [rɪft] *n* fessura, squarcio ◊ (*fig*) dissenso, dissapore (*m*).

rig [rɪg] *v tr*, *intr* attrezzare, equipaggiare ◊ (*fam*) vestire.

right [raɪt] *adj* destro; onesto; corretto; adatto; sano ◊ **the right time**, l'osa esatta; **to be right**, aver ragione; **all right**, benìssimo.

right [raɪt] *adv* proprio, esattamente; completamente; a destra ◊ **right in the middle**, nel bel mezzo; **right away**, immediatamente; **it serves you right**, ti sta bene; **from right to left**, da destra a sinistra; **to turn right**, voltare a destra.

right [raɪt] *n* diritto, autorità (*inv*); lato destro ◊ **to keep to the right**, tenere la destra.

right [raɪt] *v tr* raddrizzare ◊ **to right a wrong**, riparare un torto.

righteous ['raɪtʃəs] *adj* retto, onesto ◊ (*anger*) giustificàbile.

rightful ['raɪtfʊl] *adj* legìttimo.

right-hand ['raɪthænd] *adj* destro; di, a destra ◊ **on the right-hand side**, sul lato destro; (*fig*) **right-hand man**, braccio destro.

rightly ['raɪtlɪ] *adv* giustamente, esattamente.

right-minded [ˌraɪt'maɪndɪd] *adj* benpensante, onesto.

rigid ['rɪdʒɪd] *adj* rìgido, inflessìbile.

rigidity [rɪ'dʒɪdətɪ] *n* rigidità (*inv*); severità

(*inv*), austerità (*inv*).

rigorous ['rɪgərəs] *adj* rigoroso, severo.

rigour ['rɪgə*] *n* rigore (*m*).

rim [rɪm] *n* bordo, orlo.

rimless ['rɪmlɪs] *adj* senza bordo.

rimmed [rɪmd] *adj* bordato, orlato.

rimy ['rɪmɪ] *adj* brinato.

rind [raɪnd] *n* scorza, buccia ◊ (*cheese*) crosta ◊ (*bacon*) cotenna.

ring [rɪŋ] *n* anello, cerchio, cìrcolo ◊ (*bell*) scampanellata ◊ (*tel*) colpo di telèfono ◊ (*arena*) pista ◊ (*animal*) recinto ◊ (*boxing*) ring (*m inv*), quadrato ◊ **wedding-ring**, fede (*f*); **ear-ring**, orecchino; **to give sb a ring**, dare un colpo di telefono a qc.

ring, *pt* **rang**, *pp* **rung** [rɪŋ, ræŋ, rʌŋ] *v tr*, *intr* circondare; suonare, tintinnare ◊ (*fam*) telefonare ◊ **to ring the bell**, suonare il campanello; **to ring off**, riagganciare l'apparecchio telefonico; **to ring out**, risonare; **to ring up**, chiamare al telefono.

ring-finger ['rɪŋˌfɪŋgə*] *n* anulare (*m*).

ringing ['rɪŋɪŋ] *n* scampanìo, scampanellata; ronzìo.

ringleader ['rɪŋˌliːdə*] *n* caporione (*m*), agitatore(-trice).

rink [rɪŋk] *n* pista di pattinaggio.

rinse [rɪns] *n* risciacquata; tintura (lìquida per capelli).

rinse [rɪns] *v tr* sciacquare.

riot ['raɪət] *n* sommossa; (*only sing*) profusione (*f*).

riot ['raɪət] *v intr*, *tr* insòrgere, tumultare; gozzovigliare.

rip [rɪp] *n* squarcio, strappo ◊ (*sea*) frangente (*m*).

rip [rɪp] *v tr*, *intr* strappare(-rsi); squarciare (-rsi) (*fam*) ◊ **to rip sb off**, fregare qc.

ripe [raɪp] *adj* maturo ◊ **ripe fruit**, frutta matura; **ripe cheese**, formaggio stagionato.

ripen ['raɪpən] *v tr*, *intr* maturare, far maturare.

ripple ['rɪpl] *v tr*, *intr* increspare(-rsi).

rise, (*AmE*) **raise** [raɪz, reɪz] *n* altura, colle (*m*) ◊ (*fig*) salita, aumento ◊ (*sun*) il sòrgere del sole ◊ (*ground*) rigonfiamento ◊ **to give rise to sthg**, causare qcs.

rise, *pt* **rose**, *pp* **risen** [raɪz, rəʊz, 'rɪzn] *intr* alzarsi, sòrgere; aumentare; progredire;

ribellarsi ◊ **prices are rising**, i prezzi aumentano.

risen ['rɪzn] *pp of* **rise**.

risk [rɪsk] *n* rischio, azzardo ◊ **to run the risk of**, correre il rischio di.

risky ['rɪskɪ] *adj* rischioso.

rite [raɪt] *n* rito, cerimonia.

ritual ['rɪtʃʊəl] *adj, n* rituale (*m*).

rival ['raɪvl] *n* rivale (*m* / *f*).

rival ['raɪvl] *adj* rivale.

rival ['raɪvl] *v tr* rivaleggiare, compètere.

rivalry ['raɪvlrɪ] *n* rivalità (*inv*), concorrenza.

river ['rɪvə*] *n* fiume (*m*).

river-bank ['rɪvəbæŋk] *n* àrgine (*m*).

riverside ['rɪvəsaɪd] *n* sponda del fiume.

rivet ['rɪvɪt] *v tr* ribàttere, inchiodare ◊ (*fig*) fissare, concentrare.

roach [rəʊtʃ] *n* scarafaggio.

road [rəʊd] *n* strada, vìa ◊ **high-road**, strada maestra; **by-road**, via traversa; **crossroads**, crocevìa.

road-block ['rəʊdblɒk] *n* blocco stradale.

road-side ['rəʊdsaɪd] *n* ciglio, màrgine (*m*) della strada.

road-sign ['rəʊdsaɪn] *n* cartello stradale.

roadway ['rəʊdweɪ] *n* carreggiata.

roam [rəʊm] *v tr, intr* errare, vagare, gironzolare.

roar [rɔ:*] *n* urlo, ruggito ◊ (*laughter*) scroscio ◊ (*crowd*) tumulto.

roar [rɔ:*] *v tr, intr* ruggire, muggire, rimbombare; urlare; vociferare.

roast [rəʊst] *n* arrosto.

roast [rəʊst] *v tr* arrostire ◊ (*col*) criticare severamente ◊ **to roast meat on a spit**, arrostire carne allo spiedo; **to roast coffee**, tostare il caffè.

rob [rɒb] *v tr* rubare, svaligiare ◊ **to rob a bank**, svaligiare una banca.

robber ['rɒbə*] *n* ladro(-a).

robbery ['rɒbərɪ] *n* rapina.

robin ['rɒbɪn] *n* pettirosso.

robotics [rəʊ'bɒtɪks] *n* robotica.

robust [rəʊ'bʌst] *adj* robusto ◊ (*job*) faticoso, duro.

rock [rɒk] *n* roccia, scoglio ◊ (*AmE*) sasso ◊ (*BrE*) bastoncino di zùcchero candito ◊ **to be on the rocks**, essere al verde.

rock [rɒk] *v tr, intr* cullare(-rsi); scuòtere, far tremare.

rock-climber ['rɒk,klaɪmə*] *n* alpinista (*m* / *f*).

rockery ['rɒkərɪ] *n* giardino alla giapponese.

rocket ['rɒkɪt] *n* razzo.

rocking-chair ['rɒkɪŋtʃeə*] *n* sedia a dòndolo.

rocky ['rɒkɪ] *adj* sassoso, roccioso ◊ (*fam*) traballante.

rod [rɒd] *n* verga.

rode [rəʊd] *pt of* **ride**.

rodent ['rəʊdənt] *n* roditore (*m*).

rogue [rəʊg] *n* furfante (*m*).

role [rəʊl] *n* ruolo.

roll [rəʊl] *n* ròtolo; andatura dondolante; elenco; lista ◊ **a roll of film**, un rullino; **a bread roll**, un panino.

roll [rəʊl] *v tr, intr* rotolare(-rsi); avvòlgere (-rsi); rullare; dondolare; rombare; roteare ◊ **to roll up one's sleeves**, rimboccarsi le maniche.

roll-call ['rəʊlkɔ:l] *n* appello.

roller-blind ['rəʊləblaɪnd] *n* persiana avvolgibile.

roller-coaster ['rəʊlə,kəʊstə*] *n* montagne (*f pl*) russe (nei luna-park).

roller-skate ['rəʊlə skeɪt] *n* pàttino a rotelle.

rolling ['rəʊlɪŋ] *adj* rotolante; ondulato.

ROM [rɒm] *n* (*computer*) ROM.

Roman ['rəʊmən] *adj* romano ◊ **Roman nose**, naso aquilino.

romance [rəʊ'mæns] *n* romanzo di avventura ◊ (*fam*) storia d'amore.

Romanesque [ˌrəʊmə'nesk] *adj* (*art*) romànico.

romantic [rəʊ'mæntɪk] *adj* romàntico.

romanticism [rəʊ'mæntɪsɪzəm] *n* romanticismo.

rompers ['rɒmpəz] *n pl* (*clothes*) tutina, pagliaccetto.

roof [ru:f] *n* tetto; tettoia ◊ **thatched roof**, tetto di paglia; **tiled roof**, tetto coperto di tegole; **flat roof**, tetto a terrazza; (*car*) **sun roof**, tettuccio apribile.

roof-garden ['ru:f,gɑ:dn] *n* giardino pènsile.

roof-rack ['ru:fræk] *n* (*car*) portabagagli (*m inv*).

rook [rʊk] *n* corvo nero.

rook [rʊk] *v tr (fam)* imbrogliare; barare.

room [ru:m] *n* stanza, locale (*m*); posto, spazio ◊ **rooms**, alloggio, abitazione; (*fig*) possibilità ◊ (*AmE*) **room and board**, vitto e alloggio; **spare room**, camera in più; **make room, please**, fate largo, per favore.

room [ru:m] *v tr, intr (AmE)* alloggiare, abitare.

room-mate [ˈru:mmeɪt] *n* compagno(-a) di stanza; coinquilino.

roomy [ˈru:mɪ] *adj* ampio, spazioso.

roost [ru:st] *v intr* appollaiarsi.

rooster [ˈru:stə*] *n* gallo.

root [ru:t] *n* radice (*f*).

root [ru:t] *v tr, intr* radicare(-rsi) (*AmE, sl*) **to root for**, fare il tifo per.

rope [rəʊp] *n* corda, cavo.

rosary [ˈrəʊzərɪ] *n* rosario.

rose [rəʊz] *pt of* **rise**.

rose [rəʊz] *n* rosa ◊ (*fig*) **under the rose**, in segreto.

rosebud [ˈrəʊzbʌd] *n* bocciolo di rosa.

rose-bush [ˈrəʊzbʊʃ] *n* cespuglio di rose.

rosemary [ˈrəʊzmərɪ] *n* rosmarino.

roster [ˈrəʊstə*] *n* elenco.

rosy [ˈrəʊzɪ] *adj* roseo.

rot [rɒt] *n* marciume (*m*).

rot [rɒt] *v intr, tr* marcire.

rotary [ˈrəʊtərɪ] *adj* rotante, rotatorio.

rotate [rəʊˈteɪt] *v intr, tr* ruotare, far ruotare; avvicendarsi.

rotation [rəʊˈteɪʃn] *n* rotazione (*f*); successione (*f*).

rotten [ˈrɒtn] *adj* marcio, putrefatto ◊ (*fig*) corrotto.

rouge [ru:ʒ] *n* rossetto.

rough [rʌf] *adj* rùvido, aspro ◊ (*person*) grossolano, rude ◊ (*manner*) sgarbato ◊ (*water*) burrascoso ◊ (*fig*) duro, difficile ◊ **rough copy**, brutta copia.

rough [rʌf] *adv* duramente.

rough [rʌf] *v tr, intr* irruvidire(-rsi).

roughen [ˈrʌfən] *v tr, intr* irruvidire(-rsi) ◊ (*hair*) arruffare(-rsi) ◊ (*sea*) ingrossarsi.

roughly [ˈrʌflɪ] *adv* aspramente; approssimativamente.

roughneck [ˈrʌfnek] *n (AmE)* teppista (*m / f*).

round [raʊnd] *adj* rotondo, circolare; preci-

so; schietto ◊ (*voice*) sonoro ◊ (*AmE*) **round trip**, viaggio di andata e ritorno; **in round terms**, in termini schietti.

round [raʊnd] *adv* intorno, in giro; da un punto all'altro ◊ **all round, right round**, tutt'attorno; **to go round**, girare; **to turn round**, voltarsi; **all the year round**, durante tutto l'anno.

round [raʊnd] *n* cerchio, cìrcolo; sfera; giro, percorso; ciclo; scroscio ◊ (*sport*) partita, incontro ◊ **the daily rounds**, le occupazioni quotidiane.

round [raʊnd] *prep* intorno a, attorno a, in giro ◊ **it's just round the corner**, è dietro l'angolo; **she works the day round**, lavora tutto il giorno; **round midday**, verso mezzogiorno.

round [raʊnd] *v tr, intr* arrotondare(-rsi); girare intorno ◊ **to round up prices**, arrotondare.

roundabout [ˈraʊndəbaʊt] *n* giostra, carosello ◊ (*road*) ìsola rotatoria.

roundabout [ˈraʊndəbaʊt] *adj* tortuoso.

roundly [ˈraʊndlɪ] *adv* chiaro e tondo.

rounds-man [ˈraʊndzmən] *n* fattorino.

rouse [raʊz] *v tr, intr* svegliare(-rsi); incitare.

rouser [ˈraʊzə*] *n* incitatore(-trice), provocatore(-trice).

rousing [ˈraʊzɪŋ] *adj* stimolante.

route [ru:t] *n* itinerario, cammino ◊ **en route**, in cammino; **bus-route** linea d'autobus.

rove [rəʊv] *v intr, tr* vagare.

row [rəʊ] *n* fila, lìnea, filare (*m*) ◊ **in a row**, in fila.

row [rəʊ] *v tr, intr* remare.

row [raʊ] *n (fam)* chiasso; lite (*f*); rimpròvero.

row-boat [ˈrəʊbəʊt] *n* barca a remi.

rowdy [ˈraʊdɪ] *adj* chiassoso.

rowdy [ˈraʊdɪ] *n* teppista (*m / f*).

rowing [ˈrəʊɪŋ] *n* canottaggio.

royal [ˈrɔɪəl] *adj* reale.

royalist [ˈrɔ:ɪəlɪst] *n, adj* monàrchico(-a).

royalty [ˈrɔɪəltɪ] *n* diritto d'autore.

rub [rʌb] *n* fregata, stropicciata; massaggio.

rub [rʌb] *v tr, intr* fregare, strofinare; frizionare.

rubber [ˈrʌbə*] *n* gomma ◊ gomma (per cancellare) ◊ **rubber-band**, elastico; **rub-**

ber-boat, gommone; **rubber tyre**, pneumatico.

rubberneck ['rʌbənek] *n* (*AmE*, *sl*) ficcanaso.

rubbish ['rʌbɪʃ] *n* immondizie (*f*, *pl*) rifiuti (*m*, *pl*); robaccia ◊ (*fig*) sciocchezze (*f*, *pl*) ◊ **to talk rubbish**, dire sciocchezze.

rubbish-bin ['rʌbɪʃbɪn] *n* bidone (*m*) della spazzatura.

rubble ['rʌbl] *n* macerie (*f*, *pl*).

ruble, *or* (*AmE*) **rouble** ['ru:bl] *n* rublo.

ruby ['ru:bɪ] *n* rubino.

rucksack ['rʌksæk] *n* zaino, sacco da montagna.

rudder ['rʌdə*] *n* timone (*m*).

ruddy ['rʌdɪ] *adj* rossastro; rubicondo, flòrido ◊ (*sl*) maledetto.

rude [ru:d] *adj* scortese, villano; duro; rozzo.

rudeness ['ru:dnɪs] *n* scortesìa, asprezza, rozzezza.

rudiment ['ru:dɪmənt] *n* rudimento.

rudimentary [ˌru:dɪ'mentərɪ] *adj* rudimentale, elementare.

ruffian ['rʌfjən] *n* furfante (*m*).

ruffle ['rʌfl] *v tr, intr* (*water*) increspare(-rsi) ◊ (*hair*) arruffare(-rsi) ◊ (*person*) turbare (-rsi).

rug [rʌg] *n* tappetino; coperta da viaggio ◊ **bedside rug**, scendiletto.

rugby ['rʌgbɪ] *n* rugby (*m*).

rugged ['rʌgɪd] *adj* aspro, rùvido, scabroso ◊ (*features*) irregolare ◊ (*personality*) brusco.

rugger ['rʌgə*] *n* (*fam*) rugby (*m*).

ruin ['ruɪn] *n* rovina ◊ (*n pl*) rùderi, rovine ◊ **to go to ruin**, andare in rovina.

ruin ['ruɪn] *v tr, intr* rovinare, andare in rovina.

ruinous ['ruɪnəs] *adj* rovinato, diroccato.

rule [ru:l] *n* règola, regolamento, legge (*f*), norma; governo, dominio; règolo, riga ◊ **as a general rule**, come regola generale; **as a rule**, di regola; **to work to rule**, fare uno sciopero bianco.

rule [ru:l] *v tr, intr* governare; règgere, regnare; dichiarare; tracciare righe ◊ (*fig*) to **rule out**, escludere, scartare.

ruler [ru:lə*] *n* sovrano, governante (*m*),

dominatore(-trice); riga.

rouling ['ru:lɪŋ] *n* dominio; rigatura ◊ (*law*) decisione (*f*).

rum [rʌm] *adj* (*fam*) strano.

rumble ['rʌmbl] *v intr, tr* rimbombare, risuonare ◊ (*stomach*) brontolare ◊ (*sl*) scoprire.

ruminate ['ru:mɪneɪt] *v tr, intr* ruminare ◊ (*fig*) meditare.

rummage ['rʌmɪdʒ] *n* il frugare, il rovistare ◊ **rummage sale**, vendita di roba usata.

rumour, (*AmE*) **rumor** ['ru:mə*] *n* dicerìa.

rump [rʌmp] *n* groppa ◊ **rump-steak**, bistecca di girello.

rumpus ['rʌmpəs] *n* (*fam*) baruffa, litigio.

run [rʌn] *n* corsa; gita, giro; tragitto; perìodo ◊ (*ski*) pista ◊ **at a run**, di corsa; **to go for a run in the car**, fare una gita in macchina; (*theatre*) **a long run**, molte repliche; **a run of luck**, un periodo di fortuna; **in the long run**, a lungo andare; **in the short run**, a breve scadenza.

run, *pt* **ran**, *pp* **run** [rʌn, ræn, rʌn] *v tr, intr* còrrere; fuggire; presentare; dirìgere; portare, trasportare; far scòrrere; andare contro ◊ (*vehicle*) muòversi ◊ (*theatre*) tenere il cartellone ◊ (*eye*) lacrimare ◊ (*wound*) suppurare ◊ (*law*) èssere vàlido ◊ (*stocking*) smagliare(-rsi) ◊ **to cut and run**, darsela a gambe; (*AmE*) **to run for President**, presentare la propria candidatura alla presidenza; **to run to time**, viaggiare in orario; **to run a hotel**, dirigere un albergo; **to run a temperature**, avere la febbre; **to run across**, imbattersi in; **to run after**, inseguire; **to run away with**, esaurire(-rsi); **to run in**, fare una capatina; (*car*) **to run down**, investire; **to run through**, esaminare brevemente.

runaway ['rʌnəwəɪ] *n* fuggiasco(-a).

rung [rʌŋ] *pp of* ring.

rung [rʌŋ] *n* piolo (di scala).

runner ['rʌnə*] *n* (*sport*) corridore (*m*) ◊ (*comm*) agente (*m* / *f*).

running ['rʌnɪŋ] *n* corsa; corso; gestione (*f*).

running ['rʌnɪŋ] *adv* di sèguito ◊ **three days running**, tre giorni consecutivi.

runny ['rʌnɪ] *adj* semilìquido ◊ **runny nose**, naso che cola.

run-of-the-mill [ˌrʌnɒfðəˈmɪl] *adj* (*derog*) banale.

run-through [ˈrʌnθru:] *n* prova.

runway [ˈrʌnweɪ] *n* pista di decollo.

rupture [ˈrʌptʃə*] *n* rottura, frattura ◊ (*med*) ernia.

rural [ˈrʊərəl] *adj* rurale.

ruse [ru:z] *n* astuzia, trucco.

rush [rʌʃ] *n* fretta, eccitazione (*f*); ressa, afflusso ◊ **rush-hour**, ora di punta.

rush [rʌʃ] *v intr, tr* precipitare(-rsi), gettarsi; irròmpere; assalire.

rushing [ˈrʌʃɪŋ] *adj* impetuoso, precipitoso.

rusk [rʌsk] *n* fetta di pane biscottato, biscotto per bimbi.

rust [rʌst] *n* rùggine (*f*).

rust [rʌst] *v tr, intr* arrugginire(-rsi).

rustle [ˈrʌsl] *v intr, tr* frusciare, far frusciare ◊ (*leaves*) stormire.

rustproof [ˈrʌstpru:f] *adj* inossidàbile.

rusty [ˈrʌstɪ] *adj* arrugginito.

rut [rʌt] *n* solco, carreggiata.

ruthless [ˈru:θlɪs] *adj* spietato, crudele.

rye [raɪ] *n* sègala ◊ **rye-bread**, pane di segala.

S

sabotage [ˈsæbətɑ:ʒ] *n* sabotaggio.

sabre, (*AmE*) **saber** [ˈseɪbə*] *n* sciàbola.

saccharin [ˈsækərɪn] *n* saccarina.

sack [sæk] *n* sacco ◊ (*fam*) licenziamento ◊ (*AmE, sl*) letto ◊ (*plunder*) saccheggio ◊ **to get the sack**, venire licenziato.

sack [sæk] *v tr* méttere in sacco ◊ (*fam*) licenziare.

sacking [ˈsækɪŋ] *n* tela di sacco ◊ (*fam*) licenziamento.

sacrament [ˈsækrəmənt] *n* (*relig*) sacramento.

sacred [ˈseɪkrɪd] *adj* sacro.

sacrifice [ˈsækrɪfaɪs] *n* sacrificio ◊ (*comm*) pèrdita.

sacrifice [ˈsækrɪfaɪs] *v tr, intr* sacrificare ◊ (*comm*) svéndere.

sacrilege [ˈsækrɪlidʒ] *n* sacrilegio.

sad [sæd] *adj* triste, mesto.

sadden [ˈsædn] *v tr, intr* rattristare(-rsi).

saddle [ˈsædl] *n* sella.

sadist [ˈseɪdɪst] *n* sàdico(-a).

sadness [ˈsædnɪs] *n* tristezza.

safe [seɪf] *n* cassaforte (*f*).

safe [seɪf] *adj* sicuro, fuori perìcolo, salvo; càuto, accorto ◊ **in safekeeping**, al sicuro; **safe and sound**, sano e salvo; **to be on the safe side**, (per) essere più sicuro; **safe sex**, sesso sicuro.

safeguard [ˈseɪfgɑ:d] *n* salvaguardia; lasciapassare (*m*).

safely [ˈseɪflɪ] *adv* in salvo, senza perìcoli.

safety [ˈseɪftɪ] *n* sicurezza.

safety-belt [ˈseɪftɪbelt] *n* cintura di sicurezza.

safety-pin [ˈseɪftɪpɪn] *n* spilla di sicurezza, spilla da balia.

saffron [ˈsæfrən] *n* zafferano.

sag [sæg] *v tr, intr* abbassarsi, incurvarsi; afflosciarsi.

sage [seɪdʒ] *adj, n* saggio(-a).

sage [seɪdʒ] *n* erba salvia.

Sagittarius [ˌsædʒɪˈteərɪəs] *n* (*sign*) Sagittario.

said [sed] *pt, pp of* **say**.

sail [seɪl] *n* (*boat*) vela ◊ **to set sail**, salpare.

sail [seɪl] *v tr, intr* navigare, veleggiare ◊ **to go sailing**, andare in barca a vela.

sailing [ˈseɪlɪŋ] *n* navigazione (*f*), traversata ◊ (*ship*) partenza ◊ (*sport*) vela.

sailing-boat [ˈseɪlɪŋbəʊt] *n* barca a vela.

sailor [ˈseɪlə*] *n* marinaio.

saint [seɪnt] *n* santo(-a) ◊ **one's saint's day**, il proprio onomastico; **All Saint's Day**, Ognissanti.

sake [seɪk] *n* **for the sake of**, per amore di; **for pity's sake**, per misericordia; **for the sake of brevity**, per amore di brevità.

salad [ˈsæləd] *n* insalata ◊ **fruit-salad**, macedonia.

salad-dressing [ˈsæləd,dresɪŋ] *n* condimento per insalata.

salary [ˈseɪlərɪ] *n* stipendio.

sale [seɪl] *n* (*com*) véndita; saldo ◊ **sale by auction**, vendita all'asta; **for, on sale**, in vendita; **sales manager**, direttore commerciale; **sale price**, prezzo di saldo.

saleable ['seɪləbl] *adj* vendìbile.

salesman ['seɪlzmən] *n* commesso, rappresentante (*m*).

saleswoman ['seɪlz,wumən] *n* commessa; rappresentante (*f*).

salient ['seɪljənt] *adj* prominente, importante.

sallow ['sæləu] *n* (*tree*) sàlice (*m*).

salmon ['sæmən] *n*, *pl inv* salmone (*m*).

saloon [sə'lu:n] *n* (*AmE*) bar (*m inv*) ◊ (*ship*) cabina di prima classe, salone (*m*) ◊ (*car*) berlina.

salt [sɔ:lt] *n* sale (*m*) ◊ **kitchen salt**, sale da cucina; **table salt**, sale fino; **a pinch of salt**, un pizzico di sale; (*sl*) **old salt**, vecchio lupo di mare.

salt [sɔ:lt] *adj* salato, salso.

salt [sɔ:lt] *v tr* salare.

salt-cellar ['sɔ:lt,selə*] *n* saliera.

salty ['sɔ:ltɪ] *adj* salato ◊ (*fig*) arguto.

salutary ['sæljutərɪ] *adj* benèfico, salutare.

salute [sə'lu:t] *v tr, intr* salutare.

salvage ['sælvɪdʒ] *n* salvataggio, recùpero.

salvation [sæl'veɪʃn] *n* salvezza ◊ **Salvation Army**, Esercito della Salvezza.

same [seɪm] *adj* stesso, medésimo ◊ **at the same time**, allo stesso tempo.

same [seɪm] *pron* lo stesso, la stessa cosa ◊ **the same to you**, altrettanto.

same [seɪm] *adv* allo stesso modo ◊ **all the same**, nondimeno.

sample ['sɑ:mpl] *n* (*comm*) campione (*m*) ◊ **book of samples**, campionario; **free sample**, campione senza valore.

sample ['sɑ:mpl] *v tr* (*comm*) fare una campionatura ◊ (*food*, *wine*) assaggiare, degustare.

sanction ['sæŋkʃn] *n* sanzione (*f*).

sanctity ['sæŋktətɪ] *n* santità (*inv*).

sanctuary ['sæŋktjuərɪ] *n* santuario.

sand [sænd] *n* sabbia.

sand [sænd] *v tr, intr* insabbiare(-rsi); smerigliare.

sandal ['sændl] *n* (*shoe*) sàndalo.

sandcastle ['sænd,kɑ:səl] *n* castello di sabbia.

sand-glass ['sændglɑ:s] *n* clessidra.

sandpaper ['sænd,peɪpə*] *n* carta vetrata.

sandpit ['sænd,pɪt] *n* cava di sabbia.

sand-shoes ['sændʃu:z] *n pl* scarpe (*f*, *pl*) di tela.

sandwich ['sænwɪdʒ] *v tr* strìngere in mezzo, serrare.

sandwich-course ['sænwɪdʒkɔ:s] *n* corso di formazione professionale.

sandy ['sændɪ] *adj* sabbioso.

sane [seɪn] *adj* sano di mente, equilibrato.

sang [sæŋ] *pt of* **sing**.

sanguinary ['sæŋgwɪnərɪ] *adj* sanguinoso, cruento.

sanitary ['sænɪtərɪ] *adj* sanitario, igiènico ◊ **sanitary-towel**, assorbente igiènico.

sanity ['sænətɪ] *n* sanità (*inv*) di mente, equilibrio.

sank [sæŋk] *pt of* **sink**.

sap [sæp] *n* (*plant*) linfa.

sap [sæp] *v tr* indebolire.

sapphire ['sæfaɪə*] *n* zaffiro.

sarcasm ['sɑ:kæzəm] *n* sarcasmo.

sarcastic [sɑ:'kæstɪk] *adj* sarcàstico.

sardine [sɑ:'dɪ:n] *n* sardina.

sash [sæʃ] *n* fascia.

sash-window ['sæʃ,wɪndəu] *n* finestra all'inglese.

sat [sæt] *pt*, *pp of* **sit**.

Satan ['seɪtən] *n* Sàtana (*m*).

satchel ['sætʃəl] *n* cartella.

satellite ['sætəlaɪt] *n* satèllite (*m*) ◊ (*tv*) **by satellite**, via satellite.

satiate ['seɪʃɪeɪt] *v tr* saziare.

satire ['sætaɪə*] *n* sàtira.

satirical [sə'tɪrəkl] *adj* satìrico.

satirize ['sætəraɪz] *v tr* satireggiare.

satisfaction [,sætɪs'fækʃn] *n* soddisfazione (*f*) ◊ (*law*) **to make satisfaction**, risarcire.

satisfactory [,sætɪs'fæktərɪ] *adj* soddisfacente, esauriente.

satisfy ['sætɪsfaɪ] *v tr, intr* soddisfare, appagare; convìncere.

saturate ['sætʃəreɪt] *v tr* impregnare.

Saturday ['sætədɪ] *n* sàbato.

sauce [sɔ:s] *n* salsa.

saucepan ['sɔ:spən] *n* padella.

saucer ['sɔ:sə*] *n* piattino.

saucy ['sɔ:sɪ] *adj* (*fam*) sfacciato; impertinente.

saunter ['sɔ:ntə*] *v intr* bighellonare.

sausage ['sɒsɪdʒ] *n* salsiccia.

sausage-dog ['sɒsɪdʒdɒg] *n (fam)* bassotto.

savage ['sævɪdʒ] *adj* selvaggio; primitivo.

savage ['sævɪdʒ] *n* selvaggio(-a).

savage ['sævɪdʒ] *v tr* assalire; mòrdere ◊ **savaged by a dog**, morso da un cane.

savagery ['sævɪdʒərɪ] *n* ferocia.

save [seɪv] *v tr, intr* salvare, scampare ◊ *(money)* risparmiare ◊ *(food)* conservare ◊ *(trouble)* evitare ◊ *(computer)* salvare.

save [seɪv] *prep* tranne.

saving ['seɪvɪŋ] *n* salvezza; risparmio ◊ *(computer)* salvataggio ◊ **savings**, risparmi; **daylight saving**, ora legale; **drawing on savings**, prelievo dai risparmi; **savings ratio**, tasso di risparmio.

saving ['seɪvɪŋ] *adj* che salva; ecònomo, frugale.

saving ['seɪvɪŋ] *prep* tranne.

savings-bank ['seɪvɪŋzbæŋk] *n* cassa di risparmio.

saviour ['seɪvjə*] *n* salvatore *(m)* ◊ *(relig)* **the Saviour**, il Redentore.

savour, *(AmE)* **savor** ['seɪvə*] *n* sapore *(m)*, aroma *(m)*, gusto.

savoury ['seɪvərɪ] *adj* saporito, gustoso.

savoury ['seɪvərɪ] *n* salatino.

saw [sɔ:] *pt of* **see**.

saw [sɔ:] *n* sega.

saw, *pt* **sawed**, *pp* **sawn** *or* **sawed** [sɔ:, sɔ:d, sɔ:n] *v tr, intr* segare.

sawdust ['sɔ:dʌst] *n* segatura.

sawmill ['sɔ:ˌmɪl] *n* segherìa.

sawn [sɔ:n] *pp of* **saw.**

saxophone ['sæksəfəʊn] *n* sassòfono.

say [seɪ] *n* parola ◊ **I'll have my say**, dirò la mia.

say, *pt, pp* **said** [seɪ, sed] *v tr, intr* dire, asserire ◊ **that is to say**, cioè; **needless to say**, inutile dirlo; **it's said**, si dice; **it goes without saying that**, è ovvio che; **let us say**, supponiamo; **just as you say**, come vuoi; **you said it**, puoi dirlo forte.

saying ['seɪɪŋ] *n* detto, proverbio.

scab [skæb] n *(med)* crosta ◊ *(fam)* crumiro (-a).

scaffold ['skæfəld] *n (building)* impalcatura ◊ *(gallows)* patìbolo.

scald [skɔ:ld] *n* scottatura.

scald [skɔ:ld] *v tr* ustionare.

scale [skeɪl] *n* scala, gradazione *(f)*, gamma ◊ *(fish)* squama ◊ **scales**, bilancia.

scale [skeɪl] *v tr (mountain)* scalare ◊ *(wall)* scavalcare.

scalp [skælp] *n* cuoio capelluto, scalpo.

scalpel ['skælpəl] *n* bìsturi *(m inv)*.

scamper ['skæmpə*] *v intr* sgambettare.

scan [skæn] *n tr* esaminare, dare una scorsa a ◊ *(radar)* esplorare ◊ *(tv)* analizzare ◊ *(computer)* fare lo scanning di.

scandal ['skændl] *n* scàndalo.

scandalize ['skændəlaɪz] *v tr* scandalizzare.

scandalous ['skændələs] *adj* scandaloso, maldicente.

scanner ['skænə*] *n* scanner.

scant [skænt] *adj* esìguo, scarso.

scanty ['skæntɪ] *adj* scarso.

scapegoat ['skeɪpgəʊt] *n* capro espiatorio.

scar [skɑ:*] *n* cicatrice *(f)*, sfregio.

scarce [skeəs] *adj* scarso.

scarcely [skeəslɪ] *adv* appena, a stento ◊ **scarcely ever**, quasi mai.

scarcity ['skeəsətɪ] *n* scarsità *(inv)*, insufficienza.

scare [skeə*] *n* spavento.

scare [skeə*] *v tr* spaventare ◊ *(fam)* **to be scared stiff**, essere terrorizzato.

scarecrow ['skeəkrəʊ] *n* spaventapàsseri *(m inv)*.

scared [skeəd] *adj* spaventato.

scaremonger ['skeəˌmʌŋgə*] *n* allarmista *(m / f)*.

scarf (scarves) [skɑ:f, skɑ:vz] *n* sciarpa, foulard *(m inv)*.

scarlet ['skɑ:lət] *adj* (di) colore scarlatto.

scarves [skɑ:vz] *n pl of* **scarf.**

scathing ['skeɪðɪŋ] *adj* mordace.

scatter ['skætə*] *v tr, intr* dispèrdere(-rsi); spàrgere.

scattered ['skætəd] *adj* sparso.

scene [si:n] *n* scena, luogo; veduta, panorama *(m)* ◊ *(theatre)* scenario ◊ *(fam)* ambiente *(m)*.

scenery ['si:nərɪ] *n* paesaggio, veduta ◊ *(theatre)* scenario.

scenography [si:'nɒgrəfɪ] *n* scenografia.

scent [sent] *n* odore *(m)*, profumo; odorato ◊ *(track)* pista.

scent [sent] *v tr, intr* fiutare.

sceptic, *(AmE)* **skeptic** ['skeptɪk] *adj, n* scèttico(-a).

sceptre, *(AmE)* **scepter** ['septə*] *n* scettro.

schedule ['ʃedju:l] *n* lista, scheda, programma *(m)*, tabella; orario; **on schedule**, in orario; **behind schedule**, in ritardo.

schedule ['ʃedju:l] *v tr* schedare; programmare.

scheme [ski:m] *n* schema *(m)*, piano.

scheming ['ski:mɪŋ] *n* progettazione *(f)*.

schizophrenic [ˌskɪtsəʊ'frenɪk] *adj* schizofrènico.

scholarship ['skɒləʃɪp] *n* erudizione *(f)*; borsa di studio.

school [sku:l] *n* scuola; facoltà *(inv)*; indirizzo, corrente *(f)* ◊ **boarding-school**, collegio; *(BrE)* **public school**, scuola media superiore privata.

school [sku:l] *v tr* istruire ◊ *(animal)* addestrare.

school-boy ['sku:lbɔɪ] *n* scolaro.

schoolfellow ['sku:l,feləʊ] *n* compagno(-a) di scuola.

schoolgirl ['sku:lgɜ:l] *n* scolara.

schooling ['sku:lɪŋ] *n* istruzione *(f)*.

schoolmaster ['sku:l,mɑ:stə*] *n* maestro.

schoolmistress ['sku:l,mɪstrɪs] *n* maestra.

schoolteacher ['sku:l,tɪ:tʃə*] *n* insegnante *(m / f)*.

science ['saɪəns] *n* scienza; tecnica ◊ **science-fiction**, fantascienza.

scientist ['saɪəntɪst] *n* scienziato(-a).

sci-fi ['saɪfaɪ] *n* *(col)* fantascienza.

scintillate ['sɪntɪleɪt] *v intr* scintillare.

scissor ['sɪzə] *v tr* sforbiciare, tagliare con le fòrbici.

scissors ['sɪzəz] *n pl* fòrbici *(pl, f)* ◊ **a pair of scissors**, un paio di fòrbici.

scoff [skɒf] *n* scherno ◊ *(sl)* cibo.

scold [skəʊld] *v tr, intr* sgridare.

scoop [sku:p] *n* méstolo ◊ *(fig)* colpo di fortuna ◊ *(fam)* colpo giornalìstico, scoop ◊ *(comm)* grosso affare.

scoop [sku:p] *v tr* scavare ◊ **to scoop up**, raccogliere (con un mestolo, etc.).

scoot [sku:t] *v intr* *(fam)* filar via di corsa.

scope [skəʊp] *n* opportunità *(inv)*, libertà *(inv)* d'azione; raggio d'azione.

scorch [skɔ:tʃ] *v tr, intr* bruciacchiare(-rsi);

bruciare(-rsi); seccare.

scorcher [skɔ:tʃə*] *n* *(fam)* giornata molto calda.

score [skɔ:*] *n* conto, débito ◊ *(sport)* nùmero dei punti ◊ *(mus)* spartito ◊ *(twenty)* venti *(inv)*, ventina ◊ **to pay one's score**, pagare un debito; **to keep the score**, segnare i punti; **scores of people**, una gran folla; **half a score**, una decina.

score [skɔ:*] *v tr, intr* intaccare ◊ *(sport)* far punti.

score board ['skɔ:bɔ:d] *n* tabellone *(m)* segnapunti.

scorn [skɔ:n] *n* disprezzo.

scorn [skɔ:n] *v tr* sdegnare.

scornful ['skɔ:nfʊl] *adj* sprezzante, sdegnoso.

Scorpio ['skɔ:pɪəʊ] *n* *(sign)* Scorpione *(m)*.

scorpion ['skɔ:pjən] *n* scorpione *(m)*.

Scotch [skɒtʃ] *adj* scozzese ◊ **Scotch whisky**, whisky scozzese.

scot-free [ˌskɒt'fri:] *adj* impunito ◊ **to escape scot-free**, passarla liscia.

scour ['skaʊə*] *v tr, intr* ripulire, smacchiare.

scour ['skaʊə*] *v tr, intr* perlustrare, percòrrere.

scouring ['skaʊərɪŋ] *n* smacchiatura.

scout [skaʊt] *v tr, intr* esplorare.

scowl [skaʊl] *v intr* aggrottare le ciglia; lanciare occhiate torve.

scraggy ['skrægɪ] *adj* scarno.

scramble ['skræmbl] *n* scalata; parapiglia *(m inv)* ◊ *(fig)* lotta.

scramble ['skræmbl] *v tr, intr* arrampicarsi; azzuffarsi; affannarsi ◊ **scrambled eggs**, uova strapazzate.

scrambling ['skræmblɪŋ] *n* *(sport)* motocross.

scrap [skræp] *n* pezzetto; ritaglio (di giornale) ◊ *(fig)* brìciolo, poco ◊ *(fam)* rissa ◊ **a scrap of paper**, un pezzetto di carta.

scrap [skræp] *v tr* demolire.

scrap-book ['skræpbʊk] *n* album *(m inv)* dei ritagli.

scrape [skreɪp] *n* raschiatura ◊ *(fig)* impiccio.

scrape [skreɪp] *v tr, intr* raschiare, grattare; sbucciare; risparmiare.

scrappy ['skræpɪ] *adj* frammentario, sconnesso.

scratch [skrætʃ] *n* graffio.

scratch [skrætʃ] *v tr, intr* graffiare(-rsi); grattare(-rsi) ◊ (*sport*) ritirare(-rsi).

scratch [skrætʃ] *adj* improvvisato ◊ **scratch team**, squadra improvvisata.

scratch-paper ['skrætʃ,peɪpə*] *n* (*AmE*) carta per appunti.

scrawl [skrɔ:l] *v tr, intr* scarabocchiare, imbrattare.

scrawny ['skrɔ:nɪ] *adj* scarno, pelle e ossa (*inv*).

scream [skri:m] *n* grido, urlo.

scream [skri:m] *v tr, intr* strillare.

screech [skri:tʃ] *n* strillo, grido acuto; stridore (*m*).

screech [skri:tʃ] *v tr, intr* strillare, stridere.

screen [skri:n] *n* schermo, paravento ◊ video, schermo ◊ **the small screen**, la televisione.

screen [skri:n] *v tr, intr* nascòndere; vagliare ◊ (*cinema, tv*) proiettare.

screening ['skri:nɪŋ] *n* (*med*) controllo ◊ (*job*) selezione preliminare.

screening glass ['skri:nɪŋ,glɑ:s] *n* vetro antiabbagliante.

screw [skru:] *n* vite (*f*).

screw [skru:] *v tr, intr* avvitare; tòrcere.

screwdriver ['skru:,draɪvə*] *n* cacciavite (*m*).

screw-wrench ['skru:,rentʃ] *n* chiave (*f*) inglese.

screwy ['skru:i] *adj* (*sl*) svitato.

scribble ['skrɪbl] *n* sgorbio.

scribble ['skrɪbl] *v tr, intr* scarabocchiare.

script [skrɪpt] *n* calligrafia; documento originale ◊ (*theatre, tv*) copione (*m*) ◊ (*school*) còmpito d'esame.

Scripture ['skrɪptʃə*] *n* testo sacro ◊ **the Scriptures**, la Bibbia.

scroll [skrəʊl] *n* elenco, lista.

scrooge [skru:dʒ] *n* (*derog*) avaro(-a).

scrounge [skraʊndʒ] *v tr, intr* (*fam*) scroccare, mendicare.

scrounger ['skraʊndʒə*] *n* (*fam*) scroccone (-a).

scrub [skrʌb] *n* boscaglia; spazzolata.

scrub [skrʌb] *v tr, intr* strofinare.

scruffy ['skrʌfɪ] *adj* (*fam*) malmesso, trasandato.

scrunch [skrʌntʃ] *v tr, intr* sgranocchiare.

scruple ['skru:pl] *n* scrùpolo.

scrupulous ['skru:pjʊləs] *adj* scrupoloso.

scrutinize ['skru:tɪnaɪz] *v tr* scrutare, investigare.

scrutiny ['skru:tɪnɪ] *n* esame accurato.

scuba ['sku:bə] *n* respiratore subàcqueo.

scuffle ['skʌfl] *n* zuffa.

sculptor ['skʌlptə*] *n* scultore (*m*).

sculpture ['skʌlptʃə*] *n* scultura.

scum [skʌm] *n* schiuma ◊ (*fig*) feccia.

scurrility [skʌ'rɪlətɪ] *n* scurrilità (*inv*), trivialità (*inv*).

scurry ['skʌrɪ] *v intr* sgambettare.

scuttle ['skʌtl] *n* bòtola.

scuttle ['skʌtl] *n* fuga precipitosa.

sea [si:] *n* mare (*m*); **by the sea**, via mare; (*fig*) **all at sea**, confuso; (*fam*) **half-seas over**, brillo.

seaboard ['si:bɔ:d] *n* costa.

seafarer ['si:,feərə*] *n* marinaio.

sea-front ['si:frʌnt] *n* lungomare (*m*).

sea-going ['si:,gəʊɪŋ] *adj* d'alto mare.

sea-gull ['si:gʌl] *n* gabbiano.

sea-horse ['si:hɔ:s] *n* cavalluccio marino.

seal [si:l] *n* foca.

seal [si:l] *n* sigillo, timbro.

seal [si:l] *v tr* sigillare.

sea-level ['si:,levl] *n* livello del mare.

seam [si:m] *n* cucitura.

seaman ['si:mən] *n* marinaio.

seamy ['si:mɪ] *adj* brutto, spiacevole.

seance ['seɪɑ:ns] *n* seduta spirìtica.

sea-pig ['si:pɪg] *n* delfino.

seaplane ['si:pleɪn] *n* idrovolante (*m*).

seaport ['si:pɔ:t] *n* porto di mare.

search [sɜ:tʃ] *n* ricerca, inchiesta, ◊ **search warrant**, mandato di perquisizione.

search [sɜ:tʃ] *v tr, intr* cercare, investigare, perquisire.

searching ['sɜ:tʃɪŋ] *adj* penetrante; rigoroso.

searchlight ['sɜ:tʃlaɪt] *n* riflettore (*m*), proiettore (*m*).

search-party ['sɜ:tʃ,pɑ:tɪ] *n* squadra di soccorso.

sea-shell ['si:ʃel] *n* conchiglia marina.

seashore ['siːʃɔː*] *n* spiaggia.
seasick ['siːsɪk] *adj* che soffre di mal di mare ◊ **to be seasick**, avere il mal di mare.
seasickness ['siːsɪknɪs] *n* mal di mare.
seaside ['siːsaɪd] *n* spiaggia ◊ **at the seaside**, al mare; **seaside resort**, stazione balneare.
season ['siːzn] *n* stagione (*f*), perìodo, època ◊ **opera season**, stagione lirica; **in due season**, a tempo debito.
season ['siːzn] *v tr* stagionare; condire, ìnsaporire.
seasoning ['siːznɪŋ] *n* condimento ◊ (*wood*) stagionatura ◊ (*wine*) invecchiamento ◊ (*fig*) assuefazione (*f*).
season-ticket ['siːzn,tɪkɪt] *n* abbonamento, tèssera.
seat [siːt] *n* sedile (*m*); sede (*f*) ◊ (*chair*) fondo ◊ (*person*) sedere (*m*) ◊ (*trousers*) fondello ◊ (*Parliament*) seggio ◊ **to take a seat**, accomodarsi; **to book a seat**, prenotare un posto.
seat [siːt] *v tr* far sedere; avere posti a sedere; insediare.
seat-belt ['siːtbelt] *n* cintura di sicurezza.
seclude [sɪ'kluːd] *v tr* appartare, isolare.
seclusion [sɪ'kluːʒn] *n* isolamento, solitudine (*f*).
second ['sekənd] *adj* secondo ◊ (*date*) **the second of March**, il 2 di marzo.
second ['sekənd] *n* secondo(-a) ◊ (*time*) secondo, àttimo ◊ **wait a second**, aspetta un attimo; **in a split second**, in men che non si dica.
second ['sekənd] *v tr* favorire.
secondary ['sekəndərɪ] *adj* secondario.
second-floor ['sekənd,flɔː*] *n* secondo piano ◊ (*AmE*) primo piano.
second-hand [,sekənd'hænd] *adj* usato.
second-hand ['sekəndhænd] *n* (*clock*) lancetta dei secondi.
secondly ['sekəndlɪ] *adv* in secondo luogo.
second-rate [,sekənd'reɪt] *adj* scadente.
secrecy ['siːkrəsɪ] *n* riserbo.
secret ['siːkrɪt] *n, adj* segreto.
secretary ['sekrətrɪ] *n* segretario(-a) ◊ (*pol*) ministro ◊ **Home Secretary**, Ministro dell'Interno.
sect [sekt] *n* setta.
section ['sekʃn] *n* sezione (*f*); reparto; categorìa.

section ['sekʃn] *v tr* sezionare; tratteggiare.
sector ['sektə*] *n* settore (*m*).
secure [sɪ'kjʊə*] *adj* sicuro, tranquillo; al riparo ◊ (*thing*) saldo.
secure [sɪ'kjʊə*] *v tr, intr* méttere al sicuro, fissare; procurarsi.
security [sɪ'kjʊərətɪ] *n* sicurezza; garanzìa ◊ (*comm*) **securities**, titoli, obbligazioni.
sedate [sɪ'deɪt] *adj* pacato.
sedative ['sedətɪv] *n, adj* calmante (*m*), sedativo.
sediment ['sedɪmənt] *n* sedimento, depòsito.
sedition [sɪ'dɪʃn] *n* sedizione (*f*), sommossa.
seduce [sɪ'djuːs] *v tr* sedurre, allettare.
seduction [sɪ'dʌkʃn] *n* seduzione (*f*) ◊ (*fig*) fàscino.
seductive [sɪ'dʌktɪv] *adj* seducente, allettante.
see, *pt* **saw**, *pp* **seen** [siː, sɔː, siːn] *v tr, intr* vedere ◊ (*fig*) capire ◊ (*visit*) visitare, ricévere ◊ (*accompany*) accompagnare ◊ **to see sb coming**, veder venire qc; **you see?**, capisci?; **let me see**, fammi pensare; **I see!**, ho capito!; **see you soon**, a presto; **to see into**, esaminare.
see [siː] *n* sede (*f*) vescovile ◊ **the Holy See**, la Santa Sede.
seed [siːd] *n* seme (*m*).
seedy ['siːdɪ] *adj* (*person*) sciatto ◊ (*fam*) indisposto.
seeing ['siːɪŋ] *n* vista.
seek, *pt, pp* **sought** [siːk, sɔːt] *v tr* cercare; chièdere ◊ **to seek employment**, cercare un impiego; **to seek advice**, chiedere consiglio.
seem [siːm] *v intr* sembrare, parere ◊ **it seems to me**, mi pare; **as it seems**, a quanto pare.
seen [siːn] *pp of* **see**.
seep [siːp] *v intr* filtrare.
seer [sɪə*] *n* profeta(-essa).
seesaw ['siːsɔː] *n* altalena.
seethe [siːð] *v tr, intr* (*fig*) bollire, ribollire; agitarsi.
see-through ['siːθruː] *adj* (*clothes*) trasparente.
segment ['segmənt] *n* segmento, porzione (*f*).

segregate ['segrıgeıt] *v tr, intr* segregare (-rsi).

seize [si:z] *v tr, intr* afferrare(-rsi); acciuffare; impossessarsi di ◊ (*law*) confiscare ◊ (*car*) grippare ◊ (*med*) colpire.

seldom ['seldəm] *adv* raramente.

select [sı'lekt] *adj* scelto.

select [sı'lekt] *v tr* scégliere.

selective [sı'lektıv] *adj* selettivo.

self-assured [ˌselfə'ʃʊəd] *adj* sicuro di sé.

self-catering [ˌself'keıtərıŋ] *adj* con uso di cucina.

self-centred [ˌself'sentəd] *adj* egocèntrico.

self-command ˌselfkə'mɑːnd] *n* padronanza di sé.

self-conceited [ˌselfkən'si:tıd] *adj* presuntuoso.

self-confident [ˌself'kɒnfıdənt] *adj* sicuro di sé.

self-conscious [ˌself'kɒnʃəs] *adj* tìmido, imbarazzato.

self-consistent [ˌselfkən'sıstənt] *adj* coerente.

self-control [selfkən'trəʊl] *n* autocontrollo.

self-defence [ˌselfdı'fens] *n* autodifesa.

self-evident [ˌself'evıdənt] *adj* ovvio, evidente.

selfish ['selfıʃ] *adj* egoìsta.

selfless ['selflıs] *adj* altruìsta.

self-made [ˌself'meıd] *adj* fatto da sé ◊ **a self-made man**, un uomo che si è fatto da sé.

self-pity [ˌself'pıtı] *n* autocommiserazione (*f*).

self-portrait [ˌself'pɔ:trıt] *n* autoritratto.

self-possessed [ˌselfpə'zest] *adj* calmo, padrone di sé.

self-respect [ˌselfrı'spekt] *n* amor proprio.

self-righteous [ˌself'raıtʃəs] *adj* ipòcrita.

self-sacrifice [ˌself'sækrıfaıs] *n* abnegazione (*f*).

self-satisfied [ˌself'sætısfaıd] *adj* compiaciuto di sé.

self-sufficient [ˌselfsə'fıʃnt] *adj* autosufficiente.

self-supporting [ˌselfsə'pɔːtıŋ] *adj* economicamente indipendente.

sell, *pp, pt* **sold** [sel, səʊld] *v tr, intr* véndere (-rsi) ◊ **to sell for cash**, vendere a contanti;

to sell retail, vendere al dettaglio; **to sell wholesale**, vendere all'ingrosso; **to sell sthg off**, liquidare qcs; **to sell out**, esaurire.

seller ['selə*] *n* venditore(-trice).

selling ['selıŋ] *n* véndita ◊ **selling out**, liquidazione.

sell-out ['selaʊt] *n* véndita, liquidazione (*f*) totale.

selves [selvz] *n pl of* **self**.

semen ['si:men] *n* seme (*m*).

semi-annual [ˌsemı'ænjʊəl] *adj* semestrale.

semicircle ['semıˌsɜ:kl] *n* semicerchio.

semi-detached [ˌsemıdı'tætʃt] *adj* (*house*) con un muro divisorio in comune.

semi-yearly [ˌsemı'jɜːlı] *adv* due volte all'anno.

senate ['senıt] *n* senato.

send, *pt, pp* **sent** [send, sent] *v tr, intr* mandare, spedire; spìngere; far diventare ◊ (*fam*) stimolare ◊ **to send after**, mandare a cercare; **to send for**, mandare a chiamare; (*goods*) to send off, spedire.

sender ['sendə*] *n* mittente (*m* / *f*).

senior ['si:njə*] *n* decano(-a).

sensation [sen'seıʃn] *n* sensazione (*f*); scalpore (*m*).

sensational [sen'seıʃənl] *adj* sensazionale.

sense [sens] *n* senso; sentimento, percezione (*f*); buon senso; significato ◊ **common sense**, buon senso.

sense [sens] *v tr* intuìre.

senseless ['senslıs] *adj* privo di sensi; insensato.

sensibility [ˌsensı'bılətı] *n* sensibilità (*inv*), emotività (*inv*).

sensible ['sensəbl] *adj* ragionévole, assennato.

sensitive ['sensıtıv] *adj* sensìbile, emotivo.

sensitivity [ˌsensı'tıvətı] *n* sensibilità (*inv*), emotività (*inv*).

sensual ['sensjʊəl] *adj* sensuale, carnale.

sensuous ['sensjʊəs] *adj* sensitivo, sensìbile; gradévole ai sensi.

sent [sent] *pt, pp of* **send**.

sentence ['sentəns] *n* (*law*) sentenza, condanna ◊ (*grammar*) frase (*f*).

sentence ['sentəns] *v tr* (*law*) condannare.

sentiment ['sentımənt] *n* sentimento; idea.

sentimental [ˌsentɪˈmentl] *adj* sentimentale, romàntico.

sentry [ˈsentrɪ] *n* sentinella.

separate [ˈseprət] *adj* separato; indipendente; differente.

separate [ˈsepəreɪt] *v tr, intr* separare(-rsi).

separation [ˌsepəˈreɪʃn] *n* separazione (*f*), distacco ◊ (*law*) **judicial separation**, separazione legale.

sepia [ˈsiːpjə] *n* seppia.

September [sepˈtembə*] *n* settembre (*m*).

sequel [ˈsiːkwəl] *n* séguito, continuazione (*f*); conseguenza.

sequence [ˈsiːkwəns] *n* serie (*f inv*), successione (*f*).

serene [sɪˈriːn] *adj* calmo.

serenity [sɪˈrenɪtɪ] *n* serenità (*inv*).

sergeant [ˈsɑːdʒənt] *n* sergente (*m*) ◊ (*police*) brigadiere (*m*).

serial [ˈsɪərɪəl] *n* romanzo a puntate, a episodi.

serialize [ˈsɪərɪəlaɪz] *v tr* pubblicare a puntate ◊ (*radio, tv*) trasméttere a puntate.

series [ˈsɪərɪːz] *n* serie (*f inv*), successione (*f*).

serious [ˈsɪərɪəs] *adj* serio, grave ◊ **a serious illness**, una grave malattia.

sermon [ˈsɜːmən] *n* sermone (*m*).

serpent [ˈsɜːpənt] *n* serpente (*m*).

servant [ˈsɜːvənt] *n* domèstico, servo; impiegato ◊ **public servants**, funzionari statali.

serve [sɜːv] *v tr, intr* servire, prestare servizio; èssere ùtile, giovare, trattare; portare a tèrmine ◊ (*law*) notificare ◊ (*sport*) servire, effettuare il servizio ◊ **to serve up**, portare in tavola; **first come first served**, chi prima arriva meglio alloggia; **it serves you right!**, ben ti sta!

service [ˈsɜːvɪs] *n* servizio, prestazione (*f*), manutenzione (*f*) ◊ **the Services**, le Forze Armate; **the postal service**, il servizio postale; **aftersale service**, assistenza tecnica.

service [ˈsɜːvɪs] *v tr* controllare, dare assistenza a.

service-area [ˈsɜːvɪsˌeərɪə] *n* (*motorway*) àrea di servizio.

service-station [ˈsɜːvɪsˌsteɪʃn] *n* stazione (*f*) di servizio.

servicing [ˈsɜːvɪsɪŋ] *n* assistenza, manutenzione (*f*).

servile [ˈsɜːvaɪl] *adj* servile.

session [ˈseʃn] *n* seduta.

set [set] *n* serie (*f inv*), insieme (*m*), completo ◊ (*person*) cìrcolo, gruppo ◊ (*radio, tv*) apparecchio ◊ (*only sing*) moto, direzione (*f*) ◊ (*clothes*) modo di stare ◊ (*cinema*) scena, scenario ◊ (*hair*) messa in piega ◊ **a set of false teeth**, una dentiera; **the smart set**, il bel mondo; **a wireless set**, un apparecchio radio.

set [set] *adj* fisso, fermo; collocato ◊ **set dinner**, pranzo a prezzo fisso.

set, *pt, pp* **set** [set] *v tr, intr* méttere, porre; proporre(-rsi); disporre, sistemare; fissare; scòrrere; tramontare; fiorire, produrre; solidificare(-rsi) ◊ (*clothes*) adattarsi ◊ **to set sb free**, liberare qc; **to set sthg going**, mettere in funzione qcs; **to set a problem**, porre un problema; **to set the table**, apparecchiare la tavola; **to set a date**, fissare una data; **to set the hair**, mettere in piega i capelli; **that jacket sets well**, quella giacca cade bene; **to set about**, accingersi, intraprendere; **to set off**, partire; **to set sb, sthg off**, far esplodere.

set-back [ˈsetbæk] *n* contrattempo, imprevisto, battuta d'arresto.

settee [seˈtiː] *n* divano.

setting [ˈsetɪŋ] *n* ambiente (*m*), sfondo, scenario; tramonto; installazione (*f*) ◊ **hairsetting**, messa in piega.

settle [ˈsetl] *v tr, intr* colonizzare, insediarsi; domiciliarsi; fermarsi; sistemare(-rsi); calmare(-rsi); definire, decìdere; saldare; depositare(-rsi) ◊ **to settle the day**, fissare il giorno; **that settles it**, ciò risolve la questione; **to settle accounts**, saldare i conti; **to settle to sthg**, applicarsi a qcs.

settlement [ˈsetlmənt] *n* accomodamento; saldo; colonizzazione (*f*) ◊ (*law*) rèndita; **terms of settlement**, condizioni di pagamento.

settler [ˈsetlə*] *n* colonizzatore(-trice).

set-up [ˈsetʌp] *n* organizzazione (*f*), sistemazione (*f*), disposizione (*f*); situazione (*f*).

seven [ˈsevn] *adj, n* sette (*inv*).

seventeen [ˌsevn'ti:n] *adj, n* diciassette (*inv*).

seventeenth [ˌsevn'ti:nθ] *adj* diciassettèsimo.

seventh ['sevnθ] *adj* sèttimo.

seventy ['sevntɪ] *adj, n* settanta (*inv*).

sever ['sevə*] *v tr, intr* separare(-rsi); tagliare.

several ['sevrəl] *adj* diversi (*pl*).

several ['sevrəl] *pron* parecchi.

severe [sɪ'vɪə*] *adj* severo ◊ (*weather, pain*) acuto, rìgido.

severity [sɪ'verətɪ] *n* rigore (*m*).

sew, *pt* **sewed**, *pp* **sewn** [səʊ səʊd, səʊn] *v tr, intr* cucire ◊ **to sew up**, rammendare.

sewing ['səʊɪŋ] *n* cucitura.

sewing-machine ['səʊɪŋmaˌʃi:n] *n* màcchina per cucire.

sewn [səʊn] *pp of* **sew.**

sex [seks] *n* sesso; rapporti (*m pl*) sessuali ◊ **the weaker sex**, il sesso debole.

sexual ['seksjʊəl] *adj* sessuale.

sexist ['seksɪst] *adj* sessista.

sexologist [seks'ɔləɹɪst] *n* sessuologo.

sexology [seks'ɔləɹɪ] *n* sessuologia.

sexy ['seksɪ] *adj* sexy, erotico.

shabby ['ʃæbɪ] *adj* trasandato.

shade [ʃeɪd] *n* ombra ◊ (*colour*) ombreggiatura ◊ (*fig*) sfumatura ◊ **in the shade**, all'ombra; **light and shade**, chiaroscuro.

shade [ʃɪed] *v tr, intr* ombreggiare, riparare ◊ (*fig*) offuscare.

shadow ['ʃædəʊ] *n* ombra.

shadow ['ʃædəʊ] *v tr* ombreggiare; sorvegliare.

shadowy ['ʃædəʊɪ] *adj* ombroso.

shady ['ʃeɪdɪ] *adj* ombroso ◊ (*fig*) losco.

shaft [ʃɑːft] *n* asta, lancia, freccia, dardo; mànico, impugnatura ◊ (*lift*) tromba ◊ (*car*) àlbero.

shaggy ['ʃægɪ] *adj* peloso.

shake [ʃeɪk] *n* scrollata, scossa ◊ (*fam*) àttimo ◊ **milk-shake**, frullato; **in a shake**, in un attimo.

shake, *pt* **shook**, *pp* **shaken** [ʃeɪk, ʃʊk, ʃeɪkən] *v tr, intr* scuòtere, agitare; impressionare, turbare; indebolire; barcollare ◊ **to shake hands with sb**, stringere la mano a qc.

shaky ['ʃeɪkɪ] *adj* malfermo.

shall [ʃæl] *modal, auxiliary verb* ◊ **we shall see!**, vedremo!, **what shall I do with it?**, che cosa devo farne?; **shall we play?**, vogliamo giocare?; **shall I open the door?**, devo aprire la porta?

shallow ['ʃæləʊ] *adj* poco profondo ◊ (*fig*) superficiale.

sham [ʃæm] *n* finzione (*f*); imbroglione(-a).

sham [ʃæm] *v tr, intr* fingere(-rsi).

shamble ['ʃæmbl] *v intr* camminare dinoccolato.

shambles ['ʃæmblz] *n pl* (*fam*) macello, disòrdine (*m*).

shame [ʃeɪm] *n* vergogna ◊ **shame on you!**, vergògnati!; **what a shame!**, che peccato!

shame [ʃeɪm] *v tr, intr* vergognarsi.

shamefaced ['ʃeɪm'feɪst] *adj* vergognoso, imbarazzato.

shameful ['ʃeɪmfʊl] *adj* disonorévole, infame.

shameless ['ʃeɪmlɪs] *adj* sfacciato, svergognato.

shampoo [ʃæm'pʊ:] *n* shampoo.

shamrock ['ʃæmrɒk] *n* trifoglio.

shan't [ʃɑ:nt] *short for* **I shall not.**

shanty ['ʃænti] *n* baracca ◊ **shanty-town**, bidonville.

shape [ʃeɪp] *n* forma ◊ **to be in shape**, essere in forma.

shape [ʃeɪp] *v tr, intr* formare, foggiare, concretarsi.

shapeless ['ʃeɪplɪs] *adj* informe.

shapely ['ʃeɪplɪ] *adj* ben fatto, armonioso.

share [ʃeə*] *n* parte (*f*) ◊ (*comm*) azione (*f*), tìtolo ◊ **ordinary shares**, azioni ordinarie.

share [ʃeə*] *v tr, intr* divìdere, avere in comune ◊ **to share a flat with sb**, dividere un appartamento con qc.

shareholder ['ʃeəˌhəʊldə*] *n* (*comm*) azionista (*m / f*).

shark [ʃɑːk] *n* squalo.

sharp [ʃɑːp] *adj* affilato, aguzzo ◊ (*photo*) nìtido, chiaro ◊ (*slope*) scosceso ◊ (*sound*) acuto ◊ (*intelligence*) perspicace ◊ (*feeling*) forte, penetrante ◊ (*sl*) elegante.

sharp [ʃɑːp] *adv* puntualmente; bruscamente ◊ **at four sharp**, alle quattro precise.

sharpen [ˈʃɑːpən] *v tr, intr* affilare(-rsi) ◊ (*fig*) aguzzare.

sharpener [ˈʃɑːpnə*] *n* arrotino ◊ **pencil sharpener**, temperamatite.

sharp-eyed [ˌʃɑːpˈaɪd] *adj* dalla vista acuta.

sharp-tongued [ˌʃɑːpˈtʌŋd] *adj* dalla lingua mordace.

shatter [ˈʃætə*] *v tr, intr* frantumare(-rsi) ◊ (*fig*) distrùggere.

shatters [ˈʃætəz] *n pl* frantumi (*m pl*).

shave [ʃeɪv] *n* rasatura ◊ **to have a shave**, radersi; **shave and haircut**, barba e capelli.

shave [ʃeɪv] *v tr, intr* ràdere(-rsi); piallare.

shaven [ˈʃeɪvn] *adj* rasato.

shaver [ˈʃeɪvə*] *n* barbiere (*m*); rasoio.

shaving [ˈʃeɪvɪŋ] *n* rasatura ◊ **shaving-brush**, pennello da barba; **shaving-cream**, crema da barba; **shaving-soap**, sapone da barba.

shawl [ʃɔːl] *n* scialle (*m*).

she [ʃiː] *pers pron* ella; essa; lei ◊ **here she comes!**, eccola!; **she-wolf**, lupa.

shear, *pt, pp* **sheared** *or* **shorn** [ʃɪə*, ʃɪəd, ʃɔːn] *v tr* tosare.

shed [ʃed] *n* capannone (*m*), rimessa ◊ **toolshed**, ripostiglio per gli attrezzi.

shed, *pt, pp* **shed** [ʃed] *v tr* versare, spàrgere; pèrdere ◊ **to shed tears**, spargere lacrime.

sheen [ʃiːn] *n* splendore (*m*).

sheep [ʃiːp] *n pl inv* pècora.

sheepish [ˈʃiːpɪʃ] *adj* impacciato.

sheer [ʃɪə*] *v tr, intr* (*ship*) far cambiare rotta ◊ (*fam*) svignàrsela.

sheer [ʃɪə*] *adj* puro, vero e proprio; perpendicolare ◊ (*cloth*) trasparente.

sheet [ʃiːt] *n* lenzuolo; foglio, lastra, làmina; distesa ◊ **a pair of sheets**, un paio di lenzuola; **loose sheet**, foglio sciolto.

sheik [ʃeɪk] *n* sceicco.

shelf, *pl* **shelves** [ʃelf, ʃelvz] *n* scaffale (*m*), mènsola.

shell [ʃel] *n* guscio, conchiglia; ossatura; proièttile (*m*).

shell [ʃel] *v tr, intr* sgusciare; bombardare ◊ (*sl*) sborsare.

shellfish [ˈʃelfɪʃ] *n* mollusco.

shelter [ˈʃeltə*] *n* riparo.

shelter [ˈʃeltə*] *v tr, intr* riparare(-rsi); offrire rifugio.

shelve [ʃelv] *v tr, intr* (*fig*) accantonare, rimandare.

shelves [ʃelvz] *n pl of* **shelf**.

shepherd [ˈʃepəd] *n* pastore (*m*).

sheriff [ˈʃerɪf] *n* sceriffo.

shield [ʃiːld] *v tr* protèggere, far scudo.

shift [ʃɪft] *n* spostamento; turno; espediente (*m*) ◊ **to do a shift**, fare un turno; **shift-work**, lavoro a turni; (*car*) **gear-shift**, cambio.

shift [ʃɪft] *v tr, intr* spostare(-rsi), trasferire(-rsi).

shifty [ˈʃɪftɪ] *adj* ambìguo.

shilling [ˈʃɪlɪŋ] *n* scellino.

shilly-shally [ˈʃɪlɪˌʃælɪ] *v intr* tentennare, titubare.

shimmer [ˈʃɪmə*] *v intr* brillare (tremolando), luccicare.

shin [ʃɪn] *n* stinco; tibia.

shine [ʃaɪn] *n* splendore (*m*).

shine, *pt, pp* **shone** [ʃaɪn, ʃɒn] *v intr, tr* risplèndere, brillare ◊ (*fig*) farsi notare ◊ (*fam*) lustrare.

shingle [ˈʃɪŋgl] *n* (*beach*) ghiaia ◊ (*AmE*) insegna.

shining [ˈʃaɪnɪŋ] *adj* lucente.

ship [ʃɪp] *n* nave (*f*).

ship [ʃɪp] *v tr, intr* imbarcare(-rsi); spedire, inviare; caricare.

ship-broker [ˈʃɪpˌbrəʊkə*] *n* agente marìttimo.

shipbuilding [ˈʃɪpˌbɪldɪŋ] *n* costruzione (*f*) di navi.

shipping-agent [ˈʃɪpɪŋˌeɪdʒənt] *n* spedizioniere marìttimo.

shipwreck [ˈʃɪprek] *n* naufragio.

shipyard [ˈʃɪpjɑːd] *n* cantiere (*m*) navale.

shire [ˈʃaɪə*] *n* contea.

shirk [ʃɜːk] *v tr, intr* schivare.

shirt [ʃɜːt] *n* camicia.

shirt-sleeve [ˈʃɜːtˌsliːv] *n* mànica di camicia ◊ **in one's shirt-sleeves**, in maniche di camicia.

shirty [ˈʃɜːtɪ] *adj* (*sl*) irascìbile.

shit [ʃɪt] *n* (*vulg*) merda.

shiver [ˈʃɪvə*] *v intr* rabbrividire.

shivery [ˈʃɪvərɪ] *adj* tremante.

shock [ʃɒk] *n* urto, colpo; scossa elèttrica ◊ (*fig*) shock.

shock [ʃɒk] *v tr* colpire, scioccare.

skocking [ʃɒkɪŋ] *adj* scandaloso, scioccante ◊ (*behaviour*) disgustoso.

shod [ʃɒd] *pt, pp of* **shoe.**

shoe [ʃuː] *n* scarpa ◊ (*car*) copertone (*m*) ◊ (*horse*) ferro di cavallo.

shoe, *pt, pp* **shod** [ʃuː, ʃɒd] *v tr* calzare.

shoe-lace [ˈʃuːleɪs] *n* stringa.

shoe-polish [ˈʃuːˌpɒlɪʃ] *n* lùcido da scarpe.

shoe-string [ˈʃuːˌstrɪŋ] *n* stringa.

shone [ʃɒn] *pt, pp of* **shine.**

shook [ʃʊk] *pt of* **shake.**

shoot [ʃuːt] *n* germoglio; gara di tiro (al bersaglio); zampillo.

shoot, *pt, pp* **shot** [ʃuːt, ʃɒt] *v tr, intr* scagliare; sparare; cacciare; germogliare ◊ (*pain*) dare fitte ◊ (*cinema*) girare ◊ (*football*) segnare ◊ **to shoot out**, uscire precipitosamente.

shooting [ˈʃuːtɪŋ] *n* sparo.

shooting-star [ˈʃuːtɪŋstɑː*] *n* stella cadente.

shop [ʃɒp] *n* negozio.

shop [ʃɒp] *v intr, tr* fare còmpere ◊ **to go shopping,** fare la spesa.

shop-assistant [ˈʃɒpəˌsɪstənt] *n* commesso (-a).

shop-hours [ˈʃɒpˌaʊəz] *n pl* orario di apertura dei negozi.

shopkeeper [ˈʃɒpˌkiːpə*] *n* negoziante (*m / f*).

shop-lifter [ˈʃɒpˌlɪftə*] *n* taccheggiatore (-trice).

shopping [ˈʃɒpɪŋ] *n* spesa ◊ **to go window-shopping,** guardare le vetrine; **shopping mall,** (*AmE*) centro commerciale.

shop-steward [ˌʃɒpˈstjʊəd] *n* rappresentante (*m*) sindacale.

shop-window [ˌʃɒpˈwɪndəʊ] *n* vetrina.

shore [ʃɔː*] *n* spiaggia.

shorn [ʃɔːn] *pt of* **shear.**

short [ʃɔːt] *adj* corto, breve; scarso ◊ (*person*) basso ◊ (*comm*) a breve scadenza ◊ (*answer*) conciso ◊ **at short notice,** entro breve tempo; **to be short of money,** essere a corto di denaro; **short circuit,** corto circuito; **short story,** racconto.

short [ʃɔːt] *adv* improvvisamente; eccetto; al di sotto di ◊ (*comm*) allo scoperto ◊ **short of,** fuorché; **to run short,** esaurirsi; **to sell**

short, vendere allo scoperto.

short [ʃɔːt] *n* cosa corta ◊ (*fam*) cicchetto ◊ (*cinema*) cortometraggio ◊ (*newspaper*) trafiletto ◊ **in short,** in breve.

shortage [ˈʃɔːtɪdʒ] *n* mancanza.

shortcoming [ˌʃɔːtˈkʌmɪŋ] *n* deficienza, mancanza.

short-cut [ˌʃɔːtˈkʌt] *n* scorciatoia.

shorten [ˈʃɔːtn] *v tr, intr* accorciare(-rsi).

shorthand [ˈʃɔːthænd] *n* stenografia.

shorthand-typist [ˌʃɔːthændˈtaɪpɪst] *n* stenodattilògrafo(-a).

shortly [ˈʃɔːtlɪ] *adv* presto.

shortness [ˈʃɔːtnɪs] *n* brevità (*inv*); mancanza.

shorts [ʃɔːts] *n pl* (*clothes*) calzoncini (*m pl*), shorts.

short-sighted [ˌʃɔːtˈsaɪtɪd] *adj* mìope.

short-story [ˌʃɒtˈstɔːrɪ] *n* racconto.

short-tempered [ˌʃɔːtˈtempəd] *adj* collèrico.

short-term [ˌʃɔːtˈtɜːm] *adj* di breve durata.

short-wave [ˌʃɔːtˈweɪv] *n* (*radio*) onda corta.

shot [ʃɒt] *pt, pp of* **shoot.**

shot [ʃɒt] *n* sparo, colpo; tentativo; pallòttola ◊ (*sport*) tiro, colpo ◊ (*fig*) frecciata, stoccata ◊ (*person*) tiratore(-trice) ◊ (*cinema*) ripresa cinematogràfica ◊ (*fam*) iniezione (*f*) ◊ (*sl*) **a big shot,** un pezzo grosso.

should [ʃʊd] *modal, auxiliary verb* ◊ **I should go if I were you,** andrei se fossi in te; **I should like to,** mi piacerebbe.

shoulder [ˈʃəʊldə*] *n* spalla ◊ (*road*) bordo, màrgine (*m*).

shoulder [ˈʃəʊldə*] *v tr, intr* prèndere, caricare sulle spalle ◊ (*fig*) assùmersi ◊ **to shoulder one's way,** farsi largo a spallate.

shoulder-bag [ˈʃəʊldəbæg] *n* borsa a tracolla.

shoulder-blade [ˈʃəʊldəbleɪd] *n* scàpola.

shoulder-strap [ˈʃəʊldəstræp] *n* bretella, spallina.

shouldn't [ˈʃʊdnt] *short for* **should not.**

shout [ʃaʊt] *n* grido, urlo.

shout [ʃaʊt] *v intr, tr* gridare, urlare.

shove [ʃʌv] *v tr, intr* spìngere, urtare.

shovel [ˈʃʌvl] *n* badile (*m*).

shovel ['ʃʌvl] *v tr, intr* spalare.

show [ʃəʊ] *n* dimostrazione (*f*); mostra; spettàcolo; apparenza ◊ **on show**, esposto; **dumb-show**, pantomima; (*fig*) **to put up a good show**, fare una bella figura.

show, *pt* **showed**, *pp* **shown** [ʃəʊ, ʃəʊd, ʃəʊn] *v tr, intr* mostrare(-rsi); esporre, esibire; concèdere; dimostrare; condurre, guidare ◊ **to show off**, darsi delle arie; **to show up**, farsi vedere.

show-card ['ʃəʊkɑ:d] *n* manifesto, cartellone pubblicitario.

show-down ['ʃəʊdaʊn] *n* (*fam*) prova di forza, resa dei conti.

shower ['ʃaʊə*] *n* acquazzone (*m*); doccia ◊ (*fig*) rovescio ◊ **to have a shower**, fare la doccia.

shower ['ʃaʊə*] *v tr, intr* far piòvere, inondare; piòvere a dirotto; fare la doccia.

showing [ʃəʊɪŋ] *n* esposizione (*f*), esibizione (*f*) ◊ (*comm*) situazione (*f*).

shown [ʃəʊn] *pp of* **show**.

show-off ['ʃəʊˌɒf] *n* esibizionista (*m / f*).

showy ['ʃəʊɪ] *adj* vistoso.

shrank [ʃræŋk] *pt of* **shrink**.

shred [ʃred] *n* brandello.

shred [ʃred] *v tr* fare a brandelli, stracciare ◊ (*food*) tagliuzzare.

shrewd [ʃru:d] *adj* astuto, scaltro.

shriek [ʃri:k] *v tr, intr* strillare, urlare.

shrill [ʃrɪl] *adj* stridente.

shrimp [ʃrɪmp] *n* gamberetto.

shrine [ʃraɪn] *n* santuario.

shrink, *pt* **shrank**, *pp* **shrunk** [ʃrɪŋk, ʃræŋk, ʃrʌŋk] *v intr, tr* contrarsi, restrìngersi, indietreggiare ◊ **to shrink in the wash**, restringersi nel lavaggio.

shrink [ʃrɪŋk] *n* restringimento ◊ (*sl*) psichiatra (*m / f*).

shrinkage ['ʃrɪŋkɪdʒ] *n* contrazione (*f*).

shrivel ['ʃrɪvl] *v tr, intr* raggrinzare(-rsi), avvizzire.

shroud [ʃraʊd] *n* sudario.

Shrove Tuesday [ˌʃrəʊv'tju:zdɪ] *n* martedì grasso.

shrub [ʃrʌb] *n* arboscello.

shrubbery ['ʃrʌbərɪ] *n* boschetto.

shrug [ʃrʌg] *v tr, intr* scrollare le spalle.

shrunk [ʃrʌŋk] *pp of* **shrink**.

shrunken ['ʃrʌŋkən] *adj* raggrinzito, contratto.

shudder ['ʃʌdə*] *n* brìvido.

shudder ['ʃʌdə*] *v intr* rabbrividire, frèmere.

shuffle ['ʃʌfl] *v tr, intr* strascicare i piedi ◊ (*card*) mescolare.

shun [ʃʌn] *v tr* evitare.

shut, *pt, pp* **shut** [ʃʌt] *v tr, intr* chiùdere (-rsi), serrare ◊ **to shut down**, chiudere, cessare; (*sl*) **to shut up**, tacere.

shutter ['ʃʌtə*] *n* imposta ◊ **rolling shutter**, tapparella.

shuttle ['ʃʌtl] *n* navetta ◊ **shuttle-service**, servizio locale.

shy [ʃaɪ] *adj* tìmido, schivo.

Siamese [ˌsaɪə'mi:z] *adj* siamese ◊ **Siamese twins**, fratelli siamesi.

sick [sɪk] *adj* malato ◊ (*fam*) stufo, seccato ◊ **to be sick**, vomitare; **to feel sick**, avere la nausea; **to fall sick**, ammalarsi; **to be sick for home**, non vedere l'ora di tornare a casa.

sick-bay ['sɪkbeɪ] *n* infermerìa.

sicken ['sɪkən] *v tr, intr* nauseare(-rsi).

sickly ['sɪklɪ] *adj* malaticcio; nauseante.

sickness ['sɪknɪs] *n* malattìa.

side [saɪd] *n* lato, facciata; parte (*f*); màrgine (*m*) ◊ **by his side**, accanto a lui; **side by side**, fianco a fianco; **on the other side**, dall'altra parte; **on both sides**, da entrambe le parti; (*AmE*) **eggs sunny sides up**, uova al tegamino; **to take sides**, prendere posizione.

side [saɪd] *v tr, intr* parteggiare.

side-board ['saɪdbɔ:d] *n* credenza.

sidelight ['saɪdlaɪt] *n* (*car*) luce (*f*) di posizione.

side-long ['saɪdlɒŋ] *adj* obliquo, laterale.

side-road ['saɪdˌrəʊd] *n* strada secondaria.

sidewalk ['saɪdwɔ:k] *n* (*AmE*) marciapiede (*m*).

sideways ['saɪdweɪz] *adv* obliquamente, a sghembo.

sidle ['saɪdl] *v intr* camminare storto, procèdere furtivamente.

siege [si:dʒ] *n* assedio.

sieve [sɪv] *v tr* setacciare.

sift [sɪft] *v tr, intr* vagliare.

sigh [saɪ] *v tr, intr* sospirare.

sight [saɪt] *n* vista, visione (*f*); opinione (*f*); panorama (*m inv*), spettàcolo ◊ **love at first sight**, amore a prima vista; **out of sight**, non (più) in vista; (*comm*) **bill payable at sight**, cambiale pagabile a vista; **sight draft**, tratta a vista; **to lose sight of sb**, perdere di vista qc.

sightseeing ['saɪt,siːɪŋ] *n* giro turìstico.

sign [saɪn] *n* segno, prova, cenno; insegna.

sign [saɪn] *v tr, intr* firmare(-rsi) ◊ **to sign a bill**, sottoscrìvere una cambiale.

signal ['sɪgnl] *n* segnale (*m*).

signal ['sɪgnl] *v tr* segnalare, fare cenno.

signature ['sɪgnətʃə*] *n* firma ◊ (*comm*) **signature for receipt**, firma per quietanza.

signboard ['saɪnbɔːd] *n* insegna.

significance [sɪg'nɪfɪkəns] *n* significato, senso.

significant [sɪg'nɪfɪkənt] *adj* significativo; eloquente.

signify ['sɪgnɪfaɪ] *v tr, intr* significare, notificare.

sign-post ['saɪnpəust] *n* cartello indicatore.

silence ['saɪləns] *n* silenzio.

silencer ['saɪlənsə*] (*car*) marmitta.

silent ['saɪlənt] *adj* silenzioso ◊ **to keep silent**, stare zitto.

silk ['sɪlk] *n* seta.

silkworm ['sɪlkwɜːm] *n* baco da seta.

silky ['sɪlkɪ] *adj* di seta, serìceo ◊ (*fig*) mòrbido.

sill [sɪl] *n* (*window*) davanzale (*m*) ◊ (*door*) soglia.

silly ['sɪlɪ] *adj* sciocco.

silo ['saɪləu] *n* silo(s).

silver ['sɪlvə*] *n* argento.

silver-paper [,sɪlvə'peɪpə*] *n* carta argentata.

silver-plated [,sɪlvə'pleɪtɪd] *adj* argentato.

silversmith ['sɪlvəsmɪθ] *n* argentiere (*m*).

silverware ['sɪlvəweə*] *n* argenterìa.

similar ['sɪmɪlə*] *adj* sìmile.

similarity [,sɪmɪ'lærətɪ] *n* somiglianza.

simmer ['sɪmə*] *v tr, intr* bollire lentamente.

simple ['sɪmpl] *adj* sémplice; fàcile; ingènuo.

simplicity [sɪm'plɪsətɪ] *n* semplicità (*inv*).

simplify ['sɪmplɪfaɪ] *v tr* semplificare.

simulate ['sɪmjuleɪt] *v tr* fìngere.

simultaneous [,sɪməl'teɪnjəs] *adj* simultàneo.

sin [sɪn] *n* peccato.

sin [sɪn] *v tr, intr* peccare; offèndere.

since [sɪns] *adv* da allora; poi; in séguito; fa ◊ **she has lived there ever since**, vive là da allora.

since [sɪns] *conj* da quando; dal momento che; poiché ◊ **how long is it since you saw me?**, da quanto tempo è che non mi vedi?

since [sɪns] *prep* da, da quando ◊ **since childhood**, dall'infanzia; **since when?**, da quando?; **since then**, da allora.

sincere [sɪn'sɪə*] *adj* sincero.

sincerity [sɪn'serətɪ] *n* sincerità (*inv*), franchezza.

sinew ['sɪnjuː] *n* tèndine (*m*).

sinful ['sɪnful] *adj* peccaminoso, corrotto.

sing, *pt* **sang**, *pp* **sung** [sɪŋ, sæŋ, sʌŋ] *v tr, intr* cantare.

singe [sɪndʒ] *v tr, intr* bruciacchiare(-rsi).

singer ['sɪŋə*] *n* cantare (*m / f*).

single ['sɪŋgl] *adj* solo, ùnico, sìngolo; non sposato, single ◊ **a single bedroom**, una camera a un letto; **single parent**, genitore che alleva i figli da solo.

single ['sɪŋgl] *n* sìngolo, indivìduo ◊ (*man*) cèlibe (*m*); (*woman*) nùbile (*f*), single ◊ (*tennis*) **singles**, sìngolo; **in singles**, a uno a uno; **single ticket**, biglietto di sola andata.

single ['sɪŋgl] *v tr* distìnguere, scégliere.

single-hearted [,sɪŋgl'hɑːtɪd] *adj* sincero, leale.

single-minded ['sɪŋgl'maɪndɪd] *adj* tenace, risoluto.

singular ['sɪŋgjuːlə*] *adj* singolare, strano.

sink [sɪŋk] *n* acquaio, lavello.

sink, *pt* **sank**, *pp* **sunk** [sɪŋk, sæŋk, sʌŋk] *v tr, intr* affondare, andare a fondo; immèrgere(-rsi); abbassare(-rsi) ◊ (*sun*) tramontare, declinare ◊ (*comm*) investire, ammortizzare ◊ (*foundation*) scavare.

sinner ['sɪnə*] *n* peccatore(-trice).

sinuous ['sɪnjuəs] *adj* sinuoso.

sip [sɪp] *v tr* sorseggiare.

siphon ['saɪfn] *n* sifone (*m*).

sir [sɜː*] *n* signore (*m*) ◊ **may I ask you a question, sir?**, posso farle una domanda, signore?; (*letter*) **dear sir**, egregio signore; **dear sirs**, spettabile ditta.

sirloin ['sɜːlɔɪn] *n* (*meat*) filetto.

scirocco [sɪ'rɑkəʊ] *n* scirocco.

sister ['sɪstə*] *n* sorella; infermiera; suora ◊ **half-sister**, sorellastra; **sister-in-law**, cognata.

sit, *pt*, *pp* **sat** [sɪt, sæt] *v tr*, *intr* sedere(-rsi); riunirsi, èssere in seduta ◊ **to sit down**, méttersi a sedere.

site [saɪt] *n* sito, luogo ◊ **buildingsite**, cantiere.

sitting ['sɪtɪŋ] *n* seduta.

sitting-room ['sɪtɪŋrʊm] *n* salotto.

situate ['sɪtjʊeɪt] *v tr* situare, collocare.

situation [ˌsɪtjʊ'eɪʃn] *n* posizione (*f*); condizione (*f*); impiego.

six [sɪks] *adj*, *n* sei (*inv*).

sixteen [ˌsɪks'tiːn] *adj*, *n* sédici (*inv*).

sixth [sɪksθ] *adj*, *n* sesto.

sixty ['sɪkstɪ] *adj*, *n* sessanta (*inv*) ◊ **the sixties**, gli anni sessanta.

size [saɪz] *n* dimensione (*f*), misura ◊ (*clothes*) taglia, nùmero ◊ (*cigarette*) **king-size**, formato grande; **what size shoes do you take?**, che numero di scarpe porti?

size [saɪz] *v tr* classificare.

sizeable ['saɪzəbl] *adj* considerévole.

skate [skeɪt] *n* pàttino ◊ **ice-skates**, pattini da ghiaccio; **roller-skates**, pattini a rotelle.

skate [skeɪt] *v intr* pattinare.

skateboard ['skeɪtbɔd] *n* skateboard.

skater ['skeɪtə*] *n* pattinatore(-trice).

skating-rink ['skeɪtɪŋrɪŋk] *n* pista di pattinaggio.

skeleton ['skelɪtn] *n* schèletro ◊ **the skeleton in the cupboard**, la vergogna segreta di una famiglia.

skelp [skelp] *v tr* schiaffeggiare.

sketch [sketʃ] *v tr*, *intr* schizzare, fare un abbozzo.

sketchy ['sketʃɪ] *adj* vago.

skewer [skjʊə*] *n* spiedo.

ski [skiː] *n* sci (*m inv*) ◊ **water-ski**, sci d'acqua; **to put on one's skis**, mettersi gli sci; **ski-boots**, scarponi da sci; **ski-rack**, portasci.

ski [skiː] *v tr*, *intr* sciare ◊ **to go skiing**, andare a sciare.

skid [skɪd] *v tr*, *intr* slittare, scivolare.

skier ['skiːə*] *n* sciatore(-trice).

skiing ['skiːɪŋ] *n* lo sciare.

skilful ['skɪlfʊl] *adj* àbile.

skilift ['skiːlɪft] *n* sciovia, skilift.

skill [skɪl] *n* abilità (*inv*).

skilled [skɪld] *adj* àbile.

skim [skɪm] *v tr*, *intr* schiumare, scremare ◊ (*fig*) **to skim through**, leggere rapidamente.

skimp [skɪmp] *v tr*, *intr* lesinare, far economìa.

skimpy ['skɪmpɪ] *adj* scarso.

skin [skɪn] *n* pelle (*f*) ◊ (*animal*) pellame (*m*) ◊ (*fruit*) buccia.

skin [skɪn] *v tr*, *intr* scorticare, sbucciare ◊ (*fam*) imbrogliare.

skin-diver ['skɪndaɪvə*] *n* sommozzatore (-trice).

skinny ['skɪnɪ] *adj* magro.

skip [skɪp] *v tr*, *intr* saltare.

skirmish ['skɜːmɪʃ] *n* schermaglia, scaramuccia.

skirt [skɜːt] *n* gonna, sottana ◊ **skirts**, margine (*m*).

skirt [skɜːt] *v tr*, *intr* costeggiare.

skit [skɪt] *n* scenetta.

skittle ['skɪtl] *n* birillo ◊ **skittles**, gioco dei birilli.

skiver [skaɪvə*] *n* (*sl*) scansafatiche (*m / f inv*).

skivvy ['skɪvɪ] *n* (*sl*) domèstica.

skulk [skʌlk] *v intr* nascòndersi, imboscarsi.

skull [skʌl] *n* cranio, teschio.

sky [skaɪ] *n* cielo, firmamento.

sky-dive ['skaɪdaɪv] *v intr* fare del paracadutismo acrobàtico.

skylight ['skaɪlaɪt] *n* lucernario.

skyscraper ['skaɪˌskreɪpə*] *n* grattacielo.

slab [slæb] *n* lastra.

slack [slæk] *n* (*comm*) perìodo di ristagno ◊ **slacks**, pantaloni.

slack [slæk] *adj* lento.

slacken ['slækən] *v tr*, *intr* rallentare, ridurre.

slain [sleɪn] *pp of* **slay.**

slam [slæm] *n* forte rumore (*m*).

slam [slæm] *v tr*, *intr* sbàttere; gettare(-rsi).

slander ['slɑːndə*] *v tr* calunniare, diffamare.

slang [slæŋ] *n* gergo; linguaggio molto familiare.

slant [slɑ:nt] *n* pendenza; pendìo ◊ (*AmE*) punto di vista.

slant [slɑ:nt] *v tr, intr* inclinarsi, pèndere ◊ (*news*) travisare ◊ **slanted news**, notizie tendenziose.

slap [slæp] *n* schiaffo.

slap [slæp] *v tr* schiaffeggiare.

slap-dash ['slæpdæ∫] *adj* impetuoso, affrettato.

slap-up ['slæpʌp] *adj* (*fam*) òttimo ◊ **a slap-up dinner**, un pranzo coi fiocchi.

slash [slæ∫] *v tr, intr* tagliare, squarciare, frustare, sfregiare ◊ (*fig*) criticare severamente ◊ (*prices*) ridurre drasticamente.

slashing [slæ∫ɪŋ] *adj* mordace.

slate [sleɪt] *v tr* (*fig*) stroncare, sgridare.

slaughter ['slɔ:tə*] *n* strage (*f*), massacro ◊ (*animal*) macello.

slaughter-house ['slɔ:təhaʊs] *n* mattatoio.

slav [slɑ:v] *adj* slavo.

slave [sleɪv] *n* schiavo(-a).

slavery ['sleɪvərɪ] *n* schiavitù (*f inv*).

slay, *pt* **slew**, *pp* **slain** [sleɪ, slu:, sleɪn] *v tr* (*AmE*) uccìdere.

sledge [sledʒ] *n* slitta.

sleek [sli:k] *adj* (*hair, fur*) liscio ◊ (*car, boat*) slanciato.

sleep [sli:p] *n* sonno.

sleep, *pt, pp* **slept** [sli:p, slept] *v tr, intr* dormire, riposarsi; ospitare ◊ **sleep well!**, buon riposo; **to go to sleep**, addormentarsi; **to sleep in**, dormire fino a tardi; **to sleep out**, dormire fuori casa.

sleeper ['sli:pə*] *n* dormiente (*m / f*) ◊ (*train*) vagone (*m*) letto.

sleeping-bag ['sli:pɪŋbæg] *n* sacco a pelo.

sleeping-car ['sli:pɪŋkɑ:*] *n* vagone (*m*) letto.

sleeping-pill ['sli:pɪŋpɪl] *n* sonnìfero.

sleeplessness ['sli:plɪsnɪs] *n* insonnia.

sleet [sli:t] *n* nevischio.

sleeve [sli:v] *n* mànica.

sleigh [sleɪ] *n* slitta.

sleight [slaɪt] *n* destrezza.

slender ['slendə*] *adj* snello.

slept [slept] *pt, pp of* **sleep**.

sleuth [slu:θ] *n* segugio ◊ (*fig*) investigatore (*m*).

slew [slu:] *pt of* **slay.**

slice [slaɪs] *n* fetta.

slice [slaɪs] *v tr, intr* affettare.

slicer ['slaɪsə*] *n* affettatrice (*f*).

slick [slɪk] *adj* liscio, lùcido ◊ (*person*) vìscido.

slid [slɪd] *pt, pp of* **slide**.

slide [slaɪd] *n* scivolata; scìvolo ◊ (*photo*) diapositiva.

slide, *pt, pp* **slid** [slaɪd, slɪd] *v tr, intr* scivolare ◊ (*time*) scòrrere ◊ (*fam*) **to slide off**, svignarsela.

slide-fastener ['slaɪd,fɑ:snə*] *n* chiusura lampo.

sliding ['slaɪdɪŋ] *adj* scorrévole.

slight [slaɪt] *adj* leggero, magro, fràgile, delicato; mìnimo ◊ **I haven't the slightest idea**, non ne ho la più pallida idea.

slight [slaɪt] *n* affronto, offesa.

slightly ['slaɪtlɪ] *adv* un po'.

slim [slɪm] *adj* èsile, magro.

slim [slɪm] *v tr, intr* dimagrire, snellire.

slime [slaɪm] *n* fango, melma.

sling, *pt, pp* **slung** [slɪŋ, slʌŋ] *v tr, intr* scagliare.

slip [slɪp] *n* scivolone (*m*) ◊ (*fig*) svista ◊ (*clothes*) sottoveste (*f*) ◊ (*paper*) tagliando, scontrino ◊ (*theatre*) **the slips**, le quinte; **paying-in-slip**, distinta di versamento.

slip [slɪp] *v tr, intr* scivolare, sfuggire; muòversi furtivamente, sfilare(-rsi) ◊ **to slip up**, fare una gaffe.

slipover ['slɪp,əvə*] *n* golfino senza màniche.

slipper ['slɪpə*] *n* pantòfola.

slippery ['slɪpərɪ] *adj* scivoloso.

slipshod ['slɪp∫ɒd] *adj* trasandato.

slip-up ['slɪpʌp] *n* (*fam*) sbaglio.

slit [slɪt] *n* fessura.

slit [slɪt] *v tr, intr* fèndere; squarciare.

sliver ['slɪvə*] *v tr, intr* spezzettare.

slob [slɒb] *n* mota, fango.

slog [slɒg] *v tr, intr* faticare.

slop [slɒp] *v intr, tr* traboccare, versarsi.

slope [sləʊp] *n* pendenza, pendìo.

slope [sləʊp] *v intr, tr* inclinarsi, pèndere ◊ **to slope down**, scendere; (*fam*) **to slope**

off, svignarsela, tagliare la corda.

sloppy ['slɒpɪ] *adj* (*fam*) sciatto.

slot [slɒt] *n* fessura.

slouch [slautʃ] *v intr, tr* ciondolare, camminare dinoccolato.

slovenly ['slʌvnlɪ] *adj* sciatto.

slow [sləu] *adj* lento ◊ (*person*) ottuso ◊ (*watch*) indietro ◊ **slow motion**, rallentatore.

slow [sləu] *v tr, intr* rallentare, ritardare.

sludge [slʌdʒ] *n* fango.

slug [slʌg] *n* lumaca ◊ (*fig*) scansafatiche (*m / f inv*) ◊ (*bullet*) pallòttola ◊ (*AmE*) gettone telefònico.

slum [slʌm] *n* quartiere pòvero.

slumber ['slʌmbə*] *n* sonno.

slump [slʌmp] *n* caduta improvvisa, crollo ◊ (*comm*) crollo dei prezzi.

slung [slʌŋ] *pt, pp of* **sling**.

slur [slɜ:*] *n* diffamazione ◊ (*f*); pronuncia indistinta.

slur [slɜ:*] *v tr, intr* articolare male.

slush [slʌʃ] *n* fanghiglia.

slut [slʌt] *n* sciattona.

sly [slaɪ] *adj* astuto.

smack [smæk] *n* sapore (*m*), aroma.

smack [smæk] *n* schiaffo.

smack [smæk] *v tr, intr* colpire, schiaffeggiare.

small [smɔ:l] *adj* minuto, pìccolo; modesto ◊ (*fig*) **the small hours**, le ore piccole; **small change**, moneta spicciola; **small talk**, chiacchiere; **small ads**, piccola pubblicità; **small world!**, il mondo è piccolo!

smallpox ['smɔ:lpɒks] *n* vaiolo.

smart [smɑ:t] *v intr* bruciare.

smart [smɑ:t] *adj* vivace, intelligente; elegante ◊ **the smart set**, il bel mondo; **smart clothes**, abiti eleganti.

smash [smæʃ] *n* colpo violento, urto, fracasso ◊ (*comm*) fallimento.

smash [smæʃ] *v tr, intr* frantumare(-rsi); ròmpere(-rsi) ◊ (*comm*) fare bancarotta ◊ **to smash up**, distrùggere.

smashing ['smæʃɪŋ] *adj* (*fam*) eccellente, meraviglioso.

smash-up ['smæʃʌp] *n* crollo, collisione (*f*).

smattering ['smætərɪŋ] *n* conoscenza superficiale, infarinatura.

smear [smɪə*] *n* macchia (d'unto) ◊ (*fig*) calunnia.

smear [smɪə*] *v tr* ùngere, macchiare ◊ (*fig*) denigrare.

smell [smel] *n* olfatto; odorc (*m*).

smell, *pt, pp* **smelt** [smel, smelt] *v tr, intr* sentire l'odore di, annusare; odorare di ◊ **to smell stuffy**, sapere di chiuso.

smile [smaɪl] *v intr* sorrìdere.

smite, *pt* **smote**, *pp* **smitten** [smaɪt, sməut, 'smɪtn] *v tr, intr* colpire, afflìggere.

smith [smɪθ] *n* fabbro (ferraio).

smock [smɒk] *n* grembiule (*m*), càmice, (*m*).

smog [smɒg] *n* smog.

smoke [sməuk] *n* fumo; fumata ◊ **will you have a smoke?**, vuoi fumare?

smoke [sməuk] *v tr, intr* fare fumo, fumare; affumicare.

smoked [sməukt] *adj* (*food*) affumicato.

smoker ['sməukə*] *n* fumatore(-trice) ◊ (*train*) carrozza per fumatori ◊ **heavy smoker**, fumatore accanito.

smoky ['sməukɪ] *adj* fumoso.

smooth [smu:ð] *adj* liscio ◊ (*movement*) agévole ◊ (*person*) mellìfluo ◊ (*sound*) armonioso ◊ (*wine*) amàbile ◊ (*sauce*) omogèneo.

smooth [smu:ð] *v tr, intr* lisciare, spianare ◊ (*fig*) appianare.

smother ['smʌðə*] *v tr* soffocare, asfissiare ◊ (*fire*) estìnguere.

smoulder ['sməuldə*] *v intr* bruciare senza fiamma.

smudge [smʌdʒ] *v tr, intr* macchiare(-rsi), imbrattare.

smudgy ['smʌdʒɪ] *adj* macchiato.

smug [smʌg] *adj* borioso.

smuggle ['smʌgl] *v tr, intr* contrabbandare.

smutty [smʌtɪ] *adj* annerito, sporco ◊ (*fig*) osceno.

snack [snæk] *n* spuntino ◊ **to take a snack**, mangiare un boccone.

snail [sneɪl] *n* lumaca.

snake [sneɪk] *n* serpente (*m*).

snap [snæp] *n* morso; schiocco; frattura improvvisa; fibbia a scatto ◊ (*fam*) brìo ◊ (*phot*) istantànea ◊ (*food*) biscotto.

snap [snæp] *v intr, tr* addentare; spezzare (-rsi); schioccare; scattare, far scattare ◊

(*phot*) **to snap sb**, prendere un'istantanea a qc.

snapshot ['snæpʃɒt] *n* (*phot*) istantànea.

snare [sneə*] *n* tràppola.

snarl [snɑ:l] *v tr, intr* ringhiare; aggrovigliare(-rsi) ◊ (*traffic*) intasare(-rsi).

snatch [snætʃ] *n* scippo.

snatch [snætʃ] *v tr, intr* agguantare, strappare con violenza.

snatcher ['snætʃə*] *n* ladro(-a) ◊ **bag-snatcher**, scippatore.

sneak [sni:k] *v intr, tr* insinuarsi, introdursi.

sneakers ['sni:kəz] *n pl* (*AmE*) scarpette (*f pl*) da ginnàstica.

sneaky ['sni:kɪ] *adj* meschino.

sneer [snɪə*] *v intr* ghignare.

sneeze [sni:z] *v intr* starnutire.

sniff [snɪf] *v intr, tr* annusare, fiutare.

snigger ['snɪgə*] *v intr* ridacchiare.

snip [snɪp] *n* ritaglio, taglio ◊ (*fam*) occasione (*f*).

sniper ['snaɪpə*] *n* franco tiratore.

snippet ['snɪpɪt] *n* pezzetto.

snob [snɒb] *n* snob.

snobbish [snɒbɪʃ] *adj* (da) snob, snobistico.

snooker ['snu:kə*] *n* (*billiard*) boccetta.

snoop [snu:p] *v intr* (*AmE*) curiosare, spiare.

snooze [snu:z] *n* (*fam*) sonnellino.

snore [snɔ:*] *v intr* russare.

snorkel ['snɔ:kl] *n* (*swimmer*) respiratore (*m*) a tubo.

snort [snɔ:t] *v intr, tr* sbuffare.

snout [snaʊt] *n* (*animal*) muso.

snow [snəʊ] *n* neve (*f*).

snow [snəʊ] *v intr, tr* nevicare.

snowball ['snəʊbɔ:l] *n* palla di neve.

snow-boots ['snəʊbu:ts] *n pl* scarponi (*m pl*) da neve.

snow-bound ['snəʊbaʊnd] *adj* bloccato dalla neve.

snow-fall ['snəʊfɔ:l] *n* nevicata.

snow-flake ['snəʊfleɪk] *n* fiocco di neve.

snow-plough ['snəʊplaʊ] *n* spazzaneve (*m inv*), spartineve (*m inv*).

snub [snʌb] *n* affronto, offesa.

snug [snʌg] *adj* accogliente.

so [səʊ] *adv* così, tanto, talmente ◊ (*manner*) così, in questo modo ◊ (*correlative +*

as) così... come ◊ (*correlative + that*) così... che ◊ (*inversion*) pure, anche ◊ **I am so pleased to see you**, mi fa tanto piacere vederti; **so far**, fin qui; **I think so**, credo di sì; **so am I, so do I**, anch'io; **so many**, tanti; **so much**, tanto.

so [səʊ] *conj* perciò, quindi ◊ **so long!**, arrivederci!; **so there you are!**, eccoti dunque!

soak [səʊk] *v tr, intr* inzuppare(-rsi), bagnare(-rsi) ◊ (*clothes*) méttere a mollo ◊ (*sl*) bere come una spugna ◊ **to get soaked**, inzupparsi a causa della pioggia.

so-and-so ['səʊənsəʊ] *n* tal (*m / f*) dei tali ◊ **Mr so-and-so**, il signor tal dei tali.

soap [səʊp] *n* sapone (*m*) ◊ (*AmE*) bustarella ◊ (*col*) telenovela ◊ **shaving soap**, sapone da barba.

soap-bubble ['səʊp,bʌbl] *n* bolla di sapone.

soap-opera ['səʊp,ɒpərə] *n* (*radio, tv*) telenovela.

soar [sɔ:*] *v intr* librarsi.

sob [sɒb] *v intr, tr* singhiozzare.

sober ['səʊbə*] *adj* ragionévole, serio; sobrio.

Soc. *abbr of* **society.**

soccer ['sɒkə*] *n* calcio, football.

sociable ['səʊʃəbl] *adj* sociévole.

social ['səʊʃl] *adj* sociale ◊ **social sciences**, scienze sociali; **social worker**, assistente sociale.

socialism ['səʊʃəlɪzəm] *n* socialismo.

society [sə'saɪətɪ] *n* società (*inv*); lega, associazione (*f*) ◊ **high society**, l'alta società.

sociology [,səʊsɪ'ɒlədʒɪ] *n* sociologìa.

sock [sɒk] *n* calzino ◊ (*fam*) pugno.

soda ['səʊdə] *n* (*AmE*) bibita.

socket ['sɒkɪt] *n* cavità (*inv*); presa di corrente; portalàmpada (*m inv*) ◊ (*eye*) òrbita ◊ (*tooth*) alvèolo.

soft [sɒft] *adj* sòffice ◊ (*sound*) sommesso ◊ (*colour*) delicato ◊ (*person*) gentile ◊ (*weather*) mite ◊ (*water*) dolce ◊ **soft lighting**, illuminazione soffusa; **soft drugs**, droghe leggere; **soft drinks**, bibite analcoliche.

soft-boiled egg [,sɒft'bɔɪld eg] *n* uovo à la coque.

soften ['sɒfn] *v intr, tr* ammorbidire(-rsi).

softness ['sɒftnɪs] *n* morbidezza.

software ['sɔftwɛə*] *n* (*computer*) software.

soggy ['sɒgɪ] *adj* inzuppato.

soil [sɔɪl] *n* suolo, terreno.

soil [sɔɪl] *v tr, intr* sporcare(-rsi).

sol [sɒl] *n* (*mus*) sol (*m*).

solar ['səʊlə*] *adj* solare.

sold [səʊld] *pt, pp of* **sell.**

sold [səʊld] *adj* venduto ◊ **sold out,** esaurito.

solder ['sɒldə*] *v tr* saldare.

soldier ['səʊdlʒə*] *n* soldato.

sole [səʊl] *n* (*fish*) sògliola.

sole [səʊl] *n* pianta (del piede); suola.

sole [səʊl] *adj* ùnico, solo ◊ (*comm*) esclusivo ◊ **sole agent,** rappresentante esclusivo.

solemn ['sɒləm] *adj* solenne.

solicitor [sə'lɪsɪtə*] *n* avvocato; notaio.

solid ['sɒlɪd] *adj* sòlido.

solidarity [,sɒlɪ'dærətɪ] *n* solidarietà (*inv*).

solidify [sə'lɪdɪfaɪ] *v tr, intr* solidificare(-rsi).

solitary ['sɒlɪtərɪ] *adj* solitario.

solitude ['sɒlɪtjuːd] *n* solitùdine (*f*).

soluble ['sɒljʊbl] *adj* solùbile.

solution [sə'luːʃn] *n* soluzione (*f*).

solve [sɒlv] *v tr* risòlvere.

sombre ['sɒmbə*] *adj* cupo, fosco.

some [sʌm] *adj* (*affir sent*) alcuni, qualche ◊ (*partitive*) un po' di ◊ (*interr sent with affir answer*) un po' di ◊ (*with sing noun*) uno, un certo, qualche ◊ **some books,** alcuni libri; **some wine,** un po' di vino; **some more wine,** dell'altro vino; **will you have some cheese?,** vuoi del formaggio?; **some days ago,** parecchi giorni fa.

some [sʌm] *pron* (*affir sent*) alcuni, certi ◊ **take some,** prendetene alcuni; **some of them,** alcuni di loro.

some [sʌm] *adv* (*followed by a number*) circa.

somebody ['sʌmbədɪ] *pron* (*affir sent*) qualcuno, uno, taluno ◊ **somebody else,** qualcun altro.

somehow ['sʌmhaʊ] *adv* (*affir sent*) in qualche modo; per qualche ragione.

someone ['sʌmwʌn] *pron see* **somebody.**

someplace ['sʌm,pleɪs] *adv* (*AmE, fam*) da qualche parte.

somersault ['sʌməsɔːlt] *n* capriola, salto mortale.

something ['sʌmθɪŋ] *pron* (*affir sent*) qualche cosa, qualcosa ◊ **something else,** qualcos'altro; **something strange,** qualcosa di strano.

something ['sʌmθɪŋ] *adv* (*affir sent*) un po'; circa, pressappoco.

sometime ['sʌmtaɪm] *adv* una volta o l'altra; un giorno o l'altro.

sometimes ['sʌmtaɪmz] *adv* talvolta, ogni tanto.

somewhat ['sʌmwɒt] *adv* piuttosto, un po'.

somewhere ['sʌmwə*] *adv* (*affir sent*) da qualche parte.

son [sʌn] *n* figlio.

song [sɒŋ] *n* canzone (*f*).

son-in-law ['sʌnɪnlɔː] *n* gènero.

soon [suːn] *adv* presto, fra breve ◊ **see you again soon,** arrivederci a presto; **at the soonest,** al più presto; **sooner or later,** presto o tardi; **the sooner, the better,** quanto prima, tanto meglio; **as soon as possible,** appena possibile; **I would sooner do,** preferirei fare.

soot [sʊt] *n* fulìggine (*f*).

soothe [suːð] *v tr* calmare.

soppy ['sɒpɪ] *adj* fràdicio ◊ (*fam*) svenévole.

sorcery ['sɔːsərɪ] *n* magìa.

sordid ['sɔːdɪd] *adj* sòrdido.

sore [sɔː*] *n* ferita ◊ **to dress a sore,** medicare una ferita.

sore [sɔː*] *adj* dolente.

sorrow ['sɒrəʊ] *n* dolore (*m*).

sorrowful ['sɒrəʊful] *adj* triste.

sorry ['sɒrɪ] *adj* addolorato, spiacente ◊ **I'm sorry,** mi dispiace; **sorry,** scusate; **to feel sorry for sb,** rincrescersi per qc.

sort [sɔːt] *n* tipo, categorìa.

sort [sɔːt] *v tr, intr* smistare, divìdere.

sorting ['sɔːtɪŋ] *n* cèrnita.

sought [sɔːt] *pt, pp of* **seek.**

soul [səʊl] *n* ànima.

soul-destroying ['səʊldɪ,strɔɪɪŋ] *adj* avvilente.

soulless ['səʊllɪs] *adj* crudele.

sound [saʊnd] *n* suono.

sound [saʊnd] *v tr, intr* suonare.

sound [saʊnd] *adj* sano ◊ (*comm*) sòlido ◊ **safe and sound,** sano e salvo.

sound [saʊnd] *adv* profondamente.

soundness [saʊndnɪs] *n* buona salute; solidità, stabilità (*inv*); efficacia.

sound-proof ['saʊnd,pru:f] *adj* insonorizzato.

sound-track ['saʊdtræk] *n* (*cinema*) colonna sonora.

soup [su:p] *n* brodo ◊ **soup cube**, dado per minestre; (*fig*) **to be in the soup**, essere nei guai.

soup-ladle ['su:p,leɪdl] *n* méstolo.

sour ['saʊə*] *adj* acerbo ◊ (*person*) bisbètico.

source [sɔ:s] *n* orìgine (*f*), principio ◊ (*river*) sorgente (*f*).

sour-sweet ['saʊə,swi:t] *adj* agrodolce.

south [saʊð] *n* sud (*m inv*).

south [saʊð] *adj* meridionale.

south [saʊð] *adv* verso sud.

southern ['sʌðən] *adj* del sud, meridionale.

sovereignty ['sɒvrentɪ] *n* sovranità (*inv*).

soviet ['səʊvɪət] *adj* soviètico ◊ **the Soviet Union**, l'Unione Sovietica.

sow, *pt* **sowed**, *pp* **sown** *or* **sowed** [səʊ, səʊd, səʊn] *v tr*, *intr* seminare, piantare.

sown [səʊn] *pp of* **sow**.

soy [sɔɪ], **soya** ['sɔɪə] *n* soia.

spa [spɑ:] *n* stazione (*f*) termale.

space [speɪs] *n* spazio.

space [speɪs] *v tr* intervallare.

spacecraft ['speɪskrɑ:ft] *n* veìcolo spaziale.

space-man ['speɪsmən] *n* astronàuta (*m*).

spacious ['speɪʃəs] *adj* ampio.

spade [speɪd] *n* vanga, pala ◊ (*cards*) picche (*f pl*).

span [spæn] *n* spanna, palmo ◊ (*fig*) estensione (*f*) ◊ (*time*) durata, lasso, perìodo.

span [spæn] *v tr* attraversare ◊ (*time*) abbracciare.

span [spæn] *pt of* **spin**.

spank [spæŋk] *v tr*, *intr* sculacciare.

spanner ['spænə*] *n* chiave (*f*) inglese.

spare [speə*] *adj* frugale, povero; d'avanzo ◊ (*person*) scarno ◊ (*tools*) di ricambio ◊ **spare wheel**, ruota di scorta; **spare time**, tempo libero.

spare [speə*] *v tr*, *intr* risparmiare; concèdere.

spark [spɑ:k] *n* scintilla.

sparkle ['spɑ:kl] *v intr* sfavillare, scintillare ◊ (*wine*) spumeggiare.

sparrow ['spærəʊ] *n* pàssero.

spasm ['spæzəm] *n* spasmo; attacco, eccesso.

spasmodic [spæz'mɒdɪk] *adj* spasmòdico.

spastic ['spæstɪk] *adj* spàstico.

spat [spæt] *pt*, *pp of* **spit**.

spate [speɪt] *n* inondazione (*f*).

spatter ['spætə*] *v tr*, *intr* spruzzare, schizzare.

speak, *pt* **spoke**, *pp* **spoken** [spi:k, spəʊk, 'spəʊkən] *v intr*, *tr* parlare, discùtere ◊ **so to speak**, per così dire; **English spoken**, (qui) si parla inglese; **to speak out**, parlare ad alta voce; **to speak up**, parlare più forte.

speaker ['spi:kə*] *n* interlocutore(-trice), oratore(-trice); (*tv*, *radio*) annunciatore (-trice) ◊ (*Parliament*) il Presidente ◊ (**loud**)-**speaker**, altoparlante.

spear [spɪə*] *n* lancia.

special ['speʃl] *adj* speciale ◊ **nothing special**, niente di speciale.

specialist ['speʃlɪst] *n* specialista (*m / f*).

speciality [,speʃɪ'ælətɪ] *n* specialità (*inv*).

specialize ['speʃəlaɪz] *v tr*, *intr* specializzare (-rsi).

species ['spi:ʃi:z] *n pl inv* tipo, sorta.

specific [spɪ'sɪfɪk] *adj* dettagliato ◊ preciso, esatto.

specify ['spesɪfaɪ] *v tr*, *intr* specificare, precisare.

specimen ['spesɪmən] *n* campione (*m*), saggio ◊ **specimen copy**, copia di saggio.

speck [spek] *n* macchiolina.

specs [speks] *n pl* (*fam*) *abbr of* **spectacles**, occhiali.

spectacle ['spektəkl] *n* spettàcolo, vista ◊ *n pl* occhiali ◊ **to put on one's spectacles**, inforcare gli occhiali.

spectacular [spek'tækjʊlə*] *adj* spettacolare.

spectator [spek'teɪtə*] *n* spettatore (*m*).

spectre ['spektə*] *n* spettro.

speculation [,spekjʊ'leɪʃn] *n* congettura, ipòtesi (*f inv*) ◊ (*comm*) speculazione (*f*).

speech [spi:tʃ] *n* parola; linguaggio; arringa, discorso ◊ (*grammar*) discorso ◊ **to make a speech**, pronunciare un discorso.

speed [spi:d] *n* velocità (*inv*), sveltezza,

prontezza ◊ **at full speed**, a tutta velocità; **to reduce speed**, diminuire la velocità; **speed per hour**, velocità oraria.

speed, *pt, pp* **sped** [spi:d, sped] *v intr, tr* affrettarsi, còrrere, accelerare.

speedbank ['spi:d,bæŋk] *n* (*BrE*) bancomat.

speedily ['spi:dɪlɪ] *adv* velocemente, con prontezza.

speeding ['spi:dɪŋ] *n* eccesso di velocità

speed-limit ['spi:d,lɪmɪt] *n* lìmite (*m*) di velocità.

speedometer [spɪ'dɒmɪtə*] *n* contachilòmetri (*m inv*).

speedway ['spi:dweɪ] *n* (*sport*) pista ◊ (*AmE*) autostrada.

speedy ['spi:dɪ] *adj* veloce.

spell [spel] *n* malìa.

spell, *pt, pp* **spelt** [spel, spelt] *v tr* scrìvere in modo corretto ◊ (*word*) sillabare ◊ (*letter*) formare, comporre ◊ (*fig*) significare ◊ **how do you spell it?**, come si scrive?

spelling ['spelɪŋ] *n* spelling; ortografia.

spelt [spelt] *pt, pp of* **spell.**

spend, *pt, pp* **spent** [spend, spent] *v tr, intr* spèndere, sborsare; consumare, sprecare; trascòrrere, passare ◊ (*fam*) **to spend a penny**, fare pipì; **spending money**, denaro per le piccole spese.

spendthrift ['spendθrɪft] *n* spendaccione (-a).

spent [spent] *pt, pp of* **spend.**

sperm [spɜ:m] *n* sperma (*m*).

sphere [sfɪə*] *n* sfera.

sphinx [spɪŋks] *n* sfinge (*f*).

spice [spaɪs] *n* spezie (*f pl*).

spicy [spaɪcɪ] *adj* piccante.

spider ['spaɪdə*] *n* ragno.

spike [spaɪk] *n* punta ◊ **spike heels**, tacchi a spillo.

spill, *pt, pp* **spilt** [spɪl, spɪlt] *v tr, intr* versare (-rsi), rovesciare(-rsi).

spin, *pt* **span** *or* **spun**, *pp* **spun** [spɪn, spæn, spʌn] *v tr, intr* filare ◊ (*spider*) tèssere ◊ (*wheel*) far girare ◊ (*fig*) raccontare ◊ **to spin yarns**, raccontarne delle belle.

spinach ['spɪnɪdʒ] *n* spinacio ◊ (*food*) spinaci (*m pl*).

spinal ['spaɪnl] *adj* spinale ◊ **spinal column**, spina dorsale.

spin-drier [,spɪn'draɪə*] *n* centrìfuga.

spine [spaɪn] *n* spina dorsale ◊ (*thorn*) spina ◊ (*fig*) forza di caràttere.

spinning-wheel ['spɪnɪŋwi:l] *n* filatoio a mano.

spiral ['spaɪərəl] *adj* spirale ◊ **spiral staircase**, scala a chiòcciola.

spire ['spaɪə*] *n* guglia.

spirit ['spɪrɪt] *n* spìrito, ànima ◊ **spirits**, alcòlici; **to be in good spirits**, essere allegro; **in low spirits**, depresso.

spiritism ['spɪrɪtɪzəm] *n* spiritismo.

spiritual ['spɪrɪtjʊəl] *adj* spirituale.

spit [spɪt] *n* spiedo.

spit, *pt, pp* **spat** [spɪt, spæt] *v tr, intr* sputare ◊ (*fire*) scoppiettare ◊ (*rain*) piovigginare.

spite [spaɪt] *n* dispetto, ripicca ◊ **in spite of**, malgrado.

spiteful ['spaɪtfʊl] *adj* astioso.

spittle ['spɪtl] *n* sputo, saliva.

splash ['splæʃ] *n* spruzzo, schizzo ◊ (*colour*) chiazza ◊ (*water*) tonfo.

spleen [spli:n] *n* milza ◊ (*fig*) malumore (*m*).

splendid ['splendɪd] *adj* magnìfico, splèndido.

splendour ['splendə*] *n* splendore (*m*).

splinter ['splɪntə*] *n* frammento.

split [splɪt] *n* fessura, crepa ◊ (*fig*) scissione (*f*).

split, *pt, pp* **split** [splɪt] *v tr, intr* spaccare (-rsi); divìdere(-rsi) ◊ (*fig*) **to split hairs**, cercare il pelo nell'uovo; **to split up**, divìdersi, (coniugi) separarsi; **a splitting headache**, un terribile mal di testa.

splutter ['splʌtə*] *v tr, intr* farfugliare; sputacchiare.

spoil, *pt, pp* **spoilt** [spɔɪl, spɔɪlt] *v tr, intr* guastare, danneggiare; viziare.

spoke [spəʊk] *pt of* **speak.**

spoke [spəʊk] *n* (*wheel*) raggio.

spoken ['spəʊkən] *pp of* **speak.**

spokesman ['spəʊksmən] *n* portavoce (*m / f*).

sponge [spʌndʒ] *n* spugna.

sponge-bag ['spʌndʒbæg] *n* borsa per oggetti da toilette.

sponge-cake ['spʌndʒkeɪk] *n* pan (*m*) di Spagna.

spongy ['spʌndʒɪ] *adj* spugnoso.

sponsor ['spɔnsə*] *n* sponsor, finanziatore ◊ sostenitore.

sponsorship ['spɔnsəˌʃɪp] *n* garanzìa; sponsorizzazione.

spontaneity [ˌspɔntə'neɪətɪ] *n* spontaneità (*inv*).

spontaneous [spɔn'teɪnɪəs] *adj* spontaneo.

spoof [spu:f] *n* (*sl*) truffa.

spooky ['spu:kɪ] *adj* (*humour*) spettrale, di spettro.

spool [spu:l] *n* bobina, rocchetto.

spoon [spu:n] *n* cucchiaio.

spoon-feed, *pt, pp* **spoon-fed** ['spu:nfi:d, 'spu:nfed] *v tr* imboccare ◊ (*fig*) insegnare gradualmente.

spoonful ['spu:nfʊl] *n* cucchiaiata.

sport [spɔ:t] *n* sport.

sport [spɔ:t] *v tr, intr* giocare, divertirsi ◊ (*fam*) sfoggiare.

sports-car ['spɔ:tskɑ:*] *n* automòbile sportiva.

sports-jacket ['spɔ:tsˌdʒækɪt] *n* giacca sportiva.

sporty ['spɔ:tɪ] *adj* (*fam*) sportivo.

spot [spɒt] *n* luogo, posto; macchia ◊ (*rain*) goccia ◊ (*fam*) un po' di ◊ (*radio, tv*) spazio (per notizie, pubblicità) ◊ **on the spot**, sul posto, subito ◊ (*comm*) **spot-cash**, pronta cassa.

spot [spɒt] *v tr, intr* macchiare(-rsi), individuare, scòrgere.

spotless ['spɒtlɪs] *adj* senza macchia, puro.

spotlight ['spɒtlaɪt] *n* (*theatre, tv*) luce (*f*) di proscenio.

spotted ['spɒtɪd] *adj* a puntini; macchiato.

spotty ['spɒtɪ] *adj* macchiato ◊ (*face*) foruncoloso.

spouse [spaʊz] *n* còniuge (*m / f*).

spout [spaʊt] *v tr, intr* sgorgare, zampillare, sprizzare.

sprain [spreɪn] *v tr* stòrcere, slogare.

sprang [spræŋ] *pt of* **spring.**

sprawl [sprɔ:l] *v intr* sdraiarsi in modo scomposto.

spray [spreɪ] *n* ramoscello; spruzzo; vaporizzatore (*m*), spray.

spread [spred] *n* ampiezza, estensione (*f*); diffusione (*f*), sviluppo.

spread, *pt, pp* **spread** [spred] *v tr, intr* stèndere(-rsi), estèndersi; spalmare, cospàrgere, diffòndere(-rsi).

spree [spri:] *n* (*fam*) baldoria.

sprig [sprɪg] *n* ramoscello.

sprightly ['spraɪtlɪ] *adj* vivace.

spring [sprɪŋ] *n* sorgente (*f*), fonte (*f*) ◊ (*fig*) orìgine (*f*).

spring [sprɪŋ] *n* primavera.

spring [sprɪŋ] *n* balzo, scatto, agilità (*inv*); molla.

spring, *pt* **sprang**, *pp* **sprung** [sprɪŋ, spræŋ, sprʌŋ] *v tr, intr* scaturire, zampillare; balzare, saltare, slanciarsi; scattare, azionare.

spring-board ['sprɪŋbɔ:d] *n* trampolino.

spring-mattress ['sprɪŋˌmætrɪs] *n* materasso a molle.

springy ['sprɪŋɪ] *adj* elàstico.

sprinkle ['sprɪŋkl] *v tr, intr* spàrgere, cospàrgere.

sprout [spraʊt] *n* germoglio ◊ *n pl* cavoletti di Bruxelles.

spruce [spru:s] *adj* lindo, elegante.

sprung [sprʌŋ] *pp of* **spring.**

spry [spraɪ] *adj* vispo, sveglio.

spun [spʌn] *pt, pp of* **spin.**

spur [spɜ:*] *v tr, intr* spronare, incoraggiare.

spurious ['spjʊərɪəs] *adj* spurio.

spurn [spɜ:n] *v tr* sdegnare.

spurt [spɜ:t] *v intr, tr* zampillare.

spy [spaɪ] *n* spia.

spy [spaɪ] *v tr, intr* spiare.

Sq (*address*) *abbr of* **square**, piazza.

squabble ['skwɒbl] *n* baruffa.

squabby ['skwɒbɪ] *adj* paffuto.

squad [skwɒd] *n* squadra, gruppo ◊ (*police*) **flying squad**, (squadra) volante.

squalid ['skwɒlɪd] *adj* squàllido.

squalor ['skwɒlə*] *n* squallore (*m*).

squander ['skwɒndə*] *v tr* scialacquare.

square [skweə*] *n* quadrato; squadra; piazza; (*building*) isolato ◊ (*fam*) conformista (*m / f*).

square [skweə*] *adj* quadrato ◊ (*person*) tozzo ◊ (*fig*) onesto ◊ (*sport*) pari (*inv*) ◊ **a square meal**, un pasto sostanzioso; **to be square**, essere pari; **to get square with one's creditors**, sdebitarsi.

square [skweə*] *adv* esattamente; onestamente.

square [skweə*] *v tr, intr* quadrare, squadrare; aggiustare; sistemare; adattare (-rsi).

squash [skwɒʃ] *v tr, intr* schiacciare ◊ (*person*) accalcarsi.

squash [skwɒʃ] *n* (*sport*) squash.

squat [skwɒt] *adj* tozzo.

squat [skwɒt] *v intr* accovacciarsi ◊ (*law*) occupare abusivamente una casa.

squatter ['skwɒtə*] *n* (*law*) chi occupa abusivamente un terreno, una casa.

squeak [skwi:k] *n* (*thing*) stridore (*m*) ◊ (*animal*) squittio, pigolìo.

squeal [skwi:l] *v intr, tr* strillare ◊ (*animal*) pigolare, guaìre ◊ (*fam*) lamentarsi.

squeeze [skwi:z] *n* stretta, calca ◊ (*liquid*) spremuta ◊ (*fam*) restrizione (*f*).

squeeze [skwi:z] *v tr, intr* prèmere; sprèmere; accalcarsi.

squelch [skweltʃ] *n* tonfo.

squib [skwib] *n* petardo.

squid [skwid] *n* calamaro.

squint [skwint] *v intr* èssere stràbico.

squirm [skwɜ:m] *v intr* contòrcersi ◊ (*fig*) èssere sulle spine.

squirrel ['skwirəl] *n* scoiàttolo.

squirt [skwɜ:t] *v tr, intr* spruzzare, schizzare; zampillare.

St *abbr of* **saint**, santo *and* **street**, strada, via.

stab [stæb] *n* pugnalata ◊ (*fig*) fitta ◊ (*fam*) tentativo.

stab [stæb] *v tr, intr* pugnalare ◊ (*fig*) dare fitte.

stability [stə'biləti] *n* stabilità (*inv*).

stabilize ['steibəlaiz] *v tr, intr* stabilizzare (-rsi).

stable ['steibl] *adj* stàbile.

stack [stæk] *n* mucchio, pila.

stack [stæk] *v tr* accatastare.

staff [stɑ:f] *n* bastone (*m*) ◊ (*fig*) sostegno.

staff [stɑ:f] *n* personale (*m*), insieme (*m*) di impiegati ◊ **to be on the staff**, far parte del personale.

staff [stɑ:f] *v tr* fornire di personale ◊ **overstaffed**, con eccedenza di personale; **under-staffed**, con personale insufficiente.

stag [stæg] *n* cervo.

stage [steidʒ] *n* palcoscènico; fase (*f*) ◊ (*journey*) tappa ◊ **front of stage**, ribalta; **in stages**, per gradi.

stagger ['stægə*] *v tr, intr* barcollare ◊ (*person*) sbalordire ◊ (*holidays*) scaglionare.

stagnant ['stægnənt] *adj* stagnante.

stagnate [stæg'neit] *v intr* stagnare.

stag party ['stæg ˌpɑ:ti] *n* festa di addìo al celibato.

staid [steid] *adj* serio, grave.

stain [stein] *n* macchia, tinta.

stain [stein] *v tr, intr* macchiare(-rsi), colorare(-rsi).

stained [steind] *adj* macchiato; colorato ◊ **stained glass window**, vetrata decorata.

stainless ['steinlis] *adj* (*steel*) inossidàbile.

stain-remover ['steinriˌmu:və*] *n* smacchiatore (*m*).

stair [steə*] *n* gradino ◊ *n pl* **scale** (*f pl*), gradinata ◊ **a flight of stairs**, una rampa di scale; **to climb the stairs**, salire le scale.

staircase ['steəkeis] *n* scala, scalinata ◊ **moving staircase**, scala mobile; **room under a staircase**, sottoscala.

stake [steik] *n* palo, piolo ◊ **stakes**, puntata, scommessa.

stale [steil] *adj* stantìo; vecchio ◊ (*fig*) trito, superato ◊ **stale bread**, pane raffermo; **stale air**, aria viziata; **stale news**, notizie vecchie.

stalk [stɔ:k] *n* andatura solenne; stelo ◊ (*factory*) ciminiera.

stalk [stɔ:k] *v tr, intr* camminare impettito.

stall [stɔ:l] *n* bancarella ◊ (*church*) scanno ◊ (*AmE*) posto màcchina ◊ (*stable*) recinto ◊ (*theatre*) **stalls**, platea.

stall [stɔ:l] *v intr, tr* (*engine*) arrestarsi, spegnersi.

stamina ['stæminə] *n* energìa.

stammer ['stæmə*] *v intr, tr* balbettare.

stamp [stæmp] *n* bollo, timbro; stampo ◊ (*fig*) stampo, caràttere (*m*) ◊ (*postage*) francobollo ◊ **duty stamp**, marca da bollo; **stamp album**, album per francobolli.

stamp [stæmp] *v tr, intr* affrancare; vistare; calpestare ◊ (*fig*) caratterizzare ◊ **to stamp a permit**, vistare un permesso; **to stamp a letter**, affrancare una lettera.

stamp-collecting ['stæmpkə,lektɪŋ] *n* filatelìa.

stampede [stæm'piːd] *n* fuggifuggi (*m inv*).

stand [stænd] *n* posizione (*f*); fermata; sostegno; bancarella, chiosco.

stand, *pt, pp* **stood** [stænd, stʊd] *v intr, tr* stare in piedi, stare diritto; alzarsi in piedi; trovarsi, stare; durare, resìstere ◊ (*fig*) sopportare ◊ **stand up, please**, alzatevi, per favore; **to stand still**, stare fermo; **to stand on ceremony**, fare complimenti; **to stand by**, tenersi pronto.

standard ['stændəd] *n* modello, campione (*m*); livello ◊ (*flag*) bandiera, insegna ◊ *n pl* principi (*m pl*), valori (*m pl*).

standardize ['stændədaɪz] *v tr* standardizzare.

stand-by ['stænd baɪ] *n* riserva ◊ **on standby**, in lista d'attesa.

stand-in ['stænd ɪn] *n* (*cinema*) controfigura.

stand-offish [,stænd'ɒfɪʃ] *adj* scostante.

standpoint ['stændpɔɪnt] *n* punto di vista.

standstill ['stændstɪl] *n* arresto, sosta.

stank [stæŋk] *pt of* **stink**.

staple ['steɪpl] *n* gancio; graffetta, punto metàllico.

staple ['steɪpl] *n* (*comm*) prodotto principale; materia prima ◊ (*fig*) argomento principale.

staple ['steɪpl] *adj* (*comm*) di prima necessità.

stapler ['steɪplə*] *n* cucitrice (*f*) (di punti metallici).

star [stɑː*] *n* stella, astro ◊ (*person*) divo(-a) ◊ **Pole star**, stella polare; **an unlucky star**, una cattiva stella.

star [stɑː*] *v intr, tr* costellare ◊ (*cinema, theatre*) presentare nel ruolo principale, èssere il protagonista.

starch [stɑːtʃ] *n* àmido.

stare [steə*] *v intr, tr* fissare.

starfish ['stɑːfɪʃ] *n* stella di mare.

staring ['steərɪŋ] *adj* fisso ◊ (*colour*) sgargiante ◊ **staring eyes**, occhi fissi.

stark-naked ['stɑːk,neɪkɪd] *adj* completamente nudo.

start [stɑːt] *n* sussulto; partenza ◊ **by fits and starts**, a sbalzi.

start [stɑːt] *v intr, tr* incominciare; méttersi in viaggio; balzare ◊ **to start off**, mettersi in moto; **to start out**, accingersi a.

starter ['stɑːtə*] *n* (*engine*) motorino d'avviamento ◊ (*sport*) partente (*m / f*) ◊ (*food*) antipasto; primo piatto.

startle ['stɑːtl] *v tr, intr* far trasalire; sussultare.

starvation [stɑː'veɪʃn] *n* fame (*f*), inedia.

starve [stɑːv] *v intr, tr* morire di fame.

state [steɪt] *n* condizione (*f*).

State [steɪt] *n* Stato ◊ **the States**, gli Stati Uniti.

state [steɪt] *v tr* affermare.

stately ['steɪtlɪ] *adj* grandioso.

statement ['steɪtmənt] *n* asserzione (*f*), affermazione (*f*), dichiarazione (*f*) ◊ (*law*) deposizione (*f*).

static ['stætɪk] *adj* stàtico.

station ['steɪʃn] *n* stazione (*f*), scalo; posizione (*f*) sociale ◊ **police station**, questura; **railway station**, stazione ferroviaria.

station ['steɪʃn] *v tr* collocare.

stationary ['steɪʃnərɪ] *adj* immòbile, stazionario, fermo.

stationer ['steɪʃnə*] *n* cartolaio(-a) ◊ **stationer's (shop)**, cartoleria.

stationery ['steɪʃnərɪ] *n* artìcoli (*m pl*) di cancellerìa.

station master ['steɪʃn,mɑːstə*] *n* capostazione (*m*).

stationwagon ['steɪʃn,wægən] *n* (*AmE*) giardinetta.

statistics [stə'tɪstɪks] *n pl* (*science*) statìstica.

statue ['stætʃuː] *n* stàtua.

stature ['stætʃə*] *n* statura.

status ['steɪtəs] *n* posizione (*f*), prestigio ◊ **status symbol**, simbolo di prestigio; **status seeker**, arrivista.

staunch [stɔːntʃ] *adj* devoto.

stay [steɪ] *n* soggiorno; pàusa; ostàcolo.

stay [steɪ] *v intr, tr* stare, fermarsi; trattenere; rimandare; resìstere; calmare ◊ **to stay at a hotel**, alloggiare in albergo; **to stay away**, rimanere lontano; **to stay in**, restare in casa; **to stay out**, rimanere fuori; **to stay up late**, andare a letto tardi.

S.T.D. [,es ti: 'di:] *n abbr of* **Subscriber Trunk Dialling**, teleselezione (*f*).

steadfast ['stedfəst] *adj* fermo.

steadily ['stedɪlɪ] *adv* fermamente.

steady ['stedɪ] *adj* fermo, stàbile; costante ◊ (*person*) serio, giudizioso ◊ **to go steady**, fare coppia fissa.

steady ['stedɪ] *v tr, intr* règgere(-rsi); rèndere stàbile.

steady-going ['stedɪ,ɡəʊɪŋ] *adj* savio, serio, posato.

steak [steɪk] *n* bistecca.

steal, *pt* **stole**, *pp* **stolen** [sti:l, stəʊl, 'stəʊlən] *v tr, intr* rubare.

stealthy [stelθɪ] *adj* furtivo.

steam [sti:m] *n* vapore (*m*).

steam [sti:m] *v intr, tr* cuòcere, cucinare a vapore; fumare; andare a vapore ◊ (*sl*) **to get steamed up**, arrabbiarsi.

steam-engine ['sti:m,endʒɪn] *n* locomotiva.

steamer [sti:mə*] *n* piròscafo; péntola a pressione.

steamship ['sti:mʃɪp] *n* piròscafo.

steel [sti:l] *n* acciaio.

steep [sti:p] *adj* rìpido, scosceso ◊ (*fam*) esagerato ◊ **steep price**, prezzo assurdo.

steep [sti:p] *v tr, intr* immèrgere, inzuppare.

steeple ['sti:pl] *n* guglia; campanile (*m*).

steeplechase ['sti:pltʃeɪs] *n* corsa a ostàcoli.

steer [stɪə*] *v tr, intr* dirìgere, condurre.

steering [stɪərɪŋ] *n* controllo, comando ◊ (*car*) sterzo.

steering-wheel ['stɪərɪŋwi:l] *n* (*car*) volante (*m*).

stem [stem] *n* (*leaf, flower*) stelo ◊ (*tree*) tronco ◊ (*glass*) gambo ◊ (*family*) stirpe (*f*).

stem [stem] *v tr, intr* arrestare, bloccare, tenere sotto controllo.

stench [stentʃ] *n* fetore (*m*).

step [step] *n* passo, orma; scalino; (*fig*) azione (*f*); avanzamento.

step [step] *v intr, tr* fare un passo, camminare ◊ **to step forward**, avanzare; **to step back**, indietreggiare; **to step off the bus**, scendere dall'autobus.

stepbrother ['step,brʌðə*] *n* fratellastro.

stepchild ['steptʃaɪld] *n* figliastro(-a).

stepfather ['step,fɑ:ðə*] *n* patrigno.

stepmother ['step,mʌðə*] *n* matrigna.

stepsister ['step,sɪstə*] *n* sorellastra.

stereo ['stɪərɪəʊ] *n, adj* stereo.

sterile ['steraɪl] *adj* stèrile.

sterilize ['steralaɪz] *v tr* sterilizzare.

sterling ['stɜ:lɪŋ] *adj* (*comm*) della sterlina ◊ **a pound sterling**, una sterlina.

sterling ['stɜ:lɪŋ] *n* lira sterlina.

stern ['stɜ:lɪŋ] *adj* austero, severo.

stern [stɜ:n] *n* (*ship*) poppa ◊ **from stem to stern**, da prua a poppa.

stew [stju:] *n* (*food*) stufato.

steward [stjʊəd] *n* assistente (*m*) di bordo, steward ◊ (*club*) dispensiere (*m*).

stewardess [stjʊədɪs] *n* assistente (*f*) di bordo, hostess (*f inv*)

stick [stɪk] *n* bastone (*m*).

stick, *pt, pp* **stuck** [stɪk, stʌk] *v tr, intr* conficcare(-rsi); attaccare(-rsi), incollare(-rsi); bloccarsi ◊ (*fam*) sopportare ◊ **stick it!**, coraggio!; **to stick out**, sporgere.

sticker ['stɪkə*] *n* etichetta adesiva, adesivo.

stickler ['stɪklə*] *n* pignolo(-a).

sticky ['stɪkɪ] *adj* appiccicoso, colloso ◊ (*fam*) difficile, complesso ◊ **sticky paper**, carta adesiva.

stiff [stɪf] *adj* duro, rìgido; compatto ◊ (*fig*) difficile, formale, freddo ◊ **a stiff neck**, un torcicollo; **stiff with**, affollato di.

stiffen [stɪfn] *v tr, intr* irrigidire(-rsi).

stifle ['staɪfl] *v tr, intr* soffocare.

stiletto heel [stɪ'lətəʊ 'hi:l] *n* (*shoes*) tacco a spillo.

still [stɪl] *adj* calmo, fermo.

still [stɪl] *adv* ancora, tuttora; persino ◊ **still more**, ancora più; **still less**, ancora meno; **better still**, ancora meglio.

still [stɪl] *conj* tuttavìa.

stillness ['stɪlnɪs] *n* quiete (*f*).

stilt [stɪlt] *n* tràmpolo.

stimulate ['stɪmjʊleɪt] *v tr* stimolare.

stimulus (stimuli) ['stɪmjʊləs, 'stɪmjʊlaɪ] *n* stìmolo.

sting, *pt, pp* **stung** [stɪŋ, stʌŋ] *v tr, intr* pùngere, far male ◊ (*fig*) stimolare.

stingy ['stɪndʒɪ] *adj* tirchio.

stink [stɪŋk] *n* fetore (*m*).

stink, *pt* **stank**, *pp* **stunk** [stɪŋk, stæŋk, stʌŋk] *v intr, tr* puzzare.

stint [stɪnt] *n* restrizione (*f*); cómpito assegnato.

stint [stɪnt] *v tr, intr* lesinare, limitare.

stipulate ['stɪpjʊleɪt] *v tr, intr* stipulare, convenire.

stir [stɜː*] *n* agitazione (*f*).

stir [stɜː*] *v tr, intr* muòvere(-rsi); agitare (-rsi).

stirring ['stɜːrɪŋ] *adj* eccitante.

stitch [stɪtʃ] *n* (*sewing*) punto ◊ (*knitting*) maglia ◊ (*surgery*) punto ◊ (*pain*) fitta.

stitch [stɪtʃ] *v tr, intr* cucire; suturare.

stoat [stəʊt] *n* ermellino.

stock [stɒk] *n* stirpe (*f*) ◊ (*tree*) tronco ◊ (*comm*) assortimento, scorta ◊ (*food*) brodo ◊ **stocks**, titoli ◊ **joint-stock company**, società per azioni; **live-stock**, bestiame; **stock market**, Borsa Valori.

stock [stɒk] *v tr, intr* rifornire ◊ (*comm*) èssere provvisto di.

stockade [stɒ'keɪd] *n* staccionata, palizzata.

stockbroker ['stɒk,brəʊkə*] *n* agente (*m*) di cambio.

stock-exchange ['stɒkɪks,tʃeɪndʒ] *n* Borsa Valori.

stocking ['stɒkɪŋ] *n* calza ◊ **a pair of stockings**, un paio di calze.

stockist ['stɒkɪst] *n* (*comm*) grossista (*m*).

stockpile ['stɒkpaɪl] *v tr, intr* fare scorte.

stock-taking ['stɒk,teɪkɪŋ] *n* inventario.

stocky ['stɒkɪ] *adj* tozzo.

stodgy ['stɒdʒɪ] *adj* (*food*) indigesto.

stoke [stəʊk] *v tr, intr* attizzare.

stoker ['stəʊkə*] *n* fochista (*m*).

stole [stəʊl] *pt of* **steal.**

stolen ['stəʊlən] *pp of* **steal.**

stolid ['stɒlɪd] *adj* flemmàtico.

stomach ['stʌmək] *n* stòmaco ◊ pancia, ventre.

stomach ['stʌmək] *v tr* sopportare; digerire.

stomach-ache ['stʌməkeɪk] *n* mal (*m*) di stòmaco.

stone [stəʊn] *n* pietra, sasso, roccia ◊ (*fruit*) nòcciolo ◊ (*hail*) chicco ◊ (*jewell*) pietra preziosa ◊ (*med*) càlcolo ◊ (*weight*) unità di misura pari a 6,348 Kg.

stone-dead [,stəʊn'ded] *adj* morto stecchito.

stone-deaf [,stəʊn'def] *adj* completamente sordo.

stoneware ['stəʊnweə*] *n* vasellame (*m*) di creta.

stony ['stəʊnɪ] *adj* pietroso.

stony-broke ['stəʊnɪ,brəʊk] *adj* (*fam*) al verde.

stood [stʊd] *pt, pp of* **stand.**

stool [stuːl] *n* sgabello.

stoop [stuːp] *v intr, tr* abbassare(-rsi), chinare(-rsi) ◊ (*fig*) umiliarsi.

stoop [stuːp] *n* (*AmE*) veranda.

stop [stɒp] *n* arresto; fine (*f*), tèrmine (*m*) ◊ (*bus, etc*) fermata ◊ (*punctuation*) punto ◊ **request stop**, fermata facoltativa; **stop-lights**, fanali d'arresto.

stop [stɒp] *v tr, intr* fermare(-rsi), arrestare, interròmpere; impedire; sméttere; tappare; sospèndere ◊ **stop it!**, finiscila!, **my watch has stopped**, il mio orologio si è fermato; **to stop a leak**, turare una falla; **to stop at home**, restare a casa.

stop-go [,stɒp'gəʊ] *adj* (*fig*) oscillante ◊ **strike with stop-go tactics**, sciopero a singhiozzo.

stop over ['stɒp ,əʊvə*] *n* breve sosta.

stoppage ['stɒpɪdʒ] *n* sosta.

stopper ['stɒpə*] *n* tappo.

stop-press ['stɒp,pres] *adj* recentìssimo.

stop-watch ['stɒp,wɒtʃ] *n* cronòmetro.

storage ['stɔːrɪdʒ] *n* immagazzinamento ◊ (*computer*) memoria.

store [stɔː*] *n* riserva; depòsito ◊ (*AmE*) grande magazzino.

store [stɔː*] *v tr* immagazzinare ◊ (*computer*) memorizzare.

store-keeper ['stɔː,kiːpə*] *n* magazziniere (*m*).

store-room ['stɔːrʊm] *n* dispensa.

storey ['stɔːrɪ] *n* piano.

stork [stɔːk] *n* cicogna.

storm [stɔːm] *n* tempesta, temporale (*m*).

storm [stɔːm] *v intr, tr* infuriare(-rsi).

stormy ['stɔːmɪ] *adj* tempestoso ◊ (*fig*) appassionato.

story ['stɔːrɪ] *n* storia, racconto.

storyteller ['stɔrɪ,telə*] *n* narratore(-trice) ◊ (*fam*) bugiardo(-a).

stout [staʊt] *adj* forte; risoluto.

stout [staʊt] *n* birra nera.

stove [stəʊv] *n* stufa; fornello ◊ **gas-stove**, stufa a gas.

stow [stəʊ] *v tr* riporre.

stowaway ['stəuəweɪ] *n* passeggero clandestino.

straddle ['strædl] *v tr, intr* stare a cavalcioni di.

straggle ['strægl] *v intr* dispèrdersi, sbandarsi; créscere disordinatamente.

straggling ['stræglɪŋ] *adj* sparpagliato, sparso.

straight [streɪt] *adj* diritto; ordinato ◊ *(fig)* leale ◊ **straight hair**, capelli lisci; **a straight answer**, una risposta franca.

straight [streɪt] *adv* diritto; sùbito ◊ **keep straight on**, andate diritto; **straight out**, chiaro e tondo; **straight away**, subito.

straighten ['streɪtn] *v tr, intr* drizzare(-rsi).

straightforward [,streɪt'fɔ:wəd] *adj* franco, leale, schietto.

strain [streɪn] *n* tensione *(f)*, sforzo; esaurimento ◊ *(med)* distorsione *(f)*.

strain [streɪn] *v tr, intr* forzare; affaticarsi; filtrare; *(fig)* oltrepassare i lìmiti.

strained [streɪnd] *adj* teso ◊ *(med)* affaticato, slogato.

strainer ['streɪnə*] *n* colatoio, filtro ◊ **tea-strainer**, colino per il tè.

strait [streɪt] *n* stretto, canale *(m)* ◊ **the straits of Gibraltar**, lo stretto di Gibilterra.

strand [strænd] *n* filo, cordone *(m)* ◊ *(hair)* treccia.

strand [strænd] *v tr, intr* intrecciare; sfilacciarsi.

strange [streɪndʒ] *adj* strano, bizzarro; sconosciuto.

stranger ['streɪndʒə*] *n* sconosciuto(-a); estràneo(-a).

strangle ['stræŋgl] *v tr* strangolare.

stranglehold ['stræŋglhəuld] *n* stretta mortale.

strap [stræp] *n* cinghia ◊ *(watch)* cinturino.

strap [stræp] *v tr* legare.

strategy ['strætɪdʒɪ] *n* strategìa.

straw [strɔ:] *n* paglia.

strawberry ['strɔ:bərɪ] *n* fràgola.

stray [streɪ] *v intr* smarrirsi, divagare; vagare.

stray [streɪ] *adj* randagio ◊ vagante.

streak ['stri:k] *n* striscia, filo; traccia.

streak ['stri:k] *v tr, intr* rigare, striare ◊

(fig) muòversi velocemente.

streaked ['stri:kt] *adj* striato.

stream [stri:m] *n* ruscello, corso d'acqua; corrente *(f)*.

stream [stri:m] *v intr, tr* scòrrere, fluìre; sgorgare a fiotti.

streamer ['stri:mə*] *n* banderuola, pennone *(m)*; stella filante.

street [stri:t] *n* strada, vìa ◊ **side-street**, strada laterale; **one-way street**, strada a senso unico.

strength [streŋθ] *n* forza.

strengthen ['streŋθn] *v tr, intr* rafforzare (-rsi), consolidare.

stress [stres] *n* sforzo, tensione *(f)*; stress; accento.

stress [stres] *v tr* sottoporre a tensione ◊ *(fig)* méttere in rilievo.

stressful [stresful] *adj* stressante.

stretch [stretʃ] *n* stiramento ◊ *(fig)* sforzo, tensione *(f)*, attività *(inv)* ◊ *(space)* estensione *(f)* ◊ *(time)* perìodo continuato.

stretch [stretʃ] *v tr, intr* tèndere, stèndere (-rsi), allungare(-rsi) ◊ *(fig)* esagerare ◊ **to stretch one's legs**, sgranchirsi le gambe.

stretcher ['stretʃə*] *n* barella, lettiga.

strew, *pt* **strewed**, *pp* **strewed**, **strewn** [stru:, stru:d, stru:n] *v tr* spàrgere, sparpagliare, cospàrgere.

stricken ['strɪkən] *pp of* **strike.**

stricken ['strɪkən] *adj* colpito, affranto.

strict [strɪkt] *adj* severo; esatto.

strictly ['strɪktlɪ] *adv* rigorosamente; esattamente.

stride, *pt* **strode**, *pp* **stridden** [straɪd, srəud, 'strɪdn] *v intr, tr* camminare a grandi passi.

strident ['straɪdnt] *adj* stridente, acuto.

strife [straɪf] *n* contesa.

strike [straɪk] *n* sciòpero ◊ *(oil)* scoperta di un giacimento ◊ *(AmE, sl)* colpo di fortuna ◊ **to be on strike**, essere in scioperro; **stay-in strike**, sciopero bianco; **stop-go strike**, sciopero a singhiozzo; **wild-cat strike**, sciopero selvaggio.

strike, *pt* **struck**, *pp* **struck** *or* **stricken** [straɪk, strʌk, 'strɪkən] *v tr, intr* colpire, bàttere, urtare; accèndere ◊ *(clock)* suonare, bàttere ◊ *(fig)* impressionare ◊ **to**

strike for, scioperare per; **to strike a match**, accendere un fiammifero.

striking ['straɪkɪŋ] *adj* impressionante, sorprendente.

string [strɪŋ] *n* spago, corda ◊ (*row*) fila, sequenza.

string, *pt*, *pp* **strung** [strɪŋ strʌŋ] *v tr*, *intr* legare con uno spago.

stringent ['strɪndʒənt] *adj* rigoroso; urgente ◊ (*subject*) persuasivo.

strip [strɪp] *n* striscia, lista ◊ **comic strip**, fumetto.

strip [strɪp] *v tr*, *intr* svestire, spogliare(-rsi) ◊ (*machine*) smontare.

stripe [straɪp] *n* striscia, riga ◊ **the Stars and Stripes**, la bandiera a stelle e a strisce.

striped [straɪpt] *adj* a strisce, a righe.

strip-light ['strɪp,laɪt] *n* illuminazione (*f*) al neon.

strive, *pt* **strove**, *pp* **striven** [straɪv, strəʊv, 'strɪvn] *v intr* lottare, contèndere ◊ **to strive to do**, sforzarsi di fare.

strode [strəʊd] *pt of* **stride.**

stroke [strəʊk] *n* colpo; carezza ◊ ◊ (*sport*) bracciata ◊ (*fig*) botto ◊ (*clock*) rintocco ◊ (*med*) attacco ◊ **at a stroke**, in un attimo.

stroke [strəʊk] *v tr* accarezzare.

stroll [strəʊl] *n* giretto.

stroll [strəʊl] *v intr* andare a zonzo.

strong [strɒŋ] *adj* forte.

strong-headed ['strɒŋ,hedɪd] *adj* cocciuto.

strong-room ['strɒŋrʊm] *n* càmera di sicurezza.

strove [strəʊv] *pt of* **strive.**

struck [strʌk] *pt*, *pp of* **strike.**

structure ['strʌktʃə*] *n* struttura; costruzione (*f*).

struggle ['strʌgl] *n* lotta.

struggle ['strʌgl] *v intr* lottare, combàttere.

strung [strʌŋ] *pt*, *pp of* **string.**

strut [strʌt] *v intr* camminare in modo impettito.

stub [stʌb] *n* ceppo ◊ (*cigarette*) mozzicone (*m*) ◊ (*candle*) mòccolo ◊ (*tooth*) radice (*f*) ◊ (*ticket*) matrice (*f*).

stubborn ['stʌbən] *adj* testardo.

stuck [stʌk] *pt*, *pp of* **stick.**

stuck [stʌk] *adj* bloccato.

stud [stʌd] *n* bottoncino; borchia.

stud [stʌd] *v tr* guarnire di borchie, costellare.

student ['stju:dnt] *n* studente(-essa).

studio ['stju:dɪəʊ] *n* monolocale.

studious ['stju:djəs] *adj* sollécito; deliberato.

study ['stʌdɪ] *n* studio.

study ['stʌdɪ] *v tr*, *intr* studiare, analizzare.

stuff [stʌf] *n* roba; stoffa, materiale (*m*) ◊ (*AmE*, *sl*) droga.

stuff [stʌf] *v tr* riempire, imbottire ◊ (*food*) farcire ◊ **stuffed turkey**, tacchino ripieno.

stuffy ['stʌfɪ] *adj* soffocante.

stumble ['stʌmbl] *v intr* inciampare ◊ (*fig*) **to stumble across, on, upon**, imbattersi in.

stump [stʌmp] *n* ceppo ◊ (*limb*) moncone (*m*) ◊ (*cigarette*) mozzicone (*m*).

stumpy ['stʌmpɪ] *adj* tozzo.

stun [stʌn] *v tr* stordire.

stung [stʌŋ] *pt*, *pp of* **sting.**

stunk [stʌŋk] *pp of* **stink.**

stunning ['stʌnɪŋ] *adj* assordante ◊ (*fam*) sensazionale, sbalorditivo.

stunt [stʌnt] *n* bravata; trovata pubblicitaria ◊ **stunt flying**, volo acrobatico.

stupefy ['stju:pɪfaɪ] *v tr* sbalordire.

stupendous [stju:'pendəs] *adj* stupendo.

stupid ['stju:pɪd] *adj* stùpido.

stupidity [stju:'pɪdətɪ] *n* stupidità (*inv*).

stupor ['stju:pə*] *n* torpore (*m*).

sturdy ['stɜ,dɪ] *adj* forte.

stutter ['stʌtə*] *v intr*, *tr* balbettare.

stye [staɪ] *n* orzaiolo.

style [staɪl] *n* stile (*m*).

stylist ['staɪlɪst] *n* stilista (*m* / *f*).

stylize ['staɪlaɪz] *v tr* stilizzare.

suasive ['sweɪsɪv] *adj* convincente.

suavity ['swɑ:vətɪ] *n* cortesia.

subconscious [,sʌb'kɒnʃəs] *adj*, *n* subcosciente (*m*).

subdivide [,sʌbdɪ'vaɪd] *v tr*, *intr* suddivìdere(-rsi).

subdue [səb'dju:] *v intr* sottométtere.

subdued [səb'dju:d] *adj* sottomesso; sommesso.

subject ['sʌbdʒɪkt] *n* sùddito; argomento; càusa; indivìduo ◊ **British subject**, suddito britannico.

subject ['sʌbdʒɪkt] *adj* sottomesso.

subject [sʌb'dʒekt] *v tr* sottométtere, assoggettare.

subjective [səb'dʒektɪv] *adj* soggettivo.

sublimate ['sʌblɪmət] *v tr* sublimare.

sub-machine gun [,sʌbmə'ʃɪ:ngʌn] *n* mitra (*m inv*).

submarine [,sʌbmə'ri:n] *n* sommergìbile (*m*), sottomarino.

submerge [səb'mɜ:dʒ] *v tr*, *intr* sommèrgere, immèrgere(-rsi).

submission [səb'mɪʃn] *n* sottomissione (*f*).

submissive [səb'mɪsɪv] *adj* sottomesso.

submit [səb'mɪt] *v tr*, *intr* sottométtersi, sottoporsi.

subordinate [sə'bɔ:dnət] *adj*, *n* subordinato (-a).

subscribe [səb'skraɪb] *v intr*, *tr* sottoscrìvere, contribuìre; abbonarsi; aderìre ◊ **to subscribe to a magazine**, abbonarsi a un settimanale.

subscriber [səb'skraɪbə*] *n* abbonato(-a).

subscription [səb'skrɪpʃn] *n* sottoscrizione (*f*), abbonamento.

subsequent ['sʌbsɪkwənt] *adj* successivo.

subside [səb'saɪd] *v intr* cèdere, abbassarsi.

subsidiary [səb'sɪdjərɪ] *adj* accessorio.

subsidize ['sʌbsɪdaɪz] *v tr* sovvenzionare.

subsidy ['sʌbsɪdɪ] *n* sussidio.

subsistence [səb'sɪstəns] *n* sussistenza.

substance ['sʌbstəns] *n* sostanza.

substantial [səb'stænʃl] *adj* sòlido, essenziale ◊ (*meal*) sostanzioso.

substitute ['sʌbstɪtju:t] *n* (*person*) supplente (*m / f*), sostituto(-a) ◊ (*thing*) surrogato.

substitute ['sʌbstɪtju:t] *v tr*, *intr* sostituìre.

subtle ['sʌtl] *adj* fine, delicato.

subtlety ['sʌtltɪ] *n* acutezza, penetrazione (*f*).

subtract [səb'trækt] *v tr*, *intr* sottrarre, dedurre.

suburb ['sʌbɜ:b] *n* sobborgo ◊ **the suburbs**, periferia.

suburban [sə'bɜ:bən] *adj* suburbano.

subvention [səb'venʃn] *n* sovvenzione (*f*).

subversion [səb'vɜ:ʃn] *n* sovversione (*f*).

subway ['sʌbweɪ] *n* sottopassaggio ◊ (*AmE*) metropolitana.

succeed [sək'si:d] *v intr*, *tr* seguìre, succède-re; riuscìre ◊ **to succeed in doing sthg**, riuscire a fare qcs.

succeeding [sək'si:dɪŋ] *adj* seguente, successivo.

success [sək'ses] *n* successo ◊ **we wish you success**, vi auguriamo buona fortuna.

successful [sək'sesfʊl] *adj* fortunato, ben riuscito.

succession [sək'seʃn] *n* successione (*f*).

successive [sək'sesɪv] *adj* successivo.

successor [sək'sesə*] *n* successore (*m*).

succour ['sʌkə*] *v tr* soccòrrere.

succulent ['sʌkjʊlənt] *adj* saporito.

succumb [sə'kʌm] *v intr* soccòmbere.

such [sʌtʃ] *adj* tale, sìmile, siffatto; tale, tanto ◊ **such a man**, un tale uomo; **in such a way**, in tal modo; **in such cases**, in tali casi; **such as**, per esempio.

such [sʌtʃ] *adv* così, tanto.

such [sʌtʃ] *pron* quello(-a), quelli(-e), tale (*m / f*) ◊ **that's not for such as you!**, non è per gente come te!

suck [sʌk] *v tr*, *intr* poppare.

suckle ['sʌkl] *v tr* allattare.

suckling ['sʌklɪŋ] *n* lattante (*m / f*).

sucks [sʌks] *adj* (*AmE sl*) schifoso.

sudden ['sʌdn] *adj* improvviso.

suddenly ['sʌdnlɪ] *adv* improvvisamente.

suds [sʌdz] *n pl* schiuma.

suede [sweɪd] *n* pelle scamosciata.

suffer ['sʌfə*] *v intr*, *tr* soffrire, sopportare; lasciare, tollerare ◊ **I suffer from seasickness**, soffro il mal di mare.

suffering ['sʌfərɪŋ] *n* sofferenza.

suffice [sə'faɪs] *v intr*, *tr* bastare, èssere sufficiente.

sufficient [sə'fɪʃnt] *adj* sufficiente, bastante.

suffocate ['sʌfəkeɪt] *v tr*, *intr* soffocare, sentirsi soffocare.

suffrage ['sʌfrɪdʒ] *n* suffragio, diritto di voto.

sugar ['ʃʊgə*] *n* zùcchero ◊ **beet sugar**, zucchero di barbabietola; **cane sugar**, zucchero di canna; **brown sugar**, zucchero greggio; **castor sugar**, zucchero in polvere; **lump sugar**, zucchero in zollette.

sugar ['ʃʊgə*] *v tr* zuccherare.

sugar-basin ['ʃʊgə,beɪsn] *n* zuccheriera.

sugar-beet ['ʃʊgə,bi:t] *n* barbabiètola da zùcchero.

sugar-candy ['ʃʊgə,kændɪ] *n* caramella.

suggest [sə'dʒest] *v tr* suggerire, proporre.

suggestion [sə'dʒestʃən] *n* suggerimento, proposta.

suggestive [sə'dʒestɪv] *adj* suggestivo, allusivo; provocante.

suicide ['sjʊɪsaɪd] *n* suicidio ◊ (*person*) suicida (*m / f*) ◊ **to commit suicide**, suicidarsi.

suit [suːt] *n* domanda, richiesta.

suit [suːt] *n* àbito da uomo; tailleur (*m inv*) ◊ (*law*) càusa ◊ (*card*) seme (*m*), colore (*m*).

suit [suːt] *v tr, intr* soddisfare; addirsi ◊ **as it suits me**, come mi conviene.

suitable ['suːtəbl] *adj* adatto.

suitcase ['suːtkeɪs] *n* valigia.

suite [swɪːt] *n* appartamento di albergo; corteo.

sulk [sʌlk] *n* malumore (*m*).

sulky ['sʌlkɪ] *adj* imbronciato.

sullen ['sʌlən] *adj* accigliato.

sulphur ['sʌlfə*] *n* zolfo.

sultry ['sʌltrɪ] *adj* afoso.

sum [sʌm] *n* somma, totale (*m*).

sum [sʌm] *v tr, intr* addizionare, riassùmere.

summarize ['sʌməraɪz] *v tr* riassùmere.

summary ['sʌmərɪ] *n* riassunto.

summer ['sʌmə*] *n* estate (*f*).

summer-time ['sʌmə,taɪm] *n* ora legale, ora estiva.

summit ['sʌmɪt] *n* sommità (*inv*).

summon ['sʌmən] *v tr* chiamare, convocare ◊ (*law*) **to summon a witness**, citare un testimone.

summons ['sʌmənz] *n* (*law*) ingiunzione (*f*).

sumptuous ['sʌmptjʊəs] *adj* sontuoso, sfarzoso.

sun [sʌn] *n* sole (*m*).

sun-bathe ['sʌnbeɪð] *v intr* prèndere il sole.

sunbeam ['sʌnbiːm] *n* raggio di sole.

sunburn ['sʌnbɜːn] *n* eritema (*m*) solare.

Sunday ['sʌndɪ] *n* doménica.

sunder ['sʌndə*] *v tr, intr* divìdere(-rsi).

sundown ['sʌndaʊn] *n* tramonto.

sundries ['sʌndrɪz] *n pl* cianfrusaglie (*f pl*).

sundry ['sʌndrɪ] *adj* parecchi, diversi ◊ **all and sundry**, tutti quanti.

sunflower ['sʌn,flaʊə*] *n* girasole (*m*).

sung [sʌŋ] *pp of* **sing**.

sun-glasses ['sʌŋ,glɑːsɪz] *n pl* occhiali (*m pl*) da sole.

sunk [sʌŋk] *pp of* **sink**.

sunny ['sʌnɪ] *adj* soleggiato.

sunrise ['sʌnraɪz] *n* alba.

sunset ['sʌnset] *n* tramonto.

sunshade ['sʌnʃeɪd] *n* parasole (*m*); tenda da sole.

sunshine ['sʌnʃaɪn] *n* luce (*f*) del sole.

sunstroke ['sʌnstreʊk] *n* colpo di sole.

sunsuit ['sʌnsuːt] *n* (*AmE*) prendisole (*m*).

suntan ['sʌntæn] *n* abbronzatura.

superable ['suːpərəbl] *adj* superàbile.

superb [sjuː'pɜːb] *adj* splèndido, magnìfico.

superficial [,suːpə'fɪʃl] *adj* superficiale.

superfluous [suː'pɜːfluəs] *adj* supèrfluo.

superhighway [,suːpə'haɪ,weɪ] *n* (*AmE*) autostrada.

superintendent [,suːpərɪn'tendənt] *n* supervisore (*m*) ◊ (*police*) commissario.

superior [suː'pɪərɪə*] *adj, n* superiore (*m / f*).

superiority [suː,pɪərɪ'ɒrətɪ] *n* superiorità (*inv*).

superlative [suː'pɜːlətɪv] *adj* sommo, supremo.

supernatural [,suːpə'nætʃrəl] *adj* soprannaturale.

supersede [,suːpə'sɪːd] *v tr* sostituìre, rimpiazzare.

supersensitive [,suːpə'sensɪtɪv] *adj* ipersensìbile.

superstitious [,suːpə'stɪʃəs] *adj* superstizioso.

supervise ['suːpəvaɪz] *v tr* sorvegliare, soprintèndere.

supervision [,suːpə'vɪʒn] *n* supervisione (*f*); controllo.

supervisor ['suːpəvaɪzə*] *n* supervisore (*m*); ispettore(-trice).

supper ['sʌpə*] *n* cena.

supple ['sʌpl] *adj* flessibile.

supplement ['sʌplɪmənt] *n* supplemento, aggiunta.

supplementary [,sʌplɪ'mentərɪ] *adj* supplementare.

supplier [sə'plaɪə*] *n* (*comm*) fornitore(-trice).

supply [sə'plaɪ] *n* rifornimento, fornitura, provvista, scorta ◊ (*person*) sostituto(-a) ◊ **supplies**, viveri, rifornimenti.

supply [sə'plaɪ] *v tr* fornire; soddisfare; sostituìre.

support [sə'pɔ:t] *n* sostegno; mantenimento ◊ (*AmE, comm*) **price support**, sussidio dello Stato; **in support of sthg**, a favore di qcs.

support [sə'pɔ:t] *v tr* sostenere, règgere; aiutare; mantenere.

supporter [sə'pɔ:tə*] *n* sostenitore(-trice) ◊ (*sport*) tifoso(-a).

suppose [sə'pəʊz] *v tr, intr* supporre, presùmere; pensare.

supposition [ˌsʌpə'zɪʃn] *n* supposizione (*f*).

suppress [sə'pres] *v tr* sopprìmere, reprìmere.

suppressor [sə'presə*] *n* soppressore (*m*).

supremacy [sʊ'preməsɪ] *n* supremazìa.

supreme [sʊ'pri:m] *adj* sommo.

surcharge ['sɜ:tʃɑ:dʒ] *n* soprattassa ◊ (*comm*) sovrapprezzo.

sure [ʃʊə*] *adj* sicuro, certo ◊ **to make sure of sthg**, accertarsi di qcs; **a sure friend**, un amico fidato.

sure [ʃʊə*] *adv* di sicuro, certo ◊ **sure enough**, infatti ◊ (*fam*) **for sure**, certamente ◊ (*AmE*) **sure!**, sicuro!; prego.

surely [ʃʊəlɪ] *adv* certamente.

surety ['ʃʊərətɪ] *n* garanzìa.

surf [sɜ:f] *n* risacca.

surface ['sɜ:fɪs] *n* superficie (*f*).

surface ['sɜ:fɪs] *v tr, intr* venire a galla, affiorare.

surfeit ['sɜ:fɪt] *n* eccesso.

surge [sɜ:dʒ] *n* (*sea*) maroso.

surge [sɜ:dʒ] *v intr, tr* (*sea*) ingrossarsi ◊ (*fig*) sollevarsi.

surgeon ['sɜ:dʒən] *n* chirurgo.

surgery ['sɜ:dʒərɪ] *n* chirurgìa; ambulatorio ◊ **surgery hours**, orario di consultazione.

surgical ['sɜ:dʒɪkl] *adj* chirùrgico.

surly ['sɜ:lɪ] *adj* arcigno.

surmise ['sɜ:maɪz] *v tr* supporre.

surmount [sə:'maʊnt] *v tr* superare.

surname ['sɜ:neɪm] *n* cognome (*m*).

surpass [sə'pɑ:s] *v tr* sorpassare, superare.

surprise [sə'praɪz] *n* stupore (*m*).

surprise [sə'praɪz] *v tr* stupire.

surprising [sə'praɪzɪŋ] *adj* sorprendente.

surrender [sə'rendə*] *n* resa.

surrender [sə'rendə*] *v tr, intr* arrèndersi.

surreptitious [ˌsʌrəp'tɪʃəs] *adj* furtivo, clandestino.

surround [sə'raʊnd] *v tr* circondare.

surrounding [sə'raʊndɪŋ] *adj* circostante.

surroundings [sə'raʊndɪŋz] *n pl* dintorni (*m pl*); ambiente (*m*).

surveillance [sɜ:'veɪləns] *n* controllo, sorveglianza.

survey ['sɜ:veɪ] *n* sguardo generale; esame (*m*), compendio; indàgine (*f*), inchiesta; misurazione (*f*), rilievo ◊ **sample survey**, indagine su campione.

survey [sɜ:'veɪ] *v tr* contemplare, esaminare; misurare; stimare.

surveyor [sə'veɪə*] *n* topògrafo; geòmetra (*m*); controllore (*m*).

survival [sə'vaɪvl] *n* sopravvivenza; avanzo, resto.

survive [sə'vaɪv] *v tr, intr* sopravvìvere.

survivor [sə'vaɪvə*] *n* supèrstite (*m* / *f*).

susceptible [sə'septəbl] *adj* impressionàbile; suscettìbile.

suspect ['sʌspekt] *adj, n* sospetto; (persona) sospetta.

suspect [sə'spekt] *v tr* sospettare, intuìre, dubitare.

suspend [sə'spend] *v tr* differire.

suspender-belt [sə'spendə,belt] *n* reggicalze (*m inv*).

suspenders [sə'spendəz] *n pl* (*BrE*) giarrettiere (*f pl*) ◊ (*AmE*) bretelle (*f pl*).

suspension [sə'spenʃn] *n* sospensione (*f*) ◊ **suspension-bridge**, ponte sospeso.

suspicion [sə'spɪʃn] *n* sospetto.

suspicious [sə'spɪʃəs] *adj* sospettoso, diffidente.

sustain [sə'steɪn] *v tr* sostenere.

sustenance ['sʌstɪnəns] *n* sostentamento.

swagger ['swægə*] *v intr* pavoneggiarsi.

swallow ['swɒləʊ] *n* ròndine (*f*).

swallow ['swɒləʊ] *v tr, intr* ingoiare, inghiottire.

swam [swæm] *pt of* **swim**.

swamp [swɒmp] *n* palude (*f*).

swamp [swɒmp] *v tr* sommèrgere, travòlgere.

swan [swɒn] *n* cigno.

swap [swɒp] *n* scambio, baratto.

swap [swɒp] *v tr, intr* (*fam*) scambiare, barattare ◊ **shall we swap places?**, vuoi che ci scambiamo i posti?

swarm [swɔ:m] *n* sciame (*m*).

swarm [swɔ:m] *v intr* pullulare; accalcarsi ◊ (*bee*) sciamare.

swat [swɒt] *v tr* colpire.

sway [sweɪ] *v intr, tr* oscillare; dominare ◊ (*person*) barcollare.

swaying [sweɪɪŋ] *adj* vacillante.

swear, *pt* **swore**, *pp* **sworn** [sweə*, swɔ:*, swɔ:n] *v tr, intr* giurare; imprecare.

sweat [swet] *n* sudore (*m*).

sweat [swet] *v tr, intr* sudare ◊ (*fig*) affaticarsi.

sweater [swetə*] *n* maglione (*m*).

sweat-shirt [ˈswet,ʃɜ:t] *n* felpa.

sweaty [ˈsweɪtɪ] *adj* sudato.

sweep [swi:p] *n* spazzata; colpo, movimento ràpido; curvatura; distesa.

sweep, *pt, pp* **swept** [swi:p, swept] *v tr, intr* spazzare; scopare; passare rapidamente; incèdere; stèndersi; spaziare.

sweeping [ˈswi:pɪŋ] *adj* ràpido, violento; ampio ◊ **a sweeping statement**, un'affermazione generica; **sweeping measures**, provvedimenti radicali.

sweet [swi:t] *adj* dolce; fresco; fragrante; piacévole.

sweet [swi:t] *n* caramella, confetto; dolce (*m*).

sweeten [swi:tn] *v tr, intr* addolcire, dolcificare.

sweetheart [ˈswi:thɑ:t] *n* innamorato(-a).

sweetness [ˈswi:tnɪs] *n* dolcezza, fragranza; aroma (*m*) ◊ (*water, air*) purezza ◊ (*fig*) grazia.

swell [swel] *adj* eccellente.

swell, *pt* **swelled**, *pp* **swollen** [swel, sweld, ˈswəʊlən] *v intr, tr* gonfiare(-rsi) ◊ (*fig*) inorgoglirsi.

swelling [ˈswelɪŋ] *n* gonfiore (*m*), tumefazione (*f*).

swelter [ˈsweltə*] *v intr* soffocare dal caldo.

swept [swept] *pt, pp of* **sweep.**

swerve [swɜ:v] *v intr, tr* sterzare.

swift [swɪft] *adj* ràpido, veloce.

swift [swɪft] *n* rondone (*m*).

swim [swɪm] *n* nuotata ◊ **to go for a swim**, andare a nuotare.

swim, *pt* **swam**, *pt* **swum** [swɪm, swæm, swʌm] *v intr, tr* nuotare.

swimmer [ˈswɪmə*] *n* nuotatore(-trice).

swimming-bath [ˈswɪmɪŋbɑ:θ] *n* piscina coperta.

swimming-costume [ˈswɪmɪŋˌkɒstju:m] *n* costume (*m*) da bagno.

swimming-pool [ˈswɪmɪŋpu:l] *n* piscina all'aperto.

swim-suit [ˈswɪmˌsju:t] *n* costume (*m*) da bagno.

swindle [ˈswɪndl] *v tr, intr* truffare, imbrogliare.

swindler [ˈswɪndlə*] *n* truffatore(-trice).

swine [swaɪn] *n pl inv* porco.

swing [swɪŋ] *n* oscillazione (*f*), dondolìo; ritmo sostenuto, altalena.

swing, *pt, pp* **swung** [swɪŋ, swʌŋ] *v intr, tr* oscillare, dondolare(-rsi).

swinging [ˈswɪŋɪŋ] *adj* oscillante, dondolante; cadenzato, rìtmico.

swipe [swaɪp] *v tr, intr* colpire con forza ◊ (*fam*) sgraffignare.

swirl [swɜ:l] *n* vòrtice (*m*), tùrbine (*m*), mulinello.

swish [swɪʃ] *adj* (*fam*) elegante.

swish [swɪʃ] *v tr* frusciare; sibilare.

switch [swɪtʃ] *n* interruttore (*m*); cambiamento.

switch [swɪtʃ] *v tr, intr* agitare, scuòtere ◊ (*train*) cambiare binario ◊ (*fig*) far deviare, cambiare ◊ **to switch off**, spegnere; **to switch on**; accendere, mettere in moto.

switch-back [ˈswɪtʃbæk] *n* montagne (*f pl*) russe.

switchboard [ˈswɪtʃbɔ:d] *n* centralino.

swollen [ˈswəʊlən] *pp of* **swell.**

swollen [ˈswəʊlən] *adj* gonfio.

swoon [swu:n] *v intr* svenire.

swoop [swu:p] *n* incursione (*f*).

sword [sɔ:d] *n* spada.

sword-fish [ˈsɔ:dfɪʃ] *n* pesce (*m*) spada.

swore [swɔ:] *pt of* **swear.**

sworn [swɔ:n] *pp of* **swear.**

swum [swʌm] *pp of* **swim.**

swung [swʌŋ] *pt, pp of* **swing.**

syllable ['sɪləbl] *n* sillaba.

symbol ['sɪmbl] *n* sìmbolo.

symbolical [ˌsɪm'bɔlɪkəl] *adj* simbolico.

symmetry ['sɪmɪtrɪ] *n* simmetrìa.

sympathetic [ˌsɪmpə'θetɪk] *adj* comprensivo, amichévole.

sympathize ['sɪmpəθaɪz] *v intr* simpatizzare, compatire ◊ **to sympathize with sb**, partecipare al dolore di qc.

sympathizer ['sɪmpəθaɪzə*] *n* simpatizzante (*m / f*), fautore(-trice).

sympathy ['sɪmpəθɪ] *n* comprensione (*f*), simpatìa; cordoglio, condoglianze (*f pl*) ◊ **accept my deep sympathy**, accetti le mie condoglianze.

symphony ['sɪmfənɪ] *n* sinfonìa.

symptom ['sɪmptəm] *n* sìntomo.

synchronize ['sɪŋkrənaɪz] *v tr, intr* sincronizzare; èssere contemporàneo.

syndicate ['sɪndɪkət] *n* sindacato.

syndrome ['sɪndrəʊm] *n* sìndrome (*f*).

synthesis (syntheses) ['sɪnθəsɪs, 'sɪnθəsi:z] *n* sìntesi (*f inv*).

synthetic [sɪn'θetɪk] *adj* sintètico.

syringe ['sɪrɪndʒ] *n* siringa.

syrup ['sɪrəp] *n* sciroppo ◊ **peaches in syrup**, pesche sciroppate.

system ['sɪstəm] *n* sistema (*m*), rete (*f*); organismo ◊ **railway system**, rete ferroviaria.

systematic [ˌsɪstɪ'mætɪk] *adj* metòdico.

T

tab [tæb] *n* etichetta, cartellino.

table ['teɪbl] *n* tàvolo, tàvola ◊ **to lay the table**, apparecchiare; **to clear the table**, sparecchiare; **to wait at table**, servire a tavola.

table-cloth ['teɪblklɒθ] *n* tovaglia.

table-d'hôte [ˌtɑː'bl'dəʊt] *n* pranzo a prezzo fisso.

table-mat ['teɪblmæt] *n* sottopiatto.

table-napkin ['teɪblˌnæpkɪn] *n* tovagliolo.

table-salt ['teɪblˌsɔːlt] *n* sale (*m*) da tavola.

table-spoon ['teɪblspuːn] *n* cucchiaio da tavola.

tablet ['tæblɪt] *n* targa; tavoletta ◊ (*med*) compressa, pastiglia.

table-tennis ['teɪblˌtenɪs] *n* tennis (*m inv*) da tàvolo, ping pong.

tableware ['teɪblˌweə*] *n* vasellame (*m*).

tabloid ['tæblɔɪd] *n* (*newspaper*) giornale formato tabloid ◊ (*med*) compressa.

tabulate ['tæbjʊleɪt] *v tr* catalogare, incolonnare.

tacit ['tæsɪt] *adj* implìcito.

taciturn ['tæsɪtɜːn] *adj* taciturno.

tack [tæk] *n* chiodo, puntina da disegno; imbastitura.

tack [tæk] *v tr, intr* imbullettare; imbastire; bordeggiare.

tackle [tækl] *n* attrezzatura, arnesi (*m, pl*); paranco.

tackle [tækl] *v tr, intr* affrontare, esaminare; afferrare ◊ **to tackle a job**, affrontare un lavoro.

tacky ['tækɪ] *adj* pacchiano.

tact [tækt] *n* tatto, riguardo.

tactful ['tæktfʊl] *adj* discreto.

tactic ['tæktɪk] *n* tàttica.

tactless ['tæktlɪs] *adj* indiscreto.

taffy ['tæfɪ] *n* caramella.

tag [tæg] *n* etichetta, cartellino ◊ **price tag**, cartellino del prezzo.

tail [teɪl] *n* coda, estremità (*inv*) ◊ (*clothes*) falda ◊ **heads or tails?**, testa o croce?

tail [teɪl] *v tr, intr* pedinare.

tail-coat [ˌteɪl'kəʊt] *n* marsina.

tail-end [ˌteɪl'end] *n* estremità (*inv*), fine (*inv*).

tail-light ['teɪlˌlaɪt] *n* (*car*) fanalino di coda, luce (*f*) posteriore.

tailor ['teɪlə*] *n* sarto ◊ **tailor's shop**, sartorìa; **a tailor-made dress**, un abito fatto su misura.

taint [teɪnt] *v tr, intr* guastare(-rsi), contaminare(-rsi).

tainted [teɪntɪd] *adj* infetto, contaminato ◊ (*food*) guasto.

take, *pt* **took**, *pp* **taken** [teɪk, tʊk, 'teɪkən] *v tr, intr* prèndere, impadronirsi; portare, accompagnare; giudicare; richièdere; volerci; accollarsi, assùmere ◊ **to take a job**, impiegarsi; **to take a chance**, rischiare; **to take leave**, congedarsi; **to take a walk**, fare una passeggiata; **to take cold**, prendere freddo; (*fam*) **to take after**, assomigliare a; **to take sthg apart**, smontare; **to take sb, sthg for**, stimare; **to take in**, dare alloggio; **to take off**, decollare, togliere; **to take on**, intraprendere; **to take over**, assumere il controllo; **to take to**, affezionarsi a; **to take up**, occupare, mettersi a.

take-down ['teɪk,daʊn] (*fam*) umiliazione (*f*).

take-off ['teɪkɑf] *n* decollo.

take-over ['teɪk,əʊvə*] *n* (*comm*) rilevamento.

taking ['teɪkɪŋ] *adj* attraente.

takings ['teɪkɪŋz] *n pl* (*comm*) incasso ◊ (*med*) prelievo.

talcum ['tælkəm] *n* talco ◊ **talcum powder** borotalco.

tale [teɪl] *n* racconto.

talent ['tælənt] *n* talento.

tale-teller ['teɪl,telə*] *n* narratore(-trice).

talisman ['tælɪzmən] *n* talismano.

talk [tɔːk] *n* conversazione; discorso ◊ **talks** negoziati.

talk [tɔːk] *v tr, intr* parlare, chiacchierare; discùtere ◊ **to talk big**, vantarsi; **to talk business**, parlare di affari; **to talk shop**, parlare del proprio lavoro; **to talk back**, rispondere male; **to talk over**, ragionare di.

talkative ['tɔːkətɪv] *adj* loquace.

talking-point ['tɔːkɪŋ,pɔːnt] *n* argomento di conversazione.

tall [tɔːl] *adj* alto, grande ◊ (*thing*) elevato ◊ **to be five feet tall**, essere alto 5 piedi.

tallboy ['tɔːlbɔːɪ] *n* cassettone (*m*).

tallstory ['tɔːl,stɔːrɪ] *n* storia incredìbile.

tally ['tælɪ] *n* tacca, etichetta; còmputo.

tame [teɪm] *v tr* domare, addomesticare ◊ (*fig*) sottométtere.

tamer [teɪmə*] *n* domatore(-trice) ◊ **a lion tamer**, un domatore di leoni.

tamper ['tæmpə*] *v tr* interferire; falsificare; manométtere.

tan [tæn] *n* abbronzatura.

tanned [tænd] *adj* abbronzato.

tang [tæŋ] *n* sapore (*m*) piccante; suono metàllico.

tangerine [,tændʒə'riːn] *n* mandarino.

tangible ['tændʒəbl] *adj* toccàbile, tangìbile.

tangle ['tæŋgl] *n* intrico.

tangle ['tæŋgl] *v tr, intr* aggrovigliare(-rsi).

tank [tæŋk] *n* cisterna, serbatoio ◊ (*mil*) carro armato.

tank [tæŋk] *v tr, intr* méttere in un serbatoio ◊ (*car*) far il pieno.

tankard ['tæŋkəd] *n* boccale (*m*).

tanker ['tæŋkə*] *n* petroliera; autocisterna.

tantalizing ['tæntəlaɪzɪŋ] *adj* allettante, provocante.

tantamount ['tæntəmaʊnt] *adj* equivalente, pari a.

tantrum ['tæntrəm] *n* sfuriata.

tap [tæp] *n* rubinetto ◊ (*gas*) chiavetta.

tap [tæp] *n* colpetto.

tap [tæp] *v tr* dare un colpetto a; utilizzare.

tape [teɪp] *n* nastro, fettuccia ◊ **adhesive tape**, nastro adesivo; **recording tape**, nastro magnetico; **tape recording**, registrazione su nastro.

tape [teɪp] *v tr* registrare su nastro.

tape-measure ['teɪp,meʒə*] *n* metro a nastro.

tape-recorder ['teɪprɪ,kɔːdə*] *n* registratore (*m*) a nastro.

tapestry ['tæpɪstrɪ] *n* arazzo.

tar [tɑː*] *n* catrame (*m*).

target ['tɑːgɪt] *n* bersaglio, obiettivo ◊ (*marketing*) target ◊ **target-practice**, tiro al bersaglio.

tariff ['tærɪf] *n* tariffa.

tarnish ['tɑːnɪʃ] *v tr, intr* annerire(-rsi); appannare(-rsi) ◊ (*fig*) infangare.

tart [tɑːt] *adj* agro, aspro.

tart [tɑːt] *n* torta di frutta.

task [tɑːsk] *n* cómpito, dovere (*m*).

task-work ['tɑːsk,wɜːk] *n* lavoro a còttimo.

taste [teɪst] *n* gusto, sapore (*m*); assaggio.

taste [teɪst] *v tr, intr* gustare, assaggiare ◊ **to taste good**, essere buono.

tasteful ['teɪstfʊl] *adj* fine, di buon gusto.

testeless ['teɪstlɪs] *adj* (*food*) insìpido ◊ (*person*) privo di gusto.

tasty ['teɪstɪ] *adj (food)* saporito ◊ *(sl)* raffinato.

tatter ['tætə*] *n* cencio ◊ **in tatters**, a brandelli.

tattered ['tætəd] *adj* stracciato ◊ *(fig)* **a tattered reputation**, una pessima reputazione.

tattoo [tə'tu:] *n* tatuaggio.

tatty ['tætɪ] *adj* malandato.

taught [tɔ:t] *pt, pp of* **teach**.

taunt [tɔ:nt] *v tr* beffarsi di, derìdere.

Taurus ['tɔ:rəs] *n (sign)* Toro.

taut [tɔ:t] *adj* teso, tirato.

tavern ['tævən] *n* taverna.

taw [tɔ:] *n* pallina, biglia.

tawdry ['tɔ:drɪ] *adj* vistoso.

tawny ['tɔ:nɪ] *adj* marrone rossiccio; abbronzato.

tax [tæks] *n* tassa, imposta, tributo ◊ **to pay one's taxes**, pagare le tasse; **direct taxes**, imposte dirette.

tax [tæks] *v tr* tassare ◊ *(fig)* méttere alla prova.

taxable ['tæksəbl] *adj* tassàbile, imponìbile.

taxation [tæk'seɪʃn] *n* tassazione *(f)*; tasse *(f pl)*.

tax-evasion ['tæksɪ,veɪʒən] *n* evasione *(f)* fiscale.

taxfree [,tæks'fri:] *adj* esente da tasse.

taximeter [,tæksɪ,mi:tə*] *n* tassàmetro.

taxi-rank ['tæksɪ,ræŋk] *n* posteggio per taxi.

taxpayer ['tæks,peɪə*] *n* contribuente *(m / f)*.

tax-return ['tæksɪ,tɜ:n] *n* dichiarazione *(f)* dei rèdditi.

tea [ti:] *n* tè *(m inv)* ◊ **to make tea**, fare il tè; **high tea**, cena leggera.

tea-bag ['ti:,bæg] *n* bustina di tè.

teach, *pt, pp* **taught** [ti:tʃ, tɔ:t] *v tr, intr* insegnare, istruire.

teacher ['ti:tʃə*] *n* insegnante *(m / f)*, maestro (-a); professore(-essa), docente *(m / f)*.

teaching ['ti:tʃɪŋ] *n* insegnamento, istruzione *(f)*.

tea-cosy ['ti:,kəʊzɪ] *n* copriteiera *(m inv)*.

teacup ['ti:kʌp] *n* tazza da tè.

team [ti:m] *n (sport)* squadra ◊ *(people)* gruppo ◊ *(animal)* tiro.

team-work ['ti:m wɜk] *n* lavoro di squadra.

teapot ['ti:pɒt] *n* teiera.

tear [tɪə*] *n* làcrima, stilla.

tear [teə*] *n* strappo.

tear, *pt* **tore**, *pp* **torn** [teə*, tɔ:*, tɔ:n] *v tr, intr* strappare(-rsi), stracciare(-rsi).

tearful ['tɪəfʊl] *adj* lacrimoso, piangente.

tease [ti:z] *v tr* burlarsi di, prèndere in giro.

tea-set ['ti:set] *n* servizio da tè.

teaspoon ['ti:spu:n] *n* cucchiaino da tè.

tea-strainer ['ti:,streɪnə*] *n* colino per il tè.

teat [ti:t] *n* capézzolo ◊ tettarella.

tea-tray ['ti:treɪ] *n* vassoio da tè.

technical ['teknɪkl] *adj* tècnico.

technicalities [,teknɪ'kælɪtɪz] *n pl* aspetti tecnici.

technician [tek'nɪʃn] *n* tècnico, perito.

technique [tek'ni:k] *n* tècnica, arte *(f)*, mètodo.

technology [tek'nɒlədʒɪ] *n* tecnologìa.

tedious ['ti:djəs] *adj* tedioso.

teenager ['ti:neɪdʒə*] *n* adolescente *(m / f)*.

teens [ti:nz] *n pl* adolescenza ◊ **to be in one's teens**, essere un adolescente.

teeny-weeny ['ti:nɪ,wi:nɪ] *adj (fam)* piccino piccino.

teeter ['ti:tə*] *v intr* traballare, vacillare.

teeth [ti:θ] *n pl of* **tooth**.

teething]ti:ðɪŋ] *n* dentizione *(f)*.

teetotal [ti:'təʊtl] *adj* astemio.

teetotaller [ti:'təʊtlə*] *n* astemio(-a).

telecast ['telɪkɑ:st] *v tr* trasméttere per televisione.

telecommunication ['telɪkə,mju:nɪ'keɪʃn] *n* telecomunicazione *(f)*.

telegram ['telɪgræm] *n* telegramma *(m)*.

telegraph ['telɪgrɒ:f] *n* telègrafo.

telematics [,telɪ'mætɪks] *n* telematica.

telepathy [tɪ'lepəθɪ] *n* telepatìa.

telephone ['telɪfəʊn] *n* telèfono ◊ **to be on the phone**, essere al telefono; **dial phone**, telefono automatico; **extension phone**, telefono interno; **shared phone**, duplex; **phone operator**, centralinista.

telephone ['telɪfəʊn] *v tr, intr* telefonare.

telephone booth, telephone box ['telɪ,fəʊn, bu:ð:, bɒks], cabina telefònica.

telephone call ['telɪfəʊn, kɔ:l] *n* telefonata.

telephone directory ['telɪfəʊn, dɪ'rektərɪ] *n* elenco telefònico.

telephonist [tɪ'lefənɪst] *n* telefonista (*m* / *f*).

telephoto lens ['telɪfəutəu'lenz] *n* teleobiettivo.

teleprinter ['telɪ,prɪntə*] *n* telescrivente.

telesales ['telɪseɪlz] *n* televendita.

telescope ['telɪskəup] *n* telescopio.

telescreen ['telɪskri:n] *n* schermo televisivo.

teletext ['telɪtekst] *n* televideo.

teletypewriter [,telɪ'taɪp,raɪtə*] *n* telescrivente.

television ['telɪ,vɪʒn] *n* televisione (*f*).

telex ['teleks] *n* telex.

telex ['teleks] *v tr* trasmettere via telex.

tell, *pt*, *pp* **told** [tel, təuld] *v tr*, *intr* dire, raccontare; rivelare, sapere; distìnguere ◊ **to tell sb off**, sgridare; **to tell on**, pesare su, avere un effetto negativo su.

teller ['telə*] *n* narratore(-trice) ◊ (*bank*) cassiere(-a).

telling ['telɪŋ] *adj* efficace.

telling-off ['telɪŋɒf] *n* (*fam*) rimpròvero.

telltale ['telteɪl] *n* chiacchierone(-a).

telly ['telɪ] *n* (*fam*) *abbr of* **television**, televisione (*f*).

temper ['tempə*] *n* umore (*m*), ìndole (*f*) ◊ **in a good temper**, di buon umore; **to lose one's temper**, perdere la calma.

temper ['tempə*] *v tr*, *intr* moderare, temperare.

temperament ['tempərəmənt] *n* temperamento, ìndole (*f*).

temperance ['tempərəns] *n* moderazione (*f*).

temperate ['tempərət] *adj* misurato, moderato ◊ (*climate*) temperato.

temperatura ['temprətʃə*] *n* temperatura ◊ **to have a temperature**, avere la febbre.

tempest ['tempɪst] *n* tempesta, burrasca.

temple ['templ] *n* tempio; tempia.

temporal ['tempərəl] *adj* temporale; terreno, mondano.

temporary ['tempərərɪ] *adj* temporàneo, provvisorio.

tempt [tempt] *v tr* tentare.

temptation [temp'teɪʃn] *n* tentazione (*f*).

ten [ten] *adj*, *n* dieci (*inv*) ◊ **one out of ten**, uno su dieci; **ten per cent**, dieci per cento.

tenacious [tɪ'neɪʃəs] *adj* tenace.

tenancy ['tenənsɪ] *n* affitto, locazione (*f*).

tenant ['tenənt] *n* inquilino(-a).

tend [tend] *v tr*, *intr* curare, badare a; tèndere.

tendency ['tendənsɪ] *n* tendenza, inclinazione (*f*).

tender ['tendə*] *adj* tènero.

tender ['tendə*] *n* custode (*m*).

tender ['tendə*] *n* offerta ◊ (*comm*) valuta, moneta ◊ **legal tender**, valuta legale.

tender ['tendə*] *v tr*, *intr* offrire, presentare, pòrgere.

tenderfoot ['tendəfʊt] *n* nuovo venuto.

tender-hearted [,tendə'ha:tɪd] *adj* sensìbile, affettuoso.

tendon ['tendən] *n* tèndine (*m*).

tenement ['tenɪmənt] *n* appartamento, casa popolare ◊ (*law*) podere (*m*).

tennis-court ['tenɪskɔ:t] *n* campo da tennis.

tennis-racket ['tenɪs,rækɪt] *n* racchetta da tennis.

tenor ['tenə*] *n* tenore (*m*), tono ◊ (*comm*) scadenza ◊ (*mus*) tenore (*m*).

tense [tens] *adj* teso, tirato.

tension ['tenʃn] *n* tensione (*f*).

tent [tent] *n* tenda.

tentacle ['tentəkl] *n* tentàcolo.

tentative ['tentətɪv] *adj* sperimentale, provvisorio ◊ esitante.

tenth [tenθ] *adj* dècimo.

tenuity [te'nju:ətɪ] *n* tenuità (*inv*).

tenure ['te,njʊə*] *n* durata della càrica ◊ (*law*) possesso.

term [tɜ:m] *n* perìodo, durata, tèrmine (*m*) ◊ (*school*) trimestre (*m*) ◊ (*law*) sessione (*f*) ◊ **terms**, condizioni, termini, clausole; rapporti ◊ **term of delivery**, termine di consegna; **long-term**, a lungo termine; **to be on good terms with**, essere in buoni rapporti con.

terminal ['tɜ:mɪnl] *adj* finale, ùltimo, trimestrale.

terminal [,tɜmɪnl] *n* estremità (*inv*); stazione (*f*) di testa, capolìnea (*m*) ◊ (*computer*) terminale ◊ **air terminal**, aerostazione.

terminate ['tɜ:mɪneɪt] *v tr*, *intr* terminare, conclùdere.

terminus ['tɜ:mɪnəs] *n* capolìnea (*m*).

termite ['tɜ:maɪt] *n* (*zool*) tèrmite (*f*).

terrace ['terəs] *n* terrazza; fila di case accosate ◊ *(sport)* **on the terraces**, sugli spalti.

terraced ['terəst] *adj* disposto a terrazze.

terrestrial [tɪ'restrɪəl] *adj* terrestre.

terrible ['terəbl] *adj* terrìbile.

terrific [tə'rɪfɪk] *adj* terrificante, spaventoso ◊ fantàstico, favoloso.

terrify ['terɪfaɪ] *v tr* atterrire, spaventare.

territory ['terɪtərɪ] *n* territorio.

terror ['terə*] *n* terrore (*m*).

terrorism ['terərɪzəm] *n* terrorismo.

terrorist ['terərɪst] *n* terrorista (*m / f*).

terrorize ['terəraɪz] *v tr* terrorizzare.

terse [tɜ:s] *adj* conciso.

test [test] *n* prova, esame (*m*), saggio; esperimento, controllo; criterio ◊ **to stand the test**, superare la prova; **to fail the test**, fallire la prova; **driving-test**, esame di guida; **blood-test**, analisi del sangue; **test-drive**, collaudo.

test [test] *v tr* provare, méttere alla prova, esaminare; collaudare.

testable ['testəbl] *adj* saggiàbile, collaudàbile.

testament ['testəmənt] *n* testamento.

testify ['testɪfaɪ] *v tr, intr* (*law*) testimoniare, deporre.

testimony ['testɪmənɪ] *n* (*law*) testimonianza.

testing ['testɪŋ] *n* prova, collàudo, saggio.

test-pilot ['test,paɪlət] *n* pilota (*m*) collaudatore.

test-tube ['testtju:b] *n* provetta.

testy ['testɪ] *adj* irritàbile.

tetanus ['tetənəs] *n* tètano.

tether ['teðə*] *n* (*fig*) lìmite (*m*), portata.

tether ['teðə*] *v tr* impastoiare, legare.

text [tekst] *n* testo ◊ **text-book**, libro di testo.

textile ['tekstaɪl] *adj* tèssile.

than [ðæn] *conj, prep* (*preceded by a comparative*) di, che (non); di quello che (non); di quanto (non); ◊ (*correlative with hadly, scarcely, no sooner*) quando ◊ (*formal*) in confronto a ◊ **nothing else than**, nient'altro che; **none other than**, nientemeno che.

thank [θæŋk] *v tr* ringraziare ◊ **thank you for coming**, grazie di essere venuto.

thankful ['θæŋkfʊl] *adj* grato.

thankless ['θæŋklɪs] *adj* ingrato.

thanks [θæŋks] *n pl* ringraziamenti (*m pl*) ◊ **thanks to**, grazie a.

thanksgiving ['θæŋks,gɪvɪŋ] *n* ringraziamento ◊ (*AmE*) **thanksgiving Day**, giorno del ringraziamento.

that (those) [ðæt, ðəʊz] *adj* quello, quella, quei, quelle.

that [ðæt] *adv* (*fam*) così, tanto, a tal punto ◊ **come on, its' not that bad!** suvvia, non è poi così terribile.

that [ðæt] *conj* che ◊ **provided that** purché; **except that**, se non fosse per il fatto che; **on condition that**, a patto che.

that (those) [ðæt, ðəʊz] *pron* quello, quella ◊ **who's that?**, chi è?; **what's that?**, cos'è?; **what do you mean by that?**, cosa intendi dire con ciò?; **that is why**, ecco perché; **that's enough**, basta così.

that [ðæt] *relative pron* che; il quale, la quale; i quali, le quali.

thatched [θætʃt] *adj* (*roof*) ricoperto di paglia.

thaw [θɔ:] *v tr, intr* sgelare(-rsi).

the [ði:, ðə] *art* il, lo, la; i, gli, le.

theatre ['θɪətə*] *n* teatro ◊ (*med*) **operating theatre**, sala operatoria.

theft [θeft] *n* furto.

their [ðeə*] *poss adj* il loro, la loro; i loro, le loro ◊ **their own**, di loro proprietà.

theirs [ðeəz] *poss pron* il loro, la loro; i loro, le loro ◊ **a friend of theirs**, un loro amico.

them [ðem] *pers pron* loro, li, le, essi, esse, sé ◊ (*fam*) **it's them**, sono loro; **it's kind of them**, è gentile da parte loro; **one of them**, uno di loro.

theme [θi:m] *n* tema (*m*), argomento.

themselves [ðəm'selvz] *refl pron* se stessi, si ◊ **they are by them selves**, sono soli.

then [ðen] *adj* allora, a quel tempo; dopo, quindi; inoltre; allora, in tal caso ◊ **since then**, da allora.

then [ðen] *conj* dunque, allora.

theology [θɪ'ɒlədʒɪ] *n* teologìa.

theory ['θɪərɪ] *n* teorìa.

therapy ['θerəpɪ] *n* terapìa.

there [ðeə*] *adv* là, lì, da quella parte, in quel luogo, ci, vi ◊ **here and there**, qua e là; **over there**, laggiù; **there are none**, non ce ne sono.

there [ðeə*] *interj* there she is!, eccola!

thereabout(s) ['ðeərəbaut(s)] *adv* vicino, nei pressi; circa, pressappoco.

therefore ['ðeəfɔ:*] *adv* perciò, dunque, quindi.

thermal ['θɜ:ml] *adj* termale ◊ **thermal baths**, terme.

thermometer [θə'mɒmɪtə*] *n* termòmetro.

thermostat ['θɜ:məustæt] *n* termòstato.

these [ði:z] *adj, pron pl of* **this**.

they [ðeɪ] *pers pron* essi, esse, loro; si, la gente ◊ (*followed by a rel pron*) coloro, costoro ◊ **they all**, tutti loro; **here they are**, eccoli.

thick [θɪk] *adj* spesso, fitto ◊ (*fam*) spesso, ottuso.

thick [θɪk] *adv* fittamente.

thicken ['θɪkən] *v tr, intr* ispessire(-rsi), addensare(-rsi).

thick-head ['θɪk,hed] *n* (*fam*) persona ottusa.

thickness ['θɪknɪs] densità (*inv*) ◊ (*fam*) stupidità (*inv*).

thief (thieves) [θi:f, θi:vz] *n* ladro(-a).

thieve [θ:iv] *v tr, intr* rubare.

thigh [θaɪ] *n* coscia.

thigh-bone ['θaɪbəun] *n* fèmore (*m*).

thimble ['θɪmbl] *n* ditale (*m*).

thin [θɪn] *adj* sottile, èsile ◊ **to grow thin**, dimagrire.

thin [θɪn] *v tr, intr* assottigliare, diradare (-rsi); (*person*) dimagrire.

thing [θɪŋ] *n* cosa, aggeggio, arnese (*m*); faccenda, situazione (*f*) ◊ **things**, roba, cose (*f pl*) personali ◊ **how are things?**, come vanno le cose?

think, *pt, pp* **thought** [θɪŋk, θɔ:t] *v tr, intr* pensare, ragionare; credere, considerare; immaginare; proporsi ◊ **I think so**, penso di sì; **I don't think so**, penso di no; **to think about**, considerare; **to think up**, inventare.

third [θɜ:d] *adj* terzo ◊ **on the third floor**, al terzo piano; **every third week**, ogni tre settimane; **third degree**, terzo grado.

third [θɜ:d] *n* terzo.

thirdly ['θɜ:dlɪ] *adv* in terzo luogo.

third-rate [,θɜ:d'reɪt] *adj* scadente, di pèssima qualità.

thirst [θɜ:st] *n* sete (*f*).

thirsty ['θɜ:stɪ] *adj* assetato ◊ **to be thirsty**, aver sete.

thirteen [,θɜ:'ti:n] *adj, n* trédici (*inv*).

thirteenth [,θɜ:'ti:nθ] *adj* tredicèsimo.

thirtieth ['θɜ:tɪɪθ] *adj* trentèsimo.

thirty ['θɜ:tɪ] *adj, n* trenta (*inv*).

this (these) [ðɪs, ði:z] *adj* questo, questi; codesto ◊ **this day week**, oggi a otto; **these days**, al giorno d'oggi; **this friend of mine**, questo mio amico.

this (these) [ðɪs, ði:z] *pron* questo, codesta, costùi ◊ (*on the phone*) **this is David speaking**, qui parla David, sono David.

this [ðɪs] *adv* così, in tal modo ◊ **this long**, lungo così.

thong [θɒŋ] *n* cinghia.

thorn [θɔ:n] *n* spina.

thorny ['θɔ:nɪ] *adj* spinoso.

thorough ['θʌrə] *adj* (*thing*) esauriente, accurato ◊ (*person*) meticoloso, coscienzioso.

thoroughfare ['θʌrɒfeə*] *n* strada principale; strada di trànsito ◊ **no thoroughfare**, divieto di transito.

thoroughly ['θʌrəlɪ] *adv* completamente, accuratamente.

those [ðəuz] *adj, pron pl of* **that**.

though [ðəu] *adv* però, tuttavìa.

though [ðəu] *conj* benché.

thought [θɔ:t] *pt, pp of* **think**.

thought [θɔ:t] *n* pensiero, idea.

thoughtful ['θɔ:tful] *adj* pensieroso, sollècito.

thoughtless ['θɔ:tlɪs] *adj* spensierato, imprudente.

thousand ['θauznd] *adj, n* mille (*inv*).

thousandth ['θauzntθ] *adj* millèsimo.

thrash [θræʃ] *v tr, intr* bàttere, bastonare; agitare(-rsi).

thread [θred] *n* filo; trama.

thread [θred] *v tr, intr* infilare; farsi strada ◊ **to thread a needle**, infilare un ago.

threadbare ['θredbeə*] *adj* (*clothes*) lògoro, liscio.

threat [θret] *n* minaccia; perìcolo.

threaten ['θretn] *v tr, intr* minacciare.

three [θri:] *adj, n* tre (*inv*) ◊ **to be three years old**, avere tre anni.

three-D ['θri:‚di:] *adj* tridimensionale.

three-lane ['θri:‚leɪn] *adj* a tre corsìe.

threepence ['θrɪpəns] *n* tre penny.

three-ply ['θri:plaɪ] *adj* a tre strati.

three-quarter [‚θri:'kwɔ:tə*] *adj* a tre quarti.

threshold ['θreʃhəʊld] *n* soglia, entrata ◊ (*fig*) inizio.

threw [θru:] *pt of* **throw.**

thrifty ['θrɪftɪ] *adj* parsimonioso, ecònomo ◊ (*AmE*) flòrido.

thrill [θrɪl] *n* brìvido, frèmito.

thrill [θrɪl] *v tr, intr* rabbrividire, emozionare(-rsi).

thrilling ['θrɪlɪŋ] *adj* eccitante, emozionante ◊ (*sound*) squillante.

thrive, *pt* **thrived, throve**, *pp* **thrived, thriven** [θraɪv, θraɪvd, θrəʊv, 'θrɪvn] *v intr* prosperare.

throat ['θrəʊt] *n* gola ◊ **sorethroat**, mal di gola.

throb [θrɒb] *n* pàlpito ◊ **heart-throbs**, i battiti del cuore.

throb [θrɒb] *v intr* bàttere, pulsare ◊ (*engine*) vibrare.

throes [θrəʊz] *n pl* spàsimi (*m pl*), spasmi (*m pl*); doglie (*f pl*) ◊ **death-throes**, agonìa.

throne [θrəʊn] *n* trono.

throng [θrɒŋ] *n* folla.

through [θru:] *adv* attraverso; da cima a fondo ◊ (*transport*) direttamente ◊ (*phone*) **to get through**, ottenere la comunicazione; **to book through to Milan** prendere un biglietto diretto per Milano.

through [θru:] *prep* attraverso ◊ (*time*) durante ◊ (*means*) per mezzo di ◊ (*owing to*), a causa di.

through [θru:] *adj* diretto ◊ (*road*) di trànsito ◊ **no through road**, strada senza uscita.

throughout [θru:'aʊt] *adv* completamente, interamente; dappertutto.

throughout [θru:'aʊt] *prep* attraverso.

throve [θrəʊv] *pt of* **thrive.**

throw [θrəʊ] *n* tiro, lancio, getto ◊ **your throw**, tocca a te.

throw, *pt* **threw**, *pp* **thrown** [θrəʊ, θru:, θrəʊn] *v tr, intr* lanciare(-rsi), gettare(-rsi); atterrare, disarcionare ◊ (*sl*) **to throw a party**, dare una festa; **to throw up one's job**, di-

mettersi, licenziarsi.

throw-away ['θrəʊə‚weɪ] *n* volantino.

thrower ['θrəʊə*] *n* (*sport*) lanciatore(-trice) ◊ **discus-thrower**, discobolo.

thrower-out ['θrəʊər‚aʊt] *n* buttafuori (*m inv*).

thrown [θrəʊn] *pp of* **throw.**

thru [θru:] *see* **through.**

thrush [θrʌʃ] *n* tordo.

thrust [θrʌst] *v tr, intr* spìngere(-rsi); ficcare (-rsi).

thud [θʌd] *n* tonfo.

thug [θʌg] *n* teppista (*m / f*).

thumb [θʌm] *n* pòllice (*m*).

thumb [θʌm] *v tr*, sfogliare ◊ **to thumb a lift**, fare l'autostop.

thumb-tack ['θʌm'tæk] *n* (*AmE*) puntina da disegno.

thump [θʌmp] *n* tonfo.

thump [θʌmp] *v tr, intr* bàttere, picchiare; strimpellare.

thunder ['θʌndə*] *n* tuono.

thunder ['θʌndə*] *v tr, intr* tuonare; rimbombare ◊ (*fig*) minacciare.

thunderbolt ['θʌndəbəʊlt] *n* fùlmine (*m*), saetta.

thunderstorm ['θʌndəstɔ:m] *n* temporale (*m*).

Thursday ['θɜ:zdɪ] *n* giovedì (*m inv*).

thwart [θwɔ:t] *v tr* opporsi a.

thyme [taɪm] *n* timo.

thyroid ['θaɪrɔ:ɪd] *n* tiroide (*f*).

tick [tɪk] *n* ticchettìo; segno ◊ (*fam*) **on the tick**, puntuale; **in two ticks**, in un attimo; **half a tick!**, un momento!

tick [tɪk] *v tr, intr* ticchettare, bàttere ◊ **to tick off**, contrassegnare.

ticket ['tɪkɪt] *n* biglietto; multa ◊ (*AmE*) **round trip ticket**, biglietto di andata e ritorno; **complimentary ticket**, biglietto di favore; **parking ticket**, multa per divieto di sosta.

ticket ['tɪkɪt] *v tr* etichettare.

ticket-collector ['tɪkɪtkə‚lektə*] *n* bigliettaio (-a).

ticket-inspector ['tɪkɪtɪn‚spektə*] *n* controllore (*m*).

ticket-office ['tɪkɪt‚ɒfɪs] *n* biglietterìa.

tickle ['tɪkl] *v tr, intr* fare il solletico, solleticare; pizzicare ◊ (*fig*) stuzzicare.

tide [taɪd] *n* marea ◊ **ebb tide**, marea calante.

tidy ['taɪdɪ] *adj* ordinato, pulito.

tidy ['taɪdɪ] *v tr, intr* méttere(-rsi) in ordine.

tie [taɪ] *n* laccio, stringa; cravatta ◊ (*fig*) legame (*m*), vìncolo ◊ (*sport*) pareggio ◊ **bow-tie**, cravatta a farfalla.

tie [taɪ] *v tr, intr* legare(-rsi), allacciare(-rsi) ◊ (*sport*) pareggiare ◊ **to tie up a parcel**, fare un pacco.

tier ['taɪə*] *n* fila, gradino ◊ **tier of seats**, fila di posti.

tiff [tɪf] *n* bisticcio, diverbio.

tiger ['taɪgə*] *n* tigre (*f*).

tight [taɪt] *adj* stretto, serrato; fermo, sòlido ◊ (*clothes*) attillato ◊ (*rope*) teso ◊ **watertight**, a tenuta d'acqua.

tight [taɪt] *adv* strettamente.

tighten ['taɪtn] *v tr, intr* strìngere(-rsi), serrare(-rsi); tèndere(-rsi) ◊ **to tighten a screw**, stringere una vite.

tight-fisted [‚taɪt'fɪstɪd] *adj* tirchio.

tights [taɪts] *n pl* (*clothes*) collant (*m inv*).

tile [taɪl] *n* tégola, piastrella.

till [tɪl] *conj, prep see* **until**.

till [tɪl] *n* registratore (*m*) di cassa.

till [tɪl] *v tr, intr* coltivare.

tilt [tɪlt] *n* pendenza.

timber ['tɪmbə*] *n* legname (*m*); àlberi (*m pl*) da legname.

time [taɪm] *n* tempo; perìodo; ora; volta ◊ **spare time**, tempo libero; **just in time**, appena in tempo; **time's up**, il tempo è scaduto; **summer time**, ora legale; **what time is it?**, che ora è?, **on time**, in orario; **how many times?**, quante volte?

time [taɪm] *v tr* fissare, progettare; cronometrare.

time-keeper ['taɪm‚kɪːpə*] *n* cronometrista (*m* / *f*); cronòmetro.

time-lag ['taɪmlæg] *n* ritardo, intervallo.

timely ['taɪmlɪ] *adj* tempestivo, opportuno.

timepiece ['taɪmpiːs] *n* orologio, cronòmetro.

timer ['taɪmə*] *n* (*sport*) cronometrista (*m* / *f*); cronòmetro.

time-sharing ['taɪmʃeərɪŋ] *n* multiproprietà.

time-table ['taɪm‚teɪbl] *n* orario.

timid ['tɪmɪd] *adj* tìmido.

tin [tɪn] *n* stagno; lattina.

tincture ['tɪŋktʃə*] *n* tintura.

tinfoil [‚tɪn'fɔɪl] *n* stagnola.

tinge [tɪndʒ] *v tr* sfumare.

tingle ['tɪŋgl] *n* formicolìo.

tinker ['tɪŋkə*] *n* stagnino.

tinkle ['tɪŋkl] *v tr, intr* tintinnare.

tinned [tɪnd] *adj* inscatolato.

tin-opener ['tɪn‚əʊpənə*] *n* apriscatole (*m inv*).

tinsel ['tɪnsl] *n* filo d'argento per decorazioni natalizie.

tint [tɪnt] *n* tinta, colore (*m*).

tiny ['taɪnɪ] *adj* minùscolo.

tip [tɪp] *n* punta, estremità (*inv*), àpice (*m*) ◊ **from tip to toe**, dalla testa ai piedi.

tip [tɪp] *n* inclinazione (*f*) ◊ (*rubbish*) scàrico, depòsito ◊ (*coal*) discàrica ◊ (*advice*) suggerimento ◊ (*gratuity*) mancia.

tip [tɪp] *v tr, intr* inclinare(-rsi), rovesciare (-rsi); dare la mancia; avvisare, avvertire.

tippler ['tɪplə*] *n* bevitore(-trice).

tipsy ['tɪpsɪ] *adj* (*fam*) brillo.

tiptoe ['tɪptəʊ] *adv* in punta di piedi.

tiptop ['tɪptɒp] *adj* (*fam*) eccellente, di prim'òrdine.

tip-up ['tɪpʌp] *adj* ribaltàbile.

tire ['taɪə*] *v tr, intr* stancare(-rsi).

tired ['taɪəd] *adj* stanco.

tireless ['taɪəlɪs] *adj* instancàbile.

tiresome ['taɪəsəm] *adj* noioso.

tiring ['taɪərɪŋ] *adj* faticoso.

tisane [tiːˈzæn] *n* tisana.

tissue ['tɪʃuː] *n* tessuto ◊ fazzoletto di carta ◊ (*fig*) ordito ◊ **tissue paper**, carta velina.

titillate ['tɪtɪleɪt] *v tr* solleticare.

title ['taɪtl] *n* tìtolo.

titter ['tɪtə*] *v intr* ridacchiare.

tizzy ['tɪzɪ] *n* (*fam*) nervosismo.

to [tuː] *prep* a, per, verso, in ◊ **to go to the cinema**, andare al cinema; **give it to me**, dammelo; **it's five to six**, sono le sei meno cinque; **from Monday to Friday**, da lunedì a venerdì; **I'm ready to go**, sono pronto per andare.

to [tuː] *adv* accostato, a posto ◊ **to go to and fro**, andare avanti e indietro.

toad [təʊd] *n* rospo.

toady ['təʊdɪ] *n* adulatore(-trice).

toast [təʊst] *n* pane tostato ◊ **brìndisi** ◊ **to drink a toast to**, brindare a.

toast [təʊst] *v tr, intr* abbrustolire(-rsi); brindare.

toaster ['təʊstə*] *n* tostapane (*m inv*).

tobacco [tə'bækəʊ] *n* tabacco.

tobacconist [tə'bækənɪst] *n* tabaccaio(-a) ◊ **tobacconist's**, tabaccheria.

today [tə'deɪ] *adv, n* oggi (*m inv*) ◊ **what is today?**, che giorno è oggi?; **today week**, oggi a otto; (*fig*) **today's people**, la gente di oggi.

toddle ['tɒdl] *v intr* trotterellare.

toddler ['tɒdlə*] *n* bambino(-a) ai primi passi.

toe [təʊ] *n* (*person*) dito del piede ◊ (*animal*) dito della zampa ◊ (*shoe*) punta ◊ **from top to toe**, da capo a piedi.

toenail ['təʊneɪl] *n* unghia del piede ◊ **ingrowing toenail**, unghia incarnita.

toffee ['tɒfɪ] *n* caramella.

together [tə'geðə*] *adv* insieme ◊ (*time*) contemporaneamente; di séguito ◊ **together with**, insieme con; **all together**, tutti insieme; **to get together**, riunirsi, incontrarsi.

toil [tɔɪl] *n* duro lavoro.

toil [tɔɪl] *v intr* sgobbare.

toilet-paper ['tɔɪlɪt,peɪpə*] *n* carta igiènica.

toilet-roll ['tɔɪlɪt,rəʊl] *n* ròtolo di carta igiènica.

token ['təʊkən] *n* sìmbolo, emblema (*m*); contromarca, gettone (*m*).

told [təʊld] *pt, pp* of **tell.**

tolerable ['tɒlərəbl] *adj* sopportàbile ◊ (*fig*) discreto, passàbile.

tolerant ['tɒlərənt] *adj* tollerante, indulgente.

tolerate ['tɒləreɪt] *v tr* tollerare.

toll [təʊl] *n* pedaggio, imposta ◊ (*fig*) tributo di sangue ◊ **the toll of the roads**, la mortalità sulle strade.

toll-free ['təʊl'fri:] *adj, adv* gratuito ◊ **toll-free number**, numero verde.

tomato [tə'mɑ:təʊ] *n* pomodoro ◊ **tomato juice**, succo di pomodoro.

tomb [tu:m] *n* tomba.

tombstone ['tu:mstəʊn] *n* làpide (*f*), pietra tombale.

tomorrow [tə'mɒrəʊ] *adv, n* domani (*m inv*) ◊ **see you tomorrow**, a domani; **the day after tomorrow**, dopodomani.

ton [tʌn] *n* tonnellata (non metrica = 1.016 Kg).

tone [təʊn] *n* tono ◊ **tone dialer**, combinatore tonale.

tone [təʊn] *v tr, intr* accordare(-rsi).

tongs [tɒŋz] *n pl* pinze (*f pl*), tenaglia.

tongue [tʌŋ] *n* lingua ◊ **slip of the tongue**, lapsus; **mother tongue**, lingua madre.

tongue-twister ['tʌŋ,twɪstə*] *n* scioglilingua (*m inv*).

tonic ['tɒnɪk] *adj* tònico.

tonight [tə'naɪt] *n, adv* stanotte, stasera, questa notte.

tonsil ['tɒnsl] *n* tonsilla ◊ **to have one's tonsils out**, farsi togliere le tonsille.

tonsillitis [,tɒnsɪ'laɪtɪs] *n* tonsillite (*f*).

too [tu:] *adv* anche, pure; inoltre; eppure; troppo, troppi ◊ **and very kind, too**, e molto gentile per giunta; (*followed by adj, adv*) **too kind**, troppo gentile; **it's too soon**, è troppo presto; (*followed by many*) **there were too many people**, c'era troppa gente; **too many things**, troppe cose; **too bad**, tanto peggio.

took [tʊk] *pt of* **take.**

tool [tu:l] *n* attrezzo, utensile (*m*).

tool [tu:l] *v tr, intr* lavorare con un attrezzo.

tool-shed ['tu:l,ʃed] *n* ripostiglio per gli attrezzi.

toot [tu:t] *v tr, intr* suonare il clacson.

tooth (teeth) [tu:θ, ti:θ] *n* dente (*m*) ◊ **set of false teeth**, dentiera; **to have a tooth out**, farsi togliere un dente; **to have a tooth stopped**, farsi otturare un dente.

toothache ['tu:θeɪk] *n* mal (*m*) di denti.

toothbrush ['tu:θbrʌʃ] *n* spazzolino da denti.

toothpaste ['tu:θpeɪst] *n* dentifricio.

toothpick ['tu:θpɪk] *n* stuzzicadenti (*m inv*).

top [tɒp] *n* cima, sommità (*inv*), vèrtice (*m*); parte (*f*) superiore, coperchio ◊ (*car*) tettuccio ◊ (*fig*) **to come top**, risultare primo; **from top to toe**, da capo a piedi; **top floor**, ultimo piano; **the top of the car**, il tetto dell'auto; **bottle-top**, tappo.

top [tɒp] *n (toy)* tròttola.

top [tɒp] *v tr* coprire.

top-hat [‚tɒp'hæt] *n* cappello a cilindro.

tophus ['təʊfəs] *n (teeth)* tàrtaro.

topic ['tɒpɪk] *n* argomento.

topple ['tɒpl] *v tr, intr* rovesciare(-rsi).

topsy-turvy [‚tɒpsɪ'tɜ:vɪ] *adj, adv (fam)* sottosopra.

torch [tɔ:tʃ] *n* fiàccola ◊ **electric torch**, lampadina tascabile.

tore [tɔ:*] *pt of* tear.

torment [tɔ:'ment] *v tr* tormentare, affliggere.

torn [tɔ:n] *pp of* tear.

torpor ['tɔ:pə*] *n* torpore *(m)*.

torrent ['tɒrənt] *n* torrente *(m)*.

torrential [tə'renʃl] *adj (rain)* torrenziale.

torrid ['tɒrɪd] *adj* tòrrido.

tortoise ['tɔ:təs] *n* tartaruga.

tortuous ['tɔ:tjʊəs] *adj* tortuoso.

torture ['tɔ:tʃə*] *n* tortura.

Tory ['tɔ:rɪ] *adj, n (pol)* conservatore(-trice) ◊ **the Tory Party**, il partito conservatore.

toss [tɒs] *n (coin)* lancio.

toss [tɒs] *v tr, intr* lanciare.

toss-up ['tɒsʌp] *n* tiro a testa e croce ◊ **it's a toss-up!**, chissà!

total ['təʊtl] *adj, n* totale *(m)*.

totally ['təʊtlɪ] *adv* completamente, totalmente.

totter ['tɒtə*] *v intr* barcollare.

touch [tʌtʃ] *n* contatto, colpo; tatto ◊ *(fig)* rapporto ◊ **to be in touch with sb**, essere in contatto con qc; **a touch of humour**, un pizzico di umorismo; **touch screen**, schermo sensibile al tatto.

touch [tʌtʃ] *v tr, intr* toccare(-rsi), tastare; arrivare a ◊ **commuòvere; concèrnere** ◊ **to touch to the quick**, toccare sul vivo; **to touch on a subject**, toccare un argomento.

touch-and-go ['tʌtʃən'gəʊ] *adj* incerto.

touch-down ['tʌtʃdaʊn] *n* atterraggio.

touched [tʌtʃt] *adj* commosso; tinto, striato ◊ **hair touched with grey**, capelli striati di grigio.

touching ['tʌtʃɪŋ] *adj* commovente.

touch-judge ['tʌtʃdʒʌdʒ] *n (sport)* segnalìnee *(m inv)*.

touch-line ['tʌtʃlaɪn] *n (sport)* lìmite *(m)* del campo.

touchy ['tʌtʃɪ] *adj* permaloso.

tough [tʌf] *adj (thing)* duro, resistente ◊ *(person)* robusto ◊ *(fig)* duro, rozzo ◊ *(fam)* **tough luck!**, che scalogna!

toughen ['tʌfn] *v tr, intr* indurire(-rsi), temprare(-rsi).

toughness ['tʌfnɪs] *n* solidità *(inv)*, ostinazione *(f)*.

tour [tʊə*] *n* giro, viaggio a tappe ◊ *(theatre)* tournée ◊ **package tour**, viaggio organizzato; **tour operator**, operatore turistico.

tour [tʊə*] *v tr, intr* viaggiare.

tourist ['tʊərɪst] *n* turista *(m / f)*.

tourist ['tʊərɪst] *adj* turìstico.

tousled ['taʊzld] *adj* scompigliato, arruffato.

tout [taʊt] *n* venditore(-trice) ◊ **ticket tout**, bagarino.

tout [taʊt] *v tr, intr* sollecitare procacciare clienti.

tow [təʊ] *v tr* rimorchiare.

toward(s) [tə'wɔ:d(z)] *prep* verso, alla volta di ◊ *(time)* intorno a ◊ *(purpose)* allo scopo di ◊ **towards midday**, verso mezzogiorno.

tow away ['təʊ‚əweɪ] *v tr* rimuòvere un veìcolo in sosta vietata.

towel ['taʊəl] *n* asciugamano ◊ **sanitary towel**, assorbente igienico.

tower ['taʊə*] *n* torre *(f)*.

towering ['taʊərɪŋ] *adj* torreggiante.

town [taʊn] *n* città *(inv)* ◊ **town planner**, urbanista; **to go to town**, andare in città; **to go down-town**, andare in centro.

town-hall ['taʊn‚hɔ:l] *n* municipio.

toxic ['tɒksɪk] *adj* tòssico.

toy [tɔɪ] *n* giocàttolo; gioco.

toy [tɔɪ] *v intr* divertirsi.

toyshop ['tɔɪʃɒp] *n* negozio di giocàttoli.

trace [treɪs] *n* traccia, segno.

trace [treɪs] *v tr, intr* seguire le tracce; tracciare, disegnare.

tracheitis [‚treɪkɪ'aɪtɪs] *n* tracheìte *(f)*.

track [træk] *n* traccia, pista; sentiero ◊ *(rail)* binario ◊ *(sport)* **cycle-track**, velodromo; **running track**, pista per atletica; *(cinema)* **sound track**, colonna sonora; *(computer)* **track-ball**, trackball.

track [træk] v tr inseguire.

tracksuit ['træksu:t] n tuta da ginnàstica.

tract [trækt] n zona; opùscolo.

trade [treɪd] n commercio, tràffico; industria, settore (m); mestiere (m), lavoro ◊ **to be in trade**, essere nel commercio; **retail trade**, commercio al minuto; **wholesale trade**, commercio all'ingrosso; **trade name**, nome depositato; **trade price**, prezzo di fabbrica; **trade building**, edilizia; **trade union**, sindacato.

trade [treɪd] v tr, intr commerciare, trafficare.

trademark ['treɪdmɑ:k] n marchio di fàbbrica.

trader ['treɪdə*] n commerciante (m / f).

tradesman ['treɪdzmən] n negoziante (m / f).

trade-unionist ['treɪd,ju:njənɪst] n sindacalista (m / f).

tradition [trə'dɪʃn] n tradizione (f), consuetùdine (f).

traditional [trə'dɪʃənl] adj tradizionale, abituale.

traduce [trə'dju:s] v tr calunniare.

traffic ['træfɪk] n tràffico.

traffic-island ['træfɪk,aɪlənd] n ìsola pedonale.

traffic-jam ['træfɪkdʒæm] n ingorgo stradale.

traffic-lights ['træfɪk,laɪts] n pl semàforo.

traffic-warden ['træfɪk,wɔ:dn] n addetto(-a) al controllo del tràffico.

tragedy ['trædʒɪdɪ] n tragedia.

tragic ['trædʒɪk] adj tràgico.

trail [treɪl] n traccia, pista; scìa; sentiero.

trail [treɪl] v tr, intr trascinare(-rsi); inseguire ◊ (tree) arrampicarsi.

trailer ['treɪlə*] n (car) rimorchio, roulotte (f) ◊ (cinema) presentazione (f), trailer.

train [treɪn] n treno; corteo.

train [treɪn] v tr, intr educare, formare ◊ (sport) allenare(-rsi) ◊ (trees) coltivare ◊ (animal) addestrare.

trainer ['treɪnə*] n istruttore(-trice).

training ['treɪnɪŋ] n formazione (f), educazione (f), tirocinio ◊ (sport) allenamento.

trait [treɪt] n tratto.

traitor ['treɪtə] n traditore (m).

tramp [træmp] n vagabondo(-a).

tramp [træmp] v intr, tr vagabondare.

trample ['træmpl] v tr, intr calpestare.

tranquil ['træŋkwɪl] adj calmo.

tranquillity [træŋ'kwɪlətɪ] n tranquillità (inv).

tranquillizer ['træŋkwɪlaɪzə*] n tranquillante (m), sedativo.

transaction [træn'zækʃn] n disbrigo, trattazione (f).

transatlantic [,trænzət'læntɪk] n, adj transatlàntico ◊ **transatlantic liner**, transatlantico (piroscafo).

transfer ['trænsfɜ:*] n trasferimento ◊ (comm) storno ◊ (law) cessione (f) ◊ (psychology) transfert ◊ (picture) decalcomanìa.

transfer [træns'fɜ:*] v tr, intr trasferire(-rsi) ◊ **to transfer the charges**, telefonare con addebito al ricevente.

transferable [træns'fɜ:rəbl] adj trasferibile.

transform [træns'fɔ:m] v tr trasformare.

transfusion [træns'fju:ʒn] n trasfusione (f).

transgression [træns'greʃn] n trasgressione (f), infrazione (f).

transient ['trænzɪənt] n (AmE) cliente (m / f) di passaggio.

transition [træn'sɪʒn] n transizione (f), mutamento.

transitional [træn'sɪʒənl] adj transitorio.

transitory ['trænsɪtərɪ] adj transitorio, fugace.

translate [træns'leɪt] v tr, intr tradurre.

translation [træns'leɪʃn] n traduzione (f).

translator [træns'leɪtə*] n traduttore(-trice).

transmission [trænz'mɪʃn] n trasmissione (f) ◊ (radio) **wireless transmission**, trasmissione radiofonica.

transmit [trænz'mɪt] v tr, intr trasméttere, comunicare.

transmitter [trænz'mɪtə*] n trasmettitore (m).

transparency [træns'pærənsɪ] n trasparenza ◊ (fig) evidenza ◊ (photo) diapositiva.

transparent [træns'pærənt] adj trasparente, evidente.

transplant ['trænsplɑ:nt] n trapianto ◊ **heart transplant**, trapianto di cuore.

transplant [træns'plɑ:nt] *v tr, intr* trapiantare ◊ (*fig*) trasferire(-rsi).

transport ['trænspɔ:t] *n* trasporto ◊ (*fig*) **transport charges**, spese di trasporto.

transport [træn'spɔ:t] *v tr* trasportare.

transvestite [trænz'vestaɪt] *n* travestito.

trap [træp] *n* tràppola.

trap [træp] *v tr* intrappolare.

trap-door [,træp'dɔ:*] *n* bòtola.

traumatic [trɔ:'mætɪk] *adj* traumàtico.

travel ['trævl] *n* viaggio, viaggi (*m pl*) ◊ **travel agency**, agenzia di viaggi; **travel sickness**, mal di mare, mal d'auto *ecc.*

travel ['trævl] *v intr, tr* viaggiare; muòversi; diffòndersi ◊ (*comm*) fare il commesso viaggiatore ◊ **to travel by train**, viaggiare in treno.

traveller ['trævlə*] *n* viaggiatore(-trice) ◊ **traveller's cheques**, assegni per viaggiatori, traveller's cheques.

travelling ['trævlɪŋ] *adj* viaggiante ◊ **travelling salesman**, commesso viaggiatore.

travesty ['trævɪstɪ] *n* parodìa.

tray [treɪ] *n* vassoio.

treacherous ['tretʃərəs] *adj* traditore, sleale.

treachery ['tretʃərɪ] *n* tradimento, falsità (*inv*).

tread [tred] *n* andatura; gradino ◊ (*tyre*) battistrada (*m inv*).

tread, *pt* **trod**, *pp* **trodden** [tred, trɒd, 'trɒdn] *v tr, intr* camminare, calpestare ◊ **do not tread on the flower-beds**, vietato calpestare le aiuole.

treadle ['tredl] *n* pedale (*m*).

treason ['tri:zn] *n* tradimento.

treasure ['treʒə*] *n* tesoro.

treasure ['treʒə*] *v tr* accumulare.

treasurer ['treʒərə*] *n* tesoriere(-a).

treasury ['treʒərɪ] *n* tesorerìa, erario ◊ **the Treasury**, il Ministero del Tesoro.

treat [tri:t] *n* festa; regalo ◊ **what a treat!**, che meraviglia!; **I'll stand treat**, offro io.

treat [tri:t] *v tr, intr* trattare, considerare ◊ (*med*) curare.

treatise ['tri:tɪz] *n* trattato.

treatment ['tri:tmənt] *n* trattamento; trattazione (*f*) ◊ (*med*) terapìa.

treaty ['tri:tɪ] *n* trattato.

tree [tri:] *n* àlbero.

trek [trek] *v intr* fare un viaggio faticoso e lento.

trekking ['trekɪŋ] *n* lunga escursione.

tremble ['trembl] *n* trèmito.

tremble ['trembl] *v intr* palpitare; temere; essere in ansia.

tremendous [trɪ'mendəs] *adj* tremendo, pauroso ◊ (*fam*) incredìbile.

tremor ['tremə*] *n* tremore (*m*).

trenchant ['trentʃənt] *adj* tagliente ◊ (*fig*) càustico, incisivo.

trench-coat ['trentʃkəut] *n* impermeàbile (*m*).

trend [trend] *n* tendenza.

trendy ['trendɪ] *adj* (*sl*) alla moda.

trespass ['trespəs] *n* (*law*) trasgressione (*f*) ◊ **no trespassing**, vietato l'accesso.

trespass ['trespəs] *v intr* violare, sconfinare.

trespasser ['trespəsə*] *n* trasgressore (*m*) ◊ **trespassers will be prosecuted**, i trasgressori saranno perseguiti a termini di legge.

trestle-table ['tresl,teɪbl] *n* tàvolo a cavalletto.

trial ['traɪəl] *n* prova, esperimento, collàudo; (*law*) processo ◊ (*sport*) gara ◊ **to be on trial**, essere in prova; (*law*) **to be on trial**, essere sotto processo; (*comm*) **trial order**, ordine di prova.

triangle ['traɪæŋgl] *n* triàngolo.

tribe [traɪb] *n* tribù (*f inv*).

tribunal [trɪ'bju:nl] *n* tribunale (*m*).

tribute ['trɪbju:t] *n* tributo ◊ (*fig*) omaggio.

trick [trɪk] *n* trucco, inganno; scherzo.

trick [trɪk] *v tr* ingannare.

trickery ['trɪkərɪ] *n* frode (*f*).

trickle ['trɪkl] *n* gocciolìo.

trickle ['trɪkl] *v intr, tr* gocciolare, stillare ◊ (*fig*) muòversi ◊ (*news*) trapelare.

tricky ['trɪkɪ] *adj* furbo ◊ (*problem*) complesso, intricato.

trifle ['traɪfl] *n* inezia, sciocchezza ◊ (*food*) zuppa inglese.

trifle ['traɪfl] *v tr, intr* scherzare, divertirsi ◊ **to trifle away**, sprecare.

trifling ['traɪflɪŋ] *adj* fùtile.

trigger ['trɪgə*] *n* (*gun*) grilletto.

trim [trɪm] *adj* ordinato.

trim [trɪm] *n* òrdine (*m*) ◊ (*hair*) taglio, spuntata ◊ (*car*) guarnizioni (*f pl*).

trim [trɪm] *v tr, intr* tagliare; ornare; ordinare.

trimming ['trɪmɪŋ] *n* guarnizione (*f*) ◊ (*food*) contorno ◊ **roast chicken and trimmings**, pollo arrosto con contorno.

trinket ['trɪŋkɪt] *n* ninnolo.

trip [trɪp] *n* gita, viaggio; passo falso ◊ (*sl*) "viaggio" per uso di stupefacenti ◊ **business trip**, viaggio di affari; **round trip**, viaggio di andata e ritorno.

trip [trɪp] *v tr, intr* inciampare, camminare con passo leggero ◊ **to trip up**, inciampare.

triple ['trɪpl] *adj* triplo.

tripper ['trɪpə*] *adj* gitante (*m* / *f*).

trite [traɪt] *adj* banale, trito.

triumph ['traɪəmf] *n* trionfo.

triumph ['traɪəmf] *v intr* trionfare.

triumphal [traɪ'ʌmfl] *adj* trionfale.

triumphant [traɪ'ʌmfənt] *adj* trionfante.

trivial ['trɪvɪəl] *adj* fùtile.

triviality [ˌtrɪvɪ'ælɪtɪ] *n* banalità (*inv*).

trod [trɒd] *pt of* **tread.**

trodden [trɒdn] *pp of* **tread.**

trolley ['trɒlɪ] *n* carrello.

trolley-bus ['trɒlɪbʌs] *n* filobus (*m inv*).

trolley-car ['trɒlɪka:*] *n* (*AmE*) tram (*m inv*).

troop [tru:p] *n* banda, truppa ◊ (*theatre*) compagnìa teatrale.

troop [tru:p] *v intr, tr* muòversi a frotte, radunarsi ◊ **to troop along**, sfilare; **to troop the colours**, sfilare con le bandiere in parata.

trophy ['trəʊfɪ] *n* trofeo.

tropic ['trɒpɪk] *n* tròpico ◊ **the Tropic of Cancer**, il Tropico del Cancro.

trot [trɒt] *v tr, intr* trottare.

trouble ['trʌbl] *n* preoccupazione (*f*); guaio, difficoltà (*inv*) ◊ (*med*) disturbo ◊ **what's the trouble?**, che cosa c'è?; **to be in trouble**, essere nei pasticci; **to get into trouble**, cacciarsi nei guai; **it's no trouble**, nessun disturbo; **engine trouble**, guasto al motore.

trouble ['trʌbl] *v tr, intr* preoccupare(-rsi), turbare(-rsi).

troublemaker ['trʌbl,meɪkə*] *n* attaccabrighe (*m* / *f inv*).

troubleshooter ['trʌbl,ʃu:tə*] *n* conciliatore (-trice).

troublesome ['trʌblsəm] *adj* fastidioso, seccante.

trough [trɒf] *n* trògolo ◊ (*sea*) cavo ◊ (*weather*) depressione (*f*) ◊ (*channel*) canale (*m*).

trounce [traʊns] *v tr* bàttere, picchiare ◊ (*sport*) vincere.

trousers ['traʊzəz] *n pl* calzoni (*m pl*) ◊ **a pair of trousers**, un paio di pantaloni.

trout [traʊt] *n pl inv* trota.

truant ['tru:ənt] *n* scansafatiche (*m* / *f inv*) ◊ (*school*) **to play truant**, marinare la scuola.

truce [tru:s] *n* trégua.

truck [trʌk] *n* vagone (*m*); carrello portabagagli ◊ (*AmE*) autocarro.

truck-driver ['trʌk,draɪvə*] *n* camionista (*m* / *f*).

truculent ['trʌkjʊlənt] *adj* crudele, feroce.

trudge [trʌdʒ] *v intr* trascinarsi.

true [tru:] *adj* vero; sincero; esatto ◊ (*fig*) fedele ◊ (*comm*) **true copy**, copia conforme.

true-blue ['tru:,blu:] *adj* fedele, leale ◊ (*pol*) conservatore convinto.

truffle ['trʌfl] *n* tartufo.

truly ['tru:lɪ] *adv* veramente ◊ (*letters*) **ours truly**, cordialmente.

trumpet ['trʌmpɪt] *n* tromba.

truncheon ['trʌntʃən] *n* bastone (*m*), mazza, randello.

trundle ['trʌndl] *v tr, intr* rotolare, far rotolare.

trunk [trʌŋk] *n* tronco; busto; baùle (*m*) ◊ (*elephant*) probòscide (*f*) ◊ (*AmE, car*) bagagliaio ◊ **trunks**, pantaloncini sportivi.

trunk-call ['trʌŋk,kɔ:l] *n* chiamata interurbana.

trust [trʌst] *n* fiducia ◊ (*comm*) responsabilità (*inv*) ◊ **on trust**, a credito; **trust company**, società finanziaria.

trust [trʌst] *v tr, intr* fidarsi (di), contare (su), confidare (in) ◊ **trust him!**, abbi fiducia in lui!

trusted ['trʌstɪd] *adj* fidato.

trustee [ˌtrʌs'ti:] (*law*) amministratore(-trice) fiduciario.

trustful ['trʌstfʊl] *adj* fiducioso.

trustworthy ['trʌst‚wɜːði] *adj* fidato, leale.

trusty ['trʌstɪ] *adj* fedele.

truth [truːθ] *n* verità (*inv*), vero.

truthful ['truːθʊl] *adj* sincero.

truthfulness ['truːθʊlnɪs] *n* sincerità (*inv*).

try [traɪ] *n* tentativo, prova ◊ **to have a try**, fare un tentativo.

try [traɪ] *v tr. intr* provare, sforzarsi; collaudare; degustare ◊ (*law*) processare ◊ **it's worth trying**, vale la pena di tentare.

trying ['traɪɪŋ] *adj* difficile, snervante.

try-on ['traɪɒn] *n* (*clothes*) prova ◊ (*fam*) tentativo d'inganno.

try-out ['traɪaʊt] *n* esperimento.

T-shirt ['tiːʃəːt] *n* maglietta, T-shirt.

tub [tʌb] *n* tinozza ◊ **hot tub**, idromassaggio.

tube [tjuːb] *n* tubo, canale (*m*) ◊ (*BrE*) **the Tube**, la metropolitana di Londra ◊ **test-tube**, provetta.

tubing ['tjuːbɪŋ] *n* tubatura.

tubular ['tjuːbjʊlə*] *adj* tubolare.

tuck [tʌk] *n* piega, rimbocco.

tuck [tʌk] *v tr, intr* rimboccare(-rsi); ripiegare(-rsi) ◊ **to tuck in**, fare una scorpacciata.

tucker ['tʌkə*] *v tr* (*AmE*) stancare, sfinire.

tuck-in ['tʌkɪn] *n* scorpacciata.

Tuesday ['tjuːzdɪ] *n* martedì (*m inv*) ◊ **Shrove Tuesday**, martedì grasso.

tuft [tʌft] *n* (*hair*) ciuffo.

tug [tʌg] *n* strattone (*m*), strappo ◊ (*ship*) rimorchiatore (*m*).

tug [tʌg] *v tr, intr* tirare ◊ **to tug at**, dare uno strappo.

tuition [tjuː'ɪʃn] *n* insegnamento, istruzione (*f*).

tulip ['tjuːlɪp] *n* tulipano.

tumble ['tʌmbl] *v intr, tr* ruzzolare, rotolarsi, fare acrobazìe.

tumbledrier [‚tʌmbl'draɪə*] *n* asciugabiancheria.

tumbler ['tʌmblə*] *n* acròbata (*m / f*); bicchiere (*m*) senza stelo.

tumefy ['tjuːmɪfaɪ] *v tr, intr* tumefare(-rsi).

tumour ['tjuːmə*] *n* tumore (*m*).

tumult ['tjuːmʌlt] *n* tumulto.

tuna ['tuːnə] *n, pl inv* tonno.

tune [tjuːn] *n* motivo, melodìa ◊ (*fig*) armonìa, accordo ◊ **out of tune**, stonato; **in tune**, intonato.

tune [tjuːn] *v intr, tr* accordare, intonare ◊ (*radio*) sintonizzare ◊ (*fig*) armonizzare.

tuneful ['tjuːnfʊl] *adj* armonioso, melodioso.

tuner ['tjuːnə*] *n* accordatore(-trice) ◊ (*radio*) sintonizzatore (*m*).

tuning ['tjuːnɪŋ] *n* accordatura ◊ (*radio*) sintonìa ◊ (*car*) messa a punto.

tunny ['tʌnɪ] *n* tonno.

tuppence ['tʌpəns] *n* (*fam*) due penny.

turbulence ['tɜːbjʊləns] *n* agitazione (*f*).

turbulent ['tɜːbjʊlənt] *adj* agitato, turbolento.

tureen [tə'riːn] *n* zuppiera.

turf [tɜːf] *n* tappeto erboso; zolla ◊ **the Turf**, l'ippica.

turfy ['tɜːfɪ] *adj* erboso.

turgid ['tɜːdʒɪd] *adj* tùrgido.

turkey ['tɜːkɪ] *n* tacchino ◊ (*AmE*) **to talk turkey**, parlare chiaro.

turmoil ['tɜːmɔɪl] *n* scompiglio.

turn [tɜːn] *n* giro, rotazione (*f*), volta; curva; cambiamento; turno; tendenza ◊ (*fam*) malore (*m*), crisi (*f inv*) ◊ **a sharp turn in the road**, una svolta brusca; **to take a turn to the left**, svoltare a sinistra; **to take a turn for the worse**, peggiorare; **whose turn is it?**, a chi tocca? **to wait one's turn**, aspettare il proprio turno; **in turns**, uno alla volta; **to take turns in**, avvicendarsi; **it serves my turn**, fa al caso mio; (*food*) **done to a turn**, cotto a puntino; **no left turn**, divieto di svolta a sinistra.

turn [tɜːn] *v tr, intr* girare(-rsi); voltare(-rsi); curvare(-rsi); dirìgere(-rsi); deviare; trasformare(-rsi); diventare; tradurre; capovòlgere(-rsi) ◊ **to turn right**, voltare a destra; **to turn red**, arrossire; (*food*) **to turn sour**, diventare acido; (*fam*) **to turn in**, andare a letto; **to turn off**, spegnere, chiudere; **to turn on**, accendere, aprire; **to turn up**, arrivare, capitare; **to turn sb, sthg upside down**, capovolgere.

turning ['tɜːnɪŋ] *n* svolta.

turning-point ['tɜːnɪŋpɔɪnt] *n* svolta decisiva.

turnip ['tɜːnɪp] *n* rapa.

turn-out ['tɜːnaʊt] *n* adunata ◊ (*BrE, fam*) sciòpero.

turnover ['tɜːnˌəʊvə*] *n* rovesciamento ◊ (*comm*) giro d'affari ◊ (*staff*) rotazione (*f*) ◊ (*food*) torta ripiena.

turnpike ['tɜːnpaɪk] *n* (*AmE*) autostrada a pedaggio.

turnspit ['tɜːnˌspɪt] *n* girarrosto.

turquoise ['tɜːkwɔɪz] *n* (*stone*) turchese (*m*) ◊ (*colour*) turchese (*m*).

turret ['tʌrɪt] *n* torretta.

turtle ['tɜːtl] *n* tartaruga.

turtle-neck ['tɜːtlnek] *n* (*sweater*) maglione a dolce vita.

tusk [tʌsk] *n* zanna; punta.

tussle ['tʌsl] *v intr* azzuffarsi.

tutor ['tjuːtə*] *n* istitutore (*m*), precettore (*m*) ◊ (*law*) tutore (*m*).

tuxedo [tʌk'siːdəʊ] *n* (*AmE*) àbito da sera, smoking (*m inv*).

twaddle ['twɒdl] *n* sciocchezze (*f pl*).

twangle ['twæŋgl] *v intr* tintinnare.

tweak [twiːk] *n* pizzicotto.

tweet [twiːt] *n* (*bird*) cinguettìo.

tweezers ['twiːzəz] *n pl* pinzetta.

twelfth [twelfθ] *adj* dodicèsimo.

twelve [twelv] *adj, n* dòdici (*inv*) ◊ **it's twelve o'clock**, è mezzogiorno; **to be twelve years old**, avere dodici anni.

twentieth ['twentɪɪθ] *adj* ventèsimo.

twenty ['twentɪ] *adj, n* venti (*inv*) **the twenties**, gli anni venti.

twice [twaɪs] *adv* due volte ◊ **twice a day**, due volte al giorno; **twice over**, in due volte.

twig [twɪg] *n* ramoscello.

twiggy ['twɪgɪ] *adj* (*fig*) èsile.

twilight ['twaɪlaɪt] *n* crepùscolo.

twin [twɪn] *adj, n* gemello(-a).

twine [twaɪn] *v tr, intr* intrecciare(-rsi) ◊ (*road*) serpeggiare.

twinge [twɪndʒ] *n* fitta, dolore (*m*).

twinkle ['twɪŋkl] *v intr* luccicare, balenare, brillare.

twinkling ['twɪŋklɪŋ] *n* scintillìo; àttimo ◊ **in a twinkling**, in un batter d'occhio.

twirl [twɜːl] *v tr, intr* roteare, girare.

twist [twɪst] *n* torsione (*f*); corda, treccia; svolta, curva; tendenza ◊ (*med*) storta, distorsione (*f*).

twist [twɪst] *v tr, intr* attorcigliare(-rsi), tor-

cere(-rsi); svitare.

twitch [twɪtʃ] *n* spasmo, tic.

two [tuː] *adj, n* due (*inv*) ◊ **two by two**, a due a due; **two out of ten**, due su dieci; **to add two and two together**, tirare le conclusioni.

twofold ['tuːfəʊld] *adj* doppio.

two-sided ['tuːˌsaɪdɪd] *adj* (*fig*) ambìguo.

two-way ['tuːˌweɪ] *adj* (*road*) a due sensi.

two-way radio ['tuːˌweɪ ˌreɪdɪəʊ] *n* ricetrasmettitore (*m*).

tycoon [taɪ'kuːn] *n* (*fam*) magnate (*m*).

type [taɪp] *n* tipo, categorìa ◊ (*person*) tipo, caràttere (*m*) ◊ **he's not my type**, non è il mio tipo.

type [taɪp] *v tr, intr* dattilografare, scrìvere a màcchina.

typewriter ['taɪpraɪtə*] *n* màcchina per scrìvere.

typhoon [taɪ'fuːn] *n* tifone (*m*).

typical ['tɪpɪkl] *adj* tìpico.

typify ['tɪpɪfaɪ] *v tr* rappresentare, simboleggiare.

typist ['taɪpɪst] *n* dattilògrafo(-a) ◊ **shorthand typist**, stenodattilògrafo(-a).

typography [taɪ'pɒgrəfɪ] *n* tipografìa.

typology [taɪ'pɒlədʒɪ] *n* tipologìa.

tyranny ['tɪrənɪ] *n* tirannìa.

tyrant ['taɪərənt] *n* tiranno.

tyre ['taɪə*] *n* pneumàtico ◊ **flat tyre**, gomma a terra; **anti-skid tyre**, gomma antisdrucciolevole; **tyre pressure**, pressione delle gomme.

U

UFO [ˌjuːef'əʊ] *n* UFO, oggetto volante non identificato.

ugly ['ʌglɪ] *adj* brutto.

ulcer ['ʌlsə*] *n* ùlcera.

ultimate ['ʌltɪmət] *adj* ùltimo, definitivo; fondamentale.

ultimately ['ʌltɪmətlɪ] *adv* infine, in definitiva.

umbilical [ʌm'bɪlɪkl] *adj* ombelicale ◊ **umbilical cord**, cordone ombelicale.

umbrella [ʌm'brelə] *n* ombrello. ◊ **umbrella-stand**, portaombrelli.

umpire ['ʌmpaɪə*] *n* àrbitro.

umpteen [,ʌmp'ti:n] *adj* (*sl*) molti, parecchi.

umpteenth [,ʌmp'ti:nθ] *adj* ennesimo.

unabashed [,ʌnəbæʃt] *adj* impassìbile.

unabated [,ʌnə'beɪtɪd] *adj* che non diminuisce.

unable [ʌn'eɪbl] *adj* incapace, inàbile.

unacceptable [,ʌnək'septəbl] *adj* inaccettàbile.

unaccompanied [,ʌnə'kʌmpənɪd] *adj* solo.

unaccomplished [,ʌnə'kʌmplɪʃt] *adj* incompiuto.

unaccountable [,ʌnə'kaʊntəbl] *adj* inspiegàbile.

unaccustomed [,ʌnə'kʌstəmd] *adj* insòlito, non abituale ◊ **I am unaccustomed to sthg**, non sono abituato a qcs.

unachievable [,ʌnə'tʃi:vəbl] *adj* irrealizzàbile.

unacquainted [,ʌne'kweɪntɪd] *adj* ignaro.

unadvisable [,ʌnəd'vaɪzəbl] *adj* sconsigliàbile.

unalterable [ʌn'ɔ:ltərəbl] *adj* immutàbile.

unanimity [,ju:nə'nɪmətɪ] *n* unanimità (*inv*).

unapplied [,ʌnə'plaɪd] *adj* vacante.

unargued [ʌn'ɑ:gju:d] *adj* indiscusso.

unashamed [,ʌnə'ʃeɪmd] *adj* svergognato, sfacciato.

unattached [,ʌnə'tætʃt] *adj* indipendente, lìbero.

unattainable [,ʌnə'teɪnəbl] *adj* inaccessìbile.

unattended [,ʌnə'tendɪd] *adj* (*luggage, child*) incustodito.

unavailable [,ʌnə'veɪləbl] *adj* non disponìbile ◊ (*ticket*) non vàlido.

unavoidable [,ʌnə'vɔɪdəbl] *adj* inevitàbile.

unaware [,ʌnə'weə*] *adj* ignaro.

unbalanced [,ʌn'bʌlenst] *adj* squilibrato.

unbearable [ʌn'beərəbl] *adj* intolleràbile.

unbeatable [,ʌn'bi:təbl] *adj* invincìbile.

unbecoming [,ʌnbɪ'kʌmɪŋ] *adj* sconveniente.

unbelief [,ʌnbɪ'li:f] *n* incredulità (*inv*).

unbelievable [,ʌnbɪ'li:vəbl] *adj* incredìbile.

unbind, *pt*, *pp* **unbound** [,ʌn'baɪnd, ʌn'baʊnd] *v tr* slegare, sciògliere.

unbreakable [ʌn'breɪkəbl] *adj* infrangìbile.

unbreathable [ʌn'bri:ðəbl] *adj* irrespiràbile.

unbroken [,ʌn'brəʊkən] *adj* intatto, non rotto; contìnuo.

unburden [,ʌn'bɜ:dn] *v tr* scaricare ◊ (*fig*) **to unburden os**, sfogarsi.

unburning [ʌn'bə:nɪŋ] *adj* incombustìbile.

unbutton [,ʌn'bʌtn] *v tr* sbottonare.

uncanny [ʌn'kænɪ] *adj* strano.

unceasing [ʌn'si:sɪŋ] *adj* incessante.

uncertain [ʌn'sə:tn] *adj* incerto.

uncertainty [ʌn'sɜ:tntɪ] *n* incertezza.

unchangeable [,ʌn'tʃeɪndʒəbl] *adj* immutàbile.

uncharged [,ʌn'tʃɑ:dʒd] *adj* (*comm*) esente da spese ◊ **uncharged for**, gratuito.

uncivil [,ʌn'sɪvl] *adj* scortese.

unclassified [,ʌn'klæsɪfaɪd] *adj* non classificato.

uncle ['ʌŋkl] *n* zìo.

unclean [,ʌn'kli:n] *adj* sporco.

uncomfortable [ʌn'kʌmfətəbl] *adj* scòmodo; sgradévole.

uncompleted [,ʌnkəm'pli:tɪd] *adj* incompiuto.

uncomplying [,ʌnkəm'plaɪɪŋ] *adj* intransigente.

uncompromising [ʌn'kɒmprəmaɪzɪŋ] *adj* intransigente.

unconcealed [,ʌnkən'si:ld] *adj* palese.

unconcern [,ʌnkən'sɜ:n] *n* noncuranza, indifferenza.

unconditional [,ʌnkən'dɪʃənl] *adj* incondizionato, assoluto.

unconscious [ʌn'kɒnʃəs] *adj* inconscio, inconsapévole; privo di sensi.

unconscious [ʌn'kɒnʃəs] *n* inconscio.

uncontrollable [,ʌnkən'trəʊləbl] *adj* incontrollàbile.

uncorrupted [,ʌnkə'rʌptɪd] *adj* incontaminato.

uncorruptible [,ʌnkə'rʌptɪbl] *adj* incorruttìbile.

uncountable [,ʌn'kaʊntəbl] *adj* (*grammar*) non numeràbile.

uncouth [ʌn'ku:θ] *adj* rozzo.

uncover [ʌnˈkʌvə*] *v tr* scoprire ◊ (*fig*) svelare.

undecided [ˌʌndɪˈsaɪdɪd] *adj* indeciso, irresoluto.

undefinable [ˌʌndɪˈfaɪnəbl] *adj* indefinìbile.

undelivered [ˌʌndɪˈlɪvəd] *adj* (*comm*) non consegnato ◊ (*mail*) non recapitato.

undeniable [ˌʌndɪˈnaɪəbl] *adj* innegàbile.

under [ˈʌndə*] *adv* sotto.

under [ˈʌndə*] *prep* sotto; al di sotto di ◊ **to be under age**, essere minorenne; **under repair**, in riparazione.

underclothes [ˈʌndəkləʊðz] *n pl* biancherìa ìntima.

under-cooked [ˌʌndəˈkʊkt] *adj* (*food*) poco cotto.

under-developed [ˌʌndədɪˈveləpt] *adj* sottosviluppato.

underdo, *pt* **underdid**, *pp* **underdone** [ˌʌndəˈduː, ˌʌndəˈdɪd, ˌʌndəˈdʌn] *v tr, intr* (*food*) cuòcere poco.

underdog [ˈʌndədɒg] *n* (*fig*) derelitto(-a).

underestimate [ˌʌndəˈestɪmət] *v tr* sottovalutare.

underfed [ˌʌndəˈfed] *adj* denutrito.

undergo, *pt* **underwent**, *pp* **undergone** [ˌʌndəˈgəʊ, ˌʌndəˈwent, ˌʌndəˈgɒn] *v tr* subire, sopportare.

undergraduate [ˌʌndəˈgrædjʊət] *n* studente (-essa) universitario(-a).

underground [ˈʌndəˈgraʊnd] *adj* sotterràneo.

underground [ˈʌndəˈgraʊnd] *n* metropolitana.

underlease [ˈʌndəliːs] *v tr* subaffittare.

underlie, *pt* **underlay**, *pp* **underlain** [ˌʌndəˈlaɪ, ˌʌndəˈleɪ, ˌʌndəˈleɪn] *v tr* èssere alla base di.

underline [ˈʌndəlaɪn] *v tr* sottolineare.

undermine [ˌʌndəˈmaɪn] *v tr* insidiare, minare.

underneath [ˌʌndəˈniːθ] *prep* sotto, al di sotto di.

under-pants [ˈʌndəpænts] *n pl* mutande (*f pl*).

underpass [ˈʌndəpɑːs] *n* sottopassaggio.

underrate [ˌʌndəˈreɪt] *v tr* sottovalutare.

underskirt [ˈʌndəskɜːt] *n* sottogonna.

understand, *pt, pp* **understood**[ˌʌndəˈstænd,

ˌʌndəˈstʊd] *v tr, intr* capire; apprèndere, dedurre.

understandable [ˌʌndəˈstændəbl] *adj* comprensìbile.

understanding [ˌʌndəˈstændɪŋ] *adj* comprensivo, intelligente.

understanding [ˌʌndəˈstændɪŋ] *n* comprensione (*f*); intelletto; accordo.

understatement [ˈʌndəˈsteɪtmənt] *n* affermazione sotto tono.

understood, *pt, pp of* **understand.**

understood [ˌʌndəˈstʊd] *adj* compreso; sottinteso.

understudy [ˈʌndəˌstʌdɪ] *n* sostituto(-a); attore(-trice), supplente.

undertake, *pt* **undertook**, *pp* **undertaken** [ˌʌndəˈteɪk, ˌʌndəˈtʊk, ˌʌndəˈteɪkən] *v tr* intraprèndere, impegnarsi a.

undertaker [ˌʌndəˈteɪkə*] *n* imprenditore (-trice); impresario(-a) di pompe fùnebri.

undertaking [ˌʌndəˈteɪkɪŋ] *n* impresa; impegno.

undertook [ˌʌndəˈtʊk] *pt of* **undertake.**

undervalue [ˌʌndəˈvæljuː] *v tr* sottovalutare.

underwater [ˌʌndəˈwɔːtə*] *adj* subàcqueo.

underwear [ˈʌndəweə*] *n* (*clothes*) biancherìa ìntima.

underwent [ˌʌndəˈwent] *pt of* **undergo.**

underworld [ˈʌndəwɜːld] *n* (*crime*) malavita.

underwrite, *pt* **underwrote**, *pp* **underwritten** [ˈʌndəraɪt, ˈʌndərəʊt, ˈʌndəˌrɪtn] *v tr* sottoscrìvere, firmare.

undeserved [ˌʌndɪzɜːvd] *adj* ingiusto.

undesirable [ˌʌndɪˈzaɪərəbl] *adj* indesideràbile.

undid [ˌʌnˌdɪd] *pt of* **undo.**

undigestible [ˌʌndɪˈdʒestəbl] *adj* indigesto.

undiscovered [ˌʌndɪˈskʌvəd] *adj* sconosciuto, inesplorato.

undisputed [ˌʌndɪˈspjuːtɪd] *adj* indiscusso.

undo, *pt* **undid**, *pp* **undone** [ˌʌnˈduː, ˌʌˈnˈdɪd, ˌʌnˈdʌn] *v tr* disfare, sciògliere; distrùggere.

undoing [ˌʌnˈduːɪŋ] *n* rovina.

undoubted [ʌnˈdaʊtɪd] *adj* indubbio, sicuro.

undress [ˌʌnˈdres] *v tr, intr* svestire(-rsi).

undue [ˌʌnˈdjuː] *adj* inadatto, indébito, eccessivo.

undulate ['ʌndjʊleɪt] *v tr, intr* ondeggiare, ondulare.

unduly [ˌʌn'dju:lɪ] *adv* ingiustamente; esageratamente.

unearth [ˌʌn'ɜ:θ] *v tr* dissotterrare ◊ (*fig*) scoprire.

unearthly [ʌn'ɜ:θlɪ] *adj* soprannaturale; strano ◊ (*fam*) impossibile.

uneasy [ʌn'i:zɪ] *adj* a disagio, inquieto, turbato.

uneducated [ˌʌn'edjʊkeɪtɪd] *adj* ignorante, incolto.

unemployed [ˌʌnnɪm'plɔɪd] *adj* disoccupato ◊ **the unemployed**, i disoccupati.

unemployment [ˌʌnɪm'plɔɪmənt] *n* disoccupazione (*f*).

unendorsed [ˌʌnɪn'dɔ:st] *adj* non sottoscritto ◊ (*comm*) **unendorsed cheque**, assegno non girato.

unequal [ʌn'i:kwəl] *adj* ineguale; inadeguato; irregolare; ingiusto.

unequivocal [ˌʌnɪ'kwɪvəkl] *adj* inequivocàbile.

unerring [ˌʌn'ɜ:rɪŋ] *adj* infallìbile.

uneven [ˌʌn'i:vn] *adj* ineguale, irregolare.

unexpected [ˌʌnɪk'spektɪd] *adj* inatteso, imprevisto.

unexploited [ˌʌnɪk'splɔɪtɪd] *adj* non sfruttato.

unfailing [ʌn'feɪlɪŋ] *adj* infallìbile, sicuro.

unfair [ˌʌn'feə*] *adj* sleale.

unfaithful [ʌn'feɪθfʊl] *adj* infedele.

unfashionable [ˌʌn'fæʃnəbl] *adj* fuori moda.

unfasten [ˌʌn'fɑ:sn] *v tr, intr* slacciare(-rsi), sciògliere.

unfeasible [ʌn'fi:zəbl] *adj* irrealizzàbile.

unfeeling [ʌn'fi:lɪŋ] *adj* insensìbile.

unfit [ˌʌn'fɪt] *adj* inadatto ◊ (*health*) malandato ◊ **unfit to eat**, immangiàbile; **to be unfit**, sentirsi poco bene.

unflinching [ʌn'flɪntʃɪŋ] *adj* risoluto.

unfold [ˌʌn'fəʊld] *v tr, intr* stèndere; allargare(-rsi) ◊ (*fig*) rivelare(-rsi).

unforeseen [ˌʌnfɔ:'si:n] *adj* imprevisto, inatteso.

unforgettable [ˌʌnfə'getəbl] *adj* indimenticàbile.

unforgivable [ˌʌnfə'gɪvəbl] *adj* imperdonàbile.

unfrequent [ʌn'fri:kwənt] *adj* raro.

unfriendly [ˌʌn'frendlɪ] *adj* (*person*) poco gentile, ostile ◊ (*weather*) minaccioso ◊ (*wind*) sfavorévole.

unfulfilled [ˌʌnfʊl'fɪld] *adj* non adempiuto.

ungovernable [ˌʌn'gʌvənəbl] *adj* incontrollàbile, ribelle.

ungrateful [ʌn'greɪtfʊl] *adj* ingrato.

unguarded [ˌʌn'gɑ:dɪd] *adj* indifeso, incustodito ◊ (*person*) imprudente.

unhappy [ʌn'hæpɪ] *adj* infelice.

unharmed [ˌʌn'hɑ:md] *adj* incolume, illeso.

unhealthy [ʌn'helθɪ] *adj* malsano ◊ (*person*) poco sano ◊ (*fig*) morboso.

unheard-of [ˌʌn'hɜ:dɒv] *adj* incredìbile.

unhelpful [ʌn'helpfʊl] *adj* inùtile, vano ◊ (*person*) inùtile.

unhook [ˌʌn'hʊk] *v tr* sganciare, staccare.

unhurt [ˌʌn'hɜ:t] *adj* incòlume.

unidentified [ˌʌnaɪ'dentɪfaɪd] *adj* non identificato.

uniform ['ju:nɪfɔ:m] *n* divisa, uniforme (*f*) ◊ **out of uniform**, in borghese.

uniform ['ju:nɪfɔ:m] *adj* costante.

uniformity [ˌju:nɪ'fɔ:mɪtɪ] *n* uniformità.

unify ['ju:nɪfaɪ] *v tr* unificare.

unimpaired [ˌʌnɪm'peəd] *adj* indenne, intatto.

unimpressed [ˌʌnɪm'prest] *adj* (*person*) non impressionato.

uninjured [ˌʌn'ɪndʒəd] *adj* incòlume, illeso.

unintentional [ˌʌnɪn'tenʃənl] *adj* involontario.

union ['ju:njən] *n* union (*f*); associazione (*f*), lega; armonìa, accordo ◊ **trade union**, sindacato.

unique [ju:'ni:k] *adj* ùnico.

unisex ['ju:niseks] *adj* unisex.

unite [ju:'naɪt] *v tr, intr* unire(-rsi).

united [ju:'naɪtɪd] *adj* unito, comune.

unity ['ju:nətɪ] *n* unità (*inv*).

universal [ˌju:nɪ'vɜ:sl] *adj* universale, totale ◊ (*pol*) **universal suffrage**, suffragio universale.

universe ['ju:nɪvɜ:s] *n* universo.

university [ˌju:nɪ'vɜ:satɪ] *n* università (*f inv*).

unjust [ˌʌn'dʒʌst] *adj* ingiusto.

unjustified [ʌn'dʒʌstɪ,faɪd] *adj* ingiustificato.

unkempt [,ʌn'kempt] *adj* (*person*) trascurato.

unkind [ʌn'kaɪnd] *adj* duro, crudele; scortese, sgarbato.

unknown [,ʌn'nəʊn] *adj* sconosciuto, ignoto.

unlawful [,ʌn'lɔ:fʊl] *adj* illegale.

unless [ʌn'les] *conj* a meno che, eccetto che.

unlet [ʌn'let] *adj* sfitto.

unlicensed [,ʌn'laɪsənst] *adj* senza licenza.

unlike [,ʌn'laɪk] *adj* diverso.

unlike [,ʌn'laɪk] *prep* diverso da.

unlikely [ʌn'laɪklɪ] *adj* improbàbile, inverosimile.

unload [,ʌn'ləʊd] *v tr, intr* scaricare.

unlock [,ʌn'lɒk] *v tr* aprire (con la chiave) ◊ (*fig*) svelare.

unloose [,ʌn'lu:s] *v tr* sciògliere.

unlucky [ʌn'lʌkɪ] *adj* sfortunato.

unmarried [,ʌn'mærɪd] *adj* non sposato ◊ (*man*) cèlibe ◊ (*woman*) nùbile.

unmask [,ʌn'mɑ:sk] *v tr, intr* smascherare (-rsi).

unmatched [,ʌn'mætʃt] *adj* scompagnato; impareggiàbile.

unmindful [ʌn'maɪndfʊl] *adj* immèmore, diméntico; distratto.

unmistakable [,ʌnmɪ'steɪkəbl] *adj* indubbio, chiaro, evidente ◊ inconfondìbile.

unmoved [,ʌn'mu:vd] *adj* immòbile ◊ (*fig*) indifferente.

unnatural [ʌn'nætʃrəl] *adj* non naturale, anormale; disumano.

unnecessary [ʌn'nesəsərɪ] *adj* inùtile, superfluo.

unnoticed [,ʌn'nəʊtɪst] *adj* inosservato.

unobtrusive [,ʌnəb'tru:sɪv] *adj* riservato.

unofficial [,ʌnə'fɪʃl] *adj* ufficioso, non ufficiale.

unpack [,ʌn'pæk] *v tr, intr* svuotare, disfare (valigie).

unpaid [,ʌn'peɪd] *adj* (*person*) non pagato ◊ (*invoice*) non saldato ◊ **unpaid bill**, conto non pagato.

unparalleled [ʌn'pærəleld] *adj* ineguagliàbile.

unpleasant [ʌn'pleznt] *adj* spiacévole.

unpliable [,ʌn'plaɪəbl] *adj* non pieghévole ◊ (*person*) inflessìbile.

unpopular [,ʌn'pɒpjʊlə*] *adj* impopolare.

unprecedented [ʌn'presɪdəntɪd] *adj* inaudito.

unpredictable [,ʌnprɪ'dɪktəbl] *adj* imprevedìbile.

unprofitable [,ʌn'prɒfɪtəbl] *adj* infruttuoso.

unqualified [ʌn'kwɒlɪfaɪd] *adj* (*person*) incompetente ◊ (*thing*) genèrico ◊ (*comm*) **unqualified endorsement**, girata incondizionata.

unquenched [,ʌn'kwentʃt] *adj* inappagato.

unquestionable [ʌn'kwestʃənəbl] *adj* indiscutìbile.

unravel [ʌn'rævl] *v tr, intr* districare(-rsi).

unready [,ʌn'redɪ] *adj* impreparato.

unreal [ʌn'rɪəl] *adj* irreale.

unreasonable [ʌn'ri:znəbl] *adj* assurdo.

unrecognizable [,ʌnrekəgnaɪzəbl] *adj* irriconoscìbile.

unregarded [,ʌnrɪ'gɑ:dɪd] *adj* trascurato.

unrelenting [,ʌnrɪ'lentɪŋ] *adj* inesoràbile.

unreliable [,ʌnrɪ'laɪəbl] *adj* inattendìbile, poco affidàbile; incerto.

unremitting [,ʌnrɪ'mɪtɪŋ] *adj* ininterrotto, incessante.

unrepairable [,ʌnrɪ'peərəbl] *adj* irreparàbile.

unrequited [,ʌnrɪ'kwaɪtɪd] *adj* non corrisposto ◊ **unrequited love**, amore non corrisposto.

unrest [,ʌn'rest] *n* inquietùdine (*f*), fermento, agitazione (*f*).

unrestrained [,ʌnrɪ'streɪnd] *adj* non represso, sfrenato.

unrewarded [,ʌnrɪ'wɔ:dɪd] *adj* non ricompensato.

unripe [,ʌn'raɪp] *adj* acerbo.

unroll [,ʌn'rəʊl] *v tr, intr* svòlgere(-rsi); srotolare(-rsi).

unruly [ʌn'ru:lɪ] *adj* indisciplinato.

unsafe [,ʌn'seɪf] *adj* pericoloso.

unsatisfied [,ʌn'sætɪsfaɪd] *adj* insoddisfatto.

unsavoury [,ʌn'seɪvərɪ] *adj* insìpido.

unscathed [,ʌn'skeɪðd] *adj* illeso.

unscrew [,ʌn'skru:] *v tr, intr* svitare(-rsi).

unseemly [ʌn'si:mlɪ] *adj* sconveniente.

unseen [,ʌn'si:n] *adj* inosservato, invisìbile.

unselfish [ˌʌn'selfɪʃ] *adj* altruìsta, disinteressato.

unsettled [ˌʌn'setld] *adj* sconvolto ◊ (*problem*) non risolto ◊ (*person*) senza fissa dimora ◊ (*comm*) non saldato.

unshaved [ˌʌn'ʃeɪvd] *adj* non sbarbato.

unskilled [ˌʌn'skɪld] *adj* inesperto.

unsociable [ʌn'səʊʃəbl] *adj* scontroso.

unsound [ˌʌn'saʊnd] *adj* malsano, malato, infermo; corrotto.

unspeakable [ʌn'spi:kəbl] *adj* inesprimìbile, detestàbile.

unsteady [ˌʌn'stedɪ] *adj* vacillante, malfermo.

unsuccessful [ˌʌnsək'sesfʊl] *adj* mal riuscito, vano ◊ (*person*) sfortunato.

unsuitable [ˌʌn'su:təbl] *adj* inadatto, sconveniente.

unsure [ˌʌn'ʃɔ:*] *adj* incerto.

unsuspecting [ˌʌnsə'spektɪŋ] *adj* fiducioso.

unswerving [ʌn'swɜ:vɪŋ] *adj* diritto, fermo, saldo.

untangle [ˌʌn'tæŋgl] *v tr* districare.

unthankful [ˌʌn'θæŋkfʊl] *adj* ingrato.

unthinkable [ʌn'θɪŋkəbl] *adj* inconcepìbile.

unthoughtful [ˌʌn'θɔ:tfʊl] *adj* sventato, sbadato.

untidy [ʌn'taɪdɪ] *adj* sciatto.

untie [ˌʌn'taɪ] *v tr, intr* sciògliere(-rsi), slegare(-rsi).

until [ən'tɪl] *prep* fino a ◊ (*preceded by not*) non prima di.

until [ən'tɪl] *conj* finché.

untimely [ʌn'taɪmlɪ] *adj* prematuro; intempestivo.

untold [ˌʌn'təʊld] *adj* incalcolàbile.

untouchable [ʌn'tʌtʃəbl] *adj* intoccàbile.

untroubled [ˌʌn'trʌbld] *adj* calmo, sereno.

untrue [ˌʌn'tru:] *adj* falso, erròneo ◊ (*person*) infedele, disonesto.

unusual [ʌn'ju:ʒʊəl] *adj* inusitato.

unwary [ʌn'weərɪ] *adj* incàuto.

unwearied [ʌn'wɪərɪd] *adj* infaticàbile.

unwell [ˌʌn'wel] *adj* indisposto.

unwholesome [ˌʌn'həʊlsəm] *adj* malsano ◊ (*person*) corrotto.

unwilling [ʌn'wɪlɪŋ] *adj* restìo.

unwind, *pt, pp* **unwound** ['ʌn'waɪnd, ˌʌn'waʊnd] *v tr, intr* svòlgere(-rsi) ◊ (*fig*) rilassarsi, distendersi.

unwise [ˌʌn'waɪz] *adj* incàuto.

unworthy [ʌn'wɜ:ðɪ] *adj* indegno.

unwound [ˌʌn'waʊnd] *pt, pp of* **unwind**.

unwound [ˌʌnwaʊnd] *adj* (*watch*) non caricato.

unwrap [ˌʌn'ræp] *v tr* disfare.

up [ʌp] *adv* su, in alto ◊ **up there**, lassù; **stand up!** alzati!; **hurry up!**, presto!; (*fam*) **what's up?** che c'è?; **to eat up**, divorare; **time's up**, il tempo è scaduto; **speak up!**, parla più forte!; **up to now**, finora; **it's up to you**, tocca a te.

up [ʌp] *prep* su, in cima a.

up [ʌp] *n* **ups and downs**, alti (*m pl*) e bassi (*m pl*).

upbeat ['ʌpbi:t] *adj* (*col*) allegro, ottimistico.

upbringing ['ʌp,brɪŋɪŋ] *n* educazione (*f*); allevamento.

update [ʌp'deɪt] *v tr* aggiornare.

upheaval [ʌp'hi:vl] *n* sconvolgimento.

upheld [ʌp'held] *pt, pp of* **uphold**.

uphill [ˌʌp'hɪl] *adj* rìpido.

uphold, *pt, pp* **upheld** [ʌp'həʊld, ʌp'held] *v tr* sostenere; approvare.

upholster [ʌp'həʊlstə*] *v tr* tappezzare, imbottire.

upkeep ['ʌpki:p] *n* manutenzione (*f*).

upon [ə'pɒn] *prep* su, sopra.

upper ['ʌpə*] *adj* superiore.

upper ['ʌpə*] *n* (*shoe*) tomaia.

uppermost [ʌpə'məʊst] *adj* il più alto, predominante.

upright [ˌʌp'raɪt] *adj* verticale, diritto ◊ (*fig*) onesto.

uprising ['ʌp,raɪzɪŋ] *n* insurrezione (*f*), rivolta.

uproar ['ʌprɔ:*] *n* tumulto.

upset [ʌp'set] *adj* rovesciato ◊ sconvolto, turbato ◊ **to look upset**, sembrare emozionato.

upset, *pt, pp* **upset** [ʌp'set] *v tr, intr* rovesciare(-rsi); sconvòlgere, turbare.

upset [ʌp'set] *n* rovesciamento; turbamento ◊ (*fam*) litigio.

upshot ['ʌpʃɒt] *n* èsito, risultato.

upside-down [ˌʌpsaɪd'daʊn] *adv* a rovescio ◊ (*fig*) a soqquadro.

upstairs [ˌʌp'steəz] *adv, adj* di sopra, al piano superiore.

upstanding [ʌp'stændɪŋ] *adj* diritto, eretto ◊ (*person*) alto e robusto ◊ (*fig*) onesto.

upstream [ˌʌp'stri:m] *adv* controcorrente.

uptake [ˌʌpteɪk] *n* comprensione (*f*).

up-to-date [ˌʌptə'deɪt] *adj* aggiornato.

uptown [ˌʌp'taʊn] *adv* (*AmE*) nei quartieri residenziali.

upturn [ʌp'tɜːn] *n* svolta favorévole.

upward ['ʌpwəd] *adj* ascendente, rivolto in alto ◊ (*road*) in salita.

upward(s) ['ʌpwəd(z)] *adv* in su, in alto.

urbanity [ɜː'bænətɪ] *n* cortesìa.

urchin ['ɜːtʃɪn] *n* monello ◊ **sea-urchin**, riccio di mare.

urge [ɜːdʒ] *n* stìmolo.

urge [ɜːdʒ] *v tr, intr* spìngere, incalzare; esortare, stimolare.

urgency ['ɜːdʒənsɪ] *n* urgenza.

urgent ['ɜːdʒənt] *adj* urgente, incalzante ◊ (*person*) insistente.

urinate ['jʊərɪneɪt] *v intr* orinare.

us [ʌs] *pers pron* noi, ci ◊ (*fam*) **it's us**, siamo noi; (*partitive*) **none of us**, nessuno di noi; **both of us**, entrambi.

usage ['ju:zɪdʒ] *n* uso.

use [ju:s] *n* uso, vantaggio; usanza ◊ **directions for use**, istruzioni per l'uso; **no longer in use**, in disuso; **to be of use**, servire.

use [ju:z] *v tr, intr* usare, adoperare ◊ **to use up**, consumare.

use [ju:z] *v intr* (*only in the past + infinitive*) solere, èssere sòlito.

used [ju:st] *adj* abituato ◊ **to be used to**, essere abituato a.

used [ju:zd] *adj* usato.

useful ['ju:sfʊl] *adj* ùtile.

useless ['ju:slɪs] *adj* vano.

uselessness ['ju:slɪsnɪs] *n* inutilità.

user ['ju:zə*] *n* utente (*m / f*) ◊ **user-friendly**, facile da usare.

usher ['ʌʃə*] *n* màschera (di cinema); usciere (*m*).

usual ['ju:ʒəl] *adj* usuale, sòlito.

usually ['ju:ʒʊəlɪ] *adv* di sòlito.

usury ['ju:ʒʊrɪ] *n* usura.

utensil [ju:'tensl] *n* strumento.

utilitarian [ˌju:tɪlɪ'teərɪən] *adj* pràtico.

utility [ju:'tɪlətɪ] *n* utilità (*inv*).

utilize ['ju:tɪlaɪz] *v tr* utilizzare, sfruttare.

utmost ['ʌtməʊst] *adj* sommo, estremo; ùltimo.

utmost ['ʌtməʊst] *n* il màssimo, il possìbile ◊ **to do one's utmost**, fare tutto il possibile.

utter ['ʌtə*] *adj* completo.

utter ['ʌtə*] *v tr* eméttere; dire, pronunciare.

utterance ['ʌtərəns] *n* espressione (*f*).

utterly ['ʌtəlɪ] *adv* totalmente.

uvula ['ju:vjʊlə] *n* ùgola.

V

vacancy ['veɪkənsɪ] *n* vuoto, lacuna ◊ (*hotel*) càmera lìbera ◊ (*job*) posto lìbero ◊ **no vacancies**, tutto esaurito.

vacant ['veɪkənt] *adj* lìbero ◊ **vacant hours**, ore libere.

vacantly ['veɪkəntlɪ] *adv* distrattamente.

vacate [və'keɪt] *v tr* sgomberare.

vacation [və'keɪʃn] *n* (*AmE*) ferie (*f pl*), vacanze (*f pl*).

vaccination [ˌvæksɪ'neɪʃn] *n* vaccinazione (*f*).

vacillate ['væsɪleɪt] *v intr* esitare, tentennare; vacillare.

vacuum-cleaner ['vækjʊəmˌkli:nə*] *n* aspirapòlvere (*m inv*).

vacuum-flask [ˌvækjʊəmˌflɑ:sk] *n* thermos (*m inv*).

vacuum-packed ['vækjumpækt] *adj* sottovuoto.

vagary ['veɪgərɪ] *n* stravaganza.

vagrant ['veɪgrənt] *n* vagabondo(-a).

vague [veɪg] *adj* vago.

vain [veɪn] *adj* vano, inùtile ◊ vanitoso.

valid ['vælɪd] *adj* vàlido.

validity [və'lɪdətɪ] *n* validità (*inv*), legittimità (*inv*).

valley ['vælɪ] *n* valle (*f*).

valour ['vælə*] *n* valore (*m*).

valuable ['væljʊəbl] *adj* costoso.

valuables ['væljʊəblz] *n, pl* oggetti (*m pl*) di valore.

valuation [,vælju'eɪʃn] *n* valutazione (*f*) ◊ (*comm*) perizia.

value ['vælju:] *n* valore (*m*) ◊ (*comm*) prezzo, costo ◊ **cash value**, valuta in contanti; **value added tax (V.A.T.)**, imposta sul valore aggiunto (I.V.A.).

value ['vælju:] *v tr* (*comm*) valutare, stimare.

valued ['vælju:d] *adj* valutato.

valve [vælv] *n* vàlvola.

van [væn] *n* furgone (*m*) ◊ (*rail*) vagone (*m*) ◊ (*police*) cellulare (*m*) ◊ **delivery van**, furgoncino; (*fig*) **removal van**, furgone per traslochi.

vandal ['vændl] *n* vàndalo(-a).

vanilla [və'nɪlə] *n* vaniglia.

vanish ['vænɪʃ] *v inr* svanire.

vanity ['vænətɪ] *n* vanità (*f inv*).

van-man ['vænmən] *n* camionista (*m*).

vapid ['væpɪd] *adj* scialbo.

vaporize ['veɪpəraɪz] *v tr, intr* vaporizzare (-rsi).

vapour ['veɪpə*] *n* vapore (*m*).

variable ['veərɪəbl] *adj* variàbile, incostante.

variance ['veərɪəns] *n* disaccordo.

variant ['veərɪənt] *n* variante (*f*).

variation [,veərɪ'eɪʃn] *n* variazione, cambiamento.

varicose [,værɪkəus] *adj* varicoso.

varied ['veərɪd] *adj* vario.

variety [və'raɪətɪ] *n* varietà (*f inv*) ◊ (*only sing*) molteplicità (*f inv*) ◊ (*theatre*) varietà (*m inv*).

various ['veərɪəs] *adj* vario, diverso; parecchi, molti.

varnish ['vɑ:nɪʃ] *n* vernice (*f*), lacca (*fig*) verniciatura, apparenza.

vary ['veərɪ] *v tr, intr* cambiare(-rsi) ◊ **to vary from**, differire da.

vase [vɑ:z] *n* vaso.

vast [vɑ:st] *adj* vasto, esteso ◊ **on a vast scale**, su vasta scala.

vat [væt] *n* tino, vasca.

V.A.T. [,vi:eɪ'ti:] *abbr see* **value.**

vault [vɔ:lt] *n* volta; cripta ◊ (*bank*) càmera di sicurezza.

vault [vɔ:lt] *n* (*sport*) volteggio.

vaunt [vɔ:nt] *n* vanto.

VCR ['vi:,si:'ɑ:*] *n* videoregistratore.

veal [vi:l] *n* (*food*) vitello ◊ **veal cutlet**, cotoletta di vitello.

vegetable ['vedʒtəbl] *n* vegetale (*m*); pianta ◊ **vegetables**, verdure.

vegetable-marrow ['vedʒtəbl'mærəu] *n* zucca.

vegetarian [,vedʒɪ'teərɪən] *n* vegetariano (-a).

vegetation [,vedʒɪ'teɪʃn] *n* vegetazione (*f*).

vehement ['vi:ɪmənt] *adj* impetuoso.

vehicle ['vi:ɪkl] *n* veìcolo.

veil [veɪl] *n* velo.

veil [veɪl] *v tr* velare.

vein [veɪn] *n* vena ◊ (*fig*) umore (*m*), disposizione (*f*).

velocity [vɪ'lɒsətɪ] *n* velocità (*inv*).

velvet ['velvɪt] *n* velluto.

venal ['vi:nl] *adj* venale.

venerable ['venərəbl] *adj* veneràbile.

venereal [və'nɪərɪəl] *adj* venèreo ◊ **venereal disease**, malattia venerea.

Venetian [və'ni:ʃn] *adj* veneziano ◊ **Venetian blind**, persiana; **Venetian glass**, vetro di Murano; **Venetian window**, finestra trifora.

vengeance ['vendʒəns] *n* vendetta ◊ (*fam*) **with a vengeance**, violentemente.

venom ['venəm] *n* veleno.

vent [vent] *n* sbocco ◊ (*fig, only sing*) sfogo ◊ (*dress*) spacco.

ventilate ['ventɪleɪt] *v tr* ventilare ◊ (*fig*) dibàttere.

ventilator ['ventɪleɪtə*] *n* ventilatore (*m*).

venture ['ventʃə*] *n* avventura, azzardo ◊ **at a venture**, a casaccio.

venture ['ventʃə*] *v tr, intr* azzardare(-rsi), avventurare(-rsi).

venue ['venju:] *n* luogo di ritrovo.

verbal ['vɜ:bl] *adj* orale, verbale.

verbose [vɜ:'bəus] *adj* prolisso.

verdict ['vɜ:dɪct] *n* verdetto.

verge [vɜ:dʒ] *n* bordo ◊ **on the verge of**, sul punto di.

verifiable ['verɪfaɪəbl] *adj* verificàbile.

verify ['verɪfaɪ] *v tr* verificare.

verity ['verətɪ] *n* verità (*inv*).

versatile ['vɜ:sətaɪl] *adj* versàtile; multiforme.

verse [vɜ:s] *n* verso; strofa.

versed [vɜ:st] *adj* portato.

version ['vɜ:ʃn] *n* versione (*f*) ◊ (*events*) resoconto ◊ **according to his version**, secondo lui.

versus ['vɜ:səs] *prep* contro.

vertical ['vɜ:tɪkl] *adj* verticale.

vertigo ['vɜ:tɪgəʊ] *n* vertigine (*f*), capogiro.

very ['verɪ] *adj* vero; autèntico; stesso; medésimo; solo ◊ **at that very moment**, in quello stesso momento; **this very day**, oggi stesso.

very ['verɪ] *adv* (*followed by adj or adv*) molto, assai ◊ (*emphatic, followed by sup*) **the very first**, il primo; **the very last**, proprio l'ultimo; **very much**, moltissimo; **very well**, molto bene.

vest [vest] *n* (*clothes*) canottiera ◊ (*AmE*) panciotto.

vest [vest] *v tr, intr* conferire.

vested [vestɪd] *adj* acquisito.

vestibule ['vestɪbju:l] *n* atrio, vestìbolo.

vestige ['vestɪdʒ] *n* segno.

vet [vet] *n* (*fam*) *abbr of* **veterinary surgeon**, veterinario.

vet [vet] *v tr* (*BrE*) esaminare, corrèggere ◊ (*animal*) curare.

veteran ['vetərən] *n* veterano(-a), esperto (-a) ◊ (*AmE*) rèduce (*m*).

veterinary ['vetərɪnərɪ] *adj* veterinario ◊ **veterinary surgeon**, medico veterinario.

vex [veks] *v tr* irritare.

vexed [vekst] *adj* irritato.

via ['vaɪə] *prep* vìa, per, attraverso ◊ **from London to Paris via Calais**, da Londra a Parigi via Calais.

viable ['vaɪəbl] *adj* vitale ◊ fattibile, attuabile.

viaduct ['vaɪədʌkt] *n* viadotto, cavalcavìa (*m inv*).

vial ['vaɪel] *n* fiala.

vibrate [vaɪ'breɪt] *v tr, intr* vibrare.

vicar ['vɪkə*] *n* pastore anglicano.

vice [vaɪs] *n* vizio.

vice [vaɪs] *n* (*fam*) vice (*m / inv*).

vice ['vaɪsɪ] *prep* invece di.

vice-chairman [,vaɪs'tʃeəmən] *n* vicepresidente (*m*).

vicinity [vɪ'sɪnetɪ] *n* vicinanze (*f pl*).

vicious ['vɪʃəs] *adj* immorale; cattivo ◊ **vicious habits**, abitudini viziose.

vicissitude [vɪ'sɪsɪt'ju:d] *n* vicissitùdine (*f*), vicenda.

victim ['vɪktɪm] *n* vìttima.

victimize ['vɪktɪmaɪz] *v tr* rèndere vìttima; ingannare.

victor ['vɪktə*] *n* vincitore(-trice).

victorious [vɪk'tɔ:rɪəs] *adj* vittorioso.

victory ['vɪktərɪ] *n* vittoria.

video ['vɪdɪəʊ] *n* vìdeo ◊ **video recorder**, videoregistratore; **video (tele)phone**, videotelefono.

videogame ['vɪdɪəʊ'geɪm] *n* videogioco.

videotape ['vɪdɪəʊ,teɪp] *n* videocassetta.

vie [vaɪ] *v intr* gareggiare.

view [vju:] *n* vista, veduta; opinione (*f*), parere (*m*) ◊ **in view of**, tenuto conto di; **in my view**, secondo me; **point of view**, punto di vista.

view [vju:] *v tr* guardare.

viewer ['vju:ə*] *n* osservatore(-trice); telespettatore(-trice).

vigilant ['vɪdʒɪlənt] *adj* vigilante.

vigorous ['vɪgərəs] *adj* vigoroso.

vile [vaɪl] *adj* vile ◊ (*fam*) pèssimo ◊ **vile weather**, tempo orribile.

village ['vɪlɪdʒ] *n* paesino (*m*), villaggio.

villain ['vɪlən] *n* furfante (*m*) ◊ (*cinema*) personaggio malvagio.

vindicate ['vɪndɪkeɪt] *v tr* rivendicare.

vindictive [vɪn'dɪktɪv] *adj* vendicativo.

vine [vaɪn] *n* vite (*f*).

vinegar ['vɪnɪgə*] *n* aceto.

vineyard ['vɪnjəd] *n* vigneto.

vintage ['vɪntɪdʒ] *n* annata ◊ **vintage car**, auto d'epoca.

violate ['vaɪəleɪt] *v tr* violare.

violence ['vaɪələns] *n* violenza.

violent ['vaɪələnt] *adj* violento.

violet ['vaɪələt] *n* violetta.

violet ['vaɪələt] *adj* (*colour*) viola ◊ **ultraviolet rays**, raggi ultravioletti.

violin [,vaɪə'lɪn] *n* violino.

viper ['vaɪpə*] *n* vìpera.

viral ['vaɪrəl] *adj* virale.

virgin ['vɜ:dʒɪn] *n* vérgine (*f*) ◊ **the Blessed Virgin**, la Madonna.

virgin ['vɜːdʒɪn] *adj* vérgine.

virginity [vəˈdʒɪnətɪ] *n* verginità (*inv*).

Virgo ['vɜːgəʊ] *n* (*sign*) Vérgine (*f*).

virile ['vɪraɪl] *adj* maschio.

virility [vɪˈrɪlətɪ] *n* virilità (*inv*).

virtual ['vɜːtʃʊəl] *adj* effettivo.

virtue ['vɜːtjuː] *n* virtù (*f inv*).

virtuous ['vɜːtʃʊəs] *adj* virtuoso.

virus ['vaɪərəs] *n* virus (*m inv*) (*anche computer*) ◊ (*fig*) veleno.

visa ['viːzə] *n* visto.

visibility [ˌvɪzɪˈbɪlətɪ] *n* visibilità (*inv*) ◊ **visibility nil**, visibilità zero.

visible ['vɪzəbl] *adj* visibile.

vision ['vɪʒn] *n* vista, visione (*f*); sagacia; allucinazione (*f*).

visionary ['vɪʒnərɪ] *adj, n* visionario(-a).

visit ['vɪzɪt] *n* visita; gita ◊ **to exchange visits**, scambiarsi visite.

visit ['vɪzɪt] *v tr, intr* visitare (*AmE*) ispezionare.

visiting-card ['vɪsɪtɪŋˌkɑːd] *n* biglietto da vìsita.

visitor ['vɪzɪtə*] *n* visitatore(-trice); òspite (*m / f*); turista (*m / f*).

visual ['vɪzjʊəl*] *adj* visivo.

visualize ['vɪzjʊəlaɪz] *v tr* visualizzare.

vital ['vaɪtl] *adj* vitale.

vitality [vaɪˈtælətɪ] *n* vitalità (*inv*).

vitally ['vaɪtəlɪ] *adv* molto.

vitamin ['vɪtəmɪn] *n* vitamina.

vitiated ['vɪʃɪeɪtɪd] *adj* corrotto.

vituperate [vɪˈtjuːpəreɪt] *v tr* insultare.

vivacious [vɪˈveɪʃəs] *adj* vivace.

vivacity [vɪˈvæsətɪ] *n* vivacità (*inv*).

vivid ['vɪvɪd] *adj* vìvido, intenso, brillante.

vivify ['vɪvɪfaɪ] *v tr* animare.

vivisection [ˌvɪvɪˈsekʃn] *n* vivisezione (*f*).

vocabulary [vəʊˈkæbjʊlərɪ] *n* vocabolario, lèssico.

vocal ['vəʊkl] *adj* orale, vocale.

vocation [vəʊˈkeɪʃn] *n* (*only sing*) vocazione (*f*); inclinazione (*f*).

vocational [vəʊˈkeɪʃənl] *adj* professionale.

vociferate [vəʊˈsɪfəreɪt] *v tr, intr* vociare, schiamazzare.

vogue [vəʊg] *n* voga, moda.

voice [vɔɪs] *n* voce (*f*) ◊ **in a loud voice**, ad alta voce; **to give voice to**, esprimere.

voice [vɔɪs] *v tr* dire, esprìmere.

voiceless ['vɔɪslɪs] *adj* senza voce; silenzioso.

void [vɔɪd] *adj* vuoto; non vàlido ◊ **void of**, privo di.

void [vɔɪd] *n* vuoto.

void [vɔɪd] *v tr* svuotare ◊ (*law*) annullare, invalidare.

volcano [vɒlˈkeɪnəʊ] *n* vulcano.

volley ['vɒlɪ] *n* ràffica.

volley-ball ['vɒlɪbɔːl] *n* pallavolo (*f inv*).

voltage ['vəʊltɪdʒ] *n* voltaggio.

voluble ['vɒljʊbl] *adj* loquace.

volume ['vɒljuːm] *n* volume (*m*); libro; intensità (*inv*) di suono.

voluminous [vəˈljuːmɪnəs] *adj* voluminoso.

voluntarily ['vɒləntərɪlɪ] *adv* spontaneamente.

voluntary ['vɒləntərɪ] *adj* volontario; voluto, fatto di proposito.

volunteer [ˌvɒlənˈtɪə*] *n* volontario(-a).

volunteer ['vɒlənˈtɪə*] *v tr, intr* offrire(-rsi) spontaneamente.

vomit ['vɒmɪt] *v tr, intr* vomitare ◊ (*volcano*) eruttare.

voracious [vəˈreɪʃəs] *adj* vorace.

vortex ['vɔːteks] *n* vòrtice (*m*).

vote [vəʊt] *n* voto, suffragio, nùmero dei voti ◊ **votes cast**, suffragi espressi; **vote by roll-call**, votazione per appello nominale; **to cast a vote**, votare.

vote [vəʊt] *v tr, intr* votare.

voter ['vəʊtə*] *n* elettore(-trice).

voting ['vəʊtɪŋ] *n* voto.

vouch [vaʊtʃ] *v tr, intr* garantire.

voucher [vaʊtʃə*] *n* documento giustificativo, buono, tagliando ◊ (*person*) garante (*m*) ◊ (*comm*) quietanza.

vow [vaʊ] *n* promessa, voto.

vow [vaʊ] *v tr* giurare.

voyage ['vɔɪɪdʒ] *n* viaggio (*per mare*), traversata ◊ **maiden voyage**, viaggio inaugurale (di nave).

vulgar [vʌlgə*] *adj* volgare.

vulgarity [vʌlˈgærətɪ] *n* volgarità (*inv*).

vulnerable ['vʌlnərəbl] *adj* vulneràbile ◊ **the vulnerable spot**, il punto debole.

vulture ['vʌltʃə*] *n* avvoltoio.

vying ['vaɪɪŋ] *n* rivalità (*inv*).

W

wad [wɒd] *n* batùffolo.

wadding ['wɒdɪŋ] *n* ovatta.

waddle ['wɒdl] *v intr* camminare ancheggiando.

wade [weɪd] *v tr, intr* guadare, camminare a stento.

waffle ['wɒfl] *v tr* ciarlare.

wag [wæg] *n (person)* burlone(-a).

wag [wæg] *v tr, intr* muòvere(-rsi), agitare (-rsi), dimenare(-rsi).

wage [weɪdʒ] *n (usually in the pl)* salario, paga.

wage [weɪdʒ] *v tr* intraprèndere.

wager ['weɪdʒə*] *n* scommessa.

waggle ['wægl] *v tr, intr* agitare(-rsi), dimenare(-rsi).

wa(g)gon ['wægən] *n* carrozzone *(m)* ◊ *(rail)* carrozza passeggeri ◊ *(AmE)* cellulare *(m)*.

wail [weɪl] *n* gèmito.

waist [weɪst] *n* vita, cìntola ◊ *(AmE)* camicetta.

waistcoat ['weɪstkəʊt] *n* panciotto.

wait [weɪt] *n* attesa.

wait [weɪt] *v tr, intr* aspettare; servire a tavola ◊ **to wait on**, servire, visitare; **to wait up**, rimanere alzato.

waiter [weɪtə*] *n* cameriere *(m)*.

waiting [weɪtɪŋ] *n* attesa ◊ **no waiting**, divieto di sosta.

waiting-room ['weɪtɪŋrʊm] *n* sala d'aspetto.

waitress ['weɪtrɪs] *n* cameriera.

waive [weɪv] *v tr* rinunciare a.

wake [weɪk] *n* orma, scìa ◊ *(fig)* conseguenza.

wake [weɪk] *n* veglia fùnebre.

wake, *pt* **woke, waked,** *pp* **woken** [weɪk, wəʊk, weɪkt, 'wəʊkən] *v tr, intr* svegliarsi.

wakeful ['weɪkfʊl] *adj* sveglio.

waken ['weɪkən] *v tr, intr* svegliare, destare.

walk [wɔːk] *n* passeggiata, cammino; andatura ◊ **to go for a walk**, andare a fare un giro.

walk [wɔːk] *v tr, intr* camminare, passeggiare; accompagnare a piedi.

walkie cup ['wɔːkɪ'kʌp] *n* bicchiere di cartone (con coperchio e cannuccia).

walking ['wɔːkɪŋ] *n* il camminare.

walking-stick ['wɔːkɪŋstɪk] *n* bastone *(m)* da passeggio.

walk-out ['wɔːkaʊt] *n* sciòpero lampo.

walkover ['wɔːk,əʊvə*] *n (sport)* vittoria fàcile.

wall [wɔːl] *n* muro, parete *(f)*.

wall-bed ['wɔːl,bed] *n* letto ribaltàbile.

wallet ['wɒlɪt] *n* portafoglio.

wallow ['wɒləʊ] *v intr* sguazzare.

wall-paper ['wɔːl,peɪpə*] *n* tappezzerìa.

wally ['wɔlɪ] *n (BrE)* cretino.

walnut ['wɔːlnʌt] *n (tree)* noce *(m)* ◊ *(fruit)* noce *(f)*.

wan [wɒn] *adj* esangue, pàllido.

wander ['wɒndə*] *v tr, intr* vagare, errare; smarrirsi ◊ *(fig)* divagare.

wanderer ['wɒndərə*] *n* vagabondo(-a).

wangle ['wæŋgl] *v tr, intr* falsificare, alterare.

want [wɒnt] *n* mancanza, scarsità *(inv)*; bisogno; povertà *(inv)*.

want [wɒnt] *v tr, intr* richièdere; volere, desiderare; mancare di; **I want you to come at once**, voglio che tu venga subito.

wanted ['wɒntɪd] *adj* desiderato, richiesto; ricercato.

war [wɔː*] *n* guerra.

ward [wɔːd] *n* difesa, guardia ◊ *(hospital)* corsìa, reparto ◊ *(law)* custodia, tutela ◊ *(city)* rione *(m)*.

warden ['wɔːdn] *n* custode *(m)*, guardiano (-a) ◊ **traffic-warden**, addetto al controllo del traffico.

warder ['wɔːdə*] *n* carceriere *(m)*.

wardrobe ['wɔːdrəʊb] *n* guardaroba *(m inv)*; corredo.

warehouse ['weəhaʊs] *n* depòsito.

warily ['weərəlɪ] *adv* cautamente.

wariness ['weərɪnɪs] *n* cautela.

warm [wɔːm] *adj* caldo ◊ *(fig)* cordiale ◊ **to be warm**, avere caldo; **to get warm**, riscaldarsi.

warm [wɔːm] *v tr, intr* scaldare(-rsi); animare(-rsi); riscaldare(-rsi).

warm-hearted [ˌwɔːmˈhɑːtɪd] *adj* espansivo, cordiale.

warmth [wɔːmθ] *n* calore (*m*).

warn [wɔːn] *v tr* avvertire.

warning [ˈwɔːnɪŋ] *n* avviso.

warp [wɔːp] *v tr, intr* deformare(-rsi) ◊ (*fig*) corròmpere.

warrant [ˈwɒrənt] *n* garanzìa ◊ (*law*) mandato ◊ (*comm*) òrdine (*m*).

warrant [ˈwɒrənt] *v tr* autorizzare; garantire ◊ (*fam*) scomméttere.

warrior [ˈwɒrɪə*] *n* combattente (*m*), soldato.

warship [ˈwɔːʃɪp] *n* nave (*f*) da guerra.

wary [ˈweərɪ] *adj* càuto.

was [wɒz] *pt of* **be**.

wash [wɒʃ] *n* lavaggio, bucato; ◊ (*wall*) intònaco.

wash [wɒʃ] *v tr, intr* lavare(-rsi); fare il bucato; èssere lavabile ◊ (*wall*) tinteggiare ◊ (*wave*) infràngersi ◊ **to wash up**, lavare i piatti.

wash-basin [ˈwɒʃˌbeɪsn] *n* lavandino.

washer [ˈwɒʃə*] *n* lavatrice (*f*) ◊ **dish-washer**, lavastoviglie.

washing [ˈwɒʃɪŋ] *n* lavaggio.

washing-machine [ˈwɒʃɪŋməˌʃiːn] *n* lavatrice (*f*).

washing-powder [ˈwɒʃɪŋˌpaʊdə*] *n* detersivo.

washroom [ˈwɒʃrʊm] *n* gabinetto ◊ (*AmE*) lavanderìa.

wasn't [ˈwɒznt] *short for* **was not**.

wasp [wɒsp] *n* vespa.

waste [weɪst] *n* spreco, sciupìo.

waste [weɪst] *adj* àrido, incolto.

waste [weɪst] *v tr, intr* sprecare(-rsi); sciupare(-rsi), devastare; logorare(-rsi) ◊ **to waste time**, perdere tempo.

waste-basket [ˌweɪstˈbɑːskɪt] *n* cestino per rifiuti.

wasteland [ˈweɪstˌlænd] *n* terreno incolto.

waste-pipe [ˈweɪstpaɪp] *n* tubazione (*f*) di scàrico.

watch [wɒtʃ] *n* guardia, sorveglianza, pattuglia.

watch [wɒtʃ] *n* orologio ◊ **wristwatch**, orologio da polso; **stop-watch**, cronometro; **to set a watch**, regolare un orologio; **my watch is fast**, il mio orologio è avanti.

watch [wɒtʃ] *v tr, intr* osservare; custodire; fare attenzione ◊ **watch out!**, sta' attento!

watcher [ˈwɒtʃə*] *n* osservatore(-trice).

watchful [ˈwɒtʃfʊl] *adj* vigilante, attento.

watchmaker [ˈwɒtʃˌmeɪkə*] *n* orologiaio.

watch-strap [ˈwɒtʃstræp] *n* cinturino da orologio.

water [ˈwɔːtə*] *n* acqua ◊ **waters**, acque territoriali, mare ◊ **drinking water**, acqua potabile; **fizzy water**, acqua gassata.

water [ˈwɔːtə*] *v tr, intr* innaffiare, bagnare.

water-cock [ˈwɔːtəˌkɒk] *n* rubinetto dell'acqua.

water-colour [ˈwɔːtəˌkʌlə*] *n* acquarello.

waterfall [ˈwɔːtəfɔːl] *n* cascata.

watering [ˈwɔːtərɪŋ] *n* annaffiamento, diluizione (*f*) ◊ (*eyes*) lacrimazione (*f*).

water-jug [ˈwɔːtəˌdʒʌg] *n* caraffa.

water-lily [ˈwɔːtəˌlɪlɪ] *n* ninfea.

water-main [ˈwɔːtəmeɪn] *n* acquedotto.

watermelon [ˈwɔːtəˌmelən] *n* anguria.

water-meter [ˈwɔːtəˌmiːtə*] *n* contatore (*m*) dell'acqua.

water-pipe [ˈwɔːtəpaɪp] *n* conduttura d'acqua.

water-polo [ˈwɔːtəpəʊləʊ] *n* pallanuoto (*f inv*).

waterproof [ˈwɔːtəpruːf] *n, adj* impermeàbile (*m*).

waterquake [ˈwɔːtəˌkweɪk] *n* maremoto.

water-repellent [ˈwɔːtərɪˌpelənt] *adj* idrorepellente.

waterside [ˈwɔːteˌsaɪd] *n* riva, sponda.

water-ski [ˈwɔːtəskiː] *n* sci (*inv*) nàutico.

water-tank [ˈwɔːtəˌtæŋk] *n* serbatoio.

waterworks [ˈwɔːtəwɜːks] *n pl* acquedotto.

watery [ˈwɔːtərɪ] *adj* acquoso ◊ (*thought*) scialbo ◊ (*eyes*) lacrimoso.

wave [weɪv] *n* onda; cenno ◊ (*hair*) ondulazione (*f*) ◊ (*radio*) onda.

wave [weɪv] *v tr, intr* ondeggiare, sventolare; fare cenno.

waved [weɪvd] *adj* ondulato.

wave-length [ˈweɪvleŋkθ] *n* (*radio*) lunghezza d'onda.

waver [ˈweɪvə*] *v intr* vacillare, oscillare ◊ (*voice*) tremolare.

wavy [ˈweɪvɪ] *adj* ondulato.

wax [wæks] *n* cera.

wax-paper ['wæks,peɪpə*] *n* carta cerata.

waxworks ['wækswɜ:ks] *n pl* museo delle cere.

way [weɪ] *n* vìa, strada, passaggio; modo; distanza, tragitto; direzione (*f*), parte (*f*) ◊ **way in**, entrata; **way out**, uscita; **out of the way**, fuori del comune; **any way**, in ogni caso; **a long way off**, molto distante; (*fig*) **by the way**, a proposito; **a one-way street**, una strada a senso unico.

wayward ['weɪwəd] *adj* capriccioso, ribelle.

we [wi:] *pers pron* noi ◊ **here we are**, eccoci.

weak [wi:k] *adj* débole, fràgile ◊ **the weak point**, il punto debole; **the weaker sex**, il sesso debole.

weaken ['wi:kən] *v tr, intr* indebolire(-rsi).

weakness ['wi:knɪs] *n* debolezza.

wealth [welθ] *n* ricchezza, abbondanza.

wealthy ['welθɪ] *adj* ricco.

wean [wi:n] *v tr* svezzare.

weapon ['wepən] *n* arma.

wear [weə*] *n* uso; logorìo; abbigliamento ◊ **out of wear**, fuori uso.

wear, *pt* **wore**, *pp* **worn** [weə*, wɔ:* wɔ:n] *v tr, intr* portare, indossare; logorare(-rsi); durare, resìstere ◊ **to wear out**, logorare.

wearable ['weərəbl] *adj* (*clothes*) portàbile.

weariness ['wɪərɪnɪs] *n* stanchezza, noia.

weary ['wɪərɪ] *adj* stampo.

weather ['weðə*] *n* tempo (atmosferico) ◊ **how's the weather?**, che tempo fa?

weather ['weðə*] *v tr, intr* superare, resìstere.

weather-beaten ['weðə*,bi:tn] *adj* rovinato dalle intemperie.

weather-forecast ['weðə,fɔ:kɑ:st] *n* previsioni (*f pl*) del tempo.

weave, *pt* **wove**, *pp* **woven** [wi:v, wəʊv, 'wəʊvən] *v tr, intr* tèssere, intrecciare.

weaving ['wi:vɪŋ] *n* tessitura ◊ **power-loom weaving**, tessitura meccanica.

web [web] *n* tessuto, rete (*f*) ◊ (*spider*) ragnatela.

wedded ['wedɪd] *adj* sposato.

wedding ['wedɪŋ] *n* sposalizio, matrimonio ◊ **golden wedding**, nozze d'oro.

wedding-card ['wedɪŋ,kɑ:d] *n* partecipazione (*f*) di nozze.

wedding-day ['wedɪŋdeɪ] *n* giorno di nozze.

wedding-ring ['wedɪŋrɪŋ] *n* fede (*f*).

wedlock ['wedlɒk] *n* stato coniugale.

Wednesday ['wenzdɪ] *n* mercoledì (*m inv*).

weed [wi:d] *n* erbaccia ◊ (*fig*) persona alta e magra ◊ (*sl*) marijuana.

weed [wi:d] *v tr, intr* diserbare.

week [wi:k] *n* settimana ◊ **today week**, oggi a otto.

weekday ['wi:kdeɪ] *n* giorno feriale.

weekend ['wi:kend] *n* fine settimana, weekend.

weekly ['wi:klɪ] *adj* settimanale.

weep [wi:p] *n* pianto.

weep, *pt*, *pp* **wept** [wi:p, wept] *v tr, intr* piàngere, lacrimare.

weeping ['wi:pɪŋ] *adj* piangente.

weigh [weɪ] *v tr, intr* pesare, avere peso; calcolare ◊ **to weigh out**, misurare.

weight [weɪt] *n* peso, quantità (*inv*) ◊ **to sell by weight**, vendere a peso; **to lose weight**, dimagrire.

weighty ['weɪtɪ] *adj* pesante.

weird [wɪəd] *adj* misterioso.

welcome ['welkəm] *adj* benvenuto, gradito ◊ (*AmE*) **you're welcome**, prego.

welcome ['welkəm] *n* benvenuto.

welcome ['welkəm] *v tr* dare il benvenuto.

weld [weld] *n* saldatura.

weld [weld] *v tr, intr* saldare(-rsi).

welfare ['welfeə*] *n* benèssere (*m*), bene (*m*); assistenza ◊ **welfare worker**, assistente (*m / f*) sociale; **the Welfare State**, lo stato assistenziale.

well [wel] *adv* (*comp* **better**, *sup* **best**) bene, con cura, abilmente ◊ **very well**, molto bene; **well done!**, ben fatto!; **to get on well together**, andare d'accordo; **as well as**, così come.

well [wel] *adj* (*comp* **better**, *sup* **best**) bene, in buona salute ◊ **to be well**, stare bene; **to get well**, ristabilirsi.

well [wel] *n* pozzo, fonte (*f*).

well-balanced [,wel'bælənst] *adj* equilibrato.

well-behaved [,welbɪ'heɪvd] *adj* (ben) educato.

well-being [,wel'bi:ɪŋ] *n* benèssere (*m*).

well-built [,wel'bɪlt] *adj* (*person*) ben fatto.

well-done [ˌwel'dʌn] *adj* ben fatto ◊ (*food*) ben cotto.

well-known [ˌwel'nəʊn] *adj* (*person*) famoso, noto.

well-meaning [ˌwel'miːnɪŋ] *adj* ben intenzionato.

well-off [ˌwel'ɒf] *adj* agiato.

well-to-do [ˌweltə'duː] *adj* agiato, abbiente.

well-worn [ˌwel'wɔːn] *adj* liso.

went [went] *pt of* **go**.

wept [wept] *pt, pp of* **weep**.

were [wɜː*] *pt of* **be**.

we're [wɪə*] *short for* **we are**.

west [west] *n* ovest (*m inv*).

west [west] *adj* occidentale.

west [west] *adv* verso ovest.

westerly ['westəlɪ] *adj* occidentale.

western ['westən] *n* western, film western (*m inv*).

wet [wet] *adj* bagnato, ùmido ◊ (*paint*) fresco ◊ **to get wet**, bagnarsi; **wet through**, bagnato fradicio.

wet [wet] *n* umidità (*inv*).

wet [wet] *v tr, intr* bagnare(-rsi).

wet-suit ['wetsuːt] *n* tuta da sub.

whack [wæk] *v tr* picchiare.

whacked [wækt] *adj* (*fam*) sfinito, spossato.

whale [weɪl] *n* balena.

wharf (wharves) [wɔːf, wɔːvz] *n* molo, banchina.

what [wɒt] *interr adj* che?; quale(-i)? ◊ **what time is it?** che ora è?: **what use is it?**, a che serve?; (*excl*) **what a pity!**, che peccato!

what [wɒt] *rel adj* quello(-i) che.

what [wɒt] *interr pron* che?, che cosa?, cosa? ◊ **what's the matter with you?**, che cos'hai?; **what is he like?**, che tipo è?; **what about doing...?**, cosa ne diresti di fare...?; **what else?**, che altro?

what [wɒt] *rel pron* quello che, ciò che ◊ **what's more**, per di più.

whatever [wɒt'evə*] *pron* qualunque cosa.

whatever [wɒt'evə*] *adj* qualunque, qualsiasi.

whatnot ['wɒtnɒt] *n and whatnot*, e roba del genere.

wheat [wiːt] *n* frumento.

wheatmeal ['wiːtˌmiːl] *n* farina di frumento.

wheedle [ˌwiːdl] *v tr* adulare.

wheel [wiːl] *n* ruota ◊ (*car*) volante (*m*) ◊ (*ship*) timone (*m*).

wheel [wiːl] *v tr, intr* spìngere, condurre.

wheel-chair [ˌwiːl'tʃeə*] *n* sedia a rotelle.

wheeze [wiːz] *v intr, tr* ansimare.

when [wen] *adv* quando? ◊ **since when?** da quando?

when [wen] *conj* quando, allorché, mentre; sebbene, anche se; qualora, nel caso in cui.

whenever [wen'evə*] *adv* ogni volta che.

where [weə*] *adv* dove?, da che parte? ◊ **where do you come from?** da dove vieni?

whereabouts ['weərəbaʊts] *adv* dove? in che posto?

where'er [weər'eə*] *adv* dovunque.

whet [wet] *v tr* affilare ◊ (*fig*) stimolare.

whether ['weðə*] *conj* se (...o no).

which [wɪtʃ] *interr adj* quale(-i)?, che?

which [wɪtʃ] *rel adj* il (i) quale(-i), la (le) quale(-i).

which [wɪtʃ] *interr pron* chi?, che cosa?, quale(-i)? ◊ **which of you?**, chi di voi?; **which is which?**, qual è l'uno e qual è l'altro?

which [wɪtʃ] *rel pron* che, il quale, la quale ◊ (*related to a clause*) il che, la quale cosa ◊ **the house (which) I live in**, la casa in cui abito.

whichever [wɪtʃ'evə*] *adj* qualunque, qualsiasi.

whichever [wɪtʃ'evə*] *pron* chiunque, qualunque cosa ◊ **whichever you say, it doesn't matter**, qualunque cosa dici, non importa.

whiff [wɪf] *n* soffio ◊ (*smell*) zaffata ◊ (*fam*) piccolo sìgaro.

while [waɪl] *conj* mentre, finché; sebbene; invece ◊ **while there's life there's hope**, finché c'è vita c'è speranza.

while [waɪl] *n* momento ◊ **once in a while**, una volta ogni tanto; **for a while**, per un po'.

whim [wɪm] *n* capriccio.

whimper ['wɪmpə*] *v intr, tr* piagnucolare.

whimsical ['wɪmzɪkl] *adj* bizzarro, eccèntrico.

whine [waɪn] *v intr* piagnucolare ◊ (*dog*) uggiolare ◊ (*bullet*) sibilare.

whip [wɪp] *n* frusta.

whip [wɪp] *v tr, intr* frustare ◊ (*food*) frullare ◊ **to whip eggs**, sbattere le uova; **whipped cream**, panna montata.

whip-round ['wɪpraʊnd] *n* colletta.

whirl [wɜ:l] *n* vòrtice (*m*).

whirl [wɜ:l] *v intr, tr* turbinare.

whirlpool ['wɜ:lpu:l] *n* gorgo, vòrtice (*m*), mulinello.

whirlwind ['wɜ:lwɪnd] *n* tromba d'aria, tùrbine (*m*).

whirr [wɜ:*] *v intr* ronzare.

whisk [wɪsk] *n* piumino ◊ (*food*) frullino.

whisk [wɪsk] *v tr, intr* spolverare ◊ (*food*) frullare.

whiskers ['wɪskəz] *n pl* (*animal*) baffi (*m pl*).

whiskey, whisky ['wɪskɪ] *n* whisky.

whisper ['wɪspə*] *n* bisbiglio, sussurro; voce (*f*), dicerìa.

whisper ['wɪspə*] *v intr, tr* bisbigliare, mormorare.

whistle ['wɪsl] *n* fischio.

whistle ['wɪsl] *v intr, tr* fischiare.

white [waɪt] *adj* bianco; pàllido ◊ (*comm*) **white sale**, fiera del bianco; **white lie**, bugìa pietosa.

white [waɪt] *n* bianco(-a); albume (*m*) ◊ **the whites**, i bianchi.

white-collar ['waɪt,kɒlə*] *n* impiegato(-a).

whiten ['waɪtn] *v tr, intr* sbiancare(-rsi); incanutire.

whiteness ['waɪtnɪs] *n* bianchezza; pallore (*m*).

whitewash ['waɪtwɒʃ] *n* bianco di calce.

whitewasher ['waɪtwɒʃə*] *n* imbianchino.

Whitsun ['wɪtsn] *n* (settimana della) Pentecoste.

whizz [wɪz] *v intr* sibilare, sfrecciare.

whizz-kid ['wɪz,kɪd] *n* (*sl*) ragazzo(-a) prodigio.

who [hu:] *interr pron* chi? ◊ **who knows?**, chissà?; **who cares?**, a chi importa?

who [hu:] *rel pron* che, il (i) quale(-i), la (le) quale(-i) ◊ **he who**, colui che; **anybody who**, chiunque.

whoever [hu:'evə*] *pron* chiunque, chi.

whole [həʊl] *adj* tutto, intero, completo; in-

tatto ◊ **the whole year**, tutto l'anno.

whole [həʊl] *n* il tutto, l'insieme (*m*) ◊ **on the whole**, tutto sommato.

whole-hearted [,həʊl'hɑ:tɪd] *adj* generoso, cordiale.

whole-meal ['həʊlmi:l] *adj* (*flour*) integrale ◊ **wholemeal bread**, pane integrale.

wholesale ['həʊlseɪl] *n* véndita all'ingrosso.

wholesome ['həʊlsəm] *adj* sano, salubre; morale.

wholly ['həʊllɪ] *adv* completamente.

whom [hu:m] *interr pron* chi?

whom [hu:m] *rel pron* che, il quale, i quali ◊ **the girl whom you saw**, la ragazza che hai visto.

whooping-cough ['hu:pɪŋkɒf] *n* pertosse (*f*).

whore [hɔ:*] *n* prostituta.

whoremonger ['hɔ:,mʌngə*] *n* ruffiano.

whortleberry ['wɜ:tl,berɪ] *n* mirtillo.

whose [hu:z] *interr pron* di chi? ◊ **whose car is this?**, di chi è questa auto?

whose [hu:z] *rel pron* del quale, dei quali; il cui.

why [waɪ] *interr adv* perché? ◊ **why not?**, perché no?

why [waɪ] *rel adv* per cui, perché.

wicked ['wɪkɪd] *adj* (*person*) malvagio ◊ (*weather*) pèssimo ◊ (*col*) eccezionale, stupendo.

wiker ['wɪkə*] *n* vìmine (*m*).

wide [waɪd] *adj* largo, ampio; aperto ◊ (*fig*) lontano.

wide [waɪd] *adv* lontano, fuori centro; ampiamente.

wide-awake [,waɪdə'weɪk] *adj* completamente sveglio.

widely ['waɪdlɪ] *adv* ampiamente.

widen ['waɪdn] *v tr, intr* allargare(-rsi), estèndere(-rsi).

wide-open [,waɪd'əʊpən] *adj* spalancato.

widespread ['waɪdpred] *adj* molto diffuso, esteso.

widow ['wɪdəʊ] *n* védova.

widower ['wɪdəʊə*] *n* védovo.

width [wɪdθ] *n* ampiezza.

wield [wi:ld] *v tr* maneggiare; esercitare.

wife (**wives**) [waɪf, waɪvz] *n* moglie (*f*), consorte (*f*).

wig [wɪg] *n* parrucca.

wigging ['wɪgɪŋ] n (fam) sgridata, rimprovero.

wiggle ['wɪgl] v tr, intr dimenare(-rsi).

wild [waɪld] adj (animal) selvàtico, feroce ◊ (tree) selvàtico ◊ (land) incolto ◊ (weather) tempestoso ◊ (idea, life) folle.

wilderness ['wɪldənɪs] n deserto, landa.

wildly ['waɪldlɪ] adv a casaccio.

wilful ['wɪlfʊl] adj (person) caparbio, ostinato ◊ (law) premeditato.

will [wɪl] n volontà (inv), volere (m) ◊ (law) testamento.

will [wɪl] v tr, intr volere; costringere; lasciare per testamento.

will [wɪl] auxiliary verb volere, desiderare.

will [wɪl] auxiliary verb in the future ◊ I will see you soon, ti vedrò presto.

willing ['wɪlɪŋ] adj volonteroso ◊ willing or not, volente o nolente.

willingly ['wɪlɪŋlɪ] adv volentieri.

willow ['wɪləʊ] n sàlice (m).

wilt [wɪlt] v intr, tr appassire.

wily ['waɪlɪ] adj astuto, furbo.

wimp [wɪmp] n imbranato.

win [wɪn] n vittoria; vìncita.

win, pt, pp **won** [wɪn, wʌn] v tr, intr vincere; guadagnare(-rsi).

wince [wɪns] v intr trasalire.

wind [wɪnd] n vento; fiato.

wind, pt, pp **wound** [waɪnd, waʊnd] v intr, tr avvòlgere, circondare; arrotolare(-rsi) ◊ (clock) caricare ◊ (road, river) serpeggiare.

wind-cheater ['wɪnd,tʃi:tə*] n giacca a vento.

windmill ['wɪnmɪl] n mulino a vento.

window ['wɪndəʊ] n finestra, finestrino ◊ (shop) vetrina.

window-sill ['wɪndəʊsɪl] n davanzale (m).

windscreen ['wɪndskri:n] n (car) parabrezza (m inv).

windscreen-wiper ['wɪndskri:n,waɪpə*] n (car) tergicristallo.

windsurf [wɪndsɜ:f] n windsurf.

windy ['wɪndɪ] adj ventoso.

wine [waɪn] n vino ◊ sparkling wine, spumante.

wing [wɪŋ] n ala.

wink [wɪŋk] v intr, tr ammiccare.

winner ['wɪnə*] n vincitore(-trice).

winning-post ['wɪnɪŋpəʊst] n (sport) traguardo.

winsome ['wɪnsəm] adj attraente.

winter ['wɪntə*] n inverno.

wipe [waɪp] v tr, intr asciugare ◊ (card) far passare, inserire (una carta di credito o una tessera).

wire ['waɪə*] n filo metàllico ◊ (AmE) telegramma (m) ◊ to send off a wire, spedire un telegramma.

wireless ['waɪəlɪs] n radio (f inv).

wisdom ['wɪzdəm] n saggezza.

wise [waɪz] adj saggio, prudente.

wish [wɪʃ] n desiderio; augurio ◊ my best wishes, i miei migliori auguri.

wish [wɪʃ] v tr, intr desiderare; augurare (-rsi) ◊ I wish I were there, vorrei essere là.

wit [wɪt] n intelletto, ingegno; spìrito, brìo.

witch [wɪtʃ] n strega.

with [wɪð] prep con; per mezzo di; a causa di ◊ with reference to, in riferimento a.

withdraw, pt **withdrew**, pp **withdrawn** [wɪð'drɔ:, wɪðdru:, wɪð'drɔ:n] v tr, intr ritirare(-rsi) ◊ (comm) prelevare.

wither ['wɪðə*] v intr, tr appassire.

withhold, pt, pp **withheld** [wɪð'həʊld, wɪð'held] v tr trattenere; rifiutare; celare.

withholding [wɪð'həʊldɪŋ] n (payment) trattenuta.

within [wɪ'ðɪn] adv dentro.

within [wɪ'ðɪn] prep entro.

without [wɪ'ðaʊt] prep senza.

witness ['wɪtnɪs] n testimone (m / f).

witty ['wɪtɪ] adj spiritoso.

wizard ['wɪzəd] n mago.

wobbly ['wɒblɪ] adj vacillante.

woeful ['wəʊfʊl] adj triste.

woke [wəʊk] pt of wake.

wolf (wolves) [wʊlf, wʊlvz] n lupo.

woman (women) [wʊmən, 'wɪmɪn] n donna.

won [wʌn] pt, pp of win.

wonder ['wʌndə*] n meraviglia.

wonder ['wʌndə*] v intr, tr meravigliarsi; domandarsi.

wonderful ['wʌndəfʊl] adj meraviglioso.

wont [wəʊnt] adj abituato.

won't [wəʊnt] short for will not.

wood [wʊd] *n* legno, legname (*m*) ◊ **woods**, bosco.

wood-cutter ['wʊd,kʌtə*] *n* boscaiolo.

wooden ['wʊdn] *adj* di legno.

woodwork ['wʊdwɜːk] *n* falegnamerìa.

wool [wʊl] *n* lana.

woollen ['wʊlən] *adj* di lana.

woolly-head ['wʊlɪhed] *n* persona dai capelli crespi.

wop [wɒpp] *n* guappo ◊ (*derog*) Italiano(-a).

word [wɜːd] *n* parola, vocàbolo ◊ **word processor**, (programma di) videoscrittura, word processor.

word [wɜːd] *v tr* redìgere, esprìmere, formulare.

word-splitting ['wɜːd,splɪtɪŋ] *n* pedanterìa.

wore [wɔː*] *pt of* **wear.**

work [wɜːk] *n* lavoro, attività (*inv*) ◊ (*literature*) òpera ◊ **works**, fabbrica, officina.

work (*rarely pt, pp* **wrought**) [wɜːk (rɔːt)] *v intr, tr* lavorare ◊ (*machine*) funzionare.

workaholic [,wɜːkə'hɒlɪk] *n* fanatico del lavoro.

worker ['wɜːkə*] *n* lavoratore(-trice).

workshop ['wɜːkʃɒp] *n* laboratorio, officina.

workstation [wə:k'steɪʃən] *n* stazione di lavoro.

work-to-rule ['wɜːktə,ruːl] *n* sciòpero bianco.

world [wɜːld] *n* mondo.

wordly ['wɜːldlɪ] *adj* terreno, secolare; mondano.

worm [wɜːm] *n* verme (*m*).

worm-eaten ['wɜːm,iːtn] *adj* (*wood*) tarlato.

worn [wɔːn] *pp of* **wear.**

worn [wɔːn] *adj* usato, sciupato.

worried ['wʌrɪd] *adj* preoccupato.

worry ['wʌrɪ] *n* ansia.

worry ['wʌrɪ] *v tr, intr* preoccupare(-rsi).

worse [wɜːs] *adj* (*comp bad*) peggiore.

horse [wɜːs] *adv* (*comp badly*) peggio.

worse [wɜːs] *n* peggio ◊ **from bad to worse**, di male in peggio.

worsen ['wɜːsn] *v tr, intr* peggiorare.

worship ['wɜːʃɪp] *n* culto.

worship ['wɜːʃɪp] *v tr, intr* adorare; ascoltare la messa.

worshipper ['wɜːʃɪpə*] *n* adoratore(-trice) ◊ **worshippers**, i fedeli.

worst [wɜːst] *adj* (*sup bad*) il peggiore.

worst [wɜːst] *adv* (*sup badly*) il peggio.

worth [wɜːθ] *adj* del valore di, meritèvole ◊ **it is worth nothing**, non vale niente; **to be worth while**, valere la pena.

worth [wɜːθ] *n* valore (*m*); mèrito.

worthless ['wɜːθlɪs] *adj* senza valore, indegno ◊ (*comm*) **a worthless cheque**, un assegno scoperto.

worth-while [,wɜːθ'waɪl] *adj* che vale la pena.

worthy ['wɜːðɪ] *adj* degno.

would [wʊd] *auxiliary verb in the conditional* ◊ **she would come if she could**, verrebbe, se potesse; **I would like**, mi piacerebbe.

would-be ['wʊdbɪː] *adj* aspirante.

wound [waʊnd] *pt, pp of* **wind.**

wound [wuːnd] *n* ferita.

wounded ['wuːndɪd] *adj* ferito.

wove [wəʊv] *pt of* **weave.**

woven [wəʊvən] *pp of* **weave.**

wrangle ['ræŋgl] *v intr* litigare.

wrap [ræp] *v tr, intr* avvòlgere(-rsi); incartare.

wrapper ['ræpə*] *n* invòlucro ◊ (*book*) copertina.

wrapping-paper ['ræpɪŋ,peɪpə*] *n* carta da imballaggio.

wrath [rɒθ] *n* ira.

wreak [riːk] *v tr* sfogare.

wreath [riːθ] *n* corona.

wreck [rek] *n* naufragio; relitto.

wreck [rek] *v tr* far naufragare; demolire.

wreckage ['rekɪdʒ] *n* naufragio, relitti (*m pl*) ◊ (*vehicles*) rottami (*m pl*) ◊ (*building*) macerie (*f pl*).

wrench [rentʃ] *v tr* strappare, tòrcere.

wrestle ['resl] *v intr, tr* lottare, combàttere.

wrestler ['reslə*] *n* lottatore(-trice).

wrestling ['reslɪŋ] *n* (*sport*) lotta.

wretched ['retʃɪd] *adj* infelice, squàllido, meschino.

wrick [rɪk] *n* storta leggera ◊ **wrick in the neck**, torcicollo.

wriggle ['rɪgl] *v intr, tr* contòrcere(-rsi).

wring, *pt, pp* **wrung** [rɪŋ, rʌŋ] *v tr* tòrcere, contòrcere.

wringing ['rɪŋɪŋ] *adj* (*pain*) lacerante ◊ (*person*) **wringing wet**, bagnato fradicio.

wrinkle ['rɪŋkl] *n* (*skin*) ruga ◊ (*clothes*) piega ◊ (*water*) increspatura ◊ (*fam*) suggerimento.

wrinkle ['rɪŋkl] *v tr*, *intr* corrugare(-rsi).

wrist [rɪst] *n* polso.

wrist-watch ['rɪstwɒtʃ] *n* orologio da polso.

write, *pt* **wrote**, *pp* **written** [raɪt, rəʊt, 'rɪtn] *v tr*, *intr* scrìvere ◊ **to write down**, trascrìvere; **to write out a cheque,** riempire un assegno.

write-off ['raɪt,ɒf] *n* (*fam*) pèrdita completa ◊ (*comm*) cancellazione (*f*).

writer ['raɪtə*] *n* scrittore(-trice).

write-up ['raɪt,ʌp] *n* recensione (*f*).

writhe [raɪð] *v intr* contòrcersi.

writing ['raɪtɪŋ] *n* lo scrìvere, scrittura; scritto.

writing-paper ['raɪtɪŋ,peɪpə*] *n* carta da lèttere.

written ['rɪtn] *pp of* **write**.

wrong [rɒŋ] *adj* cattivo, illegale; sbagliato ◊ **to be wrong**, avere torto, essere sbagliato; **this clock is wrong**, questo orologio è inesatto.

wrong [rɒŋ] *adv* male, in modo sbagliato; ingiustamente.

wrong [rɒŋ] *n* male (*m*); torto.

wrong [rɒŋ] *v tr* fare torto a.

wrong-doer [,rɒŋ'dʊə*] *n* trasgressore(-greditrice).

wrote [rəʊt] *pt of* **write**.

wrought [rɔːt] *pt, pp of* **work**.

wrought [rɔːt] *adj* lavorato ◊ (*metal*) battuto.

wrung [rʌŋ] *pt, pp of* **wring**.

wry [raɪ] *adj* storto, obliquo.

X

xerox ['zɪərɒks] *v tr*, *intr* fare fotocopie.

Xmas ['krɪsməs] *n abbr of* **Christmas**, Natale (*m*).

X-rated [,eks'reɪtɪd] *adj* volgare; vietato ai minori.

X-ray [,eks'reɪ] *v tr* radiografare.

Y

Yankee ['jæŋkɪ] *n* americano degli Stati Uniti ◊ (*AmE*) nativo della Nuova Inghilterra; nordista durante la guerra di Secessione.

yard [jɑːd] *n* (*measure*) iarda (= *914 mm*) ◊ (*house*) cortile (*m*), recinto ◊ **shipyard,** cantiere navale.

yarn [jɑːn] *n* filato ◊ (*fam*) storiella.

yawn [jɔːn] *v intr*, *tr* sbadigliare; dire sbadigliando ◊ **he yawned something**, disse qualcosa sbadigliando.

year [jɜː*] *n* anno; annata.

yearly [jɜːlɪ] *adj* ànnuo ◊ **yearly instalments**, rate annuali.

yearn [jɜːn] *v intr*, *tr* strùggersi, agognare, desiderare.

yell [jel] *v intr*, *tr* urlare.

yellow ['jeləʊ] *adj* (di) color giallo ◊ **the yellow press**, la stampa scandalistica.

yelp [jelp] *v intr* guaire.

yesterday ['jestədeɪ] *adv*, *n* ieri (*m inv*).

yet [jet] *adv* (*neg, interr sent*) ancora, già ◊ **not yet**, non ancora; **as yet**, finora.

yet [jet] *conj* ma, eppure, pure.

yield [jiːld] *v tr*, *intr* produrre, fruttare; arrèndersi.

yoga ['jəʊgə] *n* yoga.

yoghourt ['jəʊgəːt], **yogurt** ['jəʊgəːt] *n* yogurt.

yoke [jəʊk] *n* giogo.

yolk [jəʊk] *n* tuorlo.

you [juː] *pers pron* tu, voi; te, ti, vi ◊ **one of you**, uno di voi; **neither of you**, nessuno di voi due ◊ **you guys**, **you all**, (*AmE*) voi.

young [jʌŋ] *adj* giòvane.

your [jɔː*] *poss adj* tuo, tua, tuòi, tue; vostro, vostra, vostri, vostre.

yours [jɔːz] *poss pron* il tuo, la tua, i tuòi, le tue; il vostro, la vostra, i vostri, le vostre ◊ (*letter*) **yours sincerely**, cordialmente.

yourself (**yourselves**) [jɔː'self, jɔː'selvz] *refl pron* ti; vi ◊ (*emphatic*) tu stesso, voi stessi ◊ **by yourself**, da solo.

youth [juːθ] *n* gioventù (*f inv*); giòvane (*m / f*).

youthful ['juːθfʊl] *adj* giovanile, giòvane.
yuck [jʌk] *int* che schifo!

Z

zeal [ziːl] *n* zelo, ardore (*m*).
zest [zest] *n* aroma, gusto.

zinc [zɪŋk] *n* zinco.
zip [zɪp] *v tr, intr* sibilare.
zip-code ['zɪpˌkəʊd] *n* (*AmE*) còdice (*m*) di avviamento postale.
zipper ['zɪpə*] *n* cerniera.
zodiac ['zəʊdɪæk] *n* zodìaco.
zone [zəʊn] *n* zona, fascia.
zoom [zuːm] *n* rombo ◊ (*tv*) zumata ◊ **zoom** (**lens**), zoom, obiettivo a lunghezza focale variabile.

ITALIANO - INGLESE
ITALIAN - ENGLISH

A

a *prep (compl di termine)* to ◊ *(stl)* at, in ◊ *(mal)* to ◊ *(tempo)* at ◊ *(frequenza)* a, an ◊ **al giorno**, a day; **a pagina due**, on page two; **a piedi**, on foot.

abate *sm* abbot.

abbagliante *agg* dazzling ◊ *sm* (high-beam) headlights.

abbagliare *v tr* to dazzle.

abbaiare *v intr* to bark.

abbandonare *v tr* to abandon ◊ *(rinunciare)* to drop, to give up ◊ *v rifl (a passioni, ecc.)* to give os up to.

abbandono *sm* abandonment.

abbassare *v tr* to lower ◊ *(prezzi)* to bring down ◊ *(volume)* to turn down ◊ *v rifl* to bend down ◊ *(temperatura)* to fall ◊ *(fig)* to stoop.

abbasso *int* down ◊ **abbasso la violenza!**, down with violence!

abbastanza *avv* enough, fairly ◊ *(piuttosto)* rather.

abbàttere *v tr* to pull down, to demolish ◊ *(aerei)* to shoot down ◊ *(alberi)* to fell ◊ *v rifl* to lose heart, to be discouraged.

abbazìa *sf* abbey.

abbellire *v tr* to embellish ◊ *v rifl* to adorn os.

abbigliamento *sm* clothes ◊ *(sportivo)* sportswear.

abbinare *v tr* to couple ◊ *(colori)* to match ◊ *(nomi)* to link.

abbindolare *v tr* to cheat, to deceive, to take in.

abbisognare *v intr* to need.

abboccare *v intr* to bite.

abbonamento *sm (a giornale)* subscription ◊ *(ferroviario)* season ticket ◊ *(TV)* TV licence.

abbonare *v tr* to make sb a subscriber ◊ *v rifl* to subscribe.

abbonato(-a) *sm* subscriber ◊ *(ferroviario)* season-ticket holder.

abbondante *agg* abundant.

abbondantemente *avv* abundantly.

abbondanza *sf* abundance, plenty (of).

abbondare *v intr* to abound (in).

abbordàbile *agg* approachable ◊ *(spesa)* reasonable.

abbottonare *v tr* to button (up) ◊ *v rifl* to button one's clothes (up).

abbozzare *v tr* to sketch, to outline.

abbozzo *sm* sketch.

abbracciare *v tr* to hug ◊ *(fede, causa)* to embrace ◊ *v rec* to hug.

abbraccio *sm* embrace, hug.

abbreviare *v tr* to shorten.

abbreviazione *sf* abbreviation.

abbronzante *sm* suntan cream.

abbronzare *v tr, rifl* to tan.

abbronzatura *sf* (sun) tan.

abbrustolire *v tr (pane)* to toast ◊ *(carne)* to roast.

abdicare *v tr* to abdicate *(sthg)*.

abete *sm* fir (-tree).

abietto *agg* base, vile, abject.

àbile *agg* able, skilful ◊ **abile al servizio militare**, fit for military service.

abilità *sf inv* ability, skill.

abilitare *v tr* to qualify.

abilitazione *sf* qualification.

abilmente *avv* skilfully.

abissale *agg* abyssal.

abisso *sm* abyss, chasm.

abitante *sm / f* inhabitant, dweller.

abitare *v tr, intr* to dwell.

abitazione *sf* house, dwelling.

àbito *sm* (*uomo*) suit ◊ (*donna*) dress ◊ (*fatto*) ready-made clothes ◊ (*su misura*) clothes made to measure.

abituale *agg* usual, customary.

abituare *v tr* to accustom ◊ *v rifl* to accustom os (*to doing sthg*).

abitùdine *sf* habit ◊ (*usanza*) custom, use ◊ **prendere brutte abitudini**, to pick up bad habits.

abnorme *agg* abnormal.

abolire *v tr* to abolish, to repeal.

aborìgeno *agg, sm* aboriginal.

abortire *v tr* to have a miscarriage ◊ (*volontariamente*) to have an abortion.

aborto *sm* abortion, miscarriage.

abrasione *sf* abrasion.

abrogare *v tr* to repeal.

abside *sf* apse.

abusare *v intr* to abuse (*sthg*).

abusivo *agg* unauthorized.

abuso *sm* abuse, misuse.

acacia *sf* (*bot*) acacia.

accademia *sf* academy.

accadèmico(-a, -ci, -che) *agg* academic(al) ◊ *sm* academician.

accadere *v intr* to happen.

accaduto *sm* event, incident.

accalappiare *v tr* to catch.

accalcarsi *v rifl* to crowd.

accaldarsi *v rifl* to grow hot ◊ (*fig*) to get excited.

accampamento *sm* encampment, camp.

accampare *v tr, rifl* to camp ◊ (*una scusa*) to make an excuse.

accanito *agg* obstinate ◊ (*spietato*) ruthless ◊ **un accanito fumatore**, a chain-smoker.

accanto *avv* nearby ◊ **nella casa accanto**, in the house nearby ◊ *prep* by, beside, close to.

accantonare *v tr* to put aside.

accaparramento *sm* buying up.

accapigliarsi *v rifl, rec* to come to blows ◊ (*fig*) to squabble.

accappatoio *sm* bath-robe.

accarezzare *v tr* to caress, to pet ◊ (*animale*) to stroke.

accasarsi *v rifl* to get married, to set up house.

accatastare *v tr* to heap up, to pile up ◊ (*legna*) to stack wood.

accattone(-a) *sm* beggar.

accavallare *v tr, rifl* to overlap ◊ (*gambe*) to cross (one's legs).

accecare *v tr* to blind.

accedere *v intr* to go (to) ◊ (*informatica*) to access.

accelerare *v tr* to accelerate.

acceleratore *sm* accelerator ◊ **premere l'acceleratore**, to step on the gas.

accèndere *v tr* to light ◊ (*luce, radio*) to switch on (the light, the radio) ◊ (*fig*) to arouse.

accendino *sm* lighter.

accennare *v tr* to mention, to touch (on), to refer (to), to hint (at).

accenno *sm* hint, mention.

accensione *sf* lighting ◊ (*tecn*) ignition.

accento *sm* accent.

accentrare *v tr* to centralize ◊ *v rifl* to be centralized ◊ (*fig*) to be focused.

accentratore(-trice) *sm* centralizer, person unwilling to delegate.

accentuare *v tr* to stress.

accerchiare *v tr* to encircle.

accertamento *sm* (*reddito*) assessment ◊ (*leg*) investigation ◊ (*cassa*) cash inventory.

accertare *v tr* to check ◊ (*reddito*) to assess ◊ *v rifl* to make sure.

acceso *agg* (*attr*) lighted ◊ (*pred*) lit (up, on) ◊ (*luce, TV*) on.

accessibile *agg* accessible ◊ (*fig*) approachable ◊ (*prezzi*) reasonable.

accesso *sm* access ◊ **divieto d'accesso**, no entry.

accessorio *agg, sm* accessory.

accettabile *agg* acceptable.

accettare *v tr* to accept.

accettazione *sf* reception.

acciacco(-chi) *sm* ailment, infirmity ◊ **essere pieno di acciacchi**, to be full of aches and pains.

acciaierìa *sf* steelworks.

acciaio *sm* steel ◊ **acciaio inossidabile**, stainless steel.

accidentalmente *avv* accidentally, by chance.

accidente *sm* accident ◊ (*disgrazia*) mishap, misfortune ◊ (*fam*) fit.

accidenti! *int* my goodness!

accìngersi *v rifl* to be about (to do sthg).

acciuga(-ghe) *sf* anchovy ◊ **stretti come acciughe**, packed like sardines (in a tin).

acclamazione *sf* acclamation.

acclùdere *v tr* to enclose ◊ (*comm*) **accludiamo...** please find herewith enclosed...

accluso *agg* enclosed.

accoccolarsi *v rifl* to squat.

accogliente *agg* pleasant.

accoglienza *sf* reception, welcome ◊ **fare buona (brutta) accoglienza**, to give a good (bad) welcome.

accògliere *v tr* to welcome.

accollarsi *v rifl* to take upon os.

accoltellare *v tr* to stab.

accomiatare *v tr* to dismiss ◊ *v rifl* to take one's leave.

accomodarsi *v rifl* (*sedersi*) to sit down ◊ (*entrare*) to come in.

accompagnamento *sm* **lettera d'accompagnamento** covering letter ◊ (*mus*) accompaniment.

accompagnare *v tr* to accompany, to take ◊ **accompagnare qc all'aeroporto**, to see sb off at the airport ◊ *v rifl* to join up with.

accompagnatore(-trice) *sm* companion ◊ (*comitiva*) guide ◊ (*cavaliere*) escort ◊ (*mus*) accompanist.

acconciatura *sf* hairstyle.

acconsentire *v intr* to consent.

accontentare *v tr* to satisfy ◊ *v rifl* to be satisfied with.

acconto *sm* down payment, advance.

accoppiare *v tr* to combine ◊ (*colori*) to match ◊ *v rifl* to couple ◊ (*animali*) to mate.

accorciare *v tr* to shorten, to abridge ◊ *v rifl* to get shorter.

accordare *v tr* to reconcile ◊ (*mus*) to tune up ◊ (*concedere*) to allow, to grant.

accordatore(-trice) *sm* tuner.

accordo *sm* agreement ◊ (*mus*) chord ◊ (*fig*) harmony ◊ **andare d'accordo**, to get on well together, **essere d'accordo**, to agree.

accòrgersi *v rifl* to realize.

accorgimento *sm* device.

accòrrere *v intr* to run.

accortezza *sf* shrewdness.

accorto *agg* shrewd, wary, prudent, on one's guard.

accostare *v tr* (*porta*) to set ajar ◊ *v rifl* to approach sb.

accovacciarsi *v rifl* to crouch.

accreditare *v tr* to credit ◊ (*una somma*) to credit sb with an amount.

accredito *sm* crediting ◊ **accredito bancario**, bank credit; **nota di accredito**, credit note.

accréscere *v tr, rifl* to increase.

accudire *v intr* to look after.

accumulare *v tr, rifl* to accumulate, to store.

accumulatore *sm* accumulator.

accuratezza *sf* accuracy.

accurato *agg* accurate, careful.

accusa *sf* accusation, charge.

accusare *v tr* to accuse (sb of doing sthg) ◊ (*dolore*) to complain of ◊ **accusare ricevuta di una lettera**, to acknowledge receipt of a letter.

accusato(-a) *sm* (*leg*) defendant.

accusatore(-trice) *sm* accuser ◊ (*leg*) prosecutor.

acerbo *agg* unripe ◊ (*fig*) immature, green ◊ (*aspro*) bitter ◊ (*vino*) sour.

àcero *sm* maple-tree.

aceto *sm* vinegar.

acidità *sf inv* acidity, sourness ◊ (*stomaco*) heartburn.

àcido *agg, sm* acid.

àcino *sm* grape.

acqua *sf* water ◊ **acqua potabile**, drinking water; **acqua corrente**, running water.

acquaforte(-eforti) *sf* (copper) etching.

acquaio *sm* sink.

acquario *sm* aquarium ◊ (*astr*) Aquarius.

acquàtico(-a, -ci, -che) *agg* aquatic.

acquazzone *sm* downpour.

acquedotto *sm* waterworks (*sing*).

acquerello *sm* watercolour.

acquirente *sm / f* buyer, purchaser.

acquisire *v tr* to acquire.

acquistare *v tr* to buy, to purchase ◊ (*esperienza, terreno*) to gain.

acquisto *sm* purchase ◊ **uscire per acquisti**, to go shopping.

acquitrino *sm* marsh, bog.

acquitrinoso *agg* marshy, boggy.

acquolina *sf* **far venire l'acquolina in bocca**, to make sb's mouth water.

acquoso *agg* watery.

acre *agg* acrid.

acrèdine *sf* acrimony, harshness.

acrìlico(-a, -ci, -che) *agg* acrylic.

acròbata *sm / f* acrobat.

acrobazìa *sf* acrobatics ◊ **fare acrobazie**, to perform stunts, to stunt, to perform acrobatics.

acuìre *v tr* to sharpen ◊ **acuire l'ingegno**, to sharpen one's mind.

acume *sm* acumen, sharpness of mind, insight.

acùstica(-che) *sf* acoustics (*scienza, sing; di ambiente, pl*).

acùstico(-a, -ci, -che) *agg* acoustic.

acuto *agg* sharp, pointed ◊ (*suono*) shrill, piercing ◊ (*fig*) sharp, keen ◊ **angolo acuto**, acute angle.

adagiare *v tr* to lay (down) with care ◊ *v rifl* to lie down.

adagio *avv* slowly ◊ (*con cautela*) gently.

adattàbile *agg* adaptable.

adattabilità *sf inv* adaptability.

adattamento *sm* adaptation.

adattare *v tr* to fit ◊ *v rifl* to adapt os, to make the best of sthg.

adatto *agg* fit, suitable.

addebitare *v tr* to debit.

addebito *sm* charge, debit ◊ **nota di addebito**, debit note.

addensare *v tr, rifl* to thicken.

addentrarsi *v rifl* to penetrate.

addentro *avv* within, inside.

addestrare *v tr* to train ◊ (*mil*) to drill ◊ (*cavallo*) to break in.

addetto *agg* employed ◊ *sm* **addetto alle vendite**, sales person; **non addetto ai lavori** unauthorized person.

addìo *sm, int* good-bye.

addirittura *avv* absolutely ◊ (*perfino*) even.

addirsi *v rifl* to suit, to become.

additare *v tr* to point at (to).

addizionare *v tr* to add up.

addizione *sf* addition, sum.

addobbare *v tr* to decorate.

addolcire *v tr* to sweeten ◊ *v rifl* to calm down, to soften.

addolorare *v tr* to grieve ◊ *v rifl* to be grieved.

addolorato *agg* sorrowful, sorry.

addome *sm* abdomen.

addomesticare *v tr* to tame.

addormentare *v tr* to send to sleep ◊ *v rifl* to fall asleep, to go to sleep.

addormentato *agg* asleep, sleeping ◊ (*fig*) dopey.

addossare *v tr* to burden with ◊ *v rifl* to take upon os.

addosso *avv* on.

adeguare *v tr* to adjust, to conform to ◊ *v rifl* to conform os.

adeguato *agg* adequate.

adempiere *v tr* to fulfil.

adempimento *sm* fulfilment.

aderente *agg* (*abito*) close-fitting ◊ *sm / f* supporter.

aderire *v intr* to adhere ◊ (*fig*) to accept ◊ (*parteggiare*) to support.

adesione *sf* support.

adesivo *agg* adhesive, self-sticking ◊ *sm* sticker.

adesso *avv* now, at present ◊ (*poco fa*) just now ◊ (*fra poco*) any moment now.

adiacente *agg* adjacent, next.

àdipe *sm* fat.

adiposo *agg* adipose, fat, plump.

àdito *sm* (*fig*) **dare adito a dicerie**, to give rise to gossip.

adolescente *sm / f* teenager.

adolescenza *sf* adolescence ◊ **essere nell'adolescenza**, to be in one's teens.

adombrare *v tr, rifl* to become suspicious.

adoperare *v tr* to use, to make use (of).

adorare *v tr* to adore ◊ (*relig*) to worship.

adorazione *sf* adoration, worship.

adornare *v tr* to adorn ◊ *v rifl* to adorn os.

adottare *v tr* to adopt.

adottivo *agg* adoptive (parents), adopted (child).

adozione *sf* adoption.

adulare *v tr* to flatter.

adulazione *sf* flattery.

adulterare *v tr* to adulterate.

adulterio *sm* adultery.

adùltero(-a) *sm* adulter(-teress).

adulto(-a) *agg* adult ◊ *sm* adult, grown up.

adunanza *sf* meeting, assembly.

adunco(-a, -chi, -che) *agg* hooked.

aèreo *agg* aerial ◊ **posta aerea**, air mail ◊ *sm* aircraft, plane.

aerobica *sf* aerobics.

aerodinamico *agg* aerodynamic ◊ (*affusolato*) streamlined.

aeromodellismo *sm* model aircraft construction.

aeronàutica(-che) *sf* aeronautics *sing* ◊ **l'aeronautica britannica**, the Royal Air Force.

aeroplano *sm* aeroplane, airplane.

aeroporto *sm* airport.

aerosol *sm* (*chim*) aerosol ◊ (*terapia*) inhalation.

afa *sf* sultriness, closeness.

affàbile *agg* affable, kindly.

affabilità *sf inv* affability.

affaccendarsi *v rifl* to be busy (doing sthg).

affaccendato *agg* busy.

affacciarsi *v rifl* to appear (at) ◊ (*essere esposto*) to face, to look.

affamato *agg* starving.

affannarsi *v rifl* to be worried, to be anxious.

affanno *sm* shortness of breath ◊ (*fig*) worry, anxiety.

affannoso *agg* laboured ◊ (*fig*) anxious.

affare *sm* (*faccenda*) matter, business ◊ (*comm*) *pl* business (*sing*) ◊ **questo è un affare**, this is a bargain ◊ **gli affari sono affari**, business is business; **bada agli affari tuoi**, mind your business; **affari di cuore**, love affair; **mettersi negli affari**, to go into business; **affare fatto**, settled, agreed.

affascinante *agg* fascinating.

affascinare *v tr* to fascinate.

affaticare *v tr* to tire ◊ (*occhi*) to strain one's eyes ◊ *v rifl* to get tired, to tire oneself.

affatto *avv* completely, entirely ◊ **niente affatto**, not at all.

affermare *v tr* to assert ◊ *v rifl* to make oneself known, to assert oneself.

affermazione *sf* statement ◊ (*successo*) achievement.

afferrare *v tr* to seize, to catch ◊ (*fig*) to grasp.

affettare *v tr* to slice.

affettato *sm* (*carne*) sliced salami, sliced ham.

affetto *sm* affection ◊ *agg* (*med*) afflicted (with).

affettuosamente *avv* affectionately ◊ (*nelle lettere*) love.

affettuoso *agg* affectionate, fond.

affezionarsi *v rifl* to become fond (of).

affezionato *agg* affectionate, fond.

affezione *sf* affection, fondness.

affiatamento *sm* understanding.

affidamento *sm* trust, confidence.

affidare *v tr* to entrust ◊ *rifl* to place one's trust in sb.

affievolirsi *v rifl* to die out.

affiggere *v tr* to stick.

affilare *v tr* to sharpen.

affinare *v tr* to sharpen ◊ (*ingegno*) to make one's mind keener.

affinché *cong* so that, in order that.

affinità *sf inv* affinity.

affiorare *v intr* to come to the surface, to emerge.

affissione *sf* bill-posting ◊ **vietata l'affissione**, stick no bills.

affittare *v tr* (*dare in affitto*) to let ◊ (*prendere in affitto*) to rent ◊ (*macchina*) to hire (out) ◊ (*noleggiare*) to hire.

affitto *sm* rent.

afflitto *agg* afflicted, sad.

afflizione *sf* affliction, distress.

afflosciarsi *v pron* to become flabby, to droop.

affluenza *sf* (*gente*) crowd.

affluire *v intr* to flow ◊ (*gente*) to flock.

affogare *v tr, intr* to drown ◊ *v rifl* to drown oneself.

affogato *agg* (*uovo*) poached.

affollamento *sm* (over-)crowding.

affollare *v tr* to crowd ◊ *v rifl* to crowd together, to throng.

affondare *v tr, intr, rifl* to sink.

affrancare *v tr* to free ◊ (*lettera*) to stamp.

affrancatura *sf* postage.

affranto *agg* broken, worn out.

affrescare *v tr* to fresco.

affresco(-chi) *sm* fresco.

affrettarsi *v rifl* to hurry.

affrontare *v tr* to face ◊ (*questione*) to deal with, to tackle ◊ *v rifl* to confront each other.

affronto *sm* insult, affront.

affumicare *v tr* to fill with smoke ◊ (*alimenti*) to smoke.

afoso *agg* sultry, heavy, close.

agenda *sf* diary.

agente *sm / f* agent ◊ (*polizia*) policeman ◊ (*med chim*) agent.

agenzìa *sf* agency ◊ (*succursale*) branch office ◊ **agenzia di viaggi**, travel agency.

agevolare *v tr* to facilitate.

agevolazione *sf* facilitation.

agévole *agg* easy.

agganciare *v tr* to hook up, to fasten.

aggeggio *sm* gadget, trifle.

aggettivo *sm* adjective.

aggiogare *v tr* to yoke ◊ (*fig*) to subjugate.

aggiornamento *sm* updating ◊ **corso di aggiornamento**, refresher course.

aggiornare *v tr* to postpone, to bring up to date ◊ *v rifl* to keep (to bring) os up to date.

aggiudicare *v tr* to award ◊ (*vendita all'asta*) to knock down ◊ **aggiudicato**, gone.

aggiùngere *v tr* to add.

aggiunta *sf* addition.

aggiustare *v tr* to repair, to fix ◊ (*conti*) to settle ◊ *v rifl* to tidy os ◊ *v rec* to come to an agreement.

aggrapparsi *v rifl* to cling, to grasp.

aggravare *v tr* to make worse ◊ *v rifl* to get worse.

aggredire *v tr* to attack, to assault.

aggregato *sm* aggregate ◊ *agg* aggregated.

aggressione *sf* aggression, attack, assault.

aggressivo *agg* aggressive.

aggressore *sm* aggressor, assailant, attacker.

aggrottare *v tr* (*sopracciglia*) to knit one's eyebrows, to frown.

aggrovigliare *v tr* to tangle ◊ *v rifl* to get entangled ◊ (*fig*) to become complicated.

aggrumare *v tr, rifl* to clot.

agguantare *v tr* to seize, to catch.

agguato *sm* ambush.

agiatezza *sf* comfort, affluence.

agiato *agg* wealthy, well-to-do.

agìbile *agg* fit for use.

agibilità *sf inv* practicability, operativeness.

àgile *agg* agile, nimble.

agilità *sf inv* agility, nimbleness.

agio *sm* ease, comfort ◊ **sentirsi a proprio agio**, to be at one's ease.

agire *v tr* to act, to do ◊ (*comportarsi*) to behave.

agitare *v tr* to upset ◊ (*scuotere*) to shake ◊ *v rifl* to get excited, to become upset ◊ (*bambino*) to fidget ◊ (*mare*) to get rough.

agitazione *sf* agitation, unrest ◊ **mettersi in agitazione**, to get worked up.

àglio *sm* garlic.

agnello *sm* lamb ◊ (*pelle*) lambskin.

ago(-ghi) *sm* needle.

agonìa *sf* agony.

agonismo *sm* competitive spirit.

agonista *sm / f* agonist, athlete.

agonistico *agg* agonistic.

agonizzare *v intr* to be on the point of death ◊ (*fig*) to decline.

agosto *sm* August ◊ **arrivò il due di agosto**, he arrived on August the second, on the 2nd of August.

agrario *agg* agrarian ◊ (*scuola*) agricultural ◊ *sm* landowner.

agreste *agg* agrestic, rural.

agrìcolo *agg* agrarian, agricultural ◊ (*prodotti*) farm (*attr*).

agricoltore *sm* farmer.

agricoltura *sf* agriculture.

agrifoglio *sm* holly.

agriturismo *sm* farm holiday.

agro *agg* sour.

agrodolce *agg* bitter-sweet ◊ (*cucina*) sweet-and-sour.

agrume *sm* citrus fruit.

aguzzare *v tr* to sharpen (*anche fig*).

aguzzo *agg* sharp-pointed.

aia *sf* threshing-floor.

AIDS *sm / f* (*med*) AIDS.

aiuola *sf* flowerbed ◊ (*spartitraffico*) central reservation ◊ (*AmE*) median strip.

aiutante *sm / f* helper, assistant.

aiutare *v tr* to help, to assist.

aiuto *sm* help, assistance.

aizzare *v tr* to incite, to instigate ◊ **aizzare un cane contro qc**, to set a dog on sb.

ala(-i) *sf* wing (*anche sport*).

alano *sm* mastiff.

alba *sf* dawn.

albeggiare *v intr* to dawn.

alberare *v tr* to plant with trees.

albergatore(-trice) *sm* hotel-keeper, hotel manager.

albergo(-ghi) *sm* hotel.

àlbero *sm* tree ◊ (*naut*) mast ◊ (*mecc*) shaft.

albicocca(-che) *sf* apricot.

album *sm* album ◊ (*disegno*) sketch-book.

albume *sm* albumen, white of an egg, egg white.

alce *sm* elk.

alcolico *agg* alcoholic ◊ *sm* alcoholic drink.

alcolismo *sm* alcoholism.

alcolizzato *sm* alcoholic.

àlcool *sm inv* alcohol.

alcuno *agg* some (*in frasi aff*) ◊ any (*in frasi neg, interr, dub*) ◊ no (*in frasi neg come attr*) ◊ *pron indef* some, a few ◊ (*in frasi neg, interr, dub, per persone*) anyone, anybody; (*per cose*) any.

aldilà *sm inv* life after death, hereafter.

alfabetico *agg* alphabetical.

alfabeto *sm* alphabet.

alfiere *sm* ensign-bearer ◊ (*scacchi*) bishop.

alga(-ghe) *sf* seaweed.

aliante *sm* glider.

àlibi *sm inv* alibi.

alice *sf* anchovy.

alienare *v tr* to alienate ◊ *v rifl* to cut os off (from).

alienato(-a) *agg* alienated, estranged ◊ *sm* mentally deranged person, lunatic.

alienazione *sf* alienation, estrangement ◊ (*mentale*) insanity.

alieno(-a) *agg* alien.

alimentare *v tr* to feed, to nourish ◊ *v rifl* to feed on ◊ *agg* alimentary ◊ **generi alimentari**, foodstuffs.

alimentazione *sf* nourishment.

alimento *sm* food ◊ (*leg*) **alimenti**, alimony.

aliscafo *sm* hydrofoil.

alisei *sm pl* (*venti*) trade-winds.

àlito *sm* breath.

allacciare *v tr* to lace (up), to zip (up) ◊ (*cintura*) to fasten.

allagamento *sm* flood, inundation.

allagare *v tr* to flood.

allargare *v tr, rifl* to widen ◊ (*vestito*) to let out.

allarmare *v tr* to alarm.

allarme *sm* alarm ◊ **dare l'allarme**, to give the alarm; **falso allarme**, false alarm.

allarmismo *sm* alarmism.

allarmista *sm / f* alarmist, scaremonger.

allattare *v tr* (*animale*) to suckle ◊ (*donna*) to breast-feed ◊ (*artificialmente*) to bottle-feed.

alleanza *sf* alliance, league, union.

allearsi *v rifl* to make an alliance.

alleato(-a) *sm* ally ◊ *agg* allied.

allegare *v tr* to adduce, to allege ◊ (*denti*) to set on edge ◊ **alleghiamo alla presente**, we enclose herewith.

alleggerire *v tr* to lighten.

allegorìa *sf* allegory.

allegramente *avv* cheerfully.

allegrezza *sf* cheerfulness, joy.

allegrìa *sf* mirth, cheerfulness.

allegro *agg* cheerful, happy.

allenamento *sm* training.

allenare *v tr, rifl* to train.

allenatore(-trice) *sm* trainer, coach.

allentare *v tr, rifl* to loosen.

allergìa *sf* allergy.

allergico *agg* allergic (to).

allestire *v tr* to prepare ◊ (*vetrina*) to dress.

allettante *agg* tempting, inviting.

allettare *v tr* to allure, to attract.

allevamento *sm* (*animali*) breeding ◊ (*piante*) rearing.

allevare *v tr* (*bambini*) to raise, to bring up ◊ (*animali*) to breed ◊ (*piante*) to rear.

allevatore *sm* breeder, farmer.

allibito *agg* shocked, astounded.

allibratore *sm* bookmaker.

allietare *v tr, rifl* to cheer up.

allievo *sm* pupil, student ◊ (*mil*) cadet.

alligatore *sm* (*zool*) alligator.

allocco(-a, -chi, -che) *sm* fool.

allòdola *sf* lark, skylark.

alloggiare *v tr* to lodge, to put up, to accommodate.

alloggio *sm* accommodation ◊ (*casa*) house, flat ◊ **vitto e alloggio**, board and lodging.

allontanare *v tr* to remove, to send away ◊ *v rifl* to go away.

allora *avv* then, at that time, in those days ◊ **da allora**, since then, from then on.

alloro *sm* laurel.

alluce *sm* (*anat*) big toe.

allucinante *agg* awful, haunting.

allucinato(-a) *agg* hallucinated, confused ◊ *sm* person suffering from hallucinations.

allucinazione *sf* hallucination.

allùdere *v intr* to allude (to).

alluminio *sm* aluminium ◊ (*AmE*) aluminum.

allusione *sf* allusion, hint, reference.

alluvione *sf* flood, alluvion.

almanacco(-chi) *sm* almanac, calendar.

almeno *avv* at least.

alogeno *agg* halogen.

alone *sm* (*astr*) halo ◊ (*fig*) halo, aura ◊ (*di macchia*) ring.

alpestre *agg* mountainous.

alpinismo *sm* mountaineering.

alpinista *sm* mountaineer.

alt *int* halt, stop ◊ *sm* halt.

altalena *sf* swing ◊ (*fig*) indecision.

altare *sm* altar.

alterare *v tr* to alter ◊ *v rifl* to change ◊ (*cibo*) to go bad ◊ (*arrabbiarsi*) to get angry ◊ (*merci*) to deteriorate.

alternare *v tr, rifl* to alternate.

alternativa *sf* alternative.

alternativo *agg* alternative.

alterno *agg* alternate.

altero *agg* proud, haughty.

altezza *sf* height ◊ (*di stoffa*) width ◊ **Vostra Altezza**, Your Highness ◊ **essere all'altezza di**, to be up to.

alticcio *agg* tipsy.

altitùdine *sf* altitude, height.

alto *agg* high ◊ (*profondo*) deep ◊ (*statura*) tall ◊ (*stoffa*) wide ◊ (*fig*) high, lofty ◊ **ad alta voce**, aloud, in a loud voice; **le classi alte**, the upper classes.

altoparlante *sm* loudspeaker.

altrettanto *agg, pron* as much, as many (*pl*)

◊ **altrettanto!** the same to you!

altri *pron pl* others, some, somebody.

altrimenti *avv* otherwise.

altro *agg, pron* (an)other ◊ (*in più*) more ◊ **nessun altro**, nobody else; **non faccio altro che studiare**, I do nothing but study; **un giorno o l'altro**, one of these days.

altronde *avv* (*d'altronde*) on the other hand.

altrove *avv* somewhere else.

altrùi *pron inv* others, other people ◊ *agg* other people's.

altruìsmo *sm* altruism, unselfishness.

altruista *sm / f* altruist.

alunno *sm* pupil, schoolboy.

alveare *sm* hive.

alzare *v tr* to raise ◊ *v rifl* to rise ◊ (*da letto*) to get up.

amàbile *agg* lovable ◊ (*vino*) sweet.

amaca(-che) *sf* hammock.

amalgamare *v tr, rifl* to amalgamate, to mix.

amante *sm / f* lover, sweetheart ◊ *agg* fond (of).

amare *v tr* to love, to be fond of ◊ *v rec* to love each other (one another).

amareggiare *v tr* to embitter ◊ *v rifl* to grieve, to grow bitter.

amarena *sf* (*bot*) sour black cherry.

amaretto *sm* macaroon.

amarezza *sf* bitterness.

amaro *agg* bitter ◊ *sm* (*liquore*) bitters.

ambasciata *sf* embassy ◊ (*messaggio*) message.

ambasciatore(-trice) *sm* ambassador.

ambedùe *agg, pron inv* both.

ambientale *agg* environmental.

ambientalista *agg, sm / f* environmentalist.

ambientare *v tr* to acclimatize ◊ (*film*) to set ◊ *v rifl* to get used to one's surroundings.

ambiente *sm* environment ◊ (*fig*) background.

ambiguità *sf inv* ambiguity, ambiguousness.

ambìguo *agg* ambiguous.

ambire *v tr* to long for, to aspire to.

àmbito *sm* (*fig*) sphere.

ambizione *sf* ambition.

ambizioso(-a) *agg* ambitious, vain.

ambra *sf* amber.

ambulante *agg* itinerant, travelling ◊ *sm* pedlar.

ambulanza *sf* ambulance.

ambulatorio *sm* surgery ◊ (*ospedale*) outpatients' department.

ameno *agg* pleasant, agreeable.

amianto *sm* (*min*) asbestos.

amichevole *agg* friendly.

amicizia *sf* friendship.

amico(-a, -ci, -che) *sm* friend ◊ (*amante*) lover ◊ *agg* friendly.

àmido *sm* starch.

ammaccare *v tr* to bruise ◊ (*metallo*) to dent ◊ *v rifl* to get bruised.

ammaccatura *sf* bruise ◊ (*metallo*) dent.

ammalarsi *v rifl* to fall ill.

ammalato(-a) *agg* ill, sick (*attr*) ◊ *sm* patient.

ammanco(-chi) *sm* shortage.

ammaraggio *sm* alighting on the water, mooring.

ammassare *v tr* to hoard ◊ *v rifl* to throng together.

ammasso *sm* mass, heap.

ammattire *v intr* to go mad.

ammazzare *v tr* to kill ◊ *v rifl* to kill os ◊ **ammazzarsi di lavoro**, to work os to death.

amméttere *v tr* to admit ◊ **ammesso che**, supposing that.

ammiccare *v intr* to wink (at).

amministrare *v tr* to administer.

amministrativo *agg* administrative.

amministratore *sm* manager, director ◊ **amministratore delegato** managing director.

amministrazione *sf* administration.

ammiraglio *sm* admiral.

ammirare *v tr* to admire, to be amazed at.

ammiratore(-trice) *sm* admirer ◊ (*di divo*) fan.

ammirazione *sf* admiration, wonder.

ammissione *sf* admittance ◊ **esame d'ammissione**, entrance examination.

ammobiliare *v tr* to furnish.

ammonìaca *sf* ammonia.

ammonimento *sm* warning, admonition.

ammonire *v tr* to warn, to admonish.

ammonizione *sf* admonition, reproof ◊ (*sport*) warning.

ammontare *v intr* to amount (to) ◊ *sm* amount.

ammorbidire *v tr, rifl* to soften.

ammortizzare *v tr* (*econ*) to amortize ◊ (*mecc*) to damp, to cushion.

ammucchiare *v tr, rifl* to pile up.

ammuffire *v intr* to grow mouldy.

ammutinamento *sm* mutiny, rebellion.

ammutinarsi *v rifl* to mutiny.

ammutolire *v intr* to be struck dumb, to keep silent.

amnesìa *sf* amnesia, loss of memory.

amnistìa *sf* amnesty.

amo *sm* fish-hook ◊ (*fig*) bait.

amore *sm* love ◊ **fare all'amore**, to make love (to); **per amore o per forza**, willy-nilly; **amor proprio**, self-esteem.

amoreggiare *v intr* to flirt.

amorévole *agg* loving, fond.

amorfo *agg* amorphous ◊ (*fig*) colourless.

ampiezza *sf* width ◊ (*fig*) breadth ◊ **ampiezza di vedute**, broad-mindedness.

ampio *agg* wide ◊ (*vestito*) loose ◊ **di ampio respiro**, far-reaching.

amplesso *sm* embrace.

ampliamento *sm* widening, broadening.

ampliare *v tr* to enlarge ◊ (*fig*) to broaden ◊ *v rifl* to become larger.

amplificare *v tr* to amplify.

amplificatore *sm* amplifier.

ampolla *sf* (*per olio, aceto*) cruet.

ampolloso *agg* bombastic, pompous.

amputare *v tr* to amputate ◊ (*fig*) to cut.

amuleto *sm* amulet, talisman.

anabbagliante *sm* low-beam headlight ◊ **mettere gli anabbaglianti**, to dip the headlights.

anàgrafe *sf* register of births, marriages and deaths ◊ (*ufficio*) registry office.

analcòlico(-a, -ci, -che) *agg* nonalcoholic ◊ *sm* soft drink.

analfabeta *agg, sm / f* illiterate.

analfabetismo *sm* illiteracy.

analgèsico(-a, -ci, -che) *agg, sm* analgesic.

anàlisi *sf inv* analysis ◊ (*sangue*) blood test ◊ **analisi grammaticale**, grammatical analysis.

analista *sm / f* analyst.

analizzare *v tr* to analyse.

analogìa *sf* analogy.

analogo *agg* analogous, similar.

ànanas *sm inv* pineapple.

anarchìa *sf* anarchy.

anàrchico(-a, -ci, -che) *agg* anarchic ◊ *sm* anarchist.

anatomìa *sf* anatomy.

ànatra *sf* duck ◊ (*selvatica*) wild duck.

anatròccolo *sm* duckling.

anca(-che) *sf* hip.

anche *avv* also, too ◊ **anch'io**, me too ◊ **non solo... ma anche...**, not only... but also... ◊ (*cong*) **anche se**, even if.

ancheggiare *v tr* to wiggle (one's hips).

àncora *sf* anchor.

ancóra *avv* still ◊ (*di nuovo*) again ◊ (*più*) more ◊ **non ancora**, not yet ◊ (*nei comp*) even ◊ (*tempo*) **ancora un po'**, a little longer.

ancorare *v tr rifl* to anchor.

andamento *sm* trend, state.

andare *v intr* to go ◊ (*salute*) to be, to get on ◊ (*funzionare*) to work ◊ (*vestiti, andare bene*) to suit ◊ (*misure*) to fit ◊ (*armonizzare*) to match ◊ (*piacere*) to like ◊ (*moda*) to be fashionable ◊ **come va?**, how are you?; **vado e vengo**, I'll be back in a minute; **andare a piedi**, to go on foot, to walk; **andare all'aria**, to fall through; **andare a male** (*cibo*), to go bad, to go off; **andare a tastoni**, to grope; **va da sé che**, it goes without saying that; **andare d'accordo con**, to get on well with; **andarsene**, to go away.

andare *sm inv* gait, way of walking ◊ **a lungo andare**, in the long run, in time.

andata *sf* outward journey ◊ **biglietto di andata (andata e ritorno)**, single (return) ticket.

andato *agg* (*passato*) past, gone by ◊ (*rovinato*) ruined ◊ (*spacciato*) done for.

andirivieni *sm inv* coming and going.

andrologo *sm* (*med*) andrologyst.

anèddoto *sm* anecdote.

anelare *v intr* to long, to yearn.

anello *sm* ring.

anemìa *sf* anaemia.

anèmico(-a, -ci, -che) *agg* anaemic.

anestesìa *sf* (*med*) anaesthesia.

anestètico(-a, -ci, -che) *agg, sm* anaesthetic.

anestetizzare *v tr* to anaesthetize.

anfibio *agg* amphibious ◊ *sm* amphibian.

anfiteatro *sm* amphitheatre.

angèlico(-a, -ci, -che) *agg* angelic.

àngelo *sm* angel ◊ (*custode*) guardian angel.

angherìa *sf* vexation, injustice.

anglicano(-a) *agg, sm* Anglican.

àngolo *sm* corner.

angoscia *sf* anguish.

angoscioso *agg* distressing.

anguilla *sf* eel.

angustia *sf* poverty, distress.

anice *sm* (*bot*) anise.

ànima *sf* soul ◊ (*spirito*) spirit ◊ (*gemella*) soul mate ◊ **non c'era anima viva**, there wasn't a living soul.

animale *sm, agg* animal.

animare *v tr* to animate, to enliven ◊ *v rifl* to become animated (lively).

animatore(-trice) *sm* organizer.

ànimo *sm* mind ◊ (*coraggio*) courage ◊ **stato d'animo**, state of mind; **fatti animo**, cheer up; **perdersi d'animo**, to lose heart.

animosità *sf inv* animosity, resentment.

annaffiare *v tr* to water.

annaffiatoio *sm* watering can.

annata *sf* year ◊ (*vino*) vintage wine.

annegare *v tr, rifl, intr* to drown, to be (to get) drowned, to drown os.

annerire *v tr* to blacken.

annèttere *v tr* to annexe.

annidarsi *v rifl* to nestle, to lurk ◊ (*dubbio*) to take root.

annientare *v tr* to annihilate.

anniversario *sm* anniversary.

anno *sm* year ◊ **da anni**, for years; **gli anni 20**, the 20s; **un bambino di 10 anni**, a 10-year-old child.

annodare *v tr* to tie, to knot.

annoiare *v tr* to bore ◊ *v rifl* to get bored.

annotare *v tr* to note down.

annuale *agg* annual, yearly.

annuìre *v intr* to nod, to agree.

annullamento *sm* cancellation.

annullare *v tr* to cancel.

annunciare *v tr* to announce.

annunciatore(-trice) *sm* announcer.

annuncio *sm* announcement ◊ (*econ*) advertisement.

annusare *v tr* to smell (*anche fig*) ◊ (*cane*) to sniff.

ano *sm* (*anat*) anus.

anomalìa *sf* anomaly.

anòmalo *agg* anomalous.

anonimato *sm* anonymity.

anònimo(-a) *agg* anonymous ◊ *sm* unknown person.

anormale *agg* abnormal.

anormalità *sf inv* abnormality.

ansia *sf* to anxiety.

ansietà *sf inv* anxiety.

ansimare *v intr* to pant, to gasp.

ansioso *agg* anxious.

antagonismo *sm* antagonism.

antecedente *agg* previous, preceding ◊ *sm / f* antecedent.

antefatto *sm* prior event.

antenato(-a) *sm* ancestor, forefather.

antenna *sf* (*TV*) aerial ◊ **antenna parabolica**, parabolic aerial.

anteporre *v tr* to place before.

anteprima *sf* (*cinema*) preview.

anteriore *agg* previous ◊ (*sedile*) front.

antesignano(-a) *sm* forerunner.

antiaèreo *agg* anti-aircraft.

antibiotico *agg, sm* antibiotic.

anticàmera *sf* hall.

anticellulite *agg* anti-cellulite.

antichità *sf inv* antiquity ◊ *pl* antiques ◊ **negozio di antichità**, antique shop.

anticipare *v tr* to anticipate ◊ (*pagamenti*) to pay in advance.

anticipo *sm* (*somma*) advance ◊ (*caparra*) deposit ◊ **in anticipo**, in advance.

antico(-a, -chi, -che) *agg* ancient ◊ (*mobile*) antique.

anticoncezionale *agg, sm* contraceptive.

anticonformista *agg, sm / f* nonconformist.

antidemocratico *agg* antidemocratic.

antidepressivo *agg* (*med*) antidepressant.

antìdoto *sm* antidote.

antifurto *agg* antitheft ◊ *sm* burglar alarm.

antigelo *agg, sm* antifreeze.

antìlope *sf* antelope.

antincendio *agg inv* fire (*attr*).

antinebbia *agg inv* fog (*attr*).

antinevràlgico(-ci) *sm* painkiller.

antipasto *sm* hors d'oeuvre, appetizer.

antipatìa *sf* aversion, dislike.

antipàtico(-a, -ci, -che) *agg* unpleasant.

antipiretico *agg, sm / f* (*med*) antipyretic.

antipodi *sm pl* antipodes.

antiproiettile *agg* bullet-proof (*attr*).

antiquario(-a) *sm* antique dealer, antiquarian.

antiquato *agg* old-fashioned.

antisèttico(-a, -ci, -che) *agg* antiseptic.

antisismico *agg* earthquake-proof.

antistaminico *sm* antihistamine.

antitetanica *sf* (*med*) antitetanus injection.

antivipera *agg* anti-viper ◊ **siero antivipera**, anti-viper serum.

antologìa *sf* anthology.

antropologìa *sf* anthropology.

antropòlogo(-a, -gi, -ghe) *sm* anthropologist.

anulare *sm* ring finger.

anzi *cong* on the contrary, or rather.

anziano *agg* elderly, old.

anziché *cong* rather than (do sthg).

anzitutto *avv* first of all.

apatìa *sf* apathy, listlessness.

apàtico(-a, -ci, -che) *agg* apathetic.

ape *sf* bee ◊ (*maschio*) drone.

aperitivo *sm* aperitif, appetizer.

aperto *agg* open ◊ (*gas*) on ◊ (*mente*) open-minded ◊ **all'aperto**, in the open air.

apertura *sf* opening ◊ (*mentale*) open-mindedness ◊ (*spazio*) slot.

àpice *sm* peak, summit ◊ (*fig*) height.

apicoltore(-trice) *sm* beekeeper.

apologìa *sf* apology.

apoplèttico(-a, -ci, -che) *agg* apoplectic ◊ **colpo apoplettico**, apoplectic fit.

apòstolo *sm* apostle.

apostrofo *sm* apostrophe.

appagare *v tr* to satisfy, to fulfil ◊ *v rifl* to be satisfied with.

appalto *sm* contract, undertaking.

appannare *v tr, rifl* to dim, to blur, to steam up.

apparato *sm* display, array ◊ (*anat*) apparatus.

apparecchiare *v tr* to prepare ◊ (*tavola*) to ley (to set) the table.

apparecchio *sm* instrument, device ◊ (*denti*) braces ◊ (*acustico*) hearing aid ◊ (*TV*) set.

apparente *agg* apparent.

apparenza *sf* appearance.

apparire *v intr* to appear, to seem.

apparizione *sf* apparition, vision.

appartamento *sm* flat ◊ (*AmE*) apartment.

appartarsi *v rifl* to withdraw.

appartenere *v intr* to belong (to) ◊ (*club*) to be a member of.

appassionare *v tr* to move ◊ *v rifl* to be keen on, to fond of.

appassionato *agg* keen on, fond of.

appassire *v intr* to wither ◊ (*fig*) to fade.

appello *sm* roll-call ◊ (*università*) exam session ◊ **fare l'appello**, to call the roll.

appena *avv* (*a stento*) hardly, scarcely ◊ (*da poco*) just ◊ *cong* as soon as.

appèndere *v tr* to hang.

appendiàbiti *sm inv* clothes-hanger.

appendice *sf* appendix (*anche anat*).

appendicite *sf* (*med*) appendicitis.

appetito *sm* appetite ◊ **buon appetito!**, enjoy your meal!

appiattire *v tr* to make dull ◊ *v rifl* to become dull.

appiccicare *v tr* to stick (on) ◊ *v rifl* to stick to.

appiccicaticcio, appiccicoso *agg* sticky ◊ (*persona*) clinging.

appioppare *v tr* to fob off, to palm off.

appisolarsi *v rifl* to doze off.

applaudire *v tr* to applaud, to clap.

applàuso *sm* applause.

applicare *v tr* to apply ◊ *v rifl* to apply os.

appoggiare *v tr* to put (to lay) sthg (on) ◊ *v rifl* to lean against ◊ (*fig*) to rely on.

appoggio *sm* support, backing, help.

appollaiarsi *v rifl* to roost, to perch.

apporre *v tr* to put.

apportare *v tr* to bring (about).

appositamente *avv* on purpose.

apposta *avv* on purpose, intentionally.

appostamento *sm* ambush ◊ (*mil*) post.

appostarsi *v rifl* to lie in wait for.

apprèndere *v tr* to learn.

apprendista *sm / f* apprentice.

apprensione *sf* apprehension, anxiety.

apprensivo *agg* apprehensive, anxious.

apprestarsi *v rifl* to get ready.

apprezzabile *agg* considerable, noteworthy.

apprezzamento *sm* appreciation ◊ **fare apprezzamenti**, to pass comment on.

apprezzare *v tr* to appreciate.

approccio *sm* approach.

approdo *sm* landing.

approfittare *v intr, rifl* to take advantage of, to profit by.

approfondire *v tr* to go into.

appropriarsi *v rifl* to take possession of.

appropriato *agg* appropriate, suitable.

approvare *v tr* to approve.

approvazione *sf* approval.

approvvigionare *v tr* to supply (with).

appuntamento *sm* appointment ◊ (*amoroso*) date.

appuntire *v tr* to sharpen.

appunto *sm* note ◊ *avv* exactly, just.

apribottiglie *sm* bottle-opener.

aprile *sm* April ◊ **pesce d'aprile**, April fool.

aprire *v tr* to open ◊ (*con chiave*) to unlock ◊ (*gas*) to turn on ◊ (*iniziare*) to begin, to open ◊ *v rifl* to open ◊ (*varco*) to make one's way.

apriscàtole *sm inv* tin-opener.

àquila *sf* eagle.

aquilone *sm* (*giocattolo*) kite.

arachide *sf* (*bot*) peanut.

aragosta *sf* spiny lobster.

arancia(-ce) *sf* orange.

aranciata *sf* orangeade.

arancio *sm* orange tree ◊ (*colore*) orange.

arancione *agg, sm* orange.

arare *v tr* to plough ◊ (*AmE*) to plow.

aratore *sm* ploughman.

aratro *sm* plough ◊ (*AmE*) plow.

arazzo *sm* tapestry.

arbitrare *v tr* to referee ◊ (*cricket, tennis, polo*) to umpire.

arbitrio *sm* will ◊ **libero arbitrio**, free will.

àrbitro *sm* referee, unpire.

arbusto *sm* shrub.

arca *sf* ark ◊ **l'arca di Noè**, Noah's ark.

arcaico(-a, -ci, -che) *agg* archaic.

arcàngelo *sm* archangel.

archeologìa *sf* archaeology.

archeòlogo(-gi) *sm* archaeologist.

architetto *sm* architect.

architettura *sf* architecture.

archivio *sm* archives, records, office.

archivista *sm / f* archivist.

arciere *sm* archer.

arcigno *agg* gruff, surly.

arcipèlago(-ghi) *sm* archipelago.
arcivéscovo *sm* archbishop.
arco(-chi) *sm* (*arch*) arch ◊ (*arma, mus*) bow ◊ (*lasso di tempo*) space.
arcobaleno *sm* rainbow.
ardente *agg* burning, passionate.
àrdere *v intr* to burn, to be ablaze.
ardesia *sf* slate.
ardire *v intr* to dare, to be bold.
ardito *agg* brave, daring, risky.
àrduo *agg* arduous, hard.
àrea *sf* area ◊ (*edil*) ground.
arena *sf* (*corride*) bull-ring ◊ (*sabbia*) sand.
arenarsi *rifl* to run aground ◊ (*fig*) to come to a standstill.
argentare *v tr* to silver-plate.
argenterìa *sf* silverware, silver.
argento *sm* silver ◊ (*vivo*) quicksilver.
argilla *sf* clay.
argilloso *agg* clayey.
àrgine *sm* embankment, bank ◊ (*diga*) dyke.
argomentare *v tr* to argue, to reason.
argomento *sm* subject, subject-matter, topic.
arguìre *v tr* to deduce, to infer.
arguto *agg* witty, quick-witted.
arguzia *sf* wit ◊ (*motto*) witty remark.
aria *sf* air ◊ (*corrente*) draught ◊ (*canzonetta*) tune ◊ **andare all'aria** (*progetto*), to come to nothing; **c'è aria di burrasca**, there's a storm brewing; **darsi delle arie**, to put on airs.
aridità *sf inv* aridity, dryness.
àrido *agg* arid, dry ◊ (*persona*) insensitive.
ariete *sm* ram ◊ (*astr*) Aries.
aringa(-ghe) *sf* herring, kipper.
aristocràtico(-a, -ci, -che) *agg* aristocratic ◊ *sm* aristocrat.
aristocrazìa *sf* aristocracy.
aritmètica *sf* arithmetic.
aritmètico(-a, -ci, -che) *agg* arithmetic(al).
arma(-i) *sf* weapon ◊ (*corpo*) arm, force.
armadio *sm* cupboard ◊ (*vestiti*) wardrobe ◊ (*a muro*) built-in-cup-board.
armamento *sm* armament.
armare *v tr* to arm ◊ (*naut*) to equip ◊ (*edil*) to reinforce ◊ *v rifl* to arm os with.
armatore(-trice) *sm* shipowner.

armatura *sf* armour ◊ (*edil*) framework.
armistizio *sm* armistice.
armonìa *sf* harmony.
armonica *sf* (*mus*) armonica.
armonizzare *v intr* to harmonize, to match.
arnese *sm* tool, thing, gadget.
arnia *sf* beehive.
aroma *sm* aroma, fragrance ◊ (*erbe*) herbs.
arpa *sf* harp.
arpione *sm* harpoon.
arrabbiarsi *v rifl* to get angry.
arrabbiato *agg* angry ◊ (*cane*) rabid.
arrabbiatura *sf* rage.
arrampicarsi *v rifl* to climb.
arrampicatore *sm* (*sociale*) social climber.
arrangiarsi *v rifl* to manage, to get by.
arredamento *sm* furnishing.
arredare *v tr* to furnish.
arredatore(-trice) *sm* interior designer.
arrèndersi *v rifl* to give os up (to), to surrender (to).
arrestare *v tr* (*criminale*) to arrest ◊ *v rifl* to stop.
arresto *sm* stop ◊ (*leg*) arrest.
arretrato *agg* backward ◊ *sm* arrear.
arricchire *v tr* (*fig*) to enrich (with) ◊ *v rifl* to grow rich.
arringa(-ghe) *sf* harangue.
arringare *v tr* to harangue.
arrivare *v intr* to arrive (at, in), to reach (a place), to get (to) ◊ **non ci arrivo** (*a capire*), I can't figure it out.
arrivederci *int* goodbye, see you (later).
arrivista *sm / f* social climber.
arrivo *sm* arrival, finish line.
arrogante *agg* arrogant, overbearing.
arroganza *sf* arrogance.
arrossire *v intr* to blush, to flush (with).
arrostire *v tr* to roast ◊ (*griglia*) to grill.
arrosto *agg* roast ◊ *sm* roast.
arrotolare *v tr* to roll up.
arrotondare *v tr* (*cifra*) to round off.
arrugginire *v tr, rifl* to rust.
arruolare *v tr, rifl* to enlist.
arsenale *sm* dockyard, arsenal.
arsura *sf* heat, drought.
arte *sf* art ◊ (*mestiere*) craft.
arteria *sf* artery.
articolare *v tr, rifl* to articulate.

articolazione *sf* articulation ◊ (*anat*) joint.
artìcolo *sm* article ◊ (*di fondo*) editorial.
artificiale *agg* artificial.
artificioso *agg* sly, affected.
artigianato *sm* arts and craft.
artigiano *sm* craftsman, artisan.
artiglierìa *sf* artillery.
artiglio *sm* (*felini*) claw ◊ (*uccelli*) talon.
artista *sm* / *f* (*pittore, scultore*) artist ◊ (*di spettacolo*) artiste.
arto *sm* limb.
artrite *sf* (*med*) arthritis.
artrosi *sf* (*med*) arthrosis.
arzillo *agg* sprightly.
ascella *sf* armpit.
ascensore *sm* lift ◊ (*AmE*) elevator.
ascesa *sf* ascent ◊ (*al trono*) accession.
ascesso *sm* (*med*) abscess.
ascia(-sce) *sf* axe ◊ (*piccola*) hatchet.
asciugacapelli *sm inv* hairdryer.
asciugamano *sm* towel.
asciugare *v tr, rifl* to dry.
asciutto *agg* dry ◊ (*risposta*) curt.
ascoltare *v tr* to listen (to).
ascoltatore(-trice) *sm* listener.
asfalto *sm* asphalt.
asilo *sm* nursery ◊ (*nido*) crèche ◊ **diritto d'asilo**, right of asylum.
àsino(-a) *sm* donkey, ass (she-ass) ◊ (*fig*) fool.
asma *sf* asthma.
asociale *agg* asocial.
àsola *sf* buttonhole.
aspàrago(-gi) *sm* asparagus (*solo sing*).
aspèrgere *v tr* to sprinkle.
aspettare *v tr* to wait for ◊ (*bambino*) to be expecting (a baby) ◊ **aspetto che arrivi**, I'm waiting for him to come; **farsi aspettare**, to keep sb waiting ◊ *v rifl* to expect (sthg).
aspettativa *sf* expectation ◊ (*congedo*) leave (of absence).
aspetto *sm* appearance, look ◊ (*questione*) aspect.
aspirapòlvere *sf inv* vacuum cleaner, hoover.
aspirare *v tr* to breathe in ◊ (*fumo*) to inhale ◊ *v intr* to aspire (to).
aspirina *sf* aspirin.

asportare *v tr* to remove.
aspro *agg* sharp, sour, rough.
assaggiare *v tr* to taste, to try.
assaggio *sm* tasting.
assài *avv* (*abbastanza*) enough ◊ (*molto*) a lot.
assalire *v tr* to attack, to assail.
assaltare *v tr* to attack, to hold up, to raid.
assalto *sm* assault, attack, hold up, raid.
assassinare *v tr* to murder.
assassinio *sm* murder, assassination.
assassino *sm* murderer, assassin.
asse *sf* board, plank ◊ **asse da stiro**, ironing board.
assedio *sm* siege.
assegnare *v tr* to assign ◊ (*premio*) to award.
assegno *sm* (*bancario*) cheque; (*AmE*) check.
assemblea *sf* assembly, meeting.
assennato *agg* wise, sensible.
assenso *sm* assent, approval.
assentarsi *v intr pron* to leave, to go away.
assente *agg* absent ◊ *sm* / *f* absentee.
assenteìsmo *sm* absenteeism.
assenza *sf* absence.
asserire *v tr* to assert, to affirm.
assessore *sm* councillor.
assetato *agg* thirsty.
assicurare *v tr* to assure ◊ (*casa, vita*) to insure; (*AmE*) to assure ◊ *v rifl* to make sure.
assicuratore(-trice) *sm* insurer.
assicurazione *sf* assurance ◊ (*casa, vita*) insurance.
assideramento *sm* frostbite.
assiderare *v tr, rifl* to freeze, to chill.
assiduo *agg* regular.
assieme *avv* together.
assillare *v tr* to bother ◊ (*domande*) to bombard with questions.
assimilare *v tr* to assimilate, to absorb.
assimilazione *sf* assimilation.
assistente *sm* / *f* assistant ◊ (*esame*) invigilator ◊ (*di volo*) steward(-ess).
assistenza *sf* assistance ◊ (*esame*) invigilation.
assìstere *v tr* to be present ◊ (*aiutare*) to assist.
asso *sm* champion, ace ◊ **piantare in asso**, to

leave sb in the lurch.

associare *v tr* to associate ◊ *v rifl* to join.

assoggettare *v tr* to subdue, to subject.

assolutamente *avv* absolutely.

assoluto *agg* absolute.

assòlvere *v tr* to absolve sb (from).

assomigliare *v intr* to be like ◊ *v rifl* to be alike, to resemble each other.

assonnato *agg* sleepy.

assopirsi *v rifl* to drowse, to doze off.

assorbente *agg* absorbent ◊ *sm* (*igienico*) sanitary towel.

assorbire *v tr* to absorb.

assordante *agg* deafening.

assortimento *sm* assortment.

assuefarsi *v rifl* to get used (to doing sthg) ◊ (*droga*) to become addicted to.

assùmere *v tr* to assume ◊ (*impiegato*) to employ.

assunzione *sf* employment.

assurdità *sf inv* absurdity.

assurdo *agg* absurd.

asta *sf* pole ◊ (*vendita*) auction sale.

astemio *agg* teetotal ◊ *sm* teetotaller.

astenersi *v rifl* to abstain.

astigmatico *agg* astigmatic.

astio *sm* rancour, resentment.

astratto *agg*, *sm* abstract.

astro *sm* star.

astrologìa *sf inv* astrology.

astròlogo(-a, -gi, -ghe) *sm* astrologer.

astronàuta *sm / f* astronaut.

astronave *sf* spaceship.

astronomìa *sf* astronomy.

astrònomo *sm* astronomer.

astuccio *sm* case, box, container, holder.

astuto *agg* astute, cunning, sly.

astuzia *sf* astuteness, slyness.

ateìsmo *sm* atheism.

àteo *agg* atheistic ◊ *sm* atheist.

atlante *sm* atlas.

atlàntico(-a, -ci, -che) *agg*, *sm* Atlantic.

atleta *sm / f* athlete.

atlètica *sf sing* athletics.

atmosfera *sf* atmosphere.

atòmico(-a, -ci, -che) *agg* atomic, atom (*attr*).

àtomo *sm* atom.

atrio *sm* hall.

atroce *agg* atrocious, dreadful.

atrocità *sf inv* atrociousness, horror.

attaccabrighe *sm / f* quarrelsome person.

attaccapanni *sm inv* clothes stand.

attaccare *v tr* to attach ◊ (*cucire*) to sew on ◊ (*cominciare*) to begin ◊ (*assalire*) to attack, to assault ◊ (*contagiare*) to pass on ◊ *v rifl* to stick (to) ◊ (*fig*) to become fond (of).

attacco(-chi) *sm* attack ◊ (*malattia*) fit ◊ (*calcio*) forwards ◊ (*elettr*) plug.

attecchire *v intr* (*piante*) to take root ◊ (*fig*) to catch on.

atteggiamento *sm* attitude.

atteggiarsi *v rifl* to pose (as).

attempato *agg* elderly.

attèndere *v tr* to wait for ◊ **attendo che arrivi mio fratello**, I'm waiting for my brother to arrive.

attendìbile *agg* reliable.

attendibilità *sf inv* reliability.

attenersi *v rifl* to stick (to).

attentato *sm* attempt (against, on), attack.

attentatore(-trice) *sm* attacker.

attento *agg* attentive, careful.

attenuare *v tr* to weaken.

attenzione *sf* attention, care.

atterraggio *sm* landing.

atterrare *v intr* to land.

atterrire *v tr* to terrify.

attesa *sm* wait ◊ (*comm*) **in attesa di una Vostra risposta**, we look forward to hearing from you.

àttico *sm* attic ◊ (*di lusso*) penthouse.

attìguo *agg* contiguous, next, adjacent.

attillato *agg* tight, close-fitting.

àttimo *sm* moment.

attìngere *v tr* to derive, to get.

attirare *v tr* to attract.

attitùdine *sf* aptitude, flair (for).

attivista *sm / f* activist, militant.

attività *sf inv* activity.

attivo *agg* active, busy.

attizzare *v tr* to poke.

atto *sm* act, action ◊ (*impresa*) exploit, deed ◊ (*leg*) deeds (*teatro*) act ◊ **prendere atto di qcs**, to take note of sthg.

attònito *agg* amazed, dumbfounded, astonished.

attorcigliare *v tr, rifl* to twine, to twist.

attore(-trice) *sm* actor (actress).

attorno *avv, prep* around.

attraente *agg* attractive.

attrarre *v tr* to attract.

attrattiva *sf* attraction.

attraversare *v tr* to cross, to go through.

attraverso *prep* through ◊ (*tempo*) over ◊ (*mezzo*) through, by means of.

attrazione *sf* attraction.

attrezzare *v tr* to equip, to supply (with).

attrezzatura *sf* equipment ◊ (*sport*) sports facilities.

attrezzo *sm* tool, implement.

attribuire *v tr* to award ◊ **attribuire importanza a qcs**, to attach importance to sthg; **attribuirsi il merito di qcs**, to take the credit for sthg.

attrito *sm* friction ◊ (*fig*) disagreement.

attuàbile *agg* feasible.

attuale *agg* present, topical, current.

attualità *sf inv* topicality.

attualmente *avv* at present, now.

attutire *v tr* to muffle, to deaden.

audace *agg* daring, bold, rash.

audacia *sf* audacity, boldness.

auditorium *sm* auditorium.

audizione *sf* (*teatro*) audition.

augurare *v tr* to wish.

augurio *sm* wish ◊ (*presagio*) omen ◊ **auguri!**, (*per guarigione*) get well soon!, (*per esame*) good luck!; **tanti auguri**, all the best.

àula *sf* classroom ◊ (*magna*) assembly hall.

aumentare *v tr* to increase, to raise ◊ *v intr* to go up, to rise.

aumento *sm* increase, rise.

aurèoia *sf* halo.

aurora *sf* dawn (*anche fig*).

ausiliare *agg* auxiliary.

austerità *sf inv* austerity.

austero *agg* austere, strict, stern.

autenticare *v tr* to authenticate.

autenticità *sf inv* authenticity.

autèntico(-a, -ci, -che) *agg* authentic.

autista *sm / f* driver.

àuto *sf inv* car, automobile.

autobiografia *sf* autobiography.

àutobus *sm inv* bus ◊ (*a due piani*) double-decker ◊ (*corriera*) coach.

autocontrollo *sm* self-control.

autodenuncia(-ce) *sf* self-confession.

autodeterminazione *sf* self-determination.

autodidatta *sm / f* self-taught person.

autògrafo *sm* autograph.

autogrill *sm* motorway restaurant.

autolesionista *sm / f* self-injurer.

automa *sm / f* automaton.

automàtico(-a, -ci, -che) *agg* automatic.

automazione *sf* automation.

automezzo *sm* motor vehicle.

automòbile *sf* (motor) car, automobile ◊ (*da corsa*) racing car.

automobilista *sm / f* motorist.

autonomìa *sf* autonomy, self-government.

autònomo *agg* autonomous, independent.

autopsìa *sf* autopsy.

autoradio *sf* car radio.

autore(-trice) *sm* author.

autorévole *agg* authoritative.

autorevolezza *sf* authoritativeness.

autorità *sf inv* authority.

autoritario *agg* authoritarian.

autoritarismo *sm* authoritarianism.

autoritratto *sm* self-portrait.

autorizzare *v tr* to authorize.

autorizzazione *sf* authorization.

autoscuola *sf* driving school.

autostop *sm inv* hitchhiking ◊ **fare l'autostop**, to hitchhike.

autostrada *sf* motorway ◊ (*AmE*) superhighway.

autotreno *sm* trailen truck.

autunno *sm* autumn; (*AmE*) fall.

avallare *v tr* to guarantee ◊ (*fig*) to back.

avambraccio *sm* forearm.

avanguardia *sf* vanguard ◊ **d'avanguardia**, avant-garde (*attr*) ◊ (*fig*) state-of-the-art (*attr*).

avanti *avv* forward, ahead, on ◊ *int* come in! ◊ **d'ora in avanti**, from now on ◊ **avanti e indietro**, to and fro.

avanzare *v intr* to advance ◊ (*grado*) to be promoted.

avanzo *sm* leftovers (*pl*).

avarìa *sf* damage.

avariarsi *v rifl* (*cibo*) to go bad.

avarizia *sf* avarice, stinginess.

avaro *agg* stingy (with), mean (with) ◊ *sm* miser.

avena *sf* oats (*pl*) ◊ **farina d'avena**, oatmeal.

avere *v tr* to have ◊ **ha dieci anni**, he is ten years old ◊ **avere fame**, to be hungry ◊ **avere freddo**, to be cold ◊ **avere a che fare con**, to have sthg to do with.

avere *sm* property, possessions.

aviatore(-trice) *sm* aviator, pilot.

aviazione *sf* aviation ◊ (*mil*) air force.

avidità *sf inv* greed (for).

àvido *agg* greedy, eager (for).

aviorimessa *sf* hangar.

avo(-a) *sm* ancestor, grandfather(-mother).

avorio *sm* ivory.

avvalersi *v rifl* to avail os of.

avvelenamento *sm* poisoning.

avvelenare *v tr* to poison.

avvenente *agg* attractive.

avvenimento *sm* event.

avvenire *v intr* to happen, to take place.

avventarsi *v rifl* to rush at sb.

avventato *agg* rash, reckless.

avventura *sf* adventure.

avventurarsi *v intr* to venture.

avventuriero(-a) *sm* adventurer(-ess).

avventuroso *agg* adventurous, eventful.

avverarsi *v rifl* to come true.

avverbio *sm* adverb.

avversario *sm* opponent.

avversione *sf* aversion (to).

avversità *sf inv* adversity, calamity.

avvertenza *sf* warning ◊ (*nota*) note ◊ **seguire le avvertenze**, read the instructions.

avvertimento *sm* warning.

avvertire *v tr* to inform ◊ (*ammonire*) to warn.

avvezzo *agg* used, accustomed (to doing).

avviare *v tr* to start ◊ *v rifl* to set out.

avvicinare *v tr* to bring near (to) ◊ *v rifl* to approach, to come (to go) up to.

avvilire *v tr* discourage ◊ *v rifl* to lose heart.

avvisare *v tr* inform, to advise.

avviso *sm* notice, warning ◊ (*annuncio*) announcement ◊ (*inserzione*) advertisement.

avvitare *v tr* to screw ◊ *v rifl* to spin.

avvizzire *v intr, rifl* to wither.

avvocato(-essa) *sm* lawyer.

avvòlgere *v tr* to wrap up ◊ *v rifl* to wrap os up.

avvolgìbile *agg* roll-up (*attr*).

avvoltoio *sm* vulture.

azienda *sf* business, firm ◊ (*agricola*) farm ◊ **azienda di soggiorno**, public tourist office.

aziendale *agg* company (*attr*).

azione *sf* action, act ◊ (*leg*) legal action ◊ (*comm*) share.

azionista *sm / f* shareholder, stockholder.

azzannare *v tr* to maul, to bite.

azzardare *v tr* to risk.

azzardo *sm* to risk ◊ **gioco d'azzardo**, game of chance; **giocare d'azzardo**, to gamble.

azzeccare *v tr* (*bersaglio*) to strike, to get right ◊ (*risposta*) to guess.

àzzimo *sm* (*pane*) unleavened bread.

azzoppare *v tr* to lame, to make lame ◊ *v rifl* to become (to go) lame.

azzuffarsi *v rifl* to come to blows.

azzurro *agg* light blue, azure ◊ *sm* blue, azure.

B

babbo *sm* (*fam*) dad, daddy ◊ (*AmE*) pa ◊ **Babbo Natale**, Father Christmas.

bacato *agg* maggoty.

bacca *sf* (*bot*) berry.

baccalà *sm inv* dried salted cod.

baccano *sm* infernal noise.

bacchetta *sf* stick, rod ◊ (*direttore d'orchestra*) baton ◊ (*tamburo*) drumstick ◊ (*magica*) magic wand.

bacheca(-che) *sf* notice board.

baciare *v tr, rec* to kiss.

bacinella *sf* basin.

bacino *sm* (*anat*) pelvis ◊ (*geogr*) basin ◊ (*naut*) dock ◊ (*bacio*) kiss.

bacio *sm* kiss ◊ (*sonoro*) smack ◊ **mangiare qc di baci**, to smother sb with kisses.

baco(-chi) *sm* worm ◊ (*da seta*) silkworm.

bada *sf* **tenere a bada**, to keep sb at bay.

badare *v intr* to look after, to take care of ◊ **bada agli affari tuoi**, mind your own business.

badile *sm* shover.

baffo *sm* moustache ◊ (*animali*) whiskers ◊ **ridere sotto i baffi**, to laugh up one's sleeve.

baffuto *agg* moustached.

bagagliaio *sm* (*auto*) boot ◊ (*AmE*) trunk.

bagaglio *sm* luggage ◊ (*AmE*) baggage ◊ **deposito bagagli**, leftluggage office; (*AmE*) checkroom ◊ **fare** (**disfare**) **i bagagli**, to pack (to unpack).

bagarinaggio *sm* (*AmE*) scalping.

bagarino *sm* (*AmE*) scalper.

bagliore *sm* flash ◊ (*fig*) gleam.

bagnante *sm* / *f* bather.

bagnare *v tr* to wet ◊ (*inzuppare*) to soak ◊ (*labbra*) to moisten ◊ (*fiume*) to flow through ◊ (*mare*) to bathe ◊ *v rifl* to get wet, soaked, drenched; (*bagnare il letto*) to wet one's bed, to wet os.

bagnato *agg* wet, soaked.

bagnino(-a) *sm* bathing-attendant, lifeguard.

bagno *sm* bath ◊ (*in piscina*) swim ◊ (*al mare*) swim, bathe ◊ **fare il bagno** (*in vasca*), to have a bath; (*in piscina*) to go swimming; (*al mare*) to go for a swim (for a bathe) ◊ **fare il bagno al bambino,** to bath the baby.

bagnomarìa *sm inv* (to cook in a) bain-marie.

bagnoschiuma *sm* bubble bath.

baita *sf* hut.

balbettare *v tr* to stammer ◊ (*bambino*) to babble.

balconata *sf* (*teatro*) gallery.

balcone *sm* balcony.

baldoria *sf* revelry, merrymaking ◊ **fare baldoria**, to have a riotous time.

balena *sf* whale ◊ (*fig, spreg*) barrel of lard.

baleno *sm* flash ◊ **in un baleno**, in a flash.

bàlia *sf* wet-nurse ◊ **balia asciutta**, nanny.

balìa *sf sing* power, authority ◊ **essere in balìa di**, to be at the mercy of.

balla *sf* (*fam*) lie, rubbish.

ballare *v intr, tr* to dance ◊ **andare a ballare**, to go dancing.

ballata *sf* ballad ◊ (*mus*) ballade.

ballerino(-a) *sm* dancer ◊ (*classico*) ballet dancer.

balletto *sm* (*teatro*) ballet.

ballo *sm* dance, ball ◊ (*il danzare*) dancing ◊ **fare un ballo**, to have a dance; **ballo in maschera**, fancydress ball; **essere in ballo**, to be at stake.

balneare *agg* bathing (*attr*).

bàlsamo *agg* balm, balsam.

balzare *v intr* to leap, to jump.

balzo *sm* leap, jump ◊ (*palla*) bounce ◊ **la palla fece un balzo**, the ball bounced; **prendere la palla al balzo**, to seize one's opportunity.

bambagia *sf* cottonwool ◊ **tenere qc nella bambagia**, to mollycoddle sb.

bambinaia *sf* children's nurse, nanny.

bambino(-a) *sm* child, little boy (girl) ◊ (*neonato*) baby.

bàmbola *sf* doll.

banale *agg* banal ◊ (*scusa*) trite ◊ (*incidente*) trivial ◊ (*persona*) ordinary, dull.

banana *sf* banana.

banca(-che) *sf* bank.

bancarella *sf* stall, booth.

bancario(-a) *agg* bank (*attr*) ◊ *sm* bank employee.

bancarotta *sf* bankrupcy ◊ **fare bancarotta**, to go bankrupt.

banchetto *sm* banquet.

banchiere *sm* banker.

banchina *sf* (*porto*) quay, wharf ◊ (*prominente*) pier (*piattaforma*) platform.

banco(-chi) *sm* (*panca*) bench ◊ (*chiesa*) pew (*negozio*) counter ◊ (*imputati*) dock ◊ (*scol*) desk ◊ **banco di prova**, testing ground.

bancomat *sm* (*distributore*) cashpoint ◊ (*tessera*) cashpoint card.

banconota *sf* banknote, bill.

bandiera *sf* flag ◊ **cambiare bandiera**, to change sides; **bandiera a mezz'asta**, flag at half mast.

bandito *sm* bandit, outlaw.

bando *sm* (public) announce, notice ◊ **mettere al bando**, to expel, to ban.

bar *sm* bar, pub.

bara *sf* coffin.

baracca(-che) *sf* hut ◊ **mandare avanti la baracca**, to keep things going; **piantare baracca e burattini**, to give up everything.

baraonda *sf* hubbub.
barare *v intr* to cheat.
bàratro *sm* abyss.
barattare *v tr* to barter.
baràttolo *sm* jar, pot ◊ (*latta*) tin, can.
barba *sf* beard ◊ **farsi la barba**, to shave; **farla in barba a qc,** to fool sb; **che barba!**, what a drag!
barbabietola *sf* (*bot*) beet, beetroot.
bàrbaro(-a) *agg, sm* barbarian.
barbiere *sm* barber.
barbone *sm* (*accattone*) tramp.
barca(-che) *sf* boat ◊ (*fig*) heaps of ◊ (*a vela, a remi*) sailing, rowing boat ◊ **andare in barca**, to go sailing.
barcamenarsi *v rifl* to get by.
barcollare *v intr* to stagger.
barella *sf* stretcher.
barile *sm* barrel ◊ (*vino*) cask, barrel.
barìtono *sm* baritone.
baro *sm* cardsharp, cheat, swindler.
barocco *agg, sm* baroque.
baròmetro *sm* barometer.
barone(-essa) *sm* baron(-ess).
barra *sf* bar ◊ (*timone*) helm ◊ (tip) stroke ◊ (*mat*) **7/9** (7 barra 9) 7 over 9.
barricare *v tr* to barricade ◊ *v rifl* to barricade os, to shut os up.
barriera *sf* barrier ◊ (*stradale*) roadblock ◊ (*corallina*) barrier reef.
baruffa *sf* squabble, scuffle, brawl.
barzelletta *sf* joke ◊ **raccontare barzellette**, to crack (to tell, to make) jokes.
basamento *sm* base, pedestal ◊ (*edil*) basement.
basare *v tr* to base ◊ *v rifl* to be based on; (*persona*) to base os on.
base *sf* base ◊ foundation (*anche fig*) ◊ (*trucco*) foundation cream ◊ (*fig*) basis ◊ **avere buone basi** (*scol*), to have a good grounding ◊ **in base a qcs**, on the grounds of sthg.
basetta *sf* sideburns (*plur*).
basilare *agg* basi, fundamental.
basilica *sf* basilica.
basilico *sm* (*bot*) basil.
basso *agg* low ◊ (*statura*) short ◊ (*acqua*) shallow ◊ (*suono*) soft, low, deep.
basso *avv* low ◊ (*parlare*) in a low voice ◊ *sm*

bottom ◊ (*mus*) bass ◊ **in basso**, at the bottom.
bassofondo(bassifondi) *sm* slums.
bassorilievo *sm* bas relief.
bassotto *sm* dachshund, sausage dog.
bastare *v intr* to be enough ◊ (*durare*) to last ◊ **basta!**, that will do ◊ **basta che**, provided that, so long as ◊ *v impers* **basta rivolgersi a**, you just (only) have to contact.
bastonare *v tr* to beat, to thrash.
bastone *sm* stick ◊ (*da passeggio*) walking stick ◊ (*da montagna*) alpenstock.
battaglia *sf* battle ◊ (*combattimento*) fight ◊ (*lotta*) struggle.
battagliero *agg* warlike, aggressive.
battello *sm* boat ◊ (*a remi*) rowing boat ◊ (*a vapore*) steamboat.
battente *sm* (*porta*) leaf ◊ (*mobile*) door.
bàttere *v tr* to beat ◊ (*piede*) to stamp ◊ (*ore*) to strike ◊ (*testa*) to hit one's head ◊ (*avversario*) to beat, to defeat ◊ (*a macchina*) to type ◊ (*marciapiede*) to walk the streets ◊ *v rifl* (*combattere*) to fight.
batterìa *sf* battery ◊ (*cucina*) set of kitchenware ◊ (*mus*) drums.
batterista *sm* (*mus*) drummer.
battésimo *sm* baptism ◊ (*cerimonia*) christening ◊ **ricevere il battesimo**, to be baptized; **tenere qc a battesimo**, to be godfather (godmother) to sb.
battezzare *v tr* to baptize, to christen.
batticuore *sm inv* palpitations, heartponding.
battistero *sm* (*arch*) baptistry.
battistrada *sm* (*aut*) tread.
bàttito *sm* throb ◊ (*cardiaco*) heartbeat.
battuta *sf* beat ◊ (*caccia*) beating ◊ (*mus*) bar ◊ (*teatro*) cue ◊ (*tip*) stroke ◊ (*polizia*) combing ◊ **fare una battuta**, to make a witty remark.
battuto *agg* beaten (*anche fig*) ◊ **ferro battuto**, wrought iron.
batùffolo *sm* (*cotone*) wad.
baùle *sm* trunk.
bava *sf* slaver, dribble.
bavaglino *sm* bib.
bavaglio *sm* gag ◊ **mettere il bavaglio**, to gag sb.
bazar *sm* bazaar.

bazzicare *v tr* to haunt ◊ *v intr* to go around (with).

beatitùdine *sf* beatitude, bliss.

beato *agg* (*rel*) blessed ◊ (*felice*) happy ◊ **beato te!**, lucky you!

beauty-case *sm* vanity case, vanity bag.

beccare *v tr* to peck ◊ (*fam*) to catch.

becchime *sm* birdseed.

becchino *sm* gravedigger, undertaker.

becco(-chi) *sm* (*uccello*) beak, bill ◊ (*a gas*) burner ◊ (*fig*) (*bocca*) mouth ◊ **tenere chiuso il becco**, to keep one's mouth shut; **non ho il becco di un quattrino**, I'm broke.

befana *sf* (*donna vecchia e brutta*) old hag ◊ (*Epifania*) Epiphany.

beffa *sf* practical joke, jest ◊ **farsi beffe di qc**, to make fun of sb, to make a fool of sb.

beffardo *agg* mocking, scornful.

beffarsi *v rifl* to make fun (of).

bega(-ghe) *sf* quarrel ◊ **non voglio beghe**, I don't want any trouble.

belare *v intr* to bleat.

bellezza *sf* beauty ◊ (*uomo*) handsomeness, good looks ◊ **chiudere qcs in bellezza**, to finish sthg with a flourish.

bèllico(-a, -ci, -che) *agg* war, wartime (*attr*).

bello *agg* (*donna, paesaggio*) beautiful ◊ (*uomo*) handsome, good-looking ◊ (*bambino*) lovely ◊ (*cosa, animale*) fine, beautiful ◊ (*tempo*) fine, lovely, beautiful ◊ **un bel niente**, absolutely nothing; **alla bell'e meglio**, somehow or other; **sul più bello**, at the crucial moment.

bello(-a) *sm* the beautiful, beauty ◊ (*fidanzato*) sweetheart ◊ **il bello è che**, the best bit about it is that.

belva *sf* wild beast.

belvedere *sm* viewpoint, lookout.

benché *cong* although, though.

benda *sf* bandage ◊ (*per occhi*) blindfold.

bendare *v tr* to bandage, to dress ◊ (*occhi*) to blindfold.

bene *avv* well ◊ **andare bene**, to go well, to come off well; **ti sta bene martedì?**, does Tuesday suit you?; **va bene**, all right, O.K.; **di bene in meglio**, better and better.

bene *sm* good ◊ (*dono*) gift ◊ (*amore*) love ◊ **beni**, goods, property; **fare del bene**, to do good; **questa medicina ti farà bene**, this medicine will do you good; **gente per bene**, respectable people; **voler bene a qc**, to be fond of sb.

benedettino(-a) *agg, sm* Benedictine.

benedire *v tr* to bless ◊ **mandare qc a farsi benedire**, to tell sb to go to hell.

benedizione *sf* blessing.

beneducato *agg* well-bred, well-mannered.

benefattore(-trice) *sm* benefactor(-tress).

beneficenza *sf* charity.

beneficiare *v intr* to benefit by (from) ◊ *v tr* to benefit.

beneficiario(-a) *agg, sm* beneficiary ◊ (*di vitalizio*) annuitant.

beneficio *sm* benefit ◊ (*comm*) profit.

benèfico(-a, -ci, -che) *agg* beneficial ◊ (*persona*) charitable ◊ **opera benefica**, work of charity.

benemèrito *agg* well-deserving.

beneplàcito *sm* consent, approval.

benèssere *sm sing* wellbeing, welfare.

benestante *agg* well-off, well-todo.

benevolenza *sf* benevolence, good will.

benèvolo *agg* benevolent, kind.

benigno *agg* bening ◊ (*sguardo*) kindly.

benintenzionato *agg* well-meaning.

benservito *sm* reference ◊ **dare il benservito a qc**, to give sb the sack.

bensì *cong* but (*anzi*) on the contrary.

benvenuto *agg, sm sing* welcome ◊ **dare il benvenuto a qc**, to welcome sb.

benzina *sf* petrol ◊ (*AmE*) gasoline ◊ **fare benzina**, to get petrol ◊ **benzina normale**, normal grade petrol; **benzina super**, premium petrol; **benzina verde**, green petrol.

benzinaio *sm* service-station attendant.

bere *v tr* to drink ◊ *sm sing* drink ◊ **il mangiare e bere**, food and drink.

berlina *sf* **essere messo alla berlina**, to be exposed (held up) to public shame.

bernoccolo *sm* bump, lump ◊ (*fig*) flair (for).

berretto *sm* cap ◊ (*basco*) beret.

bersaglio *sm* target ◊ **colpire il bersaglio**, to hit the target.

bestemmia *sf* swearword, curse.

bestemmiare *v intr* to swear, to curse.

bestia *sf* beast ◊ (*brutto*) brute ◊ **andare in**

bestia, to fly into a rage.

bestiale *agg* (*fam*) awful ◊ (*eccezionale*) fantastic.

bestiame *sm* livestock ◊ (*bovino*) cattle.

betulla *sf* birch.

bevanda *sf* drink ◊ **bevenda alcolica, non alcolica**, alcoholic, soft drink.

bevìbile *agg* drinkable.

bevitore(-trice) *sm* drinker ◊ **forte bevitore**, heavy drinker.

biancherìa *sf* linen ◊ (*intima*) underwear ◊ (*da donna*) ladies' underwear, lingerie.

bianco(-a, -chi, -che) *agg* white ◊ (*pagina*) blank ◊ (*voce*) treble voice ◊ (*notte*) sleepless night ◊ *sm* white ◊ (*uomo*) white man ◊ **mangiare in bianco**, to follow a light diet.

biancospino *sm* hawthorn.

biasimare *v tr* to blame, to reproach ◊ **essere da biasimare**, to be to blame.

biàsimo *sm* blame, reproach.

Bibbia *sf* Bible.

bìbita *sf* drink ◊ (*non alcolica*) soft drink.

bibliografia *sf* bibliography.

biblioteca(-che) *sf* library ◊ (*mobile*) bookcase.

bibliotecario *sm* librarian.

bicarbonato *sm* bicarbonate ◊ **bicarbonato di sodio**, sodium bicarbonate.

bicchiere *sm* glass ◊ (*a calice*) goblet ◊ **bere un bicchiere**, to have a drink.

bicicletta *sf* bicycle ◊ (*fam*) bike ◊ **andare in bicicletta**, to ride one's bicycle, to cycle.

bidè *sm* bidet.

bidello *sm* school caretaker.

bidone *sm* tank, bin ◊ **bidone per l'immondizia**, dustbin ◊ **fare un bidone a qc**, to let sb down.

biennale *agg* (*che dura 2 anni*) two-year (*attr*) ◊ (*ogni due anni*) biennial ◊ **la biennale di Venezia**, Venice Arts Festival.

biennio *sm* period of two years ◊ (*scol*) two-year course (of study).

biforcazione *sf* forking.

bigamìa *sf* bigamy.

bìgamo(-a) *agg* bigamous ◊ *sm* bigamist.

bighellonare *v intr* to loaf.

bigiotterìa *sf* costume jewellery.

bigliettaio(-a) *sm* (*treni*) ticket collector ◊ (*bus*) conductor(-tress)◊ (*teatro*) box-office attendant.

biglietteria *sf* ticket office ◊ (*prenotazioni*) booking office ◊ (*teatro*) box-office.

biglietto *sm* ticket ◊ (*cartoncino*) card ◊ (*andata*) single ◊ (*omaggio*) complimentary ticket ◊ **fare il biglietto**, to buy one's ticket; **prezzo del biglietto**, fare ◊ **biglietto da visita**, visiting card.

bigotto(-a) *agg* bigoted ◊ *sm* bigot.

bikini *sm inv* bikini.

bilancia(-ce) *sf* scales, pair of scales ◊ (*astr*) Libra.

bilanciare *v tr* to balance ◊ *v rifl* to balance os ◊ *v rec* to balance each other.

bilancio *sm* balance, budget ◊ (*familiare*) family budget ◊ **chiudere il bilancio**, to balance the books; **fare il bilancio**, to draw up a balance.

bile *sf* bile ◊ (*fig*) anger, rage.

bilia *sf* marble.

biliardino *sm* table football.

biliardo *sm* billiards (*sing*) ◊ **stecca da biliardo**, billiard cue.

bilingue *agg, sm / f* bilingual.

bimbo(-a) *sm* child ◊ (*bebè*) baby.

binario *agg, sm* (*railway*) track, line ◊ (*piattaforma*) platform.

binòcolo *sm* binoculars.

biodegradabile *agg* biodegradable.

bioetica *sf* bioethics.

biografia *sf* biography.

biògrafo(-a) *sm* biographer.

biologìa *sf* biology.

biologico *agg* biological.

biologo(-a, -gi, -ghe) *sm* biologist.

biondo *agg* fair ◊ (*AmE*) blond ◊ *sf* blonde.

bìpede *agg* biped, two-footed.

birichino *agg* mischievous, impish ◊ *sm* little rascal.

birillo *sm* skittle.

biro *sf inv* biro.

birra *sf* beer, ale ◊ (*leggera e chiara*) lager ◊ (*forte e scura*) stout ◊ (*alla spina*) draught beer ◊ **fabbricare la birra**, to brew beer; **fabbrica di birra**, brewery; **a tutta birra**, flat out.

birreria *sf* beer-house, pub.

bis *sm, int* encore.

bisbètico(-a, -ci, -che) *agg* illtempered ◊ *sf* shrew.

bisbigliare *v intr, tr* to whisper.

bisca *sf* gambling house.

biscia(-sce) *sf* nonpoisonous snake ◊ (*d'acqua*) water snake.

biscottato *agg* crisp ◊ **fette biscottate**, rusks.

biscotto *sm* biscuit ◊ (*AmE*) cookie.

bisestile *agg* ◊ **anno bisestile**, leap year.

bisnonno(-a) *sm* great grandfather(-mother).

bisognare *v impers* to be necessary, to have to, must, should ◊ **bisogna che tu stia qui**, you must stay here.

bisogno *sm* need, necessity ◊ **aver bisogno di**, to need sthg, to be in need of; **non c'è bisogno di essere maleducato**, there's no need to be rude.

bisonte *sm* bison.

bistecca(-che) *sf* steak ◊ (*al sangue*) rare steak ◊ (*ai ferri*) grilled steak.

bisticciare *v intr, rifl* to quarrel.

bisturi *sm* (*med*) scalpel.

bivio *sm* fork, junction.

bizza *sf* tantrum.

bizzarro *agg* eccentric, odd, queer.

bizzeffe *avv* **a bizzeffe** in plenty.

blandire *v tr* to flatter, to soothe.

blando *agg* bland, soft, mild.

blasfemo(-a) *agg* blasphemous ◊ *sm* blasphemer.

blasonato *agg* of noble birth, titled.

blasone *sm* coat of arms, blazon.

blaterare *v intr* to blather.

bleso *agg* lisping ◊ **pronuncia blesa**, lisp; **essere bleso**, to have a lisp.

blindare *v tr* to armour.

blindato *agg* armoured ◊ **porta blindata**, burglar-proof door.

blindatura *sf* armour plating.

bloccare *v tr* to bloock (up) ◊ (*mecc*) to jam, to stall ◊ (*prezzi*) to freeze ◊ *v rifl* to be stuck.

blocco(-chi) *sm* block ◊ (*stradale*) block ◊ (*salari*) wage freeze ◊ (*cardiaco*) cardiac arrest.

bloc-notes *sm inv* notebook, notepad.

blu *agg inv, sm* blue.

bluastro *agg* bluish.

blusa *sf* blouse ◊ (*da lavoro*) overall.

blusante *agg* loose-fitting.

blusotto *sm* jerkin.

boa *sm* (*zool*) boa ◊ *sf* (*naut*) buoy.

boato *sm* roar.

bobina *sf* spool.

bocca(-che) *sf* mouth ◊ **restare a bocca aperta**, to be dumb-founded ◊ (*medicina*) **per bocca**, orally.

boccale *sm* jug ◊ (*da birra*) mug.

boccata *sm* mouthful ◊ (*di fumo*) a puff of smoke ◊ (*di aria*) a breath of air.

boccheggiare *v intr* to gasp.

bocchino *sm* cigarette holder.

boccia(-ce) *sf* bowl ◊ (*gioco*) bowls, bowling.

bocciare *v tr* to reject ◊ (*esami*) to fail, to flunk.

bocciatura *sf* failing, failure.

bocciolo *sm* bud ◊ (*di rosa*) rosebud.

boccone *sm* mouthful, morsel ◊ **inghiottire un boccone amaro**, to swallow a bitter pill.

bocconi *avv* flat on one's face.

body *sm* (*indumento*) leotards, body stocking.

boia *sm inv* executioner, hangman.

boicottare *v tr* to boycott.

bolgia(-ge) *sf* hell, madhouse.

bolla *sf* bubble ◊ (*med*) blister ◊ (*comm*) bill, receipt ◊ **bolla di accompagnamento**, delivery note.

bollato *agg* stamped, sealed ◊ (*fig*) branded ◊ **carta bollata**, stamped paper.

bollente *agg* boiling.

bolletta *sf* bill ◊ (*comm*) note ◊ (*gas*) bill ◊ (*ricevuta*) receipt.

bollettino *sm* bullettin ◊ (*prezzi*) list ◊ (*meteorologico*) weather foncast ◊ (*modulo*) form.

bollire *v tr, intr* to boil ◊ **far bollire**, to boil, to bring to the boil.

bollito *agg* boiled ◊ *sm* boiled meat.

bollitore *sm* boiler ◊ (*per acqua*) kettle.

bollo *sm* seal, stamp ◊ **marca da bollo**, revenue stamp ◊ (*aut*) **bollo di circolazione**, road tax.

bomba *sf* bomb ◊ (*a orologeria*) time bomb ◊ **bomba atomica**, atomic bomb; **bomba a mano**, hand grenade.

bombardamento *sm* bombardment ◊ (*aereo*) air raid.

bombardare *v tr* to bomb ◊ (*con cannone*) to shell.

bombetta *sf* bowler hat.

bombola *sf* cylinder ◊ (*ossigeno*) bottle.

bomboniera *sf* box of sweets (as souvenir at weddings).

bonaccia(-ce) *sf* (*del mare*) dead calm.

bonarietà *sf inv* good-naturedness.

bonario *agg* good-natured, kindly, mild.

bonificare *v tr* to reclaim land.

bonifico *sm* transfer ◊ **bonifico bancario**, bank transfer.

bontà *sf inv* goodness ◊ (*gentilezza*) kindness ◊ (*cibo*) excellence ◊ **è una bontà!**, it's delicious!

borbottare *v tr, intr* to mumble, to grumble.

borchia *sf* stud.

bordo *sm* (*orlo*) edge ◊ (*guarnizione*) border ◊ (*di marciapiede*) curb ◊ **giornale di bordo**, log; (*salire*) **a bordo**, (to go) aboard.

borghese *agg* middle-classe (*attr*), bourgeois ◊ **essere in borghese**, to be in civilian clothes, in civvies; **piccolo-borghese**, petty bourgeois.

borghesìa *sf* bourgeoisie, middle classes.

borgo *sm* village ◊ (*sobborgo*) suburb.

borioso *agg* arrogant, conceited.

borotalco *sm* talcum powder.

borsa *sf* bag ◊ (*borsetta*) handbag ◊ (*da avvocato*) briefcase ◊ (*fin*) Stock Exchange ◊ (*di studio*) grant, scholarship.

borsaiolo *sm* pickpocket, pursesnatcher.

borsanera *sf sing* black market.

borseggiare *v tr* to pick (sb's) pocket.

borseggiatore(-trice) *sm* pickpocket.

borsellino *sm* purse.

borsetta *sf* handbag.

borsista *sm* (*chi specula in borsa*) stockbroker, stockjobber ◊ (*chi usufruisce di borsa di studio*) scholarship holder ◊ (*AmE*) grantee.

boscaglia *sf* thicket, brush, scrub.

boscaiolo *sm* woodcutter.

boschetto *sm* small wood, grove.

bosco(-chi) *sm* wood.

boscoso *agg* wooded.

botànica *sf sing* botany.

bòtola *sf* trapdoor.

botta *sf* blow ◊ (*livido*) bruise ◊ **botte da orbi**, furious blows; **fare a botte**, to come to blows; **botta e risposta**, thrust and parry; **a botta calda**, on the spur of the moment.

botte *sf* barrel, cask ◊ **voler la botte piena e la moglie ubriaca**, to want to have one's cake and eat it.

bottega(-ghe) *sf* shop ◊ (*laboratorio*) workshop.

botteghino *sm* (*biglietteria*) ticket office ◊ (*teatro*) box-office ◊ (*del lotto*) lottery office.

bottiglia *sf* bottle ◊ **in bottiglia**, bottled.

bottino *sm* booty ◊ (*di rapina*) loot.

botto *sm* blow ◊ (*rumore*) crash ◊ (*fuochi d'artificio*) fireworks (*pl*) ◊ **di botto**, all at once.

bottone *sm* button ◊ (*gemelli*) cuff links ◊ **attaccare un bottone**, to sew a button; (*fig*) to buttonhole sb.

bovino *agg* bovine, cattle ◊ *sm pl* cattle (*sing*).

box *sm* garage.

boxare *v intr* to box.

boxe *sf* boxing, pugilism.

boxer *sm pl* (*indumento*) boxer shorts.

boxeur *sm* boxer, pugilist.

bozza *sf* draft ◊ (*tip*) proof ◊ **prima, seconda bozza**, first, revised proof; **correggere le bozze**, to proofread.

bozzetto *sm* sketch.

braccetto *avv* **a braccetto**, arm-in-arm.

braccialetto *sm* bracelet.

bracciante *sm / f* day labourer, farm hand.

braccio *sm* arm ◊ **incrociare le braccia**, to fold one's arms; **braccio di ferro**, trial of strength; **prendere in braccio qc**, to pick sb up; **essere il braccio destro di qc**, to be sb's right hand.

bracciolo *sm* (*poltrona*) elbowrest, arm.

bracco(-chi) *sm* hound, hunting dog.

bracconiere *sm* poacher.

brace *sf* embers, coals, cinders.

braciere *sm* brazier.

braciola *sf* (*con osso*) chop.

bramare *v tr* to long, to yearn.

bramosìa *sf* longing, yearning.

branca(-che) *sf* (*felini*) paw ◊ (*rapid*) talon, claw ◊ (*settore, ramo*) branch.

branco(-chi) *sm* (*pecore*) flock ◊ (*lupi*) pack ◊ (*persone, spreg*) gang ◊ (*mandria*) herd.

brancolare *v intr* to grope.

branda *sf* folding bed ◊ (*AmE*) rollaway bed ◊ (*naut*) hammock.

brandello *sm* rag ◊ **a brandelli**, in tatters; **fare a brandelli**, to tear to shreds.

brandire *v tr* to brandish.

brano *sm* piece ◊ (*libro*) extract, passage.

bravata *sf* boastful threat, brag.

bravo *agg* (*abile*) good, clever, skilful ◊ (*buono*) good, nice ◊ *int* well done!

bravura *sf* (*abilità*) cleverness, skill.

breccia(-ce) *sf* breach ◊ **fare breccia nell'animo di qc**, to find one's way into sb's heart.

bretelle *sf pl* braces ◊ (*AmE*) suspenders.

breve *agg* short, brief ◊ **per farla breve**, to make a long story short.

brevettare *v tr* to patent.

brevetto *sm* patent.

brezza *sf* breeze ◊ (*di mare, di terra*) sea (land) breeze.

bricco(-chi) *sm* jug, pot.

briciola *sf* crumb.

briciolo *sm* bit ◊ (*di verità*) grain.

briga(-ghe) *sf* trouble ◊ **prendersi la briga di fare qcs**, to take the trouble to do sthg.

brigadiere *sm* brigadier.

brigante *sm* brigand, bandit.

brigata *sf* (*mil*) brigade ◊ (*compagnia*) crowd, company.

briglia *sf* bridle.

brillante *agg* bright ◊ (*splendente*) shining ◊ (*occhi*) sparkling ◊ *sm* diamond.

brillare *v intr* to shine ◊ (*stelle*) to shine, to twinkle ◊ (*occhi*) to sparkle ◊ *v tr* (*mina*) to blast a mine.

brillo *agg* tipsy.

brina *sf* (*hoar*) frost.

brindare *v intr* to drink a toast.

brindisi *sm inv* toast.

brio *sm sing* liveliness, gaiety.

brivido *sm* shiver ◊ (*di spavento*) shudder ◊ (*di piacere*) thrill.

brizzolato *agg* grizzled.

brocca(-che) *sf* jug, pitcher.

brodo *sm* broth.

broglio *sm* intrigue ◊ **broglio elettorale**, gerrymander.

bronchite *sf* bronchitis.

broncio *sm* pout ◊ **tenere il broncio**, to sulk.

brontolare *v intr* to grumble, to mutter ◊ (*intestino*) to rumble.

bronzo *sm* bronze ◊ **dalla faccia di bronzo**, brazen-faced.

brucare *v tr* graze.

bruciapelo *avv* ◊ **a bruciapelo**, point-blank.

bruciare *v tr* to burn ◊ (*edificio*) to burn down ◊ **bruciato dal sole**, (*terreno*) sunscorched, (*volto*) sunburnt, (*ustionato*) burnt by the sun ◊ *v rifl* to burn.

bruciatore *sm* burner.

bruciore *sm* burning ◊ (*di stomaco*) heartburn.

bruco(-chi) *sm* caterpillar ◊ (*di farfalla*) grub.

brufolo *sm* pimple, spot.

brughiera *sf* moor, heath.

brulicare *v intr* to swarm, to teem.

brullo *agg* bare, bleak, barren.

bruno *agg* brown, dark.

brusco(-a, -chi, -che) *agg* abrupt, rough ◊ (*improvviso*) sharp, abrupt.

brusio *sm* humming, buzz.

brutale *agg* brutal, savage.

brutalità *sf inv* brutality.

bruto *agg, sm* brute.

bruttezza *sf* ugliness.

brutto *agg* ugly ◊ (*ferita*) nasty ◊ (*carattere*) unpleasant, nasty ◊ (*cattivo*) bad ◊ (*scherzo*) dirty ◊ **brutta copia**, rough copy; **vedersela brutta**, to see death in the face; **il brutto è che**, the unfortunate thing is that.

buca(-che) *sf* hole ◊ (*biliardo*) pocket ◊ (*lettere*) letter box.

bucare *v tr* to hole, to make a hole ◊ **ho bucato una gomma**, I've got a puncture ◊ *v rifl* (*pneumatico*) to puncture ◊ (*drogarsi*) to shoot up, to mainline.

bucato *sm* washing ◊ **fare il bucato**, to do the washing.

buccia(-ce) *sf* (*verdura, frutta*) skin ◊ (*agrumi, patate*) skin, peel ◊ (*piselli*) pod ◊ (*salame*) skin ◊ (*formaggio*) rind.

buco(-chi) *sm* hole.

budello *sm* bowel, intestine ◊ (*vicolo*) alley.

budino *sm* pudding.

bue (buòi) *sm* ox.

bufera *sf* storm ◊ (*neve*) blizzard.

buffo *agg* funny.

buffonata *sf* jest.

buffone(-a) *sm* clown, buffoon.

bugìa(-gìe) *sf* lie ◊ (*frottola*) fib ◊ (*candelabro*) candleholder ◊ **dire le bugie**, to tell lies.

bugiardo(-a) *agg* lying, deceitful ◊ *sm* liar.

buio *agg* dark ◊ (*tetro*) gloomy, dismal ◊ *sm* dark, darkness ◊ **al buio**, in the dark; **buio pesto**, pitch dark.

bulbo *sm* (*bot*) bulb.

bullo *sm* tough ◊ **fare il bullo**, to act tough.

bullone *sm* bolt.

buonafede *sf sing* good faith.

buongustaio *sm* gourmet.

buongusto *sm sing* good taste.

buono *agg* good, good-natured ◊ **è un tipo alla buona**, he's an easygoing sort; **con le buone o con le cattive**, by hook or by crook.

buono(-a) *sm* (*persona*) good, upright person ◊ **i buoni e i cattivi**, the goodies and the badies; **di buono c'è che**, the good thing about it is that; **un buono a nulla**, a good-for-nothing ◊ (*comm*) coupon, voucher ◊ **buono d'acquisto**, credit note; **buono di consegna**, delivery note.

buonsenso *sm sing* common sense, good sense.

buontempone(-a) *sm* carefree person.

buonuscita *sf* (*industria, a direttore*) golden handshake ◊ (*a dipendente*) retirement bonus.

burattinaio(-a) *sm* puppeteer.

burattino *sm* puppet.

bùrbero *agg* surly, gruff.

burla *sf* trick, prank ◊ **per burla**, for fun.

burlare *v tr* to make a fool of sb ◊ *v rifl* to poke fun (at), to laugh (at).

burlone(-a) *sm* jester, joker.

burocratico *agg* burocratic.

burocrazìa *sf* bureaucracy, civil service ◊ (*fig*) red tape.

burrasca *sf* storm.

burro *sm* butter ◊ **burro di cacao** (*per labbra*), lip salve.

burrone *sm* ravine.

bussare *v intr* to knock ◊ **bussare alla porta**, to knock at the door.

bùssola *sf* compass ◊ **perdere la bussola**, to lose one's head.

busta *sf* envelope ◊ **busta paga**, pay packet.

bustarella *sf* bribe.

busto *sm* bust ◊ (*indumento*) corset ◊ **a mezzo busto**, half-length; **a busto eretto**, standing up straight.

buttare *v tr* to throw ◊ **buttare una palla (un sasso) a qc**, to throw a ball to sb, to throw a stone at sb; **buttare giù** (*abbattere*) to pull down; (*abbozzare*) to jot down ◊ *v rifl* to jump ◊ (*anima e corpo*) to throw os into sthg ◊ (*sprecare*) to waste, to throw away ◊ (*di piante*) to put out.

C

cabina *sf* cabin ◊ (*spiaggia*) beach hut ◊ (*telefonica*) telephone booth ◊ (*elettorale*) polling booth.

cacao *sm sing* cocoa.

caccia(-ce) *sf* hunting, shooting ◊ **a caccia di**, in search of; **dare la caccia a qc**, to hunt sb; **andare a caccia**, to go hunting; **divieto di caccia**, hunting forbidden; **caccia al tesoro**, treasure-hunt.

cacciagione *sf* game.

cacciare *v tr* to hunt ◊ (*col fucile*) to shoot ◊ (*esiliare*) to banish ◊ *v rifl* (*nei guai*) to get os into a nice mess.

cacciatore(-trice) *sm* hunter(-tress), huntsman ◊ (*di frodo*) poacher ◊ (*di dote*) fortune-hunter.

cacciavite *sm* screwdriver.

cachi *sm* (*bot*) persimmon.

cactus *sm* (*bot*) cactus.

cadàvere *sm* corpse, (dead) body.

cadavèrico *agg* corpse-like.

cadente *agg* decrepit ◊ **stella cadente**, shooting star.

cadenza *sf* (*accento*) intonation ◊ (*ritmo*) rhythm.

cadere *v intr* to fall ◊ (*capelli*) to fall out ◊

cadere dalla bicicletta, da un albero, dalle scale, to fall off one's bicycle, from a tree, down the stairs; **far cadere qcs**, to drop sthg ◊ **cadere a terra**, to fall to the ground.

caduta *sf* fall ◊ (*fig*) downfall ◊ **caduta dei capelli**, hair loss; **caduta massi**, falling rocks.

caffè *sm inv* coffee ◊ **caffè ristretto, lungo** strong, weak coffee; **fondi di caffè**, coffee grounds.

caffellatte *sm* white coffee; coffee with milk.

caffettiera *sf* coffee-maker.

cagionévole *agg* (*salute*) delicate, weak.

cagna *sf* bitch.

cagnolino *sm* puppy.

calabrone *sm* (*zool*) hornet.

calamaro *sm* (*zool*) squid.

calamìta *sf* magnet.

calamità *sf inv* calamity, misfortune.

calamitare *v tr* to magnetize.

calare *v tr* to lower ◊ (*maglia*) to decrease ◊ *v intr* (*prezzi*) to fall ◊ *v rifl* to lower os.

calca(-che) *sf* crowd, throng, press.

calcagno *sm* heel.

calare *sm* limestone.

calcare *v tr* to press ◊ (*con i piedi*) to tread ◊ **calcare le scene**, to tread the boards.

calce *sf* lime ◊ **calce viva**, quicklime.

calcestruzzo *sm* (*edil*) concrete.

calciare *v tr, intr* to kick.

calciatore(-trice) *sm* footballer.

calcio *sm* kick ◊ (*gioco*) football, soccer ◊ (*arma*) butt ◊ (*chim*) calcium ◊ **dare un calcio a qc**, to kick sb; **calcio di rigore**, penalty kick.

calcolare *v tr, intr* to calculate, to work out ◊ (*considerare*) to take into account.

calcolatore *sm* computer.

calcolatrice *sf* calculating machine.

càlcolo *sm* calculation ◊ (*pl*) accounts, figures ◊ (*med*) stone.

caldaia *sf* boiler.

caldarrosta *sf* roast chestnut.

caldeggiare *v tr* to support warmly.

caldo *agg* warm, (*intenso*) hot ◊ (*fig*) warm ◊ *sm* heat ◊ **fa caldo**, it's hot; **non mi fa né caldo né freddo**, I couldn't care less.

calendario *sm* calendar.

càlice *sm* wine glasse ◊ (*relig*) chalice.

calligrafìa *sf* handwriting.

callista *sm / f* chiropodist.

callo *sm* corn.

calma *sf* calm, quietness ◊ (*bonaccia*) dead calm.

calmante *sm* (*med*) sedative.

calmare *v tr, rifl* to calm down.

calmo *agg* quiet, peaceful, calm.

calo *sm* fall, drop (in) ◊ (*peso*) loss (in).

calore *sm* warmth, heat.

caloria *sf* calory.

calorifero *sm* radiator.

caloroso *agg* (*fig*) warm.

calpestare *v tr* to tread on ◊ (*fig*) to walk all over sb.

calunnia *sf* slander.

calunniare *v tr* to slander.

calvizie *sf inv* baldness.

calvo *agg* bald ◊ *sm* bald man.

calza *sf* (*donna*) stocking ◊ (*uomo*) sock.

calzamaglia *sf* tights (*pl*) ◊ (*per ginnastica*) leotards.

calzante *agg* apt, fitting ◊ *sm* shoehorn.

calzare *v tr* to wear, to put on ◊ *v intr* to fit ◊ **calzare a pennello**, to fit like a glove.

calzatura *sf* footwear.

calzettone *sm* knee sock.

calzolaio *sm* shoemaker, shoe repairer, cobbler.

calzoleria *sf* shoe shop.

calzoncini *sm pl* shorts ◊ (*da bagno*) trunks.

calzoni *sm pl* trousers ◊ (*AmE*) pants ◊ (*da cavallo*) riding breeches; (*alla zuava*) knickerbockers.

cambiale *sf* bill of exchange ◊ (*tratta*) draft ◊ **questa cambiale scade il 5 luglio**, this bill falls due on the 5th of July.

cambiamento *sm* change.

cambiare *v tr, intr, rifl* to change ◊ (*casa*) to move house ◊ (*idea*) to change one's mind ◊ (*denaro*) change ◊ (*marcia*) to shift gear.

cambio *sm* change ◊ (*scambio*) exchange, swap ◊ (*tasso di cambio*) rate of exchange ◊ (*auto*) gears (*pl*) ◊ **darsi il cambio**, to take it in turns; **in cambio di**, in exchange for.

càmera *sf* room ◊ **camera a due letti, a un letto**, double, single bedroom; **la Camera dei Deputati, dei Pari**, the House of Commons, the House of Lords; **camera d'aria**, inner tube.

camerata *sf* (*dormitorio*) dormitory.

cameriera *sf* maid, waitress.

cameriere *sm* manservant ◊ (*maggiordomo*) butler ◊ (*che serve a tavola*) waiter.

càmice *sm* white coat ◊ (*chirurgo*) gown.

camicetta *sf* blouse.

camicia(-cie) *sf* shirt ◊ (*da donna*) blouse ◊ **camicia da notte**, nightdress; **uova in camicia**, poached eggs.

camino *sm* fireplace ◊ (*comignolo*) chimney.

camion *sm* lorry ◊ (*AmE*) truck.

camionista *sm* lorry-driver ◊ (*AmE*) truck driver.

cammello *sm* camel ◊ **cappotto di cammello**, camelhair overcoat.

cammeo *sm* cameo.

camminare *v intr* to walk.

cammino *sm* walk ◊ **un'ora di cammino**, an hour's walk; **mettersi in cammino**, to set off.

camomilla *sf* (*bot*) camomile ◊ (*infuso*) camomile-tea.

camoscio *sm* chamois ◊ **guanti di camoscio**, shammy-leather gloves.

campagna *sf* country ◊ (*paesaggio*) countryside ◊ (*pol, mil, comm*) campaign ◊ **vivere in campagna**, to live in the country.

campana *sf* bell ◊ **sordo come una campana**, as deaf as a doorpost.

campanello *sm* bell.

campanile *sm* bell tower, belfry.

campare *v intr* to live ◊ **tirare a campare**, to get by.

campeggiare *v intr* to camp.

campeggiatore(-trice) *sm* camper.

campeggio *sm* (*luogo*) camping site.

camper *sm* camper.

campestre *agg* rural, country (*attr*) ◊ **corsa campestre**, cross-country race.

campionario *sm* set of samples.

campionato *sm* championship.

campione *sm* champion ◊ (*comm*) sample.

campo *sm* field ◊ (*calcio*) football ground ◊ (*tennis*) court ◊ (*golf*) course ◊ **campo sportivo**, sports ground.

camposanto *sm* cemetery ◊ (*presso chiesa*) churchyard.

canaglia *sf* scoundrel, rascal.

canale *sm* canal ◊ (*condotto*) pipe ◊ (*TV*) channel ◊ **Canale della Manica**, the (English) Channel.

cànapa *sf* hemp ◊ (*indiana*) Indian hemp.

canarino *sm* canary ◊ *agg* (*colore*) canary yellow.

cancellare *v tr* to cross out, to rub out, to erase ◊ (*con straccio*) to wipe out (*anche fig*) ◊ (*disdire*) to cancel.

cancellerìa *sf* (*per scrivere*) stationery.

cancello *sm* gate.

cancerogeno *agg* cancerogenic.

cancro *sm* cancer ◊ (*astr*) Cancer.

candeggina *sf* bleach.

candela *sf* candle ◊ (*cera*) wax candle (*mot*) spark(ing) plug ◊ **a lume di candela**, by candlelight.

candeliere *sm* candlestick.

candidato *sm* candidate, applicant (for).

candidatura *sf* candidature.

càndido *agg* snow-white ◊ (*fig*) innocent, naive, ingenuous.

candito *sm* candied fruit.

candore *sm* snowy whiteness ◊ (*fig*) innocence.

cane *sm* dog ◊ (*bassotto*) dachshund ◊ (*bastardo*) mongrel ◊ (*da slitta*) husky ◊ (*da salotto*) lap dog ◊ (*di razza*) thoroughbred ◊ **una muta di cani**, a pack of hounds; **quell'attore è un cane**, he's a bad actor; **menare il can per l'aia**, top beat about the bush; **solo come un cane**, all alone; **fa un freddo cane**, it's terribly cold.

canfora *sf* camphor.

canguro *sm* (*zool*) kangaroo.

canile *sm* kennel.

canna *sf* reed ◊ (*da zucchero*) sugar cane ◊ (*da pesca*) fishing rod ◊ (*di bicicletta*) crossbar ◊ (*di organo*) pipe ◊ (*fumaria*) chimney flue ◊ **povero in canna**, very poor.

cannella *sf* cinnamon.

cannìbale *sm* cannibal.

cannocchiale *sm* telescope.

cannonata *sf* cannon-shot ◊ (*fig*) knock-out.

cannone *sm* gun ◊ (*fig*) champion.

cannuccia(-ce) *sf* (*per bibite*) straw.

canoa *sf* canoe ◊ **andare in canoa**, to canoe.

cànone *sm* canon, rule ◊ **cànone d'abbonamento, canone televisivo**, licence fee; **equo canone**, fair rent act.

canònica(-che) *sf* parsonage, vicarage.

canonico *agg* canonical.

canoro *agg* singing, song (*attr*).

canottaggio *sm* rowing ◊ **gara di canottaggio**, boat race.

canottiera *sf* vest.

canotto *sm* dinghy.

cantante *sm* singer.

cantare *v tr* to sing ◊ (*uccelli*) to warble ◊ (*gallo*) to crow ◊ (*in versi*) to sing (of).

cantautore(-trice) *sm* singer and songwriter, song singer-writer.

cantiere *sm* (*edil*) buildingsite.

cantina *sf* cellar ◊ (*negozio*) wine shop.

canto *sm* singing ◊ (*canzone*) song ◊ (*liturgico*) chant ◊ **da un canto**, on the one hand; **d'altro canto**, on the other hand.

cantonata *sf* (*fig*) blunder.

cantone *sm* (*geogr*) canton.

canzone *sf* song.

canzonetta *sf* (light music) song.

caos *sm inv* chaos.

capace *agg* able (to do sthg), capable (of doing sthg) ◊ (*capiente*) capacious, large.

capacità *sf inv* ability ◊ (*capienza*) capacity.

capanna *sf* hut, cabin.

capannone *sm* shed.

caparbio *agg* obstinate, stubborn.

caparra *sf* deposit.

capeggiare *v tr* to lead, to head.

capello *sm* hair ◊ (*capigliatura*) hair (*sing*) ◊ **mi cadono i capelli**, my hair is falling out; **tirato per i capelli** (*spiegazione*), far-fetched; **mettersi le mani nei capelli**, to tear one's hair out.

capezzale *sm* (*letto*) bedside.

capézzolo *sm* nipple.

capiente *agg* capacious.

capienza *sf* capacity.

capillare *sm* (*anat*) capillary.

capire *v tr* to understand ◊ **si capisce che**, it's clear that; **capire al volo**, to be quick on the uptake; **farsi capire**, to make os understood; **capisco**, I see.

capitale *agg* capital ◊ **sentenza capitale**, death sentence ◊ *sf* (*città*) capital city ◊ *sm* (*fin*) capital.

capitalismo *sm* capitalism.

capitalista *sm / f*, *agg* capitalist.

capitano *sm* captain.

capitare *v intr* to happen ◊ **se capita l'occasione**, if the opportunity should occur (arise).

capìtolo *sm* chapter.

capo *sm* head ◊ (*persona*) head, leader, boss, manager ◊ (*oggetto*) item ◊ **andare a capo**, to start a new paragraph; **da capo**, again; **non ha né capo né coda**, it's utter nonsense.

Capodanno *sm* New Year's Day.

capogiro *sm* giddiness, dizziness ◊ **avere il capogiro**, to feel giddy.

capolavoro *sm* masterpiece.

capolìnea *sm inv* terminus.

capoluogo *sm* chief town, capital.

capomastro *sm* master builder.

caporale *sm* lance corporal.

caporeparto (capireparto) *sm* (*operai*) foreman ◊ (*negozio*) department head.

capostazione (capistazione) *sm* stationmaster.

capovòlgere *v tr* to turn upside down ◊ *v rifl* to overturn.

cappella *sf* chapel ◊ (*cantori*) choir.

cappellano *sm* chaplain.

cappello *sm* hat ◊ (*cilindro*) top hat ◊ (*bombetta*) bowler hat.

cappero *sm* (*bot*) caper.

cappio *sm* knot, loop ◊ (*capestro*) noose.

cappottare *v intr* to overturn.

cappotto *sm* (over)coat ◊ (*giochi*) capot.

Cappuccetto Rosso *sm* Little Red Riding Hood.

cappuccino *sm* (*relig*) Capuchin friar ◊ (*bevanda*) frothy white coffee, cappuccino.

cappuccio *sm* hood ◊ (*frate*) cowl ◊ (*penna*) top.

capra *sf* (she)-goat, nanny-goat.

capretto *sm* kid.

capriccio *sm* whim, caprice.

capriccioso *agg* whimsical, capricious ◊

(*bambino*) naughty.

capricorno *sm* (*astr*) Capricorn.

capriola *sf* somersault, caper ◊ **fare una capriola**, to turn a somersault.

capriolo *sm* roe-deer ◊ (*maschio*) buck ◊ (*femmina*) doe.

capro *sm* he-goat ◊ **capro espiatorio**, scapegoat.

càpsula *sf* capsule ◊ (*dente*) crown.

capufficio *sm* office manager.

caraffa *sf* carafe, decanter.

caramella *sf* toffee, candy.

caramellare *v tr* to caramelize.

caràttere *sm* character ◊ (*tip*) type ◊ **avere un buon (brutto) carattere**, to be good (bad) tempered; **aver carattere**, to have character; **mancare di carattere**, to lack character.

caratterìstica(-che) *sf* characteristic, feature.

caratterìstico(-a -ci, -che) *agg* characteristic, typical.

caratterizzare *v tr* to be characteristic of, to characterize.

carboncino *sm* charcoal.

carbone *sm* coal ◊ *agg* coal (*attr*).

carbonio *sm sing* (*chim*) carbon.

carbonizzare *v tr* (*carbone*) to carbonize ◊ (*legno*) to char ◊ **morire carbonizzato**, to be burned to death.

carburatore *sm* (*aut*) carburettor ◊ (*AmE*) carburetor.

carcerato(-a) *sm* prisoner.

càrcere *sm* prison ◊ **fu condannato a 5 anni di carcere**, he was sentenced to 5 years' imprisonment.

carceriere(-a) *sm* jailor, gaoler, warder.

carciofo *sm* arthichoke.

cardiaco *agg* (*med*) heart (*attr*).

cardinale *agg* cardinal ◊ (*relig*) cardinal.

càrdine *sm* hinge.

cardiochirurgia *sf* heart surgery.

cardiologo(a, -gi, -ghe) *sm* cardiologist.

cardo *sm* (*bot*) thistle.

carente *agg* lacking, wanting (in).

carestìa *sf* famine.

carezza *sf* caress.

carezzare *v tr* to caress ◊ (*animali, capelli*) to stroke, to pet.

cariare *v tr* to cause caries (in a tooth) ◊ *v rifl* to decay, to grow carious.

càrica(-che) *sf* office ◊ (*mil*) charge ◊ **essere in carica**, to be in office; **uscire di carica**, to leave office.

caricare *v tr* to load, to charge ◊ (*orologio*) to wind up ◊ (*batteria*) to charge ◊ (*pipa*) to fill.

caricatura *sf* caricature.

càrico(-chi) *agg* loaded (with) ◊ *sm* load, burden, weight.

carie *sf inv* caries, decay.

carino *agg* pretty, cute ◊ (*gentile*) nice.

carisma *sm* charisma.

carismàtico(-a, -ci, -che) *agg* charismatic.

carità *sf inv* charity ◊ **chiedere la carità**, to beg for charity; **fare la carità**, to give alms.

caritatévole *agg* charitable.

carnagione *sf* complexion.

carne *sf* flesh ◊ (*alimento*) meat ◊ (*di frutto*) flesh, pulp ◊ **in carne e ossa**, in the flesh.

carnéfice *sm* hangman ◊ (*fig*) torturer.

carnevale *sm* carnival.

carnìvoro *agg* carnivorous ◊ *sm* carnivore.

caro *agg* dear (to) ◊ (*costoso*) expensive, dear ◊ *sm* (*pl*) dear ones ◊ *avv* dear ◊ **costare caro**, to be expensive; **a caro prezzo**, at a high price.

carota *sf* carrot.

carovita *sm sing* high cost of living.

carpentiere *sm* carpenter.

carponi *avv* on all fours.

carrabile *agg* **passo carrabile**, carriage entrance, driveway.

carreggiata *sf* carriageway.

carrellata *sf* tracking ◊ **carrellata di successi**, medley of hit tunes.

carrello *sm* trolley ◊ (*supermercato*) shopping trolley ◊ (*aeron*) undercarriage.

carretto *sm* cart, barrow.

carriera *sf* career ◊ **donna in carriera**, career woman.

carriola *sf* wheelbarrow.

carro *sm* cart ◊ (*per carnevale*) float ◊ **carro attrezzi**, breakdown van; **carro merci**, goods wagon; **carro armato**, tank.

carrozza *sf* (*con cavalli*) carriage ◊ (*da cerimonia*) coach ◊ (*ferr*) carriage ◊ (*railway*) car; (*AmE*) railroad car.

carrozzella *sf* pram ◊ (*AmE*) baby carriage.

carrozzeria *sf* body ◊ (*officina*) body shop.

carrozziere *sm* car-body repairer.

carrozzina *sf* pram ◊ (*AmE*) baby carriage ◊ (*pieghevole*) push-chair.

carta *sf* paper ◊ **sulla carta**, on paper; **in carta libera**, on plain paper; **dare le carte**, to deal the cards (*gioco*); **carta di credito**, credit card; **carta stagnola**, tinfoil.

cartaccia(-ce) *sf* waste paper.

cartapècora *sf* parchment, vellum.

cartapesta *sf* papier-maché.

cartella *sf* briefcase ◊ (*di scolaro*) school bag ◊ (*dattiloscritta*) type-written page ◊ (*tombola*) tombola scorecard ◊ (*clinica*) case sheet.

cartellino *sm* label ◊ (*del prezzo*) price-tag ◊ (*del lavoro*) timecard.

cartello *sm* shopsign, traffic sign.

cartellone *sm* placard, bill, poster ◊ (*teatro*) playbill.

cartolaio *sm* stationer.

cartolerìa *sf* stationer's shop.

cartolina *sf* postcard.

cartomante *sm* / *f* fortune-teller (by cards).

cartone *sm* cardboard ◊ (*del latte*) carton ◊ (*cinema*) **cartone animato**, cartoon.

cartuccia(-ce) *sf* cartridge ◊ (*a salve*) blank cartridge.

casa *sf* (*edificio*) house ◊ (*ambiente familiare*) home ◊ (*appartamento*) flat ◊ (*AmE*) apartment ◊ (*di correzione*) reformatory ◊ (*di cura*) nursing home ◊ (*casato*) house ◊ (*ditta*) firm ◊ **essere a, in casa**, to be at home; **andare a casa**, to go home; **c'è nessuno in casa?**, is anybody in?; **casa dello studente**, students' hall; **cercare casa**, to look for a house; **fatto in casa**, homemade (*attr*).

casaccio *avv* **a casaccio**, at random.

casalinga(-ghe) *sf* housewife.

cascare *v intr* to fall ◊ (*per terra*) to fall to the ground ◊ **c'è cascato!**, he swallowed the bait!

cascata *sf* (*acqua*) waterfall ◊ (*col nome*) falls (*pl*); **le cascate del Niagara**, the Niagara Falls.

cascina *sf* farmhouse.

casco(-chi) *sm* helmet ◊ (*da motociclista*) crash helmet ◊ (*da parrucchiera*) (hair) dryer ◊ (*coloniale*) topee.

caseificio *sm* cheese factory, dairy.

casella *sf* (*su foglio*) square ◊ **casella postale**, post office box, P.O. Box.

casellante *sm* / *f* signalman, road tender, level-crossing keaper.

casello *sm* (*autostrada*) toll gate, toll booth.

caserma *sf* barracks (*pl*).

casinò *sm inv* casino, gambling house.

caso *sm* (*destino*) chance ◊ (*fatto*) case ◊ **a caso**, at random; **per caso**, by chance; **in ogni caso**, in any case; **in certi casi**, sometimes; **in questo caso**, if that is the case; **nel caso che…**, in case…; **non è un caso**, it's no coincidence; **i casi della vita**, that's life.

cassa *sf* case, chest, box ◊ (*negozio*) cash desk, till ◊ (*di risparmio*) savings bank ◊ **registratore di cassa**, till, cash register; **mettere in cassa integrazione**, to lay off.

cassaforte (casseforti) *sf* safe.

cassapanca(-che) *sf* chest.

cassetta *sf* box, small case ◊ (*lettere*) letter box ◊ **cassetta di sicurezza**, safe deposit box; **un successo di cassetta**, a box-office success.

cassetto *sm* drawer.

cassettone *sm* chest of drawers ◊ **soffitto a cassettoni**, panelled ceiling.

cassiere *sm* cashier.

castagna *sf* chestnut.

castano *agg* chestnut-colour, brown.

castello *sm* castle ◊ **letto a castello**, bunk-bed.

castigare *v tr* to punish, to chastise.

castigo(-ghi) *sm* punishment, chastisement.

castità *sf inv* chastity, purity.

castoro *sm* beaver.

castrare *v tr* to castrate, to geld.

casuale *agg* accidental, chance (*attr*).

catacomba *sf* catacomb.

catalitico *agg* catalytic ◊ **marmitta catalitica**, catalytic converter.

catalogare *v tr* to catalogue, (*AmE*) to catalog.

catarro *sm* catarrh.

catasta *sf* pile, stack, heap.

catasto *sm* general land office.

catàstrofe *sf* catastrophe, disaster.

catechismo *sm* catechism.

categorìa *sf* category.

catena *sf* chain ◊ (*di montagne*) range ◊ **catena di montaggio**, assembly line.

catenaccio *sm* bolt ◊ **chiudere con il catenaccio**, to bolt.

catino *sm* basin.

catrame *sm* tar.

càttedra *sf* teacher's desk ◊ (*posto*) teaching post ◊ (*universitaria*) chair, professorship.

cattiveria *sf* wickedness, malice, spite.

cattività *sf inv* captivity.

cattivo *agg* bad, wicked, evil ◊ (*bambino*) naughty ◊ (*cibo guasto*) off ◊ (*odore*) bad, nasty ◊ (*salute*) poor ◊ *sm* bad person ◊ **i cattivi**, the baddies.

cattolicésimo *sm* (Roman) Catholicism.

cattolico *agg* (Roman) Catholic.

cattura *sf* capture ◊ (*arresto*) arrest.

catturare *v tr* to capture, to seize.

càusa *sf* cause, reason ◊ (*ideale*) cause ◊ (*diritto*) case ◊ **intentare causa a qc**, to sue sb, to take legal action against sb.

causare *v tr* to cause, to bring about.

càustico(-a, -ci, -che) *agg* caustic.

cautela *sf* caution, prudence.

cautelare *v tr* to protect ◊ *v rifl* to take precautions.

càuto *agg* cautious, prudent, wary.

cauzione *sf* caution money ◊ **rilasciare dietro cauzione**, to release on bail.

cava *sf* quarry, pit ◊ (*fig*) mine.

cavalcare *v intr, tr* to ride.

cavalcavia *sm* fly-over.

cavalcioni *avv* **a cavalcioni**, astride.

cavaliere *sm* rider ◊ (*accompagnatore*) escort ◊ (*ballo*) partner ◊ (*medievale*) knight.

cavalla *sf* mare.

cavallerìa *sf* (*mil*) cavalry ◊ (*medievale*) chivalry.

cavalletta *sf* (*zool*) grasshopper.

cavallo *sm* horse ◊ (*piccolo*) pony ◊ (*purosangue*) thoroughbred ◊ **a cavallo**, on horseback; **vivere a cavallo tra due periodi**, to straddle two periods; **cavallo di battaglia**, strong point.

cavatappi *sm inv* corkscrew.

caverna *sf* cave, cavern.

cavia *sf* guinea-pig.

caviale *sm* caviar.

caviglia *sf* ankle ◊ (*slogata*) sprained ankle.

cavo *agg* hollow ◊ *sm* cable.

càvolo *sm* wild cabbage ◊ **che cavolo vuoi?**, what the heck do you want?

cazzo *sm* (*volg*) cock, prick.

CD *sm* (*Compact Disc*) CD.

ce *avv* there ◊ **ce n'è abbastanza**, there's enough.

cecchino *sm* sniper.

cece *sm* chickpea.

cecità *sf inv* blindness.

cèdere *v intr* to surrender, to yield (to), to give in ◊ *v tr* to give ◊ **cedere il posto**, to give (up) one's place (seat) to sb.

cedro *sm* (*bot, legno*) cedar ◊ (*frutto*) citron.

ceffone *sm* slap, smack.

celebrare *v tr* to celebrate.

cèlebre *agg* famous, renowned.

cèlere *agg* quick, swift ◊ *sf* (*corpo di polizia*) the Flying Squad.

celeste *sm* (*colore*) sky blue.

celestiale *agg* celestial, heavenly.

celibato *sm* celibacy.

cèlibe *agg* single.

cella *sf* cell ◊ **cella frigorifera**, cold store.

cellula *sf* cell.

cellofan *sm* cellophane.

cellulare *agg* cellular ◊ *sm* (*prigione*) jail ◊ (*furgone*) prison van ◊ (*telefono*) cellular phone.

cementare *v tr* to cement.

cemento *sm* cement ◊ **cemento armato**, reinforced concrete.

cena *sf* dinner ◊ **andare fuori a cena**, to go out for dinner; **l'Ultima Cena**, the Last Supper.

cenare *v intr* to have dinner ◊ (*frugalmente*) to have supper.

cénere *sf* ash ◊ (*di carbone, di legna*) cinders ◊ (*colore*) ash grey ◊ **le Ceneri**, Ash Wednesday.

cenno *sm* sign, signal ◊ (*gesto*) gesture ◊ (*col capo*) nod ◊ (*con la mano*) wave ◊ (*con gli occhi*) wink ◊ (*allusione*) hint ◊ (*cenni, sunto*) outline.

censimento *sm* census.

censire *v tr* to take a census (of population), to census.

censura *sf* censorship ◊ (*biasimo*) censure.

censurare *v tr* to censor ◊ (*biasimare*) to censure, to criticize.

centenario *agg* one-hundred-year-old ◊ (*che ricorre ogni cento anni*) centennial, centenary ◊ *sm* (*persona*) centenarian ◊ (*commemorazione*) centenary.

centèsimo *agg, sm* hundredth ◊ (*di dollaro*) cent ◊ (*di franco*) centime.

centìgrado *agg* centigrade.

centimetro *sm* centimetre ◊ (*AmE*) centimeter ◊ (*nastro*) measuring tape.

centinaio(-a *pl f*) *sm* (a) hundred, about a hundred.

cento *agg num card inv, sm* a (one) hundred ◊ **cento di questi giorni**, many happy returns.

centrale *agg* central ◊ (*sede centrale*) head office ◊ *sf* station ◊ (*elettr*) power station ◊ **centrale nucleare**, nuclear power station.

centralinista *sm / f* operator.

centralizzare *v tr* to centralize.

centrare *v tr* to hit the centre of sthg ◊ **centrare una risposta**, to get the right answer.

centrìfuga(-ghe) *sf* spin-dryer.

centro *sm* centre ◊ (*AmE*) center ◊ (*balneare*) seaside resort ◊ (*commerciale*) shopping centre ◊ (*AmE*) shopping mall ◊ **andare in centro**, to go into town; (*AmE*) to go downtown; **far centro**, to hit the bull's eye.

ceppo *sm* (tree) stump ◊ (*stirpe*) stock, branch ◊ (*da ardere*) log ◊ **i ceppi** (*di prigionieri*) shackles, fetters.

cera *sf* wax ◊ (*per pavimenti*) floor polish ◊ **avere una bella (brutta) cera**, to look well (ill).

ceràmica(-che) *sf* (*arte*) ceramics (*sing*) ◊ (*materiale*) baked clay ◊ **ceramiche**, pottery.

cerbiatto *sm* fawn.

cerca *avv* **in cerca di**, in search of, looking for.

cercare *v tr* to look for, to search for ◊ (*fama*) to seek ◊ (*a tastoni*) to grope for ◊

(*sul dizionario*) to look up ◊ *v intr* to try ◊ **cercasi...**, ...wanted.

cerchio *sm* circle ◊ **in cerchio**, in a circle.

cereale *agg* cereal ◊ *sm pl* cereals.

cerebrale *agg* celebral, brain (*attr*).

ceretta *sf* depilatory wax.

cerimonia *sf* ceremony ◊ (*relig*) service ◊ **far cerimonie**, to stand on ceremony.

cerino *sm* waxmatch.

cerniera *sf* (*di porte*) hinge ◊ (*lampo*) zip.

cerone *sm* (*teatro*) grease paint.

cerotto *sm* (sticking) plaster.

certamente *avv* certainly.

certezza *sf* certainty, certitude ◊ **sapere con certezza**, to know for sure that.

certificare *v tr* to certify, to attest.

certificato *sm* certificate ◊ **certificato di garanzia**, guarantee; **certificato medico**, medical certificate; **certificato di nascita**, birth certificate.

certo *agg* certain, sure ◊ **ne sono certissimo**, I'm absolutely sure (certain) of it ◊ *sm* certainty.

certo *agg indef* certain, some ◊ *pron indef* some, some people ◊ **un certo signor Rossi**, a (certain) Mr Rossi; **certi dicono**, some say.

certo *avv* certainly, of course ◊ **sì, certo**, yes, indeed, definitely.

cerume *sm* earwax.

cervello *sm* brain ◊ (*intelligenza*) brains, mind ◊ **avere molto cervello**, to be very brainy; **cervello elettronico**, electronic brain.

cervo *sm* deer ◊ (*maschio*) stag ◊ (*femmina*) doe ◊ **carne di cervo**, venison.

cesàreo *agg* **parto cesareo**, Caesarian section.

cesello *sm* chisel.

cesoie *sf pl* shears.

cespuglio *sm* bush, shrub.

cessare *v tr, intr* to stop.

cesta *sf* basket ◊ (*con coperchio*) hamper.

cestinare *v tr* to throw away.

cestino *sm* wastepaper basket.

ceto *sm* social class ◊ **il ceto medio**, the middle classes; **ceto impiegatizio**, white-collar(ed) workers; **ceto operario**, working classes, blue-collared workers.

cetriolo *sm* cucumber.

charter *sm* charter ◊ **volo charter**, charter flight.

che *pron rel* (*persona, sogg*) who, that ◊ (*persona, ogg*) whom, that ◊ (*cose*) which, that ◊ (*in cui, quando*) that, in which, on which, when ◊ (*la qual cosa*) which ◊ **può darsi che non venga, il che sarebbe un peccato**, he may not come, which would be a pity.

che *agg interr* what ◊ (*numero limitato*) which ◊ (*pron interr*) what ◊ *escl* (*seguito da sost sing*) what a ◊ (*seguito da agg*) how ◊ **che cosa?**, what?; **che bei fiori**, what lovely flowers; **che bello!**, how lovely!

che *cong* (*talvolta omessa*) that ◊ (*temporale*) **era appena uscita di casa che suonò il telefono**, she had no sooner gone out than (she had hardly gone out when) the telephone rang ◊ (*comparativo*) than.

ché *cong* (*causale*) since, as, because ◊ (*finale*) so that, (*in frasi negative*) lest.

chetichella *avv* **alla chetichella**, secretly ◊ **andarsene alla chetichella**, to slip away.

chi *pron interr* (*persona, sogg*) who, (*ogg*) who, whom ◊ **chi l'ha visto?**, who saw him?; **chi hai visto?**, who (whom) did you see? ◊ (*pron rel*) whoever, anyone who ◊ **invita chi vuoi**, invite whoever (anyone) you like ◊ (*coloro che*) they (*ogg* them) who (*ogg* whom), those who(m), people who(m) ◊ **sono gentile con chi è gentile con me**, I'm kind to those who are kind to me; **chi... chi**, some (people)... some (others); **chi rideva, chi piangeva**, some (people) were laughing, others were weeping.

chiàcchiera *sf* chat, chatter.

chiacchierare *v intr* to chat, to chatter.

chiacchierone(-a) *sm* chatterbox.

chiamare *v tr* to call ◊ (*a voce alta*) to call out (for) ◊ (*dar nome a*) to call, to name ◊ (*far venire*) to call, to send for ◊ (*al telefono*) to call (up), to ring up ◊ (*chiamare alle armi*) to call up ◊ **mi sono fatto chiamare presto**, I asked to be called early ◊ *v rifl* (*aver nome*) to be called ◊ **questo si chiama parlar chiaro**, this is plain speaking!

chiamata *sf* call ◊ (*telefonica*) telephone call

◊ (*interurbana*) trunk-call, long-distance call ◊ (*urbana*) local call.

chiara *sf* white (of an egg).

chiarezza *sf* clearness, clarity.

chiarimento *sm* explanation.

chiarire *v tr* to clarify, to explain.

chiaro *agg* clear ◊ (*di colore*) light, pale ◊ (*evidente*) clear, plain, obvious ◊ **sarò chiaro**, I'll come to the point; **chiaro e tondo**, bluntly ◊ *avv* clearly.

chiaro *sm* (*colore*) light colour ◊ (*luce*) day, daylight.

chiasso *sm* uproar, din ◊ **far chiasso**, to make a noise.

chiassoso *agg* noisy, rowdy.

chiatta *sf* barge.

chiave *sf* key ◊ **chiave di basso, di violino**, (*mus*) bas, treble clef; **chiave inglese**, wrench; **chiudere a chiave**, to lock.

chiavistello *sm* latch, bolt.

chiazza *sf* stain, large, spot.

chicco(-chi) *sm* (*cereali*) grain ◊ (*caffè*) bean ◊ (*uva*) grape ◊ (*grandine*) hailstone.

chièdere *v tr* to ask ◊ (*umilmente*) to beg ◊ (*per informarsi*) to inquire ◊ (*per avere*) to ask for ◊ (*far pagare*) to charge ◊ **chiedere scusa a qc**, to apologise to sb; **chiedere di qc** (*salute*), to ask about sb ◊ *v rifl* to wonder.

chiesa *sf* church.

chilo, chilogrammo *sm* kilo.

chilòmetro *sm* kilometre.

chìmica *sf* chemistry.

chìmico(-a, -ci, -che) *agg* chemical ◊ *sm* chemist.

china *sf* slope ◊ (*bot*) cinchona ◊ (*inchiostro di china*) Indian ink.

chinare *v tr* to bend ◊ *v rifl* to stoop, to bend down ◊ (*fig*) to submit.

chincaglierìe *sf pl* trinkets, knicknacks.

chinino *sm* quinine.

chioccia (-ce) *sf* brooding hen.

chiòcciola *sf* nail ◊ **scala a chiocciola**, winding stair case.

chiodo *sm* nail ◊ (*di scarpe da calcio*) stud ◊ (*di scarpe da sport*) spike ◊ (*idea fissa*) fixed idea ◊ **chiodo scaccia chiodo**, one worry takes one's mind off another.

chiosco(-chi) *sm* kiosk, stall ◊ (*giornalaio*)

newsstand ◊ (*per bibite*) refreshment booth.

chiostro *sm* cloister.

chiromante *sm* / *f* fortune-teller.

chirurgìa *sf* surgery.

chirurgo(-ghi) *sm* surgeon.

chissà *avv* who knows ◊ (*forse*) maybe.

chitarra *sf* guitar.

chitarrista *sm* / *f* guitarist, guitar player.

chiùdere *v tr* to close, to shut ◊ (*chiudere a chiave*), to lock ◊ **chiudere il gas (rubinetto, radio)**, to turn off the gas (the tap, the radio); **chiudere un occhio**, to turn a blind eye to ◊ *v rifl* to shut os (up).

chiunque *pron rel indef sing* whoever, anyone who ◊ **chiunque venga digli di aspettare**, whoever comes, tell him to wait ◊ *pron indef* anyone, anybody ◊ **chiunque altro**, anybody else; **chiunque sia**, whoever it is.

ci *pron prima persona pl* us ◊ *v rifl* ourselves ◊ *rec* each other ◊ **ci vedevamo tutti i giorni**, we saw each other every day ◊ *pron dim* it ◊ **ci penso io**, I'll see to it.

chiuso *agg* closed ◊ (*naso*) blocked ◊ *sm* **puzza di chiuso**, stuffy smell.

chiusura *sf* closing, shutting ◊ (*fine*) close ◊ **ora di chiusura**, closing time.

ci *avv* there.

ciabatta *sf* slipper.

cianuro *sm* cyanide.

ciao *int* (*incontrando qc*) hello ◊ (*AmE*) hi ◊ (*lasciando qc*) bye-bye, cheerio.

ciarlare *v intr* to chatter, to gossip.

ciarliero *agg* talkative.

ciascuno *agg sing* (*ogni*) every, (*distributivo*) each ◊ *pron* everybody, (*distributivo*) each person ◊ **avevano un libro ciascuno**, they had a book each.

cibo *sm* food.

cicala *sf* cicada.

cicatrice *sf* scar (*anche fig*).

cicatrizzare *v tr, intr* to heal.

cicca(-che) *sf* cigarette end, butt, stump.

ciccia *sf* (*fam*) fat.

cicerone *sm* guide ◊ **fare da cicerone**, to show sb around.

ciclamino *sm* cyclamen.

ciclismo *sm* cycling.

ciclista *sm* / *f* cyclist ◊ (*AmE*) cycler.

ciclo *sm* cycle ◊ (*di cure, lezioni*) course, series.

ciclone *sm* cyclone, hurricane.

cicogna *sf* stork.

cieco(-a, -chi, -che) *agg* blind ◊ **diventare cieco**, to go blind ◊ *sm* blind man (woman).

cielo *sm* sky ◊ (*paradiso*) heaven ◊ **cielo coperto**, overcast sky; **essere al settimo cielo**, to be over the moon.

cifra *sf* figure.

cifrare *v tr* to mark with initials.

ciglio (ciglia) (*pl f*) *sm* eyelashes ◊ (*sopracciglio*) eyebrown ◊ **il ciglio del fosso**, the edge of the ditch; **senza batter ciglio**, without flinching.

cigno *sm* swan ◊ (*femmina*) pen.

cigolìo *sm* squeaking, creaking.

ciliegia *sf* cherry ◊ **un nocciolo di ciliegia**, a cherry stone.

cilindro *sm* cylinder ◊ (*cappello*) top hat.

cima *sf* top, summit, peak ◊ (*naut*) rope, cable ◊ **da cima a fondo**, from top to bottom.

cimentarsi *v rifl* to put os to the test, to venture.

cìmice *sf* bug, bedbug.

cimitero *sm* graveyard, cemetery ◊ (*annesso a chiesa*) churchyard.

cinciallegra *sf* titmouse.

cincin *int* cheers.

cinema *sm* (*sala*) cinema ◊ (*AmE*) movie theater ◊ (*arte*) (moving) pictures, movies ◊ (*industria*) motion-picture industry.

cinepresa *sf* cine camera.

cìngere *v tr* to put a belt round.

cinghia *sf* strap, belt ◊ **tirare la cinghia**, to pull in one's belt.

cinghiale *sm* wild boar.

cinguettare *v intr* to twitter.

cìnico(-a, -ci, -che) *agg* cynical ◊ *sm* cynic.

cinquanta *agg num card inv* fifty.

cinquantenario *agg* fifty-year-old (*attr*) ◊ *sm* fiftieth anniversary.

cinquantina *sf* about fifty.

cinque *agg num card inv* five.

cinquecentesco(-chi) *agg* six teenth-century (*attr*).

cinquecento *agg num card inv* five hundred ◊ *sm* five hundred ◊ *(il secolo)* the sixteenth Century.

cinquemila *agg num card inv* five thousand.

cìntola *sf* waist ◊ *(cintura)* belt.

cintura *sf* belt ◊ *(fascia)* sash ◊ **allacciare le cinture di sicurezze**, to fasten seat belts.

cinturino *sm* strap.

ciò *pron dim inv* this, that, it ◊ **ciò che**, what, **tutto ciò che**, all that.

ciocca *sf* lock.

cioccolata *sf* chocolate.

cioccolatino *sm* chocolate.

cioccolato *sm* chocolate.

cioè *avv* that is to say ◊ *(in un elenco)* i.e. (id est), namely, which means that.

cìondolo *sm* pendant.

ciononostante *avv* nevertheless.

ciòtola *sf* bowl.

ciòttolo *sm* pebble, cobblestone.

cipolla *sf* onion ◊ *(orologio)* turnip.

cipresso *sm* cypress.

cipria *sf* face powder.

circa *avv* or so, or thereabouts ◊ *(anteposto al termine cui si riferisce)* about, roughly ◊ *prep (riguardando a)* concerning, with regard to.

circo(-chi) *sm* circus.

circolare *agg* circular ◊ *sf (lettera)* circular.

circolare *v intr* to circulate, to keep moving ◊ *(di notizie)* to spread, to go round.

circolazione *sf* circulation ◊ **libretto di circolazione**, registration book.

cìrcolo *sm* circle, club group.

circondare *v tr* to surround, to enclose ◊ *v rifl* to surround os with.

circonferenza *sf* circumference ◊ **circonferenza vita**, waist measurement.

circonvallazione *sf* ring road ◊ *(AmE)* belt highway.

circoscrizione *sf* district, area ◊ **circoscrizione elettorale**, constituency.

circospezione *sf* circumspection.

circostante *agg* surrounding.

circostanza *sf (occasione)* occasion, circumstances ◊ **parole di cirstanza**, words suited to the occasion.

circuìto *sm* circuìt ◊ *(sport)* circular track ◊ **andare in corto circuito**, to short-circuit.

cisterna *sf* reservoir, cistern, tank.

cisti *sf inv* cyst.

citare *v tr* to quote ◊ *(addurre come esempio)* to cite, to mention ◊ *(leg)* to summon ◊ **lo citai per danni**, I sued him for damages.

citazione *sf* quotation ◊ *(leg)* summons *(sing)*, subpoena.

citofonare *v intr* to call sb on the entry phone, to speak to sb by intercom.

citòfono *sm (di casa)* buzzer.

città *sf inv* town ◊ *(grande)* city.

cittadinanza *sf (popolazione)* town, citizens ◊ *(dir)* citizenship.

cittadino(-a) *agg* town *(attr)*, city *(attr)* ◊ *sm* townsman, citydweller.

ciuffo *sm* tuft ◊ *(di capelli)* forelock.

civetta *sf* owl ◊ *(fig)* coquette ◊ **auto civetta**, squad car; **fare la civetta**, to flirt.

cìvico *agg* civic ◊ **educazione civica**, civics; **senso civico**, public spirit.

civile *agg* civil ◊ *(contrapposto a militare)* civilian ◊ *(contrapposto a barbaro)* civilized ◊ *(cortese)* civil, urbane, polite ◊ **guerra civile**, civil war; **fare un matrimonio civile**, to be married at a registry office ◊ *sm / f* civilian.

civilizzare *v tr* to civilize ◊ *v rifl* to become civilized.

civiltà *sf inv* civilization.

clacson *sm* hooter, horn ◊ **suonare il clacson**, to sound the horn.

clamoroso *agg* clamorous, resounding.

clandestino(-a) *agg* clandestine, secret ◊ *sm* stowaway.

clarinetto *sm (mus)* clarinet.

classe *sf* class ◊ *(scolari)* class ◊ *(aula)* classroom ◊ **classe operaia**, working classes; **classe di leva 1957**, the class of 1957; **una donna di classe**, a woman with class.

classicismo *sm* classicism.

clàssico(-a, -ci, -che) *agg (arte, letteratura, civiltà)* classical ◊ *(moda, risposta, esempio)* **è classico!**, that's typical! ◊ *sm* classical author, classic.

classifica(-che) *sf (gara sportiva)* placings ◊ *(esame)* list ◊ *(dischi)* hit parade ◊ **classifica finale**, final results.

classificare *v tr* to classify ◊ *(compito)* to

mark ◊ (*studente*) to grade ◊ *v rifl* (*sport*) to be placed.

classista *agg* class-conscious.

clàusola *sf* clause.

claustrofobìa *sf* claustrophobia.

clausura *sf* (*relig*) seclusion ◊ (*convento*) cloister ◊ (*fig*) **fare una vita di clausura**, to lead a cloistered life.

clavìcola *sf* collarbone.

cleptòmane *sm* / *f* kleptomaniac.

clericale *agg* clerical ◊ *sm* / *f* clericalist.

clero *sm* clergy.

cliente *sm* / *f* customer ◊ (*di albergo*) guest ◊ (*di professionista*) client ◊ (*abituale*) patron.

clientela *sf* customers ◊ (*di professionista*) clients.

clientelismo *sm* (*spreg*) favouritism.

clima *sm* climate ◊ (*fig*) atmosphere.

climatizzato *agg* air-conditioned.

climatizzazione *sf* air-conditioning.

clìnica(-che) *sf* clinic, nursing home.

clìnico(-a, -ci, -che) *agg* clinical ◊ *sm* (*medico*) clinician ◊ **cartella clinica**, case history.

clistere *sm* clyster.

cloro *sm* chlorine.

club *sm* club.

coabitare *v intr* to share a flat.

coagularsi *v rifl* (*sangue*) to coagulate, to clot ◊ (*latte*) to curdle.

coalizione *sf* coalition ◊ (*econ*) combine.

coalizzare *v tr, rifl* to form a coalition ◊ (*econ*) to combine.

cobalto *sm* (*chim*) cobalt.

cobra *sm* (*chim*) cobra.

cocaìna *sf* cocaine, coke, snow (*pop*).

cocchiere *sm* coachman.

coccinella *sm* (*zool*) lady bird ◊ (*AmE*) lady bug.

coccio *sm* (*terracotta*) earthenware ◊ (*frammento*) broken piece.

cocciuto *agg* stubborn, obstinate.

cocco(-chi) *sm* (*bot*) coconut palm ◊ (*frutto*) coconut.

cocco(-a, -chi, -che) *sm* (*beniamino*) darling, apple of sb's eye.

coccodrillo *sm* crocodile.

coccolare *v tr* to cuddle, to pet.

cocòmero *sm* watermelon.

coda *sf* tail (*anche fig*) ◊ (*di volpe*) brush ◊ (*fila*) queue, (*AmE*) line ◊ (*di capelli*) ponytail ◊ **fare la coda**, to stand in a queue, to queue (up); **non avere né capo né coda**, not to make sense.

codardo(-a) *agg* cowardly ◊ *sm* coward.

còdice (*leg*) code ◊ (*manoscritto*) codex, manuscript ◊ **codice d'avviamento postale**, post-code, (*AmE*) zip code ◊ **codice a barre**, bar code; **codice della strada**, rules of the road.

coefficiente *sm* coefficient.

coercitivo *agg* coercive.

coerente *agg* coherent ◊ (*fig*) consistent.

coerenza *sf* coherence ◊ (*fig*) consistency.

coesione *sf* cohesion.

coesistenza *sf* coexistence.

coetàneo(-a) *agg* of the same age ◊ *sm* person of the same age.

còfano *sm* coffer ◊ (*auto*) bonnet, hood.

cògliere *v tr* (*fiori, frutta*) to pick ◊ (*afferrare*) to grasp, to seize ◊ **cogliere in flagrante**, to catch sb in the act (red-handed).

cognata *sf* sister-in-law.

cognato *sm* brother-in-law.

cognizione *sf* knowledge.

cognome *sm* surname, family name ◊ (*AmE*) last name ◊ **cognome da nubile**, maiden name.

coincidenza *sf* coincidence ◊ (*ferr*) connection.

coincìdere *v intr* to coincide.

coinquilino(-a) *sm* fellow tenant.

coinvòlgere *v tr* to involve.

colapasta *sm inv* colander.

colare *v tr, intr* to strain, to filter, to drain ◊ (*goccia a goccia*) to drip.

colazione *sf* breakfast ◊ (*seconda colazione*) lunch ◊ **fare colazione**, to have breakfast.

colera *sf* (*med*) cholera.

colibrì *sm inv* (*zool*) hummingbird.

còlica(-che) *sf* (*med*) colic.

colino *sm* strainer.

colla *sf* glue ◊ (*di farina*) paste.

collaborare *v intr* to cooperate.

collaboratore(-trice) *sm* collaborator ◊ (*di giornale*) contributor ◊ **collaboratore esterno**, free lance.

collaborazione *sf* collaboration, cooperation.

collana *sf* necklace ◊ (*di perle*) string ◊ (*di libri*) collection, series.

collant *sm* tights (*pl*).

collare *sm* collar.

collasso *sm* collapse ◊ **collasso cardiaco**, heart failure.

collaudare *v tr* to test, to try out.

collaudatore(-trice) *sm* trier-out ◊ (*aeroplani*) test pilot ◊ (*automobili*) test driver.

collàudo *sm* test, try-out.

colle *sm* hill ◊ (*valico*) col, pass.

collega(-ghi, -ghe) *sm / f* colleague.

collegamento *sm* connexion, connection.

collegare *v tr* to connect ◊ *v rifl* to join ◊ (*telefonicamente*) to get through to.

collegiale *agg* (*collettivo*) group (*attr*) ◊ (*rif a collegio*) college ◊ *sm / f* boarder ◊ (*fig, persona timida*) (awkward) schoolboy, (demure) schoolgirl.

collegio *sm* boarding school ◊ (*consesso di persone*) college ◊ **collegio docenti**, teaching body; **collegio elettorale**, constituency.

còllera *sf* anger ◊ **andare in collera**, to lose one's temper.

collèrico(-a, -ci, -che) *agg* hottempered.

colletta *sf* collection.

collettività *sf inv* community.

colletto *sm* collar ◊ (*fig*) **colletti bianchi**, white-collar workers.

collezione *sf* collection.

collezionista *sm / f* collector.

collimare *v intr* to agree, to tally (with).

collina *sf* hill ◊ **in collina**, in the hills.

collinoso *agg* hilly.

collirio *sm* eyedrops.

collisione *sf* collision ◊ **entrare in collisione**, to collide (with).

collo *sm* neck ◊ (*del piede*) instep ◊ **collo di bottiglia**, bottleneck; **un maglione col collo alto**, a polo-necked sweater.

collo *sm* (*bagaglio*) (piece) of luggage.

collocamento *sm* **ufficio di collocamento**, job centre.

collocare *v tr* to place, to put ◊ **collocare qc a riposo**, to pension sb off.

colloquio *sm* talk ◊ (*di lavoro*) interview ◊

(*esame universitario*) oral exam.

colmare *v tr* to fill (up).

colmo *agg* full, full to the brim ◊ **qual è il colmo per...**, what is the utmost for...; **è il colmo**, it's the limit, that beats everything.

colomba *sf* dove ◊ (*dolce pasquale*) dove-shaped Easter cake.

colombo *sm* pigeon ◊ (*fig, innamorati*) **i due colombi**, the two turtle-doves.

colonia *sf* colony ◊ (*per bambini*) holiday camp; **le prime colonie inglesi**, the first English settlements.

colonialismo *sm* colonialism.

colonizzare *v tr* to colonize.

colonizzatore(-trice) *sm* colonizer.

colonna *sf* column ◊ (*fig*) pillar ◊ (*sonora*) sound track ◊ (*vertebrale*) spine, backbone.

colonnello *sm* colonel.

colorare *v tr* to colour.

colore *sm* colour ◊ **una fabbrica di colori**, a paint factory; **gente di colore**, coloured people.

colorire *v tr* to colour ◊ *v rifl* (*in viso*) to blush.

colorito *agg* (*guance*) rosy ◊ (*racconto*) colourful, highly-coloured ◊ *sm* complexion.

coloro *pron dim pl m / f* (*sogg*) they ◊ (*ogg*) them ◊ (*spreg*) those people.

colosso *sm* colossus.

colpa *sf* (*errore*) fault ◊ (*colpevolezza*) guilt ◊ (*peccato*) sin ◊ **dare la colpa di qcs a qc**, to blame sb for sthg, to lay the blame for sthg on sb; **senso di colpa**, sense of guilt; **è colpa mia**, it's my fault; **addossarsi la colpa di qcs**, to take the blame for sthg.

colpévole *agg* guilty ◊ *sm / f* culprit, guilty person ◊ (*leg*) offender.

colpevolezza *sf* guilt, culpability.

colpire *v tr* to hit, to strike (*anche fig*) ◊ (*malattia*) to affect, to strike, to attack ◊ (*favorevolmente*) to impress ◊ **colpire nel vivo**, to cut sb to the quick.

colpo *sm* blow, hit, stroke, knock ◊ (*arma da fuoco*) shot ◊ (*tennis*) stroke ◊ (*med*) stroke ◊ (*furto*) raid ◊ **colpo di grazia**, finishing stroke; **sparare un colpo**, to fire a shot; **colpo d'aria**, chill; **fare un colpo**, to carry out a raid; **colpo di fortuna**, stroke of good luck; **colpo di scena**, coup de théâtre, (*fig*) dramatic turn of events; **colpo di fulmine**, love at first sight; **far colpo**, to make a hit.

coltellata *sf* stab ◊ (*ferita*) knife wound.

coltello *sm* knife ◊ (*a serramanico*) flick knife, switchblade ◊ **avere il coltello per il manico**, to have the upper hand.

coltivare *v tr* to grow, to cultivate ◊ (*fig*) to cultivate ◊ (*la terra*) to till the land.

colto *agg* cultured, well-educated.

coltura *sf* cultivation, farming, growing.

comandamento *sm* commandment.

comandante *sm / f* commander.

comandare *v tr* to order, to command ◊ *v intr* to be in charge ◊ **comandare a bacchetta**, to be a martinet, to be bossy.

comando *sm* order, command ◊ **eseguire un comando**, to carry out an order; **comando a distanza** (*telecomando*), remote control.

combaciare *v intr* to fit properly.

combattente *agg* fighting ◊ *sm / f* fighter ◊ **ex combattente**, ex-serviceman, (war) veteran.

combàttere *v tr, intr, rifl* to fight ◊ (*fig*) to fight, to oppose.

combattimento *sm* fighting, battle, fight ◊ (*pugilato*) match ◊ **mettere fuori combattimento**, to knock out.

combattività *sf inv* combativeness.

combattuto *agg* uncertain, undecided ◊ (*partita*) hard-fought ◊ **essere combattuto tra due alternative**, to be torn between two alternatives.

combinare *v tr* to match ◊ (*organizzare*) to arrange, to organize ◊ (*fare*) to do, to get up to.

combinazione *sf* (*caso*) chance, coincidence ◊ (*accostamento*) combination.

combustìbile *agg* combustibile ◊ *sm* fuel.

combutta *sf* gang ◊ **fare combutta con qc**, to be in league (in cahoots) with sb.

come *avv* as, like ◊ (*simile*) as ◊ **come me**, like me; **come mai?**, how come?; **bianco come la neve**, as white as snow; **veste come suo padre**, he dresses like his father; **scrivere come si parla**, to write as one speaks; **non so come dirglielo**, I don't know how to

tell him; **com'è il tuo amico?**, what's your friend like? ◊ (*modo in cui*) **ti parlo come amico**, I'm speaking to you as a friend; **come è noioso!**, how boring he is!; **come se**, as though, as if; (*comm*) **come d'accordo**, as agreed (upon).

cometa *sf* comet.

comicità *sf inv* comic spirit.

còmico(-a, -ci, -che) *agg* comic(al), funny ◊ *sm* (*attore*) comedian.

comìgnolo *sm* chimney.

cominciare *v tr, intr* to begin, to start ◊ **cominciò col dire**, he began by saying.

comitato *sm* committee, board.

comitiva *sf* party, group.

comizio *sm* rally, (political) meeting.

commedia *sf* comedy, play.

commediante *sm / f* comedian ◊ (*spreg*) third-rate actor(-tress) ◊ **fare il commediante**, to put on an act.

commediògrafo *sm* playwright.

commemorare *v tr* to commemorate.

commemorativo *agg* memorial (*attr*), commemorative.

commentare *v tr* to comment on ◊ (*sfavorevolmente*) to find fault with.

commentatore(-trice) *sm* commentator.

commento *sm* commentary ◊ (*giudizio*) comment, remark ◊ (*pettegolezzo*) talk, gossip ◊ **commento musicale**, background music.

commerciale *agg* commercial, trade (*attr*).

commercialista *sm / f* (*consulente*) business consultant.

commerciante *sm / f* dealer, trader ◊ (*negoziante*) shopkeeper, tradesman.

commerciare *v intr* to trade, to deal (in).

commercio *sm* commerce, trade ◊ **mettersi in commercio**, to go into business; **commercio all'ingrosso (al minuto)** wholesale (retail) trade.

commessa *sf* shopassistant, sales-girl ◊ (*ordinazione*) order.

commesso *sm* shopassistant ◊ **commesso viaggiatore**, (travelling) salesman.

commestìbile *agg* edible, eatable ◊ *sm pl* foodstuffs ◊ **negozio di commestibili**, grocery shop.

comméttere *v tr* to commit.

commilitone *sm* fellow soldier.

commiserare *v tr* to sympathize with, to feel pity for ◊ (*con disprezzo*) to pity.

commiserazione *sf* commiseration, pity.

commissariato *sm* police station.

commissario *sm* (*di pubblica sicurezza*) police superintendent ◊ (*d'esami*) member of an examining board ◊ (*di gara*) race official.

commissionare *v tr* to place an order for.

commissione *sf* errand ◊ (*comitato*) committee, board ◊ (*ordinazione*) order ◊ (*percentuale*) commission ◊ **fare una commissione per qc**, to run an errand for sb.

commovente *agg* touching, moving.

commozione *sf* emotion ◊ (*compassione*) compassion, symphaty ◊ **commozione cerebrale**, concussion.

commuòvere *v tr* to move, to excite sb's pity ◊ *v rifl* to be moved, touched.

comò *sm inv* chest of drawers.

comodino *sm* bedside table.

comodità *sf inv* comfort, convenience.

còmodo *agg* (*opportuno*) convenient ◊ (*pratico*) handy ◊ (*confortevole*) comfortable ◊ *sm* convenience ◊ **con comodo** (*senza fretta*), at one's convenience, when convenient to one; **se ti fa comodo**, if it suits you, if you like; **prendersela comoda**, to take it easy.

compaesano(-a) *sm* fellow townsman.

compagnìa *sf* company ◊ (*gruppo*) group ◊ **far compagnia a qc**, to keep sb company; **cattiva compagnia**, bad company.

compagno(-a) *sm* companion, mate ◊ (*partito*) comrade ◊ (*scuola*) schoolfriend, classmate.

compare *sm* godfather ◊ (*d'anello*) best man.

comparire *v intr* to appear ◊ (*libro*) to come out ◊ (*leg*) to appear before the court.

comparsa *sf* extra, walker-on.

compassato *agg* self-controlled.

compassione *sf* compassion, pity ◊ **far compassione a qc**, to arouse sb's pity.

compasso *sm* (pair of) compasses, compass.

compatibile *agg* compatible.

compatimento *sm* pity ◊ **con aria di compatimento**, with a condescending air.

compatire *v tr* to sympathize with, to feel sorry for.

compatriota *sm / f* fellow countryman(-woman).

compatto *agg* compact, close.

compendiare *v tr* to sum up, to abridge.

compendio *sm* summary, outline.

compensare *v tr* (*lavoro*) to pay for ◊ (*bilanciare*) to compensate for, to make up for.

compensato *sm* plywood.

compenso *sm* (*retribuzione*) remuneration ◊ (*onorario*) fee ◊ (*ricompensa*) reward.

competente *agg* competent, qualified ◊ *sm* expert.

competenza *sf* competence ◊ **non è di mia competenza**, this is not my job (within my province).

compètere *v intr* to compete with ◊ (*spettare*) to be up to sb, to be sb's province.

competitività *sf inv* competitiveness.

compiacenza *sf* courtesy ◊ **avere la compiacenza di**, to be so good as to, to be good enough to.

compiacere *v tr* to please, to make happy.

compiàngere *v tr* to be sorry for, to sympathize with ◊ (*un morto*) to mourn.

compianto *agg* lamented ◊ *sm* mourning.

còmpiere *v tr* to carry out, to finish, to do ◊ (*età*) to be ◊ (*commettere*) to commit ◊ *v rifl* (*avverarsi*) to come true.

compilare *v tr* (*modulo*) to fill in.

compimento *sm* completion.

compitare *v tr* to spell (out).

còmpito *sm* task ◊ (*scol, a casa*) a piece of homework, (*in classe*) class test.

compleanno *sm* birthday.

complessato *agg, sm* to be full of complexes (hang-ups).

complessità *sf inv* complexity.

complesso *agg* complex, complicated ◊ *sm* (*d'inferiorità*) inferiority complex ◊ (*mus*) group, band ◊ **nel complesso**, by and large, generally speaking, on the whole.

completamente *avv* completely.

completare *v tr* to complete.

completo *agg* complete, full ◊ *sm* (*abito*) suit ◊ (*insieme di oggetti*) set ◊ **pensione completa**, full board and lodging.

complicare *v tr* to complicate ◊ *v rifl* to become complicated ◊ (*malattia*) to become worse.

complicazione *sf* complication ◊ **salvo complicazioni**, if no complications arise.

còmplice *sm / f* accomplice.

complimentarsi *v rifl* to congratulate (sb on doing sthg).

complimento *sm* compliment ◊ (*ossequi*) compliments, regards ◊ **fare complimenti**, to stand on ceremony.

complimentoso *agg* full of polite attentions.

complottare *v tr* to plot.

complotto *sm* plot, conspiracy.

componimento *sm* (*scol*) essay ◊ (*mus*) composition ◊ (letteratura) work, writing ◊ (leg) settlement.

comporre *v tr* (*creare*) to compose ◊ (*tel*) to dial ◊ **essere composto di**, to be composed of, to consist of; **comporre una lite**, to settle a quarrel.

comportamento *sm* behaviour.

comportare *v tr* (*richiedere*) to call for, to involve ◊ *v rifl* to behave.

compositore(-trice) *sm* composer.

compostezza *sf* composure, dignity.

comprare *v tr* to buy, to purchase ◊ (*corrompere*) to bribe ◊ **comprare al minuto (all'ingrosso)**, to buy retail (wholesale).

comprèndere *v tr* (*contenere*) to include ◊ (*capire*) to understand.

comprensìbile *agg* understandable.

comprensione *sf* understanding.

comprensivo *agg* understanding ◊ (*che include*) inclusive.

compreso *agg* included ◊ **tutto compreso**, all-inclusive (*attr*), everything included.

compressa *sf* tablet, pill, lozenge.

comprìmere *v tr* to press (hard).

compromettente *agg* compromising.

comprométtere *v tr* (*mettere a repentaglio*) to compromise, to jeopardize ◊ (*coinvolgere*) to involve ◊ *v rifl* to compromise os ◊ (*impegnarsi*) to commit os.

comprovare *v tr* to prove, to confirm.

computer *n* computer.

computisterìa *sf* (*comm*) book-keeping.

comunale *agg* town (*attr*) ◊ **palazzo comunale**, town hall; **consiglio comunale**, Town Council.

comune *agg* common ◊ *sm* town council ◊ **il bene comune**, the common good; **un luogo comune**, a common place, a platitude; **la gente comune**, ordinary people; **l'uomo comune**, the man in the street; **la Camera dei Comuni**, the House of Commons.

comunella *sf* **fare comunella**, to gang up.

comunicare *v tr, intr* to communicate ◊ (*relig*) to administer Holy Communion ◊ *v rifl* (*trasmettersi*) to be transmitted ◊ (*relig*) to receive Holy Communion.

comunicativa *sf* communicativeness, ability to get things across (to sb).

comunicato *sm* bulletin.

comunicazione *sf* communication ◊ **mezzi di comunicazione di massa**, mass media ◊ (*tel*) **comunicazione interurbana**, trunk call, (*AmE*) long distance call; **dare la comunicazione a qc**, to put sb through; **essere in comunicazione** (*in linea*), to be through.

comunione *sf* communion ◊ (*relig*) Holy Communion ◊ **fare la prima comunione**, to make one's first communion.

comunismo *sm* Communism.

comunista *sm / f* Communist, commie, commy.

comunità *sf inv* community ◊ **Comunità Economica Europea**, European Economic Community (EEC).

comunque *avv* however, anyhow, in any case ◊ *cong* however, no matter how, in whatever way.

con *prep* with ◊ **essere gentile con qc**, to be kind to sb; **viaggiare col treno, l'aereo, la macchina**, to travel by train, by plane, by car; **con mia grande sorpresa**, to my great surprise; **con tutto ciò**, for all that; **la birra si fa col luppolo**, beer is made from hops.

concatenare *v tr* to link together, to connect.

concèdere *v tr* (*dare*) to grant, to give ◊ (*permettere*) **concedere a qc di fare qcs**, to allow sb to do sthg ◊ (*ammettere*) to concede, to admit ◊ *v rifl* to allow os ◊ (*un lusso*) to treat os to.

concentramento *sm* (*campo*) concentration (camp).

concentrare *v tr* to concentrate ◊ **concentra-**

re l'attenzione su qcs, to focus one's attention on sthg ◊ *v rifl* to concentrate (on).

concentrazione *sf* concentration.

concepibile *agg* conceivable.

concepire *v tr* to conceive ◊ (*immaginare*) to imagine, to understand.

conceria *sf* tannery ◊ (*arte*) tanning.

concèrnere *v tr* to concern, to regard ◊ **per quanto concerne**, as regards, with regard to.

concertista *sm / f* concert performer.

concerto *sm* concert ◊ (*solista*) recital.

concessione *sf* concession.

concesso *agg* **concesso che**, granted that; **dato e non concesso che**, supposing that.

concetto *sm* concept ◊ (*opinione*) opinion ◊ **farsi un concetto di**, to form an opinion of.

concezione *sf* conception ◊ (*idea*) view, idea ◊ **che concezione hai della vita?**, what is your view of life?

conchiglia *sf* shell.

concia(-ce) *sf* tanning.

conciare *v tr* (*pelli*) to tan ◊ (*tabacco*) to cure ◊ (*maltrattare*) to illtreat ◊ (*sporcare*) to dirty ◊ *v rifl* (*vestirsi*) to dress in bad taste.

conciatore *sm* tanner ◊ (*tabacco*) curer.

conciatura *sf* tanning ◊ (*tabacco*) curing.

conciliàbile *agg* consistent (with).

conciliare *v tr* to reconcile ◊ **conciliare una contravvenzione**, to settle a fine on the spot ◊ *v rifl* to make up, to agree.

conciliazione *sf* reconciliation.

concilio *sm* council.

concimaia *sf* manure pit.

concimare *v tr* to manure, to fertilize.

concime *sm* fertilizer ◊ (*letame*) manure.

concisione *sf* conciness.

conciso *agg* concise, brief and to the point ◊ (*rif a stile*) concise, pithy, terse.

concitato *agg* agitated, excited.

concittadino(-a) *sm* fellow citizen.

conclùdere *v tr* to conclude, to end, to bring to an end ◊ (*dedurre*) to infer, to deduce, to come to the conclusion that ◊ *v rifl* to end.

conclusione *sf* conclusion.

concordare *v tr, intr* to agree.

concordato *sm* agreement ◊ (*pol*) concordat.

concordia *sf* concord, harmony, good will.

concorrente *sm / f* candidate, applicant ◊ (*sport*) competitor ◊ (*comm*) competitor, opponent.

concorrenza *sf* (*afflusso*) concourse ◊ (*comm*) competition ◊ (*fare concorrenza a*) to compete with, to be in competition with.

concorrenziale *agg* competitive.

concórrere *v intr* (*affluire*) to come ◊ (*gareggiare*) to compete ◊ (*contribuire*) to contribute.

concorso *sm* (*afflusso*) concourse ◊ (*gara*) competition, contest ◊ **esame di concorso**, competitive exam; **bando di concorso**, announcement of competition.

concretare *v tr* to carry out, to put into practice ◊ *v rifl* to come true.

concreto *agg* concrete, real, actual ◊ (*di persona*) practical.

condanna *sf* condemnation ◊ (*penale*) sentence ◊ **scontare una condanna**, to serve a sentence; **riportare una condanna**, to be sentenced; **condanna a morte**, death sentence.

condannare *v tr* (*leg*) to convict, to sentence ◊ (*disapprovare*) to condemn, to censure ◊ **condannare qc a 5 anni di prigione**, to sentence sb to 5 years' imprisonment.

condensare *v tr, rifl* to condense.

condimento *sm* seasoning ◊ dressing.

condire *v tr* to dress, to season.

condiscendente *agg* (*disponibile*) obliging ◊ (*arrendevole*) compliant, yielding.

condivìdere *v tr* to share.

condizionamento *sm* conditioning ◊ **condizionamento d'aria**, air conditioning.

condizionare *v tr* to condition ◊ **ha condizionato il viaggio alla sua promozione**, he has made the trip conditional on his being promoted.

condizionatore *sm* air-conditioner.

condizione *sf* condition ◊ **essere in condizione di fare qcs**, to be in a position to do sthg; **mettere qc in condizione di fare qcs**, to put sb in a position to do sthg, to enable sb to do sthg; **a condizione che**, on condition that, provided that.

condoglianza *sf* condolence, sympathy ◊ **fare le proprie condoglianze**, to condole with sb, to express one's sympathy to sb; **le mie più sincere condoglianze**, my deepest sympathy.

condominio *sm* (*edificio*) block of flats, condominium.

condòmino *sm* joint owner, co-owner.

condotta *sf* behaviour, conduct ◊ (*tubature*) piping.

condotto *sm* (*tubo*) pipe.

condurre *v tr* to lead ◊ (*accompagnare*) to take ◊ (*verso chi parla*) to bring.

conduttore(-trice) *sm* conductor, leader, guide.

confarsi *v rifl* to be suitable (for).

conferenza *sf* lecture ◊ **tenere una conferenza su**, to give a lecture on; **conferenza al vertice**, summit conference.

conferenziere(-a) *sm* lecturer, speaker.

conferire *v tr* to confer ◊ (*una carica*) to appoint (to an office) ◊ *v intr* to confer (with), to consult ◊ (*giovare*) to be beneficial.

conferma *sf* confirmation ◊ **a conferma di**, in confirmation of.

confermare *v tr* to confirm ◊ **l'eccezione conferma la regola**, the exception proves the rule.

confessare *v tr, rifl* to confess ◊ (*riconoscere*) to acknowledge ◊ (*relig*) to confess.

confessione *sf* confession.

confessore *sm* confessor.

confetto *sm* sugar-coated almond.

confezionare *v tr* (*pacco*) to wrap up ◊ (*abiti*) to make ◊ **confezionato su misura**, made to measure.

confezione *sf* (*abiti*) making ◊ (*pacchi*) packaging.

confidare *v intr* (*aver fiducia*) to trust (sb), to confide (in sb) ◊ *v tr* **confidare qcs a qc**, to confide sthg to sb ◊ *v rifl* to confide (in), to open one's heart (to).

confidente *agg* confiding ◊ *sm / f* confidant.

confidenza *sf* familiarity, confidence ◊ **essere in confidenza con qc**, to be on friendly terms with sb; **prendersi troppe confidenze**, to take liberties; **fare una confidenza a qc**, to confide sthg to sb.

confidenziale *agg* confidential.

confinante *agg* neighbouring ◊ *sm / f* neighbour.

confinare *v intr* to border (on).

confine *sm* (*di nazione*) border, frontier ◊ (*di proprietà*) boundary.

confino *sm* confinement, internment.

confiscare *v tr* to confiscate.

conflitto *sm* conflict.

confluire *v intr* to meet (*anche fig*).

confòndere *v tr* to confuse, to mix up ◊ (*scambiare*) to take (sb for sb else) ◊ *v rifl* to be mistaken, to be mixed up.

conformare *v tr, rifl* to conform (to).

conforme *agg* in keeping with.

conformemente *avv* accordingly ◊ **conformemente a**, in conformity with.

conformismo *sm* conformity.

conformista *sm / f* conformist.

confortare *v tr* to comfort ◊ (*sostenere*) to support ◊ *v rifl* to take comfort.

conforto *sm* comfort, consolation.

confrontare *v tr* to compare.

confronto *sm* comparison ◊ **a confronto di** (**in confronto a**), in comparison with, compared with.

confusione *sf* confusion.

confutare *v tr* to confute, to refute.

congedare *v tr* to dismiss ◊ (*mil*) to discharge (from the army), to demob ◊ *v rifl* to take one's leave (of).

congedo *sm* (*commiato*) leave ◊ (*permesso*) leave (of absence) ◊ (*mil*) discharge.

congegno *sm* device, contrivance, gadget.

congelare *v tr* to freeze ◊ (*med*) to frostbite ◊ *v rifl* to freeze ◊ (*med*) to become frostbitten.

congelato *agg* frozen ◊ (*med*) **avere un piede congelato**, to have a frostbitten foot.

congeniale *agg* congenial ◊ **non mi è congeniale**, this does not suit me.

congènito *agg* congenital.

congetturare *v tr, intr* to conjecture.

congiùngere *v tr, rifl* to join.

congiura *sf* conspiracy, plot.

congiurare *v intr* to conspire, to plot.

congratularsi *v rifl* to congratulate (sb on doing sthg).

congratulazioni *sf pl* congratulations.

congresso *sm* congress ◊ **sala congressi**, conference hall.

coniare *v tr* to mint ◊ (*monete*) to strike ◊ (*fig*) to coin.

coniglio(-a) *sm* rabbit ◊ (*femmina*) bunny ◊ (*fig*) chicken-hearted person.

coniugare *v tr* to conjugate.

còniuge *sm / f* spouse ◊ **i coniugi**, the couple.

connazionale *sm / f* compatriot.

connéttere *v tr* to connect (with) ◊ *v intr* (*pensare*) to think straight.

connivente *agg* **essere connivente**, to connive (at sthg with sb).

connivenza *sf* connivance.

cono *sm* cone ◊ (*gelato*) ice-cream cone.

conoscente *sm / f* acquaintance.

conoscenza *sf* knowledge ◊ (*persona*) acquaintance ◊ **essere a conoscenza**, to know sthg; **venire a conoscenza di**, to get to know sthg, to learn of sthg; **fare la conoscenza di qc**, to make sb's acquaintance; **grazie alle sue conoscenze**, because of his contacts.

conóscere *v tr* to know ◊ (*persona*) to be acquainted with ◊ (*testo*) to be familiar with ◊ (*posto*) to know of ◊ **far conoscere qc**, to make sb known; **farsi conoscere**, to make a name for os ◊ *v rifl* to know os ◊ *v rec* to meet know each other ◊ **si sono conosciuti un anno fa**, they met a year ago.

conoscitore(-trice) *sm* connoisseur, expert.

conosciuto *agg* well-known.

conquista *sf* conquest.

conquistare *v tr* to conquer ◊ (*fig*) to win, to gain, to win over (to one's side) ◊ **conquistare la simpatia di tutti**, to make so popular with everybody.

conquistatore(-trice) *sm* conqueror ◊ (*seduttore*) lady-killer.

consacrare *v tr* to consecrate ◊ (*sacerdote*) to ordain ◊ (*re*) to anoint ◊ (*vita, tempo*) to dedicate, to devot (to) ◊ *v rifl* to dedicate os (to).

consanguìneo(-a) *agg* related by blood ◊ *sm* blood relation.

consapévole *agg* aware, conscious.

consapevolezza *sf* awareness.

consegna *sf* delivery ◊ (*mil, punizione*) confinement of barracks ◊ (*mil, ordine*) orders ◊ **alla consegna**, on delivery.

consegnare *v tr* to give, to deliver ◊ (*a mano*) to hand ◊ (*mil*) to confine to barracks.

conseguenza *sf* consequence, out-come ◊ **di conseguenza**, consequently.

conseguire *v tr* to achieve, to attain ◊ **conseguire la laurea**, to graduate; **conseguire il diploma**, to get one's diploma.

consenso *sm* consent.

consentire *v intr* to agree, to consent.

conservare *v tr* to keep, to put by ◊ (*cibi*) to preserve ◊ *v rifl* to keep.

conservatore(-trice) *agg, sm* conservative.

conservatorio *sm* conservatory.

considerare *v tr* to consider ◊ (*stimare*) to think highly of sb, to have a high opinion of sb ◊ **tutto considerato**, all things considered ◊ *v rifl* to consider os.

considerazione *sf* consideration, esteem ◊ **godere di molta considerazione**, to be highly thought of; **in considerazione di**, in view of.

consigliare *v tr* to advise (sb to do sthg), to suggest (doing stgh) ◊ *v rifl* to ask for sb's advice.

consigliere(-a) *sm* adviser ◊ (*pol*) councillor.

consiglio *sm* advice ◊ (*un consiglio*) some advice, a piece of advice ◊ (*organo amministrativo*) board, council ◊ (*di fabbrica*) works council ◊ (*Consiglio dei Ministri*) the Cabinet.

consìstere *v intr* (*essere composto di*) to consist (of), to be composed (of), to be made up (of) ◊ (*risiedere in*) to consist (in) ◊ **in che consiste il tuo lavoro?**, what does you job entail?

consolare *v tr* to console ◊ *v rifl* to console os.

consolare *agg* ◊ **visto consolare**, consul's visa.

consolato *sm* consulate.

consolazione *sf* consolation, comfort, joy.

cònsole *sm* consul.

consolidare *v tr, rifl* to consolidate.

constare *v intr* to consist (of), to be composed (of), to be made up (of) ◊ **mi consta che**, I know that.

constatare *v intr* to notice, to note.

consuetùdine *sf* habit ◊ (*tradizione*) custom ◊ **avere la consuetudine di**, to be in the habit of (doing stgh); **per consuetudine**, from (out of) habit.

consulente *sm* / *f*, *agg* consultant.

consultare *v tr* to consult, to seek the advice of ◊ (*dizionario*) to look up (in).

consulto *sm* consultation.

consultorio *sm* **consultorio matrimoniale**, marriage guidance centre.

consumare *v tr* to consume ◊ (*abiti*) to wear out ◊ (*benzina*) to use ◊ (*matrimonio*) to consummate ◊ *v rifl* (*abiti*) to wear out ◊ (*candela*) to burn down ◊ (*persona*) to waste away, to pine.

consumismo *sm* consumerism.

consumistico *agg* consumeristic.

consumo *sm* consumption ◊ **la società dei consumi**, the consumer society.

contàbile *agg*, *sm* / *f* book-keeper.

contabilità *sf inv* book-keeping.

contadino(-a) *sm* farmer.

contagiare *v tr* (*anche fig*) to infect.

contagioso *agg* infectious, contagious (*anche fig*).

contagocce *sm inv* dropper.

contaminare *v tr* to contaminate.

contante *agg* **denaro contante**, cash.

contare *v tr*, *intr* (*calcolare*) to count ◊ (*far assegnamento*) to rely on, to count on ◊ (*avere importanza*) to count, to matter.

contatore *sm* meter, slot meter.

contatto *sm* contact ◊ **essere in contatto con qc**, to be in touch with sb; **tenersi in contatto con qc**, to keep in touch with sb.

conte (contessa) *sm* count(-tess) ◊ (*Brit/E*) earl.

contea *sf* country ◊ (*nei composti*) shire.

conteggio *sm* reckoning ◊ **conteggio alla rovescia**, countdown.

contemporaneo(-a) *agg*, *sm* contemporary (with).

contendente *sm* / *f* opponent, adversary.

contenere *v tr* to contain ◊ (*recipienti*) to hold ◊ *v rifl* to control os.

contentare *v tr* to satisfy, to please ◊ *v rifl* to content os with.

contentezza *sf* cheerfulness.

contento *agg* happy ◊ (*appagato*) content.

contenuto *sm* (*ciò che è contenuto in qcs*) contents ◊ (*argomento*) content.

conterràneo *sm* fellow country-man.

contesa *sf* argument ◊ (*leg*) dispute.

contestare *v tr* to contest ◊ (*criticare*) to protest (against) ◊ **contestare il sistema**, to protest against the system.

contestatore(-trice) *sm* protester ◊ *agg* anti-establishment.

contestazione *sf* (*leg*) contestation ◊ **la contestazione studentesca del '68**, the student protests of '68.

contesto *sm* context.

continentale *agg*, *sm* / *f* continental.

continente *sm* continent.

continuare *v tr*, *intr* to continue ◊ (*riprendere*) to resume ◊ **"continua"**, "to be continued".

contìnuo *agg* (*ininterrotto*) continuous ◊ (*frequente*) continual.

conto *sm* account ◊ (*di ristorante*) bill, check ◊ **il conto, per favore**, could I have the bill, please?; **fare i conti**, to do the accounts; **estratto conto**, statement of account; **rendersi conto di qcs**, to realize stgh, **rendere conto di qcs**, to account to sb for stgh.

contòrcere *v tr*, *rifl* to twist.

contorno *sm* outline ◊ (*cucina*) vegetables.

contrabbandare *v tr* to smuggle.

contrabbandiere(-a) *sm* smuggler.

contrabbando *sm* smuggling.

contraccambiare *v tr* to return, to reciprocate ◊ (*offesa*) to retaliate.

contraccettivo *agg*, *sm* contraceptive.

contraddire *v tr* to contradict ◊ *v rifl* to contradict os.

contraddistìnguere *v tr* (*merce*) to mark ◊ (*fig*) to distinguish.

contraddittorio *sm* debate ◊ (*leg*, *di testimoni*) cross-examination.

contraddizione *sf* contradiction.

contraffare *v tr* to forge, to counterfeit ◊ (*voce*) to disguise ◊ (*cibo*) to adulterate.

contraffattore(-trice) *sm* forger, counterfeiter.

contrapposizione *sf* comparison, setting up sthg (against sthg else).

contrariare *v tr* to oppose, to thwart.

contrario *agg, sm* opposite ◊ **al contrario**, on the contrary; **avere qcs in contrario**, to have some objection.

contrarre *v tr* (*muscoli*) to tense ◊ (*malattia, debito, matrimonio*) to contract ◊ (*abitudine*) to pick up, to form ◊ *v rifl* to contract.

contrassegno *sm* mark ◊ *avv* **pagare contrassegno**, clash on delivery.

contrastare *v tr* to oppose ◊ *v intr* to crash (with) ◊ **una vittoria contrastata**, a hardfought victory.

contrattare *v intr* to bargain.

contrattempo *sm* hitch.

contratto *sm* contract.

contravvenzione *sf* transgression ◊ (*multa*) fine ◊ **fare una contravvenzione a qc**, to fine sb.

contrazione *sf* (*med*) contraction.

contribuente *sm / f* taxpayer.

contribuire *v intr* to contribute.

contributo *sm* contribution.

contro *prep* against ◊ (*sport*) versus ◊ **è contro il divorzio**, he's opposed to (against) divorce.

contro *sm inv* con ◊ **il pro e il contro**, the pros and cons.

contro *avv* against ◊ **votare contro**, to vote against.

controaccusa *sf* countercharge.

controbàttere *v tr* to counter.

controcorrente *avv* **andare controcorrente**, to swim against the tide.

controfigura *sf* stunt man (woman).

controfirmare *v tr* to countersign.

controinterrogatorio *sm* (*leg*) cross-examination.

controllare *v tr* to check ◊ (*biglietto*) to inspect ◊ (*sorvegliare*) to watch ◊ (*ufficio*) to supervise ◊ (*mil, dominare*) to control ◊ *v rifl* to control os.

controllo *sm* check ◊ (*biglietti*) inspection ◊ (*sorveglianza*) supervision ◊ (*padronanza*) control ◊ **visita di controllo**, check-up.

controllore *sm* (*bus*) inspector ◊ (*dogana*) customs officer.

contromano *avv* in the wrong direction.

contropelo *avv* against the nap ◊ (*barba*) against the growth.

contròrdine *sm* counterorder.

controsenso *sm* contradiction in terms, nonsense.

controversia *sf* controversy, dispute.

controverso *agg* controversial.

controvoglia *avv* unwillingly.

contundente *agg* blunt.

contusione *sf* bruise.

convalescente *agg, sm / f* convalescent.

convalescenza *sf* convalescence ◊ **essere in convalescenza**, to be convalescing.

convegno *sm* convention, conference.

conveniente *agg* (*adatto*) suitable (for) ◊ (*vantaggioso*) cheap, good value.

convenienza *sf* convenience ◊ (*prezzo*) cheapness ◊ **fare qcs per convenienza**, to do sthg out of self-interest.

convenire *v intr* to agree ◊ (*ammettere*) to admit ◊ (*essere vantaggioso*) to be worthwhile ◊ **come convenuto**, as agreed; **non gli conviene fare il furbo**, he'd better not try to get clever ◊ *v tr* (*pattuire*) to negotiate.

convento *sm* (*di suore*) convent ◊ (*di frati*) monastery.

convenzionale *agg* conventional.

convergenza *sf* convergence.

convèrgere *v intr* to converge (on) ◊ (*interessi*) to centre (on).

conversare *v intr* to talk, to converse.

conversazione *sf* talk, conversation.

conversione *sf* conversion.

convertire *v tr* to convert ◊ *v rifl* (*relig*) to be converted.

convìncere *v tr* to convince, to persuade ◊ *v rifl* to convince os.

convincimento *sm* convinction ◊ **è mio convincimento che**, it's my belief that.

convinzione *sf* conviction, belief.

convitto *sm* boarding school.

convivente *sm / f* cohabitee.

convìvere *v intr* to live together ◊ (*coppia*) to cohabit.

convocare *v tr* (*parlamento*) to convene ◊ (*riunione*) to summon, to call ◊ (*persona*) to send for ◊ **abbiamo convocato i genitori**, parents have been asked to attend.

cooperare *v intr* to cooperate.

cooperativa *sf* cooperative.

coordinare *v tr* to coordinate.

coperchio *sm* lid.

coperta *sf* blanket ◊ (*naut*) deck.

copertina *sf* cover ◊ (*con dorso rigido*) hard back cover ◊ (*di carta*) paperback ◊ (*sopraccoperta*) dust jacket.

coperto *agg* covered (with) ◊ (*vestito*) warmly dressed ◊ (*cielo*) overcast.

coperto *sm* safe place, shelter ◊ (*a tavola*) cover, place ◊ (*prezzo*) cover charge.

copia *sf* copy ◊ **bella (brutta) copia**, final (rough) draft.

copiare *v tr* to copy ◊ (*compito scolastico*) to crib (off so), to cheat.

copiatrice *sf* copying machine.

copisteria *sf* photocopy shop.

coppa *sf* cup ◊ (*spumante*) goblet ◊ (*gelato*) tub.

coppia *sf* pair ◊ (*sposi*) married couple ◊ **a coppie**, in pairs, two by two, in twos.

coprifuoco(-chi) *sm* curfew.

copriletto *sm* bedspread.

coprire *v tr* to cover ◊ **coprire di baci**, to smother sb with kisses ◊ *v rifl* to wrap os up.

coraggio *sm* courage, bravery ◊ (*in combattimento*) valour ◊ (*fegato*) guts ◊ **farsi coraggio**, to pluck up courage; **far coraggio a qc**, to cheer sb up.

coraggioso *agg* brave, courageous.

corallo *sm* coral ◊ (*banco*) coral reef.

corda *sf* rope, cord, string ◊ **tagliare la corda**, to slip away.

cordata *sf* (*alpinismo*) roped party.

cordiale *agg* friendly, warm.

cordoglio *sm* grief, sorrow.

cordone *sm* cord, flex ◊ (*di polizia*) police cordon.

coricarsi *v rifl* to lie down.

corista *sm / f* member of the choir.

cornacchia *sf* crow.

cornamusa *sf* bagpipes.

cornea *sf* (*anat*) cornea.

cornetta *sf* (*mus*) cornet ◊ (*tel*) receiver.

cornetto *sm* (*brioche*) croissant ◊ (*gelato*) ice cream cone ◊ (*acustico*) ear trumpet.

cornice *sf* frame ◊ (*fig*) back-ground.

cornicione *sm* (*di edificio*) ledge.

corno *sm* horn ◊ (*ramificato*) antler ◊ **far le corna a qc**, to cheat on sb.

cornuto *agg* horned ◊ (*tradito*) cheated ◊ *sm* (*marito*) cuckold.

coro *sm* chorus ◊ (*cantori*) choir.

corona *sf* crow ◊ (*nobiliare*) coronet ◊ (*rosario*) rosary, beads.

coronare *v tr* to crown (with).

coronarie *sf pl* coronary arteries.

corpo *sm* body ◊ (*cadavere*) corpse, dead body ◊ (*collettività*) corps.

corporatura *sf* build, physique.

corredino *sm* layette, baby's out-fit.

corredo *sm* (*da sposa*) trousseau.

corrèggere *v tr* to correct ◊ (*tip*) to proofread ◊ (*bevande*) to lace ◊ *v rifl* to correct os.

corrente *agg* running ◊ (*attuale*) current ◊ (*lingua*) fluent.

corrente *sm* **essere al corrente**, to know about; **tenersi al corrente**, to keep up to date ◊ *sf* stream, current ◊ (*d'aria*) draught ◊ (*di opinioni*) trend, tendency ◊ **presa di corrente**, socket.

correntemente *avv* fluently.

còrrere *v intr* to run ◊ (*sport*) to race ◊ **corre voce che**, it is rumoured that; **lasciar correre**, not to take sthg up.

correttezza *sf* fair play, honesty.

correttore(-trice) *sm* corrector ◊ (*tip*) proofreader.

corrida *sf* bullfight.

corridoio *sm* corridor, passage ◊ (*tra due file di posti*) aisle ◊ (*pol*) **manovre di corridoio**, lobbying.

corridore *sm* runner ◊ (*chi partecipa a una gara*) racer.

corriera *sf* coach, bus.

corrimano *sm* banister, handrail.

corrispondente *sm / f* correspondent.

corrispondenza *sf* correspondence ◊ (*fig*) relation.

corrispòndere *v intr* to correspond (to) ◊ (*per lettera*) to correspond with.

corrisposto *agg* (*amore*) reciprocated.

corròdere *v tr* to corrode ◊ (*ruggine*) to rust ◊ *v rifl* to corrode, to wear away.

corròmpere *v tr* to corrupt ◊ (*con denaro*) to bribe ◊ *v rifl* to become corrupted.

corrosivo *agg* corrosive ◊ (*fig*) caustic.

corrotto *agg* corrupt, bribed.

corrucciarsi *v rifl* to become angry.

corrugare *v tr* (*fronte*) to knit one's brows, to frown.

corruttore(-trice) *sm* corruptor.

corruzione *sf* corruption.

corsa *sf* run, running ◊ (*gara*) race ◊ (*di treni, bus*) journey, run ◊ **andare a fare una corsa**, to go for a run; **il prezzo della corsa**, fare.

corsaro *agg, sm* pirate.

corsìa *sf* passage ◊ (*auto*) lane ◊ (*d'ospedale*) ward ◊ **corsia d'emergenza**, hard shoulder.

corsivo *sm* (*tip*) italics ◊ (*giornalismo*) brief polemic article (printed in italics).

corso *sm* course ◊ (*anno di studio*) year ◊ (*d'acqua*) stream ◊ **lavori in corso**, work in progress.

corte *sf* court ◊ **fare la corte**, to woo sb, to court sb.

corteccia(-ce) *sf* bark ◊ (*cerebrale*) cerebral cortex.

corteggiare *v tr* to court, to woo.

corteggiatore *sm* suitor, wooer.

corteo *sm* procession ◊ (*seguito*) suite ◊ **il corteo dei dimostranti**, the procession of demonstrators.

cortese *agg* kind, courteous, polite.

cortesìa *sf* kindness, courtesy.

cortile *sm* courtyard, yard ◊ **animali da cortile**, poultry.

cortina *sf* curtain.

cortisone *sm* cortisone.

corto *agg* short ◊ **essere a corto di parole**, to be lost for words; **essere di vista corta**, to be short-sighted.

corto *avv* **tagliare corto**, to come straight to the point.

cortocircùito *sm* short circuit.

corvo *sm* raven ◊ **corvo nero**, rook.

cosa *sm* thing ◊ (*escl*) what! ◊ **che cosa hai?**, what's the matter with you?; **tante belle cose!**, all the best!

coscia(-sce) *sf* (*anat*) thig ◊ (*di pollo*) leg.

cosciente *agg* aware, conscious.

coscienza *sf* conscience ◊ (*coscienziosità*) conscientiousness ◊ (*consapevolezza*) awareness ◊ (*sensi*) consciousness ◊ **obiet-**

tore di coscienza, conscientious objector.

coscienzioso *agg* conscientious.

coscrizione *sf* conscription.

così *avv* so, in this way, like this ◊ (*talmente*) **è un ragazzo così intelligente**, he is such a clever boy; **per così dire**, as it were.

così *cong* (*allora*) so, then ◊ (*perciò*) so, therefore ◊ *agg* such.

cosicché *cong* so (that).

cosmètico *agg, sm* cosmetic.

cosmico *agg* cosmic.

cosmonàuta *sm / f* cosmonaut.

cosmopolita *agg, sm / f* cosmopolitan.

cospargere *v tr* to spread.

cospìcuo *agg* considerable, conspicuous.

cospirare *v intr* to conspire, to plot.

cospirazione *sf* conspiracy, plot.

costa *sf* coast ◊ (*costola*) rib ◊ (*di libro*) back ◊ **velluto a coste**, corduroy.

costante *agg* constant ◊ (*persona*) steadfast ◊ *sf* (*mat*) constant.

costanza *sf* constancy, steadfastness.

costare *v intr* to cost.

costata *sf* chop.

costato *sm* ribs (*pl*).

costernare *v tr* to dismay.

costiera *sf* stretch of coast.

costituente *agg, sm / f* constituent.

costituìre *v tr* to constitute, to form ◊ *v rifl* (*leg*) to give os up.

costituzione *sf* constitution ◊ **certificato di sana e robusta costituzione**, certificate of good health.

costo *sm* cost ◊ (*prezzo*) price ◊ **a ogni costo, a tutti i costi**, at all costs; **a nessun costo**, on no account, not for anything.

còstola *sf* (*anat*) rib ◊ (*di libro*) back.

costoso *agg* dear, expensive.

costrìngere *v tr* to oblige, to force.

costruìre *v tr* to build ◊ (*fig*) to build up.

costruzione *sf* construction.

costume *sm* custom ◊ (*pl*) morals ◊ **ballo in costume**, fancy-dress ball; **costume da bagno**, bathing costume, swimsuit.

cotoletta *sf* (*maiale*) chop ◊ (*vitello*) cutlet.

cotone *sm* cotton ◊ **cotone idrofilo**, cotton wool.

cotta *sf* infatuation ◊ **prendersi una cotta**, to

have a crush (on sb).

còttimo *sm* **lavoro a cottimo**, piecework; **lavorare a cottimo**, to work by the job.

cotto *agg* cooked ◊ (*innamorato*) head over heels in love (with) ◊ **ben cotto**, well cooked; **poco cotto**, underdone; **troppo cotto**, overdone.

cottu *sm* brick ◊ (*pavimento*) tile floor.

covare *v tr* to sit on (eggs) ◊ (*fig*) to brood over ◊ *v intr* (*odio*) to smoulder, to nurse ◊ (*malattia*) to be latent.

covata *sf* (*anche fig*) brood.

covo *sm* den, lair ◊ (*fig*) den, haunt.

covone *sm* sheaf.

cozza *sf* mussel.

cozzare *v intr, tr* (*anche fig*) to collide (with) ◊ (*idee*) to clash.

crampo *sm* (*med*) cramp.

cranio *sm* cranium, skull ◊ (*fig*) head.

cratere *sm* crater.

cràuti *sm pl* sauerkraut (*sing*).

cravatta *sf* tie ◊ (*AmE*) necktie ◊ **cravatta a farfalla**, bow tie.

creanza *sf* manners (*pl*).

creare *v tr* to create ◊ **creare un precedente**, to establish a precedent.

creato *agg* created ◊ *sm* creation.

creatore(-trice) *sm* creator.

creatura *sf* creature.

creazione *sf* creation.

credente *sm / f* believer.

credenza *sf* (*fede*) belief, faith ◊ (*mobile*) sideboard.

crédere *v tr, intr* to believe ◊ **credere in qc (in qcs)**, to believe in sb (in sthg); **credere in qc** (*che dica la verità*), to believe sb; **credere in qcs** (*che sia vera*), to believe sthg; **lo credo onesto**, I believe him to be honest, I think he is honest ◊ *v rifl* to consider os.

credìbile *agg* reliable, trustworthy.

credibilità *sf inv* reliability.

crédito *sm* credit ◊ (*fiducia*) esteem ◊ **comprare a credito**, to buy on credit.

creditore(-trice) *sm* creditor.

credo *sm inv* creed.

credulone(-a) *agg* gullible ◊ *sm* gull, simpleton.

crema *sf* cream ◊ (*di zucchero e uova*) custard ◊ (*fig*) cream.

cremare *v tr* to cremate.

crèmisi *agg, sm inv* crimson.

crepa *sf* crack.

crepaccio *sm* cleft, large crack ◊ (*nel ghiacciaio*) crevasse.

crepare *v intr* (*morire*) to kick the bucket.

crepitare *v intr* (*fuoco*) to crackle.

crepitìo *sm* crackling, rustling.

crepùscolo *sm* twilight, dusk.

créscere *v intr* to grow ◊ (*diventare adulto*) to grow up ◊ (*numero*) to increase ◊ *v tr* (*allevare*) to bring up, to raise ◊ **farsi crescere la barba**, to grow a beard.

crèsima *sf* (*relig*) confirmation.

cresimare *v tr* (*relig*) to confirm.

crespo *agg* (*capelli*) frizzy.

cresta *sf* crest, comb ◊ (*montagna*) ridge ◊ (*cameriera*) white starched cap ◊ **alzare la cresta**, to become cocky.

creta *sf* (*argilla*) clay.

crìmine *sm* crime.

criniera *sf* mane.

cripta *sf* crypt.

crisantemo *sm* chrysanthemum.

crisi *sf inv* crisis ◊ (*med*) fit.

crisma *sm* (*relig*) chrism.

cristallerìa *sf* crystal factory ◊ (*negozio*) crystal shop ◊ (*oggetti*) crystalware.

cristallizzare *v tr, intr, rifl* to crystallize.

cristallo *sm* crystal.

cristianésimo *sm* Christianity.

cristiano(-a) *agg, sm* Christian.

Cristo *sm* Christ.

criterio *sm* criterion, rule.

critica(-che) *sf* criticism.

criticare *v tr* to criticize.

crìtico(-a, -ci, -che) *agg* critical.

crocchia *sf* chignon, bun.

crocchio *sm* small group (of people), cluster.

croce *sf* cross ◊ **testa o croce?**, heads or tails?

crocerossina *sf* Red Cross nurse.

crocevìa *sf inv* crossroad (*sing*).

crociata *sf* crusade.

crociato(-a) *agg* cross-shaped ◊ **parole crociate**, crossword puzzle ◊ *sm* crusader.

crociera *sf* cruise ◊ **fare una crociera**, to go on a cruise.

crocifiggere *v tr* to crucify.

crocifissione *sf* crucifixion.

crogiolo *sm* crucible ◊ (*fig*) melting-pot.

crollare *v intr* to collapse ◊ (*sgretolarsi*) to crumble.

crollo *sm* collapse ◊ (*fig*) break-down ◊ (*econ*) slump.

cromàtico *agg* chromatic.

crònaca(-che) *sf* (*storia*) chronicle ◊ (*di giornale*) news (*sing*) ◊ (*teatrale*) theatre news ◊ (*nera*) crime news ◊ (*sportiva*) sports news.

cronista *sm / f* (*mondano*) columnist ◊ (*giornalista*) reporter ◊ (*radio, TV*) commentator.

cronòmetro *sm* chronometer ◊ (*a scatto*) stopwatch.

crostàceo *sm* shellfish.

crucciare *v tr, rifl* to worry.

cruciale *agg* crucial.

cruciverba *sm inv* crossword puzzle.

crudele *agg* cruel.

crudeltà *sf inv* cruelty.

crudezza *sf* harshness, crudeness.

crudo *agg* raw ◊ (*poco cotto*) underdone ◊ **la cruda verità**, the plain truth.

crumiro *sm* blackleg, scab.

cruna *sf* eye (of a needle).

crusca(-che) *sf* bran.

cruscotto *sm* (*auto*) dashboard.

cubo *agg* cubic ◊ *sm* cube.

cuccetta *sf* (*treno*) berth, couchette.

cucchiaio *sm* spoon ◊ (*cucchiaiata*) spoonful.

cùcciolo *sm* cub ◊ (*di cane*) pup, puppy.

cucina *sf* (*stanza*) kitchen ◊ (*fornelli*) cooker ◊ (*il cucinare*) cooking, cookery, cuisine ◊ **cucina componibile**, fitted kitchen.

cucinare *v tr* to cook.

cucinino, cucinotto *sm* kitchenette.

cucire *v tr* to sew ◊ (*chir*) to suture, to stitch ◊ (*cuoio*) to stitch ◊ **macchina per cucire**, sewing machine.

cucitrice *sf* (*donna*) seamstress ◊ (*macchina*) sewing machine.

cucitura *sf* seam ◊ (*cuoio*) stitching.

cuffia *sf* cap ◊ (*per nuotare*) bathing cap, bath cap ◊ (*per ascoltare*) earphones, headphones.

cugino(-a) *sm* cousin.

cui *pron rel inv* (*compl indir persona*) whom ◊ (*oggetto, animale*) which ◊ (*genitivo poss persona*) whose ◊ (*ogg, animale*) of which ◊ (*luogo*) where ◊ (*tempo*) when ◊ **per cui** (*perciò*), therefore, so; **in cui**, in which.

culinaria *sf* gastronomy, cookery, cuisine.

culla *sf* cradle.

cullare *v tr* to rock ◊ (*nelle braccia*) to cradle ◊ (*speranze*) to cherish.

cùlmine *sm* summit, peak ◊ (*fig*) height, climax.

culto *sm* worship, adoration ◊ (*fig*) cult.

cultura *sf* culture.

culturismo *sm* body-building.

cùmulo *sm* heap ◊ (*redditi*) combined income.

cùneo *sm* wedge.

cunetta *sf* gutter.

cuòcere *v tr* to cook ◊ (*al forno*) to bake ◊ (*in umido*) to stew ◊ (*in padella*) to fry ◊ *v intr* to cook ◊ (*fig*) to burn.

cuoco(-chi) *sm* cook.

cuoio *sm* leather ◊ (*prima della concia*) hide ◊ **finto cuoio**, leatherette; **cuoio capelluto**, scalp; **tirare le cuoia**, to kick the bucket.

cuore *sm* heart ◊ (*pl, carte*) hearts ◊ **avere buon cuore**, to be kind-hearted.

cupidigia *sf* greed, covetousness.

cupo *agg* gloomy, sullen.

cùpola *sf* dome ◊ (*piccola*) cupola.

cura *sf* care ◊ (*premure*) attentions ◊ (*preoccupazioni*) cares ◊ (*med*) (course of) treatment ◊ **abbi cura di te stesso**, take care of yourself.

curare *v tr* (*med*) to treat ◊ (*guarire*) to cure ◊ (*di infermiera*) to nurse ◊ (*libro*) to edit ◊ *v rifl* to take care of os ◊ (*occuparsi*) to take care of ◊ (*non badare a*) to disregard ◊ **farsi curare da qc**, to be treated by sb; **non mi curo di nessuno**, I care for nobody.

curato *sm* (*cattolico*) parish priest ◊ (*protestante*) vicar.

curiosare *v intr* to look round ◊ (*spreg*) to look about inquisitively.

curiosità *sf inv* curiosity ◊ (*cosa rara*) curio, curiosity ◊ **per curiosità**, out of curiosity.

curioso(-a) *agg* curious, inquisitive ◊ *sm* nosy parker, busybody.

curriculum vitae *sm* resumé.

cursore *sm* cursor.

curva *sf* curve ◊ (*di strada*) bend ◊ (*proiettile*) trajectory ◊ (*curve di donna*) curves.

curvare *v tr, intr, rifl* to bend ◊ (*diventare curvo*) to become bent.

curvo *agg* curved ◊ (*piegato*) bent ◊ **camminare curvo**, to walk with a stoop; **spalle curve**, round shoulders.

cuscino *sm* cushion ◊ (*guanciale*) pillow.

custode *sm* caretaker, keeper ◊ (*angelo custode*) guardian angel.

custodia *sf* care ◊ (*leg*) custody ◊ (*di disco*) sleeve ◊ (*AmE*) jacket.

custodire *v tr* to keep.

cyclette *sf* exercise bicycle.

D

da *prep* (*provenienza*) from ◊ (*compl d'agente*) by ◊ (*fuori di*) out of ◊ (*modo*) as ◊ (*mpl*) through ◊ (*presso*) at ◊ (*mal*) to ◊ (*tempo, durata*) for ◊ (*a partire da, nel passato*) since ◊ **sono qui da due ore**, I have been here for two hours; **abito qui da Natale**, I have been living here since Christmas.

dabbasso *avv* below ◊ (*al piano di sotto*) downstairs.

daccapo, da capo *avv* over again.

dacché *cong* (*da quando*) since ◊ (*poiché*) since, as.

dado *sm* die ◊ (*gioco*) dice (*pl*) ◊ (*cucina*) stock cube ◊ (*mecc*) (screw) nut.

dagli!, dai! *int* come on!

dàino *sm* fallow-deer ◊ (*maschio*) buck ◊ **pelle di dàino**, buckskin.

d'altronde *avv* on the other hand.

dama *sf* lady ◊ (*nei balli*) partner ◊ (*gioco*) draughts (*sing*) ◊ **far dama**, to make a king.

damasco(-chi) *sm* damask.

damigella *sf* (*di sposa*) bridesmaid.

damigiana *sf* demijohn.

dannare *v tr* to damn.

danneggiare *v tr* to damage, to harm.

danno *sm* damage ◊ (*a persona*) harm.

dannoso *agg* harmful, bad (for).

danza *sf* dance ◊ (*il danzare*) dancing ◊ **danza classica**, ballet dancing.

danzare *v intr, tr* to dance.

dappertutto *avv* everywhere.

dapprima *avv* at first.

dare *v tr* to give ◊ **dare qualcosa a qc**, to give sb sthg, to give sthg to sb; **dare una festa**, to throw a party; **dare un esame**, to take an exam, to sit for an exam; **dare ad intendere**, to lead sb to believe that ◊ *v intr* (*di finestre*) to look out (onto), to overlook ◊ **dare sui nervi**, to get on sb's nerves ◊ *v rifl* (*dedicarsi*) to devote os ◊ **può darsi**, maybe.

dare *sm* debit ◊ **il dare e l'avere**, debits and credits.

dàrsena *sf* wet dock.

data *sf* date ◊ **amicizia di lunga data**, a long-standing friendship.

datare *v tr, intr* to date.

dato *agg* given ◊ **dato che...**, since... ◊ *sm* datum ◊ **è un dato di fatto**, it is a fact.

datore(-trice) *sm* (*di lavoro*) employer.

dàttero *sm* (*frutto*) date ◊ (*di mare*) date mussel.

dattilografare *v tr* to type.

dattilògrafo(-a) *sm* typist.

davanti *avv* in front ◊ (*dirimpetto*) opposite ◊ (*all'inizio di gruppo, stanza*) at the front.

davanti *prep* in front of ◊ (*dirimpetto a*) opposite ◊ **era seduto davanti a me**, (*più in là*) he was sitting in front of me, (*faccia a faccia*) he was sitting opposite me.

davanti *agg* front (*attr*) ◊ *sm* front.

davanzale *sm* (window) sill.

davvero *avv* really ◊ **davvero?**, really?; **dico davvero**, I mean it.

dazio *sm* duty ◊ (*luogo*) customs (house).

dea *sf* goddess.

debilitare *v tr* to debilitate ◊ *v rifl* to become debilitated.

débito *sm* debt ◊ (*dovere*) duty ◊ **fare debiti**, to get into debt; **essere in debito verso qc**, to be indebted to sb.

débito *agg* (*dovuto*) due ◊ (*appropriato*)

proper ◊ **a tempo debito**, in due time.
debitore(-trice) *sm* debtor.
débole *agg* weak, dim, faint ◊ *sm / f* (*punto debole*) weak point ◊ **avere un debole per**, to have a saft spot for.
debolezza *sf* weakness, frailty.
debuttare *v intr* to make one's debut.
decadenza *sf* decline ◊ (*stato*) decadence.
decadere *v intr* to decline, to decay.
decantare *v tr* (*lodare*) to extol, to praise.
decapitare *v tr* to cut off sb's head.
decapitazione *sf* beheading.
decappottàbile *agg* convertible.
deceduto *agg* deceased, dead.
decennio *sm* decade, ten-year period.
decente *agg* decent, satisfactory.
decentramento *sm* (*amministrativo*) devolution.
decentrare, decentralizzare *v tr* to decentralize.
decenza *sf* decency, propriety.
decesso *sm* death.
decìdere *v tr* to decide ◊ **decidere di fare qcs**, to decide to do sthg; **decidere di non fare qcs**, to decide against doing sthg; **sta a lei a decidere**, it's up to her to decide ◊ *v intr, rifl* to make up one's mind.
decimare *v tr* to decimate.
dècimo *agg, sm* tenth.
decina *sf* (*dieci*) ten ◊ (*circa dieci*) about ten, ten or so ◊ **a decine**, by the dozens.
decisione *sf* decision ◊ **prendere una decisione**, to take a decision.
deciso *agg* (*persona*) determined ◊ (*tono*) resolute, firm.
declinare *v tr* to refuse, to turn down ◊ *v intr* (*pendìo*) to slope down ◊ (*popolarità*) to decline.
declivio *sm* downward slope.
decollare *v intr* to take off.
decollo *sm* (*anche fig*) take-off.
decomporre *v tr, rifl* to decompose, to rot.
decorare *v tr* to decorate, to trim.
decoratore(-trice) *sm* (interior) decorator, designer ◊ (*tappezziere*) paper-hanger.
decorazione *sf* decoration ◊ (*premio*) medal.
decoroso *agg* dignified, decent.
decòrrere *v intr* to start (from).

decrèpito *agg* decrepit, in decline.
decréscere *v intr* to decrease.
decreto *sm* decree, order ◊ **decreto legge**, decree law.
dècuplo *agg* tenfold ◊ *sm* ten times (as much as the amount).
dèdica(-che) *sf* dedication.
dedicare *v tr* to devote, to dedicate ◊ *v rifl* to devote (to).
dedizione *sf* devotion, dedication.
dedurre *v tr* (*sottrarre*) to deduct (from) ◊ (*conclùdere*) to deduce, to infer.
deferente *agg* (*persona*) deferential.
deferenza *sf* deference, respect.
deficiente *agg* deficient (in) ◊ (*spreg*) half-witted ◊ *sm / f* (*med*) moron ◊ (*pegg*) half wit.
deficit *sm* deficit.
definire *v tr* to define.
definitiva *sf* **in definitiva** (*dopotutto*) when all is said and done ◊ (*dunque*) well then.
definitivo *agg* final, definitive.
definito *agg* definite ◊ **ben definito**, clear, well-defined.
definizione *sf* definition.
deformare *v tr* to deform ◊ (*fig*) to distort ◊ (*legno*) to warp ◊ *v rifl* to become deformed (distorted), to warp.
deformazione *sf* (*med*) deformation ◊ (*congenita*) malformation ◊ **deformazione professionale**, professional bias, habit because of one's job.
deformità *sf inv* deformity.
defunto(-a) *agg* dead ◊ *sm* dead person.
degenerare *v intr* to degenerate (into) ◊ (*malattia*) to grow worse.
degenerazione *sf* degeneration.
degènere *agg* degenerate.
degente *agg* ill in bed ◊ *sm / f* (*di ospedale*) in-patient.
degenza *sf* confinement in bed ◊ (*in ospedale*) period in hospital.
deglutire *v tr* to swallow.
degnare *v tr* to consider sb worthy of sthg ◊ *v rifl* to deign, to be kind enough (so kind as) to do sthg.
degnazione *sf* condescension ◊ **avere un'aria di degnazione**, to have a condescending air.

degno *agg* worthy, worth (*seguito dal gerundio*) ◊ **degno di fiducia**, thrustworthy, reliable.

degustare *v tr* to taste, to sample.

degustazione *sf* tasting.

delatore(-trice) *sm* informer, spy.

delazione *sf* (laying of) information.

dèlega(-ghe) *sf* delegation ◊ **per delega**, by proxy.

delegare *v tr* to delegate (sb to do sthg), to authorize.

delegazione *sf* delegation, committee.

deleterio *agg* deleterious, bad (for), noxious.

delfino *sm* dolphin ◊ **nuotare a delfino**, to dolphin.

deliberare *v tr*, *intr* to deliberate ◊ (*aste*) to knock down.

deliberazione *sf* deliberation ◊ (*di assemblea*) resolution.

delicato *agg* delicate ◊ (*cibo*) dainty ◊ (*tatto*) tactful ◊ (*salute*) frail ◊ (*sensibile*) sensitive.

delimitare *v tr* to delimit.

delineare *v tr* to outline ◊ *v rifl* to loom ◊ (*fig*) to emerge.

delinquente *sm / f* delinquent.

delìnquere *v intr* to commit a crime.

delirare *v intr* to be delirious.

delirio *sm* (*med*) delirium ◊ **andare in delirio per**, to go wild about sthg; **folla in delirio**, frenzied crowd.

delitto *sm* crime ◊ **commettere un delitto**, to commit a crime; **delitto d'onore**, crime committed to avenge one's honour.

delittuoso *agg* criminal.

delizia *sf* delight, pleasure.

deliziare *v tr* to delight ◊ *v rifl* to delight (in sthg, in doing sthg).

delizioso *agg* delightful ◊ (*sapore*) delicious.

deltaplano *sm* hang-glider.

delucidazione *sf* clarification (*solo sing*) ◊ **vorrei avere delucidazioni (su qcs)**, I would like to have some more details (on sthg).

delùdere *v tr* to disappoint.

delusione *sf* disappointment.

demenza *sf* insanity, madness.

demèrito *sm* demerit ◊ **ciò torna a tuo demerito**, that reflects badly on you.

democràtico(-a, -ci, -che) *agg* democratic ◊ *sm* democrat.

democrazìa *sf* democracy.

demolire *v tr* to demolish, to pull down ◊ (*fig*) to tear to pieces.

demoralizzare *v tr* to demoralize ◊ *v rifl* to lose heart.

denaro *sm* money ◊ (*contante*) cash.

denigrare *v tr* to run down, to disparage.

denigrazione *sf* denigration.

densità *sf inv* density ◊ **ad alta densità di popolazione**, densely populated.

denso *agg* dense ◊ (*fig*) full (of).

dentata *sf* bite, tooth-mark.

dentatura *sf* set of teeth, teeth.

dente *sm* tooth, *pl* teeth ◊ (*denti artificiali*) false teeth ◊ (*forchetta*) prong ◊ (*cremagliera*) rack teeth ◊ (*animale feroce*) fang ◊ (*elefante*) tusk ◊ (*cariato*) decayed tooth ◊ **mettere i denti**, to teethe; **spaghetti al dente**, fairly hard spaghetti; **avere il dente avvelenato**, to bear sb a grudge, to have a grudge against sb; **parlare fuori dei denti**, to be outspoken.

dentellare *v tr* to indent.

dèntice *sm* dentex, sea bream.

dentiera *sf* denture, false teeth.

dentifricio *sm* toothpaste.

dentista *sm / f* dentist ◊ **meccanico dentista**, dental technician.

dentizione *sf* dentition, teething.

dentro *prep* in, inside.

dentro *avv* in, inside, indoors ◊ (*fig*) inwardly, in one's mind ◊ **andar dentro**, to go to prison.

dentro *sm* inside ◊ **il di dentro**, the inside.

denudare *v tr* to strip naked ◊ *v rifl* to strip (off one's clothes).

denuncia(-ce), denunzia *sf* denunciation ◊ **sporgere denuncia**, to report sb to the police; **denuncia dei redditi**, income tax return.

denunciare, denunziare *v tr* to denounce ◊ (*redditi*) to declare ◊ (*alla polizia*) to report sb to the police.

denutrito *agg* underfed, undernourished.

deodorante *agg, sm* deodorant.

deontologìa *sf* code of conduct.

deperìbile *agg* perishable ◊ **merce deperibile**, perishable goods.

deperire *v intr* (*persona*) to be run down ◊ (*cose*) to deteriorate ◊ (*piante*) to wither.

depilare *v tr* to depilate ◊ *v rifl* (*le gambe*) to shave one's legs ◊ (*le sopracciglia*) to pluck one's eye brows.

depilatorio *agg* depilatory, hair-removing (*attr*).

deplorare *v tr* to deplore.

deplorévole *agg* deplorable.

deporre *v tr* to put down, to lay aside ◊ (*un re*) to depose ◊ (*le uova*) to lay eggs ◊ **deporre qc da una carica**, to remove sb from office ◊ *v intr* to testify.

deportare *v tr* to deport.

deportazione *sf* deportation.

depositare *v tr* (*banca*) to deposit ◊ **depositare un marchio**, to register a trademark ◊ *v rifl* (*di liquidi*) to leave some sediment.

depositario *sm* depository.

depòsito *sm* deposit ◊ **deposito bagagli**, left-luggage office.

deposizione *sf* deposition.

depravato *agg* depraved, debauched.

deprecare *v tr* to deprecate.

depredare *v tr* to plunder, to loot.

deprìmere *v tr* to depress ◊ *v rifl* to become depressed.

depurare *v tr* to purify ◊ *v rifl* to be purified, to be cleansed.

deputato(-a) *sm* (*Italia*) deputy ◊ (*in G.B.*) Member of Parliament ◊ (*in USA*) Congressman ◊ (*delegato*) delegate.

deragliamento *sm* derailment.

deragliare *v intr* to go off the rails ◊ **far deragliare**, to derail a train.

derelitto *sm* destitute person ◊ (*nave*) derelict ◊ **i derelitti**, the destitute ◊ *agg* abandoned.

derìdere *v tr* to mock, to laugh (at).

deriva *sf* drift ◊ **essere (andare) alla deriva**, to be (to go) adrift, (*fig*) to go downhill.

derivare *v intr* to derive (from) ◊ **da ciò deriva che**, it follows that.

déroga(-ghe) *sf* (special) dispensation.

derrata *sf* edible commodity ◊ **derrate alimentari**, foodstuffs.

derubare *v tr* to rob (sb of sthg).

descrìvere *v tr* to describe.

deserto *agg* deserted ◊ **isola deserta**, desert island; **strade deserte**, deserted streets ◊ *sm* desert.

desiderare *v tr* to wish, to want ◊ **desidera?** (*al bar*) what would you like?, (*in negozio*) can I help you?; **sei desiderato al telefono**, you are wanted on the phone; **lasciare a desiderare**, to leave much to be desidered.

desiderio *sm* wish, desire ◊ **esprimere un desiderio**, to make a wish.

desideroso *agg* eager (for), longing (for).

desolazione *sf* desolation, distress.

dèspota *sm* despot.

destinare *v tr* to destine ◊ **in data da destinarsi**, at a date to be decided.

destinatario(-a) *sm* receiver, addressee.

destinazione *sf* destination.

destino *sm* destiny, fate ◊ (*avverso*) doom ◊ **era destino che tutto andasse male**, everything was fated to turn out badly.

destituìre *v tr* to remove (sb from office) ◊ (*un re*) to depose.

destra *sf* (*mano*) right hand ◊ (*lato*) right-hand side ◊ (*pol*) the right (wing) ◊ **tenere la destra**, to keep to the right; **a destra di**, to the right of.

destreggiarsi *v rifl* to manage (somehow or other).

destrezza *sf* dexterity, skill.

destro *agg* right, right-hand ◊ (*abile*) clever (at) ◊ *sm* (*boxe*) right ◊ (*calcio*) right foot.

detenere *v tr* to hold ◊ (*primato*) to hold a record ◊ (*prigioniero*) to detain.

detenuto *sm* prisoner, convict.

detergente *agg* cleansing ◊ *sm* cleanser.

detèrgere *v tr* to clean ◊ (*viso*) to cleanse ◊ (*sudore*) to wipe (away).

deterioràbile *agg* liable to deteriorate ◊ (*cibi*) perishable.

deterioramento *sm* wear and tear, deterioration (in).

determinare *v tr* to determine.

determinato *agg* certain, fixed ◊ (*risoluto*) determined.

detersivo *sm* washing powder.

detestare *v tr* to detest, to hate.

detrarre *v tr* to deduct (from).

detrazione *sf* deduction ◊ (*fiscale*) tax allowance.

detrito *sm* debris, rubble.

detronizzare *v tr* to dethrone, to depose.

dettagliante *sm / f* retailer.

dettagliare *v tr* to detail.

dettaglio *sm* detail ◊ **comprare (vendere) al dettaglio**, to buy (to sell) by retail.

dettare *v tr* to dictate ◊ **dettar legge**, to lay down the law.

dettato *sm* dictation ◊ **fare un dettato**, to have a dictation.

dettatura *sf* dictation ◊ **scrivere sotto dettatura**, to write from dictation.

detto *agg* above-mentioned ◊ **detto fatto**, no sooner said than done.

detto *sm* (*motto*) saying.

devastare *v tr* to devastate.

deviare *v tr* (*traffico*) to divert ◊ *v intr* (*deragliare*) to go off the rails.

devòlvere *v tr* to transfer ◊ (*beneficenza*) to give sthg to charity.

devoto(-a) *agg* (*relig*) devout, pious ◊ (*affezionato*) devoted ◊ *sm* devout person.

devozione *sf* (*relig*) devoutness ◊ (*affetto*) affection, devotion.

di *prep* (*possesso*) of ◊ (*scritto da*) by ◊ (*specificazione*) of ◊ (*provenienza*) from ◊ (*tempo*) in, by ◊ (*argomento*) about, of, concerning ◊ (*paragone*) *comp* than, *sup* of ◊ (*luoghi*) in ◊ (*stato in luogo*) in (*transito*) through ◊ **di giorno**, by day, in the day-time; **di buon mattino**, early in the morning; **un viaggio di 100 chilometri (di 2 giorni)**, a 100-kilometre (2-day) journey; **di sabato**, on Saturday; **so di aver sbagliato**, I know I have made a mistake; **è degno di essere ricordato**, he's worth remembering.

dì *sm* day ◊ **tre volte al dì**, three times a day.

diabete *sm* diabetes.

diabetico *agg* diabetic.

diabòlico(-a) *agg* diabolical, devilish, fiendish.

diàgnosi *sf inv* diagnosis.

diagonale *sf, agg* diagonal.

diagnosticare *v tr* to diagnose.

diagramma *sm* graph, chart, plot ◊ (*mat*) diagram.

dialettale *agg* dialectal, dialect (*attr*).

dialetto *sm* dialect.

dialogare *v intr* to have a dialogue with.

dialogo *sm* dialogue.

diamante *sm* diamond ◊ (*naut*) crown.

diapositiva *sf* slide.

diario *sm* diary, journal ◊ (*di classe*) class register ◊ (*degli esami*) exam timetable.

diarrea *sf* diarrhoea.

diàvolo *sm* devil.

dibàttere *v tr* to debate, to discuss.

dibàttito *sm* debate, discussion.

dicembre *sm* December (*per uso V. agosto*).

cicerìa *sf* rumour.

dichiarare *v tr* to declare ◊ **dichiarare guerra a**, to declare war on ◊ *v rifl* to declare os ◊ **dichiararsi colpevole (innocente)**, to plead guilty (not guilty).

dichiarazione *sf* declaration ◊ **dichiarazione dei redditi**, income tax return.

diciannove *agg inv* nineteen ◊ **il 19 d'agosto**, the nineteenth of August, August 19th.

diciassette *agg inv* seventeen ◊ **il 17 d'agosto**, the seventeenth of August, August 17th.

diciotto *agg inv* eighteen ◊ **il 18 di giugno**, the eighteenth of June, June 18th.

didascalìa *sf* (*di illustrazioni*) caption ◊ (*teatro*) stage direction ◊ (*cinema*) sub-titles.

didàttica(-che) *sf* didactics.

didàttico(-a, -ci, -che) *agg* educational, didactic, teaching.

dieci *agg inv* ten ◊ **il 10 aprile**, the tenth of April, April 10th.

diesel *agg, sm* diesel.

dieta *sf* diet ◊ **essere a dieta**, to be on a diet.

dietòlogo(-gi) *sm* dietician.

dietro *avv* behind ◊ (*in automobile*) in the back ◊ (*retroguardia*) in the rear.

dietro *prep* behind, at the back of, after ◊ **portarsi dietro qcs (qc)**, to bring sthg (sb) along.

dietro *agg* back (*attr*) ◊ *sm* back, rear ◊ (*pantaloni*) seat.

difatti *cong* as a matter of fact.

difèndere *v tr* to defend, to stand up for ◊ *v*

rifl to defend os ◊ **a scuola mi difendo**, at school I get by.

difensore *sm* defender, supporter ◊ **avvocato difensore**, defence counsel.

difesa *sf* defense ◊ **per legittima difesa**, in self-defense.

difettare *v intr* to be defective ◊ (*mancare*) to be lacking (in), to lack.

difetto *sm* defect, fault, flaw.

diffamare *v tr* to slander ◊ (*per iscritto*) to libel.

diffamazione *sf* slander ◊ **querela per diffamazione**, libel suit.

differente *agg* different (from).

differenza *sf* difference ◊ **bella differenza!**, that makes a great difference!; **a differenza dei suoi amici**, unlike his friends.

differenziare *v tr* to differentiate ◊ *v rifl* to be different, to differ.

differire *v tr* to postpone, to put off ◊ *v intr* to differ (from, in).

differita *sf* (*TV, trasmissione*) recording (of public performance).

difficile *agg* difficult, hard.

difficoltà *sf inv* difficulty ◊ **sollevare difficoltà**, to raise objections, to make difficulties; **trovare difficoltà a fare qcs**, to find difficult to do sthg, to have (to find) difficulty in doing sthg.

diffidenza *sf* mistrust, distrust.

diffondere *v tr* to spread ◊ (*luce*) to shed, to diffuse ◊ (*per radio*) to broadcast ◊ *v rifl* to spread.

diffusione *sf* diffusion, spread ◊ (*radio*) broadcast ◊ (*TV*) telecast ◊ (*giornale*) circulation.

difterite *sf* diphtheria.

diga(-ghe) *sf* dam, dike, dyke.

digeribile *agg* digestible.

digerire *v tr* to digest.

digiunare *v intr* to fast.

digiuno *sm* fast ◊ **a digiuno**, on an empty stomach ◊ *agg* (*fig*) **essere digiuno**, to be ignorant of.

dignità *sf inv* dignity, self-respect ◊ **senza dignità**, undignified.

dignitoso *agg* dignified ◊ (*aspetto*) decent.

digressione *sf* digression ◊ **fare una digressione**, to make a digression, to digress.

digrignare *v tr* to grind ◊ **digrignare i denti** (*persona*), to grind one's teeth; (*animale*) to bare its teeth.

dilaniare *v tr* to tear to pieces.

dilapidare *v tr* to squander, to waste.

dilatare *v tr, rifl* to dilate, to expand.

dileguare *v tr* (*dubbio*) to dispel ◊ *v rifl* (*persona*) to vanish, to disappear ◊ (*nebbia*) to disperse.

dilettare *v tr* to delight ◊ *v rifl* to delight (in doing sthg).

dilettévole *agg* charming, delightful.

diletto *sm* pleasure.

diligenza *sf* diligence, care ◊ (*carrozza*) stage-coach.

diluìre *v tr* to dilute, to dissolve.

diluviare *v impers* to pour.

diluvio *sm* downpour, deluge ◊ (*fig*) flood.

dimagrire *v intr* to slim, to lose weight.

dimenare *v tr* (*coda*) to wag.

dimensione *sf* dimension ◊ (*grandezza*) size.

dimenticanza *sf* forgetfulness ◊ **per dimenticanza**, due to an oversight; **lasciare per dimenticanza**, to leave (behind).

dimenticare *v tr* to forget ◊ (*omettere*) to leave out ◊ *v rifl* to forget (about sthg, to do sthg) ◊ **ho dimenticato l'ombrello in ufficio**, I left my umbrella at the office.

dimestichezza *sf* familiarity ◊ **avere dimestichezza con**, to be familiar with, to be at home with.

diméttere *v tr* (*da ospedale*) to discharge ◊ (*prigione*) to release ◊ (*da carica*) to remove ◊ *v rifl* to resign.

dimezzare *v tr* to cut into halves.

diminuìre *v tr* to reduce ◊ *v intr* (*vento*) to abate ◊ (*prezzi*) to go down, to fall.

diminuzione *sf* decrease.

dimissioni *sf pl* resignation (*sing*) ◊ **dare le dimissioni**, to hand in (to give in) one's resignation.

dimorare *v intr* to reside, to live.

dimostrare *v tr* to demonstrate, to prove ◊ (*affetto*) to show ◊ (*età*) to look ◊ *v intr* to demonstrate ◊ *v rifl* to prove to be.

dimostrazione *sf* demonstration.

dinamite *sf* dynamite.

dinanzi *prep* in front of, in the presence of, before ◊ **dinanzi a una tale situazione**, faced with such a situation.

dinanzi *avv* in front, ahead.

dinanzi *sm* the front.

dinastìa *sf* dynasty.

diniego(-ghi) *sm* refusal ◊ **un secco diniego**, a flat denial.

dintorno *prep* round ◊ *avv* around, roundabout ◊ *sm pl* **i dintorni**, outskirts, suburbs.

Dio *sm* God ◊ **grazie a Dio**, thank God; **se Dio vuole**, God willing.

diòcesi *sf inv* diocese, see.

dipartimento *sm* department.

dipartirsi *v rifl* to go away ◊ *(morire)* to pass away ◊ **dipartirsi dalla retta via**, to stray from the straight and narrow path.

dipendente *agg* dependent ◊ *sm / f* employee ◊ **i dipendenti**, employees.

dipèndere *v intr* to depend (on) ◊ *(derivare)* to come (from) ◊ *(essere alle dipendenze)* to be under ◊ **dipende!**, it depends!

dipìngere *v tr* to paint ◊ *(fig)* to describe ◊ *(ritrarre)* to portray.

dipinto *agg* painted ◊ *sm* painting.

diplomàtico(-a, -ci, -che) *agg* diplomatic ◊ *sm* diplomat.

diplomazìa *sf* diplomacy.

diradare *v tr* to space (things) further apart ◊ *(visite)* to call (on sb) less frequently ◊ *v rifl (folla)* to thin out ◊ *(nebbia)* to clear up.

diramare *v tr* to issue, to circulate ◊ **diramare una circolare a tutti gli impiegati**, to circularize all the staff ◊ *(radio)* to broadcast ◊ *v rifl (strada)* to branch off ◊ *(notizia)* to spread.

dire *v tr* to say (sthg to sb) ◊ **si dice che siano ricchi**, they are said to be rich; **come si dice in inglese?**, how do you say it in English? ◊ *(raccontare)* to tell ◊ *(significare)* **dici sul serio?**, do you really mean it? ◊ *(pensare)* **che ne dici di questo libro?**, what do you think of this book? ◊ **dire bugie**, to tell lies; **dire male di qc**, to speak ill of sb, to run sb down; **per così dire**, as it were; **sentir dire**, to hear; **detto fatto**, no sooner said than done; **a dire il vero**, to tell the truth; **trovar da dire su qcs**, to find fault with sthg.

dire *sm* speech, words.

diretto *agg* direct ◊ *(indirizzato)* intended ◊ *(TV)* **in diretta**, live *(attr)* ◊ *avv* direct, straight ◊ **andò diretto a casa**, he went straight home ◊ *sm (boxe)* straight punch ◊ *(ferr)* fast (through) train.

direttore(-trice) *sm* director ◊ *(banca, fabbrica)* manager(-ess) ◊ *(didattico)* headmaster(-mistress) ◊ *(orchestra)* conductor ◊ *(giornale)* editor ◊ *(sport)* trainer.

direzione *sf* direction ◊ *(di giornale)* editorship ◊ *(di partito)* leadership ◊ *(di società)* management ◊ **in direzione di**, towards.

dirigente *agg* leading ◊ **la classe dirigente**, the ruling class ◊ *sm / f* manager(-ess), executive ◊ *(pol)* leader.

dirìgere *v tr* to direct ◊ *(albergo, azienda)* to manage, to run ◊ *(orchestra)* to conduct ◊ *(giornale)* to edit ◊ *(scuola)* to run ◊ *v rifl* to be on one's way (to).

diritto *agg (strada)* straight ◊ *(persona, eretto)* erect, upright ◊ *sm (di vestito)* right side ◊ *(tennis)* forehand ◊ *(medaglia)* observe ◊ *(maglia)* plain stich.

diritto *avv* straight ◊ **verrò diritto al punto**, I'll come straight to the point.

diritto *sm (prerogativa)* right ◊ **avere il diritto di fare qcs**, to be entitled, to have a (the) right to do sthg ◊ *(leg)* law ◊ **diritti d'autore**, copyright ◊ *(competenze)* royalties ◊ **diritto d'asilo**, right of asylum; **a buon diritto**, rightly.

diroccato *agg* dilapidated.

dirottamento *sm* hijacking.

dirottare *v tr (traffico)* to divert ◊ *(aereo)* to hijack, to skyjack ◊ *(fig)* to divert.

dirottatore *sm* hijacker.

dirozzare *v tr (marmo)* to rough-hew ◊ *(fig)* to refine, to polish.

dirupo *sm* crag, precipice.

disabitato *agg* uninhabited.

disabituare *v tr* to make (sb) lose the habit (of) ◊ *v rifl* to lose (get out of) the habit (of).

disaccordo *sm* disagreement.

disadattato(-a) *agg (psic)* malajusted ◊ *sm* malajusted person, misfit.

disadorno *agg* plain, unadorned.

disagiato(-a) *agg* poor, needy ◊ *(vita)* hard.

disagio *sm* discomfort ◊ *(privazioni)* hardship ◊ **essere a disagio**, to be ill-at-ease, uncomfortable; **mettere a disagio**, to make sb feel ill-at-ease.

disàmina *sf* close examination.

disapprovare *v tr* to disapprove (of).

disapprovazione *sf* disapproval.

disappunto *sm* disappointment, annoyance ◊ **con mio grande disappunto**, to my great disappointment.

disarmo *sm* disarmament.

disastrato(-a) *agg* badly-hit ◊ *sm* victim.

disastro *sm* disaster ◊ **disastro ferroviario**, railway accident, train crash; **disastro aereo**, air crash ◊ (*fig*) failure, flop.

disastroso *agg* disastrous ◊ **in condizioni disastrose**, in an appalling state.

disavanzo *sm* (*econ*) deficit.

disavventura *sf* misadventure, mishap.

discàpito *sm* **a discapito di**, to the detriment of.

discendenza *sf* descent ◊ (*discendenti*) descendants (*pl*).

discéndere *v intr* to descend, to come down ◊ *v tr* (*scale*) to go down ◊ (*essere discendente*) to be descended from, to come from.

discépolo(-a) *sm* disciple ◊ (*scolaro*) pupil.

discèrnere *v tr* to discern.

discernimento *sm* discernment.

discesa *sf* descent ◊ **in discesa**, downhill.

disciògliere *v tr, rifl* to dissolve.

disciplina *sf* discipline.

disciplinare *v tr* to discipline ◊ *agg* disciplinary.

disco(-chi) *sm* record ◊ (*anat*) disc ◊ (*sport*) discus ◊ (*orario*) parking disk.

discolpare *v tr* to prove sb's innocence ◊ *v rifl* to prove one's innocence.

discontìnuo *agg* (*linea*) discontinuous ◊ (*rendimento*) incostant, unsteady.

discordia *sf* discord ◊ **essere in discordia con**, to be in disagreement with.

discórrere *v intr* to talk (about sthg).

discorso *sm* speech, talk.

discoteca(-che) *sf* (*locale*) disco ◊ (*raccolta*) record library.

discrédito *sm* discredit ◊ **cadere in discredito**, to fall into disrepute; **gettare discredito su**, bring discredit (on).

discrepanza *sf* discrepancy.

discreto *agg* fairly good, reasonable ◊ (*riservato*) discreet, tactful.

discrezione *sf* discretion ◊ **a discrezione di qc**, at sb's discretion.

discriminare *v tr* to discriminate.

discussione *sf* discussion ◊ (*lite*) argument ◊ **fuori discussione**, out of the question; **mettere in discussione**, to question, to raise doubts (about).

discùtere *v tr, intr* to discuss, to debate ◊ (*contestare*) to question ◊ **è da discutere**, it's still up for discussion, (*in dubbio*) it's questionable.

disdegnare *v tr* to disdain, to scorn.

disdegno *sm* disdain, scorn, contempt.

disdetta *sf* notice ◊ (*comm*) cancellation ◊ (*sfortuna*) bad luck ◊ **dare la disdetta**, to give notice.

disdire *v tr* to cancel ◊ (*affitto*) to give notice (to one's landlord).

disegnare *v tr* to draw ◊ (*progettare mobili*) to design.

disegno *sm* drawing ◊ (*su stoffa*) design, pattern ◊ (*schizzo*) sketch ◊ **disegno di legge**, bill.

diseredare *v tr* to disinherit.

diserzione *sf* (*mil, fig*) desertion.

disfacimento *sm* decline, decay.

disfare *v tr* to undo ◊ (*nodo*) to untie ◊ (*valigie*) to unpack ◊ *v rifl* (*nodo*) to come undone ◊ **disfarsi di**, to get rid of.

disfatta *sf* defeat, rout.

disgelare *v tr* (*cibi*) to defrost ◊ *v intr* to thaw.

disgelo *sm* (*anche fig*) thaw.

disgrazia *sf* accident ◊ (*sventura*) bad luck, misfortune.

disguido *sm* (*contrattempo*) hitch ◊ **disguido postale**, wrong delivery.

disgustare *v tr* to disgust ◊ *v rifl* to become disgusted.

disgusto *sm* disgust ◊ **con disgusto**, in disgust.

disillùdere *v tr* to disillusion ◊ *v rifl* to be disillusioned.

disimpegnare *v tr* to get (sthg) out of pawn ◊ *v rifl* to disengage os (from) ◊ (*cavarsela*) to manage, to get by.

disimpegno *sm* (*pol, fig*) disengagement ◊ (*stanza*) boxroom.

disincantare *v tr* to disillusion.

disinfettante *agg, sm* disinfectant.

disinfettare *v tr* to disinfect.

disinfezione *sf* disinfection.

disingannare *v tr* to disillusion ◊ *v rifl* to be disillusioned.

disinganno *sm* disillusion ◊ (*delusione*) disappointment.

disinibito *agg* uninhibited.

disinnestare *v tr* to declutch.

disinteressare *v tr* to cause (sb) to lose interest (in) ◊ *v rifl* to take no interest (in).

disinteresse *sm* (*altruismo*) disinterestedness ◊ (*indifferenza*) disinterest.

disintossicare *v tr* to treat for alcoholism (for drug addiction) ◊ *v rifl* to be treated for alcoholism (for drug addiction).

disinvolto *agg* (*sicuro*) confident ◊ (*spigliato*) free and easy, self-confident.

disinvoltura *sf* confidence, ease.

dislivello *sm* difference in level.

disoccupato(-a) *agg* unemployed, jobless, out of work (*pred*) ◊ *sm* unemployed person.

disoccupazione *sf* unemployment ◊ **sussidio di disoccupazione**, dole, unemployment benefit.

disonestà *sf inv* dishonesty.

disonesto *agg* dishonest.

disonorare *v tr* to disgrace ◊ (*sedurre*) to seduce ◊ *v rifl* to bring disgrace (on os).

disonore *sm* dishonour, disgrace.

disordinare *v tr* to mess up ◊ *v intr* to be immoderate.

disordinato(-a) *agg* untidy ◊ (*vita*) disorderly.

disorganizzare *v tr* to disorganize, to throw into disorder.

disorientare *v tr* to disorientate, to cause sb to lose one's bearings ◊ *v rifl* to lose one's bearings.

dispaccio *sm* dispatch.

disparato *agg* disparate, different.

dispari *agg inv* odd, uneven.

disparte *avv* aside ◊ **stare in disparte**, to stand aloof (apart), to keep to os.

dispendio *sm* waste.

dispendioso *agg* extravagant, expensive.

dispensa *sf* (*mil*) exemption (from) ◊ (*fascicolo*) instalment ◊ **romanzo a dispense**, serial novel.

dispensare *v tr* (*relig*) to dispense ◊ **dispensare dal servizio militare**, to exempt sb from the service in the army.

disperare *v intr, rifl* to despair.

disperato(-a) *agg* desperate, in despair ◊ (*caso*) hopeless ◊ *sm* reckless man.

disperazione *sf* despair ◊ **essere in preda alla disperazione**, to be overcome by despair.

dispèrdere *v tr, rifl* to disperse.

disperso(-a) *agg* lost ◊ *sm* missing person.

dispetto *sm* spiteful trick ◊ **per dispetto**, out of spite; **fare dispetti a qc**, to tease sb, to annoy sb, to play a nasty trick on sb.

dispettoso *agg* spiteful, teasing.

dispiacere *v intr* to upset ◊ **ti dispiace se fumo?**, do you mind if I smoke? ◊ *v rifl* to be sorry (for).

dispiacere *sm* regret, sorrow ◊ **con mio grande dispiacere**, much to my regret.

disponìbile *agg* (*merce*) available ◊ (*persona*) willing, obliging ◊ (*libero*) free ◊ **è sempre molto disponibile**, he's always willing to help.

disporre *v tr* to place, to arrange ◊ **la legge dispone che**, the law provides that.

disposizione *sf* disposal ◊ (*sistemazione*) disposition ◊ (*ordine*) order ◊ (*d'animo*) mood, frame of mind ◊ (*leg*) provision ◊ **essere a disposizione di qc**, to be at sb's disposal.

disposto *agg* disposed, willing ◊ **disposto a fare**, disposed (prepared) to do; **sono disposto a credergli**, I'm inclined to believe him.

disprezzàbile *agg* despicable.

disprezzare *v tr* to despise, to look down upon ◊ *v rifl* to despise os.

disprezzo *sm* contempt, scorn.

dìsputa *sf* dispute ◊ (*lite*) quarrel.

disputare *v tr* (*gara*) to take part in ◊ *v intr* to dispute (about, on).

dissanguare *v tr* to bleed (white) ◊ *v rifl* to lose blood.

dissapore *sm* slight disagreement, misunderstanding.

disseminare *v tr* to scatter, to spread.

dissenso *sm* dissent.

dissenterìa *sf* dysentery.

dissentire *v intr* to dissent.

dissenziente *agg* dissenting ◊ *sm / f* dissenter.

disseppellire *v tr* to disinter ◊ (*fig*) to dig up, to resurrect.

dissertare *v intr* to speak on.

dissestato *agg* uneven ◊ (*econ*) shaky.

dissesto *sm* (*fin*) serious financial difficulties, ruin, bankruptcy.

dissetante *agg* thirst-quenching.

dissetare *v tr* to quench the thirst (of) ◊ (*animale*) to give water (to) ◊ *v rifl* to quench one's thirst.

dissezione *sf* dissection.

dissidente *agg, sm / f* dissident.

dissigillare *v tr* to unseal.

dissìmile *agg* different (from), unlike.

dissimulare *v tr, intr* to dissemble, to dissimulate.

dissipare *v tr, rifl* to disperse ◊ (*dubbi*) to dispel ◊ (*sprecare*) to squander, to waste.

dissodare *v tr* to till.

dissoluto(-a) *agg* dissolute ◊ *sm* debauchee.

dissotterrare *v tr* (*cadavere*) to disinter, to exhume ◊ (*tesori*) to dig up.

dissuadere *v tr* to dissuade.

distaccare *v tr* to detach (from) ◊ (*cosa*) to remove ◊ (*sguardo*) to look away from ◊ (*dipendente*) to transfer ◊ (*sport*) to outdistance ◊ *v rifl* (*bottone*) to come off (sthg).

distacco(-chi) *sm* separation ◊ (*indifferenza*) detachment ◊ (*fig*) parting ◊ **il distacco fu doloroso**, it was painful to part.

distante *agg* distant, far, far away ◊ (*fig*) distant, detached, indifferent ◊ **essere distante da**, to be a long way from ◊ *avv* far away, a long way, far off.

distanza *sf* distance ◊ **c'è molta distanza da qui a Roma**, it's a long way from here to Rome; **essere a 2 metri di distanza**, to be 2 metres apart; **tenere le distanze**, to keep one's distance ◊ (*tempo*) **a 3 giorni di distanza**, 3 days later.

distanziare *v tr* to space out ◊ (*sport*) to outdistance (sb) ◊ **distanziare i banchi di un**

metro, to put the desks one metre apart.

distare *v intr* to be distant, to be ... away, to be a long way (from) ◊ **la mia casa dista 2 ore (miglia) da qui**, my house is 2 hours (miles) away from here.

distèndere *v tr* (*tovaglia*) to spread ◊ (*braccia*) to stretch out ◊ (*bucato*) to hang out ◊ *v rifl* to lie down ◊ (*rilassarsi*) to relax.

distensione *sf* relaxation ◊ (*pol*) détente.

distesa *sf* (*del mare*) expanse.

disteso *agg* (*rilassato*) relaxed.

distillare *v tr* to distil.

distillerìa *sf* distillery.

distìnguere *v tr* to distinguish ◊ (*percepire*) to discern, to make out ◊ **non lo distinguo da suo fratello**, I can't tell him from his brother ◊ *v rifl* to distinguish os.

distintivo *sm* badge.

distinzione *sf* distinction ◊ **non faccio distinzione**, (*persone*) I don't discriminate, (*cose*) it's all one to me; **senza distinzione**, without distinction.

distrarre *v tr* to distract, to take (sb's) mind off (sthg) ◊ (*divertire*) to amuse.

distratto *agg* absent-minded.

distrazione *sf* absent-mindedness ◊ (*svista*) oversight.

distretto *sm* (*mil*) recruiting office ◊ (*circoscrizione*) district.

distribuìre *v tr* to distribute, to hand out, to deliver ◊ (*carte*) to deal out.

distributore(-trice) *sm* (*di benzina*) petrol pump ◊ (*AmE*) gas pump ◊ (*automatico*) slot machine ◊ **distributore di biglietti**, ticket machine.

districare *v tr* to disentangle ◊ *v rifl* to get out of sthg, to get by.

distruzione *sf* destruction.

disturbare *v tr* to bother, to disturb ◊ *v rifl* to bother, to take the trouble.

disturbo *sm* bother, trouble ◊ (*med*) ailment, trouble, slight disorder ◊ **prendersi il disturbo**, to bother, to take the trouble (to do sthg); **non si disturbi!**, don't put yourself out!

disubbidire *v intr* to disobey (sb).

disuguaglianza *sf* inequality.

disuguale *agg* unequal, different, uneven.

disumano *agg* inhuman ◊ (*grido*) terrible.

disuso *sm* disuse ◊ **cadere in disuso**, to fall into disuse.

ditale *sm* thimble.

dito (**dita** *pl f*) *sm* finger ◊ (*del piede*) toe ◊ (*di vino*) just a drop ◊ **legarsela al dito**, to bear a grudge; **sulla punta delle dita**, at one's finger-tips.

ditta *sf* firm, company, business ◊ **spettabile ditta Rossi**, (*su busta*) Messrs Rossi, (*su lettera*) Dear Sirs.

dittatore *sm* dictator.

dittatura *sf* dictatorship.

divagare *v intr* to digress, to wander, to stray from the point.

divano *sm* sofa, divan, settee ◊ **divano letto**, bed-settee.

divenire *sm* becoming ◊ *v intr* to become.

diventare *v intr* to become ◊ (*per gradi*) to grow ◊ (*mutare*) to turn ◊ **far diventare matto**, to drive sb mad; **diventare acido** (*latte*), to turn sour.

divergente *agg* divergent.

divèrgere *v intr* to diverge (from) ◊ (*opinioni*) to differ.

diversità *sf inv* difference, variety.

diverso *agg* different (from) ◊ *pl agg* several ◊ *pron* several people ◊ *sm* (*omosessuale*) homosexual.

divertimento *sm* amusement, entertainment ◊ **buon divertimento!**, have a good time!, enjoy yourself!

divertire *v tr* to amuse, to entertain ◊ *v rifl* to have a good time, to enjoy os.

divìdere *v tr* to divide (into) ◊ (*condividere*) to share ◊ **è diviso dalla moglie**, he's separated from his wife; **vivono divisi, ma non sono separati**, they live apart, but are not separated ◊ *v rifl* to divide (into), (*persone*) to separate.

divieto *sm* prohibition ◊ (*di parcheggio*) no parking ◊ (*di accesso*) no entry ◊ (*di caccia*) no hunting.

divincolarsi *v rifl* to wriggle (free).

divinità *sf inv* divinity.

divino *agg* divine.

divisa *sf* uniform ◊ (*fin*) foreign currency (exchange).

divisione *sf* division.

divisorio *sm* partition.

divo(-a) *sm* film star.

divorare *v tr* to devour.

divorziare *v intr* to get divorced ◊ **divorziare dalla moglie**, to divorce one's wife.

divorziato(-a) *agg* divorced ◊ *sm* divorcee.

dizionario *sm* dictionary.

dizione *sf* diction, pronunciation.

do (*mus*) C ◊ **do diesis**, C sharp.

doccia(-ce) *sf* shower ◊ **fare la doccia**, to have (to take) a shower; **doccia fredda**, a slap in the face.

docente *sm / f* teacher ◊ (*università*) lecturer.

docenza *sf* teaching ◊ **ottenere la libera docenza**, to qualify for university teaching.

dòcile *agg* docile, meek.

documentario *sm* documentary.

documento *sm* document.

dodicèsimo *agg* twelfth.

dòdici *agg inv* twelve.

dogana *sf* customs ◊ (*sede*) customs-house ◊ **passare la dogana**, to get (to go) through the customs; **esente da dogana**, duty-free.

doganale *agg* customs (*attr*).

doganiere *sm* customs officer.

doglie *sf pl* labour pains.

dolce *agg* sweet ◊ *sm* sweet things ◊ (*portata*) dessert.

dolcevita *sm* polo-neck.

dolcezza *sf* sweetness ◊ (*fig*) gentleness.

dolere *v intr* to ache.

dòllaro *sm* dollar, (*pop*) buck.

dolore *sm* (*fisico*) pain, ache ◊ (*morale*) sorrow, grief.

doloroso *agg* painful, distressing.

doloso *agg* (*leg*) malicious ◊ **incendio doloso**, arson.

domanda *sf* question ◊ (*d'impiego*) application (for a job) ◊ **fare una domanda**, to ask a question.

domandare *v tr* to ask ◊ (*per ottenere*) to ask for ◊ **domandare di qc**, to inquire about sb; **domandar consiglio**, to ask sb's advice ◊ *v rifl* to wonder, to ask os.

domani *avv* tomorrow ◊ *sm inv* tomorrow.

domare *v tr* to tame ◊ (*a cavallo*) to break in ◊ (*rivolta*) to crush, to subdue.

domènica(-che) *sf* Sunday ◊ **arriveranno domenica**, they'll arrive on Sunday; **tutte le**

domeniche, on Sundays.

domèstica(-che) *sf* maid, servant, daily help.

domèstico(-a, -ci, -che) *agg* domestic, home (*attr*) ◊ *sm* servant, daily help.

domiciliare *agg* domiciliary ◊ **arresto domiciliare**, house arrest ◊ *v rifl* to take up residence.

domicilio *sm* (place of) residence ◊ (*leg*) domicile ◊ (*indirizzo*) address.

dominare *v tr* to dominate, to rule ◊ (*alunni*) to control ◊ (*passioni*) to master ◊ (*ribelli*) to get the better of, to subdue ◊ (*auditorio*) to grip an audience ◊ *v rifl* to control os.

dominatore(-trice) *sm* ruler ◊ *agg* ruling.

dominazione *sf* domination.

dominio *sm* rule, power.

donare *v tr* to give (as a present) ◊ *v intr* (*di abito*) to suit (sb), to become (sb) ◊ *v rifl* to devote one's life (to sthg).

donatore(-trice) *sm* giver ◊ **donatore di sangue**, blood donor.

dondolare *v tr, intr, rifl* to rock ◊ (*su altalena*) to swing (backwards and forwards).

donna *sf* woman ◊ (*di casa*) housewife ◊ (*di servizio*) maid ◊ (*carte da gioco*) queen ◊ (*titolo*) Donna.

donnaiolo *sm* lady-killer, womanizer, philanderer.

dònnola *sf* weasel.

dono *sm* gift, present.

dopo *prep* after ◊ **dopo di lui**, after him; **dopo tutto**, after all ◊ (*luogo*) after, past, beyon ◊ **subito dopo la chiesa**, just past the church ◊ (*cong temp*) **dopo mangiato gli telefonerò**, after eating I shall ring him.

dopo *avv* afterwards, then ◊ (*più tardi*) later on ◊ **l'anno dopo**, the year after; **prima mangio e dopo esco**, I'll eat first and then I'll go out; **cosa viene dopo?**, what comes next?

dopo *sm* what comes afterwards, the future.

dopodiché *avv* then, afterwards.

dopoguerra *sm inv* postwar period, postwar (*attr*).

doppiaggio *sm* dubbing.

doppiare *v tr* (*cinema*) to dub.

doppiezza *sf* (*fig*) duplicity.

doppio *agg* double ◊ (*ipocrita*) double-dealing ◊ *sm* twice as much (as many) ◊ *avv* double ◊ **vederci doppio**, to see double.

doppione *sm* duplicate.

doppiopetto *agg* double-breasted.

dorare *v tr* to gild, to gold-plate.

dormicchiare *v intr* to doze, to drowse.

dormiglione(-a) *sm* sleepy-head.

dormire *v intr, tr* to sleep, to be asleep, to be sleeping ◊ (*natura*) to be dormant ◊ **mettere qc a dormire**, to put sb to sleep; **dormire come un sasso**, to sleep like a log.

dormitorio *sm* dormitory ◊ (*pubblico*) doss-house.

dosare *v tr* to dose ◊ (*ingredienti*) to measure out ◊ (*forze*) to husband ◊ (*parole*) to weigh.

dose *sf* dose ◊ (*eccessiva*) over-dose.

dotare *v tr* to equip (with) ◊ (*qualità*) to endow (with).

dote *sf* (*di sposa*) dowry.

dotto(-a) *agg* learned, scholarly ◊ *sm* scholar.

dottore(-essa) *sm* (*medico*) doctor ◊ (*davanti a cognome*) Dr.

dottrina *sf* doctrine ◊ (*catechismo*) catechism.

dove *avv* where ◊ *sm* where.

dovere *v intr, tr* (*obbligo*) to have to, must (*dif*) ◊ **non devi andare**, (*non è necessario*) you needn't go, (*è proibito*) you mustn't go ◊ (*accordo, fatalità*) to be to ◊ **chi deve parlare ora?**, who is to speak next? ◊ (*certezza, destino*) to be bound to ◊ **ciò doveva accadere prima o poi**, it was bound to happen sooner or later ◊ (*previsione*) **deve arrivare alle 10**, he is due at 10 ◊ (*soldi*) to owe ◊ **quanto ti devo?**, how much do I owe you?; **gli devo il mio successo**, I owe my success to him.

dovere *sm* duty ◊ **fare il proprio dovere**, to do one's duty.

dovunque *avv* everywhere.

dozzina *sf* dozen.

dozzinale *agg* cheap, second-rate.

dragare *v tr* to dredge ◊ (*mine*) to sweep.

drago(-ghi) *sm* dragon.

dramma *sm* (*teatro*) play, drama.

drammàtico(-a, -ci, -che) *agg* dramatic.

drammatizzare *v tr* to dramatize.

drammaturgo(-ghi) *sm* play-wright, dramatist.

drenaggio *sm* drainage.

drenare *v tr* to drain.

drizzare *v tr* to straighten ◊ (*le orecchie*) to prick up one's ears.

droga(-ghe) *sf* (*spezie*) spice ◊ (*stupefacente*) drugs ◊ **essere dedito alla droga**, to be a drug addict; **spacciare la droga**, to peddle drugs; **prendere la droga**, to take drugs; **droghe pesanti**, hard drugs.

drogarsi *v rifl* to take drugs.

drogato(-a) *sm* drug addict.

drogheria *sf* grocer's shop.

dualismo *sm* dualism.

dubbio *sm* doubt ◊ **senza dubbio**, no doubt, doubtless; **mettere in dubbio**, to doubt, to question; **avere il dubbio che**, to suspect that; **non c'è ombra di dubbio**, there is not a shadow of doubt.

dubbioso *agg* (*esitante*) hesitant, uncertain ◊ (*discutibile*) dubious, questionable.

dubitare *v intr* to doubt, to have one's doubts (as to), to question ◊ (*temere*) to suspect.

duca(-chi) *sm* duke.

ducato *sm* dukedom.

duchessa *sf* duchess.

due *agg inv* two ◊ (*quantità indeterminata*) a few, one or two, a couple of ◊ **a due a due**, two by two ◊ (*date*) **arriverò il due**, I'll arrive on the second; **ogni due giorni**, every other day; **due volte**, twice.

duecento *agg, sm inv* two hundred ◊ (*secolo*) the thirteenth century.

duellare *v intr* to duel, to fight a duel.

duello *sm* duel.

duemila *agg, sm inv* two thousand ◊ **il duemila**, the year 2000.

duna *sf* dune.

dunque *cong* therefore, so ◊ (*allora*) well now ◊ *sm* **venire al dunque**, to come to the point.

duomo *sm* cathedral.

duplicare *v tr* to duplicate.

duplicità *sf inv* duplicity.

durante *prep* during ◊ **durante la notte**, all through the night; **durante tutto il secolo**, throughout the century.

durare *v intr, tr* to last ◊ **durare in carica**, to remain in office; **durare fatica**, to find it difficult (to do sthg), to have difficulty (in doing sthg).

duraturo *agg* lasting.

durévole *agg* durable ◊ (*articoli*) durables ◊ (*ricordo*) lasting.

durezza *sf* hardness ◊ (*di carne*) toughness ◊ (*modi*) harshness ◊ **trattare qc con durezza**, to be very hard on sb.

duro *agg* hard (on) (*anche fig*) ◊ (*voce*) harsh, unpleasant ◊ **carne dura**, tough meat; **lo sterzo è duro**, the steering is stiff; **tener duro**, not to give in; **uova dure**, hard-boiled eggs; **le vecchie superstizioni sono dure a morire**, old superstitions die hard.

duro *sm* tough guy, hooligan ◊ **fare il duro con qc**, to bully sb.

dùttile *agg* ductile, malleable ◊ (*carattere*) docile, supple.

duttilità *sf inv* ductility, malleability ◊ (*fig*) flexibility, suppleness, docility.

E

e *cong* and ◊ **tutti e tre**, all three.

èbano *sm* ebony.

ebbene *cong* well, well then.

ebbrezza *sf* drunkenness.

èbete *agg* half-witted ◊ *sm* / *f* half wit, idiot.

ebreo(-a) *agg* Hebrew, Jewish ◊ *sm* Hebrew, Jew(-ess).

ecatombe *sf* slaughter, massacre.

eccedente *agg* in excess.

eccèdere *v tr* to exceed.

eccellente *agg* excellent, first-rate.

eccèllere *v intr* to excel (at sthg).

eccelso *agg* great, exceptional

eccèntrico(-a) *agg* eccentric ◊ *sm* crank.

eccepire *v tr* to object.

eccesso *sm* excess, surplus.

eccetera *avv* etcetera.

eccetto *prep* except (for), apart (from) ◊ **eccetto che**, unless.

eccezionale *agg* exceptional, special.

eccezione *sf* exception ◊ **l'eccezione conferma la regola**, the exception proves the rule.

ecchìmosi *sf inv* bruise.

eccidio *sm* slaughter, massacre.

eccitàbile *agg* excitable.

eccitante *agg* exciting ◊ *sm* stimulant.

eccitare *v tr* to excite ◊ **il caffè eccita**, coffee acts as a stimulant ◊ *v rifl* (*sessualmente*) to become aroused ◊ (*entusiasmarsi*) to get excited ◊ (*innervosirsi*) to get worked up, to get angry.

eccitazione *sf* excitement.

ecco *avv* here, there ◊ **ecco il libro**, here is the book; **eccolo**, here it is; **eccoti!**, here you are!

echeggiare *v intr* to echo.

eclatante *agg* glaring, obvious.

eclissare *v tr* to eclipse (*anche fig*) ◊ *v rifl* (*fig*) to disappear.

eclissi *sf inv* eclipse.

eco(-chi *m pl*) *sf* echo.

ecologia *sf* ecology.

ecologico *agg* ecological.

ecologista *sm / f* ecologist.

economìa *sf* economy ◊ (*scienza*) economics ◊ (*risparmio*) economy, trift ◊ **vivere in economia**, to live frugally.

econòmico *agg* economical, cheap ◊ (*che riguarda l'economia*) economic.

economizzare *v tr* (*soldi*) to save ◊ *v intr* to economize (on), to cut down (on).

ecosistema *sm* ecosystem.

édera *sf* ivy.

edìcola *sf* newspaper kiosk.

edificare *v tr* to build ◊ (*fig*) to edify.

edificio *sm* building.

edilizia *sf* building trade.

èdito *agg* published.

editore(-trice) *sm* publisher ◊ (*curatore di un'edizione*) editor ◊ *agg* publishing ◊ **casa editrice**, publishing house.

editoriale *sm* (*articolo di fondo*) editorial, leading article.

edizione *sf* edition ◊ **edizione integrale**, unabridged edition.

educare *v tr* to educate.

educativo *agg* educational.

educato *agg* well-mannered.

educazione *sf* (*istruzione*) education ◊ (*familiare*) upbringing ◊ (*fisica*) training ◊ (*comportamento*) manners (*pl*).

effeminato *agg* effeminate ◊ *sm* sissy.

efferatezza *sf* brutality, ferocity.

efferato *agg* ferocious, cruel.

effervescente *agg* effervescent, fizzy ◊ (*fig*) sparkling.

effettivo *agg* (*reale*) real, actual.

effetto *sm* effect ◊ **fare effetto su qc**, to make an impression on sb; **effetti personali**, personal belongings; **in effetti**, in fact.

efficace *agg* (*discorso*) effective ◊ (*medicina*) efficacious.

efficacia *sf* (*medicina*) efficacy ◊ (*parole*) effectiveness ◊ (*fig, calore*) warmth, force.

efficiente *agg* efficient.

efficienza *sf* efficiency.

effigie *sf* effigy, image ◊ (*ritratto*) portrait.

effimero *agg* ephemeral, fleeting.

egli *pron* he.

egocèntrico(-a) *sm* self-centred person.

egoìsmo *sm* egoism, selfishness.

egoìsta *agg* selfish ◊ *sm / f* egoist.

eiaculare *v intr* to ejaculate.

elaborare *v tr* to work out, to elaborate ◊ (*dati*) to process.

elargire *v tr* to give liberally.

elasticità *sf inv* elasticity, resilience.

elasticizzato *agg* stretch (*attr*).

elàstico(-a, -ci, -che) *agg* elastic, resilient ◊ (*fig*) accomodating.

elefante *sm* elephant.

elegante *agg* elegant, smart.

eleganza *sf* elegance ◊ (*grazia*) grace.

elèggere *v tr* to elect (to), to appoint.

eleggìbile *agg* eligible.

elementare *agg* elementary ◊ *sf pl* **le elementari**, primary school (*sing*).

elemento *sm* element ◊ **i primi elementi di**, the first rudiments of.

elemòsina *sf* alms, charity.

elemosinare *v tr, intr* to beg.

elencare *v tr* to list, to draw up a list.

elenco(-chi) *sm* list ◊ **elenco telefonico**, telephone directory.

elettorale *agg* election (*attr*) ◊ **scheda elettorale**, ballot-paper.

elettore(-trice) *sm* voter.

elettricista *sm* / *f* electrician.

elettricità *sf inv* electricity.

elèttrico(-a, -ci, -che) *agg* electric ◊ **centrale elettrica**, power station.

elettrizzare *v tr* (*fig*) to thrill.

elettrodomèstico(-a, -ci, -che) *agg* **apparecchio elettrodomestico,** electric household appliance.

elettronica *sf* electronics.

elettronico *agg* electronic ◊ **posta elettronica,** electronic mail, E-mail.

elettrotècnico(-a, -ci, -che) *agg, sm* electrical engineer.

elevare *v tr* (*sguardo*) to raise, to lift ◊ (*contravvenzione*) to fine sb ◊ *v rifl* to rise.

elezione *sf* election ◊ **indire le elezioni,** to hold an election.

èlica(-che) *sf* propeller, screw.

elicottero *sm* helicopter.

eliminare *v tr* to eliminate.

eliminazione *sf* elimination.

ella *pron* she.

ellisse *sf* ellipsis.

elmo *sm* helmet.

elogiare *v tr* to praise.

elogio *sm* praise ◊ (*ufficiale*) eulogy ◊ **elogio funebre,** funeral oration.

eloquente *agg* eloquent, meaningful.

eloquenza *sf* eloquence.

elsa *sf* hilt.

elvètico(-a) *agg, sm* Swiss.

emaciato *agg* emaciated, lean and pale.

emanare *v tr* to give off ◊ (*legge*) to promulgate ◊ *v intr* to emanate (from).

emancipare *v tr* to emancipate ◊ *v rifl* to become emancipated.

emancipazione *sf* emancipation.

emarginare *v tr* to cast out.

emarginato(-a) *sm* (*fig*) outcast.

ematoma *sm* bruise.

emblema *sm* emblem, symbol, badge.

embolia *sf* embolism.

embrione *sm* embryo.

emergenza *sf* emergency ◊ **in caso d'emergenza,** in an emergency.

emèrgere *v intr* to emerge.

emèttere *v tr* to give out, to give off ◊ (*moneta*) to issue ◊ (*sentenza*) to pass sentence.

emicrania *sf* migraine.

emigrante *agg, sm* / *f* emigrant.

emigrare *v intr* to emigrate ◊ (*animali*) to migrate.

emigrato(-a) *agg, sm* emigrant.

eminente *agg* (*fig*) distinguished.

eminenza *sf* eminence.

emissario *sm* (*geogr*) effluent ◊ (*inviato*) emissary.

emissione *sf* issue ◊ (*suoni*) emission.

emittente *sf* broadcasting station.

emorragìa *sf* haemorrhage.

emorroidi *sf pl* hemorrhoids ◊ (*fam*) piles.

emotivo *agg* emotional, sensitive.

emozionare *v tr* to excite ◊ *v rifl* to get excited ◊ (*commuoversi*) to be moved.

emozione *sf* emotion, excitement.

empietà *sf inv* impiety, impious act.

empio *agg* impious, cruel.

empìrico(-a, -ci, -che) *agg, sm* empiric.

emporio *sm* emporium, market.

emulare *v tr* to emulate.

émulo *sm* imitator, emulator.

enciclopedìa *sf* encyclopedia.

encomiàbile *agg* praiseworthy.

endovenosa *sf* intravenous injection.

energètico(-a, -ci, -che) *agg* energy (*attr*), energy giving ◊ *sm* energizer.

energìa *sf* energy ◊ **avere molta energia,** to be very energetic.

energùmeno *sm* brute, wild man.

ènfasi *sf inv* enphasis ◊ **porre l'enfasi su,** to stress, to place the emphasis on, to emphasize.

enfatizzare *v tr* to emphasize, to stress.

enigma *sm* enigma, riddle ◊ (*gioco*) puzzle.

ennesimo *agg* umpteenth.

enorme *agg* enormous, huge.

entrambi *agg, pron pl* both.

entrare *v intr* to go (to come) in, to enter ◊ **fare entrare qc,** to let sb in.

entrata *sf* entrance, way in ◊ (*teatro*) stage door ◊ (*veicoli*) entry ◊ (*reddito*) income ◊ (*computer*) input ◊ (*biglietto*) admission ticket ◊ **divieto d'entrata,** no entry; **entrata libera,** admission free.

entro *prep* within, by.

entusiasmare *v tr* to arouse enthusiasm (in

sb for sthg) to excite ◊ *v rifl* to be enthusiastic; to get excited (over, about).

entusiasmo *sm* enthusiasm.

enumerare *v tr* to enumerate.

enunciare *v tr* (*pensiero*) to express ◊ (*teorema*) to enunciate.

epàtico(-a, -ci, -che) *agg* hepatic, liver (*attr*).

epatite *sf* hepatitis.

epicureo(-a) *agg, sm* Epicurean.

epidemìa *sf* epidemic.

epidermico *agg* epidermic ◊ (*fig*) superficial.

epidèrmide *sf* skin, epidermis.

epifanìa *sf* Epiphany.

epìgrafe *sf* epigraph.

epilessìa *sf* epilepsy.

epilèttico *agg* epileptic.

epìlogo(-ghi) *sm* epilogue, conclusion.

episcopato *sm* episcopacy.

episodio *sm* episode ◊ **film (sceneggiato) a episodi**, serial.

epistolare *agg* epistolary.

epistolario *sm* letters (*pl*).

epitaffio *sm* epitaph.

època(-che) *sf* time ◊ (*storia*) epoch, era, age ◊ **all'epoca di**, at the time (in the days) of.

eppure *cong* and yet, nevertheless.

equànime *agg* impartial, fair, just.

equatore *sm* equator.

equestre *agg* equestrian ◊ **circo equestre**, circus.

equilibrare *v tr, rifl* to balance.

equilibrio *sm* balance, equilibrium.

equilibrista *sm / f* tightrope walker, acrobat, equilibrist.

equinozio *sm* equinox.

equipaggiare *v tr* to equip ◊ *v rifl* to equip os.

equipaggio *sm* crew.

equità *sf inv* impartiality, fairness.

equitazione *sf* riding.

equivalente *agg, sm* equivalent.

equivalere *v intr, rifl* to be equivalent (to), to be the same as.

equivocare *v intr* to misunderstand.

equìvoco *sm* misunderstanding, mistake ◊ *agg* equivocal, ambiguous ◊ (*persona*) dubious ◊ **a scanso di equivoci**, to avoid misunderstandings.

equo *agg* fair ◊ (*compenso*) adequate.

erario *sm* (the) Treasury.

erba *sf* grass ◊ **un filo d'erba**, a blade of grass ◊ (*med*) herb ◊ **in erba**, budding (*attr*).

erbaccia(-ce) *sf* weed.

erboristerìa *sf* herbalist's shop.

erboso *agg* grassy ◊ **tappeto erboso**, lawn.

erede(-ditiera) *sm* heir(-ess) (to sthg).

eredità *sf inv* inheritance ◊ (*fig*) heritage.

ereditare *v tr* to inherit ◊ *v intr* to come into an inheritance.

ereditario *agg* hereditary ◊ **principe ereditario**, crown prince.

eremita *sm* hermit.

èremo *sm* hermitage.

eresìa *sf* heresy.

erètico(-a, -ci, -che) *agg* heretical ◊ *sm* heretic.

eretto *agg* erect, upright.

ergastolano *sm* convict serving a life sentence, lifer.

ergàstolo *sm* life sentence.

èrica(-che) *sf* heather.

erìgere *v tr* to erect ◊ *v rifl* **erigersi a giudice**, to set os up as a judge.

eritema *sm* erythema ◊ **eritema solare**, sunrash.

ermellino *sm* ermine, stoat.

ernia *sf* hernia ◊ **ernia del disco**, slipped disc.

eròdere *v tr* to erode.

eroe (eroina) *sm* hero (heroine).

eroico(-a, -ci, -che) *agg* heroic.

eroicòmico(-a, -ci, -che) *agg* mockheroic.

eroìna *sf* (*donna*) heroine ◊ (*droga*) heroin.

eroinòmane *sm / f* heroin addict.

eroìsmo *sm* heroism.

erómpere *v intr* to erupt.

erosione *sf* erosion.

eròtico(-a, -ci, -che) *agg* erotic.

erotismo *sm* eroticism, erotism.

errare *v intr* to wander (about) ◊ (*sbagliare*) to be mistaken.

errato *agg* wrong, mistaken ◊ **se non vado errato**, if I'm not mistaken.

erròneo *agg* wrong, erroneous.

errore *sm* mistake, error ◊ (*grossolano*) blunder ◊ **fare un errore**, to make a mistake; **salvo errori**, errors excepted.

erta *sf* steep ascent ◊ **stare all'erta**, to be on the look out (on the alert).

erto *agg* (very) steep.

erudire *v tr* to educate ◊ *v rifl* to get educated.

esacerbare *v tr* to exacerbate.

esagerare *v tr, intr* to exaggerate.

esagerazione *sf* exaggeration.

esaltare *v tr* to exalt, to extol ◊ *v rifl* to get excited.

esame *sm* examination ◊ (*med*) test, examination ◊ (*scol*) exam, examination ◊ **esame del sangue**, blood test; **fare un esame**, to take (to sit) an exam; **esame di guida**, driving test; **esame di maturità**, school-leaving examination.

esaminare *v tr* to examine.

esaminatore(-trice) *sm* examiner ◊ *agg* examining.

esangue *agg* bloodless ◊ (*fig*) pale.

esànime *agg* lifeless, dead.

esasperare *v tr* to exasperate ◊ *v rifl* to be at the end of one's tether.

esattezza *sf* accuracy.

esatto *agg* exact, correct, accurate ◊ (*come risposta*) that's right.

esattore(-trice) *sm* (*delle tasse*) tax collector ◊ (*del gas*) gas man (woman).

esaudire *v tr* to grant.

esauriente *agg* exhaustive, thorough.

esaurimento *sm* exhaustion ◊ **esaurimento nervoso**, nervous breakdown.

esaurire *v tr* to exhaust, to use up ◊ (*di vendite*) to sell out ◊ *v rifl* to exhaust os ◊ (*provviste*) to run out ◊ (*ispirazione*) to dry up.

esaurito *agg* exhausted, run down ◊ (*di merce*) sold out, out of stock ◊ (*libri*) out of print.

esàusto *agg* exhausted, worn out.

esautorare *v tr* to deprive (sb) of authority.

esca(-che) *sf* bait ◊ **dare esca**, to feed.

escavazione *sf* excavation.

eschimese *agg, sm / f* Eskimo ◊ (*cane*) husky.

esclamare *v tr* to exclaim.

esclamazione *sf* exclamation.

esclùdere *v tr* to exclude (from) ◊ (*negare*) to refuse to believe.

esclusione *sf* exclusion ◊ **per esclusione**, by elimination.

esclusiva *sf* patent ◊ (*stampa*) exclusive ◊ **avere l'esclusiva di qc**, to be the only authorized agent for.

escogitare *v tr* to devise.

escursione *sf* excursion, trip ◊ **fare un'escursione**, to make (to go on) an excursion.

escursionista *sm / f* excursionist, hiker.

esecrare *v tr* to loathe, to abhor.

esecutivo *agg, sm* executive.

esecutore(-trice) *sm* (*leg, testamentario*) executor ◊ (*mus*) performer ◊ (*carnefice*) executioner.

esecuzione *sf* execution.

eseguìre *v tr* to execute, to carry out.

esempio *sm* example, instance ◊ **dare il buon (cattivo) esempio**, to set a good (bad) example.

esemplare *agg* (*vita*) exemplary ◊ (*allievo*) model (*attr*) ◊ **dare a qc una punizione esemplare**, to make an example of sb ◊ *sm* specimen ◊ (*libro*) copy ◊ (*comm*) sample.

esemplificare *v tr* to exemplify.

esentare *v tr* to exempt (sb from sthg).

esente *agg* exempt (from) ◊ **esente da tasse**, duty-free, tax-free.

esenzione *sf* exemption.

esercente *sm / f* shop-keeper.

esercitare *v tr* (*professione*) to practise ◊ (*pressioni*) to exert (pressure on) ◊ *v rifl* to practise (doing sthg).

esèrcito *sm* (*mil*) army.

esercizio *sm* exercise ◊ (*professione*) practice ◊ **fare dell'esercizio** (*fisico*), to take some exercise.

esibire *v tr* to exhibit ◊ (*documenti*) to produce ◊ *v rifl* to show off ◊ (*teatro*) to perform.

esibizionista *sm / f* (*psic*) exhibitionist ◊ (*fam*) show-off.

esigente *agg* exacting, demanding ◊ (*nel mangiare*) particular (about).

esigenza *sf* requirement, need ◊ **soddisfare le esigenze**, to meet sb's needs.

esìgere *v tr* (*richiedere*) to call for, to demand ◊ (*pretendere*) to require, to exact.

èsile *agg* slender, slim ◊ (*debole*) faint.

esiliare *v tr* to exile.

esiliato(-a) *agg* exiled ◊ *sm* exile.

esilio *sm* exile.

esimio *agg* distinguished, eminent.

esistenza *sf* existence ◊ (*vita*) life.

esìstere *v intr* to exist, to be.

esitare *v intr* to hesitate.

esitazione *sf* hesitation.

èsito *sm* result, outcome ◊ **avere buon (cattivo) esito**, to come out well (badly).

èskimo *sm inv* (*giaccone*) parka.

èsodo *sm* exodus ◊ (*di capitali*) flight.

esonerare *v tr* to exempt (sb from) ◊ (*lezioni*) to excuse from.

esònero *sm* exemption.

esorbitante *agg* exorbitant.

esorcizzare *v tr* to exorcise.

esordiente *sm / f* beginner ◊ (*teatro*) débutant.

esordio *sm* début, first appearance ◊ (*fig*) beginning.

esordire *v intr* to begin (one's career) ◊ **esordì dicendo**, he began by saying.

esortare *v tr* to urge, to exhort.

esortazione *sf* exhortation, urge.

esoso *agg* (*avido*) greedy.

èsotico(-a, -ci, -che) *agg* exotic.

esotismo *sm* exoticism.

espàndere *v tr, rifl* to expand.

espansione *sf* expansion.

espansivo *agg* expansive.

espatriare *v intr* to go abroad.

espatrio *sm* expatriation.

espediente *sm* expedient ◊ **vivere di espedienti**, to live by one's wits.

espèllere *v tr* to expel (from) ◊ (*sport*) to send off (the field) ◊ (*gas*) to discharge.

esperienza *sf* experience ◊ (*scientifica*) experiment ◊ **ha 10 anni di esperienza nell'insegnamento**, he has ten years' teaching experience.

esperimento *sm* experiment ◊ **sottoporre a esperimento**, to carry out an experiment (on).

esperto(-a) *agg, sm* expert (on).

espiare *v tr* to expiate ◊ (*pena*) to serve.

espirare *v tr* to breathe out, to exhale.

esplòdere *v intr* to explode ◊ (*arma*) to go off.

esplorare *v tr* to explore.

esploratore(-trice) *sm* explorer ◊ **giovane esploratore**, boy scout.

esplorazione *sf* exploration.

esplosione *sf* explosion ◊ (*fig*) outburst.

esplosivo *agg, sm* explosive.

esporre *v tr* to display, to exhibit ◊ (*spiegare*) to explain ◊ (*avviso*) to stick up ◊ *v rifl* to expose os ◊ (*a critiche*) to lay os open to.

esportare *v tr* to export.

esportatore(-trice) *sm / f* exporter.

esportazione *sf* export ◊ **articolo di esportazione**, export.

esposizione *sf* exposure ◊ (*merci*) display ◊ (*fiera*) exhibition.

espressione *sf* expression.

espressivo *agg* expressive.

espresso *sm* (*treno*) express ◊ (*caffè*) espresso ◊ (*lettera*) express letter.

esprìmere *v tr* to express, to voice ◊ *v rifl* to express os.

espropriare *v tr* to expropriate (sb from sthg), to disposses (of).

espulsione *sf* expulsion ◊ **espulsione dall'albo**, disbarment.

essa *pron* (*cose, animali*) it ◊ (*donna*) she ◊ (*compl*) her.

essenza *sf* essence.

essenziale *agg* essential ◊ *sm* (the) main thing (point).

èssere *v intr* (*ausiliare, copula: esistere*) to be; (*ausiliare verbi di moto*) to have ◊ (*consistere*) to lie, to consist ◊ (*provenire da*) to come from ◊ (*essere fatto di*) to be made of ◊ (*essere fatto da*) to be by ◊ **è appena arrivato**, he has just arrived; **cosa c'è?**, what's the matter?; **c'è**, there is; **ci sono!**, I've got it!; **sarà...!**, maybe...!

èssere *sm* being ◊ **gli esseri viventi**, the living.

essiccare *v tr* to dry ◊ (*cibi*) to desiccate ◊ *v rifl* to dry up.

esso *pron* (*cosa, animale*) it ◊ (*uomo*) he ◊ (*compl*) him.

est *sm inv* east ◊ **a est di Roma**, east of Rome.

èstasi *sf inv* ecstasy.

estasiare *v tr* to send into raptures ◊ *v rifl* to go into raptures.

estate *sf* summer ◊ **d'estate**, in summer (time).

estèndere *v tr, rifl* to extend.

estenuare *v tr* to wear out, to tire out.

esteriore *agg* external, outward.

esteriorità *sf inv* outward appearance.

esternare *v tr* to express.

esterno *agg* (*muro*) outer ◊ (*fig*) externa, outside (*attr*) ◊ (*aspetto*) outward ◊ *sm* (*allievo*) day-boy (girl) ◊ (*medico*) non-resident doctor ◊ (*candidato*) external candidate ◊ (*edificio*) exterior, outside ◊ (*cinema*) **gli esterni**, location shots.

èstero *agg* foreign ◊ *sm* foreign countries (*pl*) ◊ **essere (andare) all'estero**, to be (to go) abroad.

esterrefatto *agg* terrified, appalled.

esteso *agg* wide, broad, vast ◊ **per esteso**, in full, in detail.

estètica *sf* aesthetics (*verbo al sing*).

estìnguere *v tr* to put out, to extinguish ◊ (*sete*) to quench ◊ (*debito*) to pay off ◊ *v rifl* (*fuoco*) to die out.

estinto(-a) *agg* deceased, dead ◊ (*vulcano*) extinct ◊ (*incendio*) extinguished ◊ *sm* **i cari estinti**, (the) deceased, the dear departed.

estòrcere *v tr* to extort, to wring.

estràneo(-a) *agg* foreign ◊ **estraneo a** (*argomento*), unrelated to; **sentirsi estraneo a** (*società*), to feel alienated from ◊ *sm* outsider.

estrarre *v tr* (*dente*) to extract, to pull out ◊ (*miniera*) to dig out ◊ (*a sorte*) to draw.

estratto *sm* extract ◊ **estratto conto**, statement of account.

estremismo *sm* extremism.

estremità *sf inv* extremity.

estremo *agg* (*ultimo*) final, last ◊ (*il più lontano*) the furthermost ◊ *sm* extreme point ◊ **spingere le cose agli estremi**, to go too far.

estrìnseco *agg* extrinsic.

estro *sm* inspiration, gift.

estroverso(-a) *agg* extroverted ◊ *sm* extrovert.

estuario *sm* estuary.

esuberante *agg* exuberant.

esulare *v intr* not to be part of.

èsule *sm / f* exile ◊ *agg* exiled.

esultante *agg* exultant.

esultanza *sf* exultation.

esultare *v intr* to rejoice (over).

esumazione *sf* exhumation.

età *sf inv* age ◊ (*epoca*) age, period ◊ **all'età di 3 anni**, at the age of 3, at 3 years of age; **raggiungere la maggior età**, to come of age.

ètere *sm* (*chim, poetico*) ether.

eternare *v tr* to immortalize.

eternità *sf inv* eternity.

eterno *agg* eternal.

eterosessuale *agg, sm / f* heterosexual.

ètica(-che) *sf* ethics (*verbo al sing*).

etichetta *sf* label ◊ (*cerimoniale*) etiquette.

etichettare *v tr* to label.

ètico(-a, -ci, -che) *agg* ethical ◊ (*med*) hectic.

etimologìa *sf* etymology.

etisìa *sf* phthisis, consumption.

ètnico(-a, -ci, -che) *agg* ethnic.

etrusco(-a) *agg, sm* Etruscan.

èttaro *sm* hectare.

etto, ettogrammo *sm* hectogram(me).

ettòlitro *sm* hectolitre.

eucarestìa *sf* (*relig*) Holy Communion, Eucharist.

eufemismo *sm* euphemism.

euforìa *sf* euphoria.

eufòrico(-a, -ci, -che) *agg* euphoric.

evacuare *v tr, intr* to evacuate.

evàdere *v intr* to escape (from) ◊ (*situation*) to get out ◊ (*tasse*) to evade (paying taxes) ◊ *v tr* to get through (sthg).

evangelizzare *v tr* to evangelize.

evaporare *v tr, intr* to evaporate.

evasione *sf* escape ◊ (*fiscale*) tax evasion.

evento *sm* event.

eventuale *agg* possible.

eventualmente *avv* in case, if necessary.

eversione *sf* subversion.

eversivo *agg* subversive.

evidente *agg* evident, obvious.

evidenza *sf* **mettere in evidenza**, to point out,

to emphasize, to highlight; **l'evidenza dei fatti è schiacciante**, the facts speak for themselves.

evidenziatore sm (*penna*) high-lighter.

evirare v tr to castrate, to emasculate.

evitare v tr to avoid ◊ (*colpo*) to dodge.

evo sm age, ages, times ◊ **il medio evo**, the Middle Ages.

evocare v tr to evoke.

evoluto agg highly developed, advanced.

evoluzione sf evolution, progress.

evòlversi v rifl to evolve.

ex pref ex, former.

extra agg first-rate ◊ sm extra.

extraterrestre agg, sm extraterrestrial.

F

fa avv ago ◊ **dieci anni fa**, ten years ago; **molto tempo fa**, long ago ◊ sm (*mus*) F.

fàbbrica(-che) sf factory.

fabbricare v tr to manufacture.

fabbricato sm building, block of flats.

fabbro sm smith, blacksmith.

faccenda sf thing, matter.

facchino sm porter.

faccia(-ce) sf face ◊ **glielo dissi in faccia**, I told him to his face; **perdere (salvare) la faccia**, to lose (to save) one's face.

facciata sf front, façade ◊ (*apparenza*) appearances.

fàcile agg easy, simple ◊ **è facile che piova**, it's likely to rain.

facilità sf inv ease ◊ (*attitudine*) aptitude (for).

facoltà sf inv faculty ◊ (*potere*) power ◊ (*università*) faculty.

facoltativo agg optional.

facoltoso agg well-off, wealthy.

faggio sm beech.

fagiano sm pheasant.

fagiolino sm French bean.

fagiolo sm bean.

fagotto sm bundle ◊ (*mus*) bassoon ◊ **far fagotto**, to pack up and leave.

faida sf feud.

faìna sf beech-marten.

falce sf scythe.

falciare v tr to scythe ◊ (*erba*) to mow ◊ (*grano*) to reap.

falco(-chi) sm hawk.

falcone sm falcon ◊ **caccia col falcone**, hawking.

falda sf (*geol*) layer.

falegname sm carpenter, joiner.

falena sf moth.

falla sf leak.

fallimentare agg (*leg*) bankruptcy (*attr*).

fallimento sm bankruptcy, crash ◊ (*fig*) failure, flop ◊ **fare fallimento**, to go bankrupt.

fallire v intr to fail, to go bankrupt ◊ (*bersaglio*) to miss.

fallo sm (*calcio*) foul.

falò sm inv bonfire.

falsario sm forger, counterfeiter ◊ (*di monete*) coiner.

falsificare v tr to falsify ◊ (*firma*) to forge.

falsità sm inv falseness ◊ (*bugia*) lie.

falso agg false ◊ (*di opera d'arte*) fake ◊ **notizia (giornalistica) falsa**, canard.

falso sm falsehood ◊ **giurare il falso**, to commit perjury.

fama sf fame, renown ◊ **aver fama di essere**, to have the reputation of being, to have a reputation for being.

fame sf hunger ◊ **avere fame**, to be hungry; **avere fame di gloria**, to long for glory; **fare morire qc di fame**, to starve sb to death.

famigerato agg notorious, ill-famed.

famiglia sf family, household.

familiare agg family (*attr*) ◊ **quel libro mi è familiare**, I am familiar with that book.

familiare sm member of the family, relative.

familiarizzare v intr, rifl to become familiar (with).

famoso agg famous, well-known.

fanatico(-a) agg fanatical ◊ sm fanatic.

fanatismo sm fanaticism.

fanciullezza sf childhood.

fanciullo sm child.

fango(-ghi) sm mud ◊ (*pl, med*) mud-baths.

fangoso agg muddy.

fannullone(-a) sm idler, loafer, lounger.

fantascienza sf science fiction.

fantasìa *sf* imagination.

fantasma *sm* ghost ◊ **governo fantasma**, phantom government.

fantasticare *v intr* to daydream.

fantasticherìa *sf* daydream, reverie.

fantàstico *agg* wonderful, terrific.

fante *sm* (*mil*) infantryman ◊ (*carte*) knave.

fanterìa *sf* infantry.

fantino *sm* jockey.

faraone *sm* Pharaoh ◊ (*gioco*) faro.

farcire *v tr* to stuff.

fare *v tr* to do ◊ **fare del bene (male)**, to do good (harm) ◊ (*fabbricare*) to make ◊ **fare una casa (vestito, quattrini, boccacce)**, to make a house (a dress, money, faces) ◊ (*rendere*) to make ◊ (*fingere*) to pretend ◊ (*inf*) **far piangere qc.**, to make sb cry; **fallo fare**, get it done; **fammi vedere**, let me see; **fare compassione**, to arouse sb's pity; **far paura**, to frighten; **fare un sogno**, to have a dream ◊ *v intr* **far freddo (caldo)**, to be hot (cold); **fare all'amore (con)**, to make love (to); **fare amicizia**, to make friends (with); **fare aspettare**, to keep sb waiting; **far notare**, to point out; **farla franca**, to get away with it; **ce l'ho fatta**, I've made it ◊ *v rifl* to become, to grow ◊ **farsi capire**, to make os understood; **farsi strada**, to make one's way; **farsi un nome**, to make a name for os.

fare *sm* manners (*pl*), behaviour.

farfalla *sf* butterfly ◊ (*cravatta*) bow-tie ◊ (*nuoto*) butterfly (stroke) ◊ (*fig*) fickle person.

farina *sf* flour ◊ (*gialla*) maize flour.

farmacèutico(-a, -ci, -che) *agg* pharmaceutical.

farmacia *sf* chemist's shop, pharmacy ◊ (*AmE*) drugstore.

farmacista *sm / f* chemist, pharmacist ◊ (*AmE*) druggist.

fàrmaco *sm* medicine, drug.

farneticare *v intr* to rave.

faro *sm* lighthouse ◊ (*aeron*)beacon ◊ (*auto*) headlight ◊ (*antinebbia*) fog-lights.

farsa *sf* farce (*anche fig*).

fascia(-sce) *sf* band ◊ (*med*) bandage.

fasciare *v tr* to bandage ◊ (*arto*) to bind up ◊ (*ferita*) to dress.

fàscino *sm* charm, fascination.

fascio *sm* bundle ◊ (*fiori*) bunch.

fascismo *sm* fascism.

fase *sf* phase.

fastidio *sm* nuisance, bother.

fasto *agg* propitious ◊ *sm* pomp, splendour.

fasullo *agg* bogus, fake, sham.

fata *sf* fairy.

fatale *agg* (*mortale*) fatal ◊ (*inevitabile*) inevitable ◊ **era fatale che succedesse**, it was bound to happen.

fatica(-che) *sf* hard work ◊ **che fatica!**, what hard work!; **far fatica a fare qcs**, to find it difficult to do sthg; **risparmiarsi la fatica di fare qcs**, to save os the trouble of doing sthg.

faticare *v intr* to work hard, to toil.

faticoso *agg* tiring, exhausting.

fato *sm* fate, destiny.

fattìbile *agg* feasible, possible.

fatto *agg* made ◊ (*a macchina*) machine-made ◊ (*a mano*) handmade ◊ *sm* fact, event ◊ **abiti fatti su misura**, clothes made to measure; **bada ai fatti tuoi**, mind your own business.

fattore(-essa) *sm* farm manager(-ess).

fattorìa *sf* farm ◊ (*casa*) farmhouse ◊ (AmE) ranch.

fattorino *sm* errand boy, floor boy.

fattura *sf* (*comm*) invoice.

fatturare *v tr* (*comm*) to bill.

fatturato *sm* sales; turnover ◊ (*AmE*) billing.

fàuci *sf pl* jaws.

fàuna *sf* fauna.

favilla *sf* spark.

fàvola *sf* (*fiaba*) fairy tale ◊ (*d'intento morale*) fable ◊ **essere la favola del paese**, to be the talk (laughing stock) of the town.

favoloso *agg* fabulous.

favore *sm* favour ◊ **fare un favore**, to do sb a favour.

favorévole *agg* favourable.

favorire *v tr* to favour, to support.

fax *sm* fax.

faxare *v tr* to fax.

faziosità *sf inv* faction, party-spirit.

fazioso *agg* factious.

fazzoletto *sm* handkerchief ◊ (*di carta*) tissue ◊ (*da collo*) scarf ◊ (*da testa*) head-scarf.

febbraio *sm* February (*per uso V. agosto*).

febbre *sf* temperature ◊ (*fig*) fever ◊ **avere la febbre**, to have a temperature.

feccia(-ce) *sf* dregs (*anche fig*).

feci *sf pl* faeces, excrement (*sing*).

fecondare *v tr* to fertilize.

fecondazione *sf* fertilization ◊ (*artificiale*) artificial insemination.

fecondo *agg* fertile ◊ (*fig*) fruitful.

fede *sf* faith ◊ (*fiducia*) trust ◊ (*anello*) wedding ring ◊ **aver fede in Dio**, to have faith in God; **in buona (cattiva) fede**, in good (bad) faith.

fedele *agg* faithful ◊ (*suddito*) loyal ◊ *sm / f* believer ◊ **i fedeli**, the faithful.

fedeltà *sf inv* faithfulness ◊ (*radio*) fidelity ◊ **alta fedeltà**, high fidelity (Hi-Fi).

fèdera *sf* pillow-case, pillowslip.

federazione *sf* federation ◊ (*calcistica*) football league.

fedina *sf* (*leg*) (police) record.

fégato *sm* liver ◊ (*coraggio*) courage, pluck.

felce *sf* fern.

felice *agg* happy ◊ **felice di fare la sua conoscenza**, pleased to meet you.

felicità *sf inv* happiness.

felpa *sf* sweat shirt.

feltro *sm* felt.

fémmina *sf* female ◊ **ho due figli: un maschio e una femmina**, I've got two children: a boy and a girl.

femminile *agg* feminine ◊ (*sesso*) female.

femminista *sm / f* feminist.

fèmore *sm* femur, thigh-bone.

fenòmeno *sm* phenomenon.

feriale *agg* working (*attr*), week (*attr*).

ferie *sf pl* holidays ◊ (*AmE*) vacation (*sing*) ◊ **ho 3 settimane di ferie**, I have 3 weeks' holiday(s).

ferire *v tr* to injure, to wound ◊ **fu ferito a morte**, he was mortally wounded ◊ *v rifl* to hurt os.

ferita *sf* wound, injury, hurt ◊ **guarire (fasciare, medicare) una ferita**, to heal (to bandage, to dress) a wound; (*fig*) **vecchie ferite**, old scars.

ferma *sf* (*mil*) (period, term of) service.

fermaglio *sm* claps ◊ (*fibbia*) buckle ◊ (*per carte*) clip.

fermare *v tr, intr, rifl* to stop ◊ **fermarsi a guardare**, to stop to look.

fermata *sf* stop.

fermezza *sf* firmness.

fermo *agg* (*immobile*) still, motionless ◊ (*risoluto*) firm ◊ (*che non funziona*) not working ◊ **c'è una macchina ferma al bordo della strada**, there is a car stationary at the side of the road; **l'orologio è fermo**, the clock has stopped.

fermo *sm* (*leg*) (police) detention.

fermoposta *avv* poste restante ◊ (*AmE*) general delivery.

feroce *agg* (*animale*) wild ◊ (*persona*) cruel, fierce.

ferocia *sf* ferocity, wildness, savagery.

ferragosto *sm* August bank holiday (15th August).

ferramenta *sf pl* hardware.

ferro *sm* iron ◊ **ferro battuto**, wrought iron; **tocca ferro**, touch wood; **i ferri del mestiere**, the tools of the trade.

ferrovìa *sf* railway ◊ (*AmE*) railroad.

ferroviere *sm* railwayman.

fèrtile *agg* fertile (*anche fig*) ◊ (*albero*) fruitful.

fertilità *sf inv* fertility.

fessura *sf* crack, cleft ◊ (*per moneta*) slot.

festa *sf* (*relig*) feast ◊ (*vacanza*) holiday ◊ **domani è festa**, tomorrow is a holiday; **buone feste!**, Merry Christmas and a Happy New Year!; **dare una festa**, to throw a party.

festeggiamenti *sm pl* celebrations.

festeggiare *v tr* to celebrate.

festività *sf inv* festivity ◊ (*relig*) feast ◊ (*civile*) public holiday.

feto *sm* foetus.

fetta *sf* slice ◊ (*grosso pezzo*) chunk.

feudale *agg* feudal.

fiaba *sf* fairy tale.

fiàccola *sf* torch.

fiala *sf* vial.

fiamma *sf* flame ◊ **andare in fiamme**, to burst into flame(s); **dare alle fiamme**, to set on fire.

fiammeggiare *v intr* to blaze.

fiammìfero *sm* match ◊ **accendere un fiammìfero**, to strike a match.

fiammingo(-a, -ghi, -ghe) *agg* Flemish ◊ *sm* Fleming.

fianco(-chi) *sm* side ◊ (*d'uomo*) hip ◊ (*mil*) flank ◊ *fianco a fianco*, side by side.

fiasco(-chi) *sm* flask ◊ **far fiasco**, to be a flop, to be a fiasco.

fiato *sm* breath ◊ **fiato cattivo**, bad breath; **avere il fiato grosso**, to be out of breath, to pant; **i fiati**, wind instruments.

fibbia *sf* buckle.

fibra *sf* fibre ◊ (*AmE*) fiber ◊ (*costituzione*) constitution ◊ **fibra ottica**, optical fibre.

ficcanaso *sm / f* busybody, nosey parker.

fico(-chi) *sm* fig.

fidanzamento *sm* engagement.

fidanzare *v tr* to engage ◊ **essere fidanzato con**, to be engaged to ◊ *v rifl* to get engaged.

fidanzato(-a) *agg* engaged ◊ *sm* fiancé (fiancée) ◊ *pl* engaged couple.

fidarsi *v rifl* to trust (sb), to rely on ◊ (*osare*) to dare ◊ **non mi fido a guidare da solo**, I don't dare to drive by myself.

fidato *agg* trustworthy, reliable.

fido *sm* (*banca*) credit.

fiducia *sf* confidence, trust ◊ **avere fiducia in se stesso**, to be selfconfident; (*pol*) **voto di fiducia**, vote of confidence.

fiducioso *agg* trusting.

fiele *sm* gall ◊ (*fig*) bitterness.

fienile *sm* hayloft, barn.

fieno *sm* hay.

fiera *sf* fair ◊ (*animale*) wild beast ◊ **fiera campionaria**, trade fair; **fiera del bianco**, linen sale.

fierezza *sf* (*orgoglio*) pride.

fiero *agg* proud.

figlio(-a) *sm* son (daughter) ◊ (*generico*) child ◊ **ebbero due figli**, they had two children; **figlio unico**, an only child; **figlio di papà**, spoilt boy.

figlioccio(-a, -ci, -ce) *sm* godchild, godson (goddaughter).

figura *sf* figure ◊ (*personaggio*) character ◊ (*illustrazione*) picture.

figuraccia(-ce) *sf* **fare una figuraccia**, to cut a poor figure.

figurarsi *v rifl* to imagine.

figurinista *sm / f* dress-designer, stylist.

figurone *sm* **fare un figurone**, to cut a fine figure, to look terrific.

fila *sf* line ◊ (*uno accanto all'altro*) row ◊ (*coda*) queue ◊ (*AmE*) line ◊ **fare la fila**, to queue up; (*AmE*) to line up; **di fila**, on end.

filàntropo *sm* philanthropist.

filare *v tr* (*lana*) to spin ◊ *v intr* (amoreggiare) to go out with ◊ (*ragionamento*) to be coherent, to make sense.

filastrocca(-che) *sf* nursery rhyme, nonsense-rhyme.

filatèlico(-a, -ci, -che) *agg* philatelic ◊ *sm* philatelist.

filato *agg* spun ◊ *sm* yarn ◊ (*cucirino*) sewing thread ◊ **zucchero filato**, candy floss.

filatore(-trice) *sm* spinner ◊ (*macchina*) spinning-machine.

filetto *sm* (*carne*) fillet.

filiale *agg* filial ◊ *sf* (*comm*) branch.

film *sm* (*fig*) film ◊ (*AmE*) movie.

filmare *v tr* to film, to shoot.

filo *sm* thread ◊ (*tessile*) yarn ◊ (*perle*) string ◊ (*biancheria*) line ◊ (*telefono*) wire, flex ◊ **filo spinato**, barbed wire; **filo di speranza**, ray of hope; **perdere il filo del discorso**, to lose the thread of what one is saying; **per filo e per segno**, in great detail.

filobus *sm* trolley-bus.

filosofia *sf* philosophy.

filòsofo(-a) *sm* philosopher.

filtrare *v tr, intr* to filter.

filtro *sm* filter, strainer.

finale *agg* final ◊ *sm* (*libro*) ending ◊ (*sport*) finals ◊ **entrare in finale**, to get to the finals.

finalmente *avv* at last.

finalista *sm / f* (*sport*) finalist.

finalità *sf inv* aim, purpose, end.

finanza *sf* finance ◊ **se me lo permettono le mie finanze**, if my finances allow me; **Ministero delle Finanze**, Exchequer (*in GB*), Treasury (*in USA*).

finanziare *v tr* to finance, to sponsor.

finanziatore(-trice) *sm* backer, sponsor.

finanziere *sm* financier.

finché *cong* until, till ◊ (*per tutto il tempo*

che) as long as ◊ **aspetta finché torno**, wait till I come back; **ti amerò finché vivrò**, I'll love you as long as I live.

fine *sf* end ◊ (*libro*) ending ◊ **alla fine**, in the end, (*finalmente*) at last; **senza fine**, (*avv*) endlessly, (*agg*) endless ◊ *sm* (*scopo*) aim, purpose, end ◊ **a fin di bene**, in the hope of doing good.

fine *agg* thin ◊ (*delicato*) delicate ◊ (*di buon gusto*) fine ◊ (*ingegno*) shrewd.

finestra *sf* window ◊ **porta finestra**, French window; **finestra a saliscendi**, sash window; **la finestra dà sul giardino**, the window looks onto the garden.

fingere *v tr, intr, rifl* to pretend.

finimondo *sm inv* end of the world, pandemonium.

finire *v intr* to end, to come to an end ◊ **finire in ospedale**, to end up in hospital; **finii col promettere**, I ended by promising ◊ *v tr* to finish, to end.

fino *prep* (*tempo*) until, till, up to ◊ (*luogo*) as far as ◊ (*fin da*) since, from ◊ **fin da quando sei arrivato**, since you arrived.

fino *avv* (*perfino*) even.

finocchio *sm* fennel ◊ (*omosessuale*) queer.

finora *avv* so far, till now, up to now.

finto *agg* false ◊ (*non reale*) sham.

finzione *sf* pretence ◊ (*invenzione*) fiction.

fiocco(-chi) *sm* flake ◊ (*nastro*) bow ◊ **coi fiocchi**, first-rate.

fioco(-a, -chi, -che) *agg* weak, faint.

fioraio(-a) *sm* florist, flowerseller.

fiore *sm* flower ◊ (*di albero da frutto*) blossom ◊ (*fioritura*) bloom ◊ (*carte*) *pl* clubs ◊ **essere in fiore**, to be in bloom (in flower); **ho i nervi a fior di pelle**, my nerves are all on edge; **nel fiore degli anni**, in one's prime.

fiorire *v intr* to flower ◊ (*albero da frutto*) to blossom ◊ (*prosperare*) to flourish, to thrive.

fiorista *sm / f* florist.

firma *sf* signature ◊ **fare la firma**, to sign; **firma falsa**, forged signature; **firma depositata**, specimen signature.

firmare *v tr* to sign.

fischiare *v tr, intr* to whistle ◊ (*di orecchie*) to sing ◊ (*di proiettile*) to whiz ◊ **fischiare**

un attore, to hiss (to boo) an actor.

fischio *sm* whistle ◊ (*disapprovazione*) hiss.

fisco *sm sing* Inland Revenue.

fisica *sf* physics (*sing*).

fisico(-a, -ci, -che) *agg* physical ◊ *sm* (*corpo*) physique ◊ (*scienziato*) physicist.

fissare *v tr* (*appuntamento*) to fix ◊ (*prenotare*) to book ◊ (*guardare fisso*) to stare at, to look fixedly at ◊ *v rifl* (*mettersi in testa*) to be fixated (on sthg).

fissazione *sf* fixation, obsession.

fisso *agg* fixed ◊ (*stipendio*) regular ◊ (*lavoro*) permanent ◊ **occhi fissi**, staring eyes.

fiume *sm* river.

fiutare *v tr* to smell, to sniff ◊ (*di cane*) to scent.

fiuto *sm* sense of smell ◊ (*fig*) **avere fiuto**, to have a flair (for sthg).

flàccido *agg* flabby, flaccid.

flagello *sm* scourge (*anche fig*).

flagrante *agg* flagrant ◊ **cogliere qc in flagrante**, to catch sb redhanded (in the act).

flanella *sf* flannel.

flautista *sm / f* flautist, flutist.

flàuto *sm* flute; **flauto dolce**, recorder.

flemmàtico(-a, -ci, -che) *agg* phlegmatic.

flessìbile *agg* flexible ◊ **orario flessibile**, flexitime.

flessibilità *sf inv* flexibility.

flessione *sf* bending ◊ (*fig*) decrease ◊ **flessioni sulle braccia**, press-up.

flessuoso *agg* supple.

flèttere *v tr, rifl* to bend.

flora *sf* flora.

floricoltore(-trice) *sm* flower grower, floriculturist.

flòrido *agg* healthy ◊ (*prosperoso*) buxom ◊ (*industria*) flourishing, thriving.

flotta *sf* fleet, navy.

fluente *agg* flowing ◊ (*fig*) fluent.

flùido *sm* fluid ◊ (*fig*) power.

fluire *v intr* to flow.

flusso *sm* flow ◊ (*fis*) flux ◊ **flusso e riflusso**, ebb and flow.

fluttuare *v intr* to rise and fall ◊ (*moneta*) to float, to fluctuate.

fluviale *agg* river (*attr*), fluvial.

foca(-che) *sf* seal.

focalizzare *v tr* to get (sthg) into focus ◊ **fo-**

calizzare l'attenzione su, to focus one's attention on.

foce *sf* mouth.

fochista *sm* stoker.

focolare *sm* hearth ◊ (*camino*) fireplace ◊ (*fig*) home, hearth.

focoso *agg* fiery, passionate.

fòdera *sf* (*interna*) lining ◊ (*esterna*) cover.

fòdero *sm* sheath, scabbard.

foga(-ghe) *sf* enthusiasm, ardour.

foggia(-ge) *sf* fashion ◊ (*forma*) shape ◊ (*stile*) style.

foglia *sf* leaf ◊ **mangiare la foglia**, to smell a rat.

foglio *sm* sheet ◊ **foglio di carta a righe (a quadretti)**, sheet of lined (squared) paper; **foglio di via**, expulsion order; **foglio rosa**, provisional driving licence.

fogna *sf* sewer ◊ (*fig*) cesspool.

fognatura *sf* sewerage.

folclore *sm inv* folklore.

fòlgore *sf* thunderbolt.

folla *sf* crowd, throng ◊ (*spreg*) mob.

folle *agg* mad ◊ *sm* / *f* madman (madwoman) ◊ (*auto*) **essere in folle**, to be in neutral.

folletto *sm* elf, goblin.

follìa *sf* madness, insanity ◊ (*sventatezza*) folly ◊ **fare una follia**, to do sthg crazy.

folto *agg* thick ◊ (*gruppo*) large ◊ (*sopracciglia*) bushy ◊ *sm* thick, depths.

fomentare *v tr* to foment, to stir up.

fomentatore(-trice) *sm* fomenter.

fondamentale *agg* fundamental, basic.

fondamenta *sf pl* (*edil*) foundations ◊ **gettare le fondamenta**, to lay the foundations (*anche fig*).

fondamento *sm* foundation, basis, principle ◊ **i fondamenti della matematica**, the principles of mathematics; **senza fondamento**, groundless.

fondare *v tr* to found ◊ *v rifl* to be based on, to base os on.

fondatore(-trice) *sm* founder.

fondazione *sf* foundation.

fòndere *v tr, intr* to melt ◊ (*in forma*) to cast, to mould ◊ (*colori*) to blend ◊ (*enti*) to merge ◊ *v rifl* to melt, to merge, to blend ◊ **mi si è fuso il cervello**, my brain has seized up.

fonderìa *sf* foundry.

fondina *sf* (*piatto*) soup plate ◊ (*per pistola*) holster.

fondista *sm* / *f* (*sport*) long-distance runner ◊ (*sciatore*) cross-country skier.

fondo *sm* bottom ◊ (*sci*) cross-country skiing ◊ **andare a fondo**, to sink; (*fig*) **andare a fondo di qcs**, to get to the bottom of sthg; **conoscere a fondo un argomento**, to have a thorough knowledge of a subject.

fondo *sm* (*capitale*) fund ◊ (*appezzamento di terreno*) land, property, estate.

fondo *agg* deep.

fondotinta *sm* foundation cream.

fonètica(-che) *sf* phonetics (*sing*).

fontana *sf* fountain.

fonte *sf* fountain ◊ (*fig*) source, origin ◊ *sm* **fonte battesimale**, (baptismal) font.

footing *sm* jogging ◊ **fare footing**, to jog.

foraggio *sm* forage, fodder.

forare *v tr* to make a hole ◊ (*biglietto*) to punch ◊ (*pneumatico*) to puncture ◊ *v intr* (*auto*) to have a puncture.

fòrbici *sf pl* scissors.

forca(-che) *sf* (*patibolo*) gallows (*pl*).

forchetta *sf* fork ◊ **essere una buona forchetta**, to be a big eater; **parlare in punta di forchetta**, to speak affectedly.

forcina *sf* hairpin.

fòrcipe *sm* forceps (*pl*).

foresta *sf* forest.

forestiero(-a) *agg* foreign ◊ *sm* (*straniero*) foreigner ◊ (*sconosciuto*) stranger.

fórfora *sf* dandruff.

forgiare *v tr* to forge, to mould.

forma *sf* shape ◊ (*stampo*) mould ◊ (*stile*) style, form ◊ **una forma di parmigiano**, a Parmesan cheese; **un paio di forme** (*per scarpe*), a pair of lasts; **le forme** (*del corpo*), the figure (*sing*); **essere in forma**, to be in good shape.

formaggio *sm* cheese.

formale *agg* formal.

formalità *sf* formality.

formalizzare *v rifl* to stand on ceremony, to be too formal.

formare *v tr, rifl* to form ◊ (*numero telefonico*) to dial.

formato *sm* format, size ◊ **foto formato tes-**

sera, passport photo.

formattare *v tr* (*computer*) to format.

formazione *sf* formation ◊ **la formazione del carattere**, the forming of character.

formica(-che) *sf* ant.

formicolare *v intr* to swarm (with) ◊ (*essere intorpidito*) **mi formicola la gamba sinistra**, I've got pins and needles in my left leg.

formidàbile *agg* (*spaventoso*) formidable ◊ (*straordinario*) impressive, remarkable.

formoso *agg* shapely, buxom.

fornace *sf* furnace (*anche fig*).

fornaio(-a) *sm* baker ◊ (*negozio*) baker's shop, bakery.

fornello *sm* cooking stove, gas ring ◊ (*elettrico*) hot plate.

fornire *v tr* to supply (sb with sthg, sthg for sb) ◊ *v rifl* to provide os, to supply os (with sthg) ◊ (*comm*) to buy from.

fornitore(-trice) *sm* supplier.

fornitura *sf* supply.

forno *sm* oven ◊ (*metall*) furnace ◊ (*fornaio*) baker's shop, bakery ◊ **forno a microonde**, microwave oven; **cuocere al forno**, to bake.

foro *sm* hole ◊ (*tribunale*) lawcourt.

forse *avv* perhaps, maybe.

forsennato(-a) *agg* mad ◊ *sm* madman (madwoman).

forte *agg* strong (*anche fig*) ◊ (*suono*) loud ◊ (*pioggia*) heavy ◊ (*fianchi*) broad ◊ (*duro*) hard ◊ (*passioni*) deep, ardent ◊ (*malattia*) bad, severe ◊ **taglie forti**, outsize; **il sesso forte**, the male sex.

forte *avv* hard ◊ **parlare forte**, to speak loudly; **correre forte**, to run fast; **tenersi forte**, to hold tight.

forte *sm* (*qualità*) forte, strong point.

fortezza *sf* fortress ◊ (*fig*) strength.

fortificare *v tr, rifl* to strengthen.

fortùito *agg* chance, fortuitous.

fortuna *sf* fortune, luck ◊ **fare fortuna**, to make one's fortune; **per fortuna**, luckily; **di fortuna**, emergency (*attr*); **buona fortuna!**, good luck!

fortunato *agg* lucky, fortunate.

forùncolo *sm* boil, furuncle.

forviare *v tr* to mislead ◊ (*giovani*) to lead

astray ◊ *v intr* to go astray.

forza *sf* strength ◊ *pl* (*vigore fisico*) strength (*sing*) ◊ **le forze lo abbandonavano**, his strength was giving out ◊ (*mil, fis*) force ◊ **forza bruta**, brute force; **a forza di**, by dint of; **con la forza**, the hard way; **per causa di forza maggiore**, due to circumstances beyond one's control.

forzare *v tr* to force, to compel, to oblige ◊ **aprire con la forza**, to force (sthg) open ◊ **forzare la situazione**, to push things.

forziere *sm* strongbox.

foschìa *sf* haze, mist.

fosco(-a, -chi, -che) *agg* dark, gloomy.

fosforescente *agg* phosphorescent.

fòsforo *sm* phosphorus.

fossa *sf* pit, hole ◊ (*tomba*) grave.

fossato *sm* ditch ◊ (*di castello*) moat.

fossetta *sf* dimple.

fòssile *agg* fossil (*attr*) ◊ *sm* fossil.

fossilizzare *v tr, rifl* to fossilize.

fosso *sm* ditch ◊ (*di castello*) moat.

fotocopia *sf* photocopy ◊ **fare una fotocopia**, to make a photocopy, to photocopy.

fotocopiare *v tr* to photocopy.

fotocopiatrice *sf* photocopier.

fotografare *v tr* to photograph, to take a photograph of, to snap.

fotografia *sf* photograph, photo ◊ (*fam*) snap, snapshot ◊ (*arte*) photography.

fotògrafo(-a) *sm* photographer.

fotomodella *sf*, **fotomodello** *sm* fashion model ◊ **fare il/la fotomodello/a**, to model.

fra *prep* (*fra due*) between ◊ (*fra più*) among ◊ (*tempo*) in, within ◊ **fra una cosa e l'altra mi è mancato il tempo**, what with one thing and the other, I didn't have time; **parlare fra sé**, to talk to os.

fracasso *sm* noise, din.

fràdicio(-a, -ci, -ce) *agg* wet through, soaked to the skin ◊ **ubriaco fradicio**, dead drunk.

fràgile *agg* fragile ◊ (*vetro*) brittle ◊ (*fig*) weak ◊ (*su imballaggi*) **fragile**, handle with care.

fràgola *sf* strawberry.

fragore *sm* roar, din, uproar, crash.

fraintèndere *v tr* to misunderstand, to get (sthg) wrong.

frammentario *agg* fragmentary.

frammento *sm* fragment.

frana *sf* (*geol*) landslip.

franare *v intr* to slip.

francamente *avv* frankly.

franchezza *sf* frankness ◊ (*nel parlare*) outspokenness, plain speaking.

franco(-a, -chi, -che) *agg* frank, outspoken ◊ (*comm*) **porto franco**, free port; **franco di dazio**, duty-free; **franco tiratore** (*cecchino*), sniper, (*pol*) defector; **farla franca**, to get away with it.

franco(-chi) *sm* (*moneta*) franc.

francobollo *sm* stamp.

fràngere *v tr, rifl* to break.

frangia(-ge) *sf* fringe.

frantoio *sm* olive press.

frantumare *v tr, rifl* to shatter.

frappé *sm* milk shake.

frapporre *v tr* to interpose ◊ **frapporre ostacoli**, to place obstacles in the way of sb.

frase *sf* sentence ◊ (*espressione*) phrase ◊ **frase fatta**, stock phrase.

fràssino *sm* ash-tree.

frastagliato *agg* indented.

frastuono *sm* noise, din, uproar.

frate *sm* friar, monk, brother.

fratellanza *sf* brotherhood.

fratellastro *sm* stepbrother.

fratello *sm* brother.

fraterno *agg* brotherly, fraternal.

fratricida *agg* fratricidal ◊ *sm / f* fratricide.

fratricidio *sm* fratricide (crime).

frattanto *avv* in the meantime, meanwhile.

fratturare *v tr, rifl* to fracture, to break.

frazionare *v tr* to split up.

frazione *sf* fraction ◊ (*di secondo*) split second ◊ (*borgata*) village.

freccia(-ce) *sf* arrow ◊ (*auto*) direction indicator.

freddare *v tr* to cool ◊ (*ammazzare*) to shoot sb dead ◊ *v rifl* to cool down.

freddezza *sf* coolness, self-control.

freddo *agg* cold ◊ (*fresco*) cool, chilly ◊ (*calmo*) cool, self-controlled.

freddo *sm* cold, chill ◊ **avere freddo**, to be cold; **prendere freddo**, to catch cold.

freddoloso *agg* sensitive to cold ◊ **essere freddoloso**, to feel the cold (very much).

freddura *sf* quip, pun.

fregare *v tr* to rub ◊ (*fam*) to take in, to rip off ◊ (*rubare*) to pinch.

fregata *sf* (*naut*) frigate.

fregiare *v tr, rifl* to adorn, to embellish.

fregio *sm* (*arch*) frieze.

frèmere *v intr* to quiver.

frèmito *sm* quiver ◊ (*brivido*) shudder.

frenare *v tr* to brake ◊ (*lacrime*) to hold back (one's tears) ◊ *v rifl* to control os.

frenesìa *sf* frenzy.

frenètico(-a, -ci, -che) *agg* frenzied, mad.

freno *sm* brake ◊ (*di cavallo*) bit ◊ **mordere il freno**, to be champing at the bit; **tenere a freno**, to restrain.

frequentare *v tr* (*scuola*) to attend ◊ (*negozio*) to patronize, to go to ◊ (*persone*) to see regularly, to go about with ◊ **frequentare cattive compagnie**, to keep bad company.

frequentatore(-trice) *sm* regular visitor (to), patron.

frequenza *sf* (*gen, radio*) frequency ◊ (*scol*) attendance.

fresco(-a, -chi, -che) *agg* fresh ◊ (*temperatura*) cool ◊ (*riposato*) refreshed ◊ **vernice fresca**, wet paint; **fresco di bucato**, straight from the wash; **pane fresco**, new bread.

fresco *sm sing* cool ◊ **godersi il fresco**, to enjoy the cool; (*prigione*) **mettere al fresco**, to put sb in the cooler, to put inside.

fretta *sf* hurry, haste ◊ **aver fretta**, to be in a hurry; **far fretta a qc**, to hurry sb.

frettoloso *agg* (*persona*) in a hurry, superficial ◊ (*lavoro*) rushed ◊ (*passi*) hurried ◊ **è troppo frettoloso in quel che fa**, he tends to rush things.

friggere *v tr, intr* to fry ◊ **friggere di rabbia**, to sizzle with rage.

frigido *agg* frigid.

frignare *v intr* to whine, to whimper.

frigo, frigorifero *sm, agg* refrigerator ◊ (*fam*) fridge ◊ **cella frigorifera**, freezer.

frittata *sf* omelette.

frittella *sf* pancake.

fritto *agg* fried ◊ (*fig*) **fritto e rifritto**, stale; **siamo fritti**, we're done for ◊ *sm* fried food ◊ **fritto misto di pesce**, mixed fish-fry.

frìvolo *agg* frivolous.

frizione *sf* (*massaggio*) friction ◊ (*auto*) clutch ◊ **innestare la frizione**, to engage the clutch.

frizzante *agg* fizzy ◊ (*vino*) sparkling ◊ (*aria*) bracing ◊ (*persona*) witty.

frizzare *v intr* (*acqua*) to fizz, to be fizzy ◊ (*vino*) to sparkle.

frode *sf* fraud ◊ **frode fiscale**, tax-evasion.

frollare *v intr* (*selvaggina*) to become high.

frollo *agg* tender ◊ (*selvaggina*) high ◊ **pasta frolla**, short pastry.

frondoso *agg* leafy.

frontale *agg* frontal ◊ (*auto*) **scontro frontale**, head-on collision.

fronte *sf* forehead, brow ◊ (*edificio*) front, façade ◊ *sm* (*mil*) front ◊ **far fronte a**, to face, to confront, (*difficoltà*) to cope with, (*richieste*) to meet the demands; **trovarsi di fronte a gravi problemi**, to be confronted with big problems.

fronteggiare *v tr* to face, to confront.

frontiera *sf* frontier, border.

fròttola *sf* lie, fib.

frugale *agg* frugal.

frugare *v tr* to search (sb) ◊ (*in un cassetto*) to rummage.

frullare *v tr* to beat, to whisk ◊ *v intr* (*ali*) to flutter.

frullato *sm* shake ◊ (*di latte*) milk shake ◊ (*di uova*) whisked eggs.

frullatore, frullino *sm* whisk, beater.

frumento *sm* wheat.

fruscìo *sm* rustle, rustling.

frusta *sf* whip ◊ (*cucina*) whisk.

frustare *v tr* to whip.

frustino *sm* riding-whip, hunting-crop.

frustrare *v tr* to frustrate.

frutta *sf inv* fruit.

fruttare *v intr* to return a profit ◊ (*piante*) to fruit, to produce ◊ *v tr* to bring (in).

frutteto *sm* orchard.

fruttificare *v intr* to bear fruit.

fruttivéndolo(-a) *sm* greengrocer, fruiterer ◊ (*negozio*) greengrocer's shop.

frutto *sm* fruit ◊ (*fig*) fruits, results, rewards ◊ **frutti di mare**, seafood (*sing*).

fu *agg inv* (*defunto*) late.

fucilare *v tr* to shoot.

fucilazione *sf* shooting.

fucile *sm* rifle, gun.

fucina *sf* forge ◊ (*fig*) hotbed.

fuga(-ghe) *sf* escape ◊ (*di innamorati*) elopement ◊ (*di gas*) leak ◊ (*di capitali*) flight ◊ (*di cervelli*) brain drain ◊ (*mus*) fugue ◊ (*ciclismo*) sprint.

fugace *agg* fleeting, transient.

fugacità *sf inv* fleetingness, transiency.

fugare *v tr* (*dubbi*) to dispel.

fuggévole *agg* fleeting, transient.

fuggire *v tr, intr* to run away, to flee ◊ (*innamorati*) to elope.

fulcro *sm* (*fig*) heart, hub.

fulgore *sm* splendour, brightness.

fulìggine *sf* soot.

fulminare *v tr* (*fulmine*) to strike (by lightning) ◊ *v rifl* (*di lampadina*) to burn out to go.

fùlmine *sm* thunderbolt, bolt of lightning.

fulmìneo *agg* as quick as lightning.

fulvo *agg* tawny.

fumare *v tr, intr* to smoke ◊ **fumare di rabbia**, to fume with rage.

fumatore(-trice) *sm* smoker ◊ **accanito fumatore**, heavy smoker.

fumettista *sm / f* cartoonist.

fumetto *sm* (*pl*) cartoon, comic-strip ◊ (*nuvoletta*) bubble.

fumo *sm* smoke ◊ (*pl, vapori*) fumes ◊ (*il fumare*) smoking ◊ **il fumo fa male**, smoking is bad for you; **andare in fumo**, to come to nothing.

fumoso *agg* smoky ◊ (*idee*) woolly, obscure ◊ (*piano*) muddled.

fune *sf* rope ◊ **tiro alla fune**, tug-of-war.

funerale *sm* funeral.

funèreo *agg* funereal, mournful, gloomy.

funestare *v tr* to afflict.

funesto *agg* fatal, deadly ◊ (*doloroso*) sad.

fùngere *v intr* to act as.

fungo(-ghi) *sm* mushroom ◊ (*med*) fungus ◊ **andare per funghi**, to go mushrooming.

funicolare *sf* funicular railway.

funivìa *sf* cable railway.

funzionale *agg* functional.

funzionamento *sm* functioning.

funzionare *v intr* to act as ◊ (*macchina*) to work ◊ (*motore*) to run ◊ (*procedere be-*

ne) to go well (right) ◊ **l'ascensore non funziona**, the lift is out of order.

funzionario(-a) *sm* official ◊ (*statale in GB*) civil servant, (*altrove*) functionary.

funzione *sf* (*relig*) service ◊ (*carica*) office ◊ **vive in funzione della sua carriera**, he lives for his job; **nell'esercizio delle sue funzioni**, in the performance of his duties.

fuoco(-chi) *sm* fire ◊ **mettere a fuoco**, to focus; **accendere (spegnere) il fuoco**, to light (to put out) the fire; **dar fuoco a qcs**, to set fire to sthg, to set sthg on fire; **pigliar fuoco**, to catch fire; **fuoco d'artificio**, firework.

fuorché *cong, prep* except, apart from.

fuori *avv* outside ◊ (*fuori casa*) out ◊ (*all'estero*) abroad ◊ **fare fuori qc**, to do sb in; **mi sento tagliato fuori**, I feel cut off here; (*sport*) **giocar fuori**, to play away ◊ *prep* out of, outside ◊ **abita fuori città (fuori Milano)**, he lives out of town (outside Milan); **abitare fuori mano**, to live in an out-of-the-way place; **fuori pasto**, between meals; **fuori programma**, unscheduled.

fuorilegge *sm / f* outlaw.

fuoriserie *sf* custom-built car.

fuoristrada *sm* off-road vehicle.

furbacchione(-a) *sm* cunning old fox.

furberìa *sf* cunning, slyness.

furbo *agg* clever, smart ◊ (*spreg*) cunning, sly ◊ **fare il furbo**, to try to be clever.

furetto *sm* ferret.

furfante *sm* scoundrel, rascal, rogue.

furgone *sm* van, delivery van.

furia *sf* fury, rage, anger ◊ **a furia di**, by dint of; **mandar su tutte le furie**, to make sb very angry.

furibondo *agg* furious.

furore *sm* fury ◊ **far furore**, to be a great success; **a furor di popolo**, by popular acclaim.

furtivo *agg* (*sguardo*) furtive ◊ (*passo*) stealthy.

furto *sm* theft ◊ **furto con scasso**, burglary, housebreaking.

fusa *sf pl* **fare le fusa**, to purr.

fusciacca(-che) *sf* sash.

fusione *sf* fusion ◊ (*di società*) merger.

fuso *sm* (*tessitura*) spindle ◊ **fuso orario**, time zone; (**provare) malessere per il rapido sbalzo dei fusi orari**, (to get) jet lag.

fustagno *sm* fustian.

fustigare *v tr* to flog, to scourge.

fustigatore(-trice) *sm* flogger, scourger.

fustino *sm* (*di detersivo*) tub.

fusto *sm* stem ◊ (*tronco*) trunk ◊ (*del corpo umano*) trunk ◊ (*recipiente*) drum, can ◊ (*giovane atletico*) he-man, muscle-man.

fùtile *agg* futile.

futilità *sf inv* futility.

futuro *agg, sm* future.

G

gabbia *sf* cage ◊ **gabbia degli imputati**, dock.

gabbiano *sm* gull, sea-gull.

gabinetto *sm* (*pol*) Cabinet, government ◊ (*medico*) surgery ◊ (*scol*) laboratory, lab ◊ (*WC*) lavatory, toilet, (*AmE*) restroom, Gents (Ladies).

gaffe *sf* gaffe, blunder ◊ **fare una gaffe**, to put one's foot in it.

gagliardo *agg* strong, robust.

gaio *agg* cheerful, happy, merry.

gala *sf* (*festa*) gala.

galante *agg, sm* gallant ◊ **avventura galante**, love affair.

galantuomo(-uòmini) *sm* gentleman, honest man.

galassia *sf* galaxy.

galateo *sm* book of etiquette ◊ (*fig*) good manners.

galla *avv* **a galla** afloat.

galleggiante *sm* float ◊ (*boa*) buoy.

galleggiare *v intr* to float.

gallerìa *sf* (*d'arte*) art gallery ◊ (*traforo*) tunnell ◊ (*teatro*) circle ◊ (*cinema*) balcony ◊ (*strada coperta, con negozi*) arcade.

gallina *sf* hen.

gallo *sm* cock ◊ (*boxe, peso gallo*) batmanweight ◊ **fare il gallo**, to strut, to play the lady-killer.

gallone *sm* (*mil*) stripe ◊ (*misura di capacità*) gallon.

galoppare *v intr* to gallop ◊ (*fantasia*) to run wild.

galoppo *sm* gallop.

galvanizzare *v tr* to galvanize.

gamba *sf* leg ◊ **darsela a gambe**, to take to one's heels; **essere in gamba**, to be smart; **prendere sottogamba**, to underestimate.

gàmbero *sm* prawn ◊ (*di fiume*) crayfish ◊ (*fig*) **fare come i gamberi**, to go backwards.

gambo *sm* (*di fiore*) stem, stalk ◊ (*di frutto*) stalk ◊ (*di bicchiere*) stem.

gamma *sf* range.

gancio *sm* hook ◊ (*boxe*) hook.

gànghero *sm* hinge ◊ **uscire dai gangheri**, to fly into a temper.

gara *sf* competition ◊ (*corsa*) race ◊ **fare a gara**, to try to outdo (each other); **fuori gara**, non competing.

garage *sm* garage.

garantire *v tr* to guarantee ◊ (*rendersi garante*) to answer for ◊ (*assicurare*) to assure.

garanzìa *sf* warranty, guaranty, guarantee ◊ **essere in garanzia**, to be under guarantee.

garbato *agg* polite, courteous.

garbo *sm* politeness, kindness.

gareggiare *v intr* to compete (in sthg).

gargarismo *sm* gargle.

garòfano *sm* carnation ◊ (*cucina*) **chiodi di garofano**, cloves.

garza *sf* gauze, gauze bandage.

garzone *sm* boy.

gas *sm inv* gas ◊ **fornello a gas**, gas ring; **accendere, spegnere, alzare, abbassare il gas**, to turn on, off, up, down the gas ◊ **andare a tutto gas**, to go at full speed.

gasare *v tr* to make fizzy ◊ *v rifl* to get excited.

gasato *agg* (*bibita*) fizzy ◊ *sm* (*persona*) freak.

gasista, gassista *sm* gasman.

gassoso, gassato *agg* fizzy.

gastrite *sf* gastritis.

gastronomìa *sf* gastronomy.

gastronòmico(-a, -ci, -che) *agg* gastronomic.

gastrònomo *sm* gourmet, gastronomist.

gatto(-a) *sm* cat, tomcat (female cat) ◊ (*castrato*) neutered cat ◊ (*soriano*) tabby ◊ **gatto selvaggio** (*sciopero*), wildcat strike; **c'erano quattro gatti**, there was hardly anybody; **una gatta da pelare**, a hard nut to crack; **qui gatta ci cova**, I smell a rat.

gattoni *avv* on all fours ◊ **andare gattoni**, to crawl.

gattopardo *sm* leopard.

gavetta *sf* mess-tin ◊ **venire dalla gavetta**, (*fig*) to be a self-made man.

gay *agg, sm* gay.

gazza *sf* magpie.

gazzella *sf* gazelle ◊ (*dei Carabinieri*) police car.

gazzetta *sf* gazette.

gazzosa *sf* fizzy drink (tasting like lemonade).

gel *sm* gel.

gelare *v tr, intr* to freeze ◊ (*fig*) **mi sentii gelare**, I was terrified.

gelata *sf* frost.

gelataio(-a) *sm* ice-cream vendor, ice-cream man.

gelaterìa *sf* ice-cream shop.

gelatina *sf* jelly.

gelatinoso *agg* jelly-like.

gelato *agg* frozen ◊ *sm* ice-cream.

gelido *agg* icy, freezing.

gelo *sm* intense cold ◊ (*brina*) frost ◊ (*fig*) chill.

gelosìa *sf* jealousy.

geloso *agg* jealous.

gelso *sm* mulberry(-tree).

gelsomino *sm* jasmine.

gemellare *agg* twin (*attr*) ◊ *v tr* to twin.

gemello(-a) *agg* twin (*attr*) ◊ *sm* twin ◊ (*di polsino*) cuff-links ◊ **essere dei Gemelli**, to be Gemini.

gèmere *v intr* to moan (with), to groan (with) ◊ (*di cane*) to whine.

gèmito *sm* moan, groan ◊ (*cigolio*) creak.

gemma *sf* gem, jewel ◊ (*bot*) bud.

gene *sm* gene.

genealogìa *sf* genealogy.

genealògico(-a, -ci, -che) *agg* genealogical ◊ **albero genealogico**, family tree.

generale *agg* general ◊ **in generale**, on the whole; **mantenersi sulle generali**, to stick to generalities ◊ *sm* (the) general.

generale *sm* general.

generalità *sf inv* personal particulars, name and address.

generalizzare *v tr, intr* to generalize.

generare *v tr* to give birth to ◊ (*di animali*) to breed ◊ (*fig*) to generate, to cause.

generatore *sm* generator.

generazione *sf* generation.

gènere *sm* kind, sort, type ◊ (*biol*) genus ◊ (*gramm*) gender ◊ **generi di prima necessità**, commodities; **il genere umano**, mankind; **in genere**, generally, as a rule.

genèrico(-a, -ci, -che) *agg* generic, vague ◊ **medico generico**, general practitioner.

gènero *sm* son-in-law.

generosità *sf inv* generosity.

generoso *agg* generous.

genetica *sf* genetics.

genetico *agg* genetic.

gengiva *sf* gum.

geniale *agg* (*persona*) of genius ◊ (*idea*) brilliant ◊ **una mente geniale**, an ingenious mind.

genialità *sf inv* genius ◊ (*di idee*) brilliance ◊ (*di persone*) ingeniousness, talent.

genio *sm* genius ◊ **andare a genio**, to like, to be to one's liking ◊ (*mil*) **il Genio**, the Engineers.

genitale *agg* genital ◊ *sm pl* **i genitali**, genitals.

genitore(-trice) *sm* parent.

gennaio *sm* January (*per uso V. agosto*).

gente *sf* people (*verbo al plurale*) ◊ (*famiglia*) family, folks.

gentile *agg* kind, courteous ◊ (*nelle lettere*) dear ◊ **gentile con**, kind to; **è gentile da parte tua**, it's very kind of you.

gentile *sm* (*relig, non ebreo*) Gentile ◊ (*pagano*) heathen.

gentilezza *sf* kindness, courtesy ◊ **fammi la gentilezza di chiudere la porta**, please be so kind as to close the door.

gentiluomo(-uòmini, gentildonna) *sm* gentleman (gentlewoman, lady) ◊ (*di campagna*) squire.

genuinità *sf inv* genuineness.

genuìno *agg* genuine, authentic ◊ (*di prodotti*) natural, unsophisticated ◊ (*fig*) unaffected, sincere.

genziana *sf* gentian.

geografia *sf* geography.

geografico *agg* geographic(al).

geologìa *sf* geology.

geòmetra *sm / f* surveyor.

geometrìa *sm* geometry.

geranio *sm* geranium.

gerarchìa *sf* hierarchy.

geràrchico(-a, -ci, -che) *agg* hierarchical ◊ **per via gerarchica**, through official channels.

gerente *sm / f* manager(-ess).

gergo(-ghi) *sm* slang, cant ◊ **gergo giornalistico**, journalese.

germe *sm* germ ◊ (*fig*) seed.

germinare *v tr* to germinate, to bud.

germogliare *v intr* to germinate, to bud, to sprout.

germoglio *sm* bud, sprout, shoot.

geroglìfico *sm* hieroglyph(ic).

gesso *sm* chalk ◊ (*scultura, med*) plaster ◊ (*da stucchi*) gesso ◊ (*min*) gypsum ◊ **mi hanno tolto il gesso**, they've taken off my plaster cast.

gesta *sf pl* deeds, exploits, feats.

gestante *sf* expectant mother.

gestazione *sf* pregnancy ◊ (*fig*) gestation.

gesticolare *v intr* to gesticulate.

gestione *sf* management, administration.

gestire *v tr* to manage, to run.

gesto *sm* gesture ◊ **un nobile gesto**, a noble deed.

gestore *sm* manager, administrator.

Gesù *sm* Jesus ◊ **Gesù Cristo**, Jesus Christ; **Gesù Bambino**, the Holy Child.

gesuìta *sm* Jesuit ◊ **fare il gesuita**, to be a hypocrite.

gettare *v tr* to throw ◊ (*per aria*) to toss ◊ (*edil*) to lay ◊ **gettare qcs a qc (addosso a qc)**, to throw sthg to sb (at sb); **gettare la spugna**, to throw in the sponge ◊ *v rifl* to throw (to cast) os ◊ (*sfociare*) to flow into.

getto *sm* jet, spurt ◊ **di getto**, straight off, in one go.

gettone *sm* token ◊ **gettone di presenza**, attendance fee.

ghepardo *sm* cheetah.

gherìglio *sm* kernel.

ghermire *v tr* to seize, to grasp.

ghettizzare *v tr* to ghettoize, to ghetto.

ghetto *sm* ghetto ◊ (*quartiere povero*) slum.

ghiacciaia *sf* icebox.

ghiacciaio *sm* glacier.

ghiacciare *v tr, intr, impers* to freeze.

ghiaccio *sm* ice ◊ **rompere il ghiaccio**, to break the ice.

ghiacciolo *sm* icicle ◊ (*gelato*) ice lolly ◊ (*AmE*) lollipop.

ghiaia *sf* gravel.

ghianda *sf* acorn.

ghiandaia *sf* jay.

ghiàndola *sf* gland.

ghigliottina *sf* guillotine.

ghignare *v intr* to sneer.

ghigno *sm* sneer, sardonic grin.

ghiotto *agg* greedy ◊ (*cibo*) delicious.

ghiottone *sm* glutton, greedy person.

ghiottonerìa *sf* greed, gluttony ◊ (*cibo*) delicacy, titbit.

ghirlanda *sf* wreath, garland.

ghiro *sm* dormouse ◊ **dormire come un ghiro**, to sleep like a log.

ghisa *sf* cast iron.

già *avv* already ◊ (*ex*) formerly ◊ (*naturalmente*) of course ◊ (*prima d'ora*) before.

giacca(-che) *sf* jacket ◊ **giacca a vento**, wind cheater, anorak.

giacché *cong* as, since.

giacere *v intr* to lie ◊ (*capitale*) to lie idle ◊ **giacere bocconi (supino)**, to lie on one's face (on one's back).

giaciglio *sm* bed, pallet.

giacimento *sm* deposit ◊ **giacimento di petrolio**, oil field.

giacinto *sm* hyacinth.

giada *sf* jade.

giaggiolo *sm* iris.

giaguaro *sm* jaguar.

giallastro *agg* yellowish.

giallo *agg* yellow ◊ (*carnagione*) sallow ◊ (*film, libro*) thriller ◊ *sm* yellow ◊ (*d'uovo*) yolk.

giardinaggio *sm* gardening.

giardiniere *sm* gardener.

giardino *sm* garden ◊ **giardino pubblico**, public gardens.

giarrettiera *sf* garter ◊ (*reggicalze*) suspender.

giavellotto *sm* javelin.

gigante(-essa) *agg* gigantic ◊ *sm* giant(-ess).

giganteggiare *v intr* to tower (over).

giglio *sm* lily.

gilè *sm inv* waistcoat, vest ◊ (*maglia*) sleeveless cardigan.

ginecologìa *sf* gynaecology.

ginecòlogo(-a, -gi, -ghe) *sm* gynaecologist.

ginepro *sm* juniper.

ginestra *sf* broom.

ginnasio *sm* grammar school ◊ (*AmE*) (Junior) high school.

ginnàstica(-che) *sf* gymnastics (*sing*) ◊ (*fam*) gym.

ginocchio *sm* knee ◊ **essere in ginocchio**, to be kneeling, on one's knees.

giocare *v tr* to play ◊ (*d'azzardo*) to gamble ◊ (*in Borsa*) to gamble on the Stock Exchange ◊ (*alla roulette*) to play roulette ◊ (*d'astuzia*) to be crafty ◊ **giocare a tennis**, to play tennis; **giocare correttamente (scorrettamente)**, to play fair (foul); **giocare un brutto tiro (a)**, to play a dirty trick (on).

giocatore(-trice) *sm* player ◊ (*d'azzardo*) gambler.

giocàttolo *sm* toy ◊ (*fig, persona*) plaything.

giocherellone *sm* jocker.

giogo(-chi) *sm* game ◊ **avere il vizio del gioco**, to be a gambler; **essere in gioco**, to be at stake; **gioco di parole**, play on words.

giocoliere *sm* juggler.

giogo(-ghi) *sm* yoke ◊ (*di montagna*) range.

gioia *sf* joy, delight ◊ **essere pazzo di gioia**, to be beside os with joy.

gioiellerìa *sf* jeweller's shop.

gioielliere(-a) *sm* jeweller.

gioiello *sm* jewel, a piece of jewellery.

gioìre *v intr* to rejoice at.

giornalaio(-a) *sm* news-agent, news-vendor.

giornale *sm* newspaper, paper ◊ (*diario*) diary, journal ◊ **è sui giornali**, it's in the papers; **il giornale radio**, the (radio) news; **ritagli di giornale**, press cuttings.

giornaliero *agg* daily, everyday (*attr*) ◊ *sm* day labourer ◊ (*abbonamento*) day-pass.

giornalismo *sm* journalism.

giornalista *sm / f* journalist.

giornata *sf* day ◊ (*lavoro di un giorno*) day's

work ◊ (*paga di una giornata*) day's wages ◊ **giornata lavorativa**, working (work, week) day; **vivere alla giornata**, to live hand-to-mouth.

giorno *sm* day ◊ **è giorno**, it's daylight (daytime); **in pieno giorno**, in full daylight; **ordine del giorno**, agenda.

giostra *sf* merry-go-round, carousel.

giovamento *sm* benefit ◊ **trarre giovamento da**, to benefit from.

giòvane *agg* young ◊ **giovane di spirito**, young at heart ◊ *sm / f* youth (girl), young man (woman) ◊ **i giovani**, young people, the young; **da giovane**, when I (he etc) was young.

giòvane *avv* **vestir giovane**, to dress as a young man (woman).

giovanile *agg* (*di aspetto*) youthful ◊ (*scritti*) early ◊ (*errore*) of youth ◊ **ha un aspetto giovanile**, he looks young.

giovare *v intr* to be useful, to be of use ◊ (*far bene*) to be good for, to do (sb, sthg) good ◊ *v rifl* to take advantage of.

giovedì *sm inv* Thursday ◊ **di giovedì**, on Thursdays, every Thursday; **giovedì otto**, a week on Thursday.

giovenca(-che) *sf* heifer.

gioventù *sf inv* youth.

gioviale *agg* jovial, jolly.

giovinastro *sm* hooligan, young thug, hoodlum.

giradischi *sm inv* record-player.

giraffa *sf* (*zool*) giraffe ◊ (*TV*) boom.

giramondo *sm / f* globetrotter, hobo.

girare *v tr* to turn ◊ (*film*) to shoot ◊ (*comm*) to endorse ◊ (*visitare*) to tour, to travel ◊ (*negozi, musei*) to go round ◊ *v intr* to turn ◊ (*notizie*) to circulate ◊ (*vagare*) to wander, to ramble ◊ **girare la pagina**, to turn the page; **far girare la testa a qc**, to turn sb's head; **mi gira la testa**, I feel dizzy ◊ *v rifl* to turn (round) ◊ (*nel letto*) to turn over, to toss and turn.

girasole *sm* sunflower.

girello *sm* (*per bambini*) baby walker.

girino *sm* tadpole.

girocollo *sm inv* (*maglione*) polo-neck jumper ◊ (*collana*) necklace.

giro *sm* turn ◊ (*cerchio*) circle ◊ (*passeggiata*) walk, stroll ◊ (*in macchina*) drive ◊ (*in bicicletta, a cavallo*) ride ◊ (*del postino*) round ◊ (*d'affari*) turnover ◊ (*di parole*) roundabout expression ◊ **essere in giro**, to be somewhere about (around); **c'è molta droga in giro**, there are a lot of drugs around; **prendere in giro qc**, to pull sb's leg; **giro vita**, waist measurement; **su di giri** (*fig*), in high spirits.

gironzolare *v intr* to stroll about.

giròvago(-a, -ghi, -ghe) *agg* wandering ◊ *sm* wanderer.

gita *sf* trip, outing, excursion ◊ **fare una gita**, to go for a trip, to go on an excursion.

giù *avv* down ◊ (*abbasso*) downstairs ◊ **essere giù** (*di morale*), to be in low spirits.

giubbotto *sm* sports jacket.

giubileo *sm* jubilee.

Giuda *sm inv* Judas, traitor.

giudaico(-a, -ci, -che) *agg* Judaic, Jewish.

guidaìsmo *sm* Judaism.

giudeo(-a) *agg* Jewish ◊ *sm* Jew (Jewess).

giudicare *v tr* to judge, to pass judgement (on sb) ◊ **giudicare bene (male) qc**, to think well (ill) of sb.

giùdice *sm / f* judge ◊ (*conciliatore*) justice of the peace ◊ (*popolare*) member of a jury ◊ (*di gara*) umpire.

giudizio *sm* judgement, opinion ◊ (*verdetto*) sentence ◊ **denti del giudizio**, wisdom teeth; **trascinare qc in giudizio per diffamazione**, to sue sb for slander (for libel); **aver giudizio**, to be sensible.

giugno *sm* June (*per uso V. agosto*).

giullare *sm* minstrel, jester.

giumenta *sf* (*cavalla*) mare.

giunco(-chi) *sm* rush. reed.

giùngere *v intr* to arrive (at, in), to get (to), to reach ◊ **giunse perfino a minacciarmi**, he went so far as to threaten me ◊ *v tr* to join ◊ (*mani*) to clasp.

giungla *sf* jungle.

giunta *sf* council, board.

giuntura *sf* (*anat*) joint ◊ (*cucitura*) seam ◊ (*dita*) knuckles.

giuramento *sm* oath ◊ **prestare giuramento**, to take an oath.

giurare *v tr, intr* to swear, to take one's oath ◊ (*assicurare*) to assure ◊ **giurare su qcs**

(qc), to swear by sthg (sb).

giurato(-a) *agg* sworn ◊ *sm* juror.

giureconsulto *sm* jurisconsult, jurist.

giurì *sm inv* **giurì d'onore**, court of honour.

giurisdizione *sf* jurisdiction.

giurisprudenza *sf* jurisprudence.

giurista *sm / f* jurist.

giustapporre *v tr* to juxtapose.

giustificare *v tr, rifl* to justify, to excuse os (for doing sthg).

giustificazione *sf* justification ◊ (*scol*) excuse note.

giustizia *sf* justice ◊ **render giustizia a qc**, to do sb justice; **farsi giustizia da sé**, to take the law into one's own hands.

giustiziare *v tr* to execute.

giustiziere *sm* executioner.

giusto *agg* just, fair, right ◊ **giusto!**, that's right!

giusto *avv* correctly, justly ◊ (*proprio*) just.

gladiatore *sm* gladiator.

glicerina *sf* glycerine.

glìcine *sm* wistaria.

globale *agg* global ◊ **villaggio globale**, global village.

globo *sm* globe.

glòbulo *sm* globule ◊ (*sangue*) corpuscle.

gloria *sf* glory.

gloriarsi *v rifl* to be proud, to boast (of).

glorificare *v tr* to glorify.

glorioso *agg* glorious.

glossario *sm* glossary.

glottologìa *sf* linguistics (*sing*).

glùtei *sm pl* buttocks.

gobba *sf* hump, hunch ◊ (*di naso*) bump.

gobbo(-a) *agg* humpbacked.

goccia(-ce) *sf* drop ◊ **la goccia che fa traboccare il vaso**, the feather that breaks the camel's back, the last straw.

gocciolare *v intr* to drip.

godere *v intr* to enjoy, to rejoice (at, in) ◊ *v tr* to enjoy ◊ **godersela**, to have a good time, to enjoy os.

goffo *agg* awkward, clumsy.

gola *sf* throat ◊ (*golosità*) gluttony ◊ (*di montagna*) gorge ◊ **avere il mal di gola**, to have a sore throat; **far gola**, to be tempting.

golf *sm inv* (*indumento*) jumper, sweater, pullover ◊ (*sport*) golf.

golfo *sm* gulf.

goliardìa *sf* university spirit.

golosità *sf inv* greed, greediness.

goloso *agg* greedy (for).

golpe *sm inv* military coup d'état.

gomitata *sf* push with the elbow ◊ **farsi avanti a gomitate**, to elbow one's way (through).

gòmito *sm* elbow ◊ (*di tubo*) bend ◊ **a gomito**, L-shaped; **gomito a gomito**, side by side, shoulder to shoulder; **alzare il gomito**, to have a drop too much.

gomìtolo *sm* (*lana*) ball.

gomma *sf* rubber ◊ (*cancelleria*) eraser ◊ (*sostanza resinosa*) gum ◊ (*pneumatico*) tyre ◊ **forare una gomma**, to get a puncture.

gommapiuma *sf sing* (*marchio*) foam-rubber.

gommato *agg* rubberized ◊ (*carta*) gummed.

gommista *sm / f* tyre repairer.

gommone *sm* rubber dinghy.

góndola *sf* gondola.

gondoliere *sm* gondolier.

gonfalone *sm* banner ◊ (*storico*) gonfalon.

gonfaloniere *sm* banner-bearer.

gonfiare *v tr* to blow up, to pump up ◊ (*guance*) to puff out ◊ (*fig, notizia*) to exaggerate ◊ **la birra mi gonfia lo stomaco**, beer makes me feel bloated ◊ *v rifl* to swell (out) ◊ (*di fiumi*) to rise.

gonfio *agg* swollen ◊ (*pancia*) bloated.

gonfiore *sm* swelling.

gongolare *v intr* to look pleased with os (about).

gonna *sf* skirt ◊ **una gonna stretta (larga, svasata, a pieghe)**, a tight (full, flared, pleated) skirt ◊ (*pantalone*) culotte (skirt).

gorgheggio *sm* warble ◊ (*cantante*) trill.

gorgo(-ghi) *sm* whirlpool.

gorgogliare *v intr* to gurgle.

gorilla *sm inv* gorilla ◊ (*fig*) bodyguard.

gòtico(-a, -ci, -che) *agg, sm* Gothic.

gotta *sf* gout.

governante *sm* ruler ◊ *sf* (*istitutrice*) governess ◊ (*chi regge la casa*) housekeeper.

governare *v tr* to rule, to govern.

governatore(-trice) *sm* governor.

governo *sm* government ◊ (*gabinetto*) Cabinet, Government ◊ **buon (mal) governo**, good (bad) administration.

gozzovigliare *v intr* to revel.

gracchiare *v intr* to croak.

gràcile *agg* delicate ◊ (*fig*) weak.

gradévole *agg* pleasant, agreeable.

gradimento *sm* pleasure ◊ (*approvazione*) approval ◊ **essere di proprio gradimento**, to be to one's liking (taste).

gradinata *sf* steps, flight of steps ◊ (*di stadio*) tiers, tier of seats ◊ (*AmE*) bleachers.

gradino *sm* step ◊ (*di scala portatile*) rung ◊ **attenti al gradino**, mind the step.

gradito *agg* pleasant ◊ (*ben accetto*) welcome.

grado *sm* degree ◊ (*sociale, mil*) rank ◊ **essere in grado di fare qcs**, to be able (to be in a position) to do sthg; **salire di grado**, to be promoted.

graduare *v tr* to graduate.

graduatoria *sf* list, order of seniority.

graffa *sf* (*parentesi*) brace.

graffetta *sf* clip.

graffiata *n* scratch.

graffiare *v tr* to scratch.

graffio *sm* scratch.

grafia *sf* handwriting.

gràfico(-a, -ci, -che) *agg* graphic ◊ *sm* (*diagramma*) graph ◊ (*disegnatore*) graphic designer.

gramigna *sf* couch grass ◊ (*erbaccia*) weed.

grammàtica(-che) *sf* grammar.

grammaticale *agg* grammar (*attr*), grammatical.

grammo *sm* gramme, gram.

grana *sf* (*metalli*) grain ◊ (*fastidio*) trouble ◊ (*soldi*) money, dough ◊ (*formaggio*) Parmesan cheese ◊ **piantar grane**, to stir up trouble.

granaio *sm* barn, granary ◊ (*solaio*) loft.

granatiere *sm* grenadier.

granchio *sm* crab.

grandàngolo *sm* wide-angle lens.

grande *agg* big ◊ (*in senso morale*) great ◊ (*ampio*) wide, broad ◊ (*rumore*) loud ◊ (*pioggia*) heavy ◊ (*adulto*) grown-up ◊ **con mia grande sorpresa**, to my great surprise; **fare il grande**, to act big; **fare le cose in grande**, to do things on a large scale.

grande *sm* (*adulto*) adult, grown up ◊ (*uomo importante*) great man ◊ **i grandi**, the great, (*gli adulti*) the grown-ups.

grandinare *v impers, intr* to hail.

gràndine *sf* hail.

grandiosità *sf inv* grandeur, magnificence.

grandioso *agg* grandiose.

granduca(-chi, -chessa) *sm* grand duke (duchess).

granello *sm* grain ◊ (*di polvere*) speck.

granita *sf* slush.

granito *sm* granite.

grano *sm* (*bot*) wheat ◊ (*cereale*) corn, grain ◊ (*di rosario*) bead.

granturco *sm* maize.

grappa *sf sing* grappa.

gràppolo *sm* bunch.

grasso *agg* fat, plump ◊ (*unto*) greasy, oily ◊ (*formaggio*) rich ◊ **giovedì grasso**, the Thursday before Lent; **martedì grasso**, shrove Tuesday.

grasso *sm* fat ◊ (*unto*) grease ◊ **grasso per cucinare**, cooking fat; **grasso per lubrificare**, lubrificating grease.

grata *sf* grating, lattice ◊ **una finestra con grata**, a lattice window.

graticola *sf* grill.

gratìfica(-che) *sf* bonus.

gratificare *v tr* (*dare soddisfazione*) to gratify, to be gratifying, to be rewarding.

gratificazione *n* fulfilment.

gratinare *v tr* to cook au gratin.

gratis *avv* free.

gratitùdine *sf* gratefulness ◊ **provare gratitudine**, to feel grateful.

grato *agg* grateful.

grattacapo *n* trouble, problem.

grattacielo *sm* skyscraper.

grattare *v tr* to scratch ◊ (*grattugiare*) to grate ◊ (*rubare*) to pinch ◊ (*marcia auto*) to grind ◊ (*raschiare*) to scrape ◊ *v intr* to grate ◊ *v rifl* to scratch os.

grattugia *sf* grater.

grattugiare *v tr* to grate.

gratùito *agg* free ◊ (*critiche*) gratuitous.

grave *agg* (*malattia, danno, delitto*) serious ◊

(*errore*) big, serious.

gravidanza *sf* pregnancy.

gràvido *agg* pregnant, with child.

gravitare *v intr* (*anche fig*) to gravitate.

gravitazione *sf* gravitation.

grazia *sf* grace ◊ **entrare nelle grazie di qc**, to ingratiate os with sb, to win sb's favour.

graziare *v tr* to pardon.

grazie *int* thank you, thanks ◊ *sm* (word of) thanks ◊ **un grazie di cuore**, heartfelt thanks; **grazie a lui**, thanks to him; **grazie a Dio (al cielo)**, thank God (heavens).

grazioso *agg* graceful, delightful.

gregge(-i *f pl*) *sm* flock ◊ (*di bovini*) herd.

greggio(-a, -gi, -ge) *agg* (*materia*) raw ◊ (*ferro*) crude ◊ (*cuoio*) untanned.

grembiule *sm* apron, overall.

grembiulino *sm* (*da bambino*) pinafore.

grembo *sm* lap ◊ **tenere in grembo**, to hold (sb) on one's lap (knees, in one's arms).

gremito *agg* crammed with, packed with, full up.

greppia *sf* manger, crib.

gretto *agg* mean, narrow-minded ◊ (*spilorcio*) stingy.

greve *agg* heavy.

grezzo V. greggio.

gridare *v tr, intr* to shout, to cry (out) ◊ (*di dolore*) to shout with pain.

grido *sm* shout, cry ◊ (*strillo*) shriek, scream ◊ (*fig*) **di grido**, famous.

grigio(-a, -gi, -gie) *agg, sm* grey.

griglia *sf* grill.

grilletto *sm* trigger.

grillo *sm* cricket ◊ **aver dei grilli per la testa**, to be full of fancies.

grimaldello *sm* picklock.

grinta *sf* (*di persona*) determination ◊ **avere molta grinta**, to be very determined.

grinza *sf* wrinkle ◊ (*di stoffa*) crease ◊ **il tuo ragionamento non fa una grinza**, your argument is faultless.

grinzoso *agg* wrinkled, creased.

grissino *sm* bread-stick.

grondaia *sf* (eaves) gutter ◊ (*verticale*) rain-pipe.

grondare *v tr, intr* to drip.

grossista *sm / f* wholesaler.

grosso *agg* big ◊ (*di spessore*) thick ◊ (*pesan-*

te) heavy ◊ (*mare*) rough ◊ (*sbaglio*) big, serious ◊ **un pezzo grosso**, a VIP; **dirle grosse**, to tell tall stories; **una ragazza grande e grossa**, a great big girl; **sbagliarsi di grosso**, to be quite wrong.

grosso *sm* bulk, main part.

grossolano *agg* corse ◊ (*errore*) gross.

grotta *sf* cave.

grottesco(-a, -chi, -che) *agg, sm* grotesque.

groviglio *sm* tangle, knot ◊ (*fig*) muddle.

gru *sf inv* (*zool, tecn*) crane.

gruccia(-ce) *sf* dresshanger.

grugnire *v intr* to grunt.

grugno *sm* snout ◊ (*faccia*) mug, snout.

grumoso *agg* clotted, lumpy.

gruppo *sm* group ◊ (*di persone*) party, group.

guadagnare *v tr* to earn ◊ (*ottenere*) to gain ◊ (*conquistare*) to win ◊ **guadagnarsi la vita**, to earn one's living ◊ *v intr* to look better ◊ **tanto di guadagnato!**, so much the better!

guadagno *sm* (*denaro*) earnings ◊ (*al totocalcio*) winnings ◊ (*fig*) gain.

guado *sm* ford ◊ **passare a guado**, to ford.

guaina *sf* sheath ◊ (*bustino*) corset.

guaio *sm* trouble ◊ **combinare (mettersi nei) guai**, to make (to get into) trouble.

guancia(-ce) *sf* cheek.

guanciale *sm* pillow.

guanto *sm* glove ◊ **trattare coi guanti**, to treat sb with kid gloves.

guantone *sm* boxing-glove.

guardaboschi *sm inv* forester.

guardacaccia *sm inv* gamekeeper.

guardacoste *sm inv* coastguard.

guardalìnee *sm inv* linesman.

guardare *v tr* to look at, to watch ◊ (*fissare*) to stare at ◊ (*di sfuggita*) to glance at ◊ (*dall'alto in basso*) to look down (on sb) ◊ (*in faccia*) to look sb in the face ◊ (*custodire*) to look after ◊ (*sul dizionario*) to look up (sthg in the dictionary) ◊ **la finestra guarda sul giardino (sul mare)**, the window looks on to the garden (out to the sea) ◊ *v rifl* to look at os.

guardarobiera *sf* (*in una casa*) housekeeper ◊ (*in locale pubblico*) cloakroom attendant.

guardia *sf* guard ◊ (*sorveglianza*) watch ◊ (*di fiume*) safety high water mark ◊ **mettere in guardia qc**, to put sb on his guard; (*mil*) **essere di guardia**, to be on duty; **medico di guardia**, the doctor on call; **guardia del corpo**, bodyguard.

guardiano *sm* caretaker ◊ (*carcere*) warder ◊ (*armenti*) herdsman ◊ (*faro*) keeper ◊ (*museo*) custodian.

guaríbile *agg* curable ◊ (*di ferita*) healable.

guarigione *sf* recovery ◊ (*di ferita*) healing ◊ **auguri di pronta guarigione!**, get well soon!

guarire *v intr* to recover (one's health), to get well ◊ (*di ferita*) to healt (up) ◊ *v tr* to cure ◊ (*ferita*) to heal ◊ **guarire qc da qcs**, to cure sb of sthg.

guaritore(-trice) *m* healer.

guarnire *v tr* to trim, to garnish.

guastafeste *sm / f inv* spoilsport ◊ (*fam*) wet blanket.

guastare *v tr* to spoil ◊ (*rovinare*) to ruin ◊ (*meccanismo*) to break ◊ *v rifl* to get spoilt ◊ (*macchina*) to break down ◊ (*cibo*) to go bad, to go off ◊ (*tempo*) to change for the worse.

guerra *sf* war ◊ (*il guerreggiare*) warfare ◊ **essere in guerra (con)**, to be at war (with, against); **dichiarare querra a qc**, to declare war on sb.

guerriero(-a) *agg* warlike ◊ *sm* warrior.

guerriglia *sf* guerrilla warfare.

gufo *sm* owl.

guglia *sf* spire ◊ (*di campanile*) steeple ◊ (*di roccia*) needle.

guìda *sf* guide ◊ (*auto*) driving ◊ (*telefono*) directory; **fare da guida a qc** (*in una città*), to show sb round.

guidare *v tr* to guide, to lead ◊ (*veicolo*) to drive.

guinzaglio *sm* lead, leash ◊ **tenere un cane al guinzaglio**, to keep a dog on the leash; (*fig*) **tenere qc al guinzaglio**, to keep a tight rein on so.

guizzare *v intr* to dart, to slip away ◊ (*fiamma*) to flicker.

guizzo *sm* dart, quiver ◊ (*luce*) flicker.

guscio *sm* shell.

gustare *v tr* to taste ◊ (*fig*) to enjoy.

gusto *sm* taste, flavour ◊ **avere un gusto amaro (di lampone)**, to taste bitter (of raspberry).

gustoso *agg* (*cibo*) tasty ◊ (*fig*) amusing.

H

hamburger *sm* hamburger.

handicap *sm* handicap.

handicappato *agg* handicapped.

herpes *sm* herpes.

hobby *sm* hobby.

hockey *sm* hockey ◊ **hockey su ghiaccio (su prato)**, ice, field hockey.

hostess *sf* (air-)hostess ◊ **hostess di terra**, ground hostess.

hotel *sm* hotel.

I

i *art det m pl* the.

icona *sf* icon.

Iddìo *sm sing* God.

idea *sf* idea ◊ (*opinione*) opinion, view ◊ (*intenzione*) intention, mind ◊ **cambiare idea**, to change one's mind; **farsi un'idea di qcs**, to get an idea of sthg; **non ne ho la più pallida idea**, I haven't the slightest idea; **ho una mezza idea di dirglielo**, I have half a mind to tell him; **nemmeno per idea**, by no means.

ideale *agg, sm* ideal.

idealista *sm / f* idealist.

idealizzare *v tr* to idealize.

ideare *v tr* to think up (out), to invent.

ideatore(-trice) *sm* author. inventor.

idèntico(-a, -ci, -che) *agg* identical.

identificare *v tr* to identify.

identità *sf inv* identity ◊ **carta d'identità**, identity card.

ideologìa *sf* ideology.

ideològico(-a, -ci, -che) *agg* ideological.

ideòlogo(-gi) *sm* ideologist.

idillìaco(-a, -ci, -che) *agg* idyllic.

idillio *sm* idyll, romance.

idioma *sm* idiom, language, tongue.

idiomàtico(-a, -ci, -che) *agg* idiomatic ◊ **frase idiomatica**, idiom, idiomatic expression.

idiota *agg* idiotic, stupid ◊ *sm / f* idiot.

idolatrare *v tr* to worship.

ìdolo *sm* idol.

idoneità *sf inv* fitness ◊ **esame di idoneità**, qualifying examination.

idòneo *agg* fit, suitable (for) ◊ **non idoneo**, unfit.

idratare *v tr* (*crema*) to moisturize ◊ (*chim*) to hydrate.

udràulico(-a, -ci, -che) *agg* hydraulic ◊ *sm* plumber.

idròfilo *agg* hydrophile ◊ **cotone idrofilo**, cotton wool.

idròfobo *agg* rabid, mad ◊ (*fig*) furious, mad.

idromassaggio *sm* Jacuzzi, hot tub.

idroscalo *sm* seaplane base.

idrovolante *sm* seaplane.

iella *sf* bad luck.

iellato *agg* unlucky, jinxed.

iena *sf* hyena.

ieri *avv*, *sm* yesterday.

iettatore(-trice) *sm* jinx.

igiene *sf sing* hygiene ◊ **norme d'igiene**, sanitary regulations.

igiènico(-a, -ci, -che) *agg* hygienic ◊ **carta igienica**, toilet paper.

igienista *sm / f* hygienist.

ignaro *agg* unaware (of), ignorant (of), unacquainted (with).

ignorante *agg* ignorant (of), unaware (of).

ignoranza *sf* ignorance.

ignorare *v tr* not to know, to ignore, to be unaware of.

ignoto(-a) *agg* unknown.

ignudo(-a) *agg* naked ◊ *sm* naked person.

il *art det m sing* the.

illanguidire *v intr*, *rifl* to languish, to grow weak.

illazione *sf* inference, deduction.

illécito *agg* illicit.

illegale *agg* illegal, unlawful.

illegalità *sf inv* illegality, unlawfulness, lawlessness.

illeggìbile *agg* illegible ◊ (*romanzo*) unreadable.

illegìttimo *agg* illegitimate.

illeso *agg* unhurt, uninjured.

illimitato *agg* unlimited ◊ (*fiducia*) boundless ◊ **congedo illimitato**, indefinite leave.

illògico(-a, -ci, -che) *agg* illogical.

illùdere *v tr* to deceive ◊ *v rifl* to deceive os, to delude os (about sb).

illuminante *agg* illuminating ◊ (*fig*) enlightening.

illuminare *v tr* to light up, to illuminate ◊ **illuminare a giorno**, to floodlight ◊ *v rifl* (*viso*) to light up, to brighten.

illuminazione *sf* illumination ◊ (*fig*) flash of inspiration.

illuminismo *sm sing* the Enlightenment.

illusione *sf* illusion, delusion ◊ **farsi illusioni**, to cherish vain hopes.

illusionista *sm / f* conjurer.

illuso(-a) *agg* deluded ◊ *sm* suffering from delusions, dreamer.

illusorio *agg* illusory, deceptive.

illustrare *v tr* to illustrate.

illustrazione *sf* illustration.

illustre *agg* distinguished, illustrious.

imballaggio *sm* packing, packaging.

imballare *v tr* to pack, to package ◊ (*in casse*) to box up.

imbalsamare *v tr* to embalm ◊ (*impagliare*) to stuff.

imbandire *v tr* to lay (the lable) for a banquet.

imbarazzare *v tr* to embarrass ◊ *v rifl* to be embarrassed.

imbarazzo *sm* embarrassment ◊ (*di stomaco*) indigestion.

imbarcare *v tr* to embark ◊ (*merci*) to load ◊ (*acqua*) to ship water ◊ *v rifl* to board, to embark on (*anche fig*) ◊ **s'imbarcò come cuoco**, he signed on as a cook.

imbarcazione *sf* boat.

imbàttersi *v rifl* to run (to bump) into, to run across.

imbattìbile *agg* unbeatable.

imbavagliare *v tr* to gag.

imbeccata *sf* beakful of food ◊ (*fig*) prompt (ing).

imbecille *agg* foolish ◊ *sm / f* fool.

imbévere *v tr, rifl* to soak (in).

imbiancare *v tr* to paint sthg white ◊ *v intr* to grow white ◊ (*volto*) to turn pale.

imbianchino *sm* house painter.

imbizzarrirsi *v rifl* (*cavallo*) to become frisky.

imbocco(-chi) *sm* entrance, way in.

imbonitore(-trice) *sm* barker, huckster.

imborghesire *v intr, rifl* to become bourgeois.

imboscare *v tr, rifl* to hide.

imboscata *sf* ambush.

imboschire *v tr* to afforest.

imbottigliamento *sm* (*fig*) traffic jam ◊ (*vino*) bottling.

imbottigliare *v tr* (*vino*) to bottle ◊ (*fig*) to get stuck (caught) in a traffic jam.

imbottire *v tr* to stuff ◊ (*giacca*) to pad ◊ (*trapuntare*) to quilt ◊ *v rifl* to wrap os up.

imbranato *agg* clumsy ◊ *sm* greenhorn.

imbrattatele *sm / f inv* (*spreg*) dauber, daubster.

imbrigliare *v tr* to bridle ◊ (*fig*) to curb ◊ (*acque*) to dam.

imbroglio *sm* tangle, entanglement ◊ (*inganno*) cheat, swindle.

imbroglione(-a) *sm* swindler, cheat.

imbronciarsi *v rifl* to sulk ◊ (*cielo*) to grow overcast.

imbrunire *v impers* to grow dark, to get dark.

imbrunire *sm* dusk, nightfall.

imbruttire *v tr* to make ugly ◊ *v intr* to become ugly.

imbucare *v tr* to post ◊ (*AmE*) to mail ◊ *v rifl* to hide ◊ (*cose*) to be.

imburrare *v tr* to butter.

imbuto *sm* funnel.

imitare *v tr* to imitate ◊ (*gesti*) to mimic.

imitatore(-trice) *sm* impersonator.

imitazione *sf* imitation, impersonation.

immagazzinare *v tr* to store (*anche fig*), to accumulate.

immaginare *v tr* to imagine ◊ **c'era da immaginarselo**, it was only to be expected.

immaginario *agg* imaginary, fictitious.

immaginazione *sf* imagination.

immàgine *sf* image, picture.

immancàbile *agg* inevitable.

immancabilmente *avv* without fail.

immangiàbile *agg* uneatable.

immatricolare *v tr* (*veicolo*) to register ◊ (*università*) to matriculate, to enrol.

immaturità *sf inv* immaturity.

immaturo *agg* (*persona*) immature ◊ (*frutto*) unripe.

immedesimarsi *v rifl* to identify os with.

immediato *agg* immediate.

immenso *agg* immense, huge.

immèrgere *v tr* to dip, to immerse ◊ (*panni*) to soak ◊ *v rifl* to dive ◊ (*fig*) to immerse os in, to become absorbed in.

immersione *sf* immersion ◊ (*di sottomarino*) submersion ◊ (*rapida*) crash dive.

immigrante *agg, sm / f* immigrant.

immigrare *v intr* to immigrate.

immigrato(-a) *agg, sm* immigrant.

immigrazione *sf* immigration.

imminente *agg* imminent, impending.

imminenza *sf* imminence ◊ **nell'imminenza delle feste**, with the approach of the holidays.

immischiare *v tr* to involve (sb in sthg) ◊ *v rifl* to interfere with.

immissario *sm* affluent, tributary.

immòbile *agg* motionless, stationary ◊ *sm* **beni immobili**, real estate (*sing*).

immobiliare *agg* real ◊ **agenzia immobiliare**, estate agent's.

immobilizzare *v tr* to immobilize ◊ (*fin*) to lock up.

immodesto *agg* immodest, conceited.

immolare *v tr* to immolate ◊ *v rifl* to sacrifice os (for).

immondezza, immondizia *sf* rubbish (*sing*), trash (*sing*).

immorale *agg* immoral.

immoralità *sf inv* immorality.

immortalare *v tr* to immortalize ◊ *v rifl* to become immortal.

immortale *agg* immortal.

immortalità *sf inv* immortality.

immune *agg* (*med*) immune (from) ◊ exempt (from).

immunità *sf inv* immunity ◊ **immunità parlamentare**, immunity from investigation.

immunizzare *v intr* to immunize.

immutàbile *agg* unchanging, unchangeable.

impacchettare *v tr* to package.

impacciare *v tr* to hamper, to hinder.

impacciato *agg* clumpsy, awkward.

impaccio *sm* difficulty, obstacle ◊ **essere d'impaccio a qc**, to be in sb's way.

impadronirsi *v rifl* to take possession of, to seize ◊ (*lingua*) to master.

impagàbile *agg* invaluable.

impagliare *v tr* to cover (to stuff) with straw ◊ (*sedia*) to put a cane seat on a chair.

impalcatura *sf* scaffolding ◊ (*fig*) framework.

impallidire *v intr* to turn pale.

impalpàbile *agg* impalpable.

impanare *v tr* to dip in bread crumbs ◊ (*vite*) to thread.

impiantarsi *v rifl* to sink into mud ◊ (*fig*) to get bogged down.

impappinarsi *v intr* to stumble (over), to stammer.

imparare *v tr* to learn (how to do things) ◊ **imparare a proprie spese**, to learn sthg the hard way.

impareggiàbile *agg* incomparable, matchless.

imparentare *v tr* to relate, to ally by marriage ◊ *v rifl* to become related (to), to marry into (a family).

impari *agg inv* unequal, uneven.

imparziale *agg* impartial, fair, unbiased.

impassìbile *agg* impassive.

impastare *v tr* (*farina*) to knead.

impasto *sm* mixture ◊ (*del pane*) dough.

impaurire *v tr* to frighten ◊ *v rifl* to get frightened.

impàvido *agg* fearless, dauntless.

impaziente *agg* impatient.

impazienza *sf* impatience, eagerness.

impazzire *v intr* to go mad, to be mad (about) ◊ **fare impazzire qc**, to drive sb mad.

impeccàbile *agg* faultless, impeccable.

impedimento *sm* impediment, obstacle ◊ **essere d'impedimento a qc**, to be (to stand) in sb's way.

impedire *v tr* to prevent, to stop (sb from doing sthg).

impegnare *v tr* to pawn ◊ (*onore*) to pledge ◊ (*tempo*) to take up ◊ *v rifl* to undertake

(to do sthg), to commit os.

impegnativo *agg* exacting, demanding.

impegnato *agg* (*dato in pegno*) pawned ◊ (*persona*) busy, engaged ◊ (*di intellettuale*) committed ◊ **il mio tempo è tutto impegnato**, I have a full time-table (schedule).

impegno *sm* engagement, commitment ◊ (*licenza*) diligence, enthusiasm ◊ **studiare con impegno**, to study hard (with a will, diligently).

impenetràbile *agg* impenetrable.

impennata *sf* (*ira*) fit of anger.

impensàbile *agg* unthinkable.

impensato *agg* unexpected.

imperare *v tr* to rule, to reign.

imperatore(-trice) *sm* emperor(-press).

impercettìbile *agg* imperceptible.

imperdonàbile *agg* unforgivable, unpardonable.

imperfetto *agg* imperfect.

imperfezione *sf* imperfection, blemish.

imperiale *agg* imperial.

imperialismo *sm* imperialism.

imperialista *sm / f* imperialist.

imperialìstico(-a, -ci, -che) *agg* imperialistic.

imperioso *agg* imperious.

impermeàbile *agg* impermeable, waterproof ◊ *sm* raincoat, mackintosh, (*fam*) mack.

impermeabilizzare *v tr* to waterproof.

impero *sm* empire.

impersonale *agg* impersonal.

impersonare *v tr* to personify.

impertèrrito *agg* unperturbed, undaunted.

impertinente *agg* impertinent, cheeky, saucy.

imperturbàbile *agg* imperturbable.

ìmpeto *sm* impetuosity ◊ **un impeto d'ira**, an outburst (a fit) of rage; **agire d'impeto**, to act on impulse.

impetuoso *agg* impetuous ◊ (*vento*) raging, blustering.

impiallacciare *v tr* (*mobile*) to veneer.

impiantare *v tr* to install, to set up.

impiantito *sm* floor.

impianto *sm* installation ◊ (*industriale*) plant ◊ (*sportivo*) sports complex ◊ **impianto di riscaldamento**, heating system.

impiccagione *sf* hanging.

impiccare *v tr* to hang ◊ *v rifl* to hang os ◊ **impiccati!**, go hang youself!

impiccio *sm* obstacle, hindrance ◊ **essere d'impiccio**, to be in the way.

impiccione(-a) *sm* busybody, meddler.

impiegare *v tr* to use ◊ (*tempo*) to take ◊ (*assumere*) to employ ◊ *v rifl* to get a job, to get employment (work).

impiegato *sm* employee.

impiego(-ghi) *sm* (*posto di lavoro*) job, post, position ◊ (*uso*) use ◊ (*occupazione*) employment ◊ **avere un impiego statale**, to be in the civil service.

impietosire *v tr* to move to pity ◊ *v rifl* to be moved to pity.

impietrire *v tr, intr* to petrify ◊ *v rifl* to become petrified.

impigliare *v tr* to entangle ◊ *v rifl* to get entangled.

impigrirsi *v rifl* to grow idle.

implacàbile *agg* implacable.

implicare *v tr* to involve, to imply, to mean ◊ *v rifl* to involve os.

implicazione *sf* implication.

implìcito *agg* implicit, implied.

implorare *v tr* to implore, to beg.

impolverare *v tr* to cover with dust ◊ *v rifl* to get covered with dust, to get dusty.

imponente *agg* imposing, impressive.

imponìbile *agg* taxable ◊ *sm* taxable income.

impopolare *agg* unpopular.

impopolarità *sf inv* unpopularity.

imporre *v tr* to impose (on) ◊ *v rifl* to assert os, to make os respected ◊ (*rendersi necessario*) to become necessary ◊ (*fissarsi un compito*) to set os a task.

importante *agg* important.

importanza *sf* importance ◊ **dare troppa importanza a qcs**, to make too much of sthg, to attach too much importance to sthg; **non ha importanza**, it doesn't matter.

importare *v intr, impers* to matter, to care ◊ **non importa**, it doesn't matter.

importare *v tr* to import.

importatore(-trice) *sm* importer.

importazione *sf* importation ◊ (*prodotto*) import.

importo *sm* amount.

importunare *v tr* to bother.

impossessarsi *v rifl* to take possession of ◊ (*segreto*) to get hold of.

impossìbile *agg* impossible ◊ *sm* **fare l'impossibile** to do one's utmost (best), to do all one can.

impossibilità *sf inv* impossibility ◊ (*incapacità*) inability.

imposta *sf* (*finestra*) shutter ◊ (*tassa*) tax ◊ (*doganale*) duty ◊ **imposta sul valore aggiunto (IVA)**, valued-added tax (VAT); **esente da imposta**, duty-free.

impostare *v tr* (*lavoro*) to plan ◊ (*tip, una pagina*) to lay out ◊ (*voce*) to pitch ◊ (*lettera*) to post, (*AmE*) to mail.

impostore(-a) *sm* impostor, swindler.

impotente *agg* impotent, powerless ◊ (*sessualmente*) impotent ◊ **sentirsi impotente**, to feel helpless.

impotenza *sf* impotence, powerlessness.

impoverire *v tr* to impoverish ◊ *v rifl* to grow poor.

impraticàbile *agg* (*strada*) impassable ◊ (*campo sportivo*) unfit for play, unplayable.

impratichirsi *v rifl* to practise.

impreciso *agg* inaccurate, vague.

impregnare *v tr* to soak, to imbue.

imprenditore(-trice) *sm* entrepreneur(-euse), businessman(-woman).

impreparato *agg* unprepared (for).

impreparazione *sf* lack of preparation.

impresa *sf* enterprise, undertaking ◊ (*ditta*) firm ◊ (*azione gloriosa*) exploit.

impresario(-a) *sm* entrepreneur ◊ (*teatro*) impresario ◊ (*pompe funebri*) undertaker.

impressionàbile *agg* impressionable.

impressionante *agg* (*che suscita sensazione*) impressive ◊ (*che spaventa*) disturbing, upsetting.

impressionare *v tr* to impress, to affect, to strike, to make an impression upon ◊ (*impaurire*) to frighten ◊ (*pellicola*) to expose ◊ *v rifl* to be upset.

impressione *sf* impression ◊ **fare una buona (cattiva) impressione**, to make a good (bad) impression on sb; **ho l'impressione che**, I have a feeling that.

impressionismo *sm sing* impressionism.
imprevedìbile *agg* unforeseeable.
imprevidente *agg* improvident.
imprevisto *agg* unexpected, unforeseen ◊ *sm* setback ◊ **salvo imprevisti**, if all goes well.
imprigionare *v tr* to imprison.
imprìmere *v tr* to impress, to stamp ◊ *v rifl* to be impressed ◊ (*ricordo*) to stamp (to imprint) itself.
improbàbile *agg* improbable, unlikely.
improduttività *sf inv* unproductiveness.
improduttivo *agg* unproductive, fruitless.
impronta *sf* (*piedi*) print ◊ (*fig*) mark.
improprio *agg* improper, incorrect.
improrogàbile *agg* that cannot be postponed (put off).
improvvisare *v tr* to improvise, to make up (on the spur of the moment), to extemporize ◊ *v rifl* to act as, to play.
improvvisatore(-trice) *sm* improviser.
improvviso *agg* sudden, unexpected.
imprudente *agg* careless, imprudent.
imprudenza *sf* imprudence, carelessness.
impudente *agg* impudent, cheeky.
impudenza *sf* impudence, cheek.
impudicizia *sf* immodesty.
impudico(-a, -chi, -che) *agg* improper.
impugnatura *sf* handle, grip ◊ (*spada*) hilt.
impulsività *sf inv* impulsiveness.
impulsivo *agg* impulsive.
impulso *sm* impulse ◊ **agire d'impulso**, to act on impulse; **sentì l'impulso di farlo**, he was seized with an urge to do it.
impunito *agg* unpunished.
impurità *sf inv* impurity.
impuro *agg* impure.
imputare *v tr* to impute, to attribute ◊ (*accusare*) to accuse (of), to charge (with).
imputato(-a) *sm* defendant, accused person.
imputazione *sf* charge.
imputridire *v intr* to rot, to decay, to go bad.
in *prep* (*stl*) in, at ◊ (*mal*) to ◊ (*penetrazione in luogo chiuso*) into ◊ (*mpl*) in round throughout ◊ (*sopra*) on, upon ◊ (*tempo*) in ◊ (*mezzo*) by ◊ (*materia*) made of ◊ **in tutt'Italia**, all over (throughout) Italy; **è bravo in inglese**, he's good at English; **de-**

bole in matematica, weak in maths; **se fossi in te**, if I were you; **inciampò in una radice**, he tripped over a root; **siamo in otto**, there are eight of us; **in treno (aereo, macchina)**, by train (plane, car); **in guerra**, at war; **in dono**, as a gift; **spende tutto in dischi**, he spends everything on records; **nel 1989**, in 1989; **in fretta**, in a hurry.
inabbordàbile *agg* unapproachable.
inàbile *agg* unfit (for), incapable (of) ◊ (*per infortunio*) disabled ◊ **inabile al lavoro**, unable to work; **inabile al servizio militare**, unfit for military service.
inabilità *sf inv* inability, unfitness.
inabitato *agg* uninhabited.
inaccessìbile *agg* inaccessible.
inacidire *v tr* (*persona*) to embitter ◊ *v rifl* (*latte*) to go (to turn) sour ◊ (*persona*) to become sour.
inadatto *agg* unsuited (to), unfit (for).
inadeguato *agg* inadequate (for).
inafferràbile *agg* elusive.
inaffidàbile *agg* unreliable.
inagìbile *agg* unfit for use.
inalienàbile *agg* inalienable.
inalteràbile *agg* unchangeable ◊ (*colori*) permanent ◊ (*amicizia*) steadfast ◊ (*affetto*) unchanging.
inamidare *v tr* to starch.
inammissìbile *agg* inadmissible.
inappagàbile *agg* (*desiderio*) insatiable.
inappetenza *sf* lack of appetite.
inarcare *v tr, rifl* to arch ◊ **inarcare le sopracciglia**, to raise one's eyebrows.
inaridire *v tr, rifl* to dry up ◊ (*persona*) to become arid.
inarticolato *agg* inarticulate.
inaspettato *agg* unexpected.
inasprire *v tr* to embitter ◊ (*odio*) to sharpen ◊ *v rifl* to become harsher (embittered).
inattaccàbile *agg* unassailable ◊ (*resistente*) -proof.
inattendìbile *agg* unreliable, unfounded.
inatteso *agg* unexpected.
inattività *sf inv* inactivity.
inattivo *agg* inactive, idle.
inattuàbile *agg* unfeasible.
inaudito *agg* unheard-of, unprecedented.

inaugurare *v tr* to inaugurate, to open ◊ (*monumento*) to unveil ◊ (*vestiti*) to christen.

inaugurazione *sf* inauguration, opening.

inavvertenza *sf* carelessness ◊ **avere l'inavvertenza di fare qcs**, to be careless enough to do sthg.

inavvertitamente *avv* unintentionally.

inavvicinàbile *agg* unapproachable.

incagliarsi *v rifl* to strand.

incalcolàbile *agg* incalculable.

incallire *v intr, rifl* to grow callous.

incallito *agg* callous(ed), hard(ened) ◊ (*mani*) horny ◊ (*fig*) hardened.

incalzare *v tr, intr* to press, to be pressing ◊ (*minacciare*) to be imminent, to threaten.

incamminarsi *v rifl* to set out, to make one's way to.

incantare *v tr* to charm, to enchant ◊ **non mi incanti coi tuoi discorsi**, you won't fool me with your fine words ◊ *v rifl* to be spellbound ◊ (*meccanismo*) to stop, to get stuck.

incantésimo *sm* spell, charm.

incantévole *agg* enchanting.

incanto *sm* spell, charm ◊ **come per incanto**, as if by magic; **ti sta d'incanto**, it's perfect on you.

incanto *sm* (*asta*) auction ◊ **vendita all'incanto**, sale by auction.

incanutire *v intr* to turn white.

incapace *agg* incapable (of doing sthg), unable (to do sthg).

incarcerare *v tr* to imprison, to jail.

incaricare *v tr* to ask (sb to do sthg) ◊ *v rifl* to take it upon os to do sthg ◊ **me ne incarico io**, I'll see to it, I'll take care of it.

incaricato(-a) *agg* responsible (for), in charge (of) ◊ *sm* appointee ◊ (*professore*) teacher with a temporary appointment.

incàrico(-chi) *sm* task, job ◊ **per incarico di qc**, on sb's behalf ◊ (*scol*) temporary post.

incarnare *v tr* to embody.

incarnire *v intr, rifl* to grow into the flesh, to become in grown ◊ **unghia incarnita**, ingrowing nail.

incartare *v tr* to wrap up.

incassare *v tr* (*pietra*) to set ◊ (*mobile*) to build in ◊ (*assegno*) to cash ◊ (*colpi*) to take.

incastonare *v tr* to set (jewels).

incastrare *v tr* to fix ◊ (*fig*) to frame.

incatenare *v tr* to chain ◊ (*ai piedi*) to fetter.

incàuto *agg* imprudent, rash, unwary.

incavo *sm* hallow ◊ (*scanalatura*) groove.

incazzato *agg* (*volg*) pissed off.

incèdere *v intr* to walk with an air of dignity ◊ *sm* solemn gait.

incendiare *v tr* to set fire (to sthg), to set (sthg) on fire ◊ (*animi*) to fire ◊ *v rifl* to take (to catch) fire.

incendiario(-a) *sm* arsonist.

incendio *sm* fire ◊ (*doloso*) arson.

incenerire *v tr* to incinerate ◊ (*fig*) to crush sb with a glance.

incenso *sm* incense.

incensurato *agg* uncensured ◊ **essere incensurato**, to have a clean record.

incentivo *sm* incentive.

incentrarsi *v rifl* to centre (on).

inceppare *v tr* to block (up) ◊ (*fig*) to obstruct ◊ *v rifl* to be blocked ◊ (*fucile*) to jam.

incerare *v tr* to wax, to polish.

incerata *sf* oilcloth, tarpaulin ◊ (*da letto*) water proofsheet.

incertezza *sf* uncertainty.

incerto *agg* uncertain, undecided ◊ *sm* the uncertain ◊ **gli incerti del mestiere**, the risks of the job.

incespicare *v intr* to trip (over sthg) ◊ (*nel parlare*) to stumble over one's words.

incessante *agg* unceasing, neverending.

incesto *sm* incesto.

incestuoso *agg* incestuous.

inchiesta *sf* investigation, inquiry ◊ (*giornalista*) (newspaper) report.

inchino *sm* bow ◊ (*di donna*) curtsey.

inchiodare *v tr* to nail down ◊ (*fig*) to nail ◊ *v rifl* to stick.

inchiostro *sm* ink.

inciampare *v intr* to trip (over sthg) ◊ **far inciampare qc**, to trip sb (up).

inciampo *sm* obstacle ◊ **essere di inciampo a qc**, to be in sb's way.

incidente *sm* (*disgrazia*) accident ◊ (*episodio*) incident, event.

incìdere *v tr* to cut into ◊ (*scolpire*) to engrave ◊ (*ad acquaforte*) to etch ◊ (*canzone*) to record ◊ (*ferita*) to lance a wound ◊ (*disco*) to cut a record ◊ (*influire*) to influence, to affect.

incinta *agg f* pregnant ◊ **mettere incinta una ragazza**, to get a girl pregnant; **rimanere incinta**, to get pregnant.

incipriarsi *v rifl* to powder.

incirca, all' *avv* about.

incisivo *agg* (*dente*) incisor ◊ (*stile*) incisive, sharp.

incisore *sm* engraver, etcher.

incitare *v tr* to incite.

incivile *agg* (*costumi*) incivilized ◊ (*persona*) rude, uncivil ◊ *sm / f* boor.

incivilire *v tr* to civilize ◊ *v rifl* to become civilized.

inclassificàbile *agg* unclassifiable ◊ (*compito*) classwork that is too bad for a mark.

inclinare *v tr, rifl* to bend ◊ *v intr* (*fig*) to tend.

inclinazione *sf* slope, tilt ◊ (*fig*) inclination, bent, tendency.

incline *agg* inclined, prone.

inclùdere *v tr* to include, to comprise ◊ (*allegare*) to enclose.

incluso *agg* (*compreso*) inclusive, included ◊ (*accluso*) enclosed.

incoerente *agg* incoherent.

incoerenza *sf* incoherence.

incògnita *sf* (*fig*) uncertainty.

incògnito *agg* unknown ◊ **viaggiare in incognito**, to travel incognito.

incollare *v tr* to stick, to glue ◊ *v rifl* to stick.

incolpare *v tr* to blame (sb for sthg) *v rifl* to accuse os.

incòlume *agg* unhurt, safe and sound.

incolumità *sf inv* safety.

incòmbere *v intr* to be imminent (impending).

incominciare *v tr, intr* to begin, to start (doing sthg, to do sthg).

incomparabile *agg* incomparable, peerless, matchless.

incompatìbile *agg* incompatible.

incompetente *agg* incompetent.

incompleto *agg* incomplete, unfinished.

incomprensìbile *agg* incomprehensible.

incomprensione *sf* lack of understanding ◊ (*malinteso*) misunderstanding.

incompreso *agg* misunderstood.

incomunicàbile *agg* incommunicable.

inconcepìbile *agg* inconceivable, unthinkable.

inconcludente *agg* (*persona*) ineffectual ◊ (*discorso*) disconnected.

inconfondibile *agg* unmistakable.

inconfutàbile *agg* irrefutable.

incongruente *agg* inconsistent.

incongruenza *sf* inconsistency.

inconsapévole *agg* unaware (of, that).

inconscio *agg* unconscious ◊ *sm* the unconscious.

inconsistente *agg* (*accusa*) groundless ◊ (*patrimonio*) small ◊ (*ragionamento*) tenous, flimsy.

inconsueto *agg* unusual.

inconsulto *agg* (*gesto*) rash, impetuous.

incontentàbile *agg* hard to please.

incontestàbile *agg* unquestionable.

incontestato *agg* undisputed.

incontinenza *sf* incontinence.

incontrare *v tr, rifl* to meet ◊ (*difficoltà*) to meet with ◊ (*in riunione*) to have a meeting with ◊ (*sport*) to play ◊ (*boxe*) to fight ◊ *v intr* to be popular.

incontrastato *agg* indisputed.

incontro *sm* meeting ◊ (*sport*) match.

incontro *avv* towards ◊ **andare incontro a qc**, to go to meet sb ◊ (*aiutare*) to meet sb halfway.

inconveniente *sm* drawback.

incoraggiamento *sm* encouragement.

incoraggiare *v tr* to encourage.

incorniciare *v tr* to frame.

incoronare *v tr* to crown.

incoronazione *sf* incoronation.

incorreggìbile *agg* incorrigible.

incorruttìbile *agg* incorruptible.

incosciente *agg* unconscious ◊ (*sventato*) reckless, irresponsible.

incostante *agg* (*studente*) inconsistente ◊ (*carattere*) inconstant ◊ (*rendimento*) sporadic.

incredìbile *agg* incredile, unbelievable.

incredulità *sf inv* incredulity.

incrementare *v tr* (*vendite*) to promote.

increspare *v tr, rifl* to ripple ◊ (*capelli*) to

crisp ◊ (*stoffa*) to gather ◊ (*pelle*) to wrinkle.

incriminare *v tr* to impeach.

incrinare *v tr* (*vetro*) to crack ◊ (*rapporti*) to cause to deteriorate ◊ *v rifl* to crack, to deteriorate.

incrociare *v tr* to cross ◊ *v rifl* to cross, to pass each other, to meet.

incrociatore *sm* cruiser.

incrocio *sm* (*strade*) crossroads.

incrollàbile *agg* (*fede*) unshakeable, firm.

incruento *agg* without bloodshed.

incubatrice *sf* incubator.

incubazione *sf* incubation.

ìncubo *sm* nightmare.

incùdine *sf* anvil.

inculcare *v tr* to instil (sthg into sb).

incuràbile *agg* incurable.

incurante *agg* heedless (of), careless (of).

incuria *sf* negligence, carelessness.

incuriosire *v tr* to arouse sb's curiosity ◊ *v rifl* to become curious.

incursione *sf* raid ◊ (*aerea*) airraid.

incùtere *v tr* to arouse, to inspire ◊ (*rispetto*) to command ◊ **incutere terrore a qc**, to strike terror into sb (sb with terror); **incutere soggezione a qc**, to cow sb.

indaffarato *agg* busy.

indagare *v tr, intr* to investigate.

indàgine *sf* investigation, inquiry ◊ **fare indagini sul conto di qc**, to make inquires (enquiries) about sb.

indebitarsi *v rifl* to run into debt.

indébito *agg* underserved ◊ **appropriazione indebita**, embezzlement.

indebolire *v tr* to weaken ◊ *v rifl* to grow weak ◊ (*vista*) to grow worse.

indecisione *sf* irresoluteness.

indeciso *agg* undecided, hesitant.

indefinito *agg* indefinite ◊ (*impreciso*) undefined.

indegno *agg* unworthy (of).

indelebile *agg* indelible ◊ (*colore*) fast.

indelicato *agg* tactless, indiscreet.

indemoniato *agg* possessed (by the devil).

indennità *sf inv* allowance ◊ (*leg*) indemnity.

indennizzare *v tr* to indemnify.

indescrivìbile *agg* indescribable.

indesideràbile *agg* undesirable.

indesiderato *agg* unwanted.

indeterminato *agg* indefinite.

indiavolato *agg* possessed ◊ (*danza*) frenzied.

indicare *v tr* to show, to indicate ◊ (*col dito*) to point to (at).

indicatore *sm* indicator ◊ (*cartello*) sign.

ìndice *sm* (*dito*) forefinger ◊ (*libro*) (table of) contents ◊ **mettere all'indice**, to put on the index, (*fig*) blacklist; **indice di gradimento**, popularity rating.

indietreggiare *v intr* to draw back.

indietro *avv* back, behind ◊ (*moto*) backwards ◊ **tornare indietro**, to go back; **rimanere indietro**, to be left behind; **questo orologio rimane indietro**, this watch keeps losing time.

indifferente *agg* indifferente (to) ◊ **mi è indifferente**, I don't mind, it's all the same to me.

indìgeno(-a) *agg, sm* native.

indigestione *sf* indigestion ◊ **fare indigestione**, to get an attack of indigestion.

indigesto *agg* indigestible, heavy.

indignare *v tr* to fill sb with indignation ◊ *v rifl* to get indignant (about).

indignazione *sf* indignation ◊ **con sua grande indignazione**, much to his indignation.

indimenticàbile *agg* unforgettable.

indipendente *agg* independent (of).

indipendentemente *avv* indepentently (of).

indipendenza *sf* independence.

indire *v tr* (*concorso*) to publish ◊ (*elezioni*) to hold elections ◊ (*assemblea*) to call a meeting.

indirizzare *v tr* to address ◊ (*mandare*) to send (to) ◊ *v rifl* to direct one's steps (towards) ◊ (*rivolgersi*) to apply, to turn (to sb).

indirizzo *sm* address ◊ (*tendenza*) trend ◊ (*direzione*) direction.

indisciplinato *agg* undisciplined, unruly.

indiscutìbile *agg* unquestionable, indisputable.

indispensàbile *agg* indispensable ◊ *sm* what is necessary.

indispettire *v tr* to vex, to annoy ◊ *v rifl* to get vexed.

indisponente *agg* off-putting, irritating.

indisporre *v tr* to irritate.

indisposizione *sf* slight indisposition, slight ailment.

indissolùbile *agg* indissoluble.

indistinto *agg* indistinct, vague, faint.

indistruttìbile *agg* imperishable.

individuale *agg* individual.

individualista *sm / f* individualist.

individualità *sf inv* individuality.

individualizzare *v tr* to individualize.

individuare *v tr* (*riconoscere*) to pick out, to identify ◊ (*localizzare*) to locate, to spot.

indivìduo *sm* individual, man ◊ (*spreg*) fellow, chap.

indizio *sm* sign, indication ◊ (*traccia*) clue ◊ (*leg*) (circumstantial) evidence.

indole *sf* nature.

indolente *agg* indolent, lazy ◊ *sm / f* idler.

indolenzire *v tr* (*gambe*) to make stiff, to numb ◊ *v rifl* to go numb.

indolore *agg* painless.

indòmito *agg* indomitable.

indossare *v tr* to put on, to wear.

indossatore(-trice) *sm* model.

indovinare *v tr* to guess ◊ (*azzeccare*) to guess right, to get right ◊ **una festa indovinata**, a successful party.

indovinello *sm* riddle, puzzle.

indovino *sm* fortune-teller, sooth-sayer.

indù *agg, sm / f* Hindu.

indubbiamente *avv* undoubtedly, definitely.

indugiare *v intr* to take one's time, to linger (over).

indugio *sm* delay.

indulgente *agg* indulgent.

indùlgere *v intr* to indulge (in).

indumento *sm* garment, clothes (*pl*) ◊ **indumenti intimi**, underwear (sing).

indurire *v tr, intr, rifl* to harden.

indurre *v tr* to induce, to persuade ◊ (*in errore*) to lead astray.

industria *sf* industry, manufacture, business ◊ **industria alimentare**, good industry; **industria leggera** (**pesante**), light (heavy) industry.

industriale *agg* industrial ◊ *sm / f* industrialist.

industrializzare *v tr* to industrialize.

industrioso *agg* industrious, hard-working.

inebriare *v tr* to intoxicate ◊ *v rifl* to drink os drunk.

inedia *sf* starvation ◊ **morire d'inedia**, to be bored to death.

inèdito *agg* unpublished ◊ (*notizia*) fresh.

ineffàbile *agg* ineffable.

inefficace *agg* ineffective.

inefficiente *agg* inefficient.

ineguagliàbile *agg* matchless, incomparable, peerless.

ineguaglianza *sf* inequality.

ineguale *agg* unequal, uneven.

inenarràbile *agg* indescribable.

inerme *agg* defenceless, unarmed.

inerte *agg* inert, inactive.

inesatto *agg* inaccurate, incorrect, inexact.

inesaudito *agg* (*desiderio*) unsatisfied.

inesaurìbile *agg* inexhaustible.

inesistente *agg* non-existent, inexistent.

inesoràbile *agg* inexorable.

inesperto *agg* inexperienced.

inesplicàbile *agg* inexplicable.

inesplorato *agg* unexplored.

inestimàbile *agg* priceless.

inetto *agg* inept, incompetent.

inevitàbile *agg* inevitable, unavoidable.

inezia *sf* trifle, a mere nothing.

infallìbile *agg* infallible.

infamante *agg* defamatory, slanderous, disgraceful.

infame *agg* infamous ◊ (*tempo*) awful, vile.

infamia *sf* infamy, disgrace, shame.

infangare *v tr* to cover with mud ◊ (*nome*) to disgrace ◊ *v rifl* to get covered in mud ◊ (*fig*) to disgrace os, to be sullied.

infanzia *sf* childhood ◊ **prima infanzia**, infancy.

infarinatura *sf* (*fig*) smattering.

infarto *sm* heart attack.

infastidire *v tr* to annoy ◊ *v rifl* to get irritated.

infatti *cong* in fact, actually.

infatuazione *sf* infatuation.

infàusto *agg* unpropitious, illomened.

infedele *agg* unfaithful.

infelice *agg* unhappy.

infelicità *sf inv* unhappiness.

infeltrire *v intr, rifl* (*lana*) to become matted.

inferiore *agg, sm / f* inferior.

inferiorità *sf inv* inferiority ◊ **complesso d'inferiorità**, inferiority complex.

infermerìa *sf* infirmary ◊ (*di scuola*) sick bay.

infermiere(-a) *sm* male nurse (nurse).

infermità *sf inv* infirmity ◊ (*di mente*) insanity.

infermo *agg* infirm, ill ◊ **gli infermi**, the sick.

infernale *agg* (*fig*) dreadful.

inferno *sm* hell.

inferocire *v tr* to lake fierce ◊ *v rifl* to grow fierce.

inferriata *sf* grating, iron bars.

infervorare *v tr* to arouse enthusiasm ◊ *v rifl* to get carried away.

infestare *v tr* to infest ◊ **infestato dai topi**, infested with (overrun by) mice.

infettare *v tr* to infect ◊ (*acqua*) to pollute ◊ *v rifl* to become infected ◊ (*fig*) to become corrupt.

infettivo *agg* infectious.

infetto *agg* infected ◊ (*acque*) polluted.

infezione *sf* infection.

infiammare *v tr* to set fire to, to set on fire ◊ (*animi*) to excite ◊ *v rifl* to catch fire ◊ (*ferita*) to become inflated.

inficiare *v tr* to invalidate.

infido *agg* unreliable, untrustworthy, treacherous.

infilare *v tr* (*ago*) to thread ◊ (*strada*) to turn into ◊ (*moneta*) to insert ◊ *v rifl* to slip into (through) ◊ (*indossare*) to put on ◊ (*calze*) to pull on.

infiltrarsi *v rifl* to infiltrate.

ìnfimo *agg* very poor ◊ (*albergo*) third-rate.

infine *avv* in the end, finally.

infinità *sf inv* infinity.

infinito *sm* infinite ◊ (*mat, fot*) infinity.

infischiarsi *v rifl* not to care (about).

infisso *sm* (*di finestra*) frame, casing.

inflazionare *v tr* to inflate.

inflazione *sf* inflation.

inflessìbile *agg* inflexible ◊ (*carattere*) unyielding.

inflìggere *v tr* (*pena*) to inflict (on) ◊ (*multa*) to impose.

influente *agg* influential.

influenza *sf* influence ◊ (*med*) flu, influenza.

influenzale *agg* of influenza ◊ **epidemia influenzale**, flu epidemic.

influenzare *v tr* to influence, to affect.

influìre *v tr* to influence.

infocare *v tr* to make red-hot ◊ *v rifl* to become red-hot ◊ (*persona*) to kindle.

infondato *agg* unfounded, groundless, baseless.

infòndere *v tr* to infuse.

informare *v tr* to inform (of, about) ◊ *v rifl* to inquire (about) ◊ **informarsi della salute di qc**, to inquire after sb's health.

informatica *sf* computer science.

informativo *agg* informative ◊ **a titolo informativo**, for information only.

informatizzare *v tr* to computerize.

informatore(-trice) *sm* informer ◊ *agg* informing.

informazione *sf* piece of information ◊ (*mil*) intelligence ◊ (**sportello delle) informazioni**, information bureau.

informicolirsi, informicolarsi *v rifl* to have pins and needles (in one's leg).

infornata *sf* batch, baking ◊ (*fig*) batch.

infortunio *sm* accident ◊ (*sul lavoro*) accident at work.

infradito *sm inv* flip-flops.

infràngere *v tr, rifl* to break.

infrangìbile *agg* unbreakable.

infrarosso *agg* infrared.

infrazione *sf* infringement, infraction, breach.

infruttuoso *agg* unfruitful, fruitless.

infuriare *v intr* to rage ◊ *v rifl* to lose one's temper.

infusione *sf* infusion ◊ (*infuso*) herb tea.

ingaggio *sm* engagement ◊ (*sport*) signing on.

ingannare *v tr* to deceive ◊ **ingannare il tempo**, to while the time away ◊ *v rifl* to deceive os.

ingannévole *agg* deceptive, misleading.

inganno *sm* deceit, deception.

ingarbugliato *agg* tangled, muddled, confused.

ingegnarsi *v rifl* to use one's ingenuity ◊ **ingegnarsi per vivere**, to live by one's wits.

ingegnere *sm* engineer.

ingegnerìa *sf* engineering ◊ **ingegneria civile**, civil engineering.

ingegno *sm* (*intelligenza*) intelligence, brains ◊ (*talento*) talent ◊ (*ingegnosità*) ingenuity, wits ◊ **avere ingegno**, to be talented, to have brains, a fine brain, a creative mind; **aguzzare l'ingegno**, to sharpen one's wits.

ingegnosità *sf inv* ingenuity.

ingegnoso *agg* ingenious.

ingelosire *v tr* to arous sb's jealousy ◊ *v rifl* to become jealous.

ingente *agg* huge, enormous.

ingenuità *sf inv* ingenuousness, naïvety.

ingènuo *agg* ingenuous, naïve.

ingerenza *sf* interference, meddling.

ingerire *v tr* to ingest, to swallow.

ingessare *v tr* to put in plaster.

ingessatura *sf* plaster ◊ (*med*) plaster cast.

inghiottire *v tr* to swallow, to gulp down ◊ (*fig, dispiaceri*) to put up (with).

ingiallire *v tr, intr* to yellow.

ingigantire *v tr* to magnify.

inginocchiarsi *v rifl* to kneel (down).

ingiuria *sf* insult ◊ (*fig*) ravages.

ingiuriare *v tr* to insult, to abuse.

ingiustizia *sf* injustice.

ingiusto *agg* unjust, unfair (to sb) ◊ *sm* (*ingiustizia*) wrong, injustice.

ingobbire *v intr, rifl* to become stooped (hunchbacked).

ingoiare *v tr* to gulp down ◊ (*fig*) to put up (with).

ingordigia *sf* greed (for), avidity (for).

ingordo(-a) *agg* greedy ◊ *sm* glutton.

ingorgo(-ghi) *sm* blockage ◊ (*del traffico*) traffic jam.

ingozzare *v tr* (*animali*) to fatten ◊ *v rifl* to stuff os (with).

ingranaggio *sm* gear ◊ (*d'orologio*) mechanism ◊ **ingranaggio folle**, idle gear; **gli ingranaggi della burocrazia**, the burocratic machinery.

ingranare *v tr* (*auto*) to gear ◊ (*fig*) to make a good start ◊ (*cose*) to get going ◊ **ingranare la marcia**, to engage the gears, to put into gear.

ingrandimento *sm* enlargement ◊ **lente d'ingrandimento**, magnifying glass.

ingrandire *v tr* (*fot*) to blow up.

ingrassare *v tr* (*animali*) to fatten ◊ (*far apparire più grasso*) to make sb look fatter ◊ *v rifl* to get fat, to put on weight.

ingrato *agg* ungrateful (to sb) ◊ (*lavoro*) unrewarding.

ingraziarsi *v rifl* to ingratiate os (with), to get round sb.

ingrediente *sm* ingredient.

ingresso *sm* entrance, hall ◊ (*accesso*) admission ◊ (*biglietto*) ticket ◊ **vietato l'ingresso**, no admittance.

ingrossare *v tr, rifl* to increase.

ingrosso *avv* **all'ingrosso**, wholesale.

inguaribile *agg* incurabile.

inguine *sm* groin.

inibire *v tr* to inhibit.

inibizione *sf* inhibition.

iniettare *v tr* to inject.

iniezione *sf* injection ◊ (**fare**) **farsi fare un'iniezione**, (to give sb) to get an injection.

inimicarsi *v rifl* to make an enemy (of sb).

inimicizia *sf* enmity, hostility.

inintelligìbile *agg* unintelligible.

iniquo *agg* iniquitous, unfair, wicked.

iniziale *agg* initial, beginning.

iniziare *v tr* to begin, to start.

iniziativa *sf* initiative.

inizio *sm* beginning, start.

innaffiare *v tr* to water.

innaffiatoio *sm* watering can.

innalzare *v tr, rifl* to raise.

innamoramento *sm* falling in love.

innamorare *v tr* to make sb fall in love ◊ *v rifl* to fall in love (with).

innamorato(-a) *sm* lover.

innanzi *avv* (*stl*) ahead, in front ◊ (*mal*) forward, on, onwards.

innanzi *prep* before, in sb's presence, in front of ◊ **innanzi tempo**, prematurely.

innato *agg* innate, inborn.

innegàbile *agg* undeniable.

innervosire *v tr* to get on sb's nerves ◊ *v rifl* to get nervous.

inno *sm* hymn ◊ (*nazionale*) national anthem.

innocente *agg* innocent.

innocenza *sf* innocent ◊ **dichiarare la propria innocenza**, to plead not guilty.

innòcuo *agg* innocuous, harmless, inoffensive.

innominato *agg* unnamed.

innovatore(-trice) *sm* innovator ◊ *agg* innovatory.

innumerévole *agg* innumerable, countless.

inodore, inodoro *agg* odourless.

inoffensivo *agg* harmless, inoffensive.

inoltrare *v tr* to send on, to forward ◊ *v rifl* to advance, to go forward.

inoltre *avv* besides, moreover.

inondare *v tr* to flood (*anche fig*), to inundate.

inondazione *sf* flood.

inoperoso *agg* inactive, idle.

inopportuno *agg* inopportune, untimely.

inorgoglire *v tr* to make proud ◊ *v rifl* to become proud.

inorridire *v tr* to horrify ◊ *v intr* to be horrified.

inospitale *agg* inhospitable.

inosservante *agg* failing to comply (with).

inquadrare *v tr* (*foto*) to frame ◊ (*bur*) to organize ◊ **inquadrare un autore nel suo periodo**, to place an author in his historical context.

inquietante *agg* disturbing, worrying.

inquietare *v tr, rifl* to worry.

inquieto *agg* restless, upset, worried.

inquietùdine *sf* restlessness.

inquilino *sm* tenant.

inquinamento *sm* pollution ◊ **inquinamento acustico**, noise pollution; **inquinamento atmosferico**, air pollution.

inquinante *agg* polluting ◊ *sm* pollutant.

inquinare *v tr* to pollute.

inquisire *v tr, intr* to investigate (into), to inquire (into).

inquisitore(-trice) *sm* inquisitor ◊ *agg* inquiring.

insabbiare *v tr* (*pratica*) to shelve ◊ *v rifl* (*barca*) to run aground.

insalata *sf* salad.

insalatiera *sf* salad-bowl.

insanàbile *agg* incurable, implacable.

insanguinare *v tr* to stain with blood ◊ *v rifl* to become blood-stained.

insano *agg* insane, mad.

insaponare *v tr* to soap ◊ *v rifl* to soap os.

insaporire *v tr* to flavour, to season.

insaputa *sf* all'insaputa di, unknown to.

insaziàbile *agg* insatiable.

inscatolare *v tr* to tin, to can.

inscrutàbile *agg* inscrutable.

insediamento *sm* settlement.

insediare *v tr* to install ◊ *v rifl* (*carica*) to take up office ◊ (*colonia*) to settle.

insegna *sf* sign, flag, badge.

insegnamento *sm* teaching ◊ **darsi all'insegnamento**, to take up teaching; **programma d'insegnamento**, syllabus, curriculum.

insegnante *agg* teaching ◊ *sm / f* teacher.

insegnare *v tr* to teach (sb to do sthg).

inseguimento *sm* pursuit.

inseguire *v tr* to pursue.

inseminazione *sf* insemination ◊ **inseminazione artificiale**, artificial insemination.

insenatura *sf* cove, small bay.

insensìbile *agg* insensitive, hard.

insensibilità *sf inv* insensitivity.

inseparàbile *agg* inseparable.

inserimento *sm* insertion ◊ **avere dei problemi di inserimento**, to have adjustment problems.

inserire *v tr* to insert ◊ (*allegare*) to enclose ◊ (*spina*) to plug in ◊ *v rifl* (*ambiente*) to fit into, to become part of.

inserto *sm* (*fascicolo*) insert, inset ◊ **inserto filmato**, film clip.

inservìbile *agg* useless, of no use.

inserviente *sm / f* attendant.

inserzione *sf* (*annuncio*) advertisement.

inserzionista *sm / f* advertiser.

insetto *sm* insect ◊ (*AmE*) bug.

insicuro *agg* insecure, unsure.

insidia *sf* (*inganno*) trap, trick, deceit.

insidiare *v tr* to lay a trap (for).

insidioso *agg* insidious.

insieme *avv* together ◊ (*contemporaneamente*) at the same time.

insieme *sm* whole ◊ **nell'insieme**, on the whole.

insiemìstica *sf sing* (*mat*) theory of sets.

insignificante *agg* insignificant.

insincero *agg* insincere.

insindacàbile *agg* unobjectionable, unquestionable.

insinuare *v tr* to insinuate, to imply, to suggest ◊ *v rifl* to work one's way into ◊

(*dubbio*) to creep (into).

insìpido *agg* tasteless, insipid.

insìstere *v intr* to insist (on) ◊ (*perseverare*) to persist (in).

insoddisfatto *agg* (*persona*) dissatisfied ◊ (*desiderio*) unfulfilled.

insoddisfazione *sf* dissatisfaction.

insofferenza *sf* impatience, intolerance.

insolazione *sf* sunstroke.

insòlito *agg* unusual.

insomma *avv* in short, in conclusion, all in all.

insonne *agg* sleepless.

insonnia *sf* sleeplessness, insomnia.

insopportàbile *agg* unbearable.

insórgere *v intr* to rise, to rebel ◊ (*manifestarsi all'improvviso*) to arise, to turn up.

insorto *agg* rebellious, rebel.

insospettire *v tr* to arouse suspicions (in) ◊ *v rifl* to become suspicious (about).

inspirare *v tr* to inhale, to breathe in.

instàbile *agg* unstable ◊ (*tempo*) unsettled.

instabilità *sf inv* instability.

installare *v tr* to install.

installazione *sf* installation, plant.

instillare *v tr* to instil.

insù *avv* upwards ◊ **naso all'insù**, turned-up nose.

insuccesso *sm* failure.

insufficiente *agg* insufficient, bad.

insufficienza *sf* insufficiency ◊ (*scol*) mark below standard, fail, low mark.

insulare *agg* insular, island (*attr*).

insulso *agg* dull, insipid, foolish.

insultare *v tr* to insult, to abuse.

insulto *sm* insult.

insuperbire *v tr* to make proud ◊ *v rifl* to be proud (of), to become arrogant.

insurrezione *sf* insurrection, revolt.

intaccare *v tr* to notch, to dent ◊ (*corrodere*) to corrode ◊ (*fig*) to damage.

intagliatore(-trice) *sm* engraver, carver.

intaglio *sm* carving, engraving, intaglio.

intanto *avv* in the meantime, meanwhile.

intarsiare *v tr* to inlay.

intarsio *sm* inlaid work, marquetry.

intasamento *sm* traffic jam.

intasare *v tr* to clog, to obstruct.

intascare *v tr* to pocket.

intatto *agg* intact, unsullied.

intavolare *v tr* to start ◊ (*fig*) to bring up, to open.

integèrrimo *agg* honest, upright.

integrale *agg* complete ◊ (*edizione*) unabridged ◊ (*abbronzatura*) all-over tan ◊ (*pane*) wholemeal ◊ (*zucchero*) brown.

integrare *v tr, rifl* to integrate.

integrativo *sm* integrating.

integrazione *sf* integration ◊ **cassa integrazione**, wage supplementation fund.

integrità *sf inv* integrity.

ìntegro *agg* intact ◊ (*onesto*) upright.

intelletto *sm* brain, intellect.

intellettuale *agg, sm / f* intellectual.

intelligente *agg* intelligent, clever, bright.

intelligenza *sf* intelligence.

intelligìbile *agg* intelligible.

intemperante *agg* immoderate, intemperate.

intemperie *sf inv* bad weather.

intempestivo *agg* untimely, out of place, at the wrong moment, too soon, too late.

intèndere *v tr* to understand, to mean, to intend ◊ **mi ha dato a intendere che**, he led me to believe that, he gave me to understand that ◊ *v rifl* to come to an agreement ◊ (*essere un esperto*) to know a lot about sthg.

intenditore(-trice) *sm* expert.

intenerire *v tr* to move, to touch ◊ *v rifl* to be moved.

intensificare *v tr* to intensify.

intensivo *agg* intensive ◊ **terapia intensiva**, intensive care.

intenso *agg* intense, strong, deep.

intentare *v tr* (*causa*) to sue (sb).

intento *agg* intent (on), absorbed (in) ◊ *sm* (*scopo*) purpose, aim.

intenzionato *agg* **bene (male) intenzionato**, well (ill) intentioned.

intenzione *sf* intention ◊ **avere l'intenzione di fare qcs**, to intend to do sthg, to have the intention of doing sthg.

interagire *v intr* to interact.

interattivo *agg* interactive.

intercèdere *v intr* to intercede (with sb for sb else).

intercettare *v tr* to intercept.

intercettazione *sf* interception ◊ (*telefonica*) wire-tapping; bugging.

intercórrere *v intr* (*tempo*) to elapse, to pass ◊ (*spazio*) to lie.

interdentale *agg* (*filo*) dental floss.

interdire *v tr* to forbid ◊ (*leg*) to deprive sb of civil rights.

interessamento *sm* interest, trouble (taken by sb) ◊ (*intervento*) intervention, good offices.

interessante *agg* interesting ◊ **essere in stato interessante**, to be expecting a baby.

interessare *v tr* to interest, to concern, to be of interest to ◊ (*essere nell'interesse di*) to be in the interest of, to be the concern of ◊ (*indurre*) to draw sb's attention to ◊ *v intr* to matter, to be important for, to be in the interest of ◊ **forse ti interesserà sapere che**, perhaps you might be interested to know that ◊ *v rifl* to be interested in ◊ (*curarsi*) to care ◊ **interessati degli affari tuoi**, mind your own business.

interessato(-a) *agg* interested ◊ (*mosso dal proprio tornaconto*) interested, self-interested ◊ *sm* person concerned.

interesse *sm* interest ◊ (*affari privati*) affairs ◊ (*tornaconto*) self-interest, love of gain ◊ **non ha nessun interesse a tacere**, he has nothing to gain from keeping silent; **avere interesse per**, to have an interest in; **agire nel comune interesse**, to act for the common good.

interferire *v intr* to interfere.

interiezione *sf* interjection.

interiore *agg* internal ◊ (*intimo*) inner.

interiorizzare *v tr* to internalize.

interlocutore(-trice) *sm* interlocutor.

interludio *sm* interlude.

intermediario(-a) *agg*, *sm* intermediary, go-between.

intermedio *agg* intermediate.

intermittente *agg* intermittent.

internare *v tr* to intern ◊ (*in manicomio*) to place sb in a mental home.

internato(-a) *sm* (*pol*) internee ◊ (*med*) inmate (of a mental hospital) ◊ (*periodo di pratica professionale*) internship.

internazionale *agg* international.

internista *sm* / *f* internist.

interno *agg* internal ◊ (*gioia*) inner ◊ (*piscina*) indoor ◊ (*geogr*) inland ◊ **alunno interno**, boarder; **commissione interna**, internal examining board ◊ *sm* (*di edificio*) inside, interior ◊ (*di scatola*) inside ◊ (*telefono*) extension ◊ (*medico*) intern ◊ (*appartamento*) flat.

intero *agg* whole, entire ◊ (*prezzo*) full ◊ (*latte*) whole ◊ **per intero**, in full.

interporre *v tr*, *rifl* to interpose.

interposto *agg* **per interposta persona**, through a third party.

interpretare *v tr* to interpret.

interpretazione *sf* interpretation.

intèrprete *sm* / *f* interpreter ◊ (*teatro*) actor (-tress), performer.

interrato *sm* **piano interrato**, basement.

interrogare *v tr* to question ◊ (*imputato, candidato*) to interrogate ◊ (*scol*) to test, to hear, to examine ◊ (*testimoni*) to cross-examine.

interrogatorio *sm* questioning ◊ (*più formale*) interrogation.

interrogazione *sf* question, query ◊ (*scol*) oral test, oral examination ◊ (*leg*) interrogation.

interrómpere *v tr* to interrupt, to break (off, up) ◊ (*gravidanza*) to terminate ◊ *v rifl* to break off.

interruttore *sm* switch.

interruzione *sf* interruption ◊ (*di corrente*) black out ◊ (*di gravidanza*) miscarriage, termination (of pregnancy).

interurbano *agg* interurban ◊ (*telefonata*) trunk call, long-distance call.

intervallo *sm* interval ◊ (*scol*) break.

intervenire *v intr* to intervene ◊ (*assistere*) to be present.

intervento *sm* intervention ◊ (*breve discorso*) speech ◊ (*partecipazione*) presence ◊ (*med*) operation.

intervenuto *agg* present ◊ **gli intervenuti**, those present, the audience.

intervista *sf* interview.

intervistare *v tr* to interview.

intervistatore(-trice) *sm* interviewer.

intesa *sf* understanding, agreement.

intestatario *sm* registered holder.

intestazione *sf* heading.

intestino *agg* internal ◊ *sm* intestine.
intimare *v tr* to order (sb to do sthg).
intimidire *v tr* to intimidate.
intimità *sf inv* privacy ◊ (*di rapporto*) intimacy.
intimo *agg* intimate, close ◊ (*pranzo*) informal ◊ **biancheria intima**, underwear.
intimorire *v tr* to frighten, to cow ◊ *v rifl* to get frightened.
intirizzire *v tr* to numb ◊ *v rifl* to grow numb (with cold).
intitolare *v tr* to entitle ◊ *v rifl* to be called ◊ **come s'intitola il libro?**, what's the title of the book?
intoccàbile *agg* intouchable.
intolleràbile *agg* intolerable.
intollerante *agg* intolerant (of).
intolleranza *sf* intolerance.
intònaco(-ci, -chi) *sm* plaster.
intontire *v tr* to stun, to daze.
intoppo *sm* difficulty, obstacle.
intorbidare, intorbidire *v tr* to make turbid ◊ (*acque*) to muddy ◊ *v rifl* to become turbid.
intorno *avv, prep* around ◊ **lì intorno**, round there, thereabouts; **tutt'intorno**, all around.
intorpidire *v tr* to benumb ◊ (*mente*) to make sluggish ◊ *v rifl* to grow numb ◊ (*mente*) to become sluggish.
intossicare *v tr* to poison ◊ *v rifl* to poison os.
intossicazione *sf* poisoning.
intralcio *sm* hitch, obstacle, hindrance.
intrallazzare *v intr* to intrigue.
intrallazzatore(-trice) *sm* intriguer, schemer.
intransigente *agg* uncompromising, intransigent.
intrappolare *v tr* to trap.
intraprendente *agg* enterprising, resourceful ◊ (*con donne*) bold, forward.
intraprèndere *v tr* to undertake ◊ (*carriera*) to take up, to embark upon ◊ (*viaggio*) to set out (on).
intrattàbile *agg* impossible.
intrattenere *v tr* to entertain, to amuse ◊ (*conversando*) to engage sb in conversation ◊ *v rifl* (*indugiare*) to linger.

intrattenimento *sm* entertainment.
intravedere *v tr* to glimpse.
intrecciare *v tr* to weave ◊ (*capelli*) to plait, to braid ◊ *v rifl* (*rami*) to intertwine.
intrèpido *agg* dauntless.
intricare *v tr* to (en)tangle ◊ *v rifl* to become en(tangled).
intrico(-chi) *sm* tangle.
intrigante *agg* scheming ◊ *sm / f* schemer.
intrigare *v intr* to plot, to lobby.
intrigo(-ghi) *sm* intrigue, plot, manoeuvre.
introdurre *v tr* to introduce ◊ (*gettone*) to put in ◊ (*ospiti*) to show in, to usher in ◊ *v rifl* to manage to get in.
introduzione *sf* introduction.
intromèttersi *v rifl* to interfere.
introverso(-a) *agg* introverted ◊ *sm* introvert.
intrufolarsi *v rifl* to slide in.
intruglio *sm* concoction.
intrusione *sf* intrusion.
intruso *sm* intruder, outsider ◊ (*a un ricevimento*) gatecrasher.
intuire *v tr* to realize, to guess, to grasp intuitively.
intùito *sm* intuition.
intuizione *sf* intuition.
inumano *agg* inhuman, cruel.
inumare *v tr* to bury, to inter.
inumidire *v tr* (*labbra*) to moisten ◊ (*biancheria*) to dampen ◊ *v rifl* to become moist (damp).
inusitato *agg* unusual.
inùtile *agg* useless, (of) no use, no good ◊ **è inutile insistere**, it's no use (no good) insisting, there's no point in insisting.
inutilità *sf* uselessness.
invadente *agg* intrusive, pushing.
invadenza *sf* intrusiveness.
invàdere *v tr* to invade.
invaghirsi *v rifl* to become infatuated (with).
invalicàbile *agg* (*montagna*) impassable.
invalidare *v tr* to invalidate.
invalidità *sf inv* invalidity, disablement.
invàlido(-a) *agg, sm* invalid.
invano *avv* in vain.
invariato *agg* unchanged.
invasato *agg* possessed (by the devil).

invasione *sf* invasion.

invasore *sm* invader.

invecchiamento *sm* ageing.

invecchiare *v intr* to grow old, to age ◊ *v tr* to age, to make sb look older.

invece *avv* instead.

inveìre *v intr* to rail (against).

invenduto *agg* unsold.

inventare *v tr* to invent ◊ (*frottole*) to make up.

inventariare *v tr* to inventory.

inventario *sm* inventory.

inventiva *sf* inventiveness, creativity.

inventore(-trice) *sm* inventor.

invenzione *sf* invention.

invernale *agg* winter (*attr*).

inverno *sm* winter.

inverosìmile *agg* unlikely, improbable, incredible.

inversione *sf* inversion ◊ (*di marcia*) U-turn.

inverso *agg* opposite ◊ (*mat*) inverse ◊ *sm* the opposite, the contrary.

invertire *v tr* to invert, to reverse ◊ (*posti*) to change ◊ (*ruoli*) to exchange.

invertito *sm* homosexual.

investigare *v tr* to inquire (into) ◊ *v intr* to make inquiries.

investigatore(-trice) *sm* detective, investigator.

investimento *sm* (*econ*) investment ◊ (*auto*) collision, road accident.

investire *v tr* to invest ◊ (*auto*) to run down, to knock down ◊ (*altro veicolo*) to hit, to crash into ◊ *v rifl* to collide.

invettiva *sf* invective.

inviare *v tr* to send ◊ (*merce*) to dispach.

inviato(-a) *sm* envoy ◊ (*stampa*) correspondent.

invidia *sf* envy.

invidiare *v tr* to envy.

invidioso *agg* envious (of).

invincìbile *agg* invincible.

invisìbile *agg* invisible.

invitante *agg* tempting, attractive, appealing.

invitare *v tr* to invite, to ask (sb to do sthg) ◊ *v rifl* to come uninvited, to be a gate crasher.

invitato(-a) *sm* guest.

invito *sm* invitation ◊ **su invito di qc**, at sb's invitation.

invocare *v tr* to invoke.

invocazione *sf* invocation.

invogliare *v tr* to make sb want to do sthg.

involontario *agg* unintentional.

involtino *sm* (*cucina*) roulade.

involucro *sm* cover.

involuto *agg* (*stile*) convoluted.

invulneràbile *agg* invulnerable.

inzaccherare *v tr* to spatter with mud ◊ *v rifl* to get spattered with mud.

inzuccherare *v tr* to sugar, to sweeten.

inzuppato *agg* soaked.

io *pron* I ◊ **sono io**, it's me, it's I ◊ *sm* the ego, the self.

iodio *sm* iodine.

iònico(-a, -ci, -che) *agg* Ionic ◊ (*geogr*) Ionian.

ionizzare *v tr* to ionize.

iosa *avv* **a iosa**, in abundance.

ipermercato *sm* hypermarket.

ipersensìbile *agg* hypersensitive.

ipertensione *sf* high blood pressure.

ipertesto *sm* hypertext.

ipnosi *sf inv* hypnosis.

ipnotismo *sm* hypnotism.

ipnotizzare *v tr* to hypnotize.

ipocondrìaco(-a, -ci, -che) *agg, sm* hypocondriac.

ipocrisìa *sf* hypocrisy, cant.

ipòcrita *agg* hypocritical ◊ *sm / f* hypocrite.

ipoteca(-che) *sf* mortgage.

ipotecare *v tr* to mortgage.

ipotensione *sf* low blood pressure.

ipòtesi *sf inv* hypotesis ◊ (*supposizione*) assumption ◊ **facciamo l'ipotesi che**, let's assume that.

ipotètico(-a, -ci, -che) *agg* hypothetical, imaginary ◊ **periodo ipotetico**, conditional clause.

ipotizzare *v tr* to assume, to suppose.

ìppica *sf sing* horseracing ◊ (*scherz*) **datti all'ippica!**, take up knitting!

ippocastano *sm* horse-chestnut.

ippòdromo *sm* race-course.

ippopòtamo *sm* hippopotamus.

ira *sf* anger, wrath, fury.

iracondo *agg* quick-tempered, wrathful.

irascìbile *agg* quick-tempered, irascible.

ìride *sf* iris ◊ (*arcobaleno*) rainbow.

irònico(-a, -ci, -che) *agg* ironic (al).

ironizzare *v tr* to be ironical (about), to ironize (about).

irraggiungìbile *agg* unreachable ◊ (*fig*) unattainable.

irragionévole *agg* unreasonable.

irrazionale *agg* irrational.

irreale *agg* unreal.

irrealizzàbile *agg* (*desiderio*) unattainable, unrealizable ◊ (*progetto*) impraticable.

irrealtà *sf inv* unreality.

irrecuperabile *agg* irretrievable ◊ (*persona*) irredeemable.

irrefrenàbile *agg* uncontrollable.

irrefutàbile *agg* irrefutable.

irregolare *agg* irregular.

irregolarità *sf inv* irregularity ◊ (*sport*) foul, breach of rules.

irreligioso *agg* irreligious.

irremovìbile *agg* unshakeable, stubborn.

irreperìbile *agg* nowhere to be found ◊ **rendersi irreperibile**, to make os scarce.

irrequietezza *sf* restlessness.

irrequieto *agg* restless.

irresistìbile *agg* irresistible.

irresoluto *agg* irresolute, undecided, indecisive.

irrespiràbile *agg* unbreathable ◊ (*opprimente*) stifling, oppressive.

irresponsàbile *agg* irresponsible.

irresponsabilità *sf inv* irresponsibility.

irretire *v tr* to ensnare, to catch.

irreversìbile *agg* irreversible.

irriconoscibile *agg* unrecognizable.

irrigare *v tr* to irrigate.

irrigazione *sf* irrigation.

irrigidire *v tr* to stiffen, to harden ◊ (*disciplina*) to tighten ◊ *v rifl* to stiffen.

irriguardoso *agg* disrespectful.

irrilevante *agg* insignificant.

irripetìbile *agg* unrepeatable.

irrisorio *agg* derisory, ridiculous.

irrispettoso *agg* disrespectful.

irritàbile *agg* irritable.

irritabilità *sf inv* irritability.

irritare *v tr* to irritate ◊ *v rifl* to become irritated.

irritazione *sf* irritation.

irriverente *agg* irreverent.

irrómpere *v intr* to burst into.

irruente *agg* impetuous, boisterous, vehement.

irruzione *sf* raid ◊ **fare irruzione** (*polizia*), to raid, to bust (*fam*).

iscritto(-a) *sm* competitor ◊ (*a partito*) member ◊ **per iscritto**, in writing, in black and white (*fam*).

iscrìvere *v tr* to enrol (in), to register (in) ◊ (*all'anagrafe*) to register ◊ **iscrivere qc a una gara**, to enter sb for a competition ◊ *v rifl* to join ◊ (*gara*) to enter ◊ (*corso*) to enrol (for).

islàmico(-a, -ci, -che) *agg* Islamic ◊ *sm* Muslim, Moslem.

ìsola *sf* island, isle ◊ (*pedonale*) pedestrian precinct ◊ (*spartitraffico*) traffic island.

isolamento *sm* isolation ◊ (*solitudine*) loneliness ◊ **cella d'isolamento**, solitary confinement.

isolare *v tr* to isolate, to cut off ◊ *v rifl* to isolate os.

isolato *agg* isolated, out-of-way ◊ (*elettr*) insulated ◊ *sm* block.

ispettore(-trice) *sm* inspector (-tress, lady inspector), supervisor ◊ (*doganale*) surveyor of customs.

ispezionare *v tr* to inspect.

ispezione *sf* inspection ◊ (*doganale*) customs examination.

ìspido *agg* bristly, shaggy.

ispirare *v tr* to inspire ◊ **ispirare fiducia a qc**, to inspire sb with confidence ◊ *v rifl* **ispirarsi a qc, qcs**, to be inspired by, to draw one's inspiration (from).

ispiratore(-trice) *sm* inspirer.

israelita *sm / f* Jew (Jewess).

israelìtico(-a, -ci, -che) *agg* Jewish, Israelite.

issare *v tr* (*bandiera*) to hoist.

istantànea *sf* snapshot, snap (*fam*).

istantàneo *agg* instantaneous, instant.

istante *sm* instant, moment.

istèrico(-a, -ci, -che) *agg* hysterical ◊ *sm* hysteric.

isterismo *sm* hysteria, hysterics.

istigare *v tr* to incite (sb to do sthg).

istigatore(-trice) *sm* instigator.

istigazione *sf* instigation, incitement.

istintivo(-a) *agg* instinctive ◊ *sm* **essere un istintivo**, to be guided by one's instincts.

istinto *sm* instinct.

istituire *v tr* to institute.

istituto *sm* institute ◊ (*univ*) department ◊ (*istituzione*) institution ◊ (*di bellezza*) beauty parlour.

istitutore(-trice) *sm* tutor (governess).

istituzione *sf* institution.

istmo *sm* isthmus.

istrice *sf* porcupine.

istriònico(-a, -ci, -che) *agg* histrionic, theatrical.

istruire *v tr* to educate ◊ (*dare istruzioni*) to instruct ◊ *v rifl* to learn.

istruito *agg* educated.

istruttore(-trice) *sm* instructor ◊ (*sport*) trainer, coach ◊ *agg* **giudice istruttore**, investigating judge.

istruttoria *sf* preliminary investigation.

istruttorio *agg* preliminary, pre-trial ◊ **segreto istruttorio**, secrecy concerning the documentation of pre-trial investigation.

istruzione *sf* (*cultura*) education ◊ (*addestramento*) training ◊ (*norma*) instruction ◊ **Ministero della Pubblica Istruzione**, Ministry of Education.

iter *sm inv* procedure, routine.

itinerante *agg* itinerant, wandering.

itinerario *sm* route, itinerary.

itterizia *sf* jaundice.

ittico(-a, -ci, -che) *agg* fish (*attr*), fishing (*attr*).

iuta *sf* iute.

I.V.A. *sf* (*imposta sul valore aggiunto*) V.A.T. (Value added tax).

J

jazz *sm* jazz.

jazzista *sm / f* jazz player.

jet *sm* jetplane.

jolly *sm* joker.

judo *sm* judo.

K

karatè *sm* karate.

kimono *sm* kimono.

kiwi *sm* (*bot, zool*) kiwi.

L

la *art det f sing* the ◊ (*idiom, omesso*) **la prossima settimana**, next week ◊ (*idiom, diventa agg poss*) **prestami la penna**, lend me your pen ◊ (*idiom*) a, an ◊ **fumo la pipa**, I smoke a pipe.

la *pron pers sing* (*persona*) her ◊ (*cosa*) it ◊ (*dando del 'Lei'*) you.

la *sm* (*mus*) A ◊ **la bemolle**, A flat.

là *avv* there ◊ **per di là**, that way; **al di là di**, beyond.

labbro (labbra *f pl*) *sm* lip ◊ **labbra screpolate**, chapped lips.

làbile *agg* fleeting ◊ **una memoria labile**, a weak (poor, slippery) memory.

labirinto *sm* labyrinth, maze.

laboratorio *sm* laboratory, lab (*fam*) ◊ **laboratorio linguistico**, language lab.

laborioso *agg* industrious, hard-working ◊ (*faticoso*) laborious.

laburismo *sm* (*pol*) Labour Movement.

laburista *agg* Labour (*attr*) ◊ *sm / f* member of the Labour Party.

lacca(-che) *sf* (*per capelli*) hair spray ◊ (*mobili*) varnish.

laccio *sm* lace, string.

lacerare *v tr, rifl* to tear.

làcero *agg* (*vestito*) torn, ripped ◊ (*persona*) ragged, tattered ◊ **ferita lacero-contusa**, cut with lacerations and bruising.

làcrima *sf* tear ◊ (*goccia*) drop.

lacrimare *v intr* to shed tears ◊ (*occhi*) to water.

lacrimògeno *sm* tear-gas.

lacrimoso *agg* tearful, moving.

lacuna *sf* gap.

ladro(-a) *sm* thief, robber, burglar ◊ (*borsaiolo*) pickpocket ◊ **ladro di cuori**, lady-killer.

lagnanza *sf* complaint.

lagnarsi *v rifl* to moan ◊ (*lamentarsi*) to complain (to sb about sthg).

lago(-ghi) *sm* lake ◊ (*piccolo*) pool, pond ◊ **il lago di Garda**, Lake Garda.

laguna *sf* lagoon.

laicizzare *v tr* to secularize.

laico(-a, -ci, -che) *agg* (*relig*) lay (*attr*) (*potere*) secular ◊ *sm* layman(-woman).

lama *sf* blade.

lama *sm inv* (*zool*) llama.

lama *sm inv* (*sacerdote buddista*) Lama.

lambiccarsi *v rifl* to rack one's brain, to puzzle.

lambire *v tr* (*fiamme*) to lick ◊ (*acqua*) to lap.

lamentare *v tr*, *rifl* to mourn.

lamentela *sf* complaint.

lamento *sm* moan ◊ (*funebre*) dirge.

lametta *sf* razor-blade.

lamiera *sf* sheet ◊ (*di zinco*) sheet-zinc.

laminare *v tr* to laminate.

làmpada *sf* lamp ◊ (*a stelo*) floor lamp.

lampadario *sm* chandelier.

lampadina *sf* bulb ◊ (*tascabile*) torch pocket.

lampeggiare *v intr* (*luce*) to flash ◊ *v impers* to lighten.

lampeggiatore *sm* (*auto*) flashing indicator ◊ (*fot*) flash.

lampione *sm* (*di strada*) street-lamp ◊ (*palo*) lamp-post ◊ (*di carrozza*) carriage-lamp.

lampo *sm* lightning (*sing*), flash of lightning ◊ **un lampo di genio**, a stroke of genius; **cerniera lampo**, zip; **in un lampo**, in a flash.

lampone *sm* raspberry.

lana *sf* wool ◊ (*di lana*) wool (*attr*), woollen.

lancetta *sf* (*di orologio*) hand.

lancia(-ce) *sf* spear, lance ◊ (*pesca*) harpoon ◊ (*naut*) launch.

lanciare *v tr* to throw ◊ (*bombe*) to drop ◊ **lanciare qcs a qc**, to throw sthg to sb, (*per colpirlo*) to throw sthg at sb ◊ (*un prodotto*) to launch, to boost ◊ *v rifl* to throw os (into sthg).

lancinante *agg* acute, piercing.

lancio *sm* throwing, launching.

landa *sf* moor, heath.

languire *v intr* to pine, to languish ◊ (*affari*) to be slack.

languore *sm* languore, weakness, faintness ◊ **languorino allo stomaco**, pangs of hunger.

lanificio *sm* wool mill.

lanoso *agg* woolly.

lanterna *sf* lantern ◊ (*faro*) light-house.

lanùgine *sf* down.

lapalissiano *agg* self-evident, obvious.

lapidare *v tr* to stone to death.

lapidario *agg* lapidary ◊ (*stile*) succinct, terse, concise.

lapidatore(-trice) *sm* stoner.

làpide *sf* tombstone, gravestone, memorial tablet.

lapsus *sm inv* slip (of the tongue).

lardo *sm* (*bacon*) fat, lard.

largheggiare *v intr* to be generous (with).

larghezza *sf* breadth, width ◊ (*generosità*) generosity ◊ **larghezza di vedute**, broad-mindedness.

largo(-a, -ghi, -ghe) *agg* broad, wide ◊ (*abiti*) loose ◊ **di larghe vedute**, broad-minded; **stare alla larga da**, to keep clear of ◊ *sm* breadth, width ◊ (*mare aperto*) open sea ◊ **largo!**, make way!

làrice *sm* larch.

laringe *sf* larynx.

laringoiatra *sm / f* throast specialist, laryngologist.

larva *sf* larva ◊ (*fig*) shadow.

lasciapassare *sm inv* pass, permit.

lasciare *v tr*, *intr* to leave ◊ (*dimenticare*) to leave (sthg) behind ◊ (*permettere*) to let ◊ (*omettere*) to leave out, to forget ◊ **lasciar stare qc (qcs)**, to leave sb (sthg) alone; **lascia fare a me**, leave it to me; **lascia perdere**, forget it ◊ *v rifl* to let os ◊ *v rec* to part (from one another) ◊ (*coniugi*) to leave one another, to split up.

lascivia *sf* lust, lasciviousness.

laser *sm* laser ◊ **raggio laser**, laser beam.

lassativo *agg*, *sm* laxative.

lasso *sm* a lapse of time.

lassù *avv* up there.

lastra *sf* slab, plate ◊ (*med*) X-ray ◊ **fare le lastre a qc**, to X-ray sb.

lastricare *v tr* to pave.

laterale *agg* side (*attr*) ◊ (*via*) by-street ◊ *sm* (*sport*) half.

lateralmente *avv* sideways.

laterizio *sm* (perforated) brick.

latifondista *sm / f* large agricultural landowner.

latifondo *sm* large agricultural estate.

latino(-a) *agg, sm* Latin.

latitante *agg, sm / f* fugitive (from justice).

latitanza *sf* absence to avoid arrest.

latitùdine *sf* latitude.

lato *agg* broad, wide ◊ **in senso lato**, broadly speaking.

lato *sm* side, part ◊ (*fig*) aspect ◊ **da un lato... dall'altro lato**, on the one hand... on the other hand.

latta *sf* tin ◊ (*recipiente*) tin, can.

lattaio(-a) *sm* milkman(-woman).

lattante *sm / f* breast-fed baby.

latte *sm* milk ◊ **dare il latte**, to breast-feed; **latte condensato**, condensed milk; **latte intero (magro)**, full-cream (skimmed) milk; **latte detergente**, cleansing milk; **fratello di latte**, foster brother.

latterìa *sf* dairy, milk-shop.

latticino *sm* dairy product.

lattina *sf* tin, (*AmE*) can.

lattuga(-ghe) *sf* lettuce.

làurea *sf* degree ◊ **prendere la laurea**, to take one's degree, to graduate; **esame di laurea**, disputation of a thesis.

laureando *sm* final-year student.

laureare *v tr* to confer a degree (on sb) ◊ *v rifl* to take (one's) degree.

laureato(-a) *agg, sm* graduate.

làuro *sm* laurel, bay-tree.

lava *sf* lava.

lavabiancherìa *sf inv* washing machine.

lavabile *agg* washable.

lavabo *sm* washbasin.

lavaggio *sm* washing ◊ **lavaggio a secco**, dry-cleaning.

lavagna *sf* (*min*) slate ◊ (*scol*) blackboard ◊ (*luminosa*) overhead projector ◊ **cancellare la lavagna**, to wipe the blackboard.

lavanda *sf* (*bot*) lavender ◊ (*med*) lavage ◊

lavanda gastrica, gastric lavage.

lavanderìa *sf* laundry, launderette.

lavandino *sm* washbasin ◊ (*cucina*) sink.

lavapiatti *sm / f inv* dishwasher.

lavare *v tr* to wash ◊ (*a mano*) to handwash ◊ (*stoviglie*) to wash up (*fig*) to cleanse ◊ *v rifl* to wash os ◊ **lavarsene le mani**, to wash one's hands of it.

lavasecco *sm inv* (*negozio*) dry-cleaner's.

lavastoviglie *sf inv* dishwasher.

lavatrice *sf* washing machine.

lavello *sm* sink.

lavorare *v intr* to work ◊ (*con fatica*) to toil, to labour ◊ (*funzionare*) to work, to run, to operate ◊ **lavorare in proprio**, to be self-employed; **lavorarsi qc**, to talk sb round ◊ *v tr* (*legno*) to carve ◊ (*pasta*) to knead ◊ (*terra*) to work, to cultivate.

lavoratore(-trice) *sm* worker.

lavoro *sm* work (*sing*), job ◊ (*compito*) job, task ◊ **lavoro a cottimo**, piece-work; **è un bel lavoro**, this is fine work; **essere senza lavoro**, to be out of work, to be unemployed; **lavoro straordinario**, overtime; **lavori di ricerca**, research work (*sing*); **fare i lavori di casa**, to do the housework; **fare bene (male) un lavoro**, to do a job well (badly); **lavori forzati**, hard labour.

le *art det f pl* the ◊ *pron pers* her, to her; *pl* them, to them ◊ (*forma di cortesia*) you.

leale *agg* loyal, faithful, honest.

lealtà *sf inv* fairness, honesty.

lebbra *sf* leprosy.

lebbroso(-a) *agg* leprous ◊ *sm* leper.

lecca-lecca *sm inv* lollipop, lolly (*fam*).

leccapiedi *sm inv* (*spreg*) boot-licker, toady.

leccare *v tr* to lick ◊ *v rifl* to lick os.

leccio *sm* holm-oak.

leccornìa *sf* delicacy, titbit.

lèdere *v tr* to harm.

lega(-ghe) *sf* league ◊ (*metall*) alloy.

legale *agg* legal, law (*attr*) ◊ (*legittimo*) lawful ◊ **ora legale**, summer time, daylight saving time ◊ *sm* lawyer.

legalità *sf inv* legality, lawfulness.

legalizzare *v tr* to legalize.

legame *sm* tie, bond, link.

legare *v tr* to tie, to bind ◊ (*collegare*) to connect ◊ *v intr* (*metall*) to alloy ◊ (*perso-*

ne) to get on ◊ *v rifl* to bind os ◊ **legarsi a qc**, to strike up a friendship with sb; **legarsela al dito**, to bear a grudge.

legatorìa *sf* bookbinding ◊ (*negozio*) bookbinder's.

legge *sf* law ◊ **progetto di legge**, bill; **obbedire alla legge**, to obey the law; **abrogare una legge**, to repeal an act; **dettare legge**, to lay down the law; **fuori legge**, illegal, (*persona*) outlaw.

leggenda *sf* legend ◊ (*chiave di lettura*) key.

leggendario *agg* legendary.

lèggere *v tr* to read ◊ **leggere ad alta voce**, to read aloud; **leggere per addormentarsi**, to read os to sleep.

leggero *agg* light ◊ (*agile*) light, nimble ◊ (*lieve*) slight ◊ (*spensierato*) thoughtless ◊ (*droga*) soft ◊ (*caffè*) weak ◊ **atletica leggera**, athletics (*sing*).

leggiadro *agg* lovely, pretty, fair.

leggìbile *agg* (*calligrafia*) legible.

leggìo *sm* bookrest ◊ (*mus*) music stand ◊ (*univ*) lectern.

legiferare *v tr* to legislate.

legione *sf* legion.

legislatore *sm* legislator.

legislatura *sf* legislature.

legislazione *sf* legislation.

legittimare *v tr* (*figlio*) to legitimize, to legitimate.

legìttimo *agg* (*figlio*) legitimate ◊ (*giusto*) right, lawful ◊ **per legittima difesa**, in self-defence.

legna *sf* wood ◊ **legna da ardere**, firewood.

legnaiolo *sm* woodcutter.

legname *sm* timber, wood, lumber.

legnata *sf* blow with a stick.

legno *sm* wood ◊ (*compensato*) plywood.

legume *sm* pulse vegetable.

lei *pron pers sing* (*ogg*) her ◊ (*fam*, *sogg*) she ◊ (*forma di cortesia*) you.

lemma *sm* (*dizionario*) headword, entry.

lenire *v tr* to soothe, to relieve.

lente *sf* lens ◊ **lenti a contatto**, contact lenses, contacts.

lentezza *sf* slowness.

lenticchia *sf* lentil.

lentìggine *sf* freckle.

lento *agg* slow ◊ (*allentato*) loose ◊ **una men-**

te lenta, a dull mind.

lenza *sf* (fishing) line.

lenzuolo *sm* sheet ◊ (*funebre*) shroud.

leone *sm* lion ◊ **essere del leone**, to be Leo.

leonessa *sf* lioness.

leopardo *sm* leopard.

lepre *sf* hare.

lèsbica(-che) *agg*, *sf* lesbian.

lessare *v tr* to boil.

lessicale *agg* lexical.

lèssico *sm* vocabulary.

lesso *sm* boiled meat (beef).

letale *agg* lethal, mortal, deadly.

letame *sm* manure, dung ◊ (*fig*) filth, dirt.

letargo(-ghi) *sm* hibernation ◊ (*di persona*) lethargy.

lèttera *sf* lettera ◊ **studiare lettere**, to study Arts; **lettere corsive**, italics.

letterale *agg* literal.

letterario *agg* literary.

letterato *sm* man of letters, scholar ◊ *agg* cultured.

letteratura *sf* literature.

lettiga(-ghe) *sf* stretcher.

letto *sm* bed ◊ **essere a letto**, to be in bed; **letti gemelli (a castello)**, twin (bunk) beds; **vagone letto**, sleeping-car.

lettore(-trice) *sm* reader ◊ (*univ*) lecturer.

lettura *sf* reading ◊ (*scol*) reading book.

leucemìa *sf* leukaemia.

leva *sf* (*anche fig*) lever ◊ **leva di comando**, control lever.

leva *sf* (*mil*) call-up ◊ (*AmE*) draft ◊ (*soldati di leva*) conscripts ◊ **essere di leva**, to be due for call-up.

levante *agg* rising ◊ *sm* east ◊ **il Levante**, the Levant.

levare *v tr* to remove, to take away ◊ (*estrarre*) to pull out ◊ (*mat*) to subtract, to take away ◊ (*sollevare gli occhi*) to lift (up), to raise ◊ (*togliersi di dosso*) to take off ◊ (*levare la sete*) to quench one's thirst ◊ **levare qcs di mezzo**, to get sthg out of the way; **levare le tende**, to pack up and go ◊ *v rifl* to rise ◊ (*alzarsi*) to get up ◊ **levati dai piedi!**, get off!

levataccia(-ce) *sf* very early rising.

levatoio *agg* (*ponte*) drawbridge.

levatrice *sf* midwife.

levigare *v tr* to smooth, to polish

levitare *v tr* to levit.

levriere *sm* greyhound

lezione *sf* lesson ◊ (*univ*) lecture ◊ **ora di lezione**, period.

lezioso *agg* affected.

li *pron pers pl* (*oggetto*) them.

lì *avv* there ◊ **lì dentro** (**fuori, sopra, sotto**), in (out, up, under) there; **lì per lì**, then and there; **essere lì lì per fare qcs**, to be about to do sthg.

libbra *sf* pound.

libèllula *sf* dragonfly.

liberalizzare *v tr* to liberalize.

liberare *v tr* to free, to set sb free, to release ◊ *v rifl* to free os (from), to get rid (of).

liberatore(-trice) *sm* liberator.

liberazione *sf* liberation.

libero *agg* free ◊ (*vacante*) vacant ◊ (*persona non sposata*) unattached ◊ **dar libero sfogo a**, to give vent to; **ingresso libero**, entrance free; **libero professionista**, self-employed person.

libertà *sf inv* freedom, liberty ◊ **il ladro è ancora in libertà**, the thied is still at large; **essere in libertà vigilata**, to be on probation; **prendersi la libertà di fare qcs**, to take the liberty of doing sthg.

libìdine *sf* lust, lechery.

libidinoso *agg* lustful, lecherous.

libraio(-a) *sm* bookseller.

librarsi *v rifl* to hover, to soar.

librerìa *sf* bookshop ◊ (*mobile*) bookcase.

libro *sm* book.

liceale *sm* / *f* high-school student.

licenza *sf* licence ◊ (*scol*) school-leaving certificate ◊ (*permesso*) permission, leave.

licenziamento *sm* dismissal.

licenziare *v tr* to dismiss, to sack ◊ (*per eccesso di personale*) to make redundant ◊ *v rifl* to hand in one's notice.

licenzioso *agg* licentious, dissolute.

liceo *sm* grammar school ◊ (*AmE*) high school.

lido *sm* shore, beach.

lieto *agg* glad, happy ◊ **a lieto fine**, with a happy ending.

lieve *agg* soft, light ◊ (*malattia*) slight.

lievitare *v intr* (*pane*) to rise.

lièvito *sm* yeast.

lilla *agg, sm inv* lilac.

lima *sf* file ◊ **lima da unghie**, nail-file.

limaccioso *agg* slimy, muddy

limare *v tr* to file ◊ (*scritti*) to polish.

limbo *sm* limbo.

limitare *v tr* to limit (to) ◊ *v rifl* to limit os to (doing sthg).

limitato *agg* limited ◊ **persona di idee limitate**, narrow-minded person.

lìmite *sm* limit ◊ (*fig*) limitation ◊ **passare i limiti**, to go too far; **questo passa ogni limite**, that's the limit; **al limite**, if the worst comes to the worst.

limìtrofo *agg* neighbouring, bordering.

limonata *sf* lemonade.

limone *sm* lemon ◊ **giallo limone**, lemon yellow.

lince *sf* lynx.

linciaggio *sm* lynching.

linciare *v tr* to lynch.

linea *sf* line ◊ **in linea di massima**, on the whole; **mantenere la linea**, to keep one's figure; **volo di linea**, scheduled flight; **in linea diretta** (*TV*), coming to you direct from.

lineamenti *sm pl* features.

linfa *sf* (*bot*) sap ◊ (*anat*) lymph.

linfàtico(-a, -ci, -che) *agg* lymphatic.

lingua *sf* (*anat*) tongue ◊ language ◊ (*striscia*) strip ◊ **avere la lingua sporca**, to have a furred tongue; **avere la lingua sciolta**, to have a glib tongue.

linguaggio *sm* language.

linguista *sm* / *f* linguist.

linguìstica *sf sing* linguistics (*sing*).

linguìstico(-a, -ci, -che) *agg* linguistic.

lino *sm* (*bot*) flax ◊ (*tessuto*) linen.

liofilizzato *agg* freeze-dried.

liquefare *v tr, rifl* to liquefy, to melt.

liquidare *v tr* (*debiti*) to settle, to pay off ◊ (*merce*) to sell off ◊ (*uccidere*) to kill ◊ (*sbarazzarsi*) to get rid (of) ◊ (*licenziare*) to fire, to sack, to dismiss ◊ (*pensione*) to pay.

lìquido *agg* liquid ◊ (*denaro*) cash.

liquirizia *sf* liquorice.

liquore *sm* liqueur ◊ (*alcolici*) spirits.

lira *sf* (*moneta*) lira ◊ (*mus*) lyre.

lìrica(-che) *sf* lyric poetry ◊ (*componimento*) lyric poem ◊ (*mus*) opera.

lìrico(-a, -ci, -che) *agg* lyric ◊ **teatro lirico**, opera house.

lisca(-che) *sf* fish-bone.

lisciare *v tr* to smooth ◊ (*adulare*) to flatter ◊ *v rifl* (*i capelli*) to sleek one's hair.

liscio(-a, -sci, -sce) *agg* smooth ◊ (*liquore*) neat, straight ◊ (*capelli*) straight.

liso *agg* worn, worn-up, thread-bare.

lista *sf* list ◊ (*menu*) menu.

listino *sm* list ◊ **listino prezzi**, price list; **prezzo di listino**, list price.

lite *sf* quarrel ◊ (*leg*) lawsuit.

litigare *v intr* to quarrel, to wrangle, to argue ◊ (*leg*) to litigate.

litigio *sm* quarrel, dispute.

litigioso *agg* quarrelsome, litigious.

litografia *sf* lithography ◊ (*stampa*) lithography.

litogràfico(-a, -ci, -che) *agg* lithographic.

litorale *sm* coast.

litro *sm* litre.

liturgìa *sf* liturgy.

liuto *sm* lute.

livellare *v tr* to level.

livello *sm* level ◊ (*grado*) standard ◊ **il livello di vita**, the standard of living.

livido *agg* livid ◊ (*contuso*) bruised ◊ *sm* bruise ◊ **essere pieno di lividi**, to be all black and blue.

livrea *sf* livery.

lo *art det m sing* the ◊ *pron pers sing* (*persona*) him ◊ (*cosa*) it.

lobo *sm* lobe.

locale *agg* local ◊ *sm* (*stanza*) room ◊ (*pubblico*) place.

località *sf inv* place, locality ◊ (*di villeggiatura*) resort.

locanda *sf* inn.

locandiere(-a) *sm* innkeeper.

locandina *sf* play-bill.

locazione *sf* (*da parte del locatario*) renting ◊ (*da parte del locatore*) renting out, letting ◊ (*di macchinari*) leasing ◊ **dare in locazione**, to rent out, to let; **canone di locazione**, rent.

locomotiva *sf* locomotive, engine.

locomotore(-trice) *sm* locomotive, engine.

lòculo *sm* burial niche (recess).

locusta *sf* locust.

lodare *v tr* to praise ◊ *v rifl* to praise os.

lode *sf* praise ◊ **degno di lode**, praiseworthy; **laurearsi con la lode**, to graduate with a first-class honours degree.

logaritmo *sm* logarithm.

loggione *sm* (*teatro*) gallery, the gods.

lògica(-che) *sf* logic.

logicamente *avv* logically, obviously.

lògico(-a, -ci, -che) *agg* logical ◊ (*coerente*) consistent ◊ (*naturale*) obvious ◊ **siamo logici!**, be consistent! ◊ *sm* logician.

logìstica(-che) *sf* logistics (*sing*).

logorante *agg* exhausting.

logorare *v tr* to wear out ◊ (*pietra*) to wear away ◊ (*salute*) to ruin ◊ (*nervi*) to wear down ◊ *v rifl* to wear out ◊ (*persona*) to wear os out.

logorìo *sm* wear and tear, strain.

lógoro *agg* (*scarpe*) worn (out) ◊ (*tappeto*) threadbare ◊ (*aspetto*) worn out, exhausted ◊ (*vista*) ruined.

lombàggine *sf* lumbago.

lombare *agg* lumbar.

lombrico(-chi) *sm* worm, earth-worm.

longevo *agg* long-lived.

longilìneo *agg* long-limbed.

longitùdine *sf* longitude.

lontananza *sf* distance, remoteness ◊ (*l'essere lontano*) being far off (away).

lontano *agg* distant, far away ◊ (*parentela*) distant ◊ **la scuola è lontana un miglio**, the school is a mile away (a mile from here); **la scuola è lontana**, the school is a long way off (it's a long way to the school); **quant'è lontana la chiesa?**, how far away is the church? (how far is it to the church?).

lontano *avv* far from here, far away, far off, a long way off ◊ (*nelle frasi interr*) far.

lontra *sf* otter.

lonza *sf* (*cucina*) loin (of pork).

loquace *agg* talkative.

loquela *sf* eloquence, way of talking.

lordo *agg* (*comm*) gross.

loro *pron pers pl* them ◊ (*sogg*) they.

loro *agg poss* their ◊ *pron poss* theirs ◊ (*forma di cortesia*) yours ◊ *sm* (*il loro*) their own, what they have, their income ◊ (*familiari*) their family, their own people.

loto *sm* lotus.

lotta *sf* fight, struggle ◊ (*sport*) wrestling ◊ (*di classe*) class struggle.

lottare *v intr* to struggle, to fight (with, against) ◊ (*sport*) to wrestle ◊ **farsi strada nella vita lottando**, to fight one's way in life.

lotterìa *sf* lottery.

lotto *sm* (State) lottery ◊ (*appezzamento*) lot ◊ **estrazione del lotto**, drawing of the lottery.

lozione *sf* lotion.

lubrificante *sm* lubricant.

lubrificare *v tr* to lubricate.

lucchetto *sm* padlock.

luccicare *v intr* to sparkle ◊ (*stella, occhi*) to twinkle ◊ (*oro*) to glitter.

luccio *sm* pike.

lùcciola *sf* firefly, glow-worm.

luce *sf* light ◊ **alla luce del giorno**, in daylight; **mettere in luce**, to highlight, to spotlight; **mettere in cattiva luce**, to put in a bad light; **fare luce su qcs**, to throw light on sthg; **dare alla luce**, to give birth to; **venire alla luce**, to come into the world; **alla luce di questi fatti**, in the light of this.

lucente *agg* bright, shining.

lucernario *sm* skylight.

lucèrtola *sf* lizard ◊ (*pelle*) lizard skin.

lucidare *v tr* to polish.

lucidatrice *sf* (*pavimenti*) floor-polisher.

lucidità *sf inv* lucidity ◊ **lucidità di pensiero**, clearness of thought.

lùcido *agg* polished ◊ (*occhi*) bright, shining ◊ (*mente*) lucid, clear ◊ (*carta*) glossy ◊ *sm* polish, polishing-cream ◊ (*da scarpe*) shoe polish ◊ (*lucentezza*) shine.

lucìgnolo *sm* wick.

lucro *sm* profit, gain ◊ **a scopo di lucro**, for gain, for money.

lucroso *agg* lucrative, profitable.

luculliano *agg* (*pranzo*) sumptuous, gourmet's delight.

lùdico *agg* ludic.

luglio *sm* July (*per uso V. agosto*).

lùgubre *agg* gloomy, dismal.

lui *pron pers m sing* (*oggetto*) him ◊ (*sogg*)

he ◊ **è lui**, it's him; **contento lui...**, as long as he's happy.

lumaca(-che) *sf* snail ◊ (*fig*) slow-coach.

lumacone *sm* (large) slug ◊ (*fig*) slowcoach.

lume *sm* light ◊ **lume a olio**, oil-lamp; **perdere il lume della ragione**, to be blinded by rage; **a lume di naso**, by (sheer) intuition.

luminare *sm* (*anche fig*) luminary.

luminaria *sf* illuminations (*pl*).

lumino *sm* small oil-lamp.

luminoso *agg* bright, shining.

luna *sf* moon ◊ **una notte di luna**, a moonlit (moonlight) night; **luna di miele**, honeymoon; **avere la luna**, to be in a bad mood, to be sulky.

luna-park *sm* fun-fair, amusement park.

lunàtico(-a, -ci, -che) *agg* moody, temperamental.

lunedì *sm inv* Monday ◊ **partirono lunedì**, they left on Monday; **lunedì prossimo**, next Monday.

lungàggine *sf* slowness ◊ **le lungaggini della burocrazia**, red tape (*sing*).

lunghezza *sf* length ◊ (*lentezza*) slowness.

lungi *avv* far from (doing sthg).

lungimirante *agg* far-sighted.

lungo(-a, -ghi, -ghe) *agg* long ◊ (*caffè*) weak ◊ (*discussione*) long-drawn-out ◊ (*lento*) slow (at doing sthg) ◊ (*viaggio*) lengthy ◊ **amici da lunga data**, long-standing friends; **a lungo andare**, in the long run; **fare progetti a lunga scadenza**, to plan far ahead; **di gran lunga**, by far.

lungo *sm* length ◊ **salto in lungo**, broad jump.

lungo *prep* (*spazio*) along, by (the side of), beside ◊ (*tempo*) during ◊ (*per l'intera durata*) throughout.

lungofiume *sm* embankment, riverside.

lungolago(-ghi) *sm* lake-front, road round a lake.

lungomare *sm* seafront, promenade.

lungometraggio *sm* feature film, full length film.

lunotto *sm* (*auto*) back (rear) window.

luogo(-ghi) *sm* place ◊ (*particolare*) spot ◊ (*posto*) room ◊ **aver luogo**, to take place; **dar luogo**, to cause, to give rise to; **fuori luogo**, out of place, inopportune; **far luo-**

go a, to give way to, to make room for; **in primo luogo**, in the first place; **uno del luogo**, a native, a local; **luogo comune**, commonplace, cliché; **sul luogo**, on the spot.

luogotenente *sm* lieutenant.

lupetto *sm* (*maglia*) turtleneck.

lupo(-a) *sm* wolf (she-wolf) ◊ **in bocca al lupo**, good luck!

lùppolo *sm* hop.

lusinga(-ghe) *sm* flattery.

lusingare *v tr* to flatter ◊ (*illudere*) to deceive ◊ *v rifl* to flatter os, to hope.

lusinghiero *agg* flattering, tempting.

lussare *v tr* to dislocate.

lussazione *sf* dislocation.

lusso *sm* luxury ◊ **vivere nel lusso**, to live in (the lap of) luxury ◊ **di lusso**, (*macchina*) luxury (*attr*), (*prodotto*) de luxe (*attr*).

lussuoso *agg* luxurious.

lussureggiante *agg* luxuriant ◊ (*di vegetazione*) lush.

lussuria *sf* lust.

lussurioso *agg* lustful, lecherous, lascivious.

lustrare *v tr, intr* to shine.

lustrascarpe *sm / f inv* shoeshine.

lustrino *sm* sequin, spangle.

lustro *sm* shine, gloss ◊ (*gloria*) prestige ◊ (*quinquennio*) five-year period, lustre ◊ **dare lustro a**, to impart lustre to.

lutto *sm* mourning ◊ (*perdita*) loss, bereavement ◊ **essere in lutto**, to be in (to wear) mourning (for sb).

M

ma *cong* but ◊ (*tuttavia*) yet, still ◊ (*comunque*) however, nevertheless ◊ *int* who knows!, goodness knows! ◊ **ma come!**, what?; **ma va!**, come on...!

màcabro *agg, sm* macabre.

maccheroni *sm pl* macaroni.

macchia *sf* (*di sporco*) stain, mark ◊ (*sulla pelle*) blotch, mark, blemish ◊ (*sul pelo*) patch ◊ (*disonore*) blot, stain ◊ (*fig*) defect, fault.

macchia *sf* (*boscaglia*) scrub ◊ **darsi alla macchia**, to take to the bush.

macchiare *v tr* to stain ◊ *v rifl* to stain os ◊ **l'argento si macchia presto**, silver soils soon.

màcchina *sf* (*automobile*) car ◊ (*motore*) engine ◊ (*produttrice di lavoro*) machine ◊ (*macchinario*) machinery ◊ **macchina per cucire**, sewing machine; **macchina per scrivere**, typewriter; **macchina fotografica**, camera.

macchinare *v tr* to plot.

macchinario *sm* machinery.

macchinista *sm* (*ferr*) engine-driver ◊ (*teatro*) stagehand.

macedonia *sf* fruit salad.

macellaio *sm* butcher (*anche fig*).

macellare *v tr* to butcher, to slaughter.

macellerìa *sf* butcher's (shop).

macello *sm* slaughter-house ◊ (*fig*) mess ◊ **che macello!**, what a shambles!

macerare *v tr, rifl* to macerate ◊ (*fig*) to waste away ◊ (*di dolore*) to pine away.

macerazione *sf* maceration.

macerie *sf pl* rubble, debris (*sing*), ruins.

màcero *sm* rettery, retting-pit ◊ **mettere al macero**, to ret.

macigno *sm* boulder.

macilento *agg* emaciated, lean.

màcina *sf* millstone, grinder.

macinacaffè *sm inv* coffee grinder, coffee-mill.

macinare *v tr* to grind.

macinino *sm* mill, grinder.

macrobiotica *sf* macrobiotics.

macroscopico *agg* macroscopic ◊ (*fig*) glaring.

maculato *agg* (*pelo*) spotted.

màdido *agg* wet, moist (with), bathed (in).

madre *sf* mother ◊ (*superiora*) mother superior ◊ **far da madre a qc**, to mother sb; **ragazza madre**, unmarried mother; **fare una scena madre**, to make a terrible scene.

madreperla *sf* mother-of-pearl.

madrina *sf* godmother ◊ (*di nave*) sponsor.

maestà *sf inv* majesty.

maestoso *agg* majestic ◊ (*aspetto*) lofty.

maestrale *sm* north-west wind.

maestrìa *sf* (*masterly*) skill, dexterity.

maestro(-a) *sm* teacher ◊ (*istruttore*) instructor ◊ (*artigiano*) master ◊ (*mus*) maestro ◊ *agg* main, master ◊ **albero maestro**, mainmast.

mafia *sf sing* Mafia.

mafioso(-a) *agg* of the Mafia ◊ *sm* member of the Mafia.

maga(-ghe) *sf* sorceress, enchantress.

magari *int* of course, if only ◊ *avv* even, perhaps.

magazziniere(-a) *sm* storekeeper, warehouseman(-woman).

magazzino *sm* storehouse, warehouse ◊ **grande magazzino**, department store.

maggio *sm* May (*per uso V. agosto*).

maggioranza *sf* majority, most ◊ **la maggioranza degli uomini**, most men, the majority of men; **partito di maggioranza**, party in power.

maggiordomo *sm* butler.

maggiore *agg comp* greater ◊ *sup* (*tra due*) the greater; (*tra più di due*) the greatest ◊ (*più importante*) more important ◊ **altar maggiore**, high altar ◊ (*mus*) major ◊ **do maggiore**, C major.

maggiore *sm* (*mil*) major.

maggiorenne *agg* of age, of full age ◊ *sm* / *f* person of age.

magìa *sf* magic, spell.

màgico(-a, -ci, -che) *agg* magic ◊ (*fig, serata*) magical ◊ **bacchetta magica**, magician's wand.

magio *sm* Magus ◊ **i re Magi**, the Magi, the Three Wise Men.

magistrale *agg* (*abile*) masterly, skilful ◊ **istituto magistrale**, teacher's college.

magistrato *sm* magistrate, judge.

maglia *sf* knitting ◊ (*punto*) stitch ◊ (*indumento*) sweater ◊ (*maglietta*) T-shirt.

maglierìa *sf* knitware, hosiery.

maglietta *sf* T-shirt.

maglione *sm* sweater, jumper.

magnànimo *agg* magnanimous, generous.

magnate *sm* magnate, tycoon.

magnesia *sf* magnesium citrate.

magnete *sm* (*calamita*) magnet.

magnètico(-a, -ci, -che) *agg* magnetic.

magnetismo *sm* magnetism.

magnetizzare *v tr* to magnetize.

magnetòfono *sm* tape recorder.

magnificenza *sf* magnificence.

magnìfico(-a, -ci, -che) *agg* magnificent, gorgeous.

magnolia *sf* magnolia.

mago(-ghi) *sm* magician.

magrezza *sf* thinness.

magro *agg* thin ◊ (*macilento*) lean, gaunt ◊ (*snello*) slim, slender ◊ **una scusa magra**, a lame (slim, thin) excuse; **mangiare di magro**, to eat no meat.

mai *avv* never, not... ever ◊ (*coi tempi indefiniti*) ever ◊ **non ci sono mai stato**, I have never been there; **mai più**, never again; **quasi mai**, hardly ever.

maiale *sm* pig ◊ (*cucina*) pork.

maionese *sf* mayonnaise, (*fam*) mayo.

mais *sm inv* maize, (*AmE*) corn.

maiùscolo *agg* capital.

malafede (malefedi) *sf* bad faith.

malandato *agg* in poor health, badly off.

malànimo *sm* ill will.

malanno *sm* illness, ailment ◊ (*acciacco*) infirmity.

malapena, a malapena *avv* hardly, scarcely.

malaria *sf* malaria, malarial fever.

malasorte *sf* bad luck, ill luck.

malato *agg* sick (*attr*); ill (*pred*) ◊ (*indisposto*) unwell ◊ (*fig, mente*) morbid ◊ **cadere ammalato**, to fall ill, to be taken ill ◊ *sm* patient, sick person.

malattìa *sf* illness, disease.

malaugurio *sm* bad (evil, ill) omen ◊ **uccello del malaugurio**, jinx.

malavita *sf sing* (the) underworld, gangsters (*pl*).

malavoglia *sf* reluctance ◊ **di malavoglia**, reluctantly.

malcapitato *agg* unfortunate, unlucky.

malconcio(-a, -ci, -ce) *agg* in a sad state.

malcontento *agg* dissatisfied (with) ◊ *sm* discontent, dissatisfaction.

malcostume *sm sing* immoral behaviour.

maldestro *agg* awkward, clumsy.

maldicente *agg* slanderous ◊ *sm* / *f* slanderer, backbiter.

maldicenza *sf* slander, malicious gossip.

male *sm* evil, ill ◊ (*danno*) harm ◊ (*dolore*) pain ◊ (*malattia*) disease ◊ **il bene e il male**, good and evil; **far del male**, to do evil;

le sigarette fanno male, cigarettes are bad for you; **avere mal di denti (d'orecchi, di gola)**, to have toothache (earache, a sore throat); **i mali della vecchiaia**, the infirmities of old age; **andare a male** (*cibo*), to go bad, to go off.

male *avv* badly, wrongly, incorrectly ◊ **capire male**, to misunderstand; **rispondere male**, (*in modo errato*) to answer wrongly, (*in modo sgarbato*) to answer back; **parlar male di qc**, to speak ill of sb; **sentirsi male**, to feel sick; **trattar male qc**, to ill-treat sb; **bene o male ce la farò**, one way or the other I'll manage.

maledetto *agg* cursed, damned.

maledire *v tr* to curse.

maledizione *sf* curse.

maleducato *agg* rude, ill-mannered, ill-bred.

maleducazione *sf* rudeness, bad manners.

maleficio *sm* evil spell.

malèfico(-a, -ci, -che) *agg* evil.

malèssere *sm* slight illness ◊ (*dovuto al cambiamento dei fusi orari*) jet lag.

malevolenza *sf* malevolence, spite, ill-will ◊ **con malevolenza**, out of spite.

malèvolo *agg* malevolent, spiteful.

malfamato *agg* of ill repute.

malfatto *agg* (*lavoro*) badly done ◊ (*oggetto*) badly made ◊ *sm* misdeed.

malfattore(-trice) *sm* wrongdoer, reprobate.

malfermo *agg* shaky, unsteady.

malga(-ghe) *sf* Alpine hut.

malgoverno *sm* misgovernment, misrule.

malgrado *prep* in spite of ◊ **suo malgrado ha dovuto fare il lavoro**, he had to do the work in spite of himself ◊ *cong* even though, (al)though.

malignità *sf inv* malice, spite, illwill.

maligno *agg* malignant.

malinconìa *sf* melancholy.

malincònico(-a, -ci, -che) *agg* melancholy.

malincuore, a malincuore *avv* reluctantly.

malintenzionato *agg* ill-intentioned.

malinteso *sm* misunderstanding.

malizia *sf* malice, cunning.

malizioso *agg* malicious, spiteful.

malleàbile *agg* malleable.

malloppo *sm* (*refurtiva*) loot, swag, booty.

malnutrito *agg* undernourished, ill-fed.

malocchio *sm* evil eye.

malora *sf* ruin.

malore *sm* sudden illness.

malridotto *agg* in poor health ◊ (*casa*) dilapidated.

malsano *agg* unhealthy ◊ (*cibo*) unwholesome.

malsicuro *agg* unsafe.

malto *sm* malt.

maltrattamento *sm* ill-treatment, abuse.

maltrattare *v tr* to ill-treat, to abuse.

malvagio(-a, -gi, -ge) *agg* evil, wicked.

malvagità *sf inv* wickedness.

malvestito *agg* poorly dressed, shabby.

malvisto *agg* unpopular (with).

malvivente *sm / f* criminal.

malvolentieri *avv* unwillingly.

malvolere *sm sing* ill-will.

mamma *sf* mother, mummy, mum, ma ◊ (*AmE*) mom ◊ **mamma mia!**, good heavens!

mammella *sf* breast ◊ (*di animale*) udder.

mammìfero *agg* mammalian ◊ *sm* mammal.

mammografia *sf* (*med*) mammography.

màmmola *sf* violet ◊ (*fig*) overmodest person.

mancanza *sf* lack (of) ◊ (*carenza*) shortage (of) ◊ (*fallo*) fault ◊ (*difetto*) defect ◊ **sentire la mancanza di qc (qcs)**, to miss sb (sthg).

mancare *v intr* (*far difetto*) to be lacking, to lack, to be short (of) ◊ (*non esserci*) to be missing, to be absent ◊ (*venir meno, coraggio, forze*), to fail ◊ (*per indicare l'ora*) to be... to ◊ **non mancherò**, I won't forget; **poco mancò che svenisse**, he nearly fainted ◊ *v tr* (*bersaglio*) to miss.

mancia(-ce) *sf* tip.

manciata *sf* handful.

mancino *agg* left-handed ◊ (*fig*) **un tiro mancino**, a dirty trick ◊ *sm* left-hander.

mandarancio *sm* clementine.

mandare *v tr* to send ◊ **mandare a chiamare qc**, to send for sb.

mandarino *sm* tangerine, mandarin (orange).

mandata *sf* turn (of the key).

mandato *sm* order, warrant ◊ **mandato di**

perquisizione, search warrant.

mandìbola *sf* jaw, mandible.

mandolino *sm* mandolin(e).

màndorla *sf* almond.

mandria *sf* herd.

mandriano *sm* herdsman.

maneggiare *v tr* to handle, to deal with.

maneggio *sm* (*equitazione*) riding ground, riding-school ◊ (*pista*) ring ◊ (*fig*) scheme, plot.

manesco(-a, -chi, -che) *agg* quick with one's hands.

manetta *sf* handcuff.

manganellata *sf* blow with a club.

manganello *sm* club, cudgel.

mangereccio, mangiàbile *agg* edible, eatable.

mangiadischi *sm inv* automatic record player.

mangianastri *sm inv* cassette recorder.

mangiare *v tr* to eat ◊ (*divorare*) to eat up ◊ (*corrodere*) to eat away ◊ (*nei giochi*) to take, to win ◊ **mangiare alle spalle di qc**, to live off sb; **mangiare la foglia**, to smell a rat.

mangiare *sm* food, eating ◊ (*cucina*) cooking ◊ **essere difficile nel mangiare**, to be a fussy eater.

mangiata *sf* huge meal, hearty meal.

mangiatoia *sf* manger, (feeding) trough.

mangiatore(-trice) *sm* eater.

mangime *sm* fodder ◊ (*becchime*) birdseed.

manìa *sf* mania, craze, odd habit.

manìaco(-a, -ci, -che) *agg, sm* maniac.

mànica(-che) *sf* sleeve ◊ **senza maniche**, sleeveless; **con le maniche lunghe**, long-sleeved; **essere di manica larga**, to be easy going (very indulgent).

manicaretto *sm* titbit.

manichino *sm* dummy.

mànico *sm* handle ◊ (*lungo*) shaft.

manicomio *sm* mental hospital.

manicotto *sm* (*di pelliccia*) muff.

manicure *sf inv* manicure ◊ *sm / f* manicurist.

maniera *sf* manner, way ◊ (*modo di fare*) manners ◊ **maniera di vivere**, way of live (of living); **fare qcs alla propria maniera**, to do sthg one's own way; **in una maniera o nell'altra**, one way or another; **in qualche maniera**, somehow or other; **in maniera che**, so that; **in maniera da**, so as to.

manifestare *v tr* to show, to express ◊ *v intr* to demonstrate (against, in favour of) ◊ *v rifl* to show ◊ **al primo manifestarsi di**, at the first sign of.

manifestazione *sf* (*pol*) demonstration ◊ (*spettacolo*) event.

manifesto *sm* (*letterario*) manifesto ◊ (*murale*) poster.

maniglia *sf* handle ◊ (*bus*) strap, handhold.

manipolare *v tr* to manipulate.

maniscalco(-chi) *sm* blacksmith.

manna *sf sing* manna.

mannaia *sf* (executioner's) axe.

mannequin *sm inv* model.

mano *sf* hand ◊ **darsi la mano**, to shake hands; **a portata di mano**, within reach; **alla mano** (*persona*), easy-going; **man mano che** (*mentre*), as; **contro mano**, on the wrong side of the road.

manodòpera *sf sing* labour, manpower.

manométtere *v tr* to force ◊ (*cassaforte*) to break open.

manòpola *sf* knob, hand-grip.

manoscritto *sm* manuscript.

manovale *sm* labourer, unskilled worker.

manovella *sf* handle, crank.

manovra *sf* manoeuvre ◊ **far manovre di corridoio**, to lobby.

manovrare *v tr* to manoeuvre ◊ (*persona*) to manipulate.

manovratore(-trice) *sm* (*treno*) shunter ◊ (*tram*) driver.

mansarda *sf* attic.

mansione *sf* office, duty, task ◊ **avere le mansioni di**, to act as.

mantello *sm* cloak.

mantenere *v tr* to maintain, to keep ◊ **non mantenere la parola data**, to go back on one's word ◊ *v rifl* to maintain os, to keep ◊ **mantenersi giovane**, to stay (to remain) young; **mantenersi col proprio lavoro**, to earn one's living.

mantenimento *sm* (*famiglia*) maintenance ◊ (*promessa*) keeping ◊ (*manutenzione*) upkeep.

mantenuta *sf* kept woman.

mantenuto *sm* gigolo.

màntice *sm* bellows (*pl*).

mantovana *sf* (*tenda*) pelmet.

manuale *sm* manual, handbook.

manubrio *sm* handle ◊ (*di bicicletta*) handlebars (*pl*).

manutenzione *sf* maintenance ◊ (*di edifici*) upkeep.

manzo *sm* (*animale*) steer ◊ (*carne*) beef ◊ **manzo arrosto**, roast beef.

maomettano(-a) *agg, sm* Mohammedan.

Maometto *sm* Mohammed.

mappa *sf* map.

mappamondo *sm* map of the world, globe.

maratona *sf* marathon race.

maratoneta *sm* marathon runner.

marca(-che) *sf* brand ◊ (*abiti*) make ◊ (*marchio di fabbrica*) trademark ◊ (*da bollo*) official stamp, revenue stamp.

marcare *v tr* to mark ◊ (*a fuoco*) to brand ◊ **marcar visita** (*mil*), to report sick.

marchese(-a) *sm* marquess (marchioness).

marchio *sm* mark ◊ (*bestiame*) brand ◊ (*fig*) stamp ◊ **marchio di fabbrica**, trademark; **marchio depositato**, registered trademark.

marcia(-ce) *sf* march ◊ (*auto*) gear ◊ (*mus*) march ◊ (*sport*) walking.

marciapiede *sm* pavement ◊ (*AmE*) sidewalk ◊ (*ferr*) platform.

marciare *v intr* to march ◊ (*sport*) to walk ◊ **far marciare dritto qc**, to make sb toe the line.

marciatore(-trice) *sm* marcher ◊ (*sport*) walker.

marcio(-a, -ci, -ce) *agg* rotten ◊ **queste pere stanno diventando marce**, these pears are going bad; **avere torto marcio**, to be quite wrong ◊ *sm* rotten part ◊ (*fig*) corruption.

marcire *v intr* to rot ◊ (*cibo*) to go bad ◊ (*ferite*) to fester.

marco(-chi) *sm* (*moneta*) mark.

mare *sm* sea ◊ (*luogo di mare*) seaside ◊ **mare calmo (grosso, mosso)**, calm (heavy, rough) sea; **andare al mare**, to go to the seaside.

marea *sf* tide ◊ (*fig*) stream ◊ **bassa (alta) marea**, low (high) tide.

mareggiata *sf* sea-storm.

maremma *sf* maremma.

maremoto *sm* sea-quake.

maresciallo *sm* (*sottufficiale*) warrant-officer ◊ (*ufficiale*) marshal.

margarina *sf* margarine.

margherita *sf* daisy ◊ **torta margherita**, sponge cake.

marginale *agg* marginal ◊ (*fig*) secondary.

màrgine *sm* margin ◊ **ai margini della società**, on the fringes of society.

marina *sf* coast ◊ (*quadro*) seascape ◊ (*mil*) navy ◊ **arruolarsi in marina**, to join the Navy.

marinaio *sm* sailor, seaman.

marinare *v tr* to pickle ◊ **marinare la scuola**, to play truant.

marino *agg* marine, sea (*attr*).

marionetta *sf* puppet.

maritare *v tr* to marry (off), to give in marriage (to) ◊ *v rifl* to get married, to marry.

marito *sm* husband.

marìttimo *agg* maritime, sea (*attr*) ◊ *sm* seaman, sailor.

marmellata *sf* jam ◊ (*agrumi*) marmalade.

marmista *sm* marble cutter.

marmitta *sf* (*pentola*) pot ◊ (*auto*) silencer.

marmo *sm* marble ◊ **di marmo**, marble (*attr*).

marmotta *sf* marmot.

maroso *sm* breaker, billow.

marrone *agg, sm* (*colore*) brown.

marsupio *sm* pouch.

Marte *sm* Mars.

martedì *sm inv* Tuesday ◊ **martedì grasso**, Shrove Tuesday; **di martedì**, on Tuesday; **un martedì sì e un martedì no**, every other Tuesday; **martedì prossimo (scorso)**, next (last) Tuesday.

martellare *v tr* to hammer ◊ *v intr* (*cuore*) to thump ◊ (*tempie*) to throb ◊ **martellare di domande**, to fire questions at sb; **martellare di colpi**, to beat furiously.

martello *sm* hammer ◊ (*di banditore d'asta*) gavel ◊ (*di battente*) knocker ◊ **pesce martello**, hammerfish.

martìn pescatore *sm* king fisher.

màrtire *sm / f* martyr ◊ (*fig*) martyr, victim.

martirio *sm* martyrdom ◊ (*fig*) torture.

martirizzare *v tr* to martyr, to torture.

màrtora *sf* marten.

martoriare *v tr* to torture, to torment.

marxismo *sm* Marxism.

marxista *agg, sm* / *f* Marxist.

marzo *sm* March (*per uso V. agosto*).

mascara *sm* mascara.

mascella *sf* jaw, jaw-bone.

màschera *sf* mask ◊ (*costume*) fancy dress ◊ (*cinema*) usher, usherette.

mascherare *v tr* to mask ◊ (*fig, nascondere*) to hide, to conceal ◊ *v rifl* to disguise os (as) ◊ (*per un ballo*) to dress up (as).

maschile *agg* (*gramm*) masculine ◊ (*sesso*) male ◊ (*abiti*) men's ◊ (*per ragazzi*) boys.

maschilismo *sm* sexism, male chauvinism.

maschilista *agg, sm* / *f* male chauvinist, sexist.

maschio *agg* male, masculine.

mascolino *agg* masculine, manly, mannish.

mascotte *sf inv* mascot.

masochismo *sm* masochism.

masochista *agg* masochistic ◊ *sm* / *f* masochist.

massa *sf* mass ◊ **la massa, le masse**, the masses; **mezzi di comunicazione di massa**, mass media.

massacrante *agg* exhausting, gruelling.

massacrare *v tr* to massacre.

massacro *sm* massacre.

massaggiare *v tr* to massage.

massaggiatore(-trice) *sm* masseur(-euse).

massaggio *sm* massage ◊ **massaggio alla schiena**, backrub.

massaia *sf* housewife, housekeeper.

màssima *sf* maxim ◊ (*detto*) saying ◊ (*motto*) motto ◊ **principi di massima**, general rules; **in linea di massima**, generally speaking.

màssimo *agg* (*temperatura, livello*) maximum, highest ◊ (*importanza*) utmost, greatest ◊ (*il migliore*) the best ◊ **al massimo**, at (the) most; **in massima parte**, for the most part, mostly ◊ *sm* maximum ◊ **è il massimo**, that's the limit; **ottenere il massimo dei voti**, to get full marks.

masso *sm* rock, boulder, mass of stone.

massone *sm* freemason.

massonerìa *sf* freemasonry.

masticare *v tr* to masticate, to chew, to crunch.

màstice *sm* mastic, rubber.

mastino *sm* mastiff.

masturbare *v tr, rifl* to masturbate.

matassa *sf* skein ◊ (*di spago*) hank ◊ (*fig*) tangle, muddle ◊ (*fig*) **dipanare la matassa**, to unravel a difficulty.

matemàtica(-che) *sf* mathematics (*sing*), maths.

matemàtico(-a, -ci, -che) *agg* mathematical ◊ *sm* mathematician.

materassino *sm* mat ◊ (*gonfiabile*) air bed.

materasso *sm* mattress.

materia *sf* (*filos*) matter ◊ (*scol*) subject ◊ **materie prime**, raw materials.

materiale *agg, sm* material.

materialismo *sm* materialism.

maternità *sf inv* motherhood ◊ (*clinica*) maternity hospital ◊ **in congedo di maternità**, on maternity leave.

materno *agg* maternal ◊ (*amore*) motherly ◊ (*lingua*) mother (*attr*) ◊ **scuola materna**, nursery school.

matita *sf* pencil ◊ (*per gli occhi*) eyeliner ◊ **disegnare a matita**, to draw in pencil; **scrivere a matita**, to write in pencil.

matrice *sf* matrix ◊ (*comm*) counterfoil ◊ (*fig, culturale*) background.

matrìcola *sf* register ◊ (*mil*) registration number ◊ (*studente*) freshman, fresher.

matrigna *sf* stepmother.

matrimoniale *agg* **letto matrimoniale**, double bed.

matrimonio *sm* (*unione*) marriage ◊ (*cerimonia*) wedding.

matrizzare *v intr* to take after one's mother.

matta *sf* (*carta da gioco*) joker.

mattacchione *sm* joker.

mattatoio *sm* slaughter-house, abattoir.

mattatore *sm* (*teatro*) spotlightchaser.

matterello *sm* rolling-pin.

mattina *sf* morning ◊ **la, alla, di mattina**, in the morning; **di prima mattina**, early in the morning.

mattinata *sf* morning ◊ (*spettacolo*) matinée.

mattiniero *agg* early-rising ◊ **essere mattiniero**, to be an early bird.

mattino *sm* morning.

matto(-a) *agg* mad, crazy ◊ (*med*) insane ◊

diventare matto, to go mad; **far diventare matto qc**, to drive sb mad, **andare matto per**, to be crazy about sthg ◊ *sm* madman (-woman).

mattone *sm* brick ◊ (*persona noiosa*) bore.

mattonella *sf* tile.

maturare *v intr, rifl* (*frutta*) to ripen, to grow ripe ◊ (*persona*) to mature ◊ *v tr* to mature, to bring (sthg) to maturity.

maturità *sf inv* maturity ◊ (*scol*) **esame di maturità**, school-leaving examination.

maturo *agg* (*frutta*) ripe ◊ (*persona*) mature.

mausoleo *sm* mausoleum.

mazza *sf* (*bastone*) club, cudgel, truncheon.

mazzata *sf* blow ◊ (*fig*) heavy blow.

mazzo *sm* (*fiori*) bunch ◊ (*carte*) pack.

me *pron pers sing* (*ogg*) me ◊ (*sogg*) I ◊ (*me stesso*) myself ◊ **dimmelo**, tell me; **per me**, as far as I am concerned; **secondo me**, in my opinion.

meccànica(-che) *sf* mechanics.

meccànico(-a, -ci, -che) *agg* mechanical ◊ **officina meccanica**, garage ◊ *sm* mechanic.

meccanismo *sm* mechanism.

mecenate *sm* patron.

mèche *sf* streak ◊ **farsi le mèches**, to have one's hair streaked.

medaglia *sf* medal.

medaglione *sm* locket.

medésimo *agg* (*lo stesso*) same, very (same) ◊ (*in persona*) itself, personified ◊ (*rafforzativo coi pron pers come suff*) -self (myself etc).

media *sf* average ◊ (*mat*) mean ◊ (*scuola media*) secondary school, junior high school (*AmE*) ◊ **le medie (scolastiche)**, the term's (proficiency) marks; **con una buona media**, with good everage marks.

mediare *v tr* to mediate (between).

mediatore(-trice) *sm* mediator.

mediazione *sf* mediation ◊ (*comm*) brokerage.

medicare *v tr* to treat ◊ (*ferita*) to dress.

medicina *sf* medicine.

medicinale *sm* medicine ◊ (*AmE*) drug.

mèdico(-a, -ci, -che) *agg* medical ◊ **ricetta medica**, prescription; **visita medica**, medical examination, check up; **certificato me-**

dico, health certificate ◊ *sm* doctor, physician ◊ (*primario*) head physician ◊ (*chirurgo*) surgeon ◊ (*di famiglia*) family doctor ◊ **medico generico**, general practitioner.

medievale *agg* medieval.

medio *agg* average ◊ (*misura*) average, medium ◊ **l'uomo medio**, the average man, the man in the street; **di media età**, middle-aged; **scuola media**, middle school; (*AmE*) junior-high school.

mediocre *agg* mediocre, second-rate.

mediocrità *sf inv* mediocrity, mean ◊ **l'aurea mediocrità**, the golden mean.

medioevo *sm* Middle Ages (*pl*).

meditare *v tr, intr* to meditate.

meditazione *sf* meditation.

medium *sm / f inv* (*spiritismo*) medium.

medusa *sf* jellyfish.

megàfono *sm* megaphone.

meglio *avv* better (*comp*), (the) best (*sup*) ◊ **faresti meglio ad andarci ora**, you'd better go there now; **molto meglio**, much better; **sempre meglio**, better and better; **tanto meglio**, so much the better.

meglio *agg inv* better.

meglio *sm / f sing* best, the best thing, the best part ◊ **avere la meglio su qc**, to have (to get) the better of sb.

mela *sf* apple ◊ **mele cotte**, stewed apples; **torta di mele**, apple tart; **pasticcio di mele**, apple pie.

melagrana *sf* pomegranate.

melanina *sf* melanin.

melanzana *sf* eggplant, aubergine.

melarancia(-ce) *sf* sweet orange.

melassa *sf* molasses (*sing*).

melmoso *agg* muddy.

melo *sm* apple tree ◊ **melo selvatico**, crab.

melodìa *sf* (*mus*) melody ◊ (*aria*) melody, tune.

melòdico(-a, -ci, -che) *agg* melodic, melodious.

melodrammàtico(-a, -ci, -che) *agg* melodramatic.

melograno *sm* pomegranate tree.

melone *sm* melon.

membrana *sf* membrane.

membro *sm* limb ◊ (*persona*) member.

memoràbile *agg* memorable.

mèmore *agg* mindful (of), grateful (for).

memoria *sf* memory ◊ (*ricordo*) recollection, memory ◊ (*pl*) memoirs ◊ **avere molta (poca) memoria**, to have a good (bad) memory; **richiamare qcs alla memoria**, to recollect sthg; **frugare nella memoria**, to search one's memory; **imparare qcs a memoria**, to learn sthg by heart.

memorizzare *v tr* to memorize.

menare *v tr* to lead, to take, to bring ◊ (*picchiare*) to beat, to hit ◊ **menar il can per l'aia**, to beat about the bush.

mendicante *sm / f* beggar.

mendicare *v tr, intr* to beg (sb for sthg) (*anche fig*).

menefreghista *sm / f* person who couldn't care less.

manestrello *sm* minstrel.

meninge *sf* meninx ◊ **spremersi le meningi**, to rack one's brains.

meno *avv* (*comp*) less, not... so (much) ◊ (*mat*) minus ◊ (*sup, fra due*) (the) less; (*fra più*) (the) least ◊ **ha preso sette meno**, he got (a) B minus; **venir meno** (svenire), to faint; **gli vennero meno le speranze**, all his hopes failed him; **non poté fare a meno di ridere**, he couldn't help laughing.

meno *agg inv* (*sing*) less ◊ (*pl*) fewer ◊ **ho meno danaro (meno amici) di lui**, I have less money (fewer friends) than he (has).

meno *sm inv* (*comp*) less, smaller part, fewer ◊ (*sup*) least, the smallest part, fewest ◊ **almeno**, at least; **meno male!**, good!

meno *prep* except, but ◊ **tutti meno uno**, all but one.

meno *cong* **a meno che faccia caldo**, unless it's hot.

menomato(-a) *sm* disabled person ◊ *agg* disabled.

menomazione *sf* disablement.

menopàusa *sf* menopause.

mensa *sf* canteen, cafeteria.

mensile *agg* monthly ◊ **biglietto mensile**, monthly (ticket).

mènsola *sf* bracket, console ◊ (*ripiano*) shelf ◊ **mensola del camino**, mantelpiece.

menta *sf* mint ◊ (*caramella*) mint.

mentale *agg* mental, of the mind.

mentalità *sf inv* mentality, autlook ◊ **mentalità borghese**, middle-class outlook.

mentalmente *avv* mentally ◊ (*dentro di sé*) to oneself.

mente *sf* mind ◊ **avere in mente di fare qcs**, to have half a mind to do sthg; **a mente fredda**, coldly.

mentecatto *agg* mad ◊ *sm* madman, half-wit.

mentire *v intr* to lie (to sb about sthg) ◊ (*spudoratamente*) to lie through one's teeth.

mento *sm* chin ◊ **doppio mento**, double chin.

mentre *cong* (*temp*) while, as, when ◊ (*avversativa*) while, whereas.

mentre *sm sing* **in quel mentre**, at that very moment.

menu *sm* menu, set menu ◊ (*computer*) menu.

menzionare *v tr* to mention.

menzogna *sf* lie ◊ (*frottola*) fib, story.

meraviglia *sf* wonder ◊ **con mia grande meraviglia**, to my amazement.

meravigliare *v tr* to amaze, to surprise ◊ *v rifl* to be amazed (astonished) at.

meraviglioso *agg* wonderful, marvellous.

mercante(-tessa) *sm* trader, dealer ◊ (*ant*) merchant.

mercanteggiare *v tr* to bargain, to haggle (over the price).

mercanzìa *sf* merchandise, goods (*pl*), commodity.

mercato *sm* market ◊ (*luogo*) market-place ◊ **a buon mercato**, cheap (*agg*), cheaply (*avv*).

merce *sf* goods (*pl*), merchandise, commodities (*pl*).

mercé *sf sing* mercy.

mercenario *agg, sm* mercenary.

mercerìa *sf* haberdashery.

merciaio(-a) *sm* haberdasher.

mercoledì *sm inv* Wednesday ◊ **di mercoledì**, on Wednesday; **mercoledì delle Ceneri**, Ash Wednesday.

mercurio *sm sing* mercury, quicksilver.

merenda *sf* afternoon snack.

meridiana *sf* sundial.

meridiano *sm* meridian.

meridionale *agg, sm* southerner.

meridione *sm sing* **il Meridione (d'Italia)**, the South (of Italy), Southern Italy.

meringa(-ghe) *sf* meringue.

meritare *v tr* to deserve, to merit, to be worthy of ◊ (*valer la pena*) to be worth ◊ **non merita che se ne parli**, it isn't worth mentioning it; **non merita**, it's not worth the trouble.

meritévole *agg* worthy (of) ◊ **essere meritevole di fiducia**, to be trustworthy.

mèrito *sm* merit ◊ (*valore*) worth ◊ **dare a qc il merito di qcs (di aver fatto qcs)**, to give sb credit for sthg (for doing sthg).

merlatura *sf* (*arch*) battlements.

merlettaia *sf* lacemaker.

merletto *sm* lace.

merlo *sm* blackbird ◊ (*arch*) battlement ◊ (*fig*) fool, dolt.

merluzzo *sm* cod.

meschinità *sf inv* meanness, pettiness ◊ (*spilorceria*) stinginess.

meschino(-a) *agg* mean, petty ◊ *sm* wretch.

mescolanza *sf* mixture, blend.

mescolare *v tr* to mix ◊ (*vino*) to blend ◊ (*col cucchiaio*) to stir ◊ (*le carte*) to shuffle ◊ *v rifl* to mix, to blend ◊ (*fig*) to interfere (with).

mese *sm* month ◊ **un mese di vacanza**, a month's holiday.

messa *sf* **messa a punto**, setting up, tuning ◊ **messa in piega**, hair set.

messa *sf* Mass.

messaggero(-a) *sm* messenger.

messaggio *sm* message.

messe *sf* harvest ◊ (*raccolto*) crop.

Messìa *sm inv* the Messiah.

mestiere *sm* (*manuale*) trade ◊ (*artigianale*) craft ◊ **imparare un mestiere**, to learn a trade; **i ferri del mestiere**, the tools of the trade; **di mestiere**, by trade.

mesto *agg* sad, melancholy, gloomy.

méstolo *sm* ladle.

mestruazione *sf* menstruation ◊ **avere le mestruazioni**, to have one's periods.

mèta *sf* destination ◊ (*fig*) aim, goal.

metà *sf inv* half ◊ (*punto di mezzo*) middle ◊ **dividere qcs a metà**, to divide sthg in half (into two halves), to halve sthg; **facciamo a metà**, let's go halves; **siamo arrivati a**

metà concerto, we arrived halfway through the concert; **a metà strada**, halfway.

metafisica(-che) *sf* metaphisics (*sing*).

metàfora *sf* metaphor.

metafòrico(-a, -ci, -che) *agg* metaphorical.

metàllico(-a, -ci, -che) *agg* (*simile al metallo*) metallic ◊ (*di metallo*) metal (*attr*).

metallo *sm* metal.

metallurgìa *sf* metallurgy, metalworking.

metallùrgico(-a, -ci, -che) *agg* metallurgic ◊ **industria metallurgica**, the iron and steel industry ◊ *sm* metal-worker.

metalmeccànico(-a, -ci, -che) *sm* metal worker.

metamòrfosi *sf inv* metamorphosis.

metano *sm* methane.

metèora *sf* meteor.

meteorologìa *sf* meteorology.

meteorològico(-a, -ci, -che) *agg* meteorological, weather (*attr*).

meticoloso *agg* meticulous, fussy, fastidious.

metòdico(-a, -ci, -che) *agg* methodical.

metodismo *sm* Methodism.

mètodo *sm* method ◊ (*modo*) way.

metraggio *sm* length (in metres) ◊ **cortometraggio**, short film; **lungometraggio**, feature film.

mètrico(-a, -ci, -che) *agg* metric ◊ (*poesia*) metrical.

metro *sm* metre ◊ (*a nastro*) tape measure ◊ (*in legno*) zig-zag rule.

metròpoli *sf inv* metropolis.

metropolitana *sf* underground (railway), tube, subway (*AmE*).

méttere *v tr* to put ◊ (*indossare*) to put on, to wear ◊ (*impiegare*) to take ◊ (*supporre*) to suppose, to assume ◊ (*piante*) to put forth ◊ **mettere in luce**, to stress, to highlight, **mettere su casa**, to set up house; **mettere alla prova**, to put to the test; **mettere i denti**, tu cut one's teeth; **mettere per iscritto**, to put in writing, to write down; **mettere qc in grado di fare qcs**, to enable sb to do sthg; **mettiamo che...**, let's suppose... ◊ *v rifl* to put os ◊ (*cominciare*) to start.

mezza *sf* half.

mezzaluna (mezzelune) *sf* half moon, crescent.

mezzano(-a) *sm* go-between ◊ (*ruffiano*) pimp.

mezzanotte (mezzenotti) *sf* midnight ◊ **a mezzanotte**, at midnight ◊ (*nord*) north.

mezzo *agg* half ◊ (*medio*) middle.

mezzo *avv* half, semi-.

mezzo *sm* half ◊ (*parte centrale*) middle ◊ (*centro*) centre ◊ (*espediente*) means, way ◊ (*denaro*) means ◊ (*trasporto*) transport, means of transport ◊ **andarci di mezzo**, to lose out; **avere molti mezzi**, to be well off; **fare a mezzo con qc**, to go halves with sb; **per mezzo di**, by means of, through, by.

mezzofondista *sm / f* middle-distance runner.

mezzogiorno *sm* midday, noon ◊ (*sud*) south.

mezz'ora *sf* half an hour.

mi *pron pers* (*ogg*) me ◊ (*coi rifl*) myself.

mi *sm inv* (*mus*) E ◊ (*solfeggiando*) mi ◊ **mi bemolle**, E flat.

micidiale *agg* deadly, fatal.

micio(-a) *sm* pussy (cat).

microbio, mìcrobo *sm* microbe.

microcosmo *sm* microcosm.

micròfono *sm* microphone.

microscopio *sm* microscope.

microsolco(-chi) *sm* (*disco*) long-playing record, LP (*a 33 giri*) ◊ extended-play record, EP (*a 45 giri*).

midollo(-a *pl f*) *sm* marrow ◊ (*bot*) pith ◊ (*fig*) pith ◊ **midollo osseo**, bone marrow; **essere bagnato fino alle midolla**, to be soaking wet.

miele *sm* honey ◊ **luna di miele**, honeymoon.

miètere *v tr* to reap, to harvest.

mietitore(-trice) *sm* reaper, harvester.

mietitrebbiatrice *sf* combine harvester.

mietitura *sf* (*il mietere*) reaping, harvesting ◊ (*raccolto*) harvest, crop ◊ (*tempo*) harvest time.

migliaio (migliaia *pl f*) *sm* thousand.

miglio (miglia *pl f*) *sm* (*misura*) mile ◊ **una passeggiata di tre miglia**, a three miles' walk, a threemile walk.

miglio *sm* (*bot*) millet.

miglioramento *sm* improvement, betterment.

migliorare *v tr* to improve ◊ *v rifl* to improve os.

migliore *agg* (*comp*) better ◊ (*sup*) (the) best ◊ **il migliore dei due**, the better of the two; **il migliore della classe**, the best in the class; **molto migliore**, much better; **i migliori auguri**, best wishes ◊ *sm / f* (the) best, the best one.

mìgnolo *sm* little finger, pinkie ◊ (*del piede*) little toe.

migrare *v tr* to migrate.

migratore(-trice) *agg* migratory ◊ *sm* migrant.

migrazione *sf* migration.

mila *agg num card inv* thousand.

miliardario(-a) *agg, sm* billionaire.

miliardo *sm* thousand million, billion (*AmE*).

milionario(-a) *agg, sm* millionaire.

milione *sm* million.

militante *sm / f* militant, activist.

militare *agg* army (*attr*) ◊ *sm* serviceman ◊ **militare di carriera**, regular (soldier); **fare il militare**, to do one's military service.

militare *v intr* (*in partito, gruppo*) to be active in.

mìlite *sm* soldier ◊ **il milite ignoto**, the unknown soldier.

militesente *agg* exempt from military service.

milizia *sf* militia, army, troop, force.

mille *agg num card inv*, *sm inv* thousand.

millenario *agg* millennial ◊ *sm* millennium.

millennio *sm* millennium.

milza *sf* spleen.

minare *v tr, intr* to mime ◊ to mimic, to take off.

mìmica(-che) *sf* mime ◊ (*gesticolare*) mimicry.

mimo *sm* mime.

mimosa *sf* mimosa.

mina *sf* mine ◊ (*di matita*) lead.

minaccia(-ce) *sf* threat.

minacciare *v tr* to threaten.

minare *v tr* to mine ◊ (*fig, salute*) to ruin, to undermine.

minatore *sm* miner ◊ (*di carbone*) collier.

minerale *agg, sm* mineral ◊ (*da cui si estrae un metallo*) ore ◊ **minerale di ferro**, iron ore; **acqua minerale**, mineral water.

mineralogìa *sf* mineralogy.

minestra *sf* soup.

minestrone *sm* minestrone.

miniatura *sf* miniature ◊ (*di codici*) illumination.

miniera *sf* mine (*anche fig*).

minigonna *sf* miniskirt.

minimizzare *v tr* to minimize.

mìnimo *agg sup* the least, smallest, slightest ◊ (*il più basso*) the lowest ◊ (*piccolissimo*) very small ◊ (*bassissimo*) very low ◊ **la temperatura minima**, the lowest temperature ◊ *sm* minimun, least.

ministero *sm* ministry ◊ (*gabinetto*) cabinet (*governo*) government ◊ **Ministero della Pubblica Istruzione**, Ministry of Education; **pubblico ministero**, Public Prosecutor.

ministro *sm* minister ◊ **primo ministro**, Prime Minister, Premier.

minoranza *sf* minority ◊ **essere in minoranza**, to be a minority.

minorato(-a) *sm* handicapped person ◊ *agg* handicapped.

minorazione *sf* handicap.

minore *agg comp* (*più piccolo*) smaller, less ◊ (*più breve*) shorter ◊ (*meno grave*) lesser ◊ (*meno importante*) less important ◊ (*più giovane*) younger ◊ *sup* (*tra due*) the smaller; (*tra più*) the smallest ◊ (*mus*) minor ◊ **scegliere il male minore**, to choose the lesser evil; **opere minori**, minor works; **do minore**, C minor, **essere di età minore**, to be under age ◊ *sm / f* minor.

minorenne *agg* under (*full*) age ◊ *sm / f* minor ◊ **tribunale dei minorenni**, Juvenile Court.

minùscolo *agg* small.

minuta *sf* rough copy, draft.

minuto *agg* tiny, minute, small, little, slight ◊ (*accurato*) accurate ◊ (*comm*) retail ◊ **vendere al minuto**, to sell retail.

minuto *sm* minute ◊ **da un minuto all'altro**, any minute now.

minuzia *sf* trivial detail, trifle.

mio, mia, mièi, mie *agg poss* my ◊ (*mio proprio*) my own ◊ **un mio amico**, a friend of mine; **per amor mio**, for my sake ◊

pron poss mine ◊ *sm* (*denaro ecc*) what is mine, everything I have ◊ **i miei**, my parents ◊ (*parenti*) my relations, my relatives, my family, my folk ◊ **la mia (opinione)**, my view.

mìope *agg* myopic, short-sighted (*anche fig*) ◊ *sm / f* short-sighted person, myope.

miopìa *sf* short-sightedness (*anche fig*).

mira *sf* aim ◊ **prender la mira**, to take aim (at sthg); **prender di mira qc**, to pick on sb.

miràcolo *sm* miracle ◊ **fare i miracoli**, to work (to perform) miracles, to work wonders.

mirare *v intr* to aim (at), to sight ◊ **mirarono e spararono**, they sighted and fired; **mirò alla tigre e sparò**, he aimed (his gun) at the tiger and fired.

mirino *sm* foresight ◊ (*macchina fotografica*) finder.

mirra *sf* myrrh.

mirtillo *sm* bilberry, whortleberry.

misàntropo *sm* misanthropist.

miscela *sf* mixture ◊ (*caffè*) blend.

miscelare *v tr* to mix, to blend.

miscelatore(-trice) *sm* mixer.

mischiare *v tr, rifl* to mix ◊ (*carte*) to shuffle ◊ **mischiarsi tra la folla**, to mingle with the crowd.

miscredente *sm / f* misbeliever.

miscuglio *sm* mixture.

miseria *sf* (extreme) poverty ◊ **pianger miseria**, to plead poverty; **senza miseria**, unsparingly; **le miserie del mondo**, the miseries of this world.

misericordia *sf* mercy, pity ◊ **aver misericordia di qc**, to have pity (mercy) on sb.

misericordioso *agg* merciful, pitiful.

mìsero *agg* miserable.

misfatto *sm* misdeed ◊ (*delitto*) crime.

misoginìa *sf* misogyny.

misògino *agg* misogynous ◊ *sm* misogynist.

mìssile *agg, sm* missile.

missionario(-a) *agg, sm* missionary.

missione *sf* mission.

misterioso *agg* mysterious.

mistero *sm* mystery.

misticismo *sm* mysticism.

mìstico(-a, -ci, -che) *agg, sm* mystic.

mistificare *v tr* (*fatti*) to falsify ◊ (*ingannare*) to fool, to take in.

mistificatore(-trice) *sm* one who is distorting the facts.

misto *agg* mixed ◊ **classe mista**, a mixed class; **scuola mista**, a coeducational (coed) school ◊ *sm* mixture ◊ **un misto di carne ai ferri**, mixed grill.

misura *sf* measure ◊ (*taglia*) size ◊ (*provvedimento*) measure, step ◊ (*poesia*) measure, metre ◊ (*mus*) time, beat ◊ (*fig, limite*) limit, bound ◊ **prendere le misure a qc**, to take sb's measurements; **passare la misura**, to overstep all limits; **su misura**, made to measure.

misurare *v tr* to measure ◊ (*vista*) to test ◊ (*valutare*) to value, to estimate ◊ *v intr* to measure ◊ *v rifl* **misurarsi con qc**, to compete with sb.

misurato *agg* measured, moderate, cautious.

mite *agg* mild ◊ (*animale*) meek ◊ (*pena*) lenient.

mìtico(-a, -ci, -che) *agg* mythical.

mitigare *v tr* to mitigate ◊ (*dolore*) to soothe, to relieve ◊ *v rifl* (*clima*) to become milder.

mito *sm* myth.

mitologìa *sf* mythology.

mitra *sf* (*relig*) mitre.

mitra *sm inv* (*mil*) submachinegun, tommygun.

mitragliare *v tr* to machine-gun.

mitragliatrice *sf* machine-gun.

mittente *sm / f* sender.

mnemònico(-a, -ci, -che) *agg* mnemonic ◊ (*studio*) mechanical.

mòbile *agg* mobile, moving ◊ (*che si può muovere*) movable ◊ (*volubile*) fickle ◊ **la Pasqua è una festa mobile**, Easter is a movable feast; **beni mobili**, movables ◊ *sm* piece of furniture ◊ **i mobili**, furniture (*sing*) ◊ **la mobile** (*squadra*) flying squad.

mobilia *sf* furniture.

mobiliere *sm* furniture-maker (-seller).

mobilitare *v tr* to mobilize, to rouse ◊ *v rifl* to get together to do sthg.

mobilitazione *sf* mobilization.

mocassino *sm* mocassin.

moda *sf* fashion ◊ (*spreg*) craze ◊ **essere alla moda** (*persona*), to be fashionable; **all'ultima moda**, in the latest style (fashion), on the cutting edge.

modellare *v tr* to model, to mould, to shape ◊ *v rifl* to model os (on, after).

modello(-a) *sm* model ◊ *agg* model (*attr*).

modem *sm* modem.

moderare *v tr* to moderate ◊ (*la lingua*) to curb one's tongue, to weigh one's words ◊ *v rifl* to moderate os ◊ **moderarsi nel mangiare**, to control one's appetite.

moderazione *sf* moderation, restraint.

modernizzare *v tr* to bring up to date ◊ *v rifl* to get up to date, to bring os to date.

moderno *agg* modern ◊ **una mamma moderna**, an up-to-date mother, a modern mum ◊ *sm* modern 'rend.

modestia *sf* modesty.

modesto *agg* modest.

mòdico(-a, -ci, -che) *agg* reasonable, moderate.

modìfica(-che) *sf* adjustment, modification.

modificare *v tr, rifl* to change.

modista *sf* milliner.

modo *sm* way, manner ◊ (*modi*) manners ◊ (*mus*) mode ◊ (*gramm*) mood ◊ **si fa in questo modo**, it should be done in this way, like this; **lo farò a modo mio**, I'll do it my own way; **non c'è modo di convincerlo**, there's no way to convince (of convincing) him; **c'è modo e modo di farlo**, there's a right way and a wrong way of doing it; **trovare il modo di fare qcs**, to find a way of doing sthg; **in qualche modo**, somehow or another; **in modo da non disturbarlo**, so as not to disturb him; **dar modo a qc di fare qcs**, to enable sb to do sthg, to place sb in a position to do sthg; **ad ogni modo**, anyway.

modulare *v tr* to modulate.

modulazione *sf* modulation.

mòdulo *sm* form.

mògano *sm* mahogany.

moglie *sf* wife ◊ **prender moglie**, to get married, to marry, to take a wife; **riuscire una buona moglie**, to make a good wife.

moìne *sf pl* endearments.

molare *v tr* to grind.

molare *agg, sm (dente)* molar.

molècola *sf* molecule.

molestare *v tr* to annoy, to bother.

molestia *sf* annoyance, trouble, bother ◊ **molestia sessuale**, sexual harassment.

molesto *agg* annoying ◊ **essere molesto a qc**, to be a nuisance to sb, to annoy sb.

molla *sf* spring ◊ *(fig, incentivo)* motivating force ◊ *(per camino)* tongs ◊ **prendere qc con le molle**, to treat sb with kid gloves.

mollare *v tr* to let go ◊ *(far cadere)* to drop ◊ *v intr* to give in.

molle *agg* soft ◊ *(muscoli)* flabby ◊ *(debole)* weak.

molletta *sf (capelli)* hairgrip ◊ *(bucato)* clothes-peg ◊ *(per ghiaccio)* tongs.

mollica(-che) *sf* crumb.

mollusco *sm* shellfish.

molo *sm (banchina)* quay, pier.

moltéplice *agg* manifold, various ◊ *(complesso)* complex.

moltiplicare *v tr, intr, rifl* to multiply ◊ *(fig)* to increase.

moltiplicazione *sf* multiplication.

moltitùdine *sf* multitude.

molto *agg, pron* much (many), a lot of, a great deal of.

molto *avv* a lot, (very) much ◊ *(con agg)* very ◊ *(con participio passato)* (very) much ◊ *(coi comparativi)* much ◊ **ci vuole molto tempo?**, will it take long?; **aspettai molto**, I waited a long time.

momentaneo *agg* momentary, temporary.

momento *sm* moment ◊ **in questo momento**, at the moment, at present; **da un momento all'altro**, any moment now; **proprio in quel momento**, at that very moment.

mònaca(-che) *sf* nun.

monacale *agg* monastic.

mònaco(-ci) *sm* monk.

monarca(-chi) *sm* monarch.

monarchia *sf* monarchy.

monàrchico(-a, -ci, -che) *agg* monarchic ◊ *sm* monarchist.

monastero *sm* monastery ◊ *(di monache)* convent.

mondanità *sf inv* worldliness ◊ *(persone)* high society.

mondano *agg* worldly ◊ *(obblighi)* social ◊ *sm* society man, worldly person.

mondiale *agg* world *(attr)*.

mondo *sm* world ◊ **in tutto il mondo**, all over the world, throughout the world; **da che mondo è mondo**, since the world began; **sapere stare al mondo**, to know how to get by in this world.

monello *sm* little rogue, little rascal, scoundrel, urchin.

moneta *sf* coin.

mongoloide *agg, sm / f (med)* mongol.

monile *sm (collana)* necklace ◊ *(gioiello)* jewel.

mònito *sm* warning.

monòcolo *sm* monocle, eyeglass.

monogamìa *sf* monogamy.

monolocale *sm* bedsit, bedsitter, studio.

monòlogo(-ghi) *sm* monologue, soliloquy.

monopetto *sm* single-breasted suit.

monopolio *sm* monopoly.

monopolizzare *v tr* to monopolize.

monosìllabo *sm* monosyllable.

monotonìa *sf* monotony, dullness.

monòtono *agg* monotonous, dull.

monsone *sm* monsoon.

montacàrichi *sm inv* hoist, goods lift.

montaggio *sm* assembly ◊ **catena di montaggio**, essembly line.

montagna *sf* mountain ◊ *(zona)* **la montagna**, the mountains *(pl)* ◊ **andare in montagna**, to go to the mountains.

montagnoso *agg* mountainous.

montanaro(-a) *sm* mountain dweller ◊ *(fig)* hillbilly.

montare *v intr (salire)* to mount, to go up, to get on ◊ *v tr* to mount, to climb ◊ **montare la panna**, to whip the cream ◊ *(film)* to edit, to cut ◊ *v rifl* to work os up.

montatura *sf* mounting ◊ *(occhiali)* frames ◊ *(fig)* blow-up.

montavivande *sm inv* dumb waiter.

monte *sm* mountain ◊ *(davanti a nome proprio)* mount ◊ **mandare a monte**, to upset, to cancel; **monte di pietà**, pawnshop.

montgomery *sm inv* duffel coat.

montone *sm (zool)* ram ◊ *(carne)* mutton ◊ *(pelle)* sheepskin.

montuoso *agg* mountainous.

monumento *sm* monument.

moquette *sf* fitted carpet.

mora *sf* (*gelso*) mulberry ◊ (*rovo*) blackberry.

mora *sf* (*somma dovuta*) arrears.

morale *agg* moral ◊ *sf* morals (*pl*) ◊ (*insegnamento*) moral ◊ **trarre la morale**, to draw the moral; **la morale della favola**, the moral of the story; **gente senza morale**, people without morals ◊ *sm* (*stato d'animo*) morale ◊ **bisogna tener alto il morale delle truppe**, we must keep the troops' morale high.

moralista *agg* moralistic ◊ *sm* / *f* moralist.

moralità *sf inv* morals (*pl*), moral standards.

moralizzare *v tr* to moralize (on, about).

moralizzatore(-trice) *sm* / *f* moralizer ◊ *agg* moralizing.

mòrbido *agg* soft, tender.

morbillo *sm* measles.

morbosità *sf inv* morbidity.

morboso *agg* morbid.

mòrdere *v tr* to bite ◊ (*addentare*) to bite into ◊ **mordere il freno**, to champ (at) the bit.

morente *agg* dying ◊ (*sole*) sinking ◊ *sm* / *f* dying person.

moresco(-a, -chi, -che) *agg* Moorish.

morfina *sf* morphine.

morìa *sf* high mortality.

moribondo(-a) *sm* / *f* dying person.

morire *v intr* to die; (*eufemistico*) to pass away ◊ **morire di morte naturale (violenta)**, to die a natural (violent) death; **morire di fame**, to starve to death; **morire di cancro**, to die of cancer; **morire dalla voglia di fare qcs**, to be dying to do sthg; **bello da morire**, stunning; **morire dal ridere**, to kill os laughing.

mormorare *v tr, intr* to murmur, to mutter, to mumble ◊ (*brontolare*) to grumble ◊ **mormorare sul conto di qc**, to speak ill of sb, to gossip about.

mormorìo *sm* murmur.

moro(-a) *agg* (*razza*) Moorish ◊ *sm* Moor.

moro *sm* (*gelso*) mulberry-tree.

morsicare *v tr* to bite.

morso *sm* bite ◊ (*di cavallo*) bit ◊ **i morsi della fame**, hunger pangs.

mortaio *agg, sm* / *f* mortal.

mortalità *sf inv* mortality.

morte *sf* death ◊ **condannare qc a morte**, to sentence sb to death; **condanna a morte**, death penalty.

mortificare *v tr* to mortify ◊ *v rifl* to feel mortified (at).

morto(-a) *agg* dead ◊ **stagione morta**, slack season ◊ *sm* dead man (woman) ◊ (*carte*) dummy ◊ **il giorno dei morti**, All Souls' Day.

mosaico(-ci) *sm* mosaic.

mosca(-che) *sf* fly ◊ **giocare a mosca cieca**, to play blindman's buff ◊ *agg inv* **peso mosca**, flyweight.

moscato *sm* (*uva*) muscat grapes ◊ (*vino*) muscat.

moscerino *sm* midge, gnat.

moschea *sf* mosque, mosk.

moschettiere *sm* musketeer.

moschetto *sm* musket.

moscio *agg* (*cappello*) soft ◊ (*muscoli*) flabby ◊ (*persona*) dull, lifeless.

mossa *sf* movement ◊ (*dama*) move ◊ (*fig*) **darsi una mossa**, to give os a shake; **fare una mossa sbagliata**, to make a wrong move.

mosso *agg* (*mare*) rough ◊ (*capelli*) wavy ◊ (*fotografia*) blurred ◊ (*mus*) mosso.

mostarda *sf* (*senape*) mustard.

mosto *sm* must.

mostra *sf* exhibition ◊ (*fiori, animali*) show ◊ **mostra campionaria**, trade fair.

mostrare *v tr* to show, to exhibit, to display, to let sb see ◊ *v intr* to make show, to pretend ◊ *v rifl* to show (to prove) os.

mostro *sm* monster.

mostruosità *sf inv* monstrosity.

mostruoso *agg* monstrous ◊ (*fig*) horrible.

motel *sm* motel.

motivare *v tr* to motivate.

motivo *sm* motive, reason, grounds ◊ (*mus*) motif ◊ **motivo conduttore**, leitmotiv.

moto *sm* movement ◊ (*fis*) motion ◊ (*esercizio fisico*) exercise ◊ (*rivolta*) rising rebellion ◊ **fare del moto**, to do (to take) some exercise.

motocicletta *sf* motorcycle.

motociclismo *sm* motorcycling.

motore(-trice) *sm* engine, motor ◊ **motore a**

reazione, jet engine; **a motore** power driven.

motorino *sm* (*ciclomotore*) moped.

motorizzare *v tr* to motorize ◊ *v rifl* to get os a car.

motoscafo *sm* motorboat.

motto *sm* motto, saying, witty remark.

movente *sm* motive.

movimento *sm* movement ◊ (*gesto*) gesture ◊ (*traffico*) traffic bustle ◊ **essere sempre in movimento**, to be always on the move.

mozione *sf* motion.

mozzafiato *agg inv* breathtaking.

mozzicone *sm* end, stub, stump.

mucca(-che) *sf* cow.

mucchio *sm* heap, pile.

muffa *sf* mould, mold (*AmE*).

muggire *v intr* to low, to moo.

mughetto *sm* lily of the valley ◊ (*med*) thrush.

mugnaio *sm* miller.

mugugnare *v tr* to grumble, to mumble.

mulattiera *sf* mule-track.

mulattiere *sm* mule-driver.

mulinello *sm* eddy ◊ (*vortice d'acqua*) whirlpool ◊ (*di vento*) whirlwind.

mulino *sm* mill ◊ **tirare l'acqua al proprio mulino**, to bring grist to one's own will.

mulo *sm* mule.

multa *sf* fine.

multare *v tr* to fine.

multicolore *agg* many-coloured, motley.

multimediale *agg* multimedia (*attr*).

mùltiplo *agg, sm* multiple.

multiproprietà *sf* time-sharing.

multirazziale *agg* multiracial.

mummia *sf* mummy ◊ (*persona*) old fossil.

mummificare *v tr* to mummify ◊ *v rifl* (*fig*) to fossilize.

mùngere *v tr* to milk.

municipale *agg* municipal, town (*attr*).

municipio *sm* town council ◊ (*palazzo*) town hall.

munire *v tr* to supply (with) ◊ *v rifl* to supply os (with).

munizione *sf* munitions (*pl*), ammunition (*sing*) ◊ **deposito munizioni**, magazine.

muòvere *v tr* to move ◊ **muovere i primi passi**, to take one's first steps; **muovere criti-**

che, to arouse criticism; **muovere guerra a**, to wage war upon (on, against) sb; **muovere un'obiezione**, to raise an objection ◊ *v intr* to originate (from, in, with) ◊ *v rifl* to move.

muraglia *sf* high wall.

murare *v tr* to wall up.

muratore *sm* mason, bricklayer.

muro *sm* wall ◊ **armadio a muro**, built-in cupboard.

musa *sf* Muse ◊ (*fig*) muse, inspiration.

muschio *sm* moss.

mùscolo *sm* muscle ◊ (*macelleria*) shin (of beef) ◊ (*zool*) mussel.

muscoloso *agg* sinewy, brawny, muscular.

museo *sm* museum.

museruola *sf* muzzle.

mùsica(-che) *sf* music.

musicale *agg* musical.

musicante *sm / f* musician.

musicista *sm / f* musician, composer.

muso *sm* muzzle, snout ◊ (*faccia*) face.

musone *sm* sulker, surly person.

mùssola *sf* muslin.

muta *sf* (*di cani*) pack.

mutande *sf pl* pants.

mutare *v tr* to change ◊ **mutar la pelle** (*di serpenti*), to slough off; **mutar le penne,** to moult ◊ *v rifl* to change into.

mutazione *sf* change, mutation; (*biol*) mutation.

mutèvole *agg* changeable.

mutevolezza *sf* mutability ◊ (*volubilità*) fickleness, inconstancy.

mutilare *v tr* to mutilate.

mutismo *sm* (*med*) muteness, mutism.

muto(-a) *agg* dumb ◊ (*linguistica*) silent, mute ◊ (*atlante*) blank ◊ **essere sordo e muto**, to be deaf and dumb; **cinema muto**, the silent cinema; **ha fatto scena muta**, he didn't utter a word ◊ *sm* dumb person, mute.

mùtua *sf* **cassa mutua**, National Health Service.

mùtuo *agg* mutual, reciprocal ◊ **cassa mutua malattie**, health insurance scheme.

mùtuo *sm* loan ◊ **concedere un mutuo**, to grant a loan; **mutuo ipotecario**, mortgage loan; **fare un mutuo per comprare una casa**, to take out a loan to buy a house.

N

nababbo *sm* nabob.

nàcchera *sf* castanet.

naftalina *sf* naphtalene ◊ (*tarmicida*) moth-balls.

naia *sf sing* (*pop*) call-up ◊ (*AmE*) draft.

naïf *agg* naive.

nano(-a) *agg* dwarfish ◊ *sm* dwarf, midget.

nanna *sf* by-byes ◊ **andare a nanna**, to go by-byes.

narcisismo *sm* narcissism.

narciso *sm* narcissus.

narice *sf* nostril.

narrare *v tr* to tell, to narrate ◊ *v intr* to tell about.

narrativa *sf* fiction.

narratore(-trice) *sm* narrator.

nascente *agg* rising.

nàscere *v intr* to be born, to come into the world ◊ (*trarre origine*) to come (of, out of) ◊ (*sorgere*) to arise, to originate (from) ◊ (*di piante*) to grow ◊ (*fiumi*) to rise ◊ (*di pulcini*) to hatch ◊ **la signora Rossi nata Bianchi**, Mrs. Rossi née Bianchi.

nàscita *sf* birth.

nascòndere *v tr* to hide, to conceal ◊ **nascondere qcs a qc**, to hide sthg from sb ◊ *v rifl* to hide (os).

nascondiglio *sm* hiding-place.

nascondino *sm* hide-and-seek.

nascosto *agg* hidden ◊ **di nascosto**, secretly.

naso *sm* nose ◊ **ficcare il naso negli affari altrui**, to poke one's nose into other people's business.

nastro *sm* ribbon ◊ (*tecn*) tape ◊ **nastro adesivo**, adhesive tape; **registrazione su nastro**, tape recording.

Natale *sm* Christmas ◊ **Buon Natale!**, Merry Christmas!

natalità *sf inv* birth rate.

natura *sf* nature ◊ **natura morta**, still life ◊ **essere buono di natura**, to be good-natured.

naturale *agg* natural.

naturalezza *sf* naturalness ◊ **mancare di naturalezza**, to be affected.

naturalizzare *v tr* to naturalize.

naufragare *v intr* to be (ship) wrecked ◊ (*fig*) to be wrecked, to fail.

naufragio *sm* shipwreck ◊ (*fig*) wreck.

nàufrago(-a, -ghi) *sm* ship-wrecked person.

nàusea *sf* nausea ◊ **avere la nausea**, to feel sick; **mi dai la nausea**, you make me sick.

nauseare *v tr* to nauseate, to sick-en.

nàutico *agg* nautical, naval.

navata *sf* nave ◊ (*laterale*) aisle.

nave *sf* ship ◊ (*di linea*) liner ◊ (*traghetto*) ferry boat ◊ (*a vapore*) steamer.

navetta *sf* (*telaio*) shuttle.

navicella *sf* (*spaziale*) spaceship.

navigante *sm* sailor, seaman.

navigare *v tr, intr* to sail.

navigatore(-trice) *sm* navigator.

navigazione *sf* navigation.

nazionale *agg* national.

nazionalismo *sm* nationalism.

nazionalista *sm / f* nationalist.

nazionalità *sf inv* nationality.

nazionalizzare *v tr* to nationalize.

nazione *sf* nation.

nazismo *sm* Nazism.

nazista *sm / f* Nazi.

né *cong* (*due termini*) neither... nor ◊ (*più di due termini*) neither... nor... nor ◊ **non mi fa né caldo né freddo**, it makes no odds to me.

ne *avv* (*moto da luogo*) from there, from here ◊ (*col verbo to leave*) it, there, here.

ne *pron* of him (her, them), about him (her, them) ◊ (*partitivo, in frasi aff*) some; (*in frasi dub, interr, neg, in presenza di altra negazione*) any; (*in frasi neg senza altra negazione*) none; (*è omesso se accompagnato da numero*) **mi piacciono i cioccolatini, ne hai? Non ne ho**, I like chocolates, have you got any? I haven't got any (I have got none); **ne ho, ne ho tre**, I have got some, I have got three.

neanche *avv* not even neither ◊ **non ci vado, neanch'io**, I'm not going, neither am I.

nebbia *sf* (*densa*) fog ◊ (*foschia*) mist.

nebbioso *agg* foggy, misty ◊ (*fig*) clouded.

necessario *agg* necessary ◊ **è necessario che**

tu vada, you must go, it's necessary that you go, it's necessary for you to go.

necessario *sm* what is necessary, what one needs.

necessità *sf inv* necessity, need.

necessitare *v tr* to need, to require ◊ *v intr* to be necessary, to be required.

necrologio *sm* obituary.

necrologista *sm / f* necrologist.

nefrite *sf* nephritis.

negare *v tr* to deny ◊ (*non riconoscere*) to refuse to admit.

negativo *agg, sm* negative.

negato *agg* **essere negato per qc**, to be hopeless at (bad, no good at) sthg.

negazione *sf* negation.

negligente *agg* negligent, neglectful.

negoziante *sm* shopkeeper, trader, dealer.

negoziare *v tr* to negotiate.

negozio *sm* shop ◊ (*AmE*) store.

negro(-a) *sm* Negro (Negress).

nemico(-a, -ci, -che) *agg* hostile ◊ *sm* enemy ◊ **farsi nemico qc**, to make an enemy of sb.

neo *sm* mole, beauty spot.

neologismo *sm* neologism.

neon *sm inv* neon ◊ **luce al neon**, neon light.

neonato(-a) *agg* new-born (*attr*) ◊ *sm* baby.

nepotismo *sm* nepotism.

neppure *V.* **neanche.**

nerboruto *agg* brawny, muscular, sinewy, tough.

nero *agg* black ◊ (*capelli*) dark ◊ (*carnagione*) tanned ◊ (*sporco*) dirty ◊ *sm* (*colore*) black ◊ (*negro*) black man (woman) ◊ **mettere nero su bianco**, to put it down in black and white.

nervo *sm* nerve ◊ **dare sui nervi a qc**, to get on sb's nerves; **avere i nervi**, to be nervy.

nervosismo *sm* nervousness ◊ **farsi prendere dal nervosismo**, to let one's nerves get the better of one.

nervoso *agg* nervous, nerve (*attr*), nervy.

nèspola *sf* medlar.

nèspolo *sm* medlar tree.

nesso *sm* connection, link.

nessuno *agg sing* no, not any ◊ (*qualche*) any.

nessuno *pron sing* nobody, no one ◊ (*qual-*

cuno) anybody, anyone ◊ **nessuno di**, none of.

nessuno *sm sing* nobody ◊ **non essere nessuno**, to be a nobody.

nèttare *sm* nectar.

netto *agg* clean, clear-cut ◊ (*comm*) net ◊ **opporre un netto rifiuto**, to give a flat refusal.

netturbino *sm* garbage collector.

neuròlogo(-a, -gi, -ghe) *sm* neurologist.

neutrale *agg, sm* neutral.

neutralità *sf inv* neutrality.

neutralizzare *v tr* to neutralize.

nèutro *agg, sm* neuter.

nevaio *sm* snowfield.

neve *sf* snow ◊ (*fiocco*) snow flake.

nevicare *v impers* to snow, to be snowing.

nevicata *sf* snowfall.

nevischio *sm* sleet.

nevralgìa *sf* neuralgia.

nevràlgico(-a, -ci, -che) *agg* neuralgic ◊ (*fig*) crucial.

nevrastenico *sm* neurasthenic ◊ (*fig*) irritable person.

nevrosi *sf inv* neurosis.

nevròtico(-a, -ci, -che) *agg* neurotic.

nibbio *sm* kite.

nicchia *sf* niche ◊ (*nella roccia*) cavity.

nicchiare *v intr* to hesitate.

nicotina *sf* nicotine.

nidiata *sf* (*di uccelli, bambini*) brood.

nidificare *v intr* to nest.

nido *sm* nest ◊ **a nido d'ape**, honeycomb (*attr*); **asilo nido**, crèche.

niente *pron indef inv* nothing, not... anything ◊ (*qualcosa*) anything ◊ (*gratis*) free, for nothing ◊ **fa niente se non vengo?**, does it matter if I don't come?

niente *sm sing* nothing ◊ **finire in niente**, to come to nothing.

niente *avv* nothing ◊ **niente affatto**, not at all; **nientemeno**, actually, even.

ninfa *sf* nymph.

ninfea *sf* water lily.

ninfòmane *sf* nymphomaniac.

ninna-nanna *sf* lullaby.

nìnnolo *sm* plaything, toy; trinket, knickknack.

nipote *sm / f* (*di zii*) nephew (niece) ◊ (*di*

nonni) grandson (grand-daughter), grandchild.

nippònico(-a, -ci, -che) *agg* Japanese.

nìtido *agg* clear ◊ (*immagine*) clear, sharp.

nitrire *v intr* to neigh.

nitrito *sm* (*di cavallo*) neigh.

no *avv* no, not ◊ **no, grazie**, no, thanks; **perché no?**, why not?; **credo di no**, I think not, I don't think so; **se no**, otherwise.

no *sm* no ◊ (*rifiuto*) refusal, denial ◊ (*voto negativo*) black ball.

nòbile *agg*, *sm / f* noble ◊ **di animo nobile**, noble-minded.

nobilitare *v tr* (*fig*) to ennoble ◊ *v rifl* to ennoble os.

nobiltà *sf inv* nobility ◊ (*d'animo*) nobleness, noblemindedness.

nocca(-che) *sf* knuckle.

nocciola *sf* hazelnut.

nocciolina *sf* (*americana*) peanut.

nòcciolo *sm* stone ◊ (*fig*) kernel ◊ **veniamo al nocciolo!**, let's come to the point!

noce *sf* walnut ◊ (*moscata*) nutmeg.

noce *sm* (*albero*) walnut tree.

nocivo *agg* harmful, bad (for).

nodo *sm* knot ◊ (*fig*) bond, tie ◊ (*ferr*) junction ◊ **avere un nodo alla gola**, to have a lump in one's throat.

nodoso *agg* knotty ◊ (*tronco, mani*) gnarled.

noi *pron pers* (*sogg*) we ◊ (*ogg*) us ◊ **noi stessi**, ourselves; **nessuno di noi**, none of us; **tutti noi**, we all, all of us.

noia *sf* boredom ◊ **che noia!**, what a drag, (*fastidio*) what a nuisance!; **dar noia a qc**, to bother sb.

noioso(-a) *agg* boring ◊ *sm* bore.

noleggiare *v tr* to hire ◊ (*dare a noleggio*) to hire out ◊ (*aereo*) to charter.

noleggiatore(-trice) *sm* hirer.

noleggio *sm* hire ◊ (*aerei*) charter ◊ (*auto*) hire charge.

nòmade *agg* nomadic ◊ *sm / f* nomad.

nome *sm* name ◊ (*gramm*) noun ◊ **nome d'arte**, stage name; **farsi un nome**, to make a name for os; **nome da ragazza**, maiden name.

nòmina *sf* appointment.

nominare *v tr* to name, to mention ◊ (*eleggere*) to appoint.

non *avv* not ◊ (*pref*) non-, un... ◊ (*pleonastico*) **finché non torno**, until I get back.

nonnina *sf* granny.

nonno(-a) *sm* grandfather(-mother), grandpa(-ma) ◊ **i nonni**, grandparents.

nonnulla *sm inv* nothing, a trifle.

nono *agg*, *sm* ninth.

nonostante *prep* in spite of, despite ◊ *cong* **nonostante che**, in spite of the fact that, even though, although.

non plus ultra *sm inv* the last word (in).

nontiscordardimé *sm inv* forget-me-not.

nord *sm inv* **a nord di**, north of ◊ *agg* north (*attr*), northern.

nòrdico(-a, -ci, -che) *agg*, *sm* Nordic.

nordovest *sm inv* north-west.

norma *sf* rule ◊ (*regolamento*) regulation ◊ **proporsi una norma di vita**, to set os rules to live by.

normale *agg* normal, usual.

normalità *sf inv* normality.

normalizzare *v tr* to bring back to normal.

normativa *sf* regulations, set of rules.

nostalgia *sf* homesickness ◊ **soffrire di nostalgia**, to be homesick.

nostàlgico(-a, -ci, -che) *agg* homesick.

nostro *agg* our ◊ *pron poss* ours, our own ◊ **un nostro amico**, a friend of ours.

nostro *sm* our own, what is ours, all we have ◊ (*parenti*) our relatives ◊ (*amici*) our friends, our own people ◊ *sf* **la nostra** (*opinione*), our view.

nostromo *sm* boatswain.

nota *sf* note ◊ (*elenco*) list ◊ **degno di nota**, noteworthy.

notaio *sm* notary (public).

notare *v tr* to notice, to note ◊ (*segnare*) to mark, to note down.

notévole *agg* remarkable.

notificare *v tr* to notify (sb of sthg).

notizia *sf* (piece of) news ◊ **avere notizie di qc**, to hear from sb; **fammi avere tue notizie!**, keep in touch!

noto *agg* well-known, famous, known (to) ◊ **rendere noto**, to make known.

notorietà *sf inv* fame ◊ (*spreg*) notoriety.

notorio *agg* well-known ◊ (*spreg*) notorius.

nottàmbulo *sm* night wanderer.

notte *sf* night ◊ **questa notte**, (*passata*) last

night, (*che viene*) tonight; **di notte**, at (by) night.

nottetempo *avv* during the night.

notturno *agg* night (*attr*) ◊ *sm* nocturne.

novanta *agg, sm inv* ninety.

novantennio *sm* (period of) ninety years.

novantèsimo *agg* ninetieth.

nove *agg, sm inv* nine ◊ **il nove di Maggio partirono**, they left on the ninth of May (on May 9th); **sono le nove**, it's nine o'clock.

novecento *agg, sm inv* nine hundred ◊ **il Novecento**, the twentieth century.

novella *sf* short story.

novellino *sm* greenhorn, beginner.

novello *agg* new ◊ (*verdura*) early ◊ **pollo novello**, spring chicken; **novella sposa**, the newly-wed bride.

novembre *sm* November (*per uso V. agosto*).

novità *sf inv* (*originalità*) novelty ◊ (*cosa*) new thing ◊ (*notizia*) piece of news.

novocaìna *sf* novocain.

nozione *sf* notion, idea ◊ **le prime nozioni di qcs**, the first rudiments of sthg.

nozionismo *sm* superficial knowledge.

nozze *sf pl* wedding ◊ **viaggio di nozze**, honeymoon.

nube *sf* cloud.

nùbile *agg* unmarried, single.

nuca(-che) *sf* nape (of the neck).

nucleare *agg* nuclear.

nudista *sm / f* nudist.

nudità *sf inv* (*persona*) nudity, nakedness ◊ (*paesaggio*) bareness.

nudo *agg* (*persona*) bare, naked ◊ (*montagna*) bare ◊ (*verità*) plain, naked ◊ **andare a piedi nudi**, to go barefoot; **un ragazzo coi piedi nudi**, a bare-footed boy ◊ *sm* (*arte*) the nude.

nulla *pron* nothing, not... anything ◊ *sm inv* nothing ◊ *avv* nothing, not... anything ◊ **per nulla**, not at all.

nullaosta *sm inv* authorization.

nullità *sf inv* (*persona*) nonentity.

nullo *agg* (*leg*) void, nul and void ◊ **scheda**

nulla, spoiled vote.

numerale *agg, sm* numeral.

numerare *v tr* to number.

numerazione *sf* numbering ◊ (*mat*) numeration.

numèrico(-a, -ci, -che) *agg* numerical.

nùmero *sm* number, figure ◊ (*taglia*) size ◊ (*davanti a cifra*) N° ◊ (*romano*) numeral ◊ **numero di targa**, plate number; **fare un numero** (*tel*), to dial a number; **dare i numeri** (*farneticare*), not to be all there; **numero chiuso** (*univ*), selective entry system.

numeroso *agg* numerous.

numismàtica(-che) *sf* numismatics (*sing*).

nuòcere *v intr* to harm.

nuora *sf* daughter-in-law.

nuotare *v intr* to swim ◊ **nuotare a crawl, a rana, a farfalla**, to do the crawl, the breast-stroke, the butterfly stroke; **nuotare come un pesce, come un mattone**, to swim like a fish, like a stone.

nuotata *sf* swim.

nuotatore(-trice) *sm* swimmer.

nuoto *sm* swimming.

nuova *sf* news (*sing*).

nuovo *agg* new ◊ (*diverso*) different ◊ (*altro*) other, further ◊ (*fig*) second ◊ **nuovo di zecca**, brand-new; **di nuovo**, again, (*saluto*) good-bye again; **mi giunge nuovo**, it's new to me.

nuovo *sm* new, novelty.

nutrice *sf* wet nurse, foster-mother.

nutriente *agg* nourishing.

nutrimento *sm* nourishment, food.

nutrire *v tr* to feed, to nourish ◊ (*essere nutriente*) to be nourishing ◊ *v rifl* to feed on ◊ **nutrire molta stima per qc**, to hold sb in great esteem; **nutrire false speranze**, to nurse false hopes.

nutrizione *sf* nutrition, feeding.

nutrizionista *sm / f* nutritionist.

nùvola *sf* cloud ◊ **cascare dalle nuvole**, to be taken aback.

nuvoloso *agg* cloudy, overcast.

nuziale *agg* wedding (*attr*).

O

o *cong* or ◊ **o... o**, either... or; **o l'uno o l'altro**, either.

òasi *sf inv* oasis.

obbedire *V.* ubbidire.

obbiettare *V.* obiettare.

obbligare *v tr* to oblige, to force (sb to do sthg).

obbligatorio *agg* compulsory, mandatory.

obbligazionista *sm / f* bondholder.

òbbligo(-ghi) *sm* obligation ◊ **obbligo scolastico**, compulsory schooling; **con l'obbligo di**, on condition that, provided that.

obelisco(-chi) *sm* obelisk.

oberato *agg* (*lavoro*) overburdened (with).

obeso *agg* obese, very fat.

obiettare *v tr, intr* to object ◊ **trovi da obiettare se ti lascio solo?**, do you object to being left alone?; **obiettare su qcs**, to object to, to raise (to make) objections concerning sthg.

obiettivo *agg, sm* objective.

obiettore(-trice) *sm* objector ◊ **obiettore di coscienza**, conscientious objector.

obiezione *sf* objection ◊ **muovere un'obiezione**, to raise (to make) an objection; **hai qualche obiezione da fare se vado?**, do you object to my going?

obitorio *sm* mortuary, morgue.

oblìo *sm* oblivion.

obliquo *agg* oblique ◊ (*fig, metodi*) circuitous.

oblò *sm inv* porthole.

oca(-che) *sf* goose, *pl* geese ◊ (*maschio*) gander ◊ **far venir la pelle d'oca a qc**, to make one's flesh creep; (*AmE*) to give sb goosebumps.

occasionale *agg* chance, occasional.

occasione *sf* (*opportunità*) chance, opportunity ◊ (*circostanza*) occasion ◊ (*buon affare*) bargain.

occhiacci *sm pl* **fare gli occhiacci a qc**, to frown (to scowl) at sb.

occhiaia *sf* eye socket ◊ **avere le occhiaie**, to have shadows under one's eyes.

occhiali *sm pl* glasses, spectacles ◊ **occhiali da sole**, sun-glasses.

occhiata *sf* look, glance.

occhiello *sm* buttonhole.

occhio *sm* eye ◊ **affaticarsi gli occhi**, to strain one's eyes; **a occhio e croce**, at a rough guess; **chiudere un occhio su**, to turn a blind eye to; **a occhio nudo**, with the naked eye.

occhiolino *sm* **fare l'occhiolino a**, to wink at sb.

occidentale *agg* west (*attr*), western ◊ *sm / f* westerner.

occidente *sm* west.

occìpite *sm* occiput.

occlùdere *v tr* to occlude.

occorrente *sm* what is necessary.

occorrenza *sf* necessity, need.

occórrere *v intr* to be needed ◊ (*tempo*) to take ◊ *impers* must, to need, to have to.

occultare *v tr, rifl* to hide (from).

occultismo *sm* occultism.

occupante *sm / f* (*abusivo*) squatter.

occupare *v tr* to occupy ◊ (*carica*) to hold ◊ (*tempo*) to take up, to spend ◊ (*dare lavoro*) to employ ◊ **occupare abusivamente una casa**, to squat in a house ◊ *v rifl* to be interested in.

occupato *agg* busy, engaged ◊ (*tel*) engaged ◊ (*posto*) taken ◊ (*fabbrica*) occupied.

occupazione *sf* occupation ◊ (*lavoro*) employment, work ◊ (*abusiva*) squatting.

ocèano *sm* ocean.

oculatezza *sf* caution, shrewdness.

oculato *agg* cautious, prudent.

oculista *sm / f* oculist, eye specialist.

ode *sf* ode.

odiare *v tr* to hate.

odierno *agg* of today, today's (*attr*).

odio *sm* hatred, hate.

odioso *agg* hateful, obnoxious.

odissea *sf* odyssey.

odontoiatra *sm / f* dentist.

odontoiatrìa *sf* dentistry, odontology.

odontotècnico(-ci) *sm* dental mechanic.

odorare *v tr, intr* to smell ◊ **odora di buono (cattivo, di aglio)**, it smells good (bad, of garlic); **odorare di pulito (fresco)**, to smell clean (fresh).

odorato *sm* (sense of) smell.

odore *sm* smell ◊ **sentire odore di bruciato**, to smell sthg burning.

offèndere *v tr* to offend ◊ *v rifl* to take offence (at sthg).

offensivo *agg* offensive.

offerente *sm* / *f* offered ◊ (*asta*) bidder.

offerta *sf* offer ◊ **fare un'offerta**, to make an offer; **in offerta speciale**, special offer; **offerte d'impiego**, situations vacant.

offesa *sf* offence ◊ (*AmE*) offense ◊ (*torto*) wrong ◊ **patire un'offesa**, to suffer a wrong; **detto senza offesa**, no offence meant.

officina *sf* workshop ◊ (*meccanica*) garage.

offrire *v tr* to offer ◊ **ti offro da bere**, I'll buy you a drink; **offrire il fianco alle critiche**, to lay os open to criticism ◊ *v rifl* to offer os ◊ (*occasione*) to present itself, to arise.

offuscare *v tr, rifl* to darken.

oggettività *sf inv* objectivity.

oggettivo *agg* objective, impartial.

oggetto *sm* object ◊ (*argomento*) subject ◊ (*bur*) reference (*abbr* Re) ◊ **oggetti personali**, personal belongings.

oggi *avv, sm sing* today ◊ **il giornale di oggi**, today's paper; **oggi otto**, a week today, today week.

oggigiorno *avv* nowadays, at present.

ogni *agg sing* every, each ◊ (*tutti*) all ◊ (*qualsiasi*) any ◊ **ad ogni costo**, at any cost, at all costs; **in ogni caso**, in any case.

Ognissanti *sm inv* All Saints' Day.

ognuno *pron indef sing* everyone, everybody ◊ (*tutti*) all ◊ (*seguito da partitivo*) each, every, all.

oleandro *sm* oleander, rose-bay.

olfatto *sm* sense of smell.

oliare *v tr* to oil, to lubricate.

oliatore *sm* oilcan.

oliera *sf* cruet-stand.

Olimpìadi *sf pl* Olympic games, Olympics.

olio *sm* oil.

oliva *sf* olive.

olivastro *agg* olive, sallow.

oliveto *sm* olive grove.

olivo *sm* olive tree.

olmo *sm* elm.

olocàusto *sm* holocaust, sacrifice.

oltraggiare *v tr* to insult, to offend.

oltraggio *sm* insult, offence ◊ **oltraggio al pudore**, indecent behaviour.

oltraggioso *agg* outrageous, offensive, insulting.

oltre *avv* (*luogo*) further, farther ◊ (*tempo*) longer ◊ (*età*) over.

oltre *prep* (*luogo*) beyond ◊ (*più di*) more than, over ◊ (*in aggiunta a*) besides ◊ (*all'infuori di*) except ◊ **oltre a**, besides, apart from.

oltremare *avv* overseas.

oltrepassare *v tr* to go beyond ◊ (*superare*) to overtake ◊ (*i limiti di velocità*) to exceed the speed limits.

oltretomba *sm inv* the hereafter.

omaggio *sm* homage ◊ (*ossequi*) respects, regards ◊ (*dono*) complimentary offer ◊ *agg* free, complimentary ◊ **rendere omaggio a qc**, to pay homage to sb; **presentare i propri omaggi a qc**, to pay one's respects to sb.

ombelico(-chi) *sm* navel.

ombra *sf* (*zona non assolata*) shade ◊ (*sagoma*) shadow ◊ (*fantasma*) shade, ghost ◊ (*piccola quantità*) just a bit ◊ *agg* **governo ombra**, shadow cabinet; **non c'è ombra di verità**, there isn't a grain of truth.

ombreggiare *v tr* to shade.

ombrello *sm* umbrella ◊ (*da sole*) sunshade ◊ **ombrello pieghevole**, folding umbrella.

ombrellone *sm* beach-umbrella.

ombretto *sm* eyeshadow.

ombroso *agg* (*che dà ombra*) shady, shadowy ◊ (*che s'adombra, cavallo*) skittish ◊ (*persona*) touchy.

omelette *sf* omelette, omelet.

omeopatia *sf* homeopathy.

omeopatico *agg* homeopathic.

omertà *sf inv* conspiracy of silence, silence code.

ométtere *v tr* to omit, to leave out.

omicida *agg, sm* / *f* homicide.

omicidio *sm* murder, homicide ◊ (*colposo*) manslaughter ◊ (*premeditato*) murder in the first grade ◊ (*preterintenzionale*) murder in the second grade.

omissione *sf* omission ◊ (*leg*) failure, default, neglect ◊ **omissione di soccorso**, failure to stop and give assistance.

omogeneizzare *v tr* to homogenize.

omogeneizzato *sm* baby food.

omogèneo *agg* homogeneous.

omònimo(-a) *agg* homonymous ◊ *sm* homonym.

omosessuale *agg, sm / f* homosexual.

omosessualità *sf* homosexuality.

oncia(-ce) *sf* ounce ◊ (*fig*) ounce, bit.

onda *sf* wave (*anche fig*) ◊ **onda grossa**, billow; **mettere, mandare in onda**, to broadcast.

ondata *sf* wave (*anche fig*).

onde *cong* (*finale, affinché*) in order that, so that ◊ (*finale, per*) in order to, so as to.

ondulare *v tr* (*capelli*) to wave.

ònere *sm* burden ◊ **gli onori sono oneri**, honour brings responsibility.

onestà *sf inv* honest, fairness.

onesto *agg* honest, fair.

ònice *sf* onyx.

onìrico(-a, -ci, -che) *agg* dreamlike.

onnicomprensivo *agg* comprehensive.

onnipossente, onnipotente *agg* omnipotent, all-powerful ◊ *sm* the Almighty.

onnipresente *agg* ubiquitous.

onnisciente *agg* all-knowing.

onnìvoro *agg* omnivorous.

onomàstico(-ci) *sm* name day, saint's day.

onoranze *sf pl* honours ◊ (*funebri*) the last honours.

onorare *v tr* to honour ◊ (*AmE*) to honor ◊ (*far onore a*) to be a credit to ◊ *v rifl* to feel honoured (by sthg, to do sthg).

onorario *agg* honorary ◊ *sm* fee.

onore *sm* honour ◊ (*AmE*) honor ◊ (*onirificenze*) honours ◊ (*merito*) credit ◊ **aver l'onore di**, to have the honour (of doing, to do sthg); **farsi onore**, to distinguish os; **fare gli onori di casa**, to play host.

onorévole *agg, sm / f* Honourable Member.

onorificenza *sf* honour.

ontano *sm* alder.

opale *sm* opal.

òpera *sf* work ◊ (*lirica*) opera ◊ **opere d'arte**, works of art; **mano d'opera**, labour, man power.

operaio(-a) *sm* worked ◊ *agg* working.

operare *v intr* to operate, to act ◊ *v tr* to

work ◊ (*med*) to operate (on).

operatore(-trice) *sm* operator ◊ (*TV*) cameraman ◊ **operatore economico**, businessman; **operatore turistico**, tour operator.

operazione *sf* operation.

operosità *sf inv* industriousness.

operoso *agg* hard-working, active.

opificio *sm* factory, works.

opinione *sf* opinion ◊ **cambiare opinione**, to change one's mind.

oppio *sm* opium.

oppiòmane *sm / f* opium addict.

opponente *agg* opposing ◊ *sm / f* opponent.

opporre *v tr* to oppose ◊ (*obbiettare*) to object ◊ *v rifl* to oppose, to be opposed (to) ◊ **mi oppongo**, I object.

opportunismo *sm* opportunism.

opportunista *sf inv* opportunist.

opportunità *sf inv* opportunity, chance.

opportuno *agg* (*giusto*) right, appropriate.

oppositore(-trice) *sm* opposer, opponent.

opposizione *sf* opposition, objection.

opposto *agg* opposite ◊ *sm* the opposite.

oppressione *sf* oppression.

oppressore *sm* oppressor.

opprimente *agg* oppressive.

opprìmere *v tr* to oppress, to crush (down).

oppure *cong* or, otherwise.

optare *v intr* to opt (for).

opulento *agg* wealthy, affluent, rich.

opùscolo *sm* booklet, pamphlet, brochure.

ora *sf* hour ◊ (*momento*) time ◊ **nelle ore di punta**, in rush hours; **sarebbe ora che me ne andassi**, it's (high) time I left; **non veder l'ora di fare qcs**, to look forward to doing sthg; **di buon'ora**, early.

ora *avv* now, at present ◊ (*poco fa*) just now ◊ (*fra poco*) now, in a minute, in a moment.

ora *cong* now ◊ **ora che**, now that.

oràcolo *sm* oracle.

òrafo *sm* goldsmith ◊ *agg* of a goldsmith.

orale *agg* oral ◊ **per via orale**, by mouth.

oramai *avv* by now, at this point.

orario *agg* hourly, time (*attr*) ◊ **i fusi orari**, the time zones; **disco orario**, parking disc; **in senso orario**, clockwise ◊ *sm* time, hours ◊ (*tabella*) timetable, schedule ◊ **è passato l'orario**, time is up; **essere in ora-**

rio, to be on time, to the punctual.

oratore(-trice) *sm* orator (oratress).

oratorio *sm* oratory ◊ (*mus*) oratorio.

orbene *cong* well (then), so.

òrbita *sf* (*anat*) eye-socket ◊ (*fis*) orbit.

orbitare *v tr* to orbit.

orca(-che) *sf* killer whale.

orchestra *sf* orchestra ◊ (*da ballo*) band.

orchidea *sf* orchid.

orco(-chi) *sm* ogre.

ordigno *sm* (*esplosivo*) explosive device.

ordinanza *sf* order ◊ (*leg*) decree.

ordinare *v tr* to order ◊ (*mettere in ordine*) to put in order ◊ (*relig*) to ordain ◊ (*medicine*) to prescribe.

ordinario *agg* ordinary ◊ (*rozzo*) common ◊ (*professore*) permanent.

ordinazione *sf* order.

órdine *sm* order ◊ **mettere in ordine**, to tidy up; **mettersi in ordine**, to tidy os up; **di prim'ordine**, first class; **essere all'ordine del giorno**, to be on the agenda.

orecchiàbile *agg* catchy.

orecchino *sm* earring.

orecchio *sm* ear ◊ (*udito*) hearing ◊ (*orecchia di pagina*) dog-ear ◊ **esser duro d'orecchi**, to be hard of hearing; **a orecchio**, by ear.

orecchioni *sm pl* mumps.

oréfice *sm* jeweller ◊ (*orafo*) goldsmith.

oreficerìa *sf* jeweller's shop ◊ (*arte*) goldsmith's craft.

òrfano(-a) *agg, sm* orphan.

orfanotrofio *sm* orphanage.

orgànico *agg* organic ◊ *sm* permanent staff.

organista *sm / f* organist.

organizzare *v tr* to organize ◊ *v rifl* to organize os, to get organized.

organizzatore(-trice) *sm* organizer.

organizzazione *sf* organization.

òrgano *sm* organ.

orgia(-ge) *sf* orgy.

orgoglio *sm* pride.

orgoglioso *agg* proud.

orientale *agg, sm / f* Oriental, Eastern.

orientamento *sm* orientation, direction, tendencies, trends ◊ **senso dell'orientamento**, sense of direction; **perder l'orientamento**, to lose one's bearings; **orientamento professionale**, careers guidance.

orientare *v tr* (*bussola*) to orientate ◊ (*dirigere*) to direct ◊ *v rifl* (*raccapezzarsi*) to find one's way.

oriente *sm* east ◊ **l'Oriente**, the East, the Orient ◊ **a oriente**, in the east.

originale *agg, sm* original.

originalità *sf inv* originality.

originare *v tr, intr* to originate (from).

originario *agg* native ◊ (*fig*) original.

orìgine *sf* origin ◊ **risalire alle origini**, to go back to the origins.

orina *sf* urine ◊ **l'analisi dell'urina**, urinal test.

oriundo *agg* native of ◊ *sm* **oriundi italiani**, people of Italian extraction.

orizzontale *agg* horizontal ◊ *sf* across.

orizzontarsi *v rifl* to get one's bearings.

orizzonte *sm* horizon ◊ **fare un giro d'orizzonte**, to examine the main aspects.

orlo *sm* (*margine*) border, edge, brink ◊ (*di vestito*) hem.

orma *sf* track ◊ (*di piede*) footprint, footmark.

ormai *avv* by now, at this point.

ormeggiare *v tr, rifl* to moor.

ormone *sm* hormone.

ornamento *sm* ornament.

ornare *v tr* to adorn ◊ *v rifl* to adorn os (with).

ornitòlogo(-a, -gi, -ghe) *sm* ornithologist.

oro *sm* gold ◊ **d'oro**, gold (*attr*) ◊ (*capelli*) golden ◊ **oro zecchino**, fine gold; **oro massiccio**, solid gold.

orologerìa *sf* watchmaking ◊ (*meccanismo*) clockwork ◊ **bomba a orologeria**, timebomb.

orologiaio *sm* watchmaker, watchseller.

orologio *sm* watch ◊ (*da muro*) clock.

oròscopo *sm* horoscope.

orrìbile *agg* horrible, dreadful.

orripilante *agg* horrifying, hairraising.

orrore *sm* horror.

orsacchiotto *sm* bear cub ◊ (*giocattolo*) teddy bear.

orso *sm* bear.

ortaggio *sm* vegetable.

ortensia *sf* hydrangea.

ortica(-che) *sf* stinging nettle.

orticaria *sf* nettlerash.

orto *sm* kitchen-garden.

ortodosso *agg, sm* orthodox.

ortofrutticoltore *sm* market-gardener.

ortografia *sf* spelling, orthography.

ortogràfico(-a, -ci, -che) *agg* spelling (*attr*).

ortolano *sm* greengrocer.

ortomercato *sm* fruit and vegetable market.

ortopedìa *sf* orthopaedics (*sing*).

ortopèdico(-a, -ci, -che) *agg* orthopaedic ◊ *sm* orthopaedist.

orzaiolo *sm* (*med*) sty(e).

orzo *sm* barley.

osare *v tr, intr* to dare ◊ **oserei dire che**, I dare say that.

osceno *agg* obscene ◊ (*brutto*) nasty.

oscillare *v tr* to swing, to oscillate.

oscuramento *sm* darkening, blackout.

oscurare *v tr* to darken ◊ *v rifl* to cloud over ◊ (*vista*) to dim.

oscurità *sf inv* darkness.

oscuro *agg, sm* dark ◊ **essere all'oscuro di qcs**, to be in the dark about sthg.

ospedale *sm* hospital.

ospedalizzare *v tr* to hospitalize, to admit to hospital.

ospitale *agg* hospitable, friendly.

ospitalità *sf inv* hospitality.

ospitare *v tr* to give hospitality (to) ◊ (*dare alloggio*) to put up ◊ (*albergo*) to accomodate ◊ (*sport*) to play at home (to).

òspite *sm / f* (*chi ospita*) host (hostess) ◊ (*chi è ospitato*) guest.

ospizio *sm* home ◊ **ospizio per i vecchi**, old folks' home.

ossario *sm* charnel-house.

ossatura *sf* bones, bone structure ◊ (*fig*) framework.

ossequiente *agg* respectful (of) ◊ (*alle leggi*) law-abiding.

ossequio *sm* respect, regard ◊ **porgere i propri ossequi a qc**, to give (to pay) one's respects (kind regards) to sb; **in ossequio a**, out of respect for.

ossequioso *agg* deferential.

osservare *v tr* to observe.

osservatore(-trice) *sm* observer ◊ *agg* observant.

osservatorio *sm* observatory.

osservazione *sf* observation ◊ (*commento*) remark, comment ◊ (*obiezione*) objection ◊ **fare un'osservazione**, to make a remark, to raise an objection.

ossessionante *agg* obsessive, haunting.

ossessionare *v tr* to obsess.

ossessione *sf* obsession.

ossessivo *agg* obsessive, haunting, troublesome.

ossesso *sm* possessed person.

ossìa *cong* (*cioè*) that is, or rather.

ossidare *intr, rifl* to oxidize.

òssido *sm* oxide.

ossigenare *v tr* (*stanza*) to oxygenate ◊ (*capelli*) to bleach (one's hair) ◊ (*polmoni*) to get some fresh air.

ossigenato *agg* oxygenated ◊ **acqua ossigenata**, hydrogen peroxide.

ossìgeno *sm* oxygen.

osso,-a, -i *sm, f pl, m pl* bone ◊ (*nocciolo*) stone, pit ◊ **mi scricchiolano le ossa**, my bones are cracking; **essere di carne e ossa**, to be made of flesh and blood; **farsi le ossa**, to cut one's teeth.

ostacolare *v tr* to obstruct, to hinder.

ostàcolo *sm* obstacle ◊ **corsa a ostacoli**, steeple-chase; **essere di ostacolo a qc**, to be in the way of sb.

ostaggio *sm* hostage.

oste(-essa) *sm* innkeeper, publican.

ostello *sm* (*della gioventù*) youth hostel.

osterìa *sf* inn, public house (*abbr*, pub).

ostetricia *sf* obstetrics (*sing*).

ostètrico(-a, -ci, -che) *agg* obstetric(al) ◊ *sm* obstetrician.

ostia *sf* (*rel*) Host ◊ (*cialda*) wafer.

ostile *agg* hostile (to, towards).

ostilità *sf inv* hostility.

ostinarsi *v rifl* to be obstinate, to insist (on sthg) ◊ (*persistere*) to persist in doing sthg.

ostinato *agg* obstinate ◊ (*tosse*) persistent.

ostinazione *sf* obstinacy, stubbornness.

ostracismo *sm* ostracism ◊ **dare l'ostracismo a qc**, to ostracize sb.

òstrica(-che) *sf* oyster.

ostruire *v tr* to obstruct ◊ *v rifl* to become obstructed, to clog.

ostruzionismo *sm* (*pol*) obstructionism ◊

(*AmE*) filibustering ◊ **fare ostruzionismo**, to obstruct, to filibuster.

otalgia *sf* otalgy, ear-ache.

otite *sf* otitis, ear infection.

otorinolaringoiatra *sm / f* nose and throat specialist.

otre *sf* leather bag (bottle).

ottàgono *sm* octagon.

ottanta *agg, sm inv* eighty ◊ **gli anni ottanta**, the eighties.

ottantennio *sm* period of eighty years.

ottantèsimo *agg, sm,* eightieth.

ottavo(-a) *agg* eighth ◊ (*frazione*) eighth ◊ (*tip*) octavo ◊ *sf* (*mus*) octave.

ottemperare *v intr* to comply (with), to obey.

ottenere *v tr* to obtain, to get, to achieve ◊ (*premio*) to win.

ottenìbile *agg* obtainable, attainable.

òttica *sf* optics (*sing*) ◊ (*punto di vista*) point of view.

òttico(-a, -ci, -che) *agg* (*nervo*) optic ◊ (*strumento*) optical ◊ *sm* optician.

ottimale *agg* optimal, optimum (*attr*) ◊ **condizioni ottimali**, optimum conditions.

ottimamente *avv* very well, awfully well.

ottimismo *sm* optimism.

ottimista *sm / f* optimist ◊ *agg* optimistic.

òttimo *agg* very good, excellent.

otto *agg, sm inv* eight ◊ **oggi otto**, today week, in a week's time; **dare gli otto giorni a qc**, to give sb a week's notice.

ottobre *sm* October (*per uso V. agosto*).

ottocento *agg, sm inv* eight hundred ◊ **l'Ottocento**, the nineteenth century.

ottomila *agg, sm inv* eight thousand.

ottone *sm* brass ◊ **di, in ottone**, brass (*attr*); **gli ottoni**, (*mus*) the brass.

ottovolante *sm* switchback.

ottuagenario(-a) *agg, sm* octogenarian.

otturare *v tr* to stop ◊ (*dent*) to stop (to fill) a tooth ◊ (*ostruire*) to block ◊ *v rifl* to get blocked up.

otturazione *sf* (*dente*) filling, stopping ◊ (*ostruzione*) blocking.

ottuso *agg* dull, obtuse, dullbrained.

ovaia, ovaio *sf, sm* ovary.

ovale *agg, sm* oval.

ovatta *sf* cotton-wool ◊ (*per imbottire*) padding.

ovattare *v tr* (*imbottire*) to pad ◊ (*smorzare*) to muffle.

ovazione *sf* ovation.

ovest *sm inv* west ◊ **a ovest di**, west of; **verso ovest**, westwards ◊ *agg* west (*attr*), western ◊ **i paesi dell'ovest**, the Western countries.

ovile *sm* (sheep) fold.

ovino *agg, sm* ovine sheep (*attr*) ◊ **gli ovini**, the ovines.

òvulo *sm* ovule ◊ (*anat*) ovum.

ovunque *avv* anywhere, everywhere.

ovvero *cong* or, or rather.

ovviare *v intr* to remedy ◊ **ovviare all'inconveniente di**, to get round the problem of.

ovvio *agg* obvious ◊ **è ovvio**, it goes without saying.

oziare *v intr* to be idle, to idle about.

ozio *sm* idleness ◊ (*peccato*) sloth, sluggishness ◊ (*riposo*) **ore d'ozio**, leisure time, spare time.

ozioso(-a) *agg* idle ◊ *sm* idler, loafer, sluggard.

ozono *sm* ozone ◊ **buco nell'ozono**, ozone hole.

ozonosfera *sf* ozonosphere.

P

pacato *agg* calm, placid, quiet.

pacchetto *sm* small parcel ◊ (*sigarette*) packet.

pacco(-chi) *sm* parcel, package.

pace *sf* peace ◊ **fare la pace con qc**, to make peace (to make it up) with sb; **far fare la pace a due persone**, to make peace between two people.

paciere(-a) *sm* peacemaker.

pacificare *v tr* to reconcile, to make peace (between).

pacìfico(-a, -ci, -che) *agg* peaceable ◊ (*vita*) peaceful ◊ **è pacifico che**, it goes without saying that.

pacifista *sm / f* pacifist.

padella *sf* frying pan ◊ (*per infermi*) bedpan.

padre *sm* father ◊ (*adottivo*) adoptive (foster) father ◊ **i nostri padri**, our forefathers (ancestors); **lo rese padre di un bel bambino**, she bore him a beautiful baby.

padrino *sm* (*battesimo*) godfather ◊ (*cresima*) sponsor ◊ (*duello*) second.

padronanza *sf* mastery, command ◊ **padronanza di sé**, self-control.

padrone(-a) *sm* master (mistress) ◊ (*proprietario*) owner ◊ (*di casa*) master (mistress) ◊ (*casa d'affitto*) landlord (landlady) ◊ (*datore di lavoro*) employer boss ◊ **non essere padrone di sé**, to have no self-control; **farla da padrone**, to play the lord and master.

padroneggiare *v tr* to rule ◊ (*istinti*) to control ◊ (*lingua*) to master.

paesaggio *sm* landscape, view.

paese *sm* country ◊ (*villaggio*) village.

paga(-ghe) *sf* pay ◊ (*stipendio*) salary ◊ (*salario*) wages (*pl*).

pagaia *sf* paddle.

pagamento *sm* payment.

pagano(-a) *agg, sm* pagan, heathen.

pagare *v tr* to pay ◊ (*saldare*) to settle ◊ (*merce*) to pay for ◊ (*offrire*) to offer, to treat ◊ **pago io**, this is on me; **far pagare salato**, to rip off.

pagella *sf* report.

pàgina *sf* page ◊ **una pagina bianca**, a blank page.

paglia *sf* straw ◊ **tetto di paglia**, thatched roof.

pagliaccio *sm* clown, buffon.

pagnotta *sf* loaf (of bread).

pago(-a, -ghi, -ghe) *agg* content.

paillette *sf inv* sequin, spangle.

paio, paia *sm, f pl* pair ◊ (*due o tre*) couple.

paiolo *sm* copper pot.

pala *sf* shovel ◊ (*altare*) altar piece.

palafitta *sf* (*abitazione*) lake-dwelling.

palato *sm* palate ◊ (*gusto*) taste.

palazzo *sm* (*reggia*) palace ◊ (*edificio*) building, block of flats ◊ **palazzo di giustizia**, law courts (*pl*).

palco(-chi) *sm* (*tribuna*) platform, stand ◊ (*teatro*) box.

palcoscènico *sm* stage.

palese *agg* manifest, clear, evident.

palestra *sf* gymnasium ◊ **la scuola è la palestra della vita**, school is a good training for life.

palio *sm* (*gara*) contest, competition ◊ **essere in palio**, to be at atstake; **mettere in palio**, to offer as a prize.

palissandro *sm* rosewood.

palizzata *sf* palisade, fence.

palla *sf* ball ◊ **giocare a palla**, to play (with a) ball.

pallacanestro *sf inv* basketball.

pallamano *sf inv* handball.

pallanuoto *sf inv* water polo.

pallavolo *sf inv* volley-ball.

palleggiare *v intr* to play ball, to toss a ball ◊ (*calcio*) to dribble.

pàllido *agg* pale ◊ (*fig*) faint.

pallone *sm* ball ◊ (*calcio*) football ◊ (*aerostato*) balloon.

pallore *sm* pallor, paleness.

pallòttola *sf* (*proiettile*) bullet.

palma *sf* (*bot*) palm.

palmo *sm* (*anat*) palm.

palo *sm* pole ◊ (*sostegno*) stake ◊ (*calcio*) goalpost.

palombaro *sm* diver.

palpare *v tr* to fell ◊ (*med*) to palpate.

pàlpebra *sf* eyelid.

palpitare *v intr* to beat fast ◊ (*cuore*) to pound ◊ (*tempie*) to throb.

pàlpito *sm* beat, throb ◊ (*di gioia*) thrill.

paltò *sm inv* overcoat.

palude *sf* marsh, swamp, bog.

paludoso *agg* marshy, swampy, boggy.

panca(-che) *sf* bench ◊ (*di chiesa*) pew.

pancetta *sf* (*cucina*) bacon.

panchina *sf* garden seat, park bench ◊ (*sport*) bench.

pancia(-ce) *sf* belly ◊ **avere il mal di pancia**, to have a stomach-ache.

pane *sm* bread ◊ **guadagnarsi il pane**, to earn one's living; **dire pane al pane**, to call a spade a spade; **pane integrale**, wholemeal bread; **pane tostato**, toast.

panetterìa *sf* bakery, baker's shop.

panettiere(-a) *sm* baker.

pànfilo *sm* yacht.

pangrattato *sm sing* breadcrumbs (*pl*).

pànico *sm* panic ◊ **lasciarsi prendere dal pa-**

nico, to panic, to be panic-stricken.

panificio *sm* bakery, baker's shop.

panino *sm* roll ◊ (*imbottito*) sandwich.

panna *sf* cream ◊ (*montata*) whipped cream.

panne *sf inv* (*mecc*) breakdown ◊ **rimanere in panne**, to have a breakdown.

pannello *sm* panel.

panno *sm* cloth ◊ (*pl, abiti*) clothes ◊ **mettersi nei panni di qc**, to put os in sb's shoes.

pannocchia *sf* corncob.

pannolino *sm* (*bambino*) nappy, diaper ◊ (*assorbente*) sanitary towel.

panorama *sm* panorama, view ◊ (*fig*) outline.

panoramico *agg* panoramic.

pantaloni *sm pl* trousers ◊ (*AmE*) pants ◊ (*da donna*) slacks ◊ (*corti*) shorts.

panteista *sm / f* pantheist.

pantera *sf* panther ◊ (*polizia*) police car.

pantòfola *sf* slipper.

paonazzo *agg* purple ◊ (*per freddo*) blue.

papa *sm* pope.

papà *sm inv* daddy, dad ◊ **figlio di papà**, spoilt young man.

papàvero *sm* poppy.

pàpera *sf* (*errore*) blunder, slip of the tougue ◊ **prendere una papera**, to slip up.

pàpero(-a) *sm* gosling, young goose.

papiro *sm* papyrus.

pappa *sf* (*bambini*) baby food ◊ (*poltiglia*) mush ◊ (*reale*) royal jelly.

pappagallo *sm* parrot ◊ (*fig*) wolf, masher.

paràbola *sf* parable ◊ (*mat*) parabola.

parabolico *agg* parabolic.

parabrezza *sm inv* windscreen, windshield.

paracadute *sm inv* parachute.

paracadutista *sm / f* parachutist.

paradiso *sm* heaven ◊ **il paradiso terrestre**, the Earthly Paradise.

paradossale *agg* paradoxical.

paradosso *sm* paradox.

parafango(-ghi) *sm* mudguard, fender.

parafrasare *v tr* to paraphrase.

paràfrasi *sf inv* paraphrase.

parafùlmine *sm* lightning conductor (rod).

paraggi *sm pl* **nei paraggi**, somewhere around here.

paragonare *v tr* to compare (to with) ◊ *v rifl*

to compare os (to, with).

paragone *sm* comparison (to, with) ◊ **non regge al paragone**, it doesn't stand (bear) comparison; **a paragone di**, in comparison to (with); **senza paragoni**, beyond compare.

paràgrafo *sm* paragraph ◊ **dividere in paragrafi**, to paragraph.

paràlisi *sf inv* paralysis.

paralizzare *v tr* to paralyze, to palsy.

parallelo *agg, sm* parallel ◊ **fare un parallelo tra**, to draw a parallel between.

paralume *sm* lamp-shade.

paraocchi *sm inv* (*anche fig*) blinkers.

parascolàstico(-a, -ci, -che) *agg* extracurricular.

parasole *sm inv* parasol, sunshade.

parassita *agg* parasitic ◊ *sm* parasite.

parata *sf* (*mil*) review, parade.

parati *sm pl* **carta da parati**, wallpaper.

paraùrti *sm inv* (*auto*) bumper.

paravento *sm* screen, folding screen.

parcella *sf* fee, honorarium.

parcheggiare *v tr* to park.

parcheggio *sm* car park, parking area.

parco(-chi) *sm* park ◊ (*automobilistico*) car park ◊ (*di divertimenti*) fun fair ◊ **parco giochi**, amusement park.

parco(-a, -chi, -che) *agg* frugal.

parecchio *agg, pron* quite a lot (of) ◊ **parecchi** (*pl*) several.

parecchio *avv* quite, rather (*con agg*) ◊ quite a lot, rather a lot (*coi verbi*).

pareggiare *v tr* to make equal ◊ (*erba*) to trim ◊ (*strada*) to level ◊ (*conti*) to balance ◊ *v intr* (*sport*) to draw.

pareggio *sm* (*conti*) balance ◊ (*sport*) draw.

parente *sm / f* relative, relation.

parèntesi *sf inv* parenthesis, bracket.

parere *sm* opinion ◊ **a mio parere**, in my opinion.

parere *v intr* to seem, to appear, to look (like) ◊ **a quanto pare**, as far as I (we etc) know.

parete *sf* wall ◊ (*montagna*) face.

pari *agg inv* equal, (the) same, similar ◊ (*piano*) level ◊ (*mat*) even ◊ **essere in numero pari**, to be even in number; **far pari**, to draw; **ora siamo pari**, now we are quits.

pari *sm / f inv* peer ◊ **i pari tuoi**, your equals.

paria *sm inv* (*anche fig*) pariah.

parificare *v tr* to equalize ◊ (*scuola*) to recognize officially.

parità *sf inv* parity, equality ◊ (*sport*) draw.

paritètico(-a, -ci, -che) *agg* equal ◊ **commissione paritetica**, joint committee.

parlamentare *agg* parliamentary ◊ *sm / f* Member of Parliament (M.P.).

parlamento *sm* Parliament ◊ **convocare** (**sciogliere**) **il Parlamento**, to summon (to dissolve) Parliament; **parlamento Europeo**, European Parliament.

parlantina *sf* talkativeness ◊ **avere una buona parlantina**, to have the gift of the gab.

parlare *v tr, intr* to speak, to talk ◊ **parlar male di qc**, to speak ill of sb ◊ **parlare di** (*in libro*) to be about, to deal with; **parlar chiaro**, to speak plainly.

parlato *agg* spoken ◊ (*films*) talkies.

parmigiano *sm* Parmesan.

parodìa *sf* parody.

parodiare *v tr* to parody.

parola *sf* word ◊ (*favella*) speech ◊ **rimangiarsi la parola**, to go back on one's word; **prendere la parola**, to take the floor; **gioco di parole**, play on words; **rimanere senza parola**, to be dumbfounded; **è una parola!**, it's easier said than done!; **parola per parola**, word for word.

parolaccia(-ce) *sf* bad word, swear-word, four-letter word.

parricidio *sm* parricide.

parrocchia *sf* parish.

pàrroco(-ci) *sm* parish, priest.

parrucca(-che) *sf* wig.

parrucchiera *sf* ladies' hairdresser.

parrucchiere *sm* (*per uomo*) barber ◊ (*per signora*) hairdresser.

parsimonia *sf* parsimony, frugality.

parsimonioso *agg* frugal, thrifty.

parte *sf* part, share ◊ (*lato*) side ◊ (*teatro*) part, role ◊ (*partito*) party ◊ **prender parte a qcs**, to take part in; **stare dalla parte di qc**, to be on sb's side; **d'altra parte**, on the other hand; **da parte di**, on behalf of; **a parte ciò**, apart from that.

partecipante *sm / f* participant.

partecipare *v intr* to take part in, to partici-

pate in ◊ (*essere presente*) to attend (sthg), to be present (at shtg).

partecipazione *sf* participation (in) ◊ **partecipazioni di nozze**, wedding announcement card.

parteggiare *v intr* to side (with).

partenza *sf* departure ◊ (*sport*) start.

participio *sm* participle.

particolare *agg, sm* particular ◊ **entrare nei particolari**, to go into details.

particolarità *sf inv* detail.

partigiano(-a) *agg* partisan ◊ *sm* supporter.

part-time *agg, avv* part-time ◊ *sm* part-time job.

partire *v intr* to leave (a place), to go ◊ (*mettersi in cammino*) to set out, to set off ◊ (*motore*) to start.

partita *sf* (*carte*) game ◊ (*sport*) match game ◊ **fare una partita**, to play (to have) a game.

partito *sm* party ◊ **un buon partito** (*per matrimonio*), a good match; **per partito preso**, on principle.

parto *sm* childbirth, labour ◊ (*fig*) product ◊ **sala parto**, delivery room.

partoriente *sf* woman in labour.

partorire *v tr* to give birth to ◊ (*animali*) to drop.

parziale *agg* partial, biased.

parzialità *sf inv* partiality (for), bias (towards), unfairness.

pascolare *v tr, intr* to graze.

pàscolo *sm* pasture, grazing-land.

Pasqua *sf* Easter ◊ **Pasqua alta (bassa)**, late (early) Easter.

passàbile *agg* fairly good, not so bad.

passaggio *sm* passage, passing ◊ **diritto di passaggio**, right of way; **mi puoi dare un passaggio?**, can you give me a lift?; **il passaggio dall'infanzia all'adolescenza**, the transition from childhood to adolescence.

passamontagna *sm inv* balaclava helmet.

passante *sm / f* passer-by ◊ (*cintura*) loop.

passaporto *sm* passport.

passare *v intr* to pass ◊ (*trascorrere*) to pass, to elapse, to go by ◊ (*fare una breve visita*) to call (on sb, at a place) ◊ (*essere reputato*) to pass for, to be considered ◊ **passare a prendere qc**, to call for sb ◊ *v tr* to pass ◊

(*attraversare*) to pass through ◊ (*trascorre-re*) to spend ◊ (*dogana*) to get through the Customs ◊ (*sopportare*) to go through ◊ (*promuovere*) to pass ◊ **passarla liscia**, to get away with it.

passare *sm inv* passing ◊ **col passare del tempo**, with the passing of time.

passatempo *sm* pastime, hobby.

passeggero(-a) *agg* passing ◊ *sm* passenger.

passeggiare *v intr* to walk ◊ **passeggiare fino a stancarsi**, to walk os tired.

passeggiata *sf* walk, stroll ◊ **fare una passeggiata**, to go for a walk.

passeggiatrice *sf* street walker.

passeggino *sm* pushchair ◊ (*AmE*) stroller.

passeggio *sm* walk, stroll.

pàssero *sm* sparrow.

passìbile *agg* liable (to).

passionale *agg* passionate.

passione *sf* passion.

passivo *agg, sm* (*gramm*) passive ◊ (*comm*) liabilities ◊ **essere in passivo**, to be in the red.

passo *sm* step ◊ (*rumore*) footstep ◊ (*orma*) footprint ◊ (*andatura*) pace, rate ◊ **muovere i primi passi**, to take the first steps; **non bisogna fare il passo più lungo della gamba**, never bite off more than you can chew.

passo *sm* way ◊ (*geogr*) pass ◊ **dare il passo a qc**, to give way to sb.

pasta *sf* (*alimentare*) pasta ◊ (*impasto*) dough ◊ (*per dolci*) pastry ◊ (*pasticcino*) cake, pastry ◊ (*indole*) nature ◊ **lavorare la pasta**, to knead the dough.

pasticca(-che) *sf* tablet, lozenge.

pasticcerìa *sf* pastry shop.

pasticciere(-a) *sm* confectioner.

pasticcio *sm* (*cucina*) pie ◊ (*imbroglio*) mess ◊ **mettersi nei pasticci**, to get into trouble.

pastiglia *sf* tablet, lozenge.

pasto *sm* meal ◊ **fuori pasto**, between meals; **vino da pasto**, table wine.

pastorale *agg* pastoral ◊ *sm* (*bastone*) crook.

pastore *sm* shepherd ◊ (*sacerdote*) pastor, minister.

pastorizia *sf* sheep-rearing.

pastorizzare *v tr* to pasteurize.

pastrano *sm* overcoat, greatcoat.

patata *sf* potato ◊ **patate fritte**, fried potatoes, chips ◊ (*croccanti*) crisps.

patatine *sf pl* crisps ◊ (*AmE*) potato chips.

patente *sf* licence, permit.

paternale *sf* rebuke, reprimand ◊ **fare una paternale a qc**, to rebuke sb.

paternalìstico(-a, -ci, -che) *agg* paternalistic.

paternità *sf inv* paternity, fatherhood ◊ (*nome del padre*) father's name.

paterno *agg* paternal, father's ◊ (*benevolo*) fatherly ◊ (*da parte di padre*) on one's father's side.

patètico(-a, -ci, -che) *agg* pathetic, moving ◊ *sm* sentimentalism ◊ **cadere nel patetico**, to become sentimental.

patìbolo *sm* scaffold, gallows.

patimento *sm* suffering.

patire *v intr* to suffer (from) ◊ *v tr* to suffer ◊ (*fame, sete*) to suffer from ◊ (*ingiustizie*) to endure ◊ **patire il caldo**, to fell the heat intensely.

patologìa *sf* pathology.

patria *sf* fatherland, native country ◊ **amor di patria**, patriotism.

patriarca(-chi) *sm* patriarch.

patrigno *sm* stepfather, step-parent.

patrimonio *sm* estate, property ◊ (*fig, culturale*) heritage.

patriota *sm / f* patriot.

patriottismo *sm* patriotism.

patrocinare *v tr* to support ◊ (*causa*) to patronize.

patrocinio *sm* support, sponsorship.

patrono *sm* patron ◊ (*santo*) patron saint.

patta *sf* (*tasca*) flap ◊ (*pantaloni*) fly, lap.

patta *sf* (*pareggio*) draw ◊ **essere pari e patta**, to be even (quits).

patteggiare *v tr, intr* to negotiate.

pattinaggio *sm* skating ◊ (*a rotelle*) roller skating ◊ (*su ghiaccio*) ice-skating ◊ (*artistico*) figure-skating ◊ (*pista*) ice rink.

pattinare *v intr* to skate.

pattinatore(-trice) *sm* skater.

patto *sm* pact, agreement ◊ **venire a patti**, to come to terms.

pattuglia *sf* patrol.

pattuire *v tr* to negotiate, to settle.

paùra *sf* fear, dread ◊ (*reverenziale*) awe ◊

aver paura di, to be afraid (frightened) of; **far paura a qc**, to frighten sb; **vincere la paura**, to overcome one's fear; **per paura di**, for fear of.

pauroso *agg* (*che ha paura*) fearful, timid ◊ (*che mette paura*) frightful.

pàusa *sf* break ◊ (*mus*) pause.

pavimentare *v tr* to floor, to pave.

pavimento *sm* floor.

pavone *sm* peacock.

pavoneggiarsi *v rifl* to strut about.

pazientare *v intr* to be patient.

paziente *agg, sm / f* patient.

pazienza *sf* patience ◊ **pazienza!**, never mind!

pazzìa *sf* madness ◊ (*idea pazza*) folly.

pazzo *agg* mad, crazy, insane, daft nuts ◊ **diventare pazzo**, to go mad; **far diventare pazzo qc**, to drive sb nuts.

peccaminoso *agg* sinful, wicked.

peccare *v intr* to sin, to commit a sin.

peccato *sm* sin ◊ **che peccato!** what a pity!

peccatore(-trice) *sm* sinner.

pece *sf* pitch ◊ **essere nero come la pece**, to be pitch-black; **pece liquida**, tar.

pècora *sf* sheep *inv* ◊ (*femmina*) ewe.

pecorella *sf* lamb ◊ **cielo a pecorelle**, mackerel sky.

peculato *sm* embezzlement.

peculiarità *sf inv* peculiarity.

pedaggio *sm* toll.

pedagogìa *sf* pedagogy, pedagogics (*sing*).

pedagogista *sm / f* pedagogist.

pedalare *v intr* to pedal, to cycle.

pedale *sm* pedal.

pedante *agg* pedantic ◊ *sm / f* hairsplitter.

pedanteria *sf* pedantry, pedantism.

pedata *sf* kick.

pedestre *agg* pedestrian ◊ (*fig*) dull.

pediatra *sm / f* pediatrician, pediatrist.

pediatrìa *sf* pediatrics (*sing*).

pedicure *sm / f inv* chiropodist.

pedina *sf* (*dama*) draughtsman ◊ (*scacchi, anche fig*) pawn ◊ **soffiare una pedina**, to huff a man.

pedinare *v tr* to shadow, to tail ◊ **far pedinare qc**, to put a tail on sb.

pedonale *agg* pedestrian.

pedone *sm* pedestrian ◊ (*scacchi*) pawn.

peggio *agg* (*comp*) worse ◊ (*sup*) the worst ◊ **molto peggio**, much worse.

peggio *avv* (*comp*) worse ◊ (*sup*) the worst.

peggio *sm / f* the worst thing ◊ **avere la peggio**, to come off worst; **alla peggio**, if the worst comes to the worst.

peggiorare *v tr, intr* to worsen.

peggiore *agg* (*comp*) worse ◊ (*sup*) the worst ◊ *sm / f* the worst (one).

pegno *sm* pawn, pledge ◊ **banco dei pegni**, pawnshop.

pelare *v tr* (*patate*) to peel ◊ (*far pagare molto*) to skin ◊ (*fig*) **una gatta da pelare**, a hard nut to crack.

pelata *sf* bald patch.

pelato *agg* bald ◊ *sm* bald man ◊ *pl* peeled tomatoes.

pelle *sf* skin ◊ (*carnagione*) complexion ◊ (*cuoio*) leather, hide ◊ (*buccia*) peel, skin, rind ◊ **amici per la pelle**, bosom (close) friends.

pellegrinaggio *sm* pilgrimage.

pellegrino *sm* pilgrim.

pellerossa (pellirosse) *sm / f* redskin.

pelletterìa *sf* leather trade.

pellicano *sm* pelican.

pelliccerìa *sf* (*negozio*) furrier's shop.

pelliccia(-ce) *sf* fur (coat).

pellìcola *sf* film.

pelo *sm* hair ◊ (*di tessuto*) pile, nap ◊ **non avere peli sulla lingua**, to speak one's mind; **cercare il pelo nell'uovo**, to split hairs; **avere il pelo sullo stomaco**, to be ruthless.

peloso *agg* hairy.

peltro *sm* pewter.

peluria *sf* down.

pena *sf* punishment, penalty ◊ (*dolore*) sorrow, grief, suffering ◊ **non ne vale la pena**, it isn't worth the trouble; **pena di morte**, death sentence.

penale *agg* penal, criminal ◊ *sf* penalty.

penalista *sm / f* criminal lawyer ◊ (*esperto in diritto penale*) criminologist.

penalità *sf inv* penalty.

penalizzare *v tr* to penalize.

penare *v intr* to suffer.

pèndere *v intr* to hang ◊ (*inclinare*) to lean ◊ (*pavimento*) to slope ◊ (*fig*) to hang over

◊ (*leg*) to be pending.
pendìo *sm* slope.
pendolare *sm* / *f* commuter ◊ **fare il pendolare**, to commute.
pèndolo *sm* pendulum.
pene *sm* penis.
penetrate *v tr*, *intr* to penetrate ◊ (*introdursi furtivamente*) to break into.
penicillina *sf* penicillin.
penìsola *sf* peninsula.
penitente *agg*, *sm* / *f* penitent.
penitenza *sf* (*pentimento*) repentance ◊ (*giochi*) forfeit ◊ **fare penitenza**, to do penance.
penitenziario *sm* penitentiary, jail.
penna *sf* pen ◊ (*a sfera*) biro, ballpoint pen ◊ (*d'uccello*) feather ◊ (*scrittore*) writer, pen ◊ (*ornamento*) plume ◊ **rimetterci le penne**, to get one's fingers burnt.
pennarello *sm* felt-tip pen.
pennellata *sf* stroke of the brush.
pennello *sm* brush ◊ **stare a pennello**, to fit like a glove.
pennino *sm* pen nib.
penombra *sf* half-light.
penoso *agg* painful.
pensare *v tr* to think ◊ **penso di scrivergli**, I think I'll write to him ◊ *v intr* to think (of sb, sthg, doing sthg) ◊ **ci penserò su**, I'll think it over; **ci penserò io**, I'll see to it ◊ *v rifl* to think os ◊ **si pensa più furbo di quello che è**, he thinks he is more intelligent than he is.
pensata *sf* (*trovata*) idea, thought.
pensatore(-trice) *sm* thinker.
pensiero *sm* tought ◊ (*preoccupazione*) worry ◊ (*opinione*) opinion.
pensieroso *agg* thoughtful.
pènsile *agg* (*giardino*) pensile ◊ *sm* (*cucina*) wall units.
pensilina *sf* (*bus*) bus-shelter.
pensionamento *sm* retirement.
pensionante *sm* / *f* paying guest.
pensionato(-a) *sm* pensioner ◊ (*statale*) retired civil servant ◊ (*istituto*) boarding-house.
pensione *sf* (*rendita*) pension ◊ (*albergo*) boarding-house, board and lodging ◊ **pensione completa**, full board; **mezza pensio**-

ne, half board; **andare in pensione**, to retire.
pentagramma *sm* stave, staff.
Pentecoste *sf* Pentecost, Whit Sunday.
pentimento *sm* repentance.
pentirsi *v rifl* to repent (of sthg, of having done sthg) ◊ (*rimpiangere*) to regret (sthg, having done sthg) ◊ **te ne pentirai!**, you'll be sorry for it!
pentito(-a) *sm* repentant.
péntola *sf* pot ◊ (*a pressione*) pressure cooker.
penùltimo *agg* last but one, penultimate.
penuria *sf* penury, shortage.
penzolare *v intr* to dangle.
pepato *agg* peppered, hot ◊ (*fig*) sharp.
pepe *sm* pepper.
peperoncino *sm* chili pepper.
peperone *sm* pepper ◊ (*piccante*) chili.
pepita *sf* nugget, slug.
per *prep* (*mpl*) through, all over ◊ (*direzione*) for, to ◊ (*stl*) in, on ◊ (*tempo*) for ◊ (*entro un termine*) by ◊ (*per un intero periodo*) throughout ◊ (*mezzo*) by ◊ (*causa*) owing to, because of, due to ◊ (*vantaggio, fine*) for ◊ (*in qualità di*) as ◊ (*in cambio di*) in exchange for ◊ **partire per Milano**, to leave for Milan; **per tutta l'estate**, throughout the summer, all summer long; **per quel che mi riguarda**, as far as I am concerned.
per *cong* (*finale*) so as, in order to ◊ (*causale*) for (doing) ◊ (*concessivo*) however ◊ **tacque per non rattristarlo**, he remained silent so as not to sadden him.
pera *sf* pear ◊ (*cotte*) stewed pears.
perbene *agg inv* respectable ◊ *avv* properly.
perbenismo *sm* respectability.
percentuale *sf* percentage, commission.
percepire *v tr* to receive, to feel.
percezione *sf* perception.
perché *avv* (*inter*) why? what... for?
perché *cong* (*causale*) because, for, since, as ◊ (*finale*) so, that, in order that, so as ◊ (*consecutivo*) **l'ostacolo era troppo alto perché si potesse scavalcarlo**, the obstacle was too high to climb over.
perché *sm inv* reason.
perciò *cong* therefore, so.

percòrrere *v tr* to run through (across).

percorso *sm* route ◊ (*cammino*) way, course ◊ (*strada*) road.

percossa *sf* blow, stroke.

percuòtere *v tr* to strike, to beat.

percussioni *sf pl* (*mus*) percussion.

perdente *agg* losing ◊ *sm* loser.

pèrdere *v tr* to lose ◊ (*abitudine*) to get out of ◊ (*lasciarsi sfuggire*) to miss ◊ (*sprecare*) to waste ◊ **perdere la bussola**, to lose one's bearings ◊ *v intr* to lose ◊ (*far acqua*) to leak ◊ *v rifl* to lose os, to get lost, to lose one's way.

pèrdita *sf* loss ◊ (*spreco*) waste ◊ (*di rubinetto*) leak.

perdizione *sf* ruin ◊ (*relig*) damnation.

perdonare *v tr, intr* to forgive, to pardon ◊ (*risparmiare*) to spare.

perdono *sm* forgiveness, pardon.

perdurare *v intr* to persist (in).

perduto *agg* lost, ruined.

peregrinazione *sf* wandering.

perentorio *agg* peremptory.

perequazione *sf* equal distribution.

perfetto *agg* perfect ◊ (*silenzio*) complete.

perfezionare *v tr* to perfect, to improve ◊ *v rifl* to improve os.

perfezione *sf* perfection.

pèrfido *agg* perfidious, treacherous.

perfino *avv* even.

pergamena *sf* parchment, sheepskin.

pèrgola, pergolato *sf sm* pergola, bower.

pericolante *agg* unsafe ◊ (*econ*) shaky.

perìcolo *sm* danger ◊ **mettere in pericolo la vita di qc**, to jeopardize (to endanger) sb's life.

pericoloso *agg* dangerous, unsafe.

periferìa *sf* (*città*) outskirts, suburbs.

perìfrasi *sf inv* periphrasis.

perìmetro *sm* perimeter.

periòdico(-a, -ci, -che) *agg, sm* periodical.

perìodo *sm* period ◊ **periodo di prova**, trial period.

perire *v intr*, to perish, to die.

periscopio *sm* periscope.

perito *sm* expert.

perizia *sf* skill, ability ◊ (*giudizio*) espert's report.

perla *sf* pearl ◊ **perle coltivate**, culture(d) pearls; **perle false**, imitation pearls.

perlustrare *v tr* to patrol.

permaloso(-a) *agg* touchy ◊ *sm* touchy person.

permanente *agg* permanent ◊ (*esercito*) standing ◊ *sf* permanent wave, perm.

permanenza *sf* (*soggiorno*) stay.

permanere *v intr* to remain, to stay on ◊ (*perdurare*) to persist.

permeare *v tr* to permeate (with).

permesso *sm* permission, leave ◊ **ha 3 giorni di permesso**, he's on a three days' leave (of absence); **permesso?**, may I come in?

perméttere *v tr* to allow, to permit (sb to do sthg), to let sb do sthg ◊ *v rifl* to allow os ◊ (*spese*) to afford.

permissivo *agg* permissive.

permutare *v tr* to exchange, to barter.

pernice *sf* partridge ◊ **occhio di pernice**, bird's eye pattern ◊ (*callosità*) soft corn (between toes).

pernicioso *agg* pernicious.

perno *sm* pivot ◊ (*cardine*) hinge, pivot.

pernottamento *sm* overnight stay.

pernottare *v intr* to spend the night, to stay overnight (at sb's house).

pero *sm* pear-tree.

però *cong* but, however, yet.

perorare *v tr* to plead.

perpendicolare *agg, sf* perpendicular (line).

perpètua *sf* priest's housekeeper.

perpètuo *agg* perpetual, everlasting.

perplesso *agg* perplexed, embarrassed.

perquisire *v tr* to search (sthg, sb).

perquisizione *sf* search ◊ **mandato di perquisizione**, a search-warrant.

persecutore(-trice) *sm* persecutor(-tress).

persecuzione *sf* persecution.

perseguìbile *agg* prosecutable ◊ **essere perseguibile per legge**, to be liable to persecution.

perseguire *v tr* (*scopo*) to pursue ◊ (*leg*) to prosecute.

perseguitare *v tr* to persecute.

perseveranza *sf* perseverance.

perseverare *v intr* to persevere (in).

persiana *sf* shutter, roller blind.

persiano(-a) *agg, sm* Persian.

persino *avv* even.

persistente *agg* persistent.

persìstere *v intr* to persist (in).

persona *sf* person, people (*pl*).

personaggio *sm* (*celebrità*) personage ◊ (*romanzo*) character ◊ (*tipo*) character.

personale *agg* personal ◊ *sm* staff, personnel ◊ (*corpo*) figure.

personalità *sf inv* personality ◊ (*celebre*) V.I.P., personage.

personalizzare *v tr* to personalize.

personificare *v tr* to personify.

perspicace *agg* discerning, shrewd.

perspicacia *sf* shrewdness.

persuadere *v tr* to persuade ◊ **lasciarsi persuadere**, to let os be convinced ◊ *v rifl* to convince os.

persuasione *sf* conviction, belief.

persuasore *sm* persuader.

pertanto *cong* so, therefore.

pertinente *agg* relevant, to the point.

pertosse *sf* whooping-cough.

pervàdere *v tr* to pervade, to permeate.

pervenire *v intr* to reach, to get (to), to arrive (at) ◊ **far pervenire**, to send.

perversione *sf* (*sessuale*) perversion.

perverso *agg* perverse, wicked.

pervertire *v tr* to pervert, to lead astray ◊ *v rifl* to be perverted.

pervertito(-a) *agg* perverted ◊ *sm* pervert.

pervinca(-che) *sf* periwinkle.

pesante *agg* heavy ◊ (*aria*) close, stuffy ◊ (*persona*) boring, dull ◊ (*cibo*) heavy, rich ◊ (*sonno*) heavy, deep ◊ (*stile*) heavy, dull.

pesantezza *sf* heaviness.

pesare *v tr, intr* to weigh ◊ (*gravare*) to weigh heavily on ◊ (*rincrescere*) to regret ◊ *v rifl* to weigh os.

pesca(-che) *sf* (*frutto*) peach.

pesca(-che) *sf* (*sport*) fishing ◊ (*lotteria*) lucky dip (bag).

pescare *v tr* to fish ◊ (*prendere*) to catch ◊ (*estrarre*) to draw.

pescatore(-trice) *sm* fisherman (-woman) ◊ (*con l'amo*) angler.

pesce *sm* fish ◊ (*astrologia*) Pisces ◊ **molti pesci**, a lot of fish (fishes); **pesce d'aprile**, April fool.

pescecane *sm* shark (*anche fig*).

pescherìa *sf* fishmonger's (shop).

pescivendolo(-a) *sm* fishmonger (fishwife).

pesco(-chi) *sm* peach-tree ◊ (*fiore*) peach blossom.

peso *sm* weight ◊ **peso lordo (netto)**, gross (net) weight.

pessimismo *sm* pessimism.

pessimista *agg* pessimistic ◊ *sm / f* pessimist.

pèssimo *agg sup* very bad, awful.

pestare *v tr* to crush ◊ (*ridurre in polvere*) to grind ◊ **pestare i piedi a qc**, to step on sb's toes ◊ *v rifl* to come to blows.

peste *sf* plague ◊ (*persona*) pest.

pesto *agg* (*occhi*) black ◊ (*buio*) pitch-dark ◊ (*carta*) papier maché ◊ *sm* pesto.

pètalo *sm* petal.

petardo *sm* petard, fire-cracker.

petizione *sf* petition.

petroliera *sf* (oil) tanker (ship).

petroliere *sm* (*industriale*) oil magnate.

petrolio *sm* oil, petroleum ◊ **petrolio greggio**, crude oil; **trovare il petrolio**, to strike oil.

pettegolezzo *sm* gossip.

pettegolo *agg* gossipy ◊ *sm* gossip.

pettinare *v tr* to comb (sb's hair) ◊ (*tessuto*) to comb ◊ *v rifl* to comb one's hair.

pettinatura *sf* hairstyle.

pèttine *sm* comb.

pettirosso *sm* robin, redbreast.

petto *sm* chest, breast ◊ (*seno*) breast ◊ (*cucina*) breast ◊ **giacca a doppio petto**, double-breasted jacket.

petulante *agg* petulant, impudent.

petunia *sf* petunia.

pezzo *sm* piece, bit ◊ **fare a pezzi**, to break (to pull) to pieces; **un due pezzi**, a two-piece bathing suit.

phon *sm* hair-drier.

piacere *v intr* to like, to be fond of ◊ **piaccia o non piaccia**, whether one likes it or not.

piacere *sm* pleasure, delight ◊ (*svago*) amusement ◊ (*favore*) favour ◊ **piacere (di conoscerla)!**, pleased to meet you; **per piacere**, please; **se ti fa piacere**, if you like.

piacévole *agg* pleasant, agreeable.

piaga(-ghe) *sf* sore, ulcer.

piagnucolare *v intr* to whine, to whimper.

piallare *v tr* to plane.

piana *sf* (*pianura*) plain.

pianeròttolo *sm* landing.

pianeta *sm* planet.

piàngere *v intr* to weep, to cry ◊ (*soffrire*) to suffer ◊ è inutile piangere sul latte versato, it's no use crying over spilt milk ◊ *v tr* to weep ◊ piangere la morte di qc, to mourn sb's death.

pianificare *v tr* to plan.

pianista *sm / f* pianist.

piano *agg* flat, level, even.

piano *avv* softly, quietly ◊ (*lentamente*) slowly ◊ (*mus*) piano.

piano *sm* plain, flat land ◊ (*mus*) piano ◊ (*casa*) floor, storey, story ◊ (*bus*) deck ◊ fare un primo piano, to take a close-up.

piano *sm* (*progetto*) plan ◊ un piano a lunga scadenza, a long-term project; piano di studi, programme, schedule.

pianoforte *sm* piano, pianoforte.

pianoterra *sm inv* ground floor.

pianta *sf* plant ◊ (*albero*) tree ◊ (*topografica*) map ◊ (*piede*) sole.

piantagione *sf* plantation.

piantagrane *sm / f inv* troublemaker.

piantare *v tr* to plant ◊ (*chiodo*) to drive in (to) ◊ piantare qc in asso, to leave sb in the lurch; la fidanzata l'ha piantato, his fiancée jilted him ◊ *v rifl* to plant os ◊ *v rec* to part, to leave each other.

pianterreno *sm* ground floor.

pianto *sm* weeping, crying.

pianura *sf* plain, flat land, lowland.

piastra *sf* plate ◊ (*pietra*) slab.

piastrella *sf* tile, floor-tile.

piattaforma *sf* platform.

piattaia *sf* plate-rack.

piatto *agg* flat ◊ (*scialbo*) flat, dull.

piatto *sm* plate ◊ (*da portare*) dish ◊ (*portata*) course ◊ (*mus*) cymbals.

piazza *sf* square ◊ (*comm*) market ◊ (*radura di capelli*) bald patch.

piazzamento *sm* (*sport*) place, placing.

piazzare *v tr* to place ◊ *v rifl* to place ◊ *v rifl* (*sport*) to be placed ◊ piazzarsi bene, to finish in a good position.

piazzista *sm / f* salesman(-woman).

picca(-che) *sf* (*arma*) pike ◊ (*carte*) spades.

piccante *agg* spicy, hot.

picchettaggio *sm* picketing.

picchettare *v tr* to picket.

picchetto *sm* (*paletto*) stake ◊ (*scioperanti*) picket.

picchiare *v tr* to beat, to hit ◊ (*con pugni*) to thump ◊ (*con frusta*) to flog ◊ *v intr* to knock on, at ◊ (*battere*) to beat against, on ◊ (*leggermente*) to tap ◊ *v rifl* to come to blows.

picchiata *sf* (*aeron*) (nose)-dive.

picchiettare *v intr* to top ◊ (*pioggia*) to patter.

picchio *sm* woodpecker.

picciolo *sm* leaf-stalk.

piccionaia *sf* pigeon-house ◊ (*soffitta*) loft ◊ (*loggione*) gallery, the gods.

piccione *sm* pigeon, dove.

picco(-chi) *sm* peak, summit ◊ colare a picco, to sink.

piccolezza *sf* smallness ◊ (*meschinità*) meanness ◊ (*inezia*) trifle.

piccolo *agg* small, little ◊ (*minuscolo*) tiny ◊ (*giovane*) young ◊ (*di poco conto*) petty ◊ (*meschino*) mean ◊ (*di bassa statura*) short ◊ (*debole*) faint.

piccolo(-a) *sm* child, little one ◊ i piccoli (*dell'uomo*) the little ones, (*degli animali*) the young.

piccone *sm* pickaxe ◊ (*pneumatico*) pneumatic pick.

piccozza *sf* iceaxe.

picnic *sm inv* picnic ◊ fare un picnic, to have a picnic, to go for a picnic.

pidocchio *sm* louse (*pl* lice) ◊ (*persona gretta*) mean person.

piede *sm* foot (*pl* feet) ◊ (*di animale*) paw ◊ (*di uccello*) claw ◊ (*di rapace*) talon ◊ (*poesia*) foot ◊ a forza di camminare ho mal di piedi, I have walked my feet sore; andare a piedi, to walk, to go on foot; è sempre tra i piedi, he's always in the way; prender piede, (*di pianta*) to take root, (*di idee*) to catch on, to gain ground; su due piedi, immediately.

piedistallo *sm* pedestal.

piega(-ghe) *sf* fold ◊ (*cucito*) pleat ◊ (*dei pantaloni*) trouser crease ◊ (*andamento*) turn ◊ (*messa in piega*) hairset.

piegare *v tr rifl* to fold (up) ◊ *v intr* to turn,

to bend ◊ (*cedere*) to yield.

pieghettare *v tr* to pleat.

pieno *agg* full (of), filled (with) ◊ **il cinema era pieno di gente**, the cinema was packed; **in pieno giorno**, in broad daylight.

pieno *sm* (*auto*) **fare il pieno**, to fill up.

pietà *sf inv* pity, compassion ◊ **essere senza pietà**, to be ruthless; **far pietà**, to arouse pity.

pietanza *sf* dish.

pietra *sf* stone ◊ (*dura*) semiprecious stone ◊ (*focaia*) flint ◊ **mettiamoci una pietra sopra**, let bygones be bygones.

pietrificare *v tr* to petrify ◊ *v rifl* to be petrified.

pifferaio *sm* piper, fifer.

piffero *sm* pipe, fife.

pigiama *sm* pyjamas (*pl*) ◊ (*AmE*) pajamas (*pl*).

pigiare *v tr* to press ◊ (*uva*) to tread.

pigione *sf* rent.

pigliare *v tr* to take, to catch.

pigmentazione *sf* pigmentation.

pigmeo(-a) *agg, sm* pigmy.

pigna *sf* pine cone.

pignolo(-a) *agg* fussy.

pigrizia *sf* laziness, indolence.

pigro(-a) *agg* lazy, idle ◊ *sm* idler.

pila *sf* (*mucchio*) pile ◊ (*elettr*) battery ◊ (*tascabile*) torch.

pilastro *sm* pillar.

pillola *sf* pill ◊ **prendere la pillola** (*anticoncezionale*) to be on the pill.

pilota *sm / f* pilot ◊ (*auto*) driver.

pilotaggio *sm* (*cabina*) flight deck.

pilotare *v tr* to pilot ◊ (*auto*) to drive.

pimpante *agg* lively, full of beans.

pinacoteca(-che) *sf* art-gallery.

pineta *sf* pinewood, pinery.

ping-pong *sm* table-tennis.

pinguino *sm* penguin.

pinna *sf* fin ◊ (*di pinguino*) flipper ◊ (*per nuotare*) flipper.

pinnàcolo *sm* pinnacle, spire.

pino *sm* pine (tree) ◊ (*legno*) pine(wood).

pinta *sf* pint.

pinza *sf* pliers (*pl*) ◊ (*tenaglia*) pincers (*pl*) ◊ (*molle*) tongs (*pl*) ◊ (*med*) forceps (*pl*) ◊ (*chela*) pincer, chela.

pinzette *sf pl* tweezers (*pl*).

pio *agg* pious, devout.

pioggia(-ge) *sf* rain ◊ (*fig, di regali*) shower ◊ **pioggia a dirotto**, downpour.

piolo *sm* peg, stake ◊ (*scala*) rung ◊ **scala a pioli**, ladder.

piombare *v intr* to arrive unexpectedly, to turn up ◊ (*tigre*) to pounce (on) ◊ *v tr* (*dente*) to fill, to stop.

piombo *sm* lead ◊ (*piombino*) plumb(-bob), plummet ◊ (*sigillo*) seal, leaden seal ◊ **un cielo di piombo**, a leaden sky.

pioniere(-a) *sm / f* pioneer.

pioppo *sm* poplar (tree).

piòvere *v impers, intr* to rain.

piovigginare *v impers* to drizzle.

piovra *sf* octopus.

pipa *sf* pipe ◊ **fumare la pipa**, to smoke a pipe.

pipì *sf inv* pee(pee) ◊ **fare la pipì**, to pee.

pipistrello *sm* bat ◊ (*mantello*) cloak.

piràmide *sf* pyramid.

pirata *agg, sm* pirate ◊ **pirata della strada**, hit-and-run driver.

piròfila *sf* heat-resistant glassware.

piròmane *sm / f* pyromaniac, firebug.

piròscafo *sm* steamship, steamer.

pisciare *v intr* (*volg*) to piss.

piscina *sf* swimming pool.

pisello *sm* pea.

pisolino *sm* nap ◊ **fare un pisolino**, to have a nap.

pista *sf* track ◊ (*aeron*) runway, strip ◊ (*di circo*) ring ◊ (*di sci*) ski sloper ◊ **pista!**, make way!

pistola *sf* pistol ◊ (*a tamburo*) revolver.

pitagòrico(-a, -ci, -che) *agg* Pythagorean.

pitone *sm* python.

pittore(-trice) *sm* painter (woman painter).

pittoresco(-a, -chi, -che) *agg* picturesque.

pittòrico(-a, -ci, -che) *agg* pictorial.

pittura *sf* painting ◊ (*vernice*) paint ◊ **pittura fresca**, wet paint.

più *avv* (*comp*) more ◊ (*sup*) most ◊ (*tempo*) no longer, not... any more ◊ **mai più**, never again; **non lavora più**, he no longer works ◊ (*quantità*) no... more ◊ (*mat*) plus ◊ **e per di più**, and what's more.

più *agg inv* (*comp*) more ◊ (*sup*) most ◊ (*pa-*

recchi) several ◊ **più volte**, several times.

più *sm inv* most, the greater part, the most important thing ◊ (*mat*) plus sign ◊ **i più**, most people; **tutt'al più**, if the worst comes to the worst.

piuma *sf* feather.

piumino *sm* (*letto*) eitherdown, duvet ◊ (*giacca*) quilted jacket ◊ (*cipria*) powder puff.

piuttosto *avv* rather.

pizza *sf* pizza ◊ (*cinema*) reel ◊ (*persona noiosa*) nuisance.

pizzicare *v tr* (*insetti*) to sting ◊ (*rubare*) to pinch ◊ *v intr* to itch ◊ (*cibo*) to be hot.

pìzzico(-chi) *sm* pinch ◊ (*fig*) touch.

pizzicotto *sm* pinch, nip.

pizzo *sm* lace ◊ (*barbetta*) pointed beard.

placare *v tr* to calm down ◊ *v rifl* to calm os.

placca(-che) *sf* plate ◊ (*con iscrizione*) plaque.

placcare *v tr* to plate ◊ **placcato in argento**, silver plated.

plàcido *agg* placid, calm, peaceful.

plafoniera *sf* ceiling light fixture.

plagio *sm* plagiarism ◊ (*leg*) duress.

plaid *sm* travelling rug.

planare *v intr* to glide.

planetario *agg* planetary ◊ *sm* planetarium.

plasmare *v tr* to mould, to shape.

plàstica(-che) *sf* plastic ◊ (*med*) plastic surgery.

plàtano *sm* plane-tree.

platea *sf* stals (*pl*) ◊ (*pubblico*) audience.

plàtino *sm* platinum.

platònico(-a, -ci, -che) *agg* platonic ◊ *sm* Platonist.

plebe *sf* mob, rabble, riffraff.

plebeo *agg* plebeian.

plebiscito *sm* plebiscite.

plenipotenziario *agg, sm* plenipotentiary.

plettro *sm* plectrum.

pleurite *sf* pleurisy.

plico(-chi) *sm* parcel.

plotone *sm* platoon ◊ (*d'esecuzione*) firing-squad.

plùmbeo *agg* leaden, of lead ◊ (*fig*) sultry.

plurale *agg, sm* plural.

pluralismo *sm* pluralism.

plusvalore *sm* surplus value.

plutòcrate *sm / f* plutocrat.

plutonio *sm* plutonium.

pneumatico(-a, -ci, -che) *agg* pneumatic ◊ *sm* tyre.

poco *avv* little, not much ◊ (*con agg, avv*) little, not very ◊ **poco fa**, not long ago; **fra poco**, in a short time; **a poco a poco**, little by little.

poco(-a, -chi, -che) *agg, pron indef* little, not much ◊ *pl* few, not many.

poco *sm sing* little ◊ **un po'**, a little; **un po' di zucchero**, some (a little) sugar; **zoppica un po'**, he has a slight limp.

podere *sm* farm ◊ (*proprietà*) estate.

poderoso *agg* strong, powerful.

podista *sm / f* walker, runner.

poema *sm* poem ◊ (*cavalleresco*) metrical romance.

poesìa *sf* poetry ◊ (*singolo componimento*) poem ◊ (*fig*) magic.

poeta(-essa) *sm* poet(-ess).

poetare *v tr* to write poetry.

poètica(-che) *sf* poetics (*sing*).

poètico(-a, -ci, -che) *agg* poetic(al).

poggiare *v tr* to lean, to rest ◊ *v intr* to stand ◊ (*basarsi*) to be based.

poggio *sm* knoll, hillock, mound.

poi *avv* then, afterwards, later (on) ◊ (*inoltre*) and besides ◊ **prima o poi**, sooner or later.

poi *sm inv* the future, the afterwards, the time to come ◊ **il senno del poi**, hindsight.

poiché *cong* since, as, seeing that.

pois *sm inv* dot.

polare *agg* polar, pole (*attr*).

polèmica(-che) *sf* polemic, controversy.

polèmico(-a, -ci, -che) *agg* polemic(al).

polemista *sm / f* polemicist.

polemizzare *v intr* to polemize.

polìgamo(-a) *agg* polygamous ◊ *sm* polygamist.

poliglotta *sm / f* polyglot.

polìgono *sm* polygon.

pòlipo *sm* polyp ◊ (*med*) polypus.

polistirolo *sm* polystyrene.

politècnico(-a, -ci, -che) *agg* polytechnic.

polìtica(-che) *sf* politics (*sing*) ◊ (*linea di condotta*) policy ◊ (*modo di governare*) policies ◊ **darsi alla politica**, to go into po-

litics; **politica interna**, home politics.
politicante *sm / f* petty politician.
politicizzare *v tr* to politicize.
politico(-a, -ci, -che) *agg* political ◊ *sm* politician.
polizìa *sf* police (force) ◊ (*poliziotti*) police ◊ (*commissariato*) police station.
poliziotto(-a) *sm* policeman(-woman).
pòlizza *sf* (*d'assicurazione*) policy ◊ **polizza di pegno**, pawn ticket.
pollaio *sm* henhouse.
pollame *sm* poultry.
pòllice *sm* thumb ◊ (*misura*) inch.
pòlline *sm* pollen.
pollivéndolo *sm* poulterer.
pollo *sm* chicken, fowl ◊ (*persona*) sucker.
polmone *sm* lung.
polmonite *sf* pneumonia.
polo *sm* pole ◊ (*fis*) pole ◊ (*sport*) polo.
polpa *sf* pulp, flesh ◊ (*fig*) pith.
polpaccio *sm* calf (*pl* calves).
polpastrello *sm* fingertip.
polpetta *sf* meatball ◊ (*fritta*) rissole.
polsino *sm* cuff, wrist-band.
polso *sm* wrist ◊ (*med*) pulse ◊ (*camicia*) cuff ◊ **uomo di polso**, a man of nerve; **con le manette ai polsi**, in handcuffs.
poltrona *sf* armchair ◊ (*teatro*) seat in the stalls.
poltroncina *sf* (*teatro*) seat in the back stalls.
poltronìssima *sf* (*teatro*) front orchestra stall.
pòlvere *sf* dust ◊ (*artificiale*) powder ◊ **in polvere**, powdered.
polveriera *sf* powder magazine.
polverone *sm* thick cloud of dust.
pomeriggio *sm* afternoon.
pòmice *sf* pumice-stone.
pomodoro *sm* tomato.
pompa *sf* pomp ◊ **impresa di pompe funebri**, undertaker's shop.
pompa *sf* (*mecc*) pump ◊ (*distributore di benzina*) petrol pump (station).
pompare *v tr* to pump.
pompelmo *sm* grapefruit.
pompiere *sm* fireman ◊ *pl* firebrigade.
pomposo *agg* pompous.
ponderare *v tr, intr* to ponder (on, over).
ponente *sm* west ◊ (*vento*) west wind.

ponte *sm* bridge ◊ (*naut*) deck ◊ (*odontoiatria*) brace ◊ (*levatoio*) drawbridge ◊ **fare il ponte**, to have an extra long weekend; **rompere i ponti con qc**, to break off with sb; **testa di ponte**, bridge head.
pontéfice *sm* pontiff.
pontificare *v intr* to pontificate.
pontile *sm* pier.
popolare *agg* popular ◊ **case popolari**, working-class houses, council houses.
popolare *v tr* to populate ◊ *v rifl* to become populated.
popolarità *sf inv* popularity.
popolazione *sf* population, people.
popolino *sm* the common people.
popolo *sm* people.
popoloso *agg* populous, heavily populated.
poppa *sf* stern.
poppare *v tr, intr* to suck milk from the breast.
porcellana *sf* porcelain, china.
porcellino *sm* (*d'India*) guineapig, cavy.
porcheria *sf* (*cibo*) disgusting stuff.
porchetta *sf* roast sucking pig.
porcile *sm* pigsty (*anche fig*).
porcino *agg* piggish ◊ (*occhi*) pig eyes ◊ (*fungo*) boletus.
porco *sm* pig ◊ (*cucina*) pork.
porcospino *sm* porcupine.
pòrfido *sm* porphyry.
pòrgere *v tr* to hand, to give ◊ (*la mano*) to hold out one's hand to sb.
pornografìa *sf* pornography.
poro *sm* pore.
pórpora *sf* purple.
porre *v tr* to put ◊ (*supporre*) to suppose ◊ *v rifl* to put os.
porro *sm* (*bot*) leek ◊ (*med*) wart.
porta *sf* door ◊ (*di città*) gate ◊ (*calcio*) goal.
portabagagli *sm inv* (*auto*) boot ◊ (*AmE*) trunk.
portacénere *sm inv* ashtray.
portachiavi *sm inv* keyring.
portafortuna *sm inv* lucky charm.
portamonete *sm inv* purse.
portaombrelli *sm inv* umbrella stand.
portare *v tr* (*verso chi parla*) to bring ◊ (*lontano da chi parla*) to take ◊ (*con fatica*) to carry ◊ (*indossare*) to wear ◊ **portare for-**

tuna (sfortuna) a qc, to bring good (bad) luck to sb; **porti bene i tuoi anni**, you don't look your age.

portasapone *sm inv* soap-dish.

portasci *sm inv* ski-rack.

portasciugamano *sm* towelrack.

portaspilli *sm inv* pin-cushion.

portata *sf (di pranzo)* course ◊ *(fig)* importance ◊ **a portata di mano**, within reach.

portatile *agg* portable.

portatore(-trice) *sm* bearer ◊ *(med, sano)* carrier.

portavoce *sm inv* spokesman(-woman).

pòrtico *sm* porch, portico, arcade.

portiera *sf (auto)* door.

portiere *sm (portinaio)* caretaker ◊ *(hotel)* porter ◊ *(sport)* goalkeeper.

portineria *sf* caretaker's lodge.

porto *sf* port, harbour ◊ *(rifugio)* haven.

porto *sf (vino)* port.

portoghese *sm / f* gate-crasher.

portone *sm* main door, front gate.

portuale *sm* dock worker.

porzione *sf* portion.

posa *sf* pose ◊ *(seduta)* sitting ◊ *(fot)* exposure, picture ◊ **teatro di posa**, studio.

posare *v tr* to put down ◊ *(fondamenta)* to lay ◊ *v intr* to stand ◊ *(farsi ritrarre)* to pose ◊ *v rifl (uccello)* to alight ◊ *(appollaiarsi)* to perch ◊ *(soffermarsi)* to stay, to rest.

posate *sf pl* cutlery, *(AmE)* silverware.

poscritto *sm* postscriptum (P.S.).

positivo *agg* positive ◊ *(persona)* practical.

posizione *sf* position ◊ *(ubicazione)* situation, location ◊ **farsi una posizione**, to make one's, in the world; **luci di posizione** *(auto)*, sidelights; **posizione sociale**, social status.

posporre *v tr* to postpone, to put off.

possedere *v tr* to possess, to own.

possedimento *sm* property, estate ◊ *(di uno Stato)* possession.

possessivo *agg* possessive.

possessore (posseditrice) *sm* possessor.

possìbile *agg* possible ◊ *sm* everything possible, everything in one's power.

possibilità *sf inv* possibility ◊ *(opportunità)* chance, opportunity ◊ *(mezzi)* means.

possidente *sm / f* proprietor, owner.

posta *sf* post, mail ◊ *(ufficio)* post office ◊ *(somma in palio)* stake ◊ **piccola posta**, letters to the editor; **a bella posta**, on purpose.

postale *agg* post *(attr)* ◊ **casella postale**, P.O. Box; **ufficio postale**, post office.

posteggiare *v tr* to park.

posteggiatore(-trice) *sm* car-park attendant.

posteggio *sm (auto)* car-park, parking place ◊ *(taxi)* taxi-rank, cab-stand.

pòsteri *sm pl* posterity *(sing)*.

posteriore *agg* posterior ◊ *(zampe)* hind ◊ *sm* buttocks.

posterità *sf inv* posterity, descendants *(pl)*.

posticipare *v tr* to postpone, to put off.

postilla *sf* marginal note.

postino(-a) *sm* postman(-woman).

posto *sm (luogo)* place ◊ *(spazio)* room, space ◊ *(impiego)* job, post, position ◊ **la gente del posto**, the locals.

pòstumo *agg* posthumous ◊ **i postumi**, consequences, after effects.

potàbile *agg* drinkable way (drinking) water.

potare *v tr* to prune, to trim.

potente *agg* powerful.

potenza *sf* power ◊ *(forza)* strenght.

potenziale *agg, sm* potential.

potenziale *v tr* to potentiate.

potere *v intr* to be able, to be allowed ◊ *(dif)* can, could, may, might ◊ **posso entrare?**, can (may) I come in?

potere *sm* power ◊ *(influsso)* influence ◊ **essere al potere**, to be in power (in office).

pòvero *agg* poor ◊ *(stile)* plain ◊ **paese povero di materie prime**, a country lacking in raw materials; **il mio povero zio**, my late uncle ◊ *sm* poor man, pauper.

povertà *sf inv* poverty.

pozione *sf* potion, draught.

pozzànghera *sf* puddle.

pozzo *sm* well ◊ *(cava)* pit.

pranzare *v intr* to dine, to have dinner ◊ *(mezzogiorno)* to lunch, to have lunch ◊ **pranzare a casa, fuori casa**, to dine in, to dine out.

pranzo *sm* lunch, dinner ◊ **invitare qc a pranzo**, to ask sb to dinner; **sala da pranzo**, dining-room.

prassi *sf inv* praxis, practice.

prateria *sf* prairie, grassland.

pràtica(-che) *sf* practice ◊ (*addestramento*) training ◊ (*di ufficio*) file; case ◊ **far pratica con un chirurgo**, to be apprenticed to a surgeon; **in pratica**, in practice.

praticante *sm* (*culto*) church-goer.

praticare *v tr* to practise ◊ (*relig*) to practise.

pràtico(-a, -ci, -che) *agg* practical ◊ (*esperto*) experienced ◊ **nella vita pratica**, in real life; **essere pratico di un luogo**, to be familiar with a place.

prato *sm* meadow ◊ (*rasato*) lawn.

preavviso *sm* (advance) notice ◊ **tre giorni di preavviso**, three days' notice.

precario *agg* precarious ◊ (*salute*) shaky ◊ *sm* (*docente*) temporary teacher.

precauzione *sf* precaution ◊ (*cautela*) caution.

precedente *agg* preceding ◊ *sm* precedent ◊ **creare un precedente**, to set a precedent; **precedenti penali**, previous offences.

precedenza *sf* priority ◊ **dare precedenza assoluta a qcs**, to give sth top priority; **dare la precedenza** (*auto*), to give way; **avere la precedenza**, to have right of way.

precèdere *v tr* to precede.

precetto *sm* precept, rule ◊ (*mil*) call-up notice.

precettore *sm* tutor, preceptor.

precipitare *v tr* to precipitate ◊ *v intr* to fall (headlong) ◊ (*aereo*) to crash ◊ *v rifl* to throw os down.

precipitoso *agg* (*che cade*) headlong ◊ (*affrettato*) hasty, hurried ◊ (*uomo*) a rash man.

precipizio *sm* precipice ◊ **a precipizio**, headlong.

precisare *v tr* to make clear.

preciso *agg* precise, exact, accurate.

precoce *agg* precocious.

precòrrere *v tr* (*i tempi*) to be ahead of one's time.

precorritore(-trice) *sm* forerunner.

preda *sf* prey ◊ (*bottino*) booty, plunder ◊ **cadde in preda alla disperazione**, he fell a prey to despair.

predare *v tr* to plunder, to ravage.

predecessore *sm* predecessor.

predellino *sm* (*veicolo*) step.

predestinare *v tr* to (pre)destine.

predestinazione *sf* predestination.

prèdica(-che) *sf* sermon ◊ (*fig*) lecture.

predicare *v tr* preach (*anche fig*).

predicatore(-trice) *sm* preacher.

prediletto *agg, sm* favourite.

predilìgere *v tr* to prefer, to like better (*fra due*), to like best (*fra più di due*).

predire *v tr* to predic, to foretell ◊ (*tempo*) to forecast.

predisposizione *sf* (*attitudine*) bent, aptitude ◊ (*med*) predisposition.

predominare *v intr* to predominate.

predominio *sm* predominance.

predone *sm* plunderer, robber.

prefazione *sf* preface, foreword.

preferenza *sf* preference.

preferire *v tr* to prefer, to have a preference for ◊ **preferirei non andare**, I'd rather not go.

preferito(-a) *agg, sm* favourite.

prefìggersi *v rifl* (*scopo*) to set os sthg.

prefisso *sm* (*tel*) code number ◊ (*interurbano*) dialling code.

pregare *v tr* to pray, to say prayers ◊ (*supplicare*) to beg, to ask.

pregévole *agg* valuable, of great value.

pregiato *agg* valuable.

pregio *sm* (*qualità*) quality, merit.

pregiudicare *v tr* to jeopardize sthg, to put sthg in jeopardy.

pregiudicato(-a) *sm* (*leg*) previous offender.

pregiudizio *sm* prejudice, bias ◊ **senza pregiudizi**, unprejudice (unbiased).

prego *escl* (*a chi ringrazia*) don't mention it, you're welcome, not at all.

pregustare *v tr* to look forward to.

prelevare *v tr* (*banca*) to withdraw ◊ (*med, sangue*) to take.

prelibato *agg* delicious.

prelievo *sm* (*med*) taking ◊ (*del sangue*) taking of a blood sample.

preliminare *agg* preliminary ◊ *sm pl* preliminaries.

preludio *sm* prelude.

prematuro(-a) *agg* premature, untimely.

premeditato *agg* intentional, wilful.

prèmere *v tr, intr* to press ◊ (*far pressione*)

to exert pressure (on sb), to urge sb, to press sb ◊ (*urgere*) to be pressing (urgent).

premessa *sf* introduction ◊ **fare una premessa**, to make a preliminary statement.

preméttere *v tr* to start by saying, to state first ◊ **bisogna premettere che**, I must state beforehand that, I must say first of all that; **premesso che**, considering that; **ciò premesso**, that said.

premiare *v tr* to give (to award) a prize to sb ◊ (*ricompensare*) to reward.

premiazione *sf* prize-giving.

premio *sm* prize, award.

premunirsi *v rifl* to take precautions, to protect os (from).

premura *sf* care, attention ◊ (*fretta*) hurry ◊ **avere premura**, to be in a hurry; **far premura**, to hurry sb up.

premuroso *agg* thoughtful, considerate.

prèndere *v tr* to take ◊ (*andare a prendere*) to fetch, to pick up ◊ (*afferrare*) to seize, to grab ◊ (*catturare ladro*) to catch ◊ (*malattia*) to catch ◊ (*guadagnare*) to get, to earn ◊ (*medicine*) to take ◊ (*scambiare*) to mistake, to take ◊ **perché te la prendi sempre con me?**, why do you always pick on me?; **prendersela**, to be upset; **prendere a prestito**, to borrow (sthg from sb); **prendere l'abitudine**, to get into the habit of.

prendisole *sm inv* sundress.

prenotare *v tr* to book, to reserve.

prenotazione *sf* booking, reservation.

preoccupare *v tr, rifl* to worry about.

preoccupazione *sf* worry, anxiety.

preparare *v tr* to prepare ◊ **preparare la tavola**, to lay the table ◊ *v rifl* to prepare os, to get ready ◊ (*atleta*) to train ◊ **prepararsi a un esame**, to study for an exam.

preparativi *sm pl* preparations (for).

preparato *agg* prepared ◊ **un allievo molto preparato**, a well-prepared student.

preparazione *sf* preparation ◊ (*sport*) training ◊ **iniziare la preparazione per gli esami**, to begin preparation for the exam.

prepensionamento *sm* early retirement.

preposizione *sf* preposition.

prepotente *agg* overbearing, arrogant, bossy ◊ (*desiderio*) overwhelming ◊ *sm* bully.

prepotenza *sf* arrogance.

presa *sf* grip, hold, grasp ◊ **presa di corrente**, socket; **presa di posizione**, stand.

presagire *v tr* to foresee, to predict, to foretell ◊ (*presentire*) to have a presentiment of sthg.

presalario *sm* student's grant.

prèsbite *agg, sm / f* long-sighted person.

presbiteriano(-a) *agg, sm* Presbyterian.

prescìndere *v intr* to leave aside ◊ **a prescindere da questo**, apart from that (this).

prescrivere *v tr* to prescribe ◊ (*leg*) to be barred (by the statute of limitations).

prescrizione *sf* prescription ◊ **cadere in prescrizione**, to become statute-barred.

presentare *v tr* to present, to show ◊ (*documento*) to produce ◊ (*persona*) to introduce (sb to sb) ◊ (*radio, TV*) to announce ◊ (*ditta*) to sponsor ◊ *v rifl* to introduce os.

presentatore(-trice) *sm* introducer, presenter ◊ (*di quiz*) quiz master.

presente *agg* present ◊ (*attuale*) present, current ◊ *sm / f* person present ◊ **i presenti**, those present; **con la presente**, herewith; **far presente qcs a qc**, to draw sthg to sb's attention; **tenere presente qcs**, to take sthg on board.

presente *sm* (*dono*) present, gift.

presentire *v tr, intr* to have a presentiment of, to foresee.

presenza *sf* presence ◊ (*scol*) attendance ◊ **presenza di spirito**, presence of mind.

presenziare *v tr, intr* to be present at.

presepe *sm* manger, crib.

preservare *v tr* to protect (sb from, against sthg).

preservativo *sm* (*profilattico*) condom.

prèside *sm / f* headmaster(-mistress).

presidente(-essa) *sm* president.

presidenza *sf* chairmanship ◊ (*di preside*) headmastership ◊ (*ufficio*) headmaster's office.

presièdere *v tr, intr* to preside, to take the chair, to act as chairman.

pressante *agg* pressing, urgent.

pressappoco *avv* approximately, roughly.

pressare *v tr* to press, to urge.

pressi *sm pl* neighbourhood, outskirts.

pressione *sf* pressure ◊ **far pressione su qc**, to put pressure on sb.

presso *avv* nearly, close at hand ◊ *prep* near, not far from ◊ (*accanto a*) beside, next to ◊ (*a casa di*) at, with ◊ (*indirizzi*) care of (c/o) ◊ **lavora presso di noi**, he works for us.

prestanza *sf* good looks.

prestare *v tr* to lend (sb sthg, sthg to sb) ◊ **farsi prestare qcs da qc**, to borrow sthg from sb ◊ *v rifl* to lend os.

prestigiatore(-trice) *sm* conjurer.

prestigio *sm* (*autorità*) prestige ◊ (*gioco di mano*) sleight-of-hand.

prestigioso *agg* prestigious.

prèstito *sm* loan ◊ **prendere qcs in prestito da qc**, to borrow sthg from sb; **dare qcs in prestito a qc**, to lend sb sthg, to lend sthg to sb; **chiedere un prestito**, to ask for a loan.

presto *avv* (*fra poco*) soon, in a short time ◊ (*in fretta*) quickly, fast ◊ (*di buon'ora*) early ◊ (*facilmente*) easily ◊ **presto o tardi**, sooner or later.

presùmere *v intr* to presume.

presuntuoso *agg* presumptuous, conceited.

presunzione *sf* presumption, self conceit.

presupporre *v tr* to assume.

presupposto *sm* assumption ◊ **partendo dal presupposto che**, assuming that.

prete *sm* priest.

pretendente *sm* pretender (to), claimant (to) ◊ (*corteggiatore*) suitor.

pretèndere *v tr* to exact ◊ *v intr* to pretend, to claim to, to lay claim to.

pretenzioso *agg* pretentious.

pretesa *sf* (*esigenza*) claim ◊ (*presunzione*) pretension (of).

pretesto *sm* pretext, excuse.

pretore *sm* (police) magistrate.

pretura *sf* (local) magistrate's court.

prevalente *agg* prevailing.

prevalenza *sf* predominance ◊ **in prevalenza**, predominantly, mainly.

prevalere *v intr* to prevail ◊ **prevalere su tutti**, to surpass everyone (in).

prevaricare *v intr* to abuse one's power.

prevaricazione *sf* abuse of power.

prevedere *v tr* to foresee.

prevedìbile *agg* predictable.

prevenire *v tr* to anticipate, to forewarn.

preventivare *v tr* (*spese*) to estimate.

preventivo *agg* preventive ◊ *sm* estimate.

prevenuto *agg* prejudiced, biased.

prevenzione *sf* prevention ◊ (*preconcetto*) prejudice.

previdente *agg* cautious, farsighted.

previdenza *sf* prudence, foresight ◊ **previdenza sociale**, social security.

previsione *sf* forecast, expectation(s) ◊ **le previsioni del tempo**, the weather forecast.

prezioso *agg* precious ◊ (*consiglio*) invaluable ◊ *sm* jewel, valuable(s).

prezzémolo *sm* parsley.

prezzo *sm* price ◊ **tirare sul prezzo**, to bargain; **praticare buoni prezzi**, to charge fair prices; **prezzo d'ingresso**, admission fee.

prigione *sf* prison, jail, goal ◊ **tre anni di prigione**, three years' imprisonment.

prigionìa *sf* imprisonment.

prigioniero(-a) *agg* captive, imprisoned ◊ *sm* prisoner.

prima *avv* before ◊ (*una volta*) once, formerly ◊ (*per prima cosa*) first ◊ (*in anticipo*) beforehand, in advance ◊ (*più presto*) sooner, earlier ◊ **prima lo studio e poi il divertimento**, first study, then pleasure; **prima o poi**, sooner or later.

prima *cong* before ◊ **prima di partire (che partisse) mi salutò**, before leaving (he left) he said goodbye to me.

prima *prep* before ◊ **prima di**, before; **come prima**, just as before.

prima *sf* (*scol*) first class, first year ◊ (*teatro*) first night, première ◊ (*auto*) first gear ◊ (*ferr*) first class.

primario *sm* head physician.

primato *sm* supremacy ◊ (*sport*) record ◊ **battere un primato**, to break (to beat) a record.

primavera *sf* spring.

primaverile *agg* spring (*attr*).

primitivo(-a) *agg* primitive.

primizia *sf* early fruits (vegetables).

primo(-a) *sm, agg* (the) first ◊ (*tra due*) former ◊ **il primo dell'anno**, New Year's Day; **in primo luogo**, in the first place; **pri-**

mo piano, close up; **in prima pagina**, on the front page.

primordi *sm pl* beginnings ◊ **i primordi della civiltà**, the dawn of civilization.

prìmula *sf* primrose, cowslip.

principale *agg* principal, chief, main ◊ (*sede*) head office ◊ *sm* boss (*fam*).

prìncipe *sm* prince ◊ (*ereditario*) the Crown Prince ◊ (*azzurro*) prince charming.

principessa *sf* princess.

principiante *sm* / *f* beginner.

principio *sm* beginning, start ◊ (*regola*) principle.

priore(-a) *sm* prior(-ess).

priorità *sf inv* priority ◊ **avere la priorità su**, to have priority (over).

prisma *sm* prisma.

privare *v tr* to deprive (sb of sthg) ◊ (*rifiutare*) to deny ◊ *v rifl* to deprive os (of), to deny os sthg.

privatizzare *v tr* to privatize.

privatizzazione *sf* privatization.

privato(-a) *agg* private ◊ **vita privata**, private life, privacy.

privazione *sf* loss, privation.

privilegiare *v tr* to favour.

privilegio *sm* privilege.

privo *agg* deprived (of), devoid (of).

pro *sm inv* use, good, profit ◊ **a che pro?**, what's the use (of it)?, what for?

pro *prep* for, in favour of, on behalf of, to the advantage of.

probabile *agg* probable, likely ◊ **è probabile che venga**, it's probable that he will come, he will probably come, he is likely to come; **un probabile cliente**, a prospective customer.

probabilità *sf inv* probability, likelihood.

problema *sm* problem.

problemàtica(-che) *sf* problems.

probòscide *sf* trunk.

procacciare *v tr* to get ◊ *v rifl* to get os.

procace *agg* provocative.

procèdere *v intr* to go on, to proceed.

procedimento *sm* (*procedura*) procedure ◊ (*comportamento*) conduct, behaviour ◊ (*svolgimento*) course ◊ (*leg*) proceedings ◊ **procedimento giudiziario**, prosecution.

procedura *sf* procedure, proceedings.

processare *v tr* to try (sb for sthg) ◊ **far processare**, to bring to trial.

processione *sf* procession.

processo *sm* (*penale*) trial ◊ (*civile*) legal action, law-suit, legal proceedings ◊ (*corso*) course, process ◊ **fare il processo alle intenzioni**, to question sb's nothing.

procinto *sm* **essere in procinto**, to be on the point of, to be about to.

procione *sm* raccoon.

proclama *sm* proclamation.

proclamare *v tr* to proclaim, to declare.

procura *sf* power of attorney, proxy ◊ **per procura**, by proxy.

procurare *v tr* to cause, to get.

procuratore(-trice) *sm* proxy ◊ (*legale*) solicitor, public attorney ◊ **procuratore generale**, Attorney General.

prodezza *sf* bravery ◊ (*impresa*) deed.

prodigare *v tr* to squander, to lavish (*anche fig*) ◊ *v rifl* to do one's best.

prodigioso *agg* prodigious.

pròdigo(-a, -ghi, -ghe) *agg* prodigal.

prodotto *sm* product ◊ (*della terra*) produce (*sing*) ◊ **prodotti alimentari**, foodstuffs.

produrre *v tr* to produce ◊ (*fabbricare*) to manufacture, to turn out.

produttore(-trice) *sm* producer.

produzione *sf* production, manufacture.

profanare *v tr* to desecrate.

profano(-a) *agg* profane ◊ *sm* layman.

proferire *v tr* to utter, to express.

professare *v tr* to profess ◊ *v rifl* to profess os.

professionale *agg* professional ◊ **malattia professionale**, occupational disease.

professione *sf* profession ◊ **fare qcs di professione**, to do sthg for a living.

professionista *sm* / *f* professional.

professore(-essa) *sm* teacher ◊ (*univ*) professor, lecturer (*non titolare di cattedra*).

profeta(-essa) *sm* prophet(-ess).

profetizzare *v tr* to prophesy.

profezìa *sf* prophecy, prediction.

proficuo *agg* profitable, useful.

profilarsi *v rifl* (*problemi*) to emerge ◊ (*figura*) to stand out.

profilassi *sf inv* prophylaxis.

profilàttico(-a, -ci, -che) *agg* preventive ◊

sm (*anticoncezionale*) condom, sheath.
profilo *sm* outline ◊ (*volto*) profile ◊ **di profilo**, in profile.
profittare *v intr* to profit (from, by).
profitto *sm* profit ◊ **trarre profitto da**, to profit from, to make the most of.
profondità *sf inv* depth ◊ (*fig*) profundity.
profondo *agg* deep ◊ (*fig*) profound ◊ *sm* depht(s).
profondo *avv* deep, deeply, profoundly.
pro forma *avv* **fattura pro forma**, pro-forma invoice.
pròfugo(-a, ghi, -ghe) *sm* refugee, fugitive.
profumare *v tr* to perfume ◊ *v intr* to smell good, to smell sweet ◊ *v rifl* to perfume os.
profumeria *sf* perfumery, perfumer's shop.
profumo *sm* perfume, scent, ◊ (*caffè*) aroma ◊ **avere un buon profumo**, to smell nice.
progenie *sf inv* progeny, offspring.
progenitore(-trice) *sm* progenitor(-tress).
progettare *v tr* to plan, to make plans.
progettazione *sf* planning, design.
progettista *sm* / *f* designer, planner.
progetto *sm* plan ◊ **progetto di legge**, bill.
prògnosi *sf inv* prognosis ◊ **essere in prognosi riservata**, to be on the danger list; **sciogliere la prognosi su qc**, to take sb off the danger list.
programma *sm* program(me), plan ◊ (*scol*) syllabus ◊ **fare programmi**, to make plans.
programmare *v tr* to programme, to plan.
programmatore(-trice) *sm* (computer) programmer.
progredire *v intr* to progress.
progressivo *agg* progressive.
progresso *sm* progress ◊ **fare progressi**, to make progress (*sing*).
proibire *v tr* to forbid (sb to do sthg) ◊ (*per legge*) to prohibit.
proibizione *sf* prohibition, forbiddance.
proibizionismo *sm* prohibitionism.
proiettare *v tr* to project.
proiettore *sm* projector.
prole *sf sing* children, offspring.
proletariato *sm* proletariat.
proletario(-a) *agg, sm* proletarian.

proliferare *v intr* to proliferate.
prolìfico(-a, -ci, -che) *agg* prolific.
prolisso *agg* prolix, lengthy, verbose.
pròlogo(-ghi) *sm* prologue.
prolungare *v tr* to prolong, to extend ◊ *v rifl* to go on, to last.
promessa *sf* promise.
prométtere *v tr* to promise ◊ *v intr* (*bene*) to be (very) promising.
prominente *agg* prominent, jutting out.
prominenza *sf* prominence, protuberance.
promiscuità *sf inv* promiscuity.
promontorio *sm* promontory.
promotore(-trice) *sm* promoter, organizer.
promozionale *agg* promotional ◊ **vendita promozionale**, promotional sale.
promozione *sf* promotion ◊ **avere una promozione**, to be promoted; **ottenere la promozione**, (*scol*) to pass one's exams.
promulgare *v tr* to promulgate.
promuòvere *v tr* to promote ◊ (*alunno*) to pass (one's exams).
prono *agg* (*all'ingiù*) prone, lying face downwards.
pronome *sm* pronoun.
pronòstico *sm* forecast, prediction.
prontezza *sf* readiness.
pronto *agg* ready, prepared ◊ (*intervento*) quick ◊ **pronti, via!**, ready, steady, go!; **pronto soccorso**, first aid.
pronuncia *sf* pronunciation.
pronunciare *v tr* to pronounce ◊ **pronunciare male**, to mispronounce ◊ *v rifl* (*su qcs*) to give one's opinion (on sthg).
propaganda *sf* advertising ◊ **propaganda elettorale**, electioneering.
propagare *v tr, rifl* to spread.
propagatore(-trice) *sm* propagator.
propedèutico(-a, -ci, -che) *agg* preliminary.
propèndere *v intr* to be inclined (to do).
propensione *sf* inclination, bent (for).
propiziarsi *v rifl* to gain sb's favour.
propizio *agg* suitable, right.
proponimento *sm* intention, resolution ◊ **fare molti buoni proponimenti**, to make many good resolutions.
proporre *v tr* to propose, to suggest (doing sthg) ◊ *v rifl* to intend, to resolve.
proporzionato *agg* proportionate (to).

proporzione *sf* proportion.

propòsito *sm* purpose, intention, plan ◊ (*scopo*) aim, object, purpose ◊ **tutto ciò che dice è poco a proposito**, all he says is not to the point (is rather irrelevant); **a proposito**, by the way; **di proposito**, on purpose.

proposizione *sf* sentence, clause.

proposta *sf* proposal, suggestion ◊ (*di matrimonio*) (marriage) proposal.

proprietà *sf inv* property, estate ◊ (*di linguaggio*) correctness.

proprietario(-a) *sm* owner, landlord(-lady) ◊ (*di albergo*) proprietor(-tress) ◊ (*terriero*) landowner.

proprio *agg* own, one's, one's own ◊ (*tipico*) typical, peculiar ◊ (*esatto*) exact ◊ (*gramm*) proper ◊ **amor proprio**, self-respect.

proprio *pron* one's own.

proprio *sm* one's own ◊ **ha una casa in proprio**, he has a house of his own; **lavora in proprio**, he works on his own.

proprio *avv* just, exactly, really.

prora *sf* (*prua*) prow, bow, bows.

prorogare *v tr* to extend, to defer.

prosa *sf* prose ◊ **compagnia di prosa**, theatrical company; **attore di prosa**, theatre actor.

prosciogliere *v tr* to acquit (of).

prosciugare *v tr, rifl* to dry up ◊ (*palude*) to reclaim (a marsh).

prosciutto *sm* ham ◊ (*affumicato*) smoked ham.

proscrizione *sf* proscription, banning.

proseguire *v tr, intr* to continue, to go on (with) ◊ (*riprendere*) to resume.

prosèlito *sm* proselyte, convert.

prosodìa *sf* prosody.

prosperare *v intr* to flourish ◊ (*in salute*) to enjoy good health.

prosperità *sf inv* prosperity, welfare.

prosperoso *agg* prosperous, flourishing, thriving ◊ (*donna*) a buxom woman.

prospettiva *sf* perspective.

prospiciente *agg* facing, overlooking, looking on to (out upon).

prossimamente *avv* soon, in a short time ◊ **prossimamente sui vostri schermi**, coming shortly to your screens.

pròssimo *agg* next ◊ (*fig, stretto*) close ◊ *sm* neighbour, fellow creatures.

pròstata *sf* prostate (gland).

prostituta *sf* prostitute, street walker.

prostituzione *sf* prostitution.

prostrare *v tr* to prostrate ◊ *v rifl* to prostrate os before sb.

protagonista *sm / f* protagonist.

protèggere *v tr* to protect ◊ (*arti*) to patronize, to be a patron (of) ◊ *v rifl* to protect os.

proteina *sf* protein.

pròtesi *sf inv* prosthesis ◊ (*dentaria*) dentures.

protesta *sf* protest, complaint ◊ **fare una protesta**, to make a protest.

protestante *agg, sm / f* Protestant.

protestantésimo *sm* Protestantism.

protestare *v tr, intr* to protest.

protetto(-a) *agg* protected ◊ (*luogo*) sheltered ◊ *sm* protégé, favourite.

protettore(-trice) *sm* protector(-tress) ◊ (*delle arti*) patron(-ess) ◊ (*di prostituta*) pimp ◊ (*di una città*) patron saint.

protezione *sf* protection ◊ **prendere un tono di protezione**, to assume a patronizing (paternalistic) air.

protocollo *sm* (*registro*) register ◊ (*cerimoniale*) protocol ◊ **numero di protocollo**, reference number; **foglio di protocollo**, foolscap.

protòtipo *sm* prototype.

protrarre *v tr* to protract, to postpone ◊ *v rifl* to continue, to go on.

protuberanza *sf* protuberance, bump.

prova *sf* test, trial ◊ (*leg*) evidence (*sing*) ◊ (*tentativo*) attempt, try ◊ (*teatro*) rehearsal ◊ (*bozza*) proof ◊ (*di abito*) fitting ◊ **mettere alla prova**, to put to the test; **fino a prova contraria**, until it's proved otherwise.

provare *v tr* to try ◊ (*sentire*) to feel ◊ (*indumenti*) to try on ◊ (*macchine*) to try out, to test ◊ (*teatro*) to rehearse ◊ (*mettere alla prova*) to put to the test ◊ (*dar prova di*) to prove ◊ **provare per credere**, first try and then trust ◊ *v rifl* (*indumenti*) to try on, to have a fitting.

provenienza *sf* origin ◊ (*fonte*) source.
provenire *v intr* to come (from) ◊ (*per nascita*) to come of, to descend from ◊ (*derivare*) to originate, to arise.
proventi *sm pl* revenue (*sing*).
proverbio *sm* proverb, saying.
provetta *sf* test tube.
provincia(-ce) *sf* province.
provino *sm* (*cinema*) screen test.
provocare *v tr* to provoke.
provocante *agg* provoking, provocative, suggestive.
provvedere *v tr* to provide ◊ *v intr* (*famiglia*) to provide for ◊ (*prendere un provvedimento*) to take steps ◊ (*disporre*) to see (to sthg).
provvedimento *sm* measure ◊ **prendere provvedimento**, to take measures (against sb).
provveditorato *sm* (*agli studi*) provincial education office.
provveditore *sm* (*agli studi*) director of education.
provvidenza *sf* providence ◊ **un dono della provvidenza**, a godsend.
provvigione *sf* commission ◊ **una provvigione del 5 per cento**, a 5 per cent commission.
provvisorio *agg* temporary, provisional.
provvista *sf* supply, stock ◊ **fare provviste**, to make provisions.
prua *sf* bow, bows, prow.
prudente *agg* prudent, cautious.
prudenza *sf* caution, prudence ◊ **per prudenza**, as a precaution.
prùdere *v intr* to itch, to be itchy.
prugna *sf* plum ◊ **prugne secche**, prunes.
pruno *sm* blackthorn ◊ (*spina*) thorn.
pruriginoso *agg* itchy, itching.
prurito *sm* itching, itch.
prussiano(-a) *agg, sm* Prussian.
pseudònimo *sm* pseudonym.
psicanàlisi *sf inv* psychoanalysis.
psicanalista *sm / f* psychoanalist.
psicanalizzare *v tr* to psychoanalyse.
psichiatra *sm / f* psychiatrist.
psichiatrìa *sf* psychiatry.
psìchico(-a, -ci, -che) *agg* psychological.
psicologìa *sf* psychology.

psicològico(-a, -ci, -che) *agg* psychological.
psicòlogo(-a, -gi, -ghe) *sm* psychologist.
psicosi *sf inv* psychosis.
psicosomàtico(-a, -ci, -che) *agg* psychosomatic.
pubblicamente *avv* publicly, in public.
pubblicare *v tr* to publish.
pubblicazione *sf* publication ◊ **fare le pubblicazioni matrimoniali**, to publish the banns.
pubblicista *sm / f* freelance journalist.
pubblicità *sf inv* (*comm, professione*) advertising ◊ (*annuncio su giornali*) advertisement ◊ **far pubblicità a qcs**, to advertise sthg; **far molta pubblicità a qcs**, to give sthg a lot of publicity.
pubblicitario *agg* advertising ◊ **trovata pubblicitaria**, publicity stunt; **agente pubblicitario**, press agent.
pubblicizzare *v tr* to publicize.
pùbblico(-a, ci, -che) *agg* public ◊ **scuola pubblica**, state school; **pubbliche relazioni**, public relations; **lavorare per il bene pubblico**, to work for the common good ◊ *sm* public ◊ (*teatro, cinema*) audience ◊ (*stadio*) spectators.
pubertà *sf inv* puberty.
pudicizia *sf* modesty, prudery.
pudico(-a, -chi, -che) *agg* modest.
pudore *sm* modesty, decency.
puerile *agg* childish, puerile.
pugilato *sm* boxing, pugilism.
pùgile *sm* boxer, pugilist.
pugnalare *v tr* to stab (with a dagger).
pugnalatore *sm* stabber.
pugnale *sm* dagger ◊ **colpo di pugnale**, stab.
pugno *sm* (*mano serrata*) fist ◊ (*colpo*) punch, blow ◊ (*manciata*) fistful, handful ◊ **scrivere qcs di proprio pugno**, to write sthg in one's own hand.
pulce *sf* flea.
pulcino *sm* chick, chickens (*pl*).
puledro *sm* colt, foal.
pulire *v tr, rifl* to clean ◊ (*a secco*) to dryclean ◊ **far pulire qcs**, to have sthg cleaned ◊ **fare le pulizie**, to do the chaning.
pulizìa *sf* cleaning ◊ (*essere pulito*) cleanliness, cleanness.
pullman *sm inv* coach.

pullover *sm inv* pullover, sweater.
pullulare *v intr* to swarm, to teem.
pùlpito *sm* pulpit.
pulsante *sm* button, push-button.
pulsazione *sf* beat, throbbing.
pulvìscolo *sm* fine dust, motes.
pùngere *v tr* to prick, to sting.
pungiglione *sm* sting.
pungolare *v tr* to goad (sb into doing).
pùngolo *sm* goad, spur.
punire *v tr* to punish.
punizione *sf* punishment.
punta *sf* point ◊ (*dita*) tip ◊ (*monte*) top, peak ◊ **ore di punta**, rush-hours; **prendere qc di punta**, to clash with sb.
puntare *v tr* (*arma*) to point, to aim (at) ◊ (*dirigere*) to point, to direct.
puntata *sf* instalment ◊ (*di sceneggiato*) episode ◊ **romanzo a puntate**, serial (novel).
punteggiare *v tr* to punctuate, to dot.
punteggiatura *sf* punctuation.
punteggio *sm* (*sport*) score ◊ (*esame*) points.
puntellare *v tr* to prop up, to support.
punteruolo *sm* punch ◊ (*stoffa*) bodkin.
puntiglio *sm* spite, obstinacy.
punto *sm* point ◊ (*cucito*) stitch ◊ (*grado*) degree ◊ (*med*) stitch ◊ (*segno d'interpunzione*) full stop, period ◊ **venire al punto**, to come to the point.
puntuale *agg* punctual, on time.
puntualità *sf inv* punctuality.
puntualizzare *v tr* to make clear.
puntura *sf* sting, bite ◊ (*spillo*) prick ◊ (*med*) injection ◊ (*fitta*) sharp pain.
punzecchiare *v tr* (*fig*) to tease.
pupazzo *sm* puppet ◊ (*di neve*) snowman.
pupilla *sf* pupil.
purché *cong* provided (that), on condition that, as long as.
pure *avv* also, too, as well.
pure *cong* (*tuttavia*) but, and yet, however, still ◊ (*anche se*) even if, even though.
purè *sm inv* (*cucina*) purée ◊ (*di patate*) mashed potatoes.
purezza *sf* purity ◊ (*colore*) clarity.
purga(-ghe) *sf* purge, purgative.
purgante *agg, sm* purgative.
purgare *v tr* to purge ◊ (*purificare*) to purify ◊ (*testo*) to expurgate ◊ *v rifl* to purge os.

purgatorio *sm* purgatory.
purificare *v tr* to purify, to cleanse ◊ *v rifl* to purify os.
purificazione *sf* purification, purifying.
puritanésimo *sm* Puritanism.
puritano(-a) *agg* puritan ◊ (*fig*) puritanical ◊ *sm* puritan ◊ (*fig*) puritan.
puro *agg* pure ◊ (*schietto*) plain, sheer, ◊ **per puro caso**, by mere chance.
purtroppo *avv* unfortunately.
pus *sm inv* (*med*) pus ◊ **fare pus** to ooze pus.
putativo *agg* putative.
putiferio *sm* row, uproar, rumpus.
putrefarsi *v rifl* to putrefy, to rot.
putrefazione *sf* putrefaction, decay.
pùtrido *agg* putrid, decayed ◊ (*carne*) rotten ◊ *sm* corruption, rottenness.
putto *sm* putto, cupid.
puzza *V.* **puzzo**.
puzzare *v intr* to stink, to smell bad, to give out a nasty smell ◊ **puzzare di aglio**, to smell of garlic; **puzzare di muffa (di vecchio)**, to smell mouldy (old).
puzzle *sm inv* jigsaw puzzle.
puzzo *sm* stink, foul smell, nasty smell.
pùzzola *sf* polecat, fitchew.

Q

qua *avv* here ◊ **eccolo qua**, here he is; **passiamo di qua**, let's go this way.
quàcchero(-a) *agg, sm* Quaker(-ess).
quaderno *sm* copybook.
quadràngolo *sm* quadrangle.
quadrante *sm* (*orologio*) face.
quadrare *v tr* to square ◊ *v intr* to balance ◊ (*fig*) to be to one's taste ◊ **i conti quadrano**, the accounts balance ◊ **non mi quadra**, that's not to my taste.
quadrato *agg* square ◊ (*maturo*) sensible, level-headed ◊ *sm* square ◊ **5 al quadrato**, 5 squared.
quadrettato *agg* (*foglio*) squared ◊ (*tessuto*) chequered, checkered, check (*attr*).
quadretto *sm* small square, small picture.
quadriennale *agg* (*che dura 4 anni*) four-

year (*attr*) ◊ (*ogni 4 anni*) four-yearly.

quadrifoglio *sm* (*bot*) four-leaf clover.

quadrilàtero *agg*, *sm* quadrilateral.

quadrimestre *sm* period of four months.

quadro *sm* picture, painting ◊ (*quadrato*) square ◊ (*carte*) diamonds ◊ (*tabella*) table ◊ (*tecn*) panel, board ◊ (*fig, descrizione*) outline ◊ **a quadri**, chequered, checkered, checked, check (*attr*); **fare il quadro della situazione**, to outline the situation.

quadrùpede *sm* quadruped ◊ *agg* four-footed.

quadruplicare *v tr* to multiply by four.

quàdruplo *agg*, *sm* four times as much.

quaggiù *avv* down here ◊ (*fig*) here below.

quaglia *sf* quail.

qualche *agg indef sing* (*frasi aff*) some, (*alcuni*) few ◊ (*un certo*) some, a certain amount of.

qualcosa *pron indef sing* (*frasi aff*) something ◊ (*domande*) anything ◊ (*frasi neg, dub*) anything ◊ **qualcosa di bello**, something beautiful; **ti offro qualcosa da bere**, I'm going to stand you a drink.

qualcuno *pron indef sing* (*frasi aff*) someone, somebody ◊ (*partitivo*) some ◊ (*uno*) one ◊ (*frasi interr, neg, dub*) anybody, anyone ◊ (*partitivo*) any ◊ (*alcuni*) some, some people ◊ **qualcun altro**, someone else.

quale *agg* just what, just as ◊ (*interr*) which, what ◊ (*escl*) what, what a (a).

quale *pron interr* which, what.

quale *pron rel* (*sogg*) who, that ◊ (*ogg*) whom, that ◊ (*compl indir*) whose ◊ (*cose*) which, that ◊ **tutti coloro i quali**, all those who.

quale *avv* (*in qualità di*) as.

qualifica(-che) *sf* qualification.

qualificare *v tr* to qualif ◊ *v rifl* to qualify os (as).

qualità *sf inv* quality ◊ **di prima qualità**, first rate.

qualora *cong* in case, if.

qualsìasi *agg indef* (*tra molti*) any ◊ (*tra due*) either ◊ (*spreg*) ordinary ◊ (*rel*) whatever.

qualunquismo *sm* non-committalism.

qualunquista *agg* non-committal ◊ *sm / f* non-committed person.

quando *avv* when ◊ **quando mai?**, when ever?; **da quando esci con lei?**, since when (how long) have you been going out with her?; **di quando in quando**, from time to time.

quando *cong* when ◊ (*ogni volta che*) whenever ◊ **quando è così**, if that is the case; **fino a quando**, till, until; **quando è così**, if that is the case; **quand'anche**, even if, even though.

quando *sm* when ◊ **il come e il quando**, the how and the when.

quantità *sf inv* quantity, amount ◊ (*gran numero*) lots of, a lot of ◊ **la quantità va spesso a scapito della qualità**, quantity is often prejudicial to quality.

quanto *agg* (*interr, anche prom*) how much, how many (*pl*) ◊ (*escl, anche pron*) what a lot, how much, how many (*pl*) ◊ (*comp*) as much, as many (*pl*) ◊ (*neg*) so much, so many (*pl*) ◊ (*temp*) how long.

quanto *pron rel* all those who, whoever ◊ (*tutto quello che*) what.

quanto *avv* (*con agg, avv*) how ◊ (*con verbi*) how much, what a lot ◊ (*comp*) as...as, so...as, as many...as ◊ (*correlativo di tanto*) as much as, both...and ◊ **quanto è bella quella ragazza!**, how beautiful that girl is!; **per quanto mi riguarda**, as far as I am concerned; **per quanto ricco tu sia**, however rich you may be; **quanto a**, as for, as regards, as to, as far as... concerned; **quanto prima**, as soon as possible.

quantunque *cong* although, though, even if.

quaranta *agg*, *sm inv* forty ◊ **gli anni 40**, the forties, the 40s.

quarantamila *agg*, *sm inv* forty thousand.

quarantena *sf* (*med*) quarantine.

quarantennio *sm* period of forty years.

quarantèsimo *agg* fortieth.

quarésima *sf* Lent.

quartetto *sm* quartet.

quartiere *sm* (*di città*) district, area, quarter ◊ (*appartamento*) flat ◊ **quartier generale**, headquarters.

quarto *agg*, *sm* fourth ◊ (*frazione*) quarter ◊ (*tip*) quarto ◊ (*naut*) watch.

quarzo *sm* quartz.

quasi *avv* almost, nearly ◊ (*neg*) hardly ◊ **quasi niente**, hardly anything; **quasi mai**, hardly ever.

quasi *cong* as if.

quassù *avv* up here.

quattordicèsimo *agg, sm* fourteenth.

quattòrdici *agg, sm inv* fourteen ◊ **sono le quattordici**, it's two o'clock.

quattrini *sm pl* money.

quattro *agg, sm inv* four ◊ **dirne quattro a qc**, to give sb a piece of one's mind; **c'era-no quattro gatti**, there was hardly anybo-dy; **fare quattro chiacchiere**, to have a chat.

quattrocchi *sm inv* four eyes ◊ **a quattroc-chi**, in private.

quattrocento *agg, sm inv* four hundred ◊ **il Quattrocento**, the fifteenth century.

quello *agg dim* that, those (*pl*).

quello *pron dim* that (one), those (ones, *pl*) ◊ (*in proposizione rel*) the one, the ones ◊ **quello che**, what; **tutto quello che**, all that, everything that; **è più ricco di quel che pensavo**, he is richer than I thought; **per quel che mi riguarda**, as far as I'm concer-ned.

quercia(-ce) *sf* oak-tree ◊ (*legno*) oak.

querela *sf* legal complaint, law suit ◊ **sporge-re querela**, to sue sb.

querelare *v tr* to bring an action (against sb), to prosecute, to sue.

quesito *sm* question, query ◊ **porre un quesi-to**, to raise a query.

questi *pr dim sing* this man, he.

questionario *sm* questionnaire.

questione *sf* question, matter ◊ (*leg*) issue, question ◊ (*litigio*), dispute ◊ **questione di vita o di morte**, it's a (question) matter of life and death; **mettere in questione**, to que-stion sthg; **sollevare una questione**, to rai-se a question.

questo *agg dim* this, these (*pl*) ◊ **in questo momento**, at this moment.

questo *pron* this (one), these (ones, *pl*) ◊ (*egli*) he (she, they) ◊ (*ciò*) this, that ◊ (*il primo, il secondo*) the former, the latter ◊ (*alcuni...altri*) some...some (others) ◊ **e con questo?**, so what?

questore *sm* police commissioner (in a pro-vince).

quèstua *sf* begging ◊ (*chiesa*) collection of alms.

questura *sf* police-headquarters.

qui *avv* here ◊ (*tempo*) now; **fin qui**, up to now, so far.

quietanza *sf* receipt.

quietare *v tr* to calm ◊ *v rifl* to calm down ◊ (*vento*) to die down.

quiete *sf* quiet, calm, peace.

quieto *agg* quiet, calm.

quindi *avv* then, afterwards ◊ *cong* so, the-refore.

quindicesimo *agg, sm* fifteenth.

quìndici *agg, sm inv* fifteen ◊ **quindici gior-ni**, a fortnight.

quindicimila *agg, sm inv* fifteen thousand.

quindicinale *agg* (*che dura quindici giorni*) a fortnight's (*attr*) ◊ (*che ricorre ogni quin-dici giorni*) fortnightly ◊ *sm* fortnightly magazine.

quintale *sm* quintal, hundred kilograms.

quintetto *sm* quintet.

quinto *agg, sm* fifth.

quintùltimo *agg, sm* last but four, fifth from the last.

quintuplicare *v tr* to multiply by five.

qui pro quo *sm inv* misunderstanding.

quisquilia *sf* trifle.

quiz *sm* quiz ◊ (*domanda*) question.

quota *sf* quota, share ◊ (*altitudine*) altitude, height ◊ (*naut*) depth ◊ **quota d'iscrizio-ne**, enrolment fee, (*club*) membership fee; **a quota 600 metri**, 600 metres above sea level; **valore ad alta (bassa) quota**, to fly high (low).

quotare *v tr* to quote, to rate ◊ (*valutare*) to value, to esteem ◊ **il dollaro è quotato 1370 lire**, the dollar is quoted 1370 lire; **è un artista molto quotato**, he is rated highly as an artist.

quotazione *sf* quotation, rating.

quotidianamente *avv* daily.

quotidiano *agg, avv* daily ◊ *sm* daily news-paper.

quoziente *sm* quotient ◊ (*tasso*) rate.

R

rabàrbaro *sm* rhubarb.

rabbia *sf* anger, rage ◊ (*med*) rabies.

rabbino *sm* Rabbi.

rabbioso *agg* angry ◊ (*med*) rabid ◊ (*vento*) furious.

rabbonire *v tr, rifl* to calm down.

rabbrividire *v intr* to shiver, to shudder.

raccapezzarsi *v rifl* **non raccapezzarsi**, to be at a loss, not to make head nor tail of anything.

raccapricciante *agg* appalling.

raccapriccio *sm* horror.

raccattapalle *sm inv* ballboy.

raccattare *v tr* to pick up, to collect.

racchetta *sf* racket ◊ (*da sci*) skistick.

racchiùdere *v tr* to contain, to hold.

raccògliere *v tr* (*raccattare*) to pick up ◊ (*fiori*) to pick ◊ (*allusione*) to take the (a) hint ◊ (*francobolli*) to collect ◊ (*capelli*) to put up ◊ *v rifl* to gather ◊ (*concentrarsi*) to collect one's thoughts.

raccoglimento *sm* meditation, concentration.

raccoglitore *sm* (*cartella*) folder, binder.

raccolta *sf* collection.

raccolto *sm* (*agricoltura*) crop, harvest.

raccomandare *v tr* to recommend ◊ (*lettera*) to register.

raccontare *v tr* to tell ◊ (*avventure*) to tell about.

racconto *sm* story, tale ◊ (*relazione*) account ◊ (*a puntate*) serial ◊ (*genere letterario*) short story.

rachitismo *sm* rickets (*sing*).

racimolare *v tr* (*denaro*) to scrape together ◊ (*notizie*) to glean.

raddoppiare *v tr, intr, rifl* to double.

raddrizzare *v tr* to straighten.

ràdere *v tr* to shave ◊ (*barba*) to shave off ◊ (*sfiorare*) to graze.

radiatore *sm* radiator.

radiazione *sf* (*fis*) radiation.

ràdica(-che) *sf* briar ◊ (*legno*) briarwood.

radicare *v intr, rifl* to root.

radice *sf* root ◊ **mettere radici**, to take root ◊ (*persona*) to put down roots.

radio *sf inv* radio (set), wireless ◊ **trasmettere per radio**, to broadcast.

radio *sm* (*chim*) radium ◊ (*anat*) radius.

radioattività *sf* radioactivity.

radioattivo *agg* radioactive.

radiocomandare *v tr* to operate by remote control.

radiocomando *sm* remote control.

radiocrònaca(-che) *sf* radio commentary.

radiografare *v tr* to X-ray.

radiòlogo(-a, -gi, -ghe) *sm* radiologist.

radiotrasmittente *agg* broadcasting (*attr*) ◊ *sf* broadcasting station.

rado *agg* train ◊ (*capelli*) sparse ◊ (*visite*) infrequent, occasional.

radunare *v tr, rifl* to gather.

radura *sf* glade, open space.

ràfano *sm* horseradish.

raffermo *agg* (*pane*) stale, dry.

ràffica(-che) *sf* gust ◊ (*fig*) shower, hail.

raffigurare *v tr* to represent, to symbolize ◊ *v rifl* to figure (to os).

raffinare *v tr* to refine ◊ *v rifl* to become refined.

raffinerìa *sf* refinery.

rafforzare *v tr* to reinforce ◊ *v rifl* to strengthen, to grow stronger.

raffreddare *v tr* to cool ◊ *v rifl* to cool down ◊ (*prendere il raffreddore*) to catch a cold.

raffreddore *sm* cold, chill.

raffrontare *v tr* to compare.

raffronto *sm* comparison.

ràgadi *sf pl* rhagades.

ragazza *sf* girl ◊ (*fidanzata*) girlfriend ◊ **ragazza madre**, unmarried mother.

ragazzata *sf* childish action.

ragazzo *sm* boy ◊ (*fidanzato*) boyfriend.

raggio *sm* ray, beam ◊ (*di ruota*) spoke ◊ (*mat*) radius ◊ (*fig*) ray.

raggirare *v tr* to deceive, to swindle.

raggiro *sm* trick, swindle, deceit.

raggiùngere *v tr* to reach, to overtake, to catch up ◊ (*obiettivo*) to achieve.

raggomitolare *v tr* to wind up ◊ *v rifl* to curl os up, to huddle up.

raggranellare *v tr* to scrape together.

raggruppare *v tr* to group, to form into a

group ◊ *v rifl* to gather in a group.
ragguardévole *agg* remarkable.
ragionamento *sm* reasoning, argument.
ragionare *v intr* to reason, to think.
ragione *sf* reason ◊ (*tasso*) rate ◊ **aver ragione**, to be right; **farsi una ragione di qcs**, to come to terms with sthg; **dar ragione a qc**, to side with sb.
ragionerìa *sf* accountancy, book-keeping.
ragionévole *agg* reasonable, sensible.
ragioniere(-a) *sm* accountant.
ragliare *v intr* to bray.
ragnatela *sf* spider's web, cobweb.
ragno *sm* spider.
rallegrare *v rifl* to cheer up ◊ (*congratularsi*) to congratulate (sb on sthg).
rallentare *v tr* to slow down.
RAM *sf* (*computer*) RAM.
ramaiolo *sm* ladle.
ramanzina *sf* telling-off.
ramarro *sm* green lizard.
rame *sm* copper ◊ (*incisione*) copperplate.
ramino *sm* kettle ◊ (*carte*) rummy.
rammaricarsi *v rifl* to regret (sthg), to be sorry (about).
rammendare *v tr* to mend, to repair.
rammentare *v tr* to remember, to recollect ◊ **rammentare qcs a qc**, to remind sb of sthg (to do sthg).
ramo *sm* branch, bough ◊ (*branca*) branch.
ramoscello *sm* twig.
rampicante *sm* creeper.
rampollo *sm* spring ◊ (*germoglio*) sprout ◊ (*discendente*) offspring.
rana *sf* frog ◊ **nuotare a rana**, to do the breaststroke.
rancido *agg* rancid ◊ *sm* rank odour.
rancio *sm* (*mil*) mess, rations.
rancore *sm* rancour ◊ **serbare rancore a qc**, to bear sb a grudge.
randagio *agg* stray.
randello *sm* cudgel, club, truncheon.
rango(-ghi) *sm* rank, social class.
rannicchiarsi *v rifl* to huddle.
rannuvolarsi *v rifl* (*cielo*) to become overcast ◊ (*fig*) to darken.
ranocchio(-a) *sm* frog.
ràntolo *sm* wheeze, death-rattle.
ranùncolo *sm* buttercup.

rap *sm* (*musica*) rap.
rapa *sf* turnip ◊ (*persona*) fathead, idiot.
rapace *agg* (*anche fig*) rapacious ◊ *sm* bird of prey.
rapare *v tr* to crop ◊ *v rifl* to have one's hair cropped.
ràpido *agg* quick ◊ *sm* express train.
rapimento *sm* (*persona*) kidnapping ◊ (*fig*) rapture, ecstasy.
rapina *sf* robbery ◊ (*a mano armata*) armed robbery ◊ (*bottino*) booty.
rapinare *v tr* to rob (sb of sthg).
rapire *v tr* (*persona*) to kidnap.
rappacificare *v tr* to reconcile ◊ *v rifl* to be reconciled, to make it up.
rapporto *sm* (*resoconto*) report ◊ (*legame*) link, connection, relationship ◊ (*relazione*) relationship ◊ (*sessuale*) sexual intercourse ◊ (*di affari*) business relations.
rapprendersi *v rifl* (*sangue*) to clot, to coagulate ◊ (*latte*) to curdle.
rappresaglia *sf* reprisal, retaliation.
rappresentante *sm / f* representative ◊ agent.
rappresentare *v tr* to represent, to portray ◊ (*recitare*) to act, to play ◊ (*mettere in scena*) to perform, to put on.
rappresentazione *sf* representation ◊ (*teatro*) performance ◊ (*descrizione*) portrayal.
raro *agg* rare, unusual.
rasare *v tr* (*siepe*) to trim, to pare ◊ (*radere*) to shave ◊ *v rifl* to shave os.
raschiamento *sm* (*med*) curettage.
raschiare *v tr* to scrape (sthg off) ◊ *v rifl* (*gola*) to clear one's throat.
rasente *agg* close to ◊ **camminare rasente al muro**, to hug the wall.
raso *agg* shaven ◊ (*capelli*) closely-cut ◊ (*bicchiere*) full to the brim ◊ **raso terra**, close to the ground ◊ *sm* satin.
rasoio *sm* razor.
raspare *v tr* to rasp, to scratch.
raspo *sm* (*uva*) grape stalk.
rassegna *sf* review ◊ (*fig*) review, report.
rassegnare *v tr* (*dimissioni*) to resign (one's post) ◊ *v rifl* to resign os, to give up.
rassegnazione *sf* resignation.
rasserenare *v tr, rifl* to clear up, to brighten

◊ (*persona*) to cheer up.

rassicurare *v tr* to reassure ◊ *v rifl* to recover one's confidence.

rassodare *v tr*, *rifl* (*muscoli*) to harden, to strengthen ◊ (*fig*) to consolidate.

rassomigliare *v tr* to resemble, to look like ◊ *v rifl* to resemble each other.

rastrellare *v tr* to rake (up) ◊ (*polizia*) to comb (out), to round up.

rastrelliera *sf* rack.

rastrello *sm* rake.

rata *sf* instalment ◊ **vendita a rate**, hire purchage sale.

rateale *agg* by instalments.

ratificare *v tr* to approve, to ratify.

ratto *sm* (*zool*) rat.

rattristare *v tr* to make sad, to sadden ◊ *v rifl* to grow sad, to grieve (over).

raucèdine *sf* hoarseness ◊ **avere la raucedine**, to have a hoarse voice.

ràuco(-a, -chi, -che) *agg* hoarse.

ravanello *sm* radish.

ravvedersi *v rifl* to mend one's ways.

ravvivare *v tr* to revive, to rekindle ◊ *v rifl* to brighten up, to be rekindled.

rayon *sm* rayon.

razionale *agg* rational.

razione *sf* ration, portion ◊ **essere messo a razione**, to be put on rations.

razza *sf* race ◊ (*zool*) breed ◊ (*tipo*) sort ◊ **essere di buona razza**, to come of a good stock.

razzìa *sf* raid.

razziare *v tr* to raid, to plunder.

razzo *sm* rocket.

re *sm inv* king ◊ (*mus*) D.

reagire *v tr* to react (to, against).

reale *agg* (*di re*) royal ◊ (*regale*) regal, kingly ◊ **in tempo reale**, in real time ◊ *sm* member of the royal family.

reale *agg* (*effettivo*) real, actual, genuine ◊ *sm* reality.

realismo *sm* realism.

realista *agg* realistic ◊ *sm / f* realist.

realizzare *v tr* (*capire*) to realize ◊ (*progetto*) to carry out ◊ (*sogno*) to achieve, to fulfil ◊ *v rifl* (*sogno*) to come true ◊ (*persona*) to fulfil os, to feel fulfilled.

realtà *sf inv* reality ◊ (*dura*) harsh reality.

reame *sm* kingdom, realm (*anche fig*).

reato *sm* crime, offence.

reazionario(-a) *agg*, *sm* reactionary.

reazione *sf* reaction ◊ (*pol*) repression.

recapitare *v tr* to deliver.

recàpito *sm* (*indirizzo*) address ◊ (*consegna*) delivery.

recare *v tr* (*disturbo*) to disturb, to cause inconvenience ◊ *v rifl* to go.

recensione *sf* review.

recensire *v tr* to review.

recente *agg* recent ◊ **di recente**, recently.

recìdere *v tr* to cut off, to chop off.

recidivo *sm* recidivist.

recìngere *v tr* to enclose, to fence in.

recinto *sm* enclosure ◊ (*cavalli*) paddock.

recinzione *sf* enclosure, fence, wall.

recipiente *sm* container ◊ (*latta*) tin, can.

recìproco(-a, -ci, -che) *agg* reciprocal.

rècita *sf* performance ◊ (*poesie*) recital.

recitare *v tr* (*teatro*) to act, to perform.

recitazione *sf* acting ◊ (*scuola*) drama school.

réclame *sf inv* advertisement, ad (vert).

reclamizzare *v tr* to advertise (sthg).

rècluta *sf* recruit (*anche fig*).

reclutare *v tr* to recruit.

recòndito *agg* secluded, out-of-the-way ◊ (*fig*) hidden, secret.

recriminare *v tr* to regret ◊ *v intr* to complain (about sthg).

recrudescenza *sf* recrudescence ◊ (*malattia*) fresh outburst.

redarguìre *v tr* to rebuke, to reproach.

redattore(-trice) *sm* (*giornale*) editor ◊ (*di articolo*) writer ◊ (*dizionario*) compiler ◊ (*cronista*) reporter.

redazione *sf* editing ◊ (*redattori*) editorial staff ◊ (*ufficio*) editorial office.

redditizio *agg* profitable, paying.

rèddito *sm* income ◊ (*statale*) revenue.

redentore *sm* redeemer ◊ *agg* redeeming.

redenzione *sf* redemption.

redìgere *v tr* to draw up, to draft.

redìmere *v tr* to redeem.

rèdini *sf pl* reins.

redivivo *agg* brought back to life.

rèduce *sm* survivor ◊ (*veterano*) veteran.

refe *sm* thread, yarn.

referenza *sf* reference.

referto *sm* medical report.

refettorio *sm* refectory, dining hall.

refezione *sf* (*scol*) school meal.

refrattario *agg* **essere refrattario a qcs**, to have no aptitude for sthg.

refrigerare *v tr* to cool.

refrigerio *sm* **trovare refrigerio**, to find relief, to feel refreshed.

refurtiva *sf* stolen goods, loot.

regalare *v tr* to give sthg as a present, to present (sb with sthg).

regalo *sm* present, gift.

reggente *agg, sm / f* regent.

reggenza *sf* regency ◊ (*gramm*) government.

règgere *v tr* (*tenere*) to hold ◊ (*fig*) to bear ◊ (*guidare*) to rule, to govern, to guide ◊ (*gramm*) to govern, to take ◊ *v intr* (*durare*) to last ◊ (*teoria*) to be consistent with, to hold up ◊ *v rifl* to stand ◊ (*ipotesi*) to be based on.

reggia *sf* royal palace.

reggimento *sm* regiment.

reggipetto, reggiseno *sm* brassière, bra.

regìa *sf* (*teatro*) production ◊ (*cinema*) direction.

regime *sm* (*pol*) regime ◊ (*med*) diet.

regina *sf* queen ◊ **di regina**, queenly.

regione *sf* region, area.

regista *sm / f* (*teatro*) producer ◊ (*cinema*) director.

registrare *v tr* to register ◊ (*notare*) to report ◊ (*incidere*) to record ◊ (*comm*) to enter.

registratore *sm* (tape-)recorder ◊ (*di cassa*) till, cash register.

registrazione *sf* registration ◊ (*comm*) entry ◊ (*incisione*) recording.

registro *sm* register ◊ (*di bordo*) logbook.

regnare *v tr* to reign, to rule.

regno *sm* (*reggenza*) reign ◊ (*luogo*) kingdom.

règola *sf* rule ◊ **a regola d'arte**, professionally; **di regola**, as a rule.

regolàbile *agg* adjustable.

regolamento *sm* rule, regulations (*pl*).

regolare *v tr* to regulate ◊ (*debito*) to settle ◊ (*i conti*) to settle old scores ◊ *v rifl* to act, to do.

règolo *sm* ruler, straightedge.

regresso *sm* regress ◊ (*fig*) decline.

reietto *sm* outcast, castaway.

relatore(-trice) *sm* spokesman(-woman) ◊ (*tesi*) supervisor.

relazionare *v tr* to make a report to sb.

relazione *sf* (*resoconto*) report, account ◊ (*nesso*) connection, relationship ◊ (*conoscenza*) acquaintance ◊ (*amorosa*) love affair.

religione *sf* religion ◊ (*culto*) cult.

religioso(-a) *agg* religious ◊ **matrimonio religioso**, church wedding ◊ *sm* monk.

reliquia *sf* shrine, reliquary.

relitto *sm* wreck ◊ (*persona*) down-and-out, outcast.

remare *v intr* to row, to oar.

remissione *sf* remission ◊ (*di querela*) withdrawal of an action.

remissivo *agg* submissive, compliant.

remo *sm* oar ◊ (*pagaia*) paddle.

rena *sf* sand.

rèndere *v tr* to give back, to return ◊ (*far diventare*) to make ◊ (*esprimere*) to render ◊ (*testimonianza*) to give evidence ◊ *v intr* to be profitable.

rendimento *sm* efficiency ◊ (*scol*) progress.

rèndita *sf* unearned income ◊ (*vitalizia*) life annuity ◊ **vivere di rendita**, to live on unearned income.

rene *sm* kidney.

reni *sf pl* back (*sing*).

renna *sf* reindeer (*inv*).

reo *agg* guilty ◊ *sm* culprit, offender.

reparto *sm* department ◊ (*ospedale*) ward.

repellente *agg* repulsive.

repentaglio *sm* risk ◊ **mettere a repentaglio**, to jeopardize, to put at risk.

reperìbile *agg* (*oggetto*) available ◊ (*persona*) **non è reperibile**, he can't be reached.

reperire *v tr* to find, to trace.

repertorio *sm* repertory ◊ (*canzoni*) repertoire.

rèplica(-che) *sf* reply, answer ◊ (*obiezione*) objection, retort ◊ (*teatro*) repeart performance ◊ **avere molte repliche**, to have a long run.

replicare *v tr* to answer ◊ (*controbattere*) to answer back, to object, to retort ◊ (*teatro*) to repeat, to perform again.

repressione *sf* repression.

reprìmere *v tr* to repress.

repùbblica(-che) *sf* republic.

reputazione *sf* reputation, good name.

requie *sf sing* rest, peace.

requisire *v tr* to requisition.

requisito *sm* requirement, qualification.

residente *agg, sm / f* resident.

residenza *sf* residence.

rèsina *sf* resin.

resistente *agg* resistant, -proof ◊ **resistente al calore**, heatproof.

resistenza *sf* resistence, endurance.

resìstere *v intr* to resist, to endure.

resoconto *sm* account, report.

respìngere *v tr* (*attacco*) to drive back ◊ (*offerta*) to reject, to turn down ◊ (*invito*) to refuse ◊ (*candidato*) to fail.

respirare *v tr, intr* to breathe.

respiro *sm* breath ◊ **fare un profondo respiro**, to take a deep breath.

responsàbile *agg* responsible (for) ◊ *sm / f* person in charge (of).

responsabilità *sf inv* responsibility (for).

responsabilizzare *v tr* to make sb feel responsible ◊ *v rifl* to become responsible.

responso *sm* answer ◊ (*leg*) verdict.

ressa *sf* crowd, throng.

restare *v intr* to stay, to remain ◊ (*avanzare*) to have sthg left.

restaurare *v tr* to restore.

restaurazione *sf* (*pol*) restoration.

restìo *agg* reluctant (to).

restituìre *v tr* to return ◊ (*rimborsare*) to refund.

restituzione *sf* return, refund.

resto *sm* rest ◊ (*soldi*) change ◊ (*mat*) remainder ◊ (*cibo*) leftovers ◊ (*rovine*) remains, ruins.

restrìngere *v tr* (*abito*) to take in ◊ *v rifl* to shrink.

retaggio *sm* heritage.

retata *sf* catch ◊ (*ladri*) round-up.

rete *sf* net ◊ (*sistema*) network ◊ **segnare una rete**, to score a goal.

reticenza *sf* reticence ◊ **parlare senza reticenza**, to speak out, to speak one's mind.

reticolato *sm* grid, wire netting.

retòrica *sf* rhetoric (*anche fig*).

retòrico(-a, -ci, -che) *agg* rhetorical.

retribuìre *v tr* to pay.

retrobottega *sm inv* back-shop.

retrògrado *agg* retrograde, reactionary.

retroguardia *sf* rearguard, rear.

retromarcia(-ce) *sf* reverse gear.

retroscena *sm inv* back-stage activity.

retta *sf* straight line ◊ (*di collegio*) fee.

rettificare *v tr* to rectify, to correct.

rèttile *sm* reptile.

retto *agg* straight ◊ (*fig*) honest, upright ◊ *sm* (*anat*) rectum ◊ (*geom*) right angle.

rettore *sm* (*univ*) rector, (G.B.) chancellor.

reumàtico(-a, -ci, -che) *agg* rheumatic.

reumatismo *sm* rheumatism.

revisionare *v tr* to service, to overhaul ◊ (*conti*) to audit.

revisione *sf* revision ◊ (*tecn*) over haul ◊ **revisione dei conti**, auditing.

rèvoca(-che) *sf* repeal, revocation.

revocare *v tr* to revoke, to repeal.

revolverata *sf* revolver-shot.

riabilitazione *sf* rehabilitation.

rialzare *v tr* to raise, to lift ◊ *v intr* to rise ◊ *v rifl* to rise.

rianimare *v tr* to resuscitate ◊ (*fig*) to cheer up ◊ *v rifl* to recover consciousness.

riassùmere *v tr* (*operaio*) to reemploy ◊ (*compendiare*) to summarize, to sum up.

riassunto *sm* summary, précis.

riaversi *v rifl* to recover, to come round.

ribadire *v tr* to reaffirm, to confirm.

ribalta *sf* front of the stage ◊ **luci della ribalta**, footlights.

ribaltare *v tr* to overturn ◊ (*fig*) to reverse ◊ *v rifl* to turn over, to capsize.

ribassare *v tr, intr* to lower.

ribasso *sm* fall, decline.

ribàttere *v tr* (*fig*) to refute, to retort.

ribellarsi *v rifl* to rebel (against).

ribelle *agg* rebellious ◊ *sm* rebel.

ribellione *sf* rebellion, rising.

ribes *sm inv* currant.

ribollire *v intr* to boilover.

ribrezzo *sm* disgust, repugnance.

ricaduta *sf* relapse (into).

ricamare *v tr* to embroider.

ricambiare *v tr* to return.

ricambio *sm* (*biancheria*) change ◊ (*mecc*) spare part ◊ (*med*) metabolism.

ricamo *sm* embroidery.

ricapitolare *v tr* to sum up, to recap.

ricattare *v tr* to blackmail.

ricattatore(-trice) *sm* blackmailer.

ricatto *sm* blackmail.

ricavo *sm* proceeds (*pl*).

ricchezza *sf* wealth (*sing*), riches (*pl*).

riccio(-a, -ci, -ce) *agg* curly ◊ *sm* curl.

riccio *sm* (*zool*) hedgehog ◊ (*bot*) husk.

ricco(-a, -chi, -che) *agg* rich, wealthy.

ricerca(-che) *sf* search (for), quest (for), pursuit (of) ◊ (*univ*) **fare ricerca**, to do (to carry out) research (into sthg).

ricercare *v tr* to seek, to pursue ◊ **ricercato dalla polizia**, wanted by the police.

ricercatezza *sf* refinement ◊ (*pegg*) affectation.

ricercatore(-trice) *sm* researcher.

ricetrasmittente *sf* transceiver.

ricetta *sf* (*med*) prescription ◊ (*cucina*) recipe ◊ (*fig*) remedy (for), cure.

ricettare *v tr* to receive (stolen goods).

ricévere *v tr* to receive, to get.

ricevimento *sm* receipt ◊ (*festa*) reception.

ricevitore(-trice) *sm* receiver.

ricevitorìa *sf* (*lotto*) lottery office.

ricevuta *sf* receipt ◊ **accusare ricevuta**, to acknowledge receipt.

richiamare *v tr* to call back ◊ (*mil*) to call up ◊ (*attirare*) to attract ◊ (*rimproverare*) to reprimand ◊ *v rifl* to refer to.

richièdere *v tr* to require.

richiesta *sf* request, demand.

riciclaggio *sm* recycling ◊ **riciclaggio di denaro sporco**, money laundering.

riciclare *v tr* to recycle.

ricino *sm* **olio di ricino** castor oil.

ricolmare *v tr* to overwhelm (sb with).

ricolmo *agg* full to the brim (with).

ricompensa *sf* reward, recompense.

ricompensare *v tr* to reward.

riconciliare *v tr* to reconcile ◊ *v rifl* to make it up (with).

riconoscente *agg* grateful, thankful.

riconoscenza *sf* gratitude.

riconóscere *v tr* to recognize ◊ (*torto*) to admit ◊ (*ufficialmente*) to acknowledge ◊ *v* rifl to acknowledge os.

riconoscimento *sm* acknowledg(e)ment.

ricopiare *v tr* to copy ◊ **ricopiare in bella copia**, to make a fair copy (of).

ricoprire *v tr* ◊ (*carica*) to hold.

ricordare *v tr, rifl* to remember ◊ (*commemorare*) to commemorate ◊ **ricordare a qc**, to remind sb of sthg (to do sthg).

ricordo *sm* memory, recollection.

ricorrenza *sf* anniversary.

ricòrrere *v intr* to recur ◊ (*rivolgersi*) to turn to ◊ (*data*) to be.

ricorso *sm* resort ◊ (*leg*) appeal.

ricostituente *agg, sm* tonic.

ricotta *sf* cottage cheese.

ricoverare *v tr* (*med*) to admit ◊ **far ricoverare**, to have sb admitted (to).

ricòvero *sm* (*med*) admission ◊ (*per i vecchi*) old people's home.

ricreazione *sf* recreation ◊ (*scol*) break.

ricrédersi *v rifl* to change one's mind.

ricuperare *v tr* to recover ◊ (*soldi*) to get back ◊ (*tempo perduto*) to make up for (lost time) ◊ (*da naufragio*) to rescue.

ricùpero *sm* recovery ◊ **capacità di ricupero**, resilience.

ridacchiare *v intr* to snigger.

rìdere *v intr, rifl* to laugh (at).

ridicolizzare *v tr* to ridicule.

ridìcolo *agg* ridiculous ◊ **rendersi ridicolo**, to make a fool of os ◊ *sm* ridicule.

ridimensionarsi *v rifl* to become more realistic, to reappraise os.

ridire *v tr* to repeat ◊ **trovare da ridere**, to find fault (with).

ridotto *sm* (*teatro*) foyer.

ridurre *v tr* to reduce ◊ *v rifl* to be reduced (to) ◊ **essere ridotto male**, to be in a bad state.

riduzione *sf* reduction, discount.

rielaborare *v tr* to work out again.

riempire *v tr* to fill (with) ◊ (*cucina*) to stuff (with) ◊ *v rifl* to fill up (with).

rientrare *v intr* to return, to get back.

riepilogare *v tr* to sum up.

riepìlogo *sm* recapitulation.

rifacimento *sm* (*cinema*) remake.

rifare *v tr* to redo, to remake ◊ *v rifl* (*una vita*) to make a new life for os ◊ (*vendicarsi*) to get one's own back on sb for sthg.

riferimento *sm* reference (to).

riferire *v tr* to report (to), to make a report (on) ◊ *v rifl* to refer (to).

rifinire *v tr* to finish off.

rifinitura *sf* finishing touch.

rifiutare *v tr* to refuse, to turndown.

rifiuto *sm* refusal ◊ (*scarto*) waste, rubbish.

riflèttere *v intr* to reflect ◊ *v rifl* to have repercussions on.

riflusso *sm* flow, ebb ◊ (*fig*) ebbtide.

rifocillarsi *v rifl* to refresh os.

rifóndere *v tr* (*metalli*) to remelt ◊ (*risarcire*) to refund.

riforma *sf* reform ◊ (*relig*) Reformation.

riformare *v tr* to reform ◊ (*mil*) to declare unfit for military service.

riformatorio *sm* approved school.

rifornire *v tr* to supply (with).

rifrazione *sf* refraction.

rifugiarsi *v rifl* to take refuge (in).

rifugio *sm* shelter, refuge.

riga(-ghe) *sf* line ◊ (*capelli*) parting ◊ (*striscia*) stripe ◊ (*mus*) stave ◊ **mettere in riga qc**, to make sb toe the line.

rigare *v tr* (*foglio*) to rule ◊ (*scalfire*) to scratch ◊ **rigare diritto**, to toe the line.

rigattiere *sm* junk dealer.

rigenerare *v tr, rifl* to regenerate.

rigettare *v tr* to throw again ◊ (*med*) to reject ◊ (*vomitare*) to throw up.

rigetto *sm* (*gen, med*) rejection.

rìgido *agg* rigid, stiff ◊ (*fig*) strict.

rigirare *v tr* to turn ◊ *v rifl* to turn round ◊ **rigirarsi nel letto**, to toss and turn in bed.

rigo(-ghi) *sm* (*mus*) staff, stave.

rigoglioso *agg* luxuriant ◊ (*fig*) thriving.

rigore *sm* strictness ◊ (*calcio*) penality.

rigovernare *v tr* to wash up.

riguardare *v tr* to concern ◊ *v rifl* to take care of os ◊ **questo libro riguarda gli animali**, this book deals with animals.

riguardo *sm* respect, regard ◊ **riguardo a**, regarding, as regards.

rilasciare *v tr* (*passaporto*) to issue ◊ (*intervista*) to give ◊ (*muscoli*) to relax ◊ (*prigioniero*) to release ◊ *v rifl* to relax.

rilassare *v tr* (*nervi*) to relax, to help to relax ◊ *v rifl* to relax ◊ (*disciplina*) to become

slack, to become loose.

rilassatezza *sf* laxity, looseness.

rilegare *v tr* (*libro*) to bind.

rilegatore(-trice) *sm* bookbinder.

rilevante *agg* remarkable, considerable.

rilevare *v tr* to notice ◊ (*far rilevare*) to point out ◊ (*temperatura*) to take ◊ (*sentinella*) to relieve ◊ (*ditta*) to take over.

rilievo *sm* relief.

riluttante *agg* reluctant.

rima *sf* rhyme ◊ **rispondere per le rime**, to give sb tit for tat.

rimandare *v tr* to put off, to postpone until ◊ (*scol*) to make sb resit (in September).

rimanenza *sf* remainder, leftover stock.

rimanere *v tr* to remain, to stay ◊ (*avanzare*) to be left, to have sthg left.

rimangiarsi *v rifl* (*promessa*) to go back on one's promise.

rimare *v tr, intr* to rhyme.

rimarginare *v tr, rifl* to heal.

rimbalzare *v intr* to bounce.

rimbalzo *sm* bounce, ricochet.

rimbambire *v intr, rifl* to grow senile.

rimbeccare *v tr* to answer back, to retort.

rimboccare *v tr* to turn up, to roll up ◊ (*coperta*) to tuck in, to tuck sb up in bed.

rimbombare *v intr* to roar, to thunder.

rimborsare *v tr* to reimburse, to refund.

rimboschire *v tr* to reafforest.

rimediare *v intr* to make up for.

rimedio *sm* remedy, cure.

rimescolare *v tr* to mix well ◊ (*carte*) to shuffle ◊ **sentirsi rimescolare il sangue**, to ful one's blood boil.

rimessa *sf* garage, shed ◊ (*tram*) depot.

riméttere *v tr* (*peccati*) to forgive ◊ (*perdere*) to lose ◊ (*vomitare*) to throw up ◊ *v rifl* to recover ◊ (*tempo*) to clear up.

rimodernare *v tr* to modernize.

rimorchiare *v tr* to tow ◊ (*ragazza*) to pick sb up.

rimorchiatore *sm* tow-boat, tug,

rimorchio *sm* (*veicolo*) trailer.

rimorso *sm* remorse.

rimozione *sf* removal ◊ (*psic*) repression ◊ **zona di rimozione forzata**, tow-away zone.

rimpiàngere *v tr* to regret.

rimpianto *sm* regret ◊ **avere inutili rimpian-**

ti, to cry over spilt milk.

rimpiazzare *v tr* to replace.

rimproverare *v tr* (*figlio*) to scold, to tell off ◊ *v rifl* to reproach os with.

rimpròvero *sm* reproach, rebuke (telling-off).

rimuginare *v tr* to brood over (about).

rinàscere *v intr* to be born again ◊ (*fig*) to feel another person.

Rinascimento *sm* the Renaissance.

rinàscita *sf* (*fig*) rebirth, revival.

rincalzare *v tr* (*coperte*) to tuck in (up).

rincaro *sm* rise, increase (in the price).

rincasare *v intr* to return home.

rinchiùdere *v tr* to shut up ◊ *v rifl* to shut os up, to retire into os.

rincòrrere *v tr* to chase ◊ (*fig*) to pursue.

rincorsa *sf* run(-up).

rincréscere *v intr* to regret, to be sorry.

rincrescimento *sm* regret.

rinfacciare *v tr* to cast sthg in sb's teeth, to cast sthg up at sb.

rinforzare *v tr* to reinforce.

rinfrancarsi *v rifl* to take heart again.

rinfrescare *v tr* to cool, to freshen ◊ (*materia*) to brush up ◊ *v rifl* (*con bevanda*) to refresh os ◊ (*con bagno*) to refreshen up.

rinfresco(-chi) *sm* (*festa*) reception, party ◊ (*cibi*) refreshments.

rinfusa *sf* **alla rinfusa**, pell-mell.

ringhiare *v intr* to snarl, to growl.

ringhiera *sf* (*di balcone*) railings ◊ (*di scale*) banisters.

ringiovanire *v intr* to look younger ◊ *v tr* to make sb look younger.

ringraziamenti *sm pl* thanks.

ringraziare *v tr* to thank (for).

rinnegare *v tr* to deny, to renounce ◊ (*famiglia*) to disown.

rinnegato(-a) *agg*, *sm* renegade.

rinnovare *v tr* to renew.

rinoceronte *sm* rhinoceros.

rinomanza *sf* renown, fame.

rinomato *agg* well-known, renowned.

rintoccare *v intr* (*campana*) to toll ◊ (*orologio*) to strike.

rintocco(-chi) *sm* toll, tolling.

rintracciare *v tr* to track down, to trace.

rinunzia, rinuncia *sf* renunciation.

rinunziare, rinunciare *v intr* to give up, to renounce ◊ **ci rinuncio**, I give up.

rinvenimento *sm* (*ritrovamento*) recovery, find ◊ (*scoperta*) discovery, finding out.

rinvenire *v tr* to discover, to recover ◊ *v intr* to come round ◊ (*fiori*) to revive.

rinviare *v tr* to send back ◊ (*differire*) to put off (till) ◊ (*aggiornare*) to adjourn.

rinvìo *sm* postponement, adjournment.

rione *sm* district, quarter.

riordinare *v tr* to tidy up.

ripagare *v tr* (*ricompensare*) to repay.

riparare *v tr* (*aggiustare*) to repair, to mend, to fix ◊ (*proteggere*) to protect (from) ◊ *v rifl* to take shelter.

riparazione *sf* repair ◊ (*scol*) **esame di riparazione**, resit (second session).

riparo *sm* shelter.

ripartizione *sf* division ◊ (*amm*) department.

ripètere *v tr* to repeat.

ripetitore *sm* (*radio*) relay ◊ (*scol*) coach.

ripetizione *sf* repetition ◊ **andare a ripetizione da qc**, to take private lessons from sb, to be tutored by sb.

ripiano *sm* shelf.

ripicca *sf* **per ripicca**, out of spite.

rìpido *agg* steep.

ripiegare *v intr* (*fig*, *su*) to make do with ◊ *v rifl* to bend.

ripiego(-ghi) *sm* expedient ◊ **una soluzione di ripiego**, a makeshift solution.

ripieno *sm* (*cucina*) stuffing.

riporre *v tr* to put away ◊ (*fiducia*) to place one's trust.

riporto *sm* (*mat*) amount carried forward.

riposante *agg* relaxing, restful.

riposare *v tr*, *intr*, *rifl* to rest.

riposato *agg* rested ◊ (*mente*) fresh.

riposo *sm* rest ◊ **giorno di riposo**, day off.

ripostiglio *sm* lumber room, store room.

riprèndere *v tr* (*i sensi*) to recover consciousness ◊ (*ricominciare*) to resume ◊ (*cinema*) to shoot (a close up) ◊ (*rimproverare*) to reprimand ◊ *v rifl* to recover.

ripresa *sf* (*cinema*) shot, shooting (*sing*) ◊ **ripresa in diretta**, live ◊ (*ricupero*) recovery.

ripresentare *v tr* to present again ◊ *v rifl* to

present os again ◊ (*occasione*) to arise again.

ripristinare *v tr* to restore ◊ (*tradizione*) to bring back into rise.

riprodurre *v tr, rifl* to reproduce.

riprova *sf* confirmation ◊ **a riprova di**, as confirmation of.

ripudiare *v tr* to repudiate ◊ (*patria*) to disown ◊ (*idee*) to reject.

ripugnanza *sf* repugnance ◊ **provare ripugnanza per**, to loathe (doing sthg).

ripugnare *v intr* to disgust.

risaia *sf* rice-field, paddy-field.

risalire *v intr* to rise again ◊ (*data*) to date back (to), to trace back.

risaltare *v intr* to stand out.

risanare *v tr* (*econ*) to improve ◊ (*palude*) to reclaim ◊ (*bilancio*) to balance ◊ *v rifl* (*guarire*) to heal.

risarcire *v tr* to indemnify ◊ (*i danni*) to pay sb damages, to refund.

risata *sf* laugh, burst of laughter.

riscaldamento *sm* heating.

riscaldare *v tr* to heat, to warm ◊ *v rifl* to warm os up ◊ (*fig*) to get elated.

riscattare *v tr* to redeem.

riscatto *sm* ransom ◊ (*fig*) redemption.

rischiare *v tr, intr* to risk (doing).

rischio *sm* risk.

risciacquare *v tr* to rinse.

riscuòtere *v tr* to draw ◊ (*affitto*) to collect ◊ (*assegno*) to cash.

risentimento *sm* resentment.

risentire *v intr* to feel the effects of ◊ *v rifl* to resent (sthg), to take offence (at).

risentito *agg* resentful, offended.

riserbo *sm* reserve, self-restraint.

riserva *sf* reserve ◊ (*di caccia*) hunting preserve ◊ **con le dovute riserve**, with certain reservations; **essere in riserva**, to be out of petrol.

riservare *v tr* to reserve, to book.

riservatezza *sf* reserve, discretion, self-restraint.

riservato *agg* reserved ◊ (*lettera*) confidential.

risièdere *v intr* to reside, to live.

riso (risa) *sm, pl f* laughter, laugh.

riso *sm* (*bot*) rice.

risoluto *agg* resolute, determined.

risoluzione *sf* solution ◊ (*decisione*) resolution, decision.

risòlvere *v tr* to solve ◊ (*decidere*) to resolve, to decide ◊ *v rifl* to decide.

risonanza *sf* resonance ◊ (*fig*) interest.

risonare *v tr, intr* to resound.

risórgere *v intr* to rise again.

risorgimento *sm* revival ◊ **il Risorgimento**, the Risorgimento.

risorsa *sf* resource.

risparmiare *v tr* to save, to economize (on) ◊ (*salvare*) to spare ◊ *v rifl* to spare os.

risparmio *sm* savings (*pl*).

rispecchiare *v tr* to reflect ◊ *v rifl* to be reflected.

rispettare *v tr* to respect.

rispettoso *agg* respectful (to).

risplèndere *v intr* to shine, to glitter.

rispòndere *v tr, intr* to answer ◊ (*male*) to answer sb back ◊ (*garantire*) to answer for.

risposta *sf* answer, reply.

rissa *sf* fight, brawl.

ristabilire *v tr* to re-establish ◊ *v rifl* to recover (from), to get better.

ristampa *sf* reprint.

ristorante *sm* restaurant.

ristorare *v tr* to refresh ◊ *v rifl* to eat.

ristoro *sm* (*cibo*) refreshment.

ristrettezza *sf* lack, poverty ◊ (*di idee*) narrow-mindedness.

ristretto *agg* restricted, limited ◊ (*idee*) narrow-minded.

risultare *v intr* to turn out to be ◊ **mi risulta che**, I understand that.

risultato *sm* result.

risurrezione *sf* resurrection.

risuscitare *v tr* to resuscitate ◊ (*fig*) to revive ◊ *v intr* to rise from the dead.

risvegliare *v tr, rifl* to wake up.

ritaglio *sm* (*giornale*) cutting.

ritardare *v tr* to delay ◊ *v intr* to be late ◊ (*orologio*) to be slow.

ritardatario *sm* latecomer.

ritardo *sm* delay ◊ **essere in ritardo**, to be late ◊ (*psic*) retardation.

ritegno *sm* reserve, restraint.

ritenere *v tr* to think, to consider, to believe

◊ *v rifl* to consider os.

ritenuta *sf* deduction.

ritirare *v tr* to pull back ◊ (*soldi*) to withdraw ◊ (*certificato*) to collect ◊ *v rifl* (*tessuto*) to shrink.

ritmo *sm* rhythm ◊ (*fig*) speed, rate.

rito *sm* (*relig*) rite ◊ (*cerimonia*) ritual.

ritocco *sm* finishing touch.

ritòrcere *v tr* (*accusa*) to throw back ◊ *v rifl* (*contro*) to turn against.

ritornare *v intr* to return.

ritornello *sm* refrain ◊ (*fig*) old story.

ritorno *sm* return.

ritorsione *sf* retaliation.

ritrarre *v tr* to portray.

ritrattare *v tr* to retract, to withdraw.

ritratto *sm* portrait ◊ (*fig*) image.

ritrovo *sm* meeting place.

riunione *sf* meeting ◊ (*nuova unione*) reunion ◊ (*mondana*) social gathering.

riuscire *v intr* to succeed in (doing sthg), to manage, to be able ◊ (*risultare*) to prove (to be) ◊ (*negli studi*) to do well.

riuscita *sf* result, outcome, success.

riva *sf* (*fiume*) bank ◊ (*mare*) shore.

rivale *agg, sm / f* rival.

rivaleggiare *v intr* to compete (with).

rivalità *sf inv* rivalry.

rivelare *v tr* to reveal ◊ *v rifl* to reveal os, to prove os.

rivelazione *sf* revelation.

rivendicare *v tr* to claim.

rivéndita *sf* retailer's shop.

rivèrbero *sm* reverberation.

riverente *agg* respectful, reverent.

riverenza *sf* respect, reverence.

riverire *v tr* to pay one's respects to.

riversare *v tr, rifl* to pour.

rivestimento *sm* covering, coating.

rivestire *v tr* to cover, to coat (with) ◊ (*carica*) to hold ◊ *v rifl* to get dressed.

riviera *sf* coast.

rivìncita *sf* return match (game).

rivista *sf* magazine ◊ (*med*) journal ◊ (*teatro*) revue, variety show ◊ (*mil*) inspection.

rivìvere *v tr* (*esperienza*) to live through sthg again.

rivòlgere *v tr, rifl* to address (sb).

rivolta *sf* revolt, rebellion, rising.

rivoltella *sf* pistol, revolver.

rivoluzionario(-a) *agg, sm* revolutionary.

rivoluzione *sf* revolution ◊ (*fig*) mess.

roba *sf* stuff, things, matter.

robivecchi *sm inv* junk dealer.

robotica *sf* robotics.

robusto *agg* strong, robust.

rocca(-che) *sf* fortress.

roccia(-ce) *sf* rock, cliff.

roccioso *agg* rocky.

roco(-a, -chi, -che) *agg* hoarse.

ròdere *v tr* to gnaw ◊ *v rifl* to be consumed (with).

roditore *sm* rodent.

rododendro *sm* rhododendron.

rògito *sm* (*leg*) notary's deed.

rogna *sf* (*med*) scabies ◊ (*fig*) trouble.

rognone *sm* kidney.

rogo(-ghi) *sm* funeral pyre ◊ **venire condannato al rogo**, to be sent to the stake.

ROM *sf* (*computer*) ROM.

romàntico(-a, -ci, -che) *agg, sm* romantic.

romanza *sf* romance.

romanziere(-a) *sm* novelist.

romanzo *sm* novel ◊ (*d'appendice*) serial novel ◊ (*romanzo fiume*) saga ◊ (*sceneggiato*) novel adapted for television.

rombare *v intr* to roar.

ròmpere *v tr, rifl* to break ◊ (*fidanzamento*) to break off.

rompicapo *sm* puzzle, brain-teaser.

rompiscàtole *sm / f inv* nuisance, pain in the neck.

ronda *sf* patrol, rounds ◊ **essere di ronda**, to be on patrol duty.

ròndine *sf* swallow.

ronzare *v intr* to buzz, to hum.

ronzino *sm* nag, worn-out horse.

rosa *agg* pink ◊ (*letteratura*) romantic ◊ *sf* rose ◊ (*fig, gruppo*) group ◊ *sm* pink.

rosaio *sm* rosebed.

rosario *sm* rosary ◊ (*fig*) series.

roseto *sm* rose garden.

rosicchiare *v tr* to gnaw (at), to nibble (at) ◊ (*unghie*) to bite one's nails.

rosmarino *sm* rosemary.

rosolare *v tr* to brown, to roast brown.

rosolìa *sf* (*med*) German measles (*sing*).

rospo *sm* toad ◊ **sputa il rospo!**, out wit it!

rossetto *sm* (*per labbra*) lipstick ◊ (*per guance*) rouge.

rosso *agg, sm* red ◊ **quartiere a luci rosse**, red-light district ◊ (*pol*) Red.

rossore *sm* redness ◊ (*guance*) flush ◊ (*per vergogna*) blush.

rosticcerìa *sf* roast meat shop, take-away food shop.

rostro *sm* (*becco*) beak ◊ (*arch*) rostrum (*pl* rostra).

rotaia *sf* (*ferr*) rail.

rotare *v tr, intr* to rotate.

roteare *v tr* (*occhi*) to roll ◊ (*uccello*) to circle.

ròtolo *sm* roll ◊ **mandare a rotoli**, to ruin.

rotolone *sm* tumble ◊ **fare un rotolone giù dalle scale**, to tumble down the stairs.

rotondo *agg* round ◊ (*viso*) full, round.

rotta *sf* (*naut*) route, course.

rotta *sf* (*mil*) defeat ◊ **essere in rotta con**, to be on bad terms with.

rottame *sm* piece of scrap iron ◊ **rottami**, wreckage (*sing*) ◊ (*persona*) wreck.

rotto *agg* broken ◊ (*macchina*) broken down ◊ **per il rotto della cuffia**, by the skin of one's teeth.

rottura *sf* breaking ◊ (*contratto*) breach ◊ **è una tale rottura!**, it's such a bore!

rovente *agg* red-hot ◊ (*sole*) burning.

ròvere *sm* English oak.

rovesciare *v tr* to pour ◊ (*accidentalmente*) to spill ◊ (*barca*) to capsize ◊ (*governo*) to overthrow ◊ *v rifl* to overturn, to capsize, to spill ◊ (*fig*) to be reversed.

rovescio *sm* reverse side ◊ (*medaglia*) the other side ◊ (*maglia*) purl stitch ◊ (*fortuna*) setback.

rovina *sf* ruin ◊ **in rovina**, in ruins.

rovinare *v tr* to ruin ◊ *v rifl* to ruin os ◊ **mi voglio rovinare!** (*venditore*), I'm giving it away!

rovistare *v tr* to rummage through, to search thoroughly.

rovo *sm* bramble bush, briar.

rozzo *agg* rough, uncouth, coarse.

ruba *sf* **andare a ruba**, to sell like hot cakes.

rubare *v tr* to steal (sthg from sb), to rob (sb of sthg).

rubinetto *sm* tap ◊ (*AmE*) faucet.

rubino *sm* ruby.

rublo *sm* rouble.

rubrica(-che) *sf* index notebook ◊ (*TV*) (*sportiva*) sports time.

rucola *sf* rocket.

rude *agg* tough, rough, coarse.

rùdere *sm* ruins (*pl*) ◊ (*persona*) wreck.

rudimentale *agg* basic, rudimentary.

rudimenti *sm pl* rudiments, principles.

ruffiano *sm* pander ◊ (*leccapiedi*) bootlicker.

ruga(-ghe) *sf* wrinkle.

rùggine *sf* rust ◊ **c'è della ruggine fra di loro**, there's bad blood between them.

ruggire *v intr* to roar.

rugiada *sf* dew.

rugoso *agg* wrinkled, full of wrinkles.

rullìo *sm* roll.

rullo *sm* (*tamburo*) roll ◊ (*cinema*) reel.

ruminare *v tr, intr* to ruminate, to chew.

rumore *sm* noise ◊ (*di motore*) sound ◊ (*di piatti*) clatter ◊ **fare rumore**, to make a noise.

rumoreggiare *v intr* to rumble, to roar.

rumoroso *agg* noisy.

ruolo *sm* role ◊ (*insegnante*) permanent ◊ **fuori ruolo**, temporary.

ruota *sf* wheel ◊ **parlare a ruota libera**, to speak freely; **essere l'ultima ruota del carro**, to count for nothing.

rupe *sf* cliff, rock, crag.

rurale *agg* rural, country (*attr*).

ruscello *sm* stream, brook.

russare *v intr* to snore.

rùstico(-a, -ci, -che) *agg* rustic, country (*attr*), rural.

ruta *sf* rue.

ruttare *v intr* to belch.

rùvido *agg* rough, rugged, rude.

ruzzolare *v intr* to roll down.

ruzzolone *sm* tumble ◊ **fare un ruzzolone**, to have a tumble.

S

sàbato *sm* Saturday (*per l'uso V. lunedì*).

sabbia *sf* sand ◊ (*sabbie mobili*) quicksand (*sing*).

sabbiatura *sf* sand bath.

sabotare *v tr* to sabotage, to thwart.

sabotatore(-trice) *sm* saboteur.

sacca(-che) *sf* bag ◊ (*da viaggio*) travelling bag.

saccarina *sf* saccharine.

saccente *agg* pedantic ◊ (*donna*) blue stocking ◊ *sm* / *f* know-all.

saccheggiare *v tr* to sack, to pillage.

saccheggio *sm* pillage, plunder, sack.

sacchetto *sm* small bag ◊ **sacchetto di carta, di plastica**, paper, plastic bag.

sacco(-chi) *sm* sack, bag ◊ **sacco a pelo**, sleeping bag; **vuotare il sacco**, to speak one's mind; **cogliere qc con le mani nel sacco**, to catch sb red-handed; **un sacco di**, a lot of; **colazione al sacco**, picnic lunch.

sacerdotale *agg* priestly.

sacerdote(-essa) *sm* priest(-ess).

sacerdozio *sm* priesthood.

sacramento *sm* sacrament.

sacrificare *v tr* to sacrifice ◊ *v rifl* to sacrifice os.

sacrificio *sm* sacrifice.

sacrìlego(-a, -ghi, -ghe) *agg* sacrilegious.

sacro *agg* sacred, holy ◊ **osso sacro**, sacrum.

sacrosanto *agg* most sacred.

sàdico(-a, -ci, -che) *agg* sadistic ◊ *sm* sadist.

sadismo *sm* sadism.

saetta *sf* thunderbolt.

saggezza *sf* wisdom.

saggio *agg* wise ◊ *sm* wise man.

saggio *sm* (*di libro*) sample copy ◊ (*prova*) proof ◊ (*mus*) school concert.

saggista *sm* / *f* essayist.

sàgoma *sf* shape form ◊ (*linea*) outline ◊ **è una sagoma!**, he's a riot!

sagra *sf* feast, festival.

sagrato *sm* church square, church yard.

sagrestano, sacrestano *sm* sexton.

sagrestìa *sf* sacristy, vestry.

sala *sf* room ◊ (*grande*) hall ◊ (*salotto*) living room ◊ (*operatoria*) operating theatre ◊ (*professori*) staff room.

salame *sm* salami sausage ◊ (*fig*) dolt.

salare *v tr* to salt.

salario *sm* pay, wage(s).

salasso *sm* bleeding ◊ (*fig*) drain.

salatino *sm* savoury (biscuit).

saldare *v tr* to weld ◊ (*conto*) to settle ◊ *v rifl* (*osso*) to knit.

saldatore *sm* welder, solderer.

saldo *sm* balance, full payment ◊ (*svendita*) sale, clearance.

sale *sm* salt ◊ (*sali*) smelling salts.

salgemma *sm* rock salt.

sàlice *sm* willow.

saliera *sf* saltcellar, saltstand.

salina *sf* saltworks.

salire *v tr* (*scale*) to go up, to climb ◊ *v intr* to go up, to rise ◊ (*in macchina*) to get into a car ◊ (*autobus*) to get on a bus.

saliscendi *sm inv* latch ◊ **finestra a saliscendi**, sash-window.

salita *sf* climb, (upward) slope.

saliva *sf* saliva, spittle.

salma *sf* dead body, remains (*pl*).

salmo *sm* psalm.

salmone *sm* salmon.

salone *sm* sitting room, lounge.

salotto *sm* sitting room ◊ (*mobilio*) lounge suite ◊ (*letterario*) salon.

salpare *v intr* to sail.

salsa *sf* sauce.

salsiccia(-ce) *sf* sausage.

salsiera *sf* sauceboat.

saltare *v tr, intr* to jump ◊ (*appuntamento*) to cancel ◊ **saltare una parola**, to skip a word; **saltare una difficoltà**, to get round a difficulty; **salta agli occhi**, it's obvious.

salto *sm* jump ◊ **fare un salto da un amico**, to drop in on a friend; **un salto di qualità**, a difference in quality, (*miglioramento*) a step up the ladder.

salubre *agg* healthy ◊ (*cibo*) wholesome.

salumi *sm pl* cured pork meats.

salumiere *sm* delicatessen seller.

salutare *v tr* to greet, to say hello ◊ (*congedandosi*) to say goodbye (to) ◊ (*trasmettere saluti*) to give one's regards (to) ◊ (*mil*) to salute ◊ **verrò a salutarti**, I shall drop in on you.

salute *sf* health ◊ (*a chi starnutisce*) bless you! ◊ (*brindisi*) cheers!

saluto *sm* greeting ◊ (*mil*) salute ◊ (*forma di cortesia*) regards, best wishes.

salvadanaio *sm* moneybox, piggy bank.

salvagente *sm inv* life buoy, life belt.

salvare *v tr* to save ◊ (*portar soccorso*) to rescue ◊ (*computer*) to save ◊ *v rifl* to save os, to escape.

salvataggio *sm* rescue ◊ (*computer*) saving.

salvatore(-trice) *sm* rescuer ◊ (*relig*) Saviour.

salvezza *sf* (*sicurezza*) safety ◊ (*scampo*) escape, salvation.

salvia *sf* sage.

salvietta *sf* napkin, serviette.

salvo *agg* (*fuori pericolo*) safe ◊ **sano e salvo**, safe and sound.

salvo *prep* except, save.

sambuco(-chi) *sm* elder (tree).

sanatorio *sm* sanatorium.

sancire *v tr* to sanction, to ratify.

sàndalo *sm* sandal ◊ (*bot*) sandalwood.

sangue *sm* blood ◊ **al sangue**, underdone; **a sangue freddo**, in cold blood.

sanguinare *v intr* to bleed.

sanguinario *agg* blood-thirsty.

sanguisuga(-ghe) *sf* leech.

sanità *sf inv* health.

sanitario *agg* health (*attr*) ◊ (*impianti*) sanitary fittings ◊ *sm* doctor.

sano *agg* healthy ◊ (*cibo*) wholesome ◊ (*fig*) sound ◊ **sano e salvo**, safe and sound.

santità *sf inv* sanctity, holiness.

santo(-a) *agg* holy ◊ (*venerdì*) holy Friday ◊ (*seguito da nome*) saint ◊ *sm* saint.

santuario *sm* sanctuary, shrine.

sanzione *sf* sanction.

sapere *v tr* to know ◊ (*venire a sapere*) to hear ◊ **sa quattro lingue**, he knows (can speak) four languages ◊ *v intr* (*aver sapore*) to taste of ◊ (*odore*) to smell of ◊ *sm* knowledge.

sapiente *sm / f* scholar ◊ *agg* masterly ◊ (*dotto*) learned.

sapienza *sf* wisdom ◊ (*conoscenza*) knowledge.

sapone *sm* soap.

saponetta *sf* bar of soap.

sapore *sm* taste, flavour.

saporito *agg* tasty ◊ (*salato*) salty ◊ (*fig*) witty.

saracinesca(-che) *sf* rolling shutter.

sarcasmo *sm* sarcasm.

sarcàstico(-a, -ci, -che) *agg* sarcastic.

sarto(-a) *sm* tailor (dressmaker).

sassata *sf* blow with a stone.

satèllite *sm* satellite.

sàtira *sf* satire.

satireggiare *v tr* to satirize.

satìrico(-a, -ci, -che) *agg* satirical.

savio *agg* wise, sensible.

saziare *v tr* to satisfy ◊ (*appagare*) to gratify ◊ *v rifl* to eat one's fill ◊ (*fig*) to get tired of, to grow weary of.

sazio *agg* satiated ◊ **sentirsi sazio**, to be full, to have had enough.

sbadato *agg* careless, heedless.

sbadigliare *v tr* to yawn.

sbadiglio *sm* yawn.

sbagliare *v intr*, *rifl* to make a mistake, to be mistaken, to be wrong.

sbaglio *sm* mistake, error, slip, oversight.

sbalordire *v tr* to stun, to amaze.

sbalorditivo *agg* stunning, amazing.

sbalzo *sm* jolt, jerk ◊ (*fig*) sudden change.

sbandare *v intr* (*auto*) to skid.

sbarazzare *v tr* to rid (of) ◊ *v rifl* to get rid (of), to rid os (of).

sbarcare *v tr* (*merci*) to unload ◊ (*passeggeri*) to disembark ◊ **sbarcare il lunario**, to make ends meet.

sbarco(-chi) *sm* landing ◊ (*merci*) unloading.

sbarra *sf* bar.

sbarrare *v tr* to bar, to block ◊ (*occhi*) to open wide ◊ (*assegno*) to cross.

sbàttere *v tr* to beat ◊ (*panna*) to whip ◊ (*porta*) to slam.

sbavare *v intr* to dribble ◊ (*rossetto*) to smudge.

sbiadire *v tr*, *intr* to fade.

sbieco(-chi) *sm* (*cucito*) bias.

sbigottire *v tr* to dismay, to bewilder.

sbilanciare *v tr* to unbalance ◊ *v rifl* to lose one's balance.

sbirciare *v tr* to peep (at), to scan.

sboccato *agg* foul-mouthed.

sbocciare *v intr* to bloom.

sbocco(-chi) *sm* opening ◊ (*uscita*) way out ◊ (*fiume*) mouth.

sbollentare *v tr* to blanch.

sborsare *v tr* to fork out, to spend.

sbottonare *v tr* to unbutton ◊ *v rifl* to unbutton os ◊ (*fig*) to open up.

sbraitare *v intr* to shout, to yell.

sbranare *v tr* to tear to pieces.

sbriciolare *v tr*, *rifl* to crumble.

sbrigare *v tr* to get through ◊ *v rifl* to hurry up ◊ **sbrigarsela**, to manage to sort things out.

sbrigativo *agg* quick ◊ (*brusco*) rough.

sbucare *v intr* to pop out of (out from).

sbucciare *v tr* to peel ◊ (*piselli*) to shell ◊ **sbucciarsi un ginocchio**, to graze one's knee.

sbuffare *v intr* to puff.

scabbia *sf* (*med*) scabies (*sing*).

scabroso *agg* difficult, thorny ◊ (*imbarazzante*) embarrassing, scabrous.

scacchiera *sf* (*scacchi*) chessboard ◊ (*dama*) draughtboard.

scacciare *v tr* to drive away (off, out) ◊ (*fig*) to overcome ◊ (*dubbio*) to dispel.

scacco(-chi) *sm* square ◊ (*pezzo del gioco*) chessman ◊ **scaccomatto**, checkmate.

scadente *agg* poor, unsatisfactory.

scadere *v intr* to expire ◊ (*cambiale*) to fall due ◊ (*stima*) to go down.

scafandro *sm* diving suit.

scaffale *sm* shelf ◊ (*mobile*) set of shelves.

scagliare *v tr* to throw ◊ *v rifl* to fling os (at), to hurl os (at).

scala *sf* staircase, stairs (*pl*) ◊ (*a pioli*) ladder ◊ **scala mobile**, sliding scale ◊ (*carte*) straight ◊ (*reale*) straight flush.

scalare *v tr* to climb ◊ (*debito*) to deduct ◊ (*capelli*) to layer.

scalcinato *agg* shabby.

scaldabagno *sm* water heater.

scaldare *v tr* to heat, to warm ◊ *v rifl* to warm up ◊ (*spreg*) to get worked up.

scaletta *sf* (*schema*) outline.

scalfire *v tr* to scratch, to graze.

scalinata *sf* (*interna*) stairway, flight of stairs ◊ (*esterna*) flight of steps.

scalino *sm* step ◊ (*piolo*) rung.

scalo *sm* stop, landing ◊ **fare scalo**, to make a stopover at.

scalpello *sm* chisel ◊ (*med*) scalpel.

scalpore *sm* sensation ◊ **fare scalpore**, to cause a sensation.

scaltro shrewd, sly, cunning.

scalzo *agg* barefoot(ed), with bare feet.

scambiare *v tr* to exchange, to change ◊ (*confondere*) to mistake (for).

scambio *sm* exchange ◊ (*comm*) trade.

scamosciato *agg* suède.

scampagnata *sf* outing to the country.

scampare *v tr*, *intr* to escape ◊ **scamparla bella**, to have a narrow escape.

scampo *sm* escape, way out ◊ **non c'è via di scampo**, there is no way out.

scàmpolo *sm* remnant.

scandagliàre *v tr* to fathom ◊ (*fig*) to probe ◊ (*indagare*) to sound out.

scandalizzare *v tr* to scandalize.

scàndalo *sm* scandal.

scansare *v tr* to dodge, to avoid ◊ *v rifl* to get out of the way.

scapaccione *sm* slap, smack, clout.

scàpito *sm* loss ◊ **a scapito di**, to the detriment of.

scàpolo *sm* bachelor ◊ *agg* single.

scappare *v intr* to escape (from) ◊ (*sfuggire*) to slip ◊ **lasciarsi scappare**, to let slip, to miss.

scappatella *sf* escapade, prank.

scarabeo *sm* beetle ◊ (*gioco*) scrabble.

scarabocchiare *v tr* to scribble.

scarafaggio *sm* cockroach.

scaramanzìa *sf* **per scaramanzia**, for luck.

scaramuccia(-ce) *sf* skirmish.

scaraventare *v tr* to fling ◊ *v rifl* to fling os (at).

scarcerare *v tr* to release (sb) from prison.

scaricare *v tr* to unload ◊ (*coscienza*) to unburden ◊ *v rifl* to unload os ◊ (*orologio*) to run down ◊ (*batteria*) to go flat.

scarlattina *sf* scarlet fever.

scarlatto *agg*, *sm* scarlet.

scarno *agg* lean ◊ (*volto*) gaunt.

scarpa *sf* shoe ◊ **fare le scarpe a qc**, to double-cross sb.

scarseggiare *v intr* (*viveri*) to be scarce.

scarso *agg* poor, scarce, scanty.

scartare *v tr* (*regalo*) to unwrap ◊ (*elimina-re*) to discard ◊ (*mil*) to declare sb unfit for military service ◊ (*sport*) to dodge.

scassinare *v tr* to break (sthg) open.

scassinatore(-trice) *sm* house-breaker.

scasso *sm* burglary.

scatenare *v tr* to provoke, to stir up ◊ *v rifl* (*persona*) to rage at sb.

scàtola *sf* box ◊ (*di latta*) tin, can.

scattare *v intr* (*molla*) to go off ◊ (*fig*) to get angry ◊ (*sport*) to sprint ◊ *v tr* (*foto*) to take a photograph.

scavalcare *v tr* to pass over ◊ (*fig*) to overtake, to be promoted over the head of.

scavare *v tr* to dig, to excavate.

scavo *sm* excavation.

scégliere *v tr* to choose, to pick out.

scelta *sf* choice, selection.

scemare *v intr* to decline ◊ (*vento*) to drop.

scemo(-a) *agg* foolish ◊ *sm* fool.

scena *sf* scene ◊ (*palcoscenico*) stage ◊ **fare una scena**, to make a scene.

scenario *sm* scenery, setting.

scéndere *v tr, intr* to go (to come) down ◊ (*da macchina*) to get out of ◊ (*da autobus*) to get off ◊ (*prezzi*) to fall, to drop.

sceneggiatura *sf* screenplay, script.

scenografia *sf* stage design, scenery.

scervellarsi *v rifl* to rack one's brain (over sthg).

scetticismo *sm* scepticism.

scèttico(-a, -ci, -che) *agg* sceptical ◊ *sm* sceptic ◊ (*AmE*) skeptic.

scettro *sm* sceptre.

scheda *sf* card ◊ (*votazione*) ballot (paper) ◊ **scheda telefonica**, phone card.

schedare *v tr* to file ◊ (*leg*) to put down in the police records.

schedina *sf* pools coupon.

scheggia(-ge) *sf* splinter, chip.

scheggiare *v tr* to splinter ◊ (*porcellana*) to chip ◊ *v rifl* to split into splinters.

schelètrico(-a, -ci, -che) *agg* skeletonlike, all skin and bone.

schèletro *sm* skeleton ◊ (*fig*) outline.

schema *sm* outline.

schemàtico(-a, -ci, -che) *agg* schematic.

scherma *sf* fencing ◊ **tirare di scherma**, to fence.

schermaglia *sf* skirmish.

schermire *v tr* to protect, to shild ◊ *v intr* (*ti-rar di scherma*) to fence ◊ *v rifl* to protect os.

schermo *sm* screen ◊ **adattare per lo scher-mo**, to screen; **schermo piatto**, flat screen.

schermografia *sf* X-rays (*pl*).

schernire *v tr* to mock, to sneer (at).

scherno *sm* scorn, sneer.

scherzare *v intr* to joke ◊ (*prendere alla leg-gera*) to trifle (with).

scherzo *sm* joke, prank, practical, joke ◊ **non sa stare allo scherzo**, he can't take a joke; **fare un brutto scherzo a qc**, to play a nasty trick on sb.

schiaccianoci *sm pl inv* nutcracker.

schiacciare *v tr* to squash, to crush (*anche fig*) ◊ (*sonnellino*) to take a nap.

schiaffeggiare *v tr* to smack, to slap.

schiantare *v tr* to break ◊ *v rifl* to crash.

schiarire *v tr, intr, rifl* to clear up ◊ (*la gola*) to clear one's throat.

schiavista *sm / f* slave trader, slaver.

schiavitù *sf inv* slavery ◊ **ridurre in schiavi-tù**, to subject, to subjugate.

schiavo(-a) *sm* slave ◊ **essere schiavo delle proprie abitudini**, to be a slave to habit.

schiena *sf* back ◊ **mal di schiena**, backache.

schiera *sf* group, crowd ◊ (*mil*) rank.

schierare *v tr, rifl* to draw up ◊ (*fig*) to take sides with, to side with.

schietto *agg* straightforward, frank.

schifare *v tr* to disgust ◊ *v rifl* to be disgu-sted.

schifo *sm* disgust ◊ **mi fai schifo**, you make me sick.

schifoso *agg* disgusting.

schioppo *sm* gun, rifle.

schiuma *sf* foam ◊ (*bevande*) froth.

schivare *v tr* to dodge ◊ (*persona*) to avoid.

schivo *agg* reserved, shy.

schizzare *v tr* to squirt, to spatter, to splash ◊ (*disegno*) to sketch ◊ *v intr* (*fuori*) to dash out.

sci *sm inv* ski ◊ (*attività*) skiing ◊ **sci nautico**, water-ski.

scìa *sf* wake ◊ (*fumo*) trail.

scià *sm inv* shah.

sciàbola *sf* sabre, saber.

sciacallo *sm* jackal ◊ (*spreg*) shark, looter.

sciacquare *v tr* to rinse.

sciagura *sf* disaster, calamity.

sciagurato(-a) *agg* wretched ◊ *sm* wretch.

scialacquare *v tr* to squander, to waste.

scialbo *agg* pale ◊ (*fig*) dull.

scialle *sm* shawl.

scialuppa *sf* sloop ◊ (*di salvataggio*) life boat.

sciame *sm* swarm ◊ **a sciami**, in swarms.

sciancato(-a) *agg* crippled, lame ◊ *sm* cripple.

sciangai *sm inv* (*gioco*) pick-up sticks (*sing*).

sciare *v intr* to ski ◊ **andare a sciare**, to go skiing.

sciarpa *sf* scarf.

scientìfico(-a, -ci, -che) *agg* scientific ◊ (*polizia*) the forensic department.

scienza *sf* science ◊ (*scol*) science (*sing*).

scienziato *sm* scientist.

scimmia *sf* monkey ◊ (*fig*) horror.

scimmiottare *v tr* to monkey, to ape.

scìndere *v tr* to split ◊ *v rifl* to split up.

scintilla *sf* spark.

scintillare *v intr* to spark, to give off sparks ◊ (*fig*) to sparkle.

scioccare *v tr* to shock, to upset.

sciocchezza *sf* (*piece of*) nonsense ◊ **sciocchezze!**, rubbish!

sciocco(-a, -chi, -che) *agg* foolish ◊ *sm* fool.

sciògliere *v tr, rifl* to melt, to thaw ◊ (*riunione*) to break up ◊ (*muscoli*) to limber up ◊ (*lingua, capelli*) to loosen ◊ (*slegare*) to set free.

scioperare *v intr* to strike, to go on strike.

sciòpero *sm* strike ◊ **sciopero selvaggio**, wildcat strike.

sciovia *sf* skilift.

scippare *v tr* to snatch, to bag-snatch.

scippo *sm* bag snatching.

scirocco *sm sing* sirocco.

sciroppo *sm* syrup.

scisma *sm* schism.

scismàtico(-a, -ci, -che) *agg* schismatic.

scissione *sf* split ◊ (*fis*) fission.

sciupare *v tr* to waste ◊ (*rovinare*) to ruin, to spoil ◊ *v rifl* to get ruined ◊ **era molto** **sciupata**, she looked very run down.

sciupìo *sm* waste.

scivolare *v intr* to slide ◊ (*involontariamente*) to slip ◊ (*auto*) to skid.

scìvolo *sm* (*gioco*) slide.

scoccare *v tr, intr* to shoot ◊ (*ore*) to strike.

scocciare *v tr* to annoy ◊ *v rifl* to be (to get) annoyed.

scocciatura *sf* nuisance.

scodella *sf* bowl ◊ (*contenuto*) bowlful.

scodellare *v tr* to dish up.

scodinzolare *v intr* to wag one's tails.

scogliera *sf* rocks, reef ◊ (*rupe*) cliff.

scoglio *sm* rock, cliff ◊ (*fig*) difficulty, stumbling block.

scoiàttolo *sm* squirrel.

scolare *v tr, intr* to drain.

scolaro(-a) *sm* pupil, schoolboy(-girl).

scolastico *agg* school (*attr*).

scollatura *sf* neck-line, neck.

scolorire *v tr, rifl* to fade.

scolpire *v tr* (*pietra*) to sculpt, to sculpture ◊ (*legno*) to carve ◊ (*metallo*) to engrave ◊ (*fig*) to impress, to engrave.

scombinare *v tr* to mess up, to upset.

scombussolare *v tr* to upset.

scommessa *sf* bet, wager ◊ (*posta*) stake.

scomméttere *v tr* to bet, to stake.

scomodare *v tr, rifl* to bother.

scomodità *sf inv* discomfort ◊ (*di orario*) inconvenience.

scòmodo *agg* uncomfortable ◊ (*orario*) inconvenient.

scompaginare *v tr* to upset, to throw into disorder.

scomparire *v intr* to disappear.

scompartimento *sm* (*ferr*) compartment.

scompigliare *v tr* to mess up.

scompiglio *sm* confusion, chaos.

scomunicare *v tr* to excommunicate.

sconcertare *v tr* to bewilder.

sconclusionato *agg* incoherent, illogical.

sconfessare *v tr* to recant, to retract.

sconfìggere *v tr* to defeat.

sconfitta *sf* defeat.

sconforto *sm* dejection, depression.

scongelare *v tr* to defrost, to defreeze.

scongiurare *v tr* to beg, to implore ◊ (*evitare*) to avoid.

scongiuro *sm* charm ◊ **fare gli scongiuri**, to touch wood, to cross one's fingers.

sconnesso *agg* disconnected, incoherent.

sconosciuto(-a) *agg* unknown ◊ *sm* stranger.

sconsiderato *agg* thoughtless, inconsiderate.

sconsigliare *v tr* to advise against, to dissuade from.

scontare *v tr* to discount, to deduct ◊ (*pena*) to serve ◊ **dare per scontato**, to take for granted.

scontentare *v tr* to displease.

scontento *agg* dissatisfied ◊ *sm* discontent.

sconto *sm* discount ◊ **fare uno sconto**, to give a discount.

scontrarsi *v rifl* to collide (with) ◊ *rec* to collide ◊ (*fig*) to clash.

scontrino *sm* ticket ◊ (*di cassa*) receipt.

scontro *sm* collision, crash ◊ (*fig*) clash.

scontroso *agg* surly, morose, sullen.

sconveniente *agg* unseemly, unbecoming.

sconvòlgere *v tr* to upset, to derange.

sconvolto *agg* distraught, very upset.

scopa *sf* broom.

scopare *v tr* to broom, to sweep ◊ (*volg*) to fuck.

scoperta *sf* discovery.

scopo *sm* aim, purpose ◊ **a che scopo?**, for what purpose?

scoppiare *v intr* to explode, to burst ◊ (*fig, guerra*) to break out.

scoppio *sm* explosion ◊ (*fig, guerra*) outbreak ◊ (*risa*) burst of laughter.

scoprire *v tr* to uncover, to unveil ◊ (*l'ignoto*) to discover ◊ *v rifl* (*fig*) to reveal os, to give os away.

scoraggiare *v tr* to discourage ◊ *v rifl* to lose heart.

scorbùtico(-a, -ci, -che) *agg* peevish, cantankerous.

scorbuto *sm* (*med*) scurvy, scorbutus.

scorciatoia *sf* short cut, by-way.

scordare *v tr, rifl* to forget.

scòrgere *v tr* to see, to catch sight of.

scorno *sm* humiliation.

scorpacciata *sf* **fare una scorpacciata di**, to have a bellyful of, to stuff os with.

scorpione *sm* scorpion ◊ (*astrologia*) Scorpio.

scorrazzare *v intr* to run about.

scòrrere *v tr* to glance, to skim through ◊ *v intr* (*fiume*) to flow ◊ (*tempo*) to elapse.

scorrerìa *sf* raid, incursion.

scorrettezza *sf* unfairness ◊ (*al gioco*) foul play, to be unfair.

scorretto *agg* incorrect ◊ (*sleale*) unfair ◊ (*gioco*) foul.

scorrévole *agg* (*stile*) fluent, flowing ◊ (*porta*) sliding ◊ (*nastro*) moving.

scorsa *sf* glance, quick look.

scorso *agg* last, past.

scorta *sf* escort ◊ (*provvista*) supply ◊ **di scorta**, spare.

scortare *v tr* to escort.

scortese *agg* impolite, rude.

scortesìa *sf* impoliteness, rudeness.

scorticare *v tr* to skin, to flay.

scorza *sf* (*agrumi*) peel, skin ◊ (*albero*) bark.

scosceso *agg* steep.

scossa *sf* (*elettr*) shock ◊ (*sbalzo*) jerk, jolt.

scosso *agg* (*persona*) shaken, upset ◊ **ha i nervi scossi**, his nerves are shattered.

scostante *agg* offputting, unpleasant.

scostare *v tr, rifl* to move aside.

scostumato *agg* dissolute, immortal.

scottare *v tr* to burn ◊ *v intr* to be hot ◊ (*sole*) to be scorching, to be burning ◊ *v rifl* to burn os.

scottatura *sf* scorch, burn.

scotto *agg* overcooked.

screditare *v tr* to discredit.

scremare *v tr* to skim.

screpolare *v tr, rifl* to chap, to crack.

screzio *sm* friction, disagreement.

scricchiolare *v intr* to creak.

scrìcciolo *sm* (*zool*) wren ◊ (*fig*) mite.

scrigno *sm* casket, jewel-case.

scriminatura *sf* parting (of the hair).

scritta *sf* writing, inscription ◊ (*su cartelli*) notice.

scritto *agg* written ◊ *sm* writing.

scrittore(-trice) *sm* writer, author.

scrittura *sf* writing ◊ (*a mano*) handwriting ◊ **la Sacra Scrittura**, the Scriptures (*pl*) ◊ (*teatro, cinema*) contract.

scritturare *v tr* to engage, to sign on.

scrivanìa *sf* writing desk.

scrìvere *v tr* to write ◊ (*a macchina*) to type

◊ **scrivere a mano, a penna, a matita,** to write by hand, in ink, in pencil; **scrivere in stampatello,** to print; **scrivere per esteso,** to write out.

scroccare *v tr* to sponge, to scrounge.

scrollare *v tr* to shake ◊ *v rifl* to shake os ◊ *(di dosso)* to shrug sthg off.

scrosciare *v intr (pioggia)* to pelt ◊ *(applausi)* to thunder.

scrùpolo *sm* scruple.

scrutare *v tr* to scan, to search.

scrutinare *v tr* to scrutinize.

scrutinio *sm (votazione)* ballot ◊ *(spoglio dei voti)* scrutiny ◊ *(scol)* end-of-term assessment.

scucire *v tr* to unstitch ◊ *(soldi)* to fork out ◊ *v rifl* to come unstitched.

scuderìa *sf* stable ◊ *(auto)* team.

scudetto *sm* championship.

scudo *sm* shield.

scultore(-trice) *sm* sculptor(-tress).

scultura *sf* sculpture.

scuola *sf* school.

scuòtere *v tr* to shake ◊ *v rifl* to shake os ◊ *(di dosso qcs)* to shrug sthg off.

scure *sf* axe, hatchet.

scurire *v tr* to darken ◊ *(v rifl)* to get dark.

scuro *agg* dark ◊ *sm* dark colour.

scusa *sf* apology ◊ *(pretesto)* excuse ◊ **fare le proprie scuse,** to give one's apologies.

scusare *v tr* to excuse, to forgive ◊ *v rifl* to apologize (to sb for doing sthg).

sdegno *sm* disdain, scorn.

sdegnoso *agg* disdainful, scornful, proud.

sdraiare *v tr* to lay down ◊ *v rifl* to lay os down, to lie down.

sdraio *sf* **sedia a sdraio,** deckchair.

sdrucciolare *v intr* to slip.

sdrucciolévole *agg* slippery.

se *cong* if ◊ *(dub, in domande indir)* whether ◊ *(ottativa)* if only ◊ **se non altro,** at least; **come se,** as if; **anche se,** even if.

sé *pron pers inv* oneself, himself, herself, itself, themselves, one, him, her, it, them ◊ **compassione di sé,** self-pity; **padronanza di sé,** self-control; **sicuro di sé,** self-confident.

sebbene *cong* although, (even) though.

seccare *v tr, intr* to dry ◊ *v rifl* to dry ◊ *(pel-*

le) to become dry ◊ *(infastidirsi)* to become annoyed.

seccatura *sf* nuisance, bother.

secchiello *sm* bucket, pail ◊ *(del ghiaccio)* ice-bucket.

secchio *sm* bucket, pail ◊ *(della spazzatura)* dustbin.

secchione *sm* swot, sap, grind.

secco(-a, -chi, -che) *agg* dry ◊ *(fichi)* dried ◊ *(risposta)* sharp ◊ **lavare a secco,** to dry-clean.

secolare *agg* centuries-old ◊ *(laico)* secular, lay.

sècolo *sm* century ◊ **aspetto da un secolo,** I've been waiting for ages.

secondino *sm* prison officer, warder.

secondo *agg* second.

secondo *prep* according to.

sèdano *sm* celery.

sedativo *agg, sm* sedative.

sede *sf* head office ◊ *(partito)* headquarters ◊ *(relig)* see ◊ *(governo)* seat ◊ **in altra sede,** on another occasion.

sedentario *agg* sedentary.

sedere *v intr* to sit ◊ *(essere seduto)* to be sitting, to be seated ◊ *v rifl* to sit down.

sedere *sm* bottom, bum, buttocks *(pl)*.

sedia *sf* chair.

sédici *agg, sm inv* sixteen.

sedile *sm* seat.

sedizione *sf* uprising, insurrection, mutiny.

sedizioso *agg* seditious.

sedurre *v tr* to seduce.

seduta *sf* session ◊ *(spiritica)* séance ◊ **seduta stante,** straight away.

seduttore(-trice) *sm* seducer (seductress).

seduzione *sf* seduction, charm.

ségale *sf* rye.

segare *v tr* to saw ◊ *(via)* to saw off.

segatura *sf* sawdust.

seggio *sm* seat ◊ *(elettoral?)* polling station.

sèggiola *sf* chair.

seggiolone *sm* high chair.

seggiovìa *sf* chairlift.

segnalare *v tr* to signal, to indicate ◊ *(fatto)* to report ◊ *(errore)* to point out ◊ *v rifl* to distinguish os.

segnale *sm* signal ◊ *(stradale)* road sign.

segnare *v tr* to mark, to put a mark (on) ◊ *v*

intr to score ◊ *v rifl* to cross os.

segno *sm* sign, mark ◊ (*graffio*) scratch ◊ **perdere il segno** (*leggendo*), to lose one's place; **colpire nel segno**, to hit the target; **essere del segno dello Scorpione**, to be a Scorpio.

segretario(-a) *sm* secretary ◊ (*del partito*) party leader.

segreterìa *sf* secretary's office ◊ (*telefonica*) answering machine.

segretezza *sf* secrecy.

segreto *agg*, *sm* secret.

seguace *sm* / *f* follower.

segugio *sm* hound ◊ (*fig*) private eye, sleuth.

seguìre *v tr*, *intr* to follow ◊ (*capire*) **non ti seguo**, I am not with you.

seguitare *v tr*, *intr* to carry on, to continue.

séguito *sm* (*continuazione*) sequel ◊ (*di persone*) retinue, train ◊ **di seguito**, on end; **in seguito**, later on; **in seguito a**, following.

sei *agg*, *sm inv* six.

seicento *agg*, *sm inv* six hundred ◊ (*secolo*) the seventeenth century.

selce *sf* flint, flintstone.

selciato *sm* (flagged) pavement.

selezionare *v tr* to select, to choose.

selezione *sf* selection, choice.

sella *sf* saddle ◊ **montare in sella**, to mount, to get into the saddle.

sellare *v tr* to saddle.

seltz *sm inv* soda water.

selva *sf* wood, forest ◊ (*fig*) mass.

selvaggina *sf* game.

selvaggio(-a) *agg* wild, savage ◊ *sm* savage.

selvàtico(-a, -ci, -che) *agg* wild ◊ (*fig, persona*) unsociable ◊ *sm* (*odore*) smell of game.

semàforo *sm* traffic lights (*pl*).

sembianza *sf* appearance, looks (*pl*).

sembrare *v intr* to seem, to appear ◊ (*dall'aspetto*) to look, to look like ◊ (*all'udito*) to sound, to sound like ◊ (*all'olfatto*) to smell ◊ (*al tatto*) to feel ◊ (*al gusto*) to taste ◊ **mi sembra che**, it seems to me that; **sembri triste**, you look sad.

seme *sm* seed ◊ (*mela*) pip ◊ (*ciliegia*) stone ◊ (*carte*) suit.

semestre *sm* six months, six-months period.

semifreddo *sm* ice-cream cake.

seminare *v tr* to sow ◊ (*fig*) to lose.

seminario *sm* (*relig*) seminary ◊ (*scol*) seminar.

seminato *sm* **uscir dal seminato**, to wander off the point.

seminterrato *sm* basement.

sémola *sf* bran.

semolino *sm* semolina.

sémplice *agg* simple ◊ (*soldato*) private.

semplicìstico(-a, -ci, -che) *agg* simplicistic.

semplicità *sf inv* simplicity.

semplificare *v tr* to simplify.

sempre *avv* always, forever ◊ **sempre che**, as long as, provided that.

sempreverde *agg*, *sm* evergreen.

sènape *sf* mustard.

senato *sm* senate.

senatore(-trice) *sm* senator.

senile *agg* senile.

senilità *sf inv* senility.

senno *sm* common sense.

seno *sm* bosom ◊ (*mammella*) breast.

sensato *agg* sensible.

sensazionale *agg* sensational.

sensazione *sf* feeling, sensation ◊ **far sensazione**, to cause a sensation.

sensìbile *agg* sensitive ◊ (*rilevante*) noticeable ◊ **essere sensibile a**, to be sensitive to.

sensibilità *sf inv* sensitivity, sensitiveness.

sensibilizzare *v tr* to awaken, to make aware.

senso *sm* sense ◊ (*direzione*) direction ◊ (*modo*) way ◊ **perdere i sensi**, to lose consciousness; **non ha senso**, it does not make any sense; **in senso opposto**, in the opposite direction; **senso di orientamento**, sense of direction.

sensuale *agg* sensual.

sentenza *sf* sentence ◊ **sputar sentenze**, to moralize.

sentiero *sm* path.

sentimentale *agg* sentimental ◊ (*spreg*) soppy ◊ *sm* / *f* sentimentalist.

sentimentalismo *sm* sentimentalism ◊ (*sdolcinatura*) mawkishness.

sentimento *sm* sentiment, feeling.

sentinella *sf* sentry, guard.

sentire *v tr* to feel ◊ (*gusto*) to taste ◊ (*olfat-*

to) to smell ◊ (*udire*) to hear ◊ (*ascoltare*) to listen (to) ◊ *v rifl* to feel ◊ **farsi sentire**, to make os heard; **fatti sentire!**, keep in touch!; **sentirsela di fare qcs**, to feel like doing sthg.

sentitamente *avv* sincerely.

sentito *agg* (*ringraziamenti*) sincere, deep, heartfelt ◊ **per sentito dire**, by hearsay.

senza *prep*, *cong* without ◊ -less (*agg*), -lessly (*avv*) ◊ **senza casa**, homeless; **senza che glielo dicessi**, without my telling him.

separare *v tr* to separate ◊ (*litiganti*) to part ◊ *v rifl* (*persona*) to leave ◊ (*oggetto*) to part with ◊ *rec* (*coniugi*) to part, to split up, to separate ◊ **si è separata dal marito**, she has left her husband.

separato *agg* separate ◊ **vivono separati** (*coniugi*), they have separated; **in separata sede**, in private.

separazione *sf* separation ◊ **dopo la separazione** (*coniugi*), after they parted.

séparé *sm inv* screen.

sepolcro *sm* sepulchre.

sepoltura *sf* burial.

seppellire *v tr* to bury.

seppia *sf* cuttlefish ◊ **nero di seppia**, sepia ◊ *sm* (*colore*) sepia.

seppure *cong* even if.

sequenza *sf* sequence.

sequestrare *v tr* to confiscate ◊ (*rapire*) to kidnap.

sequestro *sm* confiscation ◊ (*persona*) kidnapping.

sera *sf* evening ◊ **si fa sera**, night is falling.

serbare *v tr* (*rancore*) to harbour (to bear) a grudge (against sb).

serbatoio *sm* tank.

serenità *sf inv* peace, tranquillity, serenity.

sereno *agg* serene, calm ◊ (*cielo*) clear.

sergente *sm* sergeant.

serie *sf inv* series ◊ (*sport*) division ◊ **produzione in serie**, mass production; **di (fuori) serie**, standard (custom) -built model.

serio *agg* serious, earnest, reliable ◊ **faccio (dico) sul serio**, I mean it.

sermone *sm* sermon.

serpe *sf* snake ◊ (*spreg*) vipera.

serpeggiare *v intr* (*strada*) to wind ◊ (*fig*) to spread insidiously.

serra *sf* greenhouse, glasshouse.

serramànico *sm* (*coltello*) jack-knife.

serramenti *sm pl* window and door frames.

serrare *v tr* to close ◊ (*pugni*) to clench, to tighten ◊ **a ritmo serrato**, quickly fast.

servile *agg* servile ◊ (*gramm*) modal.

servire *v tr* to serve ◊ (*carte*) to deal ◊ *v intr* to be used for (doing) ◊ *v rifl* to use, to make use of ◊ (*a tavola*) to help os (to sthg) ◊ (*da un negoziante*) to shop (at) ◊ **gli piace farsi servire**, he likes to be waited on.

servitore(-trice) *sm* servant.

servitù *sf inv* servants, domestic staff.

servizievole *agg* obliging, helpful, serviceable.

servizio *sm* service ◊ (*giornalistico*) article, feature ◊ **servizio fotografico**, photo feature; **servizio in diretta**, live coverage; **servizio da tè**, tea set; **casa con doppi servizi**, house with two bathrooms.

servo(-a) *sm* servant, man (maid) servant.

sessione *sf* session.

sessista *agg* sexist.

sesso *sm* sex ◊ **il sesso forte (debole)**, the stronger (weaker) sex.

sessuale *agg* sexual, sex (*attr*).

sessuologia *sf* sexology.

sessuologo *sm* sexologist.

sesto *agg* sixth.

seta *sf* silk ◊ (*grezza*) raw silk.

setacciare *v tr* to sieve, to sift ◊ (*fig*, *zona*) to search, to comb.

sete *sf* thirst ◊ **avere sete**, to be thirsty; **levarsi la sete**, to quench one's thirst.

sétola *sf* bristle.

setta *sf* sect.

settanta *agg*, *sm inv* seventy.

sette *agg*, *sm inv* seven.

settecento *agg*, *sm inv* seven hundred ◊ (*secolo*) the eighteenth century.

settembre *sm* September (*per uso V. agosto*).

settentrionale *agg* northern, north (*attr*) ◊ *sm* / *f* northerner.

settentrione *sm sing* north.

settimana *sf* week.

settimanale *agg*, *sm* weekly.

sèttimo *agg*, *sm* seventh.

settore *sm* sector, area, field.

settuagenario(-a) *agg, sm* septuagenarian.

severo *agg* severe, strict, rigorous.

sevizie *sf pl* torture (*sing*).

sezionare *v tr* to dissect, to cut up.

sezione *sf* section, department.

sfaccendato(-a) *agg* idle ◊ *sm* idler.

sfacchinare *v intr* to toil, to drudge, to work like a slave.

sfacciato *agg* impudent, cheeky, pert.

sfamare *v tr* to feed ◊ *v rifl* to satisfy one's hunger.

sfarzo *sm* pomp, splendour.

sfarzoso *agg* magnificent.

sfasciare *v tr* to smash ◊ *v rifl* to crash ◊ (*fig*) to lose one's figure.

sfavillare *v intr* to sparkle.

sfavorévole *agg* unfavourable.

sfera *sf* sphere.

sfèrico(-a, -ci, -che) *agg* spherical.

sferza *sf* whip, lash.

sferzare *v tr* to whip, to lash.

sfiatarsi *v rifl* to talk os hoarse.

sfibrante *agg* exhausting.

sfibrare *v tr* to exhaust, to enervate, to wear out.

sfida *sf* challenge.

sfidare *v tr* to challenge, to defy ◊ (*affrontare*) to face.

sfiducia *sf* mistrust, lack of confidence.

sfigurare *v tr* to disfigure ◊ *v intr* to cut a poor figure, to make a bad impression.

sfilare *v rifl* to take off ◊ *v intr* to parade.

sfilata *sf* (*mil*) parade ◊ (*di moda*) fashion show.

sfinge *sf* sphinx.

sfinire *v tr* to exhaust, to wear out ◊ *v rifl* to exhaust os, to wear os out.

sfiorare *v tr* to skim (over) ◊ (*fig, trattare superficialmente*) to touch on ◊ (*essere vicino*) to be close to.

sfiorire *v intr* to wither, to fade.

sfitto *agg* vacant, empty.

sfogare *v tr* to give vent to, to vent ◊ *v rifl* to give vent to one's feelings.

sfoggio *sm* (ostentatious) display, showing off, parade.

sfogliare *v tr* to strip the leaves off ◊ (*libro*) to glance, (to leaf) through.

sfogo(-ghi) *sm* outlet, vent ◊ (*med*) rash ◊ (*rabbia*) outburst.

sfollato(-a) *agg* evacuated ◊ *sm* evacuee.

sfondare *v tr* to knock down ◊ (*scarpe*) to wear through ◊ (*sedia*) to knock the bottom out (of) ◊ *v intr* (*aver successo*) to make a name for os ◊ *v rifl* (*scarpe*) to wear out.

sfondo *sm* background, setting.

sformarsi *v rifl* to get out of shape.

sfortuna *sf* bad luck, misfortune ◊ **che sfortuna!**, hard luck!

sfortunato *agg* unlucky.

sforzare *v tr* to force ◊ (*occhi*) to strain ◊ *v rifl* to make an effort.

sforzo *sm* effort, stress, strain ◊ **essere sotto sforzo**, to be under stress.

sfòttere *v tr* (*fam*) to tease.

sfracellare *v tr, rifl* to smash.

sfrattare *v tr* to turn out, to evict.

sfratto *sm* eviction, turning out.

sfregiare *v tr* to slash, to disfigure.

sfrontato *agg* impudent, cheeky.

sfruttamento *sm* explosion.

sfruttare *v tr* to exploit, to make the most (of), to take advantage (of).

sfuggente *agg* elusive ◊ (*mento*) receding.

sfuggire *v intr* to escape (from) ◊ (*scampare*) to escape.

sfuggita *sf* **di sfuggita**, fleetingly.

sfumare *v tr* to soften ◊ (*capelli*) to taper ◊ (*fig*) to vanish.

sfumatura *sf* shade, nuance.

sfuriata *sf* outburst of rage.

sgabello *sm* stool.

sgabuzzino *sm* lumber room.

sgambettare *v intr* to toddle.

sgambetto *sm* trip ◊ **fare lo sgambetto a qc**, to trip sb up.

sgangherato *agg* ramshackle, rickety ◊ (*risata*) wild.

sgarbato *agg* rude, ill-mannered.

sgelare *v tr, intr, rifl* to melt, to thaw.

sghembo *agg* crooked ◊ **di sghembo**, crookedly.

sgobbare *v intr* to slog ◊ (*a scuola*) to swot (over one's books).

sgobbata *sf* slog, grind.

sgocciolare *v tr, intr* to drip.

sgómbero *sm* clearing ◊ (*trasloco*) moving.

sgombro *sm* (*zool*) mackerel.

sgomento *agg* dismayed ◊ *sm* dismay.

sgominare *v tr* to rout ◊ (*fig*) to overcome.

sgonfiare *v tr* (*persona*) to bring down a peg or two ◊ *v rifl* (*med*) to go down.

sgonfio *agg* flat ◊ (*med*) no longer inflamed.

sgorbio *sm* scribble, scrawl, daub.

sgorgare *v intr* to gush, to spurt (out).

sgozzare *v tr* to cut the throat of.

sgradévole *agg* unpleasant, nasty, off-putting.

sgradito *agg* unwelcome.

sgrammaticato *agg* ungrammatical, incorrect ◊ (*parlatore*) grammarless.

sgranchire *v tr*, *rifl* to stretch.

sgretolare *v tr*, *rifl* to crumble.

sgridare *v tr* to scold, to tell (sb) off.

sgridata *sf* telling off, scolding.

sgualcire *v tr*, *rifl* to crumple.

sgualdrina *sf* trollop, slut, harlot.

sguardo *sm* glance, look.

sguazzare *v intr* to splash ◊ (*nell'oro*) to roll in money.

sguinzagliare *v tr* to unleash.

sgusciare *v intr* (*via*) to slip (away).

shampoo *sm* shampoo.

si *pron* (*coi verbi rifl*) oneself, himself, herself, itself, themselves ◊ *pron rec* each other, one another ◊ *pron indef* one, we, you, they, people ◊ (*con valore passivo*) **qui si fabbricano cappelli**, hats are made here ◊ (*mus*) B, si.

sì *avv* yes ◊ **un giorno sì un giorno no**, every other day ◊ *sm* yes.

sia *cong* sia... sia, sia... che, both... and ◊ **sia che... sia che**, whether... or ◊ **sia che gli piaccia sia che non gli piaccia**, whether he likes it or not.

sibilare *v intr* to hiss ◊ (*vento*) whistle.

sìbilo *sm* hissing, whistling.

sicario *sm* hired killer.

sicché *cong* so (that), therefore.

siccità *sf inv* drought.

siccome *cong* since, as.

sicurezza *sf* safety ◊ (*certezza*) certainty ◊ **cintura di sicurezza**, safety-belt.

sicuro *agg* (*senza pericolo*) safe, secure ◊ (*certo*) certain, sure ◊ (*fiducioso*) (self-) confident ◊ (*attendibile*) reliable, sure ◊ (*saldo*) firm, steady.

sicuro *avv* of course, certainly.

siderurgìa *sf* iron and steel industry, iron metallurgy.

siepe *sf* hedge.

siero *sm* serum ◊ (*del latte*) whey.

sieropositivo *agg* (*al virus HIV*) HIV-positive.

sifilide *sf* syphilis.

sigaretta *sf* cigarette.

sìgaro *sm* cigar.

sigillare *v tr* to seal.

sigillo *sm* seal ◊ (*anello*) signet ring.

sigla *sf* initials ◊ (*mus*) signature tune.

siglare *v tr* to initial.

significare *v tr* to mean.

significativo *agg* significant.

significato *sm* meaning, sense.

signora *sf* lady, woman ◊ **la signora Rossi**, Mrs. Rossi; **gentile signore** (*nelle lettere*), Dear Madam.

signore *sm* gentleman, man ◊ **il signor Rossi**, Mr. Rossi; **gentile signore** (*nelle lettere*), Dear Sir.

signorile *agg* gentlemanlike, lady-like ◊ (*quartieri*) first-class ◊ (*distinto*) distinguished.

signorina *sf* young woman ◊ **la signorina Rossi**, Ms Rossi; **gentile signorina** (*nelle lettere*), Dear Madam ◊ **nome da signorina**, maiden name.

silenzio *sm* silence ◊ **fare silenzio**, to be quiet.

silenzioso *agg* quiet, silent.

silo *sm* silo ◊ (*auto*) multistorey car park.

sìllaba *sf* syllable.

silurare *v tr* (*nave*) to torpedo ◊ (*fig*) to remove from power, to oust.

siluro *sm* torpedo.

simboleggiare *v tr* to symbolize.

sìmbolo *sm* symbol ◊ **simbolo di successo**, status symbol.

sìmile *agg* similar (to), like ◊ **una cosa simile**, such a thing ◊ *sm* (*pl*) fellow creatures, the likes of you.

similitùdine *sf* simile ◊ (*mat*) similarity.

simmetrìa *sf* symmetry.

simpatìa *sf* pleasantness, liking ◊ **prendere**

qc in simpatia, to take (a liking) to sb.
simpàtico(-a, -ci, -che) *agg* pleasant, likeable.
simpatizzare *v intr* (*con*) to take a liking to.
simulare *v tr* to pretend, to feign, to sham.
simultanèo *agg* simultaneous.
sinagoga(-ghe) *sf* synagogue.
sincerarsi *v rifl* to make sure of.
sincerità *sf* sincerity.
sincero *agg* sincere, honest.
sindacalista *sm / f* trade unionist.
sindacalizzare *v tr* to unionize.
sindacare *v tr* to inspect, to unionize, to criticize.
sindacato *sm* (*di lavoratori*) trade union ◊ (*di datori di lavoro*) union, syndacate.
sìndaco *sm* mayor.
sìndone *sf* (*relig*) the Holy Shoroud.
sinfonìa *sf* symphony.
singhiozzare *v intr* to sob.
singhiozzo *sm* (*pianto*) sob ◊ (*med*) hiccup ◊ **avere il singhiozzo**, to have hiccups.
singolare *agg* singular.
sìngolo *agg* single.
sinistra *sf* (*mano*) left hand ◊ (*lato*) left, left-handed side ◊ (*pol*) the left ◊ **uomo di sinistra**, left-winger.
sinistro *agg* left ◊ (*bieco*) sinister ◊ *sm* (*incidente*) accident.
sinistroide *agg, sm / f* (*spreg*) leftist.
sìnodo *sm* (*relig*) synod.
sinònimo *sm* synonym ◊ *agg* synonymous (with).
sintassi *sf inv* syntax.
sintàttico(-a, -ci, -che) *agg* syntactic.
sìntesi *sf inv* synthesis ◊ (*riassunto*) summary ◊ **in sintesi**, in short.
sintètico(-a, -ci, -che) *agg* concise ◊ (*fibre*) synthetic.
sintetizzare *v tr* to synthetize.
sìntomo *sm* symptom.
sintonizzare *v tr* to syntonize, to tune in.
sipario *sm* (*teatro*) curtain.
sirena *sf* mermaid ◊ (*di ambulanza*) siren ◊ (*di fabbrica*) hooter.
siringa(-ghe) *sf* syringe.
sisma *sm* earthquake.
sismologìa *sf* seismology.
sismòlogo *sm* seismologist.

sistema *sm* system ◊ (*metodo*) method.
sistemare *v tr* to arrange ◊ (*trovar lavoro*) to fix sb up with a job ◊ *v rifl* to find accommodation, to find a job, to get married.
situare *v tr* to situate, to locate, to place ◊ (*film*) to set.
skilift *sm* skilift.
slacciare *v tr* to untie, to undo ◊ *v rifl* to come untied.
slanciato *agg* slim, slender.
slancio *sm* leap ◊ (*fig*) surge, fit.
slavina *sf* snowslide.
sleale *agg* disloyal, unfair, foul.
slealtà *sf inv* unfairness.
slegare *v tr* to untie ◊ *v rifl* to untie os.
slip *sm inv* (*mutandine*) briefs.
slitta *sf* sledge ◊ (*trainata*) sleigh.
slittare *v intr* to slide, to slip ◊ (*valuta*) to fall.
slogare *v tr* (*caviglia*) to sprain.
sloggiare *v tr* to turn out of ◊ *v intr* to move out of ◊ **sloggia!**, clear off!
smacchiare *v tr* to remove stains (from).
smacco(-chi) *sm* humiliating defeat.
smagliante *agg* dazzling.
smagliatura *sf* (*calza*) ladder ◊ (*pelle*) stretch mark.
smaliziare *v tr* to teach sb a thing or two ◊ *v rifl* to learn a thing or two.
smaltare *v tr* to enamel ◊ (*unghie*) to varnish.
smaltire *v tr* (*peso*) to lose ◊ (*rabbia*) to get over ◊ (*merce*) to sell off ◊ (*sbornia*) to get over one's hangover.
smalto *sm* enamel ◊ (*unghie*) nail varnish.
smania *sf* restlessness ◊ (*di*) thirst for.
smaniare *v intr* to be restless, to long (to do sthg), to yearn.
smanioso *agg* eager.
smarrimento *sm* bewilderment.
smarrire *v tr* to lose ◊ *v rifl* to get lost, to lose one's way ◊ (*fig*) to be bewildered.
smarrito *agg* lost ◊ **ufficio oggetti smarriti**, lost property office ◊ (*fig*) bewildered.
smascherare *v tr, rifl* to unmask.
smemorato *agg* absent-minded, forgetful.
smentire *v tr* to belie.
smentita *sf* denial, refutation.
smeraldo *sm* emerald.

smerciare *v tr* to sell off ◊ (*droga*) to push.

smèttere *v tr* to stop.

smidollato *agg* spineless.

smilzo *agg* lean, thin.

sminuìre *v tr* to belittle, to run down ◊ *v rifl* to run os down.

smistare *v tr* to sort ◊ (*ferr*) to shunt.

smitizzare *v tr* to debunk, to demythicize.

smobilitare *v tr* to demobilize.

smodato *agg* unrestrained, excessive.

smog *sm* smog.

smoking *sm inv* dinner jacket, tuxedo.

smontare *v tr* to dismantle, to take to pieces ◊ (*fig*) to discourage ◊ *v rifl* to lose heart.

smorfia *sf* grimace ◊ **fare smorfie**, to make faces.

smorzare *v tr* to muffle ◊ (*sete*) to quench ◊ (*entusiasmo*) to dampen ◊ *v rifl* to fade.

smunto *agg* haggard, emaciated, pale.

smussare *v tr* to blunt ◊ (*fig*) to soften.

snellire *v tr*, *rifl* to slim ◊ (*procedura*) to streamline.

snello *agg* slim, slender.

snervare *v tr* to exasperate, to wear out.

snob *sm* snob ◊ *agg* snobbish.

soave *agg* delicate, gentle, soft, sweet.

sobbalzare *v intr* (*veicolo*) to jolt ◊ (*fig*) to start, to jump.

sobbarcarsi *v rifl* to take on os.

sobborgo(-ghi) *sm* suburb.

sobillare *v tr* to stir up, to incite.

sobillatore(-trice) *sm* instigator.

sobrietà *sf* sobriety.

sobrio *agg* sober, moderate, simple.

soccórrere *v tr* to help, to assist.

soccorritore(-trice) *sm* rescuer.

soccorso *sm* help, assistance, relief ◊ **pronto soccorso**, first aid

socialdemocràtico(-a, -ci, -che) *agg* Social Democratic ◊ *sm* Social Democrat.

sociale *agg* social ◊ (*ditta*) company (*attr*).

socialismo *sm* socialism.

socializzare *v tr* to socialize.

società *sf inv* society ◊ (*comm*) company, firm ◊ **mettersi in società con qc**, to go into business with sb; **alta società**, jet set.

sociévole *agg* sociable.

socio *sm* partner, associate, member.

sociologìa *sf* sociology.

sociòlogo(-a, -gi, -ghe) *sm* sociologist.

sodalizio *sm* association, brotherhood.

soddisfacente *agg* satisfactory.

soddisfare *v tr* to satisfy, to gratify.

sodo *agg* (*corpo*) firm ◊ (*uova*) hard-boiled.

sodo *avv* hard ◊ **venire al sodo**, to come to the point.

sodomìa *sf* sodomy.

sofferenza *sf* suffering.

soffermarsi *v rifl* to linger on.

soffiare *v tr*, *intr* to blow ◊ (*rubare*) to steal, to pinch.

soffiata *sf* tip off ◊ **fare una soffiata alla polizia**, to tip off the police.

soffice *agg* soft.

soffio *sm* breath ◊ (*med*) murmur ◊ **per un soffio**, by a hairbreadth.

soffione *sm* (*bot*) dandelion.

soffitta *sf* garret, loft, attic.

soffitto *sm* ceiling.

soffocante *agg* stifling.

soffocare *v tr* to choke ◊ (*fiamma*) to put out ◊ (*fig*) to repress, to stifle ◊ (*di baci*) to smother sb with.

soffrìggere *v tr* to fry lightly.

sofisticare *v tr* to adulterate.

sofisticato *agg* (*vino*) adulterated ◊ (*persona*) sophisticated.

soggettivo *agg* subjective.

soggetto *sm* subject ◊ (*spreg*) sort.

soggezione *sf* uneasiness ◊ **incutere** (**avere soggezione**), to make sb feel uneasy (to feel uneasy) with sb.

sogghignare *v intr* to sneer.

soggiacere *v intr* to be subjected (to).

soggiogare *v tr* to subjugate.

soggiornare *v intr* to stay.

soggiorno *sm* stay ◊ (*stanza*) sitting room, lounge ◊ **permesso di soggiorno**, residence permit.

soggiùngere *v tr* to add.

soglia *sf* threshold.

sògliola *sf* sole.

sognare *v tr* to dream (of, about) ◊ *v intr* to dream ◊ (*a occhi aperti*) to daydream.

sogno *sm* dream ◊ **fare un sogno**, to have a dream ◊ **neanche per sogno**, not on your life.

soia *sf* soy, soya.

solaio *sm* loft, garret.

solcare *v tr* to plough.

solco(-chi) *sm* furrow ◊ (*nave*) wake ◊ (*disco*) groove.

soldato *sm* soldier (*semplice*) private ◊ (*di leva*) conscript ◊ (*di carriera*) professional soldier ◊ **fare il soldato**, to serve in the army.

soldo *sm* penny ◊ (*AmE*) cent ◊ **soldi**, money (*sing*).

sole *sm* (*astro*) sun ◊ (*luce, calore*) sunlight, sunshine ◊ **prendere il sole**, to sunbathe.

solenne *agg* solemn.

solere *v intr* to be accustomed to.

solfato *sm* sulphate.

solidale *agg* solid (for) ◊ **essere solidale con**, to be in agreement with.

solidarietà *sf inv* solidarity.

solidarizzare *v intr* (*con*) to express one's solidarity with.

sòlido *agg* solid, firm ◊ *sm* solid.

soliloquio *sm* soliloquy.

solista *sm / f* soloist.

solitario *agg* solitary, lonely ◊ *sm* loner ◊ (*carte*) patience ◊ (*brillante*) solitaire.

sòlito *agg* usual, customary ◊ *sm* the usual thing.

solitùdine *sf* loneliness, solitude.

sollecitare *v tr* to urge on.

sollécito *agg* prompt, quick ◊ *sm* reminder.

sollecitùdine *sf* promptness.

solleone *sm* dog days (*pl*).

solleticare *v tr* to tickle ◊ (*fig, curiosità*) to arouse.

sollético(-chi) *sm* tickling ◊ **soffrire il solletico**, to be ticklish.

sollevare *v tr* to lift, to raise ◊ (*con argani*) to hoist ◊ (*fig*) to comfort ◊ (*folla*) to stir ◊ *v rifl* (*vento*) to rise ◊ (*popolo*) to rise, to rebel.

sollievo *sm* relief ◊ **con mio grande sollievo**, to my great relief.

solo *agg* alone, on one's own, by oneself ◊ (*isolato*) lonely ◊ **mi sento solo**, I feel lonely.

solo *avv* only.

solstizio *sm* solstice.

soltanto *avv* only ◊ *cong* but, only.

solùbile *agg* soluble ◊ (*caffè*) instant.

soluzione *sf* solution.

somaro *sm* donkey, ass ◊ (*fig*) dunce.

somiglianza *sf* similarity ◊ (*persona*) resemblance.

somiglianza *sf* similarity ◊ (*persona*) resemblance.

somigliare *v intr* to resemble, to look like ◊ *v rifl* to be alike.

somma *sf* sum ◊ (*mat*) addition.

sommare *v tr* to add ◊ (*mat*) to add up.

sommario *agg* rough ◊ *sm* summary.

sommèrgere *v tr* to submerge ◊ (*fig*) to overwhelm sb with.

sommergìbile *sm* submarine.

sommesso *agg* soft, low.

sommità *sf inv* summit, top, peak.

sommossa *sf* uprising, revolt.

sommozzatore *sm* skin-diver, frogman.

sonaglio *sm* bell, rattle.

sonda *sf* probe ◊ (*min*) drill.

sondare *v tr* to probe, to sound ◊ (*fig*) to survey, to poll.

sonetto *sm* sonnet.

sonnambulo *sm* sleepwalker.

sonnellino *sm* nap.

sonnìfero *sm* sleeping pill.

sonno *sm* sleep ◊ **aver sonno**, to be sleepy; **far venir sonno a qc**, to send sb to sleep.

sonoro *agg* sonorous, resonant ◊ (*cinema*) sound (*attr*) ◊ **colonna sonora**, soundtrack.

sontuoso *agg* sumptuous.

sopperire *v intr* to make up for.

soppesare *v tr* to weigh.

soppiantare *v tr* to oust, to displace.

soppiatto *avv* **di soppiatto**, secretly, surreptitiously.

sopportàbile *agg* bearable, tolerable, endurable.

sopportare *v tr* to bear, to stand, to put up (with) ◊ **non sopporto la scorrettezza**, I can't stand unfairness.

sopportazione *sf* patience, tolerance, endurance.

soppressione *sf* suppression.

sopprìmere *v tr* (*rivolta*) to put down ◊ (*abolire*) to abolish, to repeal ◊ (*uccidere*) to kill.

sopra *prep* (*con contatto*) on, upon (*senza*

contatto) over ◊ (*al di sopra*) above ◊ (*intorno*) on, about ◊ (*oltre*) beyond.

sopra *avv* above ◊ **come sopra**, as above ◊ (*piano superiore*) upstairs ◊ *sm* top.

sopràbito *sm* overcoat.

sopracciglio(-glia) *sm* (*pl f*) eyebrow.

sopraddetto *agg* above-mentioned, aforesaid.

sopraffare *v tr* to overwhelm, to crush.

sopralluogo(-ghi) *sm* inspection ◊ (*polizia*) on-the-spot investigation.

soprannaturale *agg*, *sm* supernatural.

soprannome *sm* nickname.

soprannominare *v tr* to nickname.

soprano *sm* soprano.

soprappensiero *avv* lost in thoughts, absent-mindedly.

soprattutto *avv* above all, especially.

sopravvalutare *v tr* to overestimate.

sopravvento *sm* advantage ◊ **prendere il sopravvento (su)**, to get the upper hand (over sb).

sopravvissuto(-a) *sm* survivor.

sopravvivenza *sf* survival.

sopravvìvere *v intr* to survive.

soprintendente *sm / f* supervisor.

soprintèndere *v intr* to supervise, to superintend.

sopruso *sm* abuse (*of power*) ◊ **subire un sopruso**, to be abused.

soqquadro *sm* disorder ◊ **mettere a soqquadro**, to turn upside down.

sorbetto *sm* sherbet.

sorbire *v tr* to sip ◊ *v rifl* (*fig*) to put up with.

sòrdido *agg* sordid, squalid ◊ (*fig*) mean.

sordomuto(-a) *agg* deaf and dumb ◊ *sm* deaf-mute.

sorella *sf* sister.

sorellastra *sf* stepsister.

sorgente *sf* spring ◊ (*fig*) source.

sòrgere *v intr* to rise ◊ (*fig, difficoltà*) to arise.

sornione *agg* sly.

sorpassare *v tr* to go past ◊ (*auto*) to overtake ◊ (*fig*) to surpass, to outdo.

sorpasso *sm* (*auto*) overtaking.

sorprèndere *v tr* to surprise.

sorpresa *sf* surprise ◊ **fare una sorpresa**, to give sb a surprise.

sorrèggere *v tr* to support, to sustain.

sorrìdere *v intr* to smile (at).

sorriso *sm* smile.

sorseggiare *v tr* to sip.

sorso *sm* sip, gulp ◊ **d'un sorso**, at one gulp.

sorta *sf* sort, kind.

sorte *sf* fate, destiny ◊ **tirare a sorte**, to draw lots.

sorteggiare *v tr* to draw for.

sorteggio *sm* draw.

sortilegio *sm* spell.

sorveglianza *sf* supervision ◊ **fare la sorveglianza agli esami**, to invigilate (at) the exams.

sorvegliare *v tr* to watch, to supervise.

sorvolare *v tr* to fly over ◊ (*fig*) to pass over ◊ **sorvoliamo**, let's skip it.

sosia *sm inv* double.

sospèndere *v tr* to interrupt ◊ (*riunione*) to adjourn ◊ (*funzionario*) to suspend.

sospettare *v tr*, *intr* to suspect (sb of sthg).

sospetto(-a) *agg* (*che desta sospetto*) suspect (*pred*) ◊ **un tipo sospetto**, a suspicious character ◊ *sm* (*persona sospetta*) suspect.

sospetto *sm* suspicion.

sospettoso *agg* suspicious.

sospirare *v intr* to sigh.

sospiro *sm* sigh.

sostantivo *sm* substantive, noun.

sostanza *sf* substance ◊ *pl* wealth.

sostanzioso *agg* substantial.

sosta *sf* stop, pause, rest.

sostare *v intr* to stop, to take a break.

sostegno *sm* support.

sostenere *v tr* to support ◊ (*sguardo*) to bear ◊ (*spese*) to meet expenses.

sostenitore(-trice) *sm* supporter, backer.

sostentamento *sm* sustenance.

sostituìre *v tr* (*con*) to substitute (for), to stand in for.

sostituto *sm* substitute, deputy.

sostituzione *sf* substitution.

sottaceti *sm pl* pickles.

sottana *sf* skirt.

sotterraneo *agg* underground.

sotterrare *v tr* to bury.

sottile *agg* thin ◊ (*fig*) subtle.

sottilizzare *v intr* to split hairs.

sottintèndere *v tr* to imply ◊ **è sottinteso**

che, it goes without saying that.
sotto *prep* under ◊ (*più in basso*) below ◊ (*al di sotto*) beneath, underneath ◊ (*durante*) during.
sotto *avv* down, underneath, downstairs ◊ **la riga sotto**, the line below.
sottobanco *avv* under the counter.
sottobosco(-schi) *sm* undergrowth (*sing*).
sottoccupazione *sf* underemployment.
sottofondo *sm* background.
sottolineare *v tr* to underline.
sott'olio *loc avv* in oil.
sottomano *avv* within reach.
sottomarino *sm* submarine.
sottomesso *agg* submissive.
sottomettere *v tr* to subject ◊ (*sottoporre*) to submit ◊ *v rifl* to submit.
sottomissione *sf* submission.
sottopassaggio *sm* subway.
sottoporre *v tr* to subject ◊ (*fig*) to submit ◊ *v rifl* to submit (to).
sottoscritto(-a) *sm* (the) undersigned.
sottosopra *avv* upside down ◊ **avere lo stomaco sottosopra**, to feel queasy.
sottostare *v intr* to submit (to) ◊ (*subire*) to undergo.
sottosuolo *sm* subsoil, underground.
sottosviluppato *agg* underdeveloped.
sottotenente *sm* second lieutenant.
sottovalutare *v tr* to underrate.
sottoveste *sf* petticoat.
sottovoce *avv* in a low voice.
sottovuoto *avv* vacuum packed.
sottrarre *v tr* to subtract, to deduct ◊ (*rubare*) to steal ◊ *v rifl* to escape.
sottufficiale *sm* non-commissioned officer (NCO).
soverchiare *v tr* to overpower.
soverchierìa *sf* abuse (of power), outrage.
sovraccaricare *v tr* to overload.
sovraffollato *agg* overcrowded.
sovranità *sf inv* sovereignty.
sovrano(-a) *agg*, *sm* sovereign.
sovrappopolare *v tr* to overpopulate.
sovrapporre *v tr* to place on top of.
sovrastare *v tr*, *intr* to overhang ◊ (*fig*) to surpass, to be superior to.
sovrumano *agg* superhuman.
sovvenire *v intr* to occur.

sovvenzionare *v tr* to subsidize.
sovvenzione *sf* subsidy, grant.
sovversione *sf* subversion.
sovversivo *agg* subversive.
sovvertire *v tr* to subvert, to overthrow, to overturn.
sozzo *agg* filthy.
sozzura *sf* filth.
spaccalegna *sm inv* woodcutter.
spaccare *v tr*, *rifl* to break, to split, to chop.
spacciare *v tr* (*droga*) to peddle, to push ◊ *v rifl* to pass os off as.
spacciato *agg* (*malato*) (to be) done for.
spacciatore(-trice) *sm* pusher.
spaccio *sm* drugpushing.
spacco(-chi) *sm* slit ◊ (*strappo*) tear.
spaccone *sm* boaster, braggart.
spada *sf* sword ◊ (*carte*) spade.
spadaccino(-a) *sm* swordsman(-woman).
spadroneggiare *v tr* to swagger.
spaesato *agg* lost, bewildered.
spaiato *agg* (*calza*) odd.
spalancare *v tr*, *rifl* to open wide.
spalare *v tr* to shovel.
spalla *sf* shoulder ◊ (*teatro*) stooge ◊ **fare da spalla a qc**, to act as sb's stooge; **vivere alle spalle di qc**, to live off sb; **di spalle**, from behind.
spalleggiare *v tr* to support, to back up.
spalliera *sf* back ◊ (*letto*) headboard.
spallina *sf* strap ◊ (*mil*) epaulette.
spalmare *v tr* to spread.
spalti *sm pl* (*di stadio*) terraces.
sparare *v tr*, *intr* to shoot, to fire.
sparatoria *sf* exchange of shots.
sparecchiare *v tr* (*tavola*) to clear.
spareggio *sm* play-off.
spàrgere *sm* to scatter ◊ (*versare*) to spill ◊ (*sangue*) to shed ◊ *v rifl* (*notizia*) to spread.
spargimento *sm* (*di sangue*) bloodshed.
sparire *v intr* to disappear.
sparizione *sf* disappearance.
sparlare *v intr* to speak ill (of), to run sb down ◊ (*a sproposito*) to talk nonsense.
sparo *sm* shot.
spartineve *sm inv* snowplough.
spartire *v tr* to share out, to divide.
spartito *sm* (*mus*) score.

sparviero *sm* sparrowhawk.

spasimante *sm* suitor.

spàsimo *sm* pang.

spasmo *sm* (*med*) spasm.

spassàrsela *v intr* to enjoy os, to have a good time.

spasso *sm* amusement ◊ **andare a spasso**, to go for a walk; **essere a spasso**, to be out of work.

spavaldo *agg* arrogant, bold.

spaventapàsseri *sm inv* scarecrow.

spaventare *v tr* to frighten, to scare ◊ *v rifl* to become frightened.

spavento *sm* fright, fear.

spaventoso *agg* frightening, incredible.

spaziare *v tr* to space out ◊ *v intr* (*pensiero*) to let one's thoughts wander, to range over.

spazientirsi *v rifl* to lose one's patience.

spazio *sm* space ◊ (*posto*) space, room ◊ **fare spazio**, to make room (for).

spazioso *agg* spacious, roomy.

spazzacamino *sm* chimney sweep(er).

spazzaneve *sm inv* snowplough.

spazzare *v tr* to sweep.

spazzatura *sf* rubbish.

spazzino *sm* roadsweeper, streetsweeper.

spàzzola *sf* brush.

spazzolare *v tr* to brush.

specchiarsi *v rifl* to look at os in a mirror ◊ (*riflettersi*) to be reflected.

specchiera *sf* dressing table.

specchio *sm* mirror.

speciale *agg* special ◊ (*specifico*) particular, peculiar.

specialista *sm / f* expert, specialist.

specialità *sf inv* speciality, special field.

specializzarsi *v rifl* to specialize (in).

specie *sf inv* species (*sing*), sort, kind ◊ *avv* especially, particularly.

specificare *v tr* to specify.

specìfico(-a, -ci, -che) *agg* specific.

speculare *v intr* to speculate ◊ (*in Borsa*) to speculate on the Stock Exchange.

speculazione *sf* speculation.

spedire *v tr* to send, to dispatch.

spedito *agg* **con passo spedito**, at a brisk pace.

spedizioniere *sm* forwarding agent.

spègnere *v tr* to put out, to extinguish ◊ (*luce*) to turn off, to switch off ◊ *v rifl* (*fuoco*) to go out ◊ (*passioni*) to be stifled, to fade.

speleòlogo *sm* speleologist.

spellare *v tr* to skin ◊ *v rifl* to peel (*per il sole*), to graze os.

spelonca(-che) *sf* cave, cavern.

spendaccione *sm* spendthrift.

spèndere *v tr* to spend.

spennare *v tr* to pluck ◊ (*cliente*) to skin ◊ *v rifl* to moult.

spensierato *agg* carefree, lighthearted.

speranza *sf* hope ◊ **nella speranza di incontrarti**, hoping to meet you, in the hope of meeting you; **senza speranza**, hopeless.

sperare *v tr* to hope (for sthg, to do sthg) ◊ (*aspettarsi*) to expect ◊ **spero di sì, di no**, I hope so, I hope not.

sperduto *agg* (*casa*) out-of-the-way.

spergiurare *v tr* to perjure os.

spergiuro(-a) *sm* perjury ◊ (*persona*) perjurer.

spericolato *agg* reckless, daring.

sperimentale *agg* experimental, pilot.

sperimentare *v tr* to experiment (with) ◊ (*fig*) to test, to put to test, to try.

sperma *sm* sperm, semen.

spermatozoo *sm* spermatozoon.

sperperare *v tr* to squander.

spesa *sf* expense ◊ (*uscita*) expenditure ◊ (*compere*) shopping ◊ **fare la spesa**, to do the shopping; **andare a fare spese**, to go shopping.

spesso *avv* often.

spessore *sm* thickness.

spettàbile *agg* respectable ◊ **spettabile ditta**, (*sulla busta*) Messrs X, (*nella lettera*) Dear Sirs.

spettàcolo *sm* show, performance ◊ (*vista*) sight.

spettanza *sf* competence, concern ◊ (*somma dovuta*) what is due.

spettare *v intr* (*decisione*) to be up to.

spettatore(-trice) *sm* spectator ◊ (*TV, cinema*) audience.

spettegolare *v intr* to gossip.

spettinare *v tr* to ruffle sb's hair.

spettro *sm* ghost, spectre ◊ (*fis*) spectrum.

spezie *sf pl* spices.

spezzare *v tr*, *rifl* to break.

spezzatino *sm* stew.

spia *sf* spy ◊ (*della polizia*) informer.

spiacente *agg* sorry ◊ **siamo spiacenti di non poter accettare**, we regret being unable to accept.

spiaggia(-ge) *sf* beach.

spianare *v tr* to level ◊ **spianare il terreno**, to clear the ground.

spiare *v tr* to spy on, to wait for.

spiata *sf* tip-off.

spicchio *sm* (*aglio*) clove ◊ (*agrumi*) segment ◊ (*fetta*) slice.

spicciarsi *v rifl* to hurry up.

spìccioli *sm pl* (*denaro*) small change.

spiedo *sm* spit ◊ **allo spiedo**, on a spit.

spiegare *v tr* to explain (sthg to sb) ◊ *v rifl* to explain os ◊ (*capire*) to understand.

spiegazione *sf* explanation.

spiegazzare *v tr* to crease.

spietato *agg* ruthless, cruel ◊ (*fig*) fierce.

spifferare *v tr* to blurt out.

spìffero *sm* draught.

spiga(-ghe) *sf* ear (of corn), spike.

spigliato *agg* self-confident ◊ (*modi*) free and easy.

spigolare *v tr* to glean.

spigolo *sm* edge, corner ◊ **smussare gli spigoli**, to knock off the rough edges.

spilla *sf* brooch ◊ (*da balia*) safety pin.

spillare *v tr* (*notizie*) to tap.

spillo *sm* pin ◊ **tacchi a spillo**, spike heels, stiletto heels.

spilorcio(-a) *agg* mean, stingy, tight-fisted ◊ *sm* miser.

spina *sf* (*di rosa*) thorn ◊ (*di pesce*) bone ◊ (*elettr*) plug ◊ (*fig*) grief ◊ **birra alla spina**, drught beer.

spinacio *sm* spinach (*sing*).

spinato *agg* (*filo*) barbed wire ◊ (*tessuto*) herringbone (*attr*).

spinello *sm* joint (cigarette).

spìngere *v tr* to push ◊ (*fig*) to urge, to press (sb to do sthg) ◊ *v rifl* to go too far.

spino *sm* thorn bush, brier.

spinoso *agg* thorny, prickly.

spinta *sf* push ◊ (*fis*) thrust ◊ (*fig*) good word.

spinterogeno *sm* coil ignition.

spionaggio *sm* espionage, spying.

spira *sf* coil ◊ (*fumo*) curl.

spiraglio *sm* chink, glimmer, gleam.

spirale *sf* spiral ◊ (*contraccettivo*) coil, IUD (intrauterine device).

spirare *v intr* (*morire*) to expire.

spiritismo *sm* spiritism, spiritualism.

spìrito *sm* spirit (*arguzia*) wit, humour ◊ **battuta di spirito**, joke.

spiritosàggine *sf* witticism, wisecrack.

spiritoso *agg* witty.

spirituale *agg* spiritual.

splendente *agg* bright, shining.

splèndere *v intr* to shine.

splendido *agg* wonderful, gorgeous.

splendore *sm* splendour, brilliance.

spodestare *v tr* to depose, to oust.

spoglia *sf* (*animale*) skin, slough ◊ **spoglie**, mortal remains.

spogliare *v tr*, *rifl* to strip.

spogliarellista *sf* striptease artist.

spogliarello *sm* striptease.

spogliatoio *sm* dressing room.

spoglio *agg* empty, bare ◊ (*fig*) simple.

spoglio *sm* (*dei voti*) counting of the votes.

spolmonarsi *v rifl* to shout os hoarse.

spolverare *v tr* to dust.

sponsor *sm* sponsor.

sponsorizzare *v tr* to sponsor.

spontaneità *sf inv* spontaneity.

spontàneo *agg* spontaneous.

spopolare *v tr* to depopulate ◊ *v intr* (*attore*) to draw the crowds ◊ *v rifl* to became depopulated.

sporcare *v tr* to dirty, to make dirty ◊ *v rifl* (*reputazione*) to sully.

sporcizia *sf* filth, dirt.

sporco(-a, -chi, -che) *agg* dirty, filthy ◊ (*coscienza*) guilty.

sporgente *agg* (*occhi*) bulging ◊ (*denti*) protruding.

spòrgere *v intr* to lean out (of).

sport *sm* sport.

sportello *sm* window, counter ◊ (*di cassa*) cash desk.

sportivo(-a) *agg* sports (*attr*) ◊ (*leale*) fair, sportsmanlike ◊ (*sm*) sportsman(-woman).

sposa *sf* bride ◊ **abito da sposa**, wedding dress.

sposalizio *sm* wedding (ceremony).

sposare *v tr* to marry ◊ (*sogg genitori*) to marry off ◊ *v rifl* to get married (to), to marry (sb).

sposo *sm* bridegroom ◊ **gli sposi**, the newlyweds.

spossare *v tr* to exhaust, to wear out.

spossatezza *sf* exhaustion.

spostare *v tr*, *rifl* to move.

sprangare *v tr* to bar, to bolt.

spray *sm* spray.

sprecare *v tr* to waste ◊ *v rifl* to waste one's energy.

spreco(-chi) *sm* waste.

spregévole *agg* despicable.

spregiare *v tr* to despise.

spregio *sm* contempt, scorn.

spregiudicato *agg* unscrupulous.

sprèmere *v tr* (*agrumi*) to squeeze ◊ (*le meningi*) to rack one's brains.

spremuta *sf* fresh fruit juice.

sprezzante *agg* scornful, disdainful.

sprezzo *sm* contempt, scorn.

sprigionare *v tr* to give off, to emit ◊ *v rifl* to burst from.

sprizzare *v intr* to spurt ◊ (*scintille*) to spit ◊ **sprizzare gioia**, to be spurting with joy.

sprofondare *v intr*, *rifl* to sink.

sproloquio *sm* rambling speech.

spronare *v tr* to spur (on), to encourage.

sprone *sm* spur, incentive.

sproporzionato *agg* disproportionate ◊ (*prezzo*) exorbitant.

spropòsito *sm* blunder ◊ **parlare a sproposito**, to talk out of turn.

sprovveduto *agg* naïve, inexperienced.

spruzzo *sm* splash, spurt, spray.

spugna *sf* sponge ◊ **gettare la spugna**, to throw in the sponge ◊ (*tessuto*) towelling material.

spugnatura *sf* sponging ◊ (*med*) spongebath.

spuma *sf* foam ◊ (*birra*) froth.

spumante *sm* sparkling wine.

spumeggiare *v intr* to sparkle.

spuntare *v tr* to break the point (of) ◊ **spuntarla**, to get one's own way ◊ *v intr* to

sprout ◊ *v rifl* to become blunt.

spuntino *sm* snack.

spunto *sm* cue, starting point.

sputare *v tr*, *intr* to spit.

squadra *sf* team, squad ◊ (*strumento*) square.

squadrare *v tr* to square ◊ (*fig*) to look sb up and down.

squalificare *v tr* to disqualify ◊ (*fig*) to bring discredit on ◊ *v rifl* to bring discredit on os, to disgrace os.

squàllido *agg* squalid, sordid.

squallore *sm* squalor.

squamare *v tr* to scale ◊ *v rifl* to flake off ◊ (*med*) to desquamate.

squarciare *v tr*, *intr* to rip open.

squarcio *sm* rip, breach ◊ (*sole*) burst.

squartatore *sm* quarterer ◊ **Jack lo squartatore**, Jack the ripper.

squash *sm* (*sport*) squash.

squilibrato *agg* unbalanced, deranged.

squilibrio *sm* derangement.

squillare *v intr* to ring (out).

squillo *sm* ring ◊ (*ragazza*) call girl.

squisito *agg* exquisite, lovely.

squittire *v intr* (*topo*) to squeak.

sradicare *v tr* to uproot, to root out, to eradicate ◊ *v rifl* to uproot os.

sragionare *v intr* to rave.

sregolatezza *sf* dissoluteness.

sregolato *agg* disorderly, dissolute.

stàbile *agg* stable, firm, steady ◊ (*teatro*) resident company.

stabilimento *sm* factory, plant, works (*sing*) ◊ (*balneare*) bathing establishment.

stabilire *v tr* to establish, to fix ◊ *v rifl* to settle.

stabilizzare *v tr* to stabilize ◊ *v rifl* to become stable (settled) .

staccare *v tr* to take off ◊ (*TV*) to disconnect ◊ *v intr* (*venir via*) to come off ◊ *v rifl* to break off, to be different, to detach os.

staccionata *sf* fence.

stadera *sf* leverscales (*pl*).

stadio *sm* stadium ◊ (*fase*) stage.

staffa *sf* (*equitazione*) stirrup.

staffetta *sf* (*corsa*) relay race.

stagionare *v tr*, *intr*, *rifl* to season.

stagione *sf* season ◊ (*alta*, *bassa*) high, low

season ◊ **in questa stagione**, at this time of year.

stagliarsi *v rifl* to stand out (against).

stagnare *v tr* (*metall*) to tin plate ◊ (*saldare*) to solder ◊ *v intr* (*acqua*) to stagnate.

stagnino *sm* tinsmith.

stagno *sm* (*chim*) tin ◊ (*per saldare*) solder ◊ (*acquitrino*) pond, pool.

stagnola *sf* tinfoil.

staio *sm* (*misura di capacità*) bushel.

stalattite *sf* stalactite.

stalla *sf* (*cavalli*) stable ◊ (*bovini*) cowshed ◊ (*fig, casa*) pigsty.

stalliere *sm* groom, stableboy.

stallo *sm* stall ◊ (*scacchi*) stalemate.

stambecco(-chi) *sm* ibex, steinbok.

stampa *sf* print ◊ (*tecnica*) printing ◊ (*giornali*) the press.

stampante *sf* printer ◊ **stampante ad aghi**, needle printer; **stampante a getto d'inchiostro**, bubblejet printer.

stampare *v tr* to print ◊ (*pubblicare*) to publish ◊ (*nella memoria*) to impress ◊ *v rifl* to be strongly impressed.

stampatello *sm* block letters (capitals).

stampella *sf* crutch.

stamperìa *sf* printing house.

stampo *sm* mould, die ◊ (*fig*) kind.

stanare *v tr* to drive out.

stancare *v tr* to tire, to bore ◊ *v rifl* to get tired, to tire os out.

stanchezza *sf* tiredness, weariness.

stanco(-a, -chi, -che) *agg* tired (of).

stanga(-ghe) *sf* shaft ◊ (*persona*) beanpole.

stangata *sf* blow ◊ **prendere una stangata** (*esami*), to fail miserably.

stanotte *avv* tonight ◊ (*notte passata*) last night.

stantìo *agg* stale ◊ (*idee*) old fashioned.

stanza *sf* room.

stanziare *v tr* to allocate ◊ *v rifl* to settle, to establish os.

stappare *v tr* to uncork, to uncap.

stare *v intr* to be ◊ (*in piedi*) to stand ◊ (*seduto*) to be seated, to be sitting ◊ (*zitto*) to keep quiet ◊ (*disteso*) to lie ◊ (*abitare*) to stay to live ◊ **sto studiando**, I'm studying; **stare per fare qcs**, to be about to do sthg; **come stai?**, how are you?

starnutire *v intr* to sneeze.

stasera *avv* tonight, this evening.

statale *sm / f* civil servant.

statista *sm* statesman.

statìstica(-che) *sf* (*scienza*) statistics (*sing*).

stato *sm* state ◊ (*leg*) status ◊ (*civile*) civil status ◊ **essere in stato interessante**, to be pregnant; **stato d'animo**, frame of mind.

stàtua *sf* statue.

statura *sf* height ◊ (*fig*) stature.

statuto *sm* statute.

stazionare *v intr* to be parked.

stazione *sf* station ◊ (*climatica*) health resort.

stecca(-che) *sf* stick ◊ (*ombrello*) rib ◊ (*sigarette*) carton ◊ **prendere una stecca**, to sing a wrong note.

steccato *sm* fense.

stella *sf* star ◊ (*alpina*) edelweiss.

stelo *sm* stem, stalk.

stemma *sm* coat of arms.

stemperare *v tr* to dilute, to dissolve.

stendardo *sm* banner, standard.

stèndere *v tr* to stretch out ◊ (*tovaglia*) to spread ◊ (*bucato*) to hang out ◊ *v rifl* to lie down ◊ (*pianura*) to stretch.

stendibiancherìa *sm inv* clothes horse.

stenodattilògrafo(-a) *sm* shorthand typist.

stenografare *v tr* to take down in shorthand.

stenografìa *sf* shorthand.

stenògrafo(-a) *sm* stenographer.

stentare *v intr* to find it hard to.

stento *sm* hardship ◊ **a stento**, hardly.

stèrile *agg* sterile ◊ (*fig*) fruitless.

sterilità *sf inv* sterility, barrenness.

stereo *sm* stereo.

sterilizzare *v tr* to sterilize.

sterlina *sf* pound (sterling).

sterminare *v tr* to exterminate.

sterminato *agg* boundless, endless.

sterminio *sm* extermination ◊ (*campo di*) death camp.

sterno *sm* breast bone, sternum.

sterzare *v tr, intr* to steer, to turn.

sterzo *sm* steering wheel (gear).

stesso *agg, pron* same ◊ **con le sue stesse mani**, with her own hands; **è lo stesso di sempre**, he's just the same as always.

stesso *avv* **lo stesso**, all the same.

stesura *sf* drawing up, drafting.

stetoscopio *sm* stethoscope.

stia *sf* hutch.

stigmatizzare *v tr* to stigmatize.

stilare *v tr* to draw up, to draft.

stile *sm* style ◊ **è nel suo stile**, (*fig*) it's just like him.

stilografica *sf* fountain-pen.

stima *sf* respect ◊ (*econ*) estimate.

stimare *v tr* to respect ◊ (*econ*) to value.

stimolare *v tr* to stimulate.

stimolo *sm* stimulus, spur.

stinco(-chi) *sm* shin.

stingere *v tr, rifl* to discolour.

stipare *v tr* to cram, to pack ◊ *v rifl* to crowd into, to press together.

stipendio *sm* salary.

stipite *sm* (*porta*) jamb.

stipulare *v tr* to draw up.

stiramento *sm* (*med*) sprain.

stirare *v tr* to iron ◊ (*capelli*) to straighten ◊ *v rifl* to stretch os.

stiro *sm* ironing ◊ **ferro da stiro**, iron.

stirpe *sf* stock, race, descendants.

stitichezza *sf* constipation.

stitico(-a, -ci, -che) *agg* constipated.

stiva *sf* (*di nave*) hold.

stivale *sm* boot.

stizza *sf* anger, vexation.

stizzire *v tr* to irritate ◊ *v rifl* to become irritated.

stizzoso *agg* easily-offended.

stoccafisso *sm* stockfish, dried cod.

stoffa *sf* material ◊ (*fig*) stuff.

stoicismo *sm* stoicism.

stoico(-a, -ci, -che) *agg* stoic.

stoino *sm* door-mat.

stola *sf* stole.

stolto *agg* foolish, stupid.

stomaco(-chi) *sm* stomach.

stonare *v tr, intr* to sing out of tune.

stoppa *sf* tow ◊ **come stoppa**, towy.

stoppia *sf* stubble.

stoppino *sm* (*candela*) wick ◊ (*miccia*) fuse.

storcere *v tr, rifl* to twist ◊ (*il naso*) to turn up one's nose.

stordire *v tr* to stun, to daze ◊ *v rifl* (*col bere*) to dull one's senses in drink.

storia *sf* history ◊ (*racconto*) story ◊ **non ha fatto storie**, he didn't make a fuss.

storico(-a, -ci, -che) *agg* historical ◊ (*memorabile*) historic ◊ *sm* historian.

stormire *v intr* to rustle.

stormo *sm* (*uccelli*) flock, flight.

stornare *v tr* to divert.

storno *sm* diversion ◊ (*zool*) starling.

storpiare *v tr* to cripple ◊ (*parole*) to mangle ◊ *v rifl* to became a cripple.

storpio *agg* crippled ◊ *sm* cripple.

storta *sf* sprain ◊ **prendere una storta al piede**, to sprain one's foot.

storto *agg* crooked, twisted.

stoviglie *sf pl* crockery.

strabico(-a, -ci, -che) *agg* (*occhi*) squint ◊ **essere strabico**, to have a squint.

strabiliare *v tr* to amaze, to astonish ◊ *v rifl* to be amazed.

strabuzzare *v tr* (*occhi*) to open one's eyes wide.

stracciare *v tr, rifl* to tear.

straccio *sm* rag, cloth, duster.

straccione *sm* ragamuffin.

straccivendolo *sm* ragman.

strada *sf* road ◊ (*città*) street ◊ (*percorso*) way ◊ **farsi strada**, to make one's way; **strada facendo**, on the way; (*fig*) **fare strada**, to get on in life, to make one's way in the world.

strambo *agg* strange.

strampalato *agg* odd, eccentric.

stranezza *sf* strangeness, eccentricity.

strangolare *v tr* to strangle.

straniero(-a) *agg* foreign ◊ *sm* foreigner.

strano *agg* strange, odd, queer.

straordinario *agg* extraordinary ◊ (*treno*) relief (*attr*), special ◊ (*lavoro*) overtime.

strapazzare *v tr* to ill-treat ◊ (*uova*) to scramble ◊ *v rifl* to tire os out.

strapazzo *sm* strain ◊ **da strapazzare**, third-rate.

strapiombo *sm* overhanging.

strappalàcrime *agg inv* tearjerking.

strappare *v tr, rifl* to tear ◊ (*pagina*) to tear off ◊ (*di mano*) to snatch ◊ (*promessa*) to extract, to wring ◊ (*applausi*) to win ◊ **una scena che strappa il cuore**, a heart-rending scene.

strappo *sm* tear ◊ (*med*) strain, tear.

straripare *v intr* to overflow.

strategìa *sf* strategy.

strascicare *v tr* to drag ◊ *v rifl* to drag os ◊ (*bambino*) to crawl.

strato *sm* layer ◊ (*vernice*) coat.

stravagante *agg* eccentric, odd.

stravìncere *v tr* to win easily.

stravizio *sm* excess.

straziare *v tr* to tear to pieces.

strazio *sm* torment.

strega(-ghe) *sf* witch ◊ (*spreg*) old hag.

stregare *v tr* to bewitch.

stregone *sm* (*in tribù*) witch doctor.

stregonerìa *sf* witchcraft.

stregua *sf* manner ◊ **alla stessa stregua**, in the same way.

stremare *v tr* to exhaust.

strenna *sf* gift ◊ (*natalizia*) Christmas box.

strepitare *v intr* to make an uproar.

strèpito *sm* clamour, uproar.

strepitoso *agg* resounding.

stretta *sf* firm hold, grip.

strettezza *sf* narrowness ◊ **strettezze**, poverty, straitened circumstances.

stretto *agg* narrow ◊ (*gonna*) tight ◊ (*parente*) close ◊ *sm* (*mare*) strait.

stricnìna *sf* strychnine.

strìdere *v intr* to squeak, to clash.

stridìo *sm* screeching, squeack, squeal.

strìdulo *agg* (*voce*) shrill.

striglia *sf* curry-comb.

strigliare *v tr* to curry ◊ (*fig*) to rebuke.

strillare *v intr* to scream.

strillo *sm* scream, shriek.

strillone *sm* news vendor.

stringa(-ghe) *sf* lace.

stringato *agg* concise.

strìngere *v tr* to hold tight ◊ (*mano*) to shake ◊ (*pugno*) to clench ◊ (*labbra*) to tighten ◊ (*gonna*) to take in ◊ (*amicizia*) to make friends (with) ◊ **stringi!**, get to the point! ◊ *v intr* (*giacca*) to be tight ◊ *v rifl* to squeeze together.

striscia(-sce) *sf* strip ◊ (*riga*) stripe ◊ (*pedonale*) zebra crossing (*sing*).

strisciare *v intr* to crawl.

striscione *sm* banner.

stritolare *v tr* to crush.

strizzare *v tr* (*panni*) to wring out ◊ (*occhio*) to wink (at) ◊ (*limone*) to squeeze.

strofinaccio *sm* duster, dust-cloth, dish-cloth.

strofinare *v tr* to rub, to wipe.

stroncare *v tr* (*rivolta*) to put down ◊ (*libro*) to pan, to slate, to slash.

stropicciare *v tr* to crease ◊ *v rifl* (*occhi*) to rub.

strozzare *v tr* to strangle ◊ *v rifl* to choke.

strozzino *sm* usurer ◊ (*fig*) shark.

struccarsi *v rifl* to remove one's make up.

strumento *sm* tool ◊ (*mus*) instrument.

strutto *sm* lard.

struttura *sf* structure.

struzzo *sm* ostrich.

stucco(-chi) *sm* plaster ◊ (*ornamentale*) stucco ◊ (*vetri*) putty ◊ **rimanere di stucco**, to be dumb-founded.

studente(-essa) *sm* student.

studiare *v tr* to study ◊ *v rifl* to try, to endeavour ◊ (*osservarsi*) to observe os.

studio *sm* study ◊ (*cinema*) studio ◊ **una giornata di studio**, a day's studying.

studioso(-a) *agg* studious ◊ *sm* scholar.

stufa *sf* stove.

stufare *v tr* (*cuc*) to stew ◊ (*stancare*) to bore.

stuoia *sf* mat, rush matting.

stuolo *sm* host, crowd.

stupendo *agg* marvellous.

stùpido *agg* stupid, foolish.

stupire *v tr* to amaze, to stun ◊ *v rifl* to be amazed.

stupore *sm* amazement.

stuprare *v tr* to rape.

stupro *sm* rape.

sturare *v tr* to unblock ◊ (*bottiglia*) to uncork ◊ (*orecchie*) to clean.

stuzzicadenti *sm inv* toothpick.

stuzzicare *v tr* to tease, to stir.

su *prep* (*con contatto*) on, upon ◊ (*senza contatto*) over ◊ (*al di sopra*) above ◊ (*affacciato*) on to ◊ (*intorno*) about, at, around ◊ (*argomento*) on, about.

su *avv* (*in alto*) up ◊ (*al piano superiore*) upstairs ◊ (*in poi*) onwards ◊ (*addosso*) on ◊ **su per giù**, approximately.

subàcqueo(-a) *agg* underwater ◊ *sm* skindiver.

subaffittare *v tr* to sublet.

subalterno *agg*, *sm* subordinate.

subbuglio *sm* confusion, turmoil.

subconscio, subcosciente *agg*, *sm* subconscious.

sùbdolo *agg* sneaky, underhand.

subentrare *v intr* to take over (sthg), to succeed (to sb) ◊ (*problemi*) to arise.

subire *v tr* to undergo, to put up (with).

subitàneo *agg* sudden.

sùbito *avv* at once, immediately.

sublimare *v tr*, *rifl* to sublimate.

sublime *agg*, *sm* sublime.

suburbano *agg* suburban.

succèdere *v intr* to happen ◊ (*al trono*) to succeed (to the throne) ◊ *v rifl* to follow each other.

successione *sf* succession.

successivo *agg* successive.

successo *sm* success ◊ **avere successo**, to be successful.

successore(-a) *sm* successor.

succhiare *v tr* to such ◊ (*sangue*) to bleed up.

succhiotto *sm* dummy ◊ (*AmE*) pacifier.

succinto *agg* concise ◊ (*vestito*) scanty.

succo(-chi) *sm* juice ◊ (*fig*) essence.

succoso *agg* juicy ◊ (*fig*) pithy.

succursale *sf* branch office.

sud *sm inv* south ◊ **a sud di**, south of.

sudare *v intr* to sweat, to perspire ◊ (*il pane*) to work hard (for).

sudario *sm* shroud.

sùddito(-a) *sm* subject.

sùdicio(-a, -ci, -ce) *agg* dirtyn, filthy.

sudiciume *sm* dirt, filth.

sudore *sm* sweat, perspiration.

sufficiente *agg* sufficient, enough.

sufficienza *sf* (*scol*) pass mark ◊ **a sufficienza**, enough ◊ (*boria*) conceit.

suffragio *sm* vote, suffrage ◊ (*relig*) intercession.

suggellare *v tr* to seal.

suggerimento *sm* suggestion.

suggerire *v tr* to suggest ◊ (*scol*) to whisper the answer, to prompt.

suggeritore *sm* (*teatro*) prompter.

suggestionare *v tr* to influence.

suggestivo *agg* evocative, enchanting.

sùghero *sm* cork ◊ (*albero*) cork oak.

sugo(-ghi) *sm* (*carne*) gravy ◊ (*pastasciutta*) sauce ◊ (*succo*) juice.

suicida *agg* suicidal ◊ *sm / f* suicide.

suicidarsi *v rifl* to commit suicide.

suicidio *sm* suicide.

suìno *sm* pig ◊ (*carne*) pork.

sultano(-a) *sm* sultan (sultana).

suo *agg* his, her, its ◊ *pron* his, hers, its ◊ *sm* his (her) own money ◊ **i suoi**, his (her) family; **la sua** (**opinione**), his (her) view.

suòcera *sf* mother-in-law.

suòcero *sm* father-in-law.

suola *sf* (*scarpa*) sole.

suolo *sm* ground ◊ (*terra*) soil.

suonare *v tr*, *intr* to play ◊ (*campanello*) to ring ◊ (*clacson*) to sound ◊ **mi suona strano**, it sounds strange to me.

suonatore(-trice) *sm* player.

suono *sm* sound ◊ (*campane*) ringing.

suora *sf* nun ◊ (*titolo*) Sister ◊ **farsi suora**, to become a nun.

superare *v tr* to exceed ◊ (*auto*) to overtake ◊ (*esame*) to pass ◊ (*ostacolo*) to overcome ◊ (*rivale*) to outdo ◊ (*malattia*) to get over.

superbia *sf* pride, arrogance.

superbo *agg* proud, haughty, arrogant ◊ (*grandioso*) superb.

superficiale *agg* superficial.

superficie *sf* surface.

supèrfluo *agg* superfluous ◊ (*peli*) unwanted hair ◊ *sm* surplus extra.

superiore(-a) *agg* superior ◊ (*alla media*) above-average ◊ (*più in alto*) higher, upper ◊ (*scuola*) high school ◊ *sm* superior.

superiorità *sf* superiority.

supèrstite *agg* surviving ◊ *sm* survivor.

superstizione *sf* superstition.

superstizioso *agg* superstitious.

supino *agg* supine, (lying) on one's back.

suppergiù *avv* more or less, roughly.

supplementare *agg* extra, additional ◊ (*treno*) relief (*attr*).

supplemento *sm* supplement.

supplente *sm* supply, (temporary) teacher.

supplenza *sf* supply ◊ **fare una supplenza**, to do supply teaching, to supply.

sùpplica(-che) *sf* petition, supplication.

supplicare *v tr* to implore, to beg.

supplire *v tr* to stand in (for), to replace temporarily ◊ *v intr* (*difetto*) to make up (for), to compensate (for).

supplizio *sm* torture.

supporre *v tr* to suppose, to assume.

supposizione *sf* assumption.

supposta *sf* (*med*) suppository.

supremazìa *sf* supremacy.

supremo *agg* supreme, great ◊ (*ultimo*) last.

surclassare *v tr* to outclass.

surgelato *agg* frozen ◊ *sm* frozen food.

surreale *agg* surrealistic.

surriscaldare *v tr* to overheat ◊ *v rifl* to get overheated.

surrogato *sm* substitute.

suscettìbile *agg* touchy ◊ (*di cambiamento*) open (to), subject (to).

suscitare *v tr* to provoke, to arouse.

susina *sf* plum.

susino *sm* plum tree.

sussidiare *v tr* to subsidize.

sussidiario *agg* subsidiary, extra.

sussidio *sm* subsidy, aid, grant.

sussiego(-ghi) *sm* haughtiness.

sussistenza *sf* subsistence.

sussultare *v intr* to start, to jump.

sussurrare *v tr* to whisper.

sussurro *sm* whisper ◊ (*foglie*) rustle.

svago(-ghi) *sm* relaxation, amusement.

svaligiare *v tr* (*banca*) to rob ◊ (*casa*) to burgle, to break into.

svalutare *v tr* to devalue ◊ (*fig*) to belittle ◊ *v rifl* to be devalued.

svanire *v intr* to vanish, to disappear.

svantaggio *sm* disadvantage, drawback.

svantaggioso *agg* disadvantageous.

svaporare *v intr* to evaporate.

svedese *agg* Swedish ◊ (*fiammiferi*) safety matches.

sveglia *sf* alarm clock ◊ (*azione*) waking up ◊ (*mil*) reveille.

svegliare *v tr, rifl* to wake up, to awake ◊ (*sentimenti*) to awaken, to arouse, to rouse ◊ *v rifl* to wake up, to awake.

sveglio *agg* quick-witted, smart.

svelare *v tr* to reveal.

sveltire *v tr* to speed up ◊ (*procedura*) to streamline ◊ (*passo*) to quicken ◊ *v rifl* to

waken os up, to become quicker.

svelto *agg* quich ◊ (*passo*) brisk ◊ (*fig*) quick-witted ◊ (*furbo*) smart.

svéndere *v tr* to sell off, to clear.

svendita *sf* clearance sale.

svenevole *agg* mawkish.

svenimento *sm* faint, fainting fit.

svenire *v intr* to faint.

sventare *v tr* to thwart, to foil.

sventato *agg* scatter-brained, rash.

sventura *sf* misfortune, mishap ◊ **per colmo di sventura**, to crown it all.

sventurato *agg* unlucky, unfortunate.

svergognare *v tr* to shame, to put sb to shame ◊ (*smascherare*) to expose.

svergognato *agg* shameless, brazen, impudent ◊ *sm* brazen-face.

svestire *v tr* to undress ◊ *v rifl* to get undressed, to undress (os).

svezzare *v tr* to wean ◊ (*attenzione*) to distract ◊ (*colpo*) to ward off ◊ (*fig*) to lead astray, to corrupt ◊ *v intr, rifl* to go astray, to go off the right path.

svignàrsela *v rifl* to slip away.

svilire *v tr* to debase, to depreciate.

sviluppare *v tr, rifl* to develop.

sviluppo *sm* development, growth ◊ (*industriale*) expansion.

svincolo *sm* turn-off.

sviolinare *v tr* to sing the praises (of).

sviolinata *sf* (*fam*) fawning, soft soap.

sviscerare *v tr* to examine in depth.

sviscerato *agg* (*odio*) passionate.

svista *sf* oversight, slip.

svitare *v tr, rifl* to unscrew.

svitato(-a) *agg* nutty ◊ *sm* screw-ball.

svogliatezza *sf* listlessness, indolence.

svogliato *agg* listless, indolent, lazy ◊ *sm* lazy bones (*sing*).

svolazzare *v intr* to flutter about.

svòlgere *v tr* (*fig, argomento*) to discuss ◊ (*piano*) to carry out ◊ *v rifl* to happen, to take place, to go on ◊ (*essere ambientato*) to be set.

svolgimento *sm* (*tema*) discussion ◊ (*piano*) development.

svolta *sf* turn ◊ (*fig*) turning point ◊ (*fig*) **svolta radicale**, U-turn; **svoltare a destra (sinistra)** (*pol*), to swing to the right (to the left); **divieto di svolta**, no turning.

svoltare *v intr* to turn.

svuotare *v tr* to empty (out) ◊ (*fig*) to empty, to deprive.

T

tabaccherìa *sf* tobacconist's (shop).

tabacco(-chi) *sm* tobacco ◊ (*da fiutare*) snuff.

tabella *sf* table ◊ (*di marcia*) schedule.

tabellone *sm* notice board ◊ (*per pubblicità*) bill board.

tabernàcolo *sm* tabernacle.

tabù *sm inv* taboo.

tacca(-che) *sf* notch, cut.

taccagno *agg* mean, stingy, miserly ◊ *sm* miser.

taccheggiatore(-trice) *sm* shop-lifter.

taccheggio *sm* shoplifting.

tacchino *sm* turkey.

tacco(-chi) *sm* heel.

taccuìno *sm* notebook.

tacere *v intr* to be silent, to be quiet ◊ **taci!**, keep quiet!; **far tacere qc**, to silence sb, to hush sb up.

tachìmetro *sm* speedometer.

taciturno *agg* taciturn, reserved.

tafano *sm* horsefly.

tafferuglio *sm* brawl, scuffle.

taglia *sf* (*misura*) size ◊ (*su criminale*) reward, price.

tagliaboschi *sm inv* woodcutter.

tagliacarte *sm inv* paperknife.

tagliando *sm* coupon, voucher.

tagliare *v tr* to cut ◊ (*arrosto*) to carve ◊ (*siepe*) to trim ◊ (*prato*) to mow ◊ (*albero*) to cut down ◊ (*traguardo*) to cross ◊ (*testa*) to cut off ◊ *v intr* (*essere affilato*) to be sharp ◊ **tagliare i panni addosso a qc**, to tear sb to pieces; **tagliare la strada a qc**, to cut a cross in front of sb.

tagliatelle *sf pl* noodles.

tagliato *agg* **essere tagliato per qcs**, to be cut out for sth.

tagliere *sm* chopping board.

taglio *sm* (*capelli*) haircut ◊ (*abito*) cut, style ◊ (*lama*) cutting edge ◊ (*carne*) piece ◊ (*cesareo*) Caesarean section.

tagliola *sf* trap, snare.

talco(-chi) *sm* talc, talcum powder.

tale *agg* such ◊ (*nelle similitudini*) like... like ◊ **tale padre tale figlio**, like father like son; **un tale signor Rossi**, a certain Mr Rossi ◊ *pron indef*, that man (woman), fellow.

talento *sm* talent.

talismano *sm* talisman.

tallone *sm* heel.

talmente *avv* so ◊ (*con verbo*) so much, to such an extent.

talora *avv* sometimes, at times.

talpa *sf* mole.

taluno *agg* some ◊ *pron* somebody, someone ◊ *pl* some, some people.

talvolta *avv* sometimes, at times.

tamburellare *v tr* to drum.

tamburino *sm* drummer boy.

tamburo *sm* drum ◊ (*suonatore*) drummer ◊ (*pistola*) revolver.

tamponare *v tr* to crush into, to ram into ◊ (*otturare*) to plug.

tamponamento *sm* collision.

tampone *sm* (*med*) tampon, plug ◊ (*ferr*) buffer ◊ (*timbri*) ink pad.

tana *sf* lair, den, burrow.

tangente *sf* tangent ◊ (*denaro*) kickback.

tangenziale *sf* (*strada*) bypass ◊ (*AmE*) belt.

tangìbile *agg* tangible.

tànica(-che) *sf* jerry can.

tanto *agg* a lot of, much, many, such a lot of ◊ (*rafforzativo*) such ◊ (*tanto quanto*) as much... as, as many... as ◊ *pron* a lot, much, many, such a lot ◊ (*altrettanto*) **tanto quanto**, as much as, as many as ◊ **di tanto in tanto**, every so often; **tanto meglio**, so much the better.

tanto *avv* so, so much ◊ (*a lungo*) for long ◊ (*solamente*) just.

tanto *cong* after all.

tapiro *sm* tapir.

tappa *sf* stop, halt ◊ (*parte del percorso*) stage ◊ **a tappe**, in stages ◊ **bruciare le tappe**, to shoot ahead.

tappabuchi *sm inv* stopgap.

tappare *v tr* to block up, to stop up ◊ *v rifl* to

197

shut os up at home.

tapparella *sf* rolling shutter.

tappeto *sm* carpet ◊ (*piccolo*) rug ◊ (*stuoia*) mat.

tappezzare *v tr* (*pareti*) to paper ◊ (*divano*) to upholster ◊ (*fig*) to cover, to plaster.

tappezzerìa *sf* (*pareti*) wallpaper ◊ (*mobili*) upholstery.

tappezziere *sm* paperhanger, upholsterer.

tappo *sm* (*sughero*) cork ◊ (*plastica*) stopper, cap, top ◊ (*vasca*) plug.

tara *sf* (*peso*) tare ◊ (*med*) hereditary defect.

tarchiato *agg* stocky, thickset.

tardare *v tr* to delay ◊ *v intr* to be late.

tardi *avv* late ◊ **a più tardi!**, see you later!; **presto o tardi**, sooner or later; **al più tardi**, at the latest; **far tardi**, to be late.

targa(-ghe) *sf* plate, number plate.

targare *v tr* to register.

tariffa *sf* tariff, rate ◊ (*di trasporti*) fare.

tarlo *sm* woodworm ◊ (*fig*) pangs, bug.

tarma *sf* moth.

tarmare *v intr*, *rifl* to be moth-eatern.

tarmicida *sm*, *agg* moth-killer.

tarocco(-chi) *sm* tarot.

tarso *sm* tarsus.

tartagliare *v intr* to stammer, to stutter.

tàrtaro(-a) *sm* Tartar ◊ (*dentario*) tartar.

tartaruga(-ghe) *sf* tortoise ◊ (*di mare*) turtle.

tartassare *v tr* to harass ◊ (*studente*) to give sb a grilling (at an exam).

tartufo *sm* truffle.

tasca(-che) *sf* pocket ◊ **averne le tasche piene**, to be fed up.

tascabile *agg* pocket (*attr*) ◊ *sm* paperback.

tassa *sf* tax ◊ (*doganale*) duty ◊ (*scol*) fee.

tassare *v tr* to tax.

tassativo *agg* peremptory.

tassello *sm* wedge.

tasso *sm* (*zool*) badger ◊ (*bot*) yew ◊ (*econ*) rate.

tastare *v tr* to feel ◊ **tastare il terreno**, to test the ground, (*fig*) to feel one's way.

tastiera *sf* keyboard.

tasto *sm* key ◊ (*fig*, *argomento*) topic, subject.

tastoni *avv* gropingly ◊ **procedere a tastoni**, to grope one's way forward.

tatticismo *sm* use of tactics.

tàttico(-a, -ci, -che) *agg* tactical ◊ *sf* tactics (*pl*).

tatto *sm* (*senso*) touch ◊ (*diplomazia*) tact ◊ **aver tatto**, to be tactful.

tatuaggio *sm* tattoo.

tatuare *v tr* to tattoo.

taverna *sf* tavern.

tàvola *sf* table ◊ (*calda*) snack bar ◊ (*pitagorica*) multiplication table ◊ (*reale*) backgammon.

tavolozza *sf* (*arte*) palette.

tazza *sf* cup ◊ (*contenuto*) cupful.

te *pron* you ◊ **dietro di te**, behind you; **fallo da te**, do it yourself; **tocca a te**, it's your turn.

tè *sm inv* tea ◊ (*trattenimento*) tea party.

teatrale *agg* theatrical, stage (*attr*).

teatro *sm* theatre, playhouse ◊ (*pubblico*) house, audience ◊ (*comico*) comedy.

tècnica(-che) *sf* technology ◊ (*metodo*) technique.

tècnico(-a, -ci, -che) *agg* technical ◊ **aspetti tecnici**, technicalities ◊ *sm* technician, expert.

tecnologìa *sf* technology.

tecnològico(-a, -ci, -che) *agg* technological.

tediare *v tr* to bore.

tedio *sm* boredom, tedium.

tedioso *agg* boring, tedious.

tegame *sm* frying pan ◊ **al tegame**, fried.

teglia *sf* baking tin, roasting tin.

tégola *sf* (*roofing*) tile.

teiera *sf* teapot.

tela *sf* cloth ◊ (*dipinto*) canvas ◊ (*ragno*) spider's web ◊ (*cerata*) oil-cloth.

telaio *sm* loom ◊ (*struttura*) frame.

telecomando *sm* remote control.

telecrònaca(-che) *sf* television report.

telefax *sm* fax.

telefèrica(-che) *sf* cableway.

telefilm *sm* television film.

telefonare *v tr*, *intr* to telephone (sb); to make a phone call ◊ **sta telefonando**, he's on the phone.

telefonata *sf* call ◊ (*a carico del destinatario*) reverse charge call; (*AmE*) collect call.

telefonista *sm / f* telephonist.

telefonino *sm* cellular phone.

telèfono *sm* telephone, phone ◊ **essere al telefono**, to be on the phone; **telefono pubblico**, pay phone.

telegiornale *sm* television news.

telegrafare *v tr, intr* to cable, to telegraph.

telegramma *sm* telegram.

telematica *sf* telematics.

telenovela *sf* soap opera.

teleobiettivo *sm* telephoto lens (*sing*).

telepatìa *sf* telephaty.

teleschermo *sm* television screen.

telescopio *sm* telescope.

telescrivente *sf* teleprinter ◊ (*AmE*) teletypewriter.

teleselezione *sf* subscriber trunk dialling (S.T.D.).

telespettatore(-trice) *sm* television viewer.

televendita *sf* teleselling, telesales.

televideo *sm* teletext.

televisore *sm* television set.

teletrasméttere *v tr* to televise.

telex *sm* telex ◊ **inviare un telex**, to telex.

telone *sm* tarpaulin.

tema *sm* theme, subject, topic ◊ (*scol*) essay, composition ◊ **andare fuori tema**, to wander from the subject.

temàtica(-che) *sf* basic themes.

temerarietà *sf* recklessness.

temerario *agg* reckless, rash.

temere *v tr* to fear, to be afraid (of) ◊ **temere per**, to fear for.

tempaccio *sm* nasty weather.

temperamento *sm* temperament, character ◊ **manca di temperamento**, he's weak-willed.

temperanza *sf* moderation.

temperare *v tr* (*frenare*) to moderate ◊ (*metal*) to temper ◊ (*matita*) to sharpen.

temperatura *sf* temperature.

temperino *sm* pencilsharpener.

tempesta *sf* tempest, storm.

tempestare *v tr* (*di domande*) to bombard sb (with questions) ◊ *v intr* to storm.

tempestivo *agg* timely, opportune.

tempia *sf* temple.

tempio(-pli) *sm* temple.

tempismo *sm* sense of timing.

tempista *sm / f* (*sport*) timekeeper.

tempo *sm* time ◊ (*condizioni atmosferiche*) weather ◊ (*gramm*) tense ◊ **il tempo stringe**, time is short; **tempo libero**, (spare) time; **stringere i tempi**, to speed things up; **dar tempo al tempo**, let matters take their course.

temporale *sm* (thunder)storm.

temporàneo *agg* temporary.

temporeggiare *v intr* to temporize, to play for time, to procrastinate.

temporeggiatore(-trice) *sm* temporizer.

tempra *sf* temperament, fibre.

temprare *v tr, rifl* to strengthen.

tenace *agg* tenacious, persevering.

tenda *sf* tent ◊ (*di negozio*) awning ◊ (*di finestra*) curtain ◊ (*del circo*) the big top.

tendenza *sf* tendency ◊ (*inclinazione*) bent, inclination (for).

tendenzioso *agg* tendentious, biased.

tèndere *v tr* to stretch (out) ◊ (*mano*) to hold out ◊ (*corda*) to tighten ◊ (*trappola*) to set ◊ *v intr* to tend.

tendina *sf* curtain.

tèndine *sm* tendon, sinew.

tènebre *sf pl* darkness (*sing*), dark.

tenebroso *agg* dark, gloomy, mysterious.

tenente *sm* lieutenant.

tenere *v tr* to hold, to keep ◊ (*corso*) to give ◊ (*riunione*) to hold ◊ (*posto*) to keep sb's seat ◊ *v intr* to be (for) ◊ (*ambire*) to be proud (of), to be keen (on) ◊ **ci tengo alla pelle**, I value my life; **tenere a battesimo**, to stand godfather (for); **tener duro**, to hold on; **tenere a mente qcs**, to keep sthg in mind ◊ *v rifl* to hold os, to keep os.

tenerezza *sf* tenderness.

tènero *agg* tender, soft ◊ *sm* (*affetto*) romance, affection.

tenia *sf* tapeworm.

tennista *sm / f* tennis player.

tenore *sm* (*tono*) tone ◊ (*mus*) tenor.

tensione *sf* tension ◊ **c'è un po' di tensione**, things are rather tense.

tentàcolo *sm* tentacle.

tentare *v tr* (*provare*) to try, to attempt ◊ (*allettare*) to tempt.

tentativo *sm* attempt.

tentazione *sf* temptation ◊ **resistere alle tentazioni**, to resist temptations.

tentennare *v intr* to hesitate.

tentoni *avv* **andare a tentoni,** to grope one's way.

tènue *agg* soft, faint ◊ (*intestino*) small intestine.

tenuta *sf* capacity ◊ (*divisa*) uniform ◊ (*auto*) roadholding ◊ (*proprietà*) estate.

teòlogo(-gi) *sm* theologian.

teorema *sm* theorem.

teorìa *sf* theory.

teòrico(-a, -ci, -che) *agg* theoretical ◊ *sm* theorist, theoretician.

teorizzare *v tr* to theorize.

teppa *sf* mob, hooligans (*pl*).

teppismo *sm* hooliganism.

terapìa *sf* therapy, treatment.

tergicristallo *sm* windscreenwiper.

tergiversare *v intr* to beat about the bush.

termale *agg* thermal ◊ (*stazione*) spa.

terme *sf pl* (thermal) baths.

terminale *sm* (*computer*) terminal.

terminare *v tr, intr* to end.

tèrmine *sm* end ◊ (*confine*) limit ◊ (*scadenza*) deadline ◊ (*mat*) term ◊ (*condizioni*) terms ◊ **portare a termine,** to bring sthg to a conclusion.

termòmetro *sm* thermometer.

terra *sf* earth ◊ (*suolo*) ground, soil, clay ◊ (*distesa*) land ◊ (*terraferma*) land ◊ **avere una gomma a terra,** to have a flat tyre; **raso terra,** close to the ground; **essere a terra,** to be in low spirits.

terraferma *sf* mainland.

terraglia *sf* pottery ◊ (*oggetti*) crockery, earthenware (*sing*).

terrazza *sf* terrace.

terremotato(-a) *sm* earthquake victim.

terremoto *sm* earthquake ◊ (*fig*) terror.

terreno *sm* ground, soil ◊ (*coltivabile*) land ◊ (*edificabile*) land, plot.

terrìbile *agg* terrible, dreadful.

territorio *sm* territory, possessions.

terrore *sm* terror.

terrorista *sm / f* terrorist.

terrorizzare *v tr* to terrify.

terso *agg* clear, cloudless.

terziario *sm* tertiary.

terzo *agg* third ◊ *sm* **terzi,** others.

terzùltimo(-a) *agg, sm* third from last.

tesaurizzare *v tr* to hoard.

teschio *sm* skull.

tesi *sf inv* thesis, dissertation ◊ **sostenere una tesi,** to uphold a theory.

teso *agg* tense ◊ (*rapporti*) strained ◊ (*braccia*) outstretched.

tesorerìa *sf* treasury.

tesoriere(-a) *sm* treasurer.

tesoro *sm* treasure ◊ *pl* riches, resources.

tèssera *sf* membership card ◊ (*abbonato*) season ticket ◊ (*mosaico*) tessera.

tèssere *v tr* to weave ◊ (*inganni*) to plot, to plan ◊ (*lodi*) to sing sb's praises.

tèssile *agg* textile.

tessitore(-trice) *sm* weaver.

tessuto *sm* material, cloth.

testa *sf* head; **dare alla testa,** to go to one's head; **mettersi in testa,** to get sthg into one's head; **far girare la testa,** to make sb's head spin; **mal di testa,** headache.

testamento *sm* will, testament ◊ **far testamento,** to make one's will.

testardàggine *sf* stubbornness.

testardo *agg* stubborn, obstinate.

testata *sf* (*giornale*) heading.

teste *sm / f* witness.

testimone *sm / f* witness ◊ (*sport*) baton.

testimonianza *sf* evidence ◊ (*prova*) proof ◊ **rilasciare una testimonianza,** to give evidence.

testimoniare *v tr, rifl* to witness, to give evidence, to testify.

testo *sm* text ◊ (*scol*) textbook.

testual *agg* textual ◊ (*parole*) actual.

testùggine *sf* tortoise ◊ (*marina*) turtle.

tètano *sm* tetanus.

tetro *agg* gloomy, dismal.

tetto *sm* roof ◊ **senza tetto,** homeless.

tettoia *sf* roof, shelter, penthouse.

tettuccio *sm* (*auto*) roof, top ◊ **tettuccio apribile,** sunroof.

tibia *sf* (*anat*) tibia, shinbone.

tièpido *agg* lukewarm, tepid.

tifare *v intr* (*per*) to be a fan of.

tifo *sm* (*med*) typhus ◊ (*sport*) fanaticism.

tifoide *agg* typhoid.

tifone *sm* typhoon.

tifoso(-a) *agg* fanatic ◊ *sm* fan, supporter.

tiglio *sm* lime, lime-tree.

tigna *sf* ringworm.

tignola *sf* moth.

tigre *sf* tiger (tigress).

timbrare *v tr* to stamp ◊ (*francobolli*) to postmark ◊ (*cartellino*) to clock in.

timbro *sm* stamp ◊ (*su francobollo*) postmark ◊ (*mus*) tone, timbre.

timidezza *sf* shyness, timidity.

tìmido *agg* shy, timid, bashful.

timo *sm* (*bot*) thyme ◊ (*anat*) thymus.

timone *sm* helm ◊ (*naut*) steeringwheel.

timoniere *sm* steersman ◊ (*canottaggio*) cox.

timore *sm* fear, dread ◊ **avere timore di**, to be afraid of.

tìngere *v tr* to dye, to paint.

tino *sm* vat, tub.

tinozza *sf* tub, vat ◊ (*bucato*) wash-tub.

tinta *sf* paint, dye ◊ (*fig*) shade.

tintarella *sf* suntan ◊ **prendere la tintarella**, to get a tan, to get suntanned.

tinteggiare *v tr* to paint.

tintorìa *sf* dry cleaner's (shop).

tintura *sf* dye ◊ (*operazione*) dyeing ◊ (*di iodio*) tincture of iodine.

tìpico(-a, -ci, -che) *agg* typical.

tipo *sm* kind, sort ◊ (*persona originale*) character ◊ **non è il mio tipo**, he's not my type.

tipografia *sf* typography, printing works.

tipògrafo *sm* printer, typographer.

tiranno *sm* tyrant ◊ *agg* tyrannical, tyrannous.

tirare *v tr* to draw, to pull ◊ (*rimorchio*) to tow ◊ (*da parte*) to draw sb aside ◊ *v intr* to pull, to draw ◊ (*soffiare*) to blow ◊ (*sparare*) to shoot, to fire ◊ (*a sorte*) to draw lots ◊ **tirar su un bambino**, to bring up a chid ◊ *v rifl* to draw os; **tirarsi indietro**, to back out; **tirarsi su**, to cheer os up.

tirata *sf* pull, tug ◊ (*lungo discorso*) tirade ◊ **in una tirata**, at one go.

tiratura *sf* (*giornali*) circulation.

tirchio(-a) *agg* stingy, mean ◊ *sm* miser.

tiro *sm* (*lancio*) throw, cast ◊ **giocare un brutto tiro**, to play a dirty trick on sb.

tirocinio *sm* (*mestiere*) apprenticeship (in) ◊ (*professione*) training (in) ◊ (*periodo*) placement.

tisi *sf inv* consumption.

tìsico(-a, -ci, -che) *agg* consumptive.

titolare *sm* / *f* holder, owner.

tìtolo *sm* title ◊ (*azione*) share, stock ◊ (*studio*) qualification ◊ (*fig*) motive.

titubante *agg* hesitant, undecided, doubtful.

titubare *v intr* to hesitate.

tizio(-a) *sm* fellow, bloke.

tizzone *sm* (*legno*) brand ◊ (*carbone*) live coal.

toccare *v tr* to touch ◊ (*argomento*) to touch on ◊ *v intr* (*turno*) to be sb's turn ◊ (*spettare*) to be up to sb ◊ (*nell'acqua*) **si tocca?**, can you touch the bottom?

tocco(-chi) *sm* touch ◊ (*orologio*) stroke.

toga(-ghe) *sf* (*magistrato*) gown, robe.

tògliere *v tr* to take away, to remove ◊ (*mat*) to substract, to take away ◊ *v rifl* to get out of the way ◊ (*capriccio*) to satisfy a whim.

tollerante *agg* tolerant.

tollerare *v tr* to tolerate, to put up with.

tomba *sf* tomb, grave.

tònaca(-che) *sf* habit ◊ **indossare la tonaca**, to take the habit, (*monaca*) the veil.

tondo *agg* round ◊ (*cerchio*) circle ◊ (*fig*) exact, full.

tonfo *sm* thud, thump, plop.

tònico(-a, -ci, -che) *agg* tonic ◊ **acqua tonica**, tonic water ◊ *sm* (*med*) tonic ◊ (*cosmetici*) toner.

tonnellata *sf* ton.

tonno *sm* tuna.

tono *sm* tone ◊ **rispondere a tono**, to answer to the point.

tonsilla *sf* tonsil.

tonsura *sf* tonsure.

tonto(-a) *agg* stupid, silly ◊ *sm* dunce.

topazio *sm* topaz.

topo *sm* mouse (*pl* mice) ◊ (*di biblioteca*) book-worm ◊ (*fig*) thief.

toppa *sf* (*stoffa*) patch ◊ (*serratura*) keyhole.

torace *sm* thorax, chest.

tòrbido *agg* cloudy ◊ (*fig*) sinister ◊ **c'è del torbido**, there's sthg fishy.

tòrcere *v tr, rifl* to twist ◊ (*naso*) to turn up one's nose.

torchiare *v tr* to press ◊ (*persona*) to grill.

torchio *sm* press ◊ **mettere qc sotto il torchio**, to grill sb.

torcia(-ce) *sf* torch.

torcicollo *sm* stiff neck.

tordo *sm* thrush.

torero *sm* bullfighter, toreador.

tormenta *sf* snowstorm, blizzard.

tormentare *v tr* to torment ◊ *v rifl* to worry, to torture os.

tornaconto *sm* advantage, benefit.

tornare *v intr* to return, to go (to come) back ◊ (*quadrare*) to be right ◊ (*risultare*) to turn out to be.

torneo *sm* tournament, competition.

tornire *v tr* to (turn on a) lathe.

tornitore *sm* (lathe) turner.

toro *sm* bull.

torpediniera *sf* (*mil*) torpedo-boat.

tòrpido *agg* torpid, dull, sluggish.

torpore *sm* torpor, numbness, dullness.

torre *sf* tower ◊ (*scacchi*) rook.

torrefazione *sf* coffee roasting.

torrente *sm* stream, torrent.

tòrrido *agg* scorching, torrid.

torrione *sm* keep, tower.

torso *sm* torso, trunk ◊ (*frutta*) core.

tòrsolo *sm* (*frutta*) core.

torta *sf* cake ◊ (*crostata*) tart.

torto *sm* (*ingiustizia*) wrong ◊ (*colpa*) fault ◊ **avere torto**, to be wrong; **fare un torto**, to wrong sb.

tórtora *sf* turtle-dove.

tortuoso *agg* winding ◊ (*fig*) devious.

tortura *sf* torture.

torturare *v tr* to torture ◊ *v rifl* to torment os, to torture os.

torvo *agg* surly, grim.

tosatura *sf* (sheep) shearing.

tosse *sf* cough.

tossicodipendente *sm* / *f* drug addict.

tossicodipendenza *sf* drug addiction.

tossire *v intr* to cough.

tostare *v tr* toast ◊ (*caffè*) to roast.

totale *agg*, *sm* total.

totalizzare *v tr* to total, to score.

totocalcio *sm sing* (*football*) pools ◊ **giocare al totocalcio**, to do the pools.

tournée *sf* tour ◊ **essere in tournée**, to be on tour.

tovaglia *sf* tablecloth.

tovagliolo *sm* napkin, serviette.

tozzo *agg* stocky, thickset, squat.

tra *prep* (*fra due*) between ◊ (*fra più*) among ◊ (*tempo*) in ◊ (*attraverso*) through ◊ **tra noi**, between you and me; **tra una cosa e l'altra**, what with one thing and another.

traballare *v intr* to stagger ◊ (*fig, mobile*) to be shaky.

traboccare *v intr* to overflow (from) ◊ (*di*) to overflow with.

trabocchetto *sm* trap ◊ **tendere un trabocchetto**, to set a trap for sb.

tracagnotto *agg* dummy.

traccia(-ce) *sf* mark ◊ (*ruota*) track ◊ (*animale*) tracks ◊ (*persona*) footprints ◊ (*fig*) trace ◊ (*schema*) outline.

tracciare *v tr* to mark (out) ◊ (*confini*) to map out ◊ (*disegnare*) to sketch, to draw ◊ (*fig*) to outline.

tracolla *sf* shoulder strap ◊ (*borsa*) shoulder bag.

tracollo *sm* collapse, ruin.

tracotante *agg* arrogant, overbearing.

tradimento *sm* betrayal.

tradire *v tr* to betray, to be unfaithful ◊ *v rifl* to give os away.

traditore(-trice) *sm* traitor, betrayer ◊ (*agg*) treacherous.

tradizione *sf* tradition.

tradurre *v tr* to translate (from, into).

traduttore(-trice) *sm* translator.

traduzione *sf* translation ◊ (*leg*) transfer ◊ **traduzione simultanea**, simultaneous translation.

trafelato *agg* breathless, out of breath.

trafficante *sm* / *f* (*spreg*) trafficker ◊ (*droga*) pusher.

trafficare *v intr* to trade.

tràffico *sm* traffic ◊ (*di droga*) drug trafficking.

trafiggere *v tr* to pierce through.

trafila *sf* procedure.

traforo *sm* tunnel.

tragedia *sf* tragedy ◊ **fare una tragedia di** qcs, to make a fuss about sthg.

traghetto *sm* ferry boat.

tràgico(-a, -ci, -che) *agg* tragic ◊ *sm* tragedian.

tragitto *sm* journey, way ◊ **durante il tragitto**, on the way.

traguardo *sm* finish ◊ (*fig*) aim, goal.

trainare *v tr* to draw, to pull ◊ (*rimorchiare*) to tow.

tralasciare *v tr* to leave out, to neglect ◊ (*particolari*) to skip (the details).

traliccio *sm* (*pilone*) pylon.

trama *sf* (*intreccio*) plot ◊ (*tessuto*) weft.

tramandare *v tr* to hand down.

tramare *v tr* to plot.

trambusto *sm* turmoil.

tramestìo *sm* bustle, bustling.

tràmite *sm* means ◊ **fare da tramite**, to act as a go-between.

tramontana *sf* north wind ◊ **perdere la tramontana**, to lose one's bearings.

tramontare *v intr* to set, to go down.

tramonto *sm* setting ◊ (*del sole*) sunset.

tramortire *v tr* to knock out.

trampolino *sm* springboard.

tràmpolo *sm* stilt.

tranello *sm* trap ◊ **tendere un tranello**, to set a trap (for sb).

trangugiare *v tr* to gulp down.

tranne *prep* except, save, but.

tranquillante *sm* (*med*) tranquillizer.

tranquillizzare *v tr* to tranquillize ◊ *v rifl* to calm down.

tranquillo *agg* calm, peaceful.

transenna *sf* barrier.

transìgere *v intr* to compromise.

transitare *v intr* to pass.

trànsito *sm* transit.

transitorio *agg* temporary ◊ (*fig*) fleeting.

transizione *sf* transition.

tran tran *sm inv* routine.

tranviere *sm* tram driver ◊ (*bigliettaio*) tram conductor.

trapanare *v tr* to drill.

trapassare *v tr* to go through ◊ *v intr* (*morire*) to pass away.

trapasso *sm* transfer ◊ (*morte*) death, passing.

trapelare *v intr* (*fig*) to leak.

trapezio *sm* (*geometria*) trapezium.

trapezista *sm / f* trapeze artist.

trapiantare *v tr* to transplant.

trapianto *sm* (*bot*) transplantation, transplanting ◊ (*med*) transplant.

tràppola *sf* trap ◊ **tendere una trappola**, to set a trap (for sb).

trapunta *sf* quilt.

trarre *v tr* to draw, to pull ◊ (*ricavare*) to get ◊ *v intr* (*comm*) to draw ◊ *v rifl* (*d'impaccio*) to get out of a scrape.

trasalire *v intr* to jump, to give a start ◊ **far trasalire**, to make sb start.

trasandato *agg* scruffy, shabby.

trascéndere *v tr* to transcend ◊ *v intr* to lose control of os.

trascinare *v tr* to drag ◊ (*la folla*) to carry ◊ *v rifl* to drag os ◊ (*fig*) to drag on.

trascòrrere *v tr* to spend ◊ *v intr* to pass, to go by, to elapse.

trascrivere *v tr* to write down.

trascurare *v tr* to neglect, to ignore.

trascuratezza *sf* carelessness, untidiness.

trascurato *agg* slovenly, neglected.

trasecolare *v intr* to be dumb-founded, to be amazed (at).

trasferimento *sm* transfer.

trasferire *v tr* to transfer ◊ *v rifl* to move.

trasferta *sf* temporary transfer ◊ (*indennità*) travel expenses ◊ **giocare in trasferta**, to play away (from home).

trasformare *v tr*, *rifl* to change.

trasformazione *sf* transformation.

trasfusione *sf* transfusion.

trasgredire *v tr*, *intr* to transgress ◊ **trasgredire gli ordini**, to infringe orders.

trasgressione *sf* breaking, disobeying, transgression.

trasgressore (trasgreditrice) *sm* transgressor.

traslato *agg* metaphorical, figurative.

traslocare *v tr*, *intr* to move.

trasloco(-chi) *sm* move, removal.

trasméttere *v tr* to pass on ◊ (*radio*) to broadcast, to transmit; (*in diretta*) to broadcast live ◊ *v rifl* to be passed on ◊ (*med*) to be spread.

trasmissione *sf* transmission, broadcast.

trasognato *agg* dreamy.

trasparente *agg* transparent.

trasparire *v intr* to be visible.

traspirare *v intr* to perspire, to sweat.

trasportare *v tr* to carry, to transport ◊ **la-**

sciarsi trasportare da, to let os be carried away by.

trasporto *sm* transport ◊ (*fig*) rapture.

trastullo *sm* game, toy, pastime.

tratta *sf* (*comm*) draft ◊ **tratta degli schiavi**, slave trade.

trattamento *sm* treatment.

trattare *v tr* (*discutere*) to discuss, to deal (with) ◊ (*comportarsi*) to treat ◊ *v intr* to treat, to deal (with) ◊ (*argomento*) to treat (of), to be about, to deal with.

trattativa *sf* negotiation.

trattato *sm* treaty ◊ (*opera*) treatise.

tratteggiare *v tr* to outline, to describe.

trattenere *v tr* to keep back ◊ (*ospedale*) to detain ◊ (*lacrime*) to hold back ◊ *v rifl* to stay.

trattenimento *sm* party, reception.

tratto *sm* stroke ◊ (*libro*) part ◊ (*lineamenti*) features ◊ (*maniere*) manners.

trattorìa *sf* inn, small restaurant.

traumatizzare *v tr* to traumatize.

trave *sf* beam.

travéggole *sf pl* **avere traveggole**, to be seeing things, to see double.

traversata *sf* crossing, passage.

traversìa *sf pl* hardships (*pl*).

travestire *v tr, rifl* to dress up.

travestito *agg* disguised ◊ *sm* transvestite.

traviare *v tr* to lead astray ◊ *v rifl* to go astray.

travisare *v tr* to distort.

travòlgere *v tr* to sweep away ◊ (*fig*) to overwhelm ◊ (*investire*) to run over.

tre *agg, sm inv* three.

trebbiare *v tr* to thresh.

trebbiatrice *sf* threshing machine.

treccia(-ce) *sf* braid, plait.

trecento *agg, sm inv* three hundred ◊ (*secolo*) the fourteenth century.

tredici *agg, sm inv* thirteen ◊ (*totocalcio*) **fare tredici**, to win the pools.

trègua *sf* truce ◊ (*fig*) respite, rest.

tremare *v intr* to tremble (with).

tremendo *agg* terrible, awful, dreadful.

tremolare *v intr* to tremble, to quiver.

tremolìo *sm* quivering.

treno *sm* train.

trenta *agg, sm inv* thirty ◊ **trenta e lode**, full

marks plus distinction.

trepidare *v intr* to be anxious (about).

trepidazione *sf* anxiety.

tresca(-sche) *sf* plot, intrigue ◊ (*amorosa*) love affair.

tréspolo *sm* trestle ◊ (*uccelli*) perch.

triangolare *agg* triangular.

triàngolo *sm* triangle.

tribolare *v intr* to have a lot of trouble, to suffer.

tribù *sf inv* tribe.

tribuna *sf* (*stadio*) stand, gallery ◊ (*politica*) party political broadcast.

tribunale *sm* court, law-court.

tributare *v tr* to render (honours to).

tributo *sm* tribute ◊ (*tassa*) tax.

tricolore *agg, sm* tricolour.

tridente *sm* trident.

tridimensionale *agg* three-D (*attr*).

triennale *agg* (*che dura tre anni*) three-year (*attr*) ◊ (*ogni tre anni*) three-yearly.

trifoglio *sm* clover.

trimestre *sm* (*scol*) term.

trincea *sf* trench.

trincerare *v tr* to entrench ◊ *v rifl* to entrench os ◊ (*fig*) to take refuge.

trinciare *v tr* to cut up ◊ (*giudizi*) to make rash judgements (about sb, sthg).

trinità *sf inv* trinity.

trionfare *v intr* to triumph (over) ◊ (*esultare*) to rejoice (at, over).

trionfo *sm* triumph, victory.

trìplice *agg* triple.

triplo *agg, sm* triple, three times as much (*sing*), three times as many (*pl*).

trippa *sf* tripe ◊ (*pancia*) paunch.

triste *agg* sad, sorrowful, gloomy.

tristezza *sf* sadness, sorrow.

tritare *v tr* to mince, to chop.

triunvirato *sm* triumvirate.

trivellare *v tr* to drill.

triviale *agg* coarse, crude.

trofeo *sm* trophy.

trògolo *sm* trough.

tromba *sf* trumpet ◊ (*suonatore*) trumpeter ◊ (*d'aria*) whirlwind.

trombettiere *sm* (*mil*) bugler.

troncare *v tr* to cut off ◊ (*amicizia*) to break off ◊ (*carriera*) to ruin.

tronco(-chi) *sm* trunk ◊ (*tratto*) section.

troneggiare *v intr* to tower (over).

tronfio *agg* conceited, pompous.

trono *sm* throne ◊ **salire al trono**, to come to (to ascend) the throne.

tròpico *sm* tropic.

troppo *agg*, *pron* too much, too many (*pl*).

troppo *avv* (*davanti agg*, *avv*) too ◊ (*davanti a verbo*) too much ◊ (*durare*) too long ◊ **essere di troppo**, to be in the way.

trota *sf* trout.

trottare *v intr* to trot.

tròttola *sf* (spinning) top.

trovare *v tr* to find ◊ (*scoprire*) to find out, to discover ◊ (*difficoltà*) to come up (against) ◊ *v rifl* to find os, to be ◊ **trovarsi a disagio**, to feel ill at ease.

trovata *sf* brainwave, stroke of genius.

trovatello *sm* foundling.

truccare *v tr* (*partita*) to fix, to rig ◊ (*dadi*) to load ◊ (*carte*) to mark ◊ (*attore*) to make up ◊ *v rifl* to make os up.

truccatore(-trice) *sm* make-up artist.

trucco(-chi) *sm* make-up ◊ (*artificio*) trick ◊ **i trucchi del mestiere**, the tricks of the trade.

truce *agg* grim, cruel.

trucidare *v tr* to slay, to massacre.

trùciolo *sm* (*di legno*) shaving.

truculento *agg* truculent, grim.

truffare *v tr* to cheat, to swindle.

truffatore *sm* cheat, swindler.

truppa *sf* troop ◊ (*amici*) band, group.

tu *pron* you ◊ (*arcaico*) thou ◊ **tu stesso**, you yourself; **a tu per tu con qc**, face to face to sb; **dare del tu a qc**, to be on first-name terms with sb.

tubercolosi *sf inv* tuberculosis ◊ (*polmonare*) consumption.

tubercolòtico(-a, -ci, -che) *agg* consumptive, tuberculous.

tubo *sm* tube ◊ (*per condutture*) pipe ◊ (*digerente*) digestive tract.

tuffare *v tr* to dip ◊ *v rifl* to dive.

tuffatore(-trice) *sm* diver.

tuffo *sm* dive ◊ (*aeron*) nose-dive ◊ **tuffi** (*sport*), diving (*sing*).

tugurio *sm* hovel.

tulipano *sm* tulip.

tumefazione *sf* swelling.

tùmido *agg* swollen, tumid ◊ (*labbra*) thick ◊ (*stile*) pompous.

tumore *sm* tumour ◊ (*benigno*, *maligno*) benign, malignant tumour.

tumulazione *sf* burial.

tumulto *sm* turmoil ◊ (*ribellione*) riot.

tumultuoso *agg* turbulent, rowdy, stormy.

tùnica(-che) *sf* tunic.

tuo(-a, tuòi, tue) *agg* your, your own ◊ *pron* yours ◊ (*arcaico*) thy ◊ *sm* what you own, your own money ◊ **i tuoi**, your parents, your family, your people ◊ **ne hai fatte delle tue**, you have done some fine things.

tuonare *v intr imp* to thunder.

tuono *sm* thunder ◊ (*rombo*) roar ◊ **lampi e tuoni**, thunder and lightning.

tuorlo *sm* yolk.

turare *v tr* to plug, to stop ◊ *v rifl* to become obstructed.

turbamento *sm* disturbance, emotion.

turbante *sm* turban.

turbare *v tr* to disturb, to trouble ◊ *v rifl* to get upset.

turbinare *v intr* to whirl.

tùrbine *sm* whirlwind.

turbolento *agg* boisterous, turbulent.

turchese *agg*, *sm* turquoise.

turchino *agg*, *sm* deep blue.

tùrgido *agg* swollen, turgid.

turismo *sm* tourism.

turista *sm* / *f* tourist.

turìstico(-a, -ci, -che) *agg* tourist (*attr*).

turnista *sm* / *f* shift worker.

turno *sm* turn ◊ (*di lavoro*) shift.

turpe *agg* filthy, repugnant.

tuta *sf* overalls (*pl*) ◊ (*sport*) tracksuit.

tutela *sf* guardianship ◊ (*protezione*) protection ◊ **essere sotto la tutela di**, to be sb's ward.

tutelare *v tr* to protect ◊ *v rifl* to protect os, to take precautions (against sthg).

tutore(-trice) *sm* guardian.

tuttavìa *cong* yet, nevertheless.

tutto *agg* all, the whole of ◊ (*ogni*) every ◊ **tutta l'Europa**, the whole of Europe; **tutto il giorno**, all day long; **tutti gli anni**, every year; **tutti e due**, both of them; **tremava tutta**, she was trembling all over.

tutto *pron* everything, all, anything (*qualunque cosa*) ◊ (*ognuno*) everybody, all.
tutto *avv* entirely, quite ◊ **tutto d'un colpo**, all of a sudden.
tutto *sm* whole, everything.
tuttofare *sm / f inv* handyman(-woman).
tuttora *avv* still.
TV *sf inv* (*abbr televisione*) TV.

U

ubbidiente *agg* obedient.
ubbidienza *sf* obedience (to).
ubbidire *v intr* to obey (sb, sthg) ◊ **farsi ubbidire**, to exact obedience (from).
ubicazione *sf* location, site.
ubiquità *sf inv* ubiquity.
ubriacare *v tr* to make sb drunk ◊ *v rifl* to get drunk ◊ **bere tanto da ubriacarsi**, to drink os drunk.
ubriachezza *sf* drunkenness.
ubriaco(-a, -chi, -che) *agg* drunk, drunken (*attr*) ◊ *sm* drunkard.
uccellatore(-trice) *sm* bird catcher.
uccelliera *sf* aviary.
uccello *sm* bird ◊ **uccello del malaugurio**, bird of ill omen.
uccìdere *v tr* to kill ◊ (*con arma da fuoco*) to shoot dead ◊ *v rifl* to kill os.
udienza *sf* audience ◊ **concedere un'udienza**, to grant an audience.
udire *v tr* to hear.
udito *sm* (sense of) hearing.
uditorio *sm* audience.
ufficiale *agg* official ◊ *sm* officer.
ufficio *sm* office ◊ (*incarico*) office, duty ◊ (*mansione*) function.
ufficioso *agg* officious, informal ◊ **in via ufficiosa**, unofficially.
uffizio *sm* (*relig*) office.
ufo, a ufo *avv* without paying, free (of charge).
UFO *sm* (*oggetto volante non identificato*) UFO.
uggioso *agg* boring, tiresome, dull.
ugonotto(-a) *sm* Huguenot.

uguaglianza *sf* equality.
uguagliare *v tr* to equal, to be equal (to) ◊ (*rendere uguale*) to make equal ◊ *v rifl* to consider os equal (to).
uguale *agg* equal, alike (*pred*), the same.
uguale *avv* the same, just the same.
uguale *sm / f* equal ◊ **non ha uguali**, there's no one like him.
ùlcera *sf* ulcer.
ulcerazione *sf* ulceration.
ulteriore *agg* further.
ultimamente *avv* of late, recently.
ultimare *v tr* to complete, to finish.
ultimìssime *sf pl* latest news (*sing*).
ùltimo *agg* last ◊ (*il più recente*) the latest ◊ (*il più moderno*) the most up-to-date ◊ (*filos*) ultimate ◊ (*fila*) back ◊ (*piano*) top ◊ (*finale*) final ◊ *sm* last (one).
ululare *v intr* to howl.
umanamente *avv* (*con umanità*) humanely ◊ (*nei limiti delle capacità umane*) humanly ◊ **è umanamente impossibile**, it's humanly impossible.
umanità *sf inv* humanity.
umanitario *agg, sm* humanitarian.
umano *agg* human ◊ (*comprensivo*) humane ◊ **errare è umano**, to err is human ◊ *sm* human.
umettare *v tr* to moisten.
umidiccio *agg* (*terreno*) damp ◊ (*mani*) moist, clammy.
umidità *sf inv* dampness, moistness.
ùmido *agg* (*muro*) damp ◊ (*mani*) moist, clammy ◊ (*clima*) humid ◊ *sm* damp ◊ **l'umido della notte**, dampness ◊ **carne in umido**, stewed meat.
ùmile *agg* humble ◊ **lavori umili**, menial tasks.
umiliare *v tr* to humiliate ◊ (*carne*) to mortify the flesh ◊ *v rifl* to humiliate os.
umiliazione *sf* humiliation.
umiltà *sf inv* humility ◊ **con umiltà** humbly.
umore *sm* (*indole*) temper, temperament ◊ (*momentaneo*) mood ◊ **essere di buon (cattivo) umore**, to be in a good (bad) mood.
umorismo *sm* humour ◊ **avere il senso dell'umorismo**, to have a sense of humour.
umorista *sm / f* humorist.

umorìstico(-a, -ci, -che) *agg* humorous.

unànime *agg* unanimous.

unanimità *sf inv* unanimity.

uncinetto *sm* crochet-needle(-hook) ◊ **lavorare all'uncinetto**, to crochet.

uncino *sm* hook.

undicèsimo *agg, sm* eleventh.

ùndici *agg, sm inv* eleven.

ùngere *v tr (macchia)* to oil, to lubricate ◊ *(teglia)* to grease ◊ *(relig)* to anoint ◊ *v rifl* to grease os ◊ *(con crema)* to put cream on.

unghia *sf* nail ◊ *(di animale)* claw ◊ *(di rapace)* talon ◊ *(di cavallo)* hoof ◊ **c'è mancata un'unghia!**, it was a near miss!

unghiata *sf* scratch, claw-mark.

unguento *sm* ointment.

unicamente *avv* only.

ùnico(-a, -ci, -che) *agg* only ◊ *(esclusivo)* sole ◊ *(figlio)* an only child ◊ *(atto)* one-act play ◊ *(agente)* sole agent ◊ *(eccezionale)* unique ◊ *sm* the only one ◊ *sf* **l'unica è aspettare**, the only thing to do is to wait.

uniformare *v tr* to level, to conform ◊ *v rifl* to conform (to), to comply (with).

uniforme *agg* uniform, even, regular.

uniforme *sf* uniform.

uniformità *sf* uniformity.

unigènito *agg* only-begotten ◊ *sm* God's only-begotten son.

unione *sf* union ◊ *(colori)* blending ◊ *(sindacale)* trade union ◊ **l'unione fa la forza**, strenght through unity.

unire *v tr* to unite (with) ◊ *(in matrimonio)* to unite (to join) in matrimony ◊ *v rifl (in matrimonio)* to get married ◊ *(a un gruppo)* to join a group.

unisex *agg* unisex.

unìsono *sm* unison ◊ **all'unisono**, in unison.

unità *sf inv* unity ◊ *(mat)* unit.

unito *agg* united ◊ *(amici)* close ◊ *(famiglia)* close-knit, united ◊ *(colore)* plain, self-coloured.

universale *agg* universal ◊ *(giudizio)* the Last Judgement.

università *sf inv* university ◊ **liberalizzazione degli accessi all'università**, open enrolment.

universo *sm* universe.

uno *agg, sm* one ◊ *(primo del mese)* the first ◊ *(prima ora)* one o'clock ◊ *(medesimo)* the same, one and the same ◊ *(unito)* united.

uno *pron indef* one ◊ *(qualcuno)* somebody, someone ◊ *(ciascuno)* each ◊ *(qualcosa)* something, a thing ◊ **l'uno e l'altro**, both.

uno *art det* a, an (+ *vocale*) ◊ *(circa)* about, some ◊ **un giorno, un re**, one day, a king.

unto *agg* greasy, oily ◊ *sm* grease, fat ◊ **macchia d'unto**, a grease-spot ◊ *sm* grease, fat.

unzione *sf* unction.

uomo (uomini) *sm* man (men), human being ◊ *(specie umana)* mankind, humanity ◊ *(di fiducia)* right-hand man ◊ *(di mondo)* of the world ◊ *(di paglia)* stooge ◊ **a passo d'uomo**, at walking pace.

uopo *sm* need ◊ **all'uopo**, in case of need.

uovo (uova *pl f***)** *sm* egg ◊ *(fresco)* new-laid (fresh) egg ◊ **è l'uovo di Colombo**, it's a plain as the nose on your face; **cercare il pelo nell'uovo**, to split hairs; **uovo di Pasqua**, Easter egg.

uragano *sm* hurricane ◊ *(fig)* storm.

urbanista *sm / f* town planner.

urbanistica *sf* town planning.

urbano *agg* urban, city *(attr)* ◊ *(gentile)* urbane, courteous, polite.

urgente *agg* urgent.

urgenza *sf* urgency ◊ *(chiamata)* emergency call ◊ **trasportare qc d'urgenza all'ospedale**, to rush sb to the hospital.

ùrgere *v intr* to be urgent, to be needed urgently, to be pressing.

urina *sf* urine.

urinare *v intr* to urinate.

urlare *v intr (persona)* to scream, to yell ◊ *(animale)* to howl.

urlo *sm (persona)* scream ◊ *(animale)* howl.

urna *sf (elettorale)* ballot box ◊ **andare alle urne**, to vote, to go to the polls.

urtare *v tr* to bump (into) ◊ *(fig)* to irritate ◊ *v rifl (rec)* to collide.

urto *sm* crash, collision, clash.

usanza *sf* custom, usage.

usare *v tr (adoperare)* to use, to make use of ◊ *v intr (essere solito)* to be in the habit of doing sthg, to be accustomed to (doing) ◊

to be customary, to be the custom.

usato *agg* (*logoro*) worn out ◊ (*di seconda mano*) second-hand, used.

usciere *sm* usher.

uscio *sm* door ◊ **sull'uscio**, on the doorstep.

uscire *v intr* to go out, to leave ◊ (*venir fuori*) to come out ◊ (*disco*) to be released ◊ (*lotteria*) to come up ◊ (*fiume*) to overflow its banks ◊ (*auto*) to go off ◊ **uscire di mente a qc**, to slip sb's memory; **uscire dall'argomento**, to get off the point.

uscita *sf* getting out, leaving ◊ (*porta, passaggio*) exit ◊ (*fig*) way out, solution ◊ (*battuta*) witty remark ◊ **entrate e uscite**, income and expenditure.

usignolo *sm* nightingale.

uso *sm* use ◊ (*lingua*) usage ◊ (*usanza*) custom, usage, habit ◊ (*pratica*) practice ◊ **uso e consumo**, wear and tear.

ustionare *v tr* to burn, to scald ◊ *v rifl* to burn os, to scald os.

ustione *sf* burn.

usuale *agg* everyday (*attr*), ordinary.

usufruire *v intr* to make us (of).

usura *sf* usury ◊ (*logoramento*) wear and tear.

usuraio *sm* usurer ◊ (*fig*) miser, skinflint.

usurpare *v tr* to usurp.

utensile *sm* tool, implement, utensil.

utente *sm / f* user ◊ (*gas*) consumer ◊ (*telefono*) subscriber.

ùtero *sm* womb, uterus.

ùtile *agg* useful ◊ (*persona*) helpful ◊ (*oggetto*) handy ◊ **in tempo utile**, in time.

ùtile *sm* advantage, benefit ◊ (*econ*) profit.

utilità *sf inv* utility, usefulness, use.

utilitaria *sf* (*auto*) runabout.

utilizzare *v tr* to make use of, to use.

utilizzazione *sf* use.

utopia *sf* utopia ◊ **è pura utopia**, it's sheer utopianism.

uva *sf* grapes (*pl*) ◊ (*nei composti*) grape ◊ (*passa*) raisins (*pl*) ◊ (*spina*) gooseberry ◊ **chicco d'uva**, grape; **un grappolo d'uva**, a bunch of grapes; **cogliere l'uva**, to pick (the) grapes.

uvetta *sf* raisins (*pl*).

uxoricida *sm / f* uxoricide ◊ *agg* uxoricidal.

uxoricidio *sm* uxoricide.

V

vacante *agg* vacant.

vacanza *sf* holiday ◊ (*AmE*) vacation ◊ (*di cattedra*) vacancy ◊ **andare (essere) in vacanza**, to go (to be) on holiday; **prendersi una vacanza**, to take a holiday; **far vacanza**, to have a holiday.

vacca(-che) *sf* cow.

vaccinare *v tr* to vaccinate (against) ◊ **farsi vaccinare**, to get vaccinated.

vaccino *sm* vaccine.

vacillante *agg* shaky.

vacillare *v intr* to sway (to and fro) ◊ (*salute*) to be shaky ◊ (*governo*) to be unstable ◊ (*ubriaco*) to stagger along.

vàcuo *agg* vacuous.

va e vieni *sm inv* coming and going.

vagabondare *v intr* to roam, to wander.

vagabondo *sm* tramp, vagabond, vagrant.

vagante *agg* stray.

vagare *v intr* to wander about ◊ (*con la mente*) to let one's mind wander.

vagheggiare *v tr* to long for.

vaghezza *sf* vagueness.

vagina *sf* vagina.

vagito *sm* cry, wailing.

vaglia *sm inv* money order.

vaglio *sm* sieve ◊ (*fig*) **passare al vaglio**, to examine closely.

vago(-a, -ghi, -ghe) *agg* vague ◊ (*sguardo*) vacant, empty ◊ *sm* vagueness ◊ **tenersi nel vago**, to stick to generalities.

vagone *sm* (*merci*) truck, wagon ◊ (*passeggeri*) carriage ◊ (*letto*) sleeping car ◊ (*ristorante*) dining car.

vaiolo *sm* smallpox.

valanga(-ghe) *sf* avalanche ◊ (*fig*) flood.

valente *agg* able, talented, clever.

valere *v intr* to be worth ◊ (*documento*) to be valid ◊ (*legge*) to be in force ◊ (*giovare*) to be of use ◊ (*equivalere*) to be equal to ◊ **non vale!**, that's not fair! ◊ *v rifl* to make use (of).

valeriana *sf* valerian.

vàlico(-chi) *sm* pass.

vàlido *agg* valid ◊ (*efficace*) effective ◊ (*aiuto*) real ◊ (*persona*) worthwhile ◊ **non è valido!** (*nei giochi*), that doesn't count.

valigerìa *sf* leather goods (shop).

valigetta *sf* attaché case.

valigia *sf* (suit)case ◊ **fare (disfare) le valigie**, to pack (to unpack) one's bags.

vallata *sf* valley.

valle *sf* valley ◊ (*paludi*) marshes.

valletta *sf* (*TV*) (compere's) assistant.

valligiano *sm* inhabitant of a valley.

vallo *sm* (*fortificazione*) wall.

valore *sm* value, worth ◊ (*titoli*) securities ◊ (*oggetti preziosi*) valuables ◊ (*significato*) value, meaning ◊ (*coraggio*) courage, valour ◊ **artista di valore**, artist of considerable merit; **i valori morali**, moral values; **valore legale**, legal value; **acquistare giocattoli per il valore di cento sterline**, to buy one hundred pounds' worth of toys.

valorizzare *v tr* to make the most of.

valoroso *agg* brave, courageous.

valuta *sf* (*moneta*) currency ◊ (*forte*) hard currency ◊ **valuta primo gennaio**, interest running from January the first.

valutare *v tr* to value, to estimate.

valutazione *sf* valutation, assessment.

valva *sf* (*zool, bot*) valve.

vàlvola *sf* valve ◊ (*fusibile*) fuse.

vampa *sf* flame ◊ (*fig*) flush ◊ (*vergogna*) blush.

vampata *sf* blaze, blast ◊ (*viso*) flush.

vampiro *sm* vampire ◊ (*zool*) vampire bat.

vanaglorioso *agg* boastful.

vandalismo *sm* vandalism.

vàndalo(-a) *sm* vandal.

vaneggiare *v intr* to rave.

vanesio *agg* vain, conceited.

vanga(-ghe) *sf* spade ◊ **a colpi di vanga**, by spade blows.

vangare *v tr* to dig, to spade.

vangelo *sm* gospel.

vaniglia *sf* vanilla.

vanità *sf inv* vanity, pride, conceit ◊ (*futilità*) futility.

vanitoso *agg* vain, conceited.

vano *agg* vain, futile useless ◊ *sm* space ◊ (*della porta*) the doorway.

vantaggio *sm* advantage ◊ (*sport*) start ◊ **trarre vantaggio**, to benefit (from); **hanno un vantaggio di due ore su di noi**, they have a two-hour starts on us; **portarsi in vantaggio**, to take the lead.

vantaggioso *agg* advantageous.

vantare *v tr* to speak highly (of); to boast ◊ *v rifl* to be proud (of), to boast (about).

vanto *sm* pride, merit ◊ **menar vanto di**, to boast about.

vànvera *avv* a vanvera, at random ◊ **parlare a vanvera**, to talk nonsense.

vapore *sm* vapour ◊ (*acqueo*) steam, water vapour ◊ (*dell'alcol*) fumes.

vaporetto *sm* steamer.

vaporizzatore *sm* spray.

vaporoso *agg* filmy ◊ (*capelli*) fluffy.

varare *v tr* to launch ◊ (*leg*) to pass.

varcare *v tr* to cross ◊ (*limiti*) to excee the limits.

varco(-chi) *sm* passage ◊ **aprirsi un varco tra la folla**, to push one's way through the crowd.

variàbile *agg* changeable.

variare *v tr, intr* to vary.

varice *sf* varicose vein.

varicella *sf* chickenpox.

varietà *sf inv* variety ◊ *sm inv* (*spettacolo*) variety show.

vario *agg* varied ◊ (*oggetti, argomenti*) various ◊ *sf pl* **varie ed eventuali**, any other business.

variopinto *agg* multicoloured.

varo *sm* (*nave*) launch, launching.

vasca(-che) *sf* tub ◊ (*pesci*) tank ◊ (*piscina*) swimming pool ◊ **fare una vasca**, to swim a length.

vascello *sm* vessel, ship.

vaselina *sf* vaseline.

vasellame *sm* (*stoviglie*) crockery.

vaso *sm* (*fiori*) vase ◊ (*conserve*) jar, pot ◊ **vaso sanguigno**, blood vessel.

vassoio *sm* tray.

vasto *agg* vast, huge, immense.

vaticinio *sm* prophecy.

vecchiaia *sf* old age.

vecchio *agg* old ◊ (*vino*) mature ◊ (*pane*) stale ◊ *sm* old man.

vecchiume *sm* old rubbish, old junk.

vece *sf* place, stead ◊ **fare le veci di**, to take

sb's place; **in mia vece**, in my place (stead), instead of me.

vedere *v tr*, *intr* to see ◊ (*guardare*) to look at ◊ (*ricevere*) to get, to have ◊ **vide arrestare il ladro**, he saw the thief (being) arrested; **si vede ancora il segno della ferita?**, does the mark of the wound still show?; **farsi vedere**, to show up, to turn up; **farsi visitare**, to be examined; **non vedere l'ora di**, to look forward to (doing); **non vederci più dalla fame**, to be dying of hunger; **me la sono vista brutta**, I had a narrow escape ◊ *v rifl* to see os ◊ (*essere visibile*) to show ◊ **vedetevela voi!**, you see to it!

vedetta *sf* look-out ◊ (*naut*) patrol ship.

vedovanza *sf* windwhod.

védovo(-a) *sm* widower (widow) ◊ **rimanere vedovo**, to be widowed.

veduta *sf* view ◊ *pl* (*fig*) views, opinions ◊ **di larghe vedute**, broad-minded; **di vedute limitate**, narrow-minded.

veemente *agg* vehement, violent.

vegetale *agg*, *sm* vegetable ◊ **i vegetali**, plants.

vegetare *v intr* to vegetate.

vegetariano(-a) *agg*, *sm* vegetarian.

vegetazione *sf* vegetation.

veggente *sm* / *f* (*indovino*) clair-voyant.

veglia *sf* watch, vigil ◊ (*funebre*) vigil, wake (*in Irlanda*) ◊ (*danzante*) all-night dance, evening party.

vegliare *v tr* to watch over, to watch by (sb's bedside) ◊ *v intr* to stay up.

veglione *sm* ball, dance.

veìcolo *sm* vehicle ◊ (*di malattie*) carrier.

vela *sf* sail ◊ (*sport*) sailing ◊ **issare, spiegare, ammainare le vele**, to hoist, to unfurl, to strike the sails.

velare *v tr* to veil, to cover.

veleggiare *v intr* to sail ◊ (*aliante*) to soar, to glide (*deltaplano*).

veleno *sm* poison ◊ (*di serpente*) venom ◊ **sputar veleno**, to make spiteful remarks.

velenoso *agg* poisonous ◊ (*di persona, risposta*) venomous.

veliero *sm* sailing ship.

velina *sf* (*carta*) tissue-paper.

vello *sm* (*montone*) fleece.

vellutato *agg* velvety ◊ (*voce*) mellow.

velluto *sm* velvet ◊ (*a coste*) corduroy.

velo *sm* veil ◊ (*tessuto*) voile.

veloce *agg* quick, fast ◊ *avv* fast.

velocista *sm* / *f* (*sport*) sprinter.

velocità *sf inv* speed, velocity.

velòdromo *sm* cycle-track, velodrome.

vena *sf* vein ◊ (*di carbone*) seam ◊ (*d'acqua*) spring ◊ **essere in vena di fare qcs**, to feel in the mood to do sthg.

venale *agg* venal, mercenary.

vendemmia *sf* grape harvest.

vendemmiare *v intr* to pick (to harvest) the grapes.

vendemmiatore(-trice) *sm* grape-picker.

véndere *v tr* to sell (sb sthg, sthg to sb) ◊ (*all'ingrosso, al minuto*) to sell wholesale, retail ◊ **questo articolo si vende bene**, this article sells well.

vendetta *sf* revenge, vengeance.

vendicare *v tr* to revenge, to avenge ◊ *v rifl* to take one's revenge.

vendicativo *agg* vindictive.

vendicatore(-trice) *sm* avenger.

véndita *sf* sale ◊ (*all'asta*) auction.

venditore(-trice) *sm* seller, vendor ◊ (*ambulante*) hawker, pedlar.

venduto *agg* corrupt.

venerare *v tr* to venerate, to revere.

venerazione *sf* reverence.

venerdì *sm inv* Friday ◊ (*santo*) Good Friday ◊ **gli manca un venerdì**, he's got a screw loose.

venèreo *agg* venereal.

veneziana *sf* (*tenda*) venetian blind.

veniale *agg* (*peccato*) venial.

venire *v intr* to come ◊ (*arrivare*) to arrive ◊ (*festa*) to fall ◊ (*riuscire, lavoro*) to turn out ◊ (*costare*) to cost ◊ **non mi viene** (*problema*), I can't get it to come out right.

ventaglio *sm* fan.

ventata *sf* gust (of wind) ◊ (*fig*) wave.

ventèsimo *agg*, *sm* twentieth.

venti *agg*, *sm inv* twenty.

ventilare *v tr* to winnow, to air (*anche fig*).

ventilatore *sm* fan, ventilator.

ventilazione *sf* ventilation.

vento *sm* wind ◊ **c'è vento**, it's windy; **parla-**

re al vento, to waste one's breath.

ventosa *sf* suction cup ◊ (*zool*) sucker.

ventre *sm* stomach, tummy.

venturo *agg* next.

vera *sf* wedding ring.

verace *agg* truthful ◊ (*cibo*) genuine.

veramente *avv* really, truly.

veranda *sf* veranda.

verbale *agg* verbal ◊ *sm* (*di riunione*) minutes (*pl*) ◊ (*leg*) record ◊ **mettere a verbale**, to place in the minutes.

verbo *sm* verb ◊ (*relig*) the Word.

verboso *agg* wordy, verbose.

verde *agg*, *sm* green (*anche pol*) ◊ **numero verde**, toll-free number; **c'è molto verde in questa città**, this city is very green; **una casa immersa nel verde**, a house surrounded by greenery.

verdeggiare *v intr* to turn green.

verdetto *sm* verdict.

verdura *sf* vegetables (*pl*).

verecondo *agg* modest, bashful.

verga(-ghe) *sf* cane, rod ◊ (*di pastore*) crook.

vérgine *sf* virgin ◊ (*astrologia*) Virgo ◊ **pura lana vergine**, pure new wool.

verginità *sf inv* virginity.

vergogna *sf* shame ◊ (*disonore*) disgrace ◊ **aver vergogna**, to be ashamed of.

vergognarsi *v rifl* to feel ashamed ◊ (*per timidezza*) to be shy, to be embarassed.

vergognoso *agg* timid, shy ◊ (*che provoca disonore*) disgraceful.

verìfica(-che) *sf* check ◊ (*scol*) test.

verificare *v tr* to check, to test ◊ (*mat*) to prove ◊ *v rifl* to occur.

verità *sf inv* truth ◊ **a dir la verità**, truth to tell, actually.

veritiero *agg* true, accurate.

verme *sm* worm ◊ (*di frutto*) maggot ◊ (*solitario*) tapeworm.

vernàcolo *agg*, *sm* vernacular.

vernice *sf* paint ◊ (*trasparente*) varnish ◊ (*lucida*) gloss ◊ (*opaca*) matt ◊ **scarpe di vernice**, patent leather shoes.

verniciare *v tr* to paint, to varnish.

vernissage *sm inv* varnishing-day ◊ (*arte*) preview.

vero *agg* true ◊ (*reale*) real ◊ (*autentico*) ge-

nuine ◊ **perle vere**, real pearls.

vero *sm* truth ◊ **è una copia dal vero** (*disegno*), it's a copy from life.

verosìmile *agg* likely, probable.

verruca(-che) *sf* wart, verruca.

versamento *sm* payment ◊ (*in banca*) deposit.

versante *sm* (*geogr*) side, slope.

versare *v tr* to pour ◊ (*servire*) to pour out ◊ (*rovesciare*) to spill ◊ (*lacrime*) to shed ◊ *v rifl* to spill ◊ (*sfociare*) to flow.

versàtile *agg* versatile.

versato *agg* (*in*) (well-)versed in.

versione *sf* version, translation.

verso *sm* (*di poesia*) line (of verse), verse ◊ (*di animali*) call, cry ◊ (*direzione*) way.

verso *prep* toward(s), to ◊ (*nei pressi di*) near ◊ (*temporale*) about, towards.

vertenza *sf* controversy, dispute.

vèrtere *v intr* to concern, to be about.

verticale *agg*, *sf* vertical ◊ (*ginnastica*) handstand ◊ (*cruciverba*) word down.

vèrtice *sm* summit, peak, top ◊ (*geom*) vertex ◊ (*fig*) peak, height ◊ **incontro al vertice**, summit meeting.

vertìgine *sf* dizziness ◊ (*med*) vertigo ◊ **mi fa venire le vertigini**, it makes my head spin.

verza *sf* Savoy cabbage.

vescica(-che) *sf* (*anat*) bladder ◊ (*della pelle*) blister.

véscovo *sm* bishop.

vespa *sf* wasp ◊ (*veicolo*) motorscooter.

vespaio *sm* wasps' nest ◊ **suscitare un vespaio**, to stir up a hornets' nest.

vespasiano *sm* urinal.

vespro *sm* (*relig*) vespers ◊ (*sera*) evening.

vestaglia *sf* dressing-gown.

vestaglietta *sf* (house)frock.

veste *sf* (*da donna*) dress ◊ (*da monaco*) habit ◊ (*editoriale*) lay out ◊ (*funzione*) capacity ◊ **in veste d'amico**, as a friend; **vesti**, clothes.

vestiario *sm* clothes ◊ **capo di vestiario**, garment, article of clothing.

vestigia *sf pl* vestiges, traces, ruins.

vestire *v tr* to dress ◊ (*fare vestiti a*) to make (sb's) clothes ◊ (*indossare*) to put on ◊ (*avere indosso*) to wear ◊ (*fig, ricoprire*) to cover ◊ *v intr* to dress, to wear, to be dressed ◊ *v rifl* to get dressed ◊ **una giacca che veste bene**, a jacket that fits well.

vestito *sm* (*da donna*) dress ◊ (*da uomo, tailleur*) suit ◊ **vestiti**, clothes.

veterano(-a) *agg, sm* veteran.

veterinario *sm* veterinary surgeon ◊ (*fam*) vet.

veto *sm* veto ◊ **porre il veto**, to veto.

vetraio *sm* glass worker ◊ (*chi soffia il vetro*) glass-blower.

vetrata *sf* glass window ◊ (*di chiesa*) stained-glass window.

vetrerìa *sf* glassworks (*sing*).

vetrina *sf* (shop)window ◊ (*di museo*) show-case ◊ **andare a guardare le vetrine**, to go window-shopping.

vetrinista *sm / f* window dresser.

vetrino *sm* slide.

vetriolo *sm* vitriol.

vetro *sm* glass ◊ (*frammento*) piece of glass ◊ (*scheggia*) splinter of glass ◊ (*infrangibile*) shatterproof glass ◊ (*di finestra*) window pane ◊ **oggetti di vetro**, glassware, glasswork.

vetta *sf* top, peak, summit.

vettovaglie *sf pl* provisions, victuals.

vettura *sf* coach, carriage ◊ (*auto*) car ◊ (*AmE*) automobile ◊ **in vettura!**, all aboard!

vetturino *sm* coach driver.

vezzeggiativo *sm* form of endearment.

vezzo *sm* habit ◊ **vezzi**, affected ways.

vi *pron* you ◊ (*compl di termine*) (to) you ◊ *v rifl* yourself ◊ (*rec*) each other.

vi *avv* here, there.

via *sf* (*strada*) road ◊ (*di città*) street, road ◊ (*cammino*) way ◊ (*percorso*) route ◊ (*mezzo*) way ◊ **per via orale**, orally; **in via di guarigione**, on the road to recovery.

via *avv* away, off ◊ (*fuori*) out ◊ **e così via**, and so forth ◊ *int* (*per incitare*) come on! ◊ *sm* (*sport*) (signal to) start ◊ **dare il via**, to start the race.

viaggiare *v intr* to travel, to make a trip ◊ (*treno*) to run, to travel ◊ (*via mare*) to voyage ◊ *sm* travelling.

viaggio *sm* journey, trip ◊ (*aereo*) flight ◊ (*via mare*) voyage ◊ (*di nozze*) honeymoon, wedding trip ◊ *pl* travels.

viale *sm* avenue ◊ (*del parco*) path, walk.

viandante *sm / f* vagrant.

viavai *sm inv* coming and going, hustle and bustle.

vibrare *v tr* to brandish ◊ *v intr* to vibrate.

vicario *sm* vicar ◊ *agg* vicarious.

vice *sm / f inv* deputy.

vicedirettore(-trice) *sm* deputy manager (-ess) ◊ (*scol*) deputy headmaster(-mistress).

vicenda *sf* event, vicissitude.

vicendévole *agg* reciprocal, mutual.

vichingo(-a, -ghi, -ghe) *agg, sm* Viking.

vicinanza *sf* closeness ◊ (*paraggi*) vicinity.

vicinato *sm* neighbourhood ◊ (*vicini*) neighbours.

vicino *agg* near ◊ *sm* neighbour.

vicino *avv* near, nearby, close (at hand).

vicino *prep* near, close (to), next (to).

vicolo *sm* alley, lane ◊ (*cieco*) blind alley.

video *sm* video ◊ (*schermo*) screen.

videocamera *sf* videocamera, camcorder.

videocassetta *sf* videotape.

videogioco(-chi) *sm* videogame.

videoregistratore *sm* video (recorder).

videotelefono *sm* video (tele)phone.

vidimare *v tr* to authenticate.

vietare *v tr* to forbid (sb to do sthg).

vigente *agg* (*legge*) in force ◊ (*fig*) in use.

vigilante *agg* vigilant, watchful ◊ *sm / f* guard, watchman, supervisor.

vigilanza *sf* (*alunni*) supervision.

vigilare *v tr* to supervise, to keep an eye on ◊ *v intr* to keep watch.

vìgile *agg* vigilant ◊ *sm* traffic warden ◊ (*del fuoco*) fireman.

vigilia *sf* eve ◊ (*veglia*) vigil ◊ **alla vigilia di**, on the eve of.

vigliaccherìa *sf* cowardice.

vigliacco(-a, -chi, -che) *agg* cowardly ◊ *sm* coward ◊ (*profittatore*) rogue.

vigna *sf* vineyard.

vigore *sm* vigour, strenght ◊ (*leg*) **essere in vigore**, to be in force.

vigoroso *agg* vigorous, energetic.

vile *agg* base, mean ◊ *sm / f* coward.

vilipèndere *v tr* to scorn, to hold in contempt, to despise.

villa *sf* detached house ◊ (*in campagna*) country house ◊ (*al mare*) villa.

villaggio *sm* village ◊ **villaggio turistico**, holiday camp.

villanìa *sf* rudeness, bad manners.

villano(-a) *agg* rude, ill-mannered.

villeggiare *v intr* to holiday.

villeggiatura *sf* holiday(s).

viltà *sf inv* cowardice.

vìmine *sm* osier ◊ **di vimini** (*sedia*), wicker (*attr*), wickerwork (*attr*).

vinaio *sm* wine merchant.

vìncere *v tr, intr* to win ◊ (*sopraffare*) to overcome ◊ (*sorpassare*) to surpass, to outdo ◊ (*sconfiggere*) to defeat ◊ (*avversario*) to beat ◊ *v rifl* to control os ◊ **lasciarsi vincere dalla tentazione**, to yield to temptation; **lasciarsi vincere dall'ira**, to give way to one's anger.

vìncita *sf* (*il vincere*) win, victory ◊ (*cosa vinta*) winnings (*pl*).

vincitore *sm* winner.

vincolare *v tr* to bind.

vìncolo *sm* bond, tie ◊ **sotto il vincolo del giuramento**, to be bound under oath.

vino *sm* wine.

vinto(-a) *agg* defeated ◊ *sm* loser.

viola *sf* violet ◊ (*del pensiero*) pansy ◊ *sm* (*colore*) violet.

violare *v tr* to violate, to break ◊ (*donna*) to rape ◊ (*privacy*) to invade.

violentare *v tr* (*sessualmente*) to assault (sexually), to rape ◊ (*fig*) to outrage.

violento *agg* violent.

violenza *sf* violence ◊ (*carnale*) sexual assault, rape.

violetta *sf* violet.

violinista *sm* / *f* violinist.

violino *sm* violin ◊ **chiave di violino**, treble clef.

violoncello *sm* cello, violoncello.

viòttolo *sm* path, lane.

vìpera *sf* viper, adder.

virare *v intr* (*naut*) to tack.

vìrgola *sf* comma ◊ (*mat*) point.

virgolette *sf pl* inverted commas.

virile *agg* manly, virile.

virtù *sf inv* virtue ◊ (*castità*) virtuousness.

virtuosismo *sm* virtuosity.

virtuoso(-a) *agg* virtuous ◊ *sm* (*del violino*) virtuoso, master.

virulento *agg* virulent.

virus *sm inv* virus (*anche computer*).

viscerale *agg* visceral ◊ (*fig*) profound.

vìscere *sm* internal organ ◊ (*grembo*) womb ◊ (*fig*) depths, bowels.

vischio *sm* mistletoe.

vischioso *agg* sticky.

viscido *agg* slimy ◊ (*persona*) smarmy.

visìbile *agg* visible, obvious, evident.

visibilio *sm* **andare in visibilio**, to go into raptures (over sthg).

visibilità *sf inv* visibility.

visionario(-a) *agg, sm* visionary.

visione *sf* vision ◊ (*idea*) view ◊ **mandare qcs in visione**, to sent sthg on approval.

vìsita *sf* visit ◊ (*sanitaria*) sanitary inspection ◊ (*a domicilio*) house call ◊ (*turistica*) tour ◊ (*med*) medical examination ◊ (*di leva*) medical check up for national service ◊ **far una visita**, to pay a visit.

visitare *v tr* to visit ◊ (*med*) to examine.

visitatore(-trice) *sm* guest, tourist.

visivo *agg* visual.

viso *sm* face ◊ **guardare qc in viso**, to look sb in the face, to look straight at sb.

visone *sm* mink.

vispo *agg* lively, brisk.

vista *sf* sight ◊ (*capacità visiva*) eye sight ◊ (*veduta*) view ◊ **avere la vista corta (lunga)**, to be short- (long-) sighted.

vistare *v tr* to visa ◊ (*domanda*) to approve.

visto *sm* (*segno*) tick ◊ (*amm*) visa ◊ **visto d'ingresso**, entry visa.

vistoso *agg* gaudy, showy ◊ (*ingente*) huge.

visuale *agg* visual ◊ *sf* view.

visualizzare *v tr* to visualize.

vita *sf* life ◊ (*modo di vivere*) life-style, life ◊ (*mezzi di sussistenza*) living ◊ (*durata*) lifetime, life ◊ **il costo della vita**, the cost of living; **guadagnarsi la vita**, to earn one's living; **a vita**, for life.

vita *sf* (*parte del corpo*) waist.

vitalizio *sm* life annuity.

vitamina *sf* vitamin.

vite *sf* (*bot*) (grape)vine ◊ (*tecn*) screw ◊ **giro di vite**, turn of the screw.

vitello *sm* calf ◊ (*cucina*) veal.

vitellone *sm* bullock ◊ (*cucina*) tender young beef ◊ (*fig*) loafer.

viticoltore *sm* vine grower.

vìttima *sf* victim ◊ **fare la vittima**, to play the martyr.

vittimismo *sm* self-pity.

vitto *sm* food ◊ (*in pensioni*) board ◊ **vitto e alloggio**, room and board.

vittoria *sf* victory.

vittoriano *agg* Victorian.

vittorioso *agg* victorious, triumphant.

vituperare *v tr* to abuse.

vituperio *sm* insult, abuse.

viva *escl* long live, three cheers for.

vivacchiare *v intr* to scrape a living, to get along somehow.

vivace *agg* lively ◊ (*colore*) brilliant.

vivacizzare *v tr* to liven up.

vivaio *sm* (*piante*) garden centre ◊ (*pesci*) fish farm.

vivanda *sf* food.

vivente *agg* living ◊ (*ritratto*) spitting image ◊ **essere vivente**, to be alive.

vìvere *v intr* to live, to be alive ◊ (*cibarsi*) to live on ◊ **vivere alla giornata**, to live from day to day ◊ *v tr* to live through, to go through ◊ **guadagnarsi da vivere**, to earn one's living.

vìveri *sm pl* provisions, supplies.

vìvido *agg* vivid, very clear, bright.

vivificare *v tr* to vivify, to enliven.

vivisezionare *v tr* to vivisect.

vivisezione *sf* vivisection.

vivo *agg* alive, living ◊ (*ricordo*) vivid, intense ◊ (*città*) lively, animated ◊ **farsi vivo**, to get in touch ◊ *sm* living being ◊ **i vivi**, the living; **registrazione dal vivo**, live recording; **colpire nel vivo**, to cut sb to the quick.

viziare *v tr* to spoil ◊ (*leg*) to invalidate ◊ *v rifl* to become spoilt.

viziato *agg* spoilt ◊ (*leg*) invalidated ◊ (*rapporti*) spoiled, ruined ◊ (*aria*) foul, stale.

vizio *sm* vice ◊ (*imperfezione*) flaw.

vizioso *agg* depraved, dissolute ◊ (*circolo*) vicious ◊ (*difettoso*) incorrect, wrong.

vocabolario *sm* (*dizionario*) dictionary ◊ (*lessico particolare*) vocabulary.

vocàbolo *sm* word.

vocale *agg* vocal ◊ *sf* vowel.

vocazione *sf* bent, gift (for).

voce *sf* voice ◊ (*opinione*) opinion ◊ (*indiscrezioni*) rumour ◊ (*vocabolo*) word ◊ **parlare a voce alta (bassa)**, to speak in a loud (low) voice; **avere voce in capitolo**, to have a say in the matter.

voga(-ghe) *sf* **essere in voga** (*abito*), to be fashionable, (*canzone*) to be popular.

vogare *v intr* to row.

voglia *sf* (*desiderio*) wish, desire ◊ (*di donna incinta*) craving ◊ (*med*) birthmark ◊ **aver voglia di fare qcs**, to feel like doing sthg; **morire dalla voglia di far qcs**, to be dying to do sthg; **di buona voglia**, willingly; **contro voglia**, unwillingly.

voi *pron* you ◊ **voi due**, the two of you.

volano *sm* (*sport*) shuttlecock ◊ (*tecn*) flywheel.

volante *agg* flying ◊ (*indossatrice*) freelance ◊ (*polizia*) flying squad.

volante *sm* (*auto*) steering wheel.

volantinaggio *sm* handing out of leaflets.

volantino *sm* leaflet.

volare *v intr* to fly ◊ (*notizie*) to spread very quickly ◊ **far volare**, to fly.

volata *sf* flight ◊ (*ciclismo*) final sprint ◊ (*corsa*) rush ◊ **di volata**, immediately.

volàtile *sm* bird, winged creature.

volente *agg* **volente o nolente**, willy-nilly ◊ **verrai volente o nolente**, you'll come whether you like it or not.

volenteroso *agg* willing, keen.

volere *v tr* to want ◊ (*gradire*) to like ◊ (*desiderare*) to wish ◊ (*preferire*) to prefer, to choose, would rather ◊ (*nelle offerte*) **vuoi che io...?**, shall I...? ◊ (*aspettarsi*) to expect ◊ (*richiedere*) to require ◊ (*permettere*) to let, to allow ◊ (*occorrere*) to take ◊ (*ritenere*) to think ◊ **voler dire**, to mean; **voglio che ti lavi le mani**, I want you to wash your hands; **voler bene a qc**, to be fond of sb; **te la sei voluta**, you asked for it.

volere *sm* will, whish(es).

volgare *agg* common ◊ *sm* vernacular.

volgarizzare *v tr* to popularize.

vòlgere *v tr, intr, rifl* to turn.

volgo(-ghi) *sm* common people.

voliera *sf* aviary.
volitivo *agg* wilful, strong-willed.
volo *sm* fligh ◊ **capire qcs al volo**, to grasp sthg straight away.
volontà *sf inv* will ◊ **ultime volontà**, last will and testament (*sing*); **riuscire a forza di volontà**, to succeed through sheer willpower (determination).
volontario(-a) *agg* voluntary ◊ *sm* volunteer.
volpe *sf* fox ◊ (*femmina*) vixen ◊ (*fig*) sly fox.
volpino *sm* (*cane*) Pomeranian.
volta *sf* time ◊ (*turno*) turn ◊ **c'era una volta**, once upon a time there was; **due volte**, twice; **una volta o l'altra**, some time (or other).
volta *sf* (*giro*) turn ◊ (*curva*) turn, bend ◊ (*direzione*) direction ◊ (*arch*) vault.
voltafaccia *sm inv* volte-face.
voltagabbana *sm inv* turncoat, timeserver.
voltaggio *sm* voltage.
voltare *v tr, intr, rifl* to turn ◊ **voltar pagina**, to turnover a new leaf; **voltarsi indietro**, to turn round.
volteggiare *v intr* to flutter, to twirl.
volto *sm* face.
volùbile *agg* changeable.
volubilità *sf inv* (*persona*) fickleness.
volume *sm* volume.
voluto *agg* deliberate ◊ (*bambino*) wanted.
voluttà *sf inv* sensual pleasure.
voluttuario *agg* unnecessary.
vomitare *v tr, intr* to vomit.
vòmito *sm* vomit ◊ **ho il vomito**, I feel sick.
vòngola *sf* clam.
vorace *agg* voracious.
voràgine *sf* chasm, abyss.
vorticare *v intr* to whirl, to swirl.
vòrtice *sm* whirl, vortex.
vorticoso *agg* whirling.
vostro *agg* your ◊ *pron* your own, yours ◊ *sm* **i vostri**, your family ◊ (*opinione*) **la vostra**, your view.
votante *sm / f* voter.
votare *v tr* to vote (for) ◊ *v intr* to vote ◊ *v rifl* to devote os to.
votazione *sf* voting; poll ◊ (*scuola*) marks ◊ **apertura, chiusura della votazione**, ope-

ning, close of the poll.
voto *sm* (*scol*) mark ◊ (*pol*) vote ◊ (*relig*) vow.
vulcànico(-a, -ci, -che) *agg* volcanic.
vulcano *sm* volcano ◊ (*fig*) **essere un vulcano di idee**, to be bursting with ideas.
vulneràbile *agg* vulnerable.
vuotare *v tr, rifl* to empty ◊ **vuotare il sacco**, to confess, to spill the beans.
vuoto *agg* empty ◊ (*persona*) shallow, superficial ◊ **a stomaco vuoto**, on an empty stomach ◊ *sm* (*spazio*) void ◊ (*fis*) vacuum ◊ **aver paura del vuoto**, to be afraid of heights.

W

wagon lit *sm* sleeping car.
wagon restaurant *sm* restaurant car.
water closet, WC *sm* toilet, lavatory.
western *agg* cowboy (*attr*) ◊ *sm* western film ◊ (*all'italiana*) spaghetti western.
würstel *sm* frankfurter.

X

xenòfobo(-a) *agg* xenophobic ◊ *sm* xenophobe.
xerocopia *sf* xerox, photocopy.
xerocopiare *v tr* to photocopy.
xerografia *sf* xerography.
xilografia *sf* xylography, wood-engraving ◊ (*stampa*) xylograph.

Y

yacht *sm* yacht.
yak *sm* yak.
yoga *sm* yoga ◊ (*maestro di*) yogi.
yogurt *sm* yogurt, yoghurt.

Z

zabaione *sm* egg-flip, egg-nog.

zafferano *sm* saffron.

zaffiro *sm* sapphire.

zaino *sm* rucksack.

zampa *sf* leg ◊ (*animale*) paw ◊ (*uccello*) foot ◊ **zampa di gallina**, scrawul ◊ (*rughe*) crow's feet; **camminare a quattro zampe**, to go on all fours.

zampettare *v intr* to scamper.

zampillare *v intr* to gush, to spurt.

zampillo *sm* gush, spurt.

zampino *sm* paw ◊ **mettere lo zampino in una faccenda**, to have a hand in some matter.

zampogna *sf* Italian bagpipes.

zanna *sf* (*elefante*) tusk ◊ (*cane*) fang.

zanzara *sf* mosquito.

zanzariera *sf* mosquito net.

zappa *sf* hoe, mattock ◊ **darsi la zappa sui piedi**, to shoot os in the foot.

zappare *v tr* to hoe, to dig.

zappatore *sm* hoer.

zàttera *sf* raft.

zàzzera *sf* shock of hair, mop, thatch.

zebra *sf* zebra ◊ (*passo pedonale*) zebra crossing.

zecca(-che) *sf* (*zool*) tick ◊ (*officina*) mint ◊ **nuovo di zecca**, brand-new.

zecchino *sm* gold coin.

zelante *agg* zealous, eager.

zelo *sm* zeal, eagerness.

zénzero *sm* ginger.

zeppa *sf* (*mobili*) wedge ◊ (*scarpa*) platform.

zeppo *agg* jam-packed (with), full (of).

zerbino *sm* door mat.

zero *sm* zero, nought ◊ (*al telefono*) o ◊ (*calcio*) nil ◊ (*tennis*) love ◊ **capelli tagliati a zero**, close-cropped hair ◊ *agg* zero (*attr*).

zia *sf* aunt.

zibellino *sm* sable.

zigano(-a) *agg*, *sm* gypsy.

zìgomo *sm* cheekbone ◊ **zigomi sporgenti**, high cheekbones.

zincare *v tr* to coat with zinc.

zìngaro(-a) *agg*, *sm* gypsy.

zio *sm* uncle; (*d'America*) rich uncle.

zitella *sf* spinster, old maid (*spreg*).

zittire *v tr* to silence, to hush up, to boo ◊ *v intr* to hiss (for silence).

zitto *agg* quiet ◊ **stare zitto**, to keep quiet; **zitto!**, be quiet!

zizzania *sf* (*bot*) darnel ◊ (*fig*) discord, mischief.

zòccolo *sm* (*zool*) hoof ◊ (*calzatura*) clog ◊ (*di parete*) skirting board.

zodìaco *sm sing* zodiac.

zolfanello *sm* (sulphur) match.

zolfo *sm* sulphur.

zolla *sf* turf.

zolletta *sf* (*zucchero*) lump, cube.

zona *sf* zone, area, district.

zonzo *avv* **andare a zonzo**, to wander about.

zoo *sm inv* zoo.

zoològico(-a, -ci, -che) *agg* zoological.

zoòlogo(-a, -gi, -ghe) *sm* zoologist.

zoom *sm inv* zoom (lens).

zoppicante *agg* (*persona*) limping ◊ (*fig*) shaky, rickety.

zoppicare *v intr* (*persona*) to walk with a limp ◊ (*essere zoppo*) to be lame.

zoppo *agg* (*persona*) lame ◊ (*mobile*) rickety.

zòtico(-a, -ci, -che) *sm* boor, lout.

zuava *sf* **pantaloni alla zuava**, knickerbockers.

zucca(-che) *sf* (*bot*) pumpkin ◊ (*testa*) head ◊ **avere sale in zucca**, to have sense, to be sensible.

zuccherare *v tr* to put sugar (in).

zuccheriera *sf* sugar bowl.

zuccherificio *sm* sugar refinery.

zùcchero *sm* sugar ◊ (*filato*) candy floss, cotton candy ◊ (*a velo*) icing sugar.

zuccheroso *agg* sugary ◊ (*spreg*) sickly, soppy.

zucchetto *sm* skull cap.

zucchina *sf*, **zucchino** *sm* courgette.

zuccotto *sm* ice-cream sponge.

zuffa *sf* brawl, fight, scuffle.

zufolare *v tr*, *intr* to whistle.

zùfolo *sm* (*mus*) flageolet.

zuppa *sf* soup ◊ (*inglese*) trifle ◊ **se non è zuppa è pan bagnato**, it's six of one and half a dozen of the other.

zuppiera *sf* (soup) tureen.

zuppo *agg* wet through, soaked (with).

NOTE

CECILIA.SIROVICH@VIRGILIO.IT

CLOUDBLOODBANE@HOTMAIL.IT

v.milic@libero.it

mihi23@hotmail.com

aljosakg@hotmail.com